中央实施马克思主义理论研究和建设工程课题
国家社会科学基金重大课题
教育部哲学社会科学研究重大课题攻关项目

当代学者视野中的马克思主义哲学

西方学者卷

XIFANG XUEZHE JUAN

⊙丛书主编　袁贵仁　杨耕　⊙本卷主编　吴晓明

上

北京师范大学出版集团
BEIJING NORMAL UNIVERSITY PUBLISHING GROUP
北京师范大学出版社

图书在版编目(CIP) 数据

当代学者视野中的马克思主义哲学：西方学者卷／袁贵
仁、杨耕总主编；吴晓明主编.—北京：北京师范大学出版
社，2007.12（2011.7重印）
　ISBN 978-7-303-08992-5

　Ⅰ．当… Ⅱ．①袁…②杨…③吴… Ⅲ．西方马克思主
义－研究 Ⅳ．B089.1

中国版本图书馆 CIP 数据核字（2007）第 185025 号

营销中心电话	010-58802181 58808006
北师大出版社高等教育分社网	http://gaojiao.bnup.com.cn
电子信箱	beishida168@126.com

出版发行：北京师范大学出版社 www.bnup.com.cn
　　　　　北京新街口外大街 19 号
　　　　　邮政编码：100875
印　　刷：北京盛通印刷股份有限公司
经　　销：全国新华书店
开　　本：155 mm × 235 mm
印　　张：88.25
字　　数：1 500 千字
版　　次：2008 年 1 月第 1 版
印　　次：2011 年 7 月第 2 次印刷
定　　价：125.00 元（全二册）

策划编辑：饶　涛	责任编辑：饶　涛
美术编辑：毛　佳	装帧设计：高　霞
责任校对：李　菡	责任印制：李　啸

总序：马克思与我们同行

袁贵仁　杨　耕

马克思主义哲学的创立是人类思想史上的壮丽日出，它使哲学的理论主题、思维方式和社会功能发生了根本转换，其思想之深刻、方法之科学、影响之广泛都是无与伦比的。马克思主义哲学产生150多年来，追随者有之，赞同者有之，批评者有之，反对者有之。梅林、考茨基、伯恩施坦、拉布里奥拉、普列汉诺夫等人对马克思主义哲学进行过深刻论述，卢卡奇、柯尔施、葛兰西、霍克海默、马尔库塞、阿尔都塞、哈贝马斯等人对马克思主义哲学进行了新的探索，罗素、杜威、萨特、海德格尔、福科、伽达默尔、德里达等人也直接或间接地研究过马克思主义哲学，其中不乏深刻的见解。在这个论述、探索过程中，许多观点不很一致，甚至很不一致，争论持久而激烈。

一个伟大哲学家逝世之后，对他的学说进行新的探讨并引起争论在历史上不乏先例，但像马克思主义哲学这样在世界范围引起广泛、持久、激烈的争论却是罕见的。这本身就表明，马克思仍然活着。甚至可以说，在伦敦海格特公墓中安息的马克思，比生前在大英博物馆埋头著述的马克思，更加吸引世界的目光。柯林武德在《历史的观念》中说过一段颇有见地的话："对某种学说进行激烈的论战，乃是争论中的学说在作者的环境中形象高大、甚至对他本人具有强大的吸引力的一种确实的无误的标志。"马克思主义哲学所蕴含的思想资源为当代哲学家提供了广阔的思考空间和多维的阐释角度，马克思主义哲学是当代"不可超越的意义视界"。

无论是马克思所处的时代，还是现时代，都涌现出了一批又一批马克思主义哲学的信奉者、实践者以及愈来愈多的研究者。在一定意义上说，马克思主义哲学的世界性影响，不仅是通过马克思的理论和实践活动而实现的，而且是通过其后继者的理论和实践活动来实现的。在这个过程中，又往往因为对马克思主义哲学文本的不同解读而形成不同的理论倾向和思想流派、不同的马克思主义哲学形态。在当代，马克思主义哲学无疑已经成为一种"世界的哲学"，翻译的文本愈来愈多，研究的范围愈来愈广，其探讨的问题之宏广邃微，概念范畴之洗练繁多，理论内容之博大精深，思潮迭起之波澜壮阔，学派形成之层出不穷，实为任何一种哲学研究无法比拟。就研究主体和理论传统分属的国度和地区来说，当代马克思主义哲学研究大致可以分为四种路向：

第一种是西方马克思主义、西方马克思学，以及一些既不属于西方马克思主义，也不属于西方马克思学的当代西方哲学家。西方马克思主义是20世纪初产生的一股思潮，其基本特征是把现代西方哲学中的各种学说同马克思主义结合起来，在淡薄马克思主义哲学实践本性的同时，将其理论努力指向文化批判，主要思潮有弗洛伊德的马克思主义、存在主义的马克思主义、结构主义的马克思主义、实证主义的马克思主义、分析主义的马克思主义、现象学的马克思主义以及法兰克福学派，等等。西方马克思学则立足文献考证，从事文本解读，强调要用严格的客观态度研究马克思的文献和思想，从而建立一门特殊的严密的科学，主要代表人物有法国的吕贝尔、德国的费切尔、英国的麦克莱伦、美国的胡克等人。除了西方马克思主义、马克思学，在西方还有一批哲学家如罗素、海德格尔等人，根据不同的理论需要，从不同的角度对马克思主义哲学进行过深刻阐述，这些哲学家结合马克思主义哲学提出的问题以及研究问题的方法和角度对于马克思主义哲学研究也有启发意义。例如，海德格尔认识到"马克思完成了对形而上学的颠倒"以及这一颠倒的深刻性、超前性和巨大的优越性，并在《关于人道主义的书信》中断言："马克思在体会到异化的时候深入到历史的本质性的一度中去了，所以马克思主义关于历史的观点比其余的历史学优越。但因为胡塞尔没有，据我看来萨特也没有在存在中认识到历史事物的本质性，所以现象学没有、存在主义也没有达到这样的一度中，在此一度中才有可能有资格和马克思主义交谈。"

第二种是苏联模式马克思主义哲学和东欧新马克思主义。苏联模式马克思主义哲学以宣扬整个世界的客观性、可知性的世界观为主要内容，以斯大林《辩证唯物主义和历史唯物主义》为蓝本，主要代表人物有尤金、米丁、康斯坦丁诺夫等。东欧新马克思主义是20世纪50～60年代在东欧非斯大林化过程中涌现出来的一种理论思潮，其基本立场或理论基点是马克思的实践哲学和异化理论，实践、生存、异化、人道主义、自由人的联合体在这一理论思潮中占有十分重要的地位。以彼得洛维奇、马尔科维奇等人为代表的南斯拉夫实践派，以赫勒、马尔库什等人为代表的匈牙利布达佩斯学派，科拉科夫斯基等人所代表的波兰意识形态批评流派，科西克等人所代表的捷克人本主义流派，在总体上都属于东欧新马克思主义。苏联和东欧国家的马克思主义哲学研究内容上存在着交叉性，但苏联模式马克思主义哲学主要表现为对斯大林哲学体系的弘扬和对马克思主义哲学的阐发，东欧新马克思主义则表现为对斯大林哲学体系的批判和对马克思主义哲学的重建，二者各有自己的理论内容和理论特征。

第三种是俄罗斯马克思主义哲学研究，即苏联解体以后俄罗斯哲学家对马克思主义哲学的反思和再认识。以 1991 年苏联解体为标志，俄罗斯社会发生了重大转折。重大的社会转折以及由此带来的巨大的心灵动荡，使俄罗斯哲学在短暂的"休克"之后表现出未曾有过的活力。马克思主义哲学所注重的世界观，对客观规律和科学认识的追求，逐渐退出了哲学舞台的中心。对苏联历史的反思，对俄罗斯发展道路的探索，对人类未来的关切，成为俄罗斯哲学关注的焦点。特别是在对马克思主义哲学和社会主义道路的反思，对西方工业文明的批判，对全球性问题的探讨等方面提出了一些深刻而富有新意的思想。随着苏联的渐行渐远，俄罗斯学者们已经逐渐改变了对马克思主义激情式的彻底否定态度，重新以客观的、理智的、冷静的心态研究马克思主义哲学。从中既可以看到以谢苗诺夫为代表的"正统"马克思主义哲学，也可以看到斯焦宾等人对马克思主义哲学的分析批评，并从社会生物学的角度对唯物史观进行了系统阐发。

这些社会思潮、理论模式和研究范式从不同层次、不同角度，对马克思主义哲学做了许多新的探索，为我们提供了一个多维视野中的马克思。其意义不仅表明在马克思主义哲学史上对马克思主义哲学的理解存在着不同的观点和流派，而且表明马克思主义哲学研究已突破单一的模式，呈现出解释的多元化格局；不仅为马克思主义哲学研究提供了更多的可能途径，而且为解读马克思主义哲学文本提供了更多的方法。例如，卢卡奇和柯尔施的总体性方法启示我们，要把马克思主义经典文本作为整体来把握，而不能简单地把它分割为哲学的、政治经济学的和科学社会主义的；阿尔都塞的症候式解读方法启示我们，阅读马克思主义哲学不能停留在字面上，而要努力追踪它的问题框架，发现表象背后隐秘的、被遮蔽的方面；吕贝尔、费切尔的文本解读方法启示我们，不仅要全面研究马克思哲学在各个领域的思想特征，而且要深入研究马克思著作中概念、范畴乃至思想的演变；德里达的解构式阅读方法则启示我们，即使在马克思主义哲学的同一文本中也存在着张力和冲突，要善于思考其间的断裂和缝隙；沙夫的"人的哲学"启示我们，关注人的存在、人的自由和人的困境是马克思主义哲学的重要内容，哲学研究应当探讨不同历史条件下人类所面临的重大现实问题和理论问题，并使现实中的问题上升到哲学中的问题；科普宁的"认识论主义"研究方法启示我们，认识不是盲目地跟随客体，而是创造性地反映客体，如此等等。

毋庸讳言，20世纪80年代以来，中国马克思主义哲学界关于人的价值和人道主义问题的研究，关于主体性和实践唯物主义的研究，关于交往和社会本体论的研究，以及文化哲学、生存哲学、生活世界理论等等，从争论的议题到基本的依据，都既有中国现实的基础，又在一定程度上受到西方马克思主义、东欧新马克思主义的激发。90年代以后，中国学者"重读马克思"、"回到马克思"、"走近马克思"、"走进马克思"一类的研究进路，都直接或间接地受到西方马克思主义、马克思学的影响。对于当代国外马克思主义、马克思学以及马克思主义哲学研究，我们不能采取简单拒斥的态度，而应在批判它们错误的同时，对它们提出的重要问题和具有启发性的思想进行反思，以扩大自己的理论视野。无论在哪一个时代，马克思主义如果忽视对同时代理论成果的批判考察和借鉴，把自己同整个时代的文化背景和社会思潮隔离开来，就会由于孤立而走向枯萎。

在充分肯定当代国外马克思主义、马克思学以及马克思主义哲学研究的意义及其对中国马克思主义哲学研究具有启示性的同时，对它们的局限及其对中国马克思主义哲学研究的负面影响也应有清醒的认识。无论是西方马克思主义、马克思学，还是苏联模式马克思主义哲学、东欧新马克思主义，以及当代俄罗斯学者对马克思主义哲学的研究，都没有也不可能达到马克思主义哲学研究的"终极真理"状态。它们的确看到了某些合理的事实，但往往又把这些合理的事实溶解在不合理的理解之中。即使是西方马克思主义对资本主义的批评，在今天也更多地表现为文化批评、文学批评，乃至符号的、修辞的批评，由此一路狂奔和下滑，走向虚无和颓废，并没有为社会发展提供现实的指向。因此这样的批评很难称得上是对马克思主义批判理论的继承和发挥。更重要的是，自法兰克福学派之后，西方马克思主义和社会实践无缘，在相当程度上成为书斋里的批判。正如佩里·安德森在《西方马克思主义探讨》一书中所说，这些学说"以自己密码式的语言说话"，其"首要的最根本的特点就是，它在结构上与政治实践相脱离"。而德里达在苏东巨变后之所以不断"靠近马克思"，实质上是从解构主义立场出发为马克思辩护，同时运用马克思主义方法来旁证解构主义。在这一"联姻"过程中，马克思主义已被德里达在解构性的阅读中重新书写了，马克思主义成为一种解构主义版本的马克思主义……在一定意义上，一个完整的马克思主义哲学在这些不同的学派、学说和思潮中被肢解了。在当代，无论是西方马克思主义，还是东欧新马克思主义，抑或是苏联模式马克思主义哲学都已经成为思想博物馆的标本陈列于世，而不是兴盛于世了。

当代国外马克思主义、马克思学以及马克思主义哲学研究对我们摆脱对马克思主义哲学教条化的理解，具有一定的启示意义，但过高评价它们，则会妨碍我们进一步的思考；笼统地谈论国外马克思主义、马克思学以及马克思主义哲学研究的高度，无助于我们的研究工作，相反，倒有可能混淆它们内部的张力和冲突。国外马克思主义、马克思学以及马克思主义哲学研究不乏深刻之处，同时也有许多误读、误解乃至歪曲马克思主义哲学的思想。质言之，它们为我们重新理解马克思主义哲学开启了广阔的语义空间，提示了种种可能的思路，具有积极的意义，但如果把它们当作马克思主义哲学的"最高境界""最佳视角""终极真理"来仰视，不仅丝毫无益于马克思主义哲学的发展，而且会使我们的马克思主义哲学研究走向迷途。历史已经证明，凡是以终极真理自诩的思想体系，如同希图万世一系的封建王朝一样，无一不走向没落。

如何理解马克思主义哲学的主旨，如何从根本上和整体上把握马克思主义哲学，中国的马克思主义者已经并继续在做出积极的回答。中国马克思主义者对马克思主义哲学所做的最大贡献，就是使马克思主义哲学中国化，就是使马克思主义哲学与中国实际相结合，与中国社会实践相结合，与中国传统哲学相结合，体现马克思主义哲学的实践性、时代性、民族性，使马克思主义哲学成为具有中国特性、中国作风与中国气派的哲学形态。马克思主义哲学中国化是中国马克思主义者研究马克思主义哲学的根本指向，也是当代马克思主义哲学研究的第四种路径。

哲学研究不能仅仅成为哲学家之间的"对话"，更不能成为哲学家个人的"自言自语"。马克思主义哲学研究必须深入现实，超越现实。当代中国最大的现实就是建设和发展中国特色社会主义。这一实践活动把现代化、市场化和社会改革这三重重大的社会变迁浓缩在同一个时空中进行，构成了一场极其特殊、复杂、艰难，史无前例而又波澜壮阔的伟大的社会变革，它必然会引起一系列重大而深刻的哲学问题，必然为当代中国马克思主义哲学研究开辟一个广阔的社会空间。关注这一现实，由此引发对马克思主义哲学民族形式和当代形态的思考与建构，反过来，以一种当代中国的马克思主义哲学引导现实运动，这是中国马克思主义者应有的良心和使命。当代中国马克思主义者不辱使命，无论是从研究深度来说，还是就研究广度而言，当代中国马克思主义哲学研究都在马克思主义哲学史上留下了浓墨重彩的一章。

因此，我们编纂了《当代学者视野中的马克思主义哲学》丛书。这套丛书是中央实施马克思主义理论研究和建设工程课题《马克思主义哲学》、国家社会科学基金重大课题"马克思主义哲学基础理论研究"、教育部哲学社会科学研究重大课题攻关项目"马克思主义哲学体系创新研究"的阶段性成果。

《当代学者视野中的马克思主义哲学》力求根据马克思主义哲学研究的当代性、广泛性和学术性，按照当代西方、当代东欧和苏联、当代俄罗斯和当代中国四个角度，汇集了当代学者对马克思主义哲学的种种解说和阐释，使马克思主义哲学研究的当代境遇凸显出来，使马克思主义哲学与时代课题的联系多方面地显示出来。这套丛书所选材料中的立场、观点和方法并不一致，它们之间的差别有时非常大甚至可能是对立的，但也正因为如此，这些研究材料的作用和意义就会是多重的，其中所包含的一致、差别和对立能够为马克思主义哲学中国化提供不同的参考维度，提供较大的思考空间。我们并非完全同意这套丛书所选材料的观点或结论，但我们不能不敬佩这些思想家在如此广泛的领域里所进行的认真探索；我们未必非常欣赏由这些材料所构成的画面，但它的斑斓五彩不能不在这一方面或那一点上燃起我们探索的激情。同时，透过这些观点、学说和学派，我们会体验到，在当代，没有任何一种哲学思潮或哲学流派能够取代马克思主义哲学，这些思潮、学派走马灯似的生命周期本身就是最好的证明。马克思主义哲学的确是"我们时代唯一不可超越的哲学"。当然，随着自然科学的重大发现和社会生活的重大变化，马克思主义哲学应当也必须研究新的课题，应当也必须改变自己的理论形式，应当也必须调整、充实和丰富自己的理论内容。但是，课题的更新，形式的改变，内容的丰富，应当也必须沿着马克思开辟的方向进行，另谋"出路"是没有出路的。在编纂《当代学者视野中的马克思主义哲学》的过程中，我们深深地体会到，马克思仍然活着，马克思与我们同行。

目录

罗素

　　罗素（Bertrand Russel，1872—1970），20 世纪最负盛名的英国哲学家、逻辑学家、数学家和散文作家，分析哲学的创始人之一。罗素出身贵族家庭，其祖父曾两度担任维多利亚女王的首相。他自幼酷爱数学，并于1890 年入剑桥三一学院学习数学和哲学，毕业后于1910 年在该学院任教。第一次世界大战期间因参加反战活动被革除教职。1920 年访苏，1920～1921 年在中国访问讲学。1931 年继任其兄伯爵之位。1938 年后在美国讲学，曾任哈佛大学、芝加哥大学、加利福尼亚大学客座教授。1944 年重返剑桥三一学院任教。1950 年因《西方哲学史》一书获诺贝尔文学奖。20 世纪 50 年代后，罗素积极倡导和参加世界和平运动，反对核试验和美国发动的越战，曾与法国哲学家萨特等人组织并主持了国际战犯审判法庭。

罗素著作颇丰，有四十余部。其中哲学著作主要有《数学的原理》（1903）、《哲学问题》（1912）、《数学原理》（1910～1913）、《关于我们外部世界的知识》、《数理逻辑导论》（1918）、《心的分析》（1921）、《物的分析》（1927）、《对意义和真理的探讨》（1940）、《西方哲学史》（1945）、《人类的知识》（1948）、《我的哲学的发展》（1959）等。

罗素思想的一个突出特点就是多变。他最初曾深受新黑格尔主义者布拉德雷的影响，信奉绝对唯心主义，认为数学就是柏拉图"理念"的明证。但是在19世纪末他与摩尔一起领导了对绝对唯心主义的反叛，成为新实在主义者。20世纪初受到皮亚诺数理逻辑的影响，他的思想又转向了逻辑分析哲学，他把逻辑分析当作哲学的本质，把经验主义同现代逻辑结合起来，要求从与逻辑上的原子命题相应的原子事实来构造整个世界。后来又受到马赫的影响，认为原子事实即是感觉经验材料，既不是物理的，也不是心理的，而是中立的，他把这种理论称为中立一元论，期望来超越唯物主义和唯心主义的对立。

本书选取了罗素的论文集《自由与组织》中的论文《辩证唯物主义》和他的《西方哲学史》第二十七章《卡尔·马克思》。在前一个文本中，罗素首先指明马克思和恩格斯关于历史发展的理论叫作"辩证唯物主义"。它由形而上学和方法两个部分组成。接着，罗素具体论述了这两个方面。罗素认为，"辩证唯物主义"的形而上学部分，就是指唯物主义，它关涉人类的实际事务，但是人类的实际事务与形而上学没有任何关联，马克思之需要形而上学，其出发点跟杜威一样，只是一种实用主义或工具主义的见解。因此，马克思的唯物主义不是一种哲学的唯物主义，而只是强调产生社会现象的经济原因。罗素认为，尽管经济的原因是历史上大多数巨大运动的基础，但是也不能否认像偶然事件、种族或民族冲突、重大疾病、水文地理等原因。而"辩证唯物主义"的方法部分指历史中的辩证法。马克思的辩证法尽管颠倒了黑格尔的辩证法，认为只有物质才是根本的实在，但是他还是认为世界是按照一个逻辑的公式朝着更先进的制度发展的。罗素认为，从历史上的先例来看，不能排除人类社会回到野蛮状态的可能性，马克思和恩格斯只看到进步的可能性，那只不过是19世纪的乐观主义罢了；另外，按照马克思的观点，辩证法在本质上应该是革命的，但他并没有预言共产主义建立之后还要再发生革命。

在后一个文本中，罗素评价了马克思其人其论。罗素认为，马克思是一个反对浪漫主义的理性主义者，合乎科学始终是他的目的；马克思又是一个全新的唯物主义者，这种唯物主义称作"辩证唯物主义"，它比较接近于工具主义；马克思还是一个黑格尔的后继者，他相信有一个合理的公式能够概括人类的进化。他的历史哲学是黑格尔哲学和英国经济学的掺和体，因此他的历史哲学可称为"唯物史观"，这里的"物"就是指经济。最后，罗素认为，作为哲学家的马克思的严重的缺点，就是他过分地关注他那个时代的问题，以及相信信仰进步的必然性，并希望通过阶级斗争来达到这种进步，而这仅仅是19世纪的一个特色而已。

辩证唯物主义[①]

    马克思和恩格斯对理论的贡献有两个方面：一是马克思的剩余价值理论；二是他们共同的关于历史发展的理论，叫作"辩证唯物主义"。我们将首先考察后者，我看它比前者更真实，并且更重要。

    首先，让我们弄清楚辩证唯物主义的理论是什么。它是一种具有不同组成部分的理论。在形而上学方面，它是唯物主义的；在方法上，它采用了黑格尔所提出的辩证法的形式，但在很多重要方面又与黑格尔不同。它从黑格尔那里接受了一种进化论的观点，而在这种观点中进化的阶段可以用清晰的逻辑术语来表示。这些变化，与其说是在伦理的意义上，还不如说是在逻辑的意义上，才具有发展的性质——换句话说，它们是按照一个有充分智力的人在理论上所预言的进程来进行的，而马克思本人则声称他已经在其主要轮廓

---

  ① 选自《论历史》，桂林，广西师范大学出版社，2001。

上预言了这个进程表，一直到共产主义普遍建立时为止。它的形而上学即唯物主义，就其有关人类事务方面而言，则被解说成为一种学说，即：产生一切社会现象的主要原因是在一个特定时期内占统治地位的生产方法和交换方法。关于这一理论的最清楚的阐述，可以在恩格斯的《反杜林论》一书中找到，其中的有关部分在英国则以《社会主义从空想到科学的发展》为标题而问世。下面的几段摘录将为我们提供原文："结果发现：以往的全部历史，除原始状态外，都是阶级斗争的历史；这些互相斗争的社会阶级在任何时候都是生产关系和交换关系的产物，一句话，都是自己时代的经济关系的产物；因而每一时代的社会经济结构形成现实基础，每一历史时期由法律设施和政治设施以及宗教的、哲学的和其他的观点所构成的全部上层建筑，归根到底都是应由这个基础来说明的。"① 按照马克思和恩格斯的观点，这一原则的发现就证明了社会主义的到来是不可避免的。"因此，社会主义现在已经不再被看做某个天才头脑的偶然发现，而被看做两个历史地产生的阶级无产阶级和资产阶级间斗争的必然产物。它的任务不再是想出一个尽可能完善的社会制度，而是研究必然产生这两个阶级及其相互斗争的那种历史的经济的过程；并在由此造成的经济状况中找出解决冲突的手段。可是以往的社会主义同这种唯物主义历史观是不相容的，正如法国唯物主义的自然观同辩证法和近代自然科学不相容一样。以往的社会主义固然批判过现存的资本主义生产方式及其后果，但是它不能说明这个生产方式，因而也就不能对付这个生产方式；它只能简单地把它当做坏东西抛弃掉。它愈是义愤填膺地反对这种生产方式必然产生的对工人阶级的剥削，就愈是不能明白指出这种剥削在哪里和怎样发生。"②

上述的理论就叫作辩证唯物主义，也叫作唯物主义历史观。恩格斯说："唯物主义历史观从下述原理出发：生产以及随生产而来的产品交换是一切社会制度的基础；在每个历史地出现的社会中，产品分配以及和它相伴随的社会之划分为阶级或等级，是由生产什么、怎样生产以及怎样交换产品来决定的。所以，一切社会变迁和政治变革的终极原因，不应当在人们的头脑中，在人们对永恒的真理和正义的日益增进的认识中去寻找，而应当在生产方式和交换方式的变更中去寻找；不应当在有关的时代的哲学中去寻找，而应当在有

---

① 《马克思恩格斯选集》第 3 卷，423 页，北京，人民出版社，1972。

② 同上书，423～424 页。

关的时代的经济学中去寻找。对现存社会制度的不合理和不公平、对'理性化为无稽，幸福变成苦痛'的日益清醒的认识，只是一种征象，表示在生产方法和交换形式中已经静悄悄地发生了变化，适合于早先的经济条件的社会制度已经不再和这些变化相适应了。同时这还说明，用来消除已经发现的弊病的手段，也必然以多少发展了的形式存在于已经发生变化的生产关系本身中。这些手段不应当从头脑中发明出来，而应当通过头脑从生产的现成物质事实中发现出来。"①

导致政治动荡的各种冲突，主要的并不是人类在见解和感情上的精神冲突。"生产力和生产方式之间的这种冲突，并不是象人的原罪和神的正义的冲突那样产生于人的头脑中，而是实际地、客观地、在我们之外、甚至不依赖于引起这种冲突的那些人的意志或行动而存在着。现代社会主义不过是这种实际冲突在思想上的反映，是它在头脑中、首先是在那个直接吃到它的苦头的阶级即工人阶级的头脑中的观念的反映。"② 唯物主义历史观在马克思和恩格斯合写的早期著作《德意志意识形态》（1845～1846）中有很好的叙述。那里面说，唯物主义的理论是从一个时代的生产实际过程出发的，并且把与这一生产方式相联系并由其所产生的经济生活方式看作是历史的基础。他们说，这就可以说明市民社会的各个不同阶段及其作为国家的作用。而且，唯物主义理论从经济基础出发，可以解释诸如宗教、哲学和道德等问题以及它们的发展原因。

以上这些引文也许足以说明这种理论是什么了。但只要用批判的眼光加以研究，马上就会发现许多问题。在谈到经济学之前，人们不禁要问：首先，唯物主义在哲学上是否正确。其次，马克思主义关于发展的理论中所包罗的黑格尔的辩证法因素脱离了自成体系的黑格尔主义，是否还能被证明是正确的。随之而来的另一个问题是，关于经济发展方面，这些形而上学的学说同历史的论点究竟有没有任何关联。最后则是对于这一历史论点本身的考察。为了预先申述我所要证明的东西，我要提出：（1）唯物主义在某种意义上，可能是正确的，尽管我们并不知道是否如此。（2）马克思从黑格尔那里所接受过来的辩证法因素，使他把历史看作是比实际上更合理的过程，同时使他确信一切变化在某种意义上都必定是前进的，并

---

① 《马克思恩格斯选集》第3卷，424～425页，北京，人民出版社，1972。

　② 同上书，425～426页。

使他对于未来有一种必然的感觉，但关于这一点并没有什么科学的根据。（3）如果他的形而上学是虚假的，那么他的全部经济发展理论很可能是完全确实的；如果他的形而上学是确实的，那么他的全部经济发展理论很可能是完全虚假的；而且要不是黑格尔的影响，他决不会想到，一个如此纯属经验的问题可以依赖于抽象的形而上学。（4）至于经济史观，在我看来大体上是很确实的，而且是对社会学的一个最重大的贡献；可是我不能把它看成是全部确实的，也不相信一切伟大的历史变化都应当看成是发展。让我们一个一个地来谈这些观点。

一、唯物主义

马克思的唯物主义是一种特殊的唯物主义，和 18 世纪的唯物主义毫无共同之处。当他谈到"唯物主义历史观"时，他从不强调哲学的唯物主义，而只是强调产生社会现象的经济原因。他的哲学见解最明确地（虽然很简短）表述在他的《关于费尔巴哈的提纲》（1845）中。在这本书里他说："从前的一切唯物主义——包括费尔巴哈的唯物主义——的主要缺点是：对事物、现实、感性，只是从客体的或者直观的形式去理解，而不是把它们当作人的感性活动，当作实践去理解，不是从主观方面去理解。所以，结果竟是这样，和唯物主义相反，唯心主义却发展了能动的方面……"

"人的思维是否具有客观的真理性，这并不是一个理论的问题，而是一个实践的问题。人应该在实践中证明自己思维的真理性，即自己思维的现实性和力量，亦即自己思维的此岸性。关于离开实践的思维是否具有现实性的争论，是一个纯粹经院哲学的问题。"

"直观的唯物主义，即不是把感性理解为实践活动的唯物主义，至多也只能做到对'市民社会'的单个人的直观。"

"旧唯物主义的立脚点是'市民'社会；新唯物主义的立脚点则是人类社会或社会化了的人类。"

"哲学家们只是用不同的方式解释世界，而问题在于改变世界。"[①]

在这些论题的前几部分所提出的哲学，就是后来通过杜威博士

① 《马克思恩格斯选集》第 1 卷，16、18、19 页，北京，人民出版社，1972。

的著作，被称为实用主义或工具主义而为哲学界所熟知的东西。杜威博士是否觉察到自己被马克思占了先，我不知道；但是就物质的形而上学地位来说，则毋庸置疑他们两人的见解实质上是相同的。鉴于马克思极为重视他的物质理论，更详尽地陈述一下他的观点也许是值得的。

"物质"的概念在旧式的唯物主义那里是和"感觉"的概念密切联系着的。物质被当作是感觉的原因，而且最初还被当作感觉的对象，至少就视觉和触觉而论是这样。感觉被看作是人处于被动地位、只从外部世界接受印象的那种现象。然而这种把感觉作为被动的概念——工具主义者坚决这样主张——却是一种不真实的抽象，并没有任何实际的事物与之相符。试看一个动物接受与另一个动物有关的印象：它的鼻孔张开着，它的耳朵抽搐着，它的眼睛正对着要害之点，它的肌肉紧张起来，在为恰当的运动作准备。所有这些都是行动，这种行动主要是为了改进印象的信息质量（informative quality），在一定程度上则是要导致与对象有关的新行动。一只猫在看一只老鼠时，决不是纯粹静观式的印象的一个消极接受者。一个纺织工人与一捆棉花，犹如一只猫之与一只老鼠。一捆棉花是一个行动机会，它是某种要被改造的东西。要把它加以改造的那架机器，显而易见是人类活动的产物。按照马克思的看法，大致说来，看待一切物质都应当同我们很自然地看待机器那样：它具有一种原料，给人以行动的机会，但它加工完成后的形态却是人类的一种产物。

哲学曾经从希腊人那里接受了一种消极静观的概念，并且认为知识是靠静观而获得的。马克思则坚持认为，我们始终是积极主动的，即使当我们最接近于纯"感觉"的时候：我们决不只是觉察到我们周围的环境，而始终是同时在改变着它。这就必然使旧的知识概念不适用于我们与外部世界的真实关系。我们不能在消极接受一个客体的印象那种意义上来认知客体，我们只能在可以成功地对客体起作用那种意义上来认知客体。这就是为什么对一切真理的检验都是实践。既然我们在作用于客体的时候，我们就改变了它，所以真理就不再是固定的，而是成了某种不断在变化着和发展着的东西。这就是为什么马克思把他的唯物主义叫作"辩证的"，因为正像黑格尔的辩证法那样，它在本身之内就包含着一条前进变化的根本原则。

我认为也许可以怀疑恩格斯究竟是否完全理解马克思关于物质的性质以及关于真理的实用主义特征的观点；无疑地，他认为他自己和马克思是一致的，但是事实上他却更接近于正统的唯物主义。恩格斯在 1892 年为《社会主义从空想到科学的发展》一书所写的序言中，按照他自己的理解解释了"历史唯物主义"。在这里，分配给行动的作用，似乎被归结为科学地验证这项传统的工作。他说："对布丁的检验在于吃。当我们按照我们所感知的事物特性来利用这些事物的时候，我们就让我们的感性知觉的正确性受到确实可靠的检验。……到目前为止，没有一个例子迫使我们得出这样的结论：我们的经过科学检验的感性知觉，会在我们的头脑中造成一种在本性上同现实不符合的关于外部世界的观念；或者在外部世界和我们关于外部世界的感性知觉之间，存在着天生的不一致。"①

　　这里并没有一点马克思的实用主义的影子，也没有一点关于可感觉的客体大部分只是我们本身活动的产物这一学说的影子。但是这里也没有任何不同意马克思的痕迹。也许是马克思在晚年修改了自己的观点；但是看来更有可能的却是，在这个问题上正如在一些别的问题上一样，他同时有着两种不同的观点，使用这一个观点还是另一个观点，要看哪一个适合于他的论证的目的。他肯定地认为，某些命题的"正确性"不只是从一种实用主义的意义来说的。当他在《资本论》中提出皇家委员会所报道的那种工业制度的残酷事实时，他肯定认为这类残酷事实是确实发生过的，而不仅仅认为成功的行动（successful action），只要假定其曾经发生过，就会发生。同样，当他预言共产主义革命的时候，他相信会有这样的事情，而决不仅仅因为方便而这样想。所以，他的实用主义必然仅仅是偶尔出现的——实际上是，根据实用主义的理由，在便于为它辩护的时候才出现的。

　　值得提出的是，列宁不承认在马克思和恩格斯之间有任何分歧，却在他的《唯物主义和经验批判主义》中采取了更接近于恩格斯的而不是马克思的观点。

　　至于我的看法，尽管我并不认为唯物主义能够被证实，我却认为列宁所说的关于唯物主义并没有被现代物理学所否证的说法是正确的。从他那时起，主要是作为对列宁的成功的一种反应，一些可尊敬的物理学家已经离唯物主义越来越远；而他们自己和一般人都自然而然地认为，正是物理学造成了这种趋势。我同意列宁所说的，自从贝克莱那时以来，除了一个例外，实质上再没出现过任何新的论据。说来也奇怪，这一个例外就是马克思在他的《关于费尔巴哈

---

① 《马克思恩格斯选集》第 3 卷，386～387 页，北京，人民出版社，1972。

的提纲》中所提出的论据，但却完全被列宁所忽略了。如果没有感觉这样的东西，如果物质作为我们被动地感知的某种东西只是一种错觉，如果"真理"是一种实践的而非一种理论的概念，那么旧式的唯物主义，例如列宁的唯物主义，就会站不住脚。而且贝克莱的观点也会同样站不住脚的，因为它抽掉了与我们的主动活动有关的那种客体。马克思的工具主义的理论，尽管他称之为唯物主义的理论，实际上却不是这样的。它那种论据在反对唯物主义这一点上，无疑是非常有力的。至于它最终是否有效，却是一个困难的问题，对此我不想表示意见；因为我如果不写一篇完整的哲学论文是不可能做到这一点的。

二、历史中的辩证法

黑格尔的辩证法是一种血肉丰满的东西。如果你从任何局部的概念出发并去思索它，它就会立刻转化为它的反面；它和它的反面就会结合成一个综合，这又会成为另一个类似的运动的出发点，这样下去直到你达到绝对观念为止，你可以对这个绝对观念随意加以思考而不会再发现任何新的矛盾。世界在时间中的历史发展，只不过恰好是这个思想过程的客观化而已。这种观点对于黑格尔来说是可能的，因为他认为精神是根本的实在；对于马克思则相反，只有物质才是根本的实在。然而他却依然认为，世界是按照一个逻辑的公式发展着的。在黑格尔看来，历史的发展就像一局象棋一样地合乎逻辑。马克思和恩格斯遵守象棋的规则，同时却认为棋子是按照物理学的规律在使自己移动的，而无须下棋的人的干预。我在上面所引述的恩格斯的一些话中，恩格斯说："用来消除已经发现的弊病的手段，也必然以多少发展了的形式存在于已经发生变化的生产关系本身中。"[①] 这个"必然"就透露了黑格尔关于逻辑统治着世界这一信念的残余。为什么政治冲突的结局就应该总是建立某种更为先进的制度呢？事实上，无数先例的情况并非如此。野蛮人入侵罗马并没有产生更为先进的经济形式，把摩尔人[②]从西班牙驱逐出去，

---

① 《马克思恩格斯选集》第3卷，425页，北京，人民出版社，1972。

② 摩尔人（英文为 Moors，西班牙文为 Moros），为阿拉伯人和柏柏尔人的混合种族，公元711年入侵西班牙并占领了比利牛斯半岛的大部分。15世纪末、16世纪初，西班牙形成统一国家并收复了半岛，西班牙统治者迫害并驱逐了摩尔人。

或者是在法国南部消灭了阿尔比教派①也同样没有做到这点。在荷马时代之前，迈锡尼文明就已经毁灭了，并且过了许多世纪才又在希腊形成了一个发达的文明。这些衰颓和倒退的例子，在历史上至少是和发展的例子一样多而且一样重要。在马克思和恩格斯的著作中所出现的与此相反的观点，只不过是 19 世纪的乐观主义罢了。

　　这是一个既有理论上的又有实践上的重要性的问题。共产主义者总是设想，共产主义和资本主义之间的冲突，尽管可能暂时是资本主义取得部分的胜利，但到头来必然导致共产主义的建立。他们并没有展望另一种同样是十分可能的结局，即可能回到野蛮状态。我们都知道，现代战争是一个相当严肃的问题，在下一次的世界大战中，大部分居民很有可能实际上将被毒气和细菌所灭绝。在巨大的人口中心和最重要的工业区都被消灭了的一场战争之后，难道可以严肃地设想幸存的居民会有心思去建立科学的共产主义吗？幸存者们将处于目瞪口呆和由迷信引起的残暴状态，大家为了最后一个萝卜或最后一棵饲料菜而争斗，实际情况难道不是肯定会如此吗？马克思经常在大英博物馆从事他的工作，但在世界大战后，英国政府把一辆坦克放在了博物馆外面，大概是要教导知识分子们懂得自己的处境。共产主义是一种高度理智的、高度文明的学说，它固然可以在一场小规模的预备性的战争之后建立起来，就像俄国经历了1914～1918 年那种战争之后那样；但是在一次真正严重的战争之后，就很难说了。我恐怕武断的乐观主义必然会被看作是维多利亚时代②的遗风。

　　关于共产主义对辩证法的解释，还有另一个奇怪的论点。大家都知道，黑格尔是以普鲁士国家来结束他对历史的辩证叙述的。按照黑格尔的说法，普鲁士国家就是绝对观念的完美体现。对于普鲁士国家毫无感情的马克思，把这种说法看作是一种站不住脚的和软弱无力的结论。他说，辩证法在本质上应该是革命的，似乎暗示辩证法不可能达到任何最后的静止状态。然而我们却没有听说共产主义建立之后还要再发生什么革命。在《哲学的贫困》最后一节中，他说："只有在没有阶级和阶级对抗的情况下，社会进化将不再是政

---

① 阿尔比教派（Albigenses），12 世纪中叶，在法国南部以阿尔比城为中心产生的异端运动。13 世纪初，在教皇英诺森三世的号召下，法国北部封建主组织反阿尔比教派十字军，镇压了阿尔比教派。

② 维多利亚（Alexandrina Vicioria，1819—1901，1837～1901 年为英国女王）在位期间，英国曾经取得世界贸易和工业的垄断地位。

治革命。"①

这些社会的进化将是什么样子，或者，没有阶级冲突这一动力，社会的进化将怎样实现，马克思并没有说。的确，根据他的理论，很难看出怎样才可能有进一步的发展。除了根据当前政治的观点外，马克思的辩证法并不比黑格尔的辩证法更革命些。况且，按照马克思的说法，既然一切人类的发展都是由阶级冲突所支配的，而且既然在共产主义之下将只有一个阶级，由此可见，就不能有更进一步的发展，人类就必然永远都处于拜占庭式的静止状态中。这看来是讲不通的；这就提示了，政治事件除去马克思所考虑的那些原因外，必定还有其他可能的原因。

三、与形而上学毫不相干

据我看来，那种认为形而上学与实际事务有任何关联的信念，是逻辑上无能的一个证据。人们发现物理学家们有各种各样的意见：有些追随休谟，有些追随贝克莱，有些是传统的基督教徒，有些是唯物主义者，有些则是感觉论者，有些甚至是唯我论者。这对他们的物理学并没有造成什么分歧。对于日食、月食将在什么时候发生，或者一座桥梁稳固性的条件是什么，他们并没有不同的看法。那是因为，在物理学里面有着某些真正的知识，一个物理学家不管拥有什么样的形而上学的信念，都必须使自己适应于这种知识。如果社会科学确有什么知识的话，情况也同样如此。凡是形而上学对于达到一个结论确实有用时，都是因为那个结论不能用科学的方法达到，也就是说因为并没有什么很好的理由可以认为它是正确的。凡是可以知道的东西，都不需要形而上学就可以知道；而凡是需要形而上学来证明的东西，都是不可能证明的东西。事实上马克思在他的书里提出了许多详细的历史论据，那大体上都是十分健全的，但是没有一个历史论据是以任何方式依赖于唯物主义的。就以自由竞争导致了垄断这一事实为例来说吧，这是一件经验的事实，不管一个人的形而上学可能是什么，这个事实的证据都是同样明显的。马克思的形而上学通过两种途径出现：一方面是把事物弄得比现实生活更整齐、更干瘪和更精确；另一方面，是赋之以一种关于未来的必然

---

① 《马克思恩格斯全集》第4卷，198页，北京，人民出版社，1958。

性，而那却是超乎科学态度所能保证的范围之外的。但是，只要他那关于历史发展的学说能够被证明是正确的，那么他的形而上学就是毫不相干的。共产主义是否会变得普及的问题，全然与形而上学无关。也许形而上学在斗争中是有用的：早期伊斯兰教对别人进行征服，多半是一种信仰所促成，即认为在战争中死去的信徒直接进入了天堂；同样，共产主义者取得的成就，也可能是由一种信仰所鼓舞。另外，有很多人对下述情况感到厌恶，即他们不得不表示信奉那些没有得到证明的学说，失去这样一些人的支持，应当算作是形而上学所造成的一种损失。

四、历史中的经济因果关系

我大体上同意马克思的观点：经济的原因是历史上大多数巨大运动的基础，不仅是政治运动，而且也有像宗教、艺术和道德这样一些领域里的运动。不过，这里要做一些重要的保留。首先，马克思没有充分考虑到时间差，例如，基督教兴起于罗马帝国，并在很多方面都带有那个时代的社会制度的烙印；但是基督教经过许多次的变革而幸存下来了。马克思却把它看作是垂死的。"当古代世界走向灭亡的时候，古代的各种宗教就被基督教战胜了。当基督教思想在十八世纪被启蒙思想击败的时候，封建社会正在同当时革命的资产阶级进行殊死的斗争。"[1] 然而，在马克思自己的国家里，基督教始终是实现马克思思想的最大障碍，而且在整个西方世界，基督教的政治影响仍然是巨大的。我认为，人们也许会承认，凡是获得成功的新学说都必定与其当时的经济状况有某些联系，但是，一些旧的学说（old doctrines）在没有任何这类重大关系的情况下，也能持续存在许多个世纪。

我认为，马克思的历史理论中过于肯定的另一个观点是，他不肯考虑这样一个事实：当两大势力处于势均力敌的时候，一点微小的力量就可以打破这种平衡。即使承认大的势力是由经济原因所产生，但大势力中的哪一方获得胜利，也常常要取决于十分微小的和偶然的事件。人们在阅读托洛茨基关于俄国革命的论述时，很难相信列宁是无关紧要的；但是德国政府是否允许列宁回到俄国去，则

① 《马克思恩格斯选集》第 1 卷，271 页，北京，人民出版社，1972。

是十分偶然的事情。如果有关的某位部长碰巧在某天早晨害了消化不良症，当他实际上说"是"的时候，他也许说了"不"；那么我并不认为有理由说，没有列宁，俄国革命也会获得这样的成就。再举一个例子，如果普鲁士人在瓦尔密战役①中碰巧有一位优秀的将军，他们也许已扑灭了法国大革命。再举一个更为异想天开的例子：人们也许会振振有词地说，如果亨利八世②没有和安·鲍林③谈恋爱的话，那么美国现在就不会存在。正是由于这件事，英国和罗马教廷决裂，从而不承认教皇把美洲作为礼物赠予西班牙和葡萄牙。如果英国仍然信奉天主教，那么现在是美国的这个地方，很可能已成为西班牙在美洲的一部分了。

这就使我有了另一个看法，马克思的历史哲学是有缺点的。他把经济的冲突看作永远是阶级之间的冲突，然而大多数的冲突却是种族或民族之间的。19世纪初英国的工业主义是国际主义的（internationalist），因为它期望保持它对工业的垄断。马克思的看法，正如科布登那样，认为世界正在日益成为大一统的世界（cosmopolitan）。可是俾斯麦却把事情引到了不同的方向，从此以后，工业主义越来越成为民族主义的了。甚至资本主义和共产主义之间的冲突，也日益采取了民族间的形式。当然，民族之间的冲突很大一部分确实是经济上的，但是世界以民族来组合，这件事本身主要地却不是由经济原因所决定的。

历史中极其重要的另一种原因，是那些可以称作医学的东西。例如，黑死病就是马克思深知其重要性的一件事情，但是黑死病的发生只有一部分是经济的原因。毋庸置疑，黑死病不会发生在有较高经济水平的居民中。可是，欧洲有许多世纪像是1348年④一样贫穷，因此流行病的近因就不可能是贫穷。再拿热带地区的疟疾和黄热病流行这样一个问题以及这些疾病现已可预防这一事实来说，这是一个具有非常重要经济后果的问题，虽则它本身并不具有经济性质。

马克思的理论中最需要改正的问题，就是关于生产方式变革的

---

① 1872年9月20日法国革命军在马恩省瓦尔密（Valmy）附近战胜普鲁士军的一次决定性战役。

② 亨利八世（Henry Ⅷ，1509—1547），英国国王，于1533年和罗马教廷决裂。1534年国会通过"至高法案"，宣布国王为英国教会最高领袖，不承认罗马教廷的最高权力。

③ 安·鲍林（Anne Boleyn，1507—1536），英王亨利八世的第二个妻子，伊丽莎白女王的母亲。

④ 1348年黑死病（即鼠疫）在西欧流行，死亡人口占全欧洲人口的1/3。

原因。生产方式在马克思的著作中是作为基本原因出现的。而它们不断在变革的理由却完全没有得到解释。事实上，生产方式的变革主要是由于知识方面的原因，也就是说，是由于科学的发现和发明。马克思以为，当经济形势需要的时候，发现和发明就出现了。然而，这是一个完全非历史的观点。为什么从阿基米德的时代到列奥纳多①的时代，实际上并没有实验科学呢？阿基米德以后的六个世纪里的经济状况是应该使科学工作很容易进行的，然而恰恰是文艺复兴以后科学的成长，才导致了近代的工业。经济过程中的这种知识方面的因果关系，并未被马克思所充分认识。

历史可以通过很多方式来观察，如果精心地选择事实，就可以发明许多普遍的公式，这些公式都有充分的依据表明自己恰当。我想以比较谦虚的态度，提出下述有关工业革命因果关系的另一种理论：工业制度是由于近代科学而产生，近代科学是由于伽利略，伽利略是由于哥白尼，哥白尼是由于文艺复兴，文艺复兴是由于君士坦丁堡的陷落，君士坦丁堡的陷落是由于土耳其人的迁徙，土耳其人的迁徙则是由于中亚细亚的干旱。因此，在探索历史因果关系时，基本的研究乃是水文地理学。

（何兆武　肖巍　张文杰 译）

---

① 即达·芬奇（1452—1519），文艺复兴时期意大利画家、思想家、科学家。

卡尔·马克思^①

卡尔·马克思通常在人的心目中是这样一个人：他自称把社会主义变成了科学的社会主义；他比任何人都做出更多贡献，创造了一个强大的运动，通过对人的吸引和排斥，支配了欧洲近期的历史。讨论他的经济学，或讨论他的政治学（除某些一般方面外），不在本书的范围之内；我打算只把他当作哲学家和对旁人的哲学起了影响的人来讲一讲他。在这一点上，他很难归类。从一个方面看，他跟霍治司金一样，是哲学上的激进主义者的一个结果，继续他们的理性主义和他们对浪漫主义者的反抗。从另一个方面看，他是一个复兴唯物主义的人，给唯物主义加上新的解释，使它和人类历史有了新的关联。再从另外一个方面看，他是大体系缔造者当中的最后一人，是黑格尔的后继者，而且也像黑格尔一样，是相信有一个合理

---

① 选自《西方哲学史》，北京，商务印书馆，1976。

的公式概括了人类进化的人。这几方面，强调任何一方面而忽视其他方面，对他的哲学都要有歪曲失真的看法。

他一生遭遇的事件说明了这种复杂性的部分原因。他是1818年出生的，和圣安布洛斯一样生于特里尔。特里尔在法国大革命和拿破仑时代曾受到法国人很深的影响，在见解方面世界主义色彩比德意志大部分地区浓厚得多。他的祖辈们原是犹太教的律法博士，但是在他幼年时代他的父母成了基督教徒。他娶了一个非犹太系的贵族女子，一生始终对她真挚热爱。在大学时代，他受到了当时还风行的黑格尔哲学的影响，也受到了费尔巴哈反抗黑格尔而倒向唯物主义的影响。他试办过新闻事业，但是他编辑的《莱茵报》由于论调过激而被当局查禁。之后，在1843年，他到法国去研究社会主义。在法国他结识了恩格斯，恩格斯是曼彻斯特一家工厂的经理。他通过恩格斯得以了解到英国的劳工状况和英国的经济学。他因而在1848年革命以前得到了一种异常国际性的修养。就西欧而论，他毫不表露民族偏见。对于东欧可不能这么讲，因为他素来是轻视斯拉夫人的。

1848年的法国革命和德国革命他都参加了，但是反动势力迫使他不得不在1849年到英国避难。除几个短暂期间之外，他在伦敦度过了余生，遭受到穷困、疾病、丧子的苦恼，但他仍旧孜孜不倦地著述和累积知识。激励他从事工作的力量一直来自对社会革命所抱的希望，即便不是他生前的社会革命，也是不很遥远的未来的社会革命。

马克思同边沁和詹姆士·穆勒一样，跟浪漫主义丝毫无缘；合乎科学始终是他的目的。他的经济学是英国古典经济学的一个结果，只把原动力改变了。古典经济学家们，无论自觉地或不自觉地，都着眼于谋求既同地主又同雇佣劳动者相对立的资本家的福利；相反，马克思开始代表雇佣劳动者的利益。1848年的《共产党宣言》表现出，他在青年时代怀着新革命运动所特有的炽烈热情，如同自由主义在密尔顿时代曾有过的一样。然而他总是极希望讲求证据，从不信赖任何超科学的直观。

马克思把自己叫作唯物主义者，但不是18世纪的那种唯物主义者。他在黑格尔哲学的影响下，把他那种唯物主义称作"辩证"唯物主义，这种唯物主义同传统的唯物主义有很重要的不同，倒比较近乎现在所说的工具主义。他说，旧唯物主义误把感觉作用看成是被动的，因而把活动基本上归之于客体。依马克思的意见，一切感觉作用或知觉作用都是主体与客体的交互作用；赤裸裸的客体，离开了知觉者的活动，只是原材料，这原材料在被认识的过程中发生转变。被动的观照这种旧意义的认识是一个非现实的抽象概念；实际发生的过程是处理事物的过程。"人的思维是否具有客观的真理性，这并不是一个理论的问题，而是一个实践的问题"，他这样讲。"人应该在实践中证明自己思维的真理性，即自己思维的现实性和力量……关于离开实践的思维是否具有现实性的争论，是一个纯粹经院哲学的问题。……哲学家们只是用不同的方式解释世界，而问题在于改变世界。"①

我想，我们可以把马克思的主张解释成这个意思：哲学家们向来称作是追求认识的那种过程，并不像以往认为的那样，是客体恒定不变、而一切适应全在认识者一方面的过程。事实上相反，主体与客体、认识者与被认识的事物，都是在不断的相互适应过程中。因为这过程永远不充分完结，他把它叫作"辩证的"过程。

否定英国经验主义者所理解的那种"感觉作用"有现实性，对于这个理论万分重要。实际发生的事情，当最接近于英国经验主义者所说的"感觉作用"的意思时，还是叫作"察知"比较好，因为这意味着能动性。实际上——马克思会如此主张——我们察知事物，只是作为那个关联着事物的行动过程的一部分察知的，任何不考虑行动的理论都是误人的抽象观念。

据我所知，马克思是第一个从这种能动主义观点批评了"真理"概念的哲学家。在他的著作中，并没有十分强调这个批评，所以这里我不准备谈更多，等到后面一章中再来考察这个理论。

马克思的历史哲学是黑格尔哲学和英国经济学的一个掺和体。他和黑格尔一样，认为世界是按照一个辩证法公式发展的，但是关于这种发展的原动力，他和黑格尔的意见完全不同。黑格尔相信有一个叫"精神"的神秘实体，使人类历史按照黑格尔的《逻辑学》中所讲的辩证法各阶段发展下去。为什么"精神"必须历经这些阶段，不得而知。人们不禁要想，"精神"正努力去理解黑格尔的著作，在每个阶段把所读到的东西匆促地加以客观化。马克思的辩证法除了带有某种必然性外完全不带这种性质。在马克思看来，推进力不是精神而是物质。然而，那是一种以上所谈的特别意义的物质，

---

① 《关于费尔巴哈的十一条提纲》，1845。——作者注。引文见《路德维希·费尔巴哈和
德国古典哲学的终结》单行本，50、53页，北京，人民出版社，1972。

并不是原子论者讲的完全非人化的物质。这就是说，在马克思看来，推进力其实是人对物质的关系，其中最重要的部分是人的生产方式。这样，马克思的唯物论实际上成了经济学。

据马克思的意见，人类历史上任何时代的政治、宗教、哲学和艺术，都是那个时代的生产方式的结果，退一步讲也是分配方式的结果。我想他不会主张，对文化的一切细节全可以这样讲，而是主张只对于文化的大体轮廓可以这样讲。这个学说称作"唯物史观"。这是一个非常重要的论点；特别说，它和哲学史家是有关系的。我个人并不原封不动地承认这个论点，但是我认为它里面包含有极重要的真理成分，而且我意识到这个论点对本书中叙述的我个人关于哲学发展的见解有了影响。首先，我们结合马克思的学说来论一论哲学史。

从主观方面讲，每一个哲学家都自以为在从事追求某种可称作"真理"的东西。哲学家们关于"真理"的定义尽可意见分歧，但是无论如何真理总是客观的东西，是在某种意义上人人应该承认的东西。假使谁认为全部哲学仅仅是不合理的偏见的表现，他便不会从事哲学的研究。然而一切哲学家会一致认为有不少其他哲学家一向受到了偏见的激使，为他们的许多见解持有一些他们通常不自觉的超乎理性以外的理由。马克思和其余人一样，相信自己的学说是真实的（他不认为它无非是19世纪中叶一个性喜反抗的德国中产阶级犹太人特有的情绪的表现）。关于对一种哲学的主观看法与客观看法的这种矛盾，我们能够说些什么话呢？

就大体上讲，我们可以说直到亚里士多德为止的希腊哲学表现为城邦制所特有的思想情况；斯多葛哲学适合世界性的专制政治；经院哲学是教会组织的精神表现；从笛卡儿以来的哲学，或者至少说从洛克以来的哲学，有体现商业中产阶级的偏见的倾向；马克思主义和法西斯主义是近代工业国家所特有的哲学。我觉得，这一点既真实也很重要。不过，我认为马克思有两点是错误的。第一，必须加以考虑的社会情况有经济一面，同样也有政治一面；这些情况同权力有关，而财富只是权力的一个形式。第二，问题只要一成为细节上的和专门性的，社会因果关系大多不再适用。这两点反对意见中的头一点，我在我写的《权力》（Power）一书中已经讲过了，所以我不准备再谈。第二点和哲学史有比较密切的关系，我打算就它的范围举一些实例。

先拿共相问题来说。讨论这个问题的最初是柏拉图，然后有亚里士多德、有经院哲学家、有英国经验主义者，还有最近代的逻辑学家。否认偏见对哲学家们关于这个问题的见解有了影响，是说不过去的。柏拉图受了巴门尼德和奥尔弗斯教的影响；他想要有一个永恒世界，无法相信时间流转有终极实在性。亚里士多德比较偏向经验主义，毫不厌恶现实的平凡世界。近代的彻底经验主义者抱有一种和柏拉图的偏见正相反的偏见：他们想到超感觉的世界就觉得不愉快，情愿尽一切努力避免必得相信有这样的世界。但是这几种彼此对立的偏见是长久存在的，同社会制度只有比较远的关系。有人说爱好永恒事物是靠旁人的劳动为生的有闲阶级的本色。我看这未必正确。艾比克泰德和斯宾诺莎都不是有闲绅士。反之，也可以极力说，把天堂当成一个无所事事的场所的想法，是那些只求休息的疲累劳工的想法。这样的辩论能够无止境地进行下去，毫无结果。

另外，如果注意一下关于共相的争论的细节，便知道双方各能做出一些对方会承认为确实的论据。在这个问题上亚里士多德对柏拉图的某些批评，差不多已经普遍为人认可了。在最近，固然还没有得出决断，可是发展起来一个新的专门技术，解决了许多枝节问题。希望不太久以后，逻辑学家们在这个问题上可以达到明确的意见一致，这也不是不合理的。

再举第二个实例，我们来看本体论论证。如前所述，这个论证是安瑟勒姆首创的，托马斯·阿奎那否定它，笛卡儿承认它，康德驳斥它，黑格尔使它又复旧。我认为可以十分断然地讲，由于对"存在"概念进行分析的结果，现代逻辑已经证明了这个论证是不正确的。这不是个人气质的问题或社会制度的问题，而是一个纯粹专门性的问题。驳倒这个论证当然并不构成认定其结论（即神存在）不对的理由；假使构成这种理由，我们就无法设想托马斯·阿奎那当初会否定这个论证了。

或者，拿唯物主义这个问题来说。"唯物主义"是一个可以有许多意义的字眼，我们讲过马克思根本改变了它的含义。关于唯物主义究竟对或不对的激烈论争，从来主要是依靠避免下定义才得以持续不衰。这个名词一下出定义，我们就会知道，按照一些可能下的定义，唯物主义之不对是可以证明的；按照某些别的定义，便可能是对的，固然没有确切理由这样认为；而再按照另外一些定义，存在着若干支持它的理由，只不过这些理由并不确凿有力。这一切又是随专门性考虑而定，跟社会制度没有丝毫关系。

20   事情的真相其实颇简单。大家习惯上所说的"哲学"，是由两种极不同的要素组成的。一方面，有一些科学性的或逻辑性的问题，这些问题能够用一般人意见一致的方法处理。另一方面，又有一些为很多人强烈感兴趣、而在哪一方面都没有确实证据的问题。后一类问题中有一些是不可能超然对待的实际问题。在起了战争时，我必须支持本国，否则必定和朋友们及官方都发生痛苦的纠纷。向来有许多时期，在支持公认的宗教和反对公认的宗教之间是没有中间路线的。为了某种理由，我们全感到在纯粹理性不过问的许多问题上不可能维持怀疑的超然态度。按哲学一词的极普通的意义讲，一套"哲学"即这种超乎理性以外的诸决断的一个有机总体。就这个意义的"哲学"来说，马克思的主张才算基本上正确。但是，甚至按这个意义讲，一套哲学也不单是由经济性的原因决定的，而且是由其他社会原因决定的。特别是战争在历史因果关系上参与作用，而战争中的胜利并不总归于经济资源最丰富的一方。

马克思把他的历史哲学纳入了黑格尔辩证法所提出的模子，但事实上只有一个三元组是他关心的：封建主义，以地主为代表；资本主义，以工业雇主为代表；社会主义，以雇佣劳动者为代表。黑格尔把民族看作是传递辩证的运动的媒介，马克思将民族换成了阶级。他一贯否认他选择社会主义或采取雇佣劳动者的立场有任何道德上或人道主义上的理由；他断言，并不是说雇佣劳动者的立场从道德上讲比较好，而是说这个立场是辩证法在其彻底决定论的运动中所采取的立场。他本来满可以讲他并没有倡导社会主义，只是预言了社会主义。不过，这样讲不算完全正确。毫无疑问，他相信一切辩证的运动在某种非个人的意义上都是进步，而且他必定认为社会主义一旦建成，会比以往的封建主义或资本主义给人类带来更多的幸福。这些信念想必支配了他的一生，但是就他的著作来说，这些信念却大部分是隐而不露的。不过，有时候他也抛开冷静的预言，积极地激励反叛，在他写的所有的东西里面都隐含着他的那些貌似科学的预言的感情基础。

把马克思纯粹当一个哲学家来看，他有严重的缺点。他过于崇尚实际，过分全神贯注在他那个时代的问题上。他的眼界局限于我们的这个星球，在这个星球范围之内，又局限于人类。自从哥白尼以来已经很显然，人类并没有从前人类自诩的那种宇宙重要地位。凡是没彻底领会这个事实的人，谁也无资格把自己的哲学称作科学的哲学。

和局限于地上事务这件事相伴随的是乐于信仰进步是一个普遍

规律。这种态度是 19 世纪的特色,在马克思方面和在他那个时代的其他人方面同样存在。只是由于信仰进步的必然性,所以马克思才认为能够免掉道德上的考虑。假如社会主义将要到来,那必是一种事态改进。他会毫不迟疑地承认,社会主义在地主或资本家看来不像是改进,但是这无非表示他们同时代的辩证运动不协调罢了。马克思自称是个无神论者,却又保持了一种只能从有神论找到根据的宇宙乐观主义。

概括地说,马克思的哲学里由黑格尔得来的一切成分都是不科学的,意思是说没有任何理由认为这些成分是正确的。

马克思给他的社会主义加上的哲学外衣,也许和他的见解的基础实在没有很大关系。丝毫不提辩证法而把他的主张的最重要部分改述一遍也很容易。他通过恩格斯和皇家委员会的报告,彻底了解到 100 年前存在于英国的那种工业制度骇人听闻的残酷,这给他留下了深刻印象。他看出这种制度很可能要从自由竞争向独占发展,而它的不公平必定引起无产阶级的反抗运动。他认为,在彻底工业化的社会中,不走私人资本主义的道路,就只有走土地和资本国有的道路。这些主张不是哲学要谈的事情,所以我不打算讨论或是或非。问题是这些主张如果正确便足以证实他的学说体系里的实际重要之点。因而那一套黑格尔哲学的装饰满可以丢下倒有好处。

马克思向来的声名史很特殊。在他本国,他的学说产生了社会民主党的纲领,这个党稳步地发展壮大,最后在 1912 年的普选中获得了投票总数的三分之一。第一次世界大战之后不久,社会民主党一度执政,魏玛共和国的首任总统艾伯特就是该党党员,但是到这时候社会民主党已经不再固守马克思主义正统了。同时,在俄国,狂热的马克思信徒取得了统治权。在西方,大的工人阶级运动历来没有一个是十足马克思主义的运动;以往英国工党有时似乎朝这个方向发展过,但是仍旧一直坚守一种经验主义式的社会主义。不过,在英国和美国,大批知识分子受到了马克思很深的影响。在德国,对他的学说的倡导全部被强行禁止了,但是等推翻纳粹之后[①]预计可以再复活。

现代的欧洲和美洲因而在政治上和意识形态上分成了三个阵营。有自由主义者,他们在可能范围内仍信奉洛克或边沁,但是对工业组织的需要作不同程度的适应。有马克思主义者,他们在俄国掌握

---

① 作者执笔时是在 1943 年。

着政府，而且在其他一些国家很可能越来越有势力。这两派意见从哲学上讲相差不算太远，两派都是理性主义的，两派在意图上都是科学的和经验主义的。但是从实际政治的观点来看，两派界线分明。在上一章引证的詹姆士·穆勒的那封讲"他们的财产观显得真丑"的信里，这个界线已然表现出来。

可是，也必须承认，在某些点上马克思的理性主义是有限度的。虽然他认为他对发展的趋向的解释是正确的，将要被种种事件证实，他却相信这种议论只会打动那些在阶级利益上跟他一致的人的心（极少数例外不算）。他对说服劝导不抱什么希望，而希望从阶级斗争得到一切。因而，他在实践上陷入了强权政治，陷入了主宰阶级论，尽管不是主宰民族论。固然，由于社会革命的结果，阶级划分预计终究会消失，让位于政治上和经济上的完全和谐。然而这像基督复临一样，是一个渺远的理想；在达到这理想以前的期间，有斗争和独裁，而且强调思想意识正统化。

在政治上以纳粹党和法西斯党为代表的第三派现代见解，从哲学上讲同其他两派的差异比那两派彼此的差异深得多。这派是反理性的、反科学的。它的哲学祖先是卢梭、费希特和尼采。这一派强调意志，特别是强调权力意志，认为权力意志主要集中在某些民族和个人身上，那些民族和个人因此便有统治的权利。

直到卢梭时代为止，哲学界是有某种统一的。这种统一暂时消失了，但也许不会长久消失。从理性主义上重新战胜人心，能够使这种统一恢复，但是用其他任何方法都无济于事，因为对支配权的要求只会酿成纷争。

（马元德 译）

雅斯贝尔斯

雅斯贝尔斯·卡尔·特奥多尔（Jaspers Karl The-odor，1883—1969），德国—瑞士哲学家。1883年2月23日出生在奥尔登堡。先后就读于海德堡大学、柏林大学和哥廷根大学，1909年获医学博士学位。1910～1913年，在海德堡大学附属精神病专科医院任助理；后在海德堡大学任教，讲授心理学。在此期间，他在胡塞尔的意向性理论的影响下，发表了《普通精神病理学》（1917）和《世界观的心理学》（1919）两部著作，其中《世界观的心理学》是雅斯贝尔斯从医学转向哲学的标志，也是现代存在主义产生的标志。1922年雅斯贝尔斯转为哲学教授，并于1931年出版三卷本《哲学》。因为雅斯贝尔斯的妻子是犹太人，因此在纳粹当政期间他被解除教职，并被剥夺出版权。"二战"结束后，雅斯贝尔斯又到海德堡大学任哲学教授，并于 1946 年发表了《论德国人的罪责问题》一书，表达了全体德国人对战争罪责的深刻反思和对纳粹主义的清算。1948 年以后，任瑞士巴塞尔大学教授，后入瑞士籍。1969 年 2 月 26 日去世。其主要著作还有《时代的精神状况》(1931)、《理性与生存》(1935)、《生存哲学》(1938)、《论真理：哲学的逻辑》(1947)、《哲学的信仰》(1948)、《历史的起源和目标》(1949)、《哲学概论》(1950)、《哲学的信仰与天启》(1962) 等。

雅斯贝尔斯认为哲学与科学存在区别，科学追求公认的确定性，哲学则是个人作为整体存在的确定性，哲学不是理论而是活动，它不是来自对科学的概括和总结，而是基于个人的内在体验、领悟和思维的自由创造。雅斯贝尔斯认为哲学所要寻求的存在是超乎主客体之上的无所不包的"大全"。大全有两种主要样式，一是存在自身在其中显现的大全，即世界。二是我与我们自己所是的大全，叫作一般意识。思想按照大全发展出来的不同样式可以分成如下步骤：第一步从一般大全分为存在自身的大全和我们自身的大全；第二步从我们自身的大全分解为我们的实存、一般意识、精神；第三步从内存在达到超越存在。我们自身的大全除上述三种样式外，还有第四种存在样式：生存，只有生存才能揭示人本身的真正存在及整体世界的存在。处在生存状态的人面临不确定和可能性，他必须超越自身进行选择，朝向超越存在。所谓超越存在就是"上帝"，即绝对的现实性。雅斯贝尔斯认为生存与自由是同一的，个人自由只有在与他人交往中才能实现。在此基础上雅斯贝尔斯提出以人的独立存在为核心的"新人道主义"。雅斯贝尔斯晚年提出关于世界哲学的构想，他认为在我们这个科学技术时代，科学主义的思维方式淹没了哲学，使人们忘记了对存在和生存的意义的寻求；同时科技革命为人们开辟了广阔的世界舞台，这使世界各地的人们在世界范围内思考全体人类的生存境况问题成为可能，即世界哲学得以可能。

　　本文选取了雅斯贝尔斯的《科学方法的挑战》一文。这是雅斯贝尔斯的一篇演讲，他着重通过对马克思主义和心理分析学说的分析，指出其科学性依据的局限。他首先指出马克思主义学说的理论内容和其科学性，认为马克思主义为人类建立了关于真实的历史进程的知识构架。马克思的影响是三重的，即科学的、哲学的和政治的。雅斯贝尔斯通过对马克思的三重影响展开分析，论证了马克思主义的科学性的几大问题：一、对马克思主义科学性的坚信导致了狂热的信仰，马克思主义富有批判精神而缺乏交流的能力；二、马克思主义的辩证法表现为激进的形态，易于产生社会毁灭的破坏力量；三、辩证法有成为证明一时愿望的工具的危险；四、对科学技术的信仰，使人代替了上帝。雅斯贝尔斯对马克思主义科学性的批判主要是说明科学的意义和必要性不能为它自身的结构所证明，科学有其范围，用科学代替信仰，容易导致对自由选择的拒绝和忘却真正的个人生存，同时这种遗忘人的生存的客体化的总体观点是一种关于存在的形而上学，所以雅斯贝尔斯认为必须克服这种"科学的信仰"，也就需要我们理清真理的基础，看穿"总体"知识和伪神话的非真理性。

科学方法的挑战^①

当代的哲学家们缺乏共同的背景。除了那些相信托马斯主义的人之外，理智上远离托马斯主义，有着一些以某个个人为中心的学派和文学运动，其中最成功的就是马克思主义和心理分析学说。在这一短短的讲演中，我并不打算讨论任何问题。因为这样做要预先假定一个共同的背景，而我们并没有这一背景，我只是想提醒大家注意哲学思维的基本要素，因为在这里我们可以找到一个共同的背景。我所指的就是自明的理性的能力，它像山峦一样古老而常新，人们有时会遗忘或轻视它，然而总会重新获得它，但又从来不能使它彻底完成。

自从 1901 年我作为学生第一次进入海德堡大学，踏进这些教室以来，我一直把理性看作哲学的本质。而在学院内外饱经沧桑 50 年

---

① 选自《存在与超越——雅斯贝尔斯文集》，上海，三联书店，1988。

后的今天，我对哲学的本质的知识仍不完善。

科学是理性的必不可少的要素。这就是我今天要讲的主题。明天，我将要谈谈理性本身；后天，再谈谈我们今天理性所面临的斗争。

我打算以马克思主义和心理分析学说为例，通过分析批判这些众所周知的思想家的学说来表明，科学是全部真正哲学的条件。

马克思把历史看作一个独立的整体，社会历史的演进以无暴力的、平均主义的，然而未开化的、毫无生产技术的原始国家为起点，通过罪恶的劳动分工、财产私有和阶级分化，获得了知识和技术的极大发展，这一发展特别表现在引进了现代技术的资本主义时代。根据马克思的思想，这一发展将持续到在新的无暴力因而也无国家的社会里重新建立平等的公社，带来人类技术和生产的新的、空前未有的发展为止。劳动的历史演进是理解整个历史进程的钥匙。经济规律不是永恒的，而是随着每一新的社会形态和其生产方式的出现变更的，它们是历史地被规定的，有其产生和消亡。

这样来理解历史过程的方法是辩证的，它既是思想的形式，又是历史的形式。所有历史的和社会的国家形式都会因走向它的反面而动摇，直到在和谐自由中达到完善的结合。每个历史阶段都将创造出战胜自己的力量。历史运动产生了作为维护统治阶级利益的权力机构的国家，产生了为国家权力辩护的意识形态，也产生了总有一天会作为永久的获得物而服务于无阶级社会的科学和技术。

马克思试图以经济学和社会学的发现来证实和确认所有这一切。当他以他的有独创性的经济理论去收集事实、收集分类资料并从事著述时，他为这样一个基本信念所鼓舞：最后革命的历史条件已经成熟，带来无阶级社会的真理、正义和自由的最后过渡即将来临。

以前所有的革命都仅仅意味着一个集团被推翻，权力为另一个集团所夺取，在一般情况下，劳动分工和剥削状况仍然未变。共产主义革命将改变整个这种情况，并为人的自身带来相应的变化。在这一建立新社会的彻底变化发生后，人将充分发展他的个性和才能。而在现阶段，历史进程仍然是通过劳动分工、通过有害的机械化（它只能为将来完善的技术化所克服）、通过钱、通过对物的纯粹商业态度等使人异化。无产者完全丧失了自己。但只有通过这种完全的丧失，才使其辩证地转化到其对立面，即人的完全复归成为可能。

这是首次也是最后一次革命；这场关系到全人类命运的真正革命必将到来，但它又是靠人自己发动的。历史进程的必然性与人的自由行动相一致。以前所有的历史哲学都是建立在被动审视的基础上的，而马克思的历史哲学却是主动的：它通过思想去行动。根据历史的必然性去行动，需要科学作为基础，而马克思则提供了这一基础。他以如下惊人之语表明了他的目标：哲学家不仅仅以不同的方式解释世界，他们的真正任务是要改造世界。

马克思的这种新的哲学将改变空谈爱好正义和徒劳地反对非正义的状况，人们将脱离无止境的应该的世界而进入真实历史的艰苦磨难中。如果一个人双脚坚实地站在历史的基础上，他就能采取在他的时代是成熟的历史行动，以作为向正义的跨进。但如果他仅仅是空想，不涉足于真实的历史，他就会彻底失败。

因此，马克思原则上否认历史判断有绝对标准。由于他把历史看作一个整体，他确信，历史标准是变化的。因此，必须要有科学的方法。

迄今，为寻找完满的幸福，人们一直相信乌托邦式的公平社会，一直在设计田园诗般的和平公社。马克思的"从空想到科学"的进步排除了这类无益的空想，建立了关于真实的历史进程的知识构架。

从古代的奴隶起义、农民战争以至近代，民众经常试图以有组织的反抗来改善他们的命运。但由于他们认不清真正的条件因素，他们只能毁灭自身，而使他们这一阶段的生活条件更趋于恶化。现在，为了迎接即将来临的革命，有效的政治行动是以科学的预见为根据的。

马克思的影响是三重的：科学的、哲学的和政治的。

（1）作为一位重要的经济理论家，马克思有其自己的地位。他对社会学思想的影响是巨大的。甚至在今天，如果第一次读他的书，仍然是很有启发的。作为一位历史学家，他提出了很多明智的见解，并对当代事件作出了透视。在经济学探索中，他在建设性和破坏性方面都具有有效的推动力。不论他的被融入人类知识主流的结论，还是他的被批判地拒斥的观点，都表明他有极其广泛的知识领域。但所有这些都没有使他成为世界上唯一强大的力量的代表。

（2）马克思是一位哲学家，即便在他的纯科学的著作中也表明了他是一位哲学家。他从不对科学本身的细节感兴趣，他要纵观全局。他对所有题目的调查都是为了进一步证实和详尽阐述他关于整个历史进程的确定的见解。纵观全局，是他的哲学信仰的一部分。我们可以将其哲学信仰综述如下：以前所有的哲学都是观念形态的，只有在我们的时代，哲学才成为真正的哲学。首先，因为哲学不再仅仅陷于审视世界，而宣称要改造世界；其次，因为哲学现已成为真正的科学。这两重变化终结了迄今对于哲学的理解。新的哲学甚至抛弃了哲学的名称，把自己称作"唯物主义"，它不是意味着物理化学的唯物主义，而是指承认劳动和生产是人类的基本活动，并是人类其他一切活动的源泉。这种新的唯物主义不承认有超越的事物。世界是一个整体。世界只是劳动创造的物质世界。随着这个物质世界的被创造，人创造了他自身。人是首要的自足的存在，是他自己和整个世界的创造者。另一方面，掩盖现实、麻痹人的能动性的宗教则是隐蔽的、因而使人容易接受的压迫人的工具。宗教是人民的鸦片。

这一哲学信念相信一元，但不是上帝一元，而是包括科学和行动、科学和哲学的统一的科学的一元。这一统一的科学可以粗略描述如下：历史是自然历史的一部分，是自然演进到人类社会出现以后的一部分。自然科学的所有领域已经归属于人，自然科学本质上是人的科学。人的科学包括作为人类心灵变化的产物的自然科学。至此，历史科学将成为唯一的科学。

马克思最终获得了可靠的、包容一切的科学。在他看来，客观性和公正是虚假的，因为它们破坏了科学的统一性并且主张一种非历史的绝对真理。他要求人们接受这种建立在科学洞察基础上而不同于以前仅仅是以观念为基础的新的信仰。接受这种信仰意味着抛弃客观性，接受历史演进的辩证的真理。

这一新的信仰的结果是使信仰者尽管具有偏见，仍然问心无愧，因为他相信这种偏见本身在历史上是正确的。这种类型的思想交流方式不可避免地带有宣传性质。这种思想也不具有公正无私的学术风格。因为它不引用与它相反的论据，忽略证明相反观点的事实，而只考虑那些赞同它的观点的事实。这一信仰的倡导者怀有宗教般的热情，坚信他们占有毋庸置疑的真理。但实际上它们不具有科学上的必然性。

与一元的马克思主义科学形成鲜明的对照，每一种真正的现代科学本质上都是特殊的，它导致有说服力的、有条理的客观知识，它不承认普遍的方法，而是通过认真的审视使方法适合于研究对象的性质。更确切地说，马克思主义的"科学"形式是一种总体知识，这种总体知识在以往的哲学体系中被认为是行之有效的。马克思的"总体知识"可以看作是重复黑格尔提出的"科学"形式，不过是拿现代内容去填充旧的形式。

30　　　这完全是一种典型的排斥怀疑的信仰。马克思相信他掌握了整个知识体系，因而是不可知论与怀疑论的敌人。例如，他批判康德，认为康德是怀疑论者，其哲学反映了"德国市民的软弱、受压迫和贫乏的情况"。马克思主义的巨大威力很明显就在于它的狂热的信仰。它对于所有有违于它的事物，富于批判精神而缺乏交流的能力。

（3）作为科学家与哲学信徒的马克思是同作为政治家的马克思分不开的。实际上马克思首先是个政治家。他的政治影响发挥了信仰影响的作用：他的信仰本身就是政治。马克思与马克思主义者是信仰的斗士。由于马克思对权力实体不抱幻想，他在行动纲领中明确了现存权力实体的地位。他向来重视行动的实践效力，反对空谈与争论。他需要忠实的追随者。他的第一个目标是无产阶级专政，只有通过暴力才能达到这一目标。他认为他的信仰是正当的，这个政治信仰认为自身能做到以前的政治制度从未能做到的事。当它对历史有了"总体"了解之后，它就可以设计和执行"总体"的计划。

辩证法是一种把一切事物转变为对立面的运动，是在心灵与事物自身发生的运动。根据马克思的观点，任何事物都是辩证的，他又补充道，先前自在地、但实际上是辩证地发生的一切，从此要自觉地发生，从而自由和必然得到了统一。

这一观念产生的结果是，辩证法把一切事件都解释为激变过程，辩证法成了一切历史事件的唯一原因。辩证法期待着通过能动地强化任何特定的历史进程使之转向对立面。例如，如果它尽最大的努力摧毁资本主义世界连同它的意识形态、伦理道德和所谓人的权利（根据马克思的观点，这些仅仅是资本主义时代的一部分），那么，就可以期待加速向新的、属于全人类的时代的过渡。毁灭就是创造。如果我带来了毁灭，新的存在就会同时产生。

第二个结果是辩证法成了证明一时愿望的工具。没有永恒的真理，没有永恒的理性。一切现实都是历史，历史是运动，运动是辩证的转化。一切信仰辩证法的人都会根据他的知识毫不犹豫地把每种境况推向它的对立面。信徒们可以应付任何境况，采取任何行动，服从任何命令，因为这样做是服从历史的辩证法。

由于几个世纪以来科学的成就，形成了这样一种迷信式的信念，它企求科学和技术发明能带来一切。由于在人之上不再存在任何至上之物，于是出现了以人取代上帝的倾向，出现了把历史而不是把神作为最高法庭的倾向。

（余灵灵　徐信华 译）

海德格尔

马丁·海德格尔（Martin Heidegger，1889—1976），20世纪最具影响力的哲学家之一。1889年9月出生于德国巴登州的梅斯基尔希镇，其人生经历非常简单：自1909年进入弗赖堡大学读书，到1959年退休，其间除去20世纪20年代在马堡大学执教的五年，海德格尔一直待在弗赖堡大学。在其典型的学者生涯中，海德格尔最为人诟病的无疑是他在纳粹德国时期担任弗赖堡大学校长的那段经历（1933年3月～1934年4月）。但尽管如此，其思想之深刻和伟大却是无人能否认的。

海德格尔一生的思想处于不断的发展中。早期（约指1930年之前）的代表作主要有《存在与时间》（1927）、《康德和形而上学问题》（1929），以及在他身后出版的大量讲课稿。在海德格尔看来，自希腊以来的西方传统存在论从未找到追问存在问题的正当途径，存在向来被遗忘。因此，《存在与时间》中的海德格尔对胡塞尔的现象学作了存在论的改造，试图以"此在"的生存论分析为路径来展开"基础存在论"，以此逼问一般存在的意义。

20世纪30年代初，海德格尔的思想道路发生了一个著名的所谓"转向"。在这一过程中，海德格尔主要通过演讲和授课来记录对自己思想的自我改造，其主要成果体现在《真理的本质》、《形而上学导论》、《荷尔德林和诗的本质》、《艺术作品的本源》等著作，以及关于柏拉图、亚里士多德、康德、黑格尔、谢林等伟大思想家的专题讲座和关于尼采哲学的五个学期的讲授中。通过以上广泛的努力，海德格尔实现了从早期以"此在"的生存来规定存在到晚期以存在来规定"此在"的生存的转向。

晚期海德格尔对前苏格拉底的早期希腊思想进行了深入的研究，试图重新唤起非形而上学的"存在之思"。这意味着哲学的终结和思想向另一个开端的过渡，此一开端就是思"存在之真理"。"存在之真理"究竟是如何发生的？或者说"此在"是如何"进入""存在之澄明"境界的？于此，海德格尔重新发现了"艺术"或"诗"，认为这是真理的原始发生之地。由于形而上学过早地霸占了语言的本质，因而需要一种"语言的转换"，而语言的转换取决于"思"与"诗"两种方式的本质关联。本真的"思"与"诗"，作为"大道"意义上的语言发生的方式，是归属于"大道"的人对存在的感恩与铭记。这些思想主要体现在海德格尔晚期的《筑·居·思》、《什么召唤思》、《什么是哲学》、《走向语言之途》、《泰然任之》、《哲学的终结和思的任务》等著作中。

海德格尔对马克思的谈论不多，但事关对马克思哲学的基本性质的判定。本书选取了《关于人道主义的书信》中的部分论述和《晚期海德格尔的三天讨论班纪要》。前者是海德格尔"二战"后公开发表的第一篇著作，在他看来，针对战争的残暴而提出来的人道主义，依然与它所反对的东西一样是在贬低人，因为这种人道主义作为一种形而上学的对人的理解把人看得还不够高。在此信中，海德格尔认为马克思的人道主义也仍然是以对人的本质的形而上学规定为前提的，这一规定就是把人的本质规定为自然性与社会性的统一，即规定为理性加上生物性。但海德格尔对马克思的历史唯物主义却给予了很高的评价，认为胡塞尔的现象学和萨特的存在主义都未曾达到"历史的本质性的一度"，而只有在此一度中，才有资格同马克思主义交谈。在《晚期海德格尔的三天讨论班纪要》中，海德格尔更加明确地将马克思判定为一个形而上学家，因为在他看来，全部马克思主义以之作为依据的命题——"所谓彻底，就是抓住事物的根本，而人的根本就是人本身"——乃是一个形而上学命题。而马克思哲学以之作为特征的"生产性"概念——社会之社会性生产与人作为社会存在体的自身生产，就正是"当今之思想"。因此，就像费尔巴哈或尼采一样，马克思乃是实施了对黑格尔哲学的单纯的"倒转"，从而置身于形而上学之最遥远的对立面中，并因而"达到了虚无主义的极致"。海德格尔对马克思的上述评论实质上包含着严重的误解，这就须读者去自行甄别了。

关于人道主义的书信[①]

    巴门尼德讲的 $\varepsilon\sigma\tau\iota\nu\ \gamma\grave{\alpha}\rho\ \varepsilon\widetilde{\iota}\nu\alpha\iota$（存在就是存在）今天还未被深思。哲学的进步如何，就此即可探测。如果哲学重视自己的本质，那么哲学根本就没有进步。哲学在原地踏步，以求老是思同一的东西。以为从这原地进了步，这是一个错觉，这个错觉跟随着思，亦犹思自身投的影子跟随着它一样。因为存在还未被深思，所以在《存在与时间》中谈存在时也说："有"。然而关于这个"有"却不可以简直漫无边际的胡思乱想。这个"有"作为存在的天命主宰着。它的历史在各重要思想家的笔下形成语言。因此思到存在的真理中去的思作为思是有历史性的。没有一种"系统的"思；也没有一种过去的各种意见的历史来为这种系统的思作图说。但也没有像黑格尔所认为的可以把思的规律作成历史的规律而同时又把历史消失在这个

---

①   选自《海德格尔选集》，上海，三联书店，1996。

体系中的这样一种只是体系的东西。想得更原始一些，却有存在的历史，而思就作为思念这个历史的思，由这个历史本身所产生的思来归属于这个历史之中。这种思念和对已过之事的意义之下的历史所作的事后回溯的想象有本质上的不同。历史并不是首先作为发生而发生。而发生并不是逝去。历史之发生是作为出自存在的存在的真理的天命而成其本质的。当存在有了时，存在就来到天命中。但从有天命的意义着想，这意义却是说：存在有了而又不有。黑格尔把历史看成"精神"的发展史，他对此种历史所作的规定诚然不是不真的。黑格尔对历史所作的规定也不是一部分对，一部分错。形而上学作为体系是第一次通过黑格尔才把它的绝对地被思过的本质形诸语言；正如此种形而上学是真的一样，黑格尔对历史的规定亦如此真。绝对的形而上学连同它的由马克思与尼采所作的倒转一起都归属于存在的真理的历史之中。源出自此种历史的东西，是用各种反驳都抵制不了的，简直是取消不了的。这种东西只有加以接受，它的真理是更原始地复归于存在本身之中的，并且是摆脱了完全属于人的意见的范围的。在本质性的思的园地中，一切的反驳都是蠢事。思想家之间的争论都是事情本身的"爱的争论"。这种争论使它们互相帮助着进入简单的对同一个东西的从属状态中，而他们就是从这同一个东西中在存在的天命中发现合适的东西。

假定人在将来能够思存在的真理，那么他就是从生存出发来思。人生存着处于存在的天命中，人的生存作为生存是有历史性的，但却不是因为更不是只因为某些事情和人以及人间事物一起在时间之流中发生之故才是有历史性的。因为主要事情是要思此在的生存，所以在《存在与时间》中，对思极为重要的事情就是要体会此在的历史性。

但在《存在与时间》中"有"这个字形诸语言之处不是已写着"只有当此在还在的时候，才有存在"了吗？正是。这意思是说：只有当存在的澄明还出现的时候，存在才移转到人身上去。但这个此，这个澄明作为存在本身的真理而出现，这件事本身就是存在本身的天命。这就是澄明的天命。这句话的意思却不是说：在流传下来的 existentia 这个字的意义之下的人的此在（在新时代被设想为我思之现实性）是倒产生出存在来的那个存在者。这句话并不是说，存在是人的产物。在《存在与时间》的绪论中有一句简单而明确甚至是用着重符号印出来的话："存在是绝对超绝的。"从任何或近或远的东西方面来看，空间近处的开阔情况总超过此或近或远的东西；和此种情形一样，存在在本质上也比一切存在者都更深远，因为存在就是澄明本身。然而按照在还占统治地位的形而上学中暂时还不可避免的倾向看来存在是从存在者方面来被设想的。只有从这样的角度来看，存在才在一种超过中并即作为此种超过表现出来。

"存在是绝对超绝的"这句有绪论作用的规定把存在的本质一向如何对人恬然澄明的方式总括在一句简单的话中，从存在者的光亮中来对存在的本质所作倒回去看的规定，对预先想着的对追究存在的真理的问题之发动说来，仍然是免不掉的。于是思就证明了它的老练的本质。它决不会妄图从头开始并把一切先行的哲学都说是说错了的。然而把存在作为简单的超绝者来加以规定，这样的对存在的规定是否已指存在的真理的简单本质，这个问题，而且只有这个问题还首先是对一种力图思存在的真理的思才会发生的问题。因此，从"意义"，也就是从存在的真理，才可领会存在如何存在。存在在出窍的谋划中对人恬然澄明。然而此谋划并不创造存在。

再说这个谋划在本质上却是抛的谋划。在谋划中的抛者不是人，而是把人打发到作为他的本质的此在的生存中去的那个存在本身。这个天命就作为存在的澄明而出现，而存在就作为存在的澄明而在。存在的澄明维持着通存在的近处。人作为生存着的人就居住在这近处中，在"此"的澄明中，而人在今天却并不是已经能特别体会并承担此种居住了。此在的"此"就作为存在"的"近处而在，这个存在"的"近处，在关于荷尔德林的挽歌《还乡》的演说中是从《存在与时间》方面来设想，从歌者的诗歌中听来，并从遗忘存在的经验中被称为"家乡"的。这个词在此是在一种本质的意义之下被思想的，不是爱国主义的意义，不是民族主义的意义，而是存在的历史的意义。但在此称家乡的本质，同时还有一个目的，就是要从存在的历史的本质来思新时代的人的无家可归的状态。尼采最后体会到无家可归的味道。尼采在形而上学的范围之内不能找到摆脱无家可归的痛苦的其他出路，只有把形而上学倒转过来。但这却是无出路状态之完成。然而当荷尔德林吟咏"还乡"的时候，他所关心的是，他的"同胞们"在"还乡"中找到本质。他绝不在他的民族的利己主义中找这本质。他倒是从归属到西方的天命中去的关系来看此本质。但西方也不从区域上被想为西方以区别于东方，不仅被想为欧洲，而且是以世界史的意义从通向根源近处来设想的。我们几乎还没有开始思那些十分神秘的对东方的关系，这些关系在荷尔德林的诗歌中已变成文字了。"德国的"不是对世界说，以便世界靠德国的本质来恢复健康，"德国的"是对德国人说，以便德国人从命定的归属于各民族的关系中与各民族一同变成有世界历史意义的。这个有历史意义的居住的家乡就是通到存在的近处。

在这近处如果做得到的话就要断定：上帝与诸神是否以及如何不出头，黑夜是否以及如何停留，神圣者的白昼是否以及如何破晓，在神圣者的开端中上帝与诸神的出现是否以及如何能重新开始。但只有神圣者才是神性的本质空间，而神性本身又只为诸神及上帝维持这一度；这个神圣者只有当存在本身在此以前并已有长期准备而已经恬然澄明且已被在其真理中认知了的时候才出现。只有这样才能从存在中开始克服无家可归的痛苦，在此无家可归状态中，不仅人们，而且连人的本质都惶然迷惘。

须如此来思的无家可归的状态实基于存在者之离弃存在。无家可归状态是忘在的标志。由于忘在，存在的真理总未被深思。忘在间接地表现为人总是只考察与处理存在者。然而因为人不能不在意象中有存在，所以人也把存在只认为是存在者的"最普通的东西"因而是概括的东西，或认为是无限的存在者之一种创造，或认为是一个有限的主体的滥造品。自亘古以来，"存在"同时就为"存在者"而存，反过来"存在者"亦同时为"存在"而存，两者如在一种罕见而又未被深思的交替作用中旋转。

存在是打发真理的天命，作为此种天命的存在，仍蔽而不显。但世界天命在吟咏中有所透露，不过并非作为存在的历史显露出来。荷尔德林的有世界历史性的思在《思念》一诗中形于文字了，荷尔德林的这种思因而在本质上比歌德的单纯的世界一家思想更源远些因而更流长些。据此同一理由，荷尔德林对希腊文化的关系是在本质上和人道主义不同的东西。因此对荷尔德林曾有所知的青年德意志派在看到死的时候所思过的与所生活过的都是别的，而不是公众认为是德国意见的东西。

无家可归状态变成了世界命运。因此有必要从存在的历史的意义去思此天命。马克思在基本而重要的意义上从黑格尔那里作为人的异化来认识到的东西，和它的根子一起又复归为新时代的人的无家可归状态了。这种无家可归状态是从存在的天命中在形而上学的形态中产生，靠形而上学巩固起来，同时又被形而上学作为无家可归状态掩盖起来。因为马克思在体会到异化的时候深入到历史的本质性的一度中去了，所以马克思主义关于历史的观点比其余的历史学优越。但因为胡塞尔没有，据我看来萨特也没有在存在中认识到历史事物的本质性，所以现象学没有、存在主义也没有达到这样的一度中，在此一度中才有可能有资格和马克思主义交谈。

对此当然也有必须做的事情就是，人们要从关于唯物主义的淳朴的想法以及从会打中唯物主义的公正的反驳中解放出来。唯物主义的本质不在于一切只是素材这一主张中，而是在于一种形而上学的规定中，按照此规定讲来一切存在者都显现为劳动的材料。劳动的新时代的形而上学的本质在黑格尔的《精神现象学》中已预先被思为无条件的制造之自己安排自己的过程，这就是通过作为主观性来体会的人来把现实的东西对象化的过程。唯物主义的本质隐藏在技术的本质中；关于技术，固然已写出很多东西，但却被思得很少。技术在其本质中实为一种付诸遗忘的存在的真理之存在的历史的天命。技术不仅从名字上说来可回溯到希腊人说的 τέχνη，而且从本质的历史的意义说来也源出于 τέχνη，后一个 τέχνη 被理解为 ἀληθεύειν 的一种方式，这就是使存在者显露出来的方式。技术在形而上学的历史中作为真理的一种形态滥竽充数。形而上学的历史本身是存在的历史的特别不同的一段与迄今唯一可以一目了然的一段。人们可以以各种不同的方式来对待共产主义的学说及其论据，但从存在的历史的意义看来，确定不移的是，一种对有世界历史意义的东西的基本经验在共产主义中自行道出来了。谁若把“共产主义”认为只是“党”或只是“世界观”，他就是像那些把“美国制度”只认为而且还加以贬谪地认为是一种特殊生活方式的人一样以同样的方式想得太短浅了。迄今为止的欧洲越来越清楚地被迫堕入的危险大概就在于，首先是欧洲的思想——曾经是它的伟大处——在逐渐展开的世界天命的本质进程中落后了，虽然世界天命在其本质来历的各基本点上都还是被欧洲规定着的。没有一种形而上学，无论它是唯心主义的也罢，是唯物主义的也罢，是基督教的也罢，今天就其本质看来而决不是只就其力图展开自身的各种努力看来还能够追上这个天命，这意思是说：还能够思着赶上这个天命而且把现在在存在的充实的意义之下还存在着的东西聚积起来。

面临人的这种有本质意义的无家可归状态，存在的历史的思会看出人的未来的天命就在于，人要找到存在的真理中去而且要走到找存在的真理的路上去。任何民族主义从形而上学的意义看来都是一种人类主义，而作为人类主义就都是主观主义。民族主义不是被单纯的国际主义克服了，而只是扩充了并被提高为体系了。民族主义决不赖此就被提到人道主义上来并被消除，正像个人主义决不靠没有历史意义的集体主义被提到人道上来并被消除一样。集体主义就是在整体状态中的人的主观性。集体主义完成了人的主观性的无条件的自己主张。这种无条件的自己主张是撤不回去的。由于是进行半面的思维的关系，连要充分地体会一下这种无条件的自己主张都是不行的。到处都是脱出了存在的真理的人作为理性的生物围绕着自己本身转圈子。

但人的本质在于，人比单纯的被设想为理性的生物的人更多一些。"更多一些"在此不能这样用加法来了解，仿佛流传下来的人的定义依然是基本规定，然后只消再加上生存的内容体会一下此种扩充就行了。这个"更多一些"的意思是：更原始些因而在本质上更本质性些。但在此出现了谜一般的事情：人在被抛入的境界中。这意思是说：人作为存在之生存着的反抛，那就比理性的生物更多一些；而作为存在之生存着的反抛的人与从主观性来理解自身的人相比，又恰恰更少一些。人不是存在者的主人。人是存在的看护者。在这种"更少一些"中人并无亏损，而是有所获，因为人在此"更少一些"中是进到存在的真理中去了。他获得了这种看护者的有本质意义的赤贫，而这种看护者的尊严就在于被存在本身召唤到存在的真理的真处中去。此种召唤是作为抛来到的，而此在的被抛入的境界就是从此一抛中产生的。人在其存在的历史的本质中就是这样一个存在者，这个存在者的存在作为生存的情况是：这个存在居住在存在的近处。人是存在的邻居。

（熊伟 译）

晚期海德格尔的三天讨论班纪要^①

一、1969 年 9 月 7 日

在"纯存在与纯无因而是一回事"这个黑格尔的命题中，有与海德格尔的演讲《形而上学是什么》同样的词：存在与无。这便提出了这样的问题：在形而上学之内和之外运用相同的名称，这在多大程度上是可能的？海德格尔为此翻开了《通向语言之路》的最后一页："威廉·冯·洪堡的论著《论人类语言构造的差异性……》里的话表明，在洪堡的思想范围中，达到了已经发生的一种语言转变之可能性。正如他的弟弟在前言里所说，洪堡为此著'苦心孤诣，

殚精竭虑',死而后已。"

威廉·冯·洪堡说道:"在语言构形的中间阶段……既有的语音形式对于语言的内在目的的适用性可以被看成是可能的。一个民族也许可以通过内在澄明与对外部境况的守护,给予它所继承的语言另一种形式,以至它借此完全变成了另一种崭新的语言。"(第10节)在稍后的地方(第11节)还有:

"随着观念的不断发展、思想力的不断提高以及感觉能力的深化,时间常常会把崭新的东西赋予语言,而不改变语言的语音,更不改变语言的形式和规律。于是,同一个外壳获得了另一个意义,同一个标志可以表达不同的东西,同一些联系规律则显示了不同层次的观念过程。这正是一个民族所拥有的人文学术(Litteratur),特别是其中的诗歌和哲学部分所取得的持久稳固的成果。"

这些文本显示了这样一种可能性,可以不对表达形式进行改变就使一种形而上学的语言变成非形而上学的语言。于是这次讨论课是这样开始的:研究这一转化的两个条件:

(1)"内在澄明"。

(2)"对外部境况的守护"。

首先,为了使这样一种澄明发生,需要一些什么?回答是,存在自身显示出来,换言之,此在要养成《存在与时间》所说的"存在领悟"的东西。在《存在与时间》中当作问题提出来的、对作为存在的存在之追问,便如此改进着存在领悟,以至于这种改进因此同时也要求着更新语言。然而《存在与时间》中的语言,据海德格尔说,缺乏确定性。这种语言大都仍然说着从形而上学中借用过来的表达,并且试图通过自创新词,凭借新铸之词阐述想要说的东西。让·波弗埃(Jean Beaufret)提到,伽达默尔1959年曾这样谈论他的老师:"都是荷尔德林才使他开始喋喋不休的。"这次海德格尔更确切地说,荷尔德林使他领会到,自铸新词是无益的;在《存在与时间》之后,他首先明白了返回语言之本质的简明性的必要性。

其次,当前必须考察两件事情:

(1)语言自身的衰败与贫乏。如果人们把当今口语的贫乏与19世纪格林兄弟记录下来的语言的那种丰富性加以对比的话,就会清楚地看到这一点。

(2)这就导致了一个相反的运动,其目的是增加作为语言尺度的计算机运算的可能性。此间存在的危险是使语言脱离其自然生长的可能性而僵化。

罗歇·缪尼埃指出，事实上，信息科学的语言的基本特点是，用简化分析中的一切数据来搭建一个新的、简直就是贫乏的结构，亦即这样一种东西的结构，它将会在所有技术活动中作为语言的本质起作用。这样语言就被剥夺了它本源的固有规律性，弄得与机器没有分别了。

由此可以推测，当前的外部条件远非有利。在哲学与对语言的那样一种解释之间，再也没有对话的共同基础了。

从这一说法中可以引出什么样的实践结果来呢？换言之，留给思想者去做的是什么呢？当前的讨论课已经展示了一种回答，海德格尔说，"我正是为此待在这里的"。这取决于，有那么几个人在公众之外孜孜不倦于鲜活地保持一种专注于存在的思想；他们在这里知道，这一工作的目的必须是，为一个遥远的未来奠定对这种思想的传承之可能性的基础，——因为人们当然不可能在一二十年内就把两千年以来的遗产看成已经了结了的。

与此不同，现今的"哲学"满足于跟在科学后面亦步亦趋，这种哲学误解了这个时代的两重独特现实：经济发展与这种发展所需要的架构。

马克思主义懂得这双重现实。然而他还提出了其他的任务："哲学家们只是以不同的方式解释世界，而问题在于改变世界。"让我们来考察以下这个论题：解释世界与改变世界之间是否存在着真正的对立？难道对世界的每一个解释不都已经是对世界的改变了吗？对世界的每一个解释不都预设了：解释是一种真正的思之事业吗？另外，对世界的每一个改变不都把一种理论前见（Vorblick）预设为工具吗？

那么，在马克思那里谈到的是哪样一种改变世界呢？是生产关系中的改变。生产在哪里具有其地位呢？在实践中。实践是通过什么被规定的呢？通过某种理论，这种理论将生产的概念塑造为对人的（通过他自身的）生产。因此马克思具有一个关于人的理论想法，一个相当确切的想法，这个想法作为基础包含在黑格尔哲学之中。[①]

马克思以他的方式颠倒了黑格尔的观念论，这样他就要求给予存在先于意识的优先地位。既然在《存在与时间》里没有意识，人们也许可以主张，在此间（马克思所要求的东西里）读出某种海德格尔式的东西。至少马尔库塞曾经这样来理解《存在与时间》。

---

① 海德格尔强调说："如果没有黑格尔，马克思是不可能改变世界的。"

对于马克思来说，存在就是生产过程。这个想法是马克思从形而上学那里，从黑格尔的把生命解释为过程那里接受来的。生产之实践性概念只能立足在一种源于形而上学的存在概念上。

在此，人们又遇见了理论与实践之间的狭隘联系，孔德从中找到了两个同胞。也许是同胞，但更是未加认识的生身父母！海德格尔说道。

当今人们如何理解理论？是否意味着一种纲领化（Programmierung）？纲领（Programm）：对一个规划的展示、预先确定和告知。然而一场音乐会的节目安排（Konzertprogramm）并不就是音乐的理论。理论就是古希腊语的 theoria。Theoria 指逗留盘桓在对存在的观照之中。

在《尼各马可伦理学》中，理论是人类活动的最高形式；由此它也是最高的人类实践。波弗埃详细解释说，theoria 的特性在于区分为三种 pragmateiai（活动）。

一种具有新的基本意义的理论后来是在哪里显露的？在开普勒的《宇宙论》那里，还在后来伽利略的《物理学》和牛顿的《原理》那里。那是关于什么的？伽利略讲得很清楚，subjecto vetustissimo novam promovemus scientiam（很长时间里我们推动了新科学的进步）。有问题的事情是这样一种运动，该运动本身是亚里士多德首先加以课题化的：潜能存在者（作为潜能者）的隐得来希就是运动。①

对笛卡儿和帕斯卡尔来说，这个规定是一个笑柄。他们对此加以嘲笑，这也是因为，他们不再看见那对于亚里士多德来说是无比明晰地显示的东西，kinesis，作为现象的运动性。这就是说，那个 aletheia（真理、无蔽）消失了，在这种 aletheia 中，亚里士多德式的运动的多重方式曾经是可以按照它们隐秘的统一性显现。但自伽利略以来，只有其中的一种运动方式统治着整个领域：phora（位移）。而 phora 本身的意义也有了变化，因为与之相关的处所（topos）概念消失了，取而代之的是物体在几何式均质空间中的位置，对此，希腊人甚至名称都不曾有过。这关系到在空间均质性的基础上对自然的数学构想。

为何要有这种新奇的构想呢？因为自然应当是可以计算的，因为这一可计算性本身被设定为统治自然的原理。

我们说到哪里去啦？我们是被对理论与实践的追问引到这儿来

---

　　① 亚里士多德：《物理学》Gl，210a10～11。

的。伽利略式的自然开始变得可计算、可统治了，这就是新的理论，其特别之处在于使实验方法得以可能。但是，伽利略与牛顿的这些概念：均质性、空间的三维性、移动等等有哪些存在论意义呢？意义是：空间及其属性被看成现实存在着的了。这就是牛顿那里的假设的意义：我并非虚构出我的假设，他曾经说道；这些假设之中没有什么想象出来的东西。

但是后来，通过尼尔斯·玻尔和现代物理学家们的工作，又发生了什么呢？他们从未相信，自己构想的原子模型展现了存在者本身。"假设"这个词的意思——因此理论本身的意思——已经改变了。它只不过是一种对应当被引申的东西的"预设"。时至今日，假设只有纯粹的方法论意义，而再也没有存在论意义了，这一点也不妨碍海森堡继续提出描述自然的要求。那么对他来说，"描述"是什么意思呢？实际上，描述之路是被做实验阻断了；从自然被赋予一个数学形式的时刻起，自然就是"被描述的"，数学形式用于实验之中表明了精确性。那么精确性又当作何理解呢？这是一种在"如果 x，那么 y"的图式框架下以确切的相符性重复实验的可能性。做实验取决于效果（Wirkung）。如果没有出现相应的效果，理论就要修改。因此，理论在本质上是可变的因而纯粹是方法论的。归根结底，理论只不过是研究中的可变尺度之一。

这一切引出了马克斯·普朗克关于存在的论题："现实的东西就是可以计量的东西。"存在之意义因而就是可计量性，其目标倒不全在于确定那个"多少"，而最终只是有助于对作为对象的存在者进行控制和统治。这一点在伽利略的思想中已经有了，这比笛卡儿的《方法谈》还要早。

我们开始看到，技术在何种程度上并不奠基于物理学之中，相反，倒是物理学奠基于技术的本质之中。关于效果（Wirkung）的补充性讨论。效果意味着：

（1）在理论中"预先安置"的东西的结果。

（2）在可随意重复实验的基础上对现实性的对象性确认（die gegenstaendliche Feststellung der Wirklichkeit）。

康德通过"经验的第二类比"中的有关陈述讨论了关于效果的科学概念："发生的（开始存在的）一切，都预设了它按照规则随之而来的东西。"[①] 这个"随之"（Worauf）显然应当在单纯的继起而

---

① 赖蒙德·施米特本：《纯粹理性批判》，241 页，汉堡，1956。

非由之而来（Vonwoaus）的意义上理解。对于现代物理学来说，雷声随着闪电而来，情况也就这些了。这种物理学将自然更多地视为诸物的相互继起，而不再视为物物相生的结果，就像在亚里士多德那里的情况一样。

二、1973 年 9 月 7 日

当天（也就是 1973 年 9 月 7 日星期五）的讨论班是从宣读先前讨论的纪要开始的。然后海德格尔说，对于第一天详细讨论的东西还可以作不少补充。但在这次讨论会上，他想做些完全不同的事情。因此他仅限于作两个短评，其目的在于排除各种过于简单化的理解。

前一天关于康德谈到了范畴之抽象推导（abstrakte Ableitung der Kategorien），海德格尔问道，难道在康德的范畴学说中，就没有比抽象化和可推导性更多、与抽象化和可推导性不同的东西吗（只要牵涉到它们可理解并且可知觉的方式）？这时，让·波弗埃提到了"图型论"。在图型论中康德把范畴带到了与时间的关系之中，这是（正如海德格尔顺便提到的）康德探讨存在与时间的方式。

海德格尔问道，那么胡塞尔又涉及了什么，《逻辑研究》又是在怎样的语境中通向范畴直观的？人们必须看到，它不是发生在加工范畴问题这种语境中的——这个问题是一个关于存在的形而上学式的问题。相反，《逻辑研究》的这个语境是通过概念权能（Begriffs-vermoegen）与感性之间的类比关系形成的，这两者都是在这样一种统一性中得到理解的，正是在这种统一性中，才能将对象构成为经验之对象。因此事情牵涉到的是经验理论的问题——胡塞尔借此又一次以康德的遗产为出发点。

海德格尔强调说，范畴直观就是在这样一种语境产生的，而并未以某种方式源于一种明确的存在论课题。正如人们看到的那样，关于康德和胡塞尔的这两个短评校正了昨天谈到的东西，或者更好的是，它们防止对那些东西作片面的理解。康德那里的范畴是被推导出来的，这一点决不意味着范畴性的东西抽象地脱离了一切可能的"具体化"；胡塞尔那里的范畴性的东西是直接具体地来照面的，这一点也决不意味着，胡塞尔可以由此出发展开对存在之真理的追问。

澄清了这点之后，就可以通过回顾上次讨论班结尾提出的问题来重新开始讨论班的预定进程了：识—在（Bewusst-sein）① 与此—在（Da-sein）之间有怎样的关系？更好的提法是，识性之在（Bewusstheit-sein）与此玄远之在（das-Da-der-offenen-Weite-sein）② 之间有怎样的关系？

为了切中问题，必须在两个词之中来澄清动词"存在"的意义。法语里的 conscience（意识）一词的构造与动词"存在"并无关系。然而 conscience 仍然包含着一种存在特性。哪一种存在特性呢？如果我说："我意识到我"（ich bin mir bewusst），这同时也是在说，我意识到我自身之我（ich bin mir meiner selbstbewusst）。这个"自己意识到它的自身"（sich-seiner-selbst-bewusst-sein），意识之存在特性，是通过主体性（Subjektivitaet）被规定的。但是这个主体性并未就其存在得到询问；自笛卡儿以来，它就是 fundamentum inconcussum（禁地）。总之，源于笛卡儿的近代思想因而将主体性变成了一种障碍，它阻挠人们把对存在的追问引向正途。

我们来追问当前性（Gegenwaeretigkeit）的方式，这种当前性主宰着每一个"自身使当前化"（Selbstvergegenwaertigung），而所有的意识都是"自身使当前化"，于是我们必须承认，这种自身使当前化发生在意识之内在性（Immanenz）之中。我对我而言所意识到的东西，总也是对我而言当前的东西……这就意味着，它在主体性之中，在我的意识之中。

人们把意向性与意识联系起来，因此，在意识的内在性中，意向客体也一样有它的位置。与此相反，在《存在与时间》中，"物"并非在意识中，而是在世界（对于意识而言，世界自身又不是内在的了）中有它的位置。反之胡塞尔却仍然把意向性包含在内在性之中……《笛卡儿式的沉思》就是这一立场的结果。

当然，胡塞尔的立场是一个预先与新康德主义有所牵连的步骤。在新康德主义那里，客体只不过是一个被诸知性概念划分开来的感性材料之杂多。胡塞尔使对象取回了它本己的存有特性（Bestandhaftigkeit）；胡塞尔挽救了对象……然而其方式却是，把对象嵌入意识的内在性之中。

胡塞尔完全没有就对象领域提问，更谈不上贯穿之……海德格

---

① 这个词是将 Bewusstsein（意识）一词改写得到的，以便突出其与 sein（存在）的关联，姑译作"识在"。——译注

② 这个词的字面直译是那—此—向着那个—敞开的—悠远—而在，几乎不是汉语。因此姑译作"此玄远之在"。——译注

尔补充说：只要人们从 Ego cogito（我思）出发，便根本无法再来贯穿对象领域；因为根据我思的基本建制（正如根据莱布尼兹的单子基本建制），它根本没有某物得以进出的窗户。就此而言，我思是一个封闭的区域。"从"该封闭的区域"出来"这一想法是自相矛盾的。因此，必须从某种与我思不同的东西出发。

海德格尔的出发点便迥然不同。乍看起来，这个出发点似乎还不大容易说明白：如果我看见这个墨水瓶，海德格尔说，那我就在目光中领会了它自身、这个墨水瓶自身，与质料、范畴则并无关系。重要的是做出关于物自身的基本经验。如果从意识出发，那就根本无法做出这种经验。这种经验的进行需要一个与意识领域不同的领域。这另一个领域也就是被称为此—在（Da-sein）的领域。

如果要对此—在谈些什么，这里的"存在"（sein）一词是什么意思呢？与意识（Bewusstsein）的内在性相反——识—在（Bewusst-sein）中的那个"存在"就表达了这种内在性——此—在中的"在"表达了在……之外……存在（Sein-ausserhalb-von…）。那个于其中一切可被称作物的都能自身前来照面的领域是这样一个地带，它把明明白白地"在那儿外面"（dort draussen）的可能性让渡给该物。此—在中的存在必须守护着一种"在外"（Draussen）。因此《存在与时间》中的此—在的存在方式是通过出—离被表明的。因而严格地说，此—在的意思就是：此出—离地在（das Daek-statis chsein）。

于是内在性就被贯穿了。

此—在本质地就是出—离式的。要理解这个出—离式特性，人们必须不仅仅考虑到在场着的东西（在它与我们相对而逗留于其位的意义上），而且还要把这一特性理解为与曾在者、当前者与未来者有关的出—离。

此—在这一表达中的"存在"的意思就是生—存之出—离性（die Ek-statik der Ek-sistenz）。因此，认识到海德格尔对胡塞尔的意向性概念曾经产生不满，这一点是重要的。这种不满产生之后，海德格尔的工作便是研究在意向性中本源地包含了什么。就其根据深思意向性，这意味着，将意向性建立在此—在之出离性这个根据上。一言以蔽之，必须认识到，意识是在此—在中得到根据的。

今天，海德格尔补充说，我想用另一种方式来表达这层关系。我不想再简单地谈论出—离，而要谈论守护在空明之中（Instaen-digkeit in der Lichtung）；这个表达又必须在两层含义的统一中得到理解：

（1）处于三重出—离之中（三重出—离亦即上文所谓与曾在者、当前者、未来者有关之出—离）；

（2）通过整个此在守护存在且持之不堕。

于是，识—在与此—在中的"存在"的根本不同的含义就得到了澄清。从此间出发可以衡量，在一种汇聚于此—在之上的思想中，一切会以怎样的尺度得到转变；可以衡量，这种转变是何以发生的。从今往后，人出—离地与那是某物自身的东西面对面地相处，而不再通过相对立的表象（按照其定义，表象是一种属于——关于存在着的东西的——影像之再现①）。海德格尔这样来讨论这个问题，他说：当我回想起在布斯克拉兹（Les Busclats）小屋中的勒内·沙尔②，在那里向我给出的是谁或者是什么呢？是勒内·沙尔自身！而不是天晓得的什么（我以之为中介与夏尔相关的）"图像"③。

这是如此的简单，以致如何在哲学上使它变得可以理解，反而成了最困难的事情。海德格尔补充说，它在根本上仍未得到理解。一位讨论班成员插话说，那么从意识转向此—在，就其本源而言，难道不就是康德所谓的"思想方式的革命"，或者如荷尔德林所说的"一切表象方式与一切形式的回转"吗？海德格尔纠正说，也许更好的说法是思想之居所（Ortshaft）的革命。也许，将之简单地理解为那原初意义上的"移居"（Ortsverlegung）④，便比理解为"革命"要好一些；也是在这个意义上，那借《存在与时间》而行的思便将哲学曾经置于意识之中的东西从一处迁移到了另一处⑤。此外尤其应当注意，正是哲学（既然它把那个处所安置在意识中）迁移了一切，由于它在海德格尔所谓此—在的位置上设立了一个自身封闭的处所，那也就是意识。于是，我们终于就其整个范围阐述了意识与此—在的关联。这样便可理解，什么叫作意识根植于此—在之中。

然后，海德格尔联系《我进入现象学之路》的文本⑥，回过头

---

① Vergegenwaertigung，上文有的地方译作"使—当前化"。——译注

② 勒内·沙尔（Rene Char），法国诗人。布斯克拉兹是他的居所。——译注

③ 这里涉及的"图像"、"回想"、"再现"等问题，尤其与胡塞尔的一些学说有关，参见《胡塞尔全集》的第 25 卷《想象、图像意识、回想——论直观再现之现象学》。——译注

④ 此即上文所谓被近代科学理解为"位移"的希腊词 phora。——译注

⑤ 关于此处的"思"与"哲学"的关系，参见海德格尔《哲学的终结与思的任务》一文。——译注

⑥ 《向着思的事情》，81～90 页，1969。

来谈胡塞尔。他强调说，胡塞尔的哲学出发点是布伦塔诺（Franz Brentano），《经验立场的心理学》的作者。我自己的出发点，他提示说，是同一个布伦塔诺，但并非以上述著作为出发点；我的起点毋宁说是《按照亚里士多德论存在者的多重含义》（弗赖堡，1862），海德格尔学着在其中读出哲学。这是胡塞尔与海德格尔的一个非同寻常、引人注目的交汇点，两人借着同一个哲学家的不同著作迈出了第一步。我的布伦塔诺，海德格尔微笑着说，可是亚里士多德的布伦塔诺！

为什么要强调这个差别呢？为了提出希腊思想与经院近代思想的差别。任何想要精确地指认这个差别的尝试，都必须小心翼翼地进行，且必定需要明确一义的概念。而当罗马诺·瓜尔蒂尼（Romano Guardini）试图谈论希腊思想的特殊性时，正如海德格尔指出的那样，他却在谈论一种"客观化了的"思想，就像他在谈论近代思想似的。无论如何不能用"客观性"这个概念来给希腊思想贴标签。至少，在希腊语里确实没有一个用来谈论对象——"客体"——的词。对于希腊思想来说没有对象，有的只是：由自身而来的在场者（dasvonsichher Anwesende）。

有人问道，尽管如此，难道人们不可以在上述最后那个意义（即在场者的意义——译注）中理解对象吗？海德格尔对此回答说，这是不可能的，因为对象是通过表象被构成的。而表象（在与对象的关系中，它是在先者）在自己面前对设对象，以至于对象决不可能首先由自身而在场。

因之，离开意识领域以及属于意识的表象之领域，这是完全必要的，如果人们愿意有能力对于希腊人所思者加以追—思（nachdenken）的话。

离开意识领域，而抵达此—在之领域，这是为了正确地看到：作为此—在来理解（也就是，从出—离出发来理解）的人仅仅存在着，就人从自己出发而到达那个与他自身完全不同的东西（它便是存在之空明）而言。

人不曾创造这个空明……海德格尔指出了言说这个空明的困难……这个空旷敞开者（Freie），它不是人。相反，它是那指派给人的，既然它把自己判归于人：它是给人的馈赠。

海德格尔就此点评了《艺术品的本源》，指点了对天、地、神、人"四元"的讨论（例如在收入《演讲与文章》中的演讲《物》中的讨论）。在本质上需要看到的东西是，在其新的居所中，思想从一开始就放弃了意识的优先性及其后果——人的优先性。《关于人本主义的信》已经就萨特的一个命题（确切地说，我们存在于一个其上只有人的平面上）说过：“与此不同，从《存在与时间》以来所思考的是，应该说：我们存在于一个其上主要（principalement）有存在的平面上。”这应当在紧接着的工作步骤中得到表明，并且最好从最极端的对立方出发。海德格尔打开马克思的早期文稿，念了下面的话（出自《黑格尔法哲学批判》）：“所谓彻底（Radikal sein）就是抓住事情（die Sache）①的根本（die Wurzel）。而人的根本就是人本身。”② 德格尔解释说，全部马克思主义都以这个论题为依据。马克思主义把生产设想为：社会之社会性生产（gsellshaftliche Produktion der Gesellshaft）——社会生产其自身——与人作为社会存在体（soziales Wesen）的自身生产。既然马克思主义这么想，它就正是当今之思想，在当今进行统治的就是人的自身生产与社会的自身生产。

我愿断言，或毋宁说我想揣测，海德格尔说道，人的自身生产带来了自身毁灭的危险。

我们实际上究竟看到了什么呢？是什么通过规定了整个大地的现实而统治着当今呢？是进步强制（Progrssionszwang）。这一进步强制引起了一种生产强制，后者又与一种对不断更新的需求的强制联系在一起。对不断更新的需求的强制具有这样一种性质，一切强制性地方生方新着的东西，同样也直接地已经变老变旧，并被“又一个更加新的东西”挤掉并如此继续下去。在由此而来的强迫之下发生了一些事情，特别是与那种传统之可能性的断裂。曾经存在着的，便不再可能在场了……除非以古旧之物的形态，因此是不在考虑之列的。

人们一旦承认，正是人产生了这一切，那就提出了这样一个问题：人自身能否在什么时候打破这些强制之统治呢？马克思主义与社会学将那当前的现实为了它而进行强迫的东西称为“诸强制”（Zwaenge）。

海德格尔用支架（Ge-stell）③一词称呼诸强制的共同之处。支

---

① 我们不像《马克思恩格斯全集》中文版那样将这个词译为“事物”，其理由可参见下文海德格尔的解释。——译注

② 克罗那版，216 页，1968。

③ 又译“托架”、“座架”。关于这个词，可以参见海德格尔的演讲《对技术的追问》。——译注

架是集中（Versammlung），是所有安排（Stellen）方式的共同性，这些安排方式将人塞入尺度之中，当前人就是在这个尺度中生—存（eksistiert）的。因此，支架决不是人类狡计的产物；相反，它是形而上学历史的最后形态，这就是说存在之天命的最后形态。在这一天命中，人已经从对象性的时代进入了可订造性（Bestellbarkeit）的时代：在我们未来时代的这种可订造性之中，凭借订造的估价，一切都可以不断地被支取。严格地说，再也没有"对象"了，只有为了每一位消费者的"消费品"，而消费者自己也已经被置于生产与消费的运转之中。

按照马克思，人，每一个人（他自身就是他自己的根本），正是这种生产以及隶属于生产的消费的人。这就是我们现时代的人。

然而，在存在之空明中被理解为此—在、理解为出—离渴求的人与马克思的命题陈述正相对立。那人们能否因此说，对于海德格尔，此—在就是人的根本呢？不。"根本"这个概念是无法表述人与存在的关联的。

我们再回过头来谈一个问题：这个时代的人，把自己理解为一切现实的生产者并照之行动的人，今天感到身陷越来越紧密迫人的"强制"之网的人（从存在历史来看，在强制中表现出来的乃是支架），能否自己产生一种手段，来摆脱"强制"造成的困境呢？

人如何才能做到这一点，如果他不放弃自己作为生产者的规定性？此外，在当今的现实环境下，这样的放弃可能吗？这种弃绝实际上将意味着什么呢？人也许会进而弃绝进步本身，并且参与对消费和生产的普遍限制。一个简单、直观的例子：在这种弃绝的视野中，"旅游"也许就不再可能了，相反人们会节约一些并待在家里。

然而，在这个时代，还有诸如"在家"、寓所、住处之类的事情吗？不，只有"居住机器"（Wohn-maschine）、都市的稠密地带，简言之，只有工业化的产物，却再也没有家了。

我们讨论的一切问题，海德格尔补充说，将对当今现实产生作用。这个显然具有特别起点的讨论班知道自己面临最终的决定，这个决定将迫使我们承担这一现实。

因为，如果人们注意到，当人们把在哲学上将人规定为意识这种做法与从此—在出发去思想人的尝试对立起来，此时明显发生的是什么的话，那就很清楚，与放弃意识优先性（这种放弃有利于一个新的境地，也就是此—在的境地）相呼应的是，对于人来说只有一种可能性，就是对这个崭新境地有所准备。这也就是，接近这个境地、投身这个境地，在那里重新得到自己的规定性，以便与那不是人者息息相关。

投身到这个境地，这不是由思引起的，正如海德格尔在著作中曾经表明的那样。据那里说，思毋宁总还是按照生产的模式来表象的，如果人们相信能够改变人的居所。

然则让我们小心翼翼地说，思在开始准备这种投身的条件。换言之，海德格尔说，思使人首先准备去呼应这种投身之可能性。

三、1973 年 9 月 8 日

今天（1973 年 9 月 8 日星期六）的讨论会是从阅读纪要开始的。首先海德格尔希望对昨天的工作作点补充。至少要对关于"强制"所说的东西作补充，在德语里，名词"强制"（Zwang）属于动词"强制"（zwingen），后者意为迫使、施加强力。

海德格尔强调说，这个社会学的或者人类学的习语尽管有无可置疑的分析成就（这个习语使得这些成就得以可能），却让"强制"概念本身在其存在论性质方面得不到规定。

强制的存在论规定，海德格尔继续说，我现在在支架中发现了。支架（Ge-stell）是什么？从严格的语言科学观点来看，它至少有以下的含义：

前缀 Ge-说的是所有安排方式的集中、统一与集聚。我们想更切近地探讨一下安排（Stellen）。海德格尔说，此间安排的意思是迫使（Herausfordern）①。与此相应可以说，"就其能量安排自然界"。或者：自然界被迫供应其能量。其含义为督促（Anhaltens）某物，在那里被督促的东西，同时也被迫接受了某种形态、扮演一个角色，通过这样的角色，被督促的东西（它将被限制在这个角色上）便在这样的一个特定形态中出现了。被督促着供应能量的自然界，将来就会作为"能量库"出现。

然而，海德格尔继续补充说，一旦自然界被安排供应能量，同时人也就被安排去对付与回应这种被生产的能量……甚至达到了这样一种程度，可以说：对自然界的迫使越严重，人自身遭受的迫使也就越严重。例如，变成供能者的煤引起了石油的发现，而这又导

---

① 这个词的德文原意是"挑战"，字面的意思也有"索取"的含义。——译注

致了原子能的运用。总有一天，原子能也会被换掉的。

回到那个基本词支架：这个词的形式是很有启发意义的。此外应该注意到，并且对一切歧义性都应该指出的是，按照海德格尔所讨论的用法，它决不可能指谓一种单纯的东西。

这个词的构造是有特点的①，德语有些拥有同样特点的词。雅各布·格林那里有个词：Geschueh，由鞋（Schuh）一词构造而来，表示"使穿鞋"（Beshchung）、"鞋制品"（Schuwerk）、"鞋袜"（Fussbekleidung）等。

在《希腊文化史》一著中，雅各布·布克哈特在谈到雅典人时指出，他们尤其受制于 Geruehm 的力量，这个词由"荣誉"（Ruehm）构造而来。因之，Geruehm 的意思就是与"荣誉"相关的一切。

在表示巴勒莫街头的干草堆（Strohhaufen）时，在歌德那里可以发现 Gestroede 一词。因此，在"对所有安排的集中"这个意义上的支架一词在语言上是完全可能的。

这里插进来说明了对象概念。因为经院哲学的客体（objectum）一词是对希腊词 antikeimenon（对立着的）的翻译。那么好像希腊语里也有对象之类的东西吗？

这个翻译其实是没有看到本质性的区别。Antikeimenon 一词由之而来的那个动词 keisthai（安处）的意思是什么呢？意思是，由自身便已在（von sich ausschon vorliegen）。而对象的特征却是，由表象将它保持在对方。Antikeimenon 由自身便已持立，也就是由自身便已在（vorliegen）。在希腊的经验中并无表象在设定存在者时起作用。存在者存在（sei），这一点希腊人是从 physis（自然）出发来考虑的……亚里士多德从 poiesis（作）出发将这个词解释为带入可敞开性之中（Hervorbringen in die Offenbarkeit）。希腊概念"作"（Poiesis）必须与近代概念生产（Produktion）区别开来，后者的意思是，在可用性中的制造（Herstellenin die Verfuegbarkeit）。

第二个补充涉及马克思。

昨天考虑的命题"所谓彻底，就是抓住事情的根本。而人的根本就是人本身"并非政治命题，海德格尔说，而是一个形而上学的命题，放到费尔巴哈所作的对黑格尔形而上学的颠倒这个境域中，

---

① 德语中的前缀 Ge-有集合、相关、所属动词行为的结果、所属动词本身的行为等丰富含义。加上前缀使词的含义更加丰富这个特征，在汉语中是没有的。相反，汉字的含义比由之而来的词更加丰富。因此以下例子涉及的词，我们均不翻译。——译注

就可以把这个命题看得很清楚。可以用如下方式进行观察：对于黑格尔来说，知识的事情是处于其辩证生成中的绝对。通过把人而非绝对做成知识的事情，费尔巴哈颠倒了黑格尔。在我们所引用的这个命题三行之后，可以在马克思的文本里读到如下的句子（这与费尔巴哈式批判的意义完全一样）："对宗教的批判最后归结为人是人的最高本质这样一个学说……"

我对马克思的解释，海德格尔说道，并非政治的。这个解释向着存在而思，向着存在送出自己的方式而思。从这个观点和角度来看，我可以说，马克思达到了虚无主义的极致。

这一命题的意思无非是：在那个明确说明"人是人的最高本质"的学说中得到了最终论证和确认的是，作为存在的存在对于人不(nihil)再存在。

政治地理解马克思的这个命题，就意味着把政治变成一种自身生产的方式……这与马克思的思想是完全符合的。然而，如何以另一种方式来解读这个命题，它如何被解读为形而上学命题呢？在这里应当注意到一种惊人的跳跃，由于这个跳跃，马克思忽视了一个缺少的环节。这个命题事实上说的是什么呢？

"所谓彻底就是抓住事情的根本。而人的根本就是人本身。"海德格尔看到，这里缺少一个（使得从第一思想到第二思想的转移得以可能的）中间思想。这个思想就是，人就是那个所关涉到的事情。对于马克思来说，一开始就确定的是，人，并且只有人（而并无别的）才是那个事情。这是从哪里得到确定的？以什么方式被确定的？凭什么权利被确定的？被哪种权威确定的？

人们只能通过追溯形而上学的历史来回答这些问题。因此，肯定要把马克思的这个命题理解为形而上学命题。

（丁耘 摘译）

舍勒

马克斯·舍勒（Max Schler，1874—1928），当代天主教思想家和哲学家。舍勒于 1874 年 8 月 22 日诞生于德国慕尼黑，父亲信奉新教，母亲为犹太人。舍勒思想广博，他先后学习过心理学、医学、社会学和哲学。曾师从狄尔泰、席美尔、倭铿等名家，并在倭铿的指导下完成博士论文《论逻辑原则与伦理原则之间的关系的确定》。1899 年受天主教洗礼，并获得大学教授资格。1901 年在哈雷结识现象学创始人胡塞尔，自 1907 年始在慕尼黑和哥廷根从事现象学的研究，但其研究路向与胡塞尔迥异。1918 年担任科隆社会科学研究所所长，自 1919 年担任科隆大学哲学与社会学教授，1928 年转至法兰克福任教，同年 5 月 19 日因突发心脏病逝世于法兰克福。

舍勒的思想对当代天主教宗教哲学的形成与发展影响深远，他深受胡塞尔现象学的影响，创立了一种质料的价值伦理学理论，克服了康德形而上学式伦理学和尼采相对主义伦理学的局限，使价值观与伦理学在现代社会中得以重生和弘扬，而他对位格（persona）理论的阐述"首次将天主教道德哲学传统与现代哲学最进步的立场相融合，并使它至今仍在起作用"（伽达默尔语）。舍勒强调现象学必须要"面对现实本身"，即面对人或人的精神实在，其现象学特征是"背向世界，面向人本身"，尤其是面向人的精神世界，人的永恒本质。他肯定精神存在与冲动存在的二元对立，认为精神存在不以自然实在为根据，从而现象学还原体现为摆脱世界实在的精神姿态。舍勒的现象学因而可以称之为"价值现象学"或"应用现象学"，通过现象学的关照及体察，他试图处理生活世界之价值问题的冲动，进而将感性价值、生命价值、精神价值和宗教价值区分开来。他将人定义为寻神者并在神人关系中来把握人的地位，说明他的哲学人类学实质是"神主人类学"，到最终，神成为人要追求和把握的绝对。舍勒对价值、宗教和神人关系的论述目的在于在现代社会中保持基督教信仰及其教义的力量；他更新和扩充了天主教精神，使它的历史传统由教父时代经历经院哲学的鼎盛和近代图宾根学派的兴起后仍能在现代影响人们的思想情操和行为规范。

舍勒的主要著作有：《先验的方法与心理的方法》（1900）、《自我认识的偶像》（1911）、《伦理学中的形式主义与质料的价值伦理学》（1913）、《论爱与恨之同情感的现象学和理论》（1913，1927 年再版时改名为《同情的本质与形式》）、《论羞与羞感》（1913）、《论自由的现象学和形而上学》（1912～1914）、《道德建构中的怨恨》（1915）、《论人的理念》（1915）、《德意志仇恨的起因》（1917）、《宗教问题——论宗教的创新》（1918～1921）、《论人之永恒》（1921）、《知识社会学问题》（1924）、《社会学与世界观学说文集》（四卷，1923～1924）、《科学形式与社会》（1926）、《论人在宇宙中的地位》（1928）、《人与历史》（1929）和遗稿《哲学人类学》。

　　本书选取了舍勒的《先知社会主义还是马克思主义的社会主义》一文。在文章起始处，舍勒对一般意义上的"基督教社会主义"提出了怀疑，并且认为马克思主义也不是铁板一块，而只是社会主义的一种形式。但他主张可以"有条件地"将自己的思想称之为"基督教社会主义"，他认为，作为一种体系的马克思主义已经在历史舞台上消失，"马克思主义是一种典型的压迫和批判造反的意识形态；随着社会条件越来越不充分，马克思主义终将消失"。接着他对"个人主义"、"自由主义"、"资本主义"和社会主义的关系进行了分析，在他看来，这些都与社会主义有着很大的距离。最后他将先知的社会主义与马克思主义的社会主义进行了比较，最终得出的结论是，二者尽管在对待乌托邦社会主义的态度及对历史的解释上具有一致性，但它们之间还是存在根本的区别。

先知社会主义还是马克思主义的社会主义[①]

佩施（Heinrich Pesch）在其题为《不是共产主义的社会主义，而是基督教的社会主义》（1918）一文中说过这样一段话："针对旨在夺取政权的马克思主义的社会主义，我们必须提出一种更胜一筹，并且能够付诸实践的'基督教社会主义'体系来。由于这种社会体系在我们的科学文献中早已完备，因此，我们在天主教一边显然已经先行一步。"这段话的前半部分我深表赞同，后半部分则丝毫不敢苟同。关于基督教社会主义的命题虽然已经出现，但还远远称不上成一个"体系"，能够像马克思主义的社会主义体系那样拥有完备的形式、深厚的现代社会现实根基以及鼓舞人心的力量。

可是，佩施所使用的"基督教社会主义"在概念上的联系难道没有引起众多疑惑？可不可以，或者应不应该把它们连在一起？这

---

① 选自《舍勒选集》，上海，三联书店，1999。

样一种概念的联系无疑并不具有普遍意义。天主教徒一般都认为基督教和社会主义势不两立。列奥二十三世在针对社会问题所颁布的杰出通谕中使用了"基督教民主"一词，但未见提及"基督教社会主义"概念。德国主教最近发布的主教通谕同样是从对立意义上使用"基督教"和"社会主义"这两个词。我们今天如果决定使用"基督教社会主义"这个概念，而又不想仅仅跟着那个庸俗模式，把基督教的诸种学科隐藏到当代深受大众欢迎的时髦字眼当中，那么，我们就必须陈列出比佩施所说的"迄今为止的天主教科学"更加充分的理由来。当然，我们完全不必修正古代流传下来的社会观念、国家观念、法律观念，经济观念中所存在的诸种极大的矛盾，但必须对其运用加以深入的检查。

长期以来，我一直犹豫不决，究竟把我自己的观念叫作"基督教社会主义"还是"社会主义"。但我最终决定有条件地选择前一种说法。正反两方面的理由我都想在这里陈述。尽管德国大多数人今天一说到社会主义一词立刻就会想到德国社会民主党所提倡的马克思主义的社会主义，但是，这绝不会妨碍我们讨论基督教社会主义。马克思主义只是社会主义的一种形式；在德国土地上，这种形式直到战争开始之前才十分盛行。然而，在法国、英国、美国、意大利以及俄罗斯等国家里，它虽然也（不断地）有众多的追随者，但是，它在这些国家的社会主义者之中也有许多反对者。比如说，饶勒斯（Jaures）就坚决反对马克思主义的历史观。英国、意大利以及法国的不同形式的"革命辛迪加主义"（revolutionaerer Syndikalimus）出于完全不同于马克思的哲学原理和社会学原理，英国的费边运动（Fabier）同样如此。长期以来，俄国有着五花八门的社会主义，其中包括基督教社会主义。但是，在讨论一种基督教行动的普遍纲领时，完全可以把我们的措辞放到国际事实背景下来考察。

即使是我们国家本身，认为社会主义只有马克思一种体系的理由也已经大大地失去了说服力。我这样说甚至还不主要指所谓的修正主义；修正主义在伯恩斯坦（E. Bernstein）的理论领导之下早在战争之前很久即已放弃了马克思主义的哲学基础以及一系列社会经济学原理和历史哲学原理，为此，它在哲学上回到了康德，抛弃了马克思主义关于贫困化和无产阶级不断壮大的学说；它虽然坚持随着企业团体的不断壮大，一切也越来越走向联合的学说，但是对所谓的积累论和灭亡论以及那种所谓越来越明显的危机论则持否定态度，此外还拒绝将马克思主义学说运用到农业上去。我并不看好这条路线，因为我觉得这种自由社会主义似乎没有什么前途，另外，它比马克思主义更加偏离基督教社会主义的观念世界，而原因恰恰就在于其哲学基础。

更加值得注意的是，经过战争和革命，马克思主义本身已经发生了深刻的动摇，社会主义思想以及社会主义实践陷入了深深的危机之中——这种危机至今只是初露端倪，不过会持续下去，只要迄今为止靠马克思主义—社会主义思想武装起来的阶级及其领袖参与了领导和管理公共事务。马克思主义是一种典型的压迫和批判造反的意识形态；随着社会条件越来越不充分，马克思主义终将消失。这种危机的典型症状从实践上讲在于党派之间发生了巨大的分化，这些分化出来的党派在所有国家当中都来自社会民主党（比如在我们国家就有多数派的社会主义者，独立派的社会主义者以及斯巴达克斯等）；从理论上讲则在于一系列重要的著作、书籍，简单地说即是社会主义思想著作，它们重新发掘从历史上柏拉图到马克思和拉萨尔的整个社会主义思想（到战争之前在马克思身上凝固下来），并把它们置于多重人群之中——置于刚刚融合而成的大众之中，对未来有着深远意义的各种社会主义意识形态就从这种大众当中渐渐形成了。莱纳（Renner）、希夫丁（Hilferding）、伦施（Lensch）、拉持瑙（W. Rathenau）、阿德勒（M. Adler）、戈尔德莎德（R. Goldscheid）等人的著作以及在多数派社会主义者和独立派社会主义者之间、考茨基和列宁—托洛茨基之间围绕着对马克思的解释而展开的三次斗争对此作了充分的证明——这些斗争至今仍然自认为是"解释性的斗争"，但就其自身而言已远远不是解释问题。在这段时间里，所谓第四阶层的各个部分的意识形态正在形成，马克思主义的那种坚定不移的教条已经近乎破裂，因此，单纯循着历史惯例把"社会主义"仅仅理解为以爱尔福特纲领（Erfurter Programm）为主的马克思主义已经没有任何意义。但是，我们作如下追问无疑还是有其意义的，即我们在这样一个世界里——其中，社会主义在一定程度上开始具有一种令整个世界信服的自明性，但实际上还在围绕社会主义的形式和方向进行争论——是否必须得谈论"基督教社会主义"，以及我们是否有权拒绝在精神上和实践上参与社会主义观念世界的铸造，为此一开始就将"基督教"和"社会主义"二词截然对立起来。"马克思主义社会主义"这一说法是完全错误的。马克思是共产主义者。《共产党宣言》是他的第一部纲领之作，他后来的一切学说在其中已经有了完整的体现。

　　但是，这样一种事实还不能从正面决定我们是否可以说"基督教社会主义"。它只是允许我们这样做，因为把社会主义和马克思主义的共产主义等同起来毫无意义——但是，当关于人类共同生活的积极的基督教原理中明确而具体地允许承认"基督教社会主义"，或者当这些原理有效的活动空间允许时，它就会要求这样做。两方面的问题都得加以追究。

　　根据社会主义的对立面来阐释社会主义这个概念是再贴切不过了。这些对立面主要有三个，即"个人主义"、"自由主义"以及"资本主义"。科学上比较注重社会主义与个人主义之间的对立，而在科学之外的实践中，人们更多想到的是其他两种对立。从纯粹逻辑学角度来看，同"社会主义"相对的首先是"个人主义"。所有这些词我们都可以赋予它们双重意义，即本质概念意义和历史意义。它们要么指一些关于人类共同体观念的永恒原理，比如说在亚里士多德学说中，"人有史以来即是一种政治动物"，以及在可以追溯到伊壁鸠鲁的个人主义的所谓契约论中——现代具有革命色彩的自然法一直到卢梭和康德还在继承这种契约论。要么指两种历史性的相对要求，如果我们从一种实证观念出发，就可以把这两种要求放到与某个具体时代的社会现实的关系当中，对万物加以改造，以便使它们更好地适用于那种观念。我们讨论"基督教社会主义"的理由是有差别的，关键看我们是从第一个角度还是第二个角度去使用这个词。

　　我首先要问的是，我们是否有权利，而且是一种基本的权利，去谈论一种和个人主义截然对立意义上的社会主义？我的回答很明确：断乎不可。由于人的个体身位（Persoenlichkeit）并非只是任意一种已被掌握的普遍现实性（实体、思维过程、经济过程等等）的规定性，而是一种个体—实质性的精神存在，它生生不息，其永恒目标超越一切尘世此在，一切尘世共同体及其历史，因此，任何一种坚决反对个人主义的社会主义都是一种反基督教的学说。彻底的社会主义作为世界观来说可能只是某种一元论的结果。但是，人们或许会问，一种精神的个人主义为何不能与政治上的国家全能主义或者经济上的共产主义统一起来？宗教主体、国家公民以及经济主体是决然不同的。因此这里的答案也是否定的！——要想把他们区分开来，除非依靠一种柏拉图、康德或者笛卡儿等关于肉体与精神关系的错误意义上的二元论观念。这种观念在哲学上是错误的，同时也遭到教会的谴责。人的肉体从本质上讲必然，而非仅仅偶然属于灵魂。人死之后，尘世中实存的肉体尽管是实实在在的，偶尔也可以同灵魂分开，但是，肉体"属于"灵魂这样一种本质关系并未因此而被解除。只要灵魂真正拥有尘世肉体，那么，肉体就完全属于灵魂，另一方面，肉体本身也拥有一个可供人格自由活动的周在（Umwelt），也就是说，在这个周在范围内，人格不受任何限制，可以驾驭其中所有的事物。人的一切具体的自然权利完全源自这样一种基本事实；所谓人的自然权利包括：生存权、自卫权、工作权等等，其中也包括财产权和私有财产权——当然，所谓私有财产权，只适用于可以直接使用和消费的实际价值，此外还有创造这些财富的生产工具，而不同的历史阶段总是将维持个人及其家庭的生存和健康所必须获得的最低限度的财富同它们联系起来。在这种本质范围内试图取消私有财产的国家制度和社会秩序，是违背基督教的——而试图把所有生产工具共有化的制度同样如此。另一方面，并非任何一种使得或允许实际制度超越这种本质界限的所有制制度依靠自然法就能存在和有效，而原因只是在于这种制度有赖于变动不居的实证法。自然法同样只是有限法，从中永远产生或推导不出一种成文法来。我们今天所面临的时代问题光靠它是解决不了的。但是，它和一切生产工具共有化的命题势不两立，因为这个命题是反基督教的。

可是，我们是否因此而有权利自称是彻底的个人主义者？我的回答是，和我们不能自称是彻底的社会主义者完全一样，我们也不能自称是彻底的个人主义者。任何一种形式的契约论我们都要加以拒绝。同样，特洛尔奇（Ernst Troeltsch）在他的"社会学说"中提出的新教基本观念我们也要予以否定。根据特洛尔奇的这一观念，兄弟之爱、兄弟的拯救之爱作为基督教戒律不及自我尊崇戒律来得原始——这就是说，前一戒律只是后一戒律的一种结果，因为相互之间同样也是一种在上帝面前自我尊崇或满足上帝的手段。任何一种彻底否定共同体之中个人之间的本质关系，或者彻底否定精神之人（人的宗教主体或文化主体）的本质关系的学说都是完全错误的，因为这样的学说只承认实际关系，认为一切尘世共同体都有一种纯粹的自然因果律，只有个别灵魂具有宗教价值。事实上，人有史以来同样也有纯粹的社会义务和社会权利，而且在一切社会生活领域中都有这些社会义务和社会权利，依靠的同样也是宗教以及教会的社会形式——它们既涉及其兄弟的永恒得救，也涉及尘世得救。因此，无论从何种意义上讲，宗教都不是"纯粹的私事"。进而言之，人如同对其一切个人自由行为负有责任一样，也凭着自然道德和自然宗教一道对他永远都是其中一员的任何一种共同体负责。早在认识到应对什么和何人负责之前，他即已深知要一同对整个道德世界负责，因此，凭着这种原始知识——这种知识就原始性而言并不比关于其精神存在和自我负责的知识要逊色，他有义务不断重新全面认识他能够对什么和对何人负责。

我们难道不应认为，正如我所剖析出的那样，基督教原理介于社会主义和个人主义之"中"？事实的确如此。在一种完全错误的对立之间没有任何"中庸之道"，相反，整个这个对立都必须予以抛弃和扬弃。舍此均属机会主义。正如教父们最初所说的那样，经典的基督教协作说（Korporationslehre）是建立在教会观念、各个灵魂与自身的关系、上帝与教会的关系以及最主要的信仰真理等基础之上的（所有人都属于亚当，所有人都靠基督而得救；基督自觉地成为所有人的切身之罪——正如保罗所说，totem peccatum erat——而所有人作为这一人类共同体之一员而被这位人—神合一的首领所神化）。但是，该学说由此应当在精神的指导之下悄然进入一切共同体和关于共同体的观念，乃至经济共同体之中，从而表现出某种独立性、原始性和本真性。这种学说从根本上来讲和个人主义以及社会主义保持同等距离，和亚里士多德以及伊壁鸠鲁的学说也保持同等距离，和契约论以及认为每个人都是某个共同体、世界逻辑的成分、部分和样式（黑格尔），或是经济发展大潮中的成分、部分和样式（马克思）的观念也是保持同等距离，和自由个人主义以及所谓的有机共同体学说和国家学说也保持同等距离，同样，它和日耳曼的协作说到底也根本就是两回事。我们对这种学说的理解越来越淡薄，以至于我们只能把它看作是两个错误的"中庸之道"，而无法认识到它实际上和社会主义以及个人主义并不是同等亲近，而是永远保持同等距离。这种协作说的关键在于现实之中所有人相互之间永远团结的思想[①]，在于处于任何一种整体之中的所有人都共同承担罪与赏以及其一切后果的思想，甚至还在于一切个体现实灵魂保持独立的整体之中的所有人都相互团结的思想：亦即任何一个灵魂，任何一个较小共同体都对它周围的更大共同体（家庭对于种族，种族对

[①] 在《伦理学中的形式主义与实质的价值伦理学》一书中，我曾试图从纯哲学的角度重新阐释这一学说，并严格加以论证，这里必须指出这一点。从神学角度讲，我认为这一学说在 M. Scheeben 的《基督教神秘主义》（Freiburg，1912）一书中有深刻的论述，特别是在他指出基督如何占据整个宇宙中心的地方。

于国家，国家对于文化圈，文化圈对于人类，人类对于整个有限精神王国）独自和共同负责的思想深入人心——这样一种团结精神和社会主义言语通常所说的一切，比如利益共同体，以及从现有的利益共同体中产生出来的情感和要求没有什么、甚至说根本就没有什么共同之处。

所以说，在这样一种原则问题上，并没有什么基督教社会主义可言。只有在历史、实践和相对意义上才能追问我们是否有理由讨论和个人主义相对立的"基督教社会主义"。我在这里想补充的是，根据我的定义，即使马克思也不是"彻底的社会主义者"，原因并不在于他所承认的是一种具有特殊内容的永恒真理——这和基督徒坚持协作说，自由主义者坚持契约论如出一辙，而是由于他作为历史相对论者彻底否定"永恒真理"。他只是历史社会主义者，而且是一种特殊类型的"天文学"的社会主义者，他以为能够科学地预言社会主义的到来。

至于我们是否可以和应当自称是基督教的历史社会主义者这个问题，我的答复很明确，完全可以，并且应当，这和我对第一个问题坚决作否定回答是一样的。因为我们把基督教协作观念和19世纪的历史现实参照一下，就会出现这样的问题：这种现实沿着何种方向更会偏离其最高理想标准，是沿着社会主义方向还是个人主义方向？如果人们想使它更加接近基督教的共同体观念，而非社会主义和个人主义的共同体观念，那么，人们在实践中用共同生活的道德力量和法律力量来纠正它时必须偏重于个人解放还是重大责任呢？对于这个问题，我的回答是，应当沿着新的重大责任方向，至于是坚持内在的伦理型责任，还是外在的强制型责任，以及应当对什么负责，问题尚不清楚。毫无疑问，西欧15世纪以来的历史在与基督教协作思想的关系上误入歧途时，多是因为过于夸大其个人主义倾向（家庭成员反对家庭，个人良知反对教会，民族反对跨民族的共同体形式，经济个体反对其阶层等等），而非其社会主义倾向。如果说我们对待这种社会主义倾向和对待任何一种形式的个人主义一样很难认为它是源自基督教信仰，如果说我们最终只能认为它和个人主义之间是以毒攻毒，它并不是什么能够拯救人类的灵丹妙药，那么，基督教社会实践医师完全可以更多地用作为反向之毒的基础的动态名称，自称是社会治疗学家。从这个意义上讲，我们也可以说它是一种"基督教—教育社会主义"，而且是一种合乎人性的教育社会主义。

那么，我们所坚持的历史—实践社会主义立场又有几种类型呢？我认为主要有下列四种：（1）乌托邦社会主义立场，主张对统治阶级进行道德说教和技术参谋，以便推动他们自觉地将任意一种形式的社会主义原则付诸实现——但社会主义原则在大多数情况下首先表现为一种试验和样板共同体。持这种立场的有欧文、傅立叶、卡贝（Cabet）、魏特林（Weitling）、布朗基（Brandts）、阿倍（Abbe）等，当代还有拉特瑙（Rathenau）①。（2）马克思以现实历史为趋向的所谓"科学社会主义"立场，马克思认为，社会主义必然实现，因为它是整个人类历史发展，特别是现代资产阶级社会历史发展的必然结果。（3）带有浪漫色彩的反动—封建社会主义立场，它试图对中世纪所有制关系抱残守缺，乃至使之死灰复燃。它似乎是一种倒退的乌托邦。关于这种基督教社会主义，马克思说过："这样就产生了封建的社会主义，其中半是哀怨，半是讥讽，半是过去的余音，半是未来的恫吓；它有时候固然也能用辛辣、俏皮而尖刻的评判刺中资产阶级的心，但是它由于自己完全不能理解现代历史进程的劣根性，却常常使人感到可笑。"②（4）实践和改革的社会主义立场（讲坛社会主义、双重信仰的基督教社会布道者的社会主义，还有社会主义修正主义者的社会主义）。这种社会主义试图消除自由资本主义制度的种种弊端和过失，甚至认为这是当务之急。但是，它从原则上讲是在维护这种资本主义制度，尽管它本身带有基督教性质，但是并不觉得这种制度和基督教生活戒律之间存在着什么根本冲突。我认为，德国天主教科学和慕尼黑—格拉得巴赫运动（Muenchen—Gladbacher Bewegung）迄今为止根本就未能超越这种基督教社会主义。特别是格拉得巴赫路线，在我看来只是一场天主教运动，它在社会观念和社会原则上同社会民主党的修正主义者和多数派的社会主义者之间有着天壤之别，只是这种分别并非一蹴而就；这条路线不是基督教—天主教的社会主义路线，也就是说，这条路线并没有根据基督教—天主教精神创立一种新的意识形态和行动纲领。

我之所以否定上述四种基本立场，是因为我想提出一种自己的基本立场，在下文讨论当中我将称之为先知的基督教社会主义。那么，这种先知社会主义的本质是什么？它和上述四种社会主义有何不同？

---

① 参见拉特瑙：《论未来的事物》，柏林，1917。

66　② 参见《共产党宣言》，第111节。

首先要问什么是"先知"和谁是"先知"？和乌托邦社会主义的乌托邦道德主义者不同，先知并不声言这或那是源自永恒观念；相反，他所关心的全都是具体的历史现实，并致力于用永恒理性和神圣意志来塑造历史现实。先知很少"预言"什么，这和科学不同，科学总是根据众所周知的自然规律或所谓的历史发展规律"像观测天文"似的预言未来状态和发展过程。基督徒立足人的自由个性，如果他承认，随着人在行动过程中越来越是大众，而非个人，以及随着"历史"越来越趋于终结，人的这种自由的活动空间也就越来越变得狭窄，那么，他就根本不会认为有什么历史规律，可供用来像观测天文一样地预言未来社会发展状况。他至多会问：如果我们故意对个人的不同道德欲望和道德行为视而不见，那会出现怎样一种情况？正因如此，对他来讲，根本不可能会有一种马克思意义上的"天文学"社会主义。但是，即便有历史过程的预言，先知也会把自己同想作这样预言的饱学之士区别开来。区别主要在于他在预见未来时所使用的材料完全是历史上的偶然性事件，这种事件是具体的，永远不可重复的——而不是在于存在严格的相似规则和重复的领域。如果先知至少属于《新约》和《旧约》的文化范围之中，那么，他就永远不会复述对未来的绝对预见。因为这样做有悖于对上帝的信仰，上帝作为原始的自由位格不仅创造了世界，而且拥有、主导和统治着这个世界；他可以根据人对待他的态度以及他的戒律调整未来的一切事件。所以说，先知就其本质而言根本无法绝对预言未来：他的预言是有所限制的——受制于他所面对的人在道德实践和宗教方面的自由行为。先知确实说过："我认为这终将而且必将来临"，但是，他还补充了一句："Sofern ihr uenschen euch nicht freiwillig wendet，sofern wicht Gott die sache dadurch wendet，dab ihr euch wendet。"①

　　如果说我是从这样一种意义上谈论"先知社会主义"的话，那么，我的意思是说，基督教社会主义者在对待当代社会和未来社会方面必须接受一种类似于先知的内在立场，尽管这里涉及的并不是真正的先知所说的宗教事物，而是人的共同生活问题。在我看来，这种立场和《旧约》中先知的立场的相似之处同样也在于它根据历

---

① 　此句引文舍勒未注明出处，德文本《圣经》中无这一句话。就文义看来，与《旧约》中的两段话相似：一、《以赛亚书 19：22》，"上主要惩罚他们，也要医治他们。他们要转回，归属于他。"二、《玛拉基书 3：7》，"你们要转向我，我就转向你们。"——译注

史现实来推测社会主义的到来（这里的社会主义完全是指一定意义上的基督教社会主义），并且还设立了一个更加苛刻的条件，即如果人类不接受基督教社会主义，那么，人类将会不可避免地进入反基督教的强制性共产主义之中。和马克思相反，先知社会主义认为，历史生成和人的自由是一次性的。但是，它同时也认识到，上帝不仅存在于人的精神和意志当中——这点乌托邦社会主义者同样也承认，上帝及其永恒天意和世俗统治也一同参与了此岸世界的历史发展的必然过程；此外，它还认识到，人的自由活动空间以及人所能影响到的自由活动空间随着所有民族和文化圈越来越关注自身的命运而变得越来越小，越来越窄。同乌托邦主义者和改革派的社会主义者（二者均和马克思不同）一样，先知的确也传播道德，但是，他所坚持的与其说是独自向人进行主观布道，毋宁说是对充满鲜血、苦难和历史劫难提出客观的告诫。基督教社会主义之所以充满"先知色彩"，原因在于它知道从一切当下历史现实当中听取上帝的这种警戒之言，在于它从这种现实当中领会到的远远多于个别有限的偶然事实的总和：亦即领会了左右现实发展趋势的精神联系，而且，这种发展趋势本身还会沿着一条完全可以看清的方向继续向前。

如果我把这一立场和上述四种立场加以比较，它们之间所存在的巨大差别就会一清二楚。乌托邦社会主义是从启蒙时代的那种非历史，甚至反历史的革命自然法的思维方式中产生出来的。和它的当代后继者，如革命辛迪加主义者以及从完全不同的角度来看如拉特瑙一样，乌托邦社会主义者虽然相信人的自由，但他们所信仰的是自以为自律而又全能的主体自由，这种主体脱离了一切共同体组织以及合乎天命的历史进程。那些被我称作"后退的乌托邦主义者"的社会主义者，马克思在《共产党宣言》里则说他们是基督教封建主义者，尽管，甚至正是由于他们的那种单纯的反动精神使人们觉得有必要重视上帝在历史上的踪迹。所以，他们的理论和他们的实践一样一直都是空洞的愿望（Velleitaet）。由于他们不懂得把基督教社会学说区分为永恒部分和历史部分，他们使基督教世界观本身也背上了易逝而又陈旧的历史结构。特别是他们间接地促使法国实证主义学说（圣西门和孔德）——马克思就是从他们那里接受了实证主义学说的——认为，整个天主教世界结构（包括哲学和教义学）只不过是中世纪封建时代经济基础和政治基础之上的观念成分或观念上层建筑。德国浪漫派走的是同一条路，所以，我们无法从中获得任何新建一种基督教社会主义所必需的东西。诸如米勒（Adam

Mueller)、施莱格尔（Friedrich V. Schlegel）等人在政治合法性方面倾向于所谓的神圣联盟，在哲学和神学以及涉及既定法律关系方面则趋向传统主义，并且不仅反对革命的自然法，而且反对基督教—古典的自然法，因此，对我们来讲，他们在这些问题上已是无关宏旨。

基督教先知社会主义和马克思主义的基本立场同样也形成了鲜明的对比。的确，基督教先知社会主义和马克思主义一道反对乌托邦社会主义，从深刻而完善的历史现实观出发，并且从历史哲学角度把这种历史现实观理解为一种特殊的意识形态，试图以此来找到其目标。因此，基督教社会主义也可以说具有"历史—现实特征"。同时，基督教社会主义和马克思一道认为，以亚当·斯密和李嘉图为代表的英国自由主义的经典社会学和国民经济学以及被诸如马尔萨斯称之为自然规律的东西，只不过是些人为的抽象概念（这种经济哲学的先驱们对这种人为性一无所知）——而非建立在还原基础之上的经验规律；另外，还认为这种方法论上的限制只不过是西欧人在自15世纪和16世纪以来逐渐形成的资产阶级赢利团体的历史阶段上所具有的相对的历史规律。

此外，基督教社会主义和马克思主义还有一个共同点，就是都抵制乌托邦的，以及倒退—乌托邦的社会主义，亦即反动的封建社会主义。但是，和马克思完全相反的是，它并不是通过（天文学式的）预言，而是借助对理性的和基督教的社会学以及基督教伦理学，乃至自然法等诸种学科所急需的一切内容加以概括，而且，它还提出一些有力的要求，这些要求是它运用预言的方法根据关于"历史因果事实秩序"的哲学理论而从杂乱无序的历史生活现实中分析出来的。基督教社会主义对社会现实充满了直观，它不仅试图对社会现实进行计算和分析，而且还想对之报以深深的同情，因此，它在确立其纲领的同时也遵循一种并非从历史，而是从善—恶、正义—非正义等永恒观念（马克思对这些观念持彻底否定态度）中提取出来的标准。而且，一旦历史现实的巨浪看上去似乎波及到了基督教原理的那些永恒星座（Sternbilder），或者说历史现实的大浪看上去朝着其方向奔腾，那么，在基督教社会主义看来，此时此刻就是必须开始实践的关键和契机。

但基督教先知社会主义和马克思主义之间还有着一个巨大的区别。尽管基督教社会主义和马克思一样都认为，在19世纪西欧的历史现实中，罪不可恕，甚至罪及若干世纪的过渡自由主义和资本主义已经为迅速向强制性的共产主义过渡提供了充分的准备。基督教社会主义从中看到的是欧洲人因原始自由之罪以及有限的遗传之罪和整体之罪而脱离了其本真的规定性以及人的本真规定性；而在迈向强制性共产主义的实际趋势中，基督教社会主义看到的不是人间的乐园，反而似乎是一种上帝的体罚，如果不自愿转向基督教社会主义，那么，这种体罚就会是人性在未来面临着脱离其规定性的危险。基督教社会主义从当前的诸种运动中看到的不是所谓人性的进步运动和向上发展（单纯出现在欧美的自由主义和资本主义，就其起源来说和这样一种人性毫无瓜葛），而是欧洲的颓废以及西方文化面临的死亡威胁，但是，这里有一个前提，就是这些运动必须真正符合马克思主义原理。即使是马克思从逻辑上讲也根本不能认为单纯受盲目的经济因果性驱使的历史具有"进步"的意义。这样一种观点是他从黑格尔那里一股脑儿接受下来的。然而，这种观点在黑格尔体系之内起码还有其合理性，因为在黑格尔看来，连神圣观念本身也应当在历史中发展起来，但是，在马克思那里，这种观点却毫无根据。

所以，基督教先知社会主义者可以说是悲观的先知，而不是马克思那样的乐观先知。从另外一个角度来看，他们还和《旧约》中的那些悲观先知，以及精英人物觉察到文化在死和没落的基本趋势的时代里的悲观先知极为相似。许多情况下，先知们都提到了"剩余"（Reste）的幸存者，犹大毁灭了，他却坚持了下来，并将在弥赛亚的毁灭中获得新生。这种"剩余"的观念远不只是一种《旧约》观念。作为社会学的思维方式，凡是文化行将没落的地方，它都必然会竭尽全力再现出来。斯多亚派觉察到了旧世界的没落，因而提倡隐居。本尼迪克特（Benediktus）由罗马迁到了苏比亚科（Subiaco），禁欲生活中和基督教完善理想一道保存下来的还有遭到了时间从外部进行蚕食而剩余下来的古代文化的高贵部分。

基督徒过着一种基督教的生活，这不是他们的相对义务，而是绝对义务，如果文化语境决定他们根本无法再过这样一种生活，他们就必须当机立断放弃这种文化语境，去热爱上帝，也就是说，他们必须当机立断"把自己从世界中退隐出来"。坚持对上帝忠诚不渝的人在文化颓废的伟大时代里正面临着一种十分棘手的选择，即要么和世界一道，以便对它作合理建构，要么从世界中抽身出来，尽量将旧世界中尚存的最高价值保持下来，使它们避免陷入公共生活的历史似乎难免要进入的深渊之中。由于基督教社会主义的意识形态包含着一种关于现代世界以及资本主义时代的颓废假说，因此，它对这些趋势不会像完全持文化乐观主义和对进步坚信不移的德国天主教面对战争曾经表现出来的那样目瞪口呆。

人们对我或许已有准确的理解。人类进步的一般规律——我认为它是基督教哲学的永恒真理——绝不会遭到基督教社会主义者的反对。如果反对，那么，挽救受到野蛮的强制性共产主义威胁的"更好"的后世利益还有何意义？基督教社会主义者的出发点只在于假设，欧洲文化没落的"威胁"并非天生注定——如果受到了威胁，欧洲人也不会置若罔闻。但是，这足以使基督教社会主义以一种完全不同于德国天主教徒迄今为止所持的态度来面对当代和迎接未来。

（曹卫东 译）

蒂利希

保罗·蒂利希（Paulus Johannes Tillich，1886—1965），20世纪最重要的神学家之一。蒂利希于1886年8月20日出生在德国的施塔泽德尔，其父是一名路德教会的牧师，他幼时的教育是在哥尼斯堡——纽马克这座中世纪古城度过的，这种哥特式氛围及在波罗的海海滨的童年生活成为他终生对自然和神圣者保持浪漫主义的意识的源泉。1909年，蒂利希通过神学毕业考试。1911年他以一篇研究谢林哲学与宗教思想的论文在布列斯劳大学获哲学博士学位，同年还获哈雷大学神学硕士学位。"一战"期间，他做过四年随军牧师，战后在柏林大学开始教师生涯，后分别在马堡大学、德累斯顿大学、莱比锡大学担任神学教授，在此期间，他曾经做过海德格尔和布尔特曼的同事，并开始创立自己的神学体系，以回应巴特的辩证神学。1929 年，蒂利希成为法兰克福大学哲学教授并因此卷入到宗教社会主义运动之中，该种政治活动加上他反对希特勒和国家社会主义，导致他于 1933 年成为第一位被解除教职的非犹太学者。同年他应莱因霍尔德·尼布尔之邀赴美国担任纽约协和神学院哲学神学教授，同时还任哥伦比亚大学教授，直到 1955 年荣休。此后他曾被授予哈佛大学教授。1962年，他迁居芝加哥大学，担任神学特别教席的教授。自1951～1963 年，他相继发表了他的《系统神学》的五大部分（总三卷），该书与巴特的《教会教义学》堪称 20世纪建设性神学的经典之作。他的主要著作还包括《宗教哲学中对宗教概念的放弃》（1922）、《根据对象与方法的科学系统》（1923）、《辩白与怀疑》（1924）、《宗教哲学》（1925）、《当代宗教形势》（1926）、《宗教之实现》（1930）、《社会主义的决定》（1933）、《在边缘上》（1936）、《历史的解释》（1936）、《根基的动摇》（1948）、《新教时代》（1948）、《存在的勇气》（1952）、《爱、权力、正义》（1954）、《新的存在》（1955）、《信仰的动力》（1957）、《文化神学》（1959）和《永恒在此间》等。

蒂利希所建构的神学体系的思想渊源内容丰富，古代的柏拉图主义、中世纪后期的基督教神秘主义、德国的唯心主义传统（尤其是谢林哲学）、自克尔凯郭尔至海德格尔的存在主义都成为他进行神学沉思的养料；为了发扬基督教传统的"公教实质"，他还采取了传统中伟大先知精神的激进主义。可以说，在当代所有的神学家中间，蒂利希几乎继承并发展了基督教会整个传统。而他对历史的解释方法——没有"赤裸裸"的纯粹历史事实，只有解释者与被解释者在特定情境中的契合观念，则备受存在主义与马克思主义的影响。在政治与义理姿态上，他坚决反对自由主义神学，而持新正统派的立场。他在分析 20 世纪基督徒的存在状况时，指出基督教理论的重构与神学沉思都应正视人的生存处境，认清人的存在危机和焦虑，探究人的存在意义与勇气并阐释其精神关切之迫切性和终极关怀。

本书选取了《基督教思想史》中的《政治激进主义及其神学意义》和《政治期望》中的《基督教与马克思主义》。在前一个文本中，蒂利希从神学的角度出发称马克思为宗教改革以来最为成功的神学家。他认为，马克思比施蒂纳高明的地方在于，他不但看到了人的存在，而且看到只有在社会中存在的人才是真实的人，而且马克思是从统治阶级阵营分离出去的"激进派"。蒂利希区分了三类唯物主义，即本体论和形而上学的唯物主义、伦理学的唯物主义及历史唯物主义，他在强调黑格尔和费尔巴哈对马克思的重要性的同时还认为，马克思的历史唯物主义意味着"整个历史过程是归根结底依赖于经济生产方式"。他对马克思关于人类在社会中的非人化和异化的批判大为赞赏，并同时觉察到马克思试图以一种真正的人道主义来取代被歪曲了的人道主义；他认为，马克思利用"意识形态"来对资产阶级和教会进行批判本无错误，但遗憾的是他不懂得对自己进行最终的批判；在他看来，马克思思想中存在"浓厚的"存在主义成分，马克思的真理是从人的生存处境得出的真理，只有对人类生存的社会结构进行分析，才可以把握真理；他将马克思和犹太先知进行了比较，认为与犹太先知一样，马克思的先知因素显而易见，不同的是，马克思的"世俗化的先知主义"并不依赖上帝来对社会进行干预，而是依赖"人的集团或依赖逻辑的或经济的必然性"，但对自身力量的过分强调，却导致了对政党的超越性的迷信。

在《基督教与马克思主义》一文中，蒂利希首先对斯大林主义进行了严厉的批判，并要求将斯大林主义与马克思主义严格地区分开来。他认为马克思主义经历了一个纷繁复杂的历史过程，因而应将不同时期的马克思主义与基督教进行比较。他主要探讨了第一个时期即马克思早期著作中的马克思主义与基督教的关系。其中主要的两个决定性的思想是马克思关于人的概念和关于历史的概念。蒂利希认为，马克思几乎在其所有作品中或隐或显地阐明了人的观点：自我异化（alienation）和非人化（dehumanization）；在马克思那里，首先展示的是作为人的人，其次是在资本主义条件下被异化和非人化的人，最后是在即将来临的社会形态中，人将再度实现他自身的本质；而在基督教那里，被马克思称之为异化的事物便是人堕落为与自身创造基础对立的样子，而且人的这种堕落在基督教那里是普遍的，但在马克思那里，异化只在特定的历史时期发生，并且无产阶级可以克服这种异化，而在基督教那里，则不承认任何例外。蒂利希还认为，马克思将历史视为拥有一个终极目的的过程，其三个阶段分别为原始社会——阶级社会——无阶级社会（共产主义社会），而基督教的描述是：乐园、背负诅咒的人类历史、天国的邻近及在大地之上建立上帝之国。但马克思的历史是直线的、充满失望和恐怖的乌托邦，而基督教的历史则是曲线的、积极的展望；马克思的辩证唯物主义与基督教神意信仰之间的对立最终体现在实践之中。

政治激进主义及其神学意义①

现在我所要讲的内容可能使你们惊奇。我即将讲的是自从宗教改革以来的一切神学家中最为成功的一位神学家，即马克思。我将把他作为一位神学家来加以考察。我将要向你们说明，如果不讲马克思就不可能了解大部分 19 世纪和整个 20 世纪的历史。如果你只作为一位政治领袖来考察马克思，或者作为伟大的经济学家（他也是经济学家），或者作为一位伟大的社会学家（他甚至更是社会学学者），那么你就不能对在 20 世纪转变了整个世界，克服了将近半个世界的力量的来源有所了解。由于他说的话在很大程度上与使人类发生的分裂相联系这个事实，马克思如何可能被认为是一位神学家呢？在原来的马克思和现在在俄罗斯和中国所进行的事业也有一种深刻的裂缝，虽然他的著作的历史结果表现在这些国家中。

---

① 选自《基督教思想史》，香港汉语基督教文化研究所，2000。

一、资产阶级激进派

在马克思开始他的事业时，有一群人我们可以称之为自由的激进派。以资产阶级社会的自律原则为基础，一个资产阶级激进派发展起来了。有一位你们至少知道他的名字的人，叫作施蒂纳（Max Stirner，1806—1856），他写了一本书，叫作《唯一者及其所有物》（*The Individual and His Right*）。在这本非常激进的书中，他企图取消包括启蒙运动在内的、传统社会加诸人们的、支配一切的规范。他与基尔克果非常相似，把个人作为中心，但他与基尔克果不同的，是他的个人与上帝没有任何关系，而只是与他自己有关系，因此就没有任何规范。这是产生马克思的批判的许多问题之一。由于这一理由，我必须在这里提到施蒂纳。他有神经质的性格和极端主义分子的气质。当然，作为唯一的个人，如果他不依赖于给予帮助的他人，他是一天也活不下去的。但是这对他是不重要的，他忘记了它。个人的绝对的自主被他以差不多欣喜若狂的词句来加以描写。

现在你就可以想象，马克思和他对社会的分析知识会以充满进攻性的讽刺去反对绝对自主这一观念。他知道经济上的生产社会，以及关于农民和食品商店等的情况，而且也知道不能像神经质的波希米亚人一样很容易地从这些东西中抽象出一些道理。今天的垮掉的一代（the beatniks）攻击社会也忘记了这个事实，这些是他们生存的整个基础，一分钟也少不了它们。这同样的道理也运用于基尔克果。他所激烈攻击的教会以及教会在文化中的传统是他的一切言论的基础，即在公元 1 年到公元 30 年，上帝来到世界成为人。没有写定的《圣经》和建立了教会组织的教会传统，就没有什么东西可以传给基尔克果，他与上帝的整个关系就成为了不可能的了。这是一个你们应当记住的观念，当有人攻击"有组织的宗教"——这是一个不好的词——并说，我是很有信仰的，但我反对有组织的宗教。这是没有意义的。它之所以没有意义，是因为在个人的宗教性中——原谅我用这个可怕的词——他是依赖于教会传统，才得到他可以用于祈祷、沉思和神秘经验的每一个词、每一个象征。没有说话的社团，就没有什么说话，也没有什么内部的说话，也没有什么精神生活了。在这种方式中，拒绝这些反对有组织的宗教的攻击是很容易的。你可以而且应当批判教会可能采用的组织形式和方式，但是用"有组织的宗教"这个词作为对教会的称呼是完全没有意义的，它只说明讲这种话的人没有思想，通常只是根据于他童年时的不好的经验，更可能是周日学校中来的，周日学校是一个巨大的实验室，它使儿童失去基督教信仰。

二、马克思与黑格尔和费尔巴哈的关系

现在我必须从马克思与黑格尔和费尔巴哈的关系开始。马克思是黑格尔的学生。黑格尔的另一学生是费尔巴哈，就像马克思说的，他使黑格尔在用头立在地上之后，改为用脚站立在地上。黑格尔相信实在是与哲学家的头脑相同一的。费尔巴哈说明，哲学家和别的人一样是依据于生活的物质条件的。所以费尔巴哈提出了一个唯物主义和自然主义的人的学说——人依赖于他的感觉等。马克思说费尔巴哈做好了主要的事情，他已经批判了黑格尔对宗教的解释，马克思感到他在这一方面没有更多的事必须做了。但他必须批判费尔巴哈的唯物主义本体论，并批判费尔巴哈的认为存在是个人的存在，个人本身是决定整个情况的东西这种观点。马克思批判费尔巴哈时说，这种唯物主义并不比唯心主义更为优越。它稍微有一点点优越，是因为唯心主义只是意识形式，但没有任何实在作为基础。唯物主义更接近于实在。但是如果仅仅个人被认为在唯物主义哲学中，那么，它与唯心主义一样地不好。因为它的"人"这个普遍概念是从个人中抽象出来的，跳过了人生活于其中的社会条件。

因此，马克思既攻击唯物主义者，也攻击唯心主义者。关于"马克思主义的唯物主义"这个词，最好留给宣传家使用，他们使用和混淆唯物主义的三个不同意义，以便达到他们的宣传目的，但是这与历史的真理和学术的教育没有关系。这样，你们最好是了解唯物主义有三个意义。

第一个意义是本体论和形而上学的唯物主义。你在费尔巴哈的著作中发现这种意义。他按照原子的可计算的机械的因果性运动解释自然界中的事物。在历史上的这不是经常说明了的理论。美国现代的自然主义的确不是唯物主义。形而上学的唯物主义也可以称为还原的自然主义。因此，还原主义（reductionism）的意思是把一切事物还原为原子和分子的机械运动。这是一种陈旧的哲学。它在 19 世纪末叶存在于欧洲，在 18 世纪末叶的法国和法国革命前的百科全书派的哲学家中也存在这种唯物主义。美国也有这种唯物主义，但很少。总的说来，这是一种被克服了的哲学，是离马克思主义非常远的。

第二个意义是伦理学唯物主义，它的意思是只对物质的商品、金钱等感兴趣。当某个人在宣传上被称为唯物主义者时，在伦理学的唯物主义和形而上学的唯物主义之间没有清楚的区别。例如，如果马克思主义被称为唯物主义，宣传上的计策是给人以伦理学唯物主义的印象。但是，实际上，原始的社会主义运动和原来的马克思那一类的共产主义都是攻击资产阶级社会的唯物主义的。在这种资产阶级社会中，任何事物均以买卖关系和利润等为基础。所以马克思主义刚好是与之相反的。现在资产阶级唯物主义的批判者被称为唯物主义者，通常带有伦理学的唯物主义或只对物质的商品感兴趣的含义。

第三个意义是历史唯物主义，这意味着整个历史过程是最后依赖于经济生产方式的。这是马克思主义的唯物主义。它应被称为历史的或经济的唯物主义，它完全不同于前两种意义的唯物主义。

马克思研究个人与社会的问题。这意味着整个历史过程是归根到底依赖于经济生产方式。这在法国、英国和荷兰不是那么新的理论，但在德国却是非常新的。在德国，社会结构总被视为当然的，是由上帝安排好了的。这是与路德的理论相一致的。社会学的分析为人们所避开了。19世纪的德国学者刚开始考虑社会学问题时，法国的社会学就已经非常发达了。马克思的社会学观点一部分从法国接受来，一部分从他对大部分欧洲人民的悲惨社会条件中观察得来。个人靠他自己而生存的观点是一种幻想。这种观点完全不同于基尔克果和施蒂纳的观点。但是马克思看到我们是社会集团的实在成员，要使我们脱离社会集团是不可能的。所以，他批评黑格尔和费尔巴哈，因为他们都没有把个别的人看成社会结构的成员。需要对社会结构和个人在社会结构中的地位作出分析。

三、马克思关于人的处境的观点
（异化学说）

和基尔克果一样，马克思讲到人在资产阶级社会结构中的疏远化的处境。他使用异化（alienation，德语 Entfremdung）这个词不是从个人的观点，而是从社会出发。在黑格尔哲学中，异化的意思是绝对精神超越逻辑学阶段而进入自然界，变得远离了它自身，在基尔克果的哲学中，它意味着人的堕落，人通过跳跃，从无知转入知识和悲剧。在马克思的观点中，它意味着资本主义社会的结构。

马克思对现代社会的描写具有极大的重要性。如果我们作为神学家谈到原罪时，例如，我们却不知道社会环境中的异化问题，那么，我们就不能真正地向人们讲他们在日常生活中的现实处境。马克思认为异化就意味着人的社会处境是在非人化状态（dehumanization）之中。当他讲到人类的未来时，他讲到真实的人道主义。他寻求达到一种真实的人道主义的处境，在这里不仅仅是少数有文化者感到快乐；人道主义也不是占有文化商品。他寻求重新建立一种真实的人性去代替那种异化社会中的非人化状态。非人化状态这个观念所包含的主要内容是说，人已经变成生产与消费的巨大过程中的一个齿轮。在这个生产过程中，劳动者个人已变成一个事物、一个工具，或者是在市场上进行买卖的商品。个人为了生活必须出卖他自己。

这些描写包含着人在本质上不是物体，不是事物，而是一个人。人不是工具，而是最高的目标和目的。人不是商品而是每个事物所要达到的内在目的。人是内在意义和目的。马克思的非人化状态的描写或存在于资本主义社会中的异化的特殊形式，与他从古典人道主义所继承来的东西完全对立。他认为这两者没有调和的余地。在历史现实中，只有非人化和异化。从这里出发产生改变环境的力量。当马克思在《共产党宣言》中讲到人民大众从他们的锁链中解放出来时，这些锁链是由资本主义的劳动条件所产生的非人化的力量。因此，人的本质特征就失去了。人在阶级斗争的两个方面为生存条件所歪曲了。仅当这些条件被消除，我们才能知道人是如何真实存在的。基础教神学认为我们能够知道什么是人的本质存在，因为本质的人已经在基督中生存的条件下出现了。

异化不仅指以阶级之间的分裂为特征的人的关系，而且指人与自然的关系。爱恋的因素已经去掉。自然界只是作为制造工具的材料，并由于利用工具而制造出消费物品。自然界已不再是一个主体，我们也作为主体与爱恋联系在一起，并与自然界相结合，爱恋在自然界中是存在的内在力量，是通过自然而创造性地能动的存在的根据。在工业社会中，我们只把自然界作为材料，由它制造出买卖的事物。

四、马克思的意识形态学说和 他对宗教的攻击

对神学来说，意识形态是另一个非常重要的概念。什么是意识形态（ideology）？这个词本身比马克思使用时还要早就出现了。例如，拿破仑用这个词指那些教授们，认为他们是意识形态家，而不是实践的政治家和将军。这个词的使用有一段历史，其含义到今天还是模糊的。意识形态可以是一个中立的词，只意味着一个人所提出的观念体系。每一个集团或阶级都有一个观念体系。但是意识形态也可以意味着观念的无意识产物，它为一个统治阶级的争取权力作辩护，因此，在阶级斗争中意识形态成为最危险的武器。这大多数是无意识的产物，但可以用于有意识的方式。

马克思用"意识形态"一词作为武器。这可能是他用以反对教会与之结合的统治阶级的观念的最锐利武器。一切欧洲的巨大教会：正教教会、路德派教会、圣公会教会都站在统治阶级一边。罗马天主教会在这一方面要好一些，因为它从古典的中世纪时期就保持一种社会感受和社会分析的传统。

我们的日常语言中用的另一个与意识形态的意义非常接近的词是"合理化"（rationalization）。我们说到个人的合理化，是说他用一些概念去为他用来加诸其他人的权力作辩护，或者用以为他们的某些快乐的放纵行动作辩护。合理化一词用于社会集团时就成为意识形态了。这是一个很重要的神学概念，每个基督徒和每个教会总应该对他们用来为他们自己的传统的自我满足辩护的意识形态持怀疑态度。每一教会都应对自己持怀疑态度，以免它所表述为真理的只是一种它的权力意志的表现。

马克思用意识形态这个观念去补充费尔巴哈对宗教的批判。他说，费尔巴哈批判宗教在原则上是成功的，但他的批判不是建立在社会学的分析上。马克思说，一个超验东西的完满性（或天堂的完满性，或不死灵魂的圆满性）的宗教象征体系，不仅是每个人的希望，而且是统治阶级的发明，以便阻止人们在现世生活中去寻求满足。他们的注意力应转移到来世的生活。这是著名的话"宗教是人民的鸦片"所表述的。他只是意味着如果你有永恒满足的保证，你就不会以革命的方式为人们在世间的暂时满足而斗争了。

我并不认为这是真实的。这与基尔克果批判他生活的那个时代的教会有非常相似的地方。它是先知性宣讲（prophetic word）的激进主义，但是，这种相似的观念当然被运用于马克思本人和跟随着他的一切运动。因此，我们必须要问：这些胜利的革命运动的各种意识形态的特征是什么？难道它们不也是新的争取权力的意志的表现吗？当我们看到马克思的观念在苏俄所已经发生的事情时，我们就会立刻作出肯定的回答。俄国的统治阶级用从马克思继承来的意识形态去保持他们的权力，虽然，他们的观念只与马克思有一种间接的关系。他们在继续保持掌握的意志中有意识形态的因素。形成这一情况的原因是马克思没有从上而下地以垂直的批判方式去对待他们自己。在一切共产党掌权的国家中，我们都发现同样的情况，即没有从宗教道德出发的垂直的批判。在关于人们的生活水平方面他们有许多真理，但他们不能把这些放在宗教与道德的垂直的批判之下，因为他们把它铲除掉了。没有人可以做得非常完全，但它们可以最大限度地做好。我们文化中的危险就是我们用不太激进和革命的方法去做刚才讲到的事情，但是在大众文化上则用更精致的和更复杂的方法。

欧洲的教会与工人运动之间的巨大裂缝发展了。教会是保持统治阶级的权力以反对劳动群众的意识形态的代表。这是一种悲剧的情况。在美国，这种悲剧在较小范围内发生是一件大事。但在欧洲，它引导到一切工人运动采取激进的反宗教和反基督教的态度，不仅共产党人如此。不是"坏的无神论者"——像宣传家们所称他们的——为这种状态负责。事实是，欧洲的教会、正教教会、路德派教会、圣公会教会没有社会敏感和方向，它们是指向实现他们的目的，他们努力于文本上和教义上的精益求精，而把社会问题留给神意去主持了。沙皇的统治阶级、德意志帝国的统治阶级、英国的统治阶级也不去接触工人阶级所进行的活动。大不列颠的情况要更温和一些，因此，大不列颠没有马克思主义的革命。但是，情况还是非常相似的。

这种情况在全世界均可看见。一方面，有一种仅是人世生活上的完满的神学。上帝之国与没有阶级的社会，或者与英国工党和德国社会民主党的继续不断的社会改良相同一。另一方面，教会和他们的神学有一种从宗教道德上关心人世生活的方面。但是有些事情发生了，它企图渡过裂缝。英国很早就有宗教社会主义运动（religious socialist movement），无论它是否用这个名字来称呼它们自己，它们的思想是相同的。因此，在德国有了一个宗教社会主义运动，它是从瑞士的先知人物中传来的。但是在第一次世界大战之前，德国没有这一类的活动存在。

我记得当时的柏林几个工人居住区的大教堂的情况。工人们除受洗、结婚和丧礼之外，不进教堂。教堂对这些事件举行礼拜的仪式。但是工人们与教堂的内在关系并不存在。我对当时的一位典型的路德派牧师说，工人们不能听到基督的信息，你必须以不同的方式去做这件事。你不能希望他们走进教堂来。他的回答是他们在每个星期天早晨都听到教堂的钟声了，如果他们不来到教堂参加礼拜，他们会感到有罪。但是他们没有感到任何事情，他们不知道任何事情。他们对宗教的传统象征没有关系。路德的态度是人们可以来到教堂听基督的信息。至少人们听到教堂的钟声，那就够了。如果他们不来，他们将为上帝所拒绝。幸运的是，这个态度已不再存在。但是这一类的态度使教会与工人阶级之间产生了巨大的裂缝，宗教社会主义就是企图去弥补这个裂缝。

五、马克思的政治存在主义

马克思的思想中的存在主义成分是十分浓厚的。他的真理概念与基尔克果的真理概念有相似之处。真理是对人的存在的真理，即关系到我们的生活处境的真理。我们已经讲到，基尔克果把真理定义为充满热情去把握客观的不确定性。马克思用理论与实践之间的裂缝去为真理下定义。这就是说，真理必须与社会环境相联系。一个不包含在社会环境之中的哲学理论不是真实的。我们在实用主义（pragmatism）和杜威的理论中看到一些与此有关的观点。事实上，存在主义与实用主义有很大的相似之处。使杜威在美国成为伟大的教育家的因素之一，是他坚持一切知识必须与教育过程中的实践活动相联系。这一点对马克思来说甚至是更为基本的。我们没有在生存状态下参与到我们生活于其中的社会结构，我们就不可能知道关于人的处境的真理。在人的处境的现实性之外，就不可能把握真理。因此，在我们的历史时期，人们必须参与到无产阶级的处境中去，以便了解异化的深层情况。这里，我们必须小心地避免一个错误观念。在马克思的著作中没有美化无产阶级。革命运动使无产阶级成为弥赛亚，成为救世主。我们可以说不是因为无产阶级是这样的奇妙的人们——马克思绝不相信这一点；马克思对无产阶级的人们有深刻的了解——但是因为他们站在历史的特殊地位上,历史把他们卷入阶级斗争之中,并通过这种斗争,一种新的实在可能成为现实存在的东西。马克思知道阶级分裂对阶级斗争的双方都产生了歪曲。人们被迫成为客体。领导的资产阶级和劳动群众就非人化而言是在同一条船上。但无产阶级还有一个有利之处。他们经受了异化,因此,他们被迫进行反抗。在至福的意义上,无产阶级是幸福的,因为他们生存于阶级形势的极端否定的边缘。所以从马克思主义的社会批判理论来说,一种圣经的真理已被用于对社会形势的分析。当一个人说到无产阶级的拯救力量时,这并不意味着无产阶级是善的,而其他人是恶的,马克思的朋友恩格斯是一个大生意人,一位资本家。但是,社会的结构把无产阶级放在最底层,他们感到需要革命。通过它的革命地位,无产阶级被认为是拯救力量。

六、马克思的先知因素

我们不能忽视马克思著作中的救世因素,特别是在他的较早著作中,我们听到现代世俗先知的声音。他说的话与《旧约》中以色列先知的说话相似。马克思作为一位犹太人,是在犹太人的持续到至福一千年的批判主义的传统之中。他对他所目睹的社会现实的愤怒,有着旧约先知的某种愤怒心情。虽然它给一些宣传因素所歪曲,就像每个政治领袖经常碰到的那样;但是,我们不能忽略在他的整个著作中的先知因素。当先知们对以色列人说话,甚至当他们说到其他国家时,他的整个打击力量也是针对他们自己的国家的。他们看到,他们所说的话没有转变他们自己的国家。所以,他们说上帝的愤怒会打击以色列,特别是耶利米知道这一点。然而,也存在着上帝的承诺,承诺不会落空,它会得到实现。因此,先知们有多余的人(the remnant)的感觉,这一小群人成为神的承诺的承担者。

感到自己是多余的人的不仅是先知的观点。每个人以先知的心情对待一大群人或一个国家时都会有这种思想。如果没有这种思想,你就会走到失望的境地,并被迫放弃你的希望。但是你不需要放弃希望,因为有多余的人。"多余的人"这个词的意思是指那些被残留下来的人,这些人不崇拜偶像,不做不正义的事等。在广义上,这个词的意思是指在一个团体中的少数人,他们对形势有清醒的认识,因此成为未来发展的承担者。这种多余的人的观点在一定范围内局限于无产阶级救世主义。归根到底,它不是整个无产阶级,而是无产阶级的领导集团，即先锋队，他们是有决定力量的。所以，把无产阶级与救世主义简单地等同起来，限制于这样的事实，即这些先锋队的人们有一种救世的作用。这些先锋队甚至并不总是无产阶级的成员。他们是像马克思和恩格斯那样的人，从知识分子或上层分子中出来，打破他们自己的意识形态上的自我限制，他们学到历史发展的规律，并可以加入到先锋队中去。

马克思的世俗化的先知主义（prophetism）与犹太人的先知主义的不同之处在于：后者总是注意于宗教对现实社会的影响，而不依赖于为马克思所注意的人的集团或依赖于逻辑的或经济的发展的必然性。他们最后依赖于上帝，而这是现代的世俗化运动所缺乏的。的确，这个运动是准宗教的。它不是伪宗教的，因为伪宗教的意指"欺骗的"或"虚妄的"。然而，它是准宗教的，因为它就其本身说有一种先知主义的结构，但带有一种差异——这就是以宗教影响现实的、超越的从上而下的路线已经没有了。

悲剧的事情是欧洲、亚洲和非洲的革命运动原来都来自先知的信息，但当它们成为胜利者时，他们没有把他们自己的批判精神运用于他们自己。他们不能做这件事，因为他们认为没有东西可以超越他们自己。俄罗斯共产党人在东西方讨论中对待一切问题都没有表示最后的自我批评。当然，在共产主义国家中有个别团体有一些自我批评。有些个人承认自己有罪。但是他们总是罪在反对他们自己的政党，没有高于党的东西；党是没有错误的，党是不可能错误的。为了解放整个社会阶级的革命运动，结果却陷于一种新的奴役制度，这就是极权主义的奴役制度；而缺乏超越线则是造成这种悲剧状况的原因。这是一种世界历史的悲剧。以前的历史中就发生过相似的事情。例如，我们可以想一下耶稣基督的运动何以在中世纪晚期变成宗教裁判所的教会。产生这一切悲剧性转变是因为没有宗教原则所引导的自我批判。当教会不再按从上而下的路线对自己作出判断，像宗教裁判所这样的事情就会发生。马克思主义运动不能对自己作出判断，是因为它的整个现实的结构。在这种结构下面它就可能变成我们现在与斯大林主义等同的社会集团。在这种形式下，原来的团体所为之而斗争的任何事物都可能变成压制和歪曲。就在20世纪，我们可以最清楚地看到在社会领域中人的异化的悲剧现实。

（尹大贻 译）

基督教与马克思主义[①]

如果我在这里谈论基督教与斯大林主义，那就不会有多大意义，因为"与"意味着两者不仅具有消极的而且也具有积极的联系。但事实却并非如此。基督教肯定而斯大林主义却否定人的价值和尊严。这一差别就引起了这两者在生活的一切领域互不相容的完全对立。基督教肯定而斯大林主义却否定审判要公平、证据要确凿，这两者之间有一种对立。基督教希望从人的内心深处治愈每一个人，而斯大林主义则企图通过恐怖手段毁灭每一个人的人格中心，将人变成物，这两者之间也有一种对立。基督教肯定自由是一切精神创造性的必要前提，斯大林主义则使精神集体化并把它束缚于事先确定的模式，这两者之间又有一种对立。

我还可以继续列举更多的例子，但我的论题毕竟不是"基督教

---

　① 选自《蒂利希选集》，上海，三联书店，1999。

与斯大林主义"而是"基督教与马克思主义"。马克思主义与斯大林
主义之间的差别是我们要关注的第二个问题。斯大林主义是马克思
主义运动的东方专制主义形式，或者更确切地说，是在俄国亚洲传
统条件下对马克思主义的彻底改造。改造并不是取消，很明显，即
使在斯大林主义中，原始马克思主义的基本思想仍然起着作用。但
两者之间又有着根本的差别。要认识这种差别，不仅必须把斯大林
主义同马克思主义区别开来，而且还必须考虑前斯大林主义时期的
马克思主义在马克思本人那里以及在马克思主义运动中经历的发展。
人们可以把这一发展分为几个不同阶段：第一个也是最主要的一个
阶段，是马克思的早期著作；接下来是他的晚期著作和恩格斯对这
些著作的影响；再往下是直到列宁时期的德国社会民主党以及德国
和俄国共产主义的发展和内部斗争。所有这些都是马克思主义，其
中每一阶段对于把基督教与马克思主义进行比较都具有重要意义。
但是我只想把我的探讨限制在其中一个阶段，即第一阶段。这样做
无须任何解释，因为这是一个被忽略的阶段，而且教条主义的马克
思主义者还常常故意掩盖这一阶段。但是，正是在这一阶段而不是
在其他任何阶段，开始出现了对马克思本人及其广大追随者都具有
决定性意义的那些论题。如果没有这些论题，马克思巨大的历史影
响必定仍然是不可理解的。

　　在马克思的早期发展中有两个决定性的基本思想：他关于人的
概念和他关于历史的概念。这两个概念都显示出与基督教对人和历
史的解释有明显的一致性。但这两个概念同时也展现了与基督教的
对立。这种对立导致了马克思主义和斯大林主义中最终使得这种一
致性完全消失的那些发展。

　　马克思关于人的概念不仅表现在他的早期著作中，而且也隐含
在他的全部著作甚至最后的著作之中。这一概念通过人的自我异化
和非人化的概念得到了最简明的阐述。人事实上不是他本质上是因
而可能是和应该是的那种东西；他已与自己的本性相疏远。在早期
资本主义社会制度的条件下，不可能有真正的人性。对无产阶级来
说尤其如此。在他们的生存中，异化和非人化已达到最大的程度。
但是，这一点也适用于统治阶级。他们可以通过财富和文化来掩盖
他们生存的可疑性，并创造一些观念形态来为其对其他阶级的剥削
进行辩护。在马克思看来，疏远化是工业社会中一切集团的命运。
只有在对疏远化的抗议形式中，真正的人性才能起作用。既然正是
无产阶级强有力地提出了这一抗议，那么该集团就具有双重的作用：

它既是最深刻的疏远化的承受者，同时又是真正人性对疏远化的抗议者。无产阶级既是救赎者，又是最需要被救赎的人。

这种地位的内在矛盾具有深远的后果。它部分导致了对无产阶级不现实的赞美，部分导致了把无产者现实地但也是危险地分离为群众和先锋。属于先锋的甚至可能是非无产者，如马克思本人。这些个人成为在俄国革命成功后将无产阶级、并通过无产阶级将全体大众置于自己支配之下的官僚阶层的核心。这就是导致从马克思通向斯大林主义的路线之一。所以，我们在马克思那里看到了这些基本思想：首先，人作为他本质上是的人；接着，经过资本主义人被异化和非人化；然后，人反叛自己的非人化；最后，在将要来临的无产阶级社会中，人再次成为人本质上是和应该是的那种人。这一切都包含在取自于黑格尔而起源于先知性基督教传统的疏远化概念之中。

不难看出，基督教关于人的观念与马克思主义关于人的观念之间的相似与对立。马克思称之为异化的事物，在基督教的概念化中就是，人从他的本质上的清白无罪堕落到一个与他自己以及与他的创造基础相冲突的处境之中。人已不是他可能是和应该是的那种样子。不仅个人是如此，而且社会也是如此；分担人类命运的宇宙也同样如此。人与人相对立，集团与集团相对立，存在与存在相对立。分裂便成为存在于个人灵魂、人类和宇宙中的一切事物的根本特征。

然而，尽管两者有着这些类似性，基督教关于人的观念与马克思主义的人的观念的对立也很明显。基督教概念中的"堕落"是普遍的；马克思主义观念中的"疏远化"则仅限于一个特定时间阶段。基督教关于乐园的象征是超历史的；马克思主义关于原始共产主义的象征则是历史的。在马克思主义看来，有一个历史的集团，即无产阶级或先锋可以克服疏远化；而在基督教看来，则每一个社会集团都需要救赎，都没有能力解救自身或其他集团。救赎的力量垂直地进入历史过程，而不是这一过程的产物。这就具有决定性的实际后果。基督教把一切人类集团都置于审判之下，而在马克思主义看来，无产阶级被豁免了这一审判。基督教不承认有任何例外，它谴责自己创造了一些观念形态，并始终将自身置于这种怀疑之下。

马克思主义的精英把自己与真理等同起来，因而可以问心无愧地说服并且如果可能就摧毁每一个敌手。在马克思主义已经获取绝对权力并以弥赛亚自居的场合，它发展了恐怖手段，其目的不仅在于征服每一个现实的敌人，而且还要征服每一个潜在的敌人。尽管基督教在它的历史中曾多次接近过这一立场，但它也形成过多次反抗，粉碎了极权主义的主张。但是，斯大林主义，即极权主义形式的马克思主义，从未形成过这种反抗，这部分是因为马克思主义的异化学说并未被打算普遍地运用于人类，而只被限制在马克思当时的资本主义环境中。马克思设想的，是一种"可在历史中予以克服的"异化，而基督教看到的，则是一种"超历史"堕落，它只是通过弥赛亚的出现才能超历史地予以挽救。而弥赛亚既不可以与无产阶级也不可以与其他任何人类集团等同起来。

正如马克思和马克思主义所习惯的那样，对人的解释决定对历史的解释。马克思的历史概念的根本特征，即在于他力图用历史的观点来理解自然而不是用自然的观点来理解历史。马克思对历史的解释是历史的而不是自然主义的。他如此有力地强调了人的历史性，以至于他从人的历史地位中引出对人来说是"自然"的那些性质。他不承认自在的自然，仅仅承认自在的历史，即人类生产的历史，通过它，人使自己成为人所是的这个样子。因此，马克思远离了希腊人关于同样的历史事件会重复出现的历史循环论。他更接近于犹太教的先知——启示的历史概念。在他看来，历史是一个独特的过程，它有一个独特的目标。世界历史进程的开端就是马克思不时所称的从原始共产主义向阶级社会的过渡。这种过渡就是一个预先的假定，而不是一个所确定的事件。我们知道的历史是一部阶级斗争的历史，这部历史马克思在一个著名的论断中称之为"史前史"。它导致无阶级的社会，从这一社会才开始了真正的人类历史。如果马克思把这第三阶段称为人在自己"重新统一了的本质"中不受阻碍的发展阶段，可能会更为准确一些。第二阶段的异化得到克服。阶级的划分，以及它对人的社会存在和精神存在的巨大影响，也都被消除。

但是这一切都在未来，关于未来人们不可能谈论得很具体。在疏远化的状态中，人们不可能知道当人与他的根本性质相统一的时候，人将会呈现怎样的面貌。人们只知道他将具有在阶级社会的条件下驱使他与自我、与其他个人和集团发生冲突的性质相反的性质。马克思既没有描绘过去也没有描绘未来的乐园，他只描绘了历史，把历史当成一个跨越三阶段结构的经验对象。因此如果把第一和第三阶段当作指向性的线索，会比把它们当作被具体描绘的实在更有助于认识第二阶段。在另一方面，对现在的分析也具有决定性的意义，因为在现在之中已感受到第二阶段结束与期望中的第三阶段开始之间的巨大冲突。这一冲突已经给许多早期的革命，并且也给马克思激励起来的革命运动带来了取胜的活力。

这些观点与先知的原始基督教教义之间的类似性是非常明显的。基督教关于乐园、关于背负着诅咒的人类历史、关于在时间成熟之时天国的接近、关于在新的大地上建立上帝之国的象征——这一切都证明了一个与马克思主义历史解释相类似的历史解释。而且事实上，从历史上考察，它更具有原初性。在《新约》时期，它和马克思主义一样，也产生了巨大的冲突和胜利的热情。但是与基督教和马克思主义关于人的概念方面的情况一样，这种类似性越来越被对立性所淹没。在马克思主义中，世界历史的三个阶段被想象成直线的，所有三个阶段在空间上和时间上都处在一个水平面上。与之相反，基督教的解释则可以比作一条平滑的曲线，这条线产生并复归于超历史性的东西之中。先知看到的垂直维被马克思主义当作一种观念形态而被否定了。这种对立具有深刻的实际后果。无论何时，只要还在历史之中等待着第三阶段，即实现的时代，历史现实就会使每一个这样的期望失望，暴露出它是乌托邦。在心理上和政治上，它可能具有两个对立的影响：或者唤起了一种深刻的失望，与此相联系的还有常常是玩世不恭的与一切历史期望相疏远；或者是产生了运用一切可用的手段控制人的期望的决心。当后者出现时，就会形成一个重新组织的阶段，极权统治的一切手段都会被用来保卫这一阶段，即保卫革命胜利后的时期，以对抗批判和向新事物的转变。这种防备假定中的变革的最强有力的武器，就是恐怖。这就是以马克思主义通向斯大林主义的第二条路线。

基督教期待着从垂直维中出现的历史的完成，每一个历史时代都处在垂直维的审判之下。这就排除了乌托邦主义、失望和恐怖，创造出一个人们始终向上看同时又向前看的态度。它提出了关于决定历史进程的力量的问题。人们习惯性地把马克思主义的答案归纳成"辩证唯物主义"的概念。这是可行的，但是只有在马克思主义的意义上理解"唯物主义"和"辩证的"这两个模糊的词语，只有明确地给它们作出定义，它才是精确的。在马克思看来，唯物主义意指历史进程的一切方面都取决于人再生产自己的存在所采用的方式。它基本上是通过经济生产实现的，所以经济生产对于整个历史发展具有决定性的意义。

这一定义表明，马克思主义的唯物主义并不是形而上学的唯物主义。在《关于费尔巴哈的提纲》中，马克思明确反对形而上学的唯物主义。否则，他也不会把他的唯物主义称为"辩证的"唯物主义。这是西方文化史上的一个悲剧：从柏拉图到黑格尔时代的许多最重要哲学家发展起来的辩证法，已部分堕落成一个政治口号，部分被等同于人们以为是无法解脱的社会机械过程。但是对于马克思来说，辩证法并不是叮当有声的机械装置。它是描述社会力量、社会冲突和社会趋势的一种方法。与黑格尔一样，他也意识到，如果没有人类活动的热情，那在历史中就什么也不可能实现——因此他热情地向无产阶级发出呼吁，并且同样热情地向资产阶级宣战。如果历史只是一个自动的过程，辩证法只是对无法解脱的机械装置的描述，那这两项行动就毫无意义了。

在对基督教和马克思主义进行比较的时候，人们常常以为，在辩证唯物主义的观念中可以最清楚地看到两者的对立。这种说法并不完全正确。在历史唯物主义中，可以发现基督教对人的解释的某种现实主义成分，而在历史辩证法的观念中，也可以发现某种类似基督教的神意观念的东西。在这两种思想中，人们都可以发现自由和命运不可分割地相互交织，它构成了基督教和马克思主义世界观的基本特征。一旦打破自由和命运的统一，两者就都会失去自己的深度：自由会成为政治上的变幻无常，命运会成为一种机械的必然性。

即使是在辩证唯物主义的问题中，基督教与马克思主义之间仍然具有类似性，但这种类似性再也没有扩大。相反，在其他问题上，这种类似性越来越被两者的对立所淹没，辩证唯物主义与基督教神意信仰之间根本性的对立既不在于辩证法也不在于唯物主义的成分，而是在于这两种观念之间的对立：在马克思看来，决定历史的是纯粹的历史内在因素；而在基督教观念中，支配历史的则是历史内在因素和超历史因素的结合。正由于马克思主义中完全不存在超历史的成分，这就不仅使它与基督教形成对立，而且在斯大林主义中还使它达到与自己的初衷相矛盾的结果。但是，基督教与马克思主义之间最终具有决定意义的对立，不是思想上的对立，而是实践中的对立，即实现生活的两种可能，基督教是从介于时间和永恒之间的立场上来看待人类的处境、看待人类的历史的。它领悟到个人的无限尊严来自于它和永恒的联系。它领悟到在有限（finitude）和有罪的条件下人间一切事物在空间和时间中的界限。它提出了关于和谐的问题，在这种和谐中无常之物会上升为永恒之物，而永恒之物则又在时间领域中发生作用。马克思主义则把人类的处境，包括人类历史理解为完全受时间束缚的。因此，它只求建立在时间之内的社会组织；只要它确信它自己的概念为真理，它就必定企图利用一切手段将它付诸实现。它期待着在空间和时间中出现的和谐，因而它导向乌托邦主义，导向每一个乌托邦之后都会发生的失望，并最终导向恐怖。① 在这两种生活可能性之间的抉择，既不是经济的也不是政治的，而是宗教的。

（徐钧尧 译）

---

① 作者所指的是苏联。

洛维特

　　卡尔·洛维特（Karl Löwith，1897—1973），是汉语学界不甚谙熟而在欧陆及美国颇有影响的哲学家和基督教思想家。1897 年生于德国慕尼黑的一个新教家庭，自幼年便对哲学感兴趣，13 岁开始阅读康德、施莱尔马赫、费希特和尼采等人的著作。18 岁赴奥地利—意大利前线作战并受重伤，战后进慕尼黑大学学习哲学和生物学，后转学到弗赖堡大学听胡塞尔的课，并与胡塞尔的助手海德格尔成为至交。1923 年在 M. Meiger 教授的指导下完成博士论文《论尼采的自我解释和对尼采的解释》，后随海德格尔赴马堡撰写讲师资格论文，在马堡期间与伽达默尔、克吕格、施特劳斯结为密友。纳粹上台后，流亡意大利，1938 年，流亡日本，在仙台大学任欧洲思想史教授。太平洋战争爆发后，在神学家蒂利希和尼布尔的帮助下，赴美国哈特福德神学院教授基督教早期教父思想。1949年受聘为纽约社会研究新学院思想史教授。1952年，在伽达默尔的努力下返回德国，任海德堡大学哲学教授，1973年逝世。其主要著作有：《黑格尔与黑格尔主义》（1931）、《马克斯·韦伯与卡尔·马克思》（1932）、《尼采的永恒复归哲学》（1935）、《欧洲虚无主义：对欧洲战争的前历史考察》（1940）、《从黑格尔到尼采：19世纪思想中的革命性断裂》（1941）、《世界历史与救赎历史：历史哲学的神学前提》（1949/1953）、《自然与历史》（1951）、《海德格尔：贫乏时代的思想家》（1953）、《知识、信仰、怀疑》（1953）、《从笛卡儿到尼采的形而上学中的上帝、人和世界》（1967）等。至1988年，九卷本的《洛维特全集》已出齐。

洛维特以研究思想史而著称，其思想要素的构成主要是生存哲学（尼采、海德格尔）、历史哲学（布克哈特、特洛尔奇）、社会哲学（韦伯、马克思）和新教神学（克尔凯郭尔、布尔特曼）。洛维特一生颠沛流离，但其思想并未因此而失去力度，除了生存本体论和认识论问题外，他的著作主要是近代思想史论，但这些论述往往是带着时代问题的现象学追问，辨析西方近代以来思想史上的上帝观、人观、历史观的嬗递，以此来探究西方现代社会的虚无主义的精神根源。

本书选取了洛维特的《马克斯·韦伯和卡尔·马克思》一书的第三章《马克思基于人的"自我异化"对资产阶级—资本主义世界的解释》（节译）以及《世界历史与救赎历史：历史哲学的神学前提》第二章《马克思》中的论述历史唯物主义的部分。在前一个文本中，洛维特认为黑格尔、费尔巴哈和马克思之间存在着一种概念的历史谱系，那就是他们在各自的思想中都探讨了人，对人作出了定义。所不同的是，人在他们思想中的地位和他们对人的探讨的科学性是不一致的。黑格尔对人的定义是在他的绝对精神的体系中作出的，人在这种体系中没有独立的地位，因而黑格尔并没有展示出对人的"客观性"，他只是将人定义为"作为市民权利和世俗需要的主体";费尔巴哈不同意黑格尔对人的特殊化的定义,放弃了认真对待人的具体特性,而从人的感性出发,将其定义为抽象的"我—你"关系,从而使人失去了他的社会历史基础;马克思则通过对人存在于其中的社会生产方式的分析,实现了对人的真实的阐释,并试图克服资本主义条件下所产生的人的自我异化现象,以共产主义社会中"真正的人道主义"来标志人的解放。

后一个文本则通过对马克思《1848~1850年法兰西阶级斗争》、《法兰西内战》、《路易·波拿巴的雾月十八日》、《德意志意识形态》及《共产党宣言》和《资本论》等文献的研究,认为马克思的历史唯物主义实质上是基督教历史哲学的延续,认为马克思所要建构的正是基督教神学的末世论,只不过马克思是将共产主义作为未来社会的福音。就此,洛维特甚至认为,"《共产党宣言》所描述的全部历史程序,反映了犹太—基督教解释历史的普遍图式,即历史是朝着一个有意义的终极目标的、由天意规定的救赎历史。"因而,马克思并未最终超脱神学的领地,不过是其另一种变形而已。

马克思基于人的"自我异化"对资产阶级—资本主义世界的解释[①]

一

　　在对资产阶级—资本主义世界的分析中，"马克思主义"的特定主题不是资产阶级—资本主义世界的自我异化，而是它的"解剖学"，即它的骨架结构——也就是说它的政治经济学——一个领会了经济存在和意识的辩证统一的范畴。乍一看来，这种对资产阶级社会的解剖学的强调只不过是强调从黑格尔观念中的"资产阶级社会"到"需求系统"本身的一个变化，它把物质生产关系描述为这个社会的骨架结构。与此同时，这个途径也包括了一个更为宽泛且更为

　① 　选自英译本《马克斯·韦伯和卡尔·马克思》，伦敦，1982。

可疑的论点，这个论点认为物质生活条件是所有其他方面的决定性因素，这个具有基础重要性的论点在作为地基的所谓"真实基础"的庸俗马克思主义论点中最终定型了，而正是在这个地基上诞生了被解释为纯粹意识形态的上层建筑。正是在这个不仅是被庸俗化而且是被丑化的形式中，马克思主义同时成为批评和辩护的对象。韦伯也是这样把马克思主义当作一种教条的经济主义的历史唯物主义并与之作战的。

撇下马克思本人乃至恩格斯能给予这种庸俗马克思主义概念多大的支持不谈，完成了哲学的自我澄清之后，对政治经济学的批判成为了马克思首要关注的事情。"马克思在这个方面的发展可以被概述为这样一个简短的公式：他首先对宗教进行哲学批判，接着对宗教和哲学进行政治学的批判，然后最终对宗教、哲学、政治和所有其他的意识形态进行经济学的批判。"[①] 而根据马克思本人的看法，对人所有生命表现的特定的经济学解释仅仅是他对黑格尔法哲学的批判性修正的最终结果——黑格尔将"结果"看作是"重大的推动(impulse) 留下的尸体"。在接下来的讨论中，这个结果中的重大推动——自我异化的批判——将被马克思早期著作的光芒所照亮。为此我将采用的主要材料是马克思 1841～1845 年的著作，并且我将按照韦伯的合理化的指导方针依次解释这些著作。这个主题的界定并不表明青年马克思可以从成熟的马克思那里完全分离出来，并且后者被划归为"马克思主义"，而前者被指派给资产阶级哲学。相反，甚至对《资本论》来说马克思的早期著作都是并且仍旧是根本的，并且，如果《资本论》第一卷的第一章节是一个"结果"，那么产生这个结果的重大推动早在 1842 年《莱茵报》的讨论中就可以被找到。

对马克思和韦伯来说，这个基本主题是我们被放置其中的周遭现实；而马克思对资本主义生产过程的批判性分析的原始形式，则是通过人的自我异化范畴来批判作为一个整体的资产阶级世界。对作为一个黑格尔主义者的马克思来说，"不合理的"现实，这个资产阶级—资本主义世界表现为一个非人的人的世界，一个扭曲了的人的世界。并且正如韦伯将理解合理化的"恶魔"、"为了抓住它的力量和限度"去"追踪它的全过程直到最后"看作是必要的那样，马

---

① 然而，在《剩余价值学说》第一卷，我们读到："人的物质产品，包括他所完成的一切产品，其基础都是人本身。因而，影响到作为产品主体的人的所有的环境因素对人的作用和行为，包括他作为物质财富和商品创造者的作用和行为都多少会有影响。"

克思也宣称研究"世界的主宰"是重要的。在博士论文的序言和给卢格的一封信（1843）中，马克思把自己称为一个怀有"将人类变成真正的人类"的傲慢愿望的"唯心主义者"。我们首先不得不指出的是，马克思始终如此这般关注人类，甚至当马克思认为他已经发现了在无产阶级中"新"人的可能性的时候也是如此。他的终极目标是并且仍旧是"人性的人的解放"，一种"真正的人道主义"。他同卢梭之间在这个定位中的历史关联是明白无误的。

在那个时候的德国哲学中，如此这般对人的关注是费尔巴哈从纯哲学到哲学人类学的转换的基本趋向。这种被他视为一种绝对哲学最终形式的是黑格尔的绝对精神哲学。从这个起点开始，费尔巴哈和马克思都把他们的批判哲学的关注点放在了人类自身，这个在黑格尔的绝对、客体和主体、精神的哲学中不扮演主要角色的方面。根据黑格尔的本质的"存在"①，他将人定义为精神（Geist）。在黑格尔的《法哲学原理》中人以世俗"需求"的主体的姿态表现为人，并且黑格尔将市民社会设想为这些需求的系统。因此他所谓的"人"，已经并且仅仅是作为世俗需求的主体的市民社会的成员。无论是对黑格尔还是马克思来说，这样一种方式的定义都没有具体表达一个真正的人的普遍性。这样的人只是纯粹的特殊性，在黑格尔那里这种特殊性与国家的真正普遍性（它依次是理性的具体显现）相联系，在马克思那里则关系到一个无阶级、真正的人的社会的真正普遍性。在《法哲学原理》中黑格尔作了如下的界定："在法中对象是人，从道德的观点说是主体，在家庭中是家庭成员，在一般市民社会中是市民（即资产阶级），而这里，从需要的观点说是具体的观念，即所谓人。因此，这里初次，并且也只有在这里是从这一含义来谈人的。"

黑格尔没有完全放弃这样一个一般而言的人的概念。但是他只是在市民权利这个意义上来认识它，也正是在这一点上，黑格尔表现出对周围的"现实"的不寻常的现实的领会。他说每个人首先是人，尽管他们属于不同的种族、民族、信仰、阶层或职业；并且说他的纯粹的人性决不是一种"单调的、抽象的"性质。但是黑格尔从这样一个事实中看到了这种普遍性质的真正重要性："在市民社会中作为司法人格的计算的自我确证……作为一种市民权利的认同的结果出现了。"并且黑格尔声称这个由市民权利给出的人性就是——

---

① 参见洛维特：《黑格尔和黑格尔主义》，载《德国教育杂志》，1931（11）。

"所希求的对思维和情感的方式的调整"在其中也得以显现的"无限的和独立的根据"。

黑格尔明确地拒绝给这个（作为一般人的人）定义一个绝对的性质，因为如果自我意识在国家的公众生活（那些具有自身的特性、基础和自主的意义的东西）的对立面设立自身（"也许就如世界性的政治那样"），那么就算当所有的个体在被当作是"人类"（而不是意大利人或者德国人，天主教徒或者新教徒）的时候是等同的，这种自我意识——不过是作为人类的意识——仍然是"不充分的"。① 因而，在黑格尔的《精神现象学》中，人的类的本质属性不在于人是什么"人类"，而在于他是一个"精神的"存在。因此，尽管在"范畴"的结构形式上雷同，但黑格尔关于"异化"的讨论同费尔巴哈和马克思还是有着根本的区别。黑格尔使作为市民权利和世俗需求的主体的人的概念从属于这个特定的存在论的（作为"精神"的）人的定义；他所谓的人仅仅是以这样一种方式来刻画的人（仅仅作为一种"表现"而不是一个纯粹的哲学概念所构成）。显然，黑格尔在人的精神性方面比在他的人性方面更加有确信。

费尔巴哈的高于一切的目标是将这个精神的自在的哲学转变为一种人的人道主义的哲学。他在如下一段话中指出了他的"未来"的"新"哲学的任务："在当前（1843）来说，这不是一个如何形容人的问题，而是一个如何将他从他沉入其中的（'唯心主义的'）泥沼中解救出来的问题。"这个任务是"从绝对哲学，也就是从神学中发展出人的哲学的、也就是人类学的必要性，并且依靠一种对神的哲学的批判，找到一种人的哲学的批判"。这种把人变成哲学的对象的意图是从把哲学变成人性的对象的愿望中滋生出来的。

根据人类学原理，费尔巴哈责难黑格尔对人的特殊化的定义。黑格尔在《法哲学原理》中说，只有在市民社会的语境中才可能在这个意义上来谈人，从这个定义（引文见上）开始，费尔巴哈接着辩驳道：无论我们是谈法律的人还是谈道德"主体"——或者任何其他的范畴——事实上我们指的是同一个总体的人类，只不过在不同意义上来谈而已。因为正是这样一个人的特定的属性才能根据其角色和作用被以各种各样的方式来限定：例如一个私人、一个官员、一个市民，等等。这样，费尔巴哈拒斥了黑格尔对人的特殊化的定

① "世界大同主义"可以进入国家生活的反面，这一事实表明黑格尔通过这一范畴理解了某种国际主义。

义，但是与马克思不同的是他没有认真对待这个具体的特性，没有揭示出这个在现代资产阶级—资本主义社会中事实上分裂的人的人性（他的作用的特殊化）如何可以被恢复统一；这种统一不是通过费尔巴哈的在"我—你"关系中的"爱的共产主义"，而是通过克服先前的劳动分工形式，特别是这种分工形式的阶级特性。

但是马克思对资产阶级社会中的、并且进而对现代世界中的人的批判，也建立在费尔巴哈人类学观点的基础上。在《神圣家族》中马克思仍旧以费尔巴哈的"真正的人道主义"来标志他自己。这本书开头是这样一句话："德国的真正的人道主义的最危险的敌人莫过于唯灵论或者思辨唯心主义了，它们设置'自我意识'或'精神'以代替现实的个人，并且像福音那样教导说只有精神才能给出生命。"同样地，马克思对黑格尔《法哲学原理》的批判的开端就提到了费尔巴哈从神学到人类学的转变，因为这个批判被看作是对人的现世状况的更进一步的批判的先决条件。[1] 这个对费尔巴哈的接纳符合一种反对黑格尔对人的特殊化的定义的争论（这个争论遵循着同样的路线）。

马克思比较在资产阶级社会中的人和作为一般劳动的产物的商品。因为就同一件商品一样，人具有一种会引起问题的"两重性"：经济学范畴下的"价值形式"和"自然形式"。作为一件商品——那就是说，作为一体化的劳动——某物只是值一定数量的货币，在这种情况下与它的自然特性多少是不相干的。作为商品，尽管不同的东西享有同样的自然特性，却可能值不等数量的货币。同样，在这个商品的世界里的人是以资产阶级的价值形式存在的，这样的人在他自己或者别人眼里扮演着重要的角色，就好比"一位将军或者一位银行家"，但是无论如何作为一个特殊的个体，这样的人被他的对象性的活动所固化和片断化；同时作为如此这般的一个"纯粹的"人——也就是说在他的自然形式中——他只扮演了一个劣等角色。这里马克思简洁地提及了黑格尔《法哲学原理》第190节的一个注解。这个提示可以作如下解释：如果黑格尔把人变成了这样一个特殊的和局部的东西，即市民权利赋予的需求的主体，同时伴随着其他同样局部的规定，那么这个人的明显纯粹理论的分裂只不过反映出一种在现代人性的存在的真实状况中的非灵化和非人道。因为与这种理论的分离、定型和自主——这种按照存在的特殊模式进行的

---

① 马克思：《神圣家族》。

人的"合理化"——相应的是在现实中盛行的分裂、定型和自主。它在面对那些不再定位于如此这般整体的人,而只定位于专门职能的人、实质上是抽象凝聚物的东西的时候,仅仅提供了"作为人的人"的局部显现。

这样的凝聚物在它们是从"作为人的人"的整体中抽象出来的这个意义上是抽象的,存在于这种凝聚物中的是资产阶级或无产阶级的个体,即作为知识分子或体力劳动者的人,总的来说也就是拥有行业和特定职业的现代的个体;但最重要的是资产阶级社会的人普遍分离为两种明显而对抗的存在模式:具有私德的私人和具有公德的公众市民。在所有这些人的存在的局部显现中,完全的人仍旧出现,但不无矛盾或简单地等同于人类。就他被他这个或那个特殊方面所定义而言,他就仅仅只能参照某些其他特定性质,例如隐秘地同他的家庭生活相比照的某个行业的身份,或者同他的公众生活相比照的一个私人个体。在所有这些人性——无论是这样或者那样——的特殊的独立的显现中,人只在一个有条件的限定的意义上是"人",而在资产阶级社会中,至多作为所谓的私人个体。在如此析分和片断化(合理化)的社会中扮演一个基础角色的并不是"如此"的人,而只是个体通过他的职位和行为而形成的固定的实体。因为这些社会的职位和行为很大程度上被经济状况、世俗"需求"所决定,按照黑格尔对人的定义,如此的人仅仅是一个特殊化的存在,是它自身,因而,不是一个纯粹思辨的架构,而是在现代资产阶级—资本主义世界的实际状况中真正的"非人道"的恰当的理论表达——一个在这个社会中人作为"人类"同他自己相异化的象征。

因此,费尔巴哈同马克思都认为:黑格尔的精神哲学仅仅把人看作一个特殊化的实体,而不是作为潜在的人和哲学的总体。正是这样一个作为整体的人构成了费尔巴哈同马克思的共同起点和目标,正因为如此,马克思不得不揭示出资产阶级社会中的人的全体的主观的特殊化,而这在黑格尔的精神哲学中被同等程度地遮蔽和揭露。换句话说,马克思揭示出在资产阶级社会中资产阶级和人类相等同这个明显清楚的观点是一个令人质疑的假设,无论按照它特定的特殊神宠论,还是按照资产阶级的人表现出的整体的特殊神宠论的观点来说都是如此。为了将人从全体的主观的特殊性中解放出来,为了克服特殊化造成人的异化,马克思提倡"人的解放",即一种不仅仅是政治的和经济的,而且是"人"的解放。然而与此相关联的不是作为"自我和可改变的自我"(费尔巴哈)的人,而是人的"世界"；因为人自身是他的社会世界：他本质上是政治动物。因此，马克思对资产阶级社会的人的批判达到了社会和经济批判的顶峰，但是却没有因此失去基本的人类学的意义。① 马克思描画这个在现代政治、社会和经济结构中的人的基本的和普遍的自我异化——就是说，同我们所面对的韦伯的合理化的不可避免的命运是同一个"秩序"——的所有方面：经济、政治和直接的社会形式。对这个有问题的状况的经济学的表达就是商品世界；政治表达就是资产阶级国家和资产阶级社会间的矛盾；直接的人的社会的表达就是无产阶级的存在。

二

"在研究经济范畴的发展时，正如在研究任何历史社会科学时一样，应当时刻把握住：现代资产阶级社会是'既与的'，因而一定社会的范畴所表达的存在的形式、存在规定常常只是一定社会的个别的方面，因此经济学，即便作为一种科学，也决不是从第一次如此这般来谈论它的时候才开始的。"（马克思，《〈政治经济学批判〉导言》）

人的异化的经济学表达，是作为现代世界的所有对象的可出售性之代表的"商品"。马克思意义上的商品不意味着所有对象中的某一种特定类型的对象；相反，对他来说商品包含了我们的所有对象的基本的存在论性质，即"商品形式"。这个商品形式或者说结构同时表现出物和人的个性的异化。② 因而《资本论》从对商品的分析开始。社会的批判，以及由此而来的这个经济学分析的基本的人的重要性，在《资本论》中只是在边缘的评论或脚注里才能见到直接的表达，但是这在马克思发表于《莱茵报》上的关于林木盗窃法的辩论的文章中已经清晰地出现了。③ 这篇文章第一次揭示出"手段"与"目的"、"对象"和"人"的基本的颠倒，这一颠倒意味着人的

---

① 马克思从一开始就相信：人生来就是"社会的人"，也就是社会存在；这是他的人类学的必要条件。"如果人生来是社会的，那么他就只能在社会中发展他的真正的本性，并且他的本性力量不应该以单个个体的力量而应该以社会力量来衡量。"（《神圣家族》）

② 卢卡奇：《物化与无产阶级意识》第一部分。从黑格尔主义观点出发，第一次说明了马克思商品分析的基本结构和意义。

③ 马克思：《关于林木盗窃法的辩论》，发表于《莱茵报》，1842-10-11。

异化，即通过自我剥夺来顺应"物"。把自己视为"其他的"和"异质的"，这个外化的最高形式，正是马克思在他的博士论文①中称为"唯物主义"的东西，同时他相应地称自己为力图克服这种异化的"唯心主义者"。顺应物而造成的人的外化就是自我异化，因为当人是他自身的目的时，物则是本质地为人而存在着。马克思在他的文章中力图表达的基本意思是：归属于所有者且可能被盗窃的林木，不是简单的林木，而是一个经济和社会意义的对象，并且进而是一般的人的意义的对象。作为如此这般的一个重要的对象，林木对它的占有者、私人所有者来说同对非所有者的盗窃者来说其意义是不一样的。因此只要一个政党仅仅或者专横地把自己当作林木的主人，并且只有这个有限的和特定的对自己的意识，而同时其他人也不是被当作人而是仅仅被当作林木偷盗者，那么设计一种不仅在法律上正确且人道上公正的惩罚形式就是不可能的。从这两点来看，只要人不能以一种人的和社会的方式来组织和支配他同物的关系，那么僵死的物，"客观的力量"这样的非人的东西——比如纯粹的林木——就会决定人和将人包含在自己之中。纯粹的"林木"可以决定人，因为就像商品一样，它是一种基本的政治关系的客观表达；因为就像商品一样，它有拜物的特性。因而，当人牺牲的时候"木头的偶像们"就可以凯旋。"因此，如果由林木和林木所有者本身来立法，那么这些法律之间的差别将只是立法的地理位置和立法时使用的语言不同而已。这种下流的唯物主义，这种违反各族人民和人类的神圣精神的罪恶，是《普鲁士国家报》正向立法者鼓吹的那一套理论的直接后果，这一理论认为，在讨论林木法的时候应该考虑的只是树木和森林，而且不应该从政治上，也就是说，不应该同整个国家理性和国家伦理联系起来来解决每一个涉及物质的课题。"② 林木这样的东西，这个明显的"物自体"，成为产品和人的存在的规定性，人的意识成为"物化的"并且物自身成为人的尺度。由于物质关系成为"人化的"凌驾于人之上的类人的（quasipersonal）力量，人的关系也就成为外化的了。这种颠倒是一种"堕落的唯物主义"。

这种经济学分析的激进的人道主义意义后来被马克思批判地加以巩固了。在《神圣家族》中他反对蒲鲁东对社会状况的纯粹的经

---

① 即《德谟克利特的自然哲学和伊壁鸠鲁的自然哲学的差别》。

② 马克思：《关于林木盗窃法的辩论》。

济学解释，例如他指出由特定社会状况产生的财产平均分配的要求，"它本身仍只是"人的普遍异化的"一种异化的表达"。"蒲鲁东想消灭不拥有和旧式拥有的愿望，和他想消灭人对自己的实物本质的实际异化关系、想消灭人的自我异化的政治经济表现的愿望是完全同一的。但是，由于他对政治经济学的批判还受着政治经济学的前提的支配，因此，蒲鲁东仍以政治经济学的占有形式来表现实物世界的重新争得。""蒲鲁东……以占有来反对拥有的旧形式——私有制。他宣称占有是'社会的职能'。在这种职能中'利益'不是要'排斥'别人，而是要把自己的力量、自己本身的力量使用出来和发挥出来。""蒲鲁东未能用恰当的话来表达自己的这个思想。'平等占有'是政治经济的观念，因而还是下面这个事实的异化表现：实物是为人的存在，是人的实物存在，同时也就是人为他人的定在，是他对他人的人的关系，是人对人的社会关系。蒲鲁东在政治经济的异化范围内来克服政治经济的异化。"① 这就是说，在这个意义上蒲鲁东没有从根本上真正地克服异化。

与在马克思关于林木盗窃的文章中同样的问题也出现在《德意志意识形态》之中，尽管是以另一种方式被表达的。这里马克思同样问道：为什么人同其自身的产品处于异化关系中，以至于不再能把握他们的"交往形式"，"他们的内在关系外化为反对他们自身"并且"他们自身的生命力量得以统治他们自身"？何以"在从私人利益到阶级利益的自然转换中，个体的私人行为被外化和异化，而与此同时出现了一种超越人的控制的独立的力量"②？马克思在作为合理化的基础的分工中发现了答案。

全部先前的工作模式都要被超越且转变为一种总体的"自我活动（self-activity）"。这种转变不仅意味着取消脑力和体力的分工，而且意味着取消城乡之间的分工，这是"对个体从属于分工的最为概略的表达"③。但是只有在共产主义社会秩序的基础上分工才能被真正地取代，因为共产主义社会秩序不仅让财产也让人的存在得到全部意义上的普遍的实现。相反，在分工中，社会关系作为物与物之间的关系不可避免地获得一种独立的存在；"一个特定个体的私人

---

① 《神圣家族》，参见《黑格尔法哲学批判》对于"不论是在帝制还是共和制的国家中，只要还是在'政治'国家中，克服自我异化就是不可能的"的相关说明。

② 《德意志意识形态》，第三部分。

③ 《德意志意识形态》，第一部分。在《经济与社会》中，韦伯专注于城市的历史社会学，这种特殊关注再度清楚地表明了自我异化和合理化的实际同一性。

生活同他被某些工种以及相关条件定义的生活"① 这一（非共产主义的）区分同样是不可避免的。

在 1856 年，也就是《德意志意识形态》成书 10 年后，马克思在一次对 1848 年革命的回顾性分析中重新阐发了他关于这个颠倒的世界的基本观点："这里有一件可以作为我们 19 世纪特征的伟大事实，一件任何政党都不敢否认的事实。一方面产生了以往人类历史上任何一个时代都不能想象的工业和科学的力量。而另一方面却显露出衰颓的征兆，这种衰颓远远超过罗马帝国末期那一切载诸史册的可怕情景。在我们这个时代，每一件事物好像都包含有自己的反面。我们看到，机器具有减少人类劳动和使劳动更有成效的神奇力量，然而却引起了饥饿和过度的疲劳。财富的新源泉，由于某种奇怪的、不可思议的魔力而变成贫困的源泉。技术的胜利似乎是以道德的败坏为代价换来的。随着人类愈益控制自然，个人却似乎愈益成为别人的奴隶或自身的卑劣行为的奴隶。甚至科学的纯洁光辉仿佛也只能在愚昧无知的黑暗背景上闪耀。我们的一切发现和进步，似乎结果是使物质力量成为有智慧的生命，而人的生命则化为愚钝的物质力量。现代工业和科学为一方与现代贫困和衰颓为另一方的这种对抗，我们时代的生产力与生产关系之间的这种对抗，是显而易见的、不可避免的和毋庸争辩的事实。有些党派可能为此痛哭流涕；另一些党派可能为了要摆脱现代冲突而希望抛开现代技术；还有一些党派可能以为工业上如此巨大的进步要以政治上同样巨大的倒退来补充。可是我们不会认错那个经常在这一切矛盾中出现的狡狯的精灵。我们知道，要使社会的新生力量很好地发挥作用，就只能由新生的人来掌握它们，而这些新生的人就是工人。"② 这些被号召去废除普遍异化的"新人"的身份在马克思《黑格尔法哲学批判》的导言里已经很清楚了："他们是工人。"通过这一点，"真正人道主义"的哲学找到了"社会实践"这一在"科学社会主义"的形式中实现和超越自身的正确的方法。在《德意志意识形态》中马克思决定性地走出了费尔巴哈的"真正人道主义"。

然而甚至《资本论》也不是一种简单的对政治经济的批判，而是用资产阶级社会的经济范畴来对资产阶级社会的人进行批判。资

---

① 参见《德意志意识形态》和恩格斯的《反杜林论》，恩格斯关于杜林"小贩和建筑师"的嘲讽可以同马克思如下的观察相类似："守门人和哲学家的区别一开始就小于看门狗和德国狼狗的区别。正是分工造成了他们之间的鸿沟。"

② 《人民报》四周年宴会演讲，发表于《人民报》，1856-04-19。

产阶级社会经济的"经济核心（economic kernel）"是劳动产品的商品形式。商品（比如上文里的"林木"）是异化的经济学表达。这种异化存在于如下事实中：那些原本用来使用的东西不是直接地作为满足人自身需求的有用的东西被制造出来，而是作为一种独立的商品价值进入现代市场（不管它是一件物质的还是心智的产品，也不管进入的是一个牛的市场还是书的市场），并且只有在这个兜圈子的过程中它从对其而言具有交换价值的卖方手中到了作为商品购买者的消费者手里。① 这个从有用的对象到商品的转换再次表明了一个普遍的状况：在资产阶级一资本主义社会中，产品决定人，而非相反地（用韦伯的试验性的话来说）是"事情的自然状态"。

为了揭示这个反复发生的颠倒过程，马克思用商品"拜物教"这一范畴对现代社会劳动关系的"物化表象"进行了分析。作为商品，一张普通的桌子是"可感觉的－超感觉的"物。直接向感觉呈现的是可用的对象，而不是商品。而作为花费金钱的商品——因为它耗费劳动或者劳动时间——它是一种最初被掩盖起来的社会关系。在这种方式中，这个桌子"不仅用它的脚站在地上，而且在对其他一切商品的关系上用头倒立，从它的木头脑袋中生出比它自动跳舞还奇怪得多的狂想"。

可见，商品形式的奥秘不过在于：商品形式在人们面前把人们本身劳动的社会性质反映成劳动产品本身的物的性质，反映成这些物的天然的社会属性，从而把生产者同总劳动的社会关系反映成存在于生产者之外的物与物之间的社会关系。由于这种转换，劳动产品成了商品，成了可感觉而又超感觉的物或社会的物……这只是人们自己的一定的社会关系，但它在人们面前采取了物与物的关系的虚幻形式。因此，要找一个比喻，我们就得逃到宗教世界的幻境中去。在那里，人脑的产物表现为赋有生命的、彼此发生关系并同人发生关系的独立存在的东西。在商品世界里，人手的产物也是这样。我把这叫作拜物教。劳动产品一旦作为商品来生产，就带上拜物教性质，因此拜物教是同商品生产分不开的。

因为商品制造者（也就是拥有商品的形式或结构的各种对象的制造者）仅仅通过作为商品——进而也作为"物"的商品交换进入人—社会关系，这种构成商品基础的社会关系没有向制造者自身表

---

① 商品的二重性表现出商品生产的社会自身中存在着一种特殊的内在分离；因为商品自身是一种"社会实体"——抽象人的社会劳动。韦伯在他对证券交易的说明中仍旧按照纯粹马克思的方式提出了这种生产和消费的分离。

现为人的社会劳动进程的社会关系。相反，这些真正根本的社会关系看上去是作为制造者的他们中间的纯粹"客观的"关系；而相反地，商品间的客观的关系承担了商品实体间类人的关系的特性，而这些商品实体在拥有自己的法则的商品市场中独立行动。

起初人没有意识到这种颠倒，因为他们自己的自我意识相应地物化了。但是马克思也指出，他不仅把这种颠倒看作是在一种特定方式中发展起来的社会经济形式，而且将其视为历史的可变化的形式。然而，起初这种变化的能力被金钱形式中商品的固定且完成的形式掩盖了，以至于看上去只能改变商品的价格，而不能改变可用对象的商品特性。但是马克思辩驳说，从与其他历史的社会经济关系的比照中立即可以得出的是：作为商品的劳动产品像独立的实体一样对抗着它的制造者，这种发生如此情况的社会决定的经济秩序是完全不正当的。举例来说，尽管你可能根据人的依赖关系把中世纪的欧洲视为"黑暗时代"，在工作中人们之间的社会关系至少表现为他们自己的私人关系，而不是被"伪装为物与物之间的社会关系"。因为，在这个例子中，"人的依赖关系构成社会存在的基础，无论是工作还是产品都不需要有别于其现实的假定的幻想形式。劳动的自然形式，它的特性，并且不是在商品生产的情况中那样的一般性，在这里是直接的社会形式。"①

作为这个历史观的运用，马克思勾画出未来共产主义社会体系的可能性，其目的在于将共产主义社会中劳动产品的社会关系的"透明性"同商品的现代世界的晦暗不明的反常和非人道进行对比。因而商品世界只能被人的存在的全部真实状况的根本转变所超越。作为使用对象的产品的特性对商品特性的再吸收（reabsorption）不仅需要非资本化，而且必须将碎片化和物化的人再吸收为"自然的"人，而按照马克思所说，自然的人的人性存在于这样一个事实中：他内在地是一个政治动物。

（蔡剑锋 译）

---

① 《资本论》第1卷，第1章，第4段。

马克思①

　　当布克哈特在自己的演讲中将一个古老的欧洲晚熟的智慧付诸表达时，马克思正在准备发表《资本论》。在这部书中，全部历史被归结为一个社会—经济程序，它日益尖锐化为一场世界革命和世界更新。作为 19 世纪 40 年代革命运动最激进形式的代表，马克思并不是要延缓市民—资本主义社会的衰亡，而是要推进它，直到整个历史程序的最终完成。尽管《政治经济学批判》和《资本论》的作者同他"过去的哲学信仰作了清算"，并且毅然转向经济分析，把它当作资本主义社会的"解剖学"，但是，作为"唯物主义者"，他依然是一个具有杰出历史感的哲学家。然而，他在自己的历史著作（《1848～1850 年法兰西阶级斗争》、《法兰西内战》与《路易·波拿巴的雾月十八日》）中，却远不如他在《共产党宣言》和《资本论》

　① 选自《世界历史与救赎历史：历史哲学的神学前提》，北京，三联书店，2002。

中那样更是一位历史哲学家。因为后两部作品的最突出特征，并不是独断地强调阶级斗争和劳动与资本的关系，而是把所有这些范畴纳入一个包罗万象的历史结构中去。就像黑格尔在哲学中和鲍尔（F. C. Baur）在神学中所做的那样，马克思也把他的具体科学问题转化为历史问题。

马克思历史感的核心意义最初体现在他于1841年所作的关于伊壁鸠鲁和德谟克利特的哲学博士论文中。对古代唯物主义的这一分析的主题思想，就是关于后来哲学的历史意义的一般性问题。马克思把柏拉图和亚里士多德之后的伊壁鸠鲁学派、斯多亚学派和怀疑学派的学说，与现代的、黑格尔之后的学说，特别是与费尔巴哈、施蒂纳和鲍威尔进行比较，以便把这些片面的、道德化的宗派的历史意义描述为过去完成了一种包罗万象的纯粹沉思哲学的必然结果。因为当一种古典哲学的抽象原则，就像在亚里士多德和黑格尔那里那样，发展成为一个包罗万象的整体时，一种沿着传统路线的继续发展就不再可能了。在这样一些历史转折点上，必须进行一种新的尝试，与哲学传统决裂。紧接这样一些关节点的，是以历史的、必然发生的、动摇一切的突变。没有看到一种新开端的必然性的人，就只好听天由命，或者像黑格尔的那些保守的学生那样，"用蜡、石膏和铜来仿造"大师、"用卡拉拉大理石"雕刻出来的东西。只有当人们认识到一种革命变革的必然性时，才能够懂得，为什么在亚里士多德之后还能够出现一个芝诺、一个伊壁鸠鲁和一种怀疑论，为什么在黑格尔之后还能够出现现代哲学家的各种"毫无价值的尝试"。"在这样的（批判的）时代，模棱两可的智者的观点同全体统帅的观点是对立的。统帅认为，裁减战斗部队……签订符合现实的和约，可以挽回损失，而泰米斯托克利斯（Themistokles，即马克思自己）在雅典城（即哲学）遭到毁灭的威胁时，却劝说雅典人完全抛弃这个城市，而在海上，即在另一个元素上（即在政治和经济实践的元素上）建立新的雅典（即一种崭新的哲学）。"

继这些大灾难之后的时代是铁器时代，它或者是以伟大斗争为标志的，或者是跟在过去那些历史上的伟大时代之后跛行。这个铁的时代是可悲的，因为旧的诸神已经死了，新的神还捉摸不透，就像朦胧的光一样，既可能转化为一片黑暗，也可能转化为一派光明。在这样一个危机时代，不幸的实质在于，当相对的幸运存在于哲学意识的各种主观形式之中，例如存在于古代晚期和临近结束的基督教的各种私人哲学中的时候，时代的精神却不能坦率地承认现实。

"共有的太阳"落山了，只有"人们各自为自己点亮的灯光"照耀着黑暗。但是，由于马克思已经清算后黑格尔哲学的"德意志意识形态"，所以，他信心十足地抢先提出像黑格尔所要求的那种确立理性与现实统一、本质与存在统一的未来哲学。不过，如果理性在整个物质现实领域里确实得到了实现，那么，哲学自身也就被取消了。它成为一种实践的理论。世界曾由于黑格尔而变为哲学的，变为一个精神的王国，而如今，哲学则由于马克思而变为世俗的，变为政治经济学，变为马克思主义。

借用基尔克果的术语来说，这个"现在"是一个决定性的"时刻"，它把全部有意义的历史分割开来，但不再分割为一个异教的"前"基督和一个基督教的"后"基督，而是不那么彻底地分割为一个"史前时期"和一个未来的历史。无产阶级专政把人们从必然王国带进没有任何史前时期那些对抗的自由王国。因为目前的资本主义社会是社会生产程序的"最后的"对抗形式，并且在自己的胎胞里发展出最终解决资本与劳动、压迫者和被压迫者的这种对抗的条件。市民—资本主义的社会"终结了人类社会的史前时期"。

在早期关于未来社会的略图中，马克思描绘了这个世俗的上帝之国。在迄今为止的历史中，有一个不可否认的事实，那就是个人，随着他们的活动扩大为世界历史性的活动，越来越受到异己力量的支配，即受到资本的支配，或者更确切地说，受到资本主义生产方式的支配；资本主义生产方式在现代世界所扮演的角色，就如同古代的命运一样。这种决定命运的力量变得越来越强大了，人们无法摆脱它。"但是，另一种情况也具有同样的经验根据，这就是：这种……力量，随着现存社会制度被共产主义革命所推翻……以及随着私有制遭到与这一革命有同等意义的消灭，也将被消灭。同时，每一个单独的个人的解放的程度是与历史完全转变为世界历史的程度一致的……各个个人的全面的依存关系、他们的这种自发形成的世界历史性的共同活动的形式，由于共产主义革命而转化为对那些异己力量的控制和自觉的驾驭，这些力量本来是由人们的相互作用所产生的，但是对他们来说却一直是一种异己的、统治着他们的力量。"① 稍后，在1856年的一篇文章中，马克思描绘了这种自我异化："有一个重大的事实，标志着19世纪的特征，没有任何党派能够否认它。一方面，工业和科学的力量已经以过去任何历史时代都

---

① 《马克思恩格斯选集》第1卷，42页，北京，人民出版社，1972。

无法预见的方式复苏。另一方面，一种使罗马帝国最后年代里的那些经常被提到的灾祸黯然失色的衰落，其征兆已经显露出来。在我们这个时代，每一件事物似乎都孕育着它的对立面。机器具有缩短人的劳动并提高它的效益的惊人力量：我们看到，它是怎样导致了饥饿和劳累过度。财富新释放出来的力量由于一种罕见的机缘巧合成为贫困的源泉……人类成为大自然中的主人，但人却成了人的奴隶……我们所有的发明和进步的结果，似乎就是各种物质力量都被配备上精神的生命，而人的生存却被愚化为一种物质力量。这边的现代工业和科学与那边的现代贫困和衰落之间的这种对抗，生产力和我们时代的社会关系之间的这种对立，是一个事实，是一个明显的、惊心动魄的、无可置疑的事实。一些党派可能会为此悲叹，另一些党派可能会希望甩脱各种现代能力，以便也甩脱各种现代冲突。或者它们可能会想象，经济中的一种如此明显的进步为了完善就需要政治中的一种退步。就我们这方面来讲，我们并没有忽略精力充沛地继续前进，制造出所有这些对立的狡猾的精神（黑格尔的'理性的狡计'）。我们知道，为了完成美好的事业，社会的新生力量只需要新型的人。"①

　　人们要问：马克思是否在任何时候都澄清了他的要求（即，通过改造人来创造一个新世界）的人性的、道德的、宗教的前提条件呢？他似乎对一种可能的再生的各种条件置若罔闻，独断地满足于那个抽象的公式，即新型的人是创造共同体的共产主义者，是政治动物，是现代"世界城邦"的社会"类存在"。

　　在马克思看来，这种新人的种子就是资本主义社会的最不幸的造物，即无产者。无产者与自身的异化已经达到了极端，因为他必须把自己出卖给资本主义占有者以换取工资。马克思远远没有对无产阶级的个别命运寄予过分人道的同情，而是把无产阶级看作是通过一场世界革命实现全部历史的末世论目标的世界历史工具。无产阶级之所以是历史唯物主义的特选子民，恰恰是因为它被排除在占统治地位的社会的特权之外。西哀士（Sieyès）在法国革命爆发前曾宣告，市民什么也不是，但正因为此他才有权利成为一切；与此相同，在市民社会胜利之后 50 年，马克思也宣告了从市民社会中发展出来的无产阶级的历史使命。无产阶级提出了彻底的要求，因为它

---

① 马克思：《1848 年革命与无产阶级》，载 *K. Marx als Denker*，*Mensch und Revolutionä*，Berlin，1928，p. 41。

被彻底地异化了。无产阶级作为现存社会的一个例外，生活在这个社会的边缘，它是唯一有可能变得标准化的可能阶级。因为尽管现存社会的崩溃在资产阶级身上和在无产阶级身上以同样的规模表现出来，但是，唯有无产阶级才承担着一种普遍的使命，具有一种拯救的功能，因为它的特殊性就在于它完全没有市民特权。无产阶级不是现存社会内部的一个阶级，而是在它之外的一个阶级，正因为如此，它是一种绝对的、无阶级的社会的希望。由于它以最高的、人的方式表现和集中了所有社会领域的对抗，所以，无产阶级是解开整个人类社会问题的钥匙。不同时解放作为整体的社会，无产阶级就不能把自己从资本主义的锁链中解放出来。

在《德意志意识形态》一书中，马克思把无产阶级的普遍意义定义为："只有完全失去了自主活动的现代无产者，才能够获得自己充分的、不再受限制的自主活动，这种自主活动就是对生产力总和的占有……"由于"真正的世俗问题"，即由于靠挣钱维持生计的问题而完全同自身异化了的雇佣工人——这个无人格的商品制造者，甚至仅仅是一个在世界市场上出卖的商品——是唯一能够解救作为整体的社会的力量。无产者以其特殊利益与普遍利益相一致、与私有制或者资本的利益相对立的方式，体现了作为人类命运的现代经济。只有从这种普遍的和末世论的视角出发，马克思才能够宣布，无产阶级是未来历史的"心脏"，而马克思的哲学则是未来历史的"大脑"。

无产阶级作为特选子民，其哲学在《共产党宣言》中得到了发展；这个档案在其内容的细节上具有科学上的重要性，在其结构的整体上是一种末世论的福音，在其批判态度上是预言性的。它以一个关键的命题为开端："到目前为止的一切社会的历史都是阶级斗争的历史"，即自由民和奴隶、贵族和平民、领主和农奴、行会师傅和帮工之间，或者如马克思所总结的那样，压迫者和被压迫者之间的社会对立的历史。[1] 这种斗争时而公开，时而隐蔽，贯穿着流传下来的全部历史；它的结局或者是社会受到革命改造，或者是斗争的各党派同归于尽。从封建社会的灭亡中产生出来的现代资产阶级社会，根本没有消灭阶级斗争；它只是创造出新的阶级，并从而创造出剥削和压迫的新条件。不过，在马克思看来，市民—资本主义社

---

[1]　以上引文出自马克思：《共产党宣言》，参见《马克思恩格斯选集》第 1 卷，253～262页，北京，人民出版社，1972。

会的这个时代与其他时代不同，它的特征在于：它把社会分裂为相互直接对立的"两大敌对的阵营"，使阶级对立简单化为资产阶级和无产阶级的最终争执。

这个最后的决定性时期的特征是资产阶级的现代工业和工业大军的发展，资产阶级在其不到 100 年的统治期间所创造的生产力，比过去一切世代创造的全部生产力还要多、还要大："自然力的征服、机器的采用、化学在工业和农业中的应用、轮船的行驶、铁路的通行、电报的使用、整个整个大陆的开垦……用法术从地下呼唤出来的人口——过去有哪一个世纪能够料想到有这样的生产力潜伏在社会劳动里呢？……它创造了完全不同于埃及金字塔、罗马水道和哥德式教堂的奇迹；它完成了完全不同于民族大迁徙和十字军东征的远征。"

西方文明的这种惊人进步的另一面，是它最终结束了一切家长制的和人的关系："现代工业已经把家长式的师傅的小作坊变成了工业资本家的大工厂。挤在工厂里的工人群众就像士兵一样被组织起来。他们是产业军的普通士兵，受着各级军士和军官的层层监督。他们不仅是资产阶级的、资产阶级国家的奴隶，并且每日每时都受机器、受监工，首先是受各个厂主资产者本人的奴役。这种专制制度越是公开地把发财致富宣布为自己的最终目的，它就越是可鄙、可恨和可恶。"

现代工业资产阶级斩断了把人们束缚于其天然上司的"天然"羁绊，它使人和人之间除了赤裸裸的利害关系，除了冷酷无情的现金交易，就再也没有任何别的联系了："它把宗教的虔诚、骑士的热忱、小市民的伤感这些情感的神圣激发，淹没在利己主义打算的冰水之中。它把人的尊严变成了交换价值，用一种没有良心的贸易自由代替了无数特许的和自力挣得的自由。总而言之，它用公开的、无耻的、直接的、露骨的剥削代替了有宗教幻想和政治幻想掩盖着的剥削。资产阶级抹去了一切向来受人尊崇和令人敬畏的职业的灵光。它把医生、律师、教士、诗人和学者变成了它出钱招雇的雇佣劳动者。"

在其发展的这个阶段，现代社会不使生产工具和生产关系不断地革命化，就不能生存下去："反之，原封不动地保持旧的生产方式，却是过去的一切工业阶级生存的首要条件。生产的不断变革，一切社会关系不停的动荡，永远的不安定和变动，这就是资产阶级时代不同于过去一切时代的地方。一切固定的古老的关系，以及与之相适应的、素被尊崇的观念和见解都被消除了，一切新形成的关系等不到固定下来就陈旧了。一切固定的东西都烟消云散了，一切神圣的东西都被亵渎了。人们终于不得不用冷静的眼光来看他们的生活地位、他们的相互关系。"

当不断扩大产品销路的需要驱使资产阶级奔走于全球各地，甚至通过迫使最遥远和最野蛮的民族采用资产阶级的生产方式，而把他们都卷到文明中来的时候，西方文明却创造了如此庞大的生产资料和交换手段，以致它就像巫师那样不能再支配自己用符咒呼唤出来的魔鬼似的。工业和商业的历史越来越成为现代生产力反抗社会和经济的生产关系的历史。现在，出现了一种"生产力过剩的瘟疫"，因为资产阶级的关系已经太狭窄了，以致不能容纳和监控它本身所造成的财富。资产阶级用来推翻封建制度的武器，现在却对准了资产阶级自己。在资产阶级自己所锻造的置自身于死地的武器中，工人阶级处于首位。"资产阶级即资本越发展，无产阶级即现代工人阶级也在同一程度上跟着发展；现代的工人只有当他们找到工作的时候才能生存，而且只有当他们的劳动增殖资本的时候才能找到工作。这些不得不把自己零星出卖的工人，像其他货物一样，也是一种商品，所以他们同样地受到竞争方面的一切变化的影响，受到市场方面的一切波动的影响。"如果这个阶级在有阶级意识的情况下组织起来，并且在政治上得到引导，那么，一旦阶级斗争接近决战，它就会改变历史的全部进程。

历史对目前社会的这种临近的最终审判的第一个征兆就是，"统治阶级中的一小部分人脱离统治阶级而（像马克思自己那样）归附于革命的阶级"，即唯一掌握着未来的阶级。所以，正像过去贵族中有一部分人转到资产阶级方面一样，现在资产阶级中也有一部分人，特别是已经从理论上提高到认识整个历史运动这一水平的一部分资产阶级思想家，转到无产阶级方面来了。他们认识到，鉴于现代工业，其他阶级必然没落，唯有无产阶级才是一个真正进步的阶级，肩负着普遍的使命，因为："无产阶级只有消灭自己的现存的占有方式，从而消灭全部现存的占有方式，才能取得社会生产力。无产者没有什么自己的东西必须加以保护，他们必须摧毁至今保护和保障私有财产的一切。过去的一切运动都是少数人的或者为少数人谋利益的运动。无产阶级的运动是绝大多数人的独立的运动。无产阶级，现今社会的最下层，如果不炸毁构成官方社会的整个上层，就不能抬起头来，挺起胸来。"

无产阶级通过在不同的国家中实现整个无产阶级的共同利益，即工人阶级的共产主义事业，拯救整个人类社会。在这一程序的终点，无产阶级将不像资产阶级那样是一个统治阶级，而是将消灭它自己作为一个阶级的统治。取代旧的资产阶级社会及其阶级对立的，将是一个"联合体"，在那里，每个人的自由发展是一切人的自由发展的条件。最终，整个生存必然性的领域将被一个"自由王国"在最高的具有共产主义特色的社团解除：一个没有上帝的上帝之国——马克思的历史弥赛亚主义的终极目标。

　　按照马克思和恩格斯的理解，《共产党宣言》的革命发现，主要并不是上述草拟的世界历史图式，而是"唯物主义的"命题，即在任何一个历史时期，占统治地位的经济生产方式和交往方式，以及必然从它们里面产生的社会结构，构成了基础，一个时期的政治和精神的历史就是建立在这种基础之上的，并且只有从它出发才能够得到理解。这一基本事实就包含在《共产党宣言》把一切历史归溯到经济对立的第一句话里。据此，在历史上所发生的除经济之外的一切，都被理解为意识形态的"上层建筑"。唯物主义的解释被概括在如下著名的命题中，即，不是人们的"意识"决定人们的"存在"；相反，是人们的社会存在决定人们的意识——在恩格斯看来，这个命题如此简单，以至对于每一个没有被唯心主义的自我欺骗所迷惑的人来说，它都必然是"不言而喻"的。如果在革命的时代，经济基础发生了彻底的变革，那么，法律的、政治的、宗教的和哲学的意识形态的整个上层建筑，也将或快或慢地发生变革。马克思指出，就像评价一个个人以他对自己的看法为根据一样，评价这样一种变革以它自己的意识为根据，也将是肤浅的。

　　如果我们把自觉的存在与现实的推动力之间的这种区分运用于《共产党宣言》，那么，就产生了一个奇异的结果，也就是说，如果承认法律的、政治的和精神的历史在经济条件中，有其与自己的意识形态反映不一致的"隐秘历史"的话，那么，这反过来对马克思的唯物主义也是适用的。因为《共产党宣言》的隐秘历史不是他的自觉的唯物主义和马克思自己对它的看法，而是先知主义的精神。《共产党宣言》首先是一个先知主义的档案、是一项判决、是一种对行动的呼吁，而决不是一种纯粹科学的、建立在经验事实之上的分析。"到目前为止的一切社会的历史"显示了占统治地位的少数和被统治的多数之间对立的各种各样的形式，这一事实并不表明把它们解释和评价为"剥削"是正确的，更不用说期望迄今为止的这个普遍事实在未来不再是普遍事实了。即使马克思借助他的剩余价值学说"科学地"解释了剥削的事实，"剥削"也依然是一个道德判断；如果用某种正义理念来衡量，那么，它是一种绝对的不义。在马克思的世界历史叙述中，它不折不扣是"史前时期"的根本恶，或者用"圣经"的话说，是这个时代的原罪。和原罪一样，它不仅腐蚀了人的道德能力，而且也腐蚀了人的精神能力。剥削阶级对自己的生活体系只能有一种"错误的"意识，而没有剥削罪过的无产阶级同时借助自己的真理，透视资本主义的错觉。作为根本的、感染一切的恶，剥削远远不止是一个经济的事实。

即使我们假定全部历史是阶级斗争的历史，也不可能从阶级斗争是本质性的、"决定"其余一切的事实这一点得出科学的分析。无论是在亚里士多德看来，还是在奥古斯丁看来，奴隶制都是众多事实中的一个事实。在他们看来，它是一个自然的现实，决不是应受谴责的；在他们看来，它是一个应由博爱来缓解的社会事实，但对于永恒的救恩或者诅咒来说，并不是决定性的。只是随着自由的市民社会的出现，才从解放的要求出发，把统治者与被统治者之间的关系感受为，并如此称为剥削。既然马克思坚持不受任何道德上的成见和评价的影响，然而却把他对社会对立的各种不同形式的枚举总结为"压迫者和被压迫者"这样的挑战性词汇；那么，这就是他自己的一种奇异的误解。《共产党宣言》的奠基性前提不是作为两个相互对立的阶级的资产阶级和无产阶级之间的对抗，毋宁说，对抗在于这一个阶级是黑暗的子民，而另一个阶级则是光明的子民。同样，马克思以一种科学预言的形式预示的市民—资本主义世界的最终危机，就是最终的审判，尽管据说它是由历史程序的无情规律作出的。无论是"资产阶级"和"无产阶级"的概念，还是把历史看成两大敌对阵营之间日益尖锐的斗争的一般观点，尤其是这种斗争的戏剧性高潮，都不能以纯粹经验的方式得到证明。只有在马克思的"意识形态的"意识中，全部历史才是阶级斗争的历史。在这种观念背后的现实的推动力是显而易见的，弥赛亚主义，它不自觉地根植于马克思自己的存在之中，根植于他的种族之中。即使他是19世纪的自由的犹太人，是坚决反宗教的，甚至是反犹太主义的，他也还是一个受《旧约》局限的犹太人。从手工业到大工业的两千年之久的经济史都无法改变的古老的犹太弥赛亚主义和先知主义，以及犹太人对无条件正义的坚持，都说明了历史唯物主义的理想主义基础。《共产党宣言》以科学预言的相反形式坚持着信仰的特征，坚持着"对人们希望的东西的某种信赖"。

因此，资产阶级和无产阶级这两大敌对阵营的最终对抗，与对最后的历史时期中基督徒与反基督徒之间决战的信仰相对应。无产阶级的任务与特选子民的世界历史使命相似，决非偶然。被压迫阶级的普世拯救功能与十字架和复活的宗教辩证法相对应，必然王国向自由王国的转化与旧的时代向新的时代的转化相对应。《共产党宣言》所描述的全部历史程序，反映了犹太教—基督教解释历史的普遍图式，即历史是朝着一个有意义的终极目标的、由天意规定的救赎历史。

历史唯物主义是国民经济学语言的救赎史。似乎是一种科学发现的东西，如果人们按照马克思主义的"修正主义"的方式剥除其哲学外壳和宗教色彩，从头至尾都充满了一种末世论的信仰，这种信仰在他那里规定着所有具体断言的全部力量和有效范围。在科学上论证无产阶级的弥赛亚主义使命观，并通过纯粹确认事实来激励千百万追随者，这是不可能的。

在犹太教的弥赛亚主义和先知主义中寻找《共产党宣言》的根源之可能性，揭示了唯物主义观点自身的一个基本困难；马克思虽然看到了这一困难，但却不能解决它。他曾联系到古希腊的艺术和宗教来讨论这一困难："在罗伯茨公司面前，乌尔坎（Vulkan）又在哪里？在避雷针面前，朱比特（Jupiter）又在哪里？在动产信用公司面前，赫尔梅斯（Hermes）又在哪里？……阿基里斯（Achilles）能够同火药和弹丸并存吗？或者，《伊里亚特》能够同活字盘甚至印刷机并存吗？随着印刷机的出现，歌谣、传说和诗神缪斯（die Muse）岂不是必然要绝迹，因而史诗的必要条件岂不是要消灭吗？"

然而，马克思继续说道，困难不在于理解希腊艺术和史诗与一定社会发展形式结合在一起；毋宁说，困难的是，它们仍然是我们的艺术享受的源泉，而且就某方面说还是一种高不可及的范本。如果我们把这同一个问题运用于我们自己从其宗教背景解释《共产党宣言》的尝试，那么，它应该就是：如果自弥赛亚时代以来已经完全改变了的物质生产力是所有意识形态的决定性因素，那么，古老的弥赛亚主义何以仍然能够起作用，并且是历史唯物主义的宗教范本呢？马克思对这一问题的回答决不是令人信服的。他只是简单地断言，希腊文化虽然其物质前提条件具有不发达的特征，却对我们有着"永久的魅力"，因为我们在想象力中喜欢返回到美好的"童年"。人们不禁要问：古希腊的悲剧和犹太人的先知主义之所以具有永久的魅力，是否要归功于他们的童真呢？对马克思以错误方式提出的问题的正确答案应该是：唯一的"因素"，例如经济条件，决不能"规定"作为整体的历史，对全部历史程序的一种解释是需要一个建构原则，它决不能在中性的事实中找到。

（李秋零　田薇 译）

依波利特

依波利特（Jean Hyppolite，1907—1968），法国哲学家。1907 年出生于容扎克城，巴黎高等师范学校毕业后，最初在法国几个省的高级中学教书，1930～1931 年间在军队服役。20 世纪 30 年代末，他在巴黎的一所高级中学任教。在此期间，他潜心研究黑格尔哲学并把黑格尔的著作翻译成法文。他发表的许多评论，诸如《〈精神现象学〉的起源和结构》（1947）、《黑格尔哲学导论》（1948）、《逻辑学和存在》（1953），把许多战后法国知识分子引向黑格尔哲学。在纳粹占领法国期间，依波利特向他的学生提出，要以一种明确反法西斯主义的态度来阅读和理解黑格尔（"就我们寻求普遍而言，我们都是犹太人"）。战后，依波利特在斯特拉斯堡大学获得教职。1949～1954 年任巴黎大学教授，而后，他担任了巴黎高等师范学校校长。1963 年任教于法兰西学院。1955 年他的《马克思和黑格尔研究》一书发表，它使依波利特在法国的左翼知识分子中获得了第一流的社会理论家的声望。他的学生包括米歇尔·福科、吉尔·德勒兹和雅克·德里达。依波利特于 1968 年在巴黎去世。

依波利特的思想坚持忠实于黑格尔的原著，在此基础上，他试图分辨和清理马克思与黑格尔的思想联系，特别是马克思的思想与黑格尔的《精神现象学》和历史哲学及政治哲学的联系。他在黑格尔哲学和马克思主义的显著特点中发现了理性的历史性，他认为马克思和黑格尔都特别关心资本主义的异化和非人道化，马克思对资本主义的经济和社会的批判，具体地表达了黑格尔对理性和自由的历史必然性的一般信仰。在黑格尔的意义上说，无产阶级革命是合理的，反映了历史的总体趋势。依波利特对马克思与黑格尔关系的清理，在"二战"后激起了"新兴的黑格尔主义运动，激发了唯心主义的马克思主义，即把无产阶级革命看成是历史的抽象的客观总体中一个主观体验的契机"。

本书选取了《马克思与黑格尔研究》一书《黑格尔现象学的存在概念》中的部分内容。所选的部分主要限于考察青年马克思是如何继黑格尔思辨哲学体系之后发现哲学与现实的对立，马克思又是如何试图提供一种比黑格尔哲学更进一步的解决对立的方法，并说明马克思哲学对人类现实问题的立场所具有的现实价值。其主要观点有：(1) 马克思的理论分析所用的工具是黑格尔的辩证法，马克思在物质现实中引进黑格尔的理念，也就是用真正调和哲学和生活的行动哲学来代替思辨唯心主义。如果读了《资本论》而没有读《黑格尔法哲学批判》和《1844 年经济学哲学手稿》，甚至没有读过马克思如此重视的并在其著作中直接引用过的《精神现象学》，就会不可避免地误入歧途。不理解黑格尔的辩证法就不会理解马克思的《资本论》，就读不懂马克思的经济学哲学著作。(2) 黑格尔的哲学是哲学的终点，马克思对他的批判就是对哲学本身的批判，马克思用"现实的茅屋"代替"思想的宫殿"，用现实世界的辩证法代替黑格尔的思辨的辩证法。(3) 自我的异化是黑格尔《精神现象学》的原动力，也是马克思的革命辩证法的原动力，黑格尔在理念中取消异化，马克思将异化的消灭置于现实社会运动中去实现。(4) 依波利特分析马克思对黑格尔的政治哲学和国家观念的继承与批判。政治异化和宗教异化的消除在黑格尔那里是通过绝对理念来解决的，马克思消除异化的工具是表现一切等级解体的无产阶级，历史的实现不是黑格尔的理念——主体，而是现实社会的真正承担者即社会的人，在这里，无产阶级革命辩证法代替了黑格尔著作中的理念的超越。(5) 觉悟是黑格尔《精神现象学》的重要概念，马克思继承了黑格尔对觉悟的思想，认为既能单独构成辩证矛盾现实又能够要求得到解决的觉悟是人类解放的动力，具有阶级觉悟的无产阶级是把人的条件的矛盾引至极端的主体并因而能够真正地解决现实的矛盾。

黑格尔现象学的存在概念①

　　1837 年 11 月 10 日，已成为柏林大学学生的马克思给父亲写信报告他学业的进展以及他的学习计划。我们根据信的笔调和某些表达方式很容易看出，马克思显然是受到他不久前阅读的黑格尔某些著作的影响。人们会自然而然地想到黑格尔在 1807 年耶拿战役时期所写的重要著作《精神现象学》开头的序言。在这一时期，黑格尔可能还没有与他年轻时代的雄心壮志一刀两断，那就是他曾希望在现实中直接活动，他认为世界精神能够完成一次革命，这革命就是一个新世界的诞生。法国革命、德国哲学、浪漫主义都是这个世界诞生的先决条件，拿破仑的行动则是这个世界的"助产婆"。1837年，马克思借用黑格尔的方式写信给他的父亲："在生活中，往往有这样的时机，它好像是表示过去一段时期结束的标界，但同时又明

① 选自《新黑格尔主义论著选集》下，北京，商务印书馆，2003。

确地指出生活的新方向……再者，普遍的历史本身乐于用思想的敏锐的目光去观察今昔，以便意识到我们的真实的情况。"马克思的这封信意味着他对自身的觉悟，正如马克思所说，任何觉悟都具有一种创造的价值。马克思已隐约看到在未来几年中他将要起的作用：在物的现实中引进黑格尔的理念，也就是用真正调和哲学与生活的行动哲学来代替思辨唯心主义，这也是当时一切思想家的，但一般来讲又总是得不到满足的雄心壮志，为此，他们运用了黑格尔制造的这一绝妙工具，黑格尔自己反而没有了解到它的全部意义，这个工具就是辩证法。马克思确在这封信中写道："首先出现的严重障碍正是现实的东西和应有的东西之间的对立，这种对立是唯心主义所固有的。"理想与现实之间的对立，这就是 1840～1848 年间青年马克思所思考的哲学问题，也是从他对黑格尔《法哲学原理》的初步研究到《共产党宣言》的发表这一时期内所思考的哲学题目；在马克思思辨哲学成熟时期之后，这个题目使我们真正地进入到普遍的历史中去。我们要寻求这些研究的意义和功绩，并不仅仅是为了理解《共产党宣言》和被称作《历史唯物主义》的东西，而是为了要确定《资本论》这部重要著作的意义与结构。但马克思致父亲的信还明确了他所希望运用的哲学工具是与黑格尔的辩证法有关系的，而他受《精神现象学》的影响这一点也是显而易见的。在《精神现象学》的序言中，黑格尔把数学家的方法与哲学家的辩证法对立起来。数学家对其对象进行思考，而他用以揭露对象的过程是与对象有区别的。哲学的辩证法则相反，它于对象不是一个外部的证明，而就是历史。它表述的是事情的变化。沿循历史进程，阐明其内部的运动，就可能觉察在它自身中暴露出来的对立并且能指出这些对立是如何企图获得解决，这就是哲学的任务。黑格尔写道："真理是其变化的运动。"马克思重复了黑格尔的论点并列举了相同的例证："三角形要求数学家作图并论证它，就在空间同样留下了一个表象，它丝毫没有更多的变化……而在生动的思想世界中，诸如法律、国家、自然界及全部哲学方面，情况就完全不同，必须发现运动中的对象，决不应该任意地分割它们；事物本身的理性在这里作为一种自身矛盾的东西展开，并且在自身中求得自身的统一。"在一篇文章的有限篇幅中，我们很难说明马克思是怎样完成他在第一封信中所设想的规划：从根本上解决理想与现实的对立问题，也就是随即成为他的哲学与人类现实的对立问题；并取新的途径运用黑格尔的辩证法。因此我们只限于考察青年马克思是如何继黑格尔思辨体系之后表现哲学与现实之对立的，他又是怎样企图提供一种比黑格尔哲学更进一步的解决对立的方法。希望这些简要的考察能够说明马克思哲学对于人类现实问题的立场所具有的现实价值。

一、青年马克思思想的演变对于理解其最终思想的重要性

我们可以从两个不同的角度出发来考察马克思从 1840～1847 年的思想演变或者可以说思想形成。我们可以肯定，他曾或多或少是黑格尔主义者，后来他加入黑格尔左派运动。但马克思完全摈弃青年时代的一些错误。他的思想最后发展成为历史唯物主义，而对这种唯物主义的解释应该看作是与他青年时代的研究毫无关系。存在一个自我满足的理论体系，它不需要依靠以前思想的演变来加以说明。社会的经济基础、生产力和经济结构组成了一个基础结构。至于上层建筑，它是这些基础客观发展的结果。我们多少应该承认这些第二位的现象对于基础的作用，但是，我们很难根据我们的基本观点理解觉悟在社会辩证法中所起的作用。最后，我们将在简称为唯物主义和纯粹科学主义客观主义的模式之上多少致力于解释辩证唯物主义——马克思和恩格斯的公式，在我们看来是晦涩的，甚至从某种意义上讲是矛盾的公式。但是，这个客观主义在马克思看来是有生命的、活动的人的异化之最极端的形式。我们认为，当前有关马克思唯物主义的论战如果参考马克思在《共产党宣言》与《资本论》之前发表的著作就会变得明朗化起来。事实上，我们可以承认——这也就是第二个观点——只有从这些著作出发我们才可能理解马克思。特别是，如果读了《资本论》而没有读《黑格尔法哲学批判》和《1844 年经济学哲学手稿》，甚至没有读过马克思如此重视的并在其著作中直接引用过的《精神现象学》，那就似乎不可避免地会误入歧途。不懂得黑格尔与费尔巴哈发展的辩证法的经济学家，就像那些不懂得对马克思有过显著影响的恩格斯经济研究的哲学家一样，不可能理解作为《资本论》本质的辩证运动，也同样不可能理解作为社会必要劳动的价值概念，这个概念对仅仅是经济学家的经济学家和仅仅是哲学家的哲学家来讲都是没有意义的。把经济与哲学这两个学科结合起来是马克思独有的发明，这个发明在我们上面引用过的著作中得到了极好的说明，《1844 年经济学哲学手稿》这

部著作的题目就是他的全部研究工作的提纲。

二、人的异化问题

我们在这里将设定 A. 科尔纽的《卡尔·马克思的青年时代》的论点是众所周知的。我们并不完全赞成科尔纽先生提出的哲学说明，我们认为，他的论题与我们不能接受的观点十分相近，他认为马克思会逐渐地重复否定他思想发展的阶段。然而，科尔纽的论著在描绘《共产党宣言》发表以前马克思思想的整个历史发展以及概括其主要阶段方面有着不可辩驳的功绩；在法国，这部论著对于那些严肃地研究马克思思想的人是不能不用的研究工具。

马克思是怎样思考哲学的？这个问题不可避免地要转变为另一个问题：他是怎样思考黑格尔主义的？这样的比较对马克思来讲，就像对克尔凯郭尔一样并不像乍一接触时显得那样不可理解。我们认为，自我的哲学首先就是黑格尔的哲学体系，而以前的人们则认为自我的哲学是亚里士多德的哲学体系。黑格尔把哲学思想引至其终点，它是"最后的哲学"，这个哲学的思辨思想浓缩了哲学的全部本质。黑格尔之后，人们不再能真正地进行哲学思考。批判黑格尔，就是批判哲学本身。黑格尔主义的危机就是哲学的一次危机。因而，马克思对黑格尔哲学的细微批判，特别是对法与国家哲学的批判就具有一种非常普遍的意义。费尔巴哈沿着黑格尔的方向继续了黑格尔的宗教批判，马克思继承了费尔巴哈的事业，他提出了作为哲学的否定与取消的哲学问题。他试图要指出哲学思想的种种缺陷，哲学思想总是肯定与生活结合的必要性但却永远没有真正地与之结合，它希望消灭自我意识的一切异化，但这个目的只能在理念中达到而且会大大扩大使理想与现实分离的鸿沟。马克思非常清楚地看到黑格尔哲学伟大的一面，而且一下子就深入到《精神现象学》的最重要章节，黑格尔在其中指出自我意识也就是人，但还是抽象的人或只是作为自我思想的人是在诸物中的自我异化。这乍看起来很奇特的章节向我们指出，在客观的科学中，自我意识可能作为一种纯粹的物而被发现，这是最抽象的唯物主义。因此，在考察现实的过程中，人能够作为物质的一部分（比如头盖骨）被发现，或者像金钱——这个抽象的普遍——那样置身于社会世界之中。金钱不是人的自我意识，但它是一种在对象形式下的意识的异化。黑格尔是在

《精神现象学》的发展过程中表述了人在金钱中的异化观念；而马克思掌握了恩格斯提供的丰富经济材料，他重复了黑格尔在这个问题上的一切分析甚至运用了黑格尔原来的词句。我们可以比较一下黑格尔在论述《拉摩之侄》时所说的"金钱就是一切"的话与马克思论述人在财富中的异化的章节中所说的"鉴于金钱拥有能购买一切和占有一切对象的特性，因此从最高雅的意义上说它就是对象"。如果说，马克思批判活生生的、有创造力的人在金钱中的异化，他同样批判在客观科学主义中人的异化，这种科学主义没有看到来源于人的科学，正如马克思所说，人"引出了人，人制造了人"。也就是说，科学主义是通过自然来解释人，而马克思认为，因为自然是为人的，所以按费尔巴哈的观点就不能够把自然与它的人的意义相分离。不存在不包括人的意义的自然，其次就是人，在人的范围内，有一种不再是主体的，也不再是客体的自然，人创造了自然，这个自然是被具体的人看见、接触、体味、加工并改造的自然。在这点上，马克思可能还未来得及发展他在《1844 年经济学哲学手稿》以及《德意志意识形态》中的有关观点。那些观点是很有价值的。他不是明确地说过，重要的是要从根本上"在高级的合题中调和唯心主义与唯物主义"吗？而这个合题不再是哲学，而成为行动，它是对现实的批判，同时也是批判或思想的实现。因为批判（主体的）不再是表面上玩弄一切阻碍的自我意识的无用玩笑，而是对现实的创造意识，批判通过觉悟揭示了矛盾，并且还表现了它自身变化的真实基础。在有关《拉摩之侄》的同一段文章中，黑格尔还指出自我意识在 18 世纪的资产阶级社会中也同样自我异化，这个社会是渗透功利思想的社会。因为人从根本上讲是社会的或同一的，因而他在经济关系的世界中自我外化，他在这个超越他的外化过程中消逝；正如黑格尔所说，逐渐把财富集中起来的盲目运动最终要支配自我意识。马克思后来发现了这全部的辩证分析——他还不曾知道黑格尔在耶拿的未发表过的著作，耶拿哲学家在这时的著作中十分精确地谈到产生社会劳动分工的经济异化世界并且预见了马克思后来称作财富集中规律与社会的不断贫困化规律的思想。[①] 还是在同一著作中，黑格尔终于在谈到康德的世界道德观点时指出自我意识异化为一个外在于人的上帝，而这个上帝是人确定的。

最早的黑格尔学者的思想正是针对这最后一点而展开的，他们

---

① 马克思不可能知道这些话，因为这是耶拿时期黑格尔未发表的讲稿。

从起始于黑格尔、终止于费尔巴哈的对人的宗教异化的批判开始他们的研究。说实话，这种批判在生动的基督教中已孕萌芽，基督教认为上帝即超越的自在自我造就成为人，他作为耶稣神秘的身体，作为人道主义、教会而自我神化。我们可以认为，这样通过黑格尔哲学对基督教的解释是整个马克思主义人道主义的根源。

但是，我们应该回到我们称作马克思的哲学批判上来，也就是对哲学在人的实践中的真正实现过程的批判。全部黑格尔哲学就是要努力克服自我意识的异化；在黑格尔看来，作为自我不可异化的意识的人在对象中、在社会关系中、在作为对象意志的国家中、最后在宗教的上帝中外在于自我而被确立并且最终要自我异化。似乎在我们刚才的表述中存在着一个矛盾：即自我的不可异化的意识和这个意识的异化之间的矛盾。不过，正是这个矛盾成为整个黑格尔哲学的原动力，或者可说至少是《精神现象学》的原动力，它也同样成为马克思的革命辩证法的原动力。只不过马克思与克尔凯郭尔都认为，黑格尔所谓的取消异化只是在理念中进行，这样在存在着的人和作为思想体系的哲学之间就爆发了矛盾。克尔凯郭尔是这样说的："哲学家建筑了思想的宫殿，却居住在一座茅屋里。"马克思是这样说的："黑格尔发现作为行为的劳动，通过行为人创造了他自己"，但是，"因为他只是在思想中，在思想的抽象化中理解劳动，他就只可能在思想中消灭异化"。这样，可以说黑格尔把世界归于世界的哲学，他指出，在他的思辨唯心主义中，整个世界是可以想象为思想的宫殿，但他却任凭现实的茅屋去代替它，马克思运用简洁的表达方法说明了应该取代黑格尔思辨辩证法的新的辩证法："变易—哲学现在应该在哲学的变易—世界中得到改造。"换言之，因为黑格尔而到达世界思想的德国现在应该变成为无产阶级的战场，不可异化的社会的人的观念多亏有了这个战场而有可能自我实现并变为一个为它自己的世界。这个人——他是社会的，是直接联系人的人的同一意识，他与其他的人合为一体——的思想的实现不仅仅是哲学意识的任务——哲学意识在为他自己提出这个任务时就把自己作为哲学而自我否定了或者在同时是行动的思想之中消逝——它还是作为人的异化结果的历史现实的任务，而由此历史现实能够消除这种异化。马克思认为，历史工具或哲学意识为完成此任务所运用的杠杆就是无产阶级，或更恰当地说是无产阶级对自身的觉悟，因为无产阶级是最后一个可能革命的阶级——在这个阶级中，异化达到其终极点，革命激情并未超乎于阶级利益之外，法国资产阶级革命也是同样的情况，这同样的异化应该自行自我异化。所以，历史或者人的变化——社会的人的不断异化——的现实给自身带来了思想或实现思想的力量；另一方面，思想在无产阶级中——因为无产阶级相对真实的人而言觉悟到其基本的欠缺或绝对贫困——找到了自己的实现方式。[①] 批判，也就是主体性，甚至可说是觉悟，它并不是无用的，而且不会堕入虚无之中，它是觉悟而同时也是真正的、实在的人的实现。基督教党在活生生的上帝之中集结了人道主义，黑格尔则希求一种哲学，这种哲学能够实际地在自然哲学中解决自然问题、在宗教哲学中解决宗教问题、在国家哲学中解决国家问题。克尔凯郭尔和马克思各自从自己一方面指出了这样的归结或思辨思想的真实空虚。不过前者是从思想回到宗教、回到存在着的宗教的人；后者则把对宗教的批判一直推至对宗教的社会基础和被他称作"唯心主义玩笑"的哲学的批判。"意识的任何形式与成果都有可能分解，这种分解不仅仅是因为精神的批判、自我意识的归结、虚幻与观点中的变革，而单单是因为社会状态的实际颠倒，唯心主义的错误就是从此而来的。"但我们应该再一次很好地理解这种实际颠倒或者说革命的意义，这个革命不应该是思想的革命。革命只有通过对人的条件的根本觉悟才会成为可能的，而只有无产阶级才能获得这种觉悟，下面一段话可以说明从对宗教和法的批判然后到社会革命的过程："这个国家、这个社会制造了宗教这个对世界的错误意识，因为它们自己确立了一个虚假的世界……反宗教斗争因而间接地成为对这个散发宗教精神芬芳的世界的斗争。"当人自我异化的时候，他在自身外部提出他固有的现实并且把自己归于虚无，他为了自己而成为了他在自身之外提出的东西的产品。在宗教的超越上帝中，人看到自己的创造力并且自我消亡。发现异化与矛盾的种种条件并对这些条件有所觉悟，也就是同时为真正消除异化而努力。

三、在国家中社会与经济的人的异化

马克思详尽地指明在黑格尔的国家中存在着一种成为神秘化的秘密。在这个国家中，实现着的思想是与富有教益的经验现实、普

---

① 在《黑格尔法哲学批判》中，马克思特别发展了思想和它通过无产阶级而实现的过程之间的关系。

鲁士官僚体制与制度互相并列的。马克思指出了黑格尔是怎样在思想名下演绎他时代的现实，就像黑格尔曾指出的，柏拉图的"理想国"只不过是在古代城邦行将灭亡之际实现的。此外，黑格尔也许已经意识到了这一神秘化，他说，哲学家不能跳出他的时代，不能跳出罗陀斯岛。马克思把他的思想推进一步，他在黑格尔有机的国家中看到市民或资产阶级社会的形式表现，青年黑格尔认为这种社会是真正民主的障碍。① 马克思从中发现，就像同一的人在上帝中异化一样，他还在人的法律国家即形式法律的国家中异化，因为这些法律忽视人的真实一面，忽视人在劳动中和财富生产中的运动。所以，马克思运用政治经济的分析，运用恩格斯提供给他的英国经验要寻找一种更加深刻的方法，以便去了解处于精神与身体不可分割的统一之中的具体的人。这样的人在历史中从肉体上和精神上异化，而异化则是整个历史的一幕悲剧。政治斗争如同诸神之间的思想斗争一样只不过是在另一领域反映了社会阶级的运动以及人的觉悟的生成。马克思如此深刻的思想在此可能还没有把他的思想推至更深一步。政治，即国家可能在社会中消逝；黑格尔曾特别强调的人与人之间的对立、国家与国家之间的对立，通过消除经济混乱是不是就能够得到解决这些对立呢？我们认为这个问题还是很重要的，但我们并不想在这里考虑它。

不过，如果我们对马克思哲学的解释并非不准确的话，我们就应该在永久的形式中找到一个结论，马克思的伟大著作《资本论》就是根据这个结论而写成的。

然而，显而易见，不了解《精神现象学》的人就不可能理解《资本论》，因为《资本论》与《精神现象学》酷似酷肖。在《精神现象学》中，变为自身对象的绝对精神到达自我意识，在《资本论》中则是异化的社会的人——这个整体的产物或人们的共同作品也就是资本——自我现象化，如更大胆地说，他在无产阶级意识面前显现。马克思的著作，特别是论述政治经济学的文章已经指出社会的人怎样在历史中异化并且恰好变成为了资本。然而，资本进行的是反向运动，正是这个产品，这个异化本身最后创造了人。作为无产者的人成为他自己产品的产品，他在一架庞大的、超越他自身的机器中沦为纯粹的部件，马克思则努力要去把握这架机器的全部运转

---

① 我们在这里概括一下黑格尔思想的演变。青年时代的黑格尔是赞成法国革命的，后来他对法国革命失败以及恐怖时期的原因进行了研究。马克思则在不同的方向上重提这同一的问题。

过程。资本自己制造了自己，或者毋宁说它自我再生并且自我增长，正是它决定了再生产，决定了集团的人们的饮食或生活的条件。只是，在其中异化变为活生生的矛盾的一个阶段将会来临，这个阶段就是无产阶级的阶段。在无产阶级中，特别是在社会普遍无产阶级化的过程中，人只不过是他自己产品的惰性产品。然而，黑格尔认为人的意识是"绝对的弹性"。人的自我意识不能决心作为一个纯粹的物被接受。它最终的惰性于是成为它自己重新起跃的条件。所以，人的意识在无产阶级和无产化的社会中又一次被把握。这个阶级的意识同时也成为了人类的意识，成为一种新秩序的创造力。① 这里，马克思认为共产主义只不过是一个应被超越的阶段。它是对资本主义这个否定的能动否定，但否定之否定成为肯定。它是已实现的思想，也就是神化的或真的人，这个人被看作是自己历史的创造者并且制造着这部历史。这里就存在一种真实的人道主义，仅仅作为思辨思想的哲学在人道主义中消失了。在这种实现的可能性中会引出什么样的假设呢？历史的曲折发展在什么范围内证明马克思的正确？这些问题还有待于我们回答。我们上面所要做的，只不过再一次展开对马克思哲学的辩论，在今天，这样的辩论是会有成效的。

四、黑格尔的国家观念以及
马克思对它的有关批判

1842～1843 年，马克思对黑格尔的《法哲学原理》进行了研究。他的《黑格尔法哲学批判》的导言在马克思生前单独地发表在《德法年鉴》上。这篇导言标志着马克思思想的一个进步。它是第一篇《共产党宣言》。这澄清了在黑格尔的国家批判中还只是隐约模糊的思想。不过，重复一下马克思对黑格尔国家观念的细微研究还是很有意义的，我们由此可以了解马克思的思想形成过程并且澄清黑格尔思想与马克思主义之间的关系。

在逐章对黑格尔的国家哲学著作（法哲学）所进行的详尽分析中，马克思并不仅仅是要说明黑格尔政治方面的哲学观点，而且还要阐明黑格尔可能是断然地与其哲学推论相结合的历史内容。这个

---

① 毋庸置疑，异化体系的全部运转过程——资本——被我们这里还没有研究的各式内部矛盾所包围。我们的目的只是要强调这一基本观点：资本不可避免地要引出无产阶级，无产阶级是不可维持的矛盾的中心，也就是对自身全部异化的人类意识。

推论与推论所引出的内容之间有什么关系呢？这个问题的解决支配着马克思对黑格尔思想所采取的立场。我们从中了解到这种立场如何导致马克思既要对黑格尔哲学的唯心主义进行批判——黑格尔不能证明这一历史的特殊内容——同时还要对这个内容本身进行历史的批判，这个内容的缺陷相对于思想而爆发出来。思想与历史现实的不平衡看来是马克思的最初研究成果，在《德法年鉴》中，马克思明确地揭示了这种不平衡，它导致马克思既要在一个历史现实——无产阶级——中寻找思想的支撑点，又要在革命的辩证法中寻找黑格尔专断地固定与限制的内容运动，这个革命辩证法的根源在黑格尔的思想之中、在成为黑格尔全部《精神现象学》之灵魂的觉悟的原始运动之中。

无论从哲学观点看还是从历史观点看，马克思的研究都是出类拔萃的。马克思并不知道《青年黑格尔神学手稿》，也不知道我们近年来通过 J. 霍夫麦斯特等人著作的出版而得知的黑格尔政治思想的最初形式。我们能够准确地重新确立这个演变的曲线，并且透过柏林教授的死板公式发现需要长时间建立的、并不是辩证法游戏的思想内容，我们在黑格尔对诸如法国革命、恐怖时期、拿破仑的改革与战争、复辟王朝等重大历史事件的具体思考中找到了这种思想内容的根源。我们不能在实际中过分强调黑格尔的现实主义。黑格尔说过，读报是现代的晨祷：它可使我们置身于自己的历史世界之中。

黑格尔在耶拿曾说过，伟大的行动的人远比知性的苍白无力的理论家或循规蹈矩的经验主义者更能够把握住一个历史变化的意义。他在实际上到达超出于种种矛盾的完整直观之中，就像思辨哲学家在辩证的反思中粉碎形式主义一样超越了那些矛盾。但是，黑格尔认为，行动的人在超越特殊前景时通过直观而把握的东西，思辨哲学家应在把它变为一种思想时来设定它。黑格尔在柏林的《法哲学原理》中表述了同样的思想。"理性的研究也就是思想的意识首先是具体的，其次，它赞同自身只包含理性意义和思想意义的真正的实践意义，我们不应该把它与事物简单的陈规和有限范围的前景混为一谈。"

黑格尔认为，在写《理想国》的时候，柏拉图并没有建立起一个乌托邦式的城市。他只是在城邦行将消亡之际，在城邦开始衰落的时候深化了古代城邦的现实。他企图消除从内部腐蚀城邦并引发其消亡的个人主义因素。没有任何哲学家能够绝对地超越他的时代——如黑格尔所说的跳出罗陀斯岛。当马克思指责黑格尔用资产阶级（或市民）国家反对政治国家，指责他推断出立宪君主制和普鲁士的官僚体制并给它们打上永久的印记的时候，他还只是揭示了黑格尔思想的一个特点：从哲学角度思考现实以论证存在着的现实是合理的。此外，黑格尔的思想还是辩证的，它的运动与这种规定是对立的。青年黑格尔——他没有采用思想而是采用了生命这个词——总是反对宗教或为生命而定的法律的僵死的实证性，而生命正是不断地否认这个实证性。因而马克思揭示了他从黑格尔那里演化来的方法和黑格尔自己运用这种方法所获结果之间的冲突，他后来也指出了这种方法的种种缺陷。

不过，马克思的批判并不仅限于这种非常一般的揭露，他的批判深入到黑格尔思想的内容和形式之中，他的批判价值还在于对黑格尔思想的细节分析，这种批判因为在当时的论战中是有的放矢的，因而就更具有启发性，黑格尔和马克思都是属于伟大阶级的哲学家和历史学家，他们都把历史看作本源。所以，马克思毫不费力地借用黑格尔、运用黑格尔的具体观点来批判黑格尔；所以，我们有时可以根据现代事件或凭借马克思不可能知道的黑格尔历史思考的知识证明黑格尔的正确，并且还可能了解他原来是如何能够针对马克思的批评为自己辩护的。

黑格尔的国家观念——在细致研究马克思的批判以前，综观黑格尔在 1821 年的《法哲学原理》中表述的国家哲学观念并不是毫无用处的。我们知道，黑格尔区分了具体与客观的精神中的三个阶段：直接代表国家伦理的家庭、成为必然性或知性的国家和与经济自由主义国家相适应的市民社会，在个人生活的阶段中，国家还只是作为一种方法服务于困固于孤立之中的人；最后是国家，确切地讲，它代表政治生活的有机统一。这样被说明的三个阶段致使第二个阶段国家在黑格尔那里呈现为在原则上支配其他阶段发展的思想同时又呈现为这个发展的结果。市民社会于是成为国家的一种"现象"。它似乎先于理念，但它只是作为中介的表象而出现的理念的方式，它在为自身而在这个表象上面确立之前，就任凭表象作为一个必须永远被超越的阶段而持续存在。理念在市民社会中还没有出面，它是自为的；它不是自我意识的统一，但在诸个体相互作用中，它却运用一种狡猾而自我实现，成为潜意识的统一。黑格尔于是给了自由主义一个位置——市民社会——但他清楚地知道"总体是先于部分的"，部分只是为了使总体能够自我确立而存在的。政治国家于是超出诸个体的具体生活之上而出现，它是诸多个体的统一并成为他们存在的理由；他们在这个统一之中只是他们所应该是的，他们意识到自己是普遍意志，是一种在法律上先于个别意志的普遍意志，就像有机的统一体先于它的各个器官一样，而前者是在后者之中现时化并且在其中自我表现。

市民和资产阶级社会与政治生活之间的对立在黑格尔的思想中由来已久；这种对立揭示了黑格尔一直想克服的二元论。根据他所旁观的种种历史事件，他应该承认这种二元论是需要的。简而言之，这种二元论是单个人的二元论，是资产阶级——它深陷于生活的特殊性中——的二元论，也是在其城邦中得到永恒地位的公民的二元论，他的意志是与公共意志相一致的。在古代城邦中——正如黑格尔与许多同代人所重新考虑的——人就是公民。他的生活与城邦生活相一致，他的意志直接地成为普遍的意志。但是，现代世界并不懂得这种一致性，法国革命之所以失败则是因为没有能够消灭公民与单个的人，并没能够完全把他们吸收到政治国家中去。黑格尔在青年时代写的一篇文章中描述过"苦恼意识"的原始形式，也就是作为两个领域的分离的个体生活与城邦生活、"特殊事件与普遍事件"。在罗马帝国，人最终要脱离他的城邦，并且归结于他自身，归结于他的私有财产、特殊劳动、他被压抑与被规定的领域中去。国家对他已成为一种异己的力量——这最初是黑格尔的、后来又成为马克思的术语——一种异化的形式。宗教异化是与这种政治异化相适应的，因为单个的人在城邦中已经失去了他自己生活的意义，他只能够避开他固有的被限定的世界并藏身于在他自身之外确定的永恒本质之中。政治异化与宗教异化并驾齐驱，正如黑格尔在《精神现象学》中所认为的，法国革命宣称要消除这两种异化，要单个的人完全地变回为公民，天与地沆瀣一气了。但是，消除异化被证明是不可能的，现代国家应有足够的力量使其固有的"现象"在它内部持续存在，这"现象"显而易见是一种作为理念阶段的自由主义。然而，意识到自身的理念在宪法与王权中为了自身而确定为一种特殊的现实。在现象的现实中，两个环节是分离的；但在真正的现实中，理念自身分裂并投入自身之中以在中介的永恒运动中与自身和解。但是，中介概念在黑格尔的国家哲学中是模糊的，它被表述为公众舆论、政治国家中市民团体的表象、官僚主义等等，马克思最猛烈地抨击的正是这个中介的观念。概括说来，黑格尔认为现代国家与古代城邦相反，它有足够的力量"使得主体性原则实现直至到达独立的个体特殊性的极端，同时把这个原则引至实体的统一并用这个原则本身来维持统一"。

简要地说，黑格尔认为我们每个人都提出的那个问题已经解决，那就是自由主义与社会主义、个体自由与普遍意志之间的调和问题。但正如马克思已指出的，黑格尔并没有真的在他建立起来的诸中介中解决这个问题，他是在时代的历史偶然性中发现中介的。马克思是不是解决得更好一些呢？他在公民社会内部的冲突中发现了问题的根源，是否就能够消除这个问题呢？市民社会内部的冲突就是在各种生产力上面产生的社会阶级之间的冲突，这样，在阶级斗争结束后，单个的人与公民之间的二元论就随之消逝，这两个阶段首先在共产主义形式下然后又在无政府主义的形式下相互融合。我们只要记住，黑格尔在马克思之前就曾一度几乎成为马克思主义者。后来他坚决反对完全消除人的异化，这不仅因为他曾经或变为更加保守，而是因为他受到他亲眼目睹的种种事件的启迪，其他更深刻的原因则与他的理论有关，我们在此不想再讨论下去。总之，他的理论可归结于他的有关人与国家相互关系的观念，这些关系不会使自己沦为经济生活的上层建筑的。

马克思批判的细节——黑格尔的观念设定了市民社会与政治国家的区别，而马克思的批判提出国家融化于社会之中则是这个矛盾——不仅仅是在黑格尔的思想中而是真实地在某一个历史阶段中表达出来的矛盾——的二元论的出路，社会为了不再陷入个体的原子说中而进行自我改造。真实的人，也就是活着的人和劳动的人应该在丧失其超越项之特性的国家中原原本本地表现出来。真实的人应该真正地在国家中——但不再是在形式的或自我异化的方式下——被表述。不久，马克思又给这个批判加上一种更加纯粹的经济意义，他指出，事实上，市民社会的异化国家只不过是社会中一个阶级统治另一个阶级的工具。因此，当另一个阶级也使用这个工具时，就可能真正地消除异化。但在1842～1843年之间，马克思还没有发现这个发展；他只是声称要用资产阶级社会——黑格尔的唯一的具体术语——来解释国家观念，重新把黑格尔体系头脚颠倒过来；而不是像黑格尔那样把市民社会当作一种"理念的现象"。

这个颠倒囊括马克思对黑格尔唯心主义的全部批判，黑格尔唯心主义是在颠倒的形式下表述国家体系的。真正的具体主体、对象的真正承担者就是社会的人，他属于被黑格尔称作市民社会的东西，这个具体的人的对象，实际上就是黑格尔的国家，黑格尔错误地把它变为了主体。理念是社会的人创造的，它作为真正的主体在黑格尔的著作中出现，马克思据此说，这是"一种蜕化为神秘化的秘密"。理念—主体在市民社会中，在君主立宪制、官僚制度或上下两院中自我确立并自我"现象化"，它取代了创造历史的人的地位。它归结于自身而且仅仅归结为自身，它如同逻辑的理念只能通过这个神秘化来解释具体的历史。因此，在黑格尔的《法哲学原理》中，马克思所正确揭露的纯逻辑与经验主义是并驾齐驱的，马克思特别指出黑格尔是从在逻辑学中极有价值的纯理念过渡到既是在生物生活领域的有机体中又是在政治生活领域中构成的具体现实。黑格尔至多赞成国家是一个有机体，但是，他还声称当他指出国家应是什么类型的有机体、应采取什么样的具体形式的时候，就会产生一种陌生的内容，黑格尔并没有因此而真正考虑这内容，而是把内容与逻辑观念相提并论，他还为这逻辑观念复制一成不变的图表。按照马克思的绝妙公式，黑格尔在此是用"逻辑的事物代替事物的逻辑"。黑格尔并不像在《精神现象学》中那样经常受一种经验辩证法所左右，这种经验辩证法把一切现实的争端联系起来，并由此引出具体的发展。黑格尔成为他的形式化思辨思想的牺牲者。命运的玩笑使黑格尔落入他自己在《精神现象学》的序言中指责过的谢林的错误之中。他并没有真正地思考内容，却从外部把握它并且把它放回到一个预制的图式中去。此外，必须深入理解马克思的批判的含义，只要稍稍公正一点，我们就能够说，马克思的批判所依靠的就是黑格尔本人。马克思并不拒绝有生命的目的论，在目的论看来，历史的具体主体（实际上，全部问题就在于知道这个具体的主体是什么）自我超越并且自我实现。马克思当时把这个活生生的超越、这个同一的人的真正实现（这是马克思像费尔巴哈那样给具体主体所起的名字）称之为真正的民主，他以此来反对诸如思辨唯心主义的形式上的民主，他认为这种民主从来只是到达具体人的异化，到达离我们如此遥远的政治天空，犹之乎离我们同样遥远的形而上学与宗教的天空。我们已经研究过黑格尔的早期著作，因而我们知道，这位柏林哲学家是从浪漫的生命主义起步的，是从"人的生活最卑贱的要求"这个他固有的说法出发的。黑格尔首先是用与生命有关的词语来描绘城邦的一般组织。在生命的语言中，黑格尔用社会机体的诸种弊病与幸福的城邦相对立，由于这些弊病，城邦总是有失去其统一的危险，并且可能凝固于难以摆脱的僵化停滞的形式之中。但是，可以肯定，若黑格尔的理念如同回忆那样还给自身带来先于马克思的辩证法的悲剧的话，他同样在《法哲学原理》一书中给马克思的全部批判提供口实。马克思能够嘲笑黑格尔的演绎，他指出，那些被演绎的内容只有多么少的一部分涉入到演绎过程的逻辑形式中去。另外，因为黑格尔总是给"思想的磨坊"带来一种内容——甚至是非常丰富的内容，那就应该由此得出结论：他找到应该演绎的内容以及把特定境况下的经验主义与形式辩证法结合起来的东西。马克思认为，这样的相提并论并不是一无是处的。要证明自己正确的仅仅是特定的境况，虽然这种境况宣称推断出一种并不是形式的理念，但在事实上这是完全不可能达到的。

理念的秘密因而是真正的神秘化；这个神秘化显露于诸如君主立宪制、官僚制和两院制等的推论之中。真正的问题实际上是黑格尔在摧毁君主制时所要回避的："君主权还是民权，这就是问题的实质。"但是，黑格尔求助于理念而避免明确地提出这个问题。也许，黑格尔在某种程度上承认统治权是属于整个国家的——属于人民的——但是，因为他把人民看作为理念唯一的中介显现，故现在应当使这个理念作为第一个显现的对立面而自为地显现。这就导致一个奇特的结论：理念应该作为一个个体而存在，君主制就是由此而来；它应该直接地实现——就像一个自然的行为——因为它只是在诸个体的群体中才间接地实现——世袭君主由此而产生。既然理念的每个环节都在自身中蕴含其他的环节——特殊的或普遍的环节——君主最终成为活着的法律。我们并不想过分详尽地讨论马克思对黑格尔有时是饶有趣味的细节批判，我们只是想论及一些最基本的东西——首先就是马克思有关民主的论述。黑格尔考察了民主政府的三种著名形式，他强调说，如果民主适应古代城邦，它就不再能与现代世界相适应，因为在现代世界中，单个的人占有过分重要的位置，而且在另一方面，国家的统一应该是面对这单个的生命而体现出来的。君主政体成为"发展了的理性政体"，但马克思说，如果黑格尔认为，不依赖于君主的人民——一般来讲是不依赖于统治的人民——只是一种无定型的群众（黑格尔确实写过："群众是由个体组成的人们经常期待人民能形成一个总体，但这人民只是一群人，即一群无定型的群众，其运动与行动只能是低级的、非理性的、原始的和可怕的。"）这个结论只有当人们首先设定君主制的范围的时候才有可能是真实的，因为问题恰恰是要知道是否必须把人民看成为无定型的群众。"民主制"，他补充说道，"它是君主制的真理，君主制却不是民主制的真理……从君主制本身不能了解民主制。……民主制只是国家制度的一种，而且是不好的一种。民主制是内容和形式。君主制似乎只是形式，而实际上，它在伪造内容。"马克思因而进行了一次很有意义的比较，这个比较对于马克思主义的人道主义和宗教起源都是十分重要的。民主制相对其他政体所是的就是基督教相对其他宗教所是的。基督教是主要的宗教，是在特殊宗教形式下神化的人。同样，民主制是一切政体的本质，是所有其他政体的真理，是作为特殊政体而社会化了的人。只不过在这里，我们看到马克思主义在国家的纯粹政治理论方面的一个巨大进步，基督教并不能渗透到人们的全部生活中去，它只是一种形式上的推论，同样，政治民主只是一种相对其他可能形式而出现的形式。比方在美国，很可能就像马克思所说："共和制就像我们这里的君主制一样只是一种简单的政治形式。"这个形式并不与本质相符，或者说本质——具体的社会生活——并不与那不是真正表达它的形式相一致。"国家政体至此已成为宗教的领域，即人民生活的宗教，它成为面对人在地球上存在现实的普遍性的天空。"作为共和国的抽象的国家在真实的人之外提出真正的社会化的人，犹之乎作为宗教的基督教在人之外提出人的真理。黑格尔深刻地发现了这个分裂，马克思曾经赞扬黑格尔的发现，因为它表明了历史的某一特定境况，但是，若黑格尔没有"因为描绘了真实的现代国家的存在"而受到责备的话，那当他"为国家的存在而提供它所是的"时候，他是应该受到批判的。理性之物应该成为真实的，"这恰恰与非理性现实是背道而驰的；非理性现实处处与它所表达的东西相矛盾，而且可以说它所表达的正是它所是的反面"。这就是黑格尔思想既在形式（思辨唯心主义）中又在本质（固定的特殊的历史境况，这种境况不包括在基本的不平衡之中）中的神秘化所在。

现在，我们已能够发现马克思思想的前提是与黑格尔思想的前提根本对立的。马克思设想了与其社会本质（不幸的是，他从未明确地指出这个社会本质包含着什么，在这点上的模糊暧昧造成了后来的严重后果）相符合的人的真实存在的可能性。若我们承认这个观点，那还应该去了解为什么人的本质还没有能够在存在中现时化。马克思在社会阶级的冲突中发现了种种历史原因。但是，由于阶级之间的斗争已在资产阶级社会内部得到解决，人的社会本质与他真实的存在之间的矛盾将会消逝；它将真正地消逝，而不像在宗教或黑格尔哲学的中介中那样只是从理念上消逝，黑格尔的哲学中介其实只是知的杂技而已。黑格尔的辩证法总是在中介的内部保持对立的紧张状态，马克思的真正的辩证法则努力要完全消灭这个紧张状态。它宣称要在自身的真实中达到这个目的。但是，如果考虑到黑格尔可能会对马克思这个批判的反驳，我们认为他是反对"人类境况的悲剧"会消逝的观点的。这个悲剧不仅仅取决于某些随时可能消逝的经济冲突，它还取决于生命运动本身或者历史中的理念的运动。黑格尔与马克思是从奇妙的也是可解释的相反角度来看问题的，如果人们承认，黑格尔在其思想演变的某一特定时期曾经和马克思一样想到要在实际中消灭异化，而在后来鉴于某些历史事件又不得不推翻这些想法的话，那么，黑格尔在这里似乎被涉入到无止境的辩证运动中，理念在这个运动中熠熠发光，而马克思则预见了历史的一种终结。我们是在一个特殊点上清楚地发现刚才所提到的两个不同的角度。黑格尔实际上注意到：作为国家最高原则的统一只有在"内部忧伤与外部危险"的时机中才能真正地自我实现，它因而作为否定之否定的理念的统一显露出来，而历史则真正地揭示了理念。这样，革命中的恐怖时期和国家对国家的战争成为世界历史的不可避免的环节，这些环节不断地重现，因为在这些环节中，在这些"消逝的消逝"的现象中，绝对的生命或黑格尔所说的理念表现了出来。马克思在谈到黑格尔理念主义时嘲笑了黑格尔的理念："这种理念主义只有在战争或忧伤的情况下才拥有自己的现实，以至它的本质成为了真实存在着的国家的战争或忧伤的状态，至于它的和平状态则恰恰是国家机关的战争与忧伤。"换言之，黑格尔在历史存在的悲剧中发现了理念，而马克思则相反，他在消除这种悲剧的过程中，在实际的和解或实际的合题中发现了黑格尔理念的真正等同物。而这个问题是太重要了，以至我们不能够只是一笔带过。这个问题把我们引至两种不同世界观的对立，它使我们在黑格尔的作为历史根基的生存与死亡的斗争中追溯到两种世界观分歧的根源，至于人剥削人，那只是这个斗争的一种结果，而这个结果却反过来充当了马克思的出发点。如果直接触及我们只概括谈到的问题，那存在的哲学与马克思主义之间的现实冲突就可能会变得明白一些。无论如何，我们应该注意到，当黑格尔针对历史悲剧采取一种过于沉思的立场时，他就已远离了存在的立场；他把历史悲剧提到哲学的高度，这种哲学对种种现实的激情感到厌倦，它从中脱身而出以思考这些激情。而马克思在这里则把"现实的茅屋与哲学思想的宫殿"对立起来，因而又一次显示了他的全部优势。

马克思要揭示：黑格尔的中介并不能真正地解决一个历史境况的种种矛盾。黑格尔的国家是在现代形式下与市民社会发展相适应的形式国家。这个社会是个体性的。中世纪的古老国家（Stände）正在解体，工业国家诞生并且被看作为诸个体利益之间的冲突、一切人反对一切人的斗争，与此同时，现代国家作为这个单个人的社会的形式统一而出现。在这个形式统一中，人的真实本质被自身异化。在君主制中我们已经看到了这种异化，而在由于官僚主义的突起而表现出来的、被黑格尔称作的"政府权力"中，我们则更加清楚地发现了这种异化。对"政府权力"，马克思进行了可能已超越他当时本来意愿的尖锐的批判。在耶拿的研究工作中，黑格尔已经致力于要确定一种既是特殊状态又同时能够给自身带来公共利益并能思考这些利益的社会状态。马克思相信首先可在世袭的、为国家利益可牺牲生命的贵族身上发现这种社会状态。但是，由于先受到拿破仑后又受到普鲁士改良主义者的影响，他在国家观念中用现代官僚主义代替过时的贵族制：这是由中产阶级的高级官员组成的政体，这些高级官员通常是通过竞争而挑选出来的，他们担负着考虑国家统一、保护公共利益的责任。这个官僚机构事实上是国家的灵魂，它保证国家机器的运转。它的秩序与等级一部分一部分地深入到整个社会机体之中；对国家而言，官僚机构就是为了知而成为哲学的普遍的知的东西。但是，马克思又一次地颠倒了黑格尔的辩证法。那些官员的"特殊职责就是普遍的职责"，他们最终把他们"普遍的职责变成为特殊的事情"，变成为他们的私人所有。这个官僚机体作为抽象国家或形式的知来反对市民社会与经验的知，它是一个明显的矛盾。马克思毫不费力地指出：黑格尔在此"把官僚制描绘为经验的"，就如同理念的一个环节，"这种描绘一部分表现了官僚制的本来面目，而另一部分则是根据官僚制对自己的意见而形成的"。黑格尔总是把国家与市民社会分离开来，把特殊利益与普遍分离开，这种普遍应该在自己一方自在并且自为地存在，官僚制千真万确地是建立在这些分离上面的。由官员构成的政体为支持新生的君主制、反对行会与国家的分裂而斗争，它为现代国家的形成做出了贡献，但是，为了能继续存在下去，它还需要这个分裂的表象，是它引出这个分裂而同时又否定了它。同业行会是社会的唯物主义，官僚制则是社会的唯灵论，但是，这些对立面辩证地自我设定并且又相互在对方中颠倒过来。"官僚机构的精神是国家形式主义。于是，它把国家的形式精神或国家精神的真实欠缺变成为一种范畴的命令式。"换言之，官僚制只是空洞的运转；它自在地自我维持并且变成了社会的肿瘤；为了解决种种问题，官僚制引出这些问题以便永远能够解决它们。在官僚制看来，国家的目的最终是要反对任何具体内容，由此产生了分析特殊事物的形式主义，产生了官僚制的等级、官僚制秘密的意义以及"把官僚制的空洞目的变为国家目的本身"的不可避免的倾向。这种抽象的唯灵主义最终不再仅仅拥有一种内容，官僚制的意向本身就是要在自己固有的存在中延续下去。"它的唯灵论于是变成一种粗劣的唯物主义，变成了盲目服从的唯物主义，变成了例行公事、成规、成见和传统的机械论的唯物主义。就单个官僚来说，国家的目的变成了他的个人目的；变成了他升官发财，飞黄腾达的手段。"

马克思如此深刻的批判可惜并没有得以解决黑格尔提出的问题。必须消除单个的人与公民之间的二元论，重新确立人的真实本性，也就是本质上来讲是社会的本性："路德。"马克思说，"他是如何宣告俗人与神父的区分的结束，那新的社会就如何超出了国家官员与单个的人之间的区别"。任何俗人大概都可能变成为神父，同样，在新社会中，任何单个的人通过考试和竞争都可能变成为官员，这种许可摆脱了洗礼和政治宗教，但圣体与俗体的分裂却由此变得更加深刻。而我们要问，在什么范围内，普遍的国家干涉主义或与国家完全适合的社会能够消灭这种官僚制呢？我们毋宁说，官僚制若不是在其意向中、至少也是在事实上引出了国家干涉主义。还须提出的问题是：黑格尔曾经坚持的社会与政治的二元论是否像马克思所认为的那样会在实际上消逝呢？

关于黑格尔用两院来说明的立法权和"裁断权"——两院都是以各种不同名义在非组织群众与政府之间建立起来的中介——马克思指出，黑格尔一方面阐述了尚未进行法国式政治革命的德国所固有的业已陈旧的历史境况；另一方面又参考了法国革命的思想，由此就在黑格尔的论述中出现了第一个矛盾，那就是在那个时代德国理念的行动的落后。而随后又出现了一个更为深刻的矛盾，那就是德国意识形态的先进，这种先进与历史现实的落后是相矛盾的："德国人思考其他人民所做的"，甚至在思想上超过他们。因而，马克思在一年之后总结道：当无产阶级不仅仅是任理念在哲学家们的头脑中沸腾，而是承担理念的时候，彻底的革命实际上只能在德国完成。

意识形态与陈旧境况的这种并置共存清楚地表现在代表市民社会的种种状态（Stände）的平民院中，而市民社会的那些状态由于市民社会的进步而不复以本来的面目存在。这种并置共存在与世袭制同时产生的贵族院中表现得更为明显，大地主们依附于他们不可异化的土地而且不得不把领地遗传给后代（在这种制度中，不是人占有财产，而是财产占有人）。在金字塔基础与其顶峰之间的中介脚手架要使理念保持相对稳定的平衡，这只能是徒劳的幻想，这种幻想只是一个历史过渡时期的不稳定平衡的表现。黑格尔欲使之不朽并要在理念中把握的国家只不过是一个过渡的国家，一个在自身中的矛盾阶段，它因而受到内部的破坏而在实际上应该消逝。

马克思则相反，他抓住了立法权的真正本质，他写道："立法权就是抽象的政治国家与其自身的矛盾。"立法权只因为在政治内部成为"庄重的反抗"才对人民来讲是如此重要。市民与公民社会中的单个人要求普选，他要征服国家并把它引向自身。从根本上讲，黑格尔只是为了回避抽象政权与具体社会之间明显的不可避免的冲突而建立起所有这些纷繁复杂的脚手架以及那些马克思所讥讽的中介。但他的目的并未达到。黑格尔对立法的怀疑以及对政府的信任甚至让我们更进一步地发现他特殊的保守本性，他是纯粹理念的蹩脚代表。马克思在此对黑格尔进行了心理分析："黑格尔只差强迫国家的代表们在有信誉的政府面前经受检验了，黑格尔在这点上几乎达到奴颜婢膝的地步。显然，黑格尔周身都染上了普鲁士官场的那种可怜的妄自尊大的恶习，像官僚一样心胸狭隘，在对待'人民的主观意见'的时候摆出一副趾高气扬的臭架子。"对黑格尔来讲，国家与"政府"在任何地方都是沆瀣一气的。

五、结论

马克思的分析到此虽然并未结束，但用公正的眼光看，它还是相当引人入胜的。特别是当马克思在黑格尔的理念背后发现了关于历史境况的准确描绘的时候，人们会情不自禁地支持马克思。而这甚至在某种程度上证明，其政治现实主义使我们受到震动的黑格尔是正确的。另一方面，我们看到，黑格尔的中介从来没有完全消除在现象中突现的理念的紧张状态。1821年，那个时代的教授大概相当适应这中介中的紧张状态。例如，若战争是理念悲剧的表现，那将这个悲剧置于其发展过程中的哲学教授就可以随心所欲地谈论它。他能够说："人民的精神健康是依靠理念维持的，这就如同风保护池水不至腐败一样。"或者还能够说："人民在历史中失去其独立是值得的，因为他们的自由因为害怕死亡而死亡。"黑格尔所有这些思想演变在柏林发表的《法哲学原理》一书中都占有重要地位，这些思想演变承继了他青年时代的浪漫的生命主义以及壮年时期对于1793年恐怖时期或大革命时期战争的具体思考。马克思并不适应这种最终归于沉思的理念主义。他相信矛盾的实际的解决方法，相信理想与现实在其中合二而一的实在的合题，马克思认为，黑格尔的理念主义只不过是一种玄秘。马克思坚决地重新安置黑格尔头足倒置的体系，他要把理念牢牢地扎根于现实之中，而且要完全地实现理念。这两位思想家的不同随时都可显示出来。黑格尔特别指出"一国人民拥有与世界精神在这国人民中间所达到的意识相适应的宪法"。但这种意识可能已被超越，"于是"，马克思说，"革命是必要的，而且应该去进行革命"。黑格尔同样认为，立法权所做的只是实践宪法；但是，这种实践最终改造了宪法本身。为什么不可以明确地说，正是这种除了是社会的人的权力别无他是的权力产生了宪法呢？立法权本身就是宪法的一部分。但宪法也不是孤立形成的。黑格尔认为今后需要发展的法律要求被确立起来……冲突很简单；立法权是宪法的权力同时也是执法的权力。当人民并不是真正地承认人民——不是一种抽象的理想——是任何真实宪法的生动源泉的时候，那矛盾就产生了。

通过对黑格尔国家哲学详尽的研究，马克思在上面提到过的1844年的导言中得出了他的第一篇革命宣言，这是《共产党宣言》的雏形。马克思发现了德国固有的矛盾，那就是它落后于其他西方民族，但它的哲学却超越了德国的甚至欧洲的政治现实的狭隘观点，他指出，哲学（或理念）与真实境况之间的这种对立要求一次彻底的革命，而且这种对立不能够停留在黑格尔逻辑学的诡辩上面。理念应该完全地体现出来，这也就是当社会完全解放并占有被黑格尔当作现实彼岸而建立起来的抽象国家的时候理念所能够做的。但是，这种国家与市民社会之间的矛盾只是在市民社会内部表现了社会的种种矛盾。这些矛盾是诸社会阶级（代替国家的新词）的矛盾。在与德国毗邻的国家中，每一个阶级在某一时刻都会与社会的全部解放的思想同一起来的，这样，革命就能够进行了。"正是以社会普遍权利的名义，一个特殊的阶级能够要求普遍的霸权，与此同时，另一个阶级则表现为受奴役和败坏。"在法国，资产阶级——按这个词的准确意义来讲——在1787年与人的要求完全解放的理想是同一的，贵族则代表社会的罪恶。但在德国，每一个社会相对于其他阶层都开始觉悟到自己。"这种觉悟并不是从某一社会阶层受压迫的时候开始的，而是从种种境况造成一种新的社会阶层的时刻开始的，原来的社会阶层对此毫无贡献，它反过来要接受新的社会阶层的压迫。"这就使得局部的变革在德国是不可能进行的，而且由此就产生了一种几乎与黑格尔在国家的抽象权力和特殊状态下的群众之间的种种中介相适应的陈旧境况。所以，马克思认为，某一天将在德国完成的革命不能来自于一时与理念同一的特殊阶级，而是来自市民社会所有阶级的完全解体。这种解体使真正的革命成为可能，最终将结束社会与国家、现实与理念的二元论。那么，将要去实现这个理想——我们重复一遍，这是社会的人的理想，马克思对此并未阐述清楚——并且要完全消除人的异化的工具是什么呢？马克思给这个工具起的名字就是无产阶级。无产阶级实际上并不是市民社会其他阶级之中的一个特殊阶级，它是引起这个社会解体的阶级，是这个社会内部矛盾的产物，是"一个表明一切等级解体的等级；一个由于自己受的普遍苦难而具有普遍性质的领域，这个领域并不要求享有任何一种特殊权利，因为它的痛苦不是特殊的无权，而是一般无权，它不能再求助于历史权利，而是只能求助于人权……最后，它是一个若不从其他一切社会领域解放出来并同时解放其他一切社会领域，就不能解放自己的领域。"无产阶级的矛盾是整个资产阶级社会矛盾的体现，在无产阶级身上，马克思找到了使人"非异化"的必要杠杆。真实理念的实现是要靠无产阶级的。因此，马克思并没有全部抛弃黑格尔的哲学，他要把理念与现实更紧密地融合于人的主体之中。他用无产阶级的革命辩证法代替黑格尔著作中出现的理念的超越。马克思还有一点在我们看来是特别受到黑格尔的影响，那就是觉悟的观点。

觉悟这个概念在黑格尔的《精神现象学》中如此重要，以至马克思认为它是人类解放的动力。觉悟并不是对事物状态的被动思考，而是既能单独构成辩证矛盾现实又能够要求得到解决的东西。无产阶级应该觉悟到人的异化，这意味着相对于人本身的内部对立，这种对立成为真正的矛盾，只是因为它同时是对象的又是主体的，因为它表达了行为的状态——作为物从自身外部提出来的人——和一种对行为的否定——作为不可异化的主体的人不能恰好像一个物体那样出现。马克思认为，无产阶级是把人的条件的矛盾引至极端的主体并因而能够真正地解决矛盾。但是，一切超越性是否可能既在历史范围内又在思想范围内找到出路呢？人的条件连同其问题是否包括问题的出路在内呢？

（杜小真 译）

雷蒙·阿隆

雷蒙·阿隆（Raymond Aron，1905—1983）是 20世纪法国重要的哲学家、社会学家和政治评论家。他出生在一个犹太人家庭。1930 年在巴黎高师获博士学位，随后在法国图鲁斯大学讲授社会哲学。"二战"期间投笔从戎，法国失守后退至英国，参与"自由法国"抵抗运动，并编辑机关刊物《自由法国》。战后一直在法国的大学任教。雷蒙·阿隆从 1947 年起成为《费加罗报》专栏作家，后为《快报》撰稿，以左翼知识分子的姿态活跃于法国思想界。

雷蒙·阿隆的主要著作有：《当代德国社会学》（1935）、《历史哲学引论》（1938）、《大分裂》（1948）、《连锁战争》（1951）、《知识分子的鸦片》（1955）、《阶级斗争》（1964）、《社会学思想的各个阶段》（1967）、《介入的旁观者》（1981）等。

雷蒙·阿隆站在反实证主义的立场上，对历史学中的唯科学主义进行了批判。他认为历史学家在研究历史的过程中，不可避免地会将自己和自己的哲学卷入其中，因此完全客观的历史是不存在的。雷蒙·阿隆将现象学的方法用于历史研究，认为历史认识的主体不是纯粹的主体和先验的自我，而是活生生的、力求理解自己的过去和环境的历史的自我。雷蒙·阿隆主张人们放弃抽象的伦理主义和意识形态，在现实行动的人生经验中确定自己受到限制的、能够选择的真正内容。

与这种哲学立场相应，雷蒙·阿隆将"左派理想"、"革命"和"无产阶级"称为创立"进步主义"的三个"神话"，认为它们将使进步主义修辞学由从意识形态转变为"世俗宗教"，最终使人类的希望走向破灭。雷蒙·阿隆继承孟德斯鸠和托克维尔的思想传统，追求政治自主，拒绝历史决定论。

本书选取了《社会学主要思潮》中《卡尔·马克思》一章中的两节。在这两节中，雷蒙·阿隆认为，马克思哲学思想的中心是用社会学和历史学的方法解释资本主义制度，人们之所以对马克思的解释总是有各种不同理解，就在于他的理论本身就有许多含混不清之处。在雷蒙·阿隆看来，尽管马克思的后期思想可以看作一个经济学家或社会学家的思想，但他并未抛弃早年的哲学立场，而是相反，人的普遍性、总体性的人、异化等哲学命题为马克思的社会学分析确定了方向并使之具有生命力——这些哲学命题进入到社会批判中，使得马克思的社会学成为"既是伟大的又是含混不清的"；同时，在历史规律的性质和人类社会主义前景等问题上，马克思的思想也是模棱两可的。除此之外，雷蒙·阿隆认为，马克思的可以被称为社会学的理论，比如生产力、生产关系与社会意识之间的关系问题，一些基本概念如"经济基础"、"上层建筑"等如何界定的问题，以及对于阶级问题的分析等等，都存在着含混性或内在矛盾。

本书还选取了《论治史》中《存在主义化的马克思

主义》和《客观化的马克思主义》两节内容。在这个文本中，雷蒙·阿隆将对于马克思主义基本命题的理解方式分为三种。第一种是第二和第三国际理论家们的立场，将马克思主义基本命题理解为对客观历史演变规律的肯定。以萨特和梅洛—庞蒂为代表的"存在主义的马克思主义者"坚决反对这一立场。萨特和梅洛—庞蒂将主观性放在认识论和本体论的首位，并强调境况与主观之间的辩证关系，同时认为历史将走向人的本质的实现，即"真正的主、客体关系"（梅洛—庞蒂）和"人对人的承认"（萨特）。二者在基本倾向一致的前提下也存在争论。但雷蒙·阿隆认为二人有共同的错误，即未能有效区分历史行为中人的观点和历史认识本身。阿尔都塞对存在主义的理解方式针锋相对，宣称"真正的"马克思主义不是一种人道主义，而是一种关于历史的科学，马克思主义本质上是一种资本主义的不断的自我再生理论，而不是它自我毁灭的理论。雷蒙·阿隆指出，阿尔都塞的基本论据，即马克思在 1845 年左右发生了思想上的断裂，是站不住脚的，因为马克思直到最后也没有完全摆脱黑格尔的影响。

卡尔·马克思[①]

一、马克思哲学思想的多种解释

马克思哲学思想的中心是用社会学和历史学的方法解释资本主义制度。这一制度由于自身的矛盾而朝着革命和非对抗性制度发展。

马克思确实认为他从对资本主义所作的研究中得出的社会总理论，可以而且应该用来理解其他类型的社会。然而他首先从事的是解释资本主义的结构及其变化，这一点是毋庸置疑的。

为什么对这种资本主义历史社会学会有如此多的不同解释呢？为什么它是如此含糊不清？即使撇开历史的和后来发生的偶然因素，以及那些打着马克思主义旗号的运动和社团的命运，我认为其基本原因有三：

① 选自《社会学主要思潮》，北京，华夏出版社，2000。

首先，马克思关于资本主义社会以及其他各种社会的概念是一种社会学上的概念，但是这种社会学是与一种哲学联系在一起的，许多解释上的困难都源自哲学和社会学的关系，而这种关系是可以用各种方式理解的。

其次，按照人们对诸如生产力、生产关系等概念所下的武断程度不同的定义，以及认为整个社会是由经济基础决定或调节的这一观点，马克思的社会学本身就包含着各种不同的解释，更何况经济基础和上层建筑这些概念本身并不明确，会引起无休止的推测。

最后，经济学和社会学之间的关系也会引起各种不同的解释。马克思认为，人们是通过经济学来理解整个社会的，但经济现象和整个社会之间的关系也是含糊不清的。

在我看来，首先有一个论点是无可争辩的，就是说所有的文章都证明了这一点：马克思是由哲学转而研究政治经济学的，中间经过社会学。他生前一直是一个哲学家，他一直认为在各种制度的更迭中产生的，并最终达到非对抗性社会的人类历史具有一种哲学的意义。人类是在历史的长河中创造自己的，历史的终结同时也就是哲学的终结。哲学能确定人类的特性，但它自己却是通过历史得到实现的。资本主义之后的、非对抗性的制度不仅是许多社会类型中的一种类型，而且也是人类对自己进行研究的终结。

然而，即使历史的这种哲学意义是毋庸置疑的，存在的问题也还是不少的。

通常，人们是用恩格斯提出的三种影响的结合来解释马克思思想的。这三种影响是：德国的哲学、英国的经济学和法国的历史学。把这些影响列举出来似乎是平淡无奇的，因而今天仍为爱钻牛角尖的解释者们所藐视。看来应当先用不是钻牛角尖的方法，即用马克思、恩格斯对他们自己的思想起源所作的叙述开始解释马克思思想。

他们认为自己继承了德国古典哲学，因为他们从黑格尔思想中继承了一个指导思想，即社会和制度的更迭既代表了各个哲学阶段又代表了人类的各个发展阶段。

此外，马克思曾经研究过英国经济，用过一些英国经济学家的概念。他沿用过当时被承认的几种理论，如价值—劳动的理论、利润率趋于下降的规律。当然他对这些理论的解释是与原来的解释不同的。他认为沿用英国经济学家的概念和理论可以给资本主义经济确定一个严谨的科学形式。

最后，他还从法国的历史学家和社会主义者那里借用了阶级斗争这一概念。这一概念实际上在 18 世纪末 19 世纪初的历史著作中到处可见，马克思根据自己目睹的情况加进了新的含义。社会之所以分为阶级并不是一种与全部历史和社会的基本性质联系在一起的现象，而是与某个特定时期相适应的现象，在以后的阶段中，阶级分裂将会消失。

这三种影响在马克思的思想中起着作用，对解释马克思和恩格斯所完成的综合起过有益的作用，不过这种解释相当粗糙。分析这些影响后，许多重大的问题，尤其是黑格尔与马克思的关系这一问题仍未解决。

这个问题最大的困难之处首先在于对黑格尔的评述至少与对马克思的评述同样是众说纷纭的。人们可以根据自己对黑格尔思想的理解随心所欲地把这两种理论联系在一起，或是对立起来。

有一个简便的方法可以说明马克思是黑格尔学说的信徒，那就是把黑格尔也看作马克思主义者。科热弗就是近乎天才或故弄玄虚地使用这种方法的。在他的解释中，黑格尔的马克思化已经到了这样的程度，以致使人们无法怀疑马克思对黑格尔著作的忠诚。

反之，如果人们像 G. 居尔维奇那样不喜欢黑格尔，那么就只要像哲学史教科书那样把黑格尔看作是一个把历史的演变当作精神的演变来设想的唯心主义哲学家。这样，马克思就立即成了根本上反黑格尔的了。

不管怎样，在马克思思想中确实有黑格尔的某些无可争辩的论点，在其青年时代的著作中有，成熟时期的著作中也有。

马克思在关于费尔巴哈的十一点提纲的最后一点中这样写道："哲学家们只是用不同的方式解释世界，而问题在于改变世界。"

《资本论》的作者认为，引导出黑格尔体系的古典哲学已经结束。它已不可能走得更远了，因为黑格尔已经设想了全部历史和整个人类。哲学已经完成了把人类的经验提高到明确的意识这一任务。人类经验的意识已在《精神现象学》和《百科全书》中形成，但是人类在意识到自己的使命后，并没有完成这一使命。作为意识，哲学是完整的，但现实世界并不与哲学赋予人类存在的意义相符。因此，马克思思想中的哲学—历史问题就是要弄清历史的进程将在什么条件下才能实现黑格尔哲学所设想的人类使命。

马克思不容争辩的哲学遗产是深信历史的演变具有哲学的意义。一个新的经济和社会制度不仅仅是事后满足职业历史学家冷漠的好奇心的一种突变，而是人类进步的一个阶段。

为了使哲学得以发展，历史应当认识的人性和人的使命究竟是什么？

这个问题可以在马克思青年时代的著作中找到各种答案。这些答案都是围绕着普遍性、总体性等积极概念或与之相反，围绕着异化这一消极的概念作出的。

黑格尔的《法哲学原理》一书中所说的个人和当时社会中的个人，实际上都具有双重的互相矛盾的地位：一方面，个人是公民，作为公民，他属于国家，即具有普遍性。但个人只能每隔四五年成为形式上民主的天国的公民，一经投票，他的公民权也就用完了。另一方面，除了使个人能实现其普遍性的这一唯一的活动外，个人还属于黑格尔所称的市民社会，就是说全部职业活动。于是，作为市民社会的成员，他就囿于自己的特殊性里，与整个集体隔绝了。他要么是一个听命于企业主的劳动者，要么是一个脱离集体组织的企业主。市民社会影响个人实现普遍性的使命。

为了解决这个矛盾，个人应当在自己的劳动中，以用与自己参加公民活动同样的方式参加普遍性活动。

这些抽象的话意味着什么？用普选的方式选举人民的代表，用抽象的选举自由和辩论自由确定形式上的民主，并不触及集体全体成员的劳动条件和生活条件。向市场提供劳动力以获得一份工资作为对等物的工人，与每隔四五年选举一次代表，直接或间接选出自己的统治者的公民是不同的。为了实现真正的民主，应当把目前社会中局限于政治方面的自由转移到人们具体的经济存在上来。

但是，为了使从事劳动的人能够像公民们那样用选票参加到普遍性活动中去，实现真正的民主，那么就应当取消生产资料的私有制。生产资料私有制的结果是使一部分人为另一部分人效力，导致企业主剥削劳动者，使企业主不能直接为集体劳动，因为在资本主义制度下，他们的劳动目的是为了利润。

因此，《黑格尔法哲学批判》一书中的第一个分析是以特殊与一般、市民社会与国家、劳动者受奴役与选民或公民的虚假自由的对立为中心的。这篇文章来源于马克思思想中早已存在的形式上的民主与真正的民主的对立，同时又表明了哲学考虑和社会学批判的某种结合方式。

哲学考虑表现在反对把个人的普遍性局限于政治方面。这种考虑十分容易转变为社会学的分析。用通常的语言来说，马克思的思想是这样的：对于除了从老板那里领取由老板规定的工资以外别无其他手段赖以为生的人来说，每四五年一次的选举权有什么意义呢？

围绕马克思青年时代的思想的第二个概念是总体的人。这个概念也许比普遍性的人的概念更为含糊不清。

总体的人是说人不会被劳动分工弄得支离破碎。在马克思和大部分观察家眼中，现代工业社会里的人实际上是专业化的人，他们受过专门训练以从事某种专门职业。他们一生中的大部分时间是围于这种局部的活动中的，因此他们许多可以发挥出来的才干和能力得不到利用。

按照这一思路，总体的人都是非专业化的人。马克思在许多著作中提出要对人进行综合技能训练，使每个个人都能从事尽可能多的职业。个人有了这种训练就可以不致从早到晚干同样的活。

如果说总体的人指的是没有因为劳动分工的需要而失去某些技能的人，那么这一概念是对工业社会限制个人的条件既明白又充满对人的同情的抗议。确实，劳动分工的结果是使大多数人不能去做力所能及的事。但是这种稍带一点浪漫色彩的抗议似乎是与科学社会主义的精神不太相符的。很难设想，一个社会，不管是资本主义社会还是非资本主义社会，除非这个社会十分富裕，并最终解决了贫困问题，能够把每个人培养得可以从事所有的职业，能够使一个工业社会在个人非专业化的情况下得以运转。

因此，人们就设法在另外一个方向找出一种不太浪漫的解释。总体的人不可能是什么都会干的人，而是真正意识到自己的属性，能完成人的定义范围内的活动的人。

在这种情况下，劳动的概念就变得十分重要了。人本质上是劳动的生物。在不人道的条件下进行劳动，人就失去了人性，原因是他已不再在适当的条件下从事构成人性的活动。确实，在马克思青年时代的著作中，尤其在《1844年政治经济学手稿》中，曾经对资本主义的劳动条件作过批判。

这里，我们遇到了"异化"这一概念。今天异化一词已成为大部分对马克思解释的中心。在资本主义社会里，人是异化了的。为了使人能成为人，应当克服这种异化。

马克思有三个不同的词常常被译成"异化"。然而这三个德文词的意义并不完全相同。这三个词是 Entäusserung，Veräusserung 和 Entfremdung。只有最后一个词与法文中的"异化"一词意义相近。这最后一个词从词源上来说是"变得使自己对自己感到陌生"；就是说在某些情况下和在某些社会中，由于人类条件的缘故，人变得自己对自己感到陌生，以致在自己的活动和劳动中认不出自己了。

异化这一概念显然是来自黑格尔哲学，并在黑格尔的哲学中占有重要地位。但是黑格尔思想中的异化一词是出于哲学或形而上学上考虑的。黑格尔认为理性是在自己的活动中异化的。它建立了理智和社会的大厦并在自身以外显示出来。理性史即人类史，就是一部连续不断的异化史。异化结束后，理性将重新掌握自己的全部业绩，掌握自己的过去，并自觉掌握这所有的一切。在马克思主义中，包括马克思青年时代的作品中，异化的过程并不表明一个哲学上或形而上学上不可避免的过程，而表明一个社会学上的过程。人类或社会经由这个过程建立各种集体组织并消失在其中。

从社会学角度解释的这种异化是对目前社会秩序所作的历史学上的、道德学上的和社会学上的批判。在资本主义制度下，人是异化的，人消失在集体之中，而这种异化的根源乃是经济的异化。

经济异化有两种方式。这两种方式与马克思对资本主义制度的两次批判大体上相对应。第一次异化是由生产资料私有制引起的，第二次则可归因于市场的无政府状态。

由生产资料私有制引起的异化表现为劳动这一决定人类本性的人类基本活动失去了人性的特点，因为它对于雇佣工人来说只不过是一种谋生的手段。劳动已不表明人的存在，而退化为生存的工具和手段。

企业主也异化了，因为他们掌握商品的目的不是为了满足他人的真正需要，而是把商品带到市场上去谋求利润。企业主受竞争中的各种偶然性的支配，成了不可预见的市场的奴隶。他们剥削工人，在自己的工作中已经没有人性可言，为一种不知其名的工具异化了。

不管人们如何解释这种经济异化，我认为其中心思想还是相当明确的。在马克思思想中，对资本主义经济现实的批判在成为一种严格的社会学和经济学的分析之前，原来是一种哲学和道德学上的批判。

因此，人们可以把马克思的思想当作一个普通的经济学家和社会学家的思想来叙述，因为他在晚年时曾想成为一个经济学和社会学学者，但他是从哲学的命题出发，作社会和经济批判的。人的普遍性、总体的人、异化等哲学命题为他成熟时期作品中的社会学分析明确了方向并使之具有生命力。成熟时期的社会学分析在多大程度上发展了青年时期的哲学上的直观或者相反完全取代了这种哲学上的直观？这里就有一个尚未涉及的解释问题。

马克思在他的一生中肯定把这些哲学命题保留在不显要的地位上。他认为分析资本主义经济就是分析在一个受自发规律支配的制度下无法支配自己生存的个人和集体的异化。批判资本主义经济同时就是在哲学上和道德上批判资本主义为人限定的地位。在这一点上，不管阿尔都塞是什么看法，我是赞同通常的解释的。

此外，马克思认为对资本主义变化的分析当然就是通过历史对人类的变化以及人类本性的变化的分析。他期待资本主义以后的社会能使这一哲学思想得以实现。

但是资本主义以后的革命应当实现的总体的人是什么样的？这个问题可以讨论，因为马克思的著作在这个问题上有两个相互略有矛盾的论点。按照一个论点的说法，人是在劳动中实现其人性的。劳动的解放将标志着社会的人性化。但在别的地方却出现了另一种观点，即人在劳动之外才真正自由。这第二种观点认为人类只有在充分缩短劳动时间，可以从事劳动以外的其他事情时才能实现人性。

当然，人们可以把这两个论点结合起来，说社会的彻底人性化首先要求人在劳动中的条件人性化，同时劳动时间应当充分缩短，使人有时间阅读柏拉图的作品。

从哲学上来说，还有一个难题：决定人类本身并使社会有助于实现这种哲学观点而应当充分发展的基本活动是什么？如果不对人类的基本活动加以确定，人们就有重新回到性质十分含混的总体的人这一概念上去的危险。社会应当使所有的人都有施展各自全部才干的可能，这一主张体现了社会理想的完美定义，但要把它变成具体和明确的纲领却并不容易。此外，要把所有的人不能施展他们的才干完全归咎于生产资料私有制也是困难的。

换句话说，在由于生产资料的私有制而引起的人的异化和在革命之后才能实现的总体的人之间似乎极不协调。简单地用一种所有制形式取代另一种所有制形式怎么能把对现社会的批判与实现总体的人的希望协调起来？

这里人们就可以看出马克思的社会学既是伟大的但又是含糊不清的，它本质上是一种社会学，但它也希望成为一种哲学。

除了上述这些思想外，还有其他许多含糊不清或模棱两可的地方，致使人们可以对马克思的思想作出多种解释。

其中一个模糊之处是属于哲学上的，它涉及历史规律的性质问题。马克思对历史的解释是以超个人的清晰可见的变化为前提的。生产方式和生产关系之间有着辩证的关系。资本主义由于阶级斗争和生产方式与生产关系之间的矛盾而自行消灭。然而这种历史总规律可以有两种不同的方式加以解释。

一种解释是我称之为客观主义的解释。对历史性矛盾的这种解释可以导致资本主义的消亡和非对抗性社会的到来。它是与人们通常所说的历史线索相适应的。马克思从混杂的史实中找出了历史变化中最重要的东西，即基本资料，但并没有把各种事件的细枝末节包含在这一观点之内。

这种解释如果能够成立，那么资本主义消亡和非对抗性社会的到来就将是事先已经为人所知的，并且已经肯定的了，只是时间和方式尚未确定罢了。

"资本主义将因其矛盾而消亡，不过人们不知道它将在何时和怎样消亡"这种预测显然不能令人满意。预测一个重大事件但却不能预见其日期及形式是没有多大意义的，或者那样的历史规律至少与自然科学的规律没有任何共同之处。

这是对马克思思想的一种可能的解释方法。这种解释乃是今天苏维埃世界的正统解释方法。苏维埃世界认定资本主义必然灭亡，必将由一个更为进步的，即苏维埃社会所代替，但同时却承认这一不可避免的事件发生的日期还未可知，承认这场预料中的灾难的方式尚未确定。这种不确定性在政治事件上是有很大好处的，因为这样一来，人们可以诚心诚意地宣称共处是可能的。对于苏维埃制度来说，摧毁资本主义制度是没有必要的，因为它终究是会自行消亡的。

另外一种可能的解释方法是辩证的解释方法。这种辩证的方法不是通常意义上的辩证方法，而是一种难以捉摸的辩证方法。根据这种解释，马克思的历史观既来源于历史世界和设想这一世界的意识之间的相互作用，又来源于历史现实的各个部门之间的相互作用。这种双重相互作用可以避免在解释重大的历史线索时的不足。因为人们在辩证地解释历史运动时可以不必放弃各种事件的细节，因而能够如实、具体地了解各种事件的本末。

因此，让－保罗·萨特和莫里斯·梅洛－庞蒂也持有马克思的一些基本思想，如：人在私有制经济中由私有制经济所引起的异化、生产力和生产关系的主导作用等。但是这几位著作者在他们自己的作品中引用这些概念的目的并不是想得出科学意义上的历史规律，甚至也没有想要引出变化的重大线索。这些概念只是了解人在资本主义制度下的地位，把各种事件和资本主义社会中的人的地位联系起来，而又无须一本正经地谈什么决定论的必要工具。

法国的存在主义者和卢卡奇等整个马克思主义派对这种辩证的观点众说纷纭。这种辩证的观点在哲学上较为令人满意，但也有它的困难之处。

主要的困难在于不易找出简单的马克思主义中的两个基本思想，即资本主义社会中人的异化和在资本主义消亡后非对抗性社会的到来。用主体和客体、现实中的各部门之间的相互作用进行辩证的解释一定会得出这两个基本观点。那么全面的、完整的和最恰当的解释是怎样确定的呢？这个问题还是得不到解决。如果每一个历史主体都根据自己的地位来设想历史，那么为什么马克思主义者或无产阶级的解释是最恰当的？这种解释为什么是全面的？

援引历史规律的客观主义观点，还有必然要宣告一个既无日期又不确切的事件这一主要困难。辩证的解释则既无法说明革命的必然性，又无法说明资本主义以后的社会的非对抗性，也不能说明历史解释的整个性质。

第二个模糊不清之处是人们称之为革命的绝对必要性。马克思思想自以为是科学的，然而它却似乎包含着绝对必要性，因为它把革命行动视作历史分析的唯一合理结果。像上面一样，人们可以用是康德式的还是黑格尔式的这个提法归纳出两种可能的解释。究竟应该用康德的事实和价值、科学规律和道德必要性这种二元论呢，还是用黑格尔传统的一元论来解释马克思主义？

在马克思身后的历史上，存在着两个学派：康德派和黑格尔派。黑格尔派人数比康德派为多。康德派马克思主义的代表人物是德国社会民主党人梅林和奥地利马克思主义者马克斯·阿德勒。后者与其说是黑格尔派不如说是康德派，是一个很特殊的康德派。康德派认为人们无法从事实推论到价值，从对实际的判断推论到道德的必然性，因而不能用对历史的如实解释来证明社会主义的正确性。马克思如实地分析资本主义制度，论证社会主义的合理性，这是一种精神上的决定，然而大部分马克思的解释者都还是想继续留在一元论的传统上。了解历史的主体本身就是受历史制约的。社会主义或非对抗性社会必然会从目前的对抗性社会中脱胎而出，因为辩证法必然会使历史的解释者们从评价现存的东西转而寄希望于另一种形式的社会。

有些解释者如 L. 戈德曼等，则走得更远。他们说在历史上零星的观察是没有的，全面的历史观是与某种态度有关的。人们出于对社会主义的愿望才从资本主义中看出它的矛盾性。对现实的态度和对现实的观察这两者是无法分离的。这倒不是因为对现实的态度是武断的，是从一种其正确性尚未被证实的决定中得出的，而是按照主体与客体的辩证关系，我们每个人的思路和解释方法都是从历史的现实中得出的。解释来自对客体的接触。这种客体不是一种消极地被认识的，而是既被认识又被否定的客体。否定客体表明了人们希望有另一种制度。

于是就有两种倾向：一种是把历史的解释——这种解释在科学上是有效的——与人们赞同社会主义的决定割裂开来的倾向；另一种则相反，它要把历史的解释与政治的愿望联系起来。

但是，在这个问题上马克思是怎样想的？作为一个人，他既是学者又是预言家，既是社会学家又是革命家。如果有人问他"这两种方法是否可以分割？"我想他一定会回答：抽象地说这两种方法是可以分割的，因为他太精于心计以致不会承认他对资本主义的解释是与一种精神上的决定联系在一起的。但他又是如此地深谙资本主义制度的弊病，因此，对于他来说，对现实的分析必定会使人产生革命的愿望。

除了在对历史重大问题的客观看法上有康德派或黑格尔派的辩证解释这两种可能外，还有一种今天已成为苏维埃主义的官方哲学的折中方法，即恩格斯在《反杜林论》中提到过，斯大林曾在《辩证唯物主义和历史唯物主义》一书中作过概述的辩证客观主义哲学。

这种辩证唯物主义的主要论点如下：

（1）辩证思想认为实在的规律就是变化的规律。无机的自然界和人类社会中都存在着不断的变化，永恒的原则是不存在的，人性的观念和道德的观念每一个时期都在变化着。

（2）实在的世界包含着从无机的自然界到人类社会这一质的渐进，而人类社会还包含从人类最初的社会制度到标志着史前时期结束的制度即社会主义的渐进。

（3）这些变化是按照某些抽象的规律进行的。量变到了一定的程度就会成为质变。变化是在不知不觉中一点一点地进行的，到了一定的时候就会发生突变。这种突变是革命性的。恩格斯举过这样一个例子：水是液体，如果把温度降到一定的程度，液体就会凝固，量变到了一定的时刻就会质变。总之，变化似乎是遵循着一种概念的规律进行的，即按照矛盾的规律和否定之否定的规律进行的。

恩格斯还举了一个例子，让人懂得什么是否定之否定的规律。

他说，如果否定 A，结果就是负 A，负 A 乘负 A 就是 A²，看来这就是否定之否定。在人类社会中，资本主义制度是对封建所有制的否定，社会主义公有制则将是否定之否定，就是说对私有制的否定。

换句话说，宇宙和人类运动的一个特点就是与其他变化相对而言，一些变化是处在矛盾的关系之中的。这种矛盾采取以下形式：B 时中有 A 时的矛盾，C 时中有 B 时的矛盾，C 时以某种方式回复到 A 时原来的状态，但是程度更高。同样，全部历史就是对旧时无差别的原始集体所有制的否定，而社会主义则又否定社会阶级和对立，在更高的水平上回复到原始社会的集体所有制。

这些辩证的规律并没有使所有的马克思的解释者们十分信服，人们就马克思是否赞同恩格斯的唯物主义哲学有过许多争议。除了历史问题外，主要的问题是要弄清楚辩证法的概念在多大程度上可以用在有机的和无机的自然界以及人类社会。

辩证法的概念包含着变化的观点、观点的相对性、原则与情况相适应的观点以及总体和意义这两个观点。只有使一个社会或一个时期的全部因素成为一个整体，只有当人们能清晰地理解一个总体到另一个总体的过渡的时候，才会对历史作出辩证的解释。总体和更迭的可理解性这两个要求似乎是与人类社会联系在一起的。人们知道在历史上社会就是完整的单位，因为集体的各种活动实际上都是互相联系的。人们可以用一个基本因素，如生产力和生产关系来解释一个社会实体的各个部门。但是在一个有机的，特别是无机的自然界中能不能找到相当于总体和更迭意义的东西呢？

说实在话，这种物质世界的辩证哲学对承认马克思对资本主义的分析，或者成为一个革命者都是不可缺少的。人们不必承认 $(-A) \times (-A) = A^2$ 这一辩证法的例子照样可以成为杰出的社会主义者。恩格斯提出的自然辩证哲学与马克思思想的基本点之间的联系既不明显又无必要。

从历史角度上来看，诚然某种正统的观点可以把这些不同的论点糅合在一起，但从逻辑和哲学角度上来说，对历史作经济上的解释并从阶级斗争出发抨击资本主义是与自然辩证法毫不相干的。归根结底，在我看来马克思关于资本主义的哲学观点和形而上学的唯物论之间在逻辑上和哲学上都没有必然的联系。

但是事实上许多从事政治活动的马克思主义者都曾经认为，要成为一个好的革命者就应当在哲学上是一个唯物主义者。这些人搞革命都很在行，甚至在哲学上也很强，因此也许很有道理。尤其是列宁，他曾经写过《唯物主义和经验批判主义》一书，指出"马克思主义者放弃了唯物主义哲学就是同时背离了革命的正确道路"。在逻辑上，人们可以在政治经济方面是马克思的信徒，但也可以不是形而上学的唯物主义者。列宁从历史观点出发，在唯物主义的哲学与历史的观点之间建立了某种联系。

二、马克思社会学思想的多种解释

马克思的社会学，即使抽去其哲学背景，也还有一些含糊不清之处。

马克思对资本主义和历史的观点源自生产力、生产关系、阶级斗争、阶级觉悟以及经济基础和上层建筑这些概念的综合。

在社会学分析中使用这些概念是可能的。就我个人而言，如果我想对苏联社会或美国社会作出分析，我很乐意从经济状况甚至生产力状况出发，然后研究生产关系和社会关系。用批判的眼光和方法论使用这些概念以弄清和解释一个现代社会或者历史上任何一种社会都是可行的。

但如果只是这样使用这些概念，那么就找不到历史的哲学，就很可能发现不同的生产关系可以适应同样的生产力发展程度。私有制并不排除生产力的巨大发展。相反，生产力稍有发展，集体所有制就出现了。换句话说，批判地使用马克思的范畴并不意味着对历史进程作教条主义的解释。

然而，马克思主义是以发展生产力、改造生产关系、强化阶级斗争和准备革命之间的平行性为前提的。照他这种教条主义的说法，生产力是决定因素，生产力的发展标志着人类历史的方向，特定的生产关系和阶级斗争的状况是与生产力发展的不同状况相适应的。如果随着资本主义生产力的发展，阶级斗争反而缓和了，如果在不太发达的经济中发现了集体所有制，那么历史的教条主义哲学的必不可少的各种活动的平行性就不再存在了。

马克思试图通过经济基础，即生产力状况、科学技术知识、工业和劳动组织，理解全部社会。从经济组织出发了解各种社会，尤其是现代社会是完全正确的。这样做，作为一种方法也许还是最好的了。但从这种分析出发进而对历史运动作出解释，还应当承认现实社会各个部门之间的特定关系。

解释者们认为使用"决定性"这样太精确的词来了解生产力或生产关系和社会意识之间的关系确实是困难的。由于因果性或决定性这些词在机械论派或非辩证论派的词汇里显得过于生硬，因而人们用"影响"一词代替"决定"。"影响"这个词当然是更为可取的，但太空泛了一些。在一个社会里，任何一个部门都在影响着其他部门。如果我们有另外一种政治制度，那么我们就可能有另一种经济组织。如果我们有另一种经济，那么我们也许会有与第五共和国不同的另一种制度。

"决定"一词太生硬，而"影响"一词又太灵活，无懈可击得反而使人对其意义发生怀疑。

整个社会是由经济基础"决定"的，这个论点颇可辩驳，而"影响"一词又无多大意义，因而人们想在"决定"和"影响"之间找出一个折中的提法。像往常一样，在这种情况下，最奇妙的解决方法就是辩证的方法。"影响"一词被说成是辩证的，这样人们就以为已经跨出了决定性的一步。

即使承认马克思的社会学是以对物质生产力、生产方式、社会环境和人的意识之间的关系所作的辩证分析为基础的，但在一个特定的时间里还是应当找出其基本思想，即决定整个社会的东西。依我看来，马克思的思想是不容怀疑的。他认为一个历史制度是由生产力状况、所有制方式和劳动者之间的关系等主要特征所决定的。各种社会类型是以共同劳动的人之间的某种关系方式为特征的。奴隶制是一种社会类型，工资制则是另一种类型。基于这一点就可以有社会各部门之间真正灵活和辩证的关系。但一个社会制度是由少量被认为是决定性的因素决定的，这一点还是最基本的。

难就难在马克思心目中的决定性的、相互联系的各种因素在今天看来都是可以分割的，因为历史已经把它们分割开来了。

马克思严密的观点是生产力发展的观点。生产力的发展使资本主义生产关系越来越难以维持，这一制度的各种机构的运转使阶级斗争越来越严酷。

实际上，在某些情况下生产力是伴随着私有制发展的，在另一些情况下则是伴随着公有制发展的，在生产力最发达的地方没有发生过革命。马克思据以发现社会整体性和历史整体性的事实已为历史所分割，要解决由这种分割所引起的问题，可能有两种方法：一种是灵活和批判的解释，它采用的是从社会学和历史学的角度进行解释的方法论，因而可以为大家所接受。另一种是教条主义的解释，它在某些方面在完全不同的情况下坚持马克思臆想的历史变化模式。这第二种解释方法今天已成为正统的解释方法，因为根据资本主义内在的矛盾性和自行消亡的思想，它宣告了西方社会的末日。但是这种教条主义的观点是不是就是马克思的社会学呢？

马克思的社会学的另一个含糊不清之处源自对一些基本概念，特别是对经济基础和上层建筑的分析和讨论。属于经济基础的是社会现实的哪些因素？属于上层建筑的又是哪些？

大体上来说，似乎应当把经济特别是生产力，即一个社会的全部技术设备以及劳动组织称作为基础。但一种文明的技术设备是与科学知识不可分的，而科学知识似乎是属于思想和知识范畴的，思想和知识似乎又应当属于上层建筑的，至少在科学知识与思想方法及哲学密切联系在一起的许多社会里是这样的。

换句话说，在被视为生产力的经济基础中已经有一些应当属于上层建筑的东西。这一事实本身并不意味着人们不能既研究经济基础，又研究上层建筑对一个社会作出分析。但这些简单的例子说明按照定义把属于这个或那个的东西真正区分开来是很困难的。

同样，生产力取决于共同的劳动组织，同时也取决于技术设备，而劳动组织从属于所有制法，所有制法又属于法律范畴，至少在某些文章中，法律是国家实体的一个部分，而国家是属于上层建筑的。这样，人们又一次遇到了把属于经济基础和上层建筑的东西真正区别开来的困难。

就归属问题进行的争论实际上可以无限地继续下去。

作为单纯的分析手段，这两个概念可以作为一个完整的概念正当地使用。人们反对的只是一个概念从属于另一个概念这种教条主义的解释而已。

人们难以用比较的方法确切地说明生产力和生产关系的矛盾。按照在马克思和马克思主义者思想中起着重要作用的辩证法的最简单的一种说法，生产力发展到一定的水平，个人的财产所有权将妨碍生产力的发展。在这种情况下，就会出现发展生产技术和保持个人所有权之间的矛盾。

我认为这一矛盾包含着一部分真理，与教条主义的解释是不同的。如果研究一下法国的雪铁龙、雷诺或佩希内，美国的杜邦·德内穆尔或通用汽车公司等现代大企业，那么人们就可以说，生产力的规模已经使保持私人的财产所有权成为不可能。雷诺汽车公司不属于任何私人，因为它是属于国家的（这倒不是因为国家不是一个个人，而是因为国家所有制是抽象的，所以可以说是虚构的）。佩希内甚至在将股票分给工人之前也不属于私人的，因为它是属于千千万万个股东的，他们只是在法律上是业主，但并不享有传统的个人所有权。同样，杜邦·德内穆尔公司和通用汽车公司也是属于千千万万个股东的，他们只是在法律上保持虚构的所有权，并不享有真正的特权。

此外，马克思在《资本论》中提到大股份公司，以证明个人所有制正在消亡，并试图得出典型的资本主义正在转化的结论。

因此，我们可以说马克思指出生产力的发展与私人产权之间存在矛盾是有道理的，因为在大股份公司的现代资本主义社会里，私人产权在某种方式上已经消失。

反之，如果认为大企业是资本主义的核心，那么人们同样可以十分方便地指出生产力的发展丝毫不会消灭私人产权，而生产力和生产关系在理论上的矛盾也不存在。生产力的发展要求产生新的生产关系方式，不过这种新的生产关系方式可以不与传统的所有权发生矛盾。

按照生产力和生产关系之间的矛盾的第二种解释，由财产个人所有权决定的收入分配，使资本主义社会无法吸取自己的生产成果。在这种情况下，生产力和生产关系之间的矛盾就会影响到资本主义经济运转的本身。人民群众分到的购买力将永远低于经济的需要。

这种说法一直流行了近一个半世纪，而在这一段时间里，所有资本主义国家的生产力都有了巨大的发展。以私有制为基础的经济无法吸取自己生产成果的情况，在生产能力只及今天的五分之一或十分之一的时候就已经暴露出来了。当生产力达到今天的五倍或十倍后，这种情况还会继续存在。看来矛盾并不明显。

换句话说，关于生产力和生产关系之间的矛盾的两种说法都没有被证实过。明显地包含一部分真理的唯一的说法，它是不会引出马克思主义者津津乐道的政治的、以救世主口吻自诩的论点的。

马克思的社会学是阶级斗争的社会学。它有几个基本论点：现时的社会是一个对抗性的社会，阶级是全部历史悲剧，特别是资本主义历史悲剧的主角。阶级斗争是历史的动力，它将导致革命，将标志着史前时期的结束和非对抗性社会的到来。

但是什么是社会阶级？现在是应当回答这个问题的时候了。如果我叙述的是一位教授的思想，我本来就应该从这个问题开始的，然而马克思并不是一位教授。

在马克思的著作中有许多文章谈到这个问题。这些文章有三种类型，依我看来至少其中主要的几篇是这样的。

《资本论》手稿的最后几页中有一章是经典性的，这一章的题目是"阶级"。恩格斯把它放在《资本论》第三卷的最后一章加以出版。由于《资本论》是马克思的一部主要的科学著作，因此必须参照这一章节，可惜的是这一章并不完整。马克思写道："单纯劳动力的所有者、资本的所有者和土地的所有者——他们各自的收入源泉是工资、利润和地租——也就是说，雇佣工人、资本家和土地所有者，形成建立在资本主义生产方式基础上的现代社会的三大阶级。"阶级在这里是以经济收入的来源即资本—利润、土地—地租、劳动—工资这一传统的方法区分的，也就是说以他称之为"把社会生产过程的一切秘密都包括在内的三位一体的公式"。

利润是剩余价值这一基本实在的表面形式。地租，马克思曾经在《资本论》第三卷中对它作过长篇分析，是剩余价值的一个部分，是一种没有分配给劳动者的价值。

这种用经济结构对阶级所作的解释与马克思的科学意图最为合拍，它使人们得以从马克思的阶级理论中引出几个基本论点。

首先，社会阶级是在生产过程中占有一定地位的集团。生产过程中的地位含有两层意思，即在生产技术过程中的地位和在技术过程之上的法律过程中的地位。

资本家既然是劳动组织的主人，因而也就是技术过程的主人。同时，他的生产资料所有者的地位使他在法律上又是从合伙生产的人手中取得剩余价值的人。

由此可以得出这样的结论，即：随着资本主义的发展，阶级关系逐步趋于简化。如果撇开随着工业化的进展其重要性逐渐减少的地租，因而只剩下两种收入来源的话，那么大的阶级也只有两个：由只具有劳动力的人组成的无产阶级及资本主义的资产阶级，即攫取一部分剩余价值的人。

马克思关于阶级问题的第二类文章包括一些历史研究，如：《1848年至1850年的法兰西阶级斗争》及《路易·波拿巴的雾月十八日》。马克思在这些文章中用了阶级这一概念，但并没有形成系统的理论。这些文章列举的阶级要比上面刚提到的在阶级结构上区分出来的阶级数量还要多，分得还要细。

因此，在《1848年至1850年的法兰西阶级斗争》一书中，马克思区分了以下这些阶级：金融资产阶级、工业资产阶级、商业资产阶级、小资产阶级、农民阶级、无产阶级，还有他所称的流氓无产阶级（大体相当于我们所说的无产阶级中受剥削最重的阶层）。

列出这些阶级与《资本论》最后一章中概述的阶级理论并不矛盾。马克思在这两类文章中提出的问题并不相同。在一些文章中马克思试图确定哪些大集团具有资本主义经济的特点；在另一些文章中则试图确定在特定的历史条件下，哪些社会集团曾经对政治事件有过影响。

从以区别收入来源为基础的阶级结构理论到对社会集团作历史的观察之间还有一个困难：实际上，一个阶级并不仅仅因为从经济分析的角度上来看只有一个相同的收入来源而构成一个统一体，而要成为一个统一体显然还应当具有某种心理上的一致性，必要时还要加上某种团结的意识甚至一种共同行动的愿望。

这一看法引出了马克思的第三类文章。在《路易·波拿巴的雾月十八日》一书中，马克思解释了为什么许多从事同样的经济活动、过着同一类型生活的人不一定代表同一个社会阶级。他说："小农人数众多，他们的生活条件相同，但是彼此间并没有发生多种多样的关系。他们的生产方式不是使他们互相交往，而是使他们互相隔离。这种隔离状态由于法国的交通不便和农民的贫困而更为加强了。他们进行生产的地盘，即小块土地，不容许在耕作时进行任何分工，应用任何科学，因而也就没有任何多种多样的发展，没有任何不同的才能，没有任何丰富的社会关系。每一个农户差不多都是自给自足的，都是直接生产自己的大部分消费品，因而他们取得生活资料多半是靠与自然交换，而不是靠与社会交往。一小块土地，一个农民的一个家庭；旁边是另一小块土地，另一个农民和另一个家庭。一批这样的单位就形成一个村子；一批这样的村子就形成一个省。这样，法国国民的广大群众，便是由一些同名数相加形成的，好像一袋马铃薯是由袋中的一个个马铃薯所集成的那样。既然数百万家庭的经济条件使他们的生活方式、利益和教育程度与其他阶级的生活方式、利益和教育程度各不相同并互相敌对，所以他们就形成一个阶级。由于各个小农彼此间只存在有地域的联系，由于他们利益的同一性并不使他们彼此间形成任何的共同关系，形成任何的全国性的联系，形成任何一种政治组织，所以他们就没有形成一个阶级。"① 换句话说，行动、思想方法和生活方式的一致是一个社会阶级的实在的必要条件，但光有这一条件还不够。作为一个阶级还必须有一致的意识和有别于其他社会阶级甚至敌视其他社会阶级的感情。严格地说，分散的个人只有在进行反对另一个阶级的共同斗争中才能形成一个阶级。

综观上述文章，我认为这些文章所提供的不是一种完整的、可以传授的阶级理论，而是一种相当清晰的政治—社会学理论。

马克思的基本思想是雇佣工人与资本家的根本利益矛盾。他还深信这种矛盾支配了整个资本主义社会，矛盾的形式随着历史的演变而日趋简单。

但另一方面，作为历史实在性的观察家而且又是一个杰出的观察家，他像任何其他人一样认为社会集团是众多的，从严格的意义上来说，阶级不能混同于任何一个社会集团。除了生活的共同性外，它还要求在全国范围内意识到这一共同性，并有为组成某个集体而共同行动的愿望。

在这一点上，人们懂得为什么在马克思眼中实际上只有两大阶级。这是因为在资本主义社会里只有两个集团真正代表着社会之所以成为社会的矛盾方面，真正具有一种政治愿望和特定的历史愿望。

工人和生产资料所有者标准不同，这是人们可以想象或可以看到的。这些标准已经混淆不清了。产业工人有着特定的生活方式，这种生活方式与他们在资本主义社会中的命运有关，他们意识到必须团结一致，必须对别的社会集团持对抗态度。因此，从整体上来说他们是一个社会阶级。这个政治上和历史上的定义是由他们与资本家根本对立的独特意志所决定的。这并不排除在每个阶级内部还有一些小的团体的存在。更不排除那些尚未被历史悲剧的两大主角兼并的团体存在。但是随着历史的发展，商人、小资产者、旧的社会结构的幸存者等这些外部和边缘集团将不得不要么加入无产阶级的行列，要么加入资本主义的行列。

在这一理论中有两点是含糊不清、可以讨论的。

马克思在开始分析时对资产阶级的上升和无产阶级的崛起是等量齐观的。在最初几篇文章里，他是把第四等级的降临当作与第三等级的上升相同的事情加以描述的。资产阶级在封建社会内部发展了生产力，无产阶级以同样的方式正在资本主义社会内部发展生产

---

① 《马克思恩格斯选集》第 1 卷，693 页，北京，人民出版社，1972。

力，但是我认为这种类比是错误的。想无视这两种根本不同的情况是需要有政治热情同时也需要才干的。

资产阶级，无论是商业资产阶级还是工业资产阶级，当它在封建社会内部创造了生产力时，确实是一个在旧社会内部形成的新的社会阶级。但无论是商业资产阶级还是工业资产阶级，虽然它在社会上起着不可缺少的作用，不过是一个享有特权的少数人的集团。它像经济贵族反对军事贵族那样反对封建统治阶级。人们懂得这个历史上的新的特权阶级是怎样在封建社会里创造新的生产力和生产关系，又怎样使封建的政治上层建筑崩溃的。在马克思眼里，法国革命就成了资产阶级夺取政治上处于领导地位的封建阶级残余所拥有的政权的时刻。

与此相反，在资本主义社会里无产阶级并不是一个享有特权的少数人的集团，而是不享有特权的大批劳动群众。它在资本主义社会里并不创造新的生产力和生产关系，工人只是资本家或技术人员领导的生产方式的执行者。

因此，把无产阶级的崛起与资产阶级的上升进行类比，在社会学角度上来说是错误的。为了在资产阶级上升和无产阶级的崛起之间建立等同关系，马克思主义者只得使用别人用过的、又被自己反对过的方法：虚构。为了对无产阶级的崛起和资产阶级的上升进行类比，恰恰相反，应当驳斥操纵政党的少数人并和无产阶级一起承认自己是无产阶级。

换句话说，为了最终保持资产阶级的上升和无产阶级崛起之间的类似性，列宁、斯大林、赫鲁晓夫、勃列日涅夫和柯西金都先后应当是无产阶级。

在资产阶级这一方，资本家是特权享有者，是他们操纵着商业和工业，并占着统治的地位。当无产阶级起来革命时，却是那些自称为无产阶级的人支配着工商企业并行使权力了。

资产阶级是一个享有特权的少数人集团，它从社会上的统治地位进而行使政治权力。无产阶级是不享有特权的广大群众，这样的群众是不会变成享有特权并占有统治地位的少数人集团的。

我在这里并不想对自称资产阶级的制度或自称是无产阶级的制度各自的功过作任何评价。我所想说的只是，因为在我看来，这些都是事实，无产阶级的崛起除非是神话，否则是不能与资产阶级的上升相提并论的。把这两者进行类比显然是马克思历史观上的一个最大的错误，其后果也是严重的。

马克思曾经想用什么阶级执政这种只有一个意义的方法为一种经济、社会和政治制度下定义。但是这样的定义是不足取的，因为它必然会在表面上把政治简化为经济，或把国家简化为社会集团的关系。

（葛智强　胡秉诚　王沪宁　译）

存在主义化的
马克思主义①

上星期，我涉及略带技术性的研究，今天我就专门来谈谈这个问题，我想指出在对历史命题的哲学或认识论阐释与这些命题借助于此种元科学所获得的意思之间有着多么紧密的联系。

今天我选的例子是存在主义战后对马克思主义的重新阐释，下周将探讨与人道主义和存在主义对立的流派对马克思主义的解释，该流派以阿尔都塞为主要代表，有时被人们称之为结构主义。

我跟你们提到过马克思主义的一些主要命题：马克思主义主要分析资本主义体制的运行方式，其分析指出这一体制内部的矛盾。几乎可以不带丝毫贬义或批评意味地说科学社会主义实质上是资本主义的科学。这句话看起来自相矛盾，却与马克思的文章相符，因为马克思自己从没打算详细描写代表未来的社会主义制度，可能在

① 选自《论治史》，北京，三联书店，2003。

他的眼中，社会主义的到来不可避免，但其形式到底如何难以确定。以上矛盾将导致制度瘫痪，引发革命风暴。借助革命风暴，资本主义制度的矛盾导致了社会主义制度的建立，生产工具的私有制被消灭，被集体所有制所取代。另一方面，马克思专门研究英国的情况，我向你们提示并列举过一篇文章，因为英国在他的眼中是最好的例子：这是一个最纯的资本主义制度，根据科学方法，分析一个制度时观察它的最佳案例，即完满地表现出这一制度主要特征的案例，这是完全合法的。

马克思从普遍意义上区分出下层建筑，一般来说，它是支配整个社会生存的生产物质条件："不是人类意识决定人类存在，恰恰相反，他们的社会存在决定他们的意识"，这是引自《政治经济学批判》前言中的一句话。最终，是生产力与生产关系之间的矛盾导致了阶级斗争，导致了历史运动，这一运动把资本主义引向社会主义。

以上是我们人人都了解的不同命题，据我所知，为了准确地理解这些命题，一共有二到三个不同的认识论阐释。

第一种阐释，是第二国际，也可能是第三国际中最经典或最正统的阐释，它便是俄国批评家在评论《资本论》时写下的，马克思赞同并再次引用的阐释。根据这一阐释，马克思主义或马克思理论阐明了类似自然科学规律的历史演变的规律，这种阐释是一种对人类演变或对资本主义制度转变为社会主义制度的唯科学主义的和客观化的阐释。这一阐释的内部问题是：资本主义制度走向社会主义制度的规律是一种宏观历史规律，它指一种整体运动。然而，从表面上来看，物理或化学规律——自由落体规律，万有引力规律，所有那些对科学的某一独立体系有效的规律——与资本主义变为社会主义这样的宏观历史规律之间有着本质上的差别。

第二种阐释来自第一种阐释，但没有前者那么教条：此处所表述的并不是类似科学规律的宏观历史规律，而是现代社会的草图，从资本主义到社会主义的草图，代表着我们口头上所说的历史主线这样的东西。这将是现代社会的主要特征：马克思观察英国的资本主义制度的运行，并没有否认这一制度在各不同国家会有不同的形式。他看出了建立在生产资料私有制和市场无政府状态之上的经济制度的基本特征，并得出以下结论：总有一天，这种制度将因其内部矛盾和劳动群众的苦难而瘫痪，这一制度将被建立在生产资料集体所有制之上的另一种制度取代，计划经济代替市场经济。此处与其说是科学意义上的规律，还不如说是一种整体上的演变前景。这种阐释使得马克思主义的主要命题与我们在汤因比那样的作家那儿见到的命题接近起来。

最后，还有第三种阐释的可能，这种阐释试图融合以生产力与生产关系的矛盾为主的阐释和以阶级斗争为主的阐释。因为，从表面上看马克思主义有两种不同的版本：生产力与生产关系的矛盾呼唤一个对历史的客观化阐释；反之，参照阶级斗争和被剥削阶级在革命中的决定性作用，我们就来到了人和人的行为上。生产关系与生产力的矛盾，阶级斗争，关于它们之间关系的最令人满意的说法大概是这样的：在生产力发展的某一时期，生产力陷于瘫痪或与生产关系发生矛盾，即与生产工具的私有制和由它产生的分配方式发生矛盾。这些矛盾表现为更尖锐的阶级斗争。从资本主义的本质中产生出对资本主义的判决，主导的阶级——无产阶级，以阶级斗争的方式执行这一判决。

以上是三种对马克思主义的阐释，三种正统的阐释。还有很多其他阐释：黑格尔马克思主义，康德马克思主义，浸透分析哲学的马克思主义……以上三种是最简单的。现在回到我今天要讲的主题，即存在主义的再阐释。

存在主义者们，即萨特和梅洛－庞蒂，他们又在干什么？我以为他俩想做的事可以简述如下：梅洛－庞蒂和萨特都源自现象学，受到胡塞尔的影响。他俩都用萨特语言中的"意识"或"自为"作为起点，或者用他俩词汇中的"境遇中的人"作为起点。换句话说，他们把意识哲学作为起点，想找回我前边简述过的马克思主义基本命题。

对他们来说，问题大概是这样的：从意识哲学或个体意识哲学出发，人在什么样的条件下才可能找回马克思主义基本命题？——这似乎需要一个对历史演变的客观化阐释。这就是他们一心想完成的任务，在梅洛－庞蒂的两本书《人道主义与恐怖》、《辩证法的遭遇》中，你们可以看到他的主要述说。至于萨特，他经常重提这个问题：他的两篇主要论文是发表在《现代》杂志上的系列文章《共产主义者与和平》和《辩证理性批判》，后者是一部重头著作，一种综合，他尽力在其中彻底地调和存在主义与马克思主义。

他们二人都始于一种意识哲学和现象学哲学，因此他们拒绝把客观化的社会现实作为研究的出发点，拒绝把社会现实看作一个客体。另外，他们不能接受把历史规律看作是类似于自然规律的东西：事实上，如果把马克思主义表述为类似于自然科学规律的东西，那么一边是对历史演变的物化和静态化，另一边是被存在主义和现象学哲学理所当然地放在首位的意识，二者之间必然产生矛盾。因此，他俩用来重新阐释马克思主义的命题可以简述如下：

（1）他们两人都把主观性放在认识论的首位，认为主观性在认识上是第一性的。我补充一点，在萨特理论的骨子里，主观性、意识、实践活动，或具有主观能动性的人在本体上总是第一性的。总之，不是意识决定现实而是社会存在决定意识这种说法，他俩谁也不会接受。他们最不能接受的，就是决定这个词：因为，如果说社会存在决定意识，那就意味着意识的不自由。这显然与萨特哲学的基本原则相矛盾。然而，虽说萨特和梅洛－庞蒂他们谁也不能接受决定这个动词或概念，他们却承认在意识与环境之间有着某种相互作用：我们每个人都从他所处的环境出发去思考世界；这一环境刺激我们的意识，促使它以这种或那种方式去思考。他俩谁也不能接受的是用决定这个词取代刺激或促使，因为后边的词保留了人的自由，而决定却剥夺了人的自由。

（2）在萨特和梅洛－庞蒂那里，这个认识观上的第一性（意识先于客观现实）延伸为本体论上的第一性。这意味着，历史真实性在本质上是由有思想的、能动的人构成的，或者，历史是人的历史，思想的历史，人类行为的历史，是由或多或少被人化了的——相对于人而言具有了意义的——事物所构成的历史。事实上，如果你们在这间房里或旁边的街上散步，社会在你们的眼前表现为两种外在的形式：一是人，你们碰到的人，你们多少理解的人；二是所有的事物，带有人类意志与思想烙印的事物。所有的房屋都是有人性的东西，它们是人的作品，它们作为用具，作为我们生存的方式，对我们有意义。因此，包括那些经常性地出现在人间的东西其本身都带有意识的印记，带有创造它们的意识的印记。准确地说，那些混杂在人之间并构成了历史真实性之布纹的事物之所以成为有意义的存在，是因为它们是人类意愿的产物。人们可能会补充说，如果事物被人化了，那么人就被物化了，因为人成了自己所造之物、自己的生活所依赖之作品的奴隶。

（3）萨特和梅洛－庞蒂两人都同意在境况与主观间有着一种辩证关系：因为我感知我的境况如此，所以它如此存在。"感知"一词是梅洛－庞蒂的用语。用萨特的话说，我观察的境况之所以如此存在是因为我的"计划"（projet），计划是《存在与虚无》中的用语；若用《辩证理性批判》一书的语言，则是我的境况之所以存在是因我的实践活动。换种说法：如果我站在夏莫里山谷里，我所看到的山会因我是年迈老人或职业导游而生出不同的意义。老人无力爬山，只能限于回忆他能够爬山的年代，对导游来说，山不仅是个攀登的高度，还是一个给他提供生活来源的手段。或者说，我所看到的事物只能根据激励我的意图或我想完成的计划而生出意义。用萨特的话讲：境况因我的"计划"而存在；唯有当我从现实起飞，唯有当我改变自己映射在境况之上时，境况才存在。

总之，这一由行为、思想、计划所组成的人类历史世界同时也是由意图和具体计划构成的，事物和体制不过是一种准自然的东西，一种必将囚禁我的准自然现象。"意识的物化"是《历史与阶级意识》的年轻作者卢卡奇偏爱的一个说法，存在主义者重提这一说法表明了这样一个事实：据萨特的观点，意识是自由的，完全自由的，但它只能生活在他人所造世界的牢狱中。意识被物化或异化。意识是自由的，但只是处境中的自由，它命定要承受部分现实，变为客观后的现实禁锢着意识：外界的现实化为意识的一部分，结果，意识内化了周围环境的价值与约束，它不再是完全自由的了，它被异化和物化。

这一经典的分析，把马克思主义带回到它的起源黑格尔那里：意识外化为客观现实，在历史进程中，它不断被异化，一直到它的奥德赛旅行的终点，它将完全内化整个客观化整体或可能出现的异化整体。这就是萨特和梅洛—庞蒂试图用来重新阐释马克思主义的哲学思想。

至于萨特与梅洛—庞蒂之间的论战，那是针对两个特殊的对象。首先，梅洛—庞蒂的第二本关于马克思主义的书《辩证法的遭遇》曾导致了一种半论战势态。在该书中，梅洛—庞蒂与共产党拉开了距离，他拒绝承认共产党的历史特权，虽说他在第一部论著中曾给予它这一特权。他拒绝承认共产党和无产阶级是等值的。因此便发生了一场政治争论：对共产党应持什么态度。对这一争论我将尽量不谈。

萨特与梅洛—庞蒂论战的第二个方面集中在下列问题上：什么才是境况与意志之间的准确关系？是否像梅洛—庞蒂希望的那样，在境况与行动之间有一种关系密切的辩证法？受到客观对待的境况和我作出的决定是否完全是两回事？这个争论对不精通哲学的人来说是非常晦涩的，它是一种半哲学性质的争论，可表述如下：共产党与无产阶级境况具有何种关系？梅洛—庞蒂批评萨特无中生有地把意志作为绝对决定，批评他赋予党而不是无产阶级一个过分的特权，西蒙娜·德·波伏瓦回击了梅洛－庞蒂。这两个争论，一个争的是对党的关系，另一个争的是境况与决定之间的辩证关系的准确形式，但其实它们共有一个目标：从现象学—存在主义哲学出发，重新找回马克思主义的基本主题。

那么，他们是如何曲折地找到我所说的阐释学传统的呢？即找到知性思想或阐释思想传统的呢？首先，他们两人都重新捡起了阐释学传统的本原主题，这一主题可追溯到维科，在黑格尔那里获得了最纯正的表现，即：人处在历史世界之中，他是这世界的创造者，这世界因他而诞生，但同时这外部世界又被重新引入、注入观察者的意识。历史真实性由主观和实践活动、由计划和意识感知所构成，这一定义本身所导致的结果就是让存在主义重新找回阐释学传统的基本原理。由此出发，他们还重新找到了阐释学解释历史认识的另一个主要思想，即：我们每个人都从自己的境况去思考经历的历史。于是，在现象学—存在主义与马克思主义的关系上便出现了两个主要问题。

（1）如果所有对历史的知觉或知性都是阐释的结果，都取决于阐释者的处境，那么阐释与感知的真实性来自何处？事实上，设定每个人都根据他自己的境遇去体验历史，或从他所处的位置去阐释历史世界，这难道不是把历史真实性消解在感知的多元性之中吗？就定义而言，每种感知都有价值，因为每种感知都与观察者的境况不可分。然而，对一个假设整体历史之阐释具有真实性的哲学来说，就很难接受以上的感知多相主义。

（2）第二个难题表现为第一个问题的翻版：如果每个人都赋予历史一个意义，那么何来历史的唯一意义？如果资产者给历史一个意义，无产者给历史另一个意义，众多的意义与众多的观察者和众多的阶级联系在一起，那么某一种阐释或某一种感知的真实性建立在什么之上？

很明显，把个体意识作为首位的本体和认识，这就是现象学存在主义根本难题的起源。存在主义者用一系列亲身体验消解了历史真实性，于是就面临着寻找整体之真理的问题。参照原文，我可以认为梅洛－庞蒂和萨特都倾向于接受历史主体对历史的阐释无客观性的观点。

举一个例子，越南的例子。人们可以这样来阐释这场战争：南北统一，越共或北越为统一而兴正义之师。但有人却认为越南的分裂与德国和朝鲜的分裂一样是自有其道理的，因此，北越部队踏上南越的土地，那就是侵略。对越南战争的相互矛盾的阐释决不是因为各有各的信仰。在我全年收到的信中，各种各样的阐释都能见到：都是些自认为有良好意愿的人，但由于先设不同，他们所感知的同一个历史事件的意义便完全不同。如果我们暗指这场或那场战争之现实，我们完全可以说有一个客观的真实性，但叙述或阐释历史就不能不给事件一个意义：于是事件的意义会因人而异。这一历史感知的多相主义决不意味着历史认识——作为科学认识——的多相主义。这个问题我放在后边谈。但就梅洛—庞蒂和萨特二人而言，我觉得他们似乎都认为在历史主体对历史的切身体验与史学家对过去的认识之间有着一个基本的同质性：据他们看，历史主体对历史事件的实际经验与史学家对过去历史的阐释属于同一个性质。然而，如果假定在历史的实际经验与史学家对历史演变的重构之间有着同质性，那么就不可避免地要承认对过去重释的多样性，接着，在多视角的相对主义——存在主义历史阐释的特征——与马克思主义基本命题之间似乎也出现了一个矛盾。于是便有了以下问题：萨特和梅洛—庞蒂对历史经验的阐释导致了视角的多样性，从多样性出发，萨特和梅洛—庞蒂如何重新找回历史演变的唯一真理这样的东西？

在梅洛—庞蒂那里，答案毋庸置疑：他在《人道主义与恐怖》一书中对该问题进行了表述。书中他承认历史感知或历史体验的相对主义，同时又补充说，历史唯有引导我们实现他所谓的"真正的主、主体关系"①，方能显示出意义。如果你们想要一个更富哲学意味的解释，可以说，只有当历史导致了人与人之间的相互承认，历史才显示出意义。正因为共产主义运动通向这一相互间的承认，所以历史表现出一种合理性。因此导致选言命题：要么建立在无产阶级经验上的共产主义通往"真正的主、主体关系"，要么历史没有意义，它是荒诞虚妄的。此话还可以说得更简单一点：要么马克思主义在将来为真，要么历史毫无意义。换言之：或者马克思主义在将来为真，或者，用莎士比亚的话说，历史是一个傻瓜的连篇废话和疯话，毫无意义（《麦克白》，第五幕，第六场）。

通过这么一转弯——无产阶级作为唯一的普遍经验，借助无产阶级运动实现"真正的主、主体关系"，梅洛—庞蒂便赋予历史一个意义，避开由多样、多元的历史主体给予他们实际经验的多种意义，描画出多种意义归于一个统一意义的条件，这一意义的统一就是

---

① 亦可译为"主体之间的关系"。——译注

"真正的主、主体关系"的实现。

说到这里，从自由意识的彻底的个性论立场出发，梅洛－庞蒂（萨特也一样）不可能找回决定论与预见性。他们不可能找回一个具有决定论的马克思主义，也不能找回对未来的预见，因为预见未来要求人有一个被决定的命运，可他们二人都想拯救意识的自由。他们完全可以用马克思主义的术语说：要么共产的无产阶级运动导致人对人的承认，要么历史毫无意义（不是社会主义就是野蛮剥削）。另外我们还想弄明白，为什么是在 20 世纪，即不是在 21 世纪或 22 世纪中，而是在 20 世纪中，这个问题必须最终被确定下来：他们找不回来的是客观化的决定论，因为只有这种决定论才允许预见未来。

此外，在梅洛－庞蒂的分析中还有个难题：由众多主体看到的历史不会只有一个意义，而是有多个意义；然而，人们不见得会满足意义的多样性这种说法。

不管怎样，与正统的马克思主义或马克思的马克思主义相比，存在主义化的马克思主义不包含历史规律，不包含也不可能包含整体决定论，最终甚至不能用大写的历史来论历史，因为大写的历史意味着在时间长河中有一个或多个确定的演变方向。无论存在主义者作多大努力从对立的灵感去寻找与马克思主义等值的原理，他们的成功总是有限的：他们永远不可能找回客观化的历史，有规律的历史，总之就是决定论。在梅洛－庞蒂或萨特那里，有一种"准客观化"，由凝结成体制的人类行为所创造的一种"准本性"，一种环境对意识的"准决定论"。我总说："准决定论"，因为环境起到的是刺激和促进的作用，它并不决定，只有这样，萨特意义上的自由才能得到保障。

到末了，只剩下梅洛－庞蒂的一个抽象概念："真正的主、主体关系。"至于萨特，人们在《辩证理性批判》中看到一个类似于梅洛－庞蒂的说法，即每个人都应该把对方看作主体，承认他的计划。萨特有一整套进行客观化的辩证法：别人的眼光把我化为客体，我的眼光也把别人化为客体。因此，意识与意识之间在相互客观化，一个意识永远不可能拥有另一个意识，因为它拥有的仅仅是另一个被客观化了的意识。《辩证理性批判》中构思了一个克服这一未经限定的辩证——意识只能抓住客观化的对方，于是也就用自己的眼光或行为异化了对方——的草案：人与人在行动中相互合作，通过合作来重新认识对方的计划。

这一去掉了决定论的马克思主义更像是阶级斗争的马克思主义，

而不是生产力与生产关系的马克思主义。萨特与梅洛－庞蒂从未分析过生产力与生产关系的问题：萨特重新捡起的说法是物质条件一般说来从整体上决定社会生活；至于梅洛－庞蒂，他在《人道主义与恐怖》和《辩证法的遭遇》这两本书中可以说是完整地引用了阶级斗争的马克思主义，但没有引用生产力与生产关系的马克思主义——这十分正常：主观性的马克思主义必然是阶级斗争的马克思主义，而不是生产力与生产关系的马克思主义，即客观化的马克思主义。

如何从阶级斗争过渡到给予历史一个意义？梅洛－庞蒂为了做到这一点借用了年轻马克思的话：无产阶级本身是一种具有普遍意义的经验。马克思在《黑格尔法哲学批判》导言这篇名文中写道：无产者，正因为被剥夺了一切特殊性，所以他变成为普遍的。梅洛－庞蒂采纳了无产者本身具有这种内在普遍性的提法，这就保证了无产阶级在行动上较其他阶级优越，给予共产党或无产阶级政党一种特权。

对马克思主义重新进行存在主义阐释是黑格尔派马克思主义的表现形式之一。我认为，是卢卡奇于1923年在他的《历史与阶级意识》一书中第一次表述了黑格尔派马克思主义的一些主要思想。卢卡奇很有天分，早在他的文章被世人全面了解之前，他就已经重新找到了年轻马克思的一些思想。这一黑格尔化的马克思主义1933年前在德国非常流行，而现今依然存在的法兰克福学派就是它的一个变种，法国的存在主义化的马克思主义也是如此。奇怪的是，属于法兰克福学派的马库泽（Marcuse）——1933年希特勒上台前我在德国就认识他——35年后竟然对上了年轻一代的胃口，前几年竟成了前卫知识界的英雄，他把弗洛伊德和马克思糅在一起，具有标准地道的魏玛德国的气息。

把马克思主义与存在主义、与一种意识哲学结合起来，这意图本身并不会引起轩然大波，但梅洛－庞蒂在谈论法国的清算运动和莫斯科审判时阐述了这一哲学，情况就不一样了。《人道主义与恐怖》讨论了法国的清算运动和莫斯科审判，在这种对马克思主义的重释与关于政治法庭的辩论之间有什么联系，我将试着给你们说明。顺便讲一句：有一个时期，在欧洲只要谈论莫斯科审判就会受到怀疑。但自从赫鲁晓夫在苏共第二十次大会上做过报告之后，对审判与招供的过程在某些方面有了一种官方认可的说法，因此，在今天我们完全可以平心静气地讨论这个问题而不受到任何怀疑。

法国的清算与莫斯科的审判完全不同：如果梅洛－庞蒂把法国

的清算运动与莫斯科的审判连在一起，那是因为在这两件事中他都找到了自己的基本主题，即历史的模棱两可，未来的不确定性和个人的责任。至于法国的清算运动，问题曾经是而且一直是下边这个问题：什么是政治法庭？是否有一种不进行秋后算账的政治法庭？困难在于：在1940年与1944年期间，至少是在1940年与1942年期间，法国有一个与其他政府一样合法的政府，因为它是由国民议会委任的政府，由于我们可以确定它的合法性，所以它可能是合法的。对那些按合法政府命令行事的人如何定罪？如何根据法律追溯以往的罪行并宣布过去的合法政府为不合法？事实上，这个问题在法律上无法解释，因此，被审判的人会觉得自己被判罪是不公正的，在这种情况下的法律是一种追溯过去的法律。国家被占领，政府与临时战胜者签订了停战协定，而战争还在继续，在这种情况下，什么叫作与敌人暗中勾结？审判与判决不可避免地引起了无休止的争议。可梅洛－庞蒂只想从中得出以下结论：因为历史是不确定的，人只能自己管自己，对自己的决定负责，历史意义含糊不清，一个无犯罪之心的决定，在后来很可能被历史定为有罪。

至于莫斯科的审判，问题又不一样了。对于1936～1938年间的耸人听闻的审判中苏联高级领导人所做的供词，西方有各种各样的阐释，现在有了赫鲁晓夫的报告，我们就可以对这些阐释进行评论了。对于这些审判，欧洲人是怎么阐释的呢？我说的"莫斯科审判"是指加米涅夫、季诺维也夫、布哈林、李可夫等一批第一代苏共高层领导人认罪、被判死刑、也许被枪决等一系列审判案。在西方，阐释者分为三派，各有各的道理：

（1）一些人就事论事地认为他们的供词或他们供认的事实不会有假，这类人说：他们如果没有组织反党小集团，他们就不会承认；既然他们承认了，他们就肯定做了。这是当时最正统的解释，至少在某些阶层中如此。然而，这一阐释遇到某些困难：在所供认的事实中，某些事情据说是发生在苏联境外，但经过核实，人们却发现并不是那么回事。避开这个难点不谈，第一种阐释不外乎是罪犯承认了他们的罪行或错误。

（2）第二种阐释是要寻找和分析让被告们最终承认莫须有罪行的思想机制。

（3）第三种阐释说，被告们只是些反对派（有的甚至不是），但出于这种或那种原因，斯大林决定清除他们。

梅洛－庞蒂所做的并不见得有多出格，有多耸人听闻：他试图阐明使被告们最终承认莫须有罪行的心理—思想机制。一个并非是必不可少的隐含假设，就是他们自愿认罪，可后来赫鲁晓夫却说没犯罪的人不会自愿认罪。不管怎么说，只要想寻找这中间的心理—思想机制，就免不了假定他们的认罪至少在某种程度上是自愿的。

然而，让没罪的人承认自己有罪的机制一点也不神秘：要阐明它，只须记下维琴斯基（Vichynski）与布哈林之间的最后对话，在对话中，布哈林自己便指出了有可能促使他认罪的机制。事实上，只须说一个反对派的行为常常使他像是政权的敌人，他反对当权者，有时便会对政权——他也接受其原则的政权——产生危害；还可以说，一个反对派如果想取胜，必然会寻求外援。换句话讲，只须肯定一个反对当权者的人会像政权的敌人那样活动，而既然他像政权的敌人那样活动，那么他就是政权的敌人，如果他是政权的敌人，就会不择手段地去推翻政权。根据这种解释，反对派就会与希特勒德国结盟，变成盖世太保的特务，试图推翻他反对的政权。

这种机制，我把它叫作连锁的对号入座，就是从"好像"（comme si）过渡到事实，去想象在连锁的最后一个位置上反对派有可能干什么。这就是梅洛—庞蒂分析的机制。我指出的机制中还缺少一个环节：还应给出一个理由，解释为什么一个反对派作为革命家会同意蒙受耻辱，承认与政体的敌人有勾结。用两种方式可以越过这一障碍。第一种就是利用布哈林本人的自白：在监狱中，想到自己的命运，发现离开了党，离开了革命运动，自己就不再有生命。第一批革命者都是信仰坚定的政治家，对他们来说，真正的生命就是政治生命。一旦剥夺了他们的政治身份，他们便什么也没有了。因此，他们想在他们所属的并为之献身的革命运动中坚持到底。所以他们同意为革命做出最后一点可能的贡献，把自己变成革命的神风飞行员，也就是说，他们用精神上的自杀来为党做点最后的贡献，象征性地表明即使他们有错，他们也没有离开革命运动，他们把整个生命都献给了共产政体。这样，我们在他们的认罪态度中便找到某种自愿半自愿的东西。

在当时，这一并非十分出格的阐释遭到了愤怒的谴责，某些人认为这是在为审判辩护。然而，我们不能说梅洛—庞蒂真想为审判辩护，实际上，他只是想找出某类思想机制，能够解释无罪者为何认罪；他寻找的是一种不用施压或酷刑的机制，大概就是赫鲁晓夫本人简要地提到过的那种机制。引起愤怒的第二个原因是梅洛—庞蒂想从个人意识哲学入手去重新找到马克思主义，我刚才说过，他的方法是把马克思主义、无产阶级运动与历史理性视为同一。结果他似乎使他所有的读者们陷入绝境：要么接受那个导致了被今人称之为个人崇拜的运动，要么被迫承认历史没有意义。

除此之外，《人道主义与恐怖》还是对克斯特（Koestler）的反驳，克斯特在《零与无限》一书中对招供给出了在本质上相同的阐释。《零与无限》中的主人翁茹巴乔夫很像布哈林。梅洛－庞蒂与克斯特之间的区别多少有点滑稽。克斯特与梅洛－庞蒂不同的就是历史被他客观化，成为强加给人的一种外在现实：或者历史导向社会主义，或者历史没有意义。在梅洛－庞蒂的眼里，克斯特是一个坏马克思主义者，因为在他的理论中一边是客观化的历史，另一边是意识，意识孤立无援地面对着客观无情的历史。在梅洛－庞蒂看来，克斯特错就错在他想让人人都陷于"不当警官就练瑜伽"的境地，或者选客观化的历史，或者选孤独的意识。然而，在梅洛－庞蒂的眼中，马克思主义的本质就是环境与决定之间的永无休止的辩证。令人奇怪的是，梅洛－庞蒂对审判的阐释与克斯特的在本质上是一致的，但他用存在主义、现象学重释了马克思主义，并依靠这种阐释与克斯特进行了长期的论战：他想说明一个永无休止的辩证关系，说明准客体与决定之间的纠缠不清的关系，这一关系能避免客观化历史与个体意识势不两立的局面，这种局面同样也出现在萨特的哲学论述中。

我给你们读几行《感知现象学》，梅洛－庞蒂的存在主义化的马克思主义的中心主题在其中得到了表述，这时他已经与萨特相对立了。这段文字在《感知现象学》的末尾："只要我们把自为与自在放在对立面，没有任何中介，只要我们没察觉到在我们和世界之间存在着某种主观性的自然草图，没察觉到这一建立在自身之上的先于个人的时间，我们就需要某些行为去承载这一时间的涌现，呼吸本能与精神决定，保命与创新，一切都是同等性质的选择。对我们而言，意识只有对自身诞生的事件，对使自己成为下层基础的事件避而不谈，才能赋予自己这个普遍构造的能力。一种意识，对它而言世界是'理所当然的'，'已经构成的'，世界甚至就现身在意识之中，这种意识绝对不可能选择自身的存在，选择自身的存在方式。"

我重复一遍这句话："一种意识，对它而言世界是'理所当然的'，'已经构成的'。"——这就是我们每个人的意识已处的状况，"这种意识绝对不可能选择自身的存在，选择自身的存在方式"。这就是与个人的绝对自主选择权相对立的东西，这个绝对自主选择权是第一阶段（也可能包括第二阶段）的萨特的特征。什么是自由？是诞生，生自世界并生在世界。如果说这世界已经构成，它的构成永远不会完成：在第一层关系下，我们受到刺激，在第二层关系下，我们面对无穷的可能性。因此，永远不会有决定论，永远不会有绝对的选择。我永远不是物，意识永远不是赤条条的。以上引用的这段话道出了梅洛－庞蒂思想的标准特征，模糊哲学的特征：没有绝对的选择（意识诞生时已是半成品），没有决定论。

另一段文字："在1938年的审判中，个人的惨状被抹去，浮现在人们眼前的是与人类行动的最普遍结构连在一起的剧情，一种真正的悲哀，即历史偶然性的悲哀。无论有多么良好的意愿，人在投入行动时无法准确地把握自己行动的客观意义，他给自己构造一个未来的图景，这个图景只能靠概率来证实，这个图景实际上是在祈求未来，但他却可能为这一行动而被定罪，因为事件的结果不会是模棱两可的。一种无法完全预料的辩证过程会把人的意图变为其反面，但是，我们必须当机立断。"稍后一点，他又说："分裂不再是人与世界的分裂，而是人与自身的分裂。"梅洛－庞蒂用一种在今天看来有点像是嘲弄的口吻总结道："这就是莫斯科供词的全部秘密。"我认为，梅洛－庞蒂把精妙的哲学当作对莫斯科审判的唯一解释是个错误。不过我再给你们念一段："只要下层基础尚未建成，就可能有感到不幸的意识，反对派重新聚集到反对阵营中，与其说是出于自发还不如说是出于自愿，他们共同努力重新占领他们的位置。莫斯科审判中的供词仅仅是一些写给中央委员会的表示服从的信，写这种信在1938年是苏联日常生活的一部分。仅仅对于那些不了解马克思主义政治中主、客观关系的人来说，招供才是神秘难测的。"

梅洛－庞蒂的这段话也太玄妙了。招供神秘难测，可我们今天更清楚地知道这还有其他原因；另外，梅洛－庞蒂所谓的"马克思主义政治"中的主、客观关系，不过是存在主义化的马克思主义中的主、客观关系。我可能离存在主义化的马克思主义近一些，离正统的马克思主义远一些，但我不敢肯定一个关于主、客观关系的思考可以化解莫斯科的审判中的所有秘密。

剩下来要看的便是——这也是我要讲的——从某种哲学态度出发的对马克思主义的重释如何走向了战后第一阶段的存在主义化的马克思主义。

（冯学俊　吴泓绉 译）

客观化的马克思主义①

上周，我试着简述了梅洛－庞蒂对马克思主义基本思想的重释，说明他从中找到了什么，或者他认为找到了什么。他找到的主要是无产阶级理论，即马克思在《黑格尔法哲学批判》的前言中着重论述的无产阶级理论：梅洛－庞蒂从无产阶级理论出发，指明了一个方向，历史沿这个方向发展才有意义，也就是说，历史最终应达到这样一种状态，该状态证明了人类十字架之路的必要性。当他所说的"真正的主、主体关系"实现时，或者，用黑格尔的话，当"人对人的承认"实现时，历史的意义就完成了。

主、客观间的辩证，亲身经历的历史和客观化的历史之间的辩证，梅洛－庞蒂认为，要想让整体历史具有合理性，就离不开这一辩证。他把上述辩证归功于马克思本人，并谴责克斯特是个"坏马

　① 选自《论治史》，北京，三联书店，2003。

克思主义者",没弄懂这一辩证,因为《零与无限》一书中的主人公茹巴乔夫对它一窍不通,最后拜倒在唯科学主义的诱惑下。

大家还记得我引用过的那句话,它说明梅洛－庞蒂认为"莫斯科供词的全部秘密"都藏在主、客体关系中。这儿另有一段文章,非常清楚地阐明了梅洛－庞蒂阐释马克思主义时的这一基本主题:

"……因此,自在的历史(应理解为客观化的历史,历史就像一件实物和一个自然现实一样)① 对我们来说什么也不是。克斯特并没有得出应抛弃实在论神话的结论,他仅仅把实在论投射向未来,等待那个幸福的日子,到时我们将能通过确定的科学全面认识历史;至于我们的分歧和冲突,他根本不管。在遥远的将来,科学将有能力清除我们判断中的主观成分,建立一种表征,完全客观地反映我们与历史的关系。'只要没达到这一程度,政治将永远只能是血腥的癖好,纯粹的迷信,可恶的巫术。'这将是一个赌注。'在等待期间我们必须行动,所以就赊欠,把灵魂卖给魔鬼以期得到历史的宽恕。'"就这一点,梅洛－庞蒂又说:"马克思主义发现我们对历史的认识不可避免地带有偏见性,因为每个意识都定位在历史中,但马克思主义并没有因此而得出以下结论:我们被封闭在主观中,一旦我们想走出主观性就会成为妖术的俘虏,马克思主义跨越了科学认识及其无人称真理的梦想,为历史真理找到了一个新基础,这个新基础就在我们生存的自发逻辑中,在无产者对无产者的承认中,在革命的有效扩展中。其理论就建立在以下的深刻思想上:人的种种见解是非常相对的,但除此之外别无他物,也没有任何命运,所以人的见解也是绝对的。"

这一对梅洛－庞蒂口中的马克思主义真理的概述,其实是对他自己思想的忠实表述。实际上,我觉得很难说:(1)马克思认为对历史的见解是已经定位的,有偏见的。(2)马克思本人不相信历史有客观真理。在任何情况下,无论是第二国际还是第三国际的马克思主义者,他们从未赞同过对马克思主义的这种包容的、存在主义化的看法。这个看法的本质和全部真实性就在于主、客观的辩证关系,辩证关系中生出梅洛－庞蒂自己想论证的观点,即所有行动的不确定性:每个人只能看到现实的一部分,他不可能确定地认识未来,被迫投入行动,被迫去冒被事件否定、定罪的危险。

梅洛－庞蒂在《人道主义与恐怖》中与萨特版的马克思主义展

---

① 括号为雷蒙·阿隆所加。——译注

开论战，他另外还有一篇文章，在其中有可能找到这一论战的起源。那是《感知现象学》中的一个章节，梅洛一庞蒂在书中就一个明确的问题对萨特表示反对："有人说（这个'有人说'当然指萨特）我们要么有全部的自由，要么完全没有自由。"这句话几乎一字不差地出现在《辩证理性批判》中，萨特说，自由要么是全部的，要么是全部被异化的。笛卡儿自由观导致萨特将非此即彼的选择加以绝对化，要么完全自由，要么完全没自由。梅洛一庞蒂评述道："这个两难推理是客观思想与其同谋——自反分析的两难推理。如果我们真处于存在的位置，我们的行动必然来自外界，如果我们返回具有构成作用的意识，我们的行为就应来自内部。可是我们仅仅学会了辨认现象的序列。我们与世界，与他人错综复杂、纠缠不清地混杂在一起。境况这一观点在我们投入行动之初就排除了绝对的自由。"只有当决定、行动完全来自内部时，自由才会是绝对的。可是我们既是我们自己又是境况，我们的自由只是相对的，只是境况中的自由。萨特当然也是这样讲的，但梅洛一庞蒂责备他过分地分割了主体与客体，除了接受或者全部自由或者全无自由之外别无选择，而这正是模糊哲学所拒绝的东西："境况这一思想在我们投入行动之初就排除了绝对的自由。同样，在其结尾也排除了它。任何行动，包括黑格尔式国家里的行动，都无法使我超越一切差异，使我完全自由。这一普遍性本身，一旦进入人的经历，就成为凸显在世界背景上的一个独特性，存在不可能是完整的，它同时对其瞄准之对象进行一般化和个别化。"客观与主观的模糊关系只有在行动中才能被超越，超越的条件是：历史尽管曲折，最终会给自己一个对精神和意识来说是满意的解释，也就是说历史最终达到人承认人、"真正的主、主体关系"的状态。

梅洛一庞蒂的这个分析是针对萨特主义的，他谴责萨特主义不了解主、客体间的辩证，把自在与自为设定为对立面，可它们永远也不可能构成辩证关系。在后一个阶段，即《人道主义与恐怖》后，《辩证法的遭遇》中，梅洛一庞蒂将取消他以前给予共产党的特权，因为那时他认可共产党把我们导向历史的意义。这说明梅洛一庞蒂接受了自己选择所带来的风险：既然所有对历史的知性都是定位的、带有偏见的，那么他本人的知性若想为真就必须与某个东西联系起来，这个东西将赋予历史本身一个终极意义。

无论是对梅洛一庞蒂还是对萨特，存在主义化的马克思主义所提的问题并无二致：对历史的感知因观察者的境况而被个别化，这时人们便会问为何其中的一种感知具有真理价值。为何萨特、梅洛－庞蒂、或共产党拥有感知历史真实性的特权？在萨特那里问题也一样，只有一点区别：对他来说，一切客观化说到底都是异化，例如人的惰性实践、平凡生活，例如人对自身的外化和陌生化；对他而言，实现"真正的主、主体关系"或与别人自由相处的唯一途径就是行动。在《辩证理性批判》的第二部分中，关于团体，革命群体的理论代表了一种人摆脱异化开创人类的方式。只要人们为一个共同目标一起行动，他们就会避开那一永恒的辩证：他人在我眼中被客观化，我在他人眼中也被客观化，于是我们每个人都变成了他人的地狱。

对马克思主义重新进行存在主义的阐释，以上便是这方面几个基本的哲学或人类主题的主线。很明显，不管是萨特的阐释还是梅洛－庞蒂的阐释，他们对政治或实践的关心在其中都起到了支配的作用：他们想与共产党联盟或攀亲，但又不想牺牲他们智慧的结晶，即他们自己的哲学和存在主义的阐释学。其结果是：他们采纳了某一阐释学传统观念，即所有对历史的知性都是固定位置上的知性，是有偏见的和不完全的。他们坚信——这也是争议的一个焦点——在对一个境况的亲历、理解和通过历史认识对这一境况的重建之间，有着基本的同质性；于是他们假设历史可以找到一个终极意义，认定自己可以超越不同视界的矛盾和竞争。

我以为，他们两人都假定（我不能肯定自己年轻时在《历史哲学引论》中没在某种程度上犯同样的错误），一边是历史行为人或当代历史主体的感知，另一边是史学家对过去事件的重构，在二者之间存在着一种亲缘关系，一种姐妹关系。上周，我举过越南战争的例子，我跟你们说：作为行为人——当代观众在某种程度上都是行为人——不可能看不到这个战争或者是北越对南越的侵占，或者是美帝对越南的侵占：根据不同阵营的感知体系，我们必然会给我们经历的这场——其第二阶段刚刚结束——战争一种不同的意义。因此，未来的史学家不见得就必然会像当事人那样进行片面的解释。因为说到底，未来的研究越南战争的史学家将会努力地去做一件我们任何人都不会立即去做的事，即阐明境况的含混之处。谁更像侵略者，这要看我们如何假设南越人是否盼望受河内政权的统治。此外，研究越战的真正的史学家会找出我们对这场战争的种种不同的感知方式，帮我们弄懂这一段经历；他并非必须选一种感知作为唯一真实的感知：实际上，越战的历史真实性很可能就是种种矛盾感观的综合。换句话说，当事人或行为人的看法的确是不完整、不公正的，但人们并不能因此就推断说历史认识也像当事人的观点一样是不公正的。若我们假定，史学家重建的历史与当事的行为人的感知有着本质上的差别，大部分历史知性中的相对性问题即使不全消失，也会变得面目全非。

分析学家们在很大程度上排除了以上讨论的问题。给历史寻找一个意义对他们来说在本质上是形而上学的，因为人只有在经历结束时才会知道其意义——假若经历有一个意义的话。另外，认识历史不在于找到历史的一种意义，而是重建历史的多种意义，行为者或观察者通过亲身经历给予历史的多种意义。因此，梅洛－庞蒂提出的关于历史是否有一个意义这个问题，是一个形而上学的问题，在黑格尔传统的哲学中该问题才有意义，在存在主义类型的哲学中它就很可能不合法：如果实际历史构成历史真理，如果对实际经验的认识便是对历史的理解，如果历史与人生经验同质，那么从定义上讲人们不可能找到决定论，找到历史规律以及未来的可预见性。只有当我们给予某一实际经验一个特权时，例如像梅洛－庞蒂和萨特那样赋予无产阶级运动一个特权时，人们才可能给历史一个意义，一个方向，但这特权完全是形而上学的，对此历史分析哲学学派不一定会感兴趣。此外，据我看，存在主义化的马克思主义还有另外一个弱点：它给予历史的定义，即"真正的主、主体关系"过于抽象，可以说我们不可能从"真正的主、主体关系"或人对人的承认之观点过渡到一个对体制的具体定义，即什么是唯一能证实并实现人类之憧憬的体制。

这把我们引向另一种重释马克思主义的尝试，即阿尔都塞的尝试。他的尝试与萨特和梅洛－庞蒂的尝试完全对立：萨特和梅洛－庞蒂希望马克思主义是一种人道主义，至少在 20 年前他们这样想，阿尔都塞开宗明义的一句座右铭便是："马克思主义不是一种人道主义。"我并不打算详细地介绍阿尔都塞的阐释，而是打算向你们指出它如何代表了与萨特和梅洛－庞蒂相对立的行为，而且它并没有回到第二国际传统的唯科学或科学马克思主义那里去。

这种阐释的特征是什么？我们可以简述如下：马克思主义是一种关于历史的科学，对历史材料进行客观化处理的科学。但它使用的并不是自然科学的方法，尤其不是生物学的方法，这一科学把历史客体或历史这个客体作为科学研究的对象，但尚未达到历史演变规律的程度。

存在主义重新找到的马克思主义模式是简单化、庸俗化的黑格尔模式：意识外化，异化，在历史的终点重新找回自己。意识在现实、制度、作品中化为客观现实。客观化就是异化，唯有当意识对历史之整体进行过思索，像在黑格尔哲学中那样，唯有当一切意识都处在一种自由关系之中，像在存在主义者们那里那样，意识才会停止异化。

阿尔都塞最反对的就是这种关于马克思的黑格尔版本。他的基本观点是，1845年前和1845年后是马克思哲学的一个分水岭：大约在1845年，马克思从黑格尔模式——阿尔都塞后来将这种模式称为"历史主义"、"进化主义"或"人道主义"——过渡到另一种完全不同的哲学，阿尔都塞把后一种哲学简称为"历史的科学"。

为了说得更清楚一点，我将简要地定义一下进化主义、历史主义和人道主义这三个词，这三个词算得上是阿尔都塞偏爱的批判对象：

（1）进化主义：把历史的演变看作是有规律的演变，它遵循的规律类似于自然科学的规律，尤其是支配物种进化的规律；把社会的交替更迭，社会经济制度的交替更迭说成是类似于自然物种演变的形式，这样一种哲学就是进化主义哲学。从一个体制过渡到另一个体制，其规律类似于自然规律，这虽说并不妨碍我们去体验真实的历史，但却让人有权把历史演变看作是可以客观化的和已被客观化的东西，看作是受决定论支配的东西，而这一决定论就类似于掌管事物与存在的决定论。

（2）阿尔都塞是反历史主义的，我觉得似乎有两种定义历史主义的方式：前一种确信，在不同的社会和经济体制中，概念和规律都会决然不同；后一种学说认为，历史真实性决定人的思想和观念。按后一种说法，我们的思维方式完全是由我们所生活的历史环境决定的。

（3）被阿尔都塞所拒绝的马克思主义中的人道主义其实就是梅洛－庞蒂和萨特表述过的人道主义。在两点上马克思主义可以被看作人道主义：它把历史真实性定义为由人的行为、思想和亲身经历所组成的现实；它认为历史演变的方向必将导致人对自身的控制，导致人的本质的实现，用梅洛－庞蒂的话讲就是导致"真正的主-主体关系"，用萨特的话讲就是导致人对人的承认。换句话说，历史的本质就是人类越过时间的全面登基。

阿尔都塞对进化主义、历史主义和人道主义一律予以排斥。在大部分阐释马克思的人那里，这是三个常见的词，三种常见的用来思考马克思主义的方式；阿尔都塞不仅拒绝了这三个主义，而且不愿再回到第二国际的唯科学立场，他找到了一种有科学性的新说法，这种说法一部分借自马克思的政治经济学，一部分借自系统论，最后还有一部分来自巴什拉的认识论。

对马克思主义的存在主义阐释可以说是主观—经验型的：主观的，因为我们每个人都根据自己的处境去解释历史；经验的，因为史学家，即使是学识渊博的史学家，也还是与他研究的对象处在同一水平、同一层面上，结果认识主体就是行为主体。因此，历史行为人与欲认识历史的人是同质的，在经验上，认知者面对的是观念和行动的一团乱麻，他试图从中给自己找出一个意义，一个方向，只有这样他才能把握历史的整体演变。

阿尔都塞试图把我们每个作为具体主体的个人对历史的感知与历史认识从根本上区别开来。历史被看作一种需要建构的科学对象，像物理学家建构物理学对象、生物学家建构生物学对象一样：物理学家建构了原子和电子，生物学家找到了染色体和基因，史学家也应该用一种科学对象去替换被感知的现实，这一科学对象在本质上有别于我们感知外界的直接经验。

强调科学性是巴什拉哲学的主题之一，巴什拉在一本书中说：科学的起点不是无知而是谬误。这是一个漂亮的表述，其意为：我们并不是从我们所拥有的这个现成世界、从这个经验感知的世界出发来建立科学的。在另一本书中他又写道：炼金师们太眷恋自然了，其实物体本身并无轻重、冷热之分；物理学的世界与我们感知的物质世界在本质上不同。换句话讲，科学就是用概念去替换我们日常感知或直接经验中的对象，概念与对象在本质上是不同的，依靠这些概念，经验认识好歹总算协调了我们生存的这个世界。

阿尔都塞想做的便是——成不成功又当别论——构思一种历史科学，物理学或物理学研究的对象与我们对周围世界的直接感知有何种关系，该科学与我们大家对历史的感知就应具有何种关系。阿尔都塞所偏爱的参考文献是《政治经济学批判导论》，该《导论》是后来发表的《资本论》的雏形，它不仅是第一卷——马克思在世时出版的那一卷——的雏形，也是《资本论》三卷的雏形，包括马克思去世后恩格斯发表的后两卷。1857～1858 年的这篇导论写得非常漂亮，我以为在某些方面比《资本论》还要好，虽说我这个评价很可能有欠公允。我曾把《政治经济学批判导论》（*Die Grundrisse der*

Kritik der politischen Okonomie）与《资本论》的关系比作《让·桑德》（*Jean Santeuil*）与"重现的时光"或整个《追忆逝水年华》的关系，但它们之间的可比性只是部分的。*Grundrisse*（《导论》）作为《资本论》的雏形是天才的泉涌，但尚不具备严谨的概念形式。虽说《资本论》第一卷在概念表述上更长、更严谨，但其中所有的主题在《导论》中都已出现，只是在语言表述上有很多地方不同罢了。1857～1858年的文章在很大程度上用的还是黑格尔的语言。这证明阿尔都塞说的1854年的认识论上的决裂在马克思的生平中从未发生，它的发生仅仅是阿尔都塞想象中的事情。在成熟的马克思与作为黑格尔门徒的马克思之间肯定有不同，但彻底的决裂却从未有过：在成熟期的马克思文章中，在导论中，在对商品崇拜的批判中，在《资本论》第一卷中，处处都可以见到黑格尔的论题。不过，马克思本人怎样说并不重要：我感兴趣的是阿尔都塞用来重释《资本论》的概念体系。

下面这篇文章便道出了什么是阿尔都塞思想中的"真正的马克思"："从表面上看，从现实、具体的事物和真正的设想着手是一个好方法，因此在经济方面，就从人口着手，他们是整个生产的社会行为的主体和基础。然而，仔细观察，这个方法是错误的，如果我不谈阶级——人口包括阶级，那么人口只是个抽象的概念。阶级是由雇佣劳动、资本等构成的，雇佣劳动、资本意味着交换、工作分配、价格等，如果我不知道这些因素，阶级也是一个空洞的词。因此如果我从人口着手，我就给了自己一个表象混乱的整体，然后，根据更准确的测定，用分析的方法，我得出越来越简单的概念；达到这个目的后，应该作反向分析，我重新回到人口。这次，我眼前不是一片混乱，而是具有丰富的规定性、关系很复杂的整体。从历史上讲，这是新生的经济走的第一条路。例如，18世纪的经济学家总是从一个活的整体、人口、民族、国家等着手，通过分析，最后总是发现一定数量的抽象的一般关系，这是些决定性的关系，如工作分配、金钱、价值等。一旦这些特殊的时期多少被确定，被抽象，经济体制便显现在我们眼前，它建立在简单的事物之上：如工作、工作分配、需求、交换价值、国家、民族之间的贸易、国际市场。很明显，后一种方式从科学上讲是正确的方法。具体的事物被具体化了，因为它是无数规定的综合，即差异的统一。"一段极重要的文章，它是我们理解阿尔都塞阐释理论的基础：要建立一门关于经济或历史的科学，我们不应该从具体现实——斯宾诺莎口中的第一类平庸认识所感知的现实——入手。思考具体事物，必须从抽象概念出发。要科学地理解具体的历史、具体的社会经济制度，我们必须从最抽象的概念如价值、工作、价格、剩余价值等出发，只有从这些概念着手，才可能在科学上重建经济体制，并在最后重建具体现实。

由此可见，指导阿尔都塞进行阐释的哲学方法与存在主义乃至阐释学传统的方法正好相反。存在主义从实际经验出发，他们试图从多种多样的实际经验出发去寻找总体和意义。阿尔都塞要建立一门历史的科学，多样的实际经验和平庸的历史认识不是他的起点，他的起点是抽象的概念，他要用这些概念去重建和找回具体，也就是说总体，所有标准的黑格尔哲学中的总体。对萨特和梅洛－庞蒂来说，总体只能是具体实践经验的结果，一种展望，一个行为本身就含有总体的意义，不经过行动人的裁决，我们不可能从多样的经验过渡到总体的真理；反之，假如阿尔都塞有理，假如他建成了这门历史科学，他就从抽象出发找到了总体，而且这次他找到的是一个经过科学构思、科学理解的总体，一个作为科学研究对象的总体，而不再仅仅是一个冒名的总体，一个只强调某一历史观点而忽视其他观点的伪总体。

如果我们同意这种对历史进行概念重构的方法就是马克思主义的历史理论或历史科学，那么在马克思思想的演变史中就的确有过一次彻底的决裂，即阿尔都塞所设想的"真正的马克思主义"，作为"历史科学"的马克思主义，与黑格尔化的青年马克思的马克思主义、存在主义者的马克思主义的彻底决裂。在这一科学观中，黑格尔化的马克思主义变成了一种典型的意识形态：一种关于历史演变的前科学版本。

再说一遍，根据马克思自己的阐述，对阿尔都塞使劲设想的这一决裂，马克思本人从未完整地想到过；很明显，一边是关于社会、经济制度的科学，另一边是无产阶级或学者对历史现状的觉悟，是人类与环境和解的行动，在以上的两边之间从未有过矛盾：马克思的马克思主义并没有在黑格尔化的马克思主义与阿尔都塞的客观化马克思主义之间作选择。直到最后，马克思的文章和思想中都包含着以上两种倾向，例如，在对商品崇拜的批判中我们见到了黑格尔的主题：人被异化了，无法与他人进行交往，物质使人与人的关系变为间接，只有当间接的物质关系被消灭，当人与人能够直接进行接触、交流、交换时，人才有可能重建自己与其同类的关系。

不过我们还是把马克思本人的马克思主义放在一边，对客观化的马克思主义提一个对存在主义化的马克思主义提过的问题：通过这个重释我们又找到了什么？无疑，我们首先可以排除进化论：在阿尔都塞的马克思主义中，每个社会、经济制度都是一个科学的研究对象、一个被思考的总体，其特性就是自我再生。因此，并不存在什么进化论，即不同的社会经济制度一个取代另一个的规律。

排除进化论的方法如下：马克思有一个多次被表达过的普通思想，即生产力与生产关系的矛盾，对这一思想最常见的解释之一是：这一矛盾是引发革命的主要原因之一，革命导致一种制度取代另一种制度。实际上，生产方式的积累，生产力的发展给出了历史进程的方向，用马克思的话说，从某个时期起，生产关系、分配方式或所有制的性质变成了阻碍，使得生产力无法继续向前发展。从这时起，人们便进入革命时期，生产力的发展将摆脱生产关系强加于它的束缚，于是出现一个新的制度。

为了清除关于马克思主义的这个进化论版本（根据生产力与生产关系的矛盾阐释历史演变的规律），阿尔都塞和阿尔都塞派找到一个令人心安理得但又毫无意义的表述，他们把生产力与生产关系之间的对应规律表述为一种相适应或不相适应的规律。因此，生产力与生产关系有可能相适应，也有可能不相适应，我们所面对的当然就不是一个规律，而是一个毫无意义的命题。从这时起，关于生产力与生产关系之矛盾的进化论危险就消失了，但其代价却是规律不成其为规律，规律显然全无意义。

不过，清除进化论还带来了一个附加的好处，免去一种常见的指责。该指责认为，在一个资本主义没得到全面发展的国家中发生革命，这情况与马克思主义的基本原理相矛盾。马克思自己也写过一些文章，探讨革命发生在落后国家、而不是先进工业国家的可能性。托洛茨基，也许是列宁——是谁并不重要——还创造出了这样一个术语："链条中最薄弱的一环"。然而，清除了马克思主义的进化论版本之后，根据历史演变作出的指责自然就站不住脚了：在这个新阐释中，马克思主义在本质上是一种资本主义的自我再生或不断再生的理论，而不是它自我毁灭的理论。在这一点上，马克思主义者对《资本论》的最常见的阐释与阿尔都塞的阐释有着根本的区别。

德国马克思主义者曾没完没了地讨论资本主义自毁的问题：关键是必须知道资本主义制度的自我再生功能从何时起会瘫痪，从而停止运行。卢森堡（Rosa Luxembourg）发明了一种理论，该理论说，资本主义需要殖民地国家和不发达国家才能运转，否则它就无法实现剩余价值。不过列宁并不赞成这一理论。另外还有一个叫格罗斯曼（Crossmann）的德国马克思主义者，他写了一本七八百页的大部头，唯有早期的马克思主义者才有精力这么干。在书中他没完没了地研究资本的再生模型，发现资本主义可以运行的周期次数是有限的，当它运行到第十八个或第二十五个周期时，就再也无法运转下去了。

所有这些问题在阿尔都塞的马克思主义中都消失了，它成为一种资本主义不断自我再生的理论，或者是一种共时性而非历时性的科学理论。我使用"共时性"和"历时性"这两个词，因为它们常出现在当今的语言学用语中，因为阿尔都塞的阐释不仅从巴什拉那里借来了认识论上的决裂和建构科学客体的思想，它还从索绪尔的语言学那里借来了共时性与历时性的对立，借来了系统研究与转换规律研究的对立。把共时性与系统观结合在一起，我们就触摸到了阿尔都塞阐释的实质：一切社会经济体制都是一个系统，至少这符合较弱意义上的系统，即系统内部的每个成分都与其他成分发生关系，如果万事皆备，就差一个成分，那么这个成分就非同一般。我之所以用词谨慎，是因为一个成分的状态严格地决定其他成分的状态，在阿尔都塞的共时性马克思主义中并不是必需的；重要的是，而且关键的是，成分之间的关系并不是一般性的关系，一个成分的状态一旦决定，就将导致影响到其他成分的后果。

我补充一点，相对以上较弱的系统观而言，阿尔都塞还想走得更远。他重申历史唯物主义原理，赋予生产关系一个决定性的作用，用它来解释一个系统的结构。在马克思的理论中没有"经济制度"和"社会制度"这两个概念的区别，他则引入了这一区别，为了重构各种经济制度和社会形态，为了维护经济成分的优先地位，他提出了以下观点：分析最终表明，对于一个确定的社会制度来说，给其决定性因素定性的是经济或生产关系。阿尔都塞想讲的是：倘若你们观察封建制度，这个制度的运行条件是贵族阶级独揽军政大权；封建地主若想从劳动者身上榨取剩余价值，这种统治必不可少；在封建制度中，政治机制是决定性因素，一小撮特权阶层依赖它来榨取剩余价值。为什么在封建制度中政治机制是决定性的呢？答案如下：说到底决定它的还是经济机制。生产方式，封建阶级与直接生产者之间的关系才是真实原因，它们使得剩余价值的获取只能间接地通过阶级在政治上的不平等来实现。出于同样的理由，界定资本主义制度或现代制度的东西刚好相反，由于制度性质不同，其剩余价值的提取在经济过程中直接进行，无须借助政治机制。于是有以下的公式：最终起决定性作用的总是经济机制，是它决定了在每个社会形态中起主导作用的关键机制。于是新、老观念被综合到一起：一边是马克思主义传统中的老观念，即经济机制的决定性作用；另一边是新引进的经济制度的多样化，社会形态的多样化，制度不同，每种机制的作用不同。

从这个一般理论出发，阿尔都塞运用了一系列概念，他认为，有了这些概念，我们就可以像在拼合中那样重构各种不同的社会、经济制度，各种不同的社会形态。下面是阿尔都塞和他的学生们使用的几个基本概念：

（1）劳动者的概念；

（2）生产手段，它还可细分为工具与对象；

（3）非劳动者，他们有两种不同的关系：（a）与财产的关系；（b）实际占有权。与财产的关系和实际占有权的区别很清楚：与财产的关系纯属法律上的关系；实际占有权是某人从直接生产者身上获取剩余价值的实际能力。

这都是些基本概念：劳动者、生产手段、生产对象、生产工具、非劳动者、与财产的关系、实际占有权，如果我们有了一门完整的历史科学，我们就可以用这些基本概念来重构每个社会形态或经济制度的特殊结构，而所有这一切皆取决于连接这五个基本要素的关系，五种基本关系的表现形式决定了每个历史时期的生产方式的结构和社会形态的一般组织形式。

（冯学俊　吴泓纱　译）

福科

米歇尔·福科（Michel Foucault，1926—1984），法国 20 世纪后半叶享有声誉的思想大师。他出生于法国普瓦蒂埃一个富有的医生家庭。1951 年毕业于巴黎高师，期间曾加入法国共产党，但四年后退党。1954 年福科出版了第一部专著《精神疾病与人格》。1961 年福科获得文学博士学位，随后任克莱蒙大学哲学教授。"五月事件"后福科任万森大学哲学系主任，1970 年当选为法兰西学院思想体系史教授，1984 年 6 月因艾滋病去世。

福科的主要著作有：《疯癫与非理性：古典时代的疯癫史》（1961）、《临床医学的诞生》（1963）、《词与物》（1966）、《知识考古学》（1969）、《规训与惩罚》

（1975）、《性经验史》（第一卷，1976；第二、第三卷，1984）。

福科的思想多变而复杂，但基本都是站在反"人类学"的立场上，以考古学或谱系学为方法，围绕主体、权力和自我等问题对下列主题展开讨论：人何以成为人所是？人可否成为其所不是？

在《疯癫与非理性：古典时代的疯癫史》中，福科描述了从文艺复兴时期到古典时期、再到19世纪疯癫被"构建"起来的历史以及随之而来的对于非理性的排斥史。在《词与物》中，福科对西方文化各个时期不同的"认识型"即知识空间的基本构型作了考古学研究。在《知识考古学》中，福科试图以考古学的方式分析历史知识领域中所发生的变化，探究在历史领域中如何能够最终摆脱人类学的束缚。从20世纪70年代开始，福科开始引入"谱系学"的方法。这种方法在《规训与惩罚》中被用于研究监狱的历史。认为现代惩罚制度与以前的制度相比发生了根本性的变化，它不再像以前那样体现为宏观权力对肉体的压迫，而是展示为"权力的微观物理学"。这种"微观权力"与知识结合在一起，形成"知识—权力"统一体。福科认为，现代监狱已经将惩罚程序变为一种体现微观权力原则的规训技术，而这种技术又沿着"监狱网络"扩散到整个社会，从而形成一个宏大的"监狱连续统一体"，这一统一体又产生出各种知识体系。在《性经验史》第一卷，福科以谱系学的方法研究了近代以来的"性经验史"。在他看来，自从18世纪以来，性话语和性技术不断扩散，新的权力形式在性经验的展布中逐渐渗透整个社会。这种新的权力形式不停地变化、积极地创造，使性经验与之紧密地结合在一起。在《性经验史》第二和第三卷，福科的风格和所讨论的主题发生了明显的变化，他试图在对于古希腊和罗马的道德实践的考察中发展出一种"生存美学"，以分析个体是如何被引导去关注自身、解释自身、认识自身和承认自身是有欲望的主体的。

本书选取了福科的《尼采·弗洛伊德·马克思》一文。在该文中，福科提出，马克思、尼采和弗洛伊德共同展示了一种新的"解释技术"。这种技术与 16 世纪的解释技术之间存在断裂。16 世纪的解释系统建立在"相似"之上，在此基础上建立起由"认知"和"灵知"组成的知识结构。而 18 世纪末或 19 世纪初，由于文化世界发生了诸多变化，如古典意义的语文学和印欧语言的发现、通用语法的消失等，西方解释系统发生了根本的断裂，马克思、尼采和弗洛伊德的文本正是这种断裂的体现。19 世纪的新解释技术有四个特点：第一，符号本身不具有内在的深度；第二，解释总是未完成的，因而是无限的；第三，解释先于符号，符号只是对其他符号的解释；第四，解释面临着无限地解释自身的任务。福科将马克思的《资本论》第一卷、《政治经济学批判》和《路易·波拿巴的雾月十八日》，尼采的《悲剧的诞生》和《道德的谱系》，以及弗洛伊德的《梦的解析》视为能够体现 19 世纪解释技术特点的文本。尽管福科对于将马克思的文本放在这里讨论是否合适明显存有疑虑，但他仍坚持认为，马克思对于货币、资本和价值的分析，对于生产关系的分析等，都表明他是一个采用了新解释技术的思想家。在福科看来，马克思以后的马克思主义者正是没有看到这一点，才抛弃了"解释的暴力"，折回到了"符号学的解释学"，相信符号的绝对存在。

尼采·弗洛伊德·马克思①

一

　　当有人向我提出举行这次"圆桌会议"的设想时，我觉得很有意思，但这个问题明显十分棘手。我建议采用迂回的办法：从马克思、尼采和弗洛伊德那里找一些与解释技术有关的主题开始。

　　实际上，在这些主题的背后，有一个梦想：将来有一天可以汇编一本包容了自希腊语法学家直到当今我们所能认识到的所有解释技术的总集，一部解释技术的百科全书。这部包含所有解释技术的

---

① 选自《尼采的幽灵——西方后现代语境中的尼采》，北京，社会科学文献出版社，2001。

巨大总集，我认为直到现在还没有多少章节业已编成。

在我看来，作为这一解释技术史观念的一般性导论，我们可以这么说：语言，印欧文化中的语言，在任何情况下总会产生两种怀疑：

首先，怀疑语言没有准确地说出它所说的。我们所捕捉到的那些直接展现的意义，实际上也许不过是一种较少的意义，它尽管传递了另一种意义，但却也同时保护、限制了这种意义；后者既是更强的意义，又是"隐含的"意义。这就是希腊人所谓的寓意和含义。

另外，语言还产生这样一种怀疑：它以某种方式超出单纯的言语形式，世界上有很多别的东西说话，说的却不是语言。毕竟，自然、大海、树林的飒飒声、动物、面孔、面具、十字剑，所有这些都能说话；可能有一种非言语方式表达的语言。如果你愿意，非常粗略地说，这就是希腊人所谓的符号表达。

这两种怀疑，在希腊人那里就已经出现了，一直没有消失，并且仍然伴随着我们，因为特别自 19 世纪以来，我们就重新开始认为，无声的姿势、疾病、我们周围所有的喧嚣也是能够说话的；而且我们比以往更多地全面倾听这种可能的语言，试图在词之下捕捉到一种更本质的话语。

我认为每种文化，我是说西方文明中的每种文化形式，都有其解释系统，它具有一套技术、方法和方式，怀疑语言会说出不同于它所说的东西、怀疑在语言之外存在语言。于是乎，人们似乎可以着手制定出所有这些解释系统的系统，或者像 17 世纪的人们说的那样，这些解释系统的"表"。

为了理解 19 世纪建立了哪种解释系统，以及我们现在仍然属于哪种解释系统，在我看来应该借助一种时代较远的参照点，例如一种存在于 16 世纪的技术。在那个时期，给解释活动提供进行的场所的，同时构成解释的一般基础和最低限度的统一性的，这就是相似。只要在那里能够找到相似的事物，找到那个相似的，就意味着发现了某种被说出的东西，而且能够破解它；我们很清楚，相似以及像卫星一样围绕它的所有概念在 16 世纪的宇宙论、植物学、动物学和哲学中具有重要的地位。说实话，在我们 20 世纪的人眼里，整个这种类似网是相当混乱和复杂的。而事实上，在 16 世纪，这种由相似构成的总集是非常有条理的。至少有五个得到完善定义的概念：

——契合的概念，契合，就是适配（例如灵魂对肉体的契合、或者动物系对植物系的契合)。

——偶合的概念，偶合，就是不同实体的偶性所具有的同一性。

——感应的概念，感应，就是在不同的实体或存在的属性之间非常奇怪的类似，使得某种实体中的属性就像是其他实体的属性的反映一样（例如，波尔塔（Porta）就是这样解释人的面孔的，它分成七部分，是对天上有七颗行星的感应）。

——表征的概念，表征，就是说一个个体的可见特性是某种不可见的隐藏特性的印象。

——此外，当然还有类比的概念，类比，就是两个或多个不同实体之间的关系的同一性。

在这一时期，符号的理论和各种解释技术，就依赖于完全清楚地定义所有可能的相似类型，而这样就建立起两种完全不同的知识类型：认知和灵知。认知就是从一种相似向另一种相似的过渡，在某种意义上是水平方向的知识；灵知则是一种深入的知识，从一种表面的相似到一种更为深刻的相似。所有这些相似展示了世界的一致，这种一致正是相似的基础；它们和伪像相对立，伪像就是坏的相似，二者之间的对立，就像上帝和魔鬼一样，是天壤之别。

如果说西方思想在 17 世纪和 18 世纪的发展已经将 16 世纪的这些解释技术悬置起来，如果说培根、笛卡儿对相似的批判在把它们放到括号里发挥了重要作用，19 世纪，特别是马克思、尼采和弗洛伊德，再次为我们提出了一种新的解释的可能性，他们重新建立起一种解释学的可能性。

《资本论》第一卷、《悲剧的诞生》和《道德的谱系》这样的文本，以及《梦的解析》，再次让我们置身于解释技术之中。它们具有一种令人震撼的效果，这些著作在西方思想中所造成的创伤，在我们看来，可能来自于它们重建了某种马克思本人曾称作"难解之物"的东西。它使我们处于一种不舒服的位置，因为这些解释技术和我们自身相关，因为我们作为解释者，恰恰是通过这些技术来解释我们自己的。正是借助这些解释技术，反过来，我们必须质问弗洛伊德、尼采和马克思这些解释者，是否我们将永远被打发到一种无尽的镜子游戏之中。

弗洛伊德曾提到，西方文化中存在着三大自恋创伤：由哥白尼造成的创伤；因达尔文发现人是猿的后代所造成的创伤；而由弗洛伊德本人所造成的创伤则是在他发现意识依赖于无意识的时候。人们说，弗洛伊德、尼采和马克思在把我们置身于一种总是折射回自身的解释的任务中，尽管没有围绕我们、为了我们而建构这些镜子，但这些镜子传达给我们的影像，正是构成我们今天的自恋的永久性创伤。我寻思，我们恐怕不能这样说。不管怎样，出于这一考虑，我想指出几点，在我看来，马克思、尼采和弗洛伊德并没有运用某种方式使西方世界中的符号增殖。他们并没有赋予那些没有意义的事物以一种新意义。他们实际上改变了符号的性质，变更了通常可能用来解释符号的方式。

我要提出的第一个问题是这样的：马克思、弗洛伊德和尼采有没有深刻地改变符号在其中可以成为符号的分布空间？

在我拿来作为参照点的 16 世纪，符号被放在一个各向同质的空间中，以一种同质的方式来加以处理。地上的符号反映的是天上的世界，而它们也同样反映地下的世界，它们在动物中发现人的映像，又在植物中找到动物的映像，反之亦然。从 19 世纪的弗洛伊德、马克思和尼采开始，根据一种我们可以称之为深度之维的维度，符号被放置在一个远为分化的空间中，只要我们不将深度理解为内在性，而是相反，理解为外在性。

我特别想到尼采无休止地与深度进行的长期斗争。在尼采那里，有一种对理想的深度、对意识的深度的批判。这种深度似乎是对真理的纯粹而内在的探究，而尼采揭示了它不过是哲学家的发明。他展现了这种深度如何暗含着屈从、虚伪和假面具；因此当解释者试图考察符号以便揭示它们的时候，必须沿着纵向的垂直线下降，并且展现出这种内在性的深度实际上并非它所说的。解释者因此必须下降，像他所说的那样，是"底层的出色挖掘者"。

但实际上当我们解释的时候，我们并不是走完这条下行线，而只能是为了重建已被掩盖和隐藏的灿烂的外在性。这是因为，如果说解释者必须像挖掘者那样亲身到达深处，那么解释的运动则相反，它是一种凸显、一种逐渐上升的凸显运动，它总是让深度在它的上面以一种越来越可见的方式展开；深度现在被重建为完全表面的秘密，以致鹰的飞翔、山的攀登，所有这种在《查拉图斯特拉如是说》中如此重要的垂直性，从严格的意义上来讲都是深度的颠覆，都是发现原来深度不过是一种游戏，一种表面的折叠。随着世界在目光之下变得更有深度，我们看到所有诉诸人类深度的东西都不过是一种儿戏。

我在考虑，这种空间性，这种尼采与深度进行的游戏，它们能否与马克思所处理的表面上不同的平庸的游戏相比较。平庸的概念在马克思那里是非常重要的，在《资本论》的开头，他解释他如何不同于柏修斯（Perseus），他必须要深入浓雾，才能揭示出实际上并没有妖怪和深奥的谜语，因为在资产阶级的观念中形成货币、资本、价值等有深度的东西的一切，实际上不过是平庸。

当然我们还应该想到弗洛伊德所建构的解释空间，不仅体现在著名的意识和无意识的拓扑关系中，而且同样体现在他所表述的精神分析用来观察病人的规则中，以及精神分析医生对完全处于语"链"过程中的表达的解码上。应该想到空间性，毕竟它很具体，而且弗洛伊德赋予这种空间性以相当的重要性，它使病人暴露在精神分析医生凸出的目光之下。

我要向你们提出的第二个主题还与第一个主题有点关联：即从我们现在讨论的这三个人开始，解释最终变成了一种无限的工作。

事实上，在16世纪就已是如此，但是符号之间相互构成映像，仅仅是因为相似终究是有限的。从19世纪开始，各种符号在一个无法穷尽的网络之中相互交错，而符号本身也是无限的，这并不是因为它们依赖于一种没有边界的相似，而是因为有不可还原的裂缝，开放之处。

解释是未完成的，它总是被撕裂的，总是处于自身的边缘，悬而未决。我认为，这样一些事实，在马克思、尼采和弗洛伊德那里的表现方式相当近似：都拒绝开端。马克思拒绝"鲁滨逊式"的分析；在尼采那里，开端和起源之间的区分极其重要；而在弗洛伊德那里，回溯的和分析的步骤总是具有未完成性。我们会看到，这种经验尤其呈现在尼采和弗洛伊德那里，另外，以较弱的程度也呈现在马克思那里。我认为这一点对现代解释学极其重要，我们越是深入到解释之中，我们同时就越靠近一个极其危险的区域，在那里解释不但会遇到解释折返的点，而且它作为解释本身也会消失，可能招致解释者本人的消失。存在总是靠近解释的绝对之点，但同时它也总是靠近一个断裂之点。

我们十分清楚，在弗洛伊德那里，是怎样逐渐发现这种解释在结构上开放、在结构上裂开的性质的。它首先是在《梦的解析》中以一种颇具暗示意味，很大程度上为解释本身所遮掩的方式出现的：这就体现在弗洛伊德分析他自己的梦，会以羞耻或不透露个人隐私的理由来中断自己的论述。

在分析杜拉时，我们看到，弗洛伊德考虑到几年后他将称为迁移的某种东西，因而提出了一个观点：确实必须中断这种解释，不能一直走到头。被分析的对象和进行分析的医生之间的关系显然是精神分析的组成部分，它为精神分析打开了一个空间，精神分析在其中不断地展布自身，但却从不能完成自身。而后来，正是从这种关系的无限性和无限地产生问题的特征入手对迁移进行的全面研究，淋漓尽致地展现了精神分析的不可穷尽性。

在尼采那里，解释显然也总是未完成的。对他来说，哲学如果不是一种总是悬而未决的语文学，一种没有终结的、总是可以向更远处展开的语文学，一种从未绝对固定的语文学，那又能是什么呢？为什么呢？这是因为，正如他在《超越善与恶》中所说，"由绝对知识造成的灭亡完全能成为存在基础的一部分"。然而，他已在《看哪！这人》中揭示出，他是怎样地与这种属于存在基础的绝对知识贴近的。1888年秋的都灵之行，情况也是一样。

如果我们从弗洛伊德的书信集中破译出，自从他创立精神分析时起，他就处于无休止的焦虑中，我们就可以考虑弗洛伊德的体验是不是在本质上和尼采的情况很近似。解释的断裂点，也是解释汇聚之处，然而也正是在这一点上，解释成为不可能的。这里涉及的问题，完全可能是某种犹如癫狂的体验的东西。

这种体验，尼采既与之搏斗又为之着迷；这种体验，弗洛伊德终其一生，不无焦虑地与之作斗争。一种解释运动，既无限地接近其中心，同时又崩塌、烧焦。而癫狂的体验正印证了这种运动。

我认为，这种解释在本质上的未完成性，对于解释来说是根本的，它与另外两项原则有关，这两项原则与我刚刚谈到的两项原则一起构成了现代解释学的公设。这两项原则中，首先一条原则是：如果解释决不能完成，这完全只是因为没什么要解释的。没什么绝对的原始项有待解释，因为实际上，一切都已经是解释，每个符号就其本身来说并不是需要解释的事物，而是其他符号的解释。

你可以说，所有解释项都已经是被解释项，因此，在解释中建立的既是一种澄清的关系，也同样是一种暴力的关系。事实上，解释并不在于澄清被动地提供给它的有待解释的某种材料；它只会是攫取，而且是以暴力的方式，攫取某种已有的解释，必须颠覆它，翻转它，挥舞锤子砸碎它。

在马克思那里，我们已经看到这一点。他解释的并不是生产关系的历史，而是已经作为一种解释出现的某种关系，尽管它是以自然的面目呈现的。同样，弗洛伊德解释的也不是符号，而是解释。实际上，在症候之下，弗洛伊德发现了什么呢？他并没有像人们所说的那样，发现了"创伤"；他揭示的是具有焦虑负担的幻觉，这种幻觉就是一个内核，它拥有的存在本身就已经是一种解释。例如，厌食并不像能指归结到所指那样，归结到断奶上，而是作为符号，作为有待解释的症候，归结到对母亲的不洁乳房的幻觉，它本身就是一种解释，其自身就已经是一个言说体（un corps parlant）。这就是为什么弗洛伊德在其病人的语言中所解释的只是病人提供给他的作为症候的东西，而非别的方面；他的解释是对解释的解释，采用的也正是那一解释使用的说法。大家都知道，弗洛伊德发明"超我"的那一天，有个病人对他说："我感到我身上有条狗。"

尼采也是以同样的手段攫取已经相互攫取的解释的。对尼采而言，没有一个原初的所指。词语只不过是解释；在词语的整个历史中，在成为符号之前，词语就一直只是在解释；而它们最终能发挥符号的作用，仅仅因为它们基本上只是些解释。尼采对善的著名词源学探究就证明了这一点。这也是尼采说词语总是由上层阶级所发明的意思；它们不指明一个所指，它们强加一种解释。因此，并不是因为有一些难解的原始符号，我们现在才致力于解释工作，而是因为有解释，因为在一切说话的东西之下，总是有暴力解释的巨大织体。就是由于这一原因，有一些符号，规定由我们对它们的解释进行解释，规定由我们来颠覆作为符号的它们。在这个意义上，我们可以说寓意和含义处在语言的深处，并先于语言，不是为了改变或更动词语的意涵，事后悄悄塞到词语下的东西，而是使词语得以产生的东西，使词语闪烁不定的东西。这也是为什么在尼采那里，解释者是"诚实的"；他是"名副其实的"，并不是因为他占有一种沉睡的真理，以便说出它，而是因为他宣告了一种所有的真理都在掩盖的解释。也许在现代解释学中，这种解释相对于符号的优先性是最具决定意义的。

解释先于符号的思想隐含的意思是，符号不像16世纪中的情况那样，是一个单纯、善意的存在。在16世纪，符号的繁复，即事物之间相似的事实，仅仅证明了上帝的善意，而且在符号与所指之间只隔了一层透明的面纱。相反，从19世纪开始，从弗洛伊德、马克思和尼采开始，我觉得符号变成不怀好意的；我是想说，在符号中有一种样式模棱两可，多少令人疑虑的不良意志，或者说"恶意"。以至于符号已经是一种解释时，还要装作不是解释的样子。符号是一些试图替自己辩护的解释，而非相反。

就像在《政治经济学批判》，尤其是《资本论》第一卷的界定中我们看到的那样，货币就是这样运转的。这与症候的运作在弗洛伊德那里是一样的。而在尼采那里，词语、正义、善与恶的二元划分，以至于符号，都是面具。符号在获得这种掩盖解释的新功能的同时，失去其在文艺复兴时期仍旧拥有的单纯的能指存在，其特有的厚度似乎就要展开了，而此前符号理论并不熟悉的所有否定概念，就得以猛然进入符号的展开过程中。符号的理论只知道面纱透明，并几乎没有否定环节的时刻。现在由各种否定概念，矛盾和对立构成的整个游戏，简言之，德勒兹在他关于尼采的书中精彩分析过的这种反作用力量构成的整个游戏，都能够在符号的内部组织起来。

以往，在赋予整个辩证法以一种肯定的意义的同时，也最终中止了辩证法中的否定性的游戏。而如果"让辩证法头脚倒置"这一说法一定有什么意义的话，难道不就是把这种否定性的游戏，重新放置在符号的厚度中，放置在这一开放的、无尽裂开的空间中，在这一既没有实在内容又无法调和的空间中吗？

末了，解释学的最后一条特征是：解释面临着无限地解释自身的义务，必须总是重新开始。由此产生两个重要的结果。第一个结果就是，这样，解释将总是由"谁?"出发进行的解释；人们不解释所指中包含的东西，而实际上解释：谁提出了解释。解释的原则不是别的，就是解释者，这可能就是尼采赋予"心理学"这个词的意思。第二个结果就是，解释有待解释的总是自身，它总是不可避免地折回自身。和有明确期限的符号时代相对立，和仍然是线性的辩证法时代相对立，人们现在处于一个循环的解释时代。这一时代必须重新回到它已然到过的地方，毕竟，它构成了解释实际上会冒的唯一危险，也是一个最高危险，悖谬的是，正是符号使解释会遇上这样的危险。只要当人们认为有一些符号，有一些基本的、原初的、真正的符号，它是连贯一致的、切中要害的和有系统的标志，解释就死亡了。

相反，解释的生命在于相信只有解释。我认为必须很好地理解这件事，即解释学与符号学是两个尖锐对立的敌人，我们这些当代人大多遗忘了这一点。一种实际上折回符号学的解释学是相信符号的绝对存在：它为了让指号的恐怖主宰一切，或者说让人们怀疑语言，从而就抛弃了解释的暴力、未完成性、无穷性。这里，我们会发现，马克思以后的马克思主义就是这个样子。相反，一种解释学却封闭在自身之中。封闭在不断蕴含自身的语言的领域之中，这是一块癫狂和纯语言的边界区域。我们正是在这里看到了尼采。

波墨（Boehm）：您精彩地指出了，在尼采那里，解释是永无止境的，并构成了甚至是现实的材料。而且，对尼采来说，解释世界和改造世界并不是两件不同的事。但对马克思来说也是这样的吗？在一篇有名的文本中，他将改造世界和解释世界对立起来……

福科：我早就料到会有人提及马克思的这个句子，来反对我的看法。然而，如果您考虑政治经济学，您就会看到马克思总是把它当作一种解释的方式来对待的。涉及解释的文本与哲学，以及哲学的目的有关。但政治经济学，像马克思所理解的那样，就不能构成一种解释吗？因为它可以考虑到世界的改造并在某种意义上使之内在化，就不能将其判定为解释吗？

波墨：另外一个问题：对马克思、尼采和弗洛伊德来说，他们思想中的主要部分不就是一种意识的自我神秘化吗？不正是在这一点上，19 世纪以前从未出现的新思想在黑格尔那里找到它的根源吗？

福科：对我而言，告诉您确切地来说这不是我所要提出的问题，显得是在逃避。但我本就打算如此对待解释的。为什么人们进行再解释？是在黑格尔的影响下吗？

有一件事情是确实的，那就是符号的重要性，不管怎样，人们在符号的重要性和影响方面所达成的一致，在 18 世纪末或 19 世纪初发生了一个确定无疑的转变；究其原因，有很多。例如，古典意义的语文学的发现，印欧语言体系的组织，事实上，分类法失效了，所有这一切可能已全部重组了我们符号的文化世界。如在广义上理解的自然哲学方面的东西，不仅在黑格尔那里，而且在所有与黑格尔同时代的德国人那里，无疑都是符号体制这一在当时文化中发生的变化的明证。

我觉得实际上可能是，也就是说，在更丰富的层次上对于人们所提出的问题的类型来说，在意识神秘化的观点中，可以看到一个符号的基本体制的变化的主题，而不是相反要从中发现解释焦虑的起源。

陶布（Taubes）：福科先生的分析不够完全吧？似乎你没有考虑到具有决定性地位的宗教的注释，而且也没有遵循真正的历史衔接关系。尽管福科先生刚刚谈过这一问题，我还是认为 19 世纪的解释开始于黑格尔。

福科：我没有谈到宗教的解释，它确实极其重要，因为在我所描述的这段非常简短的历史中，我关注的是符号方面，而不是意义方面。至于19世纪的断裂，人们很可以把它置于黑格尔名下。但在符号的历史上，从其最大的广延上来看，印欧语言的发现、通用语法的消失、有机体概念取代了特征概念，这些在其"重要性"上并不逊于黑格尔哲学。不应该混淆哲学史和思想的考古学。

凡蒂默（Vattimo）：要是我对您没有理解错，马克思就应该划分到像尼采那样发现解释的无穷性的思想家中间。对于尼采，我完全同意您的看法。但在马克思那里，并不必然有一个终点吗？基础结构难道不就是某种应该被看作是基础的东西吗？

福科：对于马克思，我一点也没有发展我的观点；我甚至担心我没法论证它。但就拿《路易·波拿巴的雾月十八日》来说吧，马克思从不把他的解释表达为最后的解释。他十分清楚，并且他指出，人们可以在一个更深入的或更一般的层次上进行解释，没有更踏实的解释理由。

华尔（Wahl）：我认为在尼采和马克思之间、尼采和弗洛伊德之间有冲突，虽然他们之间有一些相似之处。如果马克思有道理，尼采就应该被解释为那个时期的一个资产阶级的现象。如果弗洛伊德有道理，就必须了解尼采的无意识。因而我看到尼采和其他两个人之间有一种冲突。

我们不是确实有太多的解释吗？我们有"解释病"。无疑，必须不断地解释。但不是同样有某种有待解释的东西吗？我还是要问：谁解释？有一个骗子，但谁是这个骗子？最后：我们被欺骗了，但被谁欺骗了？总是有一种解释的多元性：马克思、弗洛伊德、尼采，还有戈宾诺（Gobineau）……有马克思主义，有精神分析，还有所谓的种族的解释……

福科：我认为，正是通过对甚至是无尽形成的解释的界定，才使解释的多元性和解释的冲突的问题成为可能。解释没有一个绝对的点，可以由之出发，对解释自身加以评价，作出决定。以致这个事实——我们在解释的时候我们也必定要被解释的事实——每个解释者都必须知道。这种解释的过度确实是深刻地构成目前西方文化特征的一个特征。

华尔：然而，还是有一些人不是解释者。

福科：在那时，他们重复，他们重复语言本身。

华尔：为什么呢？为什么这么说呢？克洛岱尔（Claudel），当然人们会用各种各样的方法去解释他，用马克思主义的方法，用弗洛伊德的方法，但不管怎样，重要的是，在任何情况下还是克洛岱尔的作品。尼采的作品是更难读的。如果从马克思主义和弗洛伊德的思路来解释，他可能会挡不住……

福科：哦，我不认为他会挡不住！在尼采的解释技术中，确实有某些完全不同的东西，它使得人们不能，任您怎么说，把它要么归于共产主义者，要么归于精神分析学者实际上所代表的法定的社团中。尼采学派对于其所解释的没有……

华尔：有尼采学派吗？今天早上人们对此还难以置信呢！

巴罗尼（Baroni）：我想请教您是否认为尼采、弗洛伊德和马克思之间可能有如下并行之处：尼采在他的解释中寻求的是分析美好的情感，并揭示出它们实际上所隐藏的东西（在《道德的谱系》中是这样的）。弗洛伊德在精神分析中要揭示潜在的内容是什么；而且，也是在这方面，解释对于良好的情感来说将是相当灾难性的。最后，马克思攻击资产阶级的善意良知，并揭示出它们实质是什么。因此，支配这三种解释的观点似乎是，有一些有待译解的符号，必须去发现其意指，即使这种译解不是单一的，而且必须逐步做下去，可能直到无穷。

但是，我认为还有另一种心理学上的解释，它是完全相反的，它使我们与您刚刚谈到的16世纪重逢。这是荣格的解释，他在弗洛伊德解释的类型中明确揭露出贬损的毒药。荣格用象征来与符号相对，符号是必须在其潜在的内容上被译解的东西，而象征则通过自己说话。虽然刚才我说，尼采在我看来与弗洛伊德和马克思相近，实际上我认为，在这方面，他也可能与荣格接近。对尼采而言，如同对荣格而言，"我"（moi）和"自我（soi）"之间、小理性和大理性之间有一种对立。尼采是一个极端尖刻甚至残酷的解释者，但在他那里有一种专心于倾听"大理性"的确切的方法，这使他与荣格接近。

福科：您无疑是有道理的。

拉姆努（Ramnoux）：我想重新回到一点上：为什么您没有谈到宗教注释的地位呢？我认为，人们也许不能忽视翻译的历史：因为实际上任何一个圣经的译者都说他表达了上帝的意思，因此他必须在其间安放一种无限的意识。最终，翻译经历时代而发展，有些东西就通过这种翻译的发展而揭示出来。这是一个非常复杂的问题……

还有，在听您讲之前，我思考了尼采和弗洛伊德之间可能的关系。如果您使用弗洛伊德全部著作的索引，并参考琼斯的书，您最终找不到什么东西。突然，我觉得：问题颠倒了。弗洛伊德为什么对尼采缄默不言呢？

不过这方面有两点。第一点，就是在1908年，我认为，弗洛伊德的学生，即兰克（Rank）和阿德勒（Adler），在他们举办的一次小型会议上，题目就是尼采的主题（特别是《道德的谱系》）和弗洛伊德的论题之间的相似或类似之处。弗洛伊德在让他们去做的时候，颇有保留，而我记得他那时所说过的话大概是：尼采同时带来了太多的观念。

另外一点就是，从1910年开始，弗洛伊德和莎乐美（Lou Salomé）建立了关系；他可能写了一份草稿，或者一次对莎乐美的教导性分析。因此，通过莎乐美，弗洛伊德在那里与尼采可能有一种医学上的关系。不过他不能谈到这些。可是，所有确切的东西，就是莎乐美后来出版的所有东西，实际上构成了他没完没了的分析的一部分。后来，我们在弗洛伊德的著作《摩西与一神教》中发现，有一种弗洛伊德和尼采的《道德的谱系》的对话——您看，我给您提出了一些问题，您对此知道得更多吧？

福科：不，严格地讲，我对此知道得并不更多，我实际上曾为惊人的沉默所震动，弗洛伊德只有一两句谈到尼采，甚至在他的书信集里，他也很少提到尼采。这确实是相当令人迷惑的。借助莎乐美分析的解释并不能对此说得更多……

拉姆努：并不能对此说得更多……

德蒙比纳（M. Demonbynes）：关于尼采，您说过，癫狂的体验是最接近绝对知识的点。我可以请问您，在您看来，是在什么尺度上，尼采有癫狂的体验呢？当然如果您有时间，对于其他的巨人，如像荷尔德林、奈瓦尔、莫泊桑那样的诗人或作家，或者像舒曼、杜帕克（Henri Dupac）、拉威尔（Maurice Ravel）那样的音乐家，提出同样的问题是非常有意思的。还是回到尼采上来吧。我完全理解了吗？因为您极其精彩地谈到了这种癫狂的体验。这确实是您所要说的吗？

福科：是的。

德蒙比纳：您不愿意说癫狂的"意识"、或者"预见"、或者"预感"吗？您确实认为人们可以有……像尼采那样的巨人们所能有的"癫狂的体验"吗？

福科：我要对您说：是的，是的。

德蒙比纳：我不懂这是什么意思，因为我不是一个巨人！

福科：这我可没说。

凯尔凯尔（Kelkel）：我的问题很简短：它将是针对根本的问题，针对您所命名为"解释技术"的，在这些技术中您看到了哲学上一种可能的接续，我并不是说一个哲学的代替者，但无论如何是一个哲学的接班人。从术语最广的意义上来说：马克思那里的社会、弗洛伊德那里的个体和尼采那里的人性，您不认为这些解释世界的技术首先是"治疗"的技术、"痊愈"的技术吗？

福科：实际上，我认为解释的意义在19世纪确实接近于您所理解的治疗。在16世纪，解释确切地说是在启示、拯救方面获得其意义的，我仅为您引用一位名叫加西亚（Garcia）的历史学家的一句话，他在1860年说道："最近，健康代替了拯救。"

（方生 译）

德里达

　　雅克·德里达（Jacques Derrida，1930—2004），法国当代著名哲学家。他出生于阿尔及利亚的一个犹太家庭。青年时代前往法国服兵役，随后在法国接受高等教育并于毕业后在巴黎高师任教。德里达从 1983 年起任巴黎高等社会科学研究院研究主任。他创立了国际哲学学院并出任第一任院长。

　　德里达的主要著作有：《声音与现象》（1962）、《书写与差异》（1967）、《论文字学》（1967）、《播撒》（1967）、《哲学的边缘》（1972）、《署名活动的语境》（1977）、《立场》（1978）等。

　　德里达以现象学作为自己思想的起点，但德里达并没有像梅洛—庞蒂等人那样以传统哲学的方式发展现象学，而是在书写风格上迥然有别于传统哲学家，他总是不断地"解构"哲学家们的思想。在 20 世纪 60 年代的法国思想界，人们谈论得最多的就是哲学的"局限"、"终结"甚至"死亡"，结构主义是这一思潮的典型代表。德里达向结构主义发起挑战，认为结构主义的前提是将向语言学和生物学等学科借用来的结构模式推广到所有领域，而它对于哲学的不信任也是不能接受的。德里达将形而上学的"关闭"和哲学的"终结"区分开来，试图在"关闭"和"终结"之间寻找一条道路。在德里达看来，哲学并不是各种思想模式中的一种，它总是希望成为普遍性的东西，但当人们要去思考哲学时，就有可能达到一种不能还原为哲学的东西，德里达将这一过程称为"解构"。在不同的情景下应采用不同的"解构"策略，这些策略不是简单的理论性的，而是有着一种介入伦理和政治的姿态，它转变的是存在霸权的情景。因此解构不是"否定"，而是与非正当的教条和权威对抗。

德里达最为重视的霸权就是"语音中心主义"所带来的霸权，而逻各斯中心主义正是利用了这种霸权的西方哲学传统的要害所在。在德里达看来，从苏格拉底直到海德格尔的西方哲学一直都未能跳出这一藩篱。所谓"逻各斯中心主义"，就是作为"在者所是的科学"的哲学，它偏爱语音而压抑书写，文字只不过是声音表达现象的工具和记录的符号。而德里达的"解构"工作就是试图使书写活动不再表达某种固定不变的"意义"，而是文字的"播撒"和"断裂"，它不遵守某种预设的逻辑，也不受固定的语法和观念的控制。

本书选取了《马克思的幽灵》第一章《马克思的指令》中的部分文字。20 世纪 80 年代末期 90 年代初期社会主义阵营发生了一系列的政治动荡后，人们普遍对马克思主义失去了信心，在这种情况下，德里达以振聋发聩的声音指出："不能没有马克思，没有马克思，没有对马克思的记忆，没有马克思的遗产，也就没有将来：无论如何得有某个马克思，得有他的才华，至少得有他的某种精神。"在这种精神的指引下，德里达分析了马克思的"幽灵们"（即马克思学说在今日的影响与变体）。他认为，马克思的"幽灵们"是具有异质性的，对它们仅仅加以否定是无法摆脱它们的，因此，对于像"共产主义"这样的"幽灵"，不能仅仅考虑这一观念是否会带来或解除现实与非现实之间的对立，也不能站在一个封闭的区域，以一种普遍的公理体系看待"共产主义者"和"反共产主义者"的对立。德里达通过阐述马克思自己对于一个"幽灵"即金钱的分析，来揭示应当怎样看待那些"幽灵们"。德里达用法语 conjuration 在英语中的同形异义词的意义来表达他对马克思的分析的看法。这个词的第一层意思是"密谋"和"召唤"，在这层意义上，可将莎士比亚的《雅典的泰门》视为理解马克思在《德意志意识形态》及《〈政治经济学批判〉导言》中关于作为"幽灵"的金钱的论述的线索；另外，conjuration 一词在英语中还有"驱魔祛邪"的意思。德里达用这层意思说明马克思描述幽灵并不表明他喜欢它们，而是要驱逐它们。在德里达看来，马克思的驱魔法仍然是一种"魔术"而非"反魔术"，他用宣布和验证"死者的确已死"的方式驱赶幽灵，而这种方式实际上只是一种"行为性陈述"，目的是为使人们和自己"放心"——而就马克思本人而言，他是承认存在与非存在之间的界限的。

马克思的指令^①

不去阅读且反复阅读和讨论马克思——可以说也包括其他一些人——而且是超越学者式的"阅读"和"讨论"，将永远都是一个错误，而且越来越成为一个错误，一个理论的、哲学的和政治的责任方面的错误。当教条的机器和"马克思主义"的意识形态机构（国家、政党、党支部、工会和作为理论产物的其他方面）全都处在消失的过程中时，我们便不再有任何理由，其实只是借口，可以为逃脱这种责任辩解。没有这种责任感，也就不会有将来。不能没有马克思，没有马克思，没有对马克思的记忆，没有马克思的遗产，也就没有将来：无论如何得有某个马克思，得有他的才华，至少得有他的某种精神。因为这将是我们的假设或更确切地说是我们的偏见：有诸多个马克思的精神，也必须有诸多个马克思的精神。

①　选自《马克思的幽灵》，北京，中国人民大学出版社，1999。

西方学者卷·德里达

　　然而，在我现在不得不加以抵制的所有各种诱惑中，有一种诱惑就是记忆的诱惑，即去叙述我以及我这一代人在我们的整个一生中所共同享有的东西：马克思主义的经历，马克思在我们心目中的几乎慈父般的形象，以及我们用来和其他的理论分支、其他的阅读文本和阐释世界方式作斗争的方法，这一方法作为马克思主义的遗产曾经是——而且仍然是并因此永远是——绝对地和整个地确定的。为了接受这个明显的事实，我们并不一定非要是一个马克思主义者或共产主义者。我们全都生活在同一个世界上，有些人享有的是同一种文化，这种文化在一种不可估量的深度上仍然保留着这一遗产的标记，不论是以直接可见的方式还是以不可见的方式。

　　在那些烙印属于我的同代人的某种经历，亦即一种至少已经持续了40年而且还没有完结的经历中的品格中，我将首先抽离出一个令人不安的悖论。我正在谈论"已经可见"甚至是某种"总是已经可见"的令人不安的作用。由于使我们今晚聚在一起的那个题目——"马克思主义向何处去"——使我对感知、幻觉和时间产生了这种不适。对于我们中的许多人而言，这一问题的历史和我们的年龄一样久远。尤其是对于那些人——我也是这样——即对于那些反对事实上的"马克思主义"或共产主义（苏联、共产国际以及由它们引发的一切东西，也就是说这许许多多的东西……），但又出于各种保守或反动的动机甚或温和的右翼或共和主义的立场而至少是根本不愿意这么做的人而言，对于我们中的许多人而言，某种（我在此强调的是某种）共产主义的马克思主义的终结并不需要等到苏联以及全世界完全依赖于苏联的所有一切的最近解体。所有的一切在20世纪50年代初就已经开始——所有的一切甚至在那时就已经不容置疑地是"可见的"了。因此，使我们今晚聚集在一起的这个问题——"马克思主义向何处去"——其实是一个重复已久的话题的回声。但是从一个完全不同的方面说，马克思主义往何处去的确已是一个摆在和我们同处一个时代的绝大多数年轻人面前的问题了。同样的问题已经被提出过了。固然是同一个问题，但提问的方式完全不同。并且就提问的内容而言，今天晚上正在引起共鸣的东西也与以往有所不同。在处于战争状态的古老的欧洲的城垛上，夜幕仍然笼罩着"围墙"，黄昏一直在它的周围潜行，这一问题仍然存在，伴随在一起的还有其他问题。

　　为什么？那同一个问题就好像是最后一个问题。今天的许多年轻人（属于"福山的读者消费群"的类型或者说属于"福山"本人的类型①）可能再也无法充分地认识到这一点："历史的终结"、"马克思主义的终结"、"哲学的终结"、"人的终结"、"最后一个人的终结"等等这样一些末世学的论题，在20世纪50年代，也就是说在40年前，就已经为我们所熟知了。这种启示录式的短语，曾经在我们的嘴边脱口而出，已经自然得就像事后即1980年我给它们取的那个绰号——"哲学中的启示录派头"。

这种终结论的历史连续性是什么？它的味道怎么样？一方面，它是对那些我们可以戏称为终结论的经典作品的阅读或分析。这些作品构成了现代启示录的正典（历史的终结，人的终结，哲学的终结，黑格尔、马克思、尼采、海德格尔，还有他们的科热夫式的补遗和科热夫（Kojéve）② 本人的补遗的终结）。而另一方面且是不可分离的，它又是我们已经知道或者说我们中的某些人在某个特定时期不再讳言的东西，如所有东方国家的极权主义的恐怖、苏联官僚主义的所有社会—经济灾难、过去的斯大林主义和当前的新斯大林主义的极权主义的恐怖（粗略地说，从莫斯科的审判到匈牙利的镇压，这还只是引证了其中极少数的几个例子）等。这种终结观无疑是所谓解构理论分化出来的一部分——而人们对这个解构理论的时期，尤其是在法国，根本不可能有所理解，除非他们考虑到历史的这种错综复杂性。因此，对于那些和我同处在这个特殊时期共享这一双重的和独一无二的经历（既有哲学的，又有政治的）的人们来说，对于我们而言，我敢说，有关历史终结和最后的人的流行话语的传媒展览看起来常常就像是一个令人讨厌的年代错误，至少在某个方面——我们在后面还会对此加以明确说明——说是如此。而且这个令人讨厌的错误的某些方面就出现在今天最为非凡的文化实体中，即人们听到、读到、看到的那些东西，完全被融入西方资本主义的那些东西。至于那些带一种青春热情的狂热沉湎于那种话语的人们，他们看起来就像是一帮迟来者，仿佛还有那么一点点可能在最后一班列车开出之后他们居然还能搭上车——不过在历史的终点上，他们还是迟到了。

---

① 弗朗西斯·福山，日裔美国学者，美国哈佛大学政治学博士，曾任美国国务院政策企划局副局长，现为美国兰德公司高级社会科学学者。其著作《历史的终结和最后的人》曾引起思想界的热烈讨论。德里达在这本书中对福山的有关论述进行了评论。——译注

② 科热夫，法国哲学家，新黑格尔主义者，其在20世纪30年代对黑格尔的介绍与研究曾深深地影响了萨特一代的存在主义者。——译注

人们怎么能在历史的终点上迟到呢？这是今天的一个问题。这个问题是严肃的，因为它迫使人们再一次去反思，正如我们自黑格尔以来一直在做的，历史终结之后会发生什么，还有什么配得上使用历史事件的名称；它迫使人们去思考历史的终结是否只是某个历史概念的终结。也许，这里的问题，如果我们可以这样做的话，应当提给那些不乐意在启示录和终结的末班车上迟到，而是优哉游哉地怀着资本主义、自由主义的善意和议会民主制——我们使用这一术语指的并不是一般的议会制和政治代议制，而是指它的现存形式，事实上，也可以说是指一个选举机构和议会机关的过去形式——的良知找到了挺起胸膛的办法的人们。

对于上面的这个概述，我们过一会儿还要加以详细论述。我们不得不对传媒的年代错误和良知提出另一种理解。但是为了加深人们对"已经可见的"令人沮丧的印象——这种印象会危险地引得我们漏掉所有论及历史的终结和其他相似的断言的文学作品——的认识，我将单独引用（从众多可能的例子中）1959年的一篇论文，该论文的作者1957年还曾发表过一篇题目刚好也是《最后的人》的小说。大约35年前，那时，莫里斯·布朗肖①撰写了一篇论文《哲学的终结》，这篇论文是20世纪50年代的五六篇好作品中的一篇。这些作品全都是出自从前的马克思主义者或共产主义者的见证，当然仅仅是在法国。此后，布朗肖还写了《共产主义初探》和《马克思的三种声音》。

因此，早在30多年以前，布朗肖就已经写出了《哲学的终结》。在那时，即1959年，一个葬礼式的语调就已经在那里回响——朦胧的、幽灵般的，并因此也是复活的。它当然也是一种重新造反的论调。实际上，它涉及的是哲学的"精神"的问题：哲学终结的这一过程就是由在它"消失"和"入土"的时刻的可见的先头队伍组成的，它包括领导它自己的葬礼队伍，并在这一行进过程中壮大自己，希望至少能重新振作起来，站立起来（"复活"、"提高"）。哲学的这种守灵，这种令人喜悦的死亡护灵，乃是一种"提升"和"哲学死亡"的双重时刻，是一种死亡中的提升。在这里，哲学——并且这是绝对的更新吗？——变成了它自己的亡魂；它与其说是寄居在它自己的处所中，不如说是自己在那里游荡。当然，

---

① 莫里斯·布朗肖，法国当代著名的文学批评家和理论家，其思想对结构主义文学批评曾产生过重大影响。——译注

哲学总是并不仅仅只是哲学：

"哲学的这种提升——它已经成为我们的世界和我们的命运形态的万能力量——只能与它的消失一起发生，至少只能在宣布其下葬开始时发生。这种哲学的死亡因此属于我们的哲学时代。它的死亡不是始于1917年，甚至也不是始于1857年，在那一年，马克思仿佛表演娱乐性的能力测验一般，居然对他的体系作了一次彻底的改造。19世纪中叶以来，与他的名字排在一起的还有黑格尔、尼采和海德格尔。哲学自身一直在宣告或实现它自己的终结，不论它把那终结理解为是绝对知识的完成，是与它的实际实现相联系的理论的压制以及所有的价值被卷入的虚无主义的运动，还是最终通过形而上学的终结以及还没有一个名称的另一种可能性的预兆来告示的。因此，这将是从今以后伴随着每一位思想家的日落，是一种奇妙的葬礼时刻，哲学精神将在一种提升中为此而欢呼，也就是说或进而说，哲学精神在此时常常是喜悦的，它引导着它的葬礼队伍缓慢前行，在这期间，它以这样那样的方式期待着获得它的复兴。当然这样一种否定性的期待、危机和节日，这样一种尽其可能想要找出它所反对的东西的经验，并不仅仅只限于哲学……"

复活的紧迫性与愿望，是再生还是还魂？在夜幕降临之际，人们不知道紧迫是否意味着所期待的人已经归来。他不是已经预告了他自己的到来吗？而且，预告自己的到来不就是以某种方式已经存在在那里了吗？人们不知道那期待是否预备好了将要到来的将来的来临；或者说是否回想起了那同一个东西，那同一个鬼魂一般的东西的重复（"什么！这东西今晚又出现过了吗？"）。这种不知并不是一种缺陷。没有一种知识的进步能够在与认识，因此也与无知全然无关的开始就趋于饱和。在那个开始必须维护这种异质性，将它作为断言或者更恰当地说是重新断言将来的唯一机遇。开端就是将来本身，它来自于将来。将来就是开端的记忆。在终结的经验中，在它的坚决的、紧迫的、总是迫在眉睫的末世学的来临中，在极端的今天的极端性中，从此预告了将要到来的东西的将来。不止是曾经这样，因为将要到来的将来本身就能够预告自己的到来，并且在它的仅仅以某一过去的终结为基础的纯粹性中：超越——如果这有可能的话——那最后的极端性。即使这是可能的，即使真有什么将来，但是，人们怎么能够悬置这个问题，或者说自行放弃这样一块自留地，而不预先得出结论，预先归纳出将来和它的机遇？怎么能不预先总体化呢？在此，我们必须对末世学和目的论加以区分，即使这样一个差异的关系在最脆弱或最弱小的不坚定性中一直会有被抹除的危险——并且会以某种方式总是且必然地失去抵御这种危险的信心。难道就没有一个弥赛亚的极端性或者说一个 eskhaton 吗——其终极事件（即时的决裂、闻所未闻的中断、无比惊奇的不合时宜、没有实现的异质性）在每一时刻都能够超越某一自然体的最后类项，诸如工作、产品和任何历史的目的等？

问题实际上就是"向何处去"，不仅是那鬼魂来自何处，而且首要地是它马上就要回来吗？它不是已经开始登陆了吗？它将要去往哪里？将来会怎么样？将来只能是对鬼魂而言的，还有过去。

在提出"马克思的幽灵们"这个题目时，我最初考虑过某种徘徊不去的思想情感的各种形式，这种思想情感，在我看来，似乎对今天的话语发挥了主导的影响。值此在一种新的世界紊乱试图安置它的新资本主义和新自由主义的位置之际，任何断然的否认都无法摆脱马克思的所有各种幽灵们的纠缠。霸权一直在有组织地压制，因而也就是在确证任何徘徊不定的情感。徘徊不定属于每一种霸权的结构，但是我并没有首先想起《共产党宣言》的开场语。在一种明显不同的意义上说，马克思、恩格斯在 1847～1848 年就已经在那里讨论了一个幽灵，更确切地说是"共产主义的幽灵"，在旧欧洲的所有势力看来，这是一个可怕的幽灵，但是共产主义的幽灵在那时还是将要到来的。诚然，一个共产主义的幽灵已经可以命名了（而且刚好是在命名正义者同盟或共产主义者同盟之前），但它在其名称之外仍然是将要到来的幽灵，是已经允诺但仅仅只是允诺了要到来的幽灵。有人会说，这才是一个尤其可怕的幽灵，是的，假如人们无法区分将要到来的将来与一个幽灵的归来之间的不同。我们可别忘了，1848 年左右，第一国际不得不一直几乎处在秘密状态。那幽灵就曾经在那里（但是，一个幽灵在那里是什么意思？一个幽灵的在场模式是什么？这就是我们在此想要提出的唯一问题）。但是，在那里的乃是那个幽灵，共产主义的幽灵，而共产主义本身，根据定义，并不在那里。那令人畏惧的乃是将要到来的共产主义。这在前一段时间就已经以这个名称被预告了，但是它还不在那里。它仅仅是一个幽灵，旧欧洲的这些神圣同盟为了让自己放心，似乎想说，但愿在将来它不会成为一个真实的、实际存在的、明显的、非秘密的现实。旧欧洲给自己提的这个问题完全是将来的问题，是"向何处去"的问题：即使不是"马克思主义向何处去"，那也是"共产主义向何处去"。不论人们是在向共产主义的将来提问还是在向将来的共产主义提问，这个令人苦恼的问题都不仅是想要弄明白，在将来，共产主义会如何影响欧洲历史，而且，以一种更为压抑的方式，想要知道欧洲究竟还有没有将来和历史。在 1848 年，黑格尔有关绝对知识中历史终结的话语已经响彻全欧洲，并和其他许多丧钟（glas）的声音一起交织混响。另外，共产主义由于它的国际性特点基本不同于其他的劳工运动。在人类历史上还没有一种有组织的政治运动曾经以地缘政治的形式表现出来，并由此开创出我们现在的活动空间，这个空间今天正在接近它的极限——地球的极限和政治的极限。

这些力量或者说所有这些势力的全权代表，亦即国家，想要让自己消除疑虑。它们需要的是信心。因此它们是有信心的，因为"有信心"与"需要信心"之间并没有什么区别。它们是有信心的，它们确信，在一个幽灵与一个实际存在的现实之间，在一种精神与一种 Wirklichkeit（实在）之间，有着确定的分界线。这个分界线的划分必须是可靠的。它应当是可信的。不，它本来就应当是可信的。而且对这种确定性的信心是它们与马克思本人所共有的（这就是整个的故事，而且我们正在走向它：诚然，马克思站在自己和他人的立场认为，鬼魂与实在性之间的分界线应当像乌托邦本身一样，能够通过一种实现亦即革命被跨越；但是他也一直相信，一直力图相信，这一分界线是作为一种实际的界限和概念性的区别而存在的。他也相信吗？不，是依附于他的某些人。谁？"马克思主义者"，他们引发了长时期地打着"马克思主义"的招牌即将流行的东西。而这些东西同时也会受到它力图排斥的东西的纠缠）。

今天，在几近一个半世纪之后，全世界范围内为共产主义的幽灵而忧虑的大有人在，就如同他们同样也确信，他们在那里所论及的东西仅仅只是一个幽灵，没有躯干，没有存在的现实性，没有实在性或实际性，只不过这次那幽灵被设想为是一个过去的幽灵。它仅仅只曾是一个幽灵、一个幻觉、一种幻影或一个鬼魂：这就是他们在今天到处可以听到的论调（"霍拉旭说，'那不过是我们的幻想'，而且他总是不肯相信"）。尽管仍然忧愁但毕竟可以长出一口气：但愿它在将来不会回来！本质上，那幽灵就是将来，它总归会到来，它仅仅现身为能够到来或回来的东西：在将来——19 世纪旧欧洲的势力说它不必化为肉身，无论是公开的还是秘密的。在将来——我们今天到处都听人说——它不必重新化为肉身：既然它就是过去，人们就不必让它回来。

这个世纪与下个世纪的不同究竟是什么？是过去的世界——对它而言，那幽灵表现为一个正在来临的威胁——与现在的世界亦即今天——在那里，那幽灵亦将表现为一种威胁，有人愿意相信它就是过去，它在将来必然会一而再、再而三地返回，去祛除不幸——之间的不同吗？

为什么在上述两种场合中那幽灵都被看作是一种威胁？时代是什么意思？幽灵的历史又是什么意思？那幽灵有现在吗？它的来来往往是根据某一过去的现在、现在的现在与某一将来的现在之间，某一"实际的时代"与某一"延宕的时代"之间的某个从前与某个以后的线性系列排定的吗？

如果说真有所谓的幽灵性的东西存在，也就有种种理由至少质疑这一确定的诸种现在的秩序，尤其是在现在、实际的或现存的现实性的现在，与能够反对它的一切东西，如缺席、非存在、非现实性、潜在性、甚至一般的幻影等等之间的界限。而首先需要质疑的则是现在对于其自身的当代性。在弄清楚人们能否分辨过去的幽灵、将来的幽灵、过去的现在的幽灵、将来的现在的幽灵之间的不同之前，我们也许必须自问一下，那幽灵性的作用是不是不在于解除存在于实际的、实存的现在与其他的现在之间的这种对立，甚或这种辩证法；我们也许必须自问一下，这种对立——如果说它就是一种辩证的对立——是不是从来就没有过一个封闭的区域和一个普遍的公理体系提供给马克思主义和它的反对者团伙或同盟之间的对峙。请原谅我以这样一个抽象的表述作为开始。

19 世纪中叶，为了反对这个幽灵，驱逐那个恶魔，人们建立了一个同盟。马克思没有把这种勾结命名为一个神圣同盟，一个他在其他地方使用过的表述。在《共产党宣言》中，忧心忡忡的同谋者同盟多多少少秘密地纠集了欧洲旧城堡中的一帮贵族和教士，想对注定会令这些主子们寝食难安的东西发起一次令人难以置信的远征，在昏暗的夜色中，在噩梦的黑夜之前或之后，在假想的历史的终结中。这是一场"对这个幽灵的神圣的驱除"："旧欧洲的一切势力都为驱除这个幽灵 zu einer hei ligen Hetzjagd gegen dies Gespenst 而结成了神圣同盟。"

因此，为反对那幽灵而结成一个秘密同盟应当是可能的。如果马克思是用我们的语言来写他的《共产党宣言》，如果他能得到这种语言的一些帮助，正如法国人一直向往的那样，我确信他肯定会使用 conjuration 这个词。这样，他肯定还会用这同一个词对今天加以诊断，对这个时代加以诊断，早在一个半世纪以前，他就已经对这个时代，不仅包括旧欧洲，而且包括新欧洲、新世界产生了浓厚的兴趣，并且对整个全世界，对新世界秩序——在那里，这个新世界的霸权，我指的是美国，一直在推行一种或多或少批判的霸权，一种比从前更多或更少自信的霸权——也怀有浓厚的兴趣。

conjuration 这个词给人充分的机会去仔细推敲，去生产——根本没有可能重新占为己有——一种永远游移不定的剩余价值。首要的是它能使两种语义学价值秩序资本化。那么，"conjuration"究竟是什么意思？

法语名词形式的"conjuration"集中表明了两个英语词——以及两个德语词——的意思。

1. 法语的"conjuration"一方面表示英语的"conjuration"（它的英文同形异义词），而这个词本身同时也包含有两层含义：

（1）一方面是指密谋（在英文中是 conspiracy），在德文中是Verschwörung，即一些人通过共同起誓，通过一个誓言（schwur），庄重地，有时是秘密地决心要同某一最高权力作斗争。当哈姆雷特要求霍拉旭和马西勒斯起誓时（"宣誓吧"，"答应宣誓吧"），他所诉诸的就是这种密谋，以召回他们刚刚看到的"幻影"和那个"诚实的鬼魂"。尽管是把手按在他的剑上起誓，但起誓或者说共同起誓的目的却是为了那幽灵的显形。或者说，发誓严守秘密的目的是为了一个诚实的鬼魂的显形，那个鬼魂在舞台下和哈姆雷特合谋要求起誓者同样的事（"那鬼魂在舞台下喊道：'宣誓'"）。正是这显形，命令他们合谋为显形保守秘密，而严守秘密的目的则是为了那个要求他们这样一个誓言的人：我们必定不知道这指令、这密谋、这严守的秘密来自何处。那儿子和其父亲的"诚实的鬼魂"，想象中的诚实的鬼魂，其父亲的灵魂，共同合谋制造了这样一起事件。

（2）另一方面，"conjuration"在英语中又意指富于魔力的咒语，专一地用来召唤、疾呼、号召一种魔法或一种精神。总之，在英文中，"conjuration"意味着用声音使其来临的号召，因此，根据定义，它能在号召的当下时刻使那不在的东西来临。这声音并不描述什么，它的所说根本不证明什么；但它的言词能引发某些东西。这种用法在《雅典的泰门》的序幕那个诗人的话中也可以见到。在诗人问过"近况怎么样啊"之后，画师回答他说，"先生，变得一天不如一天了"，接着诗人大声说：

嗯，那是谁都知道的；

可是有什么特别新鲜的事情，

有什么奇闻怪事，为我们浩如烟海的载籍中

所未之前睹的？——瞧，

慷慨的魔力！群灵都被你召唤前来，

听候驱使了。我认识这个商人。

　　　　　　　　——《雅典的泰门》第一幕第一场

　　马克思不止一次地提到《雅典的泰门》，以及《威尼斯商人》，尤其是在《德意志意识形态》中。其中的"莱比锡宗教会议——圣麦克斯"一章也提到了——我们在后面还会进一步讨论这一部分——一篇有关精神的短论或者说诸鬼魂的一种漫无止境的戏剧化。其中某些"共产主义的结论"是借助《雅典的泰门》阐发的。这同一段引文在《〈政治经济学批判〉导言》的第一版中将又一次出现。其所论的问题是有关一种幽灵化的非肉身化。无躯体的货币躯体的显现：不是无生命的躯体或者说尸体，而是一种无个人生命或个体特征的生命。不是没有同一性（那鬼魂是一个"人称"，它不是一般意义上的幻影，它有一种躯体，但是没有特征，没有"实际的"或"个人的"特征）。我们必须分析其真正的特征，分析货币的一般特征（Eigentum）是如何中立化、非肉身化或剥夺其所有个人独特性（Eigentümlichkeit）的区别。天才的莎士比亚在几个世纪以前就已经认识到了货币特征的这种幻影化，而且阐述得比谁都清楚。他得自于父亲的天才的机智（ingenium）在论战中，亦即在当时正在进行的战争——确切地说，是有关货币的幽灵、价值、金钱或它的货币象征、黄金等的论战或战争——中可以提供参考、保证或者证明："金钱是财产的最一般的形式，它与个人的独特性很少有共同点……关于这一点，莎士比亚要比我们那些满口理论的小资产者知道得更清楚……"[1]

　　这段引文也表明了（作为一个额外的收获，但事实上它是完全必要的）一种神学化的偶像化，这种偶像化总是把不可简约的意识形态和宗教（偶像或护身符）联系起来作为它的主要形态，即各种要求诉诸崇拜、祈祷、乞灵的"不可见的上帝"（"你的可见的上帝"）。宗教——我们还会回到这个问题上——在马克思看来，从来

_____

　[1]　《马克思恩格斯全集》第3卷，254页，北京，人民出版社，1960。

就不是一种意识形态。马克思似乎想说：天才的大诗人——还有伟大父亲的精神——在诗兴大发的时候总是一下子就比我们的小资产者同行的经济理论跑得更快更远，他在这时所说的东西就是黄金的成圣过程，这既是鬼魂也是偶像的形成过程，是感官可以感觉到的某个上帝的形成过程。在区分出金钱的特征与个人的独特性（它们之间"很少有共同点"）之间的异质性之后，马克思补充说——在我看来，这不是一个可以忽视的说明——事实上，它们不仅是相互区别的，而且是相互对立的（entgegensetzt）。并且就在此时，在截取文本的主干，作出各种应仔细地加以分析的选择之后，马克思从《雅典的泰门》的那个奇妙的一幕（第四幕第三场）中抽取了长长的一段。他喜欢这段咒语。我们决不能对正义的咒语保持沉默，我们决不能对马克思的最有分析力的文本中的这段咒语保持沉默。任何咒语都不是理论化的，它不会满足于说某事如何如何，它要说出它的真相，它允诺，它怂恿。正如它的名称所表明的，它就是一种祈求。马克思挪用了这段咒语，其兴奋之状溢于言表。泰门在表明他对人类的厌恶时（"我是恨世者，一个厌恶人类的人"），怀着一种犹太先知式的愤怒，有时干脆就使用了伊兹契尔的话。他控诉腐败，诅咒一切，痛斥卖淫——面对黄金卖淫和黄金本身的卖淫。但是他又花费时间分析使物质变形的炼金术，他控诉价值的颠倒，控诉弄虚作假，尤其是对法律的背叛。当马克思亲手用德文长篇转抄那段狂热的先知般的咒语时，我们可以想象他的（而非恩格斯的）焦急的耐心：

> 金子，只要一点儿，
> 就可以使黑变成白，
> 丑变成美，
> 错变成对，
> 卑贱变成高贵，
> 懦夫变成勇士，
> 老朽的变成朝气勃勃！
> 啊！这个闪闪发光的骗子手……
> 它使人拜倒于多年不愈的脓疮之前：
> 它使年老色衰的孀妇得到丈夫；
> 那身染毒疮的人，连医院也感到讨厌而要把他逐出门，
> 但它能使他散发芬芳，像三春天气一样的娇艳！……

……你，我们看得见的神，

你可使性格全异的人接近，

使他们接吻……

———《雅典的泰门》第四幕第三场

在这一大段诅咒所诅咒的所有那些品性中，马克思不得不删去——出于节省篇幅——对我们来说在这里是最为重要的那些方面，例如把宣誓和装神弄鬼的魔法行为带进唯利是图本身的历史的那些两难困境和双重束缚。泰门在埋葬黄金时，手里拿着一把铁锹，这位先知式的掘墓人，绝非一个人道主义者，他不满足于召唤誓言的解除，宗教的诞生和死亡（"这黄色的奴隶，可以使异教联盟，同宗教分裂；它可以使受诅咒的人得福"）；泰门还恳求（conjure）另一个人，恳请他作出保证，但是他是通过使那人发假誓并以同样唯一的一个分裂姿态坦白他的假誓来恳求那人作出承诺。事实上，他是通过伪装真相，至少是通过伪装要那人作出承诺来发出恳求的。但是，如果说他是伪装要那人作出保证，那实际上也就是要那人保证不去信守他的诺言，也就是说，不保证任何东西，即便是他假装保证的时候：在起誓的那一时刻发假誓或放弃誓言；这样，根据这同一个逻辑，他恳求那人免除所有的誓言。实际上就仿佛是他在说：求求你（je vous en conjure）不要发誓，放弃你起誓的权利，放弃你起誓的能力，何况没有人要求你发誓，所要求于你的就是做一个没有起誓能力的人（"你是不配发誓的"），你们，婊子们，你们就是卖淫本身，你们就是把自己献给黄金的人，就是用自己交换黄金的人，你们注定是通常的无价值的人，你们是在等价中混淆正派与不正派、美誉与恶誉、诚实与谎言、"真实与虚假"、誓言与伪誓和食言等等东西的人。你们这些金钱的娼妓，你们为了金钱不惜放弃（"断然放弃"）你们的生意或职业（发伪誓的娼妓的生意或职业）。就像一个鸨母，为了金钱甚至不惜放弃她的妓女。

人性的这一本质是至关紧要的。基于束缚或约束本身的绝对的双重束缚，履行者的无限不幸和不可计数的机遇——在此是在字面意义上命名的（"履行"、"不履行"是泰门的恳请（confure）另一个人答应不信守诺言时用来号召发假誓或放弃誓言的词汇）。力量，如同懦弱一样，乃是关于人的一个非人称的话语。泰门对艾西巴第斯说："用口头上的友谊允许人家，可是不要履行你的允诺；要是你不允许人家，那么神必降祸于你，因为你是一个人！要是你果然履行允诺，那么愿你沉沦地狱，因为你是一个人！"（第四幕第三场）接着泰门又对向他要金子并问他是否还有金子的菲莉妮娅和提曼德拉说：

> 有，有，有，我有足够的金子，
> 可以使一个妓女改行，自己当起老鸨来。
> 揭起你们的裙子来，你们这两个贱婢。
> 你们是不配发誓的，
> 虽然我知道你们发起誓来，
> 听见你们的天神也会浑身发抖，毛骨悚然；
> 不要发什么誓了，我愿意信任你们。
> 做你们一辈子的婊子吧。
>
> ——《雅典的泰门》第四幕第三场

泰门相信，他是在对卖淫或金钱崇拜，在对拜物教或偶像崇拜本身讲话。他作证，他相信，他的确愿意信任（"我愿意信任"），但只是在自相矛盾的夸张性的咒语中：他本人假装信任那些誓言，它们尽管是出自发誓要放弃的内心深处，出自甚至不能够或者说不配发誓（"你们是不配发誓的"）的人的内心深处，但还是忠实于一种自然本能的，就仿佛真的有过一种本能的保证，一种忠诚于自身的本能的自然，一种在习俗、社会或法律的誓言之前存在的有生气的自然的誓言。并且这就是对不忠诚的忠诚，是对假誓的持守。这种生命有理有条地奴役着自身，我们可以相信它会这么做，它不是不会向无足轻重的权势屈膝，不是不会向金钱这种最为无足轻重的权势屈膝。就此而言，自然就是恶魔般的、根本上恶劣的卖淫者，它忠实地奴役着自身，我们在此可以对这一点深信不疑，它奴役着自身，强迫自己背叛自己、立伪誓、自食其言、撒谎、屈从于幻影。

在此丝毫也没有远离那幽灵。众所周知，马克思一直都在描述金钱，更确切地说，是在描述金钱的象征，它就在现象或幻影，更准确地说，是那鬼魂的形象中。他不仅描述了它们，而且也界定了它们，但是那形象性的概念表达似乎是在描述某种幽灵般的"东西"，也可以说是"某个人"。这种形象性表达的必然性是什么？其与那概念的关系又是什么？它是偶然的吗？这就是我们的问题的经典形式。由于我们在这里不相信任何的偶然性，因而我们甚至会对这一问题的经典（基本上是康德式的）形式感到担忧，它似乎会边缘化或疏远那个形象图式，即便在严肃地采纳它的时候。《〈政治经济学批判〉导言》向我们说明了货币的存在（Dasein）、金属性的存在即黄金或白银是如何产生一种剩余，这种剩余不过是——确切地说，一直是——一个伟大名字的影子："Was übrigbleibt ist magni nominis umbra." "铸币的肉体只是一个影子（nurnoch ein Schatten）。"① 马克思接下来描述的那整个理想化（idealisierung）的运动，不论它是货币的问题还是各种意识形态的问题，乃是各种鬼魂、幻觉、幻影、表象或显形（Schein-Sovereign，Schein-gold，Schein-dasein）的产物。后来，他还将货币的这一幽灵效能与在攒钱的欲望中对人死后在另一个世界（nach dem Tode in der andern Welt）金钱的用途的沉思进行了比较。Geld，Geist，Geiz。仿佛货币（Geld）既是精神（Geist）的根源，又是贪婪（Geiz）的根源。"Im Geld liegt der Ursprung des Geizes"（货币是贪婪之源），马克思接着马上援引普林尼的话说。在别的地方，气体（Gaz）与精神（Geist）之间的等式被并入了这一链条。商品的变质（die Metamorphose der Waren）正式成了可以合法地称之为幽灵诗学（spectropoetique）的变形性理想化的过程。当国家按固定的比率发行纸币时，它的介入被比作一种把纸变成黄金的"魔术"（Magie）。就这样，国家产生了，因为它是一种表象，实际上是一种显形：它"现在国家似乎用自己的印记的魔术点纸成金（scheint jetzt durch die Magie seines Stempels Papier in Gold zu Verwandeln）"②，马克思指的是标示黄金和印刷纸币的印记。这个魔术忙于和鬼魂打交道，它与鬼魂做交易，它任意摆布自己，成天忙忙碌碌，它成了一种交易，它在那一徘徊不定的东西中做交易。并且这种交易吸引着那些忙于装殓和埋葬尸体的人，但这些人摆弄尸体为的是把它们偷走，为的是使那死者消失，此乃是它们"显形"的条件。掘墓人的买卖和舞台。在社会危机时期，当社会的"重新启动的神经"（nervus rerum），马克思说，"和它所依附的肉体一起被埋葬了"（bestattet）时，经深思熟虑埋藏的财宝就变成了埋藏仅仅一堆被剥夺了其货币灵魂（Geldseele）的"无用金属"。这埋葬的场面不仅让人想起了《哈姆雷特》中墓地的壮观场面和掘墓人——当时，有位掘墓人说，"掘坟的人"的事业比其他一切事业持续的时间都要长：可持续到末日审判——而且也使

---

① 《马克思恩格斯全集》第 13 卷，99 页，北京，人民出版社，1962。

② 同上书，109 页。

人不止一次地想起，更确切地说是还想起《雅典的泰门》。在马克思的葬礼般的修辞中，财富的"无用的金属"一旦被埋藏，就会变得像流通的烧尽的灰烬（ausgebrannte Asche），像流通的残渣（caput mortuum）或者说化学残余物。在他的天马行空中，在他的夜间妄想（Hirngespinst）中，守财奴、爱攒钱的人、投机商成了交换价值的殉道者。现在，他可制止交换了，因为他梦想的是一种纯粹的交换（我们在后面还会考察交换价值在《资本论》中的显形如何恰恰就是一种显形，如果说这形象并不妨碍我们在此正当地谈论它的特性，那人们就可以谈论一种幻象，一种幻觉，一种正当的幽灵性显形）。那积聚财宝的人这时的行为就像一个炼金术士（alchimistisch），沉浸于鬼魂、"长命之浆"、"哲人之石"的思考中。那沉思总是为那幽灵所迷惑，所蛊惑。这种炼金术迷恋于那幽灵的显形，迷恋于亡魂的徘徊或返回，这一点在一个文本的文字性中常常表现为那些粗心大意的翻译。当马克思在这同一个段落中描述那种转换时，总是出现那性命攸关的徘徊。以一种炼金术的形式运作的东西就是亡魂们的交换和混合，是那疯狂的幽灵的构成或转换。徘徊和鬼魂的词汇（spuk，spuken）占据了中心位置。英文的翻译谈论的是"炼金术的显形"（"财富的流动形式和财富的化石，长命之浆和哲人之石，像在炼金术中一样，彼此疯狂地纠缠着"[1]），法文的翻译却用"fantasmagorie d'une folle achimie"（疯狂的炼金术的魔幻场面）这个词组来指涉那些鬼魂（spuken alchimistisch toll durcheinander）。

总之，——并且我们还会反复回到这一点——马克思并不比他的反对者们更喜欢鬼魂。他不愿意信任它们，但是他又只能思考它们。他更愿意相信那被假定能区分它们与实际现实性或者说有生命的实在性的东西。他相信他能反对它们，如同生反对死，幻影的空洞表象反对实际的在场。他完全相信这种对立面的分界线也想要否定、驱逐或驱除幽灵们，但需要借助于批判性的分析，而不是某种反魔术。但是，该如何分辨排斥魔术的分析与仍然有运用魔术之危险的反魔术呢？我们还会提出这一问题，例如针对《德意志意识形态》。"莱比锡宗教会议——圣麦克斯"（施蒂纳）一章——在以后回到这里之前，让我们再回想一下它的情况——也组织了一场对鬼魂们（Gespenst）和亡魂们或鬼怪的（spuk）的不可阻挡和没完没了的围剿。其不可阻挡不仅像是一场卓有成效的批判，而且也像一种

---

① 《马克思恩格斯全集》第 13 卷，124 页，北京，人民出版社，1962。

强制；其没完没了就像某人言说一种分析：这样的比较绝非偶然。

对鬼魂们的这种敌视是一种时常用狂笑来分散恐惧的可怕的敌视，它可能是马克思与他的反对者们一直共同具有的。他也曾力图对鬼魂施以法术（驱除它们），对所有既非生亦非死的东西，亦即既不会显现也不会消失，既不是那现象也不是它的对立面的显形的再次显形施以法术。他也曾力图对那个鬼魂施以法术（驱除它们），就像《共产党宣言》对其宣战的旧欧洲的密谋分子们（conjurés）那样，无论这场战争是如何难以平息，无论这次革命是多么的必要，为了驱魔式地分析那幽灵的幽灵性，它都必须和他们一起密谋（conjure），并且，这就是我们在今天，也许还有明天所面临的问题。

2. "conjuration"另一方面也意指着"驱魔祛邪"（Besehwörung），亦即相反地用于驱逐已被召唤或召集起来的邪恶精灵的魔术般的驱魔法（《牛津英语辞典》："使用咒语的精神驱魔"，"巫术的运用或神秘的影响"）。

因此，密谋固然首先是指联盟，有时是指一种或多或少秘密的——即使不是心照不宣的——政治聪明，一种阴谋或合谋。但它也涉及抵御一种霸权或者颠覆某个政权（在中世纪，密谋（conjuration）也表示宣誓效忠，资产阶级有时就是借助这种方式联合起来反对某个封建君主，以建立自由城市）。在那些已经共同宣誓（des conjures）的人组成的神秘社团中，有些主体——既非个体的，亦非集体的——代表着某种势力，它们以共同利益的名义联合在一起，为的是反抗某个令人畏惧的政治反对派，亦即，也是为了以魔法驱逐它。因为 conjure 也意味着驱逐：既想摧毁，也想否认一种凶恶的、信神的、恶魔般的势力，这种势力往往也是一种为非作歹的精灵，一个幽灵，一种会复活或者说一种死后还有复活的危险的鬼魂。驱魔法以各种各样非理性的、运用魔术的、神秘的方式，甚至神秘化的实践来驱除那恶魔。当然，这并不排除——正好相反的——分析的程序和论证的据理力争，驱魔法在于以一种念咒的模式反复说那死者的确已死去，它的进行是有程式的，有时是一些理论性的程式扮演着这一角色，其效用甚至是一切程式中最为灵验的，因为它们的魔术本性，它们的独断的教条主义使得它们能够误导那种神秘的力量，这力量是它们和它们声称要反抗的东西所共有的。

但是，灵验的驱魔法故作姿态地宣告那死亡仅仅只是为了造成死亡。就像一个验尸官所做的那样，它证明那死亡，但是在这里，它就是为了判处死亡以死亡。这是一种常见的策略。验证的形式在于使人放心。那证明是有效的。实际上，它希望是且必须是有效的。它实际上是一种行为性陈述。但是在这里，实在性使自身幻影化了。它事实上涉及的是一种行为句式，这种句式力图使人们放心，但首先是想说服自己让自己放心，因为没有什么比期望死者的确已经死了这件事还要不可靠。那证明以生者的名义说话，它声称知道生意味着什么。谁能比活着的人知道得更清楚呢？——它似乎板着面孔说。它力图说服（自己）那里就是它感到害怕的地方：其实——它说（对自己）——那曾经活着的已不再活着，它无法在死亡本身中保持灵验，别担心了（在此讨论的仍是一种方式，它不愿知道每个活着的人无须学习和认识就能知道的东西，亦即死者常常比生者更为强大；而这就是为什么说把一种哲学理解为生命哲学或生的本体论决不是一桩简单的事，它意味着哲学总是太过简单，总是无可争辩，就好像这是不言而喻的一样。而实际上，它却是如此地难以令人信服，就像同义反复，或者说一种相当不合逻辑的同义—本体论，如马克思或任何人的词义反复一样缺少说服力，这种同义反复把一切都反过来和生联系在一起，但其条件仅仅就是在其中包括死亡和它的另一种形态的相异性，没有这种相异性，死亡也就不成其为死亡）。总而言之，那证明所做的常常就是假装为死亡验明正身，在那里，死亡证书一直是一种战争行为的行为性陈述，或者说是一种执行死刑令的无力手势或令人不安的梦幻。

（何一 译）

施米特

卡尔·施米特（Schmitt，1888—1985），政治哲学家，具有诗人气质的宪法学及国际法学家。1888年出生在德国西部的一个小镇，天主教徒，从小喜好文学、艺术、音乐、哲学、神学。在大学获得法学博士学位后，一边研究新康德主义法理学，一边写关于瓦格纳的文章。1916年，施米特发表了一部从政治哲学角度论诗人多伯勒的长诗《北极光》，从此开始了其长达半个世纪的政治思想生涯。1919年，施米特发表了《政治的浪漫派》，此书和随后出版的《论专政：从现代主权思想的肇兴至无产者的阶级斗争》（1921）奠定了他在法学和政治思想史领域的学术地位。1922年，施米特受聘为波恩大学法学教授。在随后的10年里，伴随魏玛共和国动荡的政治处境和思想界的混战，施米特发表了涉及政治哲学—神学、法理学、思想史诸多领域的大量著作，其中包括《政治的神学》（1922）、《罗马天主教与政治形式》（1923）、《议会民主制的思想史状况》（1923）、《政治的概念》（1927、1932）、《宪法学说》（1928）、《宪法的守护者》（1931）、《合法性与正当性》（1932）等。这些著作对德国思想界乃至魏玛共和国的政局产生了巨大影响，卡尔·施米特从而成为与哲人海德格尔、文人恽格尔（Ernst Juengel）齐名的魏玛共和国知识界的思想领袖。

"二战"后的1945～1946年间，施米特因为曾与纳粹政权的密切关系在柏林被俄国军队拘押，随后移交美军。拘押一年半后被纽伦堡法庭无罪释放。此后，年近60的施米特返回自己的家乡小镇后潜心著述。幽居家乡的最初几年，写了涉及政治、法学、哲学、宗教、文学的思想笔记《从被虏中得救：出自1945～1947的经验》和数十万字的思想日记《语汇：1947～1951年笔记》，完成了"二战"期间动笔的专著《欧洲公法的国际法中大地的法》。50年代后期，随着政治条件日渐宽松，施米特更是论著迭出，包括《四论整个欧洲对柯特的解释》、《哈姆雷特与赫库芭：戏剧中时间的突破》、《游击队理论》、《政治的神学续篇》等。这些著作对德国的政治思想乃至实际政治领域都产生了深刻的影响。1985年，施米特以96岁高龄逝世于慕尼黑。

本书选取的是卡尔·施米特《政治的浪漫派》中《当今议会制的思想史状况》的第三节《马克思主义思想中的专政》。在这篇文章中，卡尔·施米特从启蒙运动的理性主义和黑格尔的历史辩证法以及马克思的政治学说的关系入手分析马克思主义思想中的专政观。首先，施米特认为，社会主义从乌托邦走向科学，并不意味着它否定了专政，而是在肯定了科学社会主义具有不可动摇的真理后，便宣称使用暴力成为正当的。建立在这种具有"客观必然性"的"科学"基础上的社会主义信念仍然存在着形而上学的根据，同时在其革命政治实践中内在地包含着"领袖理性主义的专政"。所以他认为社会主义事业仍然是一个"理性主义的事业","马克思主义的社会主义科学基于黑格尔的历史哲学"。其次，施米特通过将马克思的辩证的历史分析方法与黑格尔的哲学进行对比，来说明马克思的关于人类历史的辩证发展观及其认识方法来源于黑格尔哲学。建立在对资本主义经济分析基础上的马克思主义学说的"科学确定性"和"铁的必然性"和黑格尔理性主义的自打包票如出一辙。所以，马克思对资本主义的分析和资本主义向社会主义的过渡的论证明显地带有一种形而上学的强制。再次，马克思主义所称的人——回归自我的人，也就是作为自我实现的人，在施米特看来，其最后状态大概与理性主义教育专政给人类制定的最后目标没有什么不同，仍然从属于理性主义专政。最后，卡尔·施米特认为马克思主义直接使用暴力的理论和直接的革命行动都源于对马克思主义的具有"铁的必然性"的"绝对真理"的坚信，也即源自马克思主义思想中的专政因素。

马克思主义思想中的专政[①]

欧洲大陆的宪政议会制有其古典时期，即路易·菲利普（Louis Philippe）的资产者王国，其古典代表人物是基佐。对基佐来说，古代的君主制和贵族制是失败的，而汹涌而来的民主制似乎是一股大潮，为此必须筑起一道拦洪大坝。宪政—议会的资产者王国，徘徊于君主制和民主制之间。一切社会问题都在议会中通过理性的公开辩论加以解决；"中道"（juste milieu）一词就来自这种思想最深处的内核，像资产者王国这类概念，其内部已包含着"中道"和有原则的妥协的全部思想。与议会制宪政而非民主制对立的，是要消灭议会制的专政思想，它变成了时兴的话题。1848年这个关键年份既是民主年，也是专政年，都与议会制思想的资产者自由主义相对立。

① 选自《政治的浪漫派》，上海，上海人民出版社，2004。

西方学者卷·施米特

辩论、制衡、进行有原则的协商，这类思想处在两个极力反对它的对手之间，它们认为，协商性辩论只是浴血的决断斗争之间的插曲。这两个对手用不摆平衡、没有商量、不容争辩，也就是说，用专政作出回答。用一句常见的话来暂时描述一下吧：一种是理性主义的不容争辩，一种是非理性主义的不容争辩。就没有商量的专政是从其不通融的理性主义中诞生的而言，它已经有其漫长传统：启蒙运动的教育专政、哲学上的雅各宾主义、理性的强制、从理性主义和古典主义精神中产生的形式统一性，"哲学与剑的结盟"。随着拿破仑的失败，这种传统似乎也寿终正寝，在理论和道德上被新近觉醒的历史意识所克服。然而，理性主义专政的可能性总以一种历史哲学的形式，作为一种政治理念而继续存活着；其支持者是激进马克思主义的社会主义，其最终的形而上学证明建立在黑格尔的历史逻辑的基础上。

社会主义从乌托邦走向科学，并不意味着它否定了专政。上次世界大战以来，少数激进社会主义者和无政府主义者相信，他们必须回到乌托邦，社会主义才能重振其专政的勇气，这就是一个醒目的征兆。这表明，科学已不再是当前这代人社会实践的基础，已经到了何等严重的地步。然而，这也并不表示，专政的可能性已与科学社会主义无缘。必须正确理解"科学"一词，不能仅仅把它局限于精确的自然科学技术。自然科学的哲学当然不能为专政提供根据，就像它不能为任何政治制度或权威提供根据。科学社会主义的理性主义所进入的领域，大大超出了自然科学可能涉及的范围，甚至已经大大胜过启蒙运动的理性主义信仰，完成了一次几乎不可思议的飞跃。如果这种理性主义能保持自身原有的活力，其强度肯定可以跟启蒙运动的理性主义媲美。

只有作出科学的表述，社会主义才会认为自己掌握着一种从根本上不可动摇的真理，也只有在这时，它才会宣称使用暴力是正当的。历史地看，社会主义的科学性意识出现于1848年以后，也就是社会主义变成一种有望在某一天实现其理念的政治力量之后。在这种科学性中，实践的和理论的认识融为一体。科学社会主义常常意味着一种否定、一种对乌托邦的拒绝，然后才有了自觉干预社会和政治现实的决心。对于社会和政治现实，不是根据想入非非的美好理想从外部来认识，而是从其内部，根据其真实的、得到正确理解的内在条件来分析。这是一个从社会主义的多种方面和可能性中寻找终极的、理性意义上的关键论证的问题，目的在于找到社会主义信念的最终证据。信念坚定的马克思主义者认为，自己已经找到了对社会、经济和政治现实的真正解释，以及符合这种知识的正确实践；所以，能够从内部正确把握社会、生活的客观必然性，从而对其实行控制。鉴于马克思、恩格斯——当然还有那些能够产生理智狂热的马克思主义者——对历史发展的特性有着生动的意识，不能把他们的科学性比作另一些为把自然科学方法和精确性运用于社会哲学和政治问题的努力。当然，庸俗马克思主义很乐于声称，自己的理论具有自然科学的精确性和历史唯物主义规律所导致的"铁的必然性"。许多资产阶级的社会哲学家试图驳倒这种说法，证明不可能用天文学计算星体运动的方式看待历史事件，即使同意存在着"铁的必然性"，为造成一次日食而组织政党毕竟很可笑。可是，马克思主义学说的理性主义还有着对专政而言更为重要的一面。这种理性主义并非完全是这样一种科学，它在自然规律和严格决定论的帮助下建立一种使自然规律有益于人类的方法，譬如一种跟精确的自然科学方法联系在一起的技术。如果在社会主义中有科学性，那么，向自由王国的飞跃不过是向绝对技术统治的王国飞跃。这仅仅是早期启蒙运动的理性主义遗迹，是 18 世纪以来非常时兴的试图建立一种有数学和物理学之精确性的政治学的又一事例罢了。唯一不同的是，马克思主义学说的理性主义将从理论上摒弃仍然支配着 18 世纪思想的强大的道德观。其结果肯定跟一切理性主义一样，是领袖理性主义者的专政。

马克思主义历史哲学和社会学中的哲学与形而上学的奇特之处，不在于其跟自然科学的相似，而在于马克思得出的人类历史的辩证发展观及其认识方法，它认为这一发展是具体而独特的否定过程，通过内在的有机力量创造自身。马克思把这一发展转移到经济和技术领域，并没有使其思想结构发生任何变化。这种转移可以用不同方式加以解释：比如，从心理学角度说，这是对经济因素之政治含义的直觉，或从体系上说，是努力把在技术中表达出来的人的能动性变成历史事件的自由之主、变成支配人类命运之非理性因素的主人。所谓"向自由王国飞跃"，只能辩证地加以理解。单纯利用技术做不到这一点。不然的话，人们便真的可以要求马克思主义的社会主义不是在政治行为上，而是在发明新机器上做得更出色。也许可以想见，在未来的共产主义社会里将出现技术和化学的新发现，它们会再次改变共产主义社会的基础，使一场革命成为必然。无论如何，这个未来社会肯定会大力支持技术发展，加快其步代，另一方面，坚决防范一个新阶级组织带来的危险。这些看法都很有道理，但又都没有触及这种理论的实质。按照马克思主义的信念，人类将变成自觉的人类，为了做到这一点，需要对社会现实有正确的认识。所以，自觉意识便具有一种绝对的性质。这是个理性主义的事业，它吸收了黑格尔主义的演化论，并从自身的具体性中找到自己的证明，而启蒙运动的抽象理性主义是做不到这一点的。马克思主义的科学性不打算赋予临近的事变以机械的精确性，使之成为一种机械计算和机械建构的胜利，而是把它留给时间的流逝和历史事件的具体现实，这些事变是从自身发展而来的。

马克思始终坚持，理解具体的历史性是一个优点。但黑格尔的理性主义本来就有建构历史本身的勇气。因此，一个能动的人没有其他关切，只以绝对的把握来把握当前事件和现时代。借助于一种辩证的历史建构，据说有可能科学地做到这一点。可见，马克思主义的社会主义科学基于黑格尔的历史哲学。这里要说的不是马克思依赖黑格尔，从而给有关两人关系的无数解释增加一点内容，毋宁说，要定义马克思论证的核心及其特有的专政观，必须从黑格尔的历史辩证法与马克思政治学说的关系入手。我将证明，在这里存在着一种特殊类型的形而上学证据，它将导致某种社会学的建构，导致一种理性主义的专政。

把辩证的发展与专政联系在一起，其实并不容易，因为，专政似乎是发展连续序列的中断，是有机演化的机械中断。发展和专政似乎相互排斥。在矛盾中自我发展的世界精神的无止境过程，甚至必须把真正的矛盾即专政也纳入自身，由此剥夺其本质——即决断。发展无断裂地进行着，甚至中断也是作为一种使其进一步前进的否定而为其服务的。关键在于，例外绝对不是从外部进入发展的内部。黑格尔的哲学根本不关心终止发展和辩论过程的道德决断这种意义上的专政。甚至最矛盾的事情也要展示自身，并被纳入发展中。无论道德决断还是断然的决裂，在这种体系中都无立足之地。甚至一个专政者的专令（diktat）也成为辩论中的和不受妨碍向前推进的发展中的一个要素。就跟其他事物一样，这种"专令"也会被世界精神的蠕动吸纳。黑格尔哲学中没有包含能够为善恶的绝对区分提供基础的伦理学。按照这种哲学，善就是在辩证过程的当前状态中合理的东西，所以也是真实的东西。善就是（这里我接受雅宁茨基（Chr. Janentzky）的说法）"合时代的东西"，其含义是，它是一种正确的辩证知识和意识。如果世界历史就是世界法庭，那么它就是一个拿不出最后证据、没有明确的终审判决的过程。恶是不真实的，仅仅是可感知的，因为一些不合时代的东西是可以想象的，所以大概可以把它解释为一种虚假的理性抽象，一种自我封闭的特殊性正在消失的混乱状态。只有在一个至少是狭小的理论领域内——克服不合时代的东西或改正虚假的表象，专政才可能。专政将是附带现象和暂时现象，不是对本质的根本否定，而是消除那些陈腐的垃圾。与费希特的理性主义哲学相反，在这里，强制统治是被拒绝的。黑格尔反驳费希特说，假设世界已被上帝遗弃，只能等待人类为它提出一个目标，并根据一种"事情应当如何"的抽象观念去建设它，无异于粗暴的抽象；某种"应然"是重要的。正确的事会使自身生效，至于并不实际存在而仅仅可能的事，是不真实的，不过是对生活的主观把握。

19世纪在改造18世纪的理性主义上迈出的最重要一步，就在于黑格尔与费希特的这种对立。专政已经不可能，因为，道德对立的绝对性已被消解。不过，黑格尔哲学仍然是原有理性主义的逻辑发展和强化。自觉的人类行动首先恢复人们的本来面目，促使他们从"自在的存在"的自然有限性走向"自为"的更高层次。人必须首先认识到自己的基质是什么，才不会总陷在经验的偶然和任意之中，被世界事件不可抗拒的涌动卷走。只要这种哲学依然是沉思的，就根本不可能为专政留下余地。但是，一旦能动的人接受了它，事情立刻就发生变化。在现实的政治和社会学实践中，那些有着更高的意识、相信自己是这种伟大力量之代表的人，就会打破狭隘的世界观的樊篱，落实那种"客观的必然性"。这时，他们也会强迫不自由的人变成自由的。在具体现实中，这是一种教育专政。但是，假如世界历史继续前进，假如仍须不停打败不真实的东西，则专政必然会变成永久的。可以看出，黑格尔哲学在一切发生的事物中发现了普遍的两面性，而这种两面性其实首先就隐藏在黑格尔哲学之中：其发展观能够取消专政，正如它能宣布永久的专政。就人的能动性而言，总存在着这样的论证：自觉的更高层次可以且必须对较低的层次施行统治，在政治和实践方面，这便会马上得出理性主义教育专政的结果。再说，如同一切理性主义体系一样，黑格尔主义否定个人——偶然的和非本质的存在，把整体系统地提升为绝对。

世界精神在其发展的所有阶段，只在少数头脑中展现自身。一个时代的精神并不把自身同时托付给每一个人的意识，也不会现身于主导民族或社会集团的每一个成员。总是有一支世界精神的先头部队、一个发展和自觉的顶端、一个先锋队，它有采取行动的法权，因为它拥有正确的知识和意识，它不是一个身位的上帝的拣选人，而是发展中的一个要素。这个先锋队丝毫不会逃避世界历史发展的内在性，而是充当——用一句粗俗的比喻说——即将来临的事变的接生婆。世界历史中的个人——忒修斯、恺撒和拿破仑——是世界精神的工具；他的专政取决于其在历史时刻的位置。1806年黑格尔在耶拿看到的那个骑在马背上的世界灵魂是个军人，而非黑格尔主义者。他是哲学与剑结盟的代理人，但他只能来自剑一方。然而，要求实行政治专政的却是自觉而正确认识到自己时代的黑格尔主义者，他们会自然而然地成为其中的专政者。他们与费希特没有任何不同，"随时会向世界证明，他们的观点是确凿无疑的"。这赋予了他们专政的法权。

这里对黑格尔哲学的解释，即它的一个方面的实践结果可以导致一种理性主义专政，也适用于马克思主义，确切地说，基于专政的形而上学确定性的那些证明，仍然完全处在黑格尔的历史结构框架内。由于马克思的科学研究后来几乎完全向国民经济学研究发展（正如立刻就要指出的，这也是黑格尔主义思想的一个结果），由于阶级这一关键概念尚未被嵌入历史哲学和社会学体系，一种浮浅的观察能够把马克思主义的本质转移到唯物主义历史观中去。但是，真正的历史建构已经出现在《共产党宣言》中了，其中的思路一直起着奠基作用。人们久已知道，世界历史是阶级斗争的历史；在这方面《共产党宣言》其实没有提供什么新东西。到1848年时，资产阶级已经作为令人憎恶的形象广为人知；那时的文献几乎没有不把它当作贬义词使用的。《共产党宣言》的新意和奇特之处在于：把阶级斗争系统概括为人类历史上一场唯一的最后斗争、资产阶级与无产阶级对抗的辩证顶峰。于是，众多阶级之间的矛盾被简化为一种唯一、最后的矛盾。一种唯一的阶级矛盾取代过去的各个阶段，甚至取代了由李嘉图指明并被马克思《资本论》的政治经济学接受的三大阶级（资本家、地主和工资劳动者）。这种简化意味着紧张度的大幅提高，它以系统的和方法论的必然性来肯定自身。由于这个发展过程是辩证的、从而是逻辑的，尽管仍以经济为基础，在世界历史关键的、至关重要的转折时刻，必然会出现一个简单的反题，由此出现了世界历史要素最严重的紧张。不仅真正的斗争、而且理论矛盾的最后一次加剧，都取决于这种逻辑的简化。必须把一切都逼向极端，这样才能够使辩证的必然性有一个开端。最巨大的财富必须面对最可怕的贫困；拥有一切的阶级必须面对一无所有的阶级。只占有、拥有而不再是人的资产阶级，对抗一无所有但仍是人的无产阶级。就迄今为止的历史经验而言，倘若没有黑格尔哲学的辩证法，长达数百年的苦难状况以及人类最终仍在普遍的重压下喘息，或者一场新的民族迁移将改变地球的面貌，都不可思议。因此，只有当社会主义保留黑格尔辩证法的结构，未来的共产主义、无阶级人类的更高阶段才是显而易见的。资本主义社会秩序的非人性质，必然从其内部产生对自身的否定。

在这种辩证法的影响下，拉萨尔也试图把这种紧张推向反题的极端，尽管他反击舒尔茨－德里希（Schulze-Delitzsch）时，其动机更多来自辞藻而非理论兴趣："李嘉图是资产阶级经济学最伟大的理论家。他把资产阶级经济学推向顶峰——这等于推向深渊，留给它的唯一的理论发展，就是向社会经济学转变。"因此，在资产阶级的最后时刻肯定就要来临之前，资产阶级经济学必须达到自己最极端的强度。拉萨尔和马克思在这一基本观点上完全一致。把矛盾简化为最后的、绝对的阶级冲突，首先导致了这一辩证过程的关键时刻。可是，如何确切知道这个时刻已经到来，而且就是资产阶级的最后时刻？如果探究一下马克思主义用来证明这一点的证据，即刻就可以看到黑格尔理性主义特有的自打包票。这一建构的起点是这样一个假设：历史发展意味着不断上升的意识，对这种意识本身的确信被用来证明这意识自身——意味着它是正确的。上升的意识这一辩证建构，迫使从事建构的思想家用自己的思想来思考自身，因为，这思想就是历史发展之顶峰。对于这样的思想家而言，如此思想同时意味着获得了他对其身后的历史往事各阶段的完美知识。如果这思想家没有在思想中深刻地意识到这一历史发展，他便无法正确思考，而且会自相矛盾。如果能够在人类意识中把握某一个阶段，这就等于为历史的辩证法提供了证明，即这一阶段已经历史地完成了。思想家的眼光转向了历史，即转向了过去和正在消失的现在；没有比民众意见更虚假的了：黑格尔主义者相信自己能够如先知一般预见未来。思想家甚至具体地知道即将到来的事情，不过仅仅是否定地知道，即把将到来的事情看作与今天已历史地终结的事情的辩证对立。在连续的发展中，思想家看到了一直发展到现在的过去，而且，如果他正确地理解和建构历史发展的话，那他就有把握说，历史发展作为已被完全认识的事情，属于已经被意识克服的阶段，其最后时刻即将到来。

虽然有"铁的必然性"这种说法，马克思并没有像天文学家计算就要出现的星座那样，计算将要发生的事情；此外，不像心理学报刊文章试图描绘的那样，马克思也不是一个预见未来灾难的犹太先知。不难发现，马克思有强烈的道德情怀，这影响着他的论证和描述。然而，这种情怀与他对资产阶级的极端厌恶一样，并不是马克思特有的。在许多非社会主义者那里，也可以看到这两种感情。马克思的成就在于，他把资产者从贵族制的和文学家的怨恨中解救出来，并提升为一个世界史形象；资产者必须被说成绝对非人性的——但并非道德意义上而是黑格尔意义上的非人性，以便用直接的必然性将善和绝对人性作为其对立面凸显出来，正如黑格尔所言，"就犹太民族而言，可以说正是由于他们直接站在天堂的大门前，才是最为道德堕落的人"。于是，在马克思主义看来，无产阶级只能被说成对资产阶级的绝对否定。如果无产阶级的未来国家中的社会主义是这样来描绘的，它就是不那么科学的了。其彻底的必然性是，影响着无产阶级的一切事物只能允许自身具有否定的决定性。只有当人们完全忘记这一点，才会试图从肯定的方面判断无产阶级。所以，对于这个未来社会，只能说它将没有阶级对立，无产阶级只能被定义为一个社会阶级，它不再参与利润，一无所有，跟家庭或祖国都没有什么关系，如此等等。无产阶级将成为社会的虚无。① 此外，可以十分肯定的是，无产者与资产者相反，他仅仅是人，其余什么都不是。由此便可以根据辩证的必然性说，在过渡期，无产者仅仅是自己阶级的一员，也就是说，他必须在某种人性的对立中——在阶级中——实现自身。阶级对立必须成为绝对的对立，只有这样，一切对立才能得到绝对克服，使之化解于纯粹的人性。

由此可见，马克思主义的科学确定性，只涉及从否定的角度理解的无产者，它仅仅是资产者在经济上的辩证对立面。相反，对资产阶级必须从肯定的角度，从其全部的历史性来认识。由于其本质存在于经济之中，马克思也得跟着走进经济王国，以便充分地从本质上理解资产者。假如马克思能够成功，假如他能够绝对地认识资产阶级，即可证明资产阶级属于历史，资产者已大功告成，它代表着一个已经被精神自觉克服了的发展阶段。对于马克思主义的社会主义科学性来说，这其实是个生死攸关的问题：是否能够正确地分析资产阶级并理性地

---

① 这并非一种纯粹的修辞。如果社会中有可能存在一种社会的虚无，那就具体地证明了不存在社会秩序。不可能存在含有这样一种真空的社会秩序。

把握它。这就是马克思在探究经济问题时的那种着魔般勤奋的最深层动机。早就有人这样批驳过马克思：他希望找到经济和社会生活中的自然规律，但他的研究却几乎完全局限于英国的工业条件，把它视为资本主义生产方式的"经典场所"。此外，马克思的讨论一直局限于商品和价值，因此，也局限于资产阶级的资本主义的各种观念，仍囿于古典的从而也是资产阶级的政治经济学。如果马克思主义特有的科学性完全建立在严密的分析上，这些指控就是正确的。但科学在这里意味着一种把意识当作进步标准的发展形而上学意识。马克思怀着异想天开的迫切心情，一而再、再而三地转向资产阶级经济学，这种心情既非学术—理论上的奇想，也不是简单地对其对手的技术—策略上的兴趣。这种固执来自一种十足的形而上学强制。正确的意识是衡量一个新发展阶段起步的标准。只要情况不是这样，只要新阶段没有真正到来，对过去的阶段（资产阶级阶段）也不可能有正确的认识，反之亦然：对资产阶级的正确理解，也提供了其阶段就要结束的证据。黑格尔主义的自打包票与马克思主义的确定性如出一辙，都是在这种兜圈子中为自己的真理提供担保。因此，无产阶级的历史时刻已经到来的科学确定性，首先来自对发展过程的正确理解。资产阶级不能理解无产阶级，但无产阶级能够准确理解资产阶级。太阳随着这种理解在资产阶级的阶段开始升起；密涅瓦的猫头鹰开始飞翔。但这并不意味着艺术和科学有了进步，而是说正在消逝的阶段已成为一个新阶段的历史意识的对象。

　　马克思主义的人——回归自我的人，其最后状态大概与理性主义教育专政给人类制定的最后目标没有什么不同。我们不必再沿着这种思想走下去了。这种同样把世界历史融入其建构之中的理性主义，肯定也有其伟大的戏剧性时刻；但是，它的上升在一次激情中结束，在自己的眼前，这种理性主义再也看不到启蒙运动天真的乐观主义和孔多塞在描述人类发展时、在"启蒙的启示录"[①] 中看到的那个牧歌般的天堂。新的理性主义辩证地扬弃了自身，在它面前伫立着一种可怕的否定。它必须借助的暴力，不再可能是费希特那

---

① 孔多塞的《历史大纲》否定了卢梭在《论艺术和科学》中的观点，即艺术和科学的知识和教养导致道德堕落。在孔多塞看来，进步等于知识，等于和迷信、教士谬误作斗争。有意思的是，他认为印刷术的发明是创造一个公众舆论新空间的工具。孔多塞问道，在这个最新的时期，是否能出现这样一个时代呢？——那时人民的福利开始恶化，与过去各个时代稳定的进步相反，会出现一种"倒退运动，至少是一种徘徊于善恶之间的运动"，除此之外再不可能有任何改进。这个脚注德文版中没有，译文据英译本。——英译者注

种天真教育家的"教育专政"。对资产阶级不是要教育，而是予以消灭。这里发生的这场斗争——真实而血腥的斗争，要求一种取自黑格尔主义建构的不同的思路和精神观，其核心始终是思辨的。黑格尔主义的建构仍然是最重要的精神因素，列宁或托洛茨基写下的几乎所有著作，都表明了它仍能产生多么强大的活力和强度。但是，黑格尔主义的建构已经变成了单纯的理智工具，被运用于其实已经不再是理性主义的动机。参与资产阶级与无产阶级之间斗争的政党，如现实斗争所要求的那样，必须采取某种具体形式。一种物质生活的哲学为这一目标提供了精神武器和理论，这种哲学把一切理智认识与更深层的——唯意志论（voluntaristischen）、情感或生机论的——事件过程相比，将理智认识看作派生的；这种哲学还与如下精神观相一致：意识主宰无意识、理性主宰本能这一传统的道德等级关系已从根本上被动摇。于是，就出现了一种与教育专政的绝对理性主义与分权的相对理性主义对立的直接使用暴力的新理论，出现了一种与对辩论的信念对立的直接行动论，受到攻击的不但有议会制的基础，还有至少在理论上仍属于理性主义专政之一部分的民主的基础。正如托洛茨基在提醒民主派的考茨基时正确地所说的那样，相对真理的意识绝不可能赋予人们运用暴力和流血牺牲的勇气。

（冯克利　刘锋 译）

阿伦特

汉娜·阿伦特（Hannah Arendt，1906—1975），20
世纪最重要的政治哲学家之一，也是 20 世纪最有影响
的女性思想家之一。她不是一个象牙塔内的思想家，而
是一个用自己的全部身心来体验整个时代强加于她的痛
苦和困扰，并从这些痛苦和困扰中收获思想成果的思考
者。因此，她一生思想的发展与她所经历的一切是息息
相关的。

阿伦特于 1906 年 10 月 4 日出生于德国的汉诺威，
其父母都是哥尼斯堡受过高等教育的犹太人，她也从小
在哥尼斯堡长大。1924 年，阿伦特被海德格尔的生存哲
学深深吸引而追随他到马堡大学学习，在那里她与海德
格尔恋爱。1926 年阿伦特转学到海德堡大学跟随雅斯贝

尔斯读博士，于 1929 年完成并出版博士论文《奥古斯丁爱的观念》。这两个人对于阿伦特的思想历程都有深刻的影响。

在 20 世纪 30 年代之前，阿伦特想过的生活就是在宁静的校园里度过思想的一生，但是希特勒的上台惊醒了阿伦特，使她开始面对政治问题。1933 年，为躲避纳粹的迫害，她流亡巴黎，活跃于巴黎的反纳粹抵抗运动和犹太人政治流亡者团体。1940 年巴黎沦陷后，阿伦特被关押在圭斯拘留所一段时期，侥幸逃脱后于 1941 年来到美国，后来一直生活在那里，并学会了用英语写作。

1951 年，阿伦特出版了《极权主义的起源》一书。在此书中，阿伦特第一次把"极权主义"表述成一个完备的政治学概念，并用来特指 20 世纪希特勒和斯大林的统治。她在书中分析了犹太人与现代民族国家的关系，解释了极权主义产生的根源，说明了极权主义发展的逻辑。1958 年，阿伦特出版了《人的条件》。在这部书中，阿伦特从现时代的状况出发思考了政治的基础。她直接继承了亚里士多德的思想，提出了三种基本的人类活动：劳动、工作和行动，其中行动是最高的活动，它无须物的中介而直接在人与人之间进行，是每个人作为人向其他人显示自己的方式，这种显示方式体现了人的多样性和差异性，而这就是政治的根本要义。这两部书的出版奠定了阿伦特作为一个政治哲学家的国际声望。

1961 年，阿伦特应《纽约客》杂志的邀请前往耶路撒冷，对前纳粹军官阿道夫·艾克曼的公开审判进行了全程报告，并写了《艾克曼在耶路撒冷》一书，提出了"平庸的罪恶"的观点。这一观点使她遭到了激烈的批评，但也为她带来了公众的瞩目。阿伦特其他一些重要的作品包括：《在过去与未来之间》、《黑暗时代的人》、《论革命》、《论政治》、《论暴力》、《共和国的危机》等。这些作品体现了一个来自欧洲的知识分子对当代政治文化的反省以及对美国各种社会政治问题的思考。在阿伦特生命的最后五年，她不再关心政治问题和"行动的生活"，而是重新思考她在马堡大学开始其哲学生涯时就关注的问题：审视"思想"的意义。这一思考的成果就是《精神生活》，此书原计划由《思考》、《意志》和《判断》三部分组成，终因心脏病发作，于 1975 年 12 月 4 日辞世，第三部分未能完成。

加拿大学者菲利普·汉森在《历史、政治与公民权：阿伦特传》中指出："在汉娜·阿伦特的著作中，一个巍然耸立的形象就是卡尔·马克思。阿伦特认为，比之于任何一个理论家，马克思的思想都更全面忠实地阐明了现代政治的紧张与矛盾。"确实如此，阿伦特虽然没有一本专门研究马克思主义的著作，但在《人的条件》、《在过去与未来之间》、《论革命》等书中都有对马克思的论述。本书选取了她的论文集《在过去和未来之间》中的《传统与现代》一文。在该篇论文中，阿伦特把克尔凯郭尔、马克思、尼采看成是 19 世纪挑战传统的三种类型的代表。其中马克思是挑战西方政治传统的人，他在"劳动创造人"（阿伦特认为恩格斯全面而简明扼要地阐释了马克思的思想）、"暴力是从任何一种旧社会孕育出新社会的助产士"、"哲学家只是用不同的方式解释世界，而问题在于改变世界"这三个论断中构成了对西方政治思想传统的反叛。但是阿伦特认为，由于马克思只是在传统的框架之中试图将传统颠倒过来，因此她没有能够真正摆脱柏拉图主义的传统。

传统与现代^①

一

　　西方的政治思想传统明确发端于柏拉图与亚里士多德，在我看来，有一个同样明确的终点，这就是卡尔·马克思。柏拉图在《理想国》的洞穴寓言中，把人间事务的领域——在一个共同世界中的人的共同生活，描绘成一个黑暗、混乱与欺诈的场所，对于那些寻求永恒理念之澄澈天穹、渴望真正存在的人来说，必定会转身离弃这样的世界。开端就在柏拉图的这个寓言中现身了。这一传统终结于马克思的如下宣告：哲学及其真理并不外于人间事务及其共同世界，而恰好置身于其中。唯有在共同生活的领域——马克思称之为

　①　选自《西方现代性的曲折与展开》，长春，吉林人民出版社，2002。

"社会"，借助"社会化的人类"的生成，哲学及其真理才能够"成为现实"。哲学家对于政治的态度，必然是政治哲学的题中应有之义。哲学家先是在政治面前转身离去，随后，他们又回转身来，把他们自己的价值标准强加于人间事务，这便是政治哲学传统的开端。一旦有一个哲学家，为了使哲学在政治中得以"实现"，离开了哲学，便意味着政治哲学的末日降临。马克思就是这样去做的：首先是以哲学的方式，公开宣布放弃哲学，其次是企图"改造世界"，从而改造哲学化的心灵以及人的"意识"。

西方政治传统在起源与结束的时候，在以下这一点上有其共同之处：政治的基本问题正是在它们的最迫在眉睫的紧急关头，也就是，当它们初次被阐发以及当它们面临最后的挑战时，才明确无疑地显示出来。雅各布·布克哈特曾经说过，开端就好比是"主和弦"，它的调子贯穿于整个西方思想史的无穷变调之中。换句话说，只有开端与终结，才是纯粹的，或未经变调的，因而，当主和弦第一次奏响于世界时，是如此的和谐，其强大与美好，后世难以与闻，而当它的声音（及思想）不再能够带来和谐而依然在耳边回荡时，没有比这时候更令人感到嘈杂刺耳了。柏拉图在最后的著作中无意中谈道："开端好像是神，只要栖居于人间，便拯救万物。"这就是我们的传统的真理，只要开端仍在，它就会拯救万物，引导它们进入和谐。同样，当它穷途末路时，它便成为破坏性的——这里无须多说，在这个传统终结之后，在今天的人类生活中的混乱与无助的悲惨结局。

马克思哲学不仅颠覆了黑格尔，而且颠覆了思想与行动、沉思与劳作、哲学与政治的传统等级秩序。不过，柏拉图与亚里士多德的开端依然具有生命力，这一点从它引导着马克思陷入一些真实的悖论（尤其是常常被称之为乌托邦的理论）中，可以得到证明。最重要的是，马克思预言，在"人性得以社会化"的条件下，"国家将会消亡"，劳动生产力会有极大提高，在一定的程度上，劳动会消灭其自身，这样，将会保证在这种社会中的每一个成员都拥有几乎无限的闲暇。这些论述，不仅作为预言，无疑还包含了马克思对于最佳社会形态的看法。就此而论，它们不是乌托邦式的，而是再现了雅典城市国家的政治和社会条件，后者正是柏拉图和亚里士多德的经验中的原型，从而也是我们的传统的基础。在雅典城邦中，没有统治者与被统治者之间的分割，因此，倘若我们像马克思那样，把国家这一术语等同于传统的对于政府形式的界定（一个人的统治即君主制，少数人的统治即寡头制，多数人的统治即民主制），那么，雅典就不能算作是一个国家。而且，雅典公民唯有在闲暇时，亦即从劳作中获得解放时（马克思对于未来的预言），方成其为公民。不仅在雅典，而且从古希腊罗马时代，直至现代之前，劳动者不能是公民，公民首先意味着不必参加劳作，或者，意味着有产者。如果我们审视一下马克思的理想社会的真实内涵，那么，后者与雅典城邦之间的相似性就表现得更为显著。闲暇的存在条件是，无国家状态，或者，用列宁的那句准确地把握了马克思思想的名言，社会的行政管理非常简单，任何一个厨师都有能力来管理社会机构。显然，在这种情况下，所有的政治事务（恩格斯将其简单化为"对物的管理"），只会吸引一个厨师，或者，至多会吸引那些"庸人"，后者在尼采看来，倒是最有资格来管理公共事务的。这确实与古代的真实状况截然不同。在古代，政治责任被看作是需要参与者殚精竭虑、心无旁骛地去承担的艰巨任务，不允许后者从事其他任何过于辛劳的活动（譬如，牧羊人有成为公民的资格，而农民就没有；画匠能够成为公民，雕刻匠就不行，所有的这些类型的活动，尽管都被认为超出了单纯的 βάναυσος①，但是，它们的区别仅仅在于，从事不同劳作所需投入的努力与疲劳的程度是不同的）。在一个希腊城邦中，一般的公民需要耗费大量时间用于政治活动，正是由于反对这种现象，某些哲学家，特别是亚里士多德，提出了 σχολή（闲暇）的观念，在古代，这决不意味着从一般的劳作中获得解脱（这被看作是理所当然的），而是从政治活动与国家事务中得到解脱。

这样的两种不同的观念，在马克思所设想的理想社会中，缠绕在一起，无法解开：无阶级与无国家的社会，在某种程度上，是古代的一般状况的实现，也就是，人们获得了闲暇的时间，既摆脱了劳作，也摆脱了政治活动。在"对物的管理"取代了政府的位置与政治行动的时候，上述的设想便会实现。这种既摆脱了劳作又摆脱了政治的双重意义的闲暇，在哲学家看来，是实现 βίος θεωρητικος（该词的最宽泛的理解是一种献身于哲学与智慧的生活）的条件。换言之，列宁的那个厨师所生活的社会，为她提供了摆脱劳作的闲暇时间，恰恰就是古代自由公民为从事 πολιτεύεσθαι② 所享有的时间，以及希腊哲学家为极少数人所要求的用于哲学的摆脱了政治生活的

---

① 希腊语，实用性。——译注

② 希腊语，城邦政治活动。——译注

时间。像 σχολή 与 otium 所表达的闲暇的传统内涵，就是献身于一种目的超越于工作或政治的生活，所以，马克思所想象的社会，将无国家（祛政治化，apolitical）与几乎完全没有劳作这两方面结合起来，恰好是对一种理想人性的最真实的表达。

马克思本人把他的所谓的乌托邦，仅仅看作是一种预言，在他的理论中的这一部分内容，确实与到今天才完全展示出来的某一些进程相一致。在许多方面，过去意义上的统治（government）让位于行政管理（administration），在所有已实现工业化的国家当中，大众事实上已经享有了日益增长的闲暇。马克思敏锐地觉察到这个由工业革命所带来的这一时代的固有的发展趋势，尽管他错误地假定这些趋势只有在生产方式的社会化条件下才能出现。马克思从一种理想化的视角来看待这一进程，并且用一些源于另一个截然不同的历史时期的术语与概念来理解这一进程，在这里，可以看到传统在马克思思想中的延续。于是，马克思看不到这些真实而复杂的问题，是这个现代世界内在的问题，同时，马克思的那些准确的预言，具有了一种乌托邦性质。然而，无阶级的、无国家的与无劳作的社会的乌托邦理想，形成于两个完全是非乌托邦因素的联合：第一个因素是，领悟到当前的这些趋势已不再能够在传统的框架内得到理解；第二个因素是，为马克思本人所理解并整合了的传统观念与理想。

马克思本人有意识地反叛这种政治思想传统。他以一种富于挑战性的、悖论式的风格，建构起他的关键理论的轮廓（包括政治哲学），后者构成了他的另一部分具有严格科学性的著作的基础，并且超越了这些著作（这一特征令人惊异地贯穿于他的一生，从早期著作到《资本论》最后一卷），其中，最至关紧要的是"劳动创造人"（这是恩格斯的概括。与在某些马克思学者中的一种流行看法不同，恩格斯其实常常极其全面而简明扼要地阐释了马克思的思想）。其次是："暴力是从任何一种旧社会孕育出新社会的助产士"，因而，暴力是历史的催生婆（这一思想以各种不同的形式，出现于马克思和恩格斯的著作中）。最后，在关于费尔巴哈论纲中的最后那句有名的论断："哲学家们只是用不同的方式解释世界；而问题在于改变世界"，根据马克思的思想，这一句话可以更为透彻地理解成：哲学家已经花费了足够长的时间来解释世界；现在已经到改变世界的时候了。最后的那一个表述，事实上不过是在早期手稿中的另一个论断的变奏："除非在现实中使哲学得以实现，否则就不能够 aufheben（在黑格尔的哲学中，意味着超越、持存与取消）哲学。"这种对于哲学的态度，在马克思的晚期著作中，还表现为对于工人阶级将会成为古典哲学的唯一合法继承人的预言。

这些陈述，都无法仅仅通过其自身而获得理解。其中的任何一个观点，都是通过与一些传统公认的真理相对立，才具有意义，在现代来临之前，这些真理的表面上的合理性，一直不曾遭到质疑。"劳动创造人"，首先意味着是劳动，而不是上帝，创造了人。其次意味着，一个人，只要是有人性的，创造了其自身，也就是说，人性是其自身的活动的产物。再次，这一论断表明，人类之所以区别于动物，亦即人的物种特性，不是理性，而是劳动，也就是说，人不是理性的动物，人是劳动的动物。最后，它表明，不是理性（迄今为止一直被看作是人的最高禀性），而是劳动（在传统中，一直被看作最低级的人类活动），才是人的人性的源泉。通过这种方式，马克思挑战了传统的神明，挑战了传统的对劳动的评价，挑战了传统的对理性的赞美。

暴力是历史的催生婆，这句话的意思是，在人类自由的、有意识的行动中，隐藏在人类生产力发展中的力量，唯有通过战争与革命的暴力，才能显示出来。唯有在一个暴力的时代，历史方显示其真实面目，那些纯粹的意识形态的、伪善的说教，才会被一扫而空。无疑，这是对传统的第二次挑战。传统把暴力看作是处理国际关系的 *ultima ratio*①，看作是在国内政治行动中的最可耻的一种方式，往往被认为是暴政的显著特征（虽然以马基雅维利与霍布斯为核心的极少数思想家试图把暴力从耻辱中解脱出来，虽然他们在权力这一问题上的见解不失为中肯，虽然原先在暴力和权力之间的混淆在他们那里得到了澄清，但是，他们的不同寻常的努力，在我们今天的这个时代以前，对政治思想传统的影响是微乎其微的）。马克思则相反，在他看来，暴力，更准确地说，对于暴力手段的占有，是一切形式的政府的基本构成要素；国家是统治阶级进行剥削与压迫的工具，暴力的使用，是所有政治行动领域的特征。

马克思将行动与暴力视为同一，暗含着另一种可能不易为人觉察的对于传统的根本挑战，不过，马克思精通亚里士多德的学说，他自己当然很清楚这一点。亚里士多德对于人的双重规定：ζω ουπολιτικού② 与 ζωου λογουέχου③（即，人是通过他的言语能力以及

---

① 拉丁语，最后的手段。——译注
② 希腊语，城邦的动物。——译注
③ 希腊语，逻各斯的动物。——译注

城邦生活来实现其最高可能性的存在物），被设想为区别希腊人与野蛮人、自由人与奴隶的标志。其差别在于：希腊人在城邦中过着共同的生活，管理事务的方式是言语活动，即说服（πειθεω），而不是暴力，后者意味着无言的政治高压。因此，自由人服从其政府，服从城邦法律，被称作 πειθαρχία，这个词清楚地表明，服从来自于说服而不是暴力。野蛮人通过暴力进行统治，奴隶被强制从事劳作，暴力行动与艰苦劳作在以下这一点上相似：它们都不必通过言语而进行，所以，野蛮人与奴隶都是 ἄνευ λόγου①，也就是说，他们在根本上都不必通过言语的方式来维系他们之间的共同生活。在希腊人看来，劳动在本质上是非政治性的，是私人事务，然而，暴力纵然是否定性的，却关涉他人，关涉到与他人建立一种关系。故而，马克思颂扬暴力，含有更为明确的拒绝 λόγος（言语）的意思，这与把 λόγος 看作是最合乎人性的交往形式的传统，截然对立。马克思的意识形态上层建筑理论，就是建立在他的拒斥言语、颂扬暴力的反叛传统之上的。

"使哲学成为现实"，或者，根据哲学来改造世界，马克思的这些说法暗含着解释先于改造的意思，因此，哲学家们对于世界的解释显示了世界应该如何加以改造，在传统哲学看来，这些观点当中存在着一个矛盾。哲学或许能够规定行动的具体法则，尽管不曾有过一个伟大哲学家把这一问题当作他最关心的问题。不管是柏拉图把哲学家描绘成只是其肉体栖居于其同胞所居住的城邦中的人，还是黑格尔所承认的，从常识的角度看，哲学是一个头足倒置的世界，一个 *verkehrte Welt*②，从柏拉图到黑格尔的哲学，在本质上都"不属于这个世界"。这一次，马克思的上述三个论断，不单单暗含了，而且直截了当地表明了对于传统的挑战，后者体现在如下的预言中：人们根据常识进行自我调整与思想的共同事务的世界，总有一天，会与哲学家的观念王国相一致，换言之，曾经一直只是"为了极少数人"的哲学，总有一天，会成为现实中的每一个人的常识。

上述的三个论断是用传统术语表达的，但是，它们都突破了传统；它们都表现为一种悖论，都意图具有震撼力。事实上，这些论断比马克思本人所预料的，具有更严重的自相矛盾的性质，并使他陷于更大的困境之中。每一个论断都含有一个在其自身内无法解决

---

① 希腊语，无言语的。——译注
② 德语，颠倒的世界。——译注

的基本矛盾。如果说劳动是最富于人性的和最具有创造性的一种人的活动，那么，在革命之后，在"自由王国"中，当"劳动不存在了"，当人成功地从劳动中解放出来时，又会出现怎样的情况呢？还有怎样的一种创造性的、本质上符合人性的活动保存下来呢？如果说暴力是历史的催生婆，从而暴力行动乃是所有行动形式中最高贵者，那么，阶级斗争结束后，国家消亡了，无暴力成为可能，那时又将会如何？人将会以怎样的一种富有意义的、本真的方式行动？最后，在未来社会，哲学既然已经实现了自己又消灭了自己，留下来的将会是怎样的一种思想？

在马克思思想中的这些矛盾乃是众所周知的，几乎所有马克思学者都注意到了这些问题。这些矛盾通常被归结为"在作为历史学家的科学观点与作为先知的道德观点之间的"矛盾（Edmund Wilson），在把资本积累看作是"生产力发展的物质手段"（马克思）的历史学者与谴责用剥削和使人非人化的方式履行其"历史使命"（马克思）的道德主义者之间的矛盾。马克思一方面赞美劳动和行动（与沉思和思想相对），另一方面赞美无国家的，即无行动和（几乎）无劳动的社会，与这一基本矛盾相比，上述的以及诸如此类的矛盾显得是次要的了。因此，不必因为在革命的青年马克思，与更具有科学态度的晚年的历史学家与经济学家之间，存在着自然的差异而指责他，更不必假设必须通过否定或者恶，才能产生肯定或者善的一种辩证运动，来消解那些矛盾。

如此根本的而又触目惊心的矛盾，在二流作家那里是极为罕见的，在后者那里，这种类型的矛盾不会遭到重视。但是，在伟大的思想家的著作中，这种矛盾却构成了他们的理论的核心，成为真正理解他们的问题及其新的洞见的最重要的线索。就像19世纪的另一些伟大思想家一样，在马克思那里，在看似有趣、富于挑战性与矛盾的形态下面，隐藏着一个困境，即不得不根据古老的思想传统来处理新的现象，因为在这一古老传统的概念框架之外，任何思想都是不可能的。就像马克思一样，尼采、克尔凯郭尔同样绝望地试图运用传统自身的概念工具反叛传统。我们的政治思想传统肇始于柏拉图的发现——从人间事务的共同世界中的抽身离去，这是哲学体验的与生俱来的本质；这一个传统也终结于这种哲学体验的荡然无存，留下的仅仅是思想剥离于现实，行动剥离于意识，这样的思想与行动的对立，使两者都成为无意义的。

二

这一传统的力量，它的对于西方人的思想的控制，从来不是靠对它的自觉。事实上，在西方的历史上，只有在两个时期，人们才意识到且过于强烈地意识到传统的事实存在，并且将形成传统的时代与权威等同起来。第一次是发生在罗马人身上。罗马人采纳了希腊古典思想与文化作为他们自己的精神传统，从而作出了一个历史性决定，此后，这一传统自始至终地影响了欧洲文明的形成和发展。在罗马人之前，作为传统的这样的一种东西尚是未知的，从罗马人开始，这一个传统成为了承继以往的主导线索，同时，它自身的对于世界的理解及其体验，有意无意地制约着每一个时代。一直到浪漫主义时期，我们才再次遭遇了那种对于传统的颂扬意识以及对于传统的赞美（文艺复兴对于古代的发现是第一次的尝试，试图打破传统的羁绊，通过回到原始材料本身的方法，建立起一个不再处于传统重压下的往昔）。今天，有人认为传统从本质上看是一个浪漫主义的概念，不过，浪漫主义的对于传统的讨论只是19世纪的重要议题；赞美往昔仅仅意味着这样的一个时刻的来临：现代将会改变我们的世界与普遍的境况，使得我们对于传统的信赖不再可能。

一个传统的终结并不必然意味着传统中的观念已经完全丧失了对于人类心志的控制。相反，一旦传统丧失了活力，对于起源的回忆日渐淡漠，那些陈腐的观念以及范畴有时候会变得更加专横；只有在传统的末日来临，人们甚至不再去反抗它时，它才可能暴露出它的所有的强制性力量。这至少是20世纪的形式主义的义务观念所造成的悲惨结局给予我们的教训，这种思想是随着如下现象之后出现的：克尔凯郭尔、马克思与尼采有意识地颠覆传统的观念价值等级体系，向传统宗教、传统政治思想、传统形而上学的基本前提提出挑战。然而，不管是在20世纪的种种后果，还是19世纪的反叛传统，事实上都没有造成传统在历史中的断裂。断裂产生于一种无序与混乱状态，这种状态一方面是对于政治现象的普遍的困惑，另一方面是在精神领域中的一种流行意见，以为通过恐怖与意识形态手段的极权主义运动，能够形成一种全新的政府与统治形式。已经出现的那种极权主义统治乃是史无前例的，不可能通过政治思想的一般的范畴去理解这种现象，也不可能通过传统的道德标准对它的"罪孽"作出评判，或者，不可能在西方文明的法律框架内惩罚它，极权主义统治打破了西方历史的连续性。传统的断裂现在已经成为一个既定的事实。这一结果既不是出于任何人的有意的选择，也不属于某种更深远的规划。

在黑格尔之后，第一流的思想家试图摆脱统治西方两千多年的思想模式，他们的努力可能预示了极权主义这一事件，且自然有助于我们对于这一事件的理解，但是，这一事件并不是他们所导致的。极权主义事件本身是现代与 20 世纪的分水岭，前者肇始于 17 世纪的自然科学，在 18 世纪的革命中达到其政治上的顶点，在 19 世纪的工业革命之后充分展现了它的基本内涵，后者则开始于由第一次世界大战所激发的连锁性的大灾难之中。揪住现代思想家不放，特别是揪住 19 世纪的那些反叛传统的思想家不放，要求他们为 20 世纪的社会结构和社会状况承担责任，不仅是不公正的，而且是危险的。在极权主义统治这一真实事件中，蕴含着复杂的内容，远远超出这些思想家中的最激进的，或者，最富探索性的思想。这些思想家的伟大之处在于，他们觉察到了这一个世界充满了许多无法为我们的思想传统所应对的新的问题与新的困惑。在这个意义上，不管他们表现得如何坚决地远离传统（就好像迷失在黑暗中的儿童，口哨吹得愈来愈响），他们之选择背离传统与否，都不是出于一种深思熟虑的行动。在黑暗之中，令他们惊惧的东西是沉寂，而不是传统的断裂。当断裂真的发生了的时候，黑暗反倒被驱散了，于是，我们几乎不再能够听到在他们的著作中的"悲怆的"、声嘶力竭的呼喊。但是，只要我们敢于追问——"我们为何而战"，而非"我们反对什么"，最终爆发出来的雷鸣已淹没了此前不祥的寂静的回声。

无论是传统的沉寂，还是 19 世纪思想家对它的反叛，毕竟都无法解释已发生的事实。断裂的非预料性使得这一断裂成为一个不可挽回的事实，只有事件，而非思想，才会如此。19 世纪的反传统依然严格局限在传统的框架内；它的可能方式，只能是在思想层面上的，不可能超出预感、忧惧与对沉寂的不祥之感等这样一些基本上属于否定性的体验，只能是激进化的，而不可能成为一个反思过去的新的开端。

克尔凯郭尔、马克思和尼采站在传统的尾声，处于断裂来临之前。黑格尔是他们的前辈。正是黑格尔，第一次把世界历史的整体，看作一个持续的发展过程，这一个伟大的成就，意味着黑格尔本人是站在过去的一切自命为权威的体系与信仰的外部，意味着他本人仅仅为在历史自身中的连续性的线索所控制。历史连续性的线索是传统的第一个替代品；从这一条线索出发，无数有着最深刻分歧的价值、有着最为矛盾的思想与冲突的权威，所有这一切，不知怎么地就发生了化合作用，被简约为单线性的、辩证的前后一贯的发展，事实上，这一思路并未被构想为对传统本身的批判，而是对一切传统权威的批判。在这个意义上，克尔凯郭尔、马克思和尼采依然是黑格尔主义者，因为他们依然把以前的哲学史看作一个辩证发展的整体；他们的伟大功绩在于他们将这一通往过去的新方法推向了极端，他们所采用的唯一的方式就是将这一方法继续发展下去，换言之，他们对自柏拉图起统治西方哲学并且黑格尔依然视为理所当然的概念的等级体系提出质疑。

对我们来说，克尔凯郭尔、马克思与尼采就像是通往过去的路标，这一过去已经丧失了它的权威性。无论如何，他们是第一批敢于在缺乏任何权威的引导下思想；然而，无论好坏，他们依然受限于这一伟大传统的范畴系统。我们的处境在某些方面比他们要好一些。我们无须再像他们那样，嘲讽那些"有教养的市侩"，在整个19世纪中，这些市侩们企图通过一种虚假的对于文化的歌功颂德，以挽救真正权威的失落。在今天的大多数人看来，这种文化看起来就像是一片废墟，不仅谈不上以权威自命，甚至都无法引起他们的兴趣。或许这是一个令人遗憾的事实，然而其中亦暗含着巨大的机遇：不受任何传统干扰，直接凝神注视过去——从罗马文明拜倒于希腊思想之下并以之为权威迄今，在西方人的阅读与倾听之中，这一方式已经消失了很久了。

三

当一种全新的经验出现在人的面前时，人们总是试图通过一种传统的方式来把握它们并且试图将它们安置在传统的秩序中，这种方式导致了对于传统的毁灭性的曲解。克尔凯郭尔的从怀疑到信仰的跨越，是对于传统所理解的理性与信仰的关系的倒转与曲解。现代不仅丧失了对上帝的信仰，而且丧失了对理性的信仰，信仰的失落内在于笛卡儿的命题 *de omnibus dubitandum est*[①] 之中，这种与生俱来的怀疑认为，事物不一定像它所显现出来的那样，邪恶的精

---

① 拉丁语，怀疑一切。——译注

灵可能蓄意隐藏真理，使之永远无法被人的心灵所把握，克尔凯郭尔的从怀疑到信仰的跨越是对现代信仰失落这一问题的一个答复。马克思的从理论到行动、从沉思到劳动的跨越，源于黑格尔，后者完成了将形而上学转变为历史哲学、将哲学家转变为历史学家的工作，在一个时代终结的时候，历史学家临别时的回眸一瞥，他所看到的不是存在与真理的意义，而是生成与运动的意义，后者才揭示了时代的本质。尼采的从观念与尺度的非感性的超验领域到生活的感性领域的跨越，按他的说法，"颠覆柏拉图主义"，或者，"重估一切价值"，是摆脱传统的最后一次尝试，尼采成功地使传统倒转过来，不过仅此而已。

这些反传统的尝试，在内容与意图上各有不同，结果却不幸相似：从怀疑跃入信仰的克尔凯郭尔，将怀疑引入宗教，将现代科学对宗教的攻击，转化为宗教内部的斗争，从此以后，只有在怀疑与信仰的张力当中，只有在以怀疑拷问信仰，只有在从对于人性的条件与人的信仰二者的荒谬性的极度肯定的困境中得到解脱，真诚的宗教体验才是可能的。从陀思妥耶夫斯基的小说，可以最明显地看到现代宗教处境的种种具体现象。陀思妥耶夫斯基或许可以称得上是现代宗教信仰的内心体验最为丰富的心理学家，他在"白痴"梅斯金，或者，阿辽莎·卡拉马佐夫这两个人物身上，刻画了纯粹的信仰，在这两个人物身上，心灵的纯洁源于纯朴。

从哲学跨入政治的马克思，将辩证理论引入行动，政治行动于是比过去更具理论性，更依赖于今天所谓的"意识形态"。再者，虽然马克思的出发点不再是传统形而上学意义上的哲学，但是，正如克尔凯郭尔的出发点是笛卡儿的怀疑论哲学一样，马克思的出发点毫无疑问是黑格尔的历史哲学，因此，马克思把"历史法则"置于政治之上，当他坚持认为思想与行动二者都仅仅是社会与历史的功能的时候，政治像哲学一样，行动像思想一样，都丧失了意义，从而导致了马克思的失败。

尼采是柏拉图主义的颠覆者。他强调生活，强调感性的、物质的被给予之物，以此来对抗自柏拉图起就被视为尺度、裁判者以及赋予被给予之物以意义的超感性的、超验的观念，尼采的思想以被公认为虚无主义而告失败。然而，尼采不是一个虚无主义者，恰恰相反，他是第一个试图克服虚无主义的人，虚无主义并不内在于思想家的观念之中而是内在于现代生活的现实之中。在试图"重估一切价值"的努力之中，尼采发现在范畴体系中，感性在被剥离于它的超感性的与超验的背景的时候，便丧失了它的真正的 *raison d'être*①。"我们毁灭了真实世界：留下的又是怎样的一个世界？或许仅只是世界的表象？……但不！与对真实世界一样，我们也毁灭了表象世界。"② 这一朴素而基本的洞观，与他的反叛有直接的关系，正是在尼采的反叛行动中，传统走到了末路。

克尔凯郭尔想要维护信仰的尊严，反对现代的理性与理性化，马克思渴望维护人类行动的尊严，反对现代的历史沉思与相对化，尼采想要维护人类生活的尊严，反对现代人的生命力的萎缩。然而，*fides*③ 与 *intellectus*④、理论与实践、超越性与感性的被给予之物之间的传统的对立，各自对克尔凯郭尔、马克思与尼采进行了报复，并不是因为这些对立依然根植于有效的人类经验之中，而是相反，因为它们仅仅成为了概念，没有这些概念，任何系统思想看起来都是完全不可能存在的。

这三种对于 αρχή（起源与原则）已失落了的传统的醒豁而有意的反叛，都因自身的缺陷而终告失败，但是，没有理由去怀疑他们的工作的重要意义，怀疑他们对于现代社会的理解是否中肯与贴切。每一种努力都以其特有的方式，甚至在现代性的各个方面尚未充分地展示出来之前，就已对现代性的特性进行了思考，后者与我们的传统乃是不能共存的。克尔凯郭尔发现，现代科学与传统信仰的不相容性，并不是由于科学的任何具体的发现，所有科学发现都能被整合到宗教体系中去，并且能够被宗教信仰所吸纳，因为科学永远无法解决宗教所提出的问题。它们之间的不相容性在于以下的冲突：一方面是一种怀疑与不信任的精神，它在本质上只相信它自身，另一方面是传统的对于被给予之物的无保留的信赖，相信呈现于人的理智与感觉之中的是真实的存在。用马克思的话来说，"如果事物的表象与本质是一致的话"，现代科学便会 "是多余的"。我们的传统宗教在本质上是一种启示宗教，它与古代哲学是一致的，主张真理就是自我显现，强调真理是一种启示⑤。尽管这个启示的含义是多种多样的，是有差别的，就像哲学家的 αληθεια⑥ 一样；δηλωσις⑦ 一

---

① 法语，存在理由。——译注
② K. Schlechta 编：《偶像的黄昏》，München，vol. Ⅱ，p. 963。
③ 拉丁语，信仰。——译注
④ 拉丁语，知识。——译注
⑤ 原文为 revelation，有启示、显现的意思。——译注
⑥ 希腊语，真理。——译注
⑦ 希腊语，显现。——译注

词来源于早期基督教对于来世的期待，期待着基督再临之日的 ἀπόκαλυφις①，因此，与传统哲学（即使是最具理性主义的哲学形式）相比，现代科学依然是宗教的最可怕的敌人。甚至克尔凯郭尔试图从现代性的冲击下拯救信仰的努力，也使得宗教现代化了，也就是，使得宗教受制于怀疑与不信任。克尔凯郭尔是在传统信仰分崩离析、日渐荒诞化的时候，力图重申人类通过理性或感觉的能力认识真理是不可靠的。

马克思认识到，在古典政治思想与现代政治状况之间的不相容性在于，法国革命与工业革命的完成，共同使得劳动（在传统中，最被人看不起的一种人类活动）被提升到了生产力这一最高层次上，并且伪称在前所未有的普遍平等的条件下，能够坚持古老的自由理想。马克思深知，问题在于，这种对于人类平等理想的强调、对于人类天赋尊严的主张，不过是一种表面上的姿态，同样，给予劳动者的投票权也不过是一种形式上的解决。通过给予新兴的工人阶级以应得之利益，然后恢复 *summ cuique*② 的旧秩序，使之像过去一样运转。传统观念把劳动本身看作是人类受制于必然性的真正的标志，现代则把劳动看作是人的积极自由与生产自由的体现，这是两者之间的基本对立。马克思竭尽全力，从劳动的冲击下，也就是从传统观念中的必然性的冲击下，挽救哲学思想，在传统中，哲学被看作是人类的最自由的活动。但是，他声言"如果没有实现哲学，你就不可能消灭哲学"，这样，马克思同样开始使思想屈服于必然性的无情的暴政之下，屈服于社会生产力的"铁律"。

尼采的贬低一切价值，与马克思的劳动价值理论一样，来自于传统与现代之间的对立：传统的"理念"，如超验的实体，是被用来认知并权衡人类思想与行动的，而现代社会中，通过将这些东西看作是功能性的"价值"，这些标准被消解于社会成员的关系之中。价值成为了社会的商品，它们自身不具备任何意义，而是像其他商品一样，只是存在于变化无常的社会关系与商业关系中，是一种相对性的存在。相对主义使人的为了使用而生产的物品，与人的生活准则，都发生了决定性的变化：它们成为为了交换而存在的实体，它们的"价值"的载体是社会，而不是作为生产者、使用者和判断者的人。"善"失去了它的作为一种理念的特性，不再是权衡并认识善

---

① 希腊语，启示。——译注

② 拉丁语，至高无上的。——译注

恶的标准；它成为了一种价值，能够与其他的价值相交易，譬如与便利或者权力等诸如此类的价值相交易。当然，一个价值持有者可以拒绝这种交易，做一个"理想主义者"，把"善"看作是高于其他一切权宜性价值的最高价值，但是，这并没有使得善的"价值"的相对主义化有所减弱。

早在马克思之前，古典经济学这门较新的学科，已经明确具有把"价值"这一术语看作是来自于社会的倾向。马克思清楚地意识到，没有人能够"在与世隔绝的状态下创造出价值"，产品"唯在社会关系中才能具有价值"，但是，社会科学后来却忘记了这一事实。马克思在"使用价值"和"交换价值"之间的区分，反映了在作为被人使用的事物、生产的事物与具有社会价值的事物之间存在着区别，他主张使用价值具有更大的真实性。马克思常常把交换价值的上涨描绘成在市场化的生产刚开始的时候的一种原罪，这体现出马克思本人的无能为力，也体现出他所谓的迫在眉睫的"全面贬值"的看法是盲目的。社会科学的诞生，有其特定的时机，即：一切事物（不管"理念"，还是物质客体）都可以换算为价值，于是，一切存在均起源于社会，与社会相联系，*bonum* 与 *malum*① 只不过是具体对象。在是劳动，还是资本，才是价值的源泉的争论中，人们普遍忽视了，只有到了工业革命的初期，以下观点才得以确立：是价值，而不是物品，才是人类生产力的产品，或者说，事物之存在在于其社会关系，而不在于"孤立的"人。"社会化的人类"的概念，出现在马克思对于未来的无阶级社会的设计之中，这一个概念事实上是马克思经济学与古典经济学的共同的潜在的前提。

因此，后来的所有的"价值哲学"都为这样的一个难题而困扰：哪里去寻找一个可以权衡所有其他价值的最高价值，这便是自然而然的了。这样的困境首先出现在经济科学中，马克思曾说，经济科学试图"做根本做不到的事——找到一种不具有交换价值的商品，能够充当衡量其他价值的永恒标准"。马克思相信，在劳动时间这一概念中，他已经找着了这个标准。马克思认为，使用价值"可以不经劳动而获得，因而不具有交换价值"（尽管它们依然具有"自然的有用性"），因此，大地本身是"无价值的"；它不能体现出"对象化的劳动"。这一个最终的结论同时也是激进虚无主义的开端，是对一切被给予之物的否定的开端，尽管后者在反传统的 19 世纪并不为人

---

① 拉丁语，善与恶。——译注

所知，只是在 20 世纪才开始兴起。

尼采把价值看作是他对传统进行攻击的缘由，看来他对"价值"这一术语的起源及其现代特征不甚明了。然而，当他开始诋毁社会上的通行价值时，他的整个工作的意义立刻显示出来了。绝对实体意义上的理念已经成为了社会价值：一旦其价值属性、社会地位发生变化，理念便不复存在。没有人比尼采更清楚那些条通向现代精神之迷津的曲折小道上的状况了，在这些小道上，堆积着对于往昔的回忆以及过去的理念，就好像这些东西一向就是作为价值而存在的，而当社会需要更佳、更新的商品时，这些东西就不值钱了。同时，尼采对新兴的"价值中立"（value-free）科学的那套高深的胡言乱语，也是一目了然的，这种科学很快就会堕落成为一种科学主义，一种总体上的科学的迷信；尽管有不少反对意见，但是，"价值中立"与罗马历史学家的 *sine ira et studio*① 的态度，没有任何相通之处。后者要求的是郑重其事的判断，是探索真理时的冷静态度，而 *wertfreie Wissenschaft*②，由于已经丧失了判断标准，因而根本就不可能作出任何判断；由于它怀疑有真理存在，因而根本就不可能发现真理，这种科学臆想着，只要它甩掉了绝对标准的最后残余，就能创造出有意义的成果。当尼采宣布他已经找到了"新的、更高的价值"时，他便成为了他本人试图促使其毁灭的那种错觉的第一个牺牲品，尼采用一种最新颖的、最恐怖的超验实体的形式作为尺度，从而接纳了旧的传统观念，这样，尼采再度把价值的相对性与可交易性引入这一些事物之中，后者的绝对尊严正是尼采想要竭力维护的，它们是：权力、生活与人间之爱。

四

19 世纪挑战传统的三种类型，结局并无不同：都走向了原有意图的反面；这是克尔凯郭尔、马克思与尼采之间的唯一的并且大概也是最明显的共同之处。更重要的是，每一种反叛似乎都集中于一个总是重复着的、同样的主题：反对哲学的所谓的抽象化，反对哲学的 *animal rationale*③ 的人的概念，克尔凯郭尔试图表明，人是具

---

① 拉丁语，不喜不怒。——译注
② 德语，价值中立的科学。——译注
258　③ 拉丁语，理性的动物。——译注

体的、承受着苦难的；马克思证明，人的人性存在于他的创造力与行动能力，其中最核心的部分，马克思称为"劳动能力"（labor-power）；尼采强调生命的创造力，强调人的意志与权力意志。他们相互之间保持着完全的独立，互不相识，但是，他们共同得出了这样的结论：只有通过一种思想的活动——这种活动最好可以用飞跃、转向、将概念翻转过来等这样一些形象的、比喻的字眼来描绘，只有这样，用传统形式所从事的这一事业才可能成功。克尔凯郭尔曾经谈到从怀疑到信仰的飞跃；马克思通过"从必然王国向自由王国"的飞跃，颠倒了黑格尔，或者，更准确地说，颠倒了"柏拉图与整个柏拉图主义传统"（悉尼·胡克），从而"又使事物恢复了其应然的正常状态"；尼采将其哲学理解为"对于柏拉图主义的翻转"与"对于一切价值的重估"。

伴随着这种精神的转向，传统走向了它的尽头。这种转向的活动使得开端呈现出双重内涵。在 *fides*① 与 *intellectus*②、实践与理论、速朽之感性生活与永恒不变之超感性真理等这样的一些对立中，只要坚持一端，其所否定的另一端必然会出现，每一方只有在这种对立中，才是有意义的、有价值的。此外，这样的一种对立的思考方式，虽然并非理所必然，但却是建立于第一次伟大的精神转向之上的，其他所有的观念，归根结底，都是以第一次的精神转向为基础的，第一次精神转向确立了二元对立的模式，传统就是在这个二元对立的张力当中运动着。第一次精神转向来源于柏拉图的一场 περιαγωγή της φυχης③：整个人类精神的一次转向。柏拉图在《理想国》中，讲了一个关于洞穴的寓言，柏拉图讲得娓娓动听，好像这只是一个有头有尾的故事，而不是一次精神的历险。

这个关于洞穴的故事有三个阶段：一个洞穴居民解开了拴住他的"腿与颈"的镣铐，原先被镣铐所束缚，"他们只能看见前面的东西"，只能注视着前面的映着事物的影子与影像的洞壁；当他把镣铐解开以后，他便能够转过身去，看见洞穴的后方，他发现在那里有着人所点燃的火焰，火光把事物的影子投射到洞穴的岩壁上，使得这些影子看上去就好像是真实的事物；这就是在洞穴中所发生的第一次转向。第二次转向：这位洞穴居民转身走出洞穴，来到了澄澈的晴空下，这时，他看到了洞穴中的事物的真正的、永恒的存

① 拉丁语，信仰。——译注
② 拉丁语，知识。——译注
③ 希腊语，革命。——译注

在——理念，在作为理念之理念的太阳的光辉下，诸理念反射着太阳的光芒，这样才能为人们所见。最后一次转向：这一位洞穴居民必须得转向洞穴；他必须得离开这个永恒的存在领域，再一次返回到那个生死流变的世界中去。其中的每一次成功的转向，都来自于一次感觉与方向的丧失：在洞穴中，原先已经习惯于岩壁上的阴影的眼睛，由于看到了火光而突然看不见了；随后，已经适应了暗淡的火光的眼睛，由于理念的灿烂光芒而突然看不见了；最后，已经适应了太阳光辉的眼睛，却又不得不重新适应洞穴中的昏暗光线。

这些转向，柏拉图仅仅要求哲学家能够做到。做到了这些转向之后，对于真理与光明的热爱，还必须具备另一个转向。后一个转向主要体现于柏拉图对于荷马以及荷马式宗教的猛烈抨击之中，特别是体现在他对一个故事的阐释中，这就是对荷马在《奥德赛》第十一卷中所描写的冥府景象的答复与颠倒。无疑，在洞穴意象与冥府意象之间，存在着相似性（荷马的冥府，阴暗、虚幻，灵魂在昏睡中飘动着，与此相对应的是，洞穴中的肉体的无知无觉），因为，柏拉图用来描绘洞穴中的生活的那些词，如 εἴδωλου（影像）、σκία（阴影），也是荷马用来描绘死后的地狱生活的关键词。这明显是对荷马"立场"的一个颠倒；柏拉图似乎在告诉荷马：正是肉体的生活，而不是没有肉体的灵魂生活，才是在地狱中的生活；比之于天空、太阳，尘世就好比是地狱；影像和阴影是肉体的感官对象，而不是居住在摆脱了肉体的灵魂周围；真理与实在并不存在于我们活动、生活且死后不得不离开的这个世界中，而是存在于用心灵的眼睛看与领会的理念世界中。在这个意义上，柏拉图的 περιαγωγή①是一种转向，通过这一转向，来自于荷马宗教的希腊人所共同信仰的一切，被头足倒置了。如同哈得斯的地狱，升到了地表上面。不过，这种对于荷马的颠倒，实际上并不是使原来的正面变成了反面，原来的反面变成正面；因为产生了那种转向活动的二分模式，不仅对柏拉图来说是陌生的，而且在荷马世界看来，同样也是陌生的，他们还没有把对立模式作为思考的前提（因此，把传统再颠倒回来，并不能使我们回到原初的荷马的"立场"，看起来尼采犯了一个错误；他或许以为把柏拉图主义倒转过来，就可以回归前柏拉图的思想方式）。柏拉图反荷马的方式而行，提出其理念学说，仅仅是由于政治上的考虑；然而，柏拉图从而建立了一个框架，在这个框架中，

---

① 希腊语，革命。——译注

转向活动不再是一种牵强的可能性，而是概念结构自身所预先注定的。在古典晚期的各个不同的哲学学派的发展中，它们在前基督教时代的无比狂热的竞争中，转向活动以及对此端或彼端的攻击或认同，是其基本结构；这种基本结构之所以可能，正是由于柏拉图区分了处在阴影之中的现象世界与永恒真实的理念世界。在柏拉图本人讲述的洞穴居民从洞穴转向天空的故事中，他给出了第一个范例。黑格尔进行了最后一次伟大尝试：他试图使源自于柏拉图初始概念中的各种传统的哲学流派，整合到一个自我发展的和谐整体中去，这时，黑格尔学派同样分裂为两个冲突的思想流派，虽然这一分裂发生的层次比较低，但是，黑格尔左派与右派、唯心主义的黑格尔者与唯物主义的黑格尔者，在一段不长的时间中，主导了哲学思想的发展。

没有黑格尔的集大成，没有黑格尔的历史概念，就不可能有克尔凯郭尔、马克思与尼采的挑战传统。他们三个人的意义不单单在于他们用一种不可思议的抗拒，颠倒了感觉论与观念论、唯物论与唯灵论甚至于内在论与超越论之间的传统关系，而且在于他们形成了一种更为激进的转向。马克思若仅仅是一个颠倒了黑格尔的"唯心主义"的"唯物主义者"，他将像他同时代的唯物主义者一样，影响短暂且仅仅局限在学院中。黑格尔的基本前提是，思想的辩证运动与物质自身的辩证运动是同一的。通过这一个前提，黑格尔力图在被定义为 *rescogitans*① 的人与被定义为 *resextensa*② 的世界、在认识与现实、在思想与存在之间所存在的鸿沟上面，架起一座沟通的桥梁，这一鸿沟肇始于笛卡儿。现代人精神上的无家可归，首次体现在笛卡儿主义者的疑惑与帕斯卡尔主义者的解答之中。黑格尔声称，发现既统治着人的理性及人间事务，又统治着自然事件的内在"理性"的辩证运动，作为一条普遍法则，比单纯在 *intellectus*③ 与 *res*④ 之间寻求一致性（前笛卡儿哲学把"符合"看作真理）具有更重要的意义。黑格尔相信，通过引入精神及其在运动中的自我实现的思想，就已经证明了物质与观念之间的本体论的同一性。因而，对黑格尔来说，是从意识的观念出发，展开其"物质化"的运动，还是从物质的起点出发，朝着"精神化"的方向运动，获得对于自

---

① 拉丁语，认知。——译注

② 拉丁语，广延。——译注

③ 拉丁语，知识。——译注

④ 拉丁语，事物。——译注

身的意识，这已无关紧要了（自我意识，在马克思那里表现为历史中的阶级意识这一形式，从马克思对自我意识的作用的描述，可以看到他对于他的老师的基本原则没有任何怀疑）。换言之，马克思并不比黑格尔这位"辩证的唯心主义者"更加"辩证的唯物主义"一些；马克思同样接受了黑格尔的作为一种普遍法则的辩证运动这一概念，辩证运动的概念瓦解了"唯心主义"与"唯物主义"这两个术语在哲学体系中的意义。马克思尤其在他的早期著作中，对此是非常地清楚的，他深知，对于传统的批判以及对于黑格尔的批判，并不是因为他的"唯物主义"立场，而是因为他拒绝那种把 *radio*①，或者思想看作是人与动物之区别的关键（用黑格尔的话来说，"人在本质上是精神的"）的观点；在青年马克思看来，人在本质上是被赋予行动能力的自然存在物（*ein täetiges Naturwesen*），人的行动始终是"自然的"，因为它是由在人与自然之间进行物质交换的劳动构成的。马克思的转向，与克尔凯郭尔和尼采一样，进入了问题的核心；他们都对关于人的潜能的传统等级秩序提出质疑，或者，他们都试图重新安排这一秩序，他们一再追问人之为人的人性特质；他们没有企图在或此或彼的前提上建立体系，或者，建立一种 *Weltanschauungen*②。

现代科学的精神表现为笛卡儿主义哲学的怀疑与不信任态度，从它诞生之日起，传统的概念框架便已不再能够赢得信任。科学成为了一种积极的、为了知而行的活动，在这种状况下，沉思与行动之间的二元对立、传统的等级秩序便无法维持下去了，这种等级秩序断定真理从根本上只能在（无语的、无行动的）静观之中才能够被领会到。当事物之现象正是其实际之所是这一信念逐渐消散的时候，作为启示的真理概念便发生了疑问，对于作为启示者的上帝的绝对信念便发生了疑问。"理论"这一概念的内涵有了变化。它不再意味着与真理相关的合理系统，后者认为真理不是人所创造的，而是被赋予人的理性与感觉的。现在，理论成为了现代科学理论，这种现代科学理论是一种操作性的导向性的假设前提，以它的实际效果为转移，它的有效性不是建立在它的"显现"，而是建立于它的"有用"之上。通过这一同样的方式，柏拉图的理念也失去了阐明世界与大全的自主性的力量。首先，它们成为了在柏拉图看来仅仅与

---

① 拉丁语，光。——译注

② 德语，世界观。——译注

政治领域相关的标准与尺度，或者，成为了对人自身的理性的心灵进行调节与限制的力量，就像在康德那里一样。其次，工业革命改造世界的成功，似乎证明了为理性立法的是人的积极有为与制造活动，这样，理性对于人的积极活动的优先地位、为人的行动建立法则的心灵的优先地位在这种改造世界的活动中失落了，理念最终只是成为一些价值，其有效性不是取决于一个人或一些人，而是取决于作为一个整体的社会，取决于社会的不断变动的功能性需求。

价值是遗留给"社会化的人们"的（且能够被他们所理解的）唯一的"理念"，这些价值既可以在诸价值之间彼此交易，也可以与价值之外的他物进行交易。这种"社会化的人们"从来不敢下决心从柏拉图所称的"洞穴"的人的日常生活中走出，从来不敢下决心走入另一个世界，去经历另一种生活——这样的一种生活，充盈着对于世界之真实所是的惊异感。这种惊异是世界的一个最本质的特征，在现代社会的无所不在的功能化活动中，这一本质丧失了。马克思的政治思想体现了并且预示了这一个极其真实的发展。尽管马克思记录下了明净的天穹的黑暗——在那个明净的天穹中，理念以及其他的那些存在者，曾经为人类所亲眼目睹——但是，由于马克思只是在传统的框架之中试图将传统颠倒过来，因此，他没有能够真正地摆脱柏拉图的思想。

（洪涛 译）

克罗波西

　　约瑟夫·克罗波西（Joseph Cropsey，1919—　）出生于美国纽约。1952年获哥伦比亚大学博士学位。"二战"开始后于1941～1945年参军。战后先后任教于纽约市立大学经济学系，从1958年起任芝加哥大学政治科学系教授。

　　克罗波西的主要著作有：《政体与经济》（1957）、《政治哲学与政治事件》（1977）、《柏拉图的世界：人在宇宙中的位置》（1995）。克罗波西与列奥·施特劳斯共同主编的《政治哲学史》，集丰富多彩的视角、见解、才华和背景于一体，对自古希腊至20世纪西方政治哲学史上主要的政治哲学家的思想作了独到而出色的介绍，在西方思想界享有盛誉。

克罗波西是施特劳斯学派的重要成员，对于从古希腊直到现代的政治哲学有着深入的研究。

　　本书选取了《政治哲学史》第三十四章《卡尔·马克思》。克罗波西在文章中将马克思的历史唯物主义称为"历史形而上学"，将马克思对于资本主义社会进行的批判称为"经济学说"，认为这两部分就构成了马克思的政治哲学，它们分别论述现在社会和包括现在社会在内的所有社会的产生及灭亡。克罗波西在叙述了这两部分的基本内容之后，对马克思进行了批评。在他看来，马克思政治哲学的主要问题就出在对资本主义社会的命运及未来社会的特征所作的预言上：马克思一方面忽视现实社会中所发生的实际变化，另一方面对未来的社会主义社会进行了没有经验根据的预测。克罗波西将这些问题的出现归结于马克思之以历史理性取代哲学理性——马克思用历史自身具有的理性来解释人类社会的发展，将完善的人视为这种发展的趋势，不仅抛弃了古典思想家将正义与政治社会消融于哲学中的原则，而且也抛弃了古代思想家和马克思以前的现代思想家共同持有的立场，即承认并允许人的不完善存在，而马克思的这种立场意味着他相信矛盾将最终在历史中消失。在克罗波西看来，马克思的预言是反哲学的，这种消灭人的不完善性、消灭政治同时也消灭宗教的历史主义将使历史成为"大众的鸦片"。

卡尔·马克思①

马克思主义是一个包罗万象的体系，既是对人类生活的解释，也是对自然的说明。它解释了人的现在、过去和未来，因为它的前提是认为不可能完全地、一劳永逸地解释事物，而只能解释事物的发展变化。马克思对现在所作的决定性说明主要体现于其经济著作中，即体现于他对资本主义的分析批判中。对过去和未来，或对社会进化的解释，则见于马克思有关历史理论以及历史与某种形而上学概念的关系的著作。马克思的政治哲学包括其经济学说和历史形而上学学说——分别论述现在社会和包括现在社会在内的所有社会的产生及灭亡。

读者可能不明白，对资本主义的经济分析是否等同于对现代社会（暂且不管未来的共产主义国家）的充分说明。马克思的想法是，

---

　① 选自《政治哲学史》，石家庄，河北人民出版社，1998。

经济构成了社会生活的核心，因此，把握现代经济的真理就是从根本上理解现代社会。但读者可能还不明白，对社会的充分解释是否等同于对人类生活的充分解释。马克思主义认为这二者是一致的，前提是对社会要加以正确理解。马克思主义因此可以看作是对人类的过去、现在和未来的解释。它宣称发现经济是社会的从而也是人类生活的真正基础。马克思对现在，即对资本主义经济的分析，是以其劳动价值论为根据的。他对过去向未来的转变，即对历史的解释，则依据其辩证唯物主义学说。因此，我们对马克思政治哲学的介绍，就内容而言，将包括这样几方面：（1）辩证唯物主义，或马克思的历史理论及经济条件优先论；（2）劳动价值论和马克思对现代资本主义社会的解释；（3）辩证唯物主义与劳动价值论的结合。

下面所述内容我们称之为"马克思主义"和马克思的学说。但不要忘记，从1844年之后马克思便有了其合作者弗里德里希·恩格斯，后者谦虚又不失公正地宣称马克思是共产主义运动的天才，虽然他自己对此也有所贡献。所以我们不准备将恩格斯的著作与马克思的著作区分开来，即使这一区分是可能的。

一、历史唯物主义

马克思一再强调，对人的研究必须关心"真正"的人，而不是想象的、所希望的或所信奉的人。马克思旨在说明，社会科学的基础不是某种为人所愿望的善的观念，也不是原始朴素的"自然"人的重建，而毋宁是任何人在任何时候都可以观察到的经验的人。经验的人首先是活的有机体，他需要吃、穿、住、行等等，而且不得不去寻求或生产自己需要的物品。人可能曾经依靠他们简单采集到的资料而生活，但后来由于人口的增长而被迫生产他们的必需品，并从此与动物区别开来。人类的独有标志不是理性、政治生活或语言能力，像某些人所主张的那样，而是有意识的生产。在这一点上马克思的学说确有含混之处，因为他同意人兽之别在于人在其劳动之前就已计划或设想了劳动的结果，而蜜蜂或昆虫的劳作则只凭本能。换句话说，只有人的生产以理性的目的为特征，人的生产因此可以说是独一无二的，因为它是理性动物的行为。由此看来，更准确的主张似乎应是这样的，即人的独有特征是理性而不是生产性；但马克思没这样说，因为这一主张的意义会干扰他的唯物主义，后者坚持论证人的理性或"意识"不是根本的而是派生的。马克思主义的经济决定论依据的是这一信念，即正是人的需要的压力最初迫使人提高为人，然后继续迫使他前进和提高；人的理性的内容必然取决于外在于理性的条件，即严格的物质条件。

那么在马克思看来，经济条件以何种方式决定生活和思想呢？他首先注意到，在每一时代人们都遇有一定的生产力，生产力体现于诸如牲畜、工具、机器之类的对象中，人们运用生产力也就是使用这些对象。但生产力——例如纯粹的技术——迫使人及其制度来适应技术的要求。例如，游牧民族一旦获得蒸汽动力和通过机械制造的农业工具，他们就会被迫放弃游牧生活并转而采取由工厂生产所决定的定居习惯、劳动分工、贸易惯例和财产制度，同时也会被迫采用与农业相关的惯例和制度。就一般意义而言，这种情况的真实性是不言而喻的；甚至古代希腊人都能很好地理解这一点。然而，如上所述，这并不足以表明马克思的意思。马克思一再宣称，一定的生产力都有一定的"生产方式"与之相适应，诸如亚细亚的、古代的、封建的、现代资产阶级或资本主义的生产方式。举例来说，根据封建的生产方式，生产资料的占有者和利用生产资料从事生产的劳动者之间以相互的责任相联系，而在资本主义生产方式下，雇主和雇员，诚如这两个词所表明的那样，是使用者和被使用者，相互之间不负任何义务，只有付钱才使他们联系起来。每一种这样的生产方式都伴随一定的社会组织形式作为其结果。马克思在 1846 年 12 月 28 日给 P. V. 安年柯夫的信中简要阐明了这一观点："什么是社会，什么是社会形式？人们相互作用的产物。人们是自由选择这种或那种社会形式的吗？绝不是。处于生产力发展的一定状况，人们就会有一定的商业和消费形式。在生产、商业和消费的一定发展阶段上，人们就会有相应的社会结构，相应的家庭、等级或阶级组织，一句话，相应的市民社会。有一定的市民社会就有一定的政治条件，后者只不过是市民社会的官方表述。"在《哲学的贫困》中，他用更凝练的话说，"手推磨产生的是封建主社会；而蒸汽磨产生的是工业资本家社会。"

生产条件决定占主导地位的财产关系，后者不是指抽象的财产定义，而是指在特定状况下有人拥有财产，有人则被剥夺了财产。在封建制度下，封建主占有土地并拥有其他财产权，而农奴则没有任何财产。在其他社会制度中情况也是这样：在资本主义制度下，雇主拥有和聚集财产，雇员则与生产资料相分离，他们一无所有，挣扎在死亡线上。这一学说直接与马克思的下述信念相联系，即生产条件决定收入分配和产品消费。生产条件还决定交换：例如，如果生产围绕共同占有土地而加以组织，便不会有农产品的交换而只有共享。其结果便是，货币不再根据生产方式而使用：对这样的经济状况和经济生活来说，通常意义的货币便失去了其实质意义。

马克思因此断言，将消费、分配、交换、货币等等视为抽象的、不变的、不可缺少的或有效的永恒范畴是错误的。政治经济学即资产阶级经济学的缺陷之一，就在于它把这些纯粹历史的现象看作是固定不变的范畴，认为它们具有客观的、本质的和"自然的"特征——因为它们永远存在，所以才能一劳永逸地被理解。不仅这些"范畴"是历史的产物，而且这些范畴的科学即经济学本身也不过是历史的或暂时的，因为它错把暂时的东西误认为永恒的真理，以为它自身是由本性不变的规律构成的。马克思谴责了埃德蒙特·柏克，并通过谴责柏克而谴责了所有经济学家，因为柏克宣称"商业法……是自然法，因此是上帝的法"。在马克思看来，资本主义时期经济科学的"范畴"（工资、利润、交换等等）都源于资本主义生产的实践，经济学采用了这些范畴而没有认识到它们根源于历史条件。由于未把其素材看作是历史的和必然灭亡的，当其素材灭亡时经济学自身自然要宣告破产。

马克思有关理论依赖生产的历史条件的学说并不限于经济理论。他断言所有道德、哲学、宗教、政治都是人们生存条件的产物，而人的生存条件或人为的环境是生产方式的表现。相反的观点认为人有独立的智能，人是根据这一智能造就制度和形成信念的。这种观点被斥之为意识形态，这是马克思主义的术语，用来指主张思想有独立地位的学说。

马克思的唯物主义至多只是断言生产条件决定人的生活的具体特征，后者作为"上层建筑"建立在更实在的物质条件的基础上。它没谈到建立于迄今所有的物质基础之上的实际的上层建筑是好还是坏的问题。不过这样的判断是内含于马克思的唯物主义之中的。现在我们就来谈这个问题。

所有历史的生产方式都有一个共同特点，这一特点也必然影响到所有相应社会：并非所有的人都拥有生产资料的支配权，相反，每个时代都有一些人是占有者，而多数人不得不出让自己，即出让自己的劳动力（没有别的东西可以转让），以便接近生产工具，达到谋生的目的。因此，在以往的全部历史中，生产活动造成了多数人对少数人的依赖。大众被剥夺了成为自由和自尊的人的机会，因为他们始终被迫处于卑躬屈膝的依附者——奴隶、农奴或无产者——的地位，而他们所服从的人虽然像他们一样属于公民或国民，却可以通过切断他们与生产资料的联系而任意剥夺他们的生活。这种奴隶般的依附地位所必然造成的非人化，由于剥削者强加于多数人之上的贫困而进一步加剧。

更进一步而言，生产过程从一开始就具有马克思所谓"自然"的特点，因为人的某些自然差别（体质、能力等等）决定了人们之间的分工，由此所确定的生产关系是强加的或非自愿的，因而就其不是人自己选择的结果而言它是自然的。所有这样的分工的原型是男女在繁衍种族过程中的职能划分。这种划分后来发展为实行于家庭中的更普遍的劳动分工形式。随着生产力的发展，劳动分工日趋复杂、精细，特殊的职业相应被严格限定。由于人被生产条件迫使成为牧人、钳工或提琴手，他们被剥夺了全面、自由发展的机会。人成了残缺不全的人，愚蠢荒唐的劳动分工妨碍人成为完整的人，因为对完整的人来说劳动不是痛苦而是快乐的源泉。

当这种分裂在个人身上发生的同时，同样的过程也产生于人们之间。织布工与面包师作对，农人与商人竞争，城里人对抗乡下人，体力劳动者反对脑力劳动者，整个社会因此是一场一切人对一切人的战争，战场就是物质利益，它是人们之间进行斗争的前提条件，而斗争则是由生产方式决定的。最终，社会分裂为两个阶级，一方是控制生产资料的少数人，另一方是利用生产资料从事生产的多数人。

社会生活的分裂集中体现为市民社会或资产阶级社会的存在（马克思使用的德语词是 burgerliche Gesellschaft，可译为市民的或资产阶级的社会）。人的生活的完整性的破坏是人们的政治生活、经济生活和社会生活分裂的结果："在政治国家获得真正发展的地方，个人不仅在思想中，在意识中，而且在现实中过着双重的生活，天国和尘世的生活，一种生活存于政治共同体，他在其中算作是该共同体的成员，而一种生活存于资产阶级社会，他在其中作为私人而活动，视他人为工具，也将自己降低为工具并成为异己力量的玩物。"对马克思来说，市民社会意味着在社会中存在着一个个人主义的飞地，与共同体对抗的私人王国；因为在目前情况下的政治社会中，共同体只能找到其腐败的表现形式。在马克思看来，市民社会远不是政治社会的同义语，它是政治社会的次政治的同类物，是资本主义制度不可缺少的一部分。在这个意义上说，"市民社会"的对等词是资本主义国家的"经济"，甚至是"市场"。市民社会是这样一个层次的共同生活，其本质特点是人的自我确证，人与他人相对抗，每个人都宣称自己拥有不可转让、不可削弱的权利。这些权利的神圣不可侵犯，虽被洛克一类的思想家视为人的自由和人性的保证，但却遭到了马克思的拒斥，因为他认为维护这些权利就是维护人的非人化。马克思对西方立宪主义之主要原则的战争切不可误以为只是小规模的战斗。

根据马克思，资本主义制度下对所有共同利益的全面否定显然都源于生产资料的私人占有制。就由一切人参与并为了一切人而言，生产是社会的活动，但如果生产制度是自私的、个别的、因而是反社会的，那么生产就不可能人道地、合理地进行。

迄今存在的生产方式和财产制度造成了人自身以及人们之间的分裂和冲突。如何使分裂的社会不致分崩离析？或更确切地说，如何防止多数人摆脱少数人的强制？根据马克思，国家政权是少数压迫者所发明的力量，目的在于将多数人控制在秩序之内。国家是阶级压迫的工具，是社会分化的必然产物，而社会分化又是生产资料私人占有制的结果。这并不是说政府的产生与多数人无关。马克思承认，所有的阶级共同维护了政府，因为他们尊敬和服从政府及其强制力；但这不过是说，由于物质条件的不完善，人们被迫在自身之上设立自己的暴君，也就是说，人们自己创造了自己的反对物。

马克思相信，只要人们在生产过程中依然处于受压抑、屈从于需要和服从他人的状况，他们就不能过完全的人的生活；因为充分的人性需要摆脱各种束缚而获得彻底的解放。如果说马克思以自己的名义使用过"自然状态"一词，那他也是以此来指人不能完全统治自然的状态，即同自由相反的状态。只要人处于受束缚的境地，像处于政府和"市民社会"的统治下那样，他们就会被迫通过他们自己创造的制度而促进他们自己的非人化。

在结束对马克思的唯物主义的概括介绍以前，我们有必要对以上所述加以解释，同时说明马克思何以把需要的状态和共同存在的政治社会状态看作是人类的奴役或他所谓的异化状态。不理解马克思主义的这一要点，就不可能充分评价马克思的全部政治哲学。

还回到我们的出发点，我们知道，马克思首先注意到，人是需要的存在物。每个人都处于这样的境地：他依赖外物，比如自然，也依赖有助于满足其需要的他人。但除了是需要的存在物以外，人也是马克思所谓的类的存在物或社会的存在物，这不仅意味着人必然与他人同生共存，而且还意味着除了与他人相互作用以外人不可能实现人的潜能。人知道其同类构成一个整体，他是其中的部分，他因此以其他动物所不具备的方式在思想上与同类联系起来，这也是马克思有关人是类的存在物这一相当冗长的概念的一部分。不管怎样，马克思认为，在以往所有的历史中，人的本质活动即生产都是在下述制度下进行的，即它们迫使人们视他人和自然自身为异己物、对象和满足个人需要的手段。生产劳动自身因其借以进行的条件而始终被认为是痛苦的需要。因此人的环境及其同类成了掠夺的对象，活动的人本身，即他们的本质的生命活动，成了达到目的的单纯工具和手段而不具有任何内在的价值，因为人的活动本身具备内在价值的前提是人成为完善的、自身同一的人，或克服他与自然、自身及其劳动成果的"疏远"。马克思的宏大论点是：直到每个人都融入人类的整体中，并且从事生产只因为生产是人的能力的释放和培养，而不是因为生产是直接或通过剥削他人的交换来谋取生存的一种手段的时候，人才会获得完全的自由，人、社会和自然的最终统一才会实现。到那时，人将会恢复自己的本性，不再彼此当作对象来对待，不再与同类相冲突，甚至不再视自然为获利的源泉，而是视之为美丽壮观的审美对象。马克思设想，未来社会将实行生产资料的公共占有制，实行"各尽所能，按需分配"的原则，这样的制度将使人类生活奠定在前所未有的崭新基础上。人至今生活于市民社会，即生活于以自私利益为生活原则的制度下。马克思的唯物主义则是要以人类普遍的兄弟关系来取代所有的市民社会及其替代物。马克思的唯物主义以主张考虑经验的人开始，却自相矛盾地以没有经验根据或先例的社会处方而告终。

如上所述，根据马克思的观点，经济学或政治经济学的缺点在于，它认为它借以说明经济生活的"范畴"，如价格、工资、成本、利润、资本等等，都是超历史的，或在所有情况下都是经济生活的永恒要素。现在通常把经济学定义为在可供选择的用途之间分配有限资源的科学，与以往的经济学观念相比，这一经济学定义更应该是马克思批判的对象。因为这一定义意味着，存在着所有的人在所有文明和技术阶段上都面临的经济问题，而这一问题的合理解决需要真正的或虚假的市场以在商品和非商品之间造成一定的平衡——一个类似于物理学定律的普遍规律。马克思否认政治经济学的真理并不仅仅是否认经济学家们精确地描述了自由企业，而且否认对一个特殊经济制度的描述是对经济生活的本质的永恒真实的描述。马克思内容广泛的学说之一就是认为，没有永恒的本质，所以没有永恒的真理。马克思的政治哲学掺杂有关于一切事物的本性的理论；其政治哲学在某种程度上的确受制于一个普遍的框架或"体系"，即这样一种学说，它认为事物既没有本质也没有固定的存在，它们是历史或过程。根据这个公式，生成变化取代了存在。

虽说表达形式不同，但马克思实际上继承了黑格尔的思想，把那种认为存有不变的、完成了的"事物"或"对象"的观点斥之为"形而上学的"。他断言任何事物都受变化和关系的影响。因此，种类都永远处于发展演变之中，而个体则有产生、成长和死亡。无生命的事物被自然过程所产生，然后销蚀、风化或腐烂，就其实质而言，它们与生物一样处于不断的运动中。此外，每一事物都由它与其他事物所处的关系所构成，并受这种关系的影响。例如，一个身为奴隶的人之所以是奴隶，只是因为他与其对立面即主人的关系。奴隶的性质仅根据其自身是不能被理解的，就像没有"雇主"就不可能理解"雇员"一样。还有，矛盾因素被引进了完全静止的、与其他事物无关的不变事物的构造中：一条曲线，哪儿都是弯的，但无限分割的两点之间却是直的。这个矛盾的最好例子不是由马克思和恩格斯，而是由德谟克利特给出的："以与底平行的平面切割锥体，试想截得的表面，它们相等还是不相等？"轻而易举的答案是"两者"既相等又不相等。

更进一步说，两类事物间的区别不是绝对的，因为处于类的边缘上的个体既属于这一类也属于另一类（"植物动物"和"敏感的植物"）；甚至生命自身也不完全有别于非生命。从生到死的转变不是瞬间发生的（例如，指甲和头发"死"后继续生长），生命是一个不断新陈代谢的过程，所以生命离不开不断的死亡。不用说，如果生与死决不可分，那就不可能分得清活物和死物，或者说生命就意味着假定了死亡，甚至需要死亡：然而马克思主义的主张是，生作为一个过程不单纯是生，它必须而且同时也是死。作为过程存在的生命是一个矛盾：生命既是生命也是死亡。其他"事物"莫不如此。

马克思像赫拉克利特一样断言，一切事物都处于流变之中，而所有的流变都是运动。要理解所有事物的特征，有必要把握运动的普遍规律，即支配自然、人类历史和思想的规律。这个规律来自马克思主义关于运动自身的本质矛盾的学说。从埃利亚学派的芝诺开始，便有了运动不可能的"证明"：每一运动物体在每一瞬间处于且只处于某一位置——这是静止的定义。运动因此是静止也不是静止。依次类推，所有事物都既是瞬间的"存在"，也是历史的"存在"，因此事物是自相矛盾的。

矛盾对于发展即历史的变化有着根本的重要性，一旦变化被等同于物理运动的话。事物之中两个相互对立的要素构成矛盾，矛盾则促使事物发生变化。考虑一下恩格斯提供的例子：一粒谷被播下，它作为谷粒消亡了，而植株成长起来。当植株发展到自身灭亡时，产生了许多与当初播下的那颗谷粒相同的谷粒。作为种子的谷粒是肯定（或"正题"），植株是否定（或"反题"），作为结果的许多谷粒是否定的否定（或"合题"）。让我们再考虑一个例子：任选一代数 a 为肯定，将其与 -1 相乘得到 a 的否定即 $-a$，将 $-a$ 自乘而得到否定的否定即 a^2，这是在更高水平上的肯定。肯定、否定和否定之否定被称为辩证法，马克思主义相信它是自然、历史和思想的普遍规律。所有的发展都依照这个模式来进行。

就人类历史和思想的情况而言，一个原因被指定来说明辩证过程的展开。这个原因就是生产方式及其变更。因为本原的现象是生产的物质条件，所以马克思主义的历史学说被称为辩证唯物主义，以示有别于黑格尔的唯心主义辩证法，后者主张本原的现象是理性，是历史变迁的原因。作为关于人类生活的理论，辩证唯物主义宣称社会和思想中的所有发展的基础是生产制度中的矛盾。这样的矛盾绝大多数是社会中的阶级冲突。通过将阶级对立纳入辩证法的框架，马克思主义试图证明冲突不可通过调和或相互妥协来解决，而解决的办法只能是"否定的否定"即革命变革，也就是现存的阶级被消灭，以"更高水平"上的合题取而代之。

马克思的政治哲学的一个重要部分就是历史的重建，目的是为了证明历史实际上是受唯物主义辩证法支配的。根据这种重建，每个时代都继承一种生产方式和一套复杂的、与该生产方式相适应的生产关系。这种生产方式最终将发生变化，引起变化的原因可能是该生产方式本身所造成的需要的变化，但更直接的是由那些需要所促成的重要发现或发明。新的生产方式产生了，而人们的关系仍然是由旧有生产方式所造成的那些关系。现存社会关系与新的生产方式之间的矛盾，即旧的统治阶级与新崛起的统治阶级之间的对立，是"历史上一切冲突"的源泉。

马克思和恩格斯援引大量的历史发展来证明这一假说，最受他们重视的是封建社会向资本主义社会的转变，以及向后资本主义的发展。前者的原因是中世纪机器制造业的兴起，首先是在纺织行业，后来得以普及。机器生产的普及打破了行会师傅和熟练工人及学徒的关系结构，而代之以资产阶级的雇主和挣工资的雇员的关系，后两者之间除了支付工资以外不复存在任何联系的纽带。通过制造业的生产方式这一媒介，最幸运、最灵活的逃亡农奴崛起并取代行会师傅，成了新的生产方式的所有者，并因而成为新兴阶级即资产阶级的祖先。与他们相对立同时对他们来说又不可缺少的，是除了通过出卖劳动力挣取工资以外一无所有的无产阶级劳动者。随着工商业的发展，生产规模的扩大，占有者阶级和非占有者阶级之间的关系得以进一步变化并日趋恶化。资本家和挣工资者之间的利益冲突不可避免地尖锐起来，因为无产者的状况越来越恶化，而造成这种状况的原因是资本主义制度的内在矛盾，在讨论马克思对资本主义生产的批判时我们将会看到这些矛盾。目前只须指出，根据马克思，（在私有制下）机器生产的充分发展要求挣工资者的绝对贫困和非人化，原因就在于资本主义竞争的压力。最终大众会对自己的悲惨处境忍无可忍，阶级冲突将发展为决战——无产阶级将开辟人类的新纪元。

无产者既没有财产，也不希望由本阶级来占有生产资料。与历史上其他造反的阶级不同，他们的目的不是要取代压迫者，而是要消灭压迫。实现这一目的的手段是废除生产资料的私人占有制，从而取消占有者和非占有者之间的差别，即社会赖以分裂为阶级的前提。阶级的消亡必然导致阶级斗争的结束和真正人的社会的开始。当这一切实现时，人们的关系将会适应生产方式的发展；压迫的条件消失了，强制的需要也消失了，国家将消亡而代之以人类普遍的兄弟关系。

二、劳动价值论及对资本主义
社会的批判

马克思清楚地知道他对人类未来的预测必须同对人类目前状况的考察相联系，他认识到他必须研究当代（欧洲）世界的本质，亦即他所谓的世界的经济特征，以便向别人及他自己证明唯物主义辩证法在决定性时期，即在目前实际发生着作用。对于他来说，有必要证明资本主义的实质性规律是资本主义向根本不同的某种东西转变的规律。他的事业附带要求他表明只有他自己对资本主义的解释才抓住了资本主义的本质特征，因此其他任何解释，至少当时所知的人，都不能奠定预测人类未来的基础。这意味着通常的政治经济学在许多方面是不能令人满意的；它不仅没有得出资本主义自取灭亡的结论，甚至都没有正确地说明资本主义是如何运作的。马克思自己的经济学差不多全是"批判的"，它不是致力于阐明如何建立起社会主义经济，而是致力于详尽说明资本主义制度的自我矛盾和暂时性，以及已知的政治经济学的缺点和不足。这两个批判的不可分性从《资本论》的副标题上就可明显看到：《政治经济学批判》。

马克思对政治经济学的一般的批判前面已经提过。这里我们必须着手讨论他对资本主义本身的批判性分析，以及他对政治经济学的更明确的反思。他的主要经济著作的名称——《资本论》，表明了他认为什么是核心的经济问题。资本，在马克思看来，并不简单地意味着人造的生产资料——诸如原始人手中的石斧，古希腊猎人手中的弓箭，或19世纪英国的动力纺车。资本是以产生利润的形式增殖的财富。目前的制度被称为资本主义，因为它的生产方式，即私人占有制，是资本的占有者获得利润的根源。正确理解利润的本性是十分重要的，因为利润是目前社会经济制度的实质。利润不单纯是任何经济的盈余，例如原始的和封建的经济也会产生盈余，就像资本不仅仅是增殖的财富一样。利润和资本是唯一可互补的。

利润直接表现为商品价格的一部分，也就是生产资料的所有者即资本家（马克思并不是首先使用这个词的人）能够要求的一部分。他享有的这部分是由什么构成的呢？它如何产生，资本家又凭什么权力要求它呢？古典政治经济学提供了一种答案，由此构成了马克思的分析的出发点。古典政治经济学一开始就断言，劳动是价值的源泉，实现于商品中的劳动量因此与商品的价值量相关，两种商品的相对的价值与实现于这两种商品中的相对的劳动量必然是成比例的。与此相应的假定是，通过将其劳动注入对象而创造价值的人有权成为其产品的所有者。古典经济学家们同意，如果生产是为自己进行的，而且使用的是自己的双手和自己所制造或所拥有的工具，那么，每个人都有权拥有他所生产的东西。但这种情况止于下述时候，即当人们为了生产而利用属于他人的土地和工具的时候。此后，那些他人便有权要求分享产品。可见，利润（不谈租金问题）与社会某些成员的生产性财产的积累是同时存在的。

根据古典的观点，在人类生活中曾有个时期每个人都能独立"生产"；后来有一个时期土地被占用，耐用财产的积累成为可能。

在人类生活的较早时期，劳动价值论是以简单直接的形式运用的。在较后的时期，劳动产品由资本家和地主共享。霍布斯和洛克学说的读者，尤其是后者的读者，会想起全部历史中自然状态和市民社会状态两个时期的划分。现在我们准备更充分地理解马克思的这一断言，即古典政治经济学将永恒的、自然的状态归结为资本主义制度。古典政治经济学以及与此相联系的政治哲学认为，人类从前政治状况到政治状况的进步是绝对的新纪元。同样关键的变化是符合宪法的政府取代了绝对的君主制，这是一个完善的或完美的变化，因为在国民与专断的主人之间只有自然法。古典政治经济学把人类状态的这一变化与生产资料的积累和财产保护联系了起来。因此财产制度与市民社会或文明——政治生活——本身是并行的、具有同等地位的。霍布斯、洛克和古典政治经济学都没有超越市民社会而寻求人类状况的更根本的改善。后来的卢梭才对市民社会和财产的优越性提出了质疑，由此为其后继者探索超越市民社会的社会开辟了道路。马克思拒绝了那种认为财产和市民社会或政治生活是人类和平、繁荣和体面的存在的绝对前提的观点，并因而否定了自然的和永恒的"商业法"状态，他拒斥了古典政治经济学的这一暗示，即利润和生产资料的私人占有制是不会改变的，同样政治社会也是不会改变的。

马克思不同意从自然状态到政治社会状态的转变是人类生活中绝对划时代的变化。他也不同意从劳动价值论的纯粹的应用到其不完全的应用的相应变化是划时代的，或这一变化甚至为理解目前的经济制度提供了有效基础。李嘉图在考察亚当·斯密的价值和工资理论时发现了上述解释方式的一个困难。李嘉图指出，如果需要一天劳动才能制成的一件商品，真得应该简单地说包含值一天劳动的价值，那么，当这件商品与劳动相交换时，它就应该买到同它的等价物，即一天的劳动。因此，简单的公式就会是这样的，即：实现了的劳动等于应得到的劳动，对任何商品来说都应如此。换句话说，不会有利润：一个工人可以被雇用一周，只要将他一周的产品（或一周产品的全部价值）当作工资付给他。工资并不等于全部产品这一事实迫使李嘉图（偶尔还有斯密）去寻找另一个公式，它将价值生产能力归因于作为凝固的劳动的资本。马克思拒斥了李嘉图以及其他人有关利润、工资和价值的古典解释，因为在他看来，这些解释在说明实现于商品中的劳动和商品应得的劳动之间的差别时，未能得出利润依赖于剥削的结论，而这一结论是马克思深信不疑的。

我们现在就来看看马克思自己的解释。

马克思首先注意的是商品交换中的问题：当某一商品与另一商品交换时，说明两个看上去毫无共同之处的东西有共同基础。譬如，一双鞋用来与三件衬衣交换。鞋子和衬衣看起来完全不同，似乎是根本无法相互比较的。那么何来三比一的比例，或任何其他的比例？为了说明可比性的问题，马克思利用但又修正了政治经济学中的一个传统的区分，即使用价值和交换价值的区分。马克思以使用价值和价值取代了在政治经济学看来具有重要意义的使用价值和交换价值的区分。这样做的理由在于他不认为交换是永恒的、自然的制度，而毋宁是历史的和暂时的制度。但交换价值源于价值本身，为了理解资本主义，有必要理解交换价值和单纯的价值本身。还回到前面所说的那两种商品。我们注意到，它们的使用价值或性质特征是绝对不同的，每种商品都是为了一定的、其他商品所不能代替的用途而被制造的。鞋子之所以是鞋子，因为它是由鞋匠的特有劳动生产的。衬衣之为衬衣，因为它是生产衬衣的劳动的产品。制造鞋子和制造衬衣的劳动之间的差别是鞋子和衬衣两者之间性质差别的根源。于是马克思断言，正如两种商品可以而且必须被视为不相同但有可比价值一样，生产这两种商品的劳动也一定能够被视为不仅仅是有质的差别的劳动，它也必须被看作是同质的或无差别的劳动，如同人的能量的一定消耗使一定的物体产生一定数量的运动一样。因此，作为技能，人的劳动的种类是有差别的，但作为劳作，所有的劳动都是相同的，可以按照时间单位、根据经历的长短来加以衡量。价值的可通约性和可比性正是根据这后一事实。所以概括的公式将是这样的，即：不同的人类劳动产生使用价值和商品之间的质的差别，而不同的人类劳动同时也产生价值本身和商品之间量的可通约性。因此，商品具有可比价值以及能进入交换是因为它们具有无差别的人类劳动的产品这一特征，而不是因为具有以满足特殊需要为目标的特殊劳动产品这一特征。

应该指出，认定只有劳动是价值的源泉这一点并不是被马克思证明的，而是被他当作自明的东西来断言的。

上述对价值的解释为马克思商品概念的定义和阐述提供了依据。马克思将商品定义为私人为交换（或卖，即换取货币）而生产的物品。资本主义因此可以看作是商品生产体系，而这一体系是以混乱和扭曲为基础的。从原则上讲，共同体中所有个人劳动力的总计是社会现有的、满足其全部需要的劳动力的总和。如果人们要在自身事务中没有扭曲地生活，他们的劳动力就会直接被用于他们自己需要的满足，而不是用于以交换为目的的生产。然而，因为生产资料是私人占有的，所以进行生产并不是直接为了生产的真正目的——满足需要——而是为了生产资料所有者的特殊利益。劳动的社会特征因此被生产方式间接化和扭曲了。亚当·斯密认为是私营企业的特有优点的东西，即：在私利欲望影响下社会功能的自发实现，被马克思视为现存制度中不公正和不稳定的根源。要理解马克思为什么得出这样的结论，需要进一步了解马克思所解释的资本主义生产方式。

为资本主义所必不可少的是生产资料的私有制和不占有生产资料的完全的自由人，这里的自由指的是没有任何个人间的义务或权利关系使他依附于生产资料的所有者。为了生活，无产者因而必须使自己利用有产者的机器和在后者的土地上从事劳动。无产者出卖给有产者的商品是劳动力——而不是劳动。劳动力是指一定时期内的劳动能力；劳动是指实际的劳动过程。对马克思来说这个区别是关键性的。在资本主义制度下，劳动力是一种商品，这意味着它是某种为了出卖而被生产的东西，而且它具有由凝结或实现于其中的劳动量所决定的价值。但实现于劳动者工作八小时的能力中的劳动量指的是什么？答案是，为生产劳动力的供应者必须得到的生活必需品所需要的劳动量。更概括地说，一天的劳动力的价值取决于为生产劳动者及其家庭为了天天乃至代代保持劳动力的供给而必需的生活资料所需要的劳动量。

让我们假定，为了提供维持八小时的劳动力所必需的全部生活资料，必须完成六小时的劳动。这样，八小时的劳动力的价值就等于六小时的产品的价值。因此，资本家付出六小时的产品就会得到八小时的产品。被雇用的劳动力在其被使用的两个小时内所创造但未予"偿付"的价值，被马克思称为"剩余价值"；它是利润的基础。利润的存在只是因为工人劳动力的一部分创造了产品但他却没有得到相应的报酬。然而，在某种意义上他并没有被欺骗。马克思竭力指出，劳动力是被全价购买的，其价值也被视为是严格服从包括劳动力本身在内的所有商品的劳动价值论的。因此劳动者得到充分偿付的是他的劳动力而不是劳动。马克思认为，他的这种解释解决了古典政治经济未能系统阐明的问题，即由实现于产品中的劳动与该产品应得的劳动不相等所造成的问题。他对这一问题的解决依据的是劳动和劳动力的区分。通过将劳动价值论应用于劳动力本身这一激进化的做法，马克思能够证明他揭露了一个隐蔽的矛盾：雇主和雇员之间的关系既是欺骗性的，同时又不是欺骗性的。就其不是欺骗性的而言，任何个人都不应被谴责：劳动力的买卖是根据市场的规则以充分价值而实现的。然而，就其是欺骗性的而言，它需要纠正。马克思的结论是，这种弊病要求废除这种制度，而不仅仅是改变这种制度中的规则："改革"永远是不够的，因为单纯的改革不可能根除劳动力的买卖。

这个矛盾只是更多的矛盾的基础。例如，从利润源于资本家对劳动力的消费这一命题出发必然得出这样的结论，即利润的增加可以有两个途径，一是消费更多的劳动力，一是提高一定的劳动力所生产的劳动量（大致说来是提高每个工作日的产品数量）。但每日产量的提高（生产率的提高）是通过增加机器的使用而实现的。增加机器的使用与增加劳动力的消费相对立。为了避免机器的引入抑制有利可图的劳动力消费，工作日必须延长。马克思因此得出结论说，机器的引入导致或将导致工作日的延长，同时又导致经常的、由技术发展造成的大量失业人口的形成。在这里及其他地方，马克思的经济分析导致他对成熟的资本主义经济的状况作了某些显然不正确的预言。并不是因为他的预言本身的力量值得极大关注，而更多的是因为他自称预见到的成熟资本主义的可怕景象为他的革命精神作了辩护，他的预言的错误才对他的经济分析的可信性产生了独特影响。

继续谈马克思的分析。无休止的利润竞争使得资本主义的经济和社会处于不断变迁的状态中。在竞争的压力下，资本家必须不断革新生产过程以便降低生产成本。古老的技能成了过时的东西，要求于劳动力的平均技能水平降低了，因为工匠的手的活动已被分解和复制于机器中。既然资本主义经济生活的基本条件是自由的，有产者对无产者的劳动力不负有任何义务，所以技术革新的负担以失业和贫困的形式转嫁到挣工资的人身上。但技术革新并不是资本主义所特有的；只是在资本主义的条件下它才成了苦难之源。马克思以辩证法的方式证明，资本主义的弊病暴露了资本主义本身所无法解决的人类问题，要解决这些问题只有超越资本主义制度："……现代工业……通过它的灾难展示了这样一种必然性：必须承认劳动的变换，从而承认劳动者对各种劳动的适应，亦即承认劳动者各种能力的最大可能的发展，是生产的基本规律。使生产方式适合这一规律的正常作用已成了社会本身生死存亡的问题。以死亡相威胁，现代工业迫使社会以适应各种不同的劳动和生产变化、在社会中能够充分自由发展的个人，来取代目前因终生重复同一种繁琐操作而极端片面化的、残缺不全的劳动者。"

必须指出，技术发展的趋势实际上并没有降低劳动力中技能的平均水平，也没有导致实际工资的下降和"工业的失业后备军"的增加。而且在我们这个世界中的任何地方没有任何证据证明，能够使现代技术与制度化的万能博士论（指马克思人的全面发展的理论——译者）和谐一致。

马克思提出的资本主义经济生活的诸方面，比我们这里所能论及的要多得多。马克思始终专心致志的目的就是要证明，由于资本主义的本质及其内在矛盾，它的发展必然是它的灭亡：它越发展自身，越接近于其顶峰，它就越接近于衰落和毁灭。在《资本论》第一卷的后半部分，马克思对他所理解的情况作了著名的概括："我们在第四部分分析相对剩余价值的生产时已经知道，在资本主义体系内部，一切提高社会劳动生产力的方法都是靠牺牲工人个人来实现的；一切发展生产的手段都变成统治和剥削生产者的手段，都使工人畸形发展，成为片面的人，把工人贬低为机器的附属品，使工人受劳动的折磨，从而使劳动失去内容，并且随着科学作为独立的力量被并入劳动过程而使劳动过程的智能与工人相异化；这些手段使工人的劳动条件变得恶劣，使工人在劳动过程中屈服于最卑鄙可恶的专制，把工人的生活时间变成劳动时间，并且把工人的妻子儿女都抛到资本的札格纳特车轮下。但是，一切生产剩余价值的方法同时就是积累的方法，而积累的每一次扩大又反过来成为发展这些方法的手段。由此可见，不管工人的报酬高低如何，工人的状况必然随着资本的积累而日趋恶化。最后，使相对过剩人口或产业后备军同积累的规模和能力始终保持平衡的规律，把工人钉在资本上，比赫斐斯塔司的楔子把普罗米修斯钉在岩石上钉得还要牢。这一规律制约着同资本积累相适应的贫困积累。因此，在一极是财富的积累，同时在另一极，即在把自己的产品作为资本来生产的阶级方面，是贫困、劳动折磨、受奴役、愚昧、粗野和道德堕落的积累。"马克思相信，一旦野蛮的竞争最终使资产者大部分沦为无产者的地位，而积累和牟取暴利的规律使无产者沦为赤贫境地，那就会爆发起义，人类便会处于历史巨变的前夜。这样说并不过分，即马克思的经济学的全部意图就是要证明这一必然的历史转变何以内含于劳动价值论中，以及何以具体化于资本主义的实践中。

三、几点评论

马克思的学说是否正确或正确的程度是我们这个世界非常关心的问题。问题分两部分：马克思认为必不可免的事情是否真得如此；他的体系的前提是否可以接受。这些问题我们现在必须提出来加以讨论。

马克思的预言分为两个主题：一是资本主义的命运，一是社会主义社会的特征。关于前者，他论述最多，但他的预言大部分是不正确的。在百年之后的今天，可以公平地否定他的下述论断，即机器的使用必然导致工作日的延长，必然会有大量的、不断增长的技术性失业，资产者必然无产者化和无产者必然赤贫化，以及社会主义是资本主义发展的必然结果。马克思的预言的根据在于，他相信经济制度有自己独立的生命和存在，相信经济制度类似于僵化呆滞的部分的集合体，一旦被莫名其妙地送上轨道便会机械地运行，就如同射出枪膛的子弹一样不易改变方向。马克思厌恶功利主义，但他像功利主义的教条主义者一样倾向于使社会生活适合三段论法。逻辑是最普遍的，在何时何地都是相同的。它是理性的表达，但其中并不包括实践的智慧。马克思没有充分肯定一些具体法律的单纯的、非辩证的影响，这些法律的内容包括：限制工作日的长度，鼓励或强迫集体谈判，实行劳工补偿、累进所得税、失业保险、老年福利，调控证券交易，促进充分就业，保护竞争，控制货币发行，支持农业，救济病患，禁止伪劣食品，强制年轻人接受教育，实行储蓄保险。此外还有大量其他的法律，其中一条重要的法律就是规定将立法置于占统治地位的多数，即被马克思误认作赤贫的无产阶级的影响之下。作为报界人士，马克思是一个敏锐的政治问题观察家，但在其学说中他没有给出任何在现有条件下能够选择的、具有重要政治意义的东西，因为他轻视这些东西，认为它们只不过是"改革"。他同任何政治经济学家一样以褊狭的自信假定了经济的人，尽管他有着更富才华的辩术。

马克思的预言不仅仅包括不祥的方面。他偶尔也提到资本主义以后时代中的生活特征，并大致描绘了共产主义世界。无法从经验上检验他对社会主义的预见。因为所有现存的社会主义社会都声称处于向共产主义过渡的状态，而且预见和现实之间的任何不一致都被解释为暂时的。所有这样的不一致是否真是暂时的，或有多少是暂时的，这要看马克思的预见所凭借的根据是否可靠。我们下面就讨论这个问题。

马克思的社会主义社会的主要原则是，"各尽所能，按需分配"。这个准则适合作为一个基本的规章实行于忠诚、智慧、廉洁、彼此无私奉献的朋友中间。在这样的朋友中间，个人不仅不以牺牲他人而谋取私利，而且连这样的想法都没有。在这个意义上，义务作为义务将被超越：为有自私倾向的人所规定的义务将成为友谊社会成员的最自发的愿望。他的义务对他来说就不再是义务。马克思的社会将会是亿万朋友的社会，大家彼此温暖、多情、和睦相处。

可以想象到，将会有大量的人生活在一起，没有任何强制的威胁以禁止他们相互冒犯，但是，没有强制的社会将不会是善的表现，而是漠不关心和生命冲动灭绝的表现。马克思显然没想到这一点，相反，他想到的是，他的社会主义者们都将处于其全部能力发挥的顶峰，每个人都充满活力。马克思对人类普遍生活的预见，也就是古代思想家们所设想的人的最高境界，只不过后者只有少数最智慧、最优秀的人才能达到：少数具备崇高精神的人互敬互爱，他们超越了卑微的欲望，摆脱了妒忌或世俗的抱负，愿意分享无价的财富，这种财富当赠与他人时却并不从其占有者身上消失，当其被分割时反而增殖，这样的财富便是智慧。正义的核心概念实现于智慧者中间是可以理解的，因为智慧唤起崇敬，而崇敬导致爱戴，智慧是人们不可能恶意相争而只能和谐竞争的财富。合乎理性的善行的条件会充分实现于追求不朽财富的少数人中间。完美的社会因而是这样的社会，其中作为生活准则的哲学与同样作为生活准则的正义是区分不开的。在这样的完美社会中，正义是自动实现的，因而它是完全而纯粹的，因为完全没有必要实行强迫、惩罚或欺骗。正义消失于哲学中可以说等于政治消失于哲学中。

古典思想家所设想的完美社会的唯一前提是存在着这样的哲学，少数人把它当作最伟大的财富，而多数人则永远不可能或不会如此重视它，因此正义和政治社会或政府不会消融于哲学之中。不用说，马克思主义梦想的不是将正义和政治社会消融于哲学中，而是消融于合理的经济学中，因此它是针对人类大众而非极少数人而言的。

在马克思看来，合理的经济制度自然不是"经济的人"从中为其"合理性"找到自由发挥余地的自由经济。马克思认为那样的合理性实际上只是自私利益的计较，是包含矛盾的。自相矛盾的合理性只能大致充当这样一种制度中的活动源泉，在这种制度中，人们由贫困而追求繁荣，由受奴役而追求自由，由私利的解放而追求公益。

在马克思以前，或黑格尔以前的政治哲学，不管是古代的还是现代的，它们都有一定的宽容精神，允许并赞同通过神话实现理性、通过强制实现自由、通过自私实现社会性的制度。尽管人们任性和莽撞，但在善良的人或明智的制度的引导下，人们是可以服从社会生活的，因为善良的人或明智的制度可以使人们的低等动机避免相互冲突以便产生有益的结果。在这两种情况下，目的或结果被认为是最重要的，不管这一目的是不是由自然所赋予的，也不管这一目的是否被证明为手段。马克思在多大程度上受康德贬低单纯目的的倾向的影响，我们在这里不便加以讨论，但有一点可以肯定，马克思抛弃了古代和现代传统的愿望或渴求：希望与人性的弱点媾和，虽然并不是屈服于后者，同时也愿意认可由有着各种弱点的现实的人类所构成的社会。马克思则梦想这样的人类状况：善人只利用善的手段而且只根据善的动机来追求善的目的。他的梦想的基础或前提是新型人类的产生或人类的再生，而实现这一再生的工具就是正确理解的合理的经济。

没想到，我们在这里看到古代思想家和马克思以前的现代思想家在一个最重要之点上是一致的：政治生活存在的根据就是人的不完善，而且政治生活还将继续存在，因为人的本性排除了将所有的人都提高到最优秀水平的可能性。例如，卢梭以区分国家和社会的形式表达了人类的政府与人类的不完善之间的联系：人们可以是社会的从而不至于堕落，但在政治共同体中他们相互掠夺。在《常识》的一开头，托马斯·潘恩写道，"社会由我们的需要产生，而政府则因我们的邪恶产生；前者积极地通过统一我们的情爱而促进我们的幸福，后者则消极地通过抑制我们的邪恶而促进我们的幸福……前者是恩主，后者则是惩罚者。"

可以说卢梭已经揭示过，随着人类完善程度的提高，政府可能会趋于被社会所取代：在完全自治的自由状态中，强制便失去了其存在的根据。但卢梭绝没有假定政府会完全瓦解于社会中，因为他没有假定所有的人都会成为哲学家，也没有假定任何完善的替代物以取代人的充分的合理性，这种合理性使强制和各种辩术，即政治生活，成为必不可少的。简言之，他没有期望通常的自私会从人类大众中消失。

在卢梭那里只是有限制地揭示的东西，尽管是着重强调之点，在马克思那里却成了一个自信的预言的教条主义的核心，一种刺耳的宣传和革命的鼓动：国家和政治制度将完全消亡，人类将过共同的社会生活，奉行绝对的仁爱准则——各尽所能，按需分配。与追求自私利益相联系的义务不再被履行。义务与利益之间的联系，即义务服从于利益的情况将被废除，"义务"和"利益"的范畴本身都将被废除。因为经济关系将得到改造，新型经济的确立通过超越以交换为目的的生产将造就充分完善的人性。

就最赤裸裸的轮廓而言，马克思的卢梭式的激进化可以说依赖于历史理性取代哲学理性。人们不同程度具备的哲学理性、个人智能和伴有强制及辩术的政治社会都是不可缺少的，如果想避免灾难的话。哲学的传统对此深信不疑。马克思的学说则认为存在着内在于历史过程中的理性：历史厌恶矛盾，就像自然曾被认为厌恶虚空一样。矛盾是否不仅仅意味着利益冲突，我们没被告知。无论如何，每一个别矛盾的不可存在被马克思的历史哲学转变为矛盾本身的不可存在。这种历史哲学试图表达这样的信念，即矛盾必然灭亡，因为一旦存在于社会中的矛盾现象使人们备受折磨进而引起人们的不满，矛盾也就到了解决的时候。矛盾的逐步解决和人类向无矛盾境界的运动应称之为历史理性的表达。历史理性取代或克服了哲学理性或个人的理智，这并不仅仅是就下述明显意义而言的，即：由于人性的历史进化，人们之间智能的差别将不再具有政治意义。一旦生产资料的公有制造就出新型的人类，所有陈旧（自然）的力量范畴都将葬送于历史的逻辑面前，人们将生活于没有压迫和没有神秘（完全合理）的社会，不仅像少数最优秀人物被认为可以做到的那样，甚至比最优秀的人更加解放，因为甚至最优秀的人都未曾有过完善的社会环境。人类的大多数之所以能达到这样的高度，前提是产品极大的丰富，而且在分配上不再有任何利益的对立。马克思似乎相信，匮乏使人类分裂，而富裕则使他们团结起来。我们会更容易信服这一点，假定有理由相信人类有朝一日会与食草动物无别的话。

马克思主义的著名之点不仅在于它盼望政治生活的结束，而且还在于它指望宗教生活的结束。宗教相信整体的存在，世间的任何缺点都在那里得到纠正。此岸未被发现或未遭惩罚的不公正，在彼岸却记录在案并受到相应的报复；或者说，逃脱了人的惩罚，却逃不过神的惩罚。在尘世间受到忽视或嘲弄的善，在天国却受到重视和尊敬。即使整体的有形部分是不完善的，认为整体是善的这一信念仍然能够成立，因为可以争辩说，无形部分的完善恰恰弥补了人们所看到的缺点。要是我们试图在这个问题上拿神学学说与哲学传统进行比较，那我们未免离题太远，不过我们倒是可以发现，古代哲学传统也认为自然作为一个整体是善的。然而，整体的善并不足以使支撑政治生活的强迫和辩术成为多余的东西，因而自然作为整体的善并不贯穿于所有人类生活中。在这个基本点上古代哲学与启示宗教有一致的基础：为了一切实践的目的，不管整体是自然与超自然的总和，还是自然本身中的形式和物质的复合，整体的善都不可能转变为人类共同生活的善。在现代政治哲学中，显然没有断言作为整体的自然的善；目的论当然遭到了摒弃，而且自然状态的悲惨与不幸得到了强有力的论证。自然需要予以矫正，或毋宁需要予以支配；用以支配自然的是自然法则——科学的法则和政治、经济的法则。这种认为有可能支配或征服自然的信念或许为马克思的下述观念开辟了道路，即人类生活的完善在无阶级社会中是可能的，而且不仅是可能的，还是可以预见的。但正像我们所看到的那样，马克思以前的政治哲学并没有明确预言人类最终的完善。直到马克思断言了自然本身的历史性，以及在经济条件影响下的人性的绝对可完善性，才假定了政治生活和宗教必然灭亡和被无压迫的合理社会所取代。

马克思主义的学说引导我们重新考虑人们习以为常的某些观点。一种观点是认为哲学和政治社会之间存有深深的敌意，因为哲学的无限的探索精神最终会使政治遭受怀疑主义的冲击，而政治则由于对理论的怀疑和本身的市侩倾向，往往以蔑视或更坏的态度威胁人们的哲学思考。但是，不管它们之间的相互怀疑多么根深蒂固，仍然可以肯定，哲学，尤其是古典政治哲学，主张人在本性上是政治的，而且从这一人的一般特征来看政治社会才是真正的人类社会。哲学被看作是对政治的威胁，而我们看到，实际上哲学为政治作了辩护，同时我们也看到，对政治生活消亡的预期须有待于使哲学让位于历史，即让位于矫正自然的学说。

另一个需要修正的观点是，哲学与宗教之间存在着你死我活的斗争，因为它们之中一方主张理性至上，而另一方则坚持信仰至上。我们知道，哲学与信仰可以而且多年来一直有共同的基础，两者的自然观都没有预期自然秩序之内的完善社会。以渴望完美社会的名义从理论上否定宗教，须有待于以历史取代哲学。

我们可以得出结论说，以历史取代哲学便为以社会和经济取代政治和宗教奠定了基础。这就是马克思主义的核心。

马克思主义不单纯是另一种政治学体系，或又一种意识形态。它至少提出了西方——政治生活、哲学和宗教——的灭亡。或许我们应该热烈期待西方的灭亡——但在没合理地考察这项扼杀哲学的计划之前，我们不可能知道我们是否应该这样期待。合理的考察本身就是哲学探索的一部分。我们不可能摆脱哲学，只因为我们必须进行哲学思考才能作出对哲学的判断。我们开始怀疑马克思反哲学的历史主义的正确性。看到它的缺点使我们有理由相信，历史能为精神贫乏的社会留有余地：马克思主义国家的存在不是马克思的预言正确的标志，而是马克思引以为基础的乐观的历史主义不正确的标志。我们有充分理由得出这样的结论：历史是大众的鸦片。

（李天然 等译）

欧克肖特

迈克尔·欧克肖特（Michael Oakeshott，1901—1990）出生于英国肯特郡，父亲是费边社成员。欧克肖特在剑桥大学贡维尔与开尔斯学院度过了自己的大学生涯。1923年毕业后前往德国深造，先后在马堡大学和图宾根大学学习。1925年被选为贡维尔与开尔斯学院研究员。"二战"时期应征入伍，战争结束后欧克肖特重返剑桥，随后于1949年转任牛津大学努菲尔德学院研究员。1951年起担任伦敦经济学院政治科学教授，直至1969年退休。

欧克肖特的主要著作包括：《经验及其模式》（1933）、《当代欧洲社会与政治理论》（1939）、《霍布斯的〈利维坦〉》（1946）、《政治中的理性主义及其他论文》（1962）、

《霍布斯论公民社团》（1975）、《论人类行为》（1975）、《论历史》（1983）等。

在欧克肖特思想历程的开端，他所考虑的主要问题是经验和真理。欧克肖特认为真理并不是观念和外部世界的一致性，而是由观念本身的严密性所决定的，如果能够通过梳理经验而获得严密的观念世界，就获得了真理。欧克肖特认为组织经验的模式通常有三种：历史、科学和实践。这三种经验模式并不是现实中的不同部分，而都是从有限的观点看到的一个整体。它们所产生的知识或真理都只能是局部的，都是对经验整体的抽象。而哲学则不同于这三种经验模式，它能够超越任何缺少彻底一致性的观念世界，因而具有彻底的具体性。

欧克肖特作为 20 世纪杰出政治哲学家的声誉是由《政治中的理性主义及其他论文》建立起来的。在这本论文集中，他将实践知识与技术知识区分开来，前者是在实践中掌握的知识，后者是被表述为规则、人们通过学习记住它并将之应用到实践活动中。在欧克肖特看来，许多人从根本上忽略了实践知识，他们将知识理解为技术知识——欧克肖特将这种人称为"理性主义者"。理性主义者在政治行动中总是将一定的原则或预先设计的方案作为实践的指南，不承认环境的特殊性和具体性，排斥多样化。欧克肖特批判了这种理性主义。他认为实践知识是知识中最重要的部分，是无法在实践之外获得的；技术知识就其本身而言没有多少用处，只有在实践知识的帮助下才不是无用的；政治中的"理性主义"非但无法达到自己的目标，而且会败坏政治，不断引起战争和混乱。欧克肖特强调，面对不断变化的现实，我们不能求助于某些抽象原则，而应当对我们的传统保持足够的信心，因为正是在传统的实践知识中，我们能够找到解决现实问题的办法。

本书选取了《政治中的理性主义》中的第三章《政治论说》。在这篇文章中，作者分析了"政治论说"，尤其是"论证性政治论说"。任何政治活动都必须与一定的表达政治观念的词汇联系在一起，以便认识政治形势并作出回应。欧克肖特把通过语词进行的政治活动称为政治论说。在欧克肖特看来，政治论说所使用的那些特殊词汇不仅本身就包含信念，而且它们能赋予政治论说以一定的逻辑。这种政治论说是给予性的而不是论证性的，其结论的不确定性和偶然性使得与之相对的"论证性政治论说"的出现成为自然的事。欧克肖特将"论证性政治论说"分为两种类型：以公理为基础的政治论说和由某些被认为体现了绝对真理的命题组成的政治论说。欧克肖特认为，柏拉图的"正义"和卢梭的"公意"都是前者的例证，而马克思的理论则是后一种类型的代表：马克思将本质上只是些"意见"的意识形态排除出去，以自己的"社会历史科学"命题取而代之，这些命题被断言是研究和探索的结果，因此能够保证政治论说的正确性。欧克肖特认为，马克思著作中构成其"社会历史科学"的"规律"是模糊不清的，无法运用于具体的人类活动，而马克思为自己的命题所作的论证要么是循环论证，要么是从成问题的前提出发的，因此他的理论无法为人们提供合理的政治论说的前提。欧克肖特认为，真正有效的政治论说方式不是论证性政治论说，而亚里士多德的追求"承认的善"的政治论说更为可取。

政治论说^①

政治首先可被认作一种实践活动，它关系到对某种形势——政治形势作出回应。

政治形势首先可被认作是事情的状况，人们认为这些事情不是产生于自然必然性，而是产生于人的选择或行动，对此可能有不止一种回应。因此，可以说，政治是回应事情状况的活动，事情的状况已经被认为是选择的产物。

其次，政治形势可说是"公共的"，而不是"私人的"形势。这并不把我们带得很远，因为"公共"和"私人"只是人们相信它们的那样：什么属于"公共"，什么属于"私人"，是一个局部观点的问题。然而，如果要有政治活动的话，必须在"公共"和"私人"之间作出某种区别。既然属于"公共"领域的东西通常被看作是人

① 选自《政治中的理性主义》，上海，上海译文出版社，2003。

们认为统治者或政府应该承认的东西，政治形势可以被认作是人们期望统治者或政府（不是私人）作出回应的偶然形势。

那么，政治活动的两个要素是：某种形势和被认为有权对它作出回应的某人对它的回应。

这样的形势可能有各种不同的重要性。它们可能由一个特殊的行动（如占领苏伊士运河）所产生，或由在局部人类行为中可观察的倾向（像法国革命政府侵略性的扩张主义气质）所产生。它们可能由一种特殊的信念（像犹太复国主义，或相信妇女应该有选举权，或爱尔兰应该有"本国法规"）所产生，或由更一般的信念（像核战争的威胁是难以忍受的，或英国经济是停滞的）所产生。显然，所寻找的回应将符合所发现的形势的重要性。

现在，这些形势没有一个其意义是显而易见的，甚至包括可想象的最简单的形势也是如此。每一个都是一个偶然的事件，或事件的组合，是人类情感、选择和行动的产物；每一个都需要解释。既然在政治中所寻求的是对它作出回应，这种解释将是判断性和预言性的，而不是说明性的。因此，甚至要对付的形势也是深思熟虑的产物，它就是这样被承认、被认出、被解释、被赋予一个可知的特征，或至少一个名称。这将第三个要素引进了政治活动，即思考或反思。

甚至在一个可识别的政治形势能出现之前，就必须有思考。但在选择对形势所作的回应时，也需要思考；因为政治形势是一种没有必然的回应的形势。

有时这回应可能可被称为"原则"的回应：例如，"荣誉"要求我们这么做的结论。在这种情况下，思考所取的形式是企图引出应该是有效的"原则"的反思。

但是，关于所作回应的反思更经常是与两个可区分的考虑有关：首先，对提出的回应结果的反思；其次，对这些结果与关于事情的较好和较坏状况的信念的关系的反思。

首先，一切政治决定都是企图达到或避免事情的某些比较特殊或不太特殊的状况；在选择它之前，它作为对一特殊形势的回应的种种优点，必须已以这种或那种方式考虑过了。有待回答的问题是：一个这么做的决定现在是否会获得我要获得的东西，或避免我要避免的东西？

但是，除此之外，必须考虑这么行动的决定可能引起的传到别处的反响，以及它们限制或取消企图要达到的事情状况的倾向。一个做这而不是做那的决定，是涉及所有能预见的做这或那的结果而作出的一个选择。因此，一切政治决定本来就复杂——不仅是对一特殊形势作出回应，而且是对各种政治状况在当前的延续作出回应。

其次，对任何形势的回应没有相关的关于较好或较坏事情状况的信念，都是不可能的。以发现计划所做之事的可能结果为意图的反思，必须加上根据较好或较坏状况对那些结果的反思。

那么，这些就是政治活动值得考虑的地方：一种政治形势；一个或一些被承认有权对此作出回应的人；选这个而不是那个回应的思考。

现在，当人们将语词与政治活动联系在一起说或写和听或读时，政治论说出现了。说话者可能很多或很少：剧场可能很大或很小，听众可能很多或很少。发出的声音可能构成一篇演讲，或它们可能是一场争论或一次对话的一部分；它们可能打算为不同的目的服务，它们可能适合于不同的听众，它们可能有不同的逻辑结构。

如果说话的人也有权行动，他的言词可能被构思来在他的听众中产生勇气或服从，或它们可能是论证性的言词。如果它们是论证性的，它们可能是打算为一个所做的行动辩护，或说服听众赞同计划要做的事。论证可能试图揭示选这个计划而不是其他计划的那个思考的过程，或可能是企图掩盖它，或它的某些部分。

其他言词针对有权的人或那些（就他们的地位或人数而言）能影响他们的人。它们的目的可能是鼓励或支持，批判或质疑，说服那些有权的人去考虑别的计划，或采取别的决定，得出对所做事情的判断，或要求为它辩护。

简言之，政治论说包括许多不同种类的言词，在这篇论文中我打算把我自己限制在可称为论证性话语的东西上，更进一步，限制在那种论证性论说上，它打算揭示（而不是掩盖）有关对政治形势所作回应的思考。

现在，所有政治话语，甚至最不正式的，也使用一般抽象观念。实际上，不依靠关于人类行为的一般观念，是不可能判断一个政治形势，构想对它的回应，或考虑这回应可能的结果以及它们的好坏倾向的。

许多这些观念属于我们在思考或谈论任何实践处境和对之作出回应时应该做的事情中使用的普通观念；其他的则较专门地涉及政治形势。但无论它们来自何处，它们构成了可称为政治论说的一般词汇的东西。这个词中时不时加入一些语词，而别的一些语词则废弃不用。

我正在思考的那类词很容易在任何政治论说中出现，例如：必然、原因、效应、结果、自然的、合理的、传统的、有机的、偶然的、有用的、有利的；目的、功能、发展、机遇、意图；权利、责任、正义、不正义；公共的、私人的、共同的、社会的、公民的、符合宪法的、合法的；权威、权力、特权、统治、暴力；本人、代理人、代表、负责人、志愿者、同意、自由、独立；成人、个人、群体、教会、协会、阶级、人民、民族、种族；联盟、忠诚、利益、政党、压力、斗争、停滞的；革命的、民主的、反动的、自由主义的、进步的、欠发达的、福利；帝国的、殖民主义的、新殖民主义的；领袖、精英、官僚制、暴政、议会的、法西斯主义者、极权主义者、部族的、犹太人、亚非国家的；战争、和平、统一、多样性；等等。这些词并不都是论说的同一词类；当然，在不同的关系中它们可能有不同的意义。它们有些也属于解释的词汇。

但是，人们常常从这些词中选出一些来放在一起，构成一套特殊的词汇，用来辨认政治处境，阐述、推荐、批评或维护对它们的种种回应。实际上，大多数政治论说的论证都使用这种特殊的词汇，它常常通过把一个特别和专门的意义加在某些词上，使特殊化更进一步。

那么，一切政治论说都可说是用一套被理解为与政治活动相联系的特殊词汇，去认出政治形势，维护或推荐一种对它的回应。称这样的特殊词汇为"意识形态"似乎不是不合适的。至少我将这样称呼它们。

我不打算探讨构成这些"意识形态"的习语是从哪里来的，以及它们是如何被拢到一起的：我要考虑的是它们在政治论说中的地位。

在这个意义上，一个政治"意识形态"就是一个解释政治形势和以某种方式思考想要和不想要东西的要求，一个考虑政治决定和行动的某些结果比别的结果更重要的要求。它允许进入某个观察领域和某个有待作出计划的领域。因为政治思考的这些术语本身没有泄漏形势的特征，或有待作出的对其回应的特征；那是思考的产物。它们也不能认为是一个决定或一个行动的"原因"；行动决不是由这类信念引起的。它们只是指出了某个方向，使别的方向更难被看到。一个"意识形态"，作为用来实施政治论说的一种信念的词汇，可能有内在的紧张和不一致；它可能由少数简单的信念构成，或由许多复杂的信念构成；它的邀请（像别的邀请一样）可能是精确的（"明天来吃午饭"），或可能是不确定的（"有时见到你很高兴"）。这将反映在论说中。但这种一般信念的词汇仍是政治推理的附庸；它只是谈论据说是关于政治形势的意见的手段。

这可说明如下。在某些情况下，所有当前政治论说的参与者可说是共有一个共同的政治"意识形态"。共和制罗马就是这种情况。但这不是说我们不能区分一个政治家和另一个政治家的演讲，或对某种特定的形势作出的回应决不会不一致。一个真实的"意识形态"的一致不会禁止推荐不同的关于做什么的选择。但对于一个统治者来说，预先知道可能给予他的听众的词语、表述、理由和情感，会使他比不那样更易于令人信服地维护他的决定。

16 世纪以来，任何欧洲国家里的情况都与之有所不同。这里，与政治有关的一般信念的分歧（这些分歧有时构成明确概述的各种"意识形态"），已经强加给政治思考一种混乱，强加给政治论说一种例如共和制罗马所不知的复杂。

这里是一个来自英国历史的例子：当下院在 1689 年 1 月开会考虑詹姆斯二世逃亡法国时，有一种压倒多数的观点认为他不再是国王。问题是如何以一种能使全体英国人信服的方式解释这个信念：这是一个言谈问题。所产生的文件由于其模棱两可和不一致而臭名昭著，它是想以某种方式解释这种形势的，这种方式将满足每一种当前冲突的关于英国国王职责的信念并指向一个单一的回应。它说，詹姆斯二世已通过破坏国王与人民最初的契约而力图颠覆王国的体制，由于耶稣会会士和其他坏人的建议，他已经违反了基本法，使自己脱离了王国，放弃了治理的权力，王位因此而空缺。这个宣判表明了那个时代的"意识形态"的多样性；它试图满足那多样性的所有组成部分。

近代欧洲国家的政治论说，很长时间是根据用来表达它的各种特殊的信念词汇来区分的。每一种当前的词汇都把注意力引向辨认政治形势和评估各种决定的重要结果方面的不同考虑，每一个都提出不同的关于一般来说想要什么和不想要什么的信念。它们就这样将种种条件加于政治思考和政治论说上，加于为回应紧迫的形势而作出的各种决定上。

但词汇的多样性并不像它初看时显示的那么大。这些"意识形态"，就构成它们的信念的内容而言，常常只显示些微不同。可以指望它们相互重叠，而且常常如此。至少，没什么禁止它们之间的交流。如果我们去考虑一下这些一般观念的起源和谱系，我们就能说明常在这些"意识形态"间发生的交流。它们中很少是不变的，常常能将一个的术语译成另一个的术语；但是，一般而言，不掌握一种当代欧洲流行的特殊政治词汇，就不可能思考政治形势或参与政治论说。当然，这些词汇现在已将它们自己传布到全世界了。

到目前为止，我考虑的是就它们的内容而言构成一种政治论说的词汇的那些信念。我将"意识形态"认作是思考和言谈的习语。因此，"自由主义"被视为不同于"工联主义"，是由于有一个用来解释政治形势的不同的信念词汇，等等。

但还有别的东西要考虑。除了其信念的词汇外，每一政治论说都有一个逻辑设计。这逻辑设计不可避免地出现在话语所达到的结论被赋予的逻辑地位中。例如，一个以证毕（*Quod erat demonstrandum*）结束的论证，其逻辑设计不同于（像法庭上原告律师的论证）以完全不同的方式结束的论证。但虽然一个论证的逻辑设计在其结论的逻辑地位中揭示出来，它是从构成它话语词汇的信念被给予的逻辑地位中派生出来的。例如，一个恰当地以证毕结束的论证这么做，是因为至少包含在它的论说词汇里的信念之一被给予了公理的逻辑地位。

因此，政治"意识形态"可以被认为要么是信念的词汇，它要求政治论说选取某些方向，达到某些结论，要么被认为是由种种信念构成，这些信念由于被给予它们的逻辑地位，将某种逻辑强加于政治论说，将某种逻辑地位强加于它的结论。我现在要考虑在欧洲政治史上以这种方式被强加于政治思考和政治论说的一些不同种类的逻辑设计。

有一种政治论说的逻辑设计是最普通和最难描述的，因此，我将从给出一个它的例子开始。

根据修昔底德记载，公元前 432 年，伯里克利作了一次演讲，在该演讲中他劝雅典公民大会（决定由它作出）说，反击斯巴达的时候到了。斯巴达人最近表达了应该维护和平的愿望，但伯里克利把这解释为为完成战争准备赢得时间的诡计。不管怎样，他们已经宣布了某些条件。"他们命令我们"，伯里克利说，"撤除对波提狄亚的包围；他们警告我们不要干涉埃伊纳岛；他们要我们撤销在雅典领土上驱逐麦加拉人的法令"。"我希望"，他接着说，"你们没有人会认为如果我们拒绝撤销麦加拉法令，我们是由于一件小事而走向战争……如果你们在这件事上让步，你们将不断碰到进一步的要求，因为人们将认为你们已被吓得服从了，最后你们会发现你们自己未经一击就被斯巴达人压倒了。"看看别处由于相信斯巴达的和平意愿而发生了什么。

此外，他继续说，雅典的战争资源并不劣于斯巴达的。会有危险要面对。我们可能无法防卫阿提卡。但我们的海军是强大的，并准备就绪，它应该是我们战略的枢纽。我们并不是没有可依靠的盟友的帮助。抵抗的时候已经来到，我们只会被我们自己的错误打败。我们的父辈不是成功地用远逊于我们现有的资源抵抗过米提亚人？我的劝告是，你们拒绝斯巴达人的要求，为几乎不可避免的战斗作准备。如果你们听那些建议默从的人，你们也无法逃避战争；你们只得在更糟的、不是你们自己选的情况下战斗。

现在，可以看到，这篇演讲明确或暗示地谈到了我们已看到的属于战争论说的所有考虑。它判断形势；它作出一个应对它作出什么回应的建议；它通过考虑大量可能根据它行动而产生的后果来推荐这个建议；它将这个建议的优点至少与一个别的建议的优点相比较；它假定人们在有关想要的事情的一般状况上的一致。

我们关心的是这种政治论说的逻辑设计。在这问题上我们最好听听亚里士多德，他的《修辞学》经典地处理了这个主题。

亚里士多德认为这种政治论说是一种没有公理帮助的推理，目的是推荐在一个偶然情况中做什么和不做什么，在这情况中可能有别的行动选择。

认清形势，作出建议后，论证就指向考虑根据该建议行动可能产生的后果。这需要预测行动有可能从直接或间接受其影响的人那里遇到的回应。

亚里士多德说，建构这样一种论证的材料是或然性、符号和例子。或然性是通常发生的偶然性；符号是通常先于或伴随其他事件的事件；例子是人们了解得较多的情况，这种情况被认为与所讨论的情况有重要的类似。

如果这种推理采取三段论的形式（它并不需要），它将是一个三段论省略式，即大前提是基本原理，至少一个小前提可以被压缩成一个普通知识或一致意见的三段论。基本原理是一个一般陈述，与通常人们行为中被预期的东西有关，或与平常人们一致同意想要的东西有关。

不能通过表明它们的大前提不一定是真的，或通过表明结论是不确定的，来拒绝由这些材料建构的论证，因为这样的论证并不自称是辩证的证明。实际上，严格地说，它们根本不能被"反驳"。它们可以以同样一种论证来抵制，总的来说，人们发现那些论证更有说服力。建立在通常发生，因而有可能发生的事情基础上的结论，只要表明可能性没所声称的那么强，或某些别的预期更可能实现，就可以被反驳。通过表明符号与据说它所表示的东西之间的联系不像所假定的那么强，可以反驳依赖符号（它们在政治论证中总是容易出错的符号，而不是必然原因）的结论。依赖例子的结论也可以被反驳，只要表明所声称的类似不存在或被夸大了，或所声称的类比（如果它是一个类比，而不是一个所声称的类似）牵强附会，或产生否定的例子或其他有对立倾向的例子，以及其他较有说服力或数量上占优势的例子。

那么，构成这种政治论说词汇的信念就被给予了基本原理的，或建构基本原理的材料的逻辑地位。它的论证是与偶然性有关，而不是与必然性有关；与或然性和预期有关，而不是与可证明的确定性有关；与猜测有关，而不是与证据有关；与推测和猜想有关，而不是与计算有关。它是设计来在不可能提供包含在建议中的命题的证明或反证的地方说服人们去决定和行动的推理。

但是，亚里士多德继续说，这种政治论说是企图从行动的方针出发，说服人们追求或不追求所期待的好的或有害的东西。像所有做什么不做什么的规劝一样，政治规劝关系到人类幸福，关系到促进幸福或损害幸福的东西。然而，在这里，人类幸福不应理解为一种简单的、普遍的、不变的事物状况，而要理解为由复杂的、变化的事情状况构成，我们通常倾向于同意这些事情是我们想要的，但它们经常按照情况而彼此不一致。亚里士多德说，可以把这些称为社会"承认的善"。因此，在这种政治论说中，一切价值判断的逻辑地位也是基本原理的逻辑地位——关于人们通常相信的想要的事情状况的一般陈述。

此外，既然社会"承认的善"不可能在任何一个场合都必然被同样确保，这种政治论说就该表明如果遵循这个建议而不是任何别的建议，这些善中将有较多的被保证，较少的受损害；或者表明，为什么在这些情况下，这个"善"应该以牺牲那个"善"来确保。这样一种论证必须采取的形式是权衡利弊，猜测行动可能的结果。

那么，这里是有某种逻辑设计的政治论说；它是去说服但不能证明的论证。它从给予信念（该信念构成其言谈词汇）的逻辑地位——基本原理的地位或基本原理的组成部分的地位：一般认为是真的信念和一般认为是重要的价值——中得到这个设计。

这也许是在政治论说中找到的最普通的逻辑设计。它是从古代世界传到我们的一切政治演讲的那种设计；它是最近 500 年多数国会言论的那种设计；它是一切国家文件的设计——例如，它最准确地反映在艾尔·克罗爵士 1907 年的德国外交政策备忘录中。

但是，不管在选择普遍原理、例子和符号上有多少改进，这种逻辑设计的政治论说已被认为是非常不能令人满意的，这并不是秘密。已经在它那里发现的缺点，确切地说，是它结论的不确定和它沉浸在不完全可预言的偶然性中。难道我们不能做得比这些推测和猜想，比在黑暗中瞎猜和因为比别的行动略好些就被推荐的行动更好些？

对此的向往也许可能反映在古代在重大政治问题上向神谕请示，及在冒险行动前占卜的实践中。有全知的神的劝告或同意（被认为）就是享有人的思考不能提供的一种程度的确定性。但神谕的意见常常是模糊的，神的善意并非是毋庸置疑。就像马基雅维利所说的，无论罗马人在确定征兆时多么谨小慎微，"当他们看到为什么应该做某些事情的好理由时，他们无论如何都做，不管征兆有利与否"。因此，在政治事务中——实际上，在一切实践事务中，以确定性代替猜测的愿望，就转向别的方向寻求满足。

现在，如果我们试图将政治思考从关于行动的可能结果和关于不同的事情状况偶然的可取性的猜测和意见中解放出来，我们是在要求什么？我们是在要求一种政治论说，其逻辑设计不同于伯里克利思考所属的逻辑设计，也不同于亚里士多德在《修辞学》中考察的那种逻辑设计。我们是在要求论证性的政治论说。我们是在寻求一种能够证明或否证政治建议的"正确性"的论证。简言之，我们是在要求具有必然真理的政治论说。

人们相信，至少在两个不同条件下，政治论说可以有这种特征：（1）人们认为，如果已知绝对确定性和普遍应用的原理或公理，任何政治建议可参照它们决定其优点，论证性的政治论说就能出现。（2）或者，如果我们有关于人类行为、人类状况、事件进程和有时被称为政治社会的条件的东西的绝对知识，能在不同的决定付诸实施前，就预言而不是猜测它们的结果，并且使我们能证明，我们关于做什么有利，做什么有害的判断，以及什么是在任何时候都要坚持的判断的"正确性"，政治论说也会出现。

简言之，人们相信，论证性政治论说要么可以从一种其组成信念被赋予公理的逻辑地位的"意识形态"中产生，要么可从一种其组成信念被赋予关于人和事情进程的绝对知识陈述的逻辑地位的"意识形态"中产生。

柏拉图是论证性政治论说第一个版本的开山鼻祖。他理解的政治活动是追求人类至善或正义，"正义"的理念提供了可以决定一切人类行动的优点的普遍不变的标准。他认为"正义"这个理念的知识是摆脱了意见的不确定性和相对性的真正知识；是政治论说的充分必要条件，政治论说因此能成为由一个"意识形态"支配的证明性论证，这个"意识形态"由一个单一的具有公理地位的理念构成。

柏拉图的立场的力量是显而易见的。他承认，如果政治论说应是论证性的，它必须避免在决定回应一种政治形势时将一种"承认的善"与另一种相比较，因为这决不能达到一个论证性结论。可取的东西必须是简单、普遍和不变的。柏拉图脑子里挥之不去的政治论说形象是一个手中握有完全可靠的测量杆的人的形象：政治论证就是以一个单一、清晰、普遍有效的尺度来衡量种种政治建议，根据这个尺度来判断它们。就像伊索克拉底①认识到的，这就是为什么在苏格拉底的对话里，柏拉图那么用心地将一切美德归结为一种美德、正义。如果政治论说应是论证性的，道德理想间冲突的可能性必须消除。

论证性政治论说的企图是要能以某种方式证明一个回应一种政治形势的建议的"正确"或"不正确"。这只有从该形势中消除偶然性才能办到，因为只要偶然性还在该形势中，它就一定在回应中再次出现。柏拉图打算通过将每种政治形势解释为对理想"正义"的观念的背离，而不是紧迫的事件或事件的组合，通过将一切政治决定不是认作做什么事的决定，而是认作确定这种背离的决定，来消除偶然性。在他看来，一种政治形势是其"不正义"构成的，政治决定就是认出这种不正义。

虽然这些条件引出了证明性论证，但却使该论证无法致力于对付无论什么具体的政治形势。证明性论证只能关涉到抽象观念间的关系，例如正义与民主间的关系。但论证一关系到任何偶然的紧迫形势（例如，关系到如何对付一个反叛的隶属城邦），它必然从证明回复到非证明性论证。偶然形势的知识不可能与人们声称拥有的关于正义的知识同一种类。

---

① 伊索克拉底（公元前436—前338），古希腊的演说家和修辞学教师。——译注

实际上，柏拉图自己也承认这点。他并不试图从"正义"的公理中演绎出保卫者①生活和教育的细节，因为这是不可能的；他只是试图使我们相信，"正义"的统治是这种统治者的可能结果。或另一方面，他看到，在政治中，通过说服来赢得那些不能体会证明的人的服从是必要的，他建议说，可通过讲一个令人信服的故事来做到这一点。但是，既然他认为可以一劳永逸地做到此事，这就使他决无资格拒绝政治是一个永远与这种或任何其他种偶然性相联系的活动的概念，或相信证明性政治论证的可能性。

在根据一种公理的"意识形态"建构一种证明性的政治论说的事业上，柏拉图有许多追随者；但我所知道的唯一一个接受这个计划，以类似的坚忍不拔探讨它的作者是卢梭。

如何获得永远正确的政治决定，如何产生永不犯错的正义的法律，如何让一个防错意志起支配作用，没有偶然性，是卢梭不断回答的一个问题。但降临到柏拉图头上的复仇女神，也降临到卢梭头上。一个防错的公意（volonté général）取代了审慎的论说（它一定总是会出错的），但对于解释任何政治形势或对之要作的回应，人们发现它并没有任何指示。

在该事业上柏拉图的其他较为温和的追随者则被他们的温和出卖了。他们没有发现这种证明性政治论说的逻辑条件是排除不同和潜在冲突的公理。他们不是寻求一个单一的包罗万象的公理（像正义或一个永不出错的公意），而是试图躲避在一批所声称的公理——人的"自然"权利，或由各种规诫组成的"自然"法——中，因此，他们被他们自己挫败了。

在他们论说的不合标准的逻辑设计中，只不过是基本原理的命题身上强加了公理的特性，一种它们不能承受的特性。因为不能否认，在一些情况下一个所声称的"自然"权利应该先于另一个，或一条"自然"法的规诫应该先于另一条，在论证它们的优先性或优先权时，政治论说必须从证明降格为与偶然性和相对性有关。有许多出名的公理的地方，决疑法就会出现，但决疑法从来不是证明性论证。人们也许会认为，它能证明人的"自然"权利是行为无可争辩的公理；但它决不能证明一个，例如，为了"免于匮乏的自由"暂时牺牲"运动的自由"的建议是"正确的"。人们也许可以用非证

<hr />

① 保卫者，在柏拉图的《理想国》里指军人和哲学家，也就是城邦的管理者和统治者。——译注

明的方式令人信服地推荐这样一个建议，而政治论说的任务常常就是论证这样的建议；但它们决不能被证明。

当前这种政治论说的较松散的形式，似乎是将种种像"民族自决"的权利这样的信念树立为公理，它甚至更明显地不是证明性的。因为虽然人们可能认为这样的信念属于亚里士多德称为"承认的善"的东西，在政治论说中，人们总是以论证来将它们相互比较，而论证采取在一些特殊情况的语境下权衡利弊的形式，但是它们根本不可能保持它们所声称的公理的性质。即使承认有一个这样的最高价值的善，与它相比，其他善都是不重要的，陈述这个善的命题仍然是一个基本原理。只有当一个单一的善像柏拉图的正义那样，被看作包括了一切其他善，它才能有一个公理的性质。

但一般认定的公理的"意识形态"没有产生证明性政治论说并未穷尽各种可能性。这项事业还有第二个深入探索过的版本有待考虑。这里，政治论说的证明性质不是从由公理组成的"意识形态"中产生，而是从由命题组成的"意识形态"中产生，这些命题被理解为含有关于人、人类状况和事件进程的绝对知识。

人们认为，这些命题一定包含关于所有那些在非证明性政治论说中被看作是意见和猜测的问题的真正和可证实的知识。那就是说，它们一定包含关于人类行为，关于事件的未来进程，关于善恶，或人类状况的一切条件下什么较好，什么较坏的无可置疑的知识。两个例子可用来说明什么是所需要的和如何能被提供。

政治决定可以建立在预言，像墨林①关于中世纪英国事件的未来进程的著名预言这样的基础上。这里，预言不是被看作是敏锐的猜测，它被理解为传达绝对可靠的关于什么将要发生的信息，因此，（人们可能认为这是）可以在其上得到"正确的"政治决定的知识。不幸的是，这种知识是不连贯的；当先知沉默时，所知的东西就没有类似的确定性。而且，没有别的无可置疑的知识，政治决定的思考必定回复到日常的非证明性论说。此外，有一种先知般的言论，它只与未来的事件有关；它并不给政治家或统治者提供唯一"正确的"对当前形势的回应。它甚至不建议，更不证明，为了使所要的事情状况得以出现，现在应该做什么；它不提供手段，来决定什么构成事情更好或更坏的状况。简言之，单纯的预言和它所包含的知识（虽然它可能是绝对可靠的知识）并不提供产生证明性政治思考

---

　① 墨林，中世纪传说中的魔术师和预言家，亚瑟王的助手。——译注

所需要的东西。

但第二个例子表明可如何纠正这些缺点。贞德倾听"各种声音"，它们不是用通常政治神谕的那种遮遮掩掩和模糊不清的语气，而是以准确的言词确切告诉她，在一个特殊偶然的情况下应该做什么。这些"声音"的命令不是被看作一个精明的、善于猜测事情可能将是怎样的政治顾问的推荐；它们被认为是一个神的命令，他非常了解，如果服从这些命令的话，事情将会怎样，不能认为他是在推荐任何东西，他是在推荐最好的东西。这些命令的"正确性"是它们所来自的那个权威的功能。如果它们的"正确性"被怀疑，那只要提起这个权威，指出对于所有那些在普通人的思考中出现的考虑他无所不知，作为善恶的裁判他永远不会错，就可以恰当地制止怀疑。这就是说，这些命令的"正确性"在各方面都是预先就可证明的，它无论在哪方面都不用等事件来证实。思考是可证明的，因为它是一个全知仁慈的神的思考。

那么，这里是证明性政治论说并不建立在公理基础上，而是建立在知识基础上的典型事例；在该事例中，所有必要条件都被满足了。建构我们现在所关心的证明性政治论说的计划的这个版本，可被认为是试图再产生这些条件，但不乞灵于神的全知。

这些都是迫切需要的东西，那就并不出人意料，人们相信这些关于人、人类状况和事件未来进程的知识性命题能设想的最令人满意的形式，就是人类行为的"规律"，或社会变迁或发展的"规律"，这些"规律"类似一般认为由（例如）生物学家或遗传学家所发现的"规律"。

如果能获得这种知识，判断政治形势，考虑政治决定的后果，以及它们的善恶倾向，似乎就能最终从意见和猜测中解放出来。人们甚至相信，凭借这种知识，对人类状况的掌握就可以达到使我们所采取的决定除了我们打算让它们有的结果外，不会再有什么结果。

现在，这就是卡尔·马克思及其同事的计划。他为什么把它认作是他称为"意识形态"的东西从政治中排除了出去，是不难理解的。对马克思来说，"意识形态"信念就是柏拉图眼中的意见，是不确定的意见，被偏见和相对性败坏了，代表了对世界的"错误意识"。但马克思的"社会历史科学"的命题却没有在此意义上被宣布是"意识形态的"，因为它们被断言是研究与探索的结果，在它们被用来判断政治形势或阐述政治建议之前，能够得到证实。然而，它们构成了我称为"意识形态"的东西，即一种信念的词汇，可以用它来进行政治思考和论说。它们是被给予了某种逻辑地位的信念。

当然，在探索这种特殊版本的证明性政治论说的可能性上，马克思和他的同事并不孤单；这个计划已经在欧洲思想的日程表上好几个世纪了。在它一切要素上它都是一种诺斯提教的形式，在近代，它有许多追求者。

马克思在思想上优于墨林的地方，是声称他提供的不只是关于未来事件的零碎知识，而是一种包罗万象和一般化的知识，包括所谓能使我们"科学地"区分较好与较坏的事情状况的知识。马克思优于约阿基姆①的地方，是声称他的知识不是来自神的启示，而来自研究与探索，它们已经达到的结论能被证实并且已被证实。

让我们简要地考虑一下他试图建立人类行为和社会变革的"规律"的过程，这些"规律"构成了"社会历史科学"，构成了证明性政治思考的观念词汇。在所有这类计划中都有类似这样的过程。

对于自然科学家习惯用来表达他们观察到的规律的解释性"规律"的性质，马克思的看法相当模糊。但他的确理解它们不涉及具体情况或事件的关系，而是涉及抽象的关系。在寻找有关人和人类社会的"规律"时，他选定两个主要的抽象。第一个是：人作为纯粹物质的存在物存在于与有关纯粹物质的世界的关系中；他将这种关系看作是使用工具来满足需要。第二个是："社会"只是"使用工具"的组织。这些抽象给了他理想状况或连续统一体，他要探讨其内在结构。在探讨它时出现了几个别的有用的抽象，像"生产条件"、"阶级"、"资本"、"劳动"等等，它们彼此的理想关系可被理解为是一般"规律"运作的例子。这些抽象观念是表达这些"规律"的方程的各个项。

但这样来展现抽象观念间的关系，将理想状况展现为由这些关系构成，显然远不是任何像"社会历史科学"这样的东西。它产生不了任何关于具体的人类活动的世界的知识命题，也产生不了任何与关于具体偶然形势的思考与言谈相关的命题。在"社会历史科学"得以出现之前，必须使马克思收集的材料发生两个巨大变化。

这个"使用工具"的理想世界及其组织的抽象术语，首先得通过与具体的历史状况相一致而变得具体。例如，"资本主义"得从一

---

① 约阿基姆（Joachim de Fiore，1130/1135—1201/1202），意大利神秘主义者、神学家、圣经注释家、历史哲学家。——译注

个方程的项变为"使用工具"的历史及其组织中的一个现实状况;"阶级"得从与一个纯粹物质性"生产"的理想过程的假设关系变为一种历史现象。迄今为止是表明抽象间必然联系的方程的"规律",得变成能解释不同的"使用工具"状况的历史表现和预言在未来出现的那些状况的"规律"。马克思实现了这些转化,但他似乎不知道他在做什么。这也不令人意外,因为有证据表明他没意识到它们是转化。当然,它们没有有效性的外表,但更重要的是,它们不足以达到他的目的。在"社会历史科学"出现前,需要更多的东西。

其次,人们声称解释"使用工具"及其组织的历史变革和发展的"规律",必须得表明是解释一切人类活动,包括政治的"规律"。例如,必须表明"资本主义"这个概念在解释宗教、道德、法律、艺术或政治变革时,就像人们声称它在解释"使用工具"及其组织的变革时被发现的那样有说服力。这种事情的观点需要某种详尽论述的辩护,马克思及其同事对此很清楚,就像我们对此也很清楚一样。他们作出了两个论证。

首先,他们同意,"使用工具"不是人的唯一活动,"使用工具"的组织不是人类社会的唯一组织。但他们坚持认为所有其他人类活动和组织都从属"使用工具"的活动及其组织,不是因为它们是从它而来和以某种莫名其妙的方式依赖于它,就是因为它们在人类活动出现的历史次序上比它晚。在此论证中(如果它能称为论证的话),似乎好像马克思是要显示"使用工具"与其他人类活动间的关系本身就可以用属于"社会历史科学"的规律来解释。例如,宗教信仰的变革与"使用工具"技术上的变革的关系就被理解为一般解释"规律"的例子,这一般解释"规律"类似所声称的解释"使用工具"技术变革本身的那些"规律"。虽然这种看法是模糊不清的,但它的模糊不清并未能掩盖它所依靠的 *petitio principii*(预期理由,即证明中把未经证明的判断作为论据的逻辑错误):论证所要证明的东西已假定为真。

第二个论证是辩证的。它始于一个所谓公理——物质第一,因为它是一切感觉的原因。由此出发,人们论证说,解释物质变化的"规律"是解释一切人类活动变化的基本"规律"。但"使用工具"及其组织,人们断定,是"物质的活动",因为它直接与物质世界有关。因此,解释"使用工具"及其组织变革的"规律"是一切其他人类活动的基本解释"规律"。可以想象其他人类活动有它们自己的"规律",但如果是这样的话,它们从属于解释"使用工具"及其组织的规律，也许以某种方式类似在一切生理学过程被理解为化学过程的地方，生理学"规律"从属于化学变化的"规律"；也就是说，它们与不同程度的抽象有关。

当然，这个论证的困难是大前提远不是自明地为真，小前提至少有一个肯定是错的，得不出那个结论。可以有把握地说，无论什么关于不同的人类活动间的关系的结论，都不能从物质第一性，精神是派生的命题中得出。

那么，可以说，马克思"社会历史科学"的计划无可救药，摇摇欲坠；建构它的每一步在逻辑上都是站不住脚的，结论没有丝毫有效性。

但即使它是成功的，即使建立了可靠的社会变革的"规律"，它仍然没有给我们可以用来进行政治思考与言谈的知识命题，更没有给我们使它们能成为可证明的术语。因为所有政治思考，所有关于做什么不做什么的思考，都需要关于什么较好什么较坏的信念。所有企图推荐一个行动的论证都是企图表明，不仅这些将是它的结果，而且它们会比任何别的更可取。事物较好与较坏的状况的区别不可能从那种由解释人类行为或社会变革的"规律"提供的那种知识中得出。解释"规律"本身不能提供任何规定。

马克思和其他专注于这个计划的人也承认这个困难，因为他们作了一些努力去防止它。但所有这些防止都是自我挫败的。不能通过表明所有关于较好与较坏的判断本身都是一般的人类行为解释"规律"运用的例子，使规定同化为解释。但那正是他们老是试图要表明的。解释在一个社会历史上"承认的善"的产生与出现的"规律"不比任何其他的解释规律更有规定性。

探索建立在一个"意识形态"基础上的证明性政治论说的可能性是一个较大的计划，卡尔·马克思的计划是这个较大计划中的一个个别探险，这个"意识形态"由关于人和事件进程的绝对知识命题构成。它本身是令人感兴趣的；但对我们来说，它主要值得注意的地方是，挫败它的障碍大体上是必定挫败一切这类事业的障碍。社会变革的解释"规律"不能产生能得出"正确"政治决定的政治思考，或能证明决定是"正确"或"不正确"的政治论说。

靠由社会变革或发展的解释"规律"构成的"意识形态"的帮助，来达到证明性政治思考的希望的落空，是20世纪早期非常令人痛苦而难忘的经验之一。不能说这个希望已经消失了，它的遗风仍在徘徊；但如果我发现冲动在减缓，我认为我没有错误地判断形势。

没人相信可获得这样的"规律";没有明白事理的人会相信，如果可获得这样的"规律"，它们就能产生证明性政治论说。

但不知怎么的，把政治思考从纯粹意见和猜测中解放出来的较大希望没有消失：它只是在寻找满足时转向了别的多少不那么野心勃勃的方向。在它的当前形式中，这个希望将自己表达为寻找知识（虽然不指望它以社会变革"规律"的形式存在），指望这种知识提供对政治形势的"正确"判断，对人类行为结果的"正确"预言和"正确"的政治决定。

现在，人们以许多不同的方法追求这个计划：所谓对社会组织、政府和治理手段的比较研究；阐释理想类型——"民主"、"警察国家"、"一党制政体"、"集权制度"；寻找典型情况的共同和本质的东西——像"战争"、"革命"、"快速发展的经济"、"稳定的社会"等等，收集统计和计算或然性。这个计划将自己描述为"意识形态的终结"。

现在，对于我或任何别人来说，都不会说它不能产生任何与判断政治形势，或与预测行动的结果相关的知识。实际上，必须指望它产生某些与这些任务相关的知识。但无须更进一步，关于它就有三件事可说。

首先，这种知识越一般化（就是说，它越容易满足去解释的知识冲动），它提供的与政治思考或论说相关的东西就越少；它越关心特殊和局部的条件，它就越可能提供我们在政治思考中有用的那种知识。

其次，无论它为政治思考和论说贡献了什么，它决不能成功地将它们从意见和猜测中解放出来，或将它们从权衡利弊变为证明。根据一个理想类型认识政治形势使我们有必要考虑它不同于这个类型的各个方面；因为正是这些不同构成政治家的形势。这种认识本身不能规定对形势的回应，更不用说一个唯一"正确的"回应。规定也不能完全从对行动结果的断定中得出，无论断定多么精确。规定总是需要关于什么较好什么较坏的判断，这些始终是意见（doxai），因为它们总是与偶然的形势有关。

最后，那个将自己等同于在政治论说中"意识形态的终结"的计划，实际上不是这样一种东西。当马克思宣布"意识形态的"政治论说的终结时，他理解他自己是在宣布非证明的政治论说的终结，和它被由"科学地"证实了的政治信念的词汇支配的言谈所取代。无疑，那些"意识形态"论说最近的反对者对他们的事业有相似的想法。如果是这样的话，他们将遭受马克思和其他人的事业遭受的同样挫折。他们企图提供的知识无法将政治论说变为一种证明；它最多能提供一种信念的词汇，可以用它来阐述稍微可靠些的基本原理。不应该藐视这些基本原理：它们是政治活动出现以来每个政治家就在寻找的东西。但基本原理不是公理，它们也不是关于人类行为的无条件知识命题。

如果我看上去好像在表达对企图证明它推荐的东西的"正确性"的政治论说的不满，我不希望人们因为这个缘故，以为我认为这种政治论说纯粹是错误。

所有政治论说都企图去说服，必须将所谓证明性政治论说认作是企图通过去证明的样子来说服的论说。既然它达到其目的肯定有条件，就一定不能认为它是纯粹错误，而是适合于某种听众的论说。但那是将使我们离题太远的另一个问题。

这篇论文关心解释——解释有关政治论说的某些计划怎样和为什么在逻辑上是自我挫败的。但我要以一个实践的说明，一个问题结束，除了说这个问题是个意见问题外（因为它关系到偶然性），我不敢说它是任何东西。

公共事务非常重要，不可能不希望我们能以证明的方式论证我们的建议，维护我们的决定；唯一可预期的就是一直在寻求这么做的方法。但是，虽然承认这些努力是可理解的，甚至是值得赞许的，不承认它们可能在政治中造成的损害也是不明智的。

我们不可能被一个声称能证明他建议的东西的"正确性"的人欺骗；但一个人谈论他建议的方式暗示它们的适当性是可证明的时，我们容易被过分打动。这太常见了：天真地将公理的地位赋予只是意见的东西，是许多当代政治论证的毛病。

此外，通过暗示我们一定不能有时只根据我们深信的勇气来作选择，或通过暗示我们能根据某些我们对之没有责任的公理或"规律"来回避作这些选择的责任，对证明性政治论证的渴望可能腐蚀我们。

同样重要的是，这种对证明性政治论证的渴望可能使我们不满日常的政治论说，因为它不是证明性的，我们可能被诱使认为它是一种非理性。这将是一个灾难性的错误。它是一个错误，因为处理猜测和可能性，权衡形势利弊的论说是推理，它是唯一一种适于实践事务的推理。在这个问题上，亚里士多德和伊索克拉底是比柏拉图和马克思更好的指导。因为反思与论证不能被证明放弃它们就是灾难性的，因为它容易使政治论说名誉扫地，我们会倾向于完全不用它来行事。或者，它可能阻止唯一一种能改进我们政治论说质量的思想努力。我指的是这种努力，它这样来理解我们的"原理"和我们"承认的善"，将它们每一个认作是我们根据我们自己的道德责任所作的选择，这样，每一个都得到了应有的承认，没有一个会成为专横的东西；这种努力使我们致力于现实的，而不是想象的形势；这种努力用相关的论证来支持我们的建议，在这些论证中，猜测不会被误作确定性，意见也不会被误作证明性真理。

（张汝伦 译）

伯林

以赛亚·伯林（Isaiah Berlin，1909—1997），出生于拉脱维亚的一个犹太商人家庭，他的母亲是一位坚定的犹太复国主义者，对伯林影响很大。儿时随家庭迁居俄罗斯，十月革命后回到家乡，随后于1921年迁往英国。1932年从牛津大学毕业后在该校任教。伯林于"二战"期间供职于英国驻美国外交和情报机构。1945～1946年曾访问苏联，会见了一些知识分子。伯林返回英国后回到牛津大学，学术兴趣从哲学向观念史转变。1957年伯林当选为牛津大学社会与政治理论齐切利讲席教授，在次年的任职典礼上，他发表了著名的演讲"两种自由概念"。1966年成为牛津大学沃尔森学院首任院长。伯林于1974～1978年任英国科学院主席。

伯林的主要著作有：《卡尔·马克思：生活与环境》（1939）、《民主、共产主义与个人》（1949）、《刺猬与狐狸：托尔斯泰论历史》（1953）、《启蒙时代：18世纪的哲学家们》（1956）、《自由四论》（1969）、《俄国思想家》（1978）、《反潮流：观念史论文集》（1979）、《人类的弯曲之木》（1990）等20余部。

伯林的核心哲学观点是两个：绝对的确定性是不存在的，以及并非一切事物都能化约为一个单一的观念或物。以此为基础，伯林将特殊事物而非普遍真理视为知识的对象，将个人视为道德的现实主体。与之相应，伯林认为历史并非仅与认识有关，而与伦理有关。他反对彻底的决定论和绝对的必然性，强调历史中人的作用。伯林之重视人的自由意志使得他在政治哲学中的基本立场是自由主义。

与个人主义和自由主义相应，伯林在道德哲学中的基本立场是价值多元主义。价值多元主义意味着个人应当在各种不同的或相互冲突的价值中进行选择，而在此过程中人们所展示出来的选择能力事关道德主体本身的建构。

伯林认为，哲学的独特之处就在于其反传统性和颠覆性。因此他在20世纪50年代以后着力研究观念史时，也主要分析在道德和政治意识中产生重大变化的那些时刻。他对于启蒙运动时期的思想家或俄国思想家等的分析都与其独特的哲学观密不可分。

本书选取了《反潮流：观念史论文集》的《狄斯累利、马克思及对认同的追求》一文中的一和三以及《伯林谈话录》中的《第三次对话》。在第一个文本中，伯林以"希望属于某一团体是人的一种基本需要"和"自我理解是人的最高需求"为立足点，试图分析马克思的身世与其观点之间的关联。在伯林看来，马克思与狄斯累利一样，由于其犹太血统而无法与生活于其中的那个社会相融。他们渴望同胞能承认自己的地位和权利，而这个世界却对他们并不友好，因此他们都激烈地反对自己出生的那个种族，并转而追求一种新的认同。狄斯累利的方式是想尽一切办法使自己被英国的地主贵族和绅士所接受，并奇迹般地成为后者的领袖；而马克思以另一种方式进行反抗，即在自己的著作中表达了对于无产阶级的认同，马克思以这个阶级的名义"吼出自己的诅咒"，并以自己的著作武装这个阶级，使它取得"必然的胜利"。伯林认为，与狄斯累利相同，马克思为自己这种出于维护自身人格需要而作的"认同"付出了代价，即看不到"不那么痛苦、更普遍也更健全的人所看到的大量现实"，例如民族主义问题就处于马克思的视野之外。

在第二个文本中，伯林对马克思及当代左派运动提出了自己的看法。他认为马克思的学说中几乎所有观点都可以追溯到以前的某位思想家，而马克思的天才就表现在对这些观点所做的综合。伯林反对阿尔都塞的观点，认为尽管马克思的思想不断发展，但其基本理论是首尾一贯的。在伯林看来，马克思的理论中依然有价值的东西是：提出科技的变化对文化起主导作用、预言大企业的兴起以及对思想和利益的关系所进行的分析。

狄斯累利、马克思及对认同的追求^①

一

　　凡是对自己的犹太身份有充分意识的犹太人，都对历史十分着迷。他们比其他任何生存至今的群体都有着更漫长的回忆，他们意识到作为一个共同体的更悠久的连续性。把他们联结在一起的纽带，已经证明比迫害和贬低他们的人所使用的武器更强大，而且比一种狡猾的武器——他们自己的兄弟和犹太同胞的劝说——也更强大；这些人有时以真诚和聪明的办法力求证明，犹太人只是被一种共同的宗教或共同的苦难团结在一起，他们的差异大于他们的共性，因此更为开明的生活方式——自由主义的、理性主义的、社会主义的和共产主义的生活方式——将使他们作为一个群体和平地消失在他

① 选自《反潮流：观念史论文集》，南京，译林出版社，2002。

们的社会和民族环境之中；因为，譬如说，同一位论派（Unitarians）、佛教徒、素食主义者或任何遍布世界的、有某种共同的但并不总是热情坚持的信念的其他群体相比，他们的团结强不了多少。假如真是如此，也就不可能存在足够的理由或足够的愿望过一种共同体的生活，向巴勒斯坦移民并最终建立一个以色列国。无论有其他什么因素进入这个独特的混合体——至少让世界上的其他人立刻承认他们是犹太民族，尽管犹太人自己并不总是这样做——历史的意识——对历史之连续性的意识——都是最为强大的因素之一。

19世纪的俄国革命家赫尔岑说过，他自己祖国的强大不在于其历史，它乏善可陈，而在于其版图——它的虽然野蛮却极为广袤的领土。犹太人也可以合理地说，他们历来缺少的恰恰就是版图——生存和发展的足够土地，因为他们所拥有的历史实在太多了。已故的刘易斯·纳米尔曾告诉我，有位尊贵的英国贵族问他，他这个犹太人为何写英国史而不写犹太史，他答道："德比！根本就没有现代犹太史。只有犹太人的殉道史，这引不起我的兴趣。"这种回答很典型，而且无疑是要让那个没头脑的贵族安分守己。但是它也确实包含着某种真理。从第二神庙（Second Temple）被毁到相对较晚近的时期，把犹太人联系在一起的主要渠道，其实就是一部迫害和殉难、软弱和英雄主义的故事，是不间断的抗争，它比任何其他人类群体所曾从事的斗争都更为古怪。不过从犹太史学家的角度看，这项工作因为一个事实而变得较为容易：主要是由于基督教徒、在一定程度上也有穆斯林的系统而一致的迫害，迫使犹太人进入了一些界线分明的犹太人聚居区、定居点或类似的地方，所以他们的共同体的历史虽然惨痛，但也很容易辨认、描述和分析。至少在19世纪以前，欧洲的情况似乎一直就是如此。个别犹太人离开他们的群体，生活在非犹太人中间。有时他们受洗成为基督教徒，有时他们暗中举行他们祖先宗教的全部或一部分仪式，或像斯宾诺莎那样，成为公开的异教徒，受到自己群体的唾弃，他们生活于其中的社会则对他们报之以小心翼翼的尊重，但他们从未完全认同于这个社会。这种人并不多。因此，在古代世界或中世纪，或在文艺复兴时代和稍后，谁是犹太人谁不是犹太人的问题，并不是个严肃的历史问题。

如果我们给犹太人的历史大体上断一下代，我们可以说至少存在着三个重要时期：（1）他们生活在自己的土地上，在小亚细亚或北非还有少数殖民地的时期；（2）中世纪流离失所的时期，这时他们生活在孤立的群体中，因此他们的命运，至少从理论上说，并不十分难以把握；（3）获得解放以后的时期。历史学家的真正困难即来自这个时期：犹太人的历史是什么，不是什么？谁属于这个历史，谁不属于这个历史？东方的共同体的社会、思想和宗教史显然是，俄罗斯—波兰的犹太人聚居地的历史也是。然而对西方的犹太人我们该说些什么？作为一个共同体来追溯他们的制度史是可能的吗？在英国，他们这段时期的历史是最幸运的，平淡无奇，引不起纳米尔这类人的兴趣，他们喜欢色彩和变化，喜欢复杂的个性和环境的作用。正如黑格尔所言，幸福的时期是历史卷册中的空白页。

然而现在出现了一个问题：有犹太血缘或犹太信仰的个人的经历，也是犹太历史的一部分吗？大多数研究犹太史的学者都提到这样一些人物，如纳克索斯的约瑟夫或斯宾诺莎，而研究意大利史的学者却很少把红衣主教马萨林、阿尔贝罗尼或玛丽·德·梅迪契算作意大利的历史人物。这样做不无道理，因为直到近代以前，很少出现身份认同这个严肃的问题：普卢塔克并没有遇到自己是希腊人还是罗马人的问题；约瑟夫对自己的身份没有怀疑；斯宾诺莎从来不自问他是否真是荷兰人。欧洲民族国家打破了各种团体，以及它们要求人们的完全效忠，使这幅画面发生了变化，引起了忠诚问题上的冲突。对犹太人来说，这种危机的出现要晚于他们的邻居。当犹太人聚居区的大门被打开，犹太人先是小心翼翼，然后更有信心和更加成功地同有着其他信仰的同胞公民融合在一起，越来越多地分享着他们共同的私人和公共生活，此时这一点才变得十分明显。在近代史上，我们如何在犹太人本身的历史同他们所属的社会的历史之间划出一条界线？我们都很熟悉那些多少有点病态的清单，上面列明了犹太人的辩护者所说的他们对整个文化的贡献，以此提醒那些贬低他们的人，基督教文明从中受益良多。海涅、菲利克斯·门德尔松和李嘉图的生平和成就，是犹太人历史的一部分吗？如果以他们改宗为由把他们排除在外，那么——随便举几个上个世纪的例子——我们对拉萨尔、梅耶尔比尔、毕沙罗又该说些什么呢？他们并没有改崇基督教，但他们同规范的犹太人生活有什么特殊关系？我们并不把培根、约翰·斯图亚特·穆勒或罗素称为基督教思想家；然而，我们能把胡塞尔、柏格森或弗洛伊德算作某种特殊意义上的犹太思想家吗？

这个问题引出了一个古老的话题，作为史无前例的大屠杀和建立犹太人国家的共同结果，它如今直接来到我们面前——"犹太人是什么？"的问题。他同自己社会中其他人是什么关系？从什么意义上说这是"他的社会"？从什么意义上说不是？他同这个社会中其他成员的差异，是不是类似于另一些更常见的差异，例如那些使通常被视为单一社会整体——国家或民族——中的人分成不同阶级、职业、信仰等社会团体的差异？

在法国大革命之后，对于那些得以从古老的囚室中走出来重见天日的人，对于走出了西方世界的犹太人聚居区的限制——或无其名有其实的这类地方——的人，这个问题变得尤为紧迫。这种解放来得太突然：还没有人为调适问题作好准备。有些人在一个陌生的、更为广阔的世界这个前景面前退缩了，他们更喜欢待在有着古老限制的狭小的阴影中。还有些最热情、最有抱负、最有理想主义和乐观精神的人，满怀殷切的希望走向光明。有些人成功地同自己的新同胞融为一体，改变了自己的信仰或至少是自己的习惯，显然没有付出多大的痛苦或精神代价，譬如19世纪英国的犹太银行家吉登，他的名字今天几乎已经被人遗忘了；还有经济学家大卫·李嘉图，或那些杰出的银行家和铁路建设者，圣西门在西班牙和葡萄牙的弟子们。另一些人，出于不同的原因，但经常是心理上的原因——天性中的某种与自己的意愿相反的不屈性格——觉得没有能力同化，或无法做到那些大大改变自己习惯的人所必须达到的调适程度，他们有时驶离此岸，却没有碇泊于彼岸，一直待在两岸之间，他们受着诱惑，却不甘屈服，成了复杂而痛苦的人物；他们漂浮在水中，或者换个比喻，他们彷徨于无人之地，把他们和同胞分开的那种个人品性中的自恋、咄咄逼人的傲慢和过度的自尊，向他们阵阵袭来。他们不时被自怨自艾所折磨，觉得自己成了这个新社会中某些人嘲讽和厌恶的对象，而他们本来最希望得到这些人的承认和尊重。这就是被迫进入异族文化者的人所共知的处境，当然这并不限于犹太人。例如，不管是谁，只要读过半意大利人、半德国人的犹太音乐家费鲁西奥·布索尼的书信，都会认识到，他的生命被这种矛盾撕裂了。希莱尔·贝洛克那些夸张的粗暴风格，可归因于他在英国社会中不稳定的地位，虽然他并未意识到这一点。还有许多不太知名的人士，即美国所谓的"归化群体"（hyphenated group①），尚未完全融入外国新生活的新移民。不过，这种不适感最生动的事例，还要算一切流浪族群中最著名、最有天才的群体——失去了自己的信

---

① 这个词的字面含义是"带连字符的群体"，如 Italian-American（意大利裔美国人）、German-American（德裔美国人）等。——译注

仰的严格约束这一支撑结构的西方犹太人，他们面对一个谈不上友好的新世界，它神奇而危险，每前进一步都可能是致命的，但是后退的危险同样大，无知、焦虑、野心、危险、希望、恐惧，都在刺激着他们的想象力。过于急切地想进入一个显然不属于自己的传统，会导致自我挫败，导致过于热情地希望马上得到接受，希望丛生，然后是背叛：导致单相思、挫折、怨恨和悲痛，虽然这也可以强化感受力，而且就像牡蛎中的沙砾一样，能够引起造就天才珍珠的痛苦。

这就是希望走进外部世界的第一代天才而有抱负的犹太人的命运。大家都知道路德维希·波尔纳和海因里希·海涅的故事①，对于他们，这种不正常的身份变成了一种困惑。他们越是坚持自己属于德国人，是德国文化的真正传人，只关心德国的价值，或至少关心把启蒙的成果传播到他们的同胞中，他们在这些德国人眼里就越不像德国人。对于处境安全的人来说，追求安全是一种反常表现，这常使他们恼怒。在溜进了欧洲世界大门的犹太人中间，性情温和不事声张者，引不起人们的注意，他们的子女同邻居和平而自然地融合在一起。精神更为大胆的人则是破门而入，引起不愉快的注视，虽然勉强得到了承认，在他们的新环境中却从未觉得完全心安理得。他们为了保持步伐，为了战胜自己的无能，为了让别人相信他们的真实信仰、他们的忠诚、他们的创造力、他们在俱乐部中的合格身份，不断求助于各种权宜之计。他们越是抵抗，就越是证明了他们所造成的这一问题的性质，证明了它难以用任何简单的办法加以解决。

在这篇文章中，我要谈谈这种历史和心理困境的两个重要代表：我选出这两个人来阐明我的看法，他们都是有影响的大人物，都有异乎寻常的才华。他们在一些明显的方面彼此大不相同，但他们都具备我所接触过的某些特殊品质，而且他们有着共同的处境。

德国历史哲学家赫尔德最早让人普遍注意到这样一种主张：在人类的基本需要——就像食物、住所、安全、生儿育女、群体生活一样基本的需要——中，也包括归属一个被某种纽带——尤其是语言、共同的回忆、长期生活于同一片土地——联系在一起的特殊群

---

① 海涅当然认为自己属于犹太人群体，其程度甚至超过了波尔纳，至少在他受洗成为基督教徒之前。不过即使在这之后，在他对古老的犹太宗教，尤其是《旧约》的冷嘲热讽和感情依恋这两种情绪交替出现时，他也绝对没有像当时另一些改宗者，如斯塔尔或门德尔松的女儿及其兄弟那样，明确地让自己在精神上同它一刀两断。

体的需要，这个群体还附带着一些我们今天经常听到的属性：种族、血缘、宗教信仰、共同的使命感等。不管我们揭示出多少在赫尔德思想中属于和平和人道主义的信念由于被夸大和曲解而造成的可怕结果，无可怀疑的是，法国大革命之后的欧洲，却是一个受自觉的内聚原则支配的世界，一个以往相对受压制的群体——民族的、社会的、宗教的和政治的等——纷纷涌现的世界。在这个民族、种族和语言上的少数群体，以及阶级、政党、社会等级纷纷自我觉醒的时代，个人属于哪一个群体、哪儿是他天然家园的问题，就变得越来越尖锐了。犹太人在人道主义、平等、宽容、国际主义的大旗下获得解放，人们正是以这些启蒙主义的理想为号召，反抗国王和僧侣、无知和特权。然而正如一切研究历史的人所发现的，大革命和随后的战争，也使民族、阶级、各种运动和个人的势力挣脱了枷锁。不公正和不平等的牺牲者被允许进入的欧洲，是一个充斥着以往受压制的群体之间为自由和自决而激烈斗争的世界，一个受着民族主义的支配，为地位、权力和财富而残酷竞争的世界。历史上最受歧视的少数人，怀着迫不及待的愿望，要同人类受尊敬的成员融为一体。犹太人接受世俗教育的 18 世纪伟大的鼓吹者摩西·门德尔松，希望他们达到和他们邻居一样的社会、教育和文化水平：变得和其他人一样。他的一个儿子和两个女儿都成了基督徒这一事实，并不十分令人惊奇；他们到底相信多少基督教信条，一向就不很确定。但十分清楚的是，他们希望与人类中令人羡慕的成员，与其中的上等人、有教养的和获得了解放的人融为一体。文化和政治上的统一，民族的、所谓"有机"的团结，都属于当时的口头禅。对于处在这种发展之外的某些人来说，有时这就像沐浴在金色阳光之中。这是一种人们熟知的心理现象：局外人总要把他们一直凝视着的边界之外的境域理想化。出生在定居群体的可靠的安全环境中，把它视为自己的天然家园的人，有着更强烈的社会现实感：他们以合理的正常眼光看待公共生活，没有必要逃避到政治幻想或浪漫主义的发明中去。而在那些在一定程度上受到排斥、不能参与社会核心生活的少数人中间，最容易看到这种理想化倾向。对于支配的多数，他们很容易产生过分的怨恨或轻蔑，或过于强烈的赞美和崇拜，或两者兼而有之，这都会导致反常的眼光和——作为过度敏感的产物——对事实的神经质歪曲。

人们时常从某些政治领袖身上看到这种现象，他们是来自他们所领导的社会之外，或至少是来自它的边缘地区、它的外围。拿破仑的法兰西观念并不是法国人的观念，甘必大来自南方边疆，斯大林是格鲁吉亚人，希特勒是奥地利人，吉卜林来自印度，德·瓦勒拉只是半个爱尔兰人，罗森堡来自爱沙尼亚，泰奥多尔·赫茨尔和雅伯廷斯基，还有托洛茨基，都是来自犹太人被同化的边缘地带——这些人都有着火热的眼光，不管高贵还是低俗，充满理想还是心术邪恶，它源于他们的自尊心受到的伤害，他们的民族意识受到的侮辱，因为他们是生活在其他社会、其他文明的压力最强大的民族边缘。休·特莱弗—罗普尔正确地指出，最狂热的民族主义是出现在不同民族和文化汇合、产生摩擦最剧烈的中心地带，例如维也纳——此外还可以补充上塑造了赫尔德的波罗的海地区、独立的萨伏伊公国，法国沙文主义之父德·迈斯特就是在那儿出生和成长；或巴雷斯和戴高乐的家乡洛林。以充满信仰的眼光看待人民或民族，而不管事实如何，这样的理念，正是在这些边远地区产生和茁壮成长的。

所以，在一个刚获得解放的群体的成员中看到这个过程，是不必感到奇怪的。这个群体在任何地方都是少数，渴望着使自己变得和多数一样，他们看到自己终于得到了承认，得到了平等的地位，就像是在做白日梦一样；那些更热情的人，甚至要从被解放的奴隶地位上升到决定他人命运的主人地位。但是，这些受排挤的群体中的成员，他们的想象力即使没有达到这种想入非非的高度，也渴望着摆脱他们反常的、往往低贱的社会地位。这通常表现为两种形式：一是受压制的民族为自决和独立，正在崛起的帝国为侵略和荣耀，好战阶层、宗教团体、各种教派和其他一些人类团体为得到社会和经济承认，自觉地要求平等或优势地位而进行的各种斗争。这是一种形式。民族主义、社会主义、教会和反教会运动的历史，帝国主义、法西斯主义、种族冲突的历史，都是我们今天十分熟悉的现象。

不过，这种对承认的追求还有另一种形式：为摆脱受压迫或受伤害的社会群体的软弱与耻辱，努力让自己认同于没有其原来处境中的各种缺陷的其他社会群体或运动。这包括试图获得一种新的身份，与此相伴随的还有某种新的服饰，一套新的价值观和生活习惯，不会压疼旧的创伤和身为奴隶时枷锁留下的疤痕的新盔甲，这当然是军队、纪律和制服的特点。那些在自己原来的处境中感到失落和无助的人，在得到了可以为之而战的新名号，尤其是能够同过去真正的或想象的荣耀联系在一起的事业时，就会变成勇敢而纪律严明的战士，爱尔兰人在被征服的爱尔兰情绪低落，在英国或美国的军队里却骁勇善战。受着奥地利压迫的波希米亚人，在捷克军团里却士气高昂。当赫茨尔要求他那些优柔寡断的追随者在第一届犹太复国主义大会上尽可能穿戴整齐，以加强这个时刻——将会使一群无组织的个人在精神和物质上转变为一场民族运动的时刻——的庄严和历史性的重要意义时，他知道自己正在做什么。来自东欧的代表，包括魏茨曼在内，并不很自信，他们以讥讽和怀疑的态度看待赫茨尔的仪式要求。魏茨曼后来认识到了自己的错误。要想获得新的身份，清除掉身上奴役和低贱的标记，就需要有自由人的举止、习惯和风格——这是过去受压迫群体中众多成员的天然愿望，因为这个群体如今正站在——或至少他们希望如此——享有平等、尊严的新生活的门槛上，今后可以施展自己一直受到压抑的才华。这就是拿破仑的胜利给莱茵兰的犹太人带来的新希望，这是一场暴风骤雨，它摧毁了古老的封建樊篱，打破了犹太人聚居区，使他们充分享有了人的地位。这是海涅亲身经历过的一个新起点，就像他对待所有事情一样，他对此既赞美又嘲讽。这场由外国事件引起的变革之风，也开始在英国劲吹。我打算用两个大不相同的人物——本杰明·狄斯累利和卡尔·马克思——的反应加以说明的，便是这种处境的心理特点。

二

我不会在狄斯累利的对立面卡尔·马克思身上花费太多的笔墨，因为人们对他的事迹了解得较多。如人们所知，卡尔·马克思走了一条与狄斯累利截然相反的道路。他丝毫也不蔑视理性，而是希望把它运用于人类事务。他相信自己是个科学家，恩格斯也说，他是社会科学领域的达尔文。他希望对什么因素让社会如此发展、人类过去为何总是失败、将来他们如何能够而且必然成功地获得和平、和谐和合作，尤其是理解自我——这是理性的自我定向的前提——进行理性的分析。

这和狄斯累利的思想模式相去甚远；事实上，那正是他深恶痛绝的东西。不过他们的社会处境还是有些相似之处的。马克思是两代犹太拉比的直系后裔。他的父亲和狄斯累利的父亲一样，都属于第一代获得解放的犹太人：他们都是温顺的守礼之民，而他们的儿子对此似乎有着强烈的反感，尽管他们对父亲即使没有深怀敬意，也一向很有感情。马克思已受洗为基督徒，所以他没有受到犹太人在德国无所作为的困扰。然而在他一生的大部分时间里，他都躲不开社会主义和激进派同伙的反犹主义嘲笑——他为此受到过俄国无政府主义者巴枯宁的奚落，他几乎不可能意识不到蒲鲁东对犹太人的强烈仇恨，或阿诺德·卢格和尤根·杜林的反犹太观点。他猛烈抨击这些人，但是他并不提及自己的犹太人出身。他对此保持缄默。他同犹太人的唯一一次接触，见于他在 1843 年给卢格的信，其中写道："这里（科隆）的犹太人首领刚来看过我，让我在犹太人向议会请愿的事上帮助他们。我会为他们做这件事的，虽然犹太人的信仰令我厌恶。"他解释这样做的理由是，犹太人的请愿难免遭到拒绝，由此引起的不满的加剧，也许会成为对基督教国家的打击。马克思研究者告诉我们，他只有一次提到自己的出身：在 1864 年写给他在荷兰的叔叔利昂·菲利普的一封信里，他很偶然地提到了狄斯累利是个来自"我们共同血统"的人。仅此而已。他偶尔漫不经心地谈到过耶路撒冷那些贫穷的犹太人的境况，在 20 世纪的早些时候，狄斯累利也谈到过他们，说他们已经被基督教传教士以每人 20 个皮阿斯特的价格转变了信仰。他向犹太历史学家海因里希·格拉茨题献过一本《资本论》。除此以外，他对犹太人的态度是毫不妥协的敌视。在写于 1844 年的《论犹太人问题》一文中，他说犹太人的世俗道德观就是自私自利，他们的世俗信仰就是讨价还价，他们的世俗上帝就是金钱。犹太人的真正上帝是汇票。"钱就是犹太人的上帝，在它面前不可能有别的神。"实际上这是在重复《神圣家族》的论点。他针对布鲁诺·鲍威尔反对犹太人的解放进行的批驳不得要领，令人吃惊的倒是他的严厉用语，它类似于后来的许多反犹作品，不管是左派的还是右派的，是德国的、法国的、俄罗斯的还是英国的，是沙文主义的、法西斯主义的还是共产主义的，不管是过去的还是我们这个变本加厉的时代的。

在 1845 年的《费尔巴哈提纲》中，马克思谈到了以"肮脏的犹太形式"表现出来的错误的实践观。他把巴黎交易所称为"进行股票交易的犹太教堂"，并提出第十位缪斯是希伯来人——"股票交易指数缪斯"。他不失时机地强调富尔德家族、罗特希尔德家族和巴黎其他金融家的犹太人出身。1856 年，他在给纽约《论坛报》写的一篇文章中说："每个暴君背后都有个犹太人，每个教皇背后都有个耶稣会士。"当他议论拉萨尔时（拉萨尔一直没有接受基督徒洗礼，而且也不隐瞒自己的犹太人情怀），他的语气达到了仇恨的顶峰。马克思在写给恩格斯的一封信里，他把拉萨尔称为"犹太鬼"，并且提出这样的假设，由于犹太人在逃离埃及时造成的种族混杂，黑人的血一定流进了他的血管。在另一封里，他抱怨拉萨尔那种典型的"犹太人牢骚"。在提到拉萨尔时，通常是用"伊兹希"或"伊兹希男爵"这种称呼（确实有一个人叫这个名字，他是一位18世纪的银行家，海涅曾对他大加嘲讽。不过这个名字用在这里却是作为贬低犹太人的一个绰号。在古斯塔夫·弗雷塔格的《借方和贷方》一书中，伊兹希是个骗子、放高利贷者，而且和拉萨尔一样，是个西里西亚的犹太人）。因此至少可以说，马克思—恩格斯学会的一份1943年的出版物断言"马克思以最强烈的语气谴责反犹太主义"是有些牵强的。十分清楚的是，这并不是一个他完全不在乎的问题。他的女婿龙格在1881年为马克思的妻子燕妮·冯·威斯特法伦所写的讣告刊于社会主义杂志《正义》，其中谈到了由于她的家人反对她嫁给马克思，她进行过艰苦的反抗，并把这归因于种族偏见。这让马克思勃然大怒。他写信给自己的女儿、龙格的妻子说，在威斯特法伦家里不存在这种偏见，并且说如果龙格先生绝不再提他的名字，他将不胜感激。在莱茵兰地区的开明贵族中间，没有反犹情绪并非完全不可能。海涅和赫斯的证言却很难让这种说法站住脚。就算威斯特法伦一家完全没有受反犹主义的影响，马克思在面对这种事情时作出的反应也似乎过于强烈了。这显然是个痛苦的敏感领域。似乎很清楚的是，马克思是个有着坚强的意志和行动果断的人，他决定一劳永逸地从自己的心中消除这种怀疑、不安和自我追问的根源，而波尔纳、海涅、拉萨尔等许多人，包括改革派犹太教的创始人和——直到他用犹太复国主义的想法解决了这个问题之前——第一位德国共产主义者摩西·赫斯（他的出身和思想形成与马克思本人相似），都曾被这件事所烦恼。

马克思轻率地把这个问题一脚踢开，他决定不把它当作一个真正的问题看待。假如他没有真诚地远离犹太教，他无疑会发现更难以做到这一点。但是他也面对年轻的狄斯累利遇到过的困难：他不但想描述社会，他还要改造它。他要留名青史。他是一名战士，他希望摧毁他认为阻碍人类进步的东西。当时的德国，在受到法国的羞辱——不仅有拿破仑的统治，而且在过去200年里从未间断过——之后，比英国、荷兰、意大利甚至法国有着更强烈的民族主义情绪。在马克思出生之前，极端的德国沙文主义就采取了病态的反犹主义形式。就像德国其他地方一样，它也出现在莱茵兰。反犹情绪并不局限于宗教上的不宽容。在阿恩特、雅恩、格雷斯和费希特强有力的宣传下，这种情绪变成了公开的种族主义。拉萨尔曾经说过，如果他不是生为犹太人，他十有八九也会成为一名右翼的民族主义者。实际上，有社会野心、时常表现出让人不堪忍受的卖弄和虚荣的拉萨尔，作为一个德国社会主义的鼓动家和组织者成就非凡，他的特点之一就是他在人格上的这种完全的诚实无欺。这使他能够对德国工人发挥一种其他人再也难以产生的道德影响……

"Juedischer Selbsthass"（"犹太人的自我仇恨"，它同自我批判或现实主义的分析相反）这种说法，恰恰是由一个德国的犹太作家泰奥多尔·莱辛发明的，他把它描述为一种有着海涅的读者所熟知的那些特殊表现的感情。毕竟在德国有一个犹太人的政党，虽然很小，而且今天也被人公正地遗忘了，他们同意希特勒对犹太人性格的评价，声称生为犹太人是他们自己最大的不幸。犹太人自暴自弃的最强烈的表现形式，大概可以在一个受到纳粹青睐的犹太作家那儿找到，他就是一度大名鼎鼎的奥托·威宁格，一个受着犹太人自我仇恨煎熬的人。神经质地歪曲这个问题的表现，在拉特瑙的日记中也有令人痛苦的证据，他赞赏那些最终把他杀害的反犹太民族主义者；在西蒙·维尔那些高尚而痛苦的文章中，以及在一些依然在世的犹太作家——提到他们的名字未免有失厚道——的作品中，都存在着这种病症。这就是马克思长大成人的早期阶段的气氛。不过，同一些与往往会伴随其终身的心病作斗争的人相比，马克思有着更坚韧的性格。改宗的犹太知识分子，仍然在种族上被其国民视为犹太人，只要民族主义依然是他的一个问题，那么他在政治上就别指望有所作为。必须消灭这个问题。不管是否出于自觉，马克思终其一生都低估了作为一股独立力量的民族主义——这种幻觉使他的门徒在20世纪对法西斯主义和国家社会主义作出了错误的分析，他们中的许多人为此付出了性命，它也导致了对我们这个时代历史进程的许多错误的诊断和预测。尽管马克思有许多深刻而独到的观点，但是他没有正确说明民族主义的来源和性质，低估了它的作用，正像他低估了作为社会中一个独立因素的宗教的力量一样。这是他的伟大体系中的主要弱点之一。

我们再次看到了为逃避不堪忍受的现实所作的努力。狄斯累利在面对类似的困境时，让自己认同于英国的地主贵族和绅士，他向那些乡绅和大地主施展魔法，直到他们接受了他的变形记。就像他一样，马克思也穿上一件制服，这使他能够摆脱自己原有的紧身衣，加入并改变一场运动和一个政党，它们没有他在其中长大成人的那个社会群体的创伤。简言之，正像全世界都知道的，马克思让自己认同于一股社会力量，没有财产的工人这一伟大的国际主义阶级，他能够以它的名义吼出自己的诅咒，他的著作将武装这个阶级，使它取得必然的胜利，因为在他看来，这种胜利是由他真心相信的东西所承诺的：行动的理性，建立一个和谐、合理的有机社会，结束使人类的言行受到扭曲的自我毁灭的斗争——一句话，它就是无产阶级。马克思对无产阶级中的个人——没有技能的工厂工人、矿工或无土地的劳动者——没有什么亲切感，就像狄斯累利对英国上层阶级的核心人物一样。也就是说，这个群体只是狄斯累利和马克思各自选中的研究对象；它是他们的臣属，是他们放置盟约的柜子；他们使自己成为它的诗人、它的牧师，尽管马克思声称有科学家的身份；然而他们仍然是处在这个群体之外的观察家、分析家、鼓动家、盟友、赞美者和领袖，但他们不是它的成员，不是它的血亲。

在马克思那儿，无产阶级始终是个抽象的范畴。马克思了解贫困，他知道屈辱的滋味；他准确地把握住了作为一个世界体系的现代工业化的动力，看透了它的伪装和虚饰，在这一点上他前无古人。他用因为义愤和仇恨而犀利无比的眼光，和一定的智力及预见力，看清了他那个时代资本家的思想和活动，不管是在总体上还是具体的事例上，对于充分发达的工业社会，过去还从来没有得出过这样的认识。但是，当他谈论无产阶级时，他所谈论的并不是真实的工人，而是抽象的人类，有时甚至仅仅是义愤填膺的他本人。当他否认各阶级之间可以做到休战或妥协时，当他向相互理解的呼吁发出谴责，并预言后来者一定居上，今天趾高气扬当老爷的敌人在革命之日到来时必将被彻底粉碎时，他所说出的似乎是一群贱民数百年来受到的压迫，而不是那个最近崛起的阶级受到的压迫。资产阶级及其代理——政府、法官和警察——是无归宿的世界主义者、革命的犹太知识分子的迫害者，而后者则是受屈辱的人类的复仇者。正是这些观点，赋予了他的话以激情和现实性，也正是由于这个原因，他的话深深打动了那些和他一样的人：一个遍布世界的知识分子群体中的疏离者；资产阶级或贵族的反叛子弟，被他们自己的阶级所支持的制度的不公正、不合理和丑陋现象所激怒的人。马克思过去是向这些人说话，现在仍在向他们说话，他虽然表面上是以工业化国家的工厂里的操作工的名义向全人类发言，但对他们并没有多大直接的作用。马克思的无产阶级，在一定程度上是马克思本人作了特殊说明之后才被建构起来的一个阶级。它在他的学说体系中的作用，类似于它的对立面——《科宁斯贝》、《坦科瑞德》、《康塔利尼·佛拉芒》中的种族精英——在狄斯累利那儿所起的作用。那是作者的声音，是一群被理想化的人，他让自己认同于这个群体和它的不幸；是使他可以向目标开火的阵地。这个体现着作者观点的阶级，不管谈到过多少它的具体内容，仍然是理想化的。

让我重复一下我的论点。当马克思为无产阶级说话时，尤其是当他断言在无产阶级和资本家之间没有共同语言，所以不可能取得调和，从而改变了社会主义的（和人类的）历史时；当他坚持说没有共同的基础，因此不可能通过诉诸共同的正义原则、共同的理性、共同的幸福愿望——因为这纯属子虚乌有的东西——使人类化敌为友时；同样，当他谴责求助于资产阶级的人性或责任感不过是受害者病态的幻觉时；当他宣布发动根除资本主义的战争，预言无产阶级的胜利是历史本身、是人类理性对人类非理性的必然裁决时——当他说出所有这一切时（他确实是说出这些话的第一人，因为清教徒和雅各宾党人至少从理论上同意劝说和协商的可能性），人们不禁会认为，这些话是出自一个高傲而好战的贱民之口，与其说他是无产阶级的朋友，不如说他是长期受屈辱的种族中的一员。《德意志意识形态》和《共产党宣言》，还有《资本论》中的那些论战篇章，都是这样一个人的著作，他向统治体制挥动着拳头，以古代希伯来先知的方式，代表选民发话，他宣布了资本主义的重负，这种邪恶的制度的厄运，以及那些看不见历史的过程和目标，从而必然自我毁灭和消亡的人将会受到的惩罚。马克思把无产阶级理想化，尽管他本人宣称反对这种虚构。这种做法本身就反映着一种理想化的个人形象，他渴望让自己认同于一个没有经受过他那些特殊伤害的群体。

这里我不想讨论马克思对工业社会和工业文化的分析的正确性。我只想谈谈他这种分析在他本人的人格和困境中的心理根源。他的形象转换是从一个激进的记者的角色变成了一群同他本人的处境相去甚远的人的组织者和领袖，这至少部分地是因为他需要它，因为他是个局外人，因为在一个对社会和民族身份有强烈意识的社会里，他的资格令人生疑。他改崇基督教给他带来的，就像谢立丹的《少女的监护人》（*The Deunna*）一剧中的路易莎所说的，是"《新约》和《旧约》之间的空白"（狄斯累利也曾把这句妙语用于自己），因此他需要找到一个可靠的立足之地，他可以从这里投出他的长矛，组织他的势力。马克思在其一生确实会见过一些无产阶级的成员，但数量并不很多，而且他从未同他们变得十分亲密。他向他们布道；他告诉他们应当去做什么；他感动过英国的工会领袖；他领导着第一国际，但是他的朋友，那些能和他交谈的人，都是和他本人一样的 déclassés（没有阶级归属的人）：恩格斯、弗莱利格拉特和海涅。尤其是海涅，因为他的祖先、他的社会观和个人观，都与马克思很相似；他们对自己的出身都怀有不堪忍受的烦恼，他们没有像狄斯累利那样，把这种烦恼变成一种夸张的傲慢，而是视为一个令人心烦的事实（其他一些有才华而又极敏感的人也是如此，例如帕斯捷尔纳克的《日瓦戈医生》中的主角，也受到类似的祖先问题的困扰）。不相信种族、传统、民族性和宗教的至关重要，更不希望用它们创造一个偶像，是一回事；强烈否认它们的内在重要性，（不顾一切地）把它们贬低成在历史中没有独立作用的上层建筑或副产品——随着经济基础的必然变化，它们会像噩梦和不理性的幻想一样消失，聪明人已经认识到这一点了——则是另一回事。

我并不认为狄斯累利或马克思说过的话全是假话或者暧昧不清。不错，我确实认为，狄斯累利的社会和历史观中贯穿着一些奇思怪想，它们是反常的，有时是荒谬的、极为反动的和危险的。我也确实认为，马克思过于轻视非经济因素在历史中的作用了。但这并不是本文的要点。我所关心的是一种有关个人的话题而不是普遍话题：这些有着相同的祖先、极聪明、极有想象力、抱负远大又精力充沛的人所处的社会困境以及它给他们造成的影响。即使他们两人说过的话完全正确，我的论点是——我十分谨慎地、以尝试性的态度提出的论点，毕竟我不是心理学家——狄斯累利和马克思两人的幻觉的根源之一——使前者自视为贵族精英的天然领袖，使后者自视为全世界无产阶级的导师和战略家的因素——是他们的人格需要，他们要找到自己的适当位置，要确定个人的身份，要在这个较之过去更持续不断地提出这个问题的世界上，决定他们应当属于人类的哪一部分，属于哪一个民族、政党、阶级。这些人的历史和社会环境已经同原来的体制——曾经熟悉的、被安全地隔离的犹太少数民族——断裂，他们试图在新的、不太安全的土地上找到立足之地。没有抱负、只想得过且过的伊萨克·狄斯累利和海因里希·马克思——他们的儿子强烈地反对这种人生观——就像许多他们之前和后来的人一样，打算平静地接受同化，对他们自己是谁以及是什么没有过多的焦虑。而他们的儿子，玩世不恭（而且充满激情）的政治浪漫派狄斯累利和同样满怀激情的道德学家与理论家卡尔·马克思，却需要更牢固的碇泊之处，由于他们并非生来就有这种碇泊之处，所以他们只好自己建造。他们这样做的代价是，不那么痛苦的、更普通也更健全的人所看到的大量现实，却被他们视而不见。

人们希望属于某个团体，这是一种基本的需要；他们希望自己的同胞承认他们的地位和权利——这些事实，再加上在19世纪初犹太人聚居区的子孙不正常的处境，他们面对着一个生疏并且不十分友好的世界，这些因素在很大程度上解释了狄斯累利的反理性主义幻觉和马克思的理性主义理想。他们都是局外人，在社会中没有得到承认的地位。他们都反叛其父亲极力想进入的当时的中产阶级社会；或许主要就是因为这一点他们才进行反叛。他们两人都转而激烈地反对他们所出身的社会阶级。狄斯累利努力维护和促进贵族精英，他把自己的祖先等同于这个群体，为它提供了一种道德上可以接受的角色，即反对可怜的、简陋的、软弱的、掠夺成性的资产阶级的斗士，以此对抗穆勒所说的集体中庸。马克思更为现实，他把犹太人等同于资产阶级，以受欺辱受压迫者的名义，从下面向他们发起攻击。他们两个人的出身令他们厌恶；他们无法接受这种出身，或是他们的自我，他们原来的面目。狄斯累利为此而烦恼。他牵强附会地把犹太人变得无所不是，在伴随了他一生的幻想中，把他们改造成了一些富裕而古怪的人。马克思实际上从自己自觉的思想中清除了对祖先的全部意识。然而当这种意识冲破封锁时，它采取了一种暴躁的漫画形式，这是强烈压抑下的可怕产物，是现代心理学也许认为很容易解释的现象。

狄斯累利把自己包裹在一件神秘而高贵的斗篷里，和另一些精神高贵的人同步前行，因为一个"伟大"种族的天才而高居于众生之上；马克思则让自己认同于一个理想化了的无产阶级，他们是一个完美的人类社会的继承者，同他本人的出身和他作为资产阶级知识分子的环境相距遥远，是得到净化的力量和忠诚的来源。至少在精神层面上，这两个人的生活都同他们理想化的阶级有很大距离。他们都想支配和领导这个被抽象地理解的群体，使自己认同于这个群体，但不是它的那些可以在客厅或车间里遇到的真实成员。为这些幻觉披上了合理形式的学说，激发出他们热烈的献身精神、狂热的忠诚意识和宗教崇拜。不管是狄斯累利神秘的保守主义，还是马克思的无阶级社会的幻想，都被他们视为可以检验的假说——它也许有错，可以进行改正和变动，但不易于根据经验做大幅的修正。我希望指出的是，假如这些信条在一定程度上来自他们对其作出反应的心理需要，那么事情也只能如此：它们的作用首先不是描述或分析现实，而是安慰人心、强化决心，是为失败和弱点作出补偿，使这些信条的作者本人产生一种战斗精神。狄斯累利对科学研究的理性方式公开表示厌恶，马克思把科学方法等同于他自己的辩证的目的论，因此对更为客观但在改造社会上作用不大的经验研究的资源嗤之以鼻，在我看来，这些事情有着同样的心理根源。

自我理解是人的最高需求。如果这个观点有任何实际意义的话，那么，这两个刚获得解放的犹太人之子的故事，这两个性格迥异、才智不同但遇到相同困境的人的故事，也许会起到道德教诲的作用，让一些人奋发，让另一些人警醒。

（冯克利 译）

第三次对话①

一、马克思和 19 世纪的
社会主义运动

贾：您在论述卡尔·马克思的书中把他看作一个不重视人，不重视精神状态的缺乏感情的人。

伯：马克思是个不注重感情的人，有时他也有热情的表现，但是不常见。他在给恩格斯的一封信中，说他死了儿子之后非常悲伤。恩格斯催促他赶快去做心理治疗，马克思回信说心理治疗对他不会有用，他跟别人不同，在可怕的损失之后不免有痛苦。马克思是个头脑硬心肠也硬的人。他喜欢的人实际上只有恩格斯、自己家人和

西方学者卷·伯林

---

① 选自《伯林谈话录》，南京，译林出版社，2002。

极少的一些朋友——海伦妮·德穆特、库格尔曼医生、李卜克内西、查尔斯（后来成了爵士，剑桥大学美术教授）、瓦尔德施泰因，也许还有几个英国的同道。到马克思去世前，除了他夫人和女儿们，几乎没有谁跟他来往。

贾：为什么马克思不喜欢自己的犹太血统？

伯：主要是因为他把犹太人等同于资本主义。当然他跟他父亲一样行过洗礼，他把反犹主义和犹太教，跟其他宗教一样，都看作是资本主义的产物，是消极的病态的社会现象，到无产阶级革命之后就会消失得无影无踪。据他自己的观察，在他周围，巴枯宁、卢格、蒲鲁东、杜林及其他左派分子这些反犹主义者都攻击他是个犹太人。那时候一定程度上的反犹太情感在整个欧洲社会是非常普遍的，也许到现在仍然如此，蒲鲁东和巴枯宁确实对犹太人恨之入骨。

贾：您说马克思在当时的革命家中是一个离群索居的人物，为什么？

伯：我所说的不过是，马克思不是当时那种亲身从事革命活动的革命家，像巴枯宁、恩格斯、蒲鲁东等人。这些人是实干家，而马克思则停留在实际的革命活动之外。他是一个导师，一个理论家。当然马克思也是个斗士，但是他是用词语战斗。他没有拿起物质性的武器，也没有去示威游行，1848年的时候他可以这样干，但是他没有这样干。马克思认为在特定的历史时刻到来之前直接的革命活动不会取得胜利，充当向导的只能是历史而不是事业。

贾：马克思在很多方面得益于黑格尔。您认为没有黑格尔和德国哲学的影响能有马克思的哲学吗？

伯：不会是它所采取的那种形式。辩证法的思想，精神的运动，对于黑格尔就是一切；马克思利用了这些东西，并把它改换成跟黑格尔的原义很不相同的物质性的术语，在我看来很不清晰。马克思是一个天才的思想家，说过一些有重大意义的话。他的天才表现为对来自其他人的观点进行创造性的综合。这看似古怪，但在马克思的学说中几乎所有的观点都可以追溯到以前的某个思想家。而这种综合，集其大成，就是马克思的天才的工作。你可以拿交响乐来类比。交响乐创作是天才的工作，虽然各个音符在别的地方可能已经听过，但其总体则是新的。剩余价值、阶级斗争、技术变化在历史变迁中的主导作用、经济基础与上层建筑，这一切都可以在圣西门、傅立叶、霍奇斯金、李嘉图等人的著作中找到。马克思确实使用了人家的观点，但他不是一个承认借债的人。他不说，"这点我借用黑格尔，这点我参照圣西门，这点我取自洛贝尔图斯，这点我引用爱尔维修，这点我多亏了拉萨尔"，如此等等。有一个著名的拉丁谚语，"过去说，过去了"，意思是，"在我们以前就说过我们现在所说的东西的人不值一提"。马克思不承认提供思想来源者就是先驱者。

贾：您认为马克思的理论体系是一个封闭体系，虽然他并非抱着成见不放。

伯：马克思的理论当然是自成一体的。他从来不会后退一步。他思考出什么结果，他就相信他对永恒真理做出了贡献。他不承认自己的观点也要修改。可是，正如你知道的，早期的马克思跟后期的马克思是不相同的。《资本论》的马克思不同于《哲学和经济学手稿》的马克思或《德意志意识形态》的马克思。尽管如此，他仍然不愿意说："我的思想是不断发展的，我有了新的看法，我以前说的是不准确的。"不过，即使他的思想是不断发展的，他的理论基本上还是首尾一贯的，这跟有些法国人设想的不一样。我不同意划分早期的人道主义的马克思和后期的经济学的马克思、科学的马克思和浪漫主义的马克思。我想，人们之所以这样区分，是因为他们憎恨斯大林主义，试图让马克思从中恢复其本来面目。可是，如果你读马克思主义的著作你就会看到，从他开始，经普列汉诺夫、列宁到斯大林的连续性是非常清楚的。

贾：您认为马克思是一个重要的思想家吗？

伯：当然是的。部分原因是他的学说改变了历史，无论是变好还是变坏。他的分析常常是很有价值的。尽管有人说，如果没有马克思，世界可能会变得更好一些。但是，事实上已经有过马克思，他的观点已经进入当代人（包括那些深切地反对他的人）的思想框架。

二、左派和马克思主义的命运

贾：您认为马克思主义还像 20 年前那样具有生命力吗？

伯：我觉得事情非常奇怪。在西方，近两个世纪以来显然存在着可称之为左派思想这种运动，我看这种左派思想运动现在是第一次遭到了溃败。可以更详细地描述一下。左派可以说是从伏尔泰开始的。它的中心在巴黎。伏尔泰反教会，反旧制度，反传统价值。当权派认为他是颠覆性人物。他的思想在当时被认为是对正统观念的威胁。接着有百科全书派的哲学家们。然后就是剧烈的变革——法国大革命。后来出现了波拿巴主义，那是对激进思想的修正，而不是回到波旁王朝。在拿破仑对法国的整顿中当然也有些重要的激进的成分。比如，在第一帝国即拿破仑帝国中有一部理性的法典反映出对传统以及对王族的不尊重。以后就是波旁王朝的复辟，但是在19世纪20年代仍然有不断高涨的反政府的图谋，巴贝夫死了，博纳罗蒂继续进行斗争。接着就是在法国的激进的德国工人组织和四季社以及左翼的烧炭党人。到19世纪40年代，巴黎到处是革命家——巴枯宁、马克思、赫尔岑、路易·布朗、蒲鲁东、德萨米、布朗基、勒鲁，还有乔治·桑的其他社会主义者朋友——圣西门主义者、傅立叶主义者、社会主义者、共产主义者和无政府主义者。1848年爆发了革命，之后便是拿破仑三世称帝，镇压了激进行动。但是，维克多·雨果和米什莱认同于反对帝制的共和主义力量，他们发表著作，进行鼓动，由于抗议当局而被迫离开法国，从此流亡伦敦达20年。后来是巴黎公社。巴黎公社之后有各种社会主义党派、马克思主义者、阿利曼主义者（Allemanists）、可能主义者（Possibilists）、饶勒斯、盖斯德和德雷福斯派等。再后来，是解散了修道院的激进政府。第一次世界大战之后有第三国际，法国大多数社会主义者过渡为共产主义者。巴黎仍然是各种各样左派思想的中心，不管是亲莫斯科的还是反莫斯科的。到第二次世界大战，共产主义者参加了抵抗运动。后来，萨特和梅洛－庞蒂等知识分子鼓舞一些亚非国家的革命运动。如此等等。最后是发生在1968年的"风暴"。"风暴"过后突然沉静下来。我们看看今天的年轻人吧。他们想帮助穷人反对富人，他们追求社会正义和社会平等，要求废除一切资本主义。他们要求有组织合理的正当的社会。但今天谁是他们的领袖呢？即使有一些口是心非、道貌岸然的领袖人物，也难以见到他们的踪影。在巴黎，在左派运动的中心，或在别的什么地方，谁是左派的新的有号召力的领袖呢？到哪里去找他们呢？到绿党中找？到女权运动中找？全都是旧左派的遗老遗少了吧。

贾：好，我相信现在在法国没有富有号召力的左派领袖。

伯：在我们英国也只有老了的 E. P. 汤普森，他鼓吹核裁军；还有托尼·本恩先生。为数很少。

贾：实际上现在欧洲主要的左派运动就是反核运动。

伯：他们缺乏有魅力的领导人物。比如，能告诉我一个能让年轻人（不管是对是错）受到鼓舞的左派领袖的名字吗？柯恩－邦蒂怎么样？最近的杜奇克怎么样？还是海登斯？都不行吧。

贾：法国的密特朗怎么样？

伯：密特朗很稳健。他的左派色彩不浓吧？他是个渐进主义的工党党员，我觉得算不上一个社会主义者。

贾：工党出现了什么情况？

伯：发生了两件事。第一，苏联出卖了他们。你知道，虽然工党尖锐地谴责斯大林以及他的全部活动和错误，但他们的目标并未改变。社会主义出了问题仍然是社会主义，腐败玷污了的工人国家仍然是工人国家。列宁拯救了革命，布哈林本来是个诚实的共产党员，斯大林和贝利亚是怪兽，可是左派人士仍然满怀希望地看待社会主义国家，甚至在以色列也同样。如果苏联变质了，那么南斯拉夫还不错。如果南斯拉夫也不再是社会主义国家了，那么还有越南，还有古巴、尼加拉瓜。第二，你知道，到目前为止，社会主义的首要目标，且莫说实现社会正义，就连实现人人有饭吃、有衣穿这一目标，还没有哪个社会主义的政府是成功的。社会主义经济学还没有出来。资本主义是邪恶的，它实行压迫，实行剥削，它使文化事业商业化和庸俗化，贬损了道德价值，可是资本主义有更多的自由，更大的多样化和更广泛的自我表现。我不相信今天在苏联还有真正信奉马克思主义的人——几乎没有，有也极少极少。在英国、在法国都是这样，在许多拉丁美洲国家也是这样，而在东欧这个社会主义的故乡怎么样呢？我看有些社会主义的信念已经崩溃了。整个世界在向右转。我真不希望这样。我是一个自由主义者。

贾：您觉得戈尔巴乔夫和佩雷斯特拉卡（Perestroika）怎么样？

伯：我对戈尔巴乔夫没有特别研究，我祝愿他一切顺利。我去苏联时跟一些支持佩雷斯特拉卡的人谈过话，他们多数人怀疑改革能够成功。存在着很多问题，有待解决。

贾：有些什么问题？

伯：主要是官僚政治和经济问题。在斯大林统治时期经济生活的衰退非常严重。工人缺乏良好的培训，没有创造性，没有活力和适当的竞争。在技术上他们远远落后于西方。农民仍然处在原始状态。知识分子兴奋不已，充满希望，在道德上有吸引力，有批判精神。但是，大量的官僚担心失去自己的权力。在俄国总是存在着僵化的、反动的、缺乏效率的官僚队伍，还有强大的军队和秘密警察。可是，戈尔巴乔夫最首要最重大的任务是挽救经济——确实非常、非常、非常困难。甚至布莱希特这个昔日的斯大林分子也说过："先要填饱肚子，然后才能讲道德。"当然，他是为了捍卫斯大林主义。可是，在斯大林的统治下，经济也罢，道德也罢，都崩溃了，饥饿加上虐杀。戈尔巴乔夫面临一大堆问题，但愿他顺利。

贾：苏联的知识分子满怀希望吗？

伯：我碰见的知识分子一般都是些烈性子的，敏感、正派、可爱、有才华。有些人满怀希望，有些人悲观失望。有些年轻人我觉得很有批判精神。

……

贾：在西方，且不说作为一种政权的共产主义的失败，作为一种哲学思想的马克思主义我看也崩溃了，对吗？

伯：不对。我认为，在马克思主义那里，你可能找到属于人类思想的共同财富的东西。比如，马克思最先预言大企业的兴起，马克思发现科学技术对一般文化的影响，马克思揭示了资本的根源。他强调阶级斗争，其实阶级斗争不是普遍现象，不像他说的那么重要和那么广泛。如今在英国、法国或美国，不管社会局势多么紧张和不公正，也没有公开的尖锐的阶级斗争。也许在尼加拉瓜有那样的阶级斗争。狂热的马克思主义会造成噩梦。

贾：就因为这样，您才说马克思活像"古代担负起上天使命的先知"？

伯：我这样说过吗？不对，这样说太夸张了。人们这样说可能仅仅是因为马克思的胡子活像多雷版《圣经》中的犹太人先知。

贾：看来马克思深受犹太教和基督教思想的影响。

伯：这很可能。在那些年月谁不受影响？大家都读《圣经》嘛。

贾：您认为在马克思的理论中哪些是真正的新的东西？

伯：正如我说过的，他认为，科技的变化对文化起主导作用，这是新观点。圣西门也说过这种话，但很少人读圣西门的书。我的意思是，艺术和文化受技术变化的影响，这是马克思的观点。在这个意义上马克思主义没有死亡……其次，谁也没像马克思那样预言过大企业的兴起。还有，思想隐藏着利益，虽然不像马克思设想的那么肯定，而确实有时候是这样的。对于各种观点、社会运动、人们的所作所为，不管出于什么动机，应该考虑它们对谁有利，谁获益最多。这些并非愚蠢的问题。

贾：马克思主义在第三世界国家似乎还有生命力。

伯：当然有生命力。凡是存在着压迫和贫困的地方，如果有人说，你的老板，不管有意无意，总是心术不正的；或者说，你做这做那，就一定能胜利，历史和前途都在你们一边，那总会有人相信的。如果有人预言，被压迫阶级必然会取得胜利，因为在他们的事业中有伟大的人物为他们战斗，那一定会引起被压迫阶级的共鸣。马克思给了他们不可磨灭的希望："别害怕，组织起来，胜利将属于你们。"基督教徒幻想到来世才能实现的美梦，马克思说在现世就能做到。

贾：我认为共产主义没有更多存在的理由。

伯：不能这么看。在世界上共产主义还有很多拥护者，在拉丁美洲有，在亚洲也有。可是，从历史上说，一种巨大的混乱状态，或者说一种突变发生了，对此还没有人充分地描述。

（杨祯钦 译）

柯林武德

柯林武德（Robin George Collingwood，1889—1943），英国哲学家、历史学家和美学家，表现主义美学的主要代表之一。1908 年考入牛津大学攻读哲学和历史学，1912～1941 年先后在剑桥大学和牛津大学任研究员和教授，其间任牛津温弗莱特形而上学教授（1935），1941 年退休。主要著作有：《宗教与哲学》（1916）、《心灵的思辨》（1924）、《艺术哲学》（1925）、《罗马不列颠考古学》（1930）、《艺术原理》（1934）、《历史哲学》（1936）、《牛津英国史》（1936）、《形而上学论》（1940）、《新利维坦》（1942）以及死后出版的《历史的观念》（1946）等。

史学上，柯林武德反对以自然科学的方法治史的自然主义倾向，认为历史不仅仅是各种现象，而且始终贯穿着人的思想，因此只有认识了思想，历史才可能得以理解。在哲学上，柯林武德把人的精神活动分为五种经验形式：艺术、宗教、科学、历史和哲学，认为它们分别在不同程度上满足人类精神的需求。在美学思想上，柯林武德认为艺术是艺术家情感的表现，而表现情感是一种创造性的想象活动。

　　本书选取了《历史的观念》一书中的《黑格尔和马克思》一节。在这一节中，柯林武德首先指出了马克思是黑格尔直接的弟子之一，因此马克思的史学观点兼有黑格尔的强点和弱点。其强点在于深入到事实背后的那些基础概念的逻辑结构里去了；而其弱点在于马克思只选择了人类生活的一个方面——经济。由于这一弱点，马克思就认为人类的历史只是一部单一的历史，在其中唯一统一的线索就是经济。柯林武德认为马克思的这种历史观不可避免地会陷入一个悖论，即那些主张哲学观点的人并没有哲学上的理由，而只有经济上的理由。而马克思的这一悖论实际上是象征着他的历史观点只是一种反历史的自然主义。马克思自诩他把黑格尔的辩证法"倒置过来"，但是这一倒置乃是重申 18 世纪历史自然主义的基本原则而已。因此，他的历史学和黑格尔的历史学一样，都还只是历史学思想的胚胎学。

黑格尔和马克思[①]

　　19 世纪的历史编纂学并没有放弃黑格尔的这一信念：历史是有理性的——放弃这种信念就会是放弃历史本身了——但是它那目标倒更加在于完成一部具体精神的历史，坚持黑格尔在他正式的《历史哲学》中所忽视的那些成分，并把它们组成一个坚固的整体。在他较直接的弟子里面，鲍尔专治基督教学说史，马克思专治经济活动史，而兰克在后来则系统地应用他的历史运动概念或分期的概念作为是新教主义之类的概念或观念的实现。马克思的资本主义或兰克的新教主义乃是真正黑格尔意义上的一种"观念"：即一种思想、一种由人类自身所掌握的人生观，因而就类似于一种康德的范畴，但它是一种受历史制约的范畴；它是一种人们到了某一个时期就会用以思想的方式，而且他们就按照这种方式组织他们的全部生活，

---

　①　选自《历史的观念》，北京，商务印书馆，1997。

但只不过是发现了观念由于它自己的辩证法而变为另一种不同的观念，而表现它的那种生活方式并不会结合在一起反而会分裂，并使自己转化为那取代了第一种观念的第二种观念的表现形式。

马克思的历史观点兼有黑格尔的强点和弱点：它的强点在于深入到事实背后的那些基础概念的逻辑结构里去；它的弱点在于选择了人类生活中的一个方面（在黑格尔是政治，在马克思是经济）作为其自身在这种意义上是充分合理的。马克思像黑格尔一样坚持说，人类的历史并不是若干不同而平行的历史，经济的、政治的、艺术的、宗教的等的历史，而只是一部单一的历史。但又像黑格尔一样，他把这种统一不是设想为一种有机的统一体，其中发展过程的每一条线索都保持着它自己的连续性以及它和其他线索的密切联系，而是作为一种其中只存在着唯一一条连续线索的统一体（在黑格尔就是政治史的线索，在马克思就是经济史的线索），其他的因素都没有它们自身的连续性，而是（对马克思来说）在它们发展中的每一点上都仅仅是基本经济事实的反映。这就使马克思陷于一个悖论：如果某些人（譬如说）主张某些哲学观点，那么他们也并没有哲学上的理由要主张它们，而只有经济上的理由。建筑在这一原则上的有关政治的、艺术的、宗教的、哲学的那些历史研究，都不可能具有真正的历史价值；它们都仅只是在卖弄聪明，例如，要发现贵格派教义（Quakerism）和银行业之间的联系这一真正重要的问题，在这里就受到了压制而实际上被说成贵格教义是银行家们对于银行业的唯一思想方式。然而，马克思的悖论只是象征着一种反历史的自然主义，那感染了他大部分的思想，并且从他对黑格尔的辩证法的态度最能得到说明。

马克思有过一句有名的自诩，说他接受了黑格尔的辩证法并"把它的头倒置过来"；但是他并没有完全意味着他所说的话。黑格尔的辩证法从思想开始，进而至于自然，并以精神而告结束。马克思并没有颠倒过来这种次序。他只提到了第一项和第二项，没有提到第三项；他的意思是，黑格尔的辩证法从思想开始，进而至于自然，而他自己的辩证法则从自然开始，进而至于思想。

马克思并不是一个哲学上的无知者，他一刻也没有假设过，在黑格尔那里思想对自然的第一性就意味着黑格尔把自然看作是精神的一种产物。他知道黑格尔像他自己一样，把精神看作是自然的一种产物（一种辩证的产物）。他知道"思想"一词，在黑格尔把逻辑学叫作"思想的科学"那种意义上，所指的并非是什么在思想，而是它所思想的是什么。对黑格尔来说，逻辑学并不是一门"我们如何思想"的科学，它是一门有关柏拉图式的形式的，即有关抽象的实体或"理念"的科学；——假如我们还记得要认真看待黑格尔本人的警告，即我们一定不要假设观念仅只存在于人们的头脑里。那会是"主观唯心主义"，是黑格尔所厌恶的东西。按照他的说法，它们进入人的头脑里，只是因为人是能够思想的；而且如果"观念"并不曾独立于人们对它们的思想之外的话，那么就不会有任何人，也确实不会有任何自然世界存在了；因为这些"观念"就是逻辑的架子，唯有在那里面，一个自然的和人的世界、不能思想的生物和能思想的生物的世界，才是可能的。

这些"观念"不仅为自然制定了一个架子，它们也为历史制定了一个架子。历史，作为人在其中表现了自己思想的行为，便由一些条件预先为它奠定了它那结构的一般轮廓，唯有在那些条件之下思维活动、精神才能够存在。在这些条件之中包括以下两条：首先，精神应该出现在一个自然世界之内，而且继续停留在其中；第二，它应当通过领会处于自然背后的那些必然性而工作。因而人类的历史活动，作为发生着的或进行着的活动，就是在一个自然的环境里发生着的或进行着的，而不能以其他的方式进行。但是它们的"内容"，亦即人们具体所想的和人们所借以表现这种思想具体所做的，却不是被自然，而是被"观念"即逻辑学所研究的必然性所决定的。因此，逻辑学在如下的意义上就是历史学的钥匙，即历史学所研究的那些人们的思想和行为都在遵循着一个模式，那个模式就是由逻辑学已经以黑白勾好了模式的一个彩色套版。

这就是当马克思说他已经把黑格尔的辩证法颠倒过来时，所想的东西。他在作出这一声明时，他心目之中的那种东西就是历史，也许历史是马克思所极感兴趣的唯一事物。他的话的要点就是：对于黑格尔来说，因为逻辑先于自然，所以就要由逻辑来决定历史所据以工作的那种模式，而自然则仅仅是决定历史在其中工作着的环境；而对于马克思本人来说，自然就不止于是历史环境而已，它是得出历史模式来的根源。他认为从逻辑中为历史抽出模式来是无用的，如像著名的黑格尔关于自由的三个阶段的模式："对东方世界来说，一个人是自由的；对希腊罗马世界来说，有些人是自由的；对近代世界来说，人人都是自由的。"更好的办法是从自然世界中抽出模式来，就像马克思所做的同样有名的模式："原始共产主义、资本主义、社会主义"；在这里，名词的意义据说不是来自"观念"，而是来自自然的事实。

马克思所做的事乃是要重申 18 世纪历史自然主义的基本原则，即历史事件都有自然的原因这一原则。他无疑地是以一种不同的态度重申了这一原则的。他的思想谱系中那黑格尔的一面，使它有权在自己的怀抱里拥有"辩证"这个名词。他如此强烈地坚持的那种唯物主义并不是通常 18 世纪的唯物主义，它是"辩证唯物主义"。这种差别并非是不关重要的，但是它也一定不能加以夸大。辩证唯物主义仍然是唯物主义。因而马克思就是在变黑格尔辩证法的魔术，其全部的要点是这样的：黑格尔已经和 18 世纪的历史自然主义宣告决裂了，而且确乎是除了以部分的方式而外并不曾成就过，但是无论如何却曾要求过有一部自律的历史（因为一部除了逻辑必然性的权威而外不承认有任何权威的历史，便可以无愧于要求自律这一称号）；而马克思却又回到这种要求上来，并且把黑格尔已经宣布从自然科学的管辖之下解放出来了的历史学，又一次隶属于自然科学的管辖之下。

马克思采取的步骤是一种倒退的步骤。但是也像其他许多的倒退步骤一样，它在表面上的倒退更甚于它在实际上的倒退；因为他所撤出的那个领域，乃是从未曾有效地加以占领过的领域。黑格尔曾经要求一部自律的历史，但事实上他并没有完成它。他已经看到——仿佛是预言般的——历史学在原则上应当从它对自然科学的学徒地位中解放出来；但是在他自己实际的历史学思想中，却从未充分达到那种解放。那就是说，就他通常所称之为历史的那种东西而言，亦即就政治史和经济史而言，它还没有达到；黑格尔在这方面并不是一位大师，而且在这方面他主要的是使自己满足于剪贴方法。然而在他的哲学史中，而且也只是在这里，他的确是对于一个历史的领域进行了有效的占领；而且正是在这里，他一定曾使他自己确信，正如他曾使许许多多的读者所确信的那样，他对于历史学思想的自律性这一要求在原则上是有道理的。那也就是何以辩证唯物主义一直总是在政治史和经济史方面得到它最大的成功，而在哲学史方面却得到它最大的失败的一个原因。

如果说马克思颠倒了黑格尔的辩证法是一个后退的步骤，那么它也是前进的一个序幕。这种前进奠基于黑格尔所留下来给他的弟子们的那种实际情况，特别是它导致在处理那种特殊的历史即经济史上的一场巨大的前进；在这方面黑格尔是软弱无力的，而在这方面马克思则是分外地强而有力的。如果说一切近代有关哲学史的研究都得回到黑格尔这位这一专题的近代大师那里去，那么一切近代有关经济史的研究在同样的意义上就都得回到马克思那里去。然而，今天的研究实践却不能再停留在黑格尔为哲学史所留下来的地方，或者是马克思为经济史所留下来的地方了；正如历史理论不能停留在黑格尔的《历史哲学》所留下来的地方，或马克思的"辩证唯物主义"所留下来的地方一样。这些都是权宜的手段，从而使尚未超出剪贴阶段的那种类型的历史学可以试图采用非历史的方法来掩饰那种阶段所固有的缺点。它们属于历史学思想的胚胎学。证明它们是有道理的，而且确乎是必不可少的条件，现在已经不复存在了。

（何兆武　张文杰 译）

沃尔什

沃尔什（Willian H. Walsh，1913—1986），英国当代著名哲学家。1932年入牛津大学默尔敦学院研究古典学术，并跟他的导师缪尔学习哲学。1936年当选为该学院的助理研究员。1939年第二次世界大战爆发后，他应征入伍。战后1947年重返牛津，继缪尔任哲学研究员及导师。随后转任圣安德鲁斯大学哲学讲师。1960年任爱丁堡大学逻辑学和形而上学的讲座教授，直至1979年退休。1986年逝世于牛津。

沃尔什的主要著作有：《理性与经验》（1947）、《历史哲学导论》（1951，修订版1967）、《形而上学》（1963）、《黑格尔伦理学》（1969）、《康德对形而上学的批判》（1976）等。其中《历史哲学导论》一书第一次提出"分析的历史哲学"一词与传统的"思辨的历史哲学"相对立，从而正式奠定了一门新学科的领域。《美国历史评论》评价该书时曾说："它应该为每一位对历史或历史学进行反思的学者所必备。"

本书选取了《历史哲学导论》一书的第八章《其他几个作家》第二节《马克思和历史唯物主义》。根据沃尔什在第一版序言中所言，该书的第六章至第八章是要对历史的形而上学或形而上学的解释的各种企图作批判性的讨论，可见他把马克思归入为"思辨的历史哲学家"的行列。因为根据沃尔什的看法，所谓"分析的历史哲学"是指研究历史学的认识论，而"思辨的历史哲学"由于研究历史发展演变的规律，所以是历史学的形而上学。沃尔什指出，马克思的历史理论有两大思想来源，其一是黑格尔的思想，包括黑格尔的辩证法和黑格尔认为社会生活各个不同的方面在任何一个时候都是有机地联系着的思想；其二是18世纪百科全书派的科学传统，包括孔德希望把历史研究置于科学基础之上的要求和边沁要求实际改革的热情。但沃尔什认为，马克思的理论中有一些含混性，比如辩证法不可能规范未来的一切经验等。尽管如此，沃尔什认为，这些含混性也许会推翻马克思的许多假设，但马克思认为经济原因是理解一切历史局势的最根本的原因这一点是不会被推翻的。

马克思和历史唯物主义[①]

　　如果说孔德的名字现在已经大抵为人忘怀了，那么马克思的名字却到处都在激动人们的感情。一方面是热诚的党派性，另一方面又是激烈的反感，两者都在妨碍着我们对他的见解进行严肃的估价；这个工作，由于马克思的著作没有系统以及他的目的之在于建立一种思想上严密无瑕的理论远不如在于为政治行动提供一种有效的基础这一事实，所以在任何情况下都远非易事。马克思之成为一个哲学家——比如说，在康德和黑格尔是哲学家的那种意义上——只是十分偶然的。然而，他的见解却确实构成为一种思想上的和道德上的挑战，并且肯定是像本书这样一部著作所不能置之不问的。

　　然而在这里，我并不准备去尝试像是充分陈述和批评马克思的历史理论之类的事情。我将仅仅试图确定它和当时流行的其他各种

① 选自《历史哲学导论》，桂林，广西师范大学出版社，2001。

见解的关系，并考察它的论断的一般性质，目的在于表明无论是拥护它或反对它的最后决定，都不可能由哲学家做出来。

对马克思的任何讨论，不管多么简略，都必须从考虑他和黑格尔的关系开始。马克思生于1818年，这时候黑格尔正处于他的威权的巅峰；马克思于1836年入柏林大学，当时对黑格尔贡献的争论仍然在激烈地进行着。而且无论他后来是怎样地与黑格尔分道扬镳，黑格尔主义的某些因素却永久盘踞在他的思想中，这一点始终是真实的；不参考这些因素，就不能理解他的思想。

我们要提到黑格尔对马克思的历史理论有着特别重要性的两个学说。第一是辩证法。这里我们需要作出一种区别。马克思从一开始就反对黑格尔的形而上学的唯心主义（假如我们愿意用这个名词的话）或者说理性主义的性质，也就是说整个宇宙确切说来乃是精神的自我表现这一见解。这样一种论述使他感到是完全站不住脚的，因为（正如科学所表明的）物质先于精神而不是精神先于物质。[1]然而对于精神的先验性的摒弃却并不伴随着（哪怕它应该是伴随着）对辩证法的摒弃；马克思也像黑格尔一样地在坚持着辩证法。现实可以不是精神的自我表现，但是辩证模型的关系却在各种事实之中是到处都同样地有迹可寻的。辩证法之所以是重要的，并不是因为它响应着思想的性质，而是因为它响应着事物的性质。

第二，马克思从黑格尔那里接受了如下这一见解：社会生活各个不同的方面在任何一个时候都是有机地相联系着的，尽管马克思赋予它以一种他本人的特殊扭曲。我们已经看到黑格尔是热心主张，在任何一个时期一个国家的（例如）政治的、经济的和文化的生活之间是有着经常的相互作用的，他之解释这种作用，是设定有一种民族的精神或天才在这些不同的领域中表现着它自己。这里马克思又采用了黑格尔的结论，而没有接受他的前提。

在马克思看来，黑格尔所谈的有机联系是一种真实的联系，但是我们没有必要乞灵于一种民族精神的神话来解说它。如果我们能注意到社会生活中有一个方面，即经济方面，有着如此的重要性，以致它倾向于要在所有其他的方面都反映出来，那么有机联系就会更加无可辩驳地得到了解释；从而一切事物状态，最后也就必须是以经济的条件才能加以理解。

---

[1] 在形而上学上，马克思并不是一个单纯的唯物主义者，而是一个突创进化理论的拥护者，按照这种理论，有意识的生命是从最初完全是物质的条件之中发展出来的。——原注

这两种黑格尔的学说，以马克思所采用它们的方式而加以采用时，就构成为马克思主义历史理论的要件。要对任何一个时间、任何一个社会生活领域的局势进行一番有教益的分析，我们就必须诉之于该社会占统治地位的经济条件；而要了解这些条件何以成为它们之所以为它们，我们就必须考虑它们的辩证的发展。我们必须明白，一个社会的经济组织或阶段结构是怎样地相应于解决某一生产问题的需要而在演变着的，而生产问题本身则又是为该社会所具有的生产力的状态所规定的；并且我们还必须观察生产力的发展又是怎样地使得现存的经济组织——生产关系——成为过时，从而引起了进行社会根本变革的需要。

如果我们愿意的话，我们可以把马克思的历史哲学说成是黑格尔历史哲学的一个修订版，而且这两者肯定在表面上有着许多的共同之处。黑格尔把历史描绘为一幕朝着自由的实现而前进的辩证过程，而那据称在他当时的西方文明中在某种程度上是已经完成了的。在这一历程中，各个民族一一走上舞台，每一个都对终极的目的做出了自己的贡献。马克思也把历史认为在朝着一种在道德上是可愿望的目标而前进着的辩证历程，即一个无阶级的共产主义社会，那事实上才会是一个真正自由的社会；尽管他把达到那种幸福的事情状态放在了不太遥远的未来而不是放在现在。而历史戏剧中的主要演员，在他看来却不是民族或国家而是经济上的各个阶级；虽则在这里每个阶级又是要做出自己的特殊贡献的。

按这种解说，马克思就在很大程度上被当成是他那时代的产物，他受到了当时要"使历史有意义"那种驱策的鼓舞，并为我们已考察过的那种造成了思辨哲学的伦理成见所支配着。我希望已经表明，它并不完全是一种虚假的学说；在这一点上，马克思和他的前人之间有着一种真正的连续性。然而如果把它认为是对于这个题目的某种完整的叙述，那就要把人引入歧途了。

因为如果说马克思无疑地在许多重要的方面都是黑格尔的后继者之一，那么他同样地也和另一种大为不同的思想传统有着许多共同之处。我指的是18世纪百科全书派的科学传统，它在实际的事物方面由边沁派所代表，在理论领域则由孔德和实证主义者所代表。马克思本人对这两个集团都只有蔑视，但是我们却不应该让这一点掩蔽了他与他们之间的亲密关系（我不说他有负于他们）。像孔德一样，他希望把历史研究置于科学的基础之上，这对于他也就意味着，要从神秘和形而上学以外的角度来解释历史现象。而他之热中于这样做，是因为他也像边沁一样，是浓厚地渲染上了一种要求实际改革的热情，这体现在他那有名的论断里（而它却轻易地遗漏了边沁）："哲学家们只是用不同的方式解释世界，而问题在于改变世界。"

这些考虑就提示了另一种观察马克思的历史理论的方式。我们不是把它看成为又一种思辨类型的哲学，企图在作为一个整体的历史过程之中寻找出统一性和可理解性来；而是可以把它当作是一种历史解说的理论，只关心着对于特殊局势的阐明。根据这种看法，它就可以说是对历史学家提供了处理他们被要求加以解释的任何历史事件的一种方式。我们可当作马克思是在这样说："要理解历史上的任何变化过程，就要着眼于发生那些变化的经济背景，并用我的理论所提供的各种概念去分析那个背景。历史过程只有以这种方式才能成为可理解的，因为只有以这种方式你才能触及根本问题。"

对这一理论的这种解说，肯定是符合马克思本人对它的态度的。他那压倒一切的兴趣乃是实践的；他需要这种理论，与其说是为了它那思辨的内容，倒远不如说是为了它那预言的性质。他想要从当代历史事件的荆棘之中寻找他的出路，不是要使历史作为一个整体，而只是要使当时正在发生的事情或者在比较近期的过去所发生过的事情能有意义。这个理论对于从资本主义兴起以来的近代欧洲的历史时期能够有用，对他来说，要比它可能难以适用于遥远的时期和民族，更加具有无比的重要性。假如有任何人表明，它不能适用于某个这类遥远的时期，那么身上有着强烈的思辨痕迹的马克思肯定会感到恼怒；但是他却会照样宽宏大度地接受这一点，只要他的理论对于最近历史的有效性没受到挑战。

还可以补充说，实际工作着的历史学家对马克思主义所表现出的兴趣，也是和这个理论之用来作为特殊历史局势的解说相联系在一起的，它是一剂炮制经验假说的处方。不像他的前人，马克思所弄出的一些东西（据它的作者声明）是可以在实际的历史学著作中拿来应用的；而且这类声明显然并不全都是虚假的，因此，一般历史学家对待马克思主义理论的态度——不管对它那最终的可行性采取什么看法——就与他们对于我们上面所讨论过的那些作家的相应态度大为不同；其原因就在于马克思的理论具有这一经验的方面，而其他作家们的却没有。

我们现在必须问，我们可能期待着哲学家们对于马克思的见解的真实性或虚伪性投射出什么样的光明？他们能够对它作出某些有用的评论，这一点我并不想否认。因为，根据我们已经提出的解说，马克思毕竟是在声明向历史学家们作出了一种深思熟虑的劝告；用他自己的话来说，他的理论不同于其他同类一般性的见解的（例如，其他历史唯物主义的说法的）就在于它有着"科学的"基础。而这种科学的基础肯定是值得进行哲学探索的，因为其中所包括的那些命题的确切性质还是一点都不清楚的。

作为一种说明，让我们简略地考虑一下在马克思的论述中的辩证法的功能。我们已经看到，马克思是怎样地接受了黑格尔的辩证法，而又抛弃了黑格尔用以支持它的那些哲学论证。思想应该是辩证地前进的，这一点奠基于他认为事物之间有着辩证的联系这一看法；这样的联系是存在的，而且还确实是普遍存在的，这一点对于他乃是一桩明显的事实。但是我们必须问，这一切对于马克思理论的逻辑基础都蕴含着什么呢？在马克思主义对于一切事物都是辩证地相联系着的这一命题的论述中，那情形又是怎样的呢？黑格尔可以主张，它是一种必然的真理，是可以由理性加以证明的；因为他相信事实是在反映着思想的辩证特性的，而这本身又是由理性之能洞见到它自身的本性所保证的。但是马克思已经放弃了这些唯心主义的学说，便不能作出这种要求了。要和他自己保持一致，马克思所能说的一切就只是：我们从经验里知道事物是辩证地相联系着的；也就是说，这里讨论的命题乃是一种经验的真理。然而必须要承认这一点，对他来说却显然是十分尴尬的，因为那就通向了这样一种可能性，即局势可能呈现为辩证的框架所无法适用的，而他的整个态度却是以排除这种可能性为基础的。

这些论述或许就足以显示出马克思主义理论中的一种重要的含混性。辩证法，我们已经看到，乃是这个理论中的一个极其重要的组成部分；任何一个马克思主义者当被要求辩护他自己对历史的研究路线时，都会迟早回到辩证法上来。但是所出现的问题则是：它究竟具不具备马克思所加之于它的那种分量？如果它完全是以过去的经验为基础的话，那么它肯定就不具备；不管事物是辩证地相联系着的这一概括是多么有根据，但是这种概括却绝不能当作是毫无问题地可以规范一切未来的经验。而如果马克思说，它是先验的命题而不是经验的真理，那么他就必须试图对它作出哲学上的论辩；但他却完全未能做到这一点。

马克思的理论中还有另外一些要素是哲学家们很值得注意的：一个例子是据称生产力要"发展"（这对马克思是具有重大意义的

事）；另一个例子是，尽管其中有一个组成成分占有着压倒一切的统治地位，但是社会生活的各个不同方面仍然被认为构成一个有机的整体。我以为这就可能表明马克思在这两点上都遇到了困难，或者至少是不清楚的，虽说我在这里并不准备去作这种尝试。

然而不管哲学的批评可能对马克思的理论作出什么样的损害，他的理论却不可能完全被人抛弃；这一点始终是真的。这个理论（至少根据我们对它的解说）向历史学家们提供了一种处理经验局势的程序；而对它最后的鉴定则必须是，它在事实上究竟是不是一种富有成果的程序。对于这样的事情是无法作出先验的定论的；它只能是由在实际上遵循着这种办法并看看究竟发生了什么而加以断定。因此，赞成还是反对马克思主义的历史研究路线，其最后的决定权就在那些试图追随着它的历史学家们的手里了。我们必须向他们问道：它是不是证明了是一种有启发性的研究路线，它那些办法是不是规定得充分有用，关于它的某些显著的难以成立之点（如有关伟大人物、民族感情等的难题）是不是可以满意地加以解决。而这些问题却是非一历史学家所不能希望自己作出的回答。归根结底，要证明马克思主义这块点心就要吃吃看[1]，而马克思请来品尝他那点心的却并不是哲学家。

正是由于这个原因，我在绪论那一章中就提示说，马克思对于理解历史所必定要做出的主要贡献，严格说来，就可能一点都不是对历史哲学做出的。马克思的理论，肯定地确实包含有许多假设是哲学家们可以有用地加以考察的：当我们回想到他所生活的时代和他写作的背景时，如果这一点不是那样，那倒确实会奇怪了。但是哪怕是可以表明，他所作出这些假设的每一个都是错误的，那也不会破坏这个理论的有效性；那只不过会推翻马克思所赋予它的理由而已。毕竟，情形很可能是：经济原因对于理解一切历史局势乃是最根本的，即使马克思所声称支持这种见解的每一点都是虚假的。

（何兆武　张文杰 译）

---

　① 按英文谚语说：要检验点心，就要吃吃看。——译注

霍布斯鲍姆

　　埃里克·霍布斯鲍姆（Eric J. Hobsbawm，1917—　），英国著名的历史学家，英国马克思主义学派，即新社会史学派的创立人之一。霍布斯鲍姆于1917年出生于埃及的亚历山大，先后在维也纳、柏林、伦敦和剑桥求学。1936年加入共产党后，他以"不悔改的共产主义者"著称。在第二次世界大战中投笔从戎，抗击法西斯；战后重返伦敦大学伯克贝克学院攻读博士学位；毕业后留校任教直至退休；此后到纽约的新社会研究学校工作。霍布斯鲍姆还是英国学会及美国艺术和科学学会的会员，被多个国家的大学授予名誉学位。

　　新社会史学派是"二战"以后西方新史学的一个分支，也是国际马克思主义史学流派的一部分。它是试图在历史唯物主义的基础上，吸收诸如年鉴学派的成果后而创立的。新社会史学派强调，社会史应该包括经济、政治、文化等各个方面的"总体史"，应该采用多学科或跨学科的研究方法，多视角地研究和全面分析社会各种现象。另外，他们都不注重精英人物的历史，而更重视研究社会下层和人民群众的历史。在学派这种观点的指导下，霍布斯鲍姆写了一系列的著作和论文，其中著名的有考察人类18世纪末至20世纪历史的"时代四部曲"：《革命的年代：1789～1848》、《资本的年代：1848～1875》、《帝国的年代：1875～1914》、《极端的年代：短暂的20世纪（1914～1991）》；另外还有《原始叛逆者》、《劳动者》、《非凡小人物》、《工业与帝国》及《土匪》等著作。这些著作都很好地体现了新社会史学派的基本观点。

本书选取了霍布斯鲍姆的论文集《史学家——历史神话的终结者》一书中的《马克思和历史学》一文。《史学家——历史神话的终结者》这本论文集中收集的论文大约有四分之一以前从未发表过，这些范围广泛的论文透露出作者对人类历史理解的智慧之光，展示了作者对研究历史的重要性的热情洋溢的信念。它们探讨了历史学对其他学科，尤其是社会科学的价值；论述了历史的撰写、历史的滥用以及历史学家的责任问题；阐述了当前历史的趋势和时尚等论题。《马克思和历史学》是作者1983年在圣马力诺共和国举办的马克思逝世100周年学术研讨会上的讲座，1984年2月发表在《新左派评论》第143期上。作者写作这篇论文的目的是为了说明马克思在历史编纂学中的重要地位及马克思对于历史学家的重要意义。作者认为，尽管马克思没有写过多少历史论著，但马克思的每篇文章都饱含历史，他对于历史学家的影响主要集中在两方面："一个是他的综合理论（历史唯物主义的思想），以及他所勾画或暗示出的、人类历史由原始地方自治主义到资本主义发展的总体形态，一个是他对与过去的特殊方面、特殊时期和特殊问题相关的事物的具体研究。"而作者所关注的是第一点，即马克思的历史唯物主义的思想。作者认为，历史唯物主义是马克思主义的核心。这一概念是马克思和恩格斯在对德意志意识形态的批判中发展起来的，它所针对的是"观念、思想、概念产生、决定并统治着人类、人类的物质条件及现实生活"这样一种唯心主义历史观。因此，历史唯物主义的中心论点是关于社会存在和意识之间的基本关系问题，这一关系可以表述为"不是意识决定生活，而是生活决定意识"。但这里的"生活"不能简化为经济，马克思绝不是一名单线发展论者，他是完全站在经济简化论者的对立面的。但作者以为，对任何社会、任何历史发展时期的分析，必须以对它的生产方式的分析为起点，因为生产方式是人类社会变化和人类社会相互关系以及理解人类社会历史动力的基础。而对生产方式的分析则必须基于对有效的物质生产力研究的基础上，包括对技术及其组织的研究，也包括对经济学的研究。作者认为，上述的马克思的历史唯物主义是研究历史的一种方法，也许马克思的某些具体论述会过时，但作为一种方法的历史唯物主义却是迄今为止认识历史的最好指南。

马克思和历史学①

　　我们到这里来，是要讨论一下马克思逝世后的 100 年来马克思主义历史观的各种主题及其出现的问题。这次会议并不是要开成世纪的庆典，但从一开头即提醒我们注意马克思在历史编纂学中首屈一指的地位则是很重要的。对此，我简单地谈三点来加以说明。我的第一个说明是自传性的。20 世纪 30 年代当我就读于剑桥大学时，许多才华横溢的男女青年加入了共产党。由于这段时期是剑桥的鼎盛时期，所以许多青年人深受我们仰慕的大人物的影响。那时，在这些青年共产主义者中间，我们常开这样的玩笑：共产主义哲学家是维特根斯坦学派，共产主义经济学家是凯恩斯学派，共产主义文学研究人员是 F. R. 利维斯的门徒。那么，历史学家呢？他们是马克思主义者。因为就我们所知，作为一名学者和一位启人心扉的导

① 选自《史学家——历史神话的终结者》，上海，上海人民出版社，2002。

师，在剑桥及其他地方——我们实际上听说并了解几位像马克·布洛赫这样伟大的历史学家——尚没有哪位历史学家堪与马克思比肩。我的第二点说明与第一点相似。1969年，也就是我完成大学学业的三十多年后，诺贝尔奖得主约翰·希克斯爵士出版了《经济史理论》一书。他写道："那些大多数（希望能确切地解释历史一般发展过程的）学者，都愿意使用马克思的范畴，或对此稍作变动，因为其他可供选择的适用的理论寥寥无几。《资本论》发表一百年来……并没有出现什么别的理论，因而，它依然是非同寻常的。"我的第三点说明来自费尔南·布罗代尔的巨著《资本主义和物质生活》——我们从书名就可以看出它与马克思的联系。在这部名著中，马克思的著作被布罗代尔引用得最多，甚至多于任何一位法国学者。这实在是一份来自一个向来尊崇本民族思想家的国家的颂词，这一事实本身非常引人注目。

马克思对历史著作的这种影响，并不是一个不须证明的发展。因为尽管历史唯物主义是马克思主义的核心，尽管马克思的每篇文章都饱含历史，但历史学家都知道，马克思本人并没写过多少历史论著。在这一点上，恩格斯更像是一位历史学家，他写了许多著作，它们完全可以在图书馆被划入到"历史"分类之内。马克思当然研究历史，并且极其博学多才。但除了一组参与辩论、反对沙俄政府的文章、后以《18世纪的秘密外交史》为题发表以外，马克思就再未写过以"历史"为题的著作，而这篇文章也是马克思著作中最没有价值的文章之一。我们所说的马克思的历史论著，几乎全部都是那些带有某种程度的历史背景的现实政治分析及新闻评论。像《法兰西阶级斗争》和《路易·波拿巴的雾月十八日》这些分析现实政治的文章才是真正的上乘之作。他那卷帙浩繁的新闻评论尽管兴趣不一，但包含了他对最感兴趣的事件的分析——有人会想到他分析印度的那些文章——无论如何，这些文章是马克思把他的方法既用于分析具体的历史问题，又用于分析后来成为历史的某个时期的问题的样板。但史学研究者都知道马克思不是把它们作为历史文章来写的。最后，马克思对资本主义的研究包含了极其丰富的历史材料、历史说明及其他与历史学家相关的问题。

马克思大量的历史著述应被归入到他的理论著作和政治著作中。所有这些著作总是把历史发展放到一种与整个人类发展阶段有联系的长期框架中进行研究。我们必须把这些著作与马克思集中研究较短时期、特定题目和特定问题以及具体的历史事件的那些文章放到一起来读。不过，你无法在马克思的著作中发现对历史发展实际进程的完整的综合研究，甚至《资本论》也不能说是一部"1867年以前的资本主义史"。

这是什么原因造成的呢？还有，为什么马克思主义史学家不仅要阐释马克思的微言大义，还要去做那些马克思所未做的事？其因有三：首先，我们知道，马克思在完成他的学术巨著时面临许多巨大的困难。其次，尽管马克思的思想框架在19世纪40年代中期已建立起来，但直到离别人世，马克思的思想一直在发展。再次，也是最重要的，在他那些成熟的著作中，马克思有意把历史次序颠倒过来研究，把发达资本主义作为研究的起点，"人体"解剖成了"猿体"解剖的钥匙。这当然不是一种反历史的程序。它说明绝对不能就过去来解释过去：这不仅因为过去是历史过程中的一个组成部分，还因为单单就历史过程而言，就有助于我们分析、了解发生在这个过程中以及发生在过去的事件。前两个是次要原因，第三个为主要原因。

我们来看看劳动的概念，这是历史唯物主义概念的中心词汇。在资本主义以前——或者如马克思更为具体指出的，在亚当·斯密以前——与特殊的劳动种类（且它们在性质上是完全不同的，也是无可比拟的）不同的一般劳动的概念尚未出现。但如果我们要在全球长远的意义上，去把人类历史理解为人类渐进性的、更有效地利用和改造自然，那么，一般的社会劳动概念就是必不可少的了。因为马克思没有说明他基于未来历史发展的分析，是否无法让思想家们按照其他重要的分析概念来重新解释人类历史时得出相似的结论，在这一点上，马克思的研究方法仍存在着可争议之处。其他思想家能否得出类似的结论，这是分析中的潜在空白，尽管我们认为这样一种对未来发展的假设，至少对人类历史某些关键部分的假设，没有背离马克思劳动分析的主题。我的观点并非是对马克思进行质疑，只是想简单地说明，他的研究方法必须把那些与其主旨没有直接关系的、历史学家所感兴趣的大部分内容——如从封建主义向资本主义转化的方方面面——剔除出去。这些都留给了后来的马克思主义者，但恩格斯也确实对这些问题非常关注，尽管他更感兴趣的内容是"事实上究竟发生了什么事"。

所以，马克思对历史学家——不仅仅是马克思主义的历史学家——的影响，主要是在两个方面，一个是他的综合理论（历史唯物主义的思想），以及他所勾画或暗示出的、人类历史由原始地方自治主义到资本主义发展的总体形态，一个是他对与过去的特殊方面、特殊时期和特殊问题相关的事物的具体研究。尽管后者影响广泛并且依然具有极大的鼓舞和启发效果，但我不想对此多加置评。《资本论》的第一卷有三到四处很偶然地提到过新教，但人们有关普通宗教、特殊的新教和资本主义生产关系之间关系的争论却是源于这些不经意的论述。同时，《资本论》有个注脚，把笛卡儿的观点（动物就是机器、现实与思辨对立、哲学是主宰自然以及完善人生的一种手段）与"生产时期"结合起来，对笛卡儿进行评论，并提出这样的问题：为什么早期经济学家都愿意把霍布斯和培根作为他们的先哲，而后期经济学家则把洛克看作他们的先哲呢？（达德利·诺思相信笛卡儿的方法是"把政治经济学从旧式迷信中解放出来了"）①19世纪90年代，非马克思主义者已经把这一点作为马克思非凡创见的典型例子了，即使在今天，它也可为研究班提供至少一个学期的研习资料。但是，在这次会议上，我们无须向人们证明马克思的天才以及他广博的知识和学术兴趣；人们应该意识到马克思大部分研究过去具体方面的著作，不可避免地反映着他那个时代所能够利用的历史知识。

　　历史唯物主义的思想仍值得更详尽地讨论，因为它今天不仅受到非马克思主义和反马克思主义者的反驳或是批评，而且在马克思主义者中间也有争论。在几代人中，历史唯物主义思想是马克思主义中最少受到质疑的部分，它被看作是马克思主义的核心，我认为这是正确的。在马克思和恩格斯对德意志意识形态批判中发展起来的这一概念，基本上是针对"观念、思想、概念产生、决定并统治着人类、人类的物质条件及现实生活"的信条的。自1846年以来，这一概念基本没变。我们可以用以不同形式反复述及的一句话加以归纳："不是意识决定生活，而是生活决定意识。"②《德意志意识形态》对此有较为详细的阐述："由此可见，这种历史观就在于：从直接生活的物质生产出发来考察现实的生产过程，并把与该生产方式相联系的、它所产生的交往形式，即各个不同阶段上的市民社会，理解为整个历史的基础；然后必须在国家生活的范围内描述市民社会的活动，同时从市民社会出发来阐明各种不同的理论产物和意识形态，如宗教、哲学、道德等等，并在这个基础上追溯它们产生的

① 《马克思恩格斯全集》第23卷，428页，北京，人民出版社，1972。
② 《马克思恩格斯选集》第1卷，31页，北京，人民出版社，1972。

过程。这样做当然就能够完整地描述全部过程（因而也就能够描述这个过程的各个不同方面之间的相互作用）了。"① 我们顺便还应该注意到马克思、恩格斯所说的"现实的生产过程"并不仅仅是"直接生活的物质生产"，它要广泛得多。用埃里克·沃尔夫的合理阐述来说，它是"在自然、工作、社会劳动和社会组织之间的一系列复杂的相互依存关系"。我们还应注意，人是同时用手以及大脑进行生产的。

这个观念并不是历史，而是历史的指南，是一项研究规划。让我再来引用《德意志意识形态》中的话："思辨终止的地方，即在现实生活面前，正是描述人们的实践活动和实际发展过程的真正实证的科学开始的地方。……对现实的描述会使独立的哲学失去生存环境，能够取而代之的充其量不过是从对人类历史发展的观察中抽象出来的最一般的结果的综合。这些抽象本身离开了现实的历史就没有任何价值。它们只能对整理历史资料提供某些方便，指出历史资料的各个层次间的连贯性。但是这些抽象与哲学不同，它们绝不提供可以适用于各个历史时代的药方或公式。"② 对此，最完整的论述，是马克思 1859 年《政治经济学批判》手稿的前言。当然，人们必然会问：是否有人对此加以拒绝，同时仍旧可以做一名马克思主义者呢？但是，这个极其简化的论述显然需要详细的阐明，因为这个论述的术语引发了关于什么是"生产力"和"社会生产关系"、什么构成了"经济基础"、"上层建筑"等许多争议。同样明显的是，从人类有意识开始，历史唯物主义观就是历史阐释的基础，而不是历史阐释本身。历史不同于生态学，因为人类决定着事件的发生并对此进行思考。但一个相当模糊的问题是，它是否是决定论的，并在这个意义上允许我们去发掘究竟什么是不可避免要发生的，因为它与历史变迁的一般程序是完全不同的。因为历史必然性的问题，只有回过头来看才能得到确切的答案，甚至那时也只能用套套逻辑来回答：因为没有其他事件发生，所以已发生的事件是不可避免的，其本应发生的事只是理论上的假设而已。

马克思要证明，某些历史结果——共产主义——是历史发展的必然结果。但人们却一点都不清楚，这能否用科学的历史分析来加以展示。很显然的是，自从一开始，历史唯物主义就不是经济决定

---

① 《马克思恩格斯选集》第 1 卷，43 页，北京，人民出版社，1972。
② 同上书，31 页。

论：历史上并非所有的非经济现象都可以从具体经济现象中追溯其来源，并且，在这个意义上，具体的历史事件和历史日期是无法确定的。即使是历史唯物主义最僵化的拥护者，也对偶然事件及个人在历史中的作用作过长篇论述（如普列汉诺夫）；并且，不论恩格斯的阐述中能有什么样的哲学批评观，他在后来给布洛赫、施米特、斯塔肯贝里等人的信中对这个问题的态度却毫不含糊。从马克思所写的诸如《路易·波拿巴的雾月十八日》及 19 世纪 50 年代的新闻评论中，我们可以看出，毫无疑问，马克思对这个问题的观点，在本质上与恩格斯是一致的。

实际上，历史唯物主义观的中心论点是关于社会存在和意识之间的基本关系问题。它集中在比较史学和社会人类学的经验性问题上，而不是集中于哲学认识（如相对于"唯物主义"的"唯心主义"），或道德问题上（如"'自由意志'及人类自觉行为起着什么样的作用？""如果时机不成熟，我们应该怎么办？"）。一个典型的论点可能认为，我们不可能把社会生产关系与思想、概念（这是源于上层建筑的基础）区别开来，一方面是因为这种做法本身是倒过来作的历史区分，另一方面是因为社会生产关系是由无法还原的文化、概念构成的。另一种反对意见则可能认为，既然某一设定的生产方式与 n 型种类的概念相一致，我们就不能用还原"基础"的方法对此加以解释。由此我们可以了解各种社会：它们具有同样的物质基础，但却具有多种不同的方式建构其社会关系、意识形态和其他上层建筑的特征。从这个意义上说，世界上人的观念决定了人类社会存在的形式，至少与后者决定前者一样重要。所以说，究竟是什么决定了人的观念，就必须从不同的角度加以分析：比如列维－施特劳斯就认为，数量有限的知识概念的一系列变化决定了人的观念。

让我们先把马克思是否对文化进行归纳的问题放在一边（我个人认为，在马克思确切的历史著作中，他是完全站在经济简化论者的对立面的）。基本事实仍然是：对任何社会、任何历史发展时期的分析，必须以对它的生产方式的分析为起点，即（1）对"人和自然之间新陈代谢"（马克思语）技术—经济形式的分析，它指的是人们用劳动来适应和改造自然的途径；（2）对劳动加以疏通、调配和分派的社会安排的分析。

今天这种情况仍然如此。如果我们想了解 20 世纪晚期英国或意大利的一切，我们肯定要以生产方式在 20 世纪 50 至 60 年代发生的巨大转变为起点。至于最原始的社会、血缘组织及观念体系（血缘组织是众多观念体系的一个方面），将取决于我们面对的是一种采集食物经济还是生产食物的经济。如像沃尔夫指出的那样，在采集食物经济中，对任何有能力获取资源的人来说，资源是可以随意使用的，而在生产食物经济（农业或畜牧业经济）中，这些资源的使用则受到了限制。我们不仅要对此时此地的状况作出阐述，对几代人的情况，也该作出解释。

尽管经济基础和上层建筑的概念在阐释一整套分析重点时起着关键作用，但历史唯物主义观仍面临着其他更加严厉的批评。因为马克思不仅认为，生产方式是基本的、上层建筑必须在一定程度上符合由它所引起的"人和人之间的基本差别"（即社会生产关系），他还认为，社会物质生产力具有向前发展的必然的进步趋势，因此，它将会与现存的生产关系及其相对固定的上层建筑的表述发生矛盾，并使生产关系和上层建筑让步。就像 G. A. 科恩指出的那样，从广义上看，这种进步趋势是技术性的。

问题并不在于为什么这样一种趋势应该作为一个整体存在于世界历史中，实际上，它已无可置疑地一直存在到了今天。真正的问题在于，这个趋势显然不是放之四海而皆准的。尽管我们可以对许多例没有显示这一趋势的社会以及对似乎停留在某一点上的社会进行辩解，但这还远远不够。我们可以很好地假定一种从采集食物发展到生产食物的一般趋势（在这里，这种趋势不会因生态原因而变得不可能或不必要），但我们却不能对近代技术和工业化的发展也作这样的假定，因为从一个——也仅仅是一个——地区发展起来的技术和工业化已主宰了整个世界。

这好像是陷入了一种《第 22 条军规》①的处境。要么不存在社会物质生产力发展的一般趋势，或者是社会物质生产力的发展越出了一定的界限——在这种情况下，人们不得不在没有这样一种基本参照物的情况下，对西方资本主义的发展作出解释，而历史唯物主义观充其量只能被用来解释特殊案例。顺便说一句，放弃"人总是不断地追求对自然控制"的观点，既不切实际，还会造成巨大的历史复杂性以及其他方面的混乱。要么就是存在这样一般的历史趋势，在这种情况下，我们就要不得不解释为什么这个趋势没有普遍发生作用，或者为什么在许多情况下，这个趋势明显被有效地遏制住了。

---

① 《第 22 条军规》是美国著名作家约瑟夫·赫勒的代表作。第 22 条军规在小说中可以任意进行解释。后该词进入英语中，象征着人们处于进退维谷的窘境。——译注

看上去是社会结构的效力、惯性和某些其他力量以及物质基础之上的上层建筑才会阻碍物质基础的运动。

我认为，有无上述发展的一般趋势，对于作为阐释世界的方式的历史唯物主义观来说，并没有产生难以解决的问题。马克思本人远不是一名单线发展论者，他对为什么某些社会从古典古代历经封建社会发展到了资本主义社会提出了一种解释，同样也对为什么其他社会（马克思粗略地把一大批这样的社会划入到亚细亚生产方式中）没有这种过渡提出了一种解释。但是，有无上述发展的一般趋势，对作为改变世界的方式的历史唯物主义观来说，却产生了一个非常困难的问题。在这个问题上，马克思论点的核心是，由于生产力已经发展到——或肯定会发展到——与生产关系的"资本主义外壳"无法相容的地步，革命必然要发生。但如果我们能够证明，在其他社会中，并没有物质力量在不断增长的趋势，或者说它们的增长得到了控制、受到了牵制，或者按 1859 年"导言"的说法，是社会组织及上层建筑的力量阻止了革命的爆发，那么，为什么同样的情形没有发生在资本主义社会呢？详尽剖析一个更加朴素的历史案例以说明资本主义向社会主义过渡的必要性——也许是必然性——当然很有可能，甚至相当容易。但如果这样做，我们将会失去对马克思及其追随者（包括我本人）来说至关重要的两样东西：（1）社会主义的胜利是迄今为止所有历史进化的逻辑终结的观念；（2）它标明"史前期"已终结的观念，它现在不可能、将来也不会成为一个"对抗性"的社会。

上述问题并不影响"生产方式"概念的价值。在"导言"中，马克思把"生产方式"定义为：是"生产关系的总和，它们构成了一个社会的经济结构、形成了存在的物质手段的生产方式"。不论社会生产关系是什么，也不论它们可能具有什么其他的社会功能，生产方式构成了决定生产力的增长和剩余分配应该采取什么样的形式的结构，社会如何能够——与不能——改变其结构，在适当时机，怎么可能或是怎样将会发生向另一种生产方式的转变。生产方式还确定了上层建筑可能性的范围。简言之，生产方式是我们人类社会变化和人类社会相互关系以及理解人类社会历史动力的基础。

生产方式并不恒同于社会，"社会"是一种人类关系体系，或者更精确地说，是人群之间的关系体系。"生产方式"的概念是用来识别引导这些人群结盟组合的力量的，在一定范围内，在不同的社会，可以对人群进行多种结盟组合。生产方式形成了可以用年代或其他方法加以排列的系列发展阶段吗？马克思本人无疑把生产方式视为形成了一个系列阶段，在这个系列中，人们日益从自然中解放出来并且开始控制自然，这对生产力和生产关系都产生了影响。按照这套标准，不同的生产方式可以被视为按由低到高的次序排列。但有的生产方式显然不能被看作优于其他的生产方式（如那些需要商品生产或蒸汽引擎的生产方式被视为优于那些不需要商品生产和蒸汽引擎的生产方式），马克思的生产方式的排列并不是有意去确定一种在年代上单线发展的更替次序。实际上，这是一个观察和思考的问题：在几乎是（有前提的）人类发展的最早阶段，生产方式的不同形式已经共存并相互影响了。

生产方式既体现了一种特定的生产程序（基于特定技术和劳动生产分工的生产途径），在一定的发展阶段也体现了"一种具体的、历史上存在的一整套社会关系，通过这种关系调配劳动力，运用工具、技巧、组织和知识从自然中谋取能量"，并通过这种关系，使社会生产的剩余得以循环、分配并被用于积累或某些其他目的。马克思主义史学家必须对生产方式的上述两种功能加以考察。

人类学家埃里克·沃尔夫所著的一部很有创见的力作《欧洲与没有历史的民族》，就存在着这方面的弱点。这部著作试图阐明，资本主义在全球的扩张和胜利如何影响了它已将其融入到世界体系之中的前资本主义社会；并阐明资本主义由于多种生产方式的存在，它是如何在被植入的意义上反过来被改变和更新的。这是一部论述联系而非论述原因的著作，但联系完全可能成为原因分析的基本要素。它聪明地设计了一条把握不同社会"差异性的……战略特征"的途径，即把握不同社会因与资本主义的联系而改变以及不会被改变的方式。这部著作还顺带对生产方式和各个社会内部、它们的意识形态或"文化"之间的关系，提供了明确的指南。它没有做，或打算要做的事：是要阐述物质基础的运动及劳动分工，以及由此引发的生产方式的变革。

沃尔夫使用了三种广义的生产方式或生产方式的"派别"：即"近亲次序"的方式、"从属"的方式及"资本主义的方式"。但他考虑到近亲次序方式内由狩猎和采集食物的社会向食物生产的社会发生的变化时，他的"从属"方式成了包括马克思所说的"封建"以及"亚细亚"在内的巨大的混合体。在所有这些方式中，剩余基本上被行使政治、军事权力的统治阶层所占用。对沃尔夫的泛泛分类，借用塞米尔·阿明的话来说，尚有许多探讨的余地。但这种分类的缺陷在于，"从属"方式显然包括了生产能力处于全然不同阶段的各种社会：从西方中世纪的封建领主制到中华帝国；从没有城市的经济到已经城市化的经济。因此，他的分析仅隔靴搔痒地触及了从属方式的一个变体为什么以及如何、在何时会产生发达的资本主义这些核心问题。

简言之，生产方式的分析必须基于对有效的物质生产力研究的基础上：这种研究既包括对技术及其组织的研究，也包括对经济学的研究。我们不要忘记，在1859年《政治经济学批判》"导言"这同一篇文章中，其后半部分也是经常被人引用的，马克思在此指出，政治经济学是对市民社会的解剖。因此，从某一方面来说，对传统的生产方式及其变革的分析必须要加以发展——实际上，近来的马克思主义著作已经这么做了。一种生产方式向另一种生产方式的实际转变，时常被人按照随意的和单线的标准来衡量：有人认为，在每种方式内部存在着一种产生活力的"基本矛盾"，也存在着导向变革的各种力量。这种人大概并不知道，上述看法就是马克思本人的见解——资本主义社会的部分除外——这个见解在解释其他社会，尤其涉及西方封建社会向资本主义社会的过渡时，理所当然地导致了巨大的困难，并引发了无尽的争论。

看来，作以下两个假设显得更有使用价值。第一，存在于生产方式内部、逐渐破坏生产方式稳定的基本元素包含着转变的可能性而非必然性，但由于它们依赖于生产方式的结构，还就可能转变的特定类型设置了一定的限制。第二，导致一种生产方式向另一种生产方式转变的机制可能不仅仅来自该生产方式的内部，还可能来自不同结构的社会的融合和相互影响。从这个意义上说，所有的发展都是混合型发展。我们不能去寻找那些具体的区域状况，是它们导致了地中海地区古典古代特殊制度的形成，或者说导致了西欧庄园和城市中封建主义向资本主义的转变，我们应该放眼通向各个社会的各种不同的途径，在那些枢纽和交会点上，上述处于一定发展阶段的地区都能找到自己的位置。

这种研究方法——在我看来，恰恰符合马克思的精神，如果需要的话，可以从马克思的原文中找到依据——很容易去解释在向资本主义前进的过程中各种社会的共存现象，以及那些被资本主义渗透和征服但却没有按那种途径发展的社会。但这种研究方法也注意到了研究资本主义的历史学家越来越认识到的事实，即这种制度的发展本身是一种混合型发展，它依赖于先存的原料，对此加以利用和改造，同时又被这些原料所改造。近来对工人阶级的构成和发展的研究已阐明了这个论点。实际上，过去25年世界历史中已发生了这种深刻的社会转变的一个原因，是类似的前资本主义的因素（迄今为止资本主义运行的核心部分）最终被资本主义的发展侵蚀得太多，使它们无法发挥曾经发挥过的重要作用了。我在这里想到的，当然是生产方式的派系问题。

让我们回到这篇演讲开头提出的马克思对于历史学家无与伦比的重要意义的问题。马克思仍然是任何较为规范的历史研究不可或缺的基础，因为——迄今为止——他是唯一在方法学上试图把历史作为一个整体来系统阐述，并设想和解释了人类社会发展的整个过程的学者。就这方面来说，马克思要高于马克斯·韦伯，他是马克思唯一真正的对手，他对历史学家产生了理论上的影响，在许多方面作了重要的补充和更正。以马克思理论为基础的、无须韦伯学派增补的历史学是可以想象的，但对韦伯学派而言，除非它把马克思，或至少把马克思主义者研究的课题作为它的起点，否则它就是令人无法想象的。要探索人类社会发展演变的进程，就意味着，即使你不接受马克思的答案，但你至少要提出同样类型的问题。同理，如果我们希望解答隐含在第一个问题中的第二个大问题，我们就得提问：为什么这种发展是不均衡的、非直线型的，而是异常零乱、异常混杂的呢？唯一有人提出可供选择的另类答案是以生物进化标准（如社会生物学）所作的阐释，但这些答案通常是不合适的。马克思没有给这个问题画上句号——远远没有——但他确实为这个问题开了头，我们仍然有义务把马克思开创的研究工作继续下去。

我演讲的主题是马克思和历史学，我在这里的任务不是去预先阐明今天马克思主义历史学的主题或应该以什么为主题。但在没有述及下面两个我认为是很重要的主题前，我还不想下结论。第一个主题我已经论述过，就是所有社会或社会体系发展的混杂性和复合性，它们与其他社会体系、与过去的相互作用。如果诸位同意，我们可以说这个主题是对马克思著名格言——人类创造自身的历史——的详尽阐述，但这种历史并不是随意选择的，而是在"直接从过去中发现、由过去提供和传播的条件下"创造的。第二个主题是阶级和阶级斗争。

我们知道，阶级和阶级斗争这两个概念对马克思、至少在论述资本主义历史时，是非常关键的，但我们也知道这两个概念在他的著作中没有很好地给出定义，因此导致了许多争议。大量的传统马克思主义历史编纂学没有对这两个概念进行论证，并因此陷入困境。我来举一个例子。什么是"资产阶级革命"？我们能把"资产阶级革命"视为是由某个资产阶级"发动的"、资产阶级为了权力而反对阻碍资产阶级社会制度的旧专制政府或统治阶级所进行斗争的目标吗？或者，什么时候我们才能如此看待资产阶级革命呢？对英、法革命所持的马克思主义阐释的现行批评一向都是切中肯綮的，这主要因为它证明了资产阶级和资产阶级革命的传统概念是不准确的。我们早就应该知道这一点的。作为马克思主义者，或者实际上作为现实的历史观察者，我们不会人云亦云地否认这些革命的存在，或者否认 17 世纪英国革命和法国革命真正标志着英、法社会的根本变迁和"资产阶级"对其社会的重新定向。但我们理应对我们所作的阐释给予更精确的思考。

那么，我们如何来总结马克思逝世后这 100 年里他对历史研究的影响呢？我们可以提出以下四个基本观点：

（1）今天，马克思在非社会主义国家历史学家中的影响，无疑比我生活的时代——我的记忆往前追溯了 50 年——并很可能比马克思去世以来那段时期对历史学家的影响要大得多（在官方信仰马克思思想的国家里，情形当然是无可比拟的）。这一点有必要加以指出，因为当前在知识分子中，尤其在法国和意大利，存在一种相当普遍的偏离马克思的倾向。事实上，马克思的影响不仅可以在大量自称为马克思主义的历史学家——其数目相当庞大——以及那些承认马克思对历史具有重大影响的历史学家（如法国的布罗代尔、德国的比勒费尔德学派）那里见到，而且可以在大量通常非常杰出、常把马克思的名字挂在嘴边的前马克思主义的史学家（如波斯坦）身上见到。此外，50 年前主要由马克思主义者强调的许多因素，现在已成为历史主流学派的一部分。的确，这不仅要归功于卡尔·马克思，而且也要归功于另外一个原因，即马克思主义可能一直是影响历史研究"现代化"的重要力量。

（2）就像今天我已谈到过的那样，至少在大多数国家是这样，马克思主义历史学把马克思作为研究的起点，而不是终点。我并不是说马克思主义历史学必然要对马克思的文本提出异议，不过它随时准备对那些实际错误或过时的地方进行修改。尽管马克思的洞察力通常是如此的卓越和深邃，但他对东方社会和"亚细亚生产方式"的见解，以及对原始社会及其发展的见解显然存在问题。最近一位马克思主义人类学家在他所写的一部关于马克思主义和人类学的著作中指出："作为现代人类学的基础，马克思和恩格斯所掌握的原始社会的知识是远远不够的。"① 我也并不是说，马克思主义历史学必然愿意去修改或放弃历史唯物主义的主要线索，尽管它随时准备在必要的地方考虑这些关键性问题。就我个人而言，并不想放弃历史唯物主义。但马克思主义历史学在其最成功的著作中，是使用马克思的方法而不是评论马克思的原文——除非确实在值得评论的地方，才进行评论。我们要尽力去做那些马克思本人尚未来得及做的事情。

（3）今天，马克思主义历史学是多元的。对历史唯一"正确"的解释不是马克思留给我们的遗产：这大约是在20世纪30年代前后，开始成为马克思主义传统的一部分，但它已不再被人们接受或是令人无法接受，至少在人们对问题有不同看法的时候，人们不会接受这个遗产。多元论有自身的缺陷。这些缺陷在那些将历史理论化的人中比在撰写历史的人中表现得更明显，但即使这样，在后者中间仍然可以看得出。然而，不管我们认为这些缺点比优点是大还是小，今天马克思主义研究的多元论是不容忽视的事实。诚然，多元论并没有什么错。科学是基于同样方法的不同论点之间的对话。只有在没有方法判定相互争议的观点哪一个是错，或哪一个价值较小时，科学才不能称其为科学。不幸的是，历史学中常有这种情况，它绝不仅仅发生在马克思主义历史学中。

（4）今天，马克思主义历史学不可能从其他历史思想和历史研究中孤立出来。这个论点有两重含义。一方面，马克思主义者——除了在他们的著作中引证原始资料的来源外——不再拒绝那些没有声明自己是马克思主义者，或实际上是反马克思主义者的历史学家的研究著作。只要这些著作是出色的史学著作，它们理应受到重视。当然，这并不妨碍我们对（即使很出色的）唯心主义史学家的批判和进行意识形态的斗争。另一方面，马克思主义极大地改变了历史学的主流，以至于今天很难分辨一部具体的著作是马克思主义者所著，还是非马克思主义者所著，除非作者本人公开说明自己的思想倾向。这不是件令人遗憾的事。我很希望有那么一天，没人会再去打听作者是不是马克思主义者，因为那时，马克思主义者已对运用马克思的思想而取得的历史变迁的研究成果非常满意。但我们现在离这种空想境地还很遥远：20世纪的思想和政治斗争、阶级斗争和解放斗争简直令人难以想象。为了可预见的未来，我们理应在史学

---

① 莫里斯·布洛赫：《马克思主义和人类学》，172页，牛津，1983。

领域内部和外部来捍卫马克思和马克思主义、反对那些在政治和意识形态领域向马克思和马克思主义发动进攻的人。同时，我们还应该捍卫历史学、捍卫解释世界如何发展到今天以及解释人类如何向更美好的未来发展的人类的能力。

（马俊亚　郭英剑 译）

波普尔

卡尔·波普尔（Karl Popper，1902—1994），出生于奥地利维也纳一个犹太人家庭。1918年中学毕业后到维也纳大学做旁听生，在此期间集中学习了哲学、数学和物理学，并受到爱因斯坦的强烈影响。1924年通过大学入学资格考试，成为维也纳大学的正式学生。四年后波普尔以题为《思维心理学的方法和问题》的论文获得博士学位。1929年获得中学数学和物理学教师资格。波普尔于1937年任新西兰坎特伯里大学教授。"二战"结束后任教于英国伦敦大学，从1949年起一直担任该校逻辑学和科学方法论教授直至1969年退休。

波普尔的主要著作有：《科学发现的逻辑》（1934）、《历史决定论的贫困》（1944）、《开放社会及其敌人》

（1945）、《猜想与反驳》（1965）、《客观知识》（1972）、《认识论的两大根本问题》（1979）等。

波普尔将自己的哲学立场称为"批判的理性主义"，认为人们的认识受到各种各样的条件的制约，因此会不断地犯错误，不仅如此，人们的认识还必须依赖于自己和他人的错误。波普尔认为，认识论的两大基本问题是"休谟问题"和"康德问题"，前者是经验归纳的问题，后者是科学与非科学的划界的问题。波普尔反对逻辑实证主义在归纳问题上的立场，认为人类无法保证通过经验归纳获得的法则的有效性，因此归纳法不能成立，我们无法证实一个法则，而只能对命题进行证伪，只有尚未被证伪的命题才能作为假说保留下来。波普尔同样将可证伪性原理用于解决科学与非科学问题：只有能够被证伪的命题才能成为经验科学中的命题。

波普尔的政治哲学思想与其科学方法论紧密相连。他认为社会科学和自然科学一样，也适用于可证伪性原则。以此为出发点，波普尔对"历史决定论"进行了激烈的批判。他认为"历史决定论"在理论上表现为将历史视为具有内在不移的意义和命运，在实践上勾勒出一种乌托邦的社会工艺学。波普尔主张以点滴的社会改良的社会工艺学取代乌托邦的社会工艺学。他认为柏拉图和马克思是典型的历史决定论者。波普尔批判柏拉图企图以一种乌托邦的理想阻挠历史走向民主制度，并且以整体主义为原则建立起正义观念。对于马克思，波普尔承认马克思对于自由竞争资本主义的分析是深刻和有力的，但他又认为马克思理论中的历史主义原则是"有害"的。波普尔试图将证伪原则运用到政治领域，提出了自己独特的民主主义理论：问题不是由谁来统治，而在于如何建构一种政治制度，即使在坏的统治者进行统治时，也不会造成严重的伤害，这种制度能够保证不采取暴力手段就能免除当政者的职务。

本书选取了《开放社会及其敌人》中的第十三章《马克思的社会学决定论》和第十五章《经济的历史唯物主义》。波普尔认为马克思对于真理的追求是真诚的，在理智上是诚实的，试图在知识中找到一种推动人进步的手段，但是马克思提供了"历史主义的最纯粹的、最发达的和最危险的形式"。波普尔所说的"历史主义"是指将一切历史时期理解为先前发展的历史产物的立场。在他看来，马克思的理论不是社会工艺学，而是提供了一种"纯历史主义"的方法。波普尔认为，评价一种方法的标准，是看它是否富有成效，即是否"能推进科学的工作"——如果以此标准来衡量，马克思的方法就是"贫乏"的，因为他将历史预言当作目的。按照波普尔的看法，马克思对未来历史的预言不同于科学预测，因为它以决定论为基础；而如果历史的进程是被预先决定的，那么人类显然就无法再利用科学改变世界。波普尔将马克思的科学社会主义视为仅仅是对即将到来的变化的预告，而人们则通过他的预告找到历史的游戏分派给他的角色。但波普尔并不否认马克思对自由的追求，他甚至认为，马克思是个"实践的二元论"者，虽然承认物质世界对人的束缚，但并不喜欢这个"必然王国"，他所追求的是作为精神世界的"自由王国"，马克思的历史唯物主义就是这种追求的体现。波普尔将历史唯物主义分为两个层面："历史主义"和"经济主义"。他否定前者而有条件地肯定后者，认为考虑事情必须照顾到它们与经济背景的关系，但同时又认为，不能过高地估计经济主义的意义，因为不能将一切社会发展都归于经济条件的发展。

马克思的社会学决定论[①]

　　"利用情绪，不把精力浪费在摧毁它们的无益努力上。"[②] 一直是反抗自由的策略。人道主义者的一些最弥足珍贵的观念，常常受到其死敌的高声喝彩，后者就这样打着同盟者的幌子，渗透到人道主义者的阵营，制造分裂和严重的混乱。这种策略常常获得极大的成功，正如事实所表明的，许多真诚的人道主义者仍然崇尚柏拉图的"正义"观念、中世纪"基督教的"权威主义、卢梭的"普遍意志"观念，或者费希特和黑格尔的"民族自由"观念。然而，只是在黑格尔主义把自身确立为一种真正的人道主义运动的基础之后，这种渗透、分裂人道主义者阵营并制造混乱的方法，这种建造很大程度上是无意识的，因而具有双重效应的知识第五纵队的方法，才

① 选自《开放社会及其敌人》，北京，中国社会科学出版社，1999。
② 参见 V. 帕累托：《论普通社会学》，1843 页；英译本《心灵和社会》第 3 卷，1281页，1935。

获得极大的成功：至于马克思主义，则被看成历史主义的最纯粹的、最发达的和最危险的形式。

详细研究马克思主义、黑格尔左派及其法西斯主义的副本之间的相似性，是件诱人的事情。然而，如果忽略了它们之间的区别，则绝对不公平。虽然它们的知识源泉近乎相同，但对马克思主义的人道主义激励，则不应有任何疑义。而且，同右派黑格尔分子相反，在把理性的方法运用于社会生活的最迫切的问题上，马克思作了诚挚的尝试。这种尝试的价值没有为这一事实所减损，即正如我将要表明的，它以往在很大程度上并不成功。科学要经历不断的尝试和错误才能进步。马克思毕竟进行过尝试，虽然他在主要理论上犯了错误，但他的尝试没有白费。他以各种方式开拓了我们的眼界，使我们的目光更敏锐。退回到前马克思的社会科学，是不可想象的。所有现代的著作家都受惠于马克思，尽管他们并不知道这点。对于那些像我一样不赞同马克思的理论的人，情况显得尤其如此；我欣然承认，例如我对柏拉图和黑格尔的研究，就打上了受马克思影响的印记。

如果不承认马克思的真诚，我们就不能公正地对待他。马克思的开放的心灵、敏锐的现实感、不信空言，尤其是不信道德方面的空言，使他成了世界上反对伪善和法利赛主义的最有影响的战士之一。他有着帮助被压迫者的强烈欲望；他充分意识到，需要在行动上而不只是在言词中证实自身。尽管马克思的主要才能是在理论方面，但是为铸造他认为是科学的战斗武器，以改进大多数人的命运，他付出了巨大辛劳。我认为，他追求真理的真诚和他在理智上的诚实，使他与他的许多追随者完全不同（尽管不幸的是，他没有彻底摆脱在黑格尔辩证法的氛围中养成的腐朽影响，这种辩证法被叔本华描述为能够"摧毁一切理性"），马克思对社会科学和社会哲学的兴趣，基本上是一种实践的兴趣。他在知识中找到了一种推动人进步的手段。

那么，为何还要攻击马克思呢？虽然他有许多功绩，但是我认为，他是一位错误的预言家。他是历史进程的预言家，他的预言并没有实现；但这不是我的主要责难。更为重要的是，他误导大批有理智的人相信，历史预言是探讨社会问题的科学方式。在那些试图推进开放社会事业的人的队伍中，马克思要对历史主义的思想方法的破坏性影响负责。

然而，马克思主义真的打上了纯粹历史主义的印记吗？在马克思主义中就不存在一些社会工艺学的因素吗？俄国在社会工程中从事冒险而又常常取得实验成功的事实，使得许多人断定，马克思主义作为支撑俄国实验的科学或信条，应该是一门社会工艺学，或者至少要赞成它。然而，没有一个熟知马克思主义史的人会犯这种错误。马克思主义是一种纯粹的历史理论，一种旨在预测经济和政治的发展的未来进程，尤其是预测革命的未来进程的理论。正因为如此，在俄国共产党夺取政权之后，马克思主义当然就不再为它的政策提供依据。马克思实际上禁止一切社会工艺学，并把它斥责为乌托邦，他的俄国信徒一开始就发现，自己对社会工程领域中的宏伟任务，完全缺乏准备。正如列宁很快明白的，马克思主义不能对实际的经济问题提供帮助。"我并不知道有哪位社会主义者探讨过这些问题"，列宁在夺取政权后这样说，"在布尔什维克或孟什维克的文献中，并没有关于这类问题的记载"①。在经历一段不成功的实验时期，即所谓"战时共产主义时期"之后，列宁决定采取各种实际上意味着有限地暂时地回到私人企业的措施。这些所谓的新经济政策，以及后来的各种实验——五年计划等——与马克思和恩格斯曾经宣布的"科学社会主义"的理论没有任何关系。无论是列宁在引进新经济政策之前发现的自己所处的特殊情境，还是他所取得的成就，如果不适当地考虑到这一点，就不能获得应有的评价。马克思的宏大的经济研究，甚至没有触及一项建设性的经济政策（例如，经济计划的问题）。正如列宁所承认的，在马克思的著作中，几乎找不到一个论及社会主义的经济词句——且不论"从按劳取酬到按需分配"之类的无用的口号。原因在于，马克思的经济研究完全是从属于其历史预言的。然而我们还必须多谈点。马克思特别强调，他的纯历史主义的方法与一切以合理计划的观点进行经济分析的尝试是对立的。他把这种尝试斥责为乌托邦和不合逻辑的。因此，马克思主义者甚至不研究所谓的"资产阶级经济学家"在该领域中所取得的成就。在准备建设工作方面，他们甚至比一些"资产阶级经济学家"更缺少培训。

　　在使社会主义摆脱其多愁善感的、道德主义的和幻想的背景方面，马克思找到了自己的专门使命。社会主义必然要从乌托邦的阶

① 引自列宁的这两段话采自西德尼和比阿特丽斯·韦伯编的《苏联共产主义》（第2版，1937），650页。

段发展到科学的阶段①；它应该建立在分析原因和结果的科学方法的基础之上，建立在科学预测的基础之上。由于他假定，社会领域中的预测与历史预言是同一种东西，因而科学社会主义必然是建立在对历史的原因和结果的研究之上，最终是建立在对社会主义自身来临的预言的基础之上。

当马克思主义者发现自己的理论受到攻击时，他们就常常撤退至这一立场，即马克思主义主要的不是一种理论而是一种方法。他们认为，即使马克思理论中的特殊部分，或者其追随者的某些理论中的特殊部分被取代，马克思的方法仍然是不可辩驳的。我认为，坚持马克思主义根本上是一种方法，是十分正确的。但是，认为作为一种方法，它就应该免受攻击，这就错了。这种观点说白一点就是，谁要评判马克思主义，他就必须把它作为一种方法来深究和批评，也就是说，他必须以方法论的标准来衡量它。他必须追问，它是一种富有成效的方法，还是一种贫乏的方法，也即，它是否能够推进科学的发展。因此，我们用来评判马克思主义方法的标准，应该具有一种实践的本性。通过把马克思主义描述为最纯粹的历史主义，我已经指出，我确实主张，马克思主义的方法是十分贫乏的。

马克思本人也许赞同对批评他的方法作这样一种实际的探索，因为他是发展后来被称作"实用主义"的观点的首批哲学家之一。他之所以被引向这一立场，我认为，是由于他确信，一种科学的背景为实际政治家——这种实际政治家当然也意味着社会主义的政治家——所迫切需要。他教导说，科学能够产生实际的结果。应该随时关注成果，关注理论的实际结果！他们甚至谈论有关其科学结构的某些事情。一门不产生实际结果的哲学或科学，只不过解释了我们生活的世界；然而它能够而且应该做得更多些；它应该改变世界。马克思写道："哲学家们只是用不同的方式解释世界，而问题在于改变世界。"也许正是这种实用主义的态度，使他预期到后来实用主义者所主张的重要的方法论理论，即科学的最富特征的工作，不是获得既往事实的知识，而是预见未来。

这种对科学预测的强调，实质上是一种重要的、方法论的发现，不幸的是，它把马克思引入了歧途。因为一个似是而非的论据（只有当未来被提前决定——只有当未来像从前一样存在于过去之中、

---

① 我这里暗指的是恩格斯的一部名著的题目：《社会主义从乌托邦到科学的发展》（这部著作在英国已经以《社会主义：乌托邦和科学》为题出版）。

被嵌入过去之中——科学才能够预见未来）把马克思引向固执于这一虚假的信仰，即严格的科学方法必须建立在严格的决定论的基础之上。马克思关于自然界和历史发展的"无情规律"的说法，清楚地表明了拉普拉斯氛围和法国唯物主义的影响。然而，相信"科学的"和"决定论的"术语如果不是同义的，至少也具有不可分割的联系，现在要被说成是一个尚未完全消失的时代的迷信之一。由于我主要对方法问题感兴趣，我感到高兴的是，当讨论马克思主义的方法论时，并没有必要加入有关决定论的形而上学问题的争论。因为不论这些形而上学争论的结果如何，例如，量子理论关于"自由意志"方面，我想要说的是，事情早就解决了。没有哪种决定论，不论它被表述为自然界的齐一性原理，还是被表述为普遍的因果规律，能够再被作为科学方法的必要假定来考虑。因为物理学——一切学科中最先进的科学——不仅表明，没有这种假定，它照样能够从事研究，而且还表明，在某种程度上，它还同这些前提有矛盾。对一门能够进行预测的学科而言，决定论并不是不可缺少的前提条件。因此，科学方法不能被说成支持采取严格的决定论。没有这一假定，科学也能具有严格的科学性。当然，马克思不能因为坚持了相反的观点就应受到责难，因为他那时的最优秀的科学家都持有同样的观点。

值得注意的是，把马克思引向歧途的，并不是决定论的抽象的、理论的原理，毋宁说是该原理对其科学论观点、对其关于社会科学的目的和可能性观点的实际影响。如果"决定"社会发展的抽象的"原因"观念不导向历史主义，它就不会如此十分有害。诚然，这种观念没有任何理由让我们对社会制度采取一种历史主义的态度，同每个人，尤其是决定论者对机械和电子设备所采取的显然是工艺学的态度形成奇怪的对比。也没有任何理由让我们相信，在一切科学中，社会科学能够为我们实现揭示未来所储藏着的秘密这一古老的梦想。对科学的算命术的这种信仰，并不仅仅建立在决定论的基础之上；它的其他基础包括，混淆了科学预测和宏大的历史预言，前者有如我们在物理学和天文学中所了解的，后者则在广泛的战线上预言社会的未来发展的主要趋势。这两种预测是根本不同的（正如我在其他地方试图表明的），前者的科学特征并不为支持后者的科学特征提供证据。

马克思关于社会科学的目的的历史主义观点极大地搅乱了实用主义，后者一开始曾使他强调科学的预测功能。这迫使他不得不修正自己的早期观点，即科学必须，而且能够改变世界。因为只要存在社会科学，因而存在历史预言，历史的主要过程就应该是被预先决定的，无论是善良意志还是理性，都无权改变它。以合理的干预这一方式留给我们的，只是通过历史预言去肯定发展的即将来临的过程，去清除途中的糟糕障碍。马克思在《资本论》中写道："一个社会即使探索到了本身运动的自然规律……它还是既不能跳过也不能用法令取消自然的发展阶段。但是它能够缩短和减轻分娩的痛苦。"正是这些观点导致马克思把所有那些人斥责为"乌托邦主义者"，这些人以社会工程学的目光考察社会制度，认为社会制度服从于人的理性和意志，能够成为理性设计的一个可能领域。在马克思看来，这些"乌托邦主义者"试图用人类脆弱的双手，去驾驶逆历史的自然潮流和风暴而上的社会巨轮。他认为，一位科学家所能够做的一切，只是提前预报风暴和漩涡。因此，他们能提供的实际服务，只限于提出警告，下次风暴将构成威胁，使巨轮偏离正确的航线（正确的航线当然是向左转!），或者是劝告乘客，最好集合到船的哪一侧。马克思在宣告即将来临的社会主义的太平盛世中，发现了科学社会主义的真正任务。只有借助于这种宣告，他认为，科学社会主义的教导才能有助于创造一个社会主义世界，而通过使人意识到即将来临的变化，意识到历史的游戏中分派给他的角色，科学社会主义的教导才能够推进社会主义世界的到来。这种科学社会主义不是一种社会工艺学；它不教授建设社会主义制度的途径和手段。马克思关于社会主义理论和实验的关系的观点，表明了其历史主义的观点的纯洁性。

马克思的思想在许多方面都是其时代的产物，当时那场巨大的历史地震，即法国革命令人记忆犹新（1848 年的革命使它获得复苏）。他感到，这种革命不能靠人的理性来设计和筹划。然而，它可以用一种历史主义的社会科学预测；透彻认识社会形势可以揭示其原因。从马克思的历史主义和 J. S. 穆勒的历史主义的密切相似（类似于其前辈黑格尔和孔德的历史主义哲学的相似），可以看出这种历史主义态度所具有的这一时期的十分典型的特征。马克思并没有深入思考过"J. S. 穆勒之类的资产阶级的经济学家"，他把他们视为"枯燥无味的、无头脑的调和论"的典型代表。虽然在某些地方，马克思实际上对"慈善经济学家"穆勒的"现代倾向"，表明了某种尊敬，在我看来，也有足够详尽的证据驳斥这事实，即认为马

克思直接受到穆勒（或者毋宁说孔德）关于社会科学方法的看法的

影响。因而马克思的观点和穆勒的观点的一致，是件非常引人注目的事情。所以，当马克思在《资本论》的序言中说："本书的最终目的就是要揭示现代社会的……运动规律。"他可以说是在传达穆勒的纲领："社会科学的……基本问题必须是寻找规律，依照这种规律，一切社会状况制造出继之而起并取代它的状况。"穆勒十分明确地区分了他称作"两种社会学研究"的可能性，第一种与我所说的社会工艺学极为相当，第二种与历史主义的预言相当，他袒护后者，把它描述为"社会的一般科学，另一种社会研究的结论应该因之而受到限制和控制"。或者更专门地依照穆勒的科学方法的观点，这种社会的一般科学是建立在因果律原理的基础之上；他把这种对社会的因果分析描述为"历史的方法"。穆勒的"社会的状态"具有"从一个时代到另一时代的……可以变化的特性"，正好与马克思主义的"历史埋藏"相当，当然，尽管它比自己的辩证法对手更为朴实（穆勒认为，"人类事物必须遵循的"运动形态"应该是"两种可能的天文学运动中的"二者之一"，即或者是"一种沿轨运动"，或者是"一种弹道运行"。马克思主义的辩证法并不肯定历史发展的规律的简明性；正如曾经有过的那样，它接受穆勒的两种运动的组合——类似于某种波浪式运动或螺旋式运动的东西）。

在马克思和穆勒之间存在不少相似性；例如，二者都对放任的自由主义不满，二者都试图为实施基本的自由观念提供更好的基础。然而，在他们对社会学方法的认识中，存在一个非常重要的差别。穆勒认为，社会的研究归根结底应该还原为心理学；依照人性、"精神的规律"，尤其是人性的进化，就能够解释清楚历史发展的规律。"人种的进化"，他说，"是社会科学的方法得以……确立的基础，它远比从前流行的模式……优越"。这种社会学原则上可以被还原为社会心理学的理论——尽管由于无数个体的互动引起的复杂性，这种还原可能相当困难——已经广为许多思想家所主张；诚然，它属于常常简单地受到赞同的各种理论之一。我将把这种社会学的研究称作（方法论的）心理主义。我们现在可以说，穆勒信仰心理主义。但马克思却向它挑战。他宣称，"法的关系正像国家的形式一样……也不能从所谓人类精神的一般发展来理解"。对心理主义提出了疑问，也许是马克思作为社会学家的最大成果。这样，他就为更深刻地认识社会学规律的专门领域，至少是认识局部自主的社会学，开辟了道路。

在下述篇章中，我将解释马克思方法的一些观点，并力图着重强调他那些在我看来具有持久价值的观点。因此，接下我将讨论马克思对心理主义的攻击，讨论他支持不可还原为心理学的自立社会科学的论证。最后，我将试图指明其历史主义的致命弱点和破坏性后果。

（郑一明　等译）

经济的历史
唯物主义①

看到马克思被这样描述为一切心理学的社会理论的反对者，很可能会令一些马克思主义者和反马克思主义者感到惊讶。他们认为，马克思早就教导说，经济动机在人的生活中有着广泛的影响；通过指明"人的难以抑制的需要是获得生存的工具"，马克思成功地解释了经济动机的无比强大的威力。因为他证明，诸如利润动机或阶级利益的动机的范畴，不仅对个人的行动，而且也对社会集团的行动，具有基本的重要性；他也指明了如何把这些范畴用来解释历史的过程。诚然，他们认为，马克思主义的本质表现在这一理论上，即认为经济动机，尤其是阶级利益是历史的推动力，"历史的唯物主义解释"或"历史唯物主义"的名称——一个马克思和恩格斯试图借以概括其教导的本质的名称——所暗含的恰恰是这一理论。

——————————

①　选自《开放社会及其敌人》，北京，中国社会科学出版社，1999。

这类观点是极其普通的；但是我毫不怀疑，他们曲解了马克思。那些赞美马克思持有这类观点的人，我称之为庸俗马克思主义者（马克思曾用"庸俗经济学家"这一名称暗指某些他的反对者）。惯常的庸俗马克思主义者认为，马克思通过揭示贪婪和贪求物利的隐秘动机，让社会生活的邪恶的秘密暴露出来，这种隐秘动机驱使着隐藏在历史的舞台背后的各种力量，为满足自身追求利润的卑鄙欲望，狡诈地和有意识地在广大群众之中制造战争、萧条、失业、饥荒以及其他形形色色的社会苦难（庸俗马克思主义有时也严肃地关注把马克思的主张和弗洛伊德、阿德勒等的主张调和起来的问题；如果他没有从中选择一种的话，他也许认定，饥荒、爱和贪求权力是马克思、弗洛伊德和阿德勒这三位现代人的哲学的伟大创造者所揭示的人类本性中三大隐秘的动机）。

无论这类观点是否具有持久性和吸引力，它们似乎与马克思称之为"历史唯物主义"的理论根本就没有什么关系。应该承认，马克思有时也谈论诸如贪婪和利润动机等心理学的现象，但却从不是为了解释历史。毋宁说他是把它们解释为社会体系——一种在历史过程中发展起来的由各种制度构成的体系——的腐化影响的征兆，解释为腐化的结果而不是其原因；解释为历史的反应而不是其推动力。无论正确与否，他发现，在广大群众中，诸如战争、萧条和饥荒等现象，不是出自"大企业"或"帝国主义战争贩子"的狡诈诡计的结果，而是各种行为的不必要的社会后果，是由系身于社会体系之网络的行为者导引的不同结果。马克思把历史舞台上的人间演员（包括所谓"大"人物）都看作是被经济线路——被他们无法驾驭的历史力量——不可抗拒地推动着的木偶。他教导说，历史的舞台被设置在"必然王国"之中（但是总有一天，这些木偶会摧毁这个体系，并赢得"自由王国"）。

马克思学说中的这一理论已经被他的大多数追随者放弃——也许是出于宣传方面的理由，也许是因为他们并不理解他——一种庸俗马克思主义的密谋理论已经广泛地取代了独创的、原初的马克思的理论。这是一种可悲的理智上的堕落，这种堕落从《资本论》降到了《20世纪的神话》的水平。

然而，通常被称作"历史唯物主义"的，才是马克思本人的历史哲学。它构成了这几章的主题。在现在这章中，我将提纲挈领地解释一下它对"唯物论"或经济因素的强调；之后我再更详细地讨论阶级战争和阶级利益的作用，以及马克思主义的"社会体系"观。

———

　　对马克思经济的历史主义的说明，可以很便利地与我们对马克思和穆勒所作的比较联系起来。马克思和穆勒一样坚信，社会现象应该从历史方面获得解释，我们应该尝试将一切历史时期理解为先前发展的历史产物，正如我们所看到的，他与穆勒的分歧点在于穆勒的心理主义（与黑格尔的唯心主义相对应）。在马克思的教导中，这种心理主义已被他称之唯物主义的东西所取代。

　　人们关于马克思的唯物论所谈的许多内容，都是根本站不住脚的。经常被重复的一种主张是，马克思并不承认超乎人类生活的"较低等的"或"物质的"方面之外的任何东西，这是一种特别荒谬的曲解（这只不过是重弹另一种老调，即认为大多数古代箴言，例如赫拉克利特的"他们像野兽一样只知道填饱肚子"的箴言，都是对自由的捍卫者的反动诽谤）。然而，在这个意义上，马克思根本不能被称作一位唯物主义者，即使他受到18世纪法国唯物主义者的强烈影响，即使通常把自己称作一位唯物主义者，而唯物主义者的主张又与他的许多理论相一致。因为在马克思那里，有许多文字几乎很难能够被解释为唯物主义的。我认为，真实的情况是，例如，他并不像恩格斯或者列宁那样，关心纯哲学的问题，他所感兴趣的主要是问题的社会学方面和方法论方面。

　　在《资本论》中有一段著名的话，马克思在那里说"在他（指黑格尔——引者）那里，辩证法是倒立着的……必须把它倒过来"。它的倾向是明显的。马克思试图表明，"头脑"，即人的思维本身，并不是人类生活的基础，而不过是一种建立在物质基础之上的上层建筑。一种类似的倾向也在这段话中获得表达："观念的东西不外是移入人的头脑并在人的头脑中改造过的物质的东西而已。"但是，人们也许并不充分认可，这几段话不仅没有展示一种唯物主义的激进形式；相反，它们指示了一种身心二元论的肯定倾向。也可以这样说，马克思的哲学是一种实践的二元论。虽然精神在理论上对马克思说来，显然只是物质的另一种形式（或者另一个方面，或许是一种派生现象），但在实际上，它与物质是不同的，因为它是物质的另一种形式。上述援引的文字指明，虽然正如曾经有过的情形那样，我们的双脚必须站在物质世界的牢固的基础之上，我们的头脑——

马克思认真思考的人的头脑——却只关心思想或观念。依我看来，除非我们认可这种二元论，否则马克思主义及其影响就不好评价。

马克思热爱自由，热爱真正的自由（不是黑格尔的"真正的自由"）。这是就我所能认清他遵循着黑格尔的自由与精神相伴随的著名公式而言，是就他相信我们只有作为精神存在才是自由的而言。同时，他实际上承认（作为一名实践的二元论者），我们既是精神，同时又是肉体，更现实点说，肉体是这两者的基础。这就是他为什么转而反对黑格尔，以及为什么他说黑格尔把事情颠倒了。然而，虽然他承认物质世界及其必然性是基本的，他并不感到"必然王国"有什么可爱，因为他称之为一个受物质需求束缚的社会。正如一切基督教的二元论一样，他非常珍爱精神方面；在他的著作中，甚至有不少憎恶和鄙视物质的迹象。接下来的论述将表明，对马克思的观点的这种解释可以获得他自己的文本的支持。

在《资本论》第三卷的一段话中，马克思十分聪明地把社会生活的物质方面，尤其是把它的经济方面，即生产和消费方面，描述为人类新陈代谢的一种扩大，即人同自然界的物质交换的扩大。他明确地表述，我们的自由必须总是受到这种新陈代谢的必然性的限制。他说，一切在促使我们变得更加自由方面所能够取得的成就，都是"合理地调节他们和自然之间的物质变换……靠消耗最小的力量，在最无愧于和最适合于他们的人类本性的条件下来进行这种物质变换。但是不管怎样，这个领域始终是一个必然王国。在这个必然王国的彼岸，作为目的本身的人类能力的发展，真正的自由王国，就开始了。但是，这个自由王国只有建立在必须和外在目的规定要做的劳动终止的地方才开始；因而按照事物的本性来说，它存在于真正物质生产领域的彼岸。"他通过得出一个实际结论结束了这整个一段话，这一结论清楚地表明，他的唯一目的同样是为一切人开辟通往非唯物论的自由王国的道路："工作日的缩短是根本条件。"

我认为，这段话并没有为我称之为马克思的实践生活观的二元论留下问题。与黑格尔一样，他认为自由是历史发展的目的。与黑格尔一样，他将自由王国等同于人的精神生活的王国。但是他承认，我们不是纯粹的精神存在；我们既不是完全自由的，也不能获得完全的自由，因为我们总是不能使自身彻底从新陈代谢的必然王国中，因而从生产的罗网中解放出来。我们所能取得的一切成就，只是改善令人精疲力竭的、有损于人的尊严的劳动环境，使它们更适宜于人、更平等，并把苦役减小至这一程度，使我们大家都能够自由支配我们生命中的某一部分。我认为，这就是马克思的"生活观"的核心观念；我认为就其在马克思的理论中似乎最具有影响而言，也是很重要的。

现在，我们必须将这一观点与上述讨论的方法的决定论结合起来。依照这一理论，对社会的科学探讨，以及科学的历史预测，只是就社会是由它的过去来决定而言，才是可能的。然而这意味着，科学只能研究必然王国。如果人真能够变得拥有完全的自由，那么，历史的预言，随之而来还有社会科学，就都会完结。诸如此类的"自由的"精神活动，如果它存在的话，就只存在于科学研究的彼岸，因为它必须永远是寻求原因、寻求决定因素。因此，只是我们的思想和观念是由"必然王国"、物质，尤其是我们生活的经济条件和我们的新陈代谢所引起、决定或必须而言，它才能研究我们的精神生活，只是借助于一方面对它们所派生的物质条件，即派生它们的人所生活的经济条件的思考，另一方面对它们被采纳的物质条件，即选择它们的人的经济条件的思考，思想和观点才能够从科学上获得探讨。因此，从科学的或因果律的观点看，思想和观念应该作为"建立在经济条件基础之上的意识形态的上层建筑"来探讨。与黑格尔相反，马克思认为，历史的线索，甚至观念史的线索，应该在人与他的自然环境、物质世界的关系的发展中去寻找；也即是说，在他的经济生活中，而不是在他的精神生活中去找。这就是为什么我们把马克思的历史主义的印记，描述为与黑格尔的唯心主义或与穆勒的心理主义相对立的经济主义。但是，如果我们把马克思的经济主义等同于那种意味着对人的精神生活采取一种蔑视态度的唯物主义，这表明是一种完全的误解。马克思对"自由王国"，即对人从物质自然界的束缚中获得局部的但却公平的解放的看法，毋宁可以被描述为唯心主义的。

这样来考虑的话，马克思的生活观似乎是很连贯的；我认为，在它对人类活动的部分是决定论的、部分是自由主义的看法中，已被发现的这类明显的矛盾和困难，就消失了。

——

从马克思的历史观来看，它具有我所称作的二元论和科学决定论的色彩是显然的。科学的历史——马克思认为它与作为整体的科学是一致的——应该探索人据以与自然界进行物质交换的各种规律。其中心任务应该是解释生产条件的发展。社会关系只有同它们与之密切相关的生产过程的程度相适应，才具有历史的和科学的意义；这种生产过程或者影响它，或者受它的影响。"像野蛮人为了满足自己的需要，为了维持和再生产自己的生命，必须与自然进行斗争一样，文明人也必须这样做；而且在一切社会形态中，在一切可能的生产方式中，他都必须这样做。这个自然必然性的王国会随着人的发展而扩大，因为需要会扩大；但是，满足这样需要的生产力同时也会扩大。"① 总之，这就是马克思的人的历史观。

类似观点也由恩格斯表达过。在恩格斯看来，现代生产资料的扩大"不仅可能保证一切社会成员有富足的和一天比一天充裕的物质生活，而且还可能保证他们的体力和智力获得充分的自由的发展和运用，这种可能性现在第一次出现了……"随之而来，自由成为可能，即能够从自身中解放出来。"于是，人在一定意义上才最终地脱离了动物界，从动物的生存条件进入真正人的生存条件。"就人还在受经济支配而言，严格说来他还处于桎梏之中。当"……产品对生产者的统治也随之消除……人们第一次成为自然界的自觉的和真正的主人，因为他们已经成为自身的社会结合的主人……只是从这时起，人们才完全自觉地自己创造自己的历史……这是人类从必然王国进入自由王国的飞跃"。

如果我们现在重新将马克思的历史主义观点与穆勒的观点进行比较，那么，我们就会发现，马克思的经济主义能够很容易解决我所指明的穆勒的心理主义面临的致命困难，我记住了这种能够用经济的优先性去取代心理学观点的理论。这种观点在马克思的理论中找不到对应物。用经济的优先性去取代心理学的优先性，绝不会造成类似困难，因为"经济"包含了人的新陈代谢、人与自然界的物质交换。即使在人类之前的时代，这种新陈代谢是否一直从社会上被组织起来……除了社会的科学应该与社会的经济条件——马克思通常称作"生产条件"——的发展史相符合这点之外，他没有假定更多的东西。

值得注意的是，在插入语中，"生产"这一马克思主义的术语，是在广义上被使用，它涵盖了包括分配和消费在内的整个经济过程。然而，后面这些从未引起过马克思和马克思主义者的过多关注。他们的主要兴趣仍是该词的狭义上的生产。这恰好构成朴素的历史

---

① 《马克思恩格斯全集》第25卷，926页，北京，人民出版社，1974。

的一生成的态度的又一例证，构成信奉科学只应该寻求原因的又一例证，这种信仰认为，即使在人造事物的领域中，科学也只应该问："是谁创造了它？""它是由什么构造的？"而不是问："谁将使用它？""制造它干什么？"

三

如果我们现在继续对马克思的"历史唯物主义"，或者对它获得深入描述的如此丰富的内容，作出批判和评价，那么，我们应该区分两个不同的方面。第一方面是历史主义，主张社会科学的领域应该和历史的或进化论的方法相一致，尤其是和历史相一致。我认为，这种主张应该消除。第二个方面是经济主义（或"唯物主义"），即主张社会的经济组织、我们与自然界进行物质交换的组织，对一切社会制度，尤其是对它们的历史发展而言，是基本的。我认为，这种主张是很正确的，只要我们是在通常含混的意义上对待"基本的"这一术语，而不是过分地强调它的话。换言之，根本无须怀疑，实际上一切社会研究，无论是制度研究还是历史研究，如果它们是以一种关注社会的"经济条件"的眼光进行的话，都可以是有益的。甚至一门诸如数学之类的抽象科学的历史也不例外。在这个意义上，马克思的经济主义在社会科学的方法上，可以说是代表了一种极其有价值的进步。

但是，如我在前面所说的，我们不应该过于认真对待"基本的"这一术语。马克思本人无疑是这样做的。由于他所受的黑格尔式的教养，马克思受到"实在"与"表象"的古典的区分，以及"本质"和"非本质的"相应区分的影响。他倾向于在"实在"与物质世界（包括人的新陈代谢）的同一中，在"表象"与思想或观念的世界的同一中，揭示他自己对黑格尔（和康德）的改造。所以，一切思想和观念都必然通过将它们还原为基础的本质实在，即还原为经济条件，才能获得解释。这种哲学观点当然并不比一切其他形式的本质主义好多少。① 它在方法论领域中的反应，必然引起一种对经济主义的过分强调。因为，尽管马克思的经济主义的普遍重要性可能几

① 然而，我倾向于认为，它比打上黑格尔或柏拉图烙印的唯心主义要好一些；正如我在《何谓辩证法？》中所说过的，如果我被迫作出选择（所幸的是我不需要这样做），我宁愿选择唯物主义。

乎不被估计过高，但在一切特定的情境中，对经济条件的重要性估计过高是很容易的。例如，某些经济条件的知识不少对数学问题的历史有帮助，但是，对该目的而言，数学问题的知识本身则更为重要；甚至根本无须涉及它们的"经济背景"，也能够写出一部优秀的数学问题史（在我看来，科学的"经济条件"或"社会关系"，本身就是论题，它既容易被做过头，也易于沦为陈词滥调）。

然而，这仅只是过分强调经济主义所面临的危险性的一个小小事例。经济主义经常一扫无遗地被人解释为这一种理论，即认为一切社会发展都依赖于经济条件的发展，尤其依赖于生产的物质手段的发展。可是这种理论显而易见是错误的。在经济条件和观念之间存在一种互动，但后者并不是简单地单方面依赖于前者。如果可能的话，我甚至会断言，正如从下述思考中可以看到的，一定的"观念"——那些构成我们的知识的观念——比生产的较为复杂的物质手段更基本。试想某一天，如果我们的经济体系（包括全部的机器设备和社会组织）被毁灭了，但是科学技术方面的知识却还能保存下来。在这个例子中，它要获得重建（在一种较小的范围内，经过无数人饿死之后），可想而知用不了多少时间。然而，试想有关这些事物的一切知识都消失了，而这些物质的东西却保存着。这好比是一个野蛮的部落占据了一个高度工业化却又废弃了的国家所发生的情形。它很快就会导致文明的物质遗迹的完全消失。

具有讽刺意味的是，马克思主义的历史本身提供了一个实例，清楚地证明这种言过其实的经济是站不住脚的。直至俄国革命前夕，马克思的"全世界无产者联合起来！"的思想都具有极其重大的意义，对经济条件发生了影响。但是随着革命的发生，情况却变得十分困难，主要是因为，正如列宁本人所承认的，没有了进一步建设性的观念。因而提出了一些新观念，它可以扼要地以这句口号来概括："社会主义就是无产阶级专政加上广泛引进最现代的电气设备。"这种新观念成为一种发展的基础，该发展改变了六分之一世界的整个经济和物质的背景。在反对巨大差别的斗争中，无数物质困难被克服，无数的物质牺牲被付出，为的是改变，或者毋宁说是从空白中建立生产的条件。这种发展的驱动力是对一种观念的热情。这个事例表明，在一定的条件下，观念可以使一个国家的经济条件发生革命性的变革，而不是这些条件形成观念。用马克思的术语讲，我们可以说，他低估了自由王国的力量，低估了它征服必然王国的机遇。

俄国革命的发展和马克思的经济现实的形而上学的理论及其意识形态的表现之间所形成的强烈反差，可以最清楚地从下述一段话中看出，"在考察这些变革时"，马克思写道，"必须时刻把下面两者区别开来：一种是生产经济条件方面所发生的物质的、可以用自然科学的精神性指明的变革，一种是……法律的、政治的、宗教的、艺术的和哲学的，简言之，意识形态的形式"。在马克思看来，期望通过运用法律和政治的手段实现一切变革，是徒劳的；一场政治革命只能导致一批统治者让位给另一批统治者——一种纯粹的扮演统治者的个人的交换。唯有基本的本质和经济现实的进化，才能产生一切根本的或真正的变化——社会革命。唯有当这种社会革命成为一种现实，唯有那时，政治革命才具有任何意义。然而，即使在这种情况下，政治革命只不过是先前发生的或真正的变革的外在表现。依据这一理论，马克思断言，每次社会革命都是以下述方式发展的。生产的物质条件成长和成熟起来，直至它们开始与社会和法律的关系发生冲突，它们就像衣服那样再也撑不下，直至炸裂。"那时社会革命的时代就到来了"，马克思写道，"随着经济基础的变更，全部庞大的上层建筑也或慢或快地发生变革……而新的更高的生产关系"（在上层建筑内部）"在它的物质存在条件在旧社会的胎胞里成熟以前，是决不会出现的"。我认为，从这一陈述可以看出，不能把俄国革命与马克思所预言的社会革命等同起来；实际上，俄国革命无论如何与它没有相似性。

值得注意的是，在这一点上，马克思的朋友、诗人 H. 海涅，对这类问题作了完全不同的思考。他写道："记住吧，你这骄傲的行动者"，"你不过是思想家的不自觉工具，他经常在谦卑的隐退之中，命令你去执行无法规避的任务。罗伯斯庇尔只不过是卢梭的手而已……"我们看到，用马克思的话讲，海涅是一位唯心主义者，他把自己对历史的唯心主义解释应用到法国革命。这是马克思用来支持其经济主义的最重要的事例之一，而这一事例似乎并不怎么适合于这个理论——尤其是如果我们现在要将它与俄国革命进行比较的话。然而，尽管有这种异端，海涅仍然是马克思的朋友；因为在那些幸福的日子里，在那些为开放的社会而斗争的人之中，因异端而放逐仍不十分普遍，容忍仍被容忍着。

我对马克思的历史唯物主义的批评，当然不应该解释为，它表达了我对黑格尔的"唯心主义"比对马克思的"唯物主义"有任何偏好；我希望我已经澄清，在这场唯心主义与唯物主义的冲突中，我同情的是马克思。我所试图表明的是，马克思"对历史唯物主义的解释"，也许有它的价值，但是不应该过于认真对待；我们不过应当把它看作一种最有价值的揭示，它向我们表明，考虑事情必须照顾到它们与经济背景的关系。

（郑一明 等译）

拉卡托斯

伊姆雷·拉卡托斯（Imre Lakatos，1922－1974），英籍匈牙利人，著名数学哲学家和科学哲学家，现代科学哲学"历史学派"的主要代表人物之一。拉卡托斯出生于匈牙利一个姓利普施茨的犹太商人家庭，1944年毕业于德布勒森大学的数学、物理和哲学专业。在纳粹占领匈牙利期间，他改姓莫尔纳并参加了地下反抗运动，"二战"期间成为一名忠实的共产党员，战后再次改姓为拉卡托斯。1947年任匈牙利教育部高级官员。1948年写了关于科学中的概念形成的博士论文，获得由布达佩斯大学授予的博士学位。1950年因政治原因被捕入狱三年多。1954年在匈牙利科学院数学研究所从事翻译工作。1956年"匈牙利起义"后逃往维也纳，转而在洛克菲勒基金会的赞助下至英国剑桥皇家学院进行学术研究。1960年，拉卡托斯进入伦敦经济学院，成为波普尔的学生和同事。1969年成为逻辑学教授。1972年任该学院科学方法、逻辑和哲学系主任，兼任《不列颠科学哲学杂志》主编，直至1974年病逝。1978年，由剑桥大学将拉卡托斯生前的主要学术著作整理成两卷本的《哲学论文集》出版，其中第一卷《科学研究纲领方法论》收集了他研究科学哲学的最重要论文，第二卷《数学、科学与认识论》则汇集了他在数学哲学方面的重要研究成果。

拉卡托斯早年对数学哲学很感兴趣。受到波普尔思想的很大影响，他认为在数学中证伪理论同样适用。也就是说，数学公理并非绝对真理，它和经验科学一样需要在不断的猜测与反驳过程中得到发展。但这并非抹杀了数学的客观评价标准，在发展的过程中，依然有进步和退化之分。到了20世纪60年代中期，拉卡托斯开始着重于科学哲学的研究。他的主要思想可以说受启于波普尔和库恩的学说，同时又是对他们各自理论的修正、补充和结合。一方面，他认为波普尔的证伪主义所提出的所谓"猜测与反驳"的科学发展模式太过简单，与科学史并不符合，因而存在着重大缺陷；而库恩在反证伪主义斗争中所提出的"范式"理论则以"发现的心理学"代替了科学中"发现的逻辑"，最终走向了非理性主义。另一方面，波普尔所坚持的科学理性主义和库恩关于科学哲学与科学史必须相结合的思想都为拉卡托斯所认同。因此，拉卡托斯提出的"科学研究纲领方法论"既是为了避免库恩的非理性主义结局，也是为了加强波普尔的素朴证伪主义，"它解决了波普尔和库恩未能解决的某些问题"，通常被人们称为精致的证伪主义。这种方法论认为科学的基本单位并不是孤立的假说，而是一种有结构的理论系列，即"研究纲领"，它包括一个由基本定律及其形而上学前提所组成的"硬核"、一个巨大的辅助假说"保护带"和一种作为解题手段的"启发法"。科学的发展过程就是新的、进步的研究纲领不断取代陈旧的、退化了的研究纲领的过程，因此，研究纲领的进步性是科学的划界标准。

本书中选取了《科学研究纲领方法论》一书的导言《科学与伪科学》。在这篇导言中，拉卡托斯提出并试图回答科学哲学领域一个非常重要的问题：区分科学与伪科学的标准究竟是什么？他在逐一否定了由归纳主义、波普尔的证伪主义和库恩的范式理论所作的回答后提出了自己的科学研究纲领方法论。为了说明科学研究纲领的新旧更替之间存在着逻辑必然性，而不是像库恩的范式更替那样基本属于非理性过程，拉卡托斯提出了所谓进步的研究纲领必须具备的基本条件，即它"导致发现迄今不为人们所知的新颖事实"。为了举例，他将牛顿理论和马克思主义学说作了一番比较，并且得出以下结论：牛顿理论被证明是进步的研究纲领，是真正的科学；而马克思主义学说是失败的研究纲领，因而不是真正的科学。

科学与伪科学[①]

尊重知识是人最突出的特征之一。拉丁文称知识为 scientia，从而 science（科学）一词便成为最受敬重的那一部分知识的名称。但是，知识与迷信、科学或伪科学的区别是什么呢？天主教教会借口说哥白尼理论是伪科学而开除了日心论者的教籍，（苏联）共产党借口说孟德尔学说是伪科学而迫害了孟德尔论者。可见科学与伪科学的分界不全然是一个书斋里的哲学问题：它是一个与社会和政治息息相关的问题。

许多哲学家试图按照下面的说法来解决分界问题：如果足够多的人足够强烈地相信一个陈述，那么，这个陈述就构成了知识。但是，思想史告诉我们，许多人完全虔信荒唐的信仰。如果信仰的强度是知识的标志，我们就不得不把关于神灵、天使、魔鬼和天堂、

① 选自《科学研究纲领方法论》，上海，上海译文出版社，1999。

地狱的某些故事看作知识。另一方面，科学家们甚至对自己最好的理论也是非常怀疑的。牛顿理论是科学所曾产生的最有力的理论，但牛顿本人从不相信超距的物体会相互吸引。因此，不管怎样虔信，都不能使信仰成为知识。实际上，科学行为的标志是甚至对自己最珍爱的理论也持某种怀疑态度。盲目虔信一种理论不是理智的美德，而是理智的罪过。

因此，即使一个陈述似乎非常"有理"，每一个人都相信它，它也可能是伪科学的；而一个陈述即使是不可信的，没有人相信它，它在科学上也可能是有价值的。一个理论即使没有人理解它，更不用说相信它了，它也可能具有至高的科学价值。

一个理论的认识价值与它对人们的心智的心理影响毫无关系。信仰、虔信、理解是人类心智的状态，但理论的客观的、科学的价值与创造理论或理解理论的人类心智无关。它的科学价值只取决于这些猜测事实上所得到的客观支持。正如休谟所说的那样："如果我们拿起任何一本书，例如，关于神学或学院形而上学的著作。让我们问一下，它包含任何涉及量或数的抽象推理吗？没有。它包含任何涉及事实和存在的经验的推理吗？没有。那就将它付之一炬，因为它含有的不过是诡辩和幻想。"但什么是"经验的"推理？如果我们看一下 17 世纪关于巫术的浩瀚文献，它充斥着关于认真观察和宣誓证词甚至实验的报告。早期皇家协会的哲学家格兰维尔把巫术看成经验推理的范例。在我们按休谟的说法去焚书之前，我们必须首先明确什么是经验推理。

在科学推理中，理论要面对事实；科学推理的主要条件之一就是理论必须得到事实的支持。那么，事实能够在多大程度上支持理论呢？

人们已经提出了几种不同的答案。牛顿本人认为事实证明了他的定律，他以不作纯假说而感到自豪：他只发表由事实得到证明的理论。尤其是，他声称他由开普勒所提供的"现象"推出了自己的定律。但他这一吹嘘却大谬不然，因为，开普勒认为，行星沿椭圆轨道运行；而按照牛顿的理论，只有当行星在运行中互不干扰时，它们才沿椭圆轨道运行。但是，行星实际上是相互干扰的。这就是牛顿不得不发明摄动理论的原因，由此理论推知，任何行星都不按椭圆轨道运行。

今天，人们可以很容易地证明，从任何有限数量的事实中不可能合法地推出一条自然定律；但我们仍然不断地获悉由事实证明的科学理论。为什么对基本逻辑的抵抗会这样顽强呢？

对此有这样一个非常可信的说明。科学家想使自己的理论受到尊敬，配得上"科学"即真正的知识这个称号。在科学诞生的 17 世纪中，大多数重要的知识都与上帝、魔鬼、天堂和地狱有关。如果一个人对关于神学的事情作了错误的猜测，那么他就要为此遭到永久的谴责。神学知识是不容出错的：它必须是不容怀疑的。而启蒙运动认为我们是可以出错的；而且对神学的东西，我们是无知的。科学的神学是没有的，因而神学的知识也是不存在的。知识只能是关于自然的。但这种新型的知识却不得不根据他们直接由神学继承过来的标准加以判定：它必须被证明是确凿无疑的。科学必须达到神学未达到的那种确实性。一个名副其实的科学家是不容许猜测的：他必须由事实来证明他所说的每一句话。这就是科学诚实性的标准。未经事实证明的理论在科学界被认为是罪孽深重的伪科学和异端。

只是由于 20 世纪中牛顿理论的垮台，才使科学家们认识到他们的诚实性标准原来是乌托邦。在爱因斯坦之前，大多数科学家认为牛顿通过事实的证明已经揭示出了上帝的最终定律。在 19 世纪初，安培感到他必须把自己有关对电磁学的推测的一本书叫作《明确地由实验推出的关于电动现象的数学理论》。但在该书的末尾，他漫不经心地承认有一些实验从未进行过，甚至连必要的仪器也未曾建造过！

如果所有科学理论都是同样不可证明的，那么科学知识与无知、科学与伪科学的区别是什么呢？

20 世纪的"归纳逻辑学家"对这个问题提出了一个答案。归纳逻辑根据可资利用的全部证据来着手确定不同理论的概率。如果一个理论的数学概率很高，它就够得上科学的资格；如果它的概率很低，甚至概率是零，它就不是科学的。因而，科学诚实性的标志就在于永远只讲至少有很高或然性的事情。概率主义具有一个吸引人的特点：它不是在科学与伪科学之间提出一种截然分明的区别，而是提出一个从概率低的差理论到概率高的好理论的连续的尺度。但是，当代最有影响的哲学家之一卡尔·波普尔于 1934 年论证道，在任何特定数量的证据下，所有理论，无论是科学的理论还是伪科学的理论，其数学概率都等于零。如果波普尔是正确的，那么，科学理论不仅是同样不可证明的，而且是同样可望而不可即的。这就需要一个新的分界标准，波普尔提出了一个相当惊人的分界标准。一个理论即使没有丝毫有利于它的证据，也可能是科学的；而即使所有的现有证据都支持一个理论，它也可能是伪科学的。也就是说，确定一个理论的科学性质或非科学性质可不依靠事实。假如人们事先就能规定出一项能够证伪理论的判决性实验（或观察），那么该理论便是"科学的"；假如人们拒绝规定这样的一种"潜在证伪者"，该理论便是伪科学的。但如果这样的话，我们就不是区分科学的理论和伪科学的理论，而是区分科学的方法和非科学的方法了。波普尔论者认为，如果马克思主义者准备规定一些事实，这些事实一旦被发现，就会使他们放弃马克思主义，那么，马克思主义就是科学的。如果他们拒绝这样做，马克思主义就成了伪科学。有什么可能事件将使马克思主义者放弃自己的马克思主义，向马克思主义者提出这样的问题总是有趣的。如果他虔信马克思主义，那么他必然会感到规定一种可以证伪马克思主义的情况是不道德的。因而，根据我们是否准备规定可以反驳一个命题的可观察条件，该命题或许僵化为伪科学的教条，或许变成真正的知识。

那么，波普尔的可证伪性标准解决了科学与伪科学的分界问题吗？没有。因为波普尔的标准忽视了科学理论明显的坚韧性。科学家的脸皮很厚，他们不会只因为事实与理论相矛盾就放弃理论。他们通常发明某种挽救假说以说明他们届时称为只是一种反常的东西，如果不能说明这一反常，他们便不理会它，而将注意力转向其他的问题。注意，科学家谈论的是反常、顽例，而不是反驳。当然，科学史充满了理论如何被所谓的判决性实验所扼杀的说法。但这些说法是理论被放弃之后很久才杜撰出来的。假如波普尔问牛顿派科学家，在什么实验条件下他将放弃牛顿理论，某些牛顿派科学家就会像一些马克思主义者一样不知所措。

那么，什么是科学的标志呢？难道我们不得不投降并赞同科学革命只是一种信念的非理性变化，是一种宗教的皈依吗？杰出的美国科学哲学家汤姆·库恩在发现了波普尔证伪主义的朴素性之后得出了这个结论。但是，假如库恩是正确的，那么科学与伪科学之间就没有明确的分界，科学进步与知识退化就没有区别，就没有客观的诚实性标准。那么，他能够提出什么标准以区分科学进步与知识退化呢？

最近几年，我一直在倡导科学研究纲领方法论，它解决了某些波普尔和库恩所未能解决的问题。

首先，我主张典型的描述重大科学成就的单位不是孤立的假说，而是一个研究纲领。科学绝不是试错法、一系列的猜测与反驳。"所有天鹅都是白的"可以由于发现一只黑天鹅而被证伪。但这种不足道的试错法算不上是科学。例如，牛顿科学绝不是四个猜测——力学三定律和万有引力定律——的组合。这四个定律只构成了牛顿纲领的"硬核"，而一个巨大的辅助假说"保护带"顽强地保护这一硬核使之不致遭到反驳。更重要的是，牛顿研究纲领还有一个"启发法"，即一种有力的解题手段，借助于复杂的数学技术以消化反常，甚至把反常变成肯定的证据。例如，如果一颗行星的运行出现了反常，牛顿派科学家就会检查他关于大气折射的猜测、关于光线在磁暴中传播的猜测以及成百上千的其他猜测，这些猜测都是牛顿纲领的组成部分。他甚至可以发现一颗迄今不为人知的行星并计算出它的位置、质量和速度以说明行星运行的反常。

牛顿的万有引力理论、爱因斯坦的相对论、量子力学、马克思主义、弗洛伊德主义都是研究纲领，它们各有一个受到顽强保护的独特的硬核，各有自己较为灵活的保护带，并且各有自己精心考虑的解题手段。这些研究纲领在自己发展的任何阶段上，都有未解决的问题和未消化的反常。从这一意义上说，所有理论之遭受反驳是与生而来、随死而去的。但所有这些研究纲领都是同样好的吗？直到现在我还是在描述研究纲领是怎样的东西，但怎样才能区分科学的或进步的纲领与伪科学的或退化的纲领呢？

与波普尔的观点相反，它们之间的区别不在于有的纲领尚未遭到反驳，而其他的纲领已经遭到反驳。当牛顿发表他的《原理》时，它甚至不能适当地说明月球的运动，这是众所周知的；事实上，月球的运动反驳了牛顿。就在爱因斯坦相对论发表那一年，杰出的物理学家考夫曼就反驳了相对论。但我所钦佩的所有的研究纲领都有一个共同的特点，它们都预测了新颖的事实，这些事实要么是先前的或竞争的纲领所梦想不到的，要么是实际上与先前的或竞争的纲领相矛盾的。例如，当1686年牛顿发表他的万有引力理论时，关于彗星有两种流行的理论。其中较为流行的一种理论认为彗星是上帝愤怒的信号，预示他要打击人类并使人类遭难。另一个鲜为人们所知的开普勒理论认为，彗星是沿直线运行的天体。现在，牛顿理论认为，有一些彗星沿双曲线或抛物线运行，永远不再返回；另外一些彗星沿普通的椭圆轨道运行。按牛顿纲领从事研究的哈雷，观察了一颗彗星的一段轨道，据此计算出它将在72年的时间内返回，计算出它再次出现在天空某个明确规定的点上的时刻，精确至分钟，这是令人难以置信的。但72年之后，牛顿和哈雷都去世很久了，哈雷彗星正像哈雷所预测的那样再次出现了。同样地，牛顿派科学家还预测了过去从未被观察到的小行星的存在及其精确的运行轨道。让我们再以爱因斯坦的纲领为例。爱因斯坦作出了惊人的预测，如果在晚上测量两颗恒星之间的距离，并且再在白天测量这两颗恒星之间的距离（在日食的时候可观察到它们），两次测量的结果将是不同的。在爱因斯坦的纲领之前，没有人想到过作这种观察。因此，在一个进步的研究纲领中，理论导致发现迄今不为人们所知的新颖事实。相反，在退化的研究纲领中，理论只是为了适应已知的事实才构造出来的。例如，马克思主义可曾成功地预测过惊人的新颖事实没有？从来没有！它只有一些著名的失败的预测。它预测过工人阶级的绝对贫困。它预测过第一次社会主义革命将发生在工业最发达的社会。它预测过社会主义社会将不再发生革命。它预测过在社会主义国家之间将没有任何利害冲突。可见，马克思主义的这些早期预言是大胆的、惊人的，但这些预言都破产了。马克思主义者对他们所有的失败作了说明：他们发明了一个帝国主义论来说明工人阶级生活水平的不断提高；他们甚至说明了为什么第一次社会主义革命发生在工业落后的俄国。他们"说明"了 1953 年的柏林事件、1956 年的布达佩斯起义、1968 年的布拉格之春。他们"说明"了俄华冲突。但他们的辅助假说都是事后为了保护马克思主义理论不受事实的反驳而编造出来的。牛顿的纲领导致新颖的事实；而马克思主义的纲领落后于事实，并正在迅速奔跑以赶上事实。

总之，经验进步的标志不是微不足道的证实：波普尔正确地指出，这种证实当以百万计。掷石坠地，这无论重复多少次，也不是牛顿理论的成功。但波普尔所鼓吹的所谓的"反驳"也不是经验失败的标志，因为所有的纲领永远都是在大量的反常中成长的。真正重要的是戏剧性的、出乎意料的、惊人的预测：这种预测只要有几个就足以改变局面；一旦理论落后于事实，我们所论述的纲领就可悲地退化了。

那么，科学革命是怎样到来的呢？假设我们有两个竞争的研究纲领，一个是进步的，而另一个是退化的，科学家们倾向于参加进步的纲领，这就是科学革命的基本原理。但是，尽管公开竞赛记录是知识诚实性的问题，坚持一个退化的纲领并试图把它转化为进步的却不是不诚实的。

与波普尔相反，科学研究纲领方法论并不提供即时的合理性。必须宽厚地对待年轻的纲领：研究纲领可能需要几十年的时间才开始发展并成为经验上进步的纲领。批评并不是像波普尔所说的那样通过反驳很快地扼杀一个纲领。重要的批评总是建设性的：没有一个更好的理论，就构不成反驳。库恩认为科学革命是突发的、非理性的视觉变化，这是错误的。科学史驳斥了波普尔，也驳斥了库恩：仔细地观察一下就会发现，无论是波普尔的判决性实验还是库恩的科学革命其实都是神话：通常发生的情况是进步的研究纲领取代退化的研究纲领。

科学与伪科学的分界问题对批判的制度化也具有重大的意义。哥白尼理论在1616年被天主教教会所禁止，因为据说它是伪科学。1820年天主教教会从禁书录中解放了哥白尼理论，因为这时教会认为事实已证明了哥白尼理论，因而它成了科学的。1949年苏联共产党中央委员会宣布孟德尔遗传学是伪科学，并在集中营中处死了孟德尔遗传学的拥护者，如瓦维洛夫院士；处死瓦维洛夫之后，孟德尔遗传学被恢复了名誉。但党仍然持有决定什么是科学，可以发表，什么是伪科学，应该惩处的权力。西方的新自由派势力集团同样对它所认为的伪科学行使否定言论自由的权力，就像我们在关于种族和智力的辩论中所看到的那样。所有这些判定都不可避免地取决于某种分界标准。这就是为什么科学与伪科学的分界问题不是一个书斋哲学家的伪问题的原因：它有着重大的伦理意义和政治意义。

（兰征 译）

贝尔纳

  J. D. 贝尔纳（J. D. Bernal，1901－1971），英国著名物理学家，分子生物学家，科学史和科学哲学家。1919 年入剑桥大学，开始接触和学习马克思主义著作；其后曾在剑桥大学、伦敦大学任教；1937 年起成为英国皇家学会会员。"二战"期间，他坚定地站在被侵略的国家和民族一边，主张把科学技术用于反法西斯主义的正义战争。战后，他在结晶学和生物化学已有成就的基础上研究物质结构问题，并在金属、激素、维生素、简单蛋白质和病毒结构等研究方面有颇多发现和著述。此外，他在科学史和科学哲学领域写有许多影响力很大的著作，尤其在科学与社会的关系等重要问题的研究中做出了杰出的贡献。他的主要著作有：《科学的社会功能》

（1939）、《必然的自由》论文集（1949）、《生命的物理学基础》（1951）、《19世纪的科学与工业》（1953）和《历史上的科学》（1954）等。

贝尔纳是英国共产党员。他系统地研究过马克思主义经典著作，考察了世界上许多国家特别是贫穷国家的情况，认识到只有马克思主义才能正确理解和解决现代社会所面临的历史任务。他坚持不懈地为社会进步和科学事业的发展而努力，并通俗地宣传社会主义的巨大成就，揭露帝国主义疯狂扩军的罪恶行径，号召科学家为使科学服务于人民而斗争。同时，他也积极参加和平运动，曾经当选英国和平委员会委员、副主席，世界和平理事会常务委员会副主席、主席等职。

贝尔纳在科学史和科学哲学领域的一个重要贡献在于他对科学学的研究和发展。所谓科学学又可称为"关于科学的科学"。它是一门对科学本身进行研究的综合性学科，兴起于20世纪三四十年代，主要探讨科学的社会性质、社会功能、发展规律、体系结构、规划管理及科学政策等问题。科学学这一名称一般被认为由波兰学者奥索夫斯基夫妇在1936年首度提出，但J. D. 贝尔纳无疑是明确阐述了科学学的具体内涵和思想，并为这门学科的形成与发展奠定了基础的人，他出版于1939年的著作《科学的社会功能》堪称这一领域的代表著作。此后，从20世纪60年代起，科学学在西方有很大发展，而贝尔纳也一直没有放松对这一领域的探讨研究。1964年，为纪念《科学的社会功能》出版25周年，在伦敦出版了一本题为"科学的科学"的学术论文集，贝尔纳亲自撰写文章总结了该书出版25年以后在科学学领域发生的新情况。1965年，贝尔纳在第十一届国际科学史大会上致开幕词，题为"在通向科学学的道路上"。此后，世界各国的科学学研究都呈现出蓬勃发展之势，科学学成为一门受到科学家、科学哲学家和科学决策管理层人员普遍重视的交叉性学科。

贝尔纳在科学学领域的研究还集中体现了他对马克思主义科学观的自觉运用和高度推崇。1931年，第二届国际科学史大会在伦敦举行。苏联理论物理学家赫森宣读了题为《牛顿"原理"的社会经济根源》的论文，标志着马克思主义特有的科学史研究方法的出现。这种方法对贝尔纳产生了极大的影响，从《科学的社会功能》这部重要著作中不难看到。本书选取了《科学的社会功能》最后一章《科学的社会功能》。作为全书的总结和结论部分，贝尔纳在这里指出：科学与物质和经济生活是不可分割的，同时，它也指引和推动生活的前进。最重要的是，贝尔纳再一次阐明了马克思对科学的历史的见解，强调了马克思主义在理解和发展科学过程中所体现的真正的科学性。这不仅因为"马克思主义使科学脱离了它想象中的完全超然的地位"，证明科学是经济和社会发展中一个极为关键的组成部分，还因为"只有靠马克思主义的实际成就"才能产生一种真正为人类造福的科学的组织形式。显然，贝尔纳对马克思主义科学观的理解是值得我们重视的。

科学的社会功能[①]

　　我们在这项研究结束之时才比较接近于能够对科学在当前的社会功能，可能还有今后的社会功能作出明确的界说。我们已经看清科学既是我们时代的物质和经济生活不可分割的一部分，又是指引和推动这种生活前进的思想不可分割的一部分。科学为我们提供了满足我们物质需要的手段。它也向我们提供了种种思想，使我们能够在社会领域里理解、协调并且满足我们的需要。除此之外，科学还能提供一些虽然并不那么具体，然而却同样重要的东西：它使我们对未经探索的未来可能性抱有合理的希望，它给我们一种鼓舞力量。这种力量正慢慢地但却稳稳当当地变成左右现代思想和活动的主要动力。

---

　　① 选自《科学的社会功能》，桂林，广西师范大学出版社，2003。

一、历史上的大变革

要全面地看到科学的功能，就应该把它放在尽可能广阔的历史背景上来观察。直到最近为止，我们对近期历史事件的注意使我们看不见理解历史上重大变革的重要性。人类在地球进化的舞台上毕竟出现得很晚，而地球本身又是宇宙力量的晚期副产物。迄今人类生活仅经过了三次大变化：先是建立了社会，接着又产生了文明。这两者都是史前产生的，然后才是现在正在进行的对社会的科学改造，我们还不知道怎样来命名它。

（1）社会与文明。第一次革命是建立人类社会。人类从此变得有异于动物，而且通过世代相沿传授经验的新习惯，发现了一个比听其自然发展的偶然演变快得多、可靠得多的取得进步的方法。第二次革命是人类发现文明。这种文明是以农业为基础的，而且同时发展了多种多样的专门技术，特别是随之产生了城市和贸易这两种社会形式。通过这些，整个人类就脱离依靠自然的寄生生活，某一部分的人类就完全从生产食物的任务中解放出来了。文明的发现仅是局部性质的事。在公元前6000年，它已经几乎取得它的全部基本特征了，但这仅是处于美索不达米亚和印度之间某处文明中心的情况。在直到文艺复兴和我们的时代开始为止的几千年中，我们看不到文明在质量上有何重大变化。在这整段历史期间仅仅有比较小的文化上和技术上的改进，而且这些改进的大部分都属于周而复始的性质。文化一个接着一个兴起又衰落，每一种文化虽有所不同，从本质上说却不比以前的文化进步。真正不知不觉的进步仅限于区域的扩大。文明每次由于内部原因或由于野蛮人的入侵而崩溃，从长远看来，都意味着这种文明经过一时的混乱后，就传播到野蛮人中去。直到那个时期告终时，世界上所有容易耕种的土地都已经开化了。

（2）科学革命——资本主义的作用。我们现在明白了，到15世纪中叶，一种新情况开始了，不过当时的人们当然是不明白这一点的。我们已经把文艺复兴看作是资本主义兴起的先声，可是直到18世纪，人们才普遍认识到社会有了基本的变化。那时，由于应用了科学和创造发明，人类有了新的发展可能性。这些可能性对人类前途的影响很可能比早期文明的农业和技术所起的影响还要大。我们直到最近才能够在思想上把资本主义企业的发展同科学的发展和人类思想的普遍解放区分开来。两者似乎是"进步"的互相联系、密不可分的两个部分，可是与此同时，说来也似乎矛盾，当两者出现时，人们却把它们当作人类正回到自然状态摆脱宗教或封建政权专断束缚的迹象来加以欢迎。我们现在明白，虽然资本主义使科学第一次具有实用价值，因而对早期科学发展是必不可少的，但是科学对人类的重要性在任何方面都超过资本主义的重要性，而且事实上，充分发展科学为人类服务和资本主义的继续存在是不相容的。

（3）科学的社会意义。科学意味着要统一而协调地，特别是自觉地管理整个社会生活，它消除了人类对物质世界的依赖性，或者为此提供可能性。此后，社会仅受到自我的限制。毫无理由可以怀疑人类掌握不了这种可能性。单单知道有这种可能性，人类就会策马前进，直到他们实现这种可能性为止。社会化的、统一的、科学的世界组织快要到来了，不过要声称它几乎就要到来或者用不着经过最激烈的斗争和混乱就会到来，那是荒谬的。我们必须明白，我们正处于人类历史上的一个重要过渡时期。我们最紧迫的问题是保证这个过渡尽可能迅速完成，把物质、生命和文化的破坏减少到最小限度。

（4）科学在过渡时期的任务。虽然科学显然将是人类发展的第三阶段的特征，可是只有当这个阶段确立之后，人们才会充分感觉到它的重要性。我们既然处于过渡时代，科学的任务就主要同我们有关，而在这里，科学只不过是经济和政治力量组合中的一个因素而已。我们的任务涉及科学在此时此地可以起什么作用。而且科学在斗争中的重要性主要取决于它对这种重要性的认识。科学意识到自己的目标，就能在长远中变成改造社会的主要力量。由于它所蕴藏的巨大力量，它能够最终地支配其他力量。但是，科学如果不明白自己的社会意义，就会沦为要它背离社会进步方向的力量手中的工具而无法自拔，并且在这一过程中毁坏了它的精华，即自由探索的精神。为了使科学意识到自己并意识到自己的力量，就必须根据目前和可以实现的将来所存在的问题来看待它。我们正是必须结合这些问题来判断科学的目前功能。

（5）可以防止的祸害。目前世界上存在着一些明显的具体祸害——饥饿、疾病、奴役和战争。在以前时代中，人们把这些祸害看作是天然的现象或者看作是凶神的降祸，而现在所以继续发生这些祸害完全是因为我们陷入过时的政治和经济制度的罗网中。再也不存在什么技术上的理由可以说明为什么人不能吃饱，再没有理由可以说明为什么需要大家每天做三四个小时以上讨厌的或者单调的工作，或者为什么他们还要迫于经济压力去做即使是那么一点工作。在人人本来都有可能过富足和悠闲生活的时期中，战争完全是愚蠢和残暴的行为。今日世上的大部分疾病是直接或间接由于缺乏食物和良好生活条件所引起的。所有这一切显然都是可以消除的祸害。只有在把这些祸害从地球上消灭了的时候人们才能够感到，科学已经被很好地应用于人类生活了。

这不过是开端。我们有一切理由可以相信：有一些祸害，诸如疾病或者从事任何不愉快工作的必要性等，看上去似乎无法消除，但只要发起一个认真的、有充分经费的科学运动，努力发现上述祸害的原因并予以消除，都是可以加以解决的。让一些对人类有潜在价值的研究工作得不到资助，差不多就等于让人类饿死。

（6）发现需要、满足需要。不过这些都只是科学应用消极的方面。尽可能消除目前的祸害显然是不够的。我们还必须期望创造出新的美好事物，更美好的、更积极的和更和谐的个人和社会生活方式。到现在为止，科学还没有触及这些领域。它把科学昌明以前时代的粗糙愿望承受下来，而没有试图加以分析和提高。像研究自然界那样地去研究人类，去发现社会运动和社会需要的意义和方向，这便是科学的功能。人类的悲剧往往恰恰就在于他成功地达到了自己想象中的目标。科学由于能够向前看并且能够同时理解一个问题的许多方面，理应能够更清楚地判断什么是个人和社会愿望的现实成分，什么是其幻想的成分。科学可以既通过说明某些人类目的的虚假和不可能，又通过满足其他人类的目的，而带来力量和人类的解放。由于科学变成物质文明的自觉的指导力量，它应该越来越渗透到一切其他文化领域中去。

二、科学和文化

目前的情况是高度发展的科学几乎和传统学术文化完全隔绝。这种情况是完全不正常的，是不能长久存在下去的。没有任何文化能够永久脱离当代主要的实用思想而不蜕化为学究式的空谈。不过，也用不着设想不对科学本身结构进行极其重大的改革就可以使科学和文化融合起来。今天科学的渊源和很多特性都恰好来源于物质建设的需要。它的方法从本质上来说是批判式的，其最终的检验标准是实验，亦即实际验证。科学的真正积极部分，即科学发现，是不在科学方法本身范围以内的。科学方法仅仅是为科学发现作准备并确定科学发现的可靠性。人们往往不假思索地把科学发现归因于人类天才的运用，要加以解释就会是亵渎的。我们并没有研究科学的科学。今天科学的同一缺陷的另一个方面在于它不能妥善地处理各种包含有新颖事物、不容易归结为数学数量公式的现象。为了把科学扩大应用到社会问题上去，就需要扩大科学以补救这个缺陷。科学越是同一般文化融合为一体，就越是需要这样做。科学的枯燥和一本正经的文风使它受到文艺界人士的普遍抵制，并使科学家自己又添加上种种不合理性的和神秘的色彩。必须把这种枯燥和一本正经的文风消除掉，才能使科学完全成为生活和思想的普遍基础。

在某种程度上，这种改造将是科学界内外现有各种趋势的融合。各种具体的科学学科，收集证据时的冷静态度，每一因素对于促成最终结果都在量的方面起一定作用的多重因果关系的处理方法，对于偶然性的要素和统计上或然率的一般理解，这些都有成为人类各种活动的背景之势。同时，历史、传统、文学形式和直观再现，都将越来越属于科学的范畴。科学所描绘的世界面貌虽然不断地变化，但是每经一次变化就变得越加明确和完整，在新时代中一定会成为一切形式的文化的背景。不过单单有这个变化是不够的，为了完成科学所必须应付的新的任务，我们还需要对科学进行改造，不是仅仅把其他学科吸收进来就行了。

三、改造科学

科学发展的几个阶段都是从大到小，从简单到复杂。科学的第一阶段，即对已知宇宙现象的描述和整理阶段，已经基本上结束了。第二阶段，即理解这个宇宙机制的阶段，也快要结束了，因为我们已经能够在原则上看到这个解释的梗概了。除此之外，剩下来的便是未知的可能性，而且事实上其中有一部分也必然是不可知的，虽然我们对未来的发展已经可以略见端倪。很显然，如果人类在不久的将来不去毁掉使人类获得文明而不再是先前的纯生物学存在物的惨淡经营的协作事业，科学就得去应付一个越来越变成人类创造物的宇宙。人类社会在经济学、社会学和心理学方面为自己造成的各种问题，已经成为科学理论和实践的主要困难所在了。在将来，随着人类解决了征服非人类力量这个比较简单的问题，上述各种问题就会变得日益重要。

（1）新事物的起源问题。这个过程将使人们注意到一些新的情况。社会的发展一部分是自觉的力量所推动的，一部分是由社会内部各种因素之间难以觉察的交互作用推动的。思维越是考虑社会的迅速发展所带来的各种问题，就越是需要改进应付问题的办法，以便处理一些出乎意料之外的新情况。首先纳入理性范围的学科是一些研究最简单作用的学科——力学、物理学和化学。在这些学科体系中，一切事物都是始终如一的，不发生任何真正新的情况。我们的理性模式就是根据对这些体系的研究制定的。这种思想方式在生物学中已经开始崩溃了。进化论不仅标志着我们对自然界的认识有所进步，而且也是我们思想方法中关键的一步，因为它包含着人们对科学中新颖事物和历史的认识。人类的确已经对历史进行几千年的研究了，然而他们并不是以科学精神来进行研究的。正是由于历史可能包含新颖事物，他们甚至根本否认历史可以成为科学。不过人们却没有什么真正理由可以说明，科学为什么不应该学习处理宇宙中的新颖因素。这些新颖因素毕竟也同反复出现的正常因素一样是宇宙的特色。迄今科学还没有这样做，因为它还没有这样做的必要，现在这个问题已经首次正面地提出来了。如果我们要主宰和支配我们的世界，我们就不仅要学会怎样去应付宇宙的有秩序的方面，而且也要学会应付它的新奇的方面，即使它们的新颖性质是由我们自己造成的。

（2）辩证唯物主义。卡尔·马克思是第一个认识到这个问题的人，而且他还提出了如何解决这个问题的办法。他根据自己对经济学的研究，从正统学派感到满足的表面上正常的现象中，深刻地认识到新形式的发展以及产生更新形式的斗争和平衡。这是对发展本身合乎理性研究的开始，不过在这种研究之中，已经不再可能把观察者和被观察者严格区分开来，这样学者便和他所研究的力量合而为一，一起同呼吸，共命运。在我们的社会和政治领域所经历的动乱和斗争之中，这些思想正在迅速地甚至深入到对这些思想反对得最厉害的敌人阵营中去。这些思想所以正确不仅在于它们能够预言人类发展进程，而且在于它们能够决定人类发展进程。这个任务，在一种认为世界上的事物井井有条、永世不变的科学范围之内，是不可能解决的。

由于科学本身几乎完全是用把一种现象完全孤立起来的方法进行工作的，所以，科学家们往往感到马克思主义的思想方法松散而不科学，或者用他们的话来说，是形而上学的。不过在科学上只有严格控制实验的环境或者应用的环境，才能把一种现象完全孤立起来。只有在知道一切因素之后，才能作出充分意义上的科学预言。当新事物出现在宇宙中的时候，显然无法知道所有的因素，因而把现象完全孤立起来的科学方法就无法处理新的事物。不过从人类的观点看来，能够处理新事物同能够处理自然界正常秩序一样必要。科学把自己的研究范围局限于后者是完全正确的。只有当科学认为人类智慧对正常秩序以外的事物无能为力的时候，只有当科学认为凡是不能"科学地"加以处理的事物就不能合乎理性地加以处理的时候，科学才是错误的。

（3）理性的扩展。马克思主义的伟大贡献是：它在人的问题上扩大了理性所能达到的范围，把崭新事物出现的可能性也包括进去。不过，这要受某些必要条件的限制。首先，有关新事物的预言在精确程度上绝不能同科学中孤立起来的有规律现象相提并论。虽然精确知识一向被视为理想，精确知识和一无所知的问题并不是一个非此即彼的问题。甚至在科学本身内部也还有着大片大片的无法取得精确知识的地带。例如，现代物理学的整个趋势就说明：在原子现象方面，我们不可能期望获得精确知识。不过我们可以依靠大量事件的精确统计来绕过这个困难。同样，临界性变化，即影响人类社会的战争和革命的精确日期和地点也是无法预测的。由于仅有一个人类社会，在这里，统计的方法不是完全适用的。然而某些经济和技术制度的内在不稳定性一般是可以证明的。这些制度的崩溃是不可避免的，虽然到底什么时候崩溃，可能有几十年的出入。

（4）将来的趋势。连完全不了解马克思主义预言所依据方法的人们也毫不怀疑：马克思主义者是有分析事态发展的办法的，因此，他们能够比科学思想家们早得多地判断社会和经济发展的趋势如何。可是不少人由于不加辨别地接受了这一观点，就以为马克思主义仅仅是另一个天意目的论。他们以为马克思定出了人们不管愿意不愿意都得遵循的必然的社会和经济发展方针。这完全是一种误解。马克思主义的预言并不是制定了这样一项发展规划的结果。反之，他们强调指出这是办不到的。在一定的时刻所能看到的只是当代的经济和政治力量的组成，它们之间必然的斗争以及斗争结果将要产生的新情况。除此之外，我们只能预见到这是一个过程，至今还没有终止，而且在将来必然会取得新的、完全不可预料的形式。马克思主义的价值在于它是一个方法和行动的指南，而不在于它是一个信条和一种宇宙进化论。马克思主义和科学的关系在于马克思主义使科学脱离了它想象中的完全超然的地位，并且证明科学是经济和社会发展的一个组成部分，而且还是一个极其关键的组成部分。它这样做，也就可以剔除在整个科学历史进程中渗入科学思想的形而上学成分。我们正是靠了马克思主义才认识到以前没有人分析过的科学发展的动力，而这种认识也只有靠马克思主义的实际成就才能体现在为人类造福的科学组织形式中去。

人们必将认识到科学是根本性社会变革的主要因素。经济和工业制度使得，或者说应该使得文明保持下去。技术不断改进的过程使得生活的范围和便利不断扩大。科学理应使技术本身不断发生不可预料的根本变革。这些变革是否适应人类需要和社会需要，可以说明科学适应于其社会功能的程度。

只有到这场斗争结束之时，我们才能够知道这些萌芽的见解的全部价值。在我们看来，这场斗争虽然似乎是无穷期的，但在历史上也将只是一幕而已，当然，这一幕也是重大的关键性一幕。然后，人类就将接受它的物质遗产，非但不会减少对科学的需要，反而会对它提出更大的要求，要它解决更大的、必须正视的人类和社会问题。为了应付这个任务，科学本身必须改革和发展。它在这样做的时候，将不再是少数幸运儿所专有的学科而将成为人类共有的遗产。

（5）作为共产主义的科学。科学实践是人类一切共同活动的原型。科学家们已经承担起来的任务——理解和控制自然界和人类本身——仅是人类社会的任务的自觉的表现。人们为了尝试完成这一任务所使用的方法，不管运用得多么不完善，都是人类为了保障自己的前途最有可能采用的方法。就其奋斗的过程而言，科学便是共产主义。人们在科学中已经学会自觉地服从一个共同目的，而不丧失他们的成就的个性。每一个人都知道，自己的工作有赖于前人和同道的工作，而且自己的工作只能通过后人的工作才能开花结果。在科学工作中，人们互相协作并不是因为上级的权威强迫他们这样做，也不是因为他们盲目地追随某一上天指派的领袖，而是因为他们认识到，只有在这种自愿的合作中，每一个人才能找到自己的目标。决定行动的不是命令，而是忠告。每一个人都知道，他的工作只有依靠别人真诚无私地提出的忠告，才能取得成功，因为这些忠告再精确不过地表现了物质世界的无情逻辑，即严酷的客观事实。

我们无法随心所欲地改变客观事实，只有承认这种必然性，而不妄想对必然性置之不理，才能得到自由。

这些便是我们在科学研究中痛苦地而且不完备地学到的一点东西。这些东西只有在人类更广泛的任务中，才会得到充分利用。

（陈体芳 译）

熊彼特

　　约瑟夫·阿洛伊斯·熊彼特（Joseph．A．Schumpeter，1883—1950），美籍奥地利人，当代资产阶级经济学界的一个重要代表人物。出生于奥匈帝国摩拉维亚省特里希镇的一个织布厂主家庭。早年肄业于维也纳大学，攻读法律和经济，是庞巴维克和维塞尔的弟子。1906 年获法学博士学位，随后游学伦敦，求教于新古典学派大师马歇尔。第一次世界大战前后，曾在奥国的几所大学任教，1913～1914 年，受聘为美国哥伦比亚大学客座教授，并被该校授以荣誉博士学位。1918 年，曾一度出任由考茨基、希法亭等人领导的德国社会民主党"社会化委员会"的顾问。1919 年，又曾短期出任由奥托·鲍威尔等人为首的奥地利社会民主党参加组成的奥国混合内阁的财政部部长。1921 年，任维也纳私营皮达曼银行经理。1925～1932 年，又从官场仕途回到学术界，赴德国任波恩大学经济学教授。1932 年迁居美国，任哈佛大学经济学教授，直到逝世。1937～1941 年，曾任"经济计量学会"会长，1948～1949 年任"美国经济学协会"会长。

熊彼特的一生撰写了许多论文和著作，主要有：《经济发展理论》（1912）、《商业循环：资本主义过程之理论的、历史的和统计的分析》（1939）和《资本主义、社会主义和民主》（1942）；而其巨著《经济分析史》生前未完成，1954 年由其妻编辑出版；此外，《从马克思到凯恩斯十大经济学家》是根据他从 1905～1950 年所写的一些传记评论，于 1952 年由其妻编辑出版。这些著作反映了熊彼特基本的学术观点，它们包括：（1）创新理论。熊彼特在《经济发展理论》一书中提出"创新理论"以后，又相继在《经济周期》和《资本主义、社会主义和民主》两书中加以运用和发挥，形成了以"创新理论"为基础的独特的理论体系。"创新理论"的最大特色，就是强调生产技术的革新和生产方法的变革在资本主义经济发展过程中的至高无上的作用。（2）经济周期理论。熊彼特在"创新理论"的基础上提出了他的经济周期理论。他认为，一种创新通过扩散，刺激大规模的投资，引起了高涨，一旦投资机会消失，便转入了衰退。由于创新的引进不是连续平稳的，而是时高时低的，这样就产生了经济周期。（3）自动过渡理论。这主要体现在他的《资本主义、社会主义和民主》一书中，在此书中，熊彼特攻击了马克思的历史唯物主义、劳动价值论和剩余价值论。他提出了资本主义将自动过渡到"社会主义"的论点。

本书选取了熊彼特的《资本主义、社会主义和民主》一书的第一篇《马克思的学说》中的"前言"和第一、二、三章。在"前言"中，熊彼特认为可以把马克思的理论称之为"伟大的创作"，因为马克思的理论几度复活，尤其是在美国的再度盛行，这一现象是独特的，也因此值得花时间去探讨这一理论的轮廓和含义。

在第一章《先知马克思》里，熊彼特认为马克思为其
"信徒"提出一套体现生活意义的终极目标和达到这些
目标的指导，因而马克思是一位先知，马克思主义是一
种宗教。在第二章《社会学家马克思》里，熊彼特认
为，马克思在任何地方都没有背叛实证科学去玩弄形而
上学，他的主张的真正来源，没有一个出自哲学领域，
他进行工作的手段主要是广泛掌握历史和当代的事实，
从这个意义上说，马克思是一位社会学家。熊彼特接着
对马克思的经济史观和社会阶级理论进行了批判。在第
三章《经济学家马克思》里，熊彼特认为作为经济学家
的马克思是李嘉图和魁奈的学生。李嘉图价值理论是马
克思理论结构的基础，在改进李嘉图的理论基础上，马
克思发展出自己的经济理论。然后熊彼特对马克思的剥
削理论、剩余价值学说、集中理论、贫困化理论以及他
与恩格斯的经济周期理论——进行了评价，最后认为尽
管这些理论有缺点，但马克思却是系统地看到和教导他
人经济理论如何可以进入历史分析和历史叙述，如何可
以进入历史理论的第一个一流的经济学家。

马克思的学说[①]

一、前言

　　大多数智力或想象力的创作，经过短的不过饭后一小时，长的达到一个世纪的时间，就永远消失了。但有一些创作却不是这样。它们遭受几度隐没，复又重现，它们不是作为文化遗产中不可辨认的成分而重现，而是穿着自己的服装，带着人们能看到的、摸到的自己的瘢痕而重现。这些创作，我们完全可以称之为伟大的创作——这个把伟大与生命力联结一起的称谓不会不恰当。从这个意义上说，无疑这伟大一词适合马克思的理论。把几度复活解释为伟大还有另一个好处：这样解释可以独立于我们的爱憎之外。我们不一定要相信，一个伟大的成就必然是光明的来源，或者根本主旨或

　① 选自《资本主义、社会主义与民主》，北京，商务印书馆，1999。

细节上必然毫无缺陷。相反，我们可以相信它是黑暗的力量；我们可以认为它是根本错误的，或者不同意它的一些特殊论点。就马克思的理论体系而言，这样的反面评价甚至正确的驳斥，不但不会给予它致命的伤害，只会有助于显示出这个理论结构的力量。

过去 20 年出现了最令人感兴趣的马克思理论的再度流行，以至于马克思这位社会主义教义的伟大导师在苏俄得到他应得的荣誉就不足为奇了。这样的过程存在着唯一的特征，那就是在马克思理论的真正意义和布尔什维克实际行动和思想意识中间有一条鸿沟，它至少有卑谦的加利利人的宗教与红衣主教或中世纪好战领主的实际行动和思想意识之间的距离那么大。

可是它在另外一个地方的再度流行就较难解释了，那就是马克思主义在美国的再度盛行。这个现象之所以令人感兴趣，是因为 20世纪前，在美国的劳工运动中或在美国知识分子思想中均不存在马克思主义的重要种子。那时候的马克思主义一直是肤浅的、无意义的和没有声望的。此外，布尔什维克类型的复活在过去最盛行马克思学说的那些国家里没有产生同样的迸发。特别在德国，它是所有国家中马克思主义传统最强烈的国家，在第一次世界大战后的社会主义兴旺时期，那里实际上有一个小小的正统派和以前萧条时一样继续存在。但社会主义思想的领导人（不仅指与社会民主党结成同盟的那些人，而且也指在实际问题上走得远远超过该党谨慎保守主义的那些人）显露出没有多少兴趣恢复老教义；虽然崇拜这个神祇，却十分小心地与它保持距离，并和别的经济学家完全一样地讨论经济问题。因此，除俄国以外，美国现象是独特的。我们并不关心它的原因，但值得花时间探讨一下如此众多的美国人把它作为自己信条的这个理论的轮廓和含义。

二、先知马克思

我允许与宗教界相似的名词闯入本章的标题不是由于疏忽，而是有超出比拟的道理。在一个重要意义上，马克思主义是一种宗教。首先，对它的信徒来说，它提出体现生活意义的一套最终目标，这些目标是判断事物和行动的绝对标准；其次，它提出达到这些目标的指导，那就是一个救世计划和指出人类或人类中经过挑选的一部分人可以免除的罪恶。我们可以进一步详细说明：马克思的社会主义也属于允许在人世间建立天堂的宗派。我相信，一个圣典学家对这些特征的系统阐述将给人们分类和评述的机会，而这样的分类和评述比单纯经济学家所说的任何理论都可能会远为深刻地挖掘出马克思社会学的本质。

上面所说道理中最不重要的一点是，它解释了马克思主义成功的原因。① 纯粹的科学成就，即使比马克思的成就远为完美，决计得不到属于它的历史意义上的不朽。对方装备党派口号的武库也做不到这一点。马克思成功的一部分，即使是很小的一部分，确实应归功于他交给他的信徒的可以在任何讲台上现成使用的许多白热化的言辞、热情的控诉和愤怒的姿势。在这方面需要说的是，这批弹药过去曾经、现在还在很好地为它的目的服务，但是弹药的生产也带来不利：为了铸造在社会斗争舞台上使用的那种武器，马克思有时不得不歪曲或偏离从他理论体系逻辑地引申出来的主张。无论如何，如果马克思只是一个空泛的布道者，到现在他早已默默无闻了。人类不会感谢那种服务，会很快忘记为政治歌剧写歌词者的名字。

但他是一位先知，为了弄懂这个成就的性质，我们必须在他自己时代的背景中理解它。当时是资产阶级成就达到高峰、资产阶级文化落入低谷而机械唯物主义盛行的时代，当时的文化环境还没有透露出新艺术和新的生活方式已经孕育在它的母胎里的信号，仍放纵在最可厌的陈腐之中。社会与所有阶级急剧地消失任何真正意义上的信仰，与此同时，唯一的一线光明（从罗奇代尔态度②和储蓄银行发出的除外）在工人世界中熄灭了，而知识分子则声称他们对穆勒的《逻辑学》和济贫法甚为满意。

现在，马克思主义关于社会主义人间天堂的学说，对于千百万人的内心意味着一道新的光线和一种新的生活意义。如果你愿意，可以叫马克思主义宗教为冒牌货，或者是一幅对信仰的讽刺画——对这个看法有许多话可说——但不要忽视或者不去称赞这个成就的伟大。不要介意这千百万人中几乎全部不能懂得和正确评价这个教义的真正意义。那是所有教义的命运。重要的是教义已经构想出来，并以当时具有实证主义思想的人可以接受的方式传播开去——这种思想本质上无疑是属于资产阶级的，说马克思主义基本上是资产阶

---

① 马克思主义的宗教性质从正统马克思主义者对反对者的特别态度上也看得出来。对于他，如同对于任何宗教信徒一样，反对者不仅仅犯了错误而且犯了罪。不但从理论上驳斥他，而且从道德上责备他。一旦真理昭示，反对者不能再得到宽恕。

② 罗奇代尔是英国合作事业的诞生地。——译注

级思想的产物并不荒谬——做到这一点有赖于，一方面要以无比巨大的力量系统阐述受挫败和受虐待的感情（这是许多不成功者自我治疗的态度），另一方面要宣称社会主义解救那些痛楚的肯定性经得起理性的检验。

看吧，这里最高超的艺术是如何成功地把二者交织在一起，一个衰落的宗教任其像丧家之犬那样跑来跑去的超理性渴望，另一个是不容忍任何没有科学或只有伪科学内涵信条的、当时必然出现的理性主义和唯物主义的倾向。宣讲今后目标不会有效果；分析社会发展过程只能使几万个专家感兴趣。但穿上分析的外衣宣讲，着眼于深切的需要进行分析，这就是马克思主义者得到人们热情皈依和最高奖励的原因，它使人们深信，他信仰的和支持的东西绝不会失败，必然在最后取得胜利，当然，这个成就的原因还不止于此。个人的力量和先知的闪光，独立于教义力量以外而起作用。没有它们就无法有效地启示新的生活和新的生活意义。但在这里，这点与我们无关。

关于马克思试图证明社会主义目标的不可避免性的说服力和正确性还必须说上几句。但是关于上文所说他对许多失败者的感情所阐述的东西只须一句话就足够了。这的确不是对有意识或下意识实际感情的真实阐述。我们宁可称它是以社会进化逻辑的真实或虚假的启示来代替实际感情的一种企图。由于他这样做了，由于他把自己的术语"阶级意识"很不现实地说成是群众自发的，他无疑歪曲了工人的真实心理（工人心理主要想成为小资产阶级，希望政治力量帮助他达到那个地位），但一旦他的教导起了作用，他也就扩张它和拔高它。他不曾为社会主义理想的美人一洒感伤之泪。这是他自称强于他称为空想社会主义者的优点之一。他也不称赞工人为日常辛劳操作的英雄，而资产阶级在担心他们分不到红利时倒喜欢这样做。有一些他的较差的追随者，具有十分明显拍工人马屁的倾向，而他从不这样做。他也许非常了解群众的特点，他的目光注视社会目标，远远高于群众，超越群众所想所要的境界和目标。他还从不以他自己所定的任何理想教导群众，这样的虚夸作风是他不曾想到的。正如每一个真正的先知都说他自己是上帝的卑微的代言人一样，马克思同样只宣讲历史辩证过程的逻辑。这一切显示出来的尊严能抵消许多褊狭和粗俗的缺点，在他的著作和生活中，这种尊严与这些缺点形成十分奇怪的结合。

最后，还有一点也应该提到。马克思个人教养极深，不会同意那些粗俗社会主义教授们的意见。那些人见了神殿却不认识。他完全能够理解一种文化和这种文化价值的"相对的绝对"价值，不管他觉得他自己离开它多么遥远。在这方面，《共产党宣言》为他的胸襟广阔提供了最好的证明，这个宣言不乏称赞资本主义光辉成就的叙述；即使在宣布资本主义未来死刑的时候，他也从不否认它在历史上的必要性，当然，这个态度暗示马克思本人不愿接受的许多东西。但是，由于他的历史理论给予事物有机逻辑观念一种特殊的表达，这种态度无疑加强了他的地位，也使他更容易采取这种态度。在他看来，社会事物是有一定秩序的，在他一生的某些关键时刻，不管他可能多像一个咖啡馆阴谋家，他真实的自我却厌恶这类事情。对他来说，社会主义不是抹杀所有其他生活色彩，并制造对其他文明怀有不健康和愚蠢的憎恨的偏见。因之，在不止一种意义上，有理由把由他的根本立场融合在一起的他那种社会主义思想和社会主义意志称为科学社会主义。

三、社会学家马克思

现在我们必须做一件使信徒非常不愉快的事情。他们自然不满意有人对他们认为是真理之源的东西进行冷酷的分析。但最使他们憎恨的一件事是把马克思的著作分解成片断，逐一加以讨论。他们会说，这个行动表明资产阶级没有能够领会辉煌的整体，这个整体的每一部分相互补充和解释，因此一旦以任何一个部分或方面被分开来单独考察时，真实的意义就失掉了。但我们别无选择。我冒大不韪，谈论先知马克思之后又谈论社会学家马克思，我既无意否定存在社会见解的统一性（它成功地给马克思著作以某些程度的分析统一性和更多的统一外表），也无意否定这个事实，即它的每一部分不论本质上怎么独立，都由作者使它与别的部分相互关联。但这巨大领域里的每一部分仍保有足够的独立性，使学者可能接受这一部分中他的劳动成果，同时舍弃另一部分中他的劳动成果。在这个过程中，许多宗教性的魅力消失了，但由于抢救了重要而激动人心的真理而有所收获，这个真理本身要比如果它被缚在绝望的遭难船上要有价值得多。

这一点首先适用于马克思的哲学，关于他的哲学我们三言两语就可以一劳永逸地不再加以议论。像他那样受过德国训练具有思辨头脑的人，对哲学有完整的基础和热烈的兴趣。那种德国式的纯哲学是他的出发点和青年时的爱好。有一段时间他认为研究哲学是他真正的使命。他是一个新黑格尔派人，所谓新黑格尔派大致上就是在接受老师的基本态度和方法的同时，他和他的同志舍弃黑格尔许多门徒加给黑格尔哲学的保守主义解释，代之以他们的许多相反见解。这种背景情况在他所有的著作中只要有机会就表现出来。他的德国和俄国读者由于相类似的思想倾向与训练，首先抓住这个要素，把它作为理解马克思思想体系的关键，就不足为奇了。

我相信这样说是一个错误，是对马克思的科学力量的不公正。在他的整个一生中，他保持他早年的爱好。他喜欢某些形式上的类似，这种类似可以在他与黑格尔的论点中找到。他喜欢证明他的黑格尔主义，喜欢使用黑格尔的术语。但事情仅止于此。他在任何地方都没有背叛实证科学去玩弄形而上学。在《资本论》第一卷第二版的序言中，他自己就这样说过，他在那里说的都是真的，分析他的论据可以证明他并不自欺，而他的论据在任何地方都以社会事实为根据，他的主张的真正来源，没有一个出自哲学领域。当然，本身只从哲学方面出发的评论家或批评家做不到这一点，因为他们不完全懂得其中包含的社会科学。此外，哲学体系建立者的癖好使他们只知道根据某个哲学原理的解释反对任何其他解释。所以他们把哲学看作对经济事实的最实事求是的陈述，由此把讨论岔到错误的轨道上去，把朋友和敌人同样带上错路。

社会学家马克思进行工作的手段主要是广泛掌握历史和当代的事实。他对当代事实的知识常常显得有点过时，因为他是最有书卷气的人，因此，有别于报纸上资料的基本资料到达他那里时往往稍晚。但那个时候的任何具有一般重要性和影响的历史著作他几乎都看过，虽则有许多专门文献逃过了他的眼睛。虽然我们不能像称赞他在经济理论领域中的博学那样称赞他在这个领域见闻的完备，但他还是能够不仅使用巨大的历史图景而且也能使用种种历史细节来说明他的社会见解，他使用的大多数历史细节的可靠性都高于而不是低于他那个时候其他社会学家的水准。他用穿透乱七八糟不规则的表层深入历史事物的宏伟逻辑的眼光抓住这些事实。要做到这样，不仅要有热情，也要有分析的劲头，而且必须两者兼备。他试图系统阐述那个逻辑的成果，即所谓经济史观[①]无疑是迄今社会学最伟

① 第一次发表在对蒲鲁东《贫困的哲学》的毁灭性攻击的著作中，题为《哲学的贫困》(1847)。另一次的阐述包括在《共产党宣言》(1848) 里。

大的个人成就之一。在这个成就面前，究竟这个成就是否完全首创，有多少荣誉应部分地给予德国和法国的先辈们，这些问题就成为无关紧要的了。

经济史观并非指人们有意识或无意识地，完全地或主要地受经济动机的驱使。相反，非经济动机的作用和机制的解释以及社会现实如何反映在个人精神上的分析是这个理论的重要成分，也是它最有意义的贡献之一。马克思并不认为，宗教、哲学、艺术流派、伦理观念和政治决断可以简化为经济动机，或者无关紧要。他只是试图揭示造成它们，并成为它们兴衰原因的经济条件。全部马克斯·韦伯的事实和论点①完全符合马克思的体系。社会集团和阶级以及它们自认本身存在的地位和行为的方式，当然是马克思最感兴趣的事情。他对按表面价值接受那些态度及其浮夸辞令（意识形态或如帕累托所说的衍生物），并试图用它们解释社会现实的历史学家发泄了最暴烈的愤怒。但是，如果说在他看来，思想或价值不是社会过程的主要推动力，它们也不是毫无作用的。如果我可以使用比拟的话，它们在社会机器里具有传动带的作用。我们还不能谈论这些原则最有趣的战后发展——知识社会学②，它会提供用以解释这个问题的最好例证。但必须把这个问题说透，因为马克思在这方面一直受到误解。甚至他的朋友恩格斯，在马克思墓前的演说中，也把这个理论的确切含义解释为个人和团体主要受经济动机的支配，这个解释在某些重要方面是错误的，在其余方面也平凡得可怜。

当我们说到这点时，我们也可以保卫马克思免受另一种误解：经济史观一直被称为唯物史观。马克思自己也这样称呼它。这种用语大大增加了它在某些人中的声望，而在另外一些人中却大不受欢迎。但这个称谓完全没有意义。马克思的哲学不比黑格尔的哲学更加唯物主义，他的历史理论也不比任何其他运用经验科学方法说明历史过程的尝试更加唯物主义。应该明白，这在逻辑上是和任何形而上学或宗教信仰相容的，恰如世界的任何自然图景与它们相容一样。中世纪神学本身提出了可能建立此种相容性的一些方法。

这个理论的真正含义可以归纳为两个命题：（1）生产形式或条件是社会结构的基本决定因素，而社会结构则产生各种态度、行动

---

① 这里指韦伯对宗教社会学的研究，特别指他著名的著作《新教伦理和资本主义精神》，此文收在他的全集里。

② 知识社会学的德语是 Wissenssoziologie。应该提到的最好作家是马克斯·谢勒和卡尔·曼海姆。后者在德文《社会学词典》中关于这个主题的文字，可作入门作品读。

和文化。马克思以著名的陈述说明他的意思，即"手工磨坊"造成封建社会，而"蒸汽工厂"造成资本主义社会。这个说法把技术要素强调到危险程度，但理解了单纯技术不是一切，它还是可以接受的。通俗化一点儿说（并认识到通俗化使我们会丧失许多意义），我们可以这样说，我们的日常工作形成我们的思想，我们在生产过程中所处的地位决定我们对事物——或我们看到的事物的各方面——的看法，并决定我们每个人可以支配的社会活动范围。（2）生产方式本身有它们自己的逻辑；也就是说，它们根据内在的必然性而变化，以致只凭它们自己的作用就产生它们的继承者。用马克思的同一例子说明：以"手工磨坊"为特征的生产体系造成一种经济和社会形势，在这个形势里，采用机器方法磨粉成为实际的必然性，这种必然性是个人或集团无力改变的。"蒸汽工厂"的出现和运作转过来造成新的社会职能与社会地位、新的集团与观点，这些新东西发展壮大相互作用，以致冲破和舍弃它们自己的框架。那么，在这里我们有了推进器，它首先是经济变化的原因，由于经济变化，又成为任何社会变化的原因。这个推进器本身不需要任何外来的推动力。

这两点无疑包含大量真理，在我们以后的叙述中它们还要多次出现，它们是非常宝贵的假设。大部分流行的反对意见全都彻底失败，如针对伦理或宗教因素影响的反驳，或已由爱德华·伯恩斯坦以可爱的单纯提出的那个反对意见（他断言"人有头脑"，因而能根据他们选择的去做）。说了上面这些话以后，几乎不需要详述这种论点站不住脚的地方。当然，人们可以"选择"的行动路线不是受环境的客观事实直接强制决定的，但他们根据他们的立场、观点和癖好来进行选择，而他们的立场、观点和癖好并不构成另一组独立的事实根据，它们本身都是由那套客观事实根据构成的。

可是，这里产生一个问题：经济史观是否是个方便的近似法，必须认为它运用在某些事例要比在其他事例中较难使人满意。一个明显的限制条件从一开始就出现了。社会的结构、类型和态度是不容易熔化的铸币。它们一旦成形，会持续下去，可能长达数世纪之久，因为不同的社会结构和类型显示不同程度的这种生存能力，所以我们几乎总会发现，一个集团和一个民族的实际行为与我们应该期望的根据生产过程主要形式推断的行为有或多或少的距离。虽然这个情况十分普遍，但只有在一个高度持久的结构整个从一个国家转移到另一个国家时看得最清楚。诺曼征服西西里在当地造成的社会形势，可以说明我所说的意思。这样的事实马克思不会忽略，但他几乎不理解它们的全部含义。

一个有关的事例具有更不吉利的意义。看一下六七世纪时法兰克王国封建型地主私有制的出现吧。这当然是极其重要的事件，它形成延续许多世纪的社会结构，也影响包括需求与技术在内的生产条件。但它最简单的解释可以从明确征服新领地后变成封建领主的家庭和个人（仍保有军事领导职能）先前担任的军事领导职能中找到。这并不完全吻合马克思的公式，而且很容易被解释为指向不同的方向。这种性质的事实无疑也可以借助于辅助性假设使其符合命题，但插入这样假设的必要性通常是一种理论告终的开始。

以马克思主义公式解释历史的尝试过程中会产生许多其他困难，这些困难能够以承认生产领域和其他社会生活领域之间存在某种程度相互作用而得到解决。① 但环绕这个公式周围的基本真理的魅力明确地依靠它所断言的单程关系的精确和简单。如果做不到这一点，经济史观将必定处于与其他类似命题同等的地位，成为许多局部真理之一，否则就让路给能够说出更多基本真理的理论。可是它作为一种成就的地位，或者作为一种有用假设的方便性，不会因此受到损害。

对信徒来说，当然它简直就是揭开人类历史全部奥秘的万能钥匙。如果我们有时感到想嘲笑有人对它作相当天真的应用，我们应该想到被它取代的是哪种论点。即使经济史观的跛子姐妹——马克思的社会阶级理论，当我们记起这一点时，就变得较易理解了。

再说一遍，首先它是我们必须记录下来的一个重要贡献。经济学家认识社会阶级现象令人奇怪地缓慢。当然，他们经常把各种力量分成不同阶级，这些阶级相互作用，产生他们加以研究的过程。但这些阶级几乎就是显示某种共同性的一批批个人，例如把某些人归类为地主或工人，因为他们占有土地或出卖他们劳动的服务。可是，社会阶级不是分类观察家的创造物，而是这样存在的活生生的实体。他们的存在必然有种种后果，而把社会看作是个人或家庭无定型的集合体的公式完全看不到这种后果。在纯经济理论领域的研究中，社会阶级现象究竟有多大重要性，是完全可以讨论的。它在许多实际应用上和对于一般社会过程的所有较广泛方面是十分重要的，这点无可怀疑。

粗略地讲，我们可以说，在《共产党宣言》包含的社会历史是

---

　① 在他的晚年，恩格斯直率地承认这一点。普列汉诺夫在这方面走得更远。

阶级斗争历史的那句名言里，社会阶级这个概念初次露面。当然，这是把这个概念放在最高地位上。但是，即使我们压低它，改口说历史事件经常可以用阶级利益和阶级态度来解释，现有的阶级结构在解释历史中常常是重要因素，仍有足够的理由使我们有权利说，它是和经济史观本身有差不多价值的概念。

很清楚，由阶级斗争原理开辟的前进道路上的成功依赖于我们自己作出的特殊阶级理论的正确性。我们对历史的描绘和我们对各种文化模式以及社会变化机制的所有解释，将根据我们选择的理论的不同而不同。例如选择种族的阶级理论，就像戈比诺那样把人类历史归结为种族斗争的历史，或者选择施莫勒或涂尔干式的劳动分工的阶级理论，把阶级对抗分解为职业集团利益之间的对抗。分析中可能出现差异的范围不限于阶级的性质问题。不论我们对此持什么观点，根据阶级利益的不同定义①和关于阶级行动怎样表现的不同意见，就产生不同的解释。这个主题至今是产生偏见的温床，还没有达到它的科学阶段。

十分奇怪的是，就我们所知，马克思从未系统地阐明显然是他思想枢纽之一的东西。很可能他推迟这个工作直到为时过晚，显然是因为他的思想专注于阶级概念，使他不觉得完全有必要花力气对此作明确的陈述。同样可能的是，有关这件事的某几个问题，在他自己的思想里尚未解决，他趋向成熟的阶级理论的道路被某些困难堵住了，这些困难是由于他对这个现象坚持一个纯经济的和过分简单化的概念从而为自己制造的。他本人和他的门徒都把这个未成熟的理论应用于特殊事例，他自己的《法兰西阶级斗争史》是这种情况的突出例子。② 除此之外，没有得到真正的进步。他的主要合作者恩格斯的理论是劳动分工型的理论，它的含义基本上不是马克思主义的。除此之外，我们只有一些间接说明和概略——其中有一些具有惊人的力量和光辉——散布于这位大师的全部著作，特别在《资本论》和《共产党宣言》中。

把这些片断拼合在一起的工作是棘手的，不能在这里尝试。但

---

① 读者将能察觉到，一个人关于阶级是什么和关于什么促使阶级存在的观点并不能独一无二地决定那些阶级的利益是什么，和每一阶级将怎样根据"它"——例如阶级领导人或一般群众——所认为或感到（长期的或短期的，正确的或错误的）是它的利益所在而行动。集团利益问题充满它自己的荆棘和陷阱，完全与研究中的集团性质无关。

② 另一个例子是以后将提到的社会主义者的帝国主义理论。O. 鲍尔有趣地试图以资本家与工人间的阶级斗争来解释居住于奥匈帝国内不同民族间的对抗（《民族问题》，1905），也值得一提，虽然分析者的技术只表明他所用工具的不适合。

基本思想足够清楚。划分阶级的原则在于占有生产手段的所有权或被排斥在所有权之外，如厂房、机器、原料以及列入工人预算的消费品。这样，我们基本上有两个而且只有两个阶级。那些占有者即资本家，那些一无所有被迫出卖劳动的，即劳动阶级或无产阶级。当然不能否定存在二者之间的中间集团，如由雇佣劳动但也参加体力工作的农民或手工业者组成的集团，由职员和自由职业者组成的集团；但它们被当作不正常的集团，将在资本主义发展过程中趋向消失。这两个基本阶级，由于它们所处地位的必然性和完全独立于个人的任何意志，本质上彼此对抗。每个阶级内部的分裂和阶级内各小集团的冲突发生了，这甚至可能具有决定性的历史重要性。但在最后分析中，这样的分裂和冲突是偶然的。唯一不带偶然性而是资本主义社会基本结构中所固有的对抗，是建立在生产手段的私人控制上：资产阶级和无产阶级间关系的真正性质是冲突——阶级斗争。

如同我们即将了解的那样，马克思试图表明，在阶级斗争中资本家如何彼此毁灭并最后毁灭资本主义制度。他还试图说明，资本占有如何导致进一步积累。但这样的论辩方式以及把占有某些物品视为社会阶级特征的那个定义只有利于增加"原始积累"问题的重要性，也就是说，只有利于增加资本家最初如何成为资本家或者他们怎样获得如马克思理论所说为了能够开始剥削所必要的那批商品这个问题的重要性。在这个问题上，马克思说得很不明确。他轻蔑地驳斥"资产阶级养成所"这个童话所说的：某些人（而不是其他人）过去变成，现在仍旧天天在变成资本家，是因为他们在工作中和在储蓄上有超人的智慧和精力。他讥笑这个好孩子的故事是经过深思熟虑的。因为，犹如每个政治家所知，引起一场哄笑肯定是埋葬掉令人不舒服的真理的极妙办法。每个以无偏见的眼光正视历史和当代事实的人，都不会看不到这个孩子的童话虽然远远没有说出整个真理，却说出了大量真理，过人的智慧和精力十有八九是事业成功特别是建成事业的原因。在资本主义和每一个个人企业的初创阶段，储蓄不论过去和现在都精确地是创业过程的重要要素，虽然不完全像经典经济学所说明的那样。确实，一个人通常难以靠工资或薪金储蓄的资金装备他的工厂从而得到资本家（工业雇主）的地位。巨额积累来自利润，因而先得有利润——事实上这是区别储蓄和积累的正确理由。创办企业需要的资金通常靠借用他人的储蓄（储蓄由无数小宗款项形成是容易说明的）或者依靠银行为供未来企业家使用而积集的存款。不过，后一个来源的确可以说是惯例：他储蓄的作用是使他不必为每天的面包天天做苦工，给予他休息时间以便考虑问题，使他能制定计划取得合作。因此，作为经济理论而言，当马克思否定储蓄具有经典经济学家归属给它的作用时，他有实际的理由，虽则他把它说得过分了。只是他由此作出的推论没有同等的理由。要是经典经济学理论正确的话，那种哄笑很难证明它有比它应得的更多的理由。①

但这场哄笑的确有其作用，有助于为马克思另一种原始积累理论廓清道路。可是这另一种理论不像我们希望的那样明确。对群众的暴力、抢劫和征服的理论，征服便利于他们的掠夺，而掠夺的结果反过来又促进征服，这当然是对的，极妙地吻合各种类型的知识分子共同具有的思想，而且在今天比在马克思当年更加吻合。但它显然没有解决某些人怎样获得制服人和掠夺人的权力的问题。通俗的作品不为此操心。我不会想到从约翰·里德的著作里找到这个问题的答案。我们在讨论马克思对这个问题的看法。

现在，至少有一个近似的解决办法由马克思全部主要理论的历史特性提出来了。对他来说，资本主义出生的社会的封建状态不仅仅是事实，而且对资本主义逻辑是极端重要的。在这种情况下，当然也出现关于社会阶级形成的原因与机制这样一个相同的问题，但马克思实质上接受了封建主义是暴力统治这种资产阶级观点②，认为群众在这种统治下受压迫和剥削是既成事实。主要为资本主义社会条件设想出来的阶级理论扩充到它的封建先辈身上——犹如资本主义经济理论的许多概念一样。③ 某些最棘手的问题都被偷偷丢到封建的院落里，然后以已经解决的状态，以可靠事实的形式，重新出现于资本主义模式的分析中，封建剥削者不过是由资本主义剥削

---

① 我不想一直强调，虽则我必须指出，甚至古典经济学理论也不像马克思声称的那么错误。最严格意义上的"储蓄"不是不重要的"原始积累"的方法，尤其在资本主义的早期。此外，还有另一种和它同类的虽然不是完全相同的办法。17 世纪和 18 世纪时，有许多工厂只是一个人的双手就能搭起来的工棚，只要极简单的设备就可以开工。在这样的例子里，未来资本家的体力工作加上很小一笔储蓄资金就是所需要的全部东西了——当然还要有头脑。

② 马克思以外的许多社会主义作家对暴力要素和控制实施暴力的物质手段的解释价值，表示出无批判的信任。例如，费迪南·拉萨尔在解释政府权威时，除了大炮和刺刀外，几乎没有提出什么东西。我觉得迷惑不解的是，这么多人竟会看不到这样一种社会学的弱点，看不到这样的事实，即说权力导致控制大炮（和愿意使用大炮的人），显然要比说先控制大炮然后产生权力要正确得多。

③ 这是马克思学说和 K. 罗德贝图斯学说相类似的一点。

者来替代罢了。在封建领主实际上转化为产业家的那些事例中，单是这一点便能解决遗留下来的问题。历史证据给予这个观点一定程度的支持：许多封建领主，特别在德意志，事实上建造并经营工厂，常常从他们封建地租那里取得资金，从农业人口（不一定，但有时是他们的农奴）那里得到劳动力。[①] 在所有其他事例中，可以用来充塞裂口的材料显然很差。表明这种形势的唯一直率方法是：按照马克思主义观点，无法作出令人满意的解释，也就是说，不依靠会令人联想起非马克思主义结论的非马克思理论，是不会有任何解释的。[②]

但这就使这个理论的历史依据和逻辑依据两方面失去效用。因为大部分原始积累的方法也是以后积累的方法——原始积累看来继续贯穿整个资本主义时期——所以不可能说马克思的社会阶级理论是完全正确的，除了解决遥远过去积累过程中的困难。但对于甚至在最有利的事例中还不能说明它打算说明的现象的核心，因而早就不该严肃对待的理论，坚持指出它的缺点也许是多余的。这些最有利的事例主要可以在以中等规模由业主自己经营的企业盛行为特色的资本主义发展时期找到。在那种类型以外，阶级地位虽然在大多数情况下或多或少反映相应的经济地位，它常常是经济地位的原因而不是后果：企业的成功显然并非在任何地方都是社会显赫名望的唯一来源，只有在生产手段所有权能够决定一个集团在社会结构中的地位的地方才是这样。但即使在那个时候，把所有权看作决定社会地位的要素，其合理性等于把一个碰巧有一支枪的人看作士兵一样。把一些人连同他们的下代永远看作资本家，把另一些人连同他们的下代永远看作无产阶级，在二者之间作严密的划分，正如有人常常指出，不但绝对不现实，而且是看不到社会阶级的显著特点——个别家庭不断地上升进入和下降退出高等阶层。我提到的事实全都明显而无可争辩。如果这些事实没有出现在马克思的论述中，理由只能是它们的非马克思主义含义。

---

① W. 桑巴特在其《现代资本主义理论》的第 1 版中，试图充分利用那些事例。但他把原始积累整个以地租积累为基础的企图表明是毫无希望的，这点桑巴特本人最后也认识到了。

② 即使我们承认抢劫的程度达到可能这样描述而不会侵犯知识分子稗官野史领域的最高限度，这一点依旧是正确的。在许多时候许多地方，抢劫实际参与商业资本的积聚。腓尼基人和英国的财富提供大家熟知的例子。但即使如此，马克思的解释也不适当，因为作为最后一招，成功的抢劫必定以抢劫者的个人优势为基础。只要承认这一点，一个十分不同的社会分层理论就出现了。

可是，考虑一下那个理论在马克思主义结构中所扮演的角色，并问问我们自己，马克思的意思要它服务于哪种分析目的，不会是多余的。

一方面，我们必须记住，对马克思来说，社会阶级理论和经济史观不像我们看来它们是两种独立的学说。马克思眼里，前者以特殊的方式补充后者，从而限定——使之更加明确——生产条件或生产形式的运用方式。这些决定社会结构，并通过社会结构，决定文化的所有表现形式以及文化史与政治史的整个进程。但在全部非社会主义时期，社会结构以阶级——两个阶级——表示，那两个阶级是真正的历史舞台的登场人物，同时是资本主义生产制度——通过它影响其他任何事物——逻辑的仅有的直接创造物。这就是为什么马克思不得不把他的阶级说成是纯粹的经济现象，甚至是非常狭隘意义上的经济现象。由此他不可能对它们有更深刻的认识，而是把它们放置在他分析纲要的精确位置上，他只能这样做，别无选择。

另一方面，马克思希望用为阶级划分下定义的同样特征来为资本主义下定义。只要略作思索就能使读者深信，这不是必须或自然要做的事情。事实上，这是分析战略的大胆一招，这一招把阶级现象的命运和资本主义的命运联结在一起，以致实际上与社会阶级存在与否没有关系的社会主义，按照定义成为除原始群落以外的唯一可能的无阶级社会。除了马克思选择的阶级定义和资本主义定义——私人占有生产手段——外，再也没有任何定义能够同样好地获得有独创性的同义反复了。因此，那里必须刚刚有两个阶级（有产者和无产者）；因此，所有其他划分原则（其中有几个相当言之成理）必须予以忽视，或者贬低其价值，或者转化为哪个原则。

在这个意义上的资产阶级和无产阶级之间划分界线的明确性和重要性的夸张，只被对它们之间存在对抗的夸张超过。对于未被拨弄马克思主义念珠习惯造成偏见的人来说，在正常时候，它们之间的关系基本上是合作关系，这该是明显的，任何相反的理论必然多半拉扯一些反常的例子来证明它的正确。在社会生活中，除了极罕见的情况外，对抗和融合当然都是普遍存在和事实上不可分离的。但我不禁想说，在陈旧的和谐观点中虽然也充满胡说，但这种胡说比马克思想象的生产手段占有者和使用者之间的不可逾越的鸿沟那种绝对性胡说还要好一点。但马克思还是别无选择，并非因为他想要达到革命的后果——他同样能从许多别的可行性纲要获得这些后果——而是因为他自己分析的需要。如果阶级斗争是历史的主题，也是带来社会主义曙光的手段，如果必定要刚好有那两个阶级，那么它们的关系在原则上必须是对抗性的，否则在他的社会动力学体系中的力量就会失去。

现在，虽然马克思从社会学角度即以私人控制生产手段制度为资本主义下定义，但资本主义社会的机械学却是由他的经济理论提供的。这个经济理论表明，包含在阶级、阶级利益、阶级行为、阶级间交替这类概念中的社会学论据是怎样通过经济价值、利润、工资、投资等的中介而作出的，它们又怎样精确地产生最后将打破自己制度框架同时为另一个社会制度出现创造条件的经济过程。这个特殊的社会阶级理论是分析工具，它联结经济史观和利润经济概念，调度所有的社会事实，使所有现象集中在一个焦点上。所以，它不是单单解释个别现象不作别用的个别现象理论，它具有一种有机功能，这种功能对马克思主义体系的实际重要性比解决紧迫问题的成功手段大得多。如果我们要理解马克思这样有能力的分析家怎样能容忍这种理论上的缺点，必须要看到这种功能。

现在有，过去也一直有赞美马克思社会阶级理论本身的一些热心人。但更加可以理解的是所有那些人的心情，他们赞美作为整体的那个理论的力量和伟大，达到愿意原谅各组成部分里几乎任何数量的缺点的程度。我们将试图为我们自己对它进行评价，但首先我们必须了解马克思的经济机械学如何完成他的总计划给予它的任务。

四、经济学家马克思

作为一个经济理论家，马克思首先是十分博学的人。人们对我称作天才和先知的作家，认为有必要对他的这个特点作出如此突出的评价，看来可能有点奇怪。可是，赞扬这个特点是重要的。天才和先知通常并不精于专门学识，如果他们有什么创造力，常常正是由于他们在专门学问上无过人之处。但在马克思的经济学中，没有什么缺点可归结为他在理论分析技术中缺乏学识和训练。他是个诚实的读书人和不倦的工作者。他很少遗漏有意义的文献。他读什么消化什么，仔细考虑每一个事实或每一个论点，热情地深入细节，这对于一个目光习惯地环绕整个文化和长期形势发展的人来说是极不寻常的。不论是批判、反对，或是接受、同意，他总要把每一个问题理解彻底。这一点的突出证明是他的著作《剩余价值学说史》，这是一本热情研究理论的不朽之作。这种要求增加知识和掌握应该掌握的任何学问的不断努力，使他能够在一定程度上摆脱偏见和超科学的目标。虽然他肯定地为了证实一个明确的见解而工作。对他强大的智力来说，对作为问题来研究的问题的兴趣是最重要的，是不由他自主的；不管他把他研究的最后结果的意义看得怎么大，当他工作时，他主要关心的是淬砺他那由时代科学所提供的分析工具，解决逻辑上的困难，和在这些成就的基础上建立起在性质上和意向上都是真正科学的理论，不管它可能有什么缺点。

为什么朋友和仇敌都误解他在纯经济领域所取得的成就的性质，是容易明白的。在朋友眼中，他不仅是一个专业理论家，以致给予他这方面工作过多的颂扬，看来几乎是对他们自己的亵渎。敌视他的态度和论证背景的敌人，觉得几乎不可能承认，在他著作的某些部分中他所做的工作，若出于别人之手，正是他们将大加赞赏的那种工作。此外，经济理论冰冷的事实，在马克思的文章中用大量热气腾腾的言辞表达出来，以致得到的不是它自己自然具有的热度。不论是谁，凡怀疑马克思有权利被认为是一位科学意义上分析家的人，当然只想到这些措辞，没想到思想，只想到充满热情的语言和对"剥削"与"贫困化"的强烈控诉（贫困化 immiserization 一词也许是德文 verelendung 最好的译法，verelendung 不是好德文，正如英文 immiserization 不是好英文一样。这个词在意大利文中是 immiserimento）。可以肯定，所有这些事情和许多其他事情（如对奥克尼夫人的恶意嘲笑和庸俗评论）①，都是论述中的重要部分，对马克思本人是重要的，对他的信徒和非信徒也是重要的。它们部分地说明了，为什么许多人坚持认为，在马克思原理中，他们看到了比他老师的相似命题更多的东西，看到了甚至与他老师的相似命题根本不同的东西。但这些并不影响他分析的性质。

那么马克思有老师吗？是的，要真正了解他的经济学，首先要认识，作为理论家，他是李嘉图的学生。他是李嘉图的学生不仅因为他自己的议论显然从李嘉图的命题出发，更重要的是他从李嘉图那里学会推理的艺术。他一直使用李嘉图的工具，他碰到的每一个理论问题都是以他深入研究李嘉图学说时出现的困难的形式和他在研究中找到的作为进一步工作的启发的形式出现的。这些，马克思本人大都承认，当然他不会承认他对李嘉图的态度是典型的学生对教授的态度：到教

西万学者卷·熊彼特

---

① 威廉第三的朋友——这位国王在世时不受欢迎，那时已成为英国资产阶级的偶像了。

授那里去，聆听他连续多次讲人口的过剩、过剩的人口以及使人口过剩的机器，然后回到家里努力把道理悟出来。对马克思主义进行长期争论的双方不乐意承认这件事，也许是可以理解的。

李嘉图的影响不是施加在马克思经济学上的唯一影响，但任何其他影响都没有像魁奈的影响那样需要略加叙述，因为马克思从他那里得到整个经济过程的根本概念。1800～1840 年间，一批试图发展劳动价值理论的英国作家可能已经为他提供了许多见解和细节，但按照我们的意图，这一点我们在提到李嘉图思潮时已包括在内。对某几个作家，马克思的态度是离他越近的他越不客气，而他们的著作，在许多方面与他相近似（西斯蒙第、罗德贝图斯、约翰·斯图尔特·穆勒）。这些人不必提到，凡与主要论题无直接关系的一切事情同样不必提到——例如马克思在货币领域明显微弱的成就，在这方面他没有成功地达到李嘉图的水平。

现在，为了对马克思的论据作最简单的素描，不可避免地要在许多方面对《资本论》的结构有不公正之处，这部部分未完成部分受成功的攻击打击的著作，依然在我们面前展现它强有力的轮廓！

（1）马克思使价值理论成为他理论结构的基石，说明他赞成他那个时代以及较晚时代理论家的普通倾向。他的价值理论是李嘉图式的价值理论。我相信像陶西格教授那样的杰出权威不会同意这个说法，并一直强调他与他们的不同之处。在用语、演绎方法和社会学含义方面有许多区别，但在原理上并无不同，而只有原理才与今天的理论家有关。① 李嘉图和马克思都说，一切商品的价值（在完全均衡和完全竞争中）与包含在该商品内的劳动量成比例，只要这种劳动与现有生产效率标准（"社会必要劳动量"）相一致。两人都以工作小时作为劳动量的度量标准，并使用同样方法以便使不同质量的工作化为单一标准。两人同样一开始就遇到由这个方法带来的

---

① 可是，与马克思本人有关系的是否全在于此，这是可以怀疑的。他有与亚里士多德相同的错觉，即以为，价值虽然是决定相对价格的一个因素，它还是与相对价格或交换关系不同的和独立存在的东西。商品价值就是包含在商品内的劳动量这个命题，很难有别的任何意义。如果是这样，那么李嘉图与马克思之间存在着差异，因为李嘉图所说的价值就是交换价值或相对价格。这一点值得指出，因为，如果我们接受这个价值观念，他理论中很多在我们看来站不住脚或甚至毫无意义的东西就会不再如此。当然我们不能这样设想。如果我们根据某些马克思研究者的说法采取这样的看法，即不管它是不是独特的"实体"，马克思的劳动量决定价值的学说，其意图仅仅是用它来说明社会总收入应划分为劳动收入和资本收入（那时个别相对价格理论就成为次要问题）。因为，我们很快就将明白，马克思的价值理论也不能完成这个任务（就算我们能把这个任务与个别价格问题分开）。

困难（就是说，马克思遭遇到从李嘉图那里得知的那些困难）。两人都没有对垄断和我们现在称为不完全竞争的现象说过任何有帮助的话。两人都以同样的论据来答复批评者。不过马克思的争辩较缺礼貌、较为冗长、更有"哲学气味"——从这个词的最坏意义上说。

谁都知道，这种价值理论不能令人满意。在有关这种理论所进行的连篇累牍的讨论中，的确不全是单方面正确，它的反对者使用了许多错误的论点。实质性的争执点不在于劳动是否是经济价值的真实"来源"或"原因"。这个问题对要由此推断出产品伦理权利的社会哲学家可能有极大兴趣，马克思本人对问题的这一方面当然不会不感兴趣。因为经济学是一门实证科学，无论如何它必须叙述或解释实际过程，更重要的是查问一下作为分析工具的劳动价值理论工作得怎么样，而使用它的真正困难就在于它工作得非常之坏。

首先，在完全竞争以外的情况下，它完全不起作用。其次，即使在完全竞争的情况下，除非劳动是生产的唯一要素和所有劳动都是同一性质，否则它绝不会顺利地起作用。① 假使两个条件中有一个不齐备，就必须使用外加的假设，而分析的困难会很快增加到不可收拾的程度。因而根据劳动价值理论的路线推理等于根据一个没有实际重要性的十分特殊的事例进行推理，虽然，如果用大致近似相对价值的历史趋势的意义来解释它，还可能为它说出一些道理来。取代它的理论——最早的，但现在已过时了的形式称作边际效用理论——可以说在许多方面都比它优越，其真正的优点是具有大得多的普遍性，可以同样恰当地应用于各种条件，一方面它适用于垄断和不完全竞争的情况，另一方面也同样适用于存在其他要素和存在许多不同种类、不同性质劳动的情况。此外，如果我们把上面提到

---

① 需要第二个假设特别有害。劳动理论也许能够处理由于训练（获得技术）产生的劳动质量的差别：用于训练过程的适当工作定额必须加到每一熟练工作小时中去，因而我们可以不离开原则范围使熟练工人所做的工作小时相等于非熟练工人一小时工作的确定倍数。但是，在由于智力、意志力、体力、敏捷性等引起的工作质量"自然"差异的情况下，这个方法就不适用了。于是必须求助于分别由天然低能工人和天然优秀工人做出的每小时价值的差额——这是其本身不能用劳动量原理解释的价值。事实上，李嘉图确实是这样做的。他直率地说，这种质量上的差别可以用发挥市场机制的办法设法使它们进入正确的关系，这样我们毕竟可以说，工人 A 所做的工作相当于工人 B 所做工作的若干倍。可是他完全忽略了在他以这种方式辩解时，他求助于另一种确定价值的原理，并且实实在在在放弃了劳动量原理。可见这个原理由于出现劳动以外的其他要素，在它一开始，在它自己的境界之内，在它有机会失败之前，就失败了。

的限制性假设引入这个理论，就会推得价值和使用劳动量之间的比例。① 因此，应该很清楚，不但马克思主义者怀疑（如一开始他们想做的那样）边际效用价值理论（这是他们面对的）的正确性是完全荒谬的，而且称劳动价值理论为"错误"也是不恰当的。无论如何它已经死掉并已被埋葬。

（2）虽然，不论是李嘉图还是马克思，看来都不完全知道他们采取这个出发点使他们自己处于很不利的地位，但他们十分清楚地看到某些不利因素。特别是他们两人都努力设法排除起作用的自然力要素的问题，他们倡导的单独根据劳动量的价值理论，剥夺了自然力在生产和分配过程中的正当地位。大家熟悉的李嘉图的地租理论，本质上是完成这个排除工作的一个企图，马克思的理论是另一个。一旦我们掌握了一种分析工具，用它像清理工资那样自然地清理地租，全部困难将不再存在。因此，关于马克思主张的与级差地租不同的绝对地租固有的功过，或者关于它和罗德贝尔图斯学说的关系，不需要再多说。

但是，即使我们把这一点放过去，我们仍面对由于出现大批生产资料形式的资本（其本身也是生产出来的）而引起的困难。在李嘉图看来，这个问题很简单：在他的《政治经济学及赋税原理》第一章著名的第四节中，他丝毫不加怀疑地介绍和接受一个事实，那就是在把诸如厂房、机器和原料等资本货物用于生产一种商品的地方，这种商品出售的价格将使那些资本货物的所有者获得一份净收益。他懂得，这个事实和从投资到产出可售产品之间的时间长短有某种关系，当经过的时间在各产业中不一样时，它将迫使产品的实际价值偏离"包含"在产品内的工时——包括投入生产资本货物本身的工时——的比例。他冷静地指出这点，好像这个现象符合而不是和他关于价值的基本定理抵触，除此之外，他实际上没有再深入一步，而是把自己局限在由这方面引起的某些次要问题上，显然相信他的理论依然是论述价值的基本决定因素。

马克思同样介绍、接受和论述同一事实，从不怀疑它是事实。他也了解，这点看来会拆穿劳动价值理论的虚假性。但他认出李嘉

---

① 事实上，按照价值的边际效用理论，为了达到均衡，每个要素必须这样地分配在向它开放的生产用途上，使得分配在任何用途上的最后一个单位产出与这个单位分配到其他每一个用途上相同的价值。如果，除了一种性质和质量的劳动外没有别的要素，这显然意味着，所有商品的相对价值或价格必然与包含在它们之中的劳动时间的数量成比例，只要存在完全的竞争和流动性。

图对这个问题处理得不适当，所以当他按李嘉图提出的形式接受问题本身时，开始认真地钻研它，在李嘉图花了几句话的地方，他花费了几百页的篇幅。

（3）马克思在这样做的时候，不仅显出他对有关问题的性质有更敏锐的感性认识，而且改进了他接受下来的概念机制。例如，他为了自己的目的，以不变资本和可变资本（工资）之间的区别代替李嘉图固定资本和流动资本的区别；用以不变资本和可变资本之间关系为根据而又比它严密得多的"资本有机构成"的概念，代替李嘉图关于生产过程持续时间的初步观念。他还对资本理论做出许多其他贡献。但我们现在只限于讨论他对资本净收益的解释，即他的剥削理论。

群众并不总是觉得被损害和受剥削。但为其制作观点的知识分子一直告诉他们，他们在被损害和剥削，而没有任何精确的东西说明这一点。没有这个用语，马克思即使想做也做不出什么来。他的功绩和成就是，他看出在他之前充当群众思想的老师试图用来说明剥削如何发生，而且今天甚至仍为寻常激进分子提供武器的各种不同论点的弱点。任何关于讨价还价能力和欺骗手段的普通口号都不能使他满意。他想要证明的是，剥削不是产生于偶尔的或意外的个别情况；而是由资本主义制度的必然性所产生的，它是不可避免的和完全独立于任何个人的意图之外。

这就是他的看法。劳动者的头脑、肌肉和神经从来是潜在劳动力（Arbeitskraft通常不能令人满意地译为劳动力）的一笔资金。马克思把这笔资金看作一种确定数量存在的物质，在资本主义社会里和别的商品一样也是商品。想想奴隶制度的情况我们可能澄清我们自己的思想：在马克思的思想里，工资契约和奴隶买卖之间没有本质上的区别，虽然有许多次要差异——"自由"劳动力的雇主购买的当然不是像奴隶制度的情况那样是劳动者本身，而是他们潜在劳动力总量中一个确定的份额。

现在，既然这个意义上的劳动力（不是劳动服务或实际的工时）是一种商品，价值规律必须对它适用。这就是说，在均衡和完全竞争中，它必须取得与"生产"它所花费的人工小时数成比例的工资。但"生产"储藏在工人体内的潜在劳动力的人工小时数是多少呢？那就是以前和现在抚育劳动者，为劳动者提供吃、穿、住的人工小时数。这构成那份潜在劳动力的价值，如果他出卖它的若干部分——以日、周或年表示——他将得到与那部分劳动力价值相当的工资，恰如奴隶贩子卖掉一个奴隶，在均衡状况下将得到与那些人工小时总数成比例的价格。应该再次说一说，马克思因此小心地避开了所有这些通俗口号，这些口号以这种或那种形式持有这样的见解，即在资本主义劳动市场上，工人受掠夺或欺骗，或者由于他的软弱，他简直被迫接受强加的任何条件。事情并非如此简单：他得到了他潜在劳动力的全部价值。

可是一旦"资本家"获得潜在劳务量，他们就处在使劳动者工作更多小时的地位，也就是叫劳动者提供比生产这份潜在劳动量更多人工小时或实际劳务。在这个意义上说，他们能够勒索比他们支付的更多的实际劳动小时。由于这样生产的产品还是以与生产它们所花费的工时成比例的价格出售，于是出现两种价值之间的差额——它只不过是从马克思主义价值规律的运用中出现的——这个差额必然由于资本主义市场机制的原因而归资本家。这就是剩余价值。① 由于侵吞了这个价值，资本家就"剥削了"劳动，虽然他付给劳动者的不少于他们潜在劳动的全部价值，他从消费者那里得到的不多于他出卖产品的全部价值。还应该说一下，这里不存在求助于不公正定价、限制产量或在市场上进行诈骗这类行为。当然，马克思无意否认存在这类行为，但他正确如实地了解它们，因此从不根据它们作任何基本结论。

顺便让我们表扬一下他的教学法：不管剥削这个词现在取得的意义如何特殊，如何远离它平常的含义，不管它从自然法、经院哲学和启蒙作家那里得到的支持如何可疑，它终于被接纳进科学争论的范围，从而符合安慰奋勇向前进行战斗的门徒的目的。

关于这个科学论证的功绩，我们必须小心区分它的两个方面，一个方面一直受到批评家的忽视。在静止经济过程的寻常理论水平上，很容易指出，根据马克思自己的假设，剩余价值学说是站不住脚的。劳动价值理论，即使我们同意它用在其他每一种商品上都有效，它绝不能适用于劳动力这个商品，因为这将暗示，工人和机器一样是在合理成本计算下生产出来的。既然他们不是，那就没有正当理由假定劳动力的价值与"生产"劳动力所花费的人工小时数成比例。从逻辑上说，马克思如果接受拉萨尔的工资铁律，或干脆像李嘉图那样，按马尔萨斯的理论进行论证，本来可以改善他的地位。可是，由于他自作聪明地拒绝这么做，他的剥削理论从一开始就失

---

① 剩余价值率（剥削的程度）被确定为剩余价值与可变资本（工资）之间的比率。

去一根极其重要的支柱。

此外，可以看得出来，在全部资本家雇主都能取得剥削收益的形势下，不可能存在完全竞争的平衡。因为在这种情况下他们人人努力扩大生产，而这样做的总效果不可避免地趋向提高工资率，使剥削收益减少到零。毫无疑问，如果求助于不完全竞争理论，引入竞争活动中的摩擦和制度性抑制，强调货币和信用领域中各种障碍的全部可能性等，有可能稍稍改善这种情况。但用这些方法只能勉强造成两可状况，而这是马克思由衷蔑视的。

但这个问题还有另外一方面。我们只须看一下马克思的分析目标就不难理解他无须在十分容易被人打败的地方迎战。只要我们明白，剩余价值理论仅仅是关于在完全均衡状态中静止经济过程的一个命题，打败他就是十分容易的。因为他想要分析的不是一种均衡状态，在他看来资本主义社会决计达不到这种状态，而是恰恰相反，他分析的目标是经济结构中不停地改变的过程，这样一来根据上述理由所作的批评就不是完全决定性的了。剩余价值在完全均衡状态下也许是不可能产生的，但是，因为那种均衡绝不会出现，剩余价值就能永远出现。它们可能总是趋向消失，但是一直存在，因为它们不断地被重新创造出来。这个辩词救不了劳动价值理论，特别是应用在劳动本身这个商品时是这样，也救不了现在这样的剥削论据。但它将使我们能够对结论有一个比较令人满意的解释，虽然一个令人满意的剩余价值理论将夺走它特有的马克思主义含义。问题的这一方面证明具有相当大的重要性。它还使马克思经济分析装置的其他部分有了新的意义，并能更好地解释为什么那个装置没有因针对它基础的成功批评受到更致命的损害。

（4）但是，如果我们在寻常进行马克思主义学说讨论的水平上继续探索，我们将越来越深地陷入困难，或者毋宁说，我们会察觉到马克思主义信徒试图遵顺老师指出的道路时遇到的困难。首先，剩余价值学说并不使解决上边提到的问题比较容易，这些问题是劳动价值理论与经济现实的一般事实间的差异造成的。相反，它加重了问题的严重程度，因为根据它，不变资本——即非工资资本——转入产品中的价值正好等于它在生产中失去的价值；只有工资资本增加价值，而因此获得的利润，在各企业之间要根据它们资本的有机构成而有所不同。马克思深信资本家之间的竞争带来剩余价值"总量"的再分配，这样，每家企业应赚得与它总资本成比例的利润，或者说，各企业的利润率将趋于平均。我们很容易看出，这个困难的性质属于不合逻辑问题那一类，它经常是由于试图运用不健全的理论引起的①，而解决办法只能是对绝望的忠告。马克思相信，不但竞争有助于统一利润率的出现和有助于解释为什么各种商品的相对价格偏离它们的劳动价值，而且他的理论为在经典学说中占有重要地位的另一个"规律"提供解释，那就是声称利润率有下降的内在趋势。事实上它似乎是相当有理地从工资—商品产业中总资本的不变部分的相对重要性有所增长推理出来的：如果那些产业的厂房和设备的重要性增加（如资本主义发展过程中表现的），如果剩余价值率或剥削程度不变，那么总资本收益率一般将下降。这个论点博得很多赞美，马克思本人也可能以十分满意的心情看待它，如果我们自己的理论能解释一个原来它不曾解释的观察结果时，我们也习惯于体会到这种心情。不理会马克思对它作推断时所犯的错误，以它本身的优点来讨论它是令人感兴趣的。我们不需要一直这么做，因为这个论点受到它诸前提的足够指责。不过还有一个同源但不完全相同的命题，它既提供了一种马克思动力学最重要的"力量"，又提供了剥削理论和马克思分析结构中下一个情节之间的纽带，这个命题通常称为积累理论。

从被剥削劳动力那里榨取来赃物的主要部分（在有些门徒看来实际是赃物全部），资本家把它变为资本——生产资料。就它本身说，除去马克思用语引起的含义，这当然正是寻常的储蓄和投资二词来描述的最熟悉的事实。然而对于马克思，这个单纯的事实是不够的：如果把资本家这种做法用无情的逻辑来阐明，这个事实必定是这个逻辑的一部分，实际上这意味着它一定是必要的。承认这个必要性产生于资产阶级的社会心理也不能令人满意，例如这种心理在某种程度上类似马克斯·韦伯的心理，他把清教徒态度——不把个人的利润用于享乐主义的享受显然十分适合他们的作风——说成是资产阶级行为关系重大的决定因素。马克思不轻视他觉得能从这个方法获得的任何支持。但是对像他这样设计的体系必须有比这更实质性的某种东西，这些东西迫使资本家进行积累，不管他们对此的感觉如何；这些东西十分强有力，其本身足以说明是哪种心理状

---

① 然而，其间有一个因素不是不健全的，觉察到这个因素（不论如何模糊）应该是马克思的功绩。生产出来的生产手段会在完全静止状态中产生净收益这个事实，并不像迄今几乎全体经济学家相信的那样，是无可怀疑的。如果实际上它们确实似乎产生净收益，那很可能是由于经济从来不是静止的缘故。马克思关于资本净收益的论点，也许可以解释为承认这件事的迂回办法。

态的原因。很幸运，这些东西是存在的。

在阐明那种储蓄的强制性质时，为方便起见，我将在一个要点上接受马克思的教导，那就是我将像他那样假定，资产阶级进行储蓄根据事实本身就是意指实际资本的相应增加。[1] 这个动作最初总是发生在总资本的可变部分（工资资本），尽管资本家意在增加不变部分，特别是李嘉图称作固定资本的那一部分——主要是机器。

在讨论马克思的剥削理论时，我曾指出，在完全竞争经济中，剥削收益将诱导资本家扩大生产或者试图扩大生产，因为从每一个资本家的观点看来，扩大生产意味着更多利润。为了这样做，他们必须进行积累。这样做的重大后果——通过随后引起的工资率上升，如果不是通过随后引起的产品价格的下降——趋向于减少剩余价值，这是马克思十分重视的资本主义固有矛盾的极好例证。而那个趋势本身对个别资本家而言构成了为什么使他们感到被迫积累的另一个理由[2]，虽然这种积累对整个资产阶级来说，最后将使事情更糟。因此，甚至在否则便会静止的过程中也会有一种迫使积累的强制，如我上文业已提到，这种静止过程难以达到稳定的均衡，除非积累使剩余价值下降到零，从而毁灭资本主义本身。

可是，远为重要和远为剧烈地激动人的是另外某种事情。事实上，资本主义经济不是、也不可能是静止的。它也不仅仅以稳定的方式扩大。它是由新的企业从内部进行不停的彻底改革，其方式是新的商品或新的生产方法或新的商业机会在任何时刻闯入现存的产业结构。任何现存的结构和经营企业的所有条件一直处于变动的过程中。每一种局面在它有时间耗尽其力量之前就被推翻。资本主义社会的经济进步意味着骚动。我们将在下一篇里看到，在这种骚动中，竞争起作用的方式与它在不管怎样完全竞争性的静止过程中起作用的方式迥异。以生产新产品或更便宜地生产旧产品可得到的获利可能性一直成为事实并招来新的投资。这些新产品和新方法在与老产品和老方法竞争时不是处于平等条件，而是具有可能意味着后者死亡的决定性优势。这就是资本主义社会出现"进步"的情形。

---

[1] 在马克思看来，储蓄或积累等于"剩余价值向资本"转化。就这点而言我不想争论，虽然个别的储蓄企图不必然和自动地增加实际资本。在我看来马克思的观点比许多当代人发起的反对他的观点更接近真理，以致我不认为在这里值得花时间向它挑战。

[2] 一般说来，来自较小收入的储蓄当然比来自较大收入的储蓄少。但任何一定数目的收入，如果不希望它保持长久，或者预料它会减少，那么来自那个数目收入的储蓄将比至少能稳定地保持目前数目的同样收入的储蓄多。

为逃避廉价出卖，每一家企业最后被迫学样，进行新的投资，为了能够这样做，只能保留利润的一部分进行再投资，这就是积累。①这样每一家企业都积累。

马克思比同时代任何别的经济学家更清楚地看到这个产业变化的过程，更全面地理解它的关键重要性。这点并不意味着他正确懂得了它的性质或正确分析了它的机制。对他来说，这个机制只能归结为构成大量资本。他没有适当的企业理论，他未能分辨企业家与资本家的区别，加上有缺点的理论分析技术，这些就是出现许多不根据前提的推论和许多错误的原因。但是，单是对这个过程的看法，其本身就成为马克思所考虑的许多论题。如果不符合马克思论点的东西能从另一个论点推断出来的话，不根据前提的推断就不再是致命的反对理由，甚至明显的错误和错误的解释常常可从争论过程中出现的主旨的正确性那儿得到补救——特别是那些可视为不妨害进一步分析的错误，而那些错误在未能意识到这种似是而非情况的批评家看来，似乎理应一棍子打死。

前面我们曾举过一个这样的例子。就其实际内容而言，马克思剩余价值理论是站不住脚的。但因为资本主义过程确实经常多次产生暂时的超过成本的剩余收益（这种情况其他理论能够解释得头头是道，虽然使用的完全不是马克思主义的方法），所以马克思的下一步，即他在积累理论中所说的道理，不会由于他先前的失误而完全失效。同样，马克思本人并没有令人满意地证明积累的强迫性，而这点对他的论证是十分关键的。但他说明上的欠缺并不产生巨大的损害，因为使用上面提到的方法，我们自己便能够轻易地提供一个更令人满意的解释。在我们的解释里，别的不说，利润下降这一点能自动地找到正确的原因，整个工业资本的总利润率从长期来看不一定下降，不管是因为马克思提出的不变资本相对于可变资本在增加的理由，或是因为任何别的理由。正如我们业已知晓，每一家工厂的利润不断受到新产品或新生产方法实在或潜在竞争的威胁，这些竞争或早或迟将使工厂亏损。所以我们得到所需要的推动力，甚至得到马克思主张不变资本不产生剩余价值这个命题的类似物——因为没有一个个别的资本货物的集合体能永远保持为剩余收益的来

---

① 当然这不是为技术改良集资的唯一方法，但实际上它是马克思考虑的唯一方法。因为它确实是一种非常重要的方法，在这里我们不妨跟着谈谈这个方法，虽则其他方法特别是向银行借款（即创造存款）的方法会产生它们自己的后果。为了给资本主义过程画一幅正确的图像，谈谈各种方法确有必要。

源——不必依赖他理论中那些效力令人怀疑的部分。

另一个例子是由马克思体系链条的下一个环节——集中理论——提供的，这是他对资本主义过程中工厂和控制单位的规模日益增长的趋势进行研究的结果。他在解释中必须提出的全部议论，除去形象化的描述，可以归结为这样平淡的陈述，竞争战是以商品的低廉化来进行，廉价商品在"其他事情不变，商品的低廉取决于劳动的生产率"；而这又依靠生产的规模；因而"较大的资本会打击较小的资本"①。这种说法很像当前教科书对这个问题所说的，本身并不深刻或值得赞美。特别是这种说法并不适当，因为它独特地强调各个"资本"的规模，同时在他对效果的描述中，马克思受到他技术的阻碍，他的技术不能有效地处理垄断或少数控制的问题。

可是，有这么多马克思信徒以外的经济学家声称对这个理论感到钦佩不是没有理由的。首先，预言大企业的出现（考虑到马克思当时的条件）其本身就是一种成就。但是他所做的远不止于此。他利索地把集中和积累过程拴在一起，或者毋宁说他把集中设想为积累过程的一部分，不仅是这个过程实际模式的一部分，而且是它逻辑的一部分。他观察到的某些后果是正确的——例如"个别资本量的日益增大成为生产模式本身不断革命的物质基础"——而观察到的另外一些后果是片面的或扭曲的。他使用阶级斗争和政治的发电机在这个现象四周大气中充了电——仅此一项就足以使他对这个现象议论的吸引力远远超过有关的枯燥的经济定理，特别对没有自己的想象力的人更是这样。最为重要的是，他能够继续前进，无论是他构图中的个别笔触的动机不当，还是从专家看来他论点中缺乏严密性，都几乎完全不能加以阻挡。因为归根到底，产业巨人确实出现在地平线上，它们必然要创造出来的社会形势也已可见。

（5）再加上两项，这个概述就完全了。这就是马克思的贫困化理论和他与恩格斯的经济周期理论。在前者，分析和见解无可补救地失败；在后者，两方面都显出高明之处。

马克思无疑认为，在资本主义的发展过程中，实际工资率和群众的生活水平，在较高工资阶层会下降，在最低工资阶层无法改善，这种情形的出现不是由于任何偶然的或环境的条件，而是由于资本主义过程本身的逻辑。作为一种预言，它当然突出地不恰当，各种

---

① 这个结论常被称为剥夺理论，它对马克思来说，是资本家彼此毁灭的那种斗争的唯一纯经济基础。

类型的马克思主义者曾作过艰苦努力，把面对的显然不利的证据作有利的解释。最初，甚至在直到今天还有的某些孤立事例中，他们在挽救这个"规律"（说它是从工资统计数字产生的实际趋势）的努力中表现出惊人的固执。尔后，他们试图把它说成另一种意义，也就是说，说它指的不是实际工资率或工人阶级所得的绝对份额，而是指劳动收入在国民总收入中的相对份额。虽然在马克思著作的几段文字中事实上可以解释有这样的意思，但这显然违反他大多数论述的含义。何况，接受这样的解释也无济于事，因为马克思主要结论的前提是：劳动的绝对人均份额必将下降，或者说，至少不增加。要是他曾确实想到相对份额，那只会增加马克思主义的困难。最后，这个说法本身仍然是错误的。因为工资和薪金在总收入里的相对份额逐年变化极小，长期来看明显地不变——肯定不会显示出任何下降的趋势。

但是，摆脱困难似乎还有另一条出路。有一种趋势可能在我们统计的时间数列中看不出来——它可能像在这个事例那样甚至显示出相反的趋势——但它可能是在研究的这个体系所固有的，看不出来是因为它可能被意外条件所隐藏。事实上这种论调是大多数马克思主义者持有的。所谓意外条件可以在殖民地扩大或者更普遍地在19世纪新国家的开创中找到，他们认为这些事件为剥削下的受难者带来"禁猎季节"①。与此同时，让我们注意到，有些事实给予这个论点一些证据确凿的支持，在逻辑上这个论点也是无懈可击的，因此，如果那个趋势确实存在的话，这个论点可能解决困难。

但真正的困难在于马克思的理论结构在那个部分根本不可以信赖，如同观察力一样，它的分析基础也有缺点。贫困化理论的基础是"产业后备军"的理论，即生产过程机械化造成的失业。② 而产业后备军理论又是以李嘉图《论机器》那一章里详细阐述的理论为基础的。马克思学说的任何部分——当然除了价值理论——都没有像这一部分那样不作任何重要补充完全依赖李嘉图的理论。当然我在说的只限于这个现象的纯理论。马克思像平常一样，确实添加了许多小小的润色，如用巧妙的概括方法把不熟练工人替代熟练工人进入失业的概念，他还添加了无限丰富的例证和辞藻；最重要的是，

① 这个观念是由马克思本人提出的，虽然新马克思主义者对它有所发挥。

② 这种失业当然必须和别种失业区分开。特别是，马克思注意到因商业活动周期变化而产生的那种失业。由于这两种失业不是独立的，由于在他的论证里他时常依据后者而不是依据前者，于是出现了不是所有批评家都完全了解的解释困难。

他添加了给人深刻印象的布景，即社会过程的广阔背景。

李嘉图最初倾向于同意任何时候都普遍具有的观点，即生产中引入机器能给群众好处。当他终于怀疑那个意见，或者无论如何怀疑它的普遍有效性时，他带着特有的坦率态度修改他的主张。同样特有的是，他在这样做的时候仰身后靠，用他惯用"想象的有力例证"的方法，作出所有经济学家所熟知的用数字表示的例子，来表明事物也可能产生另一种结果。一方面，他无意否认他证明的不过是一种可能性——虽然不是一种不可能的可能性——另一方面，他也无意否认，最终说来，劳动者的净利益产生于机械化，是通过机械化对总产量、价格等的进一步影响而实现的。

这种例子就其本身范围来说是正确的。[①] 今天多少更精致的方法支持它的结论达到这样的程度，即它们既承认它想要建立的可能性，也承认相反的可能性；它们所起的作用还不止于此，它们还说出决定将随之产生这个或那个后果的正式条件。当然这是纯理论能够做到的全部事情。要想预测实际的效果，进一步的资料是必要的。但就我们的目的而言，李嘉图的例子呈现另一种有趣的特色。他设想一家拥有一定数量资本和雇用一定数量工人的企业，它决定实行机械化。相应地，它指派一批工人去建造一部机器，一俟装置完成就将使企业能解雇这批工人中的一部分。利润可能最终不变（经过竞争性调整将使暂时性收益消失），但总收入将受到削减，下降数字正好是先前付给现在已经被"解雇"的工人的工资数。马克思的由不变资本代替可变资本（工资）的概念几乎就是上述方式的精确复制品。马克思强调接着发生的剩余人口同样与李嘉图强调接着发生的人口过剩完全相似，马克思使用剩余人口一词作为"产业后备大军"这个术语的替代词。李嘉图的教导实际上被他全部吞了下去。

但是，在李嘉图设定的有限目标范围内可以合格的东西，一旦用它考虑马克思在这个脆弱基础上建立的上层建筑时，便变得完全不合适了——事实上，最终结果的正确见解这次难以补救另一个不根据前提推理出来的结论。看来他本人也曾有这样的感觉。因为，他使用有点不顾一切的精力抓住他老师有条件的悲观主义结论，好像他老师强有力的例证是唯一可能的例证，他使用更加不顾一切的精力与那些发挥李嘉图在论补偿时暗示的含义的作家们进行争论，

---

① 或者，可以纠正它而不失其本意。关于这个论点有一些可疑之点，也许是由于它可悲的技巧造成的——这种技巧是好多经济学家喜欢永久使用的。

李嘉图认为，机器时代会支持劳动，即使在引用机器的直接后果带来损害的地方也是如此（所有马克思主义者对补偿理论均抱厌恶感）。

马克思采取这种方针有充分的理由。因为他急需为他的后备军理论找到一个坚实的基础，这个理论将有利于（除几个次要目标外）两个极其重要的目标。第一，我们已经明了，由于他厌恶使用马尔萨斯的人口论（这点本身完全可以理解），他的剥削理论丧失了我们所说的一根关键性支柱。他用永远存在（因为永远再创造的）① 常备军的理论代替这根支柱。第二，他采用的关于机械化过程特别狭隘的观点是为了激发《资本论》第一卷第三十二章内响亮语句所必不可少的，这一席话在某种意义上说，不但是那一卷、而且是马克思全部著作的最为关键的结论。我要加以全部引用——比在讨论的论点所需要的更完全——目的在于让读者看一看马克思的态度，它同样适当地说明某些人对它热情另一些人对它蔑视的原因。不管它是并非如实的事物的混合物，还是先知真理的中心。原文如下："和这种集中或多数资本家为少数资本家剥夺的现象联在一起……一切民族在世界市场网中形成的密切联系，从而，资本主义制度的国际性质，跟着发展起来。把这个转化过程所有的利益横加掠夺，并实行垄断的资本大王的人数在不断减少，贫穷、压迫、奴役、退步、剥削的总量，则跟着在增加；但是，人数不断增长，为资本主义生产过程的机构自身所训练、所联合、所组织起来的工人阶级的愤激反抗，也跟着在增长。资本垄断，成了这种和它一起，并且在它下面繁花盛开起来的生产方式的桎梏。生产资料的集中和劳动的社会化，达到了同它们的资本主义外壳不能相容的地步。这个外壳会被炸开。资本主义私有制的丧钟响起来了。剥夺者被剥夺了。"

（6）马克思在经济周期领域的成就特别难以评价。它真正可估价的部分就是几十个观察结果和评论，其中大多数有偶然的性质，这些文字几乎散布在他所有的著作中，包括他的许多信札。要根据这些零星片断重新组成整体的企图任何地方都没有真正出现过，也许甚至在马克思自己的思想里也没有存在过，除非只是一种胚胎形式。这样的企图若由不同的人来做容易产生不同的结果，它可能因

---

① 强调不停的创造当然是必要的。像某些批评家那样，把马克思的语言和含义想象为：他假定引入机器将把工人逐出工作岗位，于是此后他将永远失业，这是很不公平的。他不否定吸收。以每次造成的失业都会被吸收的证据为基础的对马克思的批评，属于无的放矢。

为马克思的崇拜者可以理解的美化马克思的倾向而失去真实性，他们依靠合适的解释方法，使用他们自己同意的几乎所有那些后来研究的结果，为马克思歌功颂德。

普通的朋友和敌人过去从不、现在也不理解评论者面对任务的性质，这是因为马克思对这个主题所做贡献的性质千变万化。他们看到马克思如此频繁地对它发表意见，又看到它显然与马克思的基本主题十分贴切，就想当然地认为必定有某个简单而明确的马克思主义周期理论，这个理论有可能产生于他对于资本主义过程逻辑的其余部分，正如剥削理论产生于劳动理论。相应地，他们开始寻找这样的理论，在他们面前出现的会是什么，是不难猜想的。

一方面，马克思无疑赞美——虽然他没有很充分地宣扬——资本主义发展社会生产能力的巨大力量，另一方面，他不断地强调群众日益增加的不幸。因此作结论说，危机或萧条是由于受剥削群众买不起永远扩大的生产设备生产出来或准备生产出来的东西，和因为我们不须重说的这个或那个理由使利润率下降到破产水平，这难道不是最自然的事情吗？因此，我们看来确实需要根据我们想要强调的那个因素，谈一谈最可轻视类型的消费不足理论或生产过剩理论。

马克思主义的解释事实上可归入把危机归因于消费不足理论一类。[①] 有两个条件可以援引来支持这个理论。第一，在剩余价值理论和其他问题上，马克思的教导与西斯蒙第及罗德贝尔图斯的学说的亲密关系是显然可见的。这两个人的确支持消费不足的观点。我们推断马克思也可能如此不是不自然的。第二，马克思著作中的几段话，特别是《共产党宣言》里关于危机的简短陈述，无疑说明了可以作这个解释，虽然恩格斯的言论更加表明是这样。但是，由于马克思表现出卓越的判断力，明确地舍弃了它，这些也就无关紧要了。

事实是这样，马克思没有单纯的经济周期理论。从他的资本主义过程的"规律"中也不能逻辑地引申出这个理论。即使我们接受他关于发生剩余价值的解释，同意积累、机械化（不变资本的相对增加）和过剩人口（它无情地加深群众的不幸）确实连成一条逻辑

---

① 虽然这种解释已成为时髦的事情，我只提两个作家，一个对这个理论作了修正，另一个可以表明是坚持这个理论的。杜干－巴拉诺夫斯基的《马克思主义的理论基础》(1905) 责备马克思以这个理由为根据的危机理论；M. 多布的《政治经济学与资本主义》(1937) 对马克思这个理论给予较多的同情。

的链，这个链的末端是资本主义制度的大崩溃——即使到那时我们还是找不到一个因素来说明周期性波动必然成为过程的一部分，并是繁荣与萧条内在交替的原因。毫无疑问，我们手头一直有大量偶然的小事情可供我们拿来补充下落不明的重要解释。存在计算错误、预期错误和其他各种错误，存在乐观主义和悲观主义的浪潮，存在过度投机行为和对这种行为的反应，存在"外部因素"不会枯竭的来源。然而，马克思的积累的机械过程是以均匀的速度前进的——没有什么可以表明，在原则上它不应这样——他描述的过程可能也是以均匀的速度前进的；至于就它的逻辑而论，本质上既无繁荣又无萧条。

当然这不一定是不幸。许多其他理论家过去一直认为、现在还是认为，不论什么时候只要某种相当重要的事情出现差错，就会发生危机。它也不完全是障碍，因为它有一次使马克思从他体系的束缚中解脱出来，使他自由自在地不加曲解地看一看事实。从而，他考虑了各种各样多少有关系的因素。例如，他不无肤浅地利用在商品交易中有货币作中介的现象——就是这个，没有别的——使萨伊关于不可能出现普遍供过于求的命题失去效用；或者利用银根宽松的货币市场指出以大量投资耐用资本货物为特征的行业中不成比例发展的原因；或者利用诸如市场开放或出现新社会需求这样的特殊刺激物，来解释"积累"的突然迸发。他不很成功地试图把人口增长列为产生波动的一个因素。他注意到（虽然他未作真正说明）生产的规模以"突发的痉挛式的"形式扩大，而这种形式的扩大是"它的同样突然收缩的序曲"。他说得很好，"政治经济学的肤浅性也表现在它把信用的膨胀和收缩，把工业周期各个时期更替这种单纯的征兆，看作是造成这种更替的原因。"当然，在这里他过分夸大了一连串偶然小事的作用。

所有这一切都是常识，本质上是健全的。我们实际上发现，凡在认真分析经济周期中曾加以考虑的所有因素，基本上很少错误。此外，一定不要忘记，单是察觉到周期活动的存在，在当时就是伟大的成就。在他之前的许多经济学家都看到周期的细微迹象。可是，他们主要把注意力集中在后来称为"危机"的引人注意的衰退上。他们看不到这些危机的真实面貌，就是说，按照周期过程看来，这些危机仅仅是小事件。他们考察时不看看它们的前景或基础，认为它们是孤立的灾祸，它们是由于错误、过度、指导出错或信用机构工作不妥才出现的。我相信，马克思是超出传统看法和先于——统计补充除外——克雷蒙·朱格拉研究工作的第一个经济学家。虽然如我们所见，他对经济周期并没有提出理由充分的解释，但他清晰地看清在他面前的这个现象，并了解它的许多机制。和朱格拉一样，他毫不犹豫地说出"受小波动打断的"十年一次的周期。他对这种周期原因可能是什么的问题有很大兴趣，考虑到它可能与棉纺业中出现机器有某种关系。还有许多其他迹象说明他曾专心研究与危机问题有关的经济周期问题。这就足以保证他在现代周期研究的先驱者中处于很高的地位。

还必须提一提另外一方面。在大多数情况下，马克思以它的寻常意义使用危机这个词，和别人一样说到 1825 年的危机和 1847 年的危机。可是他也以它的另一种不同意义使用它。相信资本主义发展总有一天会瓦解资本主义社会的制度结构，他认为在真正崩溃来到之前，资本主义将开始在越来越多的摩擦中运行，并显出它致命疾病的症状。对于他当然设想为或久或暂症状延长的历史时间这个阶段，他也使用同一名词。同时他显示出一种倾向，要把那些一再发生的危机与资本主义制度这个独特的危机连在一起。他甚至提出，前者在某种意义上可以看作是最后崩溃的预演。既然对许多读者来说，这可能像是理解寻常意义上马克思危机理论的线索，就有必要指出，按照马克思的意见，促成最后崩溃的一些因素，没有恰当的外加假设，不可能是成为一再发生萧条的因素，而那个线索并不能使我们超出这个平庸的命题："剥夺剥夺者"在萧条时期要比在繁荣时期是更容易做到的事情。

（7）最后，资本主义发展将冲破——或生长得太快必须舍弃——资本主义社会制度（灾祸不可避免的理论），这个论点提供了把不根据前提的推理与有助于补救这个结论的深刻见解结合在一起的最后一个例子。

马克思的"辩证演绎法"是以驱使群众起来反抗的悲惨和压迫的增长为基础的，使建立贫困不可避免地增长这个论点无效的不根据前提的推理，也使演绎法失去效用。此外，在其他方面是正统的马克思主义者长久以前就开始怀疑产业控制的集中必定与"资本主义外壳"不相容这个命题的正确性。这批人中第一个以组织良好的论证说出这个怀疑的是鲁道夫·希法亭，他是重要的新马克思主义者团体的领导人之一，他实际上倾向于相反的推论，即通过集中，资本主义可能获得稳定。我对这个问题必须说的，我打算推迟到下一篇里再说，我现在要说的是，在我看来希法亭走得太远了，虽然，

西方学者卷·熊彼特

如我们将要看到，在美国的目前的趋势里，相信大企业将"变成加在生产方式上的桎梏"是没有根据的，尽管马克思的结论不是从他的前提推演出来的。

但是，即使马克思所据的事实和所作的推理，其缺点比现在人们指出的更多，就其断言资本主义发展将毁灭资本主义社会基础这点而言，他的结论是正确的。我相信这一点。我称1847年就把真理揭示得如此清楚的见解为深刻的见解，我不认为我言过其实。现在它是毫无疑义的道理。第一个提出这个见解的人是古斯塔夫·施穆勒，施穆勒教授阁下是枢密院顾问官和普鲁士贵族院议员，他不是激进的革命者，也不热中于宣传鼓动。但他平静地说出这个真理。至于为什么和如何会这样，他同样平静地保持缄默。

几乎没有必要作细致的总结了。不管怎么不完整，我们上面的概述应该足以证实：第一，没有一个认真关心纯经济分析的人能够说是无条件成功的；第二，没有一个认真关心大胆创立学说的人能够说是无条件失败的。

在审理理论技术的法庭上，裁决必定是不利的：坚持一种一直是不适当的在马克思当时就迅速变得过时的分析工具；一长串不是从正确前提推理出来的，或者是彻底错误的结论；如果改正将改变基本推论，有时变为完全相反推论的错误——所有这些都可以拿来合理地指责这位理论技术家马克思。

即使在那个法庭上，有两个理由必须对上面裁决加上限定条件。

第一，虽然马克思常常犯错误，有时是无望的错误，他的批评者远非总是正确的。由于在这些批评者中有杰出的经济学家，这件事实应该算是他的光荣，特别因为他不能亲自与他们中大多数人见面。

第二，马克思在大量个别问题上的贡献（有批评性的也有建设性的）也应该是他的光荣。在本文这样的概述中不可能一一列举，更不用说公正地评价它们了。但在我们研究他对经济周期的论点时，对其中几个已经提出我们的意见。我还提到能改进我们有形资本结构理论的他的见解。他在这个领域中设计的图式虽非毫无缺点，但它再次证明对宣扬马克思主义的近期著作很有帮助。

可是上诉法庭——即使仍限于审理理论问题——可能想完全推翻这个裁决。因为有一个真正伟大成就可以抵消马克思理论上的轻微过失。通过他分析中的有缺点甚至非科学的全部东西，贯穿着一个没有缺点也不是非科学的根本观念——一种理论观念，不仅是无数不连接的个别模式，也不仅是一般性经济数量的逻辑，而是那些模式或经济过程的实际序列，它在历史进程中以自身的动力前进，每时每刻产生由本身决定下一个状态的状态。因而，这位有许多错误观念的作者也是想象出即使在今天仍可算是未来经济理论的第一人，为了这个经济理论，我们正在慢慢地、吃力地积累石块和石灰、统计资料和函数方程式。

他不只怀有这个观念，还试图实现这个观念。使他著作受损害的全部缺点，由于他的论证试图达到的伟大目标，必须不同地加以判断，即使如在某些情况下那样，这些缺点不能由此完全抵消的地方也应如此。但有一件对经济学方法论极端重要的事情实际上是他完成的。经济学家总是或者自己写经济史或者利用别人所写的经济史，可是经济史中的事实都被放置在单独的分开的地方。如果它们进入理论，仅仅担任说明问题的角色或者可能担任证明结论的角色。它们与理论只是机械地混合。可是马克思的混合是一种化学结合；也就是说，他引用事实进入产生结论的论据之中。他是系统地看到和教导他人经济理论如何可以进入历史分析和历史叙述，如何可以进入历史理论的第一个一流经济学家。有关统计学的类似问题他不想解决。但从某种意义上说这个问题在其他问题中已有暗示。这也回答了这么一个问题，即马克思经济理论所解释的方式在多大程度上成功地完成他的社会学体系。这个工作没有成功；但在失败中，他建立起一个目标和一种方法。

（吴良健 译）

丹尼尔·贝尔

丹尼尔·贝尔（Daniel Bell，1919— ），美国著名社会学家、思想家和社会科学界的活动家。因其多方面的学术活动，曾于 1980 年被推选为"对美国社会和文化影响最大的当代十大知识精英"之首。贝尔在 20 世纪四五十年代主要从事新闻工作，曾任《新领袖》杂志主编、《幸福》杂志编委和撰稿人、《财富》杂志常务编辑，创立《公共利益》杂志并担任它的出版委员会主席。60 年代，贝尔全身心投入学术研究，并获得了哥伦比亚大学博士学位，后升为教授。1969 年，又转任哈佛大学社会学教授，直至 1990 年退休。贝尔在从事学术研究的同时，还对社会现实抱以极大的关注，以学者、新闻人的身份积极介入社会公共机构的活动。他曾任美国技术、自动化和经济发展总统委员会的成员，美国"社会指标委员会"主席，美国艺术和科学院下设的2000年委员会的主席，国际经济合作和发展组织的美国代表，"美国总统八十年代议程委员会"委员等职。

在当代西方学术界，贝尔以其三大观念成为当代西方社会科学领域中最负声望的社会理论和思想大师之一。这三大观念是：意识形态的终结、后工业社会和资本主义文化矛盾。它们分别体现在贝尔最有影响的三本著作中：《意识形态的终结》（1960）、《后工业社会的来临》（1973）和《资本主义的文化矛盾》（1976）。在前两本书中，贝尔着重探讨了西方世界政治思想和社会结构的变迁，认为在现代西方社会（主要是美国）向"后工业社会"的萌发阶段，技术性决策将在社会中发挥重大作用，传统意识形态不可避免地将为技术治国论所代替。在《资本主义的文化矛盾》一书中，贝尔追溯了资本主义文化的发展历程，剖析了这种文化如何与经济和政治中的轴心原则、轴心结构发生不可避免的矛盾，并指出这种矛盾也许会导致资本主义的解体。除了上述三部主要著作外，贝尔还发表了《美国的马克思主义的社会主义史》（1952）、《新美国右派》（1955）、《激进的右派》（1963）、《普通教育的改革》（1966）、《走向2000年》（1968）、《对抗》（1969）、《今日资本主义》（1971）、《第二次世界大战以来的社会科学》（1979～1980）、《曲径》（1980）等著作。

本书选取了《意识形态的终结》一书中的《意识形态在西方的终结：一个结语》和《后工业社会的来临》一书中的《马克思的两大图式》。在前一个文本中，作者通过对意识形态的发展史的叙述，尤其是对马克思的意识形态理论的分析，即马克思认为，意识形态不仅是虚假的观念，而且还掩盖了特殊的利益，揭露这一被掩盖了的特殊利益，意识形态就是一股有意义的力量，它能够引导人们产生革命的行动。由此出发，作者认为在产生于19世纪的意识形态身后有一股知识分子的力量。但是随着像莫斯科审判、纳粹德国和苏联的缔约、集中营、匈牙利工人的被镇压等一系列灾难的发生，今天的知识分子已经没有过去的激情了。因此，19 世纪形成的意识形态正走向衰落，新的地区性利益冲突将成为新的矛盾的主要因素，而那种主义间存在的"左"、"右"之争将丧失其意义，19 世纪旧的意识形态已经终结了。

在《马克思的两大图式》一文中，作者首先指出了在社会学领域，马克思是一个不可绕过的人物，因为如果要说明资本主义工业社会的发展阶段，就必须从马克思的预言开始。但是作者认为，马克思对未来的预言有两种图式：其一是在《资本论》第一卷中，马克思论述了随着资本主义体系的扩大，社会逐渐分化为两个对抗的阶级，到那时社会主义革命就会必然到来；其二是在《资本论》的第三卷中，马克思敏锐地观察到了这个社会中发生的三大重要的结构变化，即银行制度和信用制度的扩大、股份公司的发展以及由此产生的办公室人员和白领工作的扩大，这三大变化导致未来社会的第二种图式。作者认为，大部分社会发展理论都是对马克思上述两个图式所作出的反应，而 20 世纪上半叶所阐述的资本主义未来的社会学理论，几乎都是同马克思第二种图式的对话。

意识形态在西方的终结：一个结语^①

　　历史上很少有像基督教预言所说的那样一个介乎洪荒和天堂之间的时期，那时，人们感到世界已裹足不前，一切都明确地停滞了下来。在写于 4000 多年前的古埃及人的水草纸文书上，人们可以读到这样的词句："……无耻当道，人欲横流……国运飘摇……群氓无首……贫者为富，富者为贫。"按照吉尔伯特·墨里的描述，这个类古希腊时期是一个"元气丧尽，豪情全无"的时期；"悲观厌世之风盛行，自我尊严失落，人们丧失了对今生的希望，也丧失了对常规人类努力的信念"。老家伙塔列朗曾经声称：只有那些生活在 1789 年以前的人才品尝到了生活的所有美妙之处。

　　当今这个时代，还可以补充一些适当的引文——以往长时期对光明的向往反倒使一切都带上了讽喻的和辛酸的含义——因为在从

①　选自《意识形态的终结》，南京，江苏人民出版社，2001。

1930～1950 年之间的 20 年中，历史著作中记载了一些特别严重的事件：世界范围的经济危机和尖锐的阶级斗争、法西斯主义和种族帝国主义在一个曾经站在人类文化发展前列的国家的兴起、那个曾经宣布要为人类更加美好的理想而斗争的革命一代作出了悲剧性的自我牺牲、一场其深度和广度迄今为止仍然难以料想的破坏性战争、在集中营和死亡秘密审判所对数百万人的官僚化大屠杀。

在那些对过去一个半世纪的革命冲击非常了解的激进知识分子看来，所有这一切都意味着千禧年的希望、太平盛世的幻想、天启录的思想以及意识形态的终结。因为曾经是行动指南的意识形态现在已经逐渐走到了死亡的终点。

无论意识形态在法国哲学创始人那里原来是什么样子，作为一种由观念转化为行动的方法，黑格尔左派、费尔巴哈和马克思都用最为明确的语言描述了意识形态。对于他们来说，哲学的职责在于批判，在于以现在代替过去（马克思写道："一切已死的先辈们的传统，象梦魇一样纠缠着活人的头脑。"[①]）。费尔巴哈，这个所有黑格尔左派中最激进的人物，自称为路德第二。他说道：要是我们能够揭去宗教的神秘外衣，那么人类将获得自由。整个思想史就是一部前赴后继的祛魅史，并且，假如最后在基督教领域里，上帝从一个狭隘的神转变为一个普遍的抽象物，那么，通过运用异化或自我陌生化的激进手段，批判的作用就是以人类学去取代神学，以人去取代上帝。哲学应当面向生活，人应当从"诸抽象物的幽灵"中解放出来，从超自然的束缚中解脱出来。宗教只能创造"虚假的意识"，哲学则将揭示"真实的意识"。通过把人而不是神置于意识的中心位置，费尔巴哈竭力把"无限带入有限之中"。

如果说费尔巴哈想使上帝"屈服于现实世界"，那么马克思则企图改造现实世界。在费尔巴哈推崇人类学的地方，马克思则重申了黑格尔的基本见解，强调了大写的历史和历史背景。世界不是单个的人（Man）的世界，而是众多的人们（men）的世界；人是阶级的人。由于其阶级地位不同，人与人之间是有差别的。真理是阶级的真理。因此，所有的真理都只是面具而已，或者都只是局部真理而已；而真正的真理是革命的真理。并且只有这种真理才是合理的。

在这种情况下，一种动力就被引入到意识形态的分析上来了，

---

① 马克思：《路易·波拿巴的雾月十八日》，参见《马克思恩格斯选集》第 1 卷，603 页，北京，人民出版社，1972。

被引用于创造一种新的意识形态上来了。通过揭去宗教的神秘面纱，人们从上帝和原罪中解脱出来，恢复了人的潜能。通过揭示历史，理性也得到了揭示。在阶级斗争中，只有真实的意识而不是虚假的意识才能实现。但是，既然真理只能求诸行动，那么人们就不能不付诸行动。马克思说道，黑格尔左派只是一些文人而已（对于他们来说，办杂志就是"实践"）。对马克思来说，唯一的真正行动是在政治领域里。但是按照马克思对它的理解，行动，革命的行动，并不仅仅是社会的变革。从新眼光来看，这是一种新的意识形态。

关于意识形态的分析准确地说属于关于知识分子的讨论。人们可以说，牧师所应面对的是宗教，而知识分子所应面对的是意识形态。这种情况本身给了我们为理清其多重职能所须语词和理由的维度的一条线索。意识形态这个语词带上了18世纪末法国哲学家特拉西的印记。同其他启蒙运动的哲学家一起，同像爱尔维修、霍尔巴赫这样的著名唯物主义者一起，特拉西千方百计地想要找到一条不是通过信仰和权威来发现"真理"的道路，那些传统方法受到教会和国家的支持。同样地，受到弗兰西斯·培根的影响，这些人试图找到能够消除充满偏颇的偶然意见、根深蒂固的先入之见、与生俱来的个人嗜好和干扰自我趣味或者单纯的信仰意愿的方法。所有上述情况，像柏拉图洞穴里的影子一样，产生了关于真理的各种假象。他们的目标是，必须"提纯"观念，以取得"客观的"真理和"正确的"思想。其中有的哲学家如爱尔维修认为，一个人不得不去做追本溯源的工作，以便找出失真得以产生的原因。特拉西认为，人们通过把观念还原为感官知觉以"提纯"他们的观念——这是具有赤裸裸地反宗教偏见倾向的英国经验论的一个过时的法国变种——并且他把这门关于观念的新科学称为"意识形态"。

对这个术语的消极诠释是由拿破仑提出来的。在他的权力得到稳固之后，他禁止在法国科学院讲授道德和政治科学，并宣布谈论"意识形态"的是一些无耻的投机者，他们把道德和爱国主义混为一谈。作为一个共和主义者，拿破仑一直对哲学家的观点抱着同情的态度；而作为一个皇帝，他认识到了宗教正统观念对维护国家统治的重要性。

但是，是马克思赋予了"意识形态"这个语词一些截然不同的含义。在马克思看来，例如在其著作《德意志意识形态》中，意识形态同哲学唯心主义具有千丝万缕的联系，或者同如下观念具有千丝万缕的联系：观念是自主的，具有独立地去揭示真理和意识的权力。对作为唯物主义者的马克思来说，这是虚假的，因为"存在决定意识"而不是相反；要想独自从观念出发来描述关于现实的一幅图画只能产生"虚假的意识"。因此，追随于费尔巴哈之后——马克思从费尔巴哈出发得出了绝大多数关于宗教和异化的分析——他把宗教作为一种虚假的意识来思考：上帝是人的心灵的创造物，他们只是表现为独立地存在着，并且决定着人的命运；宗教因此是一种意识形态。

但是马克思还作出了进一步的论述。他说，意识形态不仅是虚假的观念，而且还掩盖了特殊的利益。各种意识形态声称是真理，但是却反映了特殊团体的各种需要。在其讨论犹太人问题的一些早期论文中，他在其中一个地方专门讨论了关于国家和社会的哲学问题。马克思尖锐地攻击了出现在法国大革命的《人权宣言》上的"自然法权"观念，以及具体化在宾夕法尼亚和新汉普郡国家宪法上的这些权利。"自然法权"的前提——崇拜自由或自身所有权自由——是它们是"绝对的"或"先验的"权利；但是在马克思看来，它们仅仅是在历史上达到的"资产阶级的法权"，这些法权被虚假地声称具有普遍的有效性。马克思指出，国家的职能在于为"一般意志"创造基础。在资产阶级得以产生的"市民社会"里，国家被假定为是消极的或中立的。每个人都寻求着自己的利益，社会协同性因此而产生了。但是实际上，他认为，国家被用来强制实施某些特殊集团的权利。因此，关于"自然法权"的断言完全掩盖了资产阶级想用财产去达到自己的利益的要求。马克思认为，"自然法权"的个人主义是一种虚假的个人主义，因为人只有在集团中才能认清他自己；并且他认为，真正的自由不是财产的自由，也不是宗教的自由，而是摆脱财产的自由和摆脱宗教的自由，简言之，是摆脱意识形态的自由。因此，把实际上是阶级利益的东西声称为普遍有效性的企图是意识形态。

马克思不同于边沁和其他功利主义者，他认识到，个人并不总是受直接的自我利益驱动的（这是"庸俗的享乐主义"）。他说道，意识形态是一股有意义的力量。他在《路易·波拿巴的雾月十八日》里写道：然而也不应该狭隘地认为，似乎小资产阶级原则上只是力求实现其自私的阶级利益。相反，它相信，保证它自身获得解放的那些特殊条件，同时也就是唯一能使现代社会得到挽救并使阶级斗争消除的一般条件。因此，对于意识形态的"揭露"也就是揭示出隐藏在观念背后的"客观的"利益，并发现意识形态所发挥的作用。①

所有这一切所包含的含义是完全直接的。对一些人来说，只对政治作理性主义的分析是不够的。人们未必是言行一致的。一个人必须探索隐藏在观念背后的利益结构；他不应去探讨那些观念的内容，而应探讨它们的作用。第二个也是更加激进的结论是，假如观念掩盖了实际利益，那么对于一个学说的"真理的检验"在于看它是为什么阶级利益服务的。简言之，真理是"阶级的真理"。因此，不存在客观的哲学，而只存在"资产阶级的哲学"和"无产阶级的哲学"；不存在客观的社会学，而只存在"资产阶级的社会学"和"无产阶级的社会学"。但是，马克思主义根本不是这样一种相对主义的学说：存在着关于社会宇宙的一个"客观的"秩序，它通过"历史"得到了揭示。对马克思和黑格尔来说，历史是一个进步的展开着的理性。在历史中，通过人类对自然的征服以及对所有神秘和迷信的破除，社会将向着"更高的阶级"运动。因此，学说的"真理"取决于它"适合于"历史发展的"封闭性"；在实践中，它意味着"真理"取决于它是否对革命的推进有所贡献。

关于"观念的社会决定"的理论存在着许多难点。难点之一是科学的作用。马克思没有说过自然科学是意识形态。不过，有些马克思主义者，尤其是在 20 世纪 30 年代的苏联马克思主义者，声称存在着"资产阶级的科学"和"无产阶级的科学"。因此，爱因斯坦的相对论作为"唯心主义的东西"而受到了攻击。然而在今天，尽管几乎没有人再提"资产阶级的物理学"了，但是弗洛伊德的理论仍然被官方斥之为"唯心主义的东西"。不过，假如科学不具有阶级性，那么社会科学是否也如此呢？在马克思主义的思想中，科学自主性的问题从来没有得到令人满意的解决。

第二个难点是决定论假说：在一系列观念和"阶级"目的之间存在着一对一的对应。不过，这种情况是很少发生的。经验论通常同自由的探索联系在一起。不过，休谟，这位最"激进的"经验论者，是一个托利党人；艾德蒙·柏克，这个为了设计一个新社会而对唯理论作出了最为激烈抨击的人，是一个保守党人；霍布斯，最

---

① 在这个意义上，"对意识形态的揭露"多少类似于弗洛伊德体系中的"合理化"理论。合理化隐藏着潜在的动机。不过，这并不意味着它必然是不好的。实际上，要想有效地发挥作用，合理化务必与现实具有"紧密的符合"。不过，一个不在眼前的或潜在的动机也是存在的，而且分析千方百计地要把这一点揭示出来。

为深刻的唯物主义者之一，是保皇党人；T. H. 格林，英国唯心主义复辟的领导人之一，是自由主义者。

第三个难点是阶级的定义。对马克思来说（尽管在他的著作中从来没有对阶级下过一个严格的定义），在社会中的主要社会划分来自财产的分配。不过，在一个政治和技术相融合的世界里，财产已经日益丧失了作为主导权力的力量，有时甚至丧失了作为主导财富的力量。在几乎所有的现代社会里，作为谋求职业的主导因素，技能变成了比遗产更加重要的因素，并且政治权力优先于经济权力。那么阶级还有什么意义呢？

不过，人们无法完全忽视如下见解的力量："思想的风格"是同历史上的阶级集团及其利益相联系的，观念是作为社会中不同集团的不同世界观或视野的结果出现的。问题是如何具体化现存基础和"精神产品"之间的关系。例如，社会学家马克斯·韦伯认为，在观念和利益之间存在着"可任意选择的亲和力"。一个观念、一个理论家或者一个革命家的社会起源只不过涉及了如下事实而已：某些社会集团"挑选出了"某些观念，他们看到那些观念是适当的，并因此信奉了它们。这是"新教伦理"理论的基础。在其中，撇开这些观念的彼岸世界的根基不说，他认为，加尔文教思想的某些特点以及这种学说所认可的人格在资本主义发展过程中变成了必要的和具有因果关系的东西。另一位社会学家卡尔·曼海姆试着把社会思想划分为两种基本风格：他称之为"意识形态的风格"和"乌托邦的风格"。他接受了源于马克思的一个如下假设：观念是"受时间制约的"，但是他认为，马克思的观念，作为所有社会主义者的观念，也应该受到相同的约束。由于所有的观念都是为利益服务的，他称为现存秩序辩护的观念为"意识形态的观念"，他称试图改变现有社会秩序的观念为"乌托邦的观念"。但是这样说来，为追求客观真理所作的所有努力难道说都是毫无希望的吗？并且，培根的提问难道说只是一个妄想吗？曼海姆觉得，有一个社会集团可以是相对地客观的，那就是知识分子。因此，知识分子是社会中一个"没有根基的社会阶层"，因此比其他社会集团受到的束缚要少，他们可以获得多重的视角，从而超越了其他社会集团的狭隘局限。

在社会科学的发展过程中，由培根、特拉西、马克思和其他人提出的问题——澄清观念在社会变革中的角色——已经变成了为人所知的"知识社会学"技术领域的一部分（要想了解关于这些问题的清晰讨论，请参见罗伯特·K·默顿在他的《社会理论和社会结构》中的有关章节）。但是在通俗用法中，"意识形态"一词仍然是一个模糊的术语，它似乎意指社会集团对社会中的社会管理所持的在常规情况下被证明为正确的世界观、信念体系或信条。因此，人们可以谈论"小商人的意识形态"，或者把自由主义、法西斯主义作为一种"意识形态"来谈论。或者，有的作者会谈论"意识形态的梦想世界，（在那里）美国人把他们的国家看作是这样一个地方，在那里每一个孩子都是生来就'机会均等'的，每一个人都是从本质上像其他人一样地优秀"。在这个意义上，意识形态被诠释为一个"神话"而不只是一系列价值观念。

显然，这些用法，由于把许多事物都混合了起来而导致了混乱。因此，作出某些区分是必要的。

也许，我们可以借用曼海姆作出的一个区分，并在他称作"意识形态的特殊观念"和"意识形态的总体观念"之间作出区分。在第一层意义上，我们可以说，拥有某些价值观念的个体也拥有利益。我们可以尽量地了解这些价值或信念的意义，或者通过把价值观念同他们拥有的利益联系起来，去了解为什么一旦他们拥有了利益，便会有价值观念随之而来的原因——尽管这些利益不一定都是经济利益；它们也许是社会地位的利益（诸如一个种族团体想要提高它的社会地位，想要得到社会的支持），或者像代表权这样的政治利益等。在这一意义上，我们可以谈论商业的意识形态、劳动的意识形态等（当艾森豪威尔执政时期的美国国防部长、通用汽车公司临时总裁查尔斯·E·威尔逊说"对美国是好的东西也就是对通用汽车公司是好的东西，反过来也是如此"的时候，他表达了某种意识形态，即表达了这样一种观点：由于这个国家的福利依赖于企业的财富，因此，经济政策应该满足企业社团的需要）。某种总体的意识形态是关于丰富的现实的一个包罗万象的体系，它是充满激情的一系列信念，它试图全面改造生活方式。对于意识形态的这种承诺——对一种"事业"的渴望，对深刻的道德感情的满足——不一定是以观念的形式反映利益。在这一意义上，在我们在此使用它的这一意义上，意识形态是一种世俗的宗教。

意识形态把观念转化成了社会的杠杆。马克斯·勒奈曾经把一本书的书名叫作《观念就是武器》。他这样称呼绝无讽刺意味，这就是意识形态的语言。不仅如此，这是对观念的结果的认可。当俄国批判主义先驱维萨里昂·别林斯基初次读到黑格尔，并且开始相信如下哲学等式的正确性的时候："凡是现实的都是合理的"，他变成了俄国独裁政治的支持者。而当他后来明白了黑格尔的思想中包含着相反的倾向，即从辩证的意义上讲，这个"现实的"蕴含着一层不同的含义时，他又一下子变成了一位革命先驱者。小拉夫斯·W·马修逊评论说："别林斯基改变信仰的例子，形象地说明了他对待观念的态度：这种态度不仅易受一时的情感冲动所左右，而且是缺乏远见的。它对这些观念的反应仅仅是根据一时的相关情形作出的，而且必然把这些观念贬低为工具。"

意识形态之所以具有力量也就在于它的激情。抽象的哲学探索总是千方百计地消解激情，而人总是企图合理化所有的观念。对于思想家来说，真理产生于行动，它的意义是通过一种"顿悟时刻"被赋予经验的。思想家不是在沉思中求得生存的，而是在"行动"中求得生存的。实际上，可以这样说，意识形态最重要的、潜在的作用就在于诱发情感。除了宗教（及战争和民族主义）以外，很少有哪种形式能够把情感能量引发出来。宗教符号化了人的情感，使它们枯竭了，把来自现实世界的情感能量统统转化成了祈祷文、礼拜仪式、圣礼、信条和宗教艺术。意识形态则使这些情感融合到一起并把它们引向了政治。

但是从其最有影响的方面来看，宗教的作用远不止此。它是人们处理死亡问题的一种方式。对于死亡的恐惧——这种恐惧是强有力的、无法避免的，尤其是对于暴力死亡的恐惧——粉碎了关于人具有力量的这个光辉灿烂、富丽堂皇而又转瞬即逝的梦想。正如霍布斯指出的那样，对死亡的恐惧是良知的源泉；回避暴力死亡的努力是法律的源泉。当人们实际地相信天堂和地狱成为可能的时候，对于死亡的恐惧便得到了缓和和控制；要是没有这种信仰，那么将只存在自我的绝对湮灭。

随着宗教在 19 世纪的日益衰弱，不自觉地表达出来的对作为绝对湮灭的死亡的恐惧或许会高涨起来。或许，它正是非理性得以泛滥的一个原因，这种非理性是我们时代已经变化了的道德气质的一个明显特点。当然，宗教狂热、暴力和残酷在人类历史上并不罕见。但是曾经有过这样一个时代，在当时这些狂热和群众的情感可以通过宗教的祷告和实践而得到宣泄、被符号化、被消解和被消散。现在只存在着世俗的生活，自我肯定在对他者的统治中才成为可能——对某些人来说它甚至成了必然的东西。人们可以通过强调一种运动的全能性（如共产主义的"必然"胜利）来挑战死亡，或者

通过把其他人的意志屈服于一个人的意志（如阿哈布船长的"不朽"

那样）来战胜死亡。这两条道路都已经有人走过了。但是，由于政治可以用宗教曾经制度化权力的方式制度化权力，政治变成了取得统治权的捷径（正如对自我所进行的所有其他宗教改造一样）。改造世界的现代努力主要或完全是通过政治来进行的。这意味着用来调动情感能量的所有其他制度方法都必然走向衰落。实际上，教派和教堂早就变成了政党和社会运动的场所。

要是一个社会运动能够做到如下三件事情的话，它便能唤起民众：第一，简化观念；第二，提出一个真理的主张；第三，把这两者结合起来，付之于行动。因此，如果能做到这三点，意识形态就不仅改造了观念，而且改造了人。通过强调必然性，通过调动追随者的激情，19 世纪的各种意识形态已经完全可以同宗教分庭抗礼。通过把必然性同一于进步性，这些意识形态又同科学的实证价值联系了起来。但是更加重要的是，这些意识形态也同正在兴起的知识阶层相联系，那个阶层正试图在社会中找到自己的位置。

要是知识分子和学者的差异不令人厌恶的话，那么了解那种差异是很重要的。学者有一个确定的知识领域、一个传统，他千方百计地在其中找到自己的位置，给逐渐积累起来的得到检验的过去的知识增添新的内容。学者，作为学者，是极少与他的"自我"纠缠在一起的。而知识分子总是先从他的经验、他个人对世界的理解、他的特权和无能为力出发，并且根据这些感性的东西来判断世界。由于对自己的立场自视甚高，他对社会的判断反映了社会对他的处置。在一个商业文明中，知识分子感到某些错误的价值观念受到了推崇，并且对社会造成了危害，这些飘浮无根的知识分子有一股使自己的冲动变成政治冲动的"先天"冲动。因此，在产生于 19 世纪的意识形态身后有一股知识分子的力量。它们登上了威廉·詹姆斯所谓的"信仰的阶梯"。在其对于未来的解释中，它们无法区分可能性和或然性，并且把后者偷换成了确定性。

今天，这些意识形态已经衰落了。隐藏在这个重大的社会变化背后的事件是复杂而多变的。像莫斯科审判、纳粹德国和苏联的缔约、集中营、匈牙利工人的被镇压等一系列灾难构成了一条链子；像资本主义的改良和福利国家的产生之类的社会变化又构成了另一条链子。在哲学领域里，人们可以追溯到最简单的理性主义信念的衰落，以及关于人的新斯多葛主义—神学形象的产生，如弗洛伊德、蒂利希、雅斯贝尔斯等。当然，这不是说像共产主义这样的意识形态在法国和意大利的政治生活中已经无足轻重，也不是说它们没有从其他源泉中获得推动力。但是，从其整个历史中，产生了一个简单的事实：对于激进的知识分子来说，旧的意识形态已经丧失了它们的"真理性"，丧失了它们的说服力。

很少有一本正经的人士会认为，人们仍然有必要来制定"蓝图"并通过"社会工程"就能实现一个社会和谐的新乌托邦。与此同时，那些年岁已高的"反信仰斗士"也已经丧失了他们的知识力量。已经很少有"古典的"自由主义者仍然坚信国家不应在经济中起作用，而且，很少有一本正经的保守主义者，至少在英国和欧洲大陆的保守主义者还认为，福利国家是"通往奴役的道路"。因此，在西方世界里，在今天的知识分子中间，对如下政治问题形成了一个笼统的共识：接受福利国家，希望分权、混合经济体系和多元政治体系。从这个意义上讲，意识形态的时代也已经走向了终结。

不过，一个非同寻常的事实是，正当19世纪旧的意识形态和思想争论已经走向穷途末路的时候，正在崛起的亚非国家却正在形成着一些新的意识形态以满足本国人民的不同需要。这些意识形态就是工业化、现代化、泛阿拉伯主义、有色人种和民族主义的意识形态。这两种意识形态之间的明显差异中蕴含着20世纪50年代所面临的一些重大的政治问题和社会问题。19世纪的意识形态是普世性的、人道主义的，并且是由知识分子来倡导的。亚洲和非洲的大众意识形态则是地区性的、工具主义的，并且是由政治领袖创造出来的。旧意识形态的驱动力是为了达到社会平等和最广泛意义上的自由，新意识形态的驱动力则是为了发展经济和民族强盛。

在满足这种需要的过程中，俄国已经成了榜样。这些国家所释放出来的热情已经不再是自由社会的旧观念，而是经济增长的新观念。假如这意味着对于人的全面强制以及压制人民的新精英力量的兴起，那么新的压制就会自圆其说：没有这种强制，经济的进步便不可能足够迅速地发生。甚至对于某些西方的自由主义者来说，"发展经济"也已经变成了一种新的意识形态，它冲洗掉了人们对过去的幻灭记忆。

要想对迅速发展经济和现代化的要求进行辩论是困难的，并且很少有人会对这个目标表示异议，正如很少有人会对平等和自由的要求表示异议一样。但是，在这个强有力的渴望中——其来势之迅猛是令人惊异的——实施这些目标的任何一场运动都有牺牲掉现有一代人的风险，而未来只是由新权贵所进行的新剥削。对于这些新兴的国家来说，这场争论不是关于共产主义的优越性的问题——那种学说的内容已经被其朋友和敌人都遗忘了。问题仍然是一个比较古老的问题：新社会能否通过建立民主制度并且允许人民自愿地作出选择和作出牺牲而获得成长，或者，新的精英，那些拥有权力者，是否将利用极权主义的工具来改造他们的国家。无疑，在这些传统而古老的殖民地社会里，大众是冷漠的、易于被操纵的，答案将依赖于知识分子阶层及其关于未来的观念。

这样，人们发现了 20 世纪 50 年代末一种令人惊慌失措的中断。在西方的知识分子中间，过去的激情已经耗尽。新的一代既忘记了这些有意义的古老争论，又没有一种可靠的传统可以作为依据，他们只是在社会的政治框架内寻找着新的希望。那个社会从思想上拒斥了过时的启示录和千禧年的梦想。在寻求一个"事业"的过程中，存在着一种深刻的、绝望的、近乎悲哀的愤怒。这个主题贯穿于由十多位最激进的英国青年左派知识分子所撰写的著作《判决》中。他们无法规定他们所寻求的"事业"的内容，但是这种渴望是一目了然的。在美国，也存在着对于新的思想激进主义的无休止探索。理查德·蔡斯在其对美国社会富于见地的评论性著作《民主的前景》中确信，对于世界其余地区来说，19 世纪美国的伟大在于它对人的激进看法（如惠特曼的看法那样），今天呼唤着新的激进主义的批判。不过问题在于，（与工业社会化之类问题相伴随的）古老的政治经济激进主义已经丧失了其意义，当代文化（如电视）表现得极为愚蠢，用政治术语来说已经无法挽救了。与此同时，美国文化已经几乎完全接受了先锋派，尤其在艺术领域里的先锋派，而较为古老的学院派风格已经被完全抛弃。进一步，对于那些寻求"事业"的人来说更具反讽意义的是，其悲惨境遇曾经是要求社会变革的动力的工人们现在比知识分子更加满足于社会现状。工人们并不想造就乌托邦，他们的期望要低于知识分子的期望，因此他们比知识分子也更容易满足。

青年知识分子是不幸的。因为"中间道路"适合于中年人，而不适合于青年人；那是一条没有激情的道路，一条日渐消沉的道路。意识形态从其性质来说要么是万能的，要么是无用的。从气质上说，青年知识分子所需要的意识形态是一种在理智上已经丧失元气的东西，从理智上讲，只有极少数问题还能用意识形态的术语来加以系统地表述。情感的能量和需要仍然存在着，而如何把这些能量调动起来仍然是一个难以解决的问题。政治已经不再令人激动。青年知识分子中的一些人在科学领域或在大学的职业生涯中找到了出路。

但是他们常常是以让自己的才智局限于狭隘的技术为代价的；有些人则在艺术领域里找到了自我表现的机会，但是在这片文化沙漠里，内容的贫乏也意味着创造新形式和新风格的必要张力的匮乏。

那么西方知识分子能否在政治之外找到激情呢？这是一个悬而未决的问题。不幸的是，社会改革既没有任何统一的要求，也没有给年轻的一代以他们所需要的"自我表现"和"自我规定"的出路。热情的轨道已经弯向了东方。在那里，"未来"整个地融入了对于经济乌托邦的新狂喜之中。

意识形态的终结并不是——也不应该是——乌托邦的终结。甚至有可能，人们只有通过留意意识形态陷阱才能重新开始讨论乌托邦。问题在于，意识形态学家是一些"可怕的头脑简单的人"。对于人们来说，意识形态使得让个别问题对立于个别德性的做法成为多余。人们只要求诸意识形态的自动取货机，就能得到预定的结果。一旦这些信念被天启式的狂热搅混，观念便变成了武器，并且会带来极其可怕的后果。

人们需要——像他们一直需要的那样——得到关于其可能性的前景，关于把激情和理智结合起来的方式。在此意义上，今天比以前任何时候都更加需要乌托邦。不过，通往上帝之城的阶梯再也不可能是"信仰之梯"了，而只能是一把经验之梯。乌托邦必须具体化为：一个人想要往何处去，怎么样才能抵达那里，谁将为此有所付出，有所领悟，有所证明，并有所决定。

本书以意识形态的终结作结。从思想上讲，这是一部讨论一个时代的著作，一部由于社会的变化而使其论断易于"被推翻的"著作。但是，结束本书并不意味着对它置之不理。现在，鉴于对过去不甚了了的"新左派"正在出现，这一点就显得更加重要。这个"新左派"尽管来势汹汹，但是对未来的把握却心中没数。它的先驱者欢呼它正"在发展中"。但是，它想要走到哪里去呢？它所指的社会主义是什么呢？社会主义如何去抵制官僚化呢？它所谓的民主计划或工人管理是什么意思呢？其中的每一个问题都需要经过深思熟虑之后才能作出回答。

在对待古巴和非洲新兴国家的态度上，思想成熟的意义和意识形态的终结的意义将受到检验。因为在"新左派"中间，有人时刻准备着以一颗纯洁的心灵，去把"革命"作为暴行的托词来接受——简言之，以可怖的激情，去抹掉最近40年的教训。在其对于自由的要求方面，在其对于有权利去控制自己的政治和经济命运的要求方面，许多这些正在出现的社会运动是正当的。但是这一事实并不意味着它们有权利以解放的名义随心所欲地去做它们想做的每一件事情。这些运动以自由的名义获取了权力，但是这一事实也不能保证它们将不会演变为帝国主义，成为（以泛非洲主义或其他意识形态名义产生的）崇高关怀，并要求它们转向历史的舞台，成为它们所取代的国家。

如果说意识形态的终结有什么意义的话，那么它将要求修辞学和修辞学家的终结，将要求这样的"革命"日子的终结：年轻的法国无政府主义者维朗特给法国众议院扔炸弹，文学批评家拉伦特·泰尔哈特在其辩护词中声称："几个人的生命算得了什么；它原本是一个壮举。"有人或许会说，在一个令人忧伤的笑话中，壮举走向了终结：两年以后，当一个炸弹扔进一家旅馆时，泰尔哈特失去了一只眼睛。在今天的古巴，按照乔治·谢尔曼在《伦敦观察家》上的报道："革命是今天的法则，虽然谁也没有明确地说过那个法则是什么。你只要简单地表示赞成或反对就行啦，并且随之而来地，你将审判别人或者受到别人的审判。仇恨和偏执到处泛滥，已经不再有中间道路存在的余地。"

摆在美国和世界面前的问题是坚决抵制在"左派"和"右派"之间进行意识形态争论的古老观念，现在，纵使"意识形态"这一术语还有理由存在的话，它也是一个不可救药的贬义词。而"乌托邦"未必会遭受相同的命运。不过，假如现在最为卖力地吹捧新乌托邦的那些人开始借着乌托邦或革命目的的名义去为可耻的手段作辩护，并且忘记了如下简单的理由：纵使这些古老的争论是没有意义的，但是某种古老的真理——自由言论的真理、自由办报的真理、反对的权利和自由研究的权利——并不是没有意义的，那么，乌托邦也将会有与意识形态相同的命运。

假如过去几百年的思想史有什么意义和教训的话，那么就让我们来重申一下杰斐逊的格言吧："今天属于活着的人。"这是对其同胞的命运深为关切的新旧革命者在每一代人身上一再发现的格言。风流倜傥的波兰哲学家勒齐克·柯拉科夫斯基创作的一个戏剧的主角在一段沉痛的对话中说过这样的话："我决不会相信，人类的道德和思想生活会遵循经济学法则，也就是说我们是为了更好的明天才在今天这样说的；我决不会相信，我们现在应该用生命来使真理获胜，或者我们应该通过犯罪来开辟出一条通往崇高的道路来。"

这番话写于波兰"解冻"时期，当时波兰的知识分子从其对于

"将来"的感悟中曾经信奉过人道主义的主张。这番话是对俄罗斯作家亚历山大·赫尔岑的抗议的遥远呼应。赫尔岑在 100 年前的一次对话中对一位早期革命者进行了谴责，那位革命者愿意为了明天而牺牲当前的人类："为了支持某些人在某一天能够出人头地，你真的愿意把现在所有活着的人作为牺牲品供奉给忧伤女神吗？……这仅仅是对于人民的一种警告：那遥不可及的目标根本不是目标，而只是陷阱；目标必须是可以逐渐地接近的——它应该是，至少应该是，劳动者的工资或在劳动完成之后的快乐。每一个时代，每一代人，每一个生命，都有其自身的完满性……"

（张国清 译）

马克思的两大图式[①]

我们都是大师们的追随者。爱德华·希尔斯最近的评论是很正确的："巨大的困难之一是我们无法超越 19 世纪与 20 世纪社会学伟人们所定下的主题的变体。'后工业社会'这个概念是圣西门、孔德、托克维尔和韦伯提供给我们的想象的混合，这证明我们禁锢在一个定义含糊的圈子里，这个圈子比它应有情况更加难以渗透。"[②]很奇怪，希尔斯教授没有提到的一个人物是马克思，或许因为我们都已经成为后马克思主义者了。圣西门把历史各阶级描述为有机社会和关键社会的交替盘旋（这预示了索罗金抱有成见的、激动的心理），而孔德则看到社会从神学阶段到形而上学阶段到科学阶段的理性进展。如果不问理论，则两者都很深邃，可是我们对社会变革的

① 选自《后工业社会的来临》，北京，商务印书馆，1984。

② 爱德华·希尔斯：《社会学历史的传统、生态与体制》，载《代达罗斯》，1970 年秋季号，825 页。

兴趣根源必然是马克思。马克思把社会变革归根于社会结构或体制（而不是心理状态，虽然他对待思想过于傲慢或者把思想作为附带现象），他以命定的方式来说明社会变革，设法从人与人之间的社会关系中来揭示那种命定主义的根源。我们很少会说我们预测的社会变革来自苍天，或者完全来自人们的想象设计。即使这些变革最初以思想出现时，它们也必须体现在体制之中；说明社会变革就是说明变革在中轴体制中的性质。那么，如果人们必须指明某种命定主义，他就必须再次同马克思的鬼魂妥协。如果我们设法说明资本主义工业社会的发展阶段，我们必须从马克思的预言开始。但是，我们这样做，却面临了一个难题，因为，我们可以设法表明，这种对未来的看法并不是一个图式，而是有两个图式，而大部分社会发展理论正是对这两个不同方向的图式作出反应的。

在《资本论》（特别是《资本主义积累的历史趋势》）中，马克思勾画了他关于社会发展的基本图式：他说，新社会的结构，即生产的社会化组织，在旧社会的母胎中已得到充分发育；这种新结构反映了生产的社会化性质同"资本的垄断"所产生的"生产方式的桎梏"之间越来越大的矛盾；社会分化为两个阶级：一个数量日益缩小的资本大王以及一个稳步增长的工人阶级；新社会的性质同旧社会的资本主义形式到了不能相容的地步，最后"外壳就炸毁了"，社会主义世界来临了。这个比喻是生物学方式的，过程是内在的，发展轨道是单边的。

然而，事物当然并不这样发展。尽管马克思主义作为一种社会呼吁具有特殊的力量，马克思主义运动却只是在落后国家而不是在先进资本主义国家最为成功。更加重要的是，先进资本主义社会的社会结构的运转方式却和《资本论》第一卷的概述中所设想的情况大不一样。可是马克思在其后，特别是《资本论》第三卷所表达的几节中确实准确地看到了已经来临的事物的形态。马克思两种不同图式之间的一系列不同，正是对西方资本主义和先进工业社会的社会发展分析的真正出发点。

我们先从第一套图式谈起。马克思对资本主义进程的分析，最初在两方面的生产：大规模的制造业和农业。可是，随着资本主义体系的扩大，土地与资本之间的不同、地主阶级和资本家阶级之间的不同都消失了。这两个阶级的融合就在社会上只留下两大阶级：拥有生产资料的资本家以及无产阶级。马克思说，我们的设想是资本主义生产继续扩展而吸收整个社会；因而只存在这两大阶级（第二卷）。所有第三种人都被排除了。正如亚伯拉姆·哈里斯所写的：
"第三种人的名称是马克思用来指两类不同而多少有关的人们。第一类人包括如小农、独立手工业者以及其他所有在资本主义进程本身以外活动的、旧生产方式的遗留者。第二类人包括两种：（1）牧师、店主、律师、官员、教授、艺术家、教员、医生和士兵，他们生存于资本主义进程的基础之上，但没有参加这一进程；（2）商人、中间人、投机者、商业劳动者（白领职员）、经理、工头以及其他所有'以资本的名义进行指挥'的官员。"为什么这些第三种人要被排除在外呢？马克思认为，独立的农民和手工业者是在资本主义进程之外的，虽然他们带有资本主义进程的特点（作为生产资料的拥有者，他们是资本家；作为劳动力的拥有者，他们是工资收入者）。无论如何，随着资本主义的发展，他们作为一个阶级将趋于消失。艺术家、医生、教授之类都是"非生产者"。劳动如能以剩余产品和新资本形式的新价值来取代资本家提供的旧价值，那么它就成为生产性的。在旅馆里工作的厨师或侍者是"生产性的"，因为他们为旅馆老板创造了利润；如果他们在私人家里服役，即使给他们支付工资，他们也是非生产性的。非生产性劳工从参加生产的两大阶级的支出中取得收入。如果劳资关系扩展到医疗、娱乐和教育中去，那么医生、艺术家和教授就成了工资收入者，就是"生产性的"了。

在这一切中，马克思设想了一种"纯粹资本主义"的模式。正如马克思写道：

"这样一个一般的剩余价值率，——像一切经济规律一样，要当作一种趋势来看，——是我们为了理论上的简便而假定的；但是实际上，它也确实是资本主义生产方式的前提，尽管它由于实际的阻力会多少受到阻碍……在理论上假定，资本主义生产方式的规律是以纯粹的形式展开的。实际上始终只存在着近似的情况。"[1]

因此，这种"纯粹形式"的设想是马克思分析中的基本之点。它设想一切非资本主义生产领域，或者被资本主义制度的扩张所消灭，或者从属于它。不论资本主义进程是从商品的观点来考虑还是从收入分配的观点来考虑，"现在只有两个起点：资本家和工人。所有第三种人，或者是为这两个阶级服务，从他们那里得到货币作为报酬，或者……地租、利息等形式……"[2]

---

[1] 《资本论》第 3 卷，195~196 页，北京，人民出版社，1975。
[2] 《资本论》第 2 卷，370 页，北京，人民出版社，1975。

在资本家和工人的关系内部，有一个双重的过程，那就是"资本主义积累的绝对的、一般的规律"。资本的不断积累造成了资本的集中，以及它集中到"强大工业企业"的手中，主要牺牲了"许多较小的资本家"，"他们的资本一部分转入胜利者手中，一部分归于消灭"①。另一方面，同可变资本或工人相比，多得不相称地使用了不变资本。这就通过取代工人而产生了相对"过剩人口"，使利润率下降。"利润率下降，不是因为对工人的剥削少了，而是因为所使用的劳动同所使用的资本相比少了。"② 从这一点，就出现了经济启示录的强烈感情展现："随着这种集中或少数资本家对多数资本家的剥夺，规模不断扩大的劳动过程的协作形式日益发展，科学日益被自觉地应用于技术方面……各国人民日益被卷入世界市场网……随着那些……资本巨头不断减少……日益壮大的……工人阶级的反抗也不断增长。……生产资料的集中和劳动的社会化，达到了同它们的资本主义外壳不能相容的地步。这个外壳就要炸毁了。"③

马克思在《资本论》序言里一段著名的话中认为这些结果将以铁一般的必然性发生作用，认为最早发生这种情况的英国的命运预示着所有其他国家的命运。马克思写道："物理学家是在自然过程表现得最确实、最少受干扰的地方考察自然过程的，或者，如有可能，是在保证过程以其纯粹形态进行的条件下从事实验的。我要在本书研究的，是资本主义生产方式以及和它相适应的生产关系和交换关系。到现在为止，这种生产方式的典型地点是英国。因此，我在理论阐述上主要用英国作为例证。但是，如果德国读者看到英国工农业工人所处的境况而伪善地耸耸肩膀，或者以德国的情况远不是那样坏而乐观地自我安慰，那我就要大声地对他说：这正是说的阁下的事情！……问题本身并不在于资本主义生产的自然规律所引起的社会对抗的发展过程的高低。问题在于这些规律本身，在于这些以铁的必然性发生作用并且正在实现的趋势。工业较发达的国家向工业较不发达的国家所显示的，只是后者未来的景象。"④ 应当强调，马克思关于社会发展的第一种图式并不是一种经验性描述，而是从他的"纯粹资本主义"模式中得来的。然而"纯粹资本主义"本身是一种理论上的简化，等到马克思开始写《资本论》第三卷的时候，

---

① 《资本论》第1卷，687页，北京，人民出版社，1975。
② 《资本论》第3卷，274页，北京，人民出版社，1975。
③ 《资本论》第1卷，831页，北京，人民出版社，1975。
④ 同上书，8页。

大规模投资银行体系的发展和股份公司的出现已经开始改变资本主义社会的社会结构。如果在资本主义社会的第一阶段曾经有农场主、手工业者和独立自由职业者的一个"旧"中产阶级的话，人们对于正在出现的经理、技术雇员、白领工人等等的"新"中产阶级又要说些什么呢。这就是第二种图式的基础。马克思以格外敏锐的目光来观察这一现象。

在这个社会里发生了三大重要的结构变化。第一，随着一个新的银行制度的出现，资本积累不再依靠企业家个人的节俭、储蓄来自我筹集资金了，而是依靠全社会的储蓄。马克思评论道："资本的这种社会性质，只是在信用制度和银行制度有了充分发展时才表现出来并完全实现。另一方面，不仅如此。信用制度和银行制度把社会上一切可用的，甚至可能的、尚未积极发挥作用的资本交给产业资本家和商业资本家支配。"[1]

第二个变化是股份公司所造成的革命，其结果就是所有权同管理权的分离并产生了一个新类型的职业（如果不说是一个新阶级的话），马克思把它称之为社会的"指挥劳动"。"尤尔先生早已指出，'我们的工业制度的灵魂'不是产业资本家，而是产业经理。……资本主义生产本身已经使那种完全同资本所有权分离的指挥劳动比比皆是。"[2]

最后，银行制度和信用制度的扩大以及股份公司的发展必然意味着办公室人员和白领工作的扩大。"……很清楚，随着生产规模的扩大……商业活动将会增加……价格计算、簿记、出纳、通讯，都属于这类活动。生产规模越扩展，产业资本的商业活动……也就越增加，虽然决不是按比例增加。因此，使用商业雇佣工人就成为必要了，他们组成真正的事务所。"[3]

然而，虽然这三大结构变化似乎大大修改或反对了阶级分化的理论，这个理论在《共产党宣言》和《资本论》第一卷的末尾是提得很强烈的，它是经典马克思主义的主导思想，马克思认为基本的社会学倾向、经济危机的加深以及财产社会化性质的扩展会迫使社会矛盾的尖锐化。

就银行制度而言，他不认为信用的体制化是资本主义制度稳定的根源，而认为那会加速危机。"银行制度从私人资本家和高利贷者

---

[1] 《资本论》第3卷，686页，北京，人民出版社，1975。

[2] 同上书，434~435页。

[3] 同上书，334页。

手中剥夺了资本分配这样一种特殊营业，这样一种社会职能。但是，由于这一点，银行和信用同时又成了使资本主义生产超出它本身界限的最有力的手段，也是引起危机和欺诈行为的一种最有效的工具。"①

至于管理的职能，他认为这作为社会主义的一个方面同作为资本主义的一个方面，即使不能说更多，也是同等的。马克思说，这种管理的职能"是由作为社会劳动的劳动的形式引起"，而"说这种劳动作为资本主义的劳动……这无非就是说，庸俗经济学家不能设想各种在资本主义生产方式内部发展起来的形式，能够离开并且摆脱它们的对立的、资本主义的性质"②。"一个管弦乐队的指挥不必是乐器的所有者。""合作工厂证明资本家就像职员一样地多余。"

事实上，不久以后，马克思在一段惊人的分析中写到经理的产生是把利润转变为"社会财产"的关键因素之一，因为有了经理（"熟练劳动的价格，同任何别种劳动的价格一样，是在劳动市场上调节的"），资本家就从生产过程中分离出来了，经理脱离了自身的劳动，而利润就有了社会性。马克思写道："……这全部利润仍然只是在利息的形式上，即作为资本所有权的报酬获得的。而这个资本所有权这样一来现在就同现实再生产过程中的职能完全分离，正像这种职能在经理身上同资本所有权完全分离一样。因此，利润……表现为对别人的剩余劳动的单纯占有，这种占有之所以产生，是因为生产资料已经转化为资本，也就是生产资料已经和实际的生产者相分离，生产资料已经作为别人的财产，而与一切在生产中实际进行活动的个人（从经理一直到最后一个短工）相对立。在股份公司内，职能已经同资本所有权相分离，因而劳动也已经完全同生产资料的所有权和剩余劳动的所有权相分离。资本主义生产极度发展的这个结果，是资本再转化为生产者的财产所必需的过渡点，不过这种财产不再是各个互相分离的生产者的私有财产，而是联合起来的生产者的财产，即直接的社会财产。"③ 至于白领工人，马克思预见到这种职员的数量会扩大，但是他感到资本主义的发展会导致白领工人的无产阶级化，因为事务所内部的分工和公共教育的发展会使他们贬值。他这样说："真正的商业工人是属于报酬比较优厚的那一类雇佣工人，他们的劳动是熟练劳动，高于平均劳动。不过随着资

---

① 《资本论》第 3 卷，686 页，北京，人民出版社，1975。

② 同上书，435 页。

③ 同上书，494 页。

本主义生产方式的进展，甚至同平均劳动相比，工资也有下降的趋势。这部分是由于事务所内部的分工；因此，劳动能力只需要得到片面的发展……其次，这是由于：资本主义生产方式越是使教学方法等等面向实践，随着科学和国民教育的进步，预备教育、商业知识和语言知识等等，就会越来越迅速地、容易地获得，越来越普及，越来越便宜地再生产出来。由于国民教育的普及，就可以从那些以前没有可能干这一行并且习惯于较差的生活方式的阶级中招收这种工人。这种普及增加了这种工人的供给，因而加强了竞争。因此，除了少数例外，随着资本主义生产的进展，这种人的劳动会贬值。他们的劳动能力提高了，但是他们的工资下降了。"[1] 所以，这些新的结构倾向打了折扣，因为马克思含蓄地认为第一种图式是有决定性作用的。然而，为什么那"外壳"一定会炸毁就不清楚了。正如保罗·斯威齐在《资本主义发展的理论》中写道："在真正的意义上，可以说：马克思的整个理论体系是对资本主义无限扩张的可能性的否定以及对社会主义革命必然性的肯定。但是他的作品中没有地方能找到资本主义生产特殊的经济崩溃的理论。"而且，随着斯威齐的进一步评论，后来的马克思主义作家（包括罗莎·卢森堡和亨利克·格罗斯曼）竭力提出这样一种必要的崩溃，那就没有说服力了。

关于历史证据，由于马克思表明利润率的下降并无内在倾向，国家能干预和缓和（即便不是阻止）经济危机，以及技术已成为资本再投资的一个公开方面，因此他在第一种图式中提出的倾向已经有了修改（即便不说是误用）。并没有证据（在理论上或经验现实中）说明资本主义一定会由于制度内部的经济矛盾而崩溃。

那么，旧社会内部的"新社会"结构（劳动力性质的改变，经理的作用）怎么样呢？我称之为第二种图式的社会发展怎么样呢？这些因素在马克思以来的社会理论和社会进化的概念中起的作用是什么呢？如果人们读到 20 世纪上半叶所阐述的资本主义未来的社会学理论，他们就会见到：事实上，几乎所有都是同马克思的第二种图式的对话。

（高铦　王宏周　魏章玲 译）

---

① 《资本论》第 3 卷，335～336 页，北京，人民出版社，1975。

罗蒂

　　罗蒂（Richard Mc Roty，1931—　），是当代美国著名的新实用主义哲学家，亦是当代西方后现代主义哲学的代表人物之一。罗蒂于 1931 年出生在美国纽约，1946 年到芝加哥大学学习哲学，并于 1949 年获得文学硕士学位。1952 年他在哈特逊的指导下写了一篇关于怀特海的论文。1952～1956 年在耶鲁大学完成了题为《可能性的概念》的论文。博士毕业后，他在军队里度过两年，接着在威斯利学院任教。1961 年他来到普林斯顿大学，1970 年任该校教授，后任斯图亚特讲座哲学教授，之后于 1982 年去了弗吉尼亚大学，任该大学凯南讲座人文科学教授。1998 年离开弗吉尼亚大学后到斯坦福大学任比较文学系教授。1979 年曾担任美国哲学学会东部分会主席。罗蒂曾于 1985 年、2004 年两度访华。

罗蒂的学术兴趣是不断地变化的，20 世纪 50 年代，他主要研究历史和形而上学；到了 60 年代，兴趣转向分析哲学，受后期维特根斯坦、塞拉斯、奎因的影响，把分析哲学的兴起看作是哲学史上的一次伟大的转向。然而，不久就对分析哲学产生某种怀疑和批判的情绪。到了 70 年代后，这种怀疑和批判情绪发展到反感，进而对分析哲学提出严厉的批判，而阐发他自己的反本质主义本体论、反表象主义认识论和相对主义真理观的思想，从而成为当代西方后现代主义哲学中的代表人物之一。

罗蒂的著作主要有：《语言学的哲学转向》、《哲学和自然之镜》、《实用主义的结论》、《后哲学文化》、《后形而上学希望——新实用主义社会、政治和法律哲学》、《偶然、反讽与团结》、《真理与进步》等。其中，《哲学和自然之镜》一书是罗蒂"后哲学和后形而上学观"的奠基性著作。他在书中对整个西方哲学传统（所谓的"镜喻哲学"）提出了全面的质疑。这种传统认为人类可以准确地再现研究对象的本质，哲学问题被作为超越于社会历史的永恒问题来对待。罗蒂认为这种传统哲学的自我表现形象具有危险性，使哲学成为某种自欺欺人的理论，因此必须进行哲学上的革命。这本书打破了未来青年哲学家们的哲学之梦。而罗蒂的《后形而上学希望——新实用主义社会、政治和法律哲学》一书则要重建一个新的哲学梦想。在书中，罗蒂通过系统阐述自己的社会哲学、政治哲学和法哲学的思想，提出只要我们能够用想象力代替理性，用希望代替知识，我们就既可以抛弃理性形而上学，又保留人类对于美好未来的希望，保留对于人类的幸福生活的希望。

本书选取了罗蒂的《后形而上学希望——新实用主义社会、政治和法律哲学》一书中《失败的预言、光荣的希望》一文。在此文中，作者对《新约》和《共产党宣言》这两个文本进行了解读，认为如果从预言的角度来看，这两个文本是失败的，因为人们已经不确信基督复临，也还没有看到真正的无产阶级的诞生。因此大多数人已经不再能认真对待基督徒和马克思主义者的一再延期和一再保证。但是如果从希望的角度来看，这两个文本是光荣的，因为它们确信，对于社会正义的希望是一种有价值的人类生活的唯一基础，它们从彼岸的角度和此岸的角度表达了人们心中相同的希望：我们将愿意也能够以尊重和关心与我们最亲密的、我们所爱的人的需要的方式来对待所有人类的需要。作者认为，在阅读这两个文本时，我们应该略过那些预言的形式，集中关注希望的表达。父母和教师应该鼓励年轻人去读这两本书，因为这有利于道德的提高。但是，如果在两者之间进行选择的话，作者认为《共产党宣言》是比《新约》更值得向年轻人推荐的著作，因为《共产党宣言》能够想象一个现世的乌托邦，而《新约》只能想象一个来世的乌托邦。作者最后希望有朝一日会有一个更好的新的文本出现，它能够表达《新约》对于博爱的渴望，也可以描述《共产党宣言》中最近发生的各种非人道主义的形式，而不需要提出预言。

失败的预言、光荣的希望^①

失败的预言往往可作极为宝贵的令人鼓舞的解读。请看两个例子:《新约》和《共产党宣言》。这两部著作的作者都想要作出关于即将发生的事件的预言,基于对决定人类历史的力量的卓越认识而作出的预言。不过迄今为止,这两套预言都可笑地落空了。这两个知识断言成了世人嘲笑的对象。

基督没有回来(复临)。断言他将要回来,并且断言应该慎重考虑成为一个特殊宗派团体成员以便为这个事件作准备的人们理所应当地受到了世人的质疑。诚然,没有人能够证明基督复临不会发生,并因此为道成肉身提供经验证据。但是我们已经等待了很久。

同样,没有人能够证明当马克思恩格斯声称"资产阶级已经锻

① 选自《后形而上学希望——新实用主义社会、政治和法律哲学》,上海,上海译文出版社,2003。

造了置自身于死地的武器"时他们是错误的。也许，21世纪劳动市场的全球化将扭转欧洲和北美无产阶级的逐渐资产阶级化；也许，"资产阶级不能统治下去了，因为它甚至不能保证自己的奴隶维持奴隶的生活"会变成真的；也许，那时资本主义将被推翻，品德高尚的开明的无产阶级将夺取政权。简言之，也许，马克思和恩格斯只是在时间计算上搞错了一两个世纪。尽管如此，资本主义已经克服了过去的许多危机，我们也已经为这个无产阶级的出世等待了很久。

再有，没有一个嘲笑者能够确信，热中于传道的基督徒所称的"成为基督耶稣里的一个新生命"不是一次真正洗心革面而充满奇迹的经验。但是断言已经以这种方式获得重生的人似乎并没有像我们希望的那样以与从前不同的方式行动。我们已经以比成功的异教徒更正派得体的行动为成功的基督徒等待了很久。

与此相似，我们说不定哪一天会产生一些新理想来取代马克思和恩格斯所蔑视的"资产者的个性、独立性和自由"。但是我们耐心地等待着自称为"马克思主义"的制度来向我们确切解释这些新理想究竟怎么样以及它们将如何在实践中得到实现。迄今为止，所有这些制度都倒退到了启蒙以前的落后状态，而没有露出启蒙之后乌托邦的最初曙光。

诚然，仍然存在着一些人，他们解读着《圣经》，以便弄清近几年或几十年可能会发生的事情。比如，罗纳德·里根就是这样做的。就在不久以前，许多知识分子出于相同目的解读着《共产党宣言》。正如基督徒劝人忍耐，要我们相信，以其有罪子民的错误来评判基督是不公平的那样，马克思主义者也要求我们相信，迄今为止所有的"马克思主义"制度都是对马克思本意的荒唐曲解。极少数幸存的马克思主义者现在承认，列宁、毛泽东和卡斯特罗的共产党与马克思梦想的夺取政权的无产阶级没有任何相似之处。但是，他们告诉我们，到时候会有一个真正革命的、真正无产阶级的政党，那个政党的胜利将给我们带来不同于"资产阶级自由"的自由，正如关于爱是唯一法则的基督教学说不同于《利未记》中的随意记述一样。

我们中的大多数人已不再能认真对待基督徒和马克思主义者的一再延期和一再保证。但是这并没有也不应该阻止我们到《新约》和《共产党宣言》中去寻找灵感和勇气。因为这两个文献表达了相同的希望：到时候，我们将愿意也能够以尊重和关心与我们最亲密的人、我们所爱的人需要的方式来对待所有人类的需要。

随着时光的流逝，这两个文本都聚集起了更加强大的鼓舞人心的力量。因为每一个文本都是为人类自由和人类平等做出了重大贡献的运动的奠基性文献。到现在，由于 1848 年以来人口的增长，这两个文本可能已激发起相同数量的勇敢而甘愿自我牺牲的男女冒着生命危险和财产危险来阻止后代遭受不必要的苦难。已有的社会主义殉道士可能和基督教殉道士一样多。假如在经历装满炭疽杆菌的弹头、提箱般大小的核武器、人口过剩、全球化的劳务市场和 21 世纪的环境灾难之后，人类的希望仍然能保留下来，假如我们的后代，在以后的一个世纪中，仍然保有一个可以查阅的历史记录，并且仍然能够从过去寻求启示，那么也许他们将把圣·阿格尼斯和罗莎·卢森堡、圣·弗朗西斯和尤金·德布斯、达米安神父和让·饶勒斯看作同一个运动的成员。

正如仍然在读《新约》的数以百万计的人们很少会花时间去追问基督是否会在某一天荣耀地归来一样，甚至我们中间那些希望并相信没有马克思预言的革命也能够实现充分社会正义的人们，也就是说，认为马克思所鄙视的"资产阶级改良主义"能够产生一个没有阶级的社会、一个"每一个人的自由发展是一切人的自由发展的条件"的世界的人们仍然在读《共产党宣言》。父母和教师应该鼓励年轻人去读这两本书。年轻人读了这两本书以后在道德上将会有所提高。

我们应该让我们的孩子知道如下情形是无法容忍的：我们这些坐在桌子旁敲敲键盘的人的收入，要比在打扫我们洗手间时弄脏双手的人的收入高出 10 倍，比在第三世界装配我们的键盘的人的收入高出 100 倍。我们可以肯定他们为如下事实感到担忧：最早工业化的国家的财富是还没有工业化的国家的财富的 100 倍。我们的孩子必须尽早学习并弄明白：他们自己的运气和其他孩子的运气之间的不平等既不是上帝的意志，也不是经济效率的必要代价，而是一个可以避免的悲剧。他们应该尽早地思考世界如何才能改变，以保证不再发生有人挨饿而有人却饮食过度的情况。

孩子们既要阅读基督关于人类博爱的训示，又要了解马克思和恩格斯关于工业资本主义和自由市场（它们本是必不可少的）如何使博爱的实行变得极其困难的描述。他们必须明白，只有努力实现道德潜能才能赋予他们的生活以意义，而道德潜能内在于我们彼此传达我们的需要和希望的能力之中。他们应当了解基督徒在地窖里秘密集会的故事，又要了解工人在城市广场集会的故事。因为在实现这种潜能的漫长过程中，这两者曾经起过同样重要的作用。

《新约》和《共产党宣言》鼓舞人心的价值不会因如下事实而降低：数以百万计的人被奴役、拷打、挨饿致死，而施暴者却是一些真诚的道德上严肃的人，他们从这一个文本或另一个文本引经据典证明他们的行为是正当的。宗教法庭的地牢，克格勃的审讯室，基督教牧师和共产主义指导员的冷酷无情的贪婪与傲慢，所有这些记忆，的确使我们不愿把权力交给那些声称知道上帝或历史的要求的人。但是在知识和希望之间存在着差异。希望往往采取错误的预言的形式，如它在上述两个文献中就是如此。但是对于社会正义的希望仍然是一种有价值的人类生活的唯一基础。

基督教和马克思主义仍然拥有造成重大伤害的力量，因为《新约》和《共产党宣言》仍然被道德伪君子们和自私自利的匪徒们有效地引用。例如，在美国，一个称作基督教联盟的组织把持着共和党（并因此把持着国会）。这个运动的领导者使数以百万计的选民相信，向郊区征税以帮助少数民族居住区是非基督徒才会去做的事情。打着"基督教家庭价值观念"的名义，基督教联盟告诫说，美国政府给予无法就业的年轻未婚母亲的孩子以援助会"损坏个人责任"。

基督教联盟的活动不如秘鲁圣德罗光辉运动一了百了的活动那么充满暴力。但是其工作结果同样具有破坏性。在其杀气腾腾的鼎盛期，圣德罗光辉运动受一位疯狂的哲学教师的领导，他认为自己是一位受神灵启示的马克思著作的当代诠释者。基督教联盟领导人是一个伪善的远程福音传播者帕特·罗柏森牧师。罗柏森是一位《圣经》的当代诠释者，他在美国造成的苦难很可能会超过阿贝尔·古兹曼设法在秘鲁造成的苦难。

总而言之，当人们阅读《共产党宣言》和《新约》的时候，最好不要理睬声称是这一个文本或那一个文本的权威诠释者的预言家。在阅读这些文本本身的时候，我们应该轻轻略过这些预言，集中关注希望的表达。我们应该把两者读作鼓舞人心的文献，它们都是对林肯所称"我们本性的更好守护神"的诉求，而不应该把它们读作对人类历史或人类命运的精确描述。

假如人们把"基督教"这个词当作这样一种诉求的名称，而不是当作一个知识断言，那么那个词仍然可以作为为人类体面和人类平等而起着作用的一种强大力量的名称。假如"社会主义"得到了同样的考虑，那么它便是一股相同力量的名称，便是一个没有过时的更精确的名称。"基督教社会主义"既重复又啰唆：现在，要是你不希望民主政府将以市场决不会施行的方式重新分配财富和机会，那么你便无法希望《圣经》所鼓吹的博爱。要是没有同样认真地对待这种再分配的需要，那就没有办法认真地把《新约》作为一个道德绝对命令而不是一个预言来对待。

虽然《共产党宣言》写于过去的时代，但是它仍然是我们从观察实际工业资本主义中吸取重要教训的一个伟大文献。推翻极权主义政府，施行立宪民主制度对于保证人类平等和人类体面仍然是不够的。现在的情况和1848年一样：富人总是想尽办法使穷人变得更穷而让自己变得更富，劳动力全盘商品化将导致工薪收入者的贫困化，"现代的国家政权不过是管理整个资产阶级的共同事务的委员会罢了"。

正如异教徒和基督徒的区分已经过时，现在资产阶级和无产阶级的区分可能也已经过时了，不过要是人们用"20％最富阶层"取代"资产阶级"，用"其他80％的阶层"取代"无产阶级"，那么《共产党宣言》中的大多数语句仍然是真实的（不过，应该承认的是，它们在像德国这样充分发达的福利国家稍微不真一些，而在像美国这样的国家要更为真实些。在美国，上层贪婪依旧，而在福利国家，人们已经获得了最起码的生活保障）。假如说历史是"阶级斗争的历史"这句话被解释为意指在每一种文化中，在每一种政府形式统治之下，以及在每一种能够想象得到的情景之下（例如亨利八世解散修道院时的英国，荷兰人撤回国以后的印度尼西亚，撒切尔夫人执政时期的英国和里根执政时期的美国），已经握有财富和权力的人为了保证他们以及他们的后代能够永远垄断财富和权力而进行撒谎、欺骗和偷盗的话，那么这句话仍然是真实的。

如果说历史表现一种道德的壮观，那么这种壮观就在于为打破这些垄断而斗争。运用基督教学说为废除奴隶制度作辩护（以及反驳与纽伦堡法律相似的美国法律）表现了基督教最光彩的一面。运用马克思主义学说提高工人的觉悟，使他们明白他们如何受人欺骗的道理，表现了马克思主义最光彩的一面。当这两者结合到一起，如它们在"社会福音"运动中，在保罗·蒂利希和瓦尔特·劳申布施的神学中，以及在最带有社会主义性质的罗马教皇通谕中所达到的结合那样，它们使追求社会正义的斗争超越了有神论和无神论的争论。那些争论应当被超越，我们应该如此解读《新约》：我们在人世间如何相互对待远比关于另一个世界的存在或性质的争论结果更重要。

马克思和恩格斯原以为仅仅是建立革命政党的一个过渡的工会

运动，已经成为有史以来基督教自我牺牲和无私博爱美德最激动人心的体现。从道德上讲，工会的产生是现代最令人鼓舞的发展。它见证了最纯洁最无私的英雄主义。尽管许多工会已经腐败，还有许多工会已经僵化，但是工会的道德地位仍然高于教会和企业，高于政府和大学。因为工会是由要作出巨大牺牲的人们创立起来的，他们冒着丢掉工作机会的风险，冒着丢失养家糊口机会的风险，他们为了一个更加美好的人类未来而冒那个风险。我们全都深受他们的恩惠。他们创立的组织是以他们的牺牲换来的。

《共产党宣言》激励了大多数现代大工会的创立者。通过引用它的语词，这些工会的创立者才能够把数以百万计的人民团结起来，为反对恶劣的条件和入不敷出的工资而举行罢工。那些语词支持着罢工者的信念，他们决不会白白地牺牲，他们宁愿看到他们的孩子挨饿也不愿意屈服于所有者们提出的更高投资回报要求。这个已取得如此建树的文献将永远保留在我们的思想精神遗产宝库中。因为《共产党宣言》详细阐明了工人们逐渐开始认识到的东西：工人正处于"越来越降到本阶级的生存条件以下"的危险之中，而"不是随着工业的进步而上升"。在欧洲和北美，这个危险至少暂时得到了避免，这要感谢曾经读过《共产党宣言》的工人们的勇气，要感谢他们因此而更勇敢地提出分享政治权力的要求。假如他们坐等他们的上级发布基督的善心和博爱，那么他们的子女可能仍然是文盲，仍然处于营养不良的状况之下。

《福音书》和《共产党宣言》的语词提供的勇气和激励或许是相等的。不过在许多方面，《共产党宣言》是比《新约》更值得向年轻人推荐的著作。因为《新约》的道德缺陷在于它的彼岸性，在于它暗示我们，可以把我们个人与上帝的关系——我们个人得救的机会——同我们参与为结束无穷无尽苦难而进行的共同努力分离开来。《福音书》中的许多段落向奴隶主暗示他们可以保持鞭打奴隶的权利，并且向富人暗示他们可以保持让穷人挨饿的权利。因为他们反正已在走向天国的途中，作为他们信奉耶稣基督的结果，他们的罪都已经得到了宽恕。

《新约》是一个古代世界的文献，它接受了古希腊哲学家的一种核心信念，认为对于普遍真理的沉思是人类的一种理想生活。这个确信基于这样一个前提，人类生活的社会条件在任何一个重要方面都决不会发生变化：我们将永远与穷人生活在一起，也许我们还将永远同奴隶生活在一起。这个确信导致《新约》的作者们把注意力从一个更加美好的人类未来的可能性，转向了对于我们死后在天国得福的希望。这些作者能够想象的唯一乌托邦便只能是来世。

我们现代人胜过古代人——无论异教徒还是基督徒——的地方在于我们能够想象一个现世的乌托邦。欧洲和北美在18世纪和19世纪经历了人类希望中心的重大转变：从永世转向未来，从如何赢得上帝恩宠的冥想转向如何为后代的幸福制订计划。这就是说，不用借助于非人类的力量，也能使人类的未来不同于人类的过去，这一见解在《共产党宣言》中得到了十分壮丽的表达。

当然，如果我们能够找到一个新文献来向我们的孩子们提供激励和希望，它既摆脱了《新约》的缺陷，也弥补了《共产党宣言》的不足，那是再好不过。如果有一个改良主义文本，它没有前两个文本的启示性特点，它不说所有一切都得更新，也不说正义"只有用暴力推翻全部现存的社会制度才能达到"，那当然不错。如果有一个文献详细阐明一个现世乌托邦的细节，而不向我们保证，一旦某个决定性变革发生之后，一旦私有制废除之后，一旦我们全都在内心接受耶稣之后，这个乌托邦将充分而迅速地出现，那当然很好。

简言之，如果我们能够做到不需要预言，不需要知道决定历史力量的断言，也就是说，不需要这些一再做出的保证而能够继续保留美好的希望，那是再好不过了。或许有朝一日我们会有一个新的文本留给子孙，它没有提出预言，但是仍然表达了《新约》所表达的对于博爱的相同渴望，它仍然像《共产党宣言》那样充满着对最近发生的各种非人道形式的精辟描述。不过与此同时，我们应该感激这两个文本，是它们帮助我们改善自己，帮助我们在一定程度上克服了我们的愚蠢自私和暴虐成性。

（张国清 译）

麦金太尔

麦金太尔（Alasdair Chalmers Macintyrre 1929—　），美国哲学家。生于苏格兰的格拉斯哥，就读于伦敦大学、曼彻斯特大学、牛津大学等学校；先后担任曼彻斯特大学、利兹大学讲师和牛津大学、普林斯顿大学研究员，1969 年移居美国后，曾在布兰迪斯大学、波士顿大学、韦尔斯利大学等校担任教职；1989 年以来担任鹿特丹大学教授；曾任美国哲学学会东部分会主席。主要著作有：《马克思主义与基督教》（1953）、《论无意识》（1957）、《伦理学简史》（1981）、《谁的理性？何种正义？》（1988）、《三种对立的道德探索观点：百科全书，谱系学和传统》（1990）等。麦金太尔在哲学上的主要贡献是批判启蒙时代以来西方的道德危机，强调复兴亚里士多德的德性传统的重要性。

本书选取了《伦理学简史》中的《黑格尔和马克思》一章。在这篇文章中麦金太尔勾勒了黑格尔对道德史的一般看法和对道德哲学在道德史中的作用的一般看法。通过对《精神现象学》中黑格尔对道德史内容的叙述，指出黑格尔的伦理学核心概念"自由"的含义，以及黑格尔的"自由"概念对以往"自由"观念的批判和超越。麦金太尔指出，马克思的出发点是早年黑格尔的思想，马克思对"自由"的构想和黑格尔一样，就是克服一种受限制和受束缚的社会制度，建立另一种较少受到限制和束缚的社会制度。但是马克思不是像黑格尔一样在理性中分析自由的实现，而是切入到具体的现实社会结构即具体的社会生产方式变革中，分析自由实现的可能和途径。麦金太尔指出，马克思以"阶级的经济和社会史代替了黑格尔的绝对理念的自我发展，导致改变了黑格尔哲学的个人主义性质"。麦金太尔最后指出了马克思从未提出对他的学说而言至关重要的两个问题：第一个问题是道德在工人阶级运动中的作用问题；第二个巨大的遗漏是社会主义和共产主义社会的道德问题。这两大遗漏为后来的马克思主义者对这两个论题的添加留下了余地。

黑格尔和马克思[①]

　　把黑格尔看作是伦理学史的终极点，在某些方面总是不会引起异议的：这部分是因为黑格尔把自己看成是哲学史的终结；更重要的是，到黑格尔所处的时代，所有基本论点都已确立。黑格尔以后，这些基本论点以新的装束和新的变化形式再现，但它们的再现不过是证明了根本性的革新是不可能的。青年时期的黑格尔就致力于一个人们争论不休的问题：为什么现代德国人（或者就一般而言现代欧洲人）不同于古代希腊人？他的回答是：由于基督教的兴起，个人与国家分离了，所以个人寻求超验的标准，而不寻求蕴含在他自己的政治共同体实践中的标准（基督教把命定进入永恒的人与国民分离开，基督教的上帝是世界的统治者，但却不是城市的守护神和灶神）。希腊伦理学的先决条件是希腊政治体（πόλιδ）的共享结构，

　① 选自《伦理学简史》，北京，商务印书馆，2003。

其结果是共享目的和欲望。现代（18世纪）的共同体是个人的集合。黑格尔通常似乎把希腊的政治体写得比实际上的更和谐；他常常忽视奴隶的存在。当然，柏拉图和亚里士多德也是如此。但尽管黑格尔的希腊和谐论是夸大了的，可是这种和谐却为他提供了诊断个人主义的思路，一种历史性的思路。因为黑格尔是第一个理解到不存在一个永恒不变的道德问题的著述家。它的全部哲学就在于力图表明，哲学的历史是哲学之中心所在。而他相信这一点，是因为他相信，哲学所阐明和澄清的概念，就是蕴含于普通的思想和实践之中的概念。既然这些概念有一个历史，哲学也必定是一种历史的学科。固然，黑格尔，尤其是在他的后期著作中，常常把概念看作是以某种方式独立于不断变化的世界之流的永恒实体。但即使在这里，他也总是作出某种保留，说这只不过是一种说法而已。

既然是这样，如果对于黑格尔来说，伦理学的思考就在伦理学的历史中，那么黑格尔的哲学就必然涉及本书已经详细讨论的领域，并且更多。他确实是这样，并且是以多种方式这样做的。在《精神现象学》和《法哲学》中，对道德和它的历史的阐述绝不是相同的。而且，至少在《精神现象学》中，黑格尔多次以不同方式论及了同一个领域。因此，我应当做的是，努力勾画出黑格尔对道德史的一般看法和对道德哲学在道德史中的作用的一般看法，然后考察在黑格尔的思想变化中富有启发性的东西，最后，批评黑格尔自己的解答。

黑格尔把最基本的人类生活方式，看作是本质上非反思性的。个人被一个封闭的社会所同化，在这一社会中，他依照他的惯常角色行事。在这样一个社会中，不可能提出诸如"我应当做什么？我应当如何生活？"的问题。只有当我通过我与他人的关系而意识到我作为一个人的地位是与我所履行的角色分离开的时候，这些问题才有提出的可能。随着社会变得日益复杂，随着可供选择的生活方式不断增加，选择也增多了。但在作选择时，我不能置当代的社会实践标准于不顾。17世纪和18世纪的著述家们，如同在他们之前的希腊智者，把具有心理上确定情感的个人写成好像是以既定的目标和目的来切近社会生活的；黑格尔认为，这是一种根深蒂固的幻觉。个人具有和能够具有什么情感和目的，取决于个人处于何种社会结构中。欲望是被人所面对的对象诱出和规定的；欲望的对象，尤其是以这种方式而不是以另一种方式生活的欲望，在所有社会中不可能是相同的。但这并不一定意味着，被某种特定的社会生活方式诱发的欲望将在这种生活方式之中得到满足。实际上，当代实践目的的实现，也许恰恰会摧毁产生实现这些目的的欲望的生活方式。对目的和手段进行反思和批判，也许会产生出乎意料的后果。

依据这些思想，黑格尔以一连串的生活方式，描绘了经过发展的社会，其中的每一生活方式，通过自然过渡，而转变为后继的生活方式。不过，在《精神现象学》中，黑格尔没有说——实际上是否认——实际历史时期的演变必然严格地遵循这种图式。宁可说，他暗示的是，只要历史演变确实遵循这种图式，生活方式的历史就会展现这种黑格尔式过渡的逻辑。有两个具体的过渡环节，是对黑格尔的任何解释必须认真对待的。其中之一不那么特别地与道德有关，但却与社会架构的性质有关，而正是在这架构之中，道德的问题得以产生，这一点也极好地说明了黑格尔本人的基本态度。

当个人的自我意识在社会角色中实现它自身时，所环绕的中心是主人和奴隶的关系。在这种关系中，起初唯独有主人才把他自己看作是充满自我意识的人；他力图将奴隶降至一物件的层次，仅仅是一件工具。但随着这种关系的发展，主人也异化了，而且比奴隶更为彻底地异化了。因为这种关系是以他们对物的关系来规定的。物件为奴隶提供工作，但仅仅是为主人提供短暂的享受。奴隶确实被异化了，因为他的目的是如此地受到主人的命令和目的的限制，使他几乎不可能以最简单的方式来维护他自己；但是主人，就他把他自己看作主人而言，并不能从奴隶那里得到任何回应，而通过这种回应，他才能发现他自己是一个充分发展了的人。他已脱离了这样一种关系：在这种关系中，自我意识通过成为他人尊敬的对象，通过在他人之镜中发现自己而增长起来。而奴隶在主人身上至少能看到他希望成为的那种人。但双方自我意识的增长都受到主奴关系的严重制约。

然后，黑格尔考察了对这种关系所提出的问题的三种虚假的解答。在这样做时，黑格尔回想起罗马帝国和实际被这种主奴关系所支配的社会中产生的各种态度，这些态度不仅产生于奴隶制度中，而且产生于恺撒与其臣民的关系中，产生于社会的上层与下层的整个等级关系中。第一个虚假的解答是斯多葛主义：不论个人的社会地位或社会关系是什么，都必须接受必然性，把自己与宇宙的普遍理性相认同。帝王和奴隶都同样把自己看作是世界的公民。但这是要掩盖他们的真正的社会关系，而不是改变它；这是力图诉诸自由观念从思想上摆脱现实的奴隶制。怀疑主义也是如此。怀疑主义是这样一种精神状态，它怀疑所有已接受的信仰和主人所强加的差别，但它却不得不存在于这样的个人那里，这个人继续生活在已被接受的信仰和差别组成的那个世界上。所以怀疑论者总有两种态度，一种用来进行他的学院式沉思，在这种态度中他公然蔑视占统治地位的意识形态；另一种用来与社会现实进行日常交往，在这种态度中，他遵从占统治地位的意识形态。个人的这种两难困境不能使个人从社会现实中解放出来，同时社会现实扭曲了他与他人的社会关系和他的人格，这种困境最终以黑格尔称之为苦恼意识的生活方式在社会上表现出来。

这就是天主教的基督教时期。在这期间，一方面由于不自由，苦恼本质上是对人类生活被扭曲的苦恼；另一方面，人们意识到有可能而且也需要克服这种扭曲，这便反映在人类世界的堕落和神灵的完善的相对照中。理想被看作是某种超验地存在于外界并与人类生活分离开的东西。在赎罪的理论中，用象征方式描绘了现实中的人与理想的和解。但那些仍停留在象征意义的范围内并且把它误认为现实的人，因此则否定了被象征化的现实。十字军试图在好战的行动中找到理想，但找到的不是理想，而是坟墓。僧侣教士则试图在苦行主义中找到他们的理想；但在这样做时，他们却不得不苦苦地专注于肉体和有限的东西，而这本来是他们所力求避免的。这里的出路在于要认识到基督教很适当地代表了人类生活的条件，但从实实在在的真相上理解基督教，它就不是一种治疗，而是疾病的一部分。然而这是什么条件？什么治疗？什么疾病？

也许我们还得从主奴关系说起；但重要的是要认识到，对于黑格尔而言，这对于人类生活和思想的一个更普遍的特征只提供了一个特例。这个特征就是黑格尔称之为"否定"的东西。这个概念能够作如下解释。如果我们希望理解任何一个概念，或者解释任何一个信仰，我们首先必须将它置于这个概念的体系中，而它则是这个体系的一部分，这个体系将表现在特有的生活方式中和特有的理论说明方式中。生活方式和理论说明方式之间的关系并不总是相同的，但在某种程度上，理论将能阐明那蕴含于生活方式中的概念和信仰（黑格尔在此预料到了后来社会人类学家对待较为简单的社会中的宗教所做的；韦伯也是这样处置新教和资本主义的）。而在这样做的过程中，当事人越是意识到他投身于其中的作为整体的生活方式，他就越能获得在这个生活方式以外的善目，对这种善目的获取要求对生活方式的超越。现在，生活方式是作为为当事人所设置的界限而出现的，他必须与之斗争并克服它。原来是视域的东西变成了障碍物。但在这一过程中，视域起了积极的作用；它规定了障碍物，而超越这种障碍物便可在自己的时代实现自由。自由是人类生活特征的中心。黑格尔在此并没有与亚里士多德或康德发生争执，他们把人从本质上看成是理性的。他所相信的是，人类理性有一历史，其历史就是在生活和思想这样两个方面对它自己的每一特定历史形式的限度的批判。"否定"、限制性因素、视域和障碍物的作用，这些都源自于黑格尔。所以，黑格尔关于任何时代的方法论上的训谕是："依据它的目的和目标理解它的生活和思想，而通过识别人们看作是他们道路上的障碍的东西，就能理解它的目标和目的。"然后你将识别出他们的自由概念，即使他们在上下文中没有使用自由这个词。

在黑格尔那里，自由既不意味着所有的人无论做什么，都（像康德所说的那样）拥有某些财物，或（像斯多葛学派所说的那样）可获得某些财产，也不意味着社会生活的某种特定状态（像 J. S. 密尔①所说的那样）。每一时间和地点的自由，是由该时间和地点所特有的局限性规定的，是由该时间和地点所特有的目标规定的。所以，可以说，在黑格尔的意义上，平等派、美国殖民地开拓者、哈珀费里的约翰·布朗②和今天南非的班图人③都在主张他们的自由，尽管他们所主张的在实质上并不相同。换言之，当我们谈到人的不自由状态时，我们的意思总是与一种隐含的对人类生活的规范性描述有关，依据它，我们判明人类的被奴役状态是什么。这不仅对于社会而且对于个人而言都是正确的。黑格尔的自由概念也同时与政治自由问题和自由意志这一传统的哲学问题有关。

我们已在亚里士多德和斯多亚学派那里，在霍布斯和康德那里，遇到了这个问题的片断。对于霍布斯和休谟而言，自由就意味着不受束缚物或威胁等外部因素的束缚；自由和不自由的行为，都可用足以产生这些行为的因素，同样得到因果关系上的说明。所以霍布斯和休谟坚持认为，所有的人类行为都是被决定的，不过仍有某些行为是自由的。对这种说法的怀疑与其说是产生于"自由本身是没有原因的"这一信念，还不如说是产生于这一事实：在某些情况下，发现行为的因果关系上的解释导致我们不再责备当事人，而把他看

---

① J. S. 密尔（John Stuart Mill，1806—1873），又译为"穆勒"，英国哲学家、经济学家，詹姆斯·密尔之子。——译注

② 布朗（John Brown，1800—1859），美国主张废除奴隶制度者。——译注

③ 班图人，南非黑人。——译注

作是对自己的行为无责任的人。因此，在行为自由和行为没有某种原因这两者之间似乎确有某种关系。这里需要的是，把我们对在亚里士多德那里发现的自愿和审慎这类词的研究扩展到相关的其他词上，而从事这种研究正是 20 世纪分析哲学富有独创性的贡献的一部分。黑格尔极有益地指出了的是，自愿的准则在各种社会中并不一定是相同的；我们能要求当事人控制的那些因素也是不断变化的。很显然，对于个人而言，我们是否因某事责备某人，常常取决于他在多大程度上了解所涉及的因素，取决于我们能够期望他知道多少。因此理性的扩展总是我们能够承担责任的领域的扩展；理解不增长，自由就不会扩展。正是基于这些理由，黑格尔把自由与理性联系了起来。

在阅读黑格尔的著作时常常很难确定，他正在多大程度上向我们提供先验的概念真理；他正在多大程度上向我们提供经验性的普遍概括；他正在多大程度上指出概念的特征而不是概念之间的普遍联系。黑格尔的辩证逻辑尤其与最后这点有关，但他的晦涩语言使读者对一些主要问题模糊不清。所以，当他渐次得出结论说，历史就是自由向愈来愈高的形式不可避免的进步，而普鲁士国家和黑格尔自己的哲学则是这种进步的终极点时，他可能陷入了他自己的晦涩的陷阱。但后面这个等式不幸推翻了他自己关于自由的两个最主要论点。

第一个论点是，自由概念是这样一个概念：一旦它被提出，就没有人能够否定它所主张的东西。对这一点的证明是：保守主义的理论家坚持说他们不是自由的敌人，他们仅仅对自由提出了不同的理解。发人深思的是，保守主义理论家和激进理论家不同，通常是根源于对某些社会集团的欲望和目标的不同的相互对立的主张（这就是保守主义关于鼓动家的神话的来源，鼓动家自称是为了什么别的东西而演说，实则是为了内心已全心赞成的集团）。据黑格尔所说，没有人能够否定自由的主张的原因是，每一个人都为他自己寻求自由，并且对他自己而言，是把它作为善来寻求——这就是说，他所主张的自由是如此地好，以至于必定对每个人而言都是一种善，而不仅仅对他个人而言是一种善。

而且，正是黑格尔而不是别的著述家强调了自由与其他德性的关系。在《历史哲学》中，他举例说明了不同种类王国中的主奴关系，其中有东方诸国的、希腊和罗马的；在说明古罗马的贵族和平民之间的斗争时，他告诉我们，双方的德性是如何堕落的，以致权力和野心支配着政治舞台。一般说来，黑格尔对我们视为德性的那些品质的态度较之亚里士多德更为复杂。黑格尔对许多品质与亚里士多德有相同的评价；他承认对任何社会而言，某些品质都是德性。他肯定不是一个完全的相对主义者。但不像亚里士多德，他敏锐地意识到，环境改变着德性。一条戒律或者一种品质在一个社会是受尊敬的，在另一个社会则可以用来压迫他人。勇敢可以变为愚蠢的拼命，例如将冰岛传奇故事中的英雄（Gisli the Sour-sop）的最后抵抗与1945年纳粹青年党徒的最后挣扎相比较，就可以看得很清楚。恢弘大度可变为软弱。仁爱可以是暴政的工具。对此，可以作出许多回答。亚里士多德主义者可能会坚持说，根据定义，情况不可能是这样。在不合适的时间和地点，针对不合适的人或由不合适的人做的事情，不可能是仁慈的、恢弘大度的或勇敢的。中庸的学说表明它就是如此。但这太容易了。的确，批评家可以在事后采用亚里士多德的标准，但行为者是以自己拥有的唯一标准来行动，从而表现得勇敢或者仁爱，恰如他所认识的。然而，反对意见的回答将是：他并没有很充分地认识到什么是勇敢或仁爱。不过即使如此，如果说青年纳粹所表现的不是勇敢或忠诚，而仅仅是假装的，那会令人感到奇怪。毋宁说，这里的教训是，对某些环境下的某些人而言，德行本身是弱点而不是长处。对于这一点，康德意志论者将回答说，我们服从于我们的动机和意图。对此，黑格尔主义者的回答是，动机和意图在不同的环境中也将被改变。即使是康德的"善良意志"也将被败坏。而康德主义者可能再一次试图从定义上进行辩护，说：假如败坏了，就不是善良意志了。但这还是不行，因为根据当事人可利用的所有标准，他的动机虽然可展示善良意志，但也可以是败坏的工具。

怎么会是这样，在黑格尔对"虚假意识"的种种道德形式的概述中说得很清楚。所谓虚假意识，黑格尔是指既给人以启迪又歪曲事实的概念体系；因此，个人主义社会这一概念体系给人的真正启迪是，它展示了这个社会的真正特征；以及其特有的理论说明方式的真正特征；但它歪曲事实的地方是，它掩盖了个人主义的局限，这部分是由于，它把只有个人主义才具有的特征描绘成道德生活的普遍的和必不可少的特征。

这种个人主义的学说是这样一种快乐主义：它的首要原则是对个人幸福的追求。它所遇到的麻烦是，当每个人都追求自己的满足时，他发现自己被他人依据他在他人对他们自身幸福的追求中所起的作用来评估。他帮助创造了这样一个总的环境，在这个环境中，对不同私人目的种种追求的交会产生了一系列戏剧性危机；每个人都成了他人的"命数"。不协调的非人格力量似乎在统治着人。这种状况导致人的幻灭，导致人承认这一事实：生活是被非人格的必然性所支配的。然而，承认这个事实把人转变成为一种精神贵族。个人成了一种罗曼蒂克式的英雄，他带着轻蔑态度，走遍全世界。事实上，他是一种具有高尚精神的快乐主义者，而他的学说如同在他的前辈那里一样，都导致无政府主义的冲突。现在他并不寻求快乐，而遵循一个高尚心灵的命令。但在这般行动的时候，他发现其他人没有人性，冷酷无情。在个人主义的下一个自我发展中，个人把他自己与外界社会现实对立起来，这个现实已证明是他的敌人。在德行的名义下，他奋起反对世界。世界必将被德行所击败，并且被完全彻底地击败，以致它几乎不再作为仇敌而存在。并且一旦世界不再是敌人，德行也就成为世界的德行，德行将世界的责任操之于手。这就是个人主义者的辩证法阶段，黑格尔称它为"精神动物的王国和欺骗，或事情自身"①。

在这个阶段，当事人的职责在他的直接范围内，而不涉及他的行动的背景或者他的行为的较大的影响范围。他故意接受有关他的行为和责任的有限幻觉，他并不追究其行为和责任的理由（他生活在精神动物的王国；动物则都在各自的笼子里）。他自夸专心于自己的事情。他是所有那些好官僚、那些像艾希曼②那样的技术专家的产物，艾希曼们自夸他们仅仅履行自己的职责：安排从 X 地点到 Y 地点的运输。货物是绵羊还是犹太人，X 地点和 Y 地点是农场、屠宰场还是犹太人聚居区和毒气室，都与他们无关。当然，黑格尔的描述也能运用于那能把当前处理的问题绝对化的其他每一领域。J. N. 芬德莱指出，这说明了对"纯"学术的崇拜，而那种对真理的关切，被用来掩盖弥漫于学院生活的追逐私利的竞争。

最糟糕的是，个人的理性在专注于眼前事务时把自己看作是道德的立法者：在你面前的任务就是你的职责。正如我们在讨论康德时已指出的，如果先向我们发出绝对命令，然后又向我们提供自相一致地普遍化这一检验标准，那么几乎所有行为都是被允许的。在

---

① 黑格尔：《精神现象学》上，262～278 页，北京，商务印书馆，1977。

② 艾希曼（Adolph Eichmann, 1906—1962），纳粹德国的秘密警察头目，在第二次世界大战中，负责监督灭绝犹太人的事务，授予他的任务是"最终解决犹太人问题"。在他的指挥下，有 600 万犹太人丧生。——译注

这里，应该指出，艾希曼自己就宣称，自己所受的基础道德教育就是绝对命令的道德教育。

所有这些学说的共同之处是，它们都试图让个人为自己提供道德，同时让他宣称这种道德具有真正的普遍性。这样一来，这些学说就都不攻自破了，因为我们之所以能进行道德选择，在某种程度上是由于：支配我们选择的标准是不能选择的。因此，假如我为自己作主，假如我自己确立目标，我至多不过是提供了某种道德的赝品。那么，我在哪里能发现标准？在秩序井然的社会已确立的社会实践中。在这里，我可以发现提供给我的标准，在我可以依据它们来构想我的选择和我的行为的意义上，我能把它们确立为我自己的标准。但它们的权威性并不来自于我的选择，而来自于这种状况：在这样一个社会中，它们会被人们视为准则。因此，黑格尔最后的观点是，唯有在一定类型的社会里才能过道德生活，并且事实证明，在这样一种社会中，一定的价值观是不可或缺的。这样，采取的立场就不同于 18 世纪的主观论者和客观论者及其后继者的立场。从孤立的个人的观点看，可以选择不同的价值观，而对融入社会的个人而言，则不可进行这种选择。从这样一个社会的内部看，一定的价值观作为权威性的东西强加在个人身上；从这样一个社会的外部看，它们似乎是一种任意的选择。柏拉图和亚里士多德把善看作是客观的和具有权威性的，因为他们是在希腊政治体（πόλιδ）这种社会内写作的。18 世纪的个人把善看作是他的感情的表达或者他的个人理性的命令，因为他把善写成好像是在社会架构之外。社会对他而言，似乎是个人的聚合。但对于现代人而言，什么能代替 πόλιδ？正是对于这个问题，黑格尔的回答是最没有说服力的。

黑格尔的理性和自由概念本质上是批判性的；他用这两个概念想指出，任何既定的社会和概念秩序都不充分。但是，黑格尔在其体系的终极点上却似乎说，它们是实际上能够实现的理想，它们是对一种理想的、最终正确而又合乎理性的哲学和一种理想的、最后完满的社会秩序的说明。而凭借这种哲学和社会秩序，绝对理念将登场。基督教关于最后之事的学说所象征的上帝和人的最后修好也将实现。这些是《精神现象学》之后的黑格尔似乎相信的。在《逻辑学》里，他可以写道，他所吐露的思想是关于上帝的思想。确实，他的成熟的哲学所需要的是，他和腓特烈·威廉国王在某种程度上是绝对理念的当代化身。

黑格尔借以得出其结论的论证是异常坏的论证。但他的结论并不像有些人所说的那样，整个是荒谬卑劣的。有些人认为，黑格尔颂扬了国家——普鲁士国家，这些人常常得出结论说，因此黑格尔是一个早期的专制主义者。事实上，黑格尔所颂扬的国家形式是一种稳健的立宪君主制，他颂扬普鲁士国家是基于他（并非完全正确地）相信：他自己时代的普鲁士国家就是这样一种君主政体。可以把黑格尔恰当地称为一个保守主义者；不过就其颂扬国家而言，是因为他相信国家事实上体现了一定的社会和道德价值观。

不过，假设一个人抛弃黑格尔的绝对理念，但在其他方面仍然是一个黑格尔主义者，那么，关于道德，他会得出什么结论？首先，可能是青年黑格尔派或黑格尔左派得出的结论：作为现代版本的πόλιδ——自由和合乎理性的社会还没有出现，因而务必使它成为现实。但怎样才能成为现实？黑格尔自己的成熟信念是，整个人类历史是绝对理念自我发展的例证，绝对理念通过自我疏远而最终向自身复归，这一进步过程就是绝对理念的自我发展。宇宙的这一壮丽画面是一出对每一互不连接的历史插曲赋予意义的好戏。绝对理念并不等同于历史过程中的任何一个有限部分，而是在其整体发展中实现自身。晚年的黑格尔愈来愈如同基督教徒对待上帝和他的保佑那样，对待绝对理念和它在历史中的进步，而愈来愈少地提到他早年的警告：他告诫人们不要从字面上去理解基督教，不要将象征与概念混为一谈。这样，他把整个历史看作是某种逻辑必然的例证，并展示在这样一个发展过程中：一个阶段不得不为其后继阶段让开道路。而且，由于发展阶段之间的关系是逻辑上的，由于它们是理念运动的例证，因而很自然地可以认为黑格尔相信：人类在历史中的理性的进步本质上是思想上的进步。一个时代通过更透彻、更合乎理性的思考而取代另一个时代。这就必然得出结论：历史的进步依赖于思想的进步。青年黑格尔派在放弃了对绝对理念的信仰之后很久还保留着这个结论。事实上他们认为，他们的任务就在于清除黑格尔主义中的宗教和形而上学因素，比黑格尔本人更好地进行哲学思考。所以在政治领域里，有价值的东西也是理论上的成就。他们着手进行对宗教和政治制度的批判。在他们的著作中，D. F. 施特劳斯的理性主义著作《耶稣传》，在《新约》批评史上受到了持续的注意。但他们最持久的纪念碑，是吸收青年卡尔·马克思为其成员。

马克思的出发点是早年黑格尔的思想。他想批判黑格尔的继承人，不论是左派还是右派，这导致他后来强调他自己和黑格尔的差别，而后来的马克思主义者则出于另一些理由禁止发表有关马克思的黑格尔哲学观点。但这样就导致了对马克思的歪曲。马克思思想的中心概念是自由的概念，并且是在黑格尔哲学意义上的自由概念。关于自由的理念，黑格尔写道："正是这个理念本身是人的现实——作为人而言，不是他有什么，而是他是什么。"马克思写道："自由确实是人所固有的东西，连自由的反对者在反对实现自由的同时也实现着自由。……没有一个人反对自由，如果有的话，最多也只是反对别人的自由。"

像黑格尔那样，马克思把自由构想为克服一种受限制和受束缚的社会制度，克服的方法是建立另一种较少受到限制和束缚的社会制度。但他不像黑格尔，没有把这些限制和束缚主要看作是一种给定的概念架构中的限制和束缚。构成一个社会制度的，构成它的可能性和它的限度的，是起支配作用的生产方式，借助于生产方式，生产出物质生活资料。生产方式随着技术方式的变化而变化；劳动分工和随之而来的主人和劳动者的划分造成了人类社会的分裂，产生了阶级和阶级斗争。人们借以把握自己社会的概念架构有双重作用；它们一方面部分地揭示了这种活动的性质，另一方面也部分地掩盖了它的真正本性。所以，对概念的批判和改造社会的斗争必然携手同行，虽然在不同时期这两项任务的关系将是不同的。

以阶级的经济和社会史代替黑格尔的绝对理念的自我发展，导致改变了黑格尔哲学的个人主义性质。对于黑格尔来说，种种个人主义的概念图式，既是成就，也是妨碍取得更多成就的障碍，是人类道德意识发展的各个阶段，它们依次揭示了自己特定的局限性。对于马克思来说，它们也是如此，但只有联系资产阶级社会进行解释，才能理解它们。

资产阶级社会的本质是为资本积累而进行技术创新。封建社会的束缚被摧毁，企业家精神得到释放，人类征服自然的力量无限地扩展了。因此，在资产阶级的社会生活中，个人自由的概念是中心概念，而这意味着在自由市场经济中的自由。不过，在黑格尔所称谓的市民社会和马克思所称谓的资产阶级社会中，个人享有的自由在某种程度上是一种幻觉；因为这种社会的社会方式和经济方式把自由的个人束缚在了一整套关系之中，这种关系使他的公民自由和法律自由化为泡影，阻碍了他的发展。在所有社会中，人类劳动和社会组织的性质都导致人只能以扭曲的形式理解自己和自己的潜在价值。人们感觉到自己处在非人格化的权力和力量的掌握之中，而

事实上这是他们自己的社会生活方式，是他们自己行为的结果，这

种结果被虚假地客观化了，被赋予了独立存在的权利。同样，人们在他们自己的生活范围内感觉到自己是自由的行动者，而恰恰在这里，经济方式和社会方式事实上正在他们的生活中发号施令。这种孪生的和不可避免的幻觉构成了人的异化，他丧失了他的本质。在资产阶级社会，异化体现在私有财产制度中，而私有财产制度又加剧了异化。个人主义者的道德哲学家，具有资产阶级社会的自由性和局限性的特征，他们既代表了资产阶级社会所代表的在人类自由方面所取得的真正进步，也代表了它所特有的人类异化形式。

　　在马克思早期成体系的著作中，资产阶级社会中的主要对比是资产阶级哲学和政治经济学所揭示的人类的潜能和对资产阶级社会的经验研究所揭示的当代人类活动状况。被资产阶级经济所摧毁的自由和资产阶级工业无法满足的人类需要，都可用来评判这种经济和工业，但马克思不是要仅仅对理想和现实作一番比较。因为自由以及人类需要的目标是蕴含于资产阶级社会中工人阶级斗争的目标中的。但这些目标必须通过建立一种新型社会而得到具体说明，在这个社会中，阶级的划分连同资产阶级社会将被消灭。在资产阶级社会中，至少有两个社会集团，它们构成了统治阶级和被统治阶级，每个阶级都有它自己的基本目标和生活方式，因而道德戒律将在每个阶级的社会生活中起作用。但没有那种居于阶级划分之上的独立的超验准则。当然，在每个阶级的道德中，我们也将发现许多共同的戒律，这只不过是由于每一阶级都是一个人类集团。但这些共同的戒律并不在阶级关系中起决定作用。

　　当我们把马克思的这个思想背景描述完毕，我想，我们就能明白马克思在各种场合对待道德判断的态度是完全自相一致的。一方面，马克思相信，阶级斗争中的问题不能诉之于道德判断，因为如果这样，不仅是毫无意义的而且是肯定会使人误入歧途的。所以他力图从第一国际的文件中删除掉为工人阶级诉诸正义的话。因为能向谁诉诸正义呢？可能是向剥削者诉诸正义，而他们的行为是符合自己阶级的准则的。虽然在资产阶级当中也能发现个别的慈善道德家，但慈善事业并不能改变阶级结构。不过，一个人至少可以用两种方式来使用道德评价语言：一种方式是，仅仅在描述行为和制度时使用道德评价语言，没有一种能适当描述奴隶制的语言，不谴责具有一定态度和目的的人；另一种方式是，明确地使用道德评价语言来进行谴责，但不求助于某个不属于任何阶级的独立法庭，而求助于对手自己挑选出来判断自己的词语。所以在《共产党宣言》中，马克思把资产阶级批判家指控共产主义的话抛掷回去，认为他们不是根据他的前提应受到谴责，而是根据他们自己的前提应受到谴责。

我们可以用另一种方式来表达马克思对道德的态度。使用道德词汇永远以共同具有某种社会制度为先决条件。诉诸道德原则来反对某种现存的事态总是在这种社会的限度之内做的事；要反对这种社会，我们就必须找到一种不以该社会的存在为先决条件的词汇。这样一种词汇我们只能在现存社会无法满足的欲望和需要的表达方式中找到，即要求建立一种新社会制度的欲望和需要。

所以，马克思诉诸工人阶级的欲望与需要来反对资产阶级社会的社会制度。但他从未提出对他自己的学说而言至关重要的两个问题。第一个问题是道德在工人阶级运动中的作用问题。因为他认识到工人阶级的诞生是资本主义经济发展所决定的，因为他相信，资本主义的必然性将迫使工人阶级成为资本主义的自觉的敌对者，所以他从未讨论应当提供给工人运动什么行为原则的问题。这个遗漏是他的论证中的一个更为普遍的空白的一部分。关于资本主义经济衰退的性质，马克思作了充分的阐述；关于社会主义经济的细节，虽然他所说的极少，可就他自己的观点而论，我们可以认为这已足够了。但关于资本主义向社会主义过渡的性质，他说的却含糊不清。因此我们仍然不清楚，马克思怎么会认为：在一个深受道德个人主义错误之害的社会，会逐步认识到和超越这种错误。

马克思的第二个巨大的遗漏是社会主义和共产主义社会的道德问题。固然，他至少在一段文字中似乎说过，共产主义将是康德的目的王国的化身，但他对这个论题至多只是间接地有所论及。这样两个相互关联的遗漏的结果是，马克思为后来的马克思主义者对这个论题的添加留下了余地。而他并不能预见到后人添加的是什么。伯恩施坦，这位修正主义的马克思主义者，不相信社会主义将在可预知的将来到来，他力图为劳工运动的活动寻找一个康德主义的基础；考茨基认识到，在伯恩施坦那里，诉诸绝对命令，就是诉诸一种超越阶级、超越社会的道德，而这正是马克思所反对的。然而，他代之而提供的，不过是一种粗糙的功利主义。考察了功利主义之后，我们就会很清楚地看出功利主义使当今马克思主义具有的弱点。

（龚群 译）

查尔斯·泰勒

查尔斯·泰勒（Charles Taylor），北美政治哲学界的社群主义的主要代表之一。现任加拿大麦克吉尔大学的荣誉教授，美国西北大学的访问教授。其学术领域相当广泛，特别是在黑格尔研究、道德哲学和政治哲学等方面成就卓著，其中《黑格尔》一书自20世纪70年代出版以来，被公认为达到了英语世界黑格尔研究的最高水平。他反对分析哲学对科学和逻辑的强调，而在其主要著作《自我的根源》中指出：认同问题才是社会与道德哲学的中心。《调解孤独》（1993）和《多元文化主义》（1994）两书，则直接探讨了当代"认同政治"中的争端。近年来，查尔斯·泰勒除了在国内语境中主张社群主义和"承认的政治"之外，还致力于在全球语境中阐发"多重现代性"的观念，主张在各民族现代化过程中利用和开发本土的文化资源。

本书选取的是《查尔斯·泰勒谈马克思主义哲学》一文，本是英国广播公司（BBC）20世纪70年代中期播放的系列电视节目《思想家》中的访谈之一，其后由主持人布莱恩·麦基结集出版。在这篇访谈中，查尔斯·泰勒着重指出了马克思主义的两个维度：作为解释理论的马克思主义和作为解放理论的马克思主义。在承认马克思主义是一种丰富有力的解释体系的同时，更加强调作为解放理论的马克思主义。他依据马克思的劳动分工及其异化理论和马克思对资本主义社会的批判，得出结论认为，"马克思的第二层也是更深层次上的解放概念：不只是要把自己从自然的枷锁中解放出来，而且要在进步中表达我们自己的人性"。进而对人们用物理"科学"法则的视界来理解马克思的解放理论提出了批评，认为这样就会使马克思主义的解放理论消失或被各种其他的意识形态所遮蔽。此外，查尔斯·泰勒还就马克思主义与共产主义社会、马克思主义与暴力、马克思主义与诸种社会主义意识形态之间的关系，以及非官方的马克思主义的最有价值的发展倾向等作了较有见地的评述。

查尔斯·泰勒谈马克思主义哲学①

一、引言

　　麦基：用完全实用的措辞来说，马克思主义必定是出现于近150年间，甚至更长一个时段中的最具影响力的哲学。我估计我们大多数人对它的原理都有一个大致的了解，它可以这样表述："与一个社会真正相关的一切必定取决于其自身的存在方式，因为人们赖以生存的方式决定了他们与自然之间以及他们相互间的关系，也因此最终决定了产生于这个基础之上的其他一切关系。所以，在任何社会的任何一个特定时期，真正具有决定性作用的是它的生产方式。生产方式改变了，人们的生活方式就不得不改变，交往方式也不得不改变，于是，阶级的组织也跟着改变。而且，只要生产方式掌握在

①　选自《思想家：与十五位杰出哲学家的对话》，北京，三联书店，2004。

社会的一部分人而不是社会的全体手中，阶级利益的冲突就是不可避免的。因此，迄今为止的全部历史就是阶级斗争的历史。这种状况将一直持续下去，直到生产方式为社会的全体所掌握——用马克思的说法，也就是完全消灭阶级——一切为公共所有，一切为公共利益所用。这种新型社会，也就是共产主义的建立，将开创与过去历史的类型全然不同的人类历史新纪元。但是，既然不能期望任何统治阶级自愿放弃他们所掌握的生产方式——不仅是财产还有因此而获得的权力、特权和声誉——暴力推翻现存体制可能是建立共产主义的唯一途径，仅仅因为这个缘由，它也因此是正当的。"

我们大多数人所掌握的马克思主义理论可能大致就如这样的一幅草图。确实，就此而言，它是准确的。但问题不止于此。在一个层面上说，马克思主义是一个丰富有力的解释体系，就理论自身来说，它的思想历史富于色彩和趣味，同时对我们所生活的世界也有明显的实践影响，更深一层说，它所提供的解释不仅与历史、经济和政治因素相联系，而且与社会生活和思想的各个方面密切相关。同我一起讨论这个话题的人，是一个为此付出了毕生心力的哲学家，加拿大人查尔斯·泰勒。二十多年以前，作为牛津大学万灵学院的年轻校友的查尔斯·泰勒，曾是英国新左派运动的发起者之一，自那时起，他曾做过加拿大麦克吉尔大学哲学与政治学教授，数次参与加拿大联邦议会的竞选，出版过关于马克思的主要哲学先驱黑格尔的一本大部头的重要著作。如今，他作为牛津大学的社会政治理论教授，再次回到万灵学院。

二、讨论

麦基：在对马克思政治经济理论作了这样一个大致描述之后，我们来开始讨论：打个比方说，我们现在需要做的就是探寻一种能够将其表达清楚的哲学，你打算从什么地方入手？

泰勒：我想从你所提供的马克思原理的略图中捡起话题，你所谈的完全正确，你对作为一种解释理论的马克思主义作了很好的描述，但还有另外一个维度：作为一种解放理论的马克思主义。我认为正是这一个侧面解释了它在 20 世纪所引起的广泛的重视和兴奋。你可以从同一点切入。人类之所以是人类正是因为他们创造了自己的生存方式，他们创造了作为人类社会，而不是个体的生存方式。

所以在某种意义上，我们把人类看作是另一种意义上的群居动物，类似蚂蚁或者蜜蜂。但是，马克思认为，人类与蚂蚁或蜜蜂不同的是，人类能够反思并且改变他们面向自然去创造自己的生存方式的手段。在马克思看来，在人的意识中，另一个词：劳动，具体体现了反思这个概念；这就是说人类能够改变与自然的互动方式。可以说，人类能够在一个更高的水平上工作，并变换他们改变自然的方式以满足他们的生存需要。这意味着他们始终在争取着对自然的更大的控制。所以，人类与其他的动物种属不同，并不被动接受与自然互动的一成不变的模式的制约。随着控制自然的程度越来越高，在一种非常可以理解的意义上，可以说人类增加了自由。伴随着在对自然的理解、在技术、在组织社会生活的能力方面的发展，人类正越来越有能力去掌控其在世界内、外的生存方式。

麦基：要正确地理解这一观点，关键在于如何看待人类的最原始状态，在那个阶段，人类虽说是从动物王国中分离出来了，却依旧受着自然规则的奴役。

泰勒：不错。用马克思的术语来说就是"必然王国"。

麦基：全部的历史进程因此也就被看作是一个从自然的奴役中自我解放的过程。反过来说，同一个过程又可以被称为对自然的征服，我们一直在不断地拓展着我们对物质环境的控制能力。

泰勒：是的。但是使马克思主义成为关于历史中的人的一种如此丰富的理论的是，它同时体现了另一个解放的概念。这就是人类取得的解放不仅在于获得对自然的控制，而且还在于对这种控制能力本身的掌控，也就是要逐渐学会把这种能力当作欣赏的对象。马克思主要把人看作是一种能够改变自然的存在，这不仅意味着改造自然是一种人类发现生存方式的活动，而且是锻炼他们能力的活动，因为它是人的实现，甚或是决定性的人的实现。所以，充分发展的人类会在欣赏他们劳动成果的同时，也从他们自身能力的运用中得到乐趣。对他们来说，他们的能力既有手段的也有内在的价值。但要达到这样一种人的实现就需要一种解放，因为在人类的历史发展中，他们的巨大能力已逃脱了他们的控制。马克思相信阶级斗争和异化是必然的悲剧。这一必然性来自这样一个事实，当发展超过了第一个贫乏的社会形式，人类必须采取劳动分工，与此同时，他们便不得不被置于一种严厉的约束之下，只有通过这种约束，他们才能产生进一步发展所需要的过剩。这就意味着社会必须分化成不同阶级，分化出统治者和被统治者。

　　但是对于马克思而言，人类作为自然的改造者的基本事实是，只有在他作为社会的存在时才锻炼了这种能力。这种能力存在于整个社会之中，因为，人类正是通过社会性的劳动改变着世界，并进而改变自己。在马克思看来，阶级分化的社会不可能训练人们对日益增长的改造自然的能力进行有意识的控制。相反，每一个阶级都被它在整体中所处的位置所限制，既不能理解也不能控制全部的进程。即使是统治阶级也不能充分理解他们所做的一切，因而在不自觉中为自己掘开了坟墓。结果正如我们在成熟的资本主义时期所看到的，当我们全面发展了征服自然的能力之后，这种可怕的能力却反过来失去了控制。相反地，尽管它的成员付出了惨重的代价，这种能力的运用却遵循着为资本主义社会所必然服从的无休止积累的盲目法则。资本主义社会的全球化进程不是以人的意志和愿望为转移的。相反地，这一进程控制了那些创造了它的个体的生活。这就是在马克思早期著作中用"异化"去指称的悖论。就在人类发展他们的巨大潜能以操控自己的生活的时候，就在他们用想望的一切去自我满足的时刻，可以说，这种能力却被他们内部的分化从他们的手上给歪曲了。这是一个无产阶级革命将要通过把资本主义潜能纳入集体控制，通过取缔生产方式私有制的手段来加以消除的悖论。但是，这种控制的恢复只能发生在历史的顶点，到那时候，剩余已经产生，达到一种更完满的生活的手段已经具备。

　　麦基：到那时候，一场几乎是魔法般的不可思议的革命行动就可以改正迄今为止的一切错误，为什么会这样认为？

　　泰勒：理论上说，在人类的天性中永远有一种对自由和集体掌控我们命运的向往（如果你愿意这样看的话）。你可以看到，这一向往在先前的历史中已经遭遇到挫折：不付出阶级分化社会的代价，历史是不可能迈出第一步的。统治者与被统治者、主人和奴仆的分化是必要的。而且，只有当这一切不再是必要的时候，一个能够而且愿意进行一场革命的阶级才能站立起来，发动一场前所未有的，不只是旨在建立另一个统治阶级而是要消灭一切阶级统治的革命。

　　麦基：按照马克思的观点，这整个进程的关键就是劳动的分工，是吗？他相信，人类社会要想发展走出最原始的状态，就必须专业化——而一旦专业分化，个人就不再能够生产个体所赖以生存的全部产品了：他变得依赖于他人，并且陷入与他人结盟的专业分工的群体牵制之中。也就是说，他成了一架生产机器。这也就是你提到的结果：异化。但所有这一切都起源于劳动的分工。

泰勒：是的。我们都只是社会进程的组成部分，没有人能够完全理解或者控制它，当然，当我们发动一场旨在恢复合理控制的革命时，劳动的分工就被克服了。至少是体力劳动和脑力劳动的分工将被克服，这是马克思的一个重要主题。但是，正是从这里我们获得了更强大的解放理论。当我们再次恢复了合理控制，这样的一种最基本的人类性的需求——在改造行为本身中发现自我完善的需求——在这时最终得到了满足。我们会很容易看到，在人类历史的早期阶段，变革仅仅是被求生、满足基本生存需要的目的驱动的。但是到了这一进程的最后，在满足基本需求的进程中所发展起来的能力便最终转变成人类为其自身的目的而去培养的能力。这正是马克思的第二层也是更深层次上的解放概念：不只是要把自己从自然枷锁中解放出来，而且要在进步中表达我们自己的人性。人类控制自然的能力转变为一个表现的维度，而不只是一个物质性的刻度。这就是完全被阶级社会抑制了的自我实现的维度。换句话说，马克思在他早期和后期的著作中一再说到，在阶级社会，以资本主义社会为例，我们至多只是为了生存而生产，生产只是一种维持生存的手段。而人类作为能劳动的动物，应该有能力在自己的劳动中作为人类的一员来表达自己。在一个已经克服了异化的社会中表达自己，这几乎是人的远景，社会的人，艺术家。

麦基：要达到的一个社会远景——共产主义——大致是这样一种理想社会，它不仅要消除异化，而且也不存在任何形式的内部分裂。

泰勒：对的。异化的克服意味着人类掌握的他们生命的全部能力将被用来服务于他们表现的冲动与渴望。

麦基：你能否说出这一哲学的主要价值——我们在其中已经学到或者应该学到什么？

泰勒：好的，我想说，在我们已经看到的这两个方面——解释理论以及丰富的解放理论——解释理论已经成为我们一般思想方法的非常重要的部分。它以生产形式和生产关系等术语给了我们一种历史阅读，这些术语已在某种程度上被内在化了。但说到解放理论，这是一个更复杂也更有争议的问题。它无疑已赋予我们一种更丰富和更有趣味的洞察力，以观照现代人类的发展，比如，自由在现代文明中对于人的重大意义——人们渴望并为之奋斗的方向。与此同时，解放理论也一直是马克思主义内部一个最大问题的根源，因为它与解释理论并非总是可以相互协调的。

麦基：你可以解释一下吗？

泰勒：可以。你可以通过例证来了解它。假如你想把马克思主义仅仅看作是牛顿意义上的科学理论，为历史的发展做着牛顿在研究行星运动时所做的工作，然后你得出一个观点，认为在任何时候都有一个无情法则在掌控着人类，正如牛顿的行星定律在任何时候都支配着行星运动一样。但是这时候马克思主义的解放理论却消失了。解放理论要求，在我们发起进行从资本主义走向共产主义的革命的时候，我们是在恢复对我们某些生活层面的控制，而这些在先前资本主义制度下实际上是被不可抗拒的法则所左右的。它的中心思想是，在历史的某一点上，某些东西被法则所控制，而在此后的另一点上恢复了自由。这是一种几乎不能与任何意义上的牛顿科学模型相匹配的观念。

麦基：那么，马克思揭示的是，到达历史的某一特定时刻，也就是共产主义革命，所有的历史事件才能被具有科学性质的法则所解释，但是，这里有一个突然的断裂，在那之后，人类获得了自由并且不再被自然的法则所掌控。

泰勒：实际上解放理论不至于那样突兀。它大致是这样的：当历史上不同的社会彼此更迭——封建主义，资本主义等等——便会有不同的法则控制着人们和社会的建构，所以那些在一个时期受到控制的事物到了另一个时期就脱离了控制，或者情况相反。只有到了共产主义，我们才进入了一个达到空前控制水平的社会。这一观念认为在适用于古代社会和封建社会以及共产主义社会的法则之间存在着质的不同。但是，与此相反，你必须记住马克思主义是在维多利亚时代晚期的达尔文时代进入人们视野的，你可以说这是一个科学主义的时代。在这一时期，人们认为马克思主义贡献了一套不可抗拒的法则。在马克思本人看来，这一理论的两翼存在着持续的斗争。作为政治运动，两者不可偏废，因为它的政治锋芒直接仰赖于对两者的坚持。它必须坚持解放理论，因为这是将向人类展开的未来太平盛世的基石；同时它也必须坚持它的科学性要求，因为它给理论打上了克服了迷信的典型的现代印记，这是一个真正牢固的基础。但近期的马克思主义理论家们却不同程度地为此感到深深的困惑，并且选择了不同的路径，有一个在当今非常流行的学派甚至决意近乎完全地放弃了解放理论。

麦基：你对马克思主义作为一种解放理论的强调，会让许多跟踪这个讨论的人感到吃惊，因为马克思主义政权似乎很容易与专制相伴生，尽管自称马克思主义的各种运动是在不同的国家，其实是不同的大陆，在不同的环境下，在跨数十年的历史时段里获得政权的，但它们不少都卷入了官僚专政。既是如此，这些社会的意识形态又如何能够在任何严肃意义上被称为解放理论呢？

泰勒：这是一个残酷的悖论，但我认为正是这个悖论以可以理解的方式解释了苏联为什么会是一个这样的极权国家。假如它仅仅满足于是一个同前王朝沙皇一样的独裁政府，它就不需要如此这般地去干预、控制和塑造人们的生活。但正因为它是一个建立在解放意识形态之上的国家，它才必须去确证让每一个人不仅服从它，而且喜爱它、信仰它。任何不信任它的、认为它是精神空想的证据，一切有关的确凿证据，都必须被销毁。在这一限制之下，有的人甚至被投入疯人院，部分原因是人们不得不相信把这种制度看作是精神空想的人一定是疯子。此外，还因为它有这样一些惊人的主张——如我们前面提到的，因为出现在马克思主义解放理论中的人多少有些像艺术家——为了马克思主义运动，艺术家们所说、所坚持、所表达的，都变得极为重要。因为依照理论，在共产主义社会，他们应该是描绘并欢庆这个社会的一切；当他们不能如此的时候，便是不可饶恕的，因此他们不得不被镇压。

麦基：我不想局限在对苏联的讨论上，尽管这个讨论也很有吸引力，我想我们还是继续讨论马克思主义哲学。在纯理论的层面上，让我们来仔细看看这一理论的疑难是什么。无疑，其中的一个问题会是：它断定，随着共产主义的到来，社会可以最终消灭一切重大的冲突。在我看来，即使从理论上说这也似乎是无法达到的。只要有两个人互动，就会有利益的冲突和观点的碰撞，而且政治的核心问题几乎都可以归结为这样的问题："如果不通过强力，不通过法律的斗争，你如何化解这些冲突？"这是政治首先应涉及的问题。进而，与19世纪的人们不同，我们现在已意识到世界上的物质资源是极为有限的，因此在任何社会有关它们的利用问题的争论都必然是尖锐的。所以，在任何可以想见的社会里，都终究会存在严峻的冲突，有些冲突无疑还可能是血与火的冲突——而马克思主义并没有为我们提供任何解决的方案，因为它否认在它的社会里也会存在任何冲突。我可以再补充一点，这一点与你刚刚谈论到的马克思主义的国家在自由方面的问题相关联。这恰恰是因为它没有意识到在它的类型的社会里存在尖锐冲突的可能性，马克思主义根本就没有说到当个体与社会的其他部分或少数人与多数人发生争执时应该如何应对。

泰勒：我认为你有点不公平。通常情况下，马克思主义对这一问题的回答应该是这样：他们确实预见到了某种冲突和矛盾。但是，从根本上说，他们确实相信真正深刻的冲突，那些使得人们彼此棍棒相向的冲突都是根植于经济压迫的，并且终将消失。所以我同意你从以下事实得出的基本观点：马克思主义确实没有相应的资源去理智地或者不理智地应对它自身所处的那种社会的冲突。相反，倒有这样一种感觉，似乎当你开始考虑到这一问题时，你就已经越过了马克思主义的底线了。

麦基：我认为这在政治理论中是一个疵点——但是我们还是移开话题吧。依你所见，这一理论的其他问题是什么？

泰勒：好吧，我们要提出的另一个问题与苏联相关。这就是革命总是发生在类似苏联这样的国度，而不是发生在西方，发生在发达国家：因为马克思主义理论设定的结果是共产主义会在先进的工业社会发生。这一方面意味着，可以声称发生在苏联的一切不是对马克思主义的检验；但另一方面，它同时意味着马克思主义的一个最大的智力问题是：为什么在英国或者在德国还没有发生？这既标志着这一理论的主要缺陷之一，同时也是马克思主义者之间不断讨论的主要论域之一。

麦基：你是否同意我的观点，认为马克思主义在下列意义上是有局限性的？世界上伟大的哲学家、主要的意识形态和主要的宗教，相应在三个层面上都是有解释性的：个人层面、社会层面和宇宙层面。在这之中的每一个层面上都有经典的和基本的哲学问题需要加以处理。举例来说，在人类个体的层面有自我问题，身、心的问题，是非感、意识、灵魂存在与否的问题，关于死亡以及死后存在的问题，有关认知的所有认识论问题。在社会层面，所有的社会问题都有来自个人与社会的关系，它们指向伦理的和所有的政治、经济、文化和历史问题，与语言、法律以及各种其他与人类环境相关的哲学问题。在宇宙层面，所有的哲学问题都与自然界相关，不仅有关于时间、空间、偶然以及物质对象的存在等基本问题，而且实际上也包括物理学、化学和生物学所提出的全部问题。真正伟大的理论体系在所有这三个层面上都该有丰富的阐释。马克思主义没有，马克思主义几乎全部忽略掉了其中的两项：它对宇宙所言甚少，而且对个体方面也几乎没有言论。它的作用几乎只局限在社会存在和社会问题的这一中间层面。这就是说，即使它必须说的东西全部都说对了——显然并非如此——从最高标准上说，它也只能是一种贫乏的思想体系。任何一个马克思主义者都仍然必须从大量的非马克思主义资源中补充自己的观点，否则，只能停止向自己提出有意义的哲学问题。

泰勒：哦，我肯定不能同意你的观点，说马克思主义没有关于宇宙的看法：恐怕在某些情况下，它的宇宙论太多。比如在苏联看到的由恩格斯发展出来的自然辩证法。我认为从哲学上说这可能都是些无稽之谈，假如马克思主义没有谈到自然宇宙，确实会更好一些。我觉得你的批评的强有力之处在于，它没有触及到个人的层面——我很难说这是否完全属实。迄今为止的历史记录是真实的：马克思主义对此所言甚少。但我不知道这里有多少是属于历史事件性质的原因。马克思主义已经被一些别有所图的政治运动加以利用，这些事件确实想压制有关个人层面的某些问题，但是，当你把马克思主义的丰富资源看作是一种解放理论时，你会发现其中所蕴含的艺术理论，它可能化生出我们文化的另一种发展——你可以想见它的发生——在其中马克思主义的另一个侧面确实能够被开发——能够像马克思主义经济学，或者马克思主义的发展理论一样被开发和发展。我们在马克思主义美学家那里已经获得了这样一些信号。当然，这里也会出现一个根本的问题——关于个体、关于经常要独自面对个体生命中极富戏剧性的每一个重要方面的孤独的个体——马克思主义是否可能恰当理解生命的这一维度。但是，这是一个我们不能提前预知答案的问题。因为这是马克思主义未被发展的一个方面，假如我们的文化生活中出现这样一个转向，马克思主义思想家再也不是无一例外地去致力于为什么革命不发生，或者为什么革命会在明天发生，或者国家理论等等方面的理论思考（在有些时候，这方面研究中的递减效应似乎已经开始显现），而是致力于发展马克思主义的艺术、人类审美经验和道德经验理论，那将是有意义且激动人心的。这个前所未有却又有意思的工作似乎已有启动的迹象。

麦基：你是否认为马克思主义对暴力的接受——确切地说是吁请——有悖于它作为一种理论的品格？

泰勒：不，你不能认为提倡暴力就一定有悖于理论的精神，因为除了彻底的和平主义理论之外，几乎没有理论不在特定的情况下倡导暴力，即使如洛克这样伟大的自由主义理论家在某些情境下也在提倡革命。但我认为你所提到的观点有一些道理，通过革命而达到无冲突社会的信仰就可以赋予任何人以破坏和贬损现存一切的特权——甚至可以强暴地做这一切，只要它能带来一个无冲突的和谐的王国。无疑，马克思主义对必然性的坚信，是给这样的行为提供了便利，由此他们接受了一种可以用暴力摧毁一个制度的观念。你可以说，这是他们的救世主希望的一个特征。

麦基：但是对个体和群体两者而言，它都只能导致这样的假定，即为了他们（而不是其他任何人）去使用暴力以达到他们的任何目的都是完全正确的。

泰勒：当然这也是从这一理论中得出的结论，因为如果这一理论是正确的，他们就站在正确的一边。从某种意义上说，马克思主义是一种被应用于政治的关于正义战争的永恒理论。

麦基：但这一理论的确切定位是什么——我的意思是作为一个整体的理论，当然，它必须是科学的。在马克思本人的著述中这一主张被一再重申。我设想他借此表明的是，虽然其他的社会主义者既兜售理想社会的幻景又播布道德的要求，而他却什么也没有做；他所做的，或者他试图去做的就是去检验社会运动的实际进程，就是去为他们寻找前进的方向。但是，尽管他这样不懈地提出科学方法的要求，人们还是被他理论中那些几乎是不顾一切的大量预言所震惊。所有那些关于未来的主张和断言，当你切近地考察时，看起来实际上并不是那么科学。

泰勒：其实，马克思在有关未来的断言的每一个细节上都非常审慎。有关未来，有关共产主义社会的性质，有关将要发生的一切，他都没有直接言明，而是留下了很大的余地。他的重大的断言是资本主义的消亡。这是一个尚未被事实证明的巨大论断。但是我们也必须记住那个通常被译作"科学"的德语词 Wissenchaft 具有很宽的语义。在德语中人们愉快地谈论历史"科学"，也同时用以谈论物理学。这个词被应用于一切形式的对于知识的规范的智性探求。然而，我想有一点是真实的，这就是在马克思的思想发展中，他逐渐看到了他的"资本科学"的稳固和严谨与物理学绝对完全相似。这一视点恰恰是不会持久不变的。我认为它原则上不能在任何一种声称要处理人类问题，诸如他们的动机、他们的发展、他们的社会等等问题的理论中长期有效。那种严谨，那种精确，那种类型的证据，恰恰是不能持久有效的。

麦基：除了你提到的德语词 Wissenchaft 这一点外，要公平地对待马克思，还需要补充的是，构成科学的这个概念，在他写作以来的百余年的时间里已急剧变化。所有在 19 世纪中叶受到良好教育的人都把科学知识理所当然地看作是特别牢固可靠、确定无误的——因此也是不可纠错的——一种知识。而如今这种观念已经被人遗弃，我们明白科学也可能出现错误，因此也是可以纠错的。我相信如果马克思今天还活着，他本人对这一方面的问题，对他自己的理论地位，也会持一种非常不同的看法。

泰勒：不错，他会有不同的理论面貌。达尔文已廓清了进化论的领地，正像物理学已廓清了无生命的世界；而马克思，可以说也最终扫清了人类社会史的领地，这是一个 19 世纪晚期的普遍看法。

麦基：既然马克思主义理论有一些问题，那又如何解释它对不计其数的人所具有的诱惑力？

泰勒：我认为如果我们回想一下马克思主义的两个侧面并且看它们是怎么结合在一起的，我们就会多少理解这一事实了。历史上那些最具诱惑力的理论正是那些能够将人们在生活中意欲结合却又不能轻易结合的价值联结起来的理论。如今，成为一种科学的理论，成为一种舍弃了所有旧时代迷信，而且同时回应了新时代、新世纪对于自由、对于自我完善非常强大的诱惑力。这一诱惑在令人惊奇的巨大范围内都在发生作用，从西方社会的半开化的深层探求的非常现代的主张——把这两者紧紧结合在一起的理论的想法，锻造了一种非知识分子（对他们而言，马克思主义是一个精神生活中非常个人化的取向）一直到第三世界众多人群，在他们中间，有一系列的传统被迅速地推翻，某些新的事物必须取而代之，如果可能，某种新的全球图景就可以提供一种未来并且声称它是现代的。马克思主义在这第二种功能上也许会被其他的意识形态所遮蔽，正像已经发生的情况那样，已被国际主义部分地遮蔽。或者，我们可以在世界范围内发现在不同的社会里产生的众多的混合的状况，从马克思主义中吸取了一些营养并与其他一些元素混合起来，尤其是和民族主义混合的官方意识形态，所以，我们因此而有了非洲社会主义，还有阿拉伯社会主义，这两者都受益于马克思主义，但又试图使之成为更广泛的融合中的组成部分。在所有这些案例中，你都可以发现它试图达到的相同目标：一种全球景观，它既挽救了人们脱胎于其中的传统，并且声称自己将成为全新的、一个奠基在最牢固的现代文明也就是所谓的科学的基础之上的新的开端，完美的现代典范。

麦基：在结束讨论之前，我们必须面对——某种程度上是我在前面使你偏离了——的问题，这个问题对于大部分人来说是极为有意思的：马克思主义理论与共产主义社会的关系是什么？有关这种关系似乎存在两种基本的思想学派。有人说，像苏联这样的社会是马克思主义理论的误用，理论走上了歧途。但也有另外的学派对之加以否定，认为这一结果一直隐含在马克思理论中。有意思的是，这第二种观点总是被许多左翼的革命家所持有，比如，早期的无政府主义者蒲鲁东和巴枯宁，后来又有德国第一次世界大战时期的社会主义运动的革命领袖罗莎·卢森堡，断言如果列宁的观点付诸实践一定产生一个警察国家。你认为你会赞同这两个基本的思想流派的哪一方？

泰勒：罗莎·卢森堡是在批评列宁的观点，不是马克思的观点，而且我认为她大致是正确的。当然，如果你愿意追溯任何一位没有能在他们的有生之年检验他们的理论效果的理论家，你就会发现，通过适当的理论补充，有许多因素可以将之导向无数不同的结果。想一下人们和卢梭玩的学院派游戏吧，他是专制的吗？他是自由的吗？然而，马克思持有这样的观点是毫无疑问的：革命之后随之而来的应当是一个民主的、自律的社会。你可以从他对1871年巴黎公社的评论中了解到这一点，回想一下它的代表制及其他，巴黎公社是一种在记录中比存在于今天任何西方社会现实中的更激进的、基本的民主体制。我们在苏联所见到的社会统治类型则是来自列宁主义，出自于列宁把党派看作是统治结构的观点，出自于列宁自身所在的语境。放到马克思主义的背景下阅读，其中包含着许多的智慧。唯一可以提出来的是，那种认为个人可以带来一个无冲突社会的信念，会驱使一个人不恰当地发展出一种在冲突中工作的理论模型——正如你前面提到的那样。如果马克思的理论在其生前已经得出结论，那他一定会遇到许多麻烦。但是这种说法相对于说他的革命观念中具有一种极权主义的因素——我相信列宁也具有同样的因素——要跨出一大步，同时，这也无法真正证明。

麦基：在我们前面的讨论当中，我们还是将马克思主义限于马克思本人，而现在我们已经引申到列宁和其他一些当代马克思主义思想家的修正主义。我想在结束讨论以前请您介绍一两个特别值得关注的最新的马克思主义思想家。

泰勒：我认为有两种产生于不同区域的、确实是很不相同的发展：一是我们前面提到的南斯拉夫实践学派，其中许多思想家试图回到马克思主义人道主义的基础上，并基于马克思主义建立一种社会解放理论。这是一种非常有意义的发展。他们是许多致力于这一国际对话的思想家的中心之一。在另一个区域，马克思主义发展成为一种颇富成果的有关世界经济的经济学理论。马克思主义的威力在于它一直把经济体系作为一个完整的整体看待，同时，强调每个组成因素的作用。这就产生了一种有关不发达经济的当代理论，这种理论认为，世界经济的格局从某种意义上强化了这种不发达，也就是说，它实际上给某些社会带来了不发达，并且阻止它们的发展。我认为，这可能就是非官方的马克思主义的两种最有价值的发展。

麦基：共产主义国家历史的一个显著特征是，一些伟大的政治领导者如列宁、斯大林也都试图成为哲学家，你相信他们真的具有哲学能力吗？

泰勒：不。他们不能说具有哲学思想。列宁是一个伟大的政治战略家和那个领域的一个非常清晰的思想者；对于斯大林，还是少说为妙。但是期望这些人都成为哲学家也未免过分。

（周穗明　翁寒松 译）

华勒斯坦

伊曼努尔·华勒斯坦（Immanuel Wallerstein，1930—　）出生于美国纽约。他在"二战"中度过了自己的中学时代。受家庭影响，从少年时就关注政治问题。1947 年进入哥伦比亚大学学习，在 1951～1953 年服兵役后又回到母校深造，1959 年获博士学位。长期担任纽约州立大学社会学教授。1973 年任美国非洲研究学会主席，1994～1998 年任国际社会学学会主席。他的研究工作最初集中在美国政治和非洲研究，从 20 世纪 70 年代后转向建构"世界体系"理论。

"世界体系"理论是一种关于社会发展的比较性的政治—经济理论，它一方面反对将国家边界看作社会边界的观点，另一方面反对社会学研究中将历史性与系统性分开的倾向，主要内容包括：现代世界体系的历史发展；资本主义世界经济的当代批判；知识的结构问题。

华勒斯坦的主要著作有：《现代世界体系》（1974）、《转型时代——世界体系的发展轨迹：1945～2025》（1996）、《所知世界的终结——二十一世纪的社会科学》（1999）等。

本书选取了《自由主义的终结》一书的第十二章《形形色色的共产主义衰败后之马克思主义》。在此文中，作者区分了两种马克思主义："政党的马克思主义"和"马克思的思想"。前者是一系列受到马克思理论启发、为采取政治行动而提出的理论，是作为一种现代性理论的马克思主义，是一种"改良主义战略"的体现；后者则是激励诚笃的社会力量进行反对现行世界体系的抨击言论，是对于现代性及其历史表现形式即资本主义世界经济体系进行的批判。作者认为前者"已经消亡"，而后者则尚未消亡。本文分别总结了两者的基本观点。"政党的马克思主义"的主要观点是：为了达到共产主义社会，首先应当夺取国家政权；为了夺取并巩固国家政权，必须建立一个组织性强、具有普遍性的政党；为了从资本主义过渡到共产主义，必须经过无产阶级专政；社会主义国家是走向共产主义的必要阶段；要顺利实现向共产主义的过渡，必须建设社会主义。而马克思的思想则涵盖四大主要观念：阶级斗争、两极分化、意识形态和异化。

形形色色的共产主义
衰败后之马克思主义①

　　马克思不时地被宣告已死亡，而又常常被宣告已复生。诚如任何一位具有像他这样的有声望的思想家一样，在目前形势下，他的著作是首先值得重读的。当今，不仅仅是马克思又再次走向死亡，而且一整批自我标榜为马克思列宁主义的国家差不多也正日趋消亡。一些人对此很高兴；一些人对此感到悲伤；但很少有人力求作一精心、审慎的经验总结。

　　首先我们要记住：马克思主义不是马克思的思想及其著作之总和，而是一系列为采取政治行动而提出的理论、分析和方法——无疑是受了马克思的理论的启发，并形成了一种教条。这种马克思主义占有主导地位，是两大历史性政党——德国社会民主党（特别是在 1914 年以前）和布尔什维克党（后来成了苏联共产党）——的产

　① 选自《自由主义的终结》，北京，社会科学文献出版社，2002。

物；它们一前一后、相继依次、共同而不是相互合作地创立了这种马克思主义。

虽说除这一占主导地位的"马克思主义"外，还有其他种种变体，只是这些变体仅有很少的拥护者，至少一直到最近都是如此。勒费弗尔（1980）写道：马克思主义"大发展"的真正源头发端于1968年世界革命。这一事件大体上与苏联勃列日涅夫时期经济发展停滞及所谓的社会主义阵营内随之日趋严重的骚乱和分裂发生在同一时期。

这些事件大体上同时发生，使我们不得不费劲努力区别一下"政党的马克思主义"（占主导地位的那种马克思主义）——"实际现行的社会主义"的失败，如果没有使这种马克思主义被完全否定的话，也使其受到了深深的伤害——和马克思本人的理论（抑或至少是他的思想和实践方面的状况）——马克思本人的理论与占主导地位的那种马克思主义的历史经历没有关系，至少是没有实质性的关系，从而增加了一些对问题进行分析的难度。我的论点很简单。已经消亡的是作为一种现代性理论的马克思主义；这种现代性理论是与自由主义的现代性理论同步发展形成的，而实际上主要是受了自由主义的现代性理论的启示而发展形成的。尚未消亡的是作为对现代性及其历史表现形式——资本主义世界经济体系进行批判的马克思主义。已经消亡的是作为改良主义战略的马克思列宁主义。尚未消亡的是激励诚笃的社会力量进行反对现行世界体系的那些抨击言论——得人心的马克思的语言表现形式。

我认为，占主导地位的马克思主义（马克思列宁主义）的基础是研究马克思的学者们和马克思主义积极分子们在各政党多年的实践中不断提出的五大主要观点。

（1）为了达到人类的最终目标共产主义社会，必须走的第一步是尽快夺取国家政权。只有进行一场革命才能够做到这一点。

这一论点并不像看上去那样明确。"夺取国家政权"是什么意思？而更成问题的是，什么是一场"革命"？党内有关这些策略性问题的争论一直很激烈，也一直没有得出确定性的结论。这就是当时政治策略各种各样，并始终带有那么一点机会主义色彩的原因。

然而，占主导地位的是两种决策：不是人民起义，就是选举中获得压倒性的胜利。人们认为，这两种决策都对政权结构作了一种根本性的、永久性的变革，要想走回头路是不可能的。

没有政权的政党采取其力所能及的各种各样的手段竭力到达这

样一个转折点。那些已经取得政权的政党（即使是通过一条理论上没有设想到的道路）则采取其力所能及的各种各样的手段竭力保住政权，从而证实"革命"确是这样一个不可逆转的转折点。从这个意义上讲，政党上台执政犹如基督降临人间。这不是时间的结束——完全不是——而是历史发生变革的那个时刻。1989～1991年期间所发生的一系列重大事件之所以影响如此之深远（特别是对马列主义者们说来尤为如此），是因为不可逆转的历史性变革这一概念由此被证明是不正确的。这些事件不仅深为令人沮丧，更意味着政治行动的先期主要设想失去了价值。

（2）为了夺取并保住国家政权，所谓的进步力量和（或）工人阶级就必须建立一个组织性强的、具有普遍性的政党。

不管是德国社会民主党人所主张的群众性政党，还是布尔什维克党人主张的先锋式政党，都应成为其领导人和成员的精神寄托之所在；他们要为夺取并保住国家政权而献身。

因此党被视为其成员一切活动的中心（甚至是唯一的中心）。同其他组织的任何联系，乃至党纲以外的任何个人利益，都被视为对党的战斗力的严重损害。这根本不是无神论学说了，而很有点宗教意味了。这同样也是党敌视民族主义、种族主义、女权主义及诸如此类的运动的原因。

简而言之，党坚持认为：阶级矛盾是根本性的矛盾，而其他一切矛盾都是附带性的矛盾。因此，党一再重申：所有这些其他的斗争除非是出于暂时性的、辅助性的、策略性的原因而被纳入当时的党纲，否则就都是偏离了中心任务的。党所最担心的事，是其成员不无限忠于党。人们可能担心政党会建立一个非常极权主义的政府，但似乎很少有人担心执政党会建设一个极权主义的党。

这两个命题之间存在着一个根本性的矛盾。第二个命题是关于党的建制的：党是为了（似乎也很适宜于）作必要的动员以夺取政权而建立的；而党一旦掌握了政权，这一命题就全然不能当作一个原则来使用了。执政党的作用是很不明确的。事实上，执政党到能充分发挥作用时，就成了一决策机构，其中的一个很小的集团决定着当时一切的一切。领导权是十分个人化的，透明度很低。对大多数党员来说，党完全成了一件个人在日常生活中向上爬的工具。

在这一点上，党就绝对不再是精神寄托之所在了。对党外的人们来说，党就成了一种极不为法律所容的机构了；党内的人们则往往对党持怀疑态度了。党是个必须要考虑到的实在，但没有人再为之献身了。如果说"革命"没有成为不可逆转的话，那正是党的本质使然；党一旦夺取政权，其本质即暴露无遗。那些力图破坏共产主义制度的人们的主要目标就是要搞垮这类政党；世界格局一有变化，他们就可以得手了。

（3）为了从资本主义到达共产主义，必须经过一个称之为无产阶级专政的阶段，亦即将政权完全彻底地交给工人阶级。

专政和无产阶级这两个关键词引起了问题。"专政"一词不管其原本固有的意思如何，其在历史上的实际意思则是扬弃全部"自由主义"国家议会民主时期创设的（至少一部分是这一时期创设的）所谓资产阶级的公民权利。任何一个不受党控制的组织不但没有言论自由，甚至没有生存权。那些坚持独立于党的知识分子活动中心也有同样的遭遇。

然而，即使公开辩论只准一家之言，但这并不是说就没有政治讨论、不存在不同意见了。不过辩论绝对是不公开的，只限于少数人。人们偶尔也会大声嚷嚷，发表意见；这些意见有时也会对政治决策有点影响；只不过这是民意表达的唯一方式。

由于政府和党"代表"着工人阶级，所以专政是合理的。实际情况如何呢？无疑，许多领导人年轻时都是工人，其人数要比世界体系里其他国家来得多。然而他们一旦成为统治阶级的成员，就"资产阶级化"了，就构成地位显赫的社会阶层了。

而同样无疑的是：普通百姓中的熟练工人往往同学校教师和普通"脑力劳动者"挣得一样多，甚至还要多。这就形成了一种工资倒挂现象。然而工资倒挂与废除工资等级不是一码事。

工厂工人没办法行使工会权利对付资方。实际上，工人提要求的可能性比非社会主义国家的工人要小。但工人有一重大补偿：社会保障（特别是工作保障）和享有一种维持低生产率水平的隐性权利。然而这些社会利益实际上有赖于国家的总收入；而国家陷入严重财政困难（某种程度上是低生产率水平引起的）时，社会保障就大受影响了。所谓的社会主义国家不再能兑现其许诺了，从而引发了社会危机。从这种危机中兴起了团结工会及其后的种种事态的发展。

任凭官方怎么说，几乎没有什么人认为自己是真正生活在一个工人的国家里了。他们至多是认为自己生活在一个试图改善工人生活条件的政权之下——换句话说，生活在一个改良主义的国家里。这些国家所给予的一点点好处减少时，政府就失去了其社会基础。

（4）社会主义国家是向共产主义乌托邦发展的共同的、正确的道路上的一个必要阶段。

这是列宁主义（更确切地说，是斯大林主义）式的发展进步论；发展进步论本身是启蒙运动留给马克思主义（以及自由主义）的遗产，通过某种形式的否定，转而成了一种世俗化的基督教末世论。

以对发展进步怀有坚定信念为基础的阶段论，证明一切的一切都是正当的。这一阶段论断言党（发展进步的绝对可靠的保证人）所做的一切都是对的，从而就不仅给予了前三个论点，而且给予了任何一种偏离马克思主义传统思想所设计的道路的行为道义上和理性上的支持。

由于每个阶段都遵循着社会进化的规则，所以从理论上讲是不可能出现倒退的。再者，由于这些历史阶段是由党来确定的，所以每个党员就都成了发展进步的坚定的鼓吹者。最后一点，鉴于工人现在掌了权，所以国家就能够绝对无误地向前发展进步。发展进步论认可（其实是要求）新的革命国家受比较发达的革命国家保护——马列主义国家（以及所有进步国家）大家庭内老大哥高高在上的一种等级制度。一些人称之为帝国主义，其他人称之为天职。在公众舆论有理由相信有着实实在在的发展进步时，最最在上者的这一权利似乎还不那么令人厌恶。然而经济发展停滞时，潜在的矛盾公开化了，引发针对苏联的反帝感情，从而不仅导致了马列主义国家的混乱，而且导致了社会主义国家"世界"的分裂，一种地缘政治概念就此终结。

（5）为了从社会主义阶段（党掌权）向共产主义阶段过渡，必须"建设社会主义"，亦即寻求国家发展。

共产党在一些主权、独立（但被包围）的国家上台执政。马克思曾预言，最早的一批革命将会在技术最先进的国家发生，然而成功地夺取政权的事件却发生在世界经济体系的外围和半外围地区。

因此，"社会主义建设"大走样了。成了半外围（以及外围）国家追赶资本主义世界经济体系里中心地区的发展进程。这一发展进程的纲领包括三大主要之点。

第一点是制定计划。这需要有个非常庞大的政府机构。这一机构在"原始积累"时期是起了相当大的作用的。但在基础设施越来越现代化时，计划部门就必须承担起复杂得多的任务；而这又受到了党的牵制。制定计划最终成了一种经济官员们进行会谈协商的程序，官员们一而再、再而三地回头修改计划，使其符合实际的成果。

这无疑是一种导致失败的做法。

第二点是大力实现工业化并要尽可能地做到自力更生。这一目标忽视这样一个事实：即工业化并不仅仅是建起一些大工厂、添置一些机器设备——还要考虑到赢利问题，而这又有赖于不断在全球普及的技术。事实上，由于技术进步扩及全球（在很大程度上是由于"社会主义建设"的促进），社会主义国家的工业越来越没有竞争力，因而越来越难以赶上先进国家。

第三点是进行全面的、无所顾忌的变革。这与所说的共产主义社会完全不同，实在令人啼笑皆非。然而，在力主计划和工业化的同时，劳动力及其他一切的一切还必须受市场交易的支配，纵然这些交易是受中央严格控制的。

社会主义国家的发展起初还是取得巨大成就的。增长率很高，乐观主义情绪弥漫全国。然而20世纪70年代和80年代的经济停滞证明：这些国家同其他第三世界国家完全一样，也是外围和半外围国家。这些国家曾夸耀过自己的高速发展，但这会儿大大衰退了。

总而言之，政党的马克思主义（实际现行的马克思主义）的这五大主要观点逐一受到了那些曾经支持过它们的人们的怀疑。他们在放弃马克思列宁主义的同时，认为也在放弃马克思本人。但这并非易事。马克思被扔出前门后，必将会从窗户潜入。这是因为（正好相反），马克思既未丧失其政治价值，也未丧失其思想价值。我们现在就来谈谈这一点。

马克思的思想涵盖四大主要观念（这些观念绝大部分是马克思的思想，但不完全都是他的思想）；我认为，这些观念对研究分析现行世界体系仍然是有用的，甚至是不可或缺的。尽管20世纪里马克思列宁主义运动和国家经历了全面的失败，这些观念对我们所必须作出的政治抉择依然具有指导意义。

一、阶级斗争

我们首先不要忘记：国内对马列主义政党和国家的反抗在很大程度上体现为阶级矛盾——普通工人与新型的、颇为特殊的资产阶级变种（社会阶层）之间的矛盾（马克思肯定会像分析1848～1851年间法国的阶级斗争那样，欣然分析1980～1981年波兰危局中的资产阶级变种这一社会阶层的）。

不同阶级有着不同的（实际上是相反的）利益这一思想并不是马克思发明的观念。这一思想在 1750～1850 年间西欧历次大辩论中非常流行。这一思想甚至原本不是左派的思想。然而马克思和恩格斯在《共产党宣言》中使之远近皆知了，从此真正成了工人运动的特色思想。

主要存在着两种反对这一思想的意见。第一种是道义上的，也是政治上的。其意见为：不错，是普遍存在着阶级冲突，但冲突并非是不可避免的，也并非是人们所渴求的。这也就是说：阶级斗争仅仅是一种政治选择（从而是一种蓄意的选择），因此其道义性和合理性还是可以进行讨论的。提出这一观点的人们（通常都是政治上的右派）实际上是在向工人阶级提倡一种协商、和解与合作的政策。

不管这一政策多么灵验，这一倡议与马克思主义的分析结论毫不相容。虽然马克思的著作中确实有着某种特有的说教色彩，但马克思始终拒绝做一名说教者、鼓吹者。他要成为一名分析家、一名科学的分析家。因此，任何一个想要否定马克思的人必须置身于分析这一层面上。马克思没有号召工人（或其他人）从事阶级斗争；他注意到：他们具有旺盛的斗志，但往往没有充分意识到这一点。

马克思的论点基于两个广为（如果说不是普遍）认可的前提。第一个前提是：所有的人都力图改善其物质条件，并因此为反对那些剥削他们、利用他们困境得利的人们而进行斗争。这一主张很强烈、难以消除。然而事实上，被剥削者往往很软弱、逆来顺受、胆小怕事、不坚强、犹犹豫豫、不敢作敢为。因此，阶级斗争这一主张也只不过是对策略上的可能性所作的一种议论而已。

马克思的论点所基于的第二个前提是：处于客观上相同或相似状态的人们往往以同样的方式采取行动，因而我们可以考虑群体感应（这儿涉及的是阶级感应）这一问题了，然而没有一个群体是整齐划一、铁板一块的。再者，如果人们拒不研究分析社会群体的行动，就不可能阐明社会现实了。而马克思还只是强调了阶级斗争这一历史现实。为了反对这一前提，我们就必须从实际经验上来说明并未发生这样的斗争；可要这么做的确是非常难的。抑或人们应该说：关注阶级斗争是对的，但过分夸大了实际情况这一说法是比较可信的。然而照此说来，阶级斗争的重要性就比马克思主义者们所说的要小多了，其他形式的斗争就凸显了。这种反对意见是常有的，并非仅仅是来自于右派。世界各地的分析家们强调民族主义斗争、人种斗争、种族斗争、宗教斗争和性别斗争的重要性。显然，这类斗争是客观存在的，是很重要的；而必须承认，马克思主义者们（包括马克思本人）在很长的时间里往往忽视、轻视、无视甚至指责这类斗争；这是出于一个简单的理由：他们提心吊胆，生怕分裂工人阶级，因而千方百计力求避免工人阶级的分裂。这就导致了他们有意识地强调阶级斗争，而低估所有社会分歧在理论上的重要性。

马克思主义未能对民族主义斗争、人种斗争、种族斗争和性别斗争作充分的研究分析这一状况，已受到了广泛关注，为期至少 20 年了——也就是说，1989 年形形色色的共产主义垮台前很久就受到广泛关注了。那么，我们是否因此就可推断说这些社会斗争都是同样重要的呢？马克思本人曾在《路易·波拿巴的雾月十八日》一书中力图说明小自耕农的斗争归根结底是工人阶级斗争的一种形式这一观点。

其他形式斗争的爆发根本否定不了阶级斗争是不可避免的、极其主要的这一论点；这是因为一向都可以这么说：其他形式的斗争是阶级斗争的伪装形式。无疑，马克思的论点具有极强的说服力，以至人们可以令人信服地说：许多阶级斗争是以"民众"之间的斗争这一形式进行的。当然，我们必须阐明这一状况发生的原因和情形。而我们一旦阐明了这一状况，就更加了解现代历史的兴衰情景了，因而无须多言，也就难以颂扬一统天下、包揽一切地组织起来的党的长处了。

二、两极分化

马克思对两极分化现象的重视表现在两个方面。一方面，马克思十分强调经济两极分化的倾向——贫困化；他以此说明贫者愈贫、富者愈富这层意思。另一方面，他也力图分析社会两极分化；他以此说明人们不是成为资产者就是成为无产者，所有中间难以归类的群体均将消失这层意思。

贫困化这一论点长期以来一直受到强烈的抵制，理由是：至少一个世纪以来，工业化国家里工人阶级的实际工资在不断增加。得出的结论是：不存在绝对的两极分化；而且由于福利制度进行的再分配，就连相对的两极分化势头也减弱了。因此说马克思完全错了。

工人阶级（更确切地说，熟练工人）的实际收入的确是在不断增加，所以资产阶级和无产阶级之间绝对的两极分化并未发生（然而我们对相对的两极分化就难以说清楚了）。但我们如果对各工业化国家一个一个地进行考察，就要犯各政党的马克思主义者们和古典自由主义者们所犯的同一个理论错误了。其实，成问题的国家是资本主义世界经济体系的组成部分，并是重要的一部分；而在资本主义世界经济体系里发生了马克思所说的发展进程。人们一将资本主义世界经济体系看作是一个分析整体，就会发现两个问题。

首先，世界经济这一层面上贫困化是一直存在的。不仅仅存在着相对的贫困化（就连世界银行也承认这一点），还存在着绝对的贫困化（例如外围地区越来越难以向其人口提供足够的基本食品了，这就是明证）。

其次，一种极其狭窄的视角歪曲了对工业化国家里工人阶级不断增长的实际收入的观察。我们往往忘记这样一个事实：即所有这些国家（起初主要是美国，现在是所有的国家了）不断接纳来自外围地区的移民，都成了移民国家。而这些移民的实际收入并未不断增长。这又使我们想到了上文提及的阶级斗争与"民众"斗争的关系。

实际收入不断增长的"工人阶级"主要系由当地的"本土人"或占主导地位的种族群体构成。而下层主要是第一代或第二代移民；经济两极分化对他们来说依然如故。他们不是"当地人"，往往在人种或种族的旗帜下进行斗争。人们可以否定社会两极分化仅仅是真正的资产阶级和无产阶级之间的现象这一点了；那样看太狭隘了（主要是反映了19世纪的社会状况）。然而，我们如果应用一种比较恰当的说法——主要依靠现有收入为生的人们是两极分化的，就发现马克思是完全正确的。世界人口中甚至会有更多的人不是落入这一极就是落入另一极。他们既不靠自己的财产为生，也不靠自己的租金为生，而是靠源自于他们因已然汇入世界经济实际发展进程所得的收入为生的。

三、意识形态

马克思是个唯物主义者。他认为思想不是无中生有的，不是知识分子冥思苦想的产物。他说，我们的思想、我们的知识反映着我们生活的社会现实；从这个意义上讲，我们的所有思想源自于某种特定的意识形态氛围。许多人都爱指明：这一原理也应该适用于马克思本人和工人阶级——马克思将工人阶级归于一种特殊的范畴，视其为代表全人类利益的阶级。诚然，这一说法是站得住脚的，但只不过是扩大了马克思的论点所适用的范围。

当今在重新研究、探讨 19 世纪里整个有关史学和社会科学的思想遗产时，考虑一下我们的思想和思想家们的社会基础，看来比以往任何时候都更加必要了。显然，马克思并不是社会决定意识这一论点的首创者，然而这一论点与其世界观紧密相连。通常被认为是一个马克思主义命题。因此，没有理由低估分析意识形态（包括马克思主义）的重要性和马克思对这一分析所做的贡献的重要性。

四、异化

异化这一观念没有其他观念那样为人们所熟知；这是因为马克思本人不常用这一观念，也因为一些分析家们认为这一观念只不过是"青年马克思"的思想，所以将其置之一旁而不顾。这真可惜，我认为这是马克思的思想中非常重要的一个观念。

马克思认为异化体现了资本主义文明的一切罪恶，所以视其消失为未来共产主义社会最重大的成就。这是因为根据马克思的说法，异化是使人丧失本性的痼疾——其主要表现形式是财产。为反对异化而进行斗争，就是为恢复人的尊严而进行斗争。

回答这一论点的唯一办法是确认：异化为必然的痼疾（一种原罪），要想治愈，只有最终消除其最为有害的表现形式，别无良策。然而难以否认：我们这个时代巨大的社会忧患就是异化。

马克思使我们得以设想另外一种社会秩序。他的确是因未能详细说明其理想社会的状况，而常常受到指责；然而时至今日我们也未能说出个样子来啊。他的思想没有问题。如果弃之一旁全然不顾，会对谁有好处呢？形势又会怎么样呢？

（郝名玮　张凡 译）

马歇尔·伯曼

　　马歇尔·伯曼（Marshall Berman），任教于美国纽约市立大学，讲授政治理论和城市生活研究。主要著作有《一切坚固的东西都烟消云散了——现代性体验》和《本真性政治学：激进政治学与现代社会的出现》。

　　《一切坚固的东西都烟消云散了——现代性体验》是伯曼于1981年出版的一本著作，书名取自马克思《共产党宣言》中的一句话，伯曼用这句话描绘出现代性的形象。在《导论：现代性的昨天、今天和明天》中，作者阐明了现代性的含义、现代性的发展阶段、作者对现代性的基本立场以及作者写作此书的目的。在作者看来，现代性是一种经验，这种经验就是发现自己处在一个"一切坚固的东西都烟消云散了"的世界中，但同时在这个世界中孕育着我们去改变自己和世界的希望。在作者看来，现代性可以分为三个阶段：（1）16世纪初至18世纪末美国和法国大革命之前；（2）始于18世纪90年代的大革命浪潮；（3）20世纪，现代性的过程扩展到了全世界。每一个阶段都有思想家对其作出回应，第一阶段是卢梭，他是通过他的著作第一个对现代生活作出激烈反应的人，从而成为研究现代传统的源泉。第二阶段则是尼采和马克思。在作者看来，以尼采和马克思为代表的所有19世纪的现代主义者的思想中包含着一种张力，他们一方面为现代性摧毁传统的结构而欢欣鼓舞，认为它为人类的未来开辟了道路，但是另一方面他们也知道人类要为这种进步付出惨重的代价，因此从来不丧失批判的能力。但是20世纪的思想家对于现代性的态度却趋于"极端化和平面化"，即要么全盘肯定，要么坚决反对。前者的代表是未来主义者，后者的代表则是韦伯。这两种态度发展到20世纪60年代，更分化为肯定的、否定的和避免的这样三种对现代性的态度。它们主要体现在现代主义不同的艺术流派中。而到了70年代，除了福科，其他对于现代性的思想论述已经黯然失色了。在这种情况下，作者想要复活"19世纪生气勃勃的辩证的现代主义"思想，从而"重新感觉到我们自己时代的现代之根"，以此来获得"创造21世纪的现代主义所须的见解和勇气"。因此，本书的主要内容是以19世纪的政治和社会革命为背景，通过分析歌德、马克思、陀思妥耶夫斯基等人的作品，向读者展示一幅充满矛盾和暧昧不明的现代世界画面；并通过重新阐释马克思和深入思考罗伯特·摩西对现代城市生活的影响，标示出现代生活在20世纪及其以后的发展轨迹。伯曼的结论是乐观的，他认为适应不断的变化是可能的，建设真正现代社会的希望也正是在这里。

　　本书选取了这部著作的第二章《一切坚固的东西都烟消云散了：马克思、现代主义和现代化》。在这一部分中，作者首先指出，近代以来对于现代性的思考已分裂为经济与政治方面的"现代化"和艺术、文化和感受力方面的"现代主义"两部分。而马克思向来是被归入在论述现代化的思想家的行列之中。但作者以马克思的《共产党宣言》为依据，认为"《共产党宣言》表达了现代主义文化中某些最深刻的洞见，同时也将现代主义文化中某些最深刻的内在矛盾戏剧化了"，它将代表"未来一个世纪的现代主义运动和宣言的原型"。因此，马克思的思想是一个整体，它能够澄清现代化的世界——资本主义社会与现代主义文化之间的关系，这一点，是马克思比任何现代主义和反现代主义者高明和深刻之处。接着作者就具体阐释了《共产党宣言》中所蕴含的现代主义的思想。在这一阐释的过程中，作者时时提示马克思思想中所表现出来的内在张力和紧张，即马克思一方面论述了资本主义社会"永不满足的欲望和冲动、不断的革命、无限的发展、一切生活领域中不断的创造和更新；另一方面则是虚无主义、永不满足的破坏、生活的碎裂和吞没、黑暗的中心、恐怖"。作者认为，正是这种内在的张力和紧张是马克思历史唯物主义的力量源泉。它将使我们能更加深入地把握现代生活的矛盾，从而找到一条更好地超越矛盾的道路。

一切坚固的东西都烟消云散了:马克思、现代主义和现代化[①]

我们已经看到,歌德的《浮士德》——被公认为是现代精神探索的一个典范——是怎样在现代物质生活的转变中达到故事的结尾但也是悲剧性的灾难的。我们不久还将看到,马克思的"历史唯物主义"的真正力量和独创性,是怎样照亮现代精神生活的。歌德与马克思具有同样的观点,具有这种观点的人在他们的时代要远比我们自己的时代多得多:他们都相信,"现代生活"包含着一个紧密结合在一起的整体。正是这种整体感,使得普希金把《浮士德》看作为"描述现代生活的《伊利亚特》"。它预设了生活和经验的一种统一,将现代政治学和心理学、现代的工业和精神,以及现代的统治阶级和工人阶级都包含在内。这一章将试图恢复和重构马克思将现代生活看作一个整体的图景。

① 选自《一切坚固的东西都烟消云散了——现代性体验》,北京,商务印书馆,2003。

值得指出的是，这种整体感是与当代思想的成果背道而驰的。近来对于现代性的思考已分裂为两个彼此隔绝的不同部分：经济与政治方面的"现代化"，与艺术、文化和感受力方面的"现代主义"。假如我们要在这种两元性之中确定马克思的位置，那么我们将发现，马克思在论述现代化的文献中占有突出的位置，这不会使人感到奇怪。即使是那些自称要驳斥马克思的著作家们一般也承认，马克思的工作是他们自己工作的主要参照源和参照点。另一方面，在论述现代主义的文献中，马克思却没有得到任何承认。现代主义的文化和意识常常被追溯至马克思的同代人或19世纪40年代的人物身上——波德莱尔、福楼拜、瓦格纳、克尔凯郭尔、陀思妥耶夫斯基等等——但马克思本人在这个家谱表上甚至连分支也不是。即使在论述这些人时提到了马克思，那也是作为陪衬，有时候是作为一个更早的更加头脑简单的时代——如启蒙时期，这个时代的清晰前景和固定的价值观念据说已被现代主义所摧毁——的幸存者。有些著作家（如纳巴科夫），将马克思描绘为一个压碎现代精神的僵死重物；另外有些人（如共产党人时期的卢卡奇），则认为马克思的见地要远比那些现代主义者更明智、更健康和更"真实"；但每个人看来都同意，马克思与那些现代主义者完全不同。

然而，我们越接近马克思实际上所说的东西，这种两元性就越讲不通。例如"一切坚固的东西都烟消云散了"这样一个形象。这一形象所包含的宇宙范围和视觉上的宏伟，它所拥有的高度压缩了的戏剧性力量，它所具有的含糊的启示意义，以及它的观点所蕴含的歧义性——那种摧毁性的热力同时也是极大的能量和一种生命的外溢——所有这些品质都被认为是现代主义想象的特点。它们正是我们准备在兰波或尼采、里尔克或叶芝身上找到的那种东西——"事物破碎了，中心不复存在"。而这个形象正是来自马克思，来自《共产党宣言》的核心部分，而不是来自任何神秘难解的被长期埋没的早期手稿。它是马克思对"现代资产阶级社会"的描述达到高潮时的产物。假如我们看一看引出这一形象的整个句子，即"一切坚固的东西都烟消云散了，一切神圣的东西都被亵渎了，人们终于不得不冷静地直面他们生活的真实状况和他们的相互关系"，就能更清楚地看出马克思与现代主义者的亲缘关系。这句话中宣告了一切神圣事物毁灭的第二个句子，要比"上帝不存在"这一标准的19世纪唯物主义断言更复杂更令人感兴趣。马克思在时间的层面上运动，努力使人们注意到一种正在继续的历史戏剧和精神创伤。他是说，神圣的氛围突然消失了，除非我们正视不在场的东西，否则就无法理解当前的自我。这句话中的最后一个句子——"人们终于不得不直面……"——不仅描述了人们要面对一种令人困惑的现实，而且突出了这种面对，迫使读者进入这种面对——并且的确也迫使作者进入这种面对，因为"人们"，即马克思所说的 die Menschen，全都身在其中，既是那种使得一切坚固的东西都烟消云散了的普遍存在过程的主体，也是那种过程的客体。

假如我们注意这幅现代主义的"融化"图景，那么我们会发现，这幅图景贯穿了马克思的著作。它处处都像一种回流，对抗着我们熟知的比较"坚固的"马克思主义图景。这幅图景在《共产党宣言》中尤其活跃并且令人注目。的确，它使人以一种全新的眼光来看待《共产党宣言》，把《共产党宣言》看作未来一个世纪的现代主义运动和宣言的原型。《共产党宣言》表达了现代主义文化中某些最深刻的洞见，同时也将现代主义文化中某些最深刻的内在矛盾戏剧化了。

说到这儿，人们可以不无道理地发问，对马克思难道不是已经有了太多的解释了吗？我们是否真的还需要一个现代主义者马克思，一个与艾略特、卡夫卡、勋伯格、施泰因和阿尔托有着相似精神的人物？我以为我们需要，这不仅是因为马克思是个现代主义者，而且是因为他说了某种独特而重要的东西。事实上，马克思能够告诉我们许多关于现代主义的东西，正如现代主义能够告诉我们许多关于马克思的东西。现代主义的思想，虽然能够清楚地说明每个人和每件事的黑暗一面，却表明它自己也存在着一些被压抑了的黑暗角落，而马克思能够对它们作出新的说明。特别是，马克思能够澄清现代主义文化与产生出它的资产阶级经济和社会——"现代化"的世界——两者之间的关系，我们将看到，这两者所具有的共同之处比现代主义者或资产阶级所愿意设想的要多得多。我们将看到，马克思主义、现代主义和资产阶级在一种奇怪的辩证舞蹈中被卷到了一起，假如我们注意它们的运动，我们就能了解一些有关我们大家共有的现代世界的重要东西。

一、融化的图景及其辩证法

《共产党宣言》以现代资产阶级与无产阶级的发展以及两者之间的斗争这一中心论题而闻名。但我们能够发现，在这个论题内部还存在着另外一个论题，在作者对历史的真实过程与重大斗争的含义的认识中，还存在着另外一种斗争。我们可以将这种冲突描述为，在马克思的认识中，现代生活分别有一幅"坚固的"图景和一幅"融化的"图景，而两者之间存在着一种张力。

《共产党宣言》的第一节"资产者和与无产者"，着手对今天所谓的现代化过程作了一个概述，为马克思所坚信的这一过程必将来到的革命高潮作了铺垫。在此马克思描述了坚固的现代制度的核心。首先，出现了一个世界市场。世界市场的扩展吸收并摧毁了它所触及到的一切地方和地区的市场。生产和消费——以及人的需要——日益国际化和世界化。人类欲望和需求的扩大远远超出了地方工业的能力，导致地方工业的崩溃。世界性的交通规模已经形成，技术复杂的大众传媒已经出现。资本日益集中在少数人手里。独立的农民和手工业者无法与资本主义的大批量生产竞争，被迫离开土地，关闭自己的手工作坊。生产日益合理化地集中在高度自动的工厂中（农村中也没有什么不同，农场变成了"田野里的工厂"，没有离开农村的农民变成了农业无产阶级）。大量背井离乡的穷人拥入了城市，使得城市几乎在一夜之间魔术般地——也是灾变性地——冒了出来。为了让这些巨大的变化能够相对平稳地进行下去，必须要在法律、财政和行政方面出现某种中央集权，而这种中央集权的确伴随着资本主义出现在世界各地。民族国家兴起了，并且积聚了巨大的力量，尽管这种力量不断地遭到国际化资本的破坏。与此同时，产业工人逐渐地觉醒，有了某种阶级意识，起来反抗自己生活中的悲惨境地和长期压迫。我们读到这些东西时，发觉自己对此十分熟悉；这些过程现在仍然在我们周围展开着，而经历了一个世纪的马克思主义已帮助建立了一种能够让人理解这些过程的语言。

不过，如果我们专心致志地继续读下去，奇怪的事情便开始发生。马克思的行文突然变得明亮、热烈；灿烂的形象一个接着一个，又彼此融合在一起；我们不由自主地在其中颠簸，颠簸的强烈狂乱让人透不过气来。马克思不仅在描述，而且在启发和展现，资本主义赋予现代生活每个层面的疯狂步子和节奏。他使我们感到，我们就是行动的一部分，被抛入了急流，随着激流颠簸，失去了控制，一下子被向前的猛冲搞得头晕目眩，陷入了危险。

这样读了几页之后，我们感到心旷神怡，但也困惑不已；我们发现，我们周围的坚固的社会结构已经融化。等到马克思的无产阶级最后出现、要走上世界舞台扮演自己的角色时，这个世界舞台已经在演员的脚下分崩离析，转变成了某种无法辨认的超现实的东西，一种变换着外形的活动结构。这种融化的图景的内在活力似乎已控制住了马克思，并且带着他——和工人们，和我们——远远越过了他预定的故事情节的范围，到达了他的革命脚本不得不大加修改的地方。

《共产党宣言》的核心部分所表现出来的悖论，几乎从这本书的一开始就很明显：具体说来，这种悖论从马克思开始描写资产阶级时就出现了。"资产阶级"，他开始道，"在历史上曾经起过非常革命的作用"。此后几页中令人吃惊的东西是，他似乎不是为了埋葬资产阶级而是为了称赞资产阶级。他深情地、热烈地、常常是抒情地赞扬了资产阶级的工作、观念和成就。的确，他在这几页中努力称赞了资产阶级，其称赞的有力程度和深刻程度都是资产阶级的成员在称赞自己时从来不懂得的。

资产阶级究竟做了什么值得马克思称赞的事情呢？首先，他们"第一次证明了，人的活动能够取得什么样的成就"。马克思的意思并不是说，资产阶级是历史上首次颂扬 vita activa① 的观念即对世界持一种积极态度的人。自文艺复兴以来，这种观念一直是西方文化的一个中心主题；在马克思自己的世纪，在浪漫主义和革命的、拿破仑和拜伦和歌德的《浮士德》的时代，这种观念已产生了新的深度和共鸣。马克思自己也将在新的方向上发展这种观念，并且它将继续演化，进入我们自己的时代。马克思的意思是说，对现代的诗人、艺术家和知识分子来说仅仅是梦想的事情，现代的资产阶级在实际上做到了。资产阶级"完成了远在埃及金字塔、罗马水道和哥特式教堂之上的奇迹"；它"进行了任何先前的民族大迁移和十字军东征都无法与之比拟的远征"。资产阶级的天才活动首先表现在伟大的物质建设工程上——原料加工厂和产品工厂、桥梁和运河、铁路、所有构成了浮士德的最终成就的公共工程——它们是现时代的金字塔和大教堂。其次，发生了大规模的人群迁移——到城市、到边疆、到新的土地——对于这样的迁移，资产阶级有时采取鼓励的态度，有时进行野蛮的强迫，有时给予资助，并且总是为了利润加以利用。马克思在一段激动人心的、令人感慨的话中，传达了资产阶级积极行动的节奏和戏剧："资产阶级在它的不到一百年的阶级统治中所创造的生产力，比过去一切世代创造的全部生产力还要多，还要大。

① 拉丁文，意为"积极生活"。——译注

自然力的征服，机器的采用，化学在工业和农业中的应用，轮船的行驶，铁路的通行，电报的使用，整个大陆的开垦，河川的通航，仿佛用法术从地下呼唤出来的大量人口——过去哪一个世纪能够料想到有这样的生产力潜伏在社会劳动里呢？"

马克思既不是第一个也不是最后一个称颂现代资产阶级的技术和社会组织的胜利的作者。但他的赞歌无论在它强调的方面还是在它忽略的方面，都与众不同。虽然马克思自认为是个唯物主义者，他感兴趣的东西主要倒不是资产阶级所创造的东西。对他来说，重要的是人类生活和活动的过程、力量和表述：人们工作、运动、开垦、交往、组织或重组大自然和他们自己——资产阶级所带来的新的和不断更新的活动模式。马克思并没有（遵循从圣西门一直到麦克鲁汉的传统）详细论述特定的发明和革新本身；使他激动的是那种积极主动并且有创造性的过程，通过这种过程，一种事物导致了另一种事物，梦想变形为蓝图，幻想变形为资产负债表，最大胆放肆的想法得到了采纳并付诸行动（"仿佛用法术从地下呼唤出来的大量人口"），点燃并且培养出了新的生活形式和活动形式。

正如马克思所看到的，对资产阶级积极行动的嘲弄在于，资产阶级被迫关闭了自己走向其最富有成果的可能性的道路，这些可能性只能由那些打垮其力量的人来实现了。就资产阶级所展现出来的一切了不起的活动模式而言，对其成员来说真正有价值的唯一活动就是挣钱、积累资本和堆积剩余价值；他们的一切事业都只不过是达到这个目的的手段，其本身只有短暂的媒介性质的意义。对马克思来说如此重要的那种积极主动的力量和过程，在其生产者的心目中仅仅是些偶然的副产品。不过，资产阶级已首次使自己成为这样一种统治阶级，其权威不是建立在他们祖先的身份之上，而是建立在他们自身所做的实际工作之上。他们认为良好的生活就是行动的生活，为这种生活创造出了生动鲜明的新形象。他们证明了，通过有组织的一致行动，有可能真正改变世界。

可是让资产阶级感到困窘的是，他们没有足够的勇气去俯视自己已开辟出来的道路：宽广的康庄大道也许会转变为无底的深渊。他们继续发挥着自己的革命作用，却不得不拒绝在广度和深度上充分地发挥这种作用。可是激进的思想家和工人们并不接受这种束缚，他们能够看到这些道路通往何处并且接受它们。如果良好的生活是一种行动的生活，为什么人类活动的范围应当限制在那些能够盈利的活动上面呢？现代人既然已经看到了人的活动能够创造出什么东西来，为什么还应当被动地接受自己被给予的社会结构呢？既然有组织的一致行动能够以如此多的方式来改变世界，为什么不联合起来共同奋斗，来进一步改变这个世界呢？推翻资产阶级统治的"革命活动，实践批判活动"，将是对资产阶级自己解放出来的主动积极的能量的一种表达。马克思以赞扬而不是埋葬资产阶级开始；但如果他的辩证法起作用，那么最终将埋葬资产阶级的，却正是他所赞扬的资产阶级的那些优点。

资产阶级的第二个伟大成就，是解放了人类发展的能力和冲动，这种发展是指永恒的变化以及每一种个人和社会生活方式的不断变动和更新。马克思表明，这种冲动深深地扎根于资产阶级经济的日常工作和需要之中。受这种经济影响的每个人都会发现，自己处于无情竞争的压力之下，无论是在大街上还是在世界上。每个资产者，从最小的到最强大的资产者，都在压力下不得不进行革新，目的仅仅是为了他的企业和他本人能够生存下去；任何人如果不根据自己的意志主动地变化，就会成为市场统治者无情地强加于人的那些变化的被动牺牲品。这意味着，作为一个整体，资产阶级"除非使生产工具不断地变革否则就不能生存下去"。但是塑造和推动现代经济的各种力量无法彼此分割独立，从生活的整体中割裂出来。于是迫使生产不断革命化的强大的严酷压力必然会溢出，从而改变马克思所说的"生产条件"（或者说是"生产关系"），"并且从而改变全部社会状况和社会关系"①。

说到这儿，由于他努力要把握的那种不顾一切的活力的推动，马克思作出了一个想象的巨大跳跃："生产的不断革命，一切社会关系不停的动荡，永远的不确定和骚动不安，这就是资产阶级时代区别于过去一切时代的特征。一切固定的冻结实了的关系以及与之相适应的古老的令人尊崇的观念和见解，都被扫除了，一切新形成的关系等不到固定下来就陈旧了。一切坚固的东西都烟消云散了，一切神圣的东西都被亵渎了，人们终于不得不冷静地直面他们生活的真实状况和他们的相互关系。"所有这一切，让我们这些"现代资产阶级社会"的成员处于何种境地呢？它使我们所有人都陷入了奇怪的矛盾的境地。我们的生活受到了一个不仅是变化而且是危机和无序都对其有好处的统治阶级的控制。"不停的动荡，永远的不确定和

---

① 此处所用的德文单词是 Verhaltnisse，可以翻译为"conditions（状况）"、"relations（关系）"、"relationships（关系）"、"circumstances（环境）"、"affairs（事态）"，等等。在这篇文章的不同地方，这个单词可作不同的翻译，应视语境而定。

骚动不安"，但不是颠覆这个社会，实际上是起到了巩固它的作用。大灾难转化成了有利可图的重新发展和更新的机会；分裂起到了一种发动的作用，从而成为整合的力量。真正困扰着统治阶级，并且真正危及到它按自己的形象创造出来的世界的一个幽灵，是传统的精英们（在这件事上还有传统的大众）始终渴望的一件事：长期不变的稳定。在这个世界上，稳定只能意味着熵，意味着缓慢的死亡，而我们的进步感和成长感是我们确信自己活着的唯一方式。说我们的社会正在破碎只不过是说，它活着并且活得很好。

这种不断的革命产生出了哪些种类的人呢？无论哪个阶级的人们，若要在现代社会中生存下去，他们的性格就必须要接受这个社会的可变和开放的形式。现代的男女们必须要学会渴望变化：不仅要在自己的个人和社会生活中不拒绝变化，而且要积极地要求变化，主动地找出变化并将变化进行到底。他们必须学会不去怀念存在于真正的或幻想出来的过去之中的"固定的冻结实了的关系"，而必须学会喜欢变动，学会依靠更新而繁荣，学会在他们的生活状况和他们的相互关系中期待未来的发展。

马克思从他青年时期的德国人道主义文化中、从歌德和席勒以及他们的浪漫主义后继者的思想中，吸收了这种发展的理想。这个主题及其发展，至今仍然非常活跃——埃里克松①是其最著名的在世的倡导者——也许是德国对世界文化做出的最深刻最持久的贡献。马克思完全清楚自己与这些著作家及其知识传统的联系，他不断地提到他们并且引用他们的著作。但他明白，尽管他的大部分先驱并不明白——重要的例外是《浮士德》第二部的作者老年歌德——人道主义的自我发展是从正在出现的资产阶级经济发展中成长出来的。因此，尽管马克思激烈地抨击资产阶级经济，他仍然热情地接受这种经济所产生出来的人格结构。资本主义的麻烦在于，它到处摧毁自己创造出来的人的各种可能性。它培育了，其实是强制了，每个人的自我发展；但人们却只能有局限地扭曲地发展自己。那些能够在市场上运用的品格、冲动和才能，（常常是过早地）被匆忙地纳入发展的轨道，并且被疯狂地压榨干净；而我们身上其余的没有市场价值的一切，则受到了无情的压抑，或由于缺乏运用而衰亡，或根本就没有出生的机会。

---

① 埃里克松（1902—　），德国精神分析学家，1933 年移居美国，后期对现代人的伦理和政治问题特别感兴趣。——译注

马克思认为，当"现代工业的发展从它的脚下挖掉了资产阶级赖以生产和占有产品的基础"时，这种矛盾就会得到嘲弄性的圆满解决。资产阶级发展的内在生命和活力将扫除最初产生出这种发展的那个阶级。在个人发展的领域，我们同样能看到出现在经济发展中的这种辩证运动：在一个一切关系都很不稳定的体系内，资本主义的生活形式——私人财产、雇佣劳动、交换价值、对利润的永不满足的追求——怎么能够单独不变呢？如果任何阶级的欲望和感受力都变得永无止境永不满足、已适应于一切生活领域的永恒变动，那么还有什么东西能够使得它们在资产阶级社会中的作用保持固定不变呢？资产阶级社会越是激烈地刺激其成员去成长或死亡，其成员就越可能因成长而厌烦这个社会本身，而他们越是到最后激烈地将这个社会视为他们成长的累赘，他们就越会坚决地以它强迫他们去追求的新生活的名义来与它斗争。于是，资本主义将被它自己炽热的活力所融化。革命之后，"在发展的过程中"，财富得到重新分配，阶级特权被取消，每个人都可以享受教育，工人们则控制了工作的组织方式，到那时候——马克思在《共产党宣言》达到高潮时预言，最终，"代替那存在着阶级和阶级对立的资产阶级旧社会的，将是这样一个联合体，在那里，每个人的自由发展是一切人的自由发展的条件"。到那时，摆脱了市场需求并不再被市场扭曲的自我发展经历，就能够自由自发地进行；资产阶级社会曾经使这种自我发展成了一种噩梦，而现在它却能成为所有人快乐和美丽的源泉。

为了强调，对马克思来说，从他的早期著作一直到晚期著作，发展的理想始终是那么重要，我要暂时从《共产党宣言》那里退出来。马克思青年时期于1844年写的论述"异化劳动"的文章告诉我们，作为异化劳动的替代，人类真正选择的工作将能够使个人"自由地发展自己的肉体的和精神的（或心灵的）能力"。在《德意志意识形态》（1845～1846）中，共产主义的目标是"个人自身的全部能力的发展"。因为，"只有在与他人交往的集体中，每个个人才能获得全面培养其才能的手段，因此，只有在集体中，才可能有个人的自由"。在《资本论》第一卷论述"机器和现代工业"的一章中，超越资本主义的劳动分工，正是共产主义的本质之一："……只承担一种专门化的社会职能、部分发展的个人，必定要被那种适应于各种各样的劳动、乐意面对生产的任何变化、全面发展的个人所取代，对后者来说，他所承担的各种不同的社会职能，仅仅是使他自己天赋的和获得的能力得到自由发展的许许多多的形式而已。"这种共产主义的图景无疑具有现代性，其现代性首先在于它所具有的个人主义性质，但更多的是在于它的发展的理想，将发展的理想视为良好生活的形式；就此而论，马克思更接近于他的某些资产阶级和自由主义的敌人，而不是更接近于传统的共产主义倡导者，后者从柏拉图和早期基督教的教父们开始，就已将自我牺牲神圣化，不信任或憎恶个性，盼望一个结束一切冲突和斗争的静止点。我们再一次发现，马克思比资产阶级自身的成员和支持者对资产阶级社会中所发生的事情作出了更加热烈的反应。他在一个新的良好生活的形象——这种良好的生活并非一种最终完美的生活，也不是被规定的静态精华的体现，而是一种持续的、不停息的、无尽的和无限制的成长过程——中看到了资本主义发展的活力，既是每个个人的发展也是整体社会的发展。所以，他希望通过一种更加充分并且更加深刻的现代性来医治现代性的创伤。

二、革故鼎新的自毁

现在我们能够看到，马克思为什么要对资产阶级及其创造的世界如此兴奋如此热情了。不过我们现在还必须面对某种更加令人困惑的东西：在《共产党宣言》之后，整个资本主义的辩护，从弗格森到弗里德曼的辩护，都惊人地苍白无力、缺乏生气。资本主义的教士们极少对我们谈及它的无限的前景、它的革命力量和无畏精神、它的生气勃勃的创新、它的历险和浪漫、它的不仅使得人们更加舒适而且使得人们更具活力的能力。资产阶级及其意识形态专家是从来都不以谦虚著称的，可是看来他们仍然奇怪地决定不展示自己的大量光辉。我想，其原因乃在于这种光辉有着他们掩盖不了的黑暗一面。他们模糊地意识到了这一点，并为此深感困窘和害怕，以致他们宁愿忽视或否认他们自己的力量和创造性，也不愿正视他们的优点并与之一起生活。

资产阶级成员害怕予以承认的存在于自己身上的东西究竟是什么呢？他们害怕的并不是那种利用人、纯粹把别人当作工具或（在经济学的而非道德意义上的）商品的冲动。正如马克思所看到的，资产阶级并不会因为害怕有这种冲动而睡不着觉。毕竟，他们彼此都将对方当作工具或商品，甚至把自己也当作工具或商品，既然如此，为什么不可以把其他一切人都当作工具或商品呢？麻烦的真正根源是，资产阶级要求成为现代政治和文化中的"秩序党"（Party of Order）。那些投入到建设中的巨额金钱，以及如此多的这种建设所具有的自觉的纪念特征——的确，在马克思生活的整个世纪中，资产阶级内部的每一张桌椅都像是一个纪念碑——都证明了这种要求的真诚和认真。然而，正如马克思所见，事情的真相却是，资产阶级社会建设的每样东西都是为了被摧毁而建设起来的。"一切坚固的东西"——从我们穿在身上的衣服，到织出它们的织布机和纺织厂、操纵机器的男男女女、工人们所居住的房屋和小区、雇用工人的工厂和公司，一直到将所有这些人与物包容在内的城镇、整个地区乃至国家——所有这一切都是为了在明天被打破，被打碎、切割、碾磨或溶解制造出来的，因此它们能够在下星期就被复制或替换，而这整个过程能够一而再、再而三地、希望能永远为了获得更多的利润不断地继续下去。

所有资产阶级纪念物的令人哀怜之处在于，它们在物质上的强度和坚固性实际上毫无价值，无足轻重，它们像衰弱的芦苇那样被它们所纪念的资本主义发展的力量摧毁。甚至最漂亮的最打动人的资产阶级建筑物和公共工程也是一次性的，是针对快速的贬值损失被资本化的，其设计注定要过时，在其社会功能方面更接近于帐篷和野营地而不是更接近于"埃及的金字塔，罗马水道，哥特式教堂"。

假如我们深入到我们的资产阶级成员造就的这种暗淡景象的背后，看看他们的真实做法，我们就会看到，只要有利可图，这些体面的公民就会拆除整个世界。即便当他们用幻想出来的无产阶级的贪婪和报复来恐吓大家时，他们自己也还在通过不知疲倦的交易和发展，使大量的人、物、金钱在地球上到处横冲直撞，侵蚀和破坏每一个人的生活基础。他们的秘密——一种甚至试图不让自己知道的秘密——是，在外表的背后，他们实质上是历史上最具破坏性的统治阶级。晚近的一代人会用"虚无主义"予以命名的那些无法无天、无法衡量、爆炸性的冲动——尼采和他的追随者会将那种冲动归因于如上帝之死的那种宇宙性创伤——被马克思放到了市场经济的表面上看来平常乏味的日常运作之中。他揭示了现代资产阶级是一些技艺高超的虚无主义者，其程度远远超出了现代知识分子的想象能力。这些资产阶级已经使自己的创造性异化了，因为他们无法忍受去考察他们的创造性所开辟的道德的、社会的和心理的深渊。

马克思的一些最生动最打动人心的形象化描述，意在迫使我们去面对这种深渊。例如"这个曾经仿佛用法术创造了如此庞大的生产资料和交换手段的现代资产阶级社会，现在像一个巫师那样不能再支配自己用符咒呼唤出来的魔鬼了"。这种形象可以使人想起据认为已被现代资产阶级埋葬了的那个黑暗中世纪的精灵。资产阶级成员的面貌是摆事实讲道理，而不讲魔法；他们是启蒙时代的产儿，而不是黑暗时代的产儿。马克思把资产阶级描述为巫师——还说他们的事业"仿佛用法术从地下呼唤出来了大量的人口"，至于"共产主义的幽灵"就不必提了——其目的都是要指出被资产阶级所否认的底蕴。马克思的隐喻，无论是在这儿还是在别处，都突出了对现代世界的一种惊奇感：它的生气勃勃的力量令人炫目，势不可挡，超出了资产阶级能够想象的一切，更不必提能够计算或计划的东西了。但马克思的形象化描述也表达出了任何真正的惊奇感都必然伴随的东西：一种恐惧感。因为这个令人惊叹的不可思议的世界同时也是恶魔似的令人恐惧的，疯狂地不受控制的，前进时盲目地进行着威胁和破坏。资产阶级的成员压制了对自己制造出来的东西的惊奇和恐惧：这些占有者不想知道自己在何等深的程度上受到了控制。他们仅仅在个人和公众遭到毁灭时才去学习——也就是说，仅仅在太晚的时候才去学习。

马克思笔下的资产阶级巫师，其前身显然就是歌德笔下的浮士德，但也带有马克思那一代人心目中挥之不去的另一个文学人物的影子：雪莱夫人①笔下的弗兰肯施泰因。这些神话人物力图用科学和合理性来扩展人的力量，却使得恶魔似的力量非理性地爆发出来，超出了人的控制，并带有令人恐怖的后果。在歌德的《浮士德》的第二部中，最后使得浮士德成为过时人物的那个技艺高超的魔鬼，就是整个现代的社会体系。马克思笔下的资产阶级就在那种悲剧的轨道内运行。他将资产阶级的地狱放到一个世界性的背景之中，说明了，在成百万的工厂、银行和交易所中，黑暗的力量是怎样在光天化日之下起作用的，甚至最有力量的资产阶级也无法加以控制的不断的市场冲动是怎样驱动各种社会力量走向可怕的方向的。马克思的图景让人们对这种深渊如临其境。

这样，在《共产党宣言》的第一部分中，马克思从两个对立的方面展开了论述，这两个方面将塑造和激发未来一个世纪的现代主

---

① 雪莱夫人（1797—1851），英国女作家，大诗人雪莱的第二个妻子，以写《弗兰肯施泰因》闻名。——译注

义文化：一方面是永不满足的欲望和冲动、不断的革命、无限的发展、一切生活领域中不断的创造和更新；另一方面则是虚无主义、永不满足的破坏、生活的碎裂和吞没、黑暗的中心、恐怖。马克思表明了，资产阶级经济的内驱力和压力是怎样把这两类人的可能性注入到每一个现代人的生活之中的。随着时间的推移，现代主义者将创造出大量宇宙性的有启示意义的图景，即关于最灿烂的快乐和最阴郁的绝望的图景。许多最有创造性的现代主义艺术家将同时着迷于这两者，并不由自主地在这两极之间不停地来回摆动；它们的内在活力将再生和表达这种现代资本主义运动和生存的内部节奏。马克思使我们进入了这种生活过程的深处，于是我们感到自己有了一种放大了我们整个存在的生气勃勃的能量——同时被那些时时威胁要毁灭我们的震惊与大笑所抓住。接着，他借助于其语言和思想的力量，试图诱惑我们去相信他的图景，让我们跟随他走向前面的高潮。

资产阶级巫师的学徒，即革命的无产阶级成员，必然要从浮士德—弗兰肯施泰因式的资产阶级那里夺取对于现代生产力的控制权，完成这项任务后，他们将把这些不稳定的、爆炸性的社会力量转变为所有人的美与快乐的源泉，并将现代性的悲剧史带到幸福的终点。无论这一结局是否真的会到来，《共产党宣言》的想象力、它对于现代生活中普遍存在的各种光明的和可怕的可能性的表述和把握都是非凡的。《共产党宣言》除了具有其他种种特性之外，还是第一件伟大的现代主义艺术品。

但即便我们将《共产党宣言》尊为现代主义的一个典范，我们也还必须记住，典范不仅典型地表现了真理和力量，而且也典型地表现了内在的张力和紧张。于是，我们在《共产党宣言》及其杰出的继承者那里发现，与创造者的意图相反，并且很可能出乎创造者的意料之外，解决问题与革命的设想产生了它自身的内在批判，新的矛盾挤入了这种设想所编织的面纱之中。即便我们让自己随着马克思的辩证之流漂流，我们也感到，自己迷失于各种未探明的不确定的不安定的潮流之中。我们陷入了一系列马克思的意图与他的洞见、他的所欲与他的所见之间的激烈冲突之中。

以马克思的危机理论为例："周期性重复的危机，愈来愈危及到了整个资产阶级社会的生存。"在这些重复出现的危机中，"不仅有很大一部分制成的产品，而且有很大一部分已经造成的生产力，被一再地毁灭掉"。马克思似乎相信，这些危机将日益削弱资本主义，直至最后将它灭亡。然而，马克思自己对资产阶级社会的设想和分析又表明了，这种社会如何能够在危机和灾难之中繁荣兴旺："一方面不得不消灭大量生产力，另一方面夺取新的市场，更加彻底地利用旧的市场。"危机能够消灭那些根据市场的定义被认为是相对弱小和无效率的个人和公司；能够为新的投资和再发展开辟空间；能够迫使资产阶级比任何时候都更加彻底更加灵巧地进行创新、扩张和结合：从而危机可以出人预料地成为使得资本主义既有强度又有弹性的源泉。诚然，正如马克思所说，这些适应办法仅仅"为规模更大破坏性更强的危机"铺平了道路。但是，假定资产阶级有能力在破坏和动乱中有利可图，那么便不存在明显的理由来说明，为什么这些危机不能无限地螺旋上升，一方面毁灭个人、家庭、公司、城镇，另一方面却仍然完整无损地保持着资产阶级社会的生活和力量的结构。

其次我们可以考虑马克思对革命社会的设想。具有讽刺意味的是，这种社会的基础将由资产阶级自身奠定。"资产阶级无意中促成的工业进步，使工人们通过合作而达到的联合代替了他们由于竞争而造成的孤立。"现代工业中庞大的生产单位会将大量的工人聚拢在一起，会迫使他们在工作中相互依赖和合作——现代的劳动分工时时要求大范围的复杂合作——从而会让他们学会从集体出发来考虑问题并进行活动。资本主义生产无意中造成的联结工人们的集体纽带，将产生战斗的政治组织与联合，它们将反对并且最终推翻私有的原子性的资本主义社会关系构架。这是马克思所相信的。

然而，要是马克思对于现代性的全部设想是正确的，那么为什么资本主义工业所产生的社会形式应当比资本主义的其他任何产物都要更加坚实呢？这些集体最终难道就不会像这儿的其他一切事物一样，仅仅是暂时的、临时的、过渡性的？马克思在1856年提到，产业工人是"新型的人……同机器本身一样也是现代的产物"。但如果事情确实如此，那么他们的团结一致无论在任何给定的时刻多么令人印象深刻，最终也会像他们操纵的机器或他们制造出来的产品一样，是短暂的。工人们也许每隔一天都坚持在装配线或纠察线上，却在第二天就发现自己分散在不同的集体中，处于不同的状况，从事不同的产品生产，具有不同的需要和利益。资本主义的各种抽象形式似乎再一次继续存在着——资本、雇佣劳动、商品、剥削、剩余价值——而它们所含有的人的内容被抛入了永恒的流动之中。在如此松散和多变的土壤中，怎么能够生长出持久的人类纽带呢？

即便工人们确实建立起了一个成功的共产主义运动，即便这个运动产生了一场成功的革命，但身处现代生活大潮之中的工人们又将怎样设法去建立一个坚实的共产主义社会呢？什么东西可以防止融化了资本主义的各种社会力量不再进而融化共产主义呢？假如一切新的关系等不到固定下来就陈旧了，那么团结一致、友爱和相互帮助又如何能够保持下去呢？一个共产党政府可以试图通过一些基本的强行限制，不仅对经济活动和企业进行限制（每一个社会主义政府，还有每一个资本主义福利国家，都是这样做的），而且对个人的、文化的和政治的言说进行限制，来阻挡洪水。但如果这样的政策成功了，那不就违背了马克思主义关于每一个人和一切人的自由发展的目标了吗？马克思期望共产主义能够完成现代性，但共产主义如何能够在现代世界中巩固自己而又不压制它承诺要予以解放的那些现代活力呢？另一方面，假如它放任这些活力让其自由发挥，那么大众活力的自发流动就不会扫除新的社会形态本身吗？

于是，仅仅仔细地阅读《共产党宣言》并且认真地考虑它对现代性的设想，我们便对马克思的答案产生了一些严肃的问题。我们可以看到，马克思所见的近在眼前的那种实现，即便真能到来，也许还很遥远；我们可以看到，即便它真的到来了，它也可能仅仅是一个转瞬即逝的、过渡性的插曲，等不到固定下来就陈旧了，刚刚为我们所触及，就被将它带来的那股永远变化和进步的潮流卷走了，让我们无穷无尽地无助地随波逐流。我们还可以看到，共产主义为了保住自己，会怎样压制使自己得以产生的那种积极的、生气勃勃的发展性力量，会怎样违背许多使自己值得让人们去为之奋斗的希望，会怎样以一种新的名义再生资产阶级社会的不平等和矛盾。于是具有讽刺意味的是，我们能够看到，马克思关于现代性的辩证法正在重新展现它所描述的那个社会的命运，正在产生使自己烟消云散的活力和观念。

三、赤裸：本来面目的人

既然我们看到了现实中马克思的"融化"图景，我就想运用它来阐明《共产党宣言》中一些最有力的关于现代生活的形象。在下面的一段话中，马克思试图表明，资本主义是如何改变人们相互之间的关系以及他们与自身的关系的。虽然在马克思的句法中，"资产阶级"——在它到处引起巨大变化的经济活动中——是主体，而每个阶级中的现代男男女女都是客体，因为一切都改变了："资产阶级斩断了把人们束缚于其'天然长官'的形形色色的封建羁绊，它使人和人之间除了赤裸裸的利害关系，除了冷酷无情的现金交易，就再也没有任何别的联系了。它把宗教的虔诚、骑士的热忱、小市民的伤感这些情感的神圣激发，淹没在利己主义打算的冰水之中……资产阶级抹去了一切向来受人尊崇和令人敬畏的职业的灵光……资产阶级撕下了罩在家庭关系上的温情脉脉的面纱，把这种关系变成了纯粹的金钱关系……它用公开的、无耻的、直接的、露骨的剥削代替了由宗教幻想和政治幻想掩盖着的剥削。"马克思在这段话中描述了一种基本的对立，一方是公开的或赤裸的东西，另一方则是隐藏的、掩盖的、披上了外衣的东西。这种在东方和西方的思想中都一再出现的对立，到处都象征着"真实"世界和虚幻世界的一种区分。按古代和中世纪的大部分思辨，整个感觉经验的世界看来都是虚幻的——例如印度人所说的"'幻'的面纱"，而真实的世界则据认为只有通过肉体、空间和时间的超越才能达到。在某些传统中，实在是通过宗教和哲学的沉思才达到的；在另一些传统中，实在要到死后的来世中才能达到——例如使徒保罗说，"因为现在我们看事物都是隔着一层，看不清，但那时却是面对面地看"。

始于文艺复兴和宗教改革运动时期的现代转变，认为这两个世界都存在于地球之上和时间空间之中，都充满了人类。现在，那个虚假的世界被视为一种历史的过去，一个我们已经失去（或正在失去）的世界，而那个真实的世界则存在于此时此地我们所在的物质的和社会的世界中。这时一种新的象征出现了。衣服成了陈旧的、虚幻的生活方式的象征；赤裸被用来标志新发现的和新体验到的真相；于是脱衣服的行为成了一种精神解放和走向真实的行为。现代的色情诗歌阐明了这个主题，正如现代的情人嘲弄性地体验到了它；现代的悲剧揭示了它的令人敬畏和恐惧的深度。马克思在悲剧的传统中思考和工作。对他来说，外衣被撕掉了，面纱被撕下了，这个剥离的过程是猛烈的和野蛮的；然而，在某种程度上，现代历史的悲剧运动应当有一个美好的结局。

终结于马克思的关于赤裸的辩证法，在现代时期的开端，在莎士比亚的《李尔王》之中，就得到了规定。对李尔王来说，赤裸裸的真相是，除生命本身之外一个人在失去了能被他人剥夺的一切之后不得不面对的现实。我们看到，他那贪婪的家庭，加之他自己的盲目虚荣，撕下了罩在家庭关系上的温情脉脉的面纱。李尔王不仅被剥夺了政治权力，而且连丝毫的人类尊严也没有给留下，在一个可怕的狂风暴雨的半夜里被驱之门外。他说，这就是人类生活的最终结局：孤独的人和穷人被遗弃在冷漠之中，而恶人和畜生却在享受权力能够提供的一切温暖。这样的认识使人承受不了："人的天性受不了这样的折磨和恐怖"。但李尔王并没有被冰冷的暴风雨击垮，也没有逃避暴风雨；相反，他冲向猛烈的暴风雨，听凭狂风暴雨的吹打，向暴风雨宣战。当他与他的弄臣四处游走时（第三幕第四场），他们遇到了化装成疯乞丐的爱德加，赤裸裸一丝不挂，看起来比李尔王还惨。"难道人无非如此？"李尔王不解。"你才是原本的东西：本来面目的人……"就在这样的气氛中，李尔王撕脱了自己的皇袍——"去你的，去你的，你这些借来的劳什子"——在赤裸裸的真实性方面加入了"可怜人"的行列。李尔王相信，脱衣的行为把自己降到了最低的生存状况——"一个可怜、赤裸的两脚动物"，但具有讽刺意味的是，这个行为却是走向一个完整的人的第一步，因为，他第一次认识到了他自己与另一个人的一种联系。这种认识能使他增进自己的感受力和洞见，并能使他超越不能自拔的惨痛和苦难。当他打着寒战的时候，他逐渐地明白了，其实自己的王国充满了将一生都消耗在这无人理睬、无防备的苦难之中的人，而那种苦难正是他目前正在经历的。他先前掌握着权力的时候根本没有注意到，但现在由于视野的扩展他看到了：

> 赤裸裸的可怜人，不论你们在哪儿
> 遭受到这种无情的暴风雨敲打，
> 凭你们光光的脑袋、空空的肚皮，
> 凭你们穿洞、开窗的褴褛，将怎样
> 抵御这样的天气啊？啊，我过去
> 对这点太不关心了！治一治，豪华；
> 袒胸去体验穷苦人怎样感受吧，
> 好叫你给他们抖下多余的东西，
> 表明天道还有点公平。

只是到了现在，李尔王才适合于成为他要求成为的人物："彻头彻尾的国王。"他的悲剧在于，拯救了他的人性的大灾难却毁灭了他的政治生命：使得他真正够格成为一个国王的经验却使得他不可能再成为国王。他的胜利在于成就了自己从未梦想到要去成就的某种东西，即一个人。在这儿一种可指望的辩证法照亮了悲剧性的阴暗面和丑陋面。李尔王孤独地处在寒冷的风雨之中，开阔了视野和增加了勇气，从自己的孤独中摆脱出来，向自己的同伴伸出相互温暖的手。莎士比亚是要告诉我们，"本来面目的人"的令人痛苦的赤裸裸的现实，乃是必须作出适应性调整的起点，是真实的社会能够在此之上成长的唯一基础。

在 18 世纪，赤裸作为真相的隐喻，以及剥除作为自我发现的隐喻，得到了一种新的政治上的共鸣。在孟德斯鸠的《波斯人的信札》中，波斯妇女被迫披戴的面纱，象征着传统的社会等级强加于人们身上的一切压制。相反，巴黎大街上看不到面纱，则象征着一种新的社会，在那里"自由和平等盛行"，结果"一切都能说出来，一切都可看得见，一切都能听得到。人心像面孔一样清楚明白。"卢梭在他的《论艺术与科学》中指责了他那个时代中"一律的欺骗性的礼貌面纱"，他说，"君子就是喜欢一丝不挂地进行摔跤的运动员；他鄙视一切会阻碍运用其力量的令人讨厌的装饰"。所以赤裸的人将不仅是一个更加自由更加快乐的人，而且也是一个更好的人。将 18 世纪带入一个高潮的自由主义革命运动表达了这样一种信念：假如剥除了世袭的特权和社会角色，使得所有的人都能无拘无束地自由运用自己的一切能力，那么他们就会把这些能力用在整个人类的幸福上面。这儿我们发现，这种信念竟然令人毫不担心，赤裸的人将会做什么，会成为什么。我们在莎士比亚那里看到的辩证的复杂性和整体性消失了，取而代之的是狭隘的极端化。

这一时期反对革命的思考同样表现出一种狭隘的平面化的视角。例如伯克对法国大革命的论述："但现在一切都将改变。所有那些令人愉快的幻想，那些使权力变得温雅、使服从变得自由、使各种不同的生活色彩和谐一致的幻想……都将被这种新的征服性的理性之光帝国所消融。一切生活的遮羞布都将被粗暴地撕碎。一切外加的观念，那些为内心所拥有、为理智所批准、对于遮盖我们的软弱颤抖的本性的缺陷并在我们自己的评价中提升其尊严是必要的观念，都将作为一种可笑的、荒谬的和旧式的东西被破除。"18 世纪法国启蒙运动的哲学家们将赤裸想象为田园诗般的东西，以为它为一切人开创了美与幸福的新前景；而对伯克来说，赤裸却是一种反田园诗性质的东西，是一场十足的灾难，是陷落到一种将毁灭一切人与物的空无之中。伯克无法想象，现代人还有可能像李尔王那样，从他们彼此易受伤害的冷漠中学到某种东西。他们的唯一希望在于谎言：在于他们能够制造虚构的足够厚实的遮羞布，来压制他们对真实自我的可怕知识。

马克思在资产阶级革命和反动的余波中写作，期待着一个新的浪潮，对于他来说，赤裸与揭示的象征回到了两个世纪前莎士比亚赋予它们的辩证底蕴。资产阶级革命撕掉了"宗教幻想和政治幻想"的面纱，使得赤裸裸的权力和剥削、残酷和苦难像开放的创伤暴露了出来；与此同时，资产阶级革命也揭示并且暴露了新的选择和希望。一切时代的普通人都无穷尽地献身于他们的"天然的长官"并由此遭到摧残，而受过"利己主义打算的冰水"洗礼的现代人则与他们不同，无须服从于会摧残他们的主人，他们不仅没有被寒冷冻得麻木反而为其所激发。由于他们知道如何独立地思考，也知道如何顾及自己并为自己着想，他们就会要求清楚地说明，他们的老板和统治者为他们做了什么以及对他们做了什么，并且时刻准备着在自己没有得到真正的回报时进行抵抗和反叛。

马克思的希望是，一旦工人阶级中的本来面目的人"不得不……直面他们生活的真实状况和他们的相互关系"，他们就会走到一起，来克服他们彼此之间的冷漠。他们的联合将产生出一种能够促进新的集体生活的集体力量。《共产党宣言》的首要目标之一就是要指明走出冷漠的道路，培养并且强调对集体温暖的共同渴望。由于工人们只能通过与自我的最深层的精神支柱建立起联系，来克服痛苦和恐惧，他们就会准备战斗，去集体地认识到自我的美和价值。他们的共产主义一旦到来，将显现为一种透明的外衣，既能保暖，同时也能凸显出穿戴者的赤裸的美，从而使他们在容光焕发中认识自己并且彼此认识。

这种设想，正如我们经常可以在马克思那儿看到的，令人目眩，但当你努力观看时却又闪烁不定。不难想象，赤裸的辩证法还可以导致其他各种结局，尽管没有马克思设想的结局那么美丽，但其可能性却并不更小。现代的男女完全可能更喜欢卢梭式的绝对自我的独处的悲壮，或者伯克式的政治假面具的集体性着装的舒适，而不是更喜欢马克思试图将两者的优点融合在一起的努力。的确，鄙视并且害怕与其他人的联系会威胁到自我的完整的那种个人主义，以及试图将自我淹没在一种社会角色中的集体主义，也许比马克思的综合更有吸引力，因为它们在智力上和情感上都要容易得多。

此外还有一个问题，甚至会让马克思的辩证法寸步难行。马克思相信，资产阶级社会中生活的冲击和大变动和大灾难，能使得现代人在经历过它们后像李尔王那样，发现自己的"真实面目"。但如果资产阶级社会如马克思认为的那样动荡不定，那么其人民怎么能够确定任何真实的自我呢？自我在外部面对着各种各样的可能性和必需品的狂轰滥炸，在内部面对着各种不顾一切的冲动的驱使，是谁又能怎样明确地肯定，哪些东西是本质的而哪些东西仅仅是偶然的呢？新的赤裸的现代人的本性最终也许表明，它像旧的穿衣人的本性一样，难以捉摸和神秘莫测，也许更加难以捉摸，因为已不再存在对隐藏在面具后面的一个真实自我的幻想。于是，与集体和社会一起，个性本身也会融化在现代的空气之中。

四、价值观念的变形

虚无主义的问题在马克思所写的下一行中又出现了："资产阶级把个人的尊严变成了交换价值，用一种没有良心的贸易自由代替了无数特许的和自力挣得的自由。"这句话的第一个要点，是市场在现代人的精神生活中所具有的巨大力量：他们看着价格表，不仅是为了寻求经济问题的答案，而且也是为了寻求形而上学问题——什么是值得的，什么是可尊敬的，乃至什么是真实的——的答案。当马克思说其他的价值都"变成了"交换价值时，他的意思是说，资产阶级社会并没有抹掉而是吞并了旧的价值结构。旧的尊严方式并没有死亡；相反，它们并入了市场，贴上了价格标签，获得了一种作为商品的新的生命。于是，任何能够想象出来的人类行为方式，只要在经济上成为可能，就成为道德上可允许的，成为"有价值的"；只要付钱，任何事情都行得通。这就是现代虚无主义的全部含义。陀思妥耶夫斯基、尼采和他们的 20 世纪的继承者们会将之归罪于科学、理性主义和上帝的死亡。马克思则会说，其基础要远为具体和平凡得多：现代虚无主义被划入了日常的资产阶级经济秩序的机制之中——这种秩序将人的价值不多也不少地等同于市场价格，并且迫使我们尽可能地抬高自己的价格，从而扩张我们自己。

马克思对资产阶级虚无主义给生活带来的野蛮破坏感到震惊，但他相信，它有一种超越它自己的内在倾向。这种倾向的根源就是那种看似矛盾的"没有道德的"自由贸易原则。马克思认为，资产阶级的确信奉这种原则——信奉一种连续不断的无限制流通的商品流，一种市场价值的连续变形。假如如马克思相信的那样，资产阶级成员真的想要一个自由市场，那么他们就会不得不实施新产品进入市场的自由。而这又意味着，任何成熟的资产阶级社会必须不仅在经济上而且也在政治上和文化上，是一个真正的开放社会，从而人们不仅在事物上，而且也在观念、联合、法律和社会政策上，可以自由地到处选购，寻求最佳的交易。没有道德的自由贸易原则甚至将迫使资产阶级允许共产主义者享有一切商人所享有的基本权利，即向尽可能多的顾客提供、推销和出售自己的产品的权利。

于是，因马克思所谓的"知识领域内的自由竞争"，甚至最有颠覆性的作品和观念——如《共产党宣言》自身——也必须允许出现，只要它们卖得出去。马克思确信，一旦革命和共产主义的观念能为大众所知道，它们就会有销路，共产主义作为"广大群众的自觉的独立运动"就会恢复自己的地位。因此他能长期地与资产阶级虚无主义共处，因为他认为这种虚无主义是积极的生气勃勃的，即尼采所谓的一种有力量的虚无主义。由于其虚无主义的冲动和能量的推动，资产阶级会打开政治和文化的防洪闸门，泄去对它的革命报应。

这种辩证法提出了几个问题。第一个问题涉及资产阶级对没有道德的自由贸易原则的承诺，无论是在经济方面、政治方面还是在文化方面。事实上，这个原则在资产阶级的历史中一般是在违背而不是在遵从方面得到了更多的尊重。资产阶级成员，尤其是最有力量的资产阶级成员，一般都力图对他们的市场进行限制、操纵和控制。的确，数世纪以来他们将自己的大量创造性精力都花到了这样的做法上面——特许专利、控股公司、托拉斯、卡特尔和企业集团、保护性关税、价格垄断、公开的或隐蔽的国家补贴——同时却都伴随着对自由市场的赞歌。而且，即便在少数几个确实信奉自由交换的人当中，也没有几个人会将自由竞争不仅扩展到事物上面而且也扩展到观念上面。洪堡、穆勒，以及大法官霍尔姆斯、布兰代斯、道格拉斯和布莱克的看法，在资产阶级社会中至今仍然不占统治地位而处于防御状态，至多处于边缘地位。比较典型的资产阶级模式是，在野的时候鼓吹自由而执政的时候则压制自由。在此马克思有可能陷入危险——对于他来说是一种令人感到奇怪的危险，被资产阶级意识形态所鼓吹的东西牵着鼻子走，脱离有钱有权的人的实际做法。这是一个严重的问题，因为，假如资产阶级成员实际上根本不在乎自由，那么他们就会试图封闭自己控制的社会，不让新的观念进入，于是共产主义就会比任何时候都更加难以生根。马克思会说，他们对进步与创新的需要会迫使他们甚至对自己所害怕的观念也打开大门。然而他们的善于发明创造有可能通过一种真正的不知不觉的渐进改革来避免这样做：一致同意一种相互强加的平庸，以便使每个资产阶级成员避免竞争的风险，并使资产阶级社会作为一个整体避免变化的危险。

马克思关于自由市场的辩证法的另一个问题是，它意味着，资产阶级社会与其最激进的反对者之间存在着一种奇怪的串通共谋。资产阶级社会为其没有良心的自由交易原则所驱动，容纳激烈变化的运动。资本主义的敌人也可以利用大量的自由来做自己的工作——阅读、写作、演讲、聚会、组织、示威、罢工、选举等等。但他们的自由运动将自己的运动转变成了一种事业，他们发现自己扮演了出售革命的商人和推销员的矛盾角色，这必然会像其他一切东西一样变成一种商品。马克思似乎并没有因这种社会角色的含糊不清而感到困扰——也许是因为他确信，这种角色等不到固定下来就会陈旧，革命的事业会由于它的迅速成功而摆脱商业行为。然而一个世纪之后，我们就能够看到，推销革命的商业是怎样向同样存在于任何其他推销行业中的恶行和诱惑、操纵性的伪造和一相情愿的自我欺骗敞开大门的。

最后，我们对推销者的承诺的怀疑必然会使我们对马克思著作中的一个基本承诺提出质疑：即共产主义在维护并且实际上深化资本主义给我们带来的各种自由时，就会把我们从资产阶级虚无主义的恐惧中解放出来。假如资产阶级社会真的是马克思所认为的那种大动乱，他又怎么能期望它的所有各种潮流只以一种方式流向安宁的和谐与统一？即便一种胜利的共产主义有一天将流过自由贸易所打开的闸门，谁知道有哪些可怕的冲动会随着它一起拥入，或随后拥入，或变成它内在的东西？很容易想象，一个致力于每一个人和所有的人的自由发展的社会，会怎样地发展出它自己的独特的各种虚无主义的变种。的确，一种共产主义的虚无主义或许表明要比它的资产阶级先驱更具有破坏性——尽管也更加大胆更具原创性，因为当资本主义用基本的限制消除了现代生活的无限可能性时，马克思的共产主义会将被解放的自我投入到没有任何限制的巨大的未知的人类空间中去。

五、光环的丧失

马克思思想中含有的全部歧义，在他提出的一个最明白易懂的形象中得到了澄清，这是我们在此要探讨的最后一个形象："资产阶级抹去了一切向来受人尊崇和令人敬畏的职业的光环。它把医生、律师、教士、诗人和学者（Mann der Wissenschaft）变成了它出钱招雇的雇佣劳动者。"对马克思来说，光环是宗教经验即对于某种神圣物的经验的一个基本象征。马克思如同他的同时代人克尔凯郭尔一样，在他们看来，构成宗教生活核心的东西是经验而不是信仰或教条或神学。光环将生活分裂为神圣的和世俗的：正是光环，使得笼罩着光环的人物令人敬畏；神圣化的人物是从人类状况的母体上被剥离下来的，是不可阻挡地从激励着其周围的男男女女们的需要和压力之中分离出来的。

马克思相信，资本主义会摧毁每个人的这种经验模式："一切神圣的东西都被亵渎了"；根本就不存在神圣的东西，没有人是不可碰触的，生活变得彻底非神圣化了。马克思在某种程度上知道，这种状况很可怕：现代的男女们因为没有什么可以遏制他们的恐惧，很可能什么事情都做得出来；由于从害怕和发抖中解放了出来，他们就可以自由地踩倒一切挡道的人，只要自我利益促使他们这样做。但马克思也看到了没有了神圣的生活的优点：它带来了一种精神上平等的状况。于是，现代的资产阶级尽管可以拥有压倒工人和其他一切人的巨大的物质力量，却决不能取得先前的统治阶级能够当然拥有的精神优势。有史以来第一次，所有的人都在一个单一的存在水平上面对自己并且彼此面对。

我们必须记住，马克思是在一个特定的历史时刻写作的，当时，尤其在英国和法国（事实上《共产党宣言》主要与英法两国而不是与马克思时代的德国有关），对资本主义不抱幻想的情绪已经普遍而激烈，并且几乎准备好了爆发革命。在此后的约20年中，资产阶级在建构它自己的光环上面将证明是极有创造性的。马克思将试图在《资本论》的第一卷，在他对于"商品的拜物教性质"——一种神秘性，它掩盖了市场社会中人们之间的主体间关系实质上是事物之间的纯物理的、"客观的"、不可改变的关系——的分析中把这些光环剥除掉。不过在1848年的高潮中，这种资产阶级的伪宗教虔信还没有建立起来。因此对于他和我们来说，马克思在这儿所说的对象是更加接近于其本身的：这些对象就是那些认为自己有能力比普通人生活在一个更高的水平上、能在生活和工作上超越资本主义的专业人士和知识分子——"医生、律师、教士、诗人和学者"。

为什么马克思首先把这种光环套在现代专业人士和知识分子的头上呢？那是为了揭示出有关他们的历史作用的一个悖论：即便他们往往会为自己解放的和彻底世俗的头脑而自豪，他们实际上却大致只是真正相信自己受到自己职业使命的感召、自己的工作很神圣的现代人。对马克思的任何读者来说，显然，他在献身于自己的工作时也持有这种信念。然而他在这儿却表明，在某种意义上这是一种糟糕的信念，是一种自我欺骗。这一段话如此引人注意，是因为，当我们看到马克思支持资产阶级的批判力量和洞见，进而剥除了现代知识分子头上的光环时，我们认识到，在某种意义上他正在剥除他自己头上的光环。

正如马克思所见，这些知识分子的基本生活事实是，他们是资产阶级"出钱招雇的雇佣劳动者"，是"现代工人阶级即无产阶级"的成员。他们可以否认这种身份——毕竟，谁想要属于无产阶级呢？——但他们却被历史所规定的条件抛入了工人阶级，在这种条件下他们不得不工作。当马克思把知识分子描述为打工者时，他想要让我们看到，现代文化是现代工业的一部分。艺术、自然科学，以及马克思自己的思想这样的社会理论，所有这一切都是生产方式；正如在其他方面一样，资产阶级在文化方面也控制了生产工具，任何想要多有创造的人都必然要在其势力范围内工作。

现代的专业人士、知识分子和艺术家，就其为无产阶级的成员而言，"只有当他们找到工作的时候才能生存，而且只有当他们的劳动增值资本的时候才能找到工作。这些不得不把自己零星出卖的工人，像其他任何货物一样，也是一种商品，所以他们同样地受到竞争方面的一切变化的影响，受到市场方面的一切波动的影响。"因此他们可以写书、绘画、发现自然的或历史的规律、救人的命等等，只要某个拥有资本的人出钱雇用他们。不过资产阶级社会的压力决定了，除非社会会出这笔钱——也就是说，除非他们的工作在某种程度上有助于"增值资本"——没有人会出钱雇用他们。他们不得不"把自己零星地出卖"给一个愿意剥削他们的大脑赢取利润的人。他们不得不进行谋划，竭力表现得能获取最大的利润；他们必须进行（常常是野蛮的不讲道德的）竞争，以便获得出卖自己的特权，仅仅是为了能够继续工作。一旦完成了工作，他们就像所有其他的工人一样，与他们的劳动成果相分离了。他们的产品和服务被拿到市场上去出售，决定他们的命运的，是"竞争方面的各种变化和市场方面的各种波动"，而不是任何内在的真或善或美，也不是任何真或善或美的缺失。马克思并没有预期，伟大的观念和作品会由于没有市场而夭折：现代资产阶级要从思想中榨取利润，自有其令人叹服的办法。会发生的情况倒是，利用和转化创造性的过程和产品的方式令人目瞪口呆，使创造者不寒而栗。但创造者们无力抗拒，因为他们不得不为了生活出卖自己的劳动力。

知识分子在工人阶级中占有一种特殊的地位，这种地位能够产生一些特殊的权益但也是一些特殊的嘲弄。他们受惠于资产阶级对不断创新的要求，因为不断的创新可以大规模地扩展其产品和技能的市场，常常会激发他们的大胆创新精神和想象力，从而——假如他们很精明并且很幸运，会利用对大脑的需求——能使自己逃脱大多数工人的长期贫困状况。另一方面，由于知识分子亲自卷入到了自己的工作之中——不同于大多数异化的漠不关心的雇佣劳动者——市场的波动对他们造成的影响就要深刻得多。在"零星地出卖自己"时，他们不仅仅在出卖自己的体力，也在出卖自己的头脑、自己的感受力、自己最深层的情感、自己的想象力，实际上是在出卖整个自己。歌德的《浮士德》向我们展示了一个现代知识分子的原型，他为了在世界上有所影响不得不"出卖自己"。浮士德还体现了知识分子特有的一些需求：驱动他们的不仅仅是生活的需求，这方面他们与别人没什么不同，驱动他们的还有交流的欲望，与同行对话的欲望。但是文化的商品市场只提供能够进行公共对话的媒介：任何观念，除非能够进入市场出售给现代人，否则就无法为现代人所知并改变他们。因此，知识分子不仅仅要为了面包依赖于市场，而且也要为了精神食粮依赖于市场——而他们知道，这种精神食粮的提供是不能依靠市场的。

很容易明白，为什么被这些模棱两可所困的现代知识分子会想象激烈的出路：处于他们的状况，革命的观念将出自最直接而强烈的个人需求。但鼓舞了他们的激进主义的社会条件也可以阻挠这种激进主义。我们看到，即便是最具颠覆性的观念，也必须通过市场的媒介展示自己。就这些观念吸引并且唤起了人民而言，它们就会扩展并且丰富市场，从而"增值资本"。假如马克思对于资产阶级社会的看法是准确的，那么就有充分的理由认为，它将产生出一个激进观念的市场。这种体系要求不断的革命化、动乱、骚动；它需要不间断地得到动力和压力，以便保持它的灵活性和适应性，利用和吸收新的能量，让自己达到新的活动和成长的高度。不过这却意味着，那些公然宣称反对资本主义的人们和运动，也许恰恰是资本主义所需要的那种激励物。资产阶级社会有着永不满足的破坏和发展的冲动，并需要去满足自己创造出来的永不满足的需求，于是就会不可避免地产生出旨在摧毁自己的激进观念和运动。但它的发展能力却能使它否定它自己的内在否定：滋养自己并由于反对而繁荣，处于压力和危机之中反而比处于和平之中更加强壮，将敌意转化为亲密并将攻击者转化为不自觉的同盟者。

于是，在这种气候中，激进的知识分子遇到了根本的障碍：他们的观念和运动有化作一种现代烟云的危险，尽管这种现代烟云会消解他们正在努力加以克服的资产阶级秩序。在这种气候下给自己罩上光环，就是试图用否认危险的办法来摧毁危险。马克思时代的知识分子特别容易受到这种糟糕的信念的影响。甚至当马克思在 19 世纪 40 年代的巴黎发现社会主义的时候，戈蒂埃①和福楼拜就已在发展他们神秘的"为艺术而艺术"，而孔德周围的一伙人也正在构筑其自己与之平行的神秘的"纯科学"。这两个团体——有时候彼此冲突，有时候彼此交融——都把自己神圣化为先锋。他们在批判资本主义时敏锐而犀利，同时却荒谬地自鸣得意地相信，自己有力量超越资本主义，能够超越其规范和要求而自由地生活和工作。

马克思抹掉他们头上的光环的要旨在于，在资产阶级社会中没有人能够如此纯粹，如此安全，如此自由。市场的网络和模棱两可，是每个人都逃避不了的。知识分子必须认识到他们自己——既在经济上也在精神上——依赖于他们所鄙视的资产阶级世界的深度。除非我们直接地开放地面对这些矛盾，否则就永远也不可能克服它们。这就是剥除光环的意义所在。

这个形象，就像文学和思想史中所有出色的形象一样，包含着它的创造者无法预见到的深度。首先，马克思对 19 世纪艺术和科学先锋们的指责同样也深刻地指责了 20 世纪列宁主义的"捍卫者"，因为他们作出了一个相同的——同等无根据的——主张，要超越粗俗的需求、利益、利己主义的算计和残酷剥削的世界。其次，它对

---

① 戈蒂埃（1811—1872），法国诗人、小说家、评论家、新闻记者，对法国文学在 19 世纪末向唯美主义和自然主义的转变影响极大。——译注

马克思自己的浪漫的工人阶级形象提出了疑问。如果成为一个雇佣劳动者是与拥有光环相对立的，那么马克思怎么能够把无产阶级说成是新人的阶级、能够独一无二地超越现代生活的矛盾呢？的确，我们还能把这种质疑推进一步。如果我们遵循马克思对现代性的展望，面对它特有的全部嘲弄和模棱两可，我们怎么能够指望有人可以超越这一切呢？

我们又一次遇到了我们以前遇到过的一个问题：马克思的批判性远见与它的激进希望之间存在着张力。我在本书中强调的东西倾向于马克思思想中的怀疑的和自我批判的潜流。有些读者可能倾向于仅仅对这种批判和自我批判感到震动，而把那些希望当作乌托邦和素朴的东西不加考虑。然而，这样做将会忽视被马克思视为批判性思想的本质的东西。马克思所理解的批判是一个运动的辩证过程的组成部分。它意在变动，意在推动和鼓舞受批判的人去克服他的批判者和他自己，意在推动双方走向一种新的综合。因此，揭露假冒的超越主张就是要求并且努力追求真正的超越。放弃对超越进行探求就是把光环罩到了人们自己的停止和退缩上面，不仅背弃了马克思而且也背弃了我们自己。我们应当努力追求一种不稳定的变动中的平衡，那就是伟大的共产主义著作家和我们这个世纪的领导者之一葛兰西所描述的"智力的悲观主义，意志的乐观主义"。

六、结论：文化与资本主义矛盾

我在本书中试图确定一个马克思的思想与现代主义传统会聚于其中的空间。首先，两者都想要唤起并把握一种独特的现代经验。两者都带着复杂的情绪，即杂有一种恐惧感的敬畏和兴奋，来面对这个领域。两者都看到，现代生活充满了矛盾的强烈欲望和潜在可能，两者都接受一种终极状态或超现代性的设想——马克思所谓的"就像机器本身一样也是现代的发明的……新型的人"；兰波所谓的"Il faut etre absolument moderne"[①] ——认为它是通过并超越这些矛盾的道路。

本着会聚的宗旨，我试图将马克思理解为一个现代主义的著作家，揭示出他的语言的生动和丰富，他的隐喻——外衣和赤裸、面

---

① 原文为法文，意思是"完全现代的存在"。——译注

纱、光环、热、冷——的底蕴和复杂，并且要表明，他极其出色地发展了现代主义最终将用来规定自身的那些主题：现代的力量和活力的光辉、现代的分崩离析和虚无主义的破坏力，这两者之间的密切关系；陷入了一个所有各种事实和价值都在其中旋转、爆炸、分解、重组的漩涡的感觉；有关什么是基本的、什么是有价值的，乃至什么是真实的东西的一种基本不确定；以及最激进的希望在遭到根本的否定时的闪光。

同时，我也试图以一种马克思主义的方式来理解现代主义，以表明，现代主义特有的力量、洞见和焦虑是如何来源于现代经济生活的动力和压力的：来自它的永无休止永不满足的成长和进步的压力；来自它对人的欲望的扩张，使之越过地方的、民族的和道德的界限；来自它要求人们不仅剥削利用同胞而且剥削利用他们自己；来自它的所有各种价值在世界市场的大动乱中的反复无常和无穷变形；来自它无情地摧毁自己不能利用的每件事和每个人——不仅对前现代世界造成了严重的破坏，而且也对它自身和它自己的现代世界造成了严重的破坏——以及来自它利用危机和混乱使之成为进一步发展的跳板、用它自己的自我破坏来滋养自己的能力。

我并不以为自己是第一个将马克思主义和现代主义搞到一起的人。事实上，过去的一个世纪中它们在几个方面，尤其是在历史危机和革命希望的关头，自己走到一起来了。我们可以在 1848 年的波德莱尔、瓦格纳、库尔贝以及马克思的身上，可以在 1914～1925 年期间的表现主义者、未来主义者、达达派艺术家、构成主义者那里，可以在斯大林死后东欧的动荡和骚动中，还可以在 20 世纪 60 年代从布拉格到巴黎以及遍及全美国的激进行动中，看到两者的融合。不过由于革命受到镇压或背叛，激进的融合让位给了裂变；马克思主义和现代主义都凝结成了正统的学说，走上了分离和彼此不信任的道路。① 所谓的正统马克思主义者，至多是忽视了现代主义，但更经常的是企图压制它，这也许是因为害怕（用尼采的话来说），假如他们不停地注视深渊，那么深渊就会回头注视他们。与此同时，

① 马克思主义与现代主义还可以在政治不活跃的时期作为一种乌托邦幻想走到一起：例如 20 世纪 20 年代的超现实主义和 20 世纪 50 年代中如古德曼和布朗这样的美国思想家的工作。马尔库塞跨越了这两代人，尤其是在其最有创见的著作《爱欲与文明》(1955) 中。另一类会聚存在于马雅可夫斯基、布莱希特、本雅明、阿多诺和萨特等人的著作之中，这些人将现代主义体验为一种精神的大动乱，将马克思主义体验为用坚硬的石块构筑的坚固城堡，而他们则投身于两者之间，但他们常常不知不觉地创造出各种出色的综合。

正统的现代主义者则不遗余力地为自己重塑一种无条件的摆脱了社会和历史的"纯"艺术的光环。本文试图表明，正统马克思主义者所害怕和逃避的深渊是怎样在马克思主义内部展开的，从而关闭正统马克思主义者的出路。不过马克思主义的力量总是在于，它愿意从令人恐惧的社会现实出发，研究它们并且改造它们；抛弃这种首要的力量源泉将使马克思主义空有其名。至于那些害怕马克思主义会剥除其光环，从而要避免马克思主义的正统现代主义者，他们应当懂得，马克思主义能够给予他们更好的回报：能提高他们想象并且表达他们与他们试图否定或反抗的"现代资产阶级社会"之间的无限丰富、复杂和具有嘲弄意味的关系。马克思与现代主义的一种融合，将融化马克思主义那过分坚固的主体——或至少可以使它热起来将其融化掉——同时却可以将一种新的坚固性赋予现代主义的艺术和思想，给它的创造注入一种不受怀疑的共鸣和深度。那将把现代主义展现为我们时代的现实主义。

在结束本章的这一节中，我想把我在这儿提出的一些想法与有关马克思、现代主义和现代化的某些当代争论联系起来。我一开始将考虑 20 世纪 60 年代末提出的，并在 70 年代的革命气氛中盛行的保守主义对于现代主义的谴责。根据这些雄辩家中最认真的一位人士贝尔的说法，"现代主义是个诱惑者"，一直在引诱当代的男人和女人们（乃至小孩）抛弃自己的道德、政治和经济的身份与责任。对于贝尔这样的著作家来说，资本主义在这件事情上完全是无辜的：它被描述成一个查尔斯·包法利，虽然平平常常，但循规蹈矩，富有责任心，始终在勤奋地工作，以满足其任性的妻子永不满足的欲望，支付着妻子所欠的难以忍受的债务。这幅资本主义清白无辜的画像具有一种田园诗般的迷人之处；但任何一个资本主义者只要还希望在资本主义的真实世界里哪怕生存一个星期，就无法认真地看待这幅图景（另一方面，资本主义者当然能够把这幅图画当作一出出色的公共关系戏剧来加以欣赏，窃笑不止）。其次，我们还必须佩服贝尔的独创性，他采纳了一个最为持久的现代主义正统学说——文化的自治，艺术家对于束缚着他周围的普通人的一切规范和需求的超越——并转而用它来反对现代主义自身。

不过现代主义者和反现代主义者在这儿都掩盖了一个事实，那就是，这些精神的和文化的运动尽管有着爆发的力量，一百多年来却始终在沸腾而多产的社会和经济大锅的表面上冒泡翻滚。正是现代资本主义而不是现代的艺术和文化，使得这口锅不停地沸腾着——虽然由于怕热而不很情愿。即便那个在反现代主义的辩论中受宠的令人厌恶之人巴勒斯，其热中于吸毒的虚无主义也是他祖先的托拉斯（巴勒斯加法机公司，现在的巴勒斯国际公司，最基本的清醒的虚无主义者）的一种苍白无力的再生：祖先创立的公司的利润资助了他的先锋派生涯。①

除了这些好辩的攻击之外，现代主义还总会引发一些层次完全不同的反对意见。马克思在《共产党宣言》中采纳了歌德关于一种"世界文学"正在出现的想法，并且说明了现代资产阶级社会如何正在产生一种世界文学："旧的、靠国产品来满足的需要，被新的、要靠极其遥远的国家和地带的产品来满足的需要所代替了。过去那种地方的和民族的自给自足和闭关自守状态，被各民族的各方面的互相往来和各方面的互相依赖所代替了。物质的生产是如此，精神的生产也是如此。各民族的精神产品成了公共的财产。民族的片面性和局限性日益成为不可能，于是由许多种民族的和地方的文学形成了一种世界的文学。"马克思的说明能够作为从他那个时代到我们这个时代繁荣兴旺的国际现代主义的一个完美规划：一种胸襟开阔多方包容的、表达了各种现代欲望因而是全面的，以及尽管有资产阶级经济的介入但仍然是人类"共同财产"的文学。然而，要是这种文学毕竟不是如马克思所设想的那样是普遍的呢？要是它最终成为一种排他的褊狭的西方文学呢？这种可能性最初是在19世纪中期由俄国的各种民粹主义者提出来的。他们争辩说，西方现代化的爆炸性气氛——社会的破坏和个人的心理孤立，大众的贫困和阶级的分化，源于令人绝望的道德和精神无政府状态的文化创造——很可能是一种文化的特殊表现，而不是整个人类必然会去追求的一种铁定的必需品。为什么其他的民族和文明就不可以把传统的生活方式与现代的可能性和需要更加和谐地融合在一起呢？简而言之，只是在西方，"一切坚固的东西都烟消云散了"——这种信念有时候是以一种自鸣得意的教条表达出来的，有时候却是以一种绝望的希望表达出来的。

随着革命政权在各个欠发达地区和国家掌了权，20世纪目睹了各式各样的想要实现19世纪民粹主义梦想的尝试。这些政权以许多不同的方式，都试图取得19世纪的俄国人所说的成就，从封建主义

---

① 巴勒斯（1914— ），美国实验小说家，1944年在纽约吸毒成瘾，持续15年，以自己的吸毒体验为基础创作了大量小说而闻名。他是巴勒斯加法机的发明者的孙子。——译注

跳跃到社会主义；换言之，要借助于英勇的努力，达到现代社会的高度而避免现代分裂的深度。这里不适合探究今天世界上可能存在的许多不同的现代化模式。但可以指出，尽管今天的政治体制十分不同，可是如此多的政治体制似乎都有一种共同的强烈欲望，要在自己的势力范围内彻底清除掉现代文化。它们的希望是，只要不让人民受到这种文化的影响，它们就能在一个坚固的阵线中动员起来，去追求共同的民族目标，而不是让自己消亡在大量的指导之中，追求自己多变而无法控制的各种目标。

诚然，要否认现代化能够遵循各种不同的道路，那是愚蠢的（的确，现代化理论的全部要旨就是要探明这些道路）。没有任何理由，要每一个现代城市都像是一个纽约或洛杉矶或东京。然而，我们需要仔细考察那些为了自己的好处而要他们的人民免受现代性影响的人的目标和利益。要是现代文化的确完全是西方的东西，从而如大多数第三世界国家的政府所言，与第三世界无关，那么这些政府还需要如它们所做的那样，耗费大量精力来压制这种文化吗？被它们突出为外来世界的东西，作为"西方的腐朽行为"而被禁止的东西，实际上乃是它们自己的人民的能量和欲望以及批判精神。当各个政府的发言人和宣传机构宣称，自己的国家应当避免这种外来的影响时，他们真正要说的只不过是，他们已设法在政治和精神上密切注意他们的人民。而当这种照看停止或被迫停止时，首先冒出来的东西之一就是现代主义的精神：它是被压制了的东西的回复。

正是这种现代主义的精神，既是狂热的又是嘲弄的，既是腐蚀性的又是献身性的，既是荒诞不经的又是现实主义的，使得拉美文学成为今天世界上最激动人心的文学——虽然也正是这种精神，迫使拉美的作家流亡到欧洲和北美进行写作，逃避自己国家的言论检查人员和政治警察。正是现代主义文化，鼓舞了"布拉格的塑料人"的难以忘怀的强烈的电子摇滚音乐，这种音乐在成千上万个关闭的房间里，用走私进来的盒式录音带播放，甚至当音乐家在集中营里受煎熬的时候。正是现代主义的文化，使得我们在今天的许多非西方世界里还能够看到批判的思想和自由的想象。

政府不喜欢现代主义文化，但从长远看它们也没有办法。只要它们不得不在世界市场的大漩涡里沉没或游泳，不得不不顾一切地努力积累资本，不得不发展或分崩离析——或更确切地说，按一般的结果，不得不发展并且分崩离析——只要它们如帕斯所说，"被判处了现代性"，它们就必然会产生出将告诉它们的任务和它们的身份的文化。因此，随着第三世界日益陷于现代化的变动中，现代主义远远没有衰竭，而刚刚在开始发挥作用。

在结束本章时，我想简要地评论一下马尔库塞和阿伦特对马克思提出的两个批评，因为它们引出了本书的一些中心问题。马尔库塞和阿伦特的批判是于 20 世纪 50 年代在美国阐述的，但似乎于 20 世纪 20 年代在德国浪漫主义的存在主义背景中就已形成。在某种意义上，他们的论证可以回溯到马克思与青年黑格尔派在 19 世纪 40 年代的争论；不过，他们提出的问题在今天尤其合适。其基本的前提是，马克思不加批判地赞美劳动和生产的价值，而忽视了最终来说至少同样重要的其他人类活动和存在方式。① 换言之，马克思在这儿因缺乏道德想象受到了责备。

马尔库塞对马克思的最有力的批判出现在《爱欲与文明》中，在这本书中，显然每一页上都有马克思的身影，奇怪的是从没有提到马克思的名字。不过，在下述的一段话中，马克思最喜爱的文化英雄普罗米修斯受到了攻击，字里行间透露出来的东西是显而易见的："普罗米修斯是代表苦役、生产和由压抑而进步的文化英雄……是耍花招的人和反抗诸神的（受磨难的）人，以不断的痛苦为代价创造了文化。他象征着生产这种不懈的把握生活的努力。……普罗米修斯就是表现操作原则的英雄原型。"马尔库塞接着指出了其他一些可选择的神话人物，他认为这些人物更加值得理想化：俄耳甫斯、那喀索斯和狄俄尼索斯——还有被马尔库塞视为它们的现代献身者的波德莱尔和里尔克。"［它们］代表着一种很不相同的现实……它们的形象是快乐和实现，它们的声音是歌唱而不是命令，它们的行为是和平与结束征服性的劳动：从把人与神、人与自然结合起来的时间中解放出来……快乐的恢复、时间的停止、死亡的吸收：宁静、睡眠、夜晚、天堂——不是作为死亡而是作为生命的涅槃原则。"普罗米修斯/马克思式的图景未能看到的东西是和平与消极带来的快乐、感觉上的恬静、神秘的狂喜、一种与自然合而为一的而不是把握控制自然的状态。

这种说法有些道理——"*luxe, calme et volupte*"② 的确与马克思的想象距离很远——但并非如最初看来的那么有道理。即使马克思真的崇拜某种东西，这种东西也不是工作和生产，而毋宁说是远

---

① 这个批评可以为阿多诺（从来没有发表）的如下评论所总结：马克思想要把整个世界转变为一个巨大的工场。

② 原文为法文，意即"奢侈、安宁和满足"。——译注

为复杂和全面的发展理想——"肉体和精神力量的自由发展"（《1844 年经济学哲学手稿》）；"个人自身的全部能力的发展"（《德意志意识形态》）；"每个人的自由发展将是一切人的自由发展的条件"（《共产党宣言》）；"个人的需要、能力、快乐、生产力等等的普遍化"（《大纲》）；"全面发展的个人"（《资本论》）。马尔库塞所珍视的经验和人类品质当然要包含在这个议程之中，尽管不能保证它们会是首先讨论的东西。马克思想要接受普罗米修斯和俄耳甫斯；他认为共产主义是值得为之奋斗的事业，因为它将在历史上首次使得人们能够同时获得两者。他还可以论证说，只有在普罗米修斯式的努力的背景下，俄耳甫斯式的狂喜才能获得道德或心理上的价值；"*luxe，calme et volupte*"就其自身而言只会令人厌倦，波德莱尔对此知道得很清楚。

最后，对马尔库塞来说，如法兰克福学派始终宣称的那样，宣称人与自然之间的和谐的理想是很有价值的。但对我们来说，同样重要的是要认识到，不论这种平衡与和谐的具体内容是什么——这个问题就其自身而言也是非常困难的——它的创造需要大量的普罗米修斯式的活动与努力。而且，即便它能够创造出来，它还不得不需要维护；在现代经济处于动态的条件下，人类将不得不永不停息地工作——就像西西弗斯①一样，不过还要不断地发展新的衡量标准和新的工具——来使它的不稳定的平衡不致遭到破坏或化作恶臭。

阿伦特在《人类状况》一书中清楚地知道，自由主义对马克思的批判一般都忽略了某种东西：马克思思想中存在的真正问题不是一种严酷的权威主义，而是其根本的对立面，即缺乏任何一种权威的基础。"马克思正确地预计到，虽然带着一种没有道理的欣喜，如果不受束缚地发展'社会生产力'，公共领域将会'消亡'。"他的共产主义社会成员将具有讽刺意味地发现，自己"陷入了要去实现各种无人能够共享并且无人能够充分沟通的需要之中"。阿伦特懂得，马克思的共产主义含有深刻的个人主义基础，她也理解，这种个人主义可能会导向何种虚无主义。在每个人的自由发展乃是一切人的自由发展的条件性质的共产主义社会中，什么东西将把这些自由发展的个人捏在一起呢？他们可能会共同地追求无限的经验性财富；但这"并非真实的公共领域，而仅仅是公开展现的私人活动"。像这

---

① 西西弗斯，希腊神话中的科林斯国王，由于欺骗死神之罪，要在地狱中受永推巨石的惩罚：把巨石推到山顶，滚下来，再推，再滚下来，再推，如此永无终止。——译注

样的社会完全有可能感到一种集体的无益感："即一种生活的无益，这种生活并没有把自身固定或实现在任何持久的在其劳动过后依然存在的主体上面。"

对马克思的这种批判提出了一个真实的迫切的人类问题。不过阿伦特在解决问题方面并不比马克思走得更远。在这儿，如同在她的许多著作中一样，她给公共的生活和行动编织了一堆华丽的辞藻，但完全没有说清楚这种生活和行动应当包含哪些内容——仅仅提到的是，政治生活不应当包括人们整天做的事情、他们的工作和生产关系（这些事情被移交给"家庭去照料"，家庭是一个阿伦特认为缺乏创造人的价值的空间的子政治领域）。阿伦特从来没有说清楚，除了高尚的夸夸其谈之外，现代人还能够或应当共享哪些东西。她说得对，马克思从来没有发展出一种关于政治共同体的理论，而这是一个严重的问题。但是问题在于，在现代人和现代发展的虚无主义动力的条件下，人们根本就不清楚，现代人能够创造出什么样的政治联系。因此，马克思思想中存在的问题最终成了一个贯穿现代生活自身的整个结构的难题。

我一直在论证，我们之中最不满意现代生活的人最需要现代主义，以便向我们表明，我们身在何处，我们能够从哪里开始改变我们的环境和我们自己。为了寻求一个起点，我回到了最早的最伟大的现代主义者之一卡尔·马克思。我论述他的思想，与其说是寻求他的答案，不如说是寻求他提出的问题。在我看来，他能够给予我们的宝贵礼物，不是一条摆脱现代生活的矛盾的出路，而是一条更加有把握更加深入的进入这些矛盾的道路。他知道，超越矛盾的道路将不得不经过现代性，而不是摆脱现代性。他知道，我们必须从我们所在的地方开始：精神上赤裸裸一丝不挂，被剥除了一切宗教的、美学的、道德的光环和温情脉脉的面纱，被扔回到了我们个人的意志和精力上面，不得不为了生存而互相利用和自我利用；尽管如此，我们仍然被分离我们的同样一些力量拢到了一起，模糊地意识到了将走到一起的所有人，准备去竭力把握新的人类可能性，去发展出当猛烈的现代之风或热或冷地刮向我们大家时能够帮助我们团结起来的一致性和相互联系。

（周宪　许钧译）

斯蒂芬·贝斯特
道格拉斯·科尔纳

　　斯蒂芬·贝斯特（Steven Best），美国得克萨斯埃尔帕索大学哲学教授，其著作有《历史视野的政治学》一书；道格拉斯·科尔纳（Douglas Kellner），美国得克萨斯奥斯汀大学哲学教授，负责美国加利福尼亚大学洛杉矶分校乔治·克纳勒教育哲学讲席，著有《批判理论、马克思主义和现代性》、《让·博德里拉：从马克思主义到后现代主义及未来》、《电视与民主批判》、《波斯湾电视之战》、《传媒文化》等。《后现代转向》是两人合著的作品，该书获得了美国政治协会新政治学分会1998 年迈克尔·哈林顿最佳图书奖。

本书选取了《后现代转向》一书的第二章《通向后现代之路：克尔凯郭尔、马克思和尼采》中的《马克思与对抽象的理解》。在此文中，他们将马克思视为通向后现代之路的三位代表人物之一（其他两位分别是克尔凯郭尔及尼采）。他们认为，马克思不但预见到了消费社会的出现和对商品无可避免的偶像崇拜的世界的到来，而且也预见到了在现代资本主义社会主体与客体关系的颠倒的实现。而这种颠倒恰恰也是交换价值和使用价值关系的根本颠倒。它出现的原因在于社会抽象化的过程。这种过程瓦解了具体和特殊，质的差异被分解为价值的量上的差异，物的使用价值被它的交换价值所覆盖，货币成为支配社会的最终力量与价值，随之而来的是，社会性不再是生产的目的和相关物。当抽象化在社会中占据主导地位时，社会现实的本质也将被遮蔽，从而非人化趋势进一步被强化。他们认为，在马克思看来，这种颠倒过程的抽象产生于特定的历史条件下，产生于资本主义的生产方式。而且在他们眼中，"马克思不仅看到了帝国主义和垄断的早期形式，而且也看到一个正在出现的消费社会和自我的最初表现形式"。他开启了后现代传统，并为后继的后现代理论家所发展。比如詹姆逊和哈维将马克思对商品化的论述推向了极致，而其主客关系颠倒的理论、主体性衰微的论调则被鲍德里亚采用。

马克思与对抽象的理解[①]

对马克思来说，资本主义代表一种历史的断裂，代表中世纪被一个根据商品的生产、分配和消费组织起来的从根本上世俗化的现代世界所推翻。在资本主义社会我们看到社会与自然的有机联系随着劳动分工的分裂和社会的一种空前组织化之发展而消失，在那里商品生产构成了社会生活，利润的最大化是社会的唯一目的。在资本主义以前商品生产也存在，但相对于社会和宗教价值观来说一直处于边缘。因此资本主义是经济对它的生产者的胜利，是第一个以市场关系囊括和支配整个社会生活的社会组织。

马克思概括了三个交换阶段，以区别于中世纪只有生产过程，超过满足简单需要出现过剩才有交换，在早期资本主义阶段所有的工业产品都用于交换，在更高级的商业阶段"曾被人们认为不可放

① 选自《后现代转向》，南京，南京大学出版社，2002。

弃的一切东西都成为交换和交易的对象，而能够被异己化（例如，出售）。这是一个德行、爱情、诚信、知识、科学……一切东西都可以用于交易的时代。这是个总体衰败和普遍腐朽的时代，或者用政治经济学的术语说，该时代一切东西，无论精神的还是物质的，都变成为一种市场价值被带到市场按其最真实的价值进行评估。"在这段著名的预言里，马克思预见到消费社会的产生以及我们目前没什么能够逃脱对商品的偶像崇拜之世界。市场的胜利可以按照颠倒和抽象的术语来加以解释。资本主义的颠倒发生在几个层面，开始是主客体关系的颠倒和客体对主体的支配。具有讽刺意味的是，主体在现代理论中是统治自然和客体世界的支配力量，但在资本主义制度下客体却统治人类："客体量上的增加伴随着支配人的异己力量领域拓展。"在资本主义生产方式下，生产力属于私人占有，商品生产愈益增长，劳动分工愈益精细，主体的具体的生命活动愈被一种异己的客体世界之奴役所取代。被迫以出卖他或她的劳动力为生，"工人沦落为一种商品，并确实成为最受扭曲的商品"。

在资本主义制度下生产力不是保障和提升主体的存在，而是使他们虚弱和恶化。对于随资本主义社会的劳动异化而出现的颠倒，马克思作了一个清楚的描述："劳动者生产得越多，他能够消费的就越少；他越是创造价值，他自己越是贬低价值、失去价值；他的产品越是完美，他自己越是畸形；他所创造的物品越是文明，他自己越是野蛮；劳动越是有力，劳动者越是无力；劳动越是机智，劳动者越是愚钝，并且越是成为自然界的奴隶。"马克思视这种异化是一种"［人类］现实性的丧失"，工人在其中"使自己的肉体受到损伤、精神遭到摧残"。"真正的人类"所特有的有创造力、想象力和能动性的活动已经衰微和死亡。生产过程和产品对工人所造成的破坏最终也使他或她的潜能以及与其他人类存在物的关系遭到破坏。劳动异化的结果覆盖了社会和个人生活的方方面面。

这个过程也可以描述成交换价值对使用价值的颠倒。所有前现代生产的主要目标是简单地满足需要，以货币为一种中介物，而实现剩余价值（利润）是资本主义制度的目标，商品只是资本积累过程中的媒介符号，除了在一种偶然的情况下而不再与人的需要相联系。在资本主义以前，交换的动力是对他人所有的使用价值的需要。资本主义使个人的交换消失并使使用价值从属于交换价值，从而颠倒了价值的等级体系和确立交换价值为支配的逻辑。商品生产的目的并不是创造使用价值，满足需要和传统生活方式的简单再生产，而是交换价值、创造利润以及为自身原因无止境地积累。

这种颠倒根植于一种社会抽象化的过程，该过程瓦解了具体和特殊。该抽象化的逻辑奠基于交换价值及其等价规律，该规律把质上的差异分解为价值的量上差别。交换价值解决了交换问题：性质不同的商品如何能够公平地交换，生产它们所消耗的必要劳动时间在量上比例相同。然而，这个过程导致质的关系和现象的数量化，它们简化为一个单一的标准（钱），导致所谓"不可异化的东西"的商品化。内在的价值——某物之有价值是靠其自身的缘故而不是它会带来什么用处——让位于工具价值，以致知识、友情、爱情等诸如此类的价值都根据其作为金钱方面的收益这个唯一真实的目的之工具来评估。

一个物成为一个商品时，凌驾于其使用价值之上的是它具有一种交换价值可以出售，即是在量的方面来处置它。把主客体放到一种经济计算之中就是使之变形为抽象的实体；剥夺了他们独特的品性而把他们化简成一种数字表述，一种量的符号。因此被非人化的人类存在物本身变成了粗糙的物质和纯粹的商品。正如弗洛姆的分析，人采取了商品的特性，使自己变成"可以出售的人"，以在市场经济中成功地竞争。随着货币、商品化和量化逻辑的传播，一种普遍的抽象过程笼罩了社会："正如货币把一切东西都化简为其所具有的抽象形式，所以它在自己的运动过程中也把自己化简为某种纯粹量的东西。"此抽象并非只等同于商品化，对科学来说，数学、技术和技术理性也是关键的因素，但是商品形式本身构成了抽象化的一个重要源泉，一个渗透了社会关系和日常生活的源泉。

商品的胜利使货币成为支配社会的力量与价值，从而产生一个颠倒的世界，在其中是货币使一个人仿佛具有许多人的品性："由于货币而为我存在的东西，我能偿付的东西，亦即货币所能购买的东西，就是我这个货币持有者本身。货币的力量有多大，我的力量就有多大。货币的特性就是我这个货币持有者的特性和本质力量。"在这些抽象的条件下，意义和交换都从日常生活中抽象出来（与此同时物化的交换就是日常生活），一个人能够购买身份地位——如果只是以一种暂时的和虚幻的方式——以量来计算成为量化的一种功能。"因此，我是什么和我能够做什么，这决不是由我的个性来决定的。我是丑的，但是我能为自己买到最美丽的女人。所以，我并不丑，因为丑的作用，它的使人见而生厌的力量，被货币化为乌有了。"在"商品拜物教"条件下，人类存在变成了物，物（商品与货币）具有了人的力量："所有你不能做到的事情，你的钱都能够做到"；还有，与之相反，钱不能够做到的东西也就不可能实现。

随着交换价值肆虐而来的，社会性——社会的需要、价值和关系——就不再是生产的目的和相关物。资本主义的功能是满足私人个人的贪婪欲望，而不是保证社会大多数人的需要。有机共同体礼俗社会被一个由交换价值、商品化、对利润的渴求和抽象权力所统治的破碎了的法理社会所取代。马克思把这个颠倒的世界描述为"扭曲了的，着了魔的"和"颠倒了的"。然而，马克思的批评对象并不是仅为满足社会生存需要的贸易对象的商品本身，而是资本主义生产和交换条件下的商品拜物教，它包含并隐藏在生产关系中，使主体变成客体，而客体变成主体。这里，抽象化占据了主导地位，随之而来的是社会现实本质有被遮蔽的危险，从而促进非人化和其优势的进一步加强。

作为资本主义制度下的商品形式和货币的霸权之结果，内在于交换价值中的抽象愈益加剧。用 W．F．赫格的话说，"只要交换价值以货币的形式独立，则其独立的前提也就规定了全部交换价值的立场"。货币提供了一个促进交换并使之普遍化的工具，以用作"一种统一的价值语言"。在最极端但却常常有的股票交易形式下，没有什么可以想象的参照，特别在"低档债券"、"期货"和"衍生物"的场合，一个人可以对未来的价格和价值进行投机买卖，投资者、公司、大学以及整个地区都可能因为风险和投机的投资而破产。从20世纪80年代以来金融资本的投机买卖在加剧，1995 年在此领域的错误投资使英格兰的最古老银行和加利福尼亚的奥兰治县破产。在金融资本主义社会，钱能生钱；利润的创造通过抽象物增值，而与商品世界并无明显联系，商品世界本身已经是社会关系和活动的抽象，受投机和贸易的无政府状态支配。因此，资本主义经济内在地隐藏着危机，因而可能会崩溃。

一旦从感性的需要和特性以及从任何社会现象中抽象出资本流通，社会生活就会恶化、私人化并在相互竞争的私人利益中分裂成碎片。当资本逻辑的发展超出工厂而渗透一切文化和人际的关系时，就产生深远的破坏和扭曲的影响。这个发生于经济之中进而影响到整个社会生活的颠倒直接进入文化的和个人的领域，使之商业化和充满了商品的幻想，最后本身成为商品，其个性与幸福实现于纸醉金迷的消费和对名望的崇拜之中。

在交换价值等于一个替代的实物情况下人类的性格有赖于他的

力量，这种情况发生了改变，它甚至已不是一个特定的商品体，而以货币的形式呈现出超级抽象力。一个广为传播的有腐蚀性的抽象形式决定了现实本身的性质，并在幻觉和假象之上建起自己的帝国："货币——作为外在的，并非来源于作为人的人和作为社会的人类社会的，能够把观念变成现实而把现实变成纯观念的普遍手段和能力——一方面把人和自然界的现实的本质力量变成纯抽象的观念，并因而变成不完善的东西和使人痛苦的妄想。"因此，正如货币把一种非现实（一种力量或性质的空缺）转变为一种现实，所以它也把一种现实（一种力量或性质的存在）转变为一种非现实。真正的人类力量与人能购买的虚幻力量相比相形见绌；凡在人们追求虚假需要、对钱的需要占支配地位之处真正的需要就会被遗忘。除了非本质化的过程以外，在早期马克思那里已经出现弗洛姆、马尔库塞、德博尔、鲍德里亚等人所描述的一种强化了的消费者自我意识，后现代主义者对之作了变换，个人因之生活在消费和传媒的虚幻世界里。马克思对有关一种抽象的商品梦幻，一种我们称之为现实的商品化过程之开端提供了精确的描述，他的思考先于鲍德里亚，对之我们将在下一章进行探讨。货币和商品形式的运动与普遍化同时也是对之盲目崇拜、神秘化、量化以及从根本上说取消了社会现实。然而关于这个颠倒过程的抽象，马克思认为它产生于具体的历史条件，产生于资本主义社会生活的生产和再生产。然而马克思发现，非现实的社会实在正在变化，它迅速地变成现实，群众的无产阶级化和贫困化，"劳动的现实前提"也全都变成现实，从而使工人身心俱焚、心力交瘁，但也产生了阶级斗争的现实和对社会主义与革命的希望。

马克思敏锐地察觉第一个强有力的颠倒和抽象形式开始于一种自治的经济，一种自足的资本主义制度，其生产围绕利润的攫取和积累来组织。他不仅看到帝国主义和垄断的早期形式，而且也看到一个正在出现的消费社会和自我的最初表现。例如，在可能是对今天广告的一段精确描述中马克思写道，工业资本主义"投合消费者的卑鄙下流的意念，充当消费者和他的需要之间的皮条匠，激起他的病态的欲望，窥伺他的每一个弱点"。马克思虽然深刻洞见商品形式的发展和新趋势，但他不可能发展出商品化、颠倒和抽象在20世纪成熟的具体理论——这是下一章我们将讨论的主题。

然而，马克思对于我们叙述后现代转向是很重要的，因为他有助于开始现代社会理论传统以及一种关于断裂的话语，该话语将由后现代理论家所发展，他们认为出现现代社会与后现代社会的分离，这种分离与马克思所理论化的现代与前现代社会的断裂同样重要。他关于商品化的论述被以后的理论家所激进化了，如杰姆逊与哈维，他们认为在当代（后现代）资本主义社会商品化过程普遍化于一个超级商品化的世界里，在那里一切都私人化并从属于市场的逻辑。马克思关于主客体颠倒以及客体借以支配主体及主体性和个性衰微的论述被鲍德里亚和后现代理论采用了。马克思关于交换价值和使用价值的颠倒以及交换价值借以在商品拜物教过程中支配使用价值，其价值很清楚地与一种可计算的交换价值联系在一起的论述也被鲍德里亚用于分析符号价值如何支配当代资本主义社会。马克思关于资本的抽象逻辑如何控制生活的方方面面的分析也被鲍德里亚用于解释模仿的模式如何构成新形式的后现代理论与文化。但是尼采是叙述后现代理论转向的主要人物。

（陈刚 等译）

凯蒂·索珀

　　凯蒂·索珀（Kate Soper），现任北伦敦大学哲学教授。她是英国及欧洲环境保护主义和和平运动的倡导与组织者之一，率先研究马克思主义与生态学的关系，批判后结构主义的女性主义。其主要著作有：《论人类需要》（1981）、《人道主义与反人道主义》（1986）、《被困扰的愉悦》（1990）、《何为自然》（1996）等。

　　索珀对享乐主义、消费主义、人类需要和快乐等问题予以积极关注。她认为马克思关于人类需要问题的观点具有内在的矛盾性：马克思一方面将人的需要视为历史性的、不断发展和变化的，另一方面又认为后资本主义社会要求有达到人的全面发展所要求的条件的行动和知识。索珀试图从生态学的角度发展出一种"新享乐主义"，以解决她所认为的马克思思想中存在的矛盾。

本书选取了《人道主义与反人道主义》一书的第二章《唯物主义人道主义：费尔巴哈和马克思》一文。在此文中，索珀指出，黑格尔的辩证法是理解马克思异化理论的重要线索，但马克思又批评黑格尔将观念作为现实的创造者；尽管这种批判很大程度上归功于费尔巴哈对黑格尔的批判，但马克思最终也批判了费尔巴哈的"抽象的"人道主义，走向了"积极的"人道主义。这种人道主义既区别于庸俗唯物主义，又不同于唯心主义的"彻底的自然主义或人道主义"。因此，人和自然不能有"直接和谐"，但是作为人的自然的东西和属人的东西的中介的，不再是黑格尔的实际上是观念的劳动，而是作为现实的和感性的活动的劳动；资本主义社会中的劳动以异化的形式存在，但异化劳动是实现"积极的人道主义"所必不可少的。索珀将马克思的"异化"概念看作是"伦理的"，是对资本主义条件下的人性之丧失的悲叹，同时她还认为，马克思的"异化"概念是专门针对人类的存在状况而言的，并且马克思之所以反对抽象的"人的本质"的概念正是为了强调个人在历史中的作用——因此，马克思的理论没有跳出人道主义的范围。

唯物主义人道主义：
费尔巴哈和马克思[①]

黑格尔已经懂得，如果哲学停止于思考主体与对象间静态的对立，它就不能理解历史。马克思在接受这一灼见的同时，谴责黑格尔企图使现实从属于思想。在马克思看来，由于黑格尔认为世界仅仅是旨在促进观念自我实现的思想的对象化了的形式，他也把发展着的主客体关系描述为服务于概念的演化的过程，而不是由独立存在的世界所决定的过程。思辨哲学将它自己的思想行为说成是属于现实本身的，由此产生其唯心主义。虽然它致力于主体与对象的综合，但它最终将主体归入本体。"观念"，马克思说道，（在这里）被当作了现实的创造者。因而尽管在《现象学》中对现实的历史的异化作了详细而广泛的说明，人的异化却似乎被黑格尔描述为一个能完全凭思想解决其矛盾的思想过程。马克思还批评了黑格尔关于异

① 选自《人道主义与反人道主义》，北京，华夏出版社，1999。

化的必然性的自鸣得意的看法。因为，如果精神只能通过自己的否定之否定才能认识自身，那么，对人的本性的每一次否定本身必定包含着肯定的方面。

对马克思重新思考黑格尔关于异化的观点产生了主要影响的当然是费尔巴哈。根据费尔巴哈的看法，黑格尔哲学本身就被异化了，因为它将异化看作影响思想或意识而不是影响作为有形存在物的人的过程。因此它把具体的、有限的存在描述为只是那实际上应归结于"人"的思想体系的反映。费尔巴哈所举的特殊实例是人在宗教中的异化，但他在关于《哲学改革的临时纲要》（1843）（以下简称《纲要》）中，将异化概念扩展为不仅包含宗教而且也包含作为世俗神学形式的法国哲学。在《纲要》中，他认为，由于黑格尔以无限为起点并以无限作终结，有限——人——就仅仅被当作超人的精神的演化的一个阶段。因此，思辨哲学由于隐藏了哲学观念在人自身中的真正根源而与由宗教造成的异化极为相似。要避免这种异化，哲学就不能以绝对理念为起点，而应以被它异化了的东西——人自身的本质为起点。

因此，在费尔巴哈看来，人在宗教和哲学体系中被异化了：在那里，他（人）把"感官直觉"同具体现实的实际上直接的关系间接化了。"否定之否定"并不如黑格尔所设想的是这种异化的绝对克服，因为它是一个保留着被它否定的事物并同时在思想中参照其对立面的过程。只有当我们认识到我们与自然的关系的真正性质是直接统一的、确定的和真实之时，我们才能达到"积极的人道主义"，即一种不再靠否定宗教来获得其肯定内容的人道主义。

虽然马克思对于费尔巴哈对黑格尔哲学批判的无保留的赞扬是很短暂的，但他仍然为这种特殊的论点所强烈吸引。值得注意的是，尽管他在 1843 年末就已经在批判费尔巴哈的"抽象的"人道主义，他还是愿意在《1844 年经济学哲学手稿》中相信费尔巴哈是"旧哲学的真正征服者"，并且欢呼他"把基于自身并且积极地以自身为基础的肯定的东西，与自称是绝对的肯定的东西的那个否定之否定对立起来"①。

当马克思断言黑格尔对否定之否定的观点停留"在最后的活动中，也就是……在外化中自己同自己发生关系"② 时，他诉诸的就

---

① 《马克思恩格斯全集》第 42 卷，158 页，北京，人民出版社，1979。

② 同上书，178 页。

是这一论点：自我意识并不能像黑格尔所说的那样，靠着它在自己的异化本身中（other being as such），也就是在自己的身边（at home）这一点而扬弃其对象性。它必然从它的对立物中完全解放出来。只有通过这种方式，与"虚假"的本质相对立的"真实"的本质才能在否定之否定中得到肯定。

基于同样的理由，马克思揭露了无神论人道主义的缺点，并且着手论证，被看作对私有财产简单的否定之否定的共产主义并不代表人类发展的目标："但是，因为在社会主义的人看来，整个所谓世界历史不外是人通过人的劳动而诞生的过程，是自然界对人来说的生成过程，所以，关于他通过自身而诞生、关于他的产生过程，他有着直观的、无可辩驳的证明。因为人和自然界的实在性，即人对人来说作为自然界的存在以及自然界对人来说作为人的存在，已经变成实践的、可以通过感觉直观的，所以关于某种异己的存在物、关于凌驾于自然界和人之上的存在物的问题，即包含着对自然界和人的非实在性的承认的问题，在实践上已经成为不可能的了。无神论，作为对这种非实在性的否定，已不再有任何意义，因为无神论是对神的否定，并且正是通过这种否定而肯定人的存在，但是社会主义，作为社会主义，已经不再需要这样的中介；它是从把人和自然界看作本质这种理论上和实践上的感性意识开始的。社会主义是人的不再以宗教的扬弃为中介的积极的自我意识，正像现实生活是人的不再以私有财产的扬弃即共产主义为中介的积极的现实一样。共产主义是作为否定之否定的肯定，因为它是一个现实的、对下一阶段历史发展说来是必然的环节。共产主义是最近将来的必然的形式和能动的原则。但是，共产主义本身并不是人类发展的目标，并不是人类社会的形式。"[1]

在一短暂时期内，马克思本人似乎采用了费尔巴哈的下述观点：仅仅改变意识就足以保证"积极人道主义"的实现。例如我们发现他在 1843 年写道："我们的全部任务只能是赋予宗教问题和哲学问题以适合于自觉的人的形态，像费尔巴哈在批判宗教时所做的那样。因此，我们的口号应当是：意识改革不是靠教条，而是靠分析那神秘的连自己都不清楚的意识，不管这种意识是以宗教的形式或是以政治的形式出现。"[2] 但是在稍后的几个月写成的《黑格尔法哲学批

① 《马克思恩格斯全集》第 42 卷，131 页，北京，人民出版社，1979。
② 《马克思恩格斯全集》第 1 卷，418 页，北京，人民出版社，1956。

判导言》里，马克思则认为费尔巴哈的观点严格说来是不充分的，因此它假定"意识的改革"就是所需要的全部东西："反宗教的批判的根据就是：人创造了宗教，而不是宗教创造了人……但人并不是抽象的栖息在世界以外的东西。人就是人的世界，就是国家，社会。国家、社会产生了宗教即颠倒了的世界观，因为它们本身就是颠倒了的世界。"① 因为，如果"颠倒了的世界"的确是产生宗教异化的根源，那么，反异化就不仅会要求改变态度或更新"自信"，还会要求更多的东西，哲学的地位也必定因此而有不同的表达："为历史服务的哲学的迫切任务"，马克思在《导言》中写道，是在揭露了自我异化的"神圣"形象之后，揭露"非神圣形象"中的自我异化。② 此外，我们应该指出，马克思在 1844 年手稿中认为不是费尔巴哈而是黑格尔揭示了——尽管只是以抽象的与非历史发展形式——世俗异化的基本性质："因此，《现象学》是一种隐藏的、神秘化的、自身还不清楚的批判；但是，由于《现象学》抓住人的异化——尽管人只是以精神的形式出现的——其中仍然隐藏着批判的一切要素，而且这些要素往往已经以远远超过黑格尔观点的方式准备好和加过工了。黑格尔的《现象学》及其最后成果——作为推动原则和创造原则的否定性的辩证法——的伟大之处首先在于，黑格尔把人的自我产生看作一个过程，把对象化看作失去对象，看作外化和这种外化的扬弃；因而，他抓住了劳动的本质，把对象性的人——现实的因而是真正的人——理解为他自己的劳动的结果。人同作为类存在物的自身发生现实的、能动的关系……只有通过下述途径才是可能的：人实际上把自己的类的力量统统发挥出来（这又是只有通过人类的全部活动，只有作为历史的结果才有可能），并且把这些力量当作对象来对待，而这首先又是只有通过异化的形式才有可能。"③

因此，到 1844 年时，马克思已将黑格尔的辩证法——他对历史发展的理解——看作对费尔巴哈抽象的"爱的宗教"的重要的解毒剂。不过，他仍然批判黑格尔对异化的唯心主义的表述："不是人以非人的方式同自身对立的对象化，而是人以不同于抽象思维并且同抽象思维对立的方式的对象化，被当作异化的被设定的本质和应被扬弃的东西。因此，对于人的已成为对象而且是异己对象的本质力量的占有，首先不过是那种在意识中、在纯思维中即在抽象中发生

---

① 《马克思恩格斯全集》第 1 卷，452 页，北京，人民出版社，1956。

② 同上书，453 页。

③ 《马克思恩格斯全集》第 42 卷，162～163 页，北京，人民出版社，1979。

的占有⋯⋯"① 但是，黑格尔哲学的积极方面在于，它依然是彻底的"否定的和批判的"。而且，马克思正是基于黑格尔哲学中的"绝对否定性"及"扬弃"的概念（费尔巴哈因认为它们只适用于哲学的神秘领域而摒弃了这些概念），着手将他自己的"积极的"人道主义阐释为一种既区别于庸俗唯物主义，又不同于唯心主义的"彻底的自然主义或人道主义"。

按照这种"人道主义"的观点，人是自然存在物；就他们具有生命力而论，他们是能动的或"主体性的"自然存在物；而就他们像植物和动物那样依赖他们自身之外的自然界来显示自己的本质力量而论，他们又是"对象性的"自然存在物。因此，异化的主体并不是将人类的本质力量设定为异化的东西的行为（似乎所涉及的纯粹是创造对象的主体活动）。这一过程的主体性在于这些对象性地存在、对象性地活动的本质力量，这种对象性的活动是"人的""表现于他自身之外"的本性，是他的作为一种对象性的自然存在物的确证方式。因此，"人"已被他的作为对象性存在物的自然存在的那些对象"设定"的方式外化。同时，人的本性既不能归结为他的主体性感受，也不能归结为他的对象性活动。人的"人的—自然的"本性形成于同"纯粹自然"打交道的历史过程中。总而言之，人类既不直接等同于自然，又不超越自然。

在以这种方式论证人道主义的过程中，马克思似乎同意费尔巴哈针对黑格尔提出的下述观点："否定之否定"并不是"绝对的肯定"（因为它表达一种仍然依赖于它所扬弃的那个环节的"人道主义"）。但他也同意黑格尔对费尔巴哈的如下反驳：人与自然不会有直接的统一。

作为自然的东西与属人的东西之间的中介的，肯定不仅仅是以对象化的形式出现的思想；但这种中介也不单单是思辨哲学的幻想。这意味着费尔巴哈正确地批判了以唯心主义形式出现的辩证法，但他却天真地认为人与自然之间有可能有一种直接和谐。黑格尔重视人的劳动在我们与自然界的关系中的作用，尽管他是以神秘化的形式来表达这些思想的。劳动的中介不可能靠思想来回避（就如费尔巴哈在诉诸直接的"感官直觉"时所以为的那样），而必须通过现实来起作用。在这一意义上可以说，以异化了的形式存在于资本主义生产关系中的人的劳动乃是实现"积极的人道主义"所必不可少的。

① 《马克思恩格斯全集》第 42 卷，161 页，北京，人民出版社，1979。

因此，按照马克思的看法，黑格尔已正确地强调了具体的活动对于精神实现的绝对必要性；黑格尔的错误在于，他没有说明这种活动的"现实的"或"感性的"方面，也就是说，他最终未能区分"感觉的"对象和它的观念。这种谴责的含义是：黑格尔只能够用"精神化的"自然——被抹去了物质性的自然——去调和人与自然的关系。然而，也有些人论证说，马克思的《1844年经济学哲学手稿》中的"自然主义的人道主义"也犯了使自然"人类学化"的错误。就是说，他们认为马克思只是把自然看作实现人的本质的手段，并把由人的实践活动所引起的物质变换看作是一个借助非人的自然的连续的外化和否定的过程。

马克思在1844年手稿中对异化劳动的讨论，无疑未达到它应有的明晰性，但也几乎没有什么东西可以支持马克思把全部人的劳动的对象化表现都看作主体性的否定的或异化的形式这一说法。实际上很明显，不管是在《手稿》中还是在其他文章中，马克思都把异化看作资产阶级社会的特有现象，把它与在市场经济中居于支配地位的纯粹经济的和非人格的契约和交换关系直接联系起来。他把这些关系和封建社会的那种严格的、等级森严的以及实质上是政治的制度作为对比：从人身依附关系中解脱出来的商品社会中的个人，只不过将他们自己视为"偶然的"通过市场中介相互联系的独立的经济单位。而由于资产阶级组织生产的目的是为资本的所有者积累利润而不是满足工人大众的需要，商品而不是用商品来满足的那些需要就成了价值的中心。这样人们就逐渐产生一种误解：只有当他们在生产出的物的世界中找到自己异化的痕迹时，他们才具有价值。

因此，异化在本质上是个人与共同体之间的联系的丧失及这种联系为间接性的金钱关系所取代，马克思将它与封建社会特有的压迫和等级不可变易性以及与资本主义废除后的共同体的解放和复归作对比。实际上，马克思在1844年手稿和《政治经济学批判大纲》中论证说，把异化视为人类生产的永恒特征恰恰是资产阶级经济学家的错误。正是他们把马克思自己描述为异化的并与一定历史的生产方式相联系的贪婪、竞争、惨祸以及货币价值看作人类劳动的必然特征。

诚然，马克思指出了，是异化产生私有财产而不是相反，比如他这样写道："与其说私有财产表现为外化劳动的根据和原因，还不如说它是外化劳动的结果，正如神原先不是人类理性迷误的原因，而是人的理性迷误的结果一样。"① 问题在于：——已有几位评论者指出了这一点——马克思在这里是在谈论一种结构关系而不是一种历史关系。他并不是主张异化是先于私有制的，而是认为财产或资本只不过是异化了的劳动：那看起来是它自身拥有的力量和价值完全可以用由它所包含的劳动力来说明。因此，马克思在谈到异化是私有财产的原因时决没有否认它的历史特征，他是将它更明确地与资本主义生产，也就是与这样的一种方式联系起来：在这种生产方式中，财产关系本身是产生对工人的经济剥削并且由这种剥削来维持的，而不是以一种已经确立的政治强制的方式而存在的。

一些评论者一直在尽力证明，马克思的异化概念并不是建立在对抽象的"人的本质"的"伦理的"考虑之上的。马克思明确地将反历史（超历史）的人的本质观念当作"唯心主义的"观念而加以拒绝。他认为，只是由于资本主义的生产力，我们才能够获得对社会进程的控制，唯有这控制才令非异化的存在成为可能。

然而，异化概念依然是伦理的，因为马克思用它悲叹与资本主义相联系的人性丧失。同时，也可以说它是本质论的，因为它使马克思将共产主义视为"真正的人"的生存方式。最后，我们须补充一点，异化理论在一种关于人类的存在的更一般的理论结构中被概念化了：异化被认为是只有具有意识的人才会遭遇的一种不自由。尽管马克思告诉我们，对异化了的个人来说，"动物的东西成为人的东西，而人的东西成为动物的东西"②，但没有任何动物会被异化——因为没有任何动物能理性地选择自己的生存方式。总之，异化理论根植于对人在创造和控制社会进程中的潜在自由和基本作用的人道主义的假定。

实际上，在《德意志意识形态》中，马克思几乎专门用"异化"概念来描述这样一种情形：在这种境况中，那些有责任创造和维系一个过程的人们感到它仿佛是他们无法驾驭的自然现象。马克思很少谈"异化"与劳动的关系，他强调的是人们如何由于忽略他们在社会生活再生产中的作用而共同造成了他们自己所受的压迫的方式。异化的过程对于他们似乎是自然的过程；但它又不同于自然的过程，能够通过人类的活动而消除。

因此，我们可以指出，尽管在《德意志意识形态》中马克思决

---

① 《马克思恩格斯全集》第 42 卷，100 页，北京，人民出版社，1979。

② 同上书，94 页。

定性地摒弃了费尔巴哈的人道主义理论，但是他并没有与人道主义论点本身决裂。在《德意志意识形态》中，费尔巴哈对人性的"本质论的"解释受到直接抨击；他被指责为把"现实的历史的人"变为哲学的范畴；而且他和他的"真正的"社会主义追随者们都因仅仅对资本主义进行道德的批判以及虔诚地祈祷"人"或"人类本质"在共产主义社会的实现而受到谴责。我们也许因此而同意这样的看法，即如果我们想以"反人道主义"来表示《德意志意识形态》及以后的著作中对抽象的"人"和"人"的本质的概念的驳斥态度的话，那么它们是"反人道主义"的。

然而，由于《德意志意识形态》既强调资产阶级社会的异化，又强调个人在创造历史中的作用，它仍然在深层上是人道主义的。实际上，抽象的人道主义之所以遭到马克思和恩格斯的拒斥，并不是因为马克思和恩格斯感到人类只是人类自身完全无法控制的力量的无能的傀儡，而是因为他们觉察到，"创造历史"的并不是哲学概念的"人"，而是一定历史条件下的现实的个人。正如他们所写道的："哲学家们在已经不再屈从于分工的个人身上看见了他们名之为'人'的那种理想，他们把我们所描绘的整个发展过程看作是'人'的发展过程，而且他们用这个'人'来代替过去每一历史时代中所存在的个人，并把他描绘成历史的动力。这样，整个历史过程被看成是'人'的自我异化过程，实际上这是因为，他们总是用后来阶段的普通人来代替过去阶段的人并赋予过去的个人以后来的意识。由于这种本末倒置的做法，即由于公然舍弃实际条件，于是就可以把整个历史变成意识发展的过程了。"① 这里所说的意思是，不是"人"而是个人创造历史。马克思一年以后在《哲学的贫困》中谴责蒲鲁东时有力地重复了这一观点。马克思写道，我们自问："……为什么该原理出现在11世纪或者18世纪，而不出现在其他某一世纪，我们就必然要仔细研究一下：11世纪的人们是怎样的，18世纪的人们是怎样的，在每个世纪中，人们的需求、生产力、生产方式以及生产中使用的原料是怎样的；最后，由这一切生存条件所产生的人与人之间的关系是怎样的。难道探讨这一切问题不就是研究每个世纪中人们的现实的、世俗的历史，不就是把这些人既当成剧作者又当成剧中人物吗？"② 诚然，这些"剧作者和演员"无疑是从属于阶

---

① 《马克思恩格斯全集》第3卷，77页，北京，人民出版社，1960。
② 《马克思恩格斯全集》第4卷，148～149页，北京，人民出版社，1958。

级并受制于那种他们除了服从便别无选择的力量（分工、交换关系）的，因此，他们自己所创造的产物获得了独立的外观。马克思在《德意志意识形态》中写道："不同个人的共同活动产生了一种社会力量……由于共同活动本身不是自愿地而是自发地形成的，因此这种社会力量在这些个人看来就不是他们自身的联合力量，而是某种异己的、在他们之外的权力。关于这种权力的起源和发展趋向，他们一点也不了解；因而他们就不再能驾驭这种力量……"马克思恩格斯的意思是说，异己的力量的确实际支配着资产阶级社会中个人的意志和行动；在一种显然具有自己的动力并且在不受"支撑着"它的人们的控制而创造的关系结构中，人的确成了纯粹的功能因素。但是，马克思和恩格斯当然也正是出于那同一个理由，才渴望推翻资本主义关系，才谈到需要"以个人支配命运和环境来取代环境和命运对个人的支配"。

实际上，从这种所谓"决裂的著作"观点出发的对马克思结构主义的解释，必定会由于把资产阶级存在所特有的那种失去控制看作是永恒的东西而遭到直接抨击：由于把资本主义的存在关系看作是自身即有生命的，结构主义观点把资产阶级社会的"无主体"解释为无主体本身——解释为个人对他们无意地"支撑着"的结构的永久的服从。

实际上，《德意志意识形态》对那种哲学批判万能观念的抨击，远未达到与人道主义的论点决裂的程度，所以，我们在这部著作中遇到了马克思主义人道主义的某些更麻烦的问题。例如，这一观点仍然强烈地是目的论的，历史的目的就是推翻资产阶级社会和建立作为人的解放的最后的和完善形式的共产主义。共产主义本身被描绘成一种"人与人之间"直接的、无中介关系的社会：在这个社会中，一切形式的国家组织和政治机构都已经消亡。它的到来被认为是政治消亡（政治只在阶级社会才有必要）和历史消亡的标志。与此同时，这种人道主义还主张：随着资产阶级社会的灭亡，将开始一个以明确的"人道主义"意识为特征的新纪元："共产主义和所有过去的运动不同的地方在于：它推翻了一切旧的生产和交往关系的基础，并且破天荒第一次自觉地把一切自发产生的前提看作是先前世世代代的创造，消除这些前提的自发性，使它们受联合起来的个人的支配。"[1] 当然，我们在这些著作中还遇到把无产阶级作为世界

---

① 《马克思恩格斯全集》第 3 卷，79 页，北京，人民出版社，1960。

解放的"世界—历史"的动力的人道主义主题。马克思写道,"现代的普遍交往不可能通过任何其他的途径受一个个人支配,只有通过受全部个人支配的途径"①;而只有工人阶级才能发展这种占有人类生产力的总和所必需的普遍性。

最后,我们应指出,马克思和恩格斯再三地把他们自己对资本主义的批判与费尔巴哈学派的人道主义者的、李嘉图学派社会主义者的、蒲鲁东学派的及其他学派的"伦理主义"区别开来,正是因为唯独他们认识到资本主义的"文明影响"对共产主义实现的必要性。他们认为,这些自称是改革者的人,没有重视工业化在打破狭隘的和固定的分工以及在创造充分满足的条件——人的条件和物的条件——中的进步作用。由于带有还乡的渴望,"空想社会主义者"对资本主义的批判必然是非建设性的和无效力的。有人指出,正是由于重视资本主义异化的积极的和物质的遗产,马克思主义辩证法才区别于黑格尔辩证法:"在马克思看来,否定是自我与之远离的对象世界内含的方面——具体地说,异化劳动产生私有财产;但决不能由于劳动具体化于物质的形式之中,且物质作为商品的自然质料又是从自然劳动对象中获取的,而断言私有财产'不过'是外化劳动。"因此,一方面,尽管"否定"私人所有制,但异化劳动的物质内涵被保存在它的"绝对的肯定"之中(作为社会主义的物质基础之中);另一方面,在从资本主义向社会主义的转变过程中,又有对异化的社会关系的绝对否定。因为从社会主义的立场来看,这些关系不能在其更高的统一体中作为被保留的"环节"。

然而,我们可能会同意,马克思自己将资本主义条件下异化劳动的物质内涵看作是超越对资本主义社会关系的否定,并为未来的存在提供着根据的"积极"内容,而不完全赞同他对"空想社会主义"的批评。的确,今天许多社会主义者都在马克思主义关于向社会主义过渡的观点上发生争论。他们的根据是,正是资本主义生产方式所创造的生产率构成了工业化国家向社会主义转化的主要"物质"障碍,而且,支配自然的技术成就正直接威胁着关于人的解放的计划。由于资本主义生产所产生的"财富"是生态环境所不能支持的,超出了真正的人的满足的需要,并且给当今世界的大多数人造成了灾难的后果,如果某种名副其实的"社会主义"要实现它自身的话,就必须对"发达"文明存在的基本条件作彻底的反省。用

---

① 《马克思恩格斯全集》第3卷,76页,北京,人民出版社,1960。

鲁道夫·巴罗的话来说就是："我们关于向社会主义过渡的通常观点是，在欧洲文明——而且不只是欧洲文明——已在技术领域中创造的基本条件下废除资本主义制度。即使在本世纪，像安东尼奥·葛兰西这样深刻的思想家也只能把技术、工业化、美国方式及现存的福特制大体看作一种不可避免的必然性，并因此将社会主义描述为现代机器和技术的真正继承者。马克思主义者至今还很少考虑这个问题：人类不仅要改造其生产关系，而且必须从根本上改造其生产方式的全部特征，即生产力或所谓的技术结构。它决不能将其观点与需要及其满足，或为此目的设计的产品世界发展的历史流行形式相联系。我们所看到的充斥四周的商品世界的现存形式不是人类生存的必要条件。它不必注意现有方式，就像它为了尽可能发展人的智力与情感常常做的那样。"按照这种观点，被马克思当作使我们从异化中解脱出来的根据的东西——保留在社会主义关系的"绝对肯定"中的异化劳动的物质内涵——本身就是异化的首要根源。

（廖申白　杨清荣 译）

温迪·林恩·李

温迪·林恩·李（Wendy Lynne Lee），美国宾夕法尼亚州布鲁姆兹堡大学哲学系教授，主要研究领域包括维特根斯坦晚期思想、心灵哲学、语言哲学、女权主义理论、生态哲学、马克思哲学等。根据这些研究领域，温迪·林恩·李发表了一系列论文，主要有：《马克思与性别意识形态：实践与自然的悖论》（1994）、《身份认同的确立：女性主义者的主题与性欲的结构》（1995）、《妇女—动物—机器：维特根斯坦生态学女性主义的结构》（1995）、《小蜂雀翅膀之声：一种维特根斯坦式的对作为权力形式的生活方式的研究》（1999）、《女性主义理论，激进的女同性恋者》（2001）、《重读经典：对维特根斯坦的女性主义解读》（2002）、《卡尔·

马克思的性别辩证法》和《维特根斯坦著作中的性欲》
(2004) 等。

《马克思》是作者于 2001 年出版的唯一一本著作。
作者认为，从马克思对资本主义深刻的批判可以看出马
克思是一个革命的思想家。作者写作此书的目的之一就
是要让读者通过熟悉马克思著作中的革命思想，激发起
读者作为无产阶级的一员来思考自己和人类的命运的愿
望。针对由于 20 世纪一系列的与共产主义有关的政治
事件而对马克思所产生的怀疑、误解甚至诽谤，作者认
为，马克思在今天仍然没有过时，为了强调马克思主义
的概念的重要而持久的方面，也为了阐明马克思与 21
世纪的关系，作者在本书的最后两节研究了马克思主义
的女权主义和马克思主义的生态主义，以此来提供马克
思主义与当代经济、政治、伦理问题的相关性示例。

本书所选取的是《马克思》一书的第五节《马克思
主义与对压迫的批判》和第六节《马克思主义和生态
学》。在第五节中，作者通过一种现象学的分析方法来
解读 20 世纪的作家和批评家斯坦的短篇小说《三个人
的生活》中一个叫"好人安娜"的生存体验，以此来说
明马克思关于人的存在和劳动的理论的力量和局限性。
安娜是一个中产阶级底层的天主教英国妇女，她的整个
一生都是作为一个仆人在为一个比她有身份的人服务。
这样一个妇女的生存体验既说明了她作为劳动组织的一
分子，但也不能完全被归结为马克思关于男性工人的
"动物机能"的描述。因此，安娜的生活既体现了一个
无产阶级工作及其异化的典型——这是马克思劳动本体
论的力量所在，同时也说明了马克思的劳动和人性概念
不能完全说明妇女的生活——这是其局限性所在。作者
认为造成这种局限性的原因在于马克思缺少对隐性父权
统治的社会和政治结构与资本主义之间的关系的分析。
而父权统治的家庭是资本主义生产本身的原型，因此，
妇女承受着隐性父权和资本主义的双重压迫。作者进一
步分析认为，随着资本主义的全球化趋势，承受隐性父
权和资本主义的双重压迫的人群已经具有普遍性了，他
们包括有色人种、女同性恋者、男同性恋者以及被其他

主流文化所"放逐者"。因此，上述人群将会成为革命愿望最为迫切的人，而共产主义革命就是要将这些人从双重压迫中解放出来，并且革命的目标是普遍的自由。

在第六节中，作者从生态学的女权主义者的视角来继续探讨革命问题。作者认为，环境——包括可耕种的土地、清新的空气和清洁的水等，是革命至少要获得的对于实现自由来说本质相关的东西，而环境破坏的根源是异化劳动，即资本主义的经济。那么，革命者必须发展出一个唯物主义的劳动概念，这一点依赖于对实践的理解。对生态学女权主义来说，实践是无产阶级革命的一个核心概念，实践的理想是"自我实现"，而"自我实现"不能从共同体中被抽取出来，因为它不能单凭自身而自我实现，因此，几乎一切行为都构成环境变化的某些形式。从这一视角来理解实践，即从人类的自我实现的角度来看待人类行为的方式，就不会仅仅从工具性的角度理解劳动，而且也从伦理性的角度理解劳动，这就使得实践有了一种特殊的道德意义的方面，那就是，实践理想能够支持一种革命，革命的使命是结束一切形式的压迫，并设想一个其成员能够永远自我实现的乌托邦。

马克思主义与
对压迫的批判[①]

一、作为现象学的马克思主义

　　20世纪的作家和批评家斯坦（G. Stein）的系列短篇小说《三个人的生活》（1909）中有一个叫"好人安娜"（The Good Anna）的角色。"好人安娜"是一个中产阶级底层的天主教英国妇女，她的整个一生都是作为一个仆人在为一个比她有身份的人服务。我的目的是利用斯坦的小说来说明一种解读作为现象学家的马克思的有用策略，即是说，在资本主义劳动本体论范围内的一个自我体验的叙述。

　　小说严肃而直率地叙述了安娜的生活和"方式"的编年，斯坦运用了句子重复和词汇省略等文体手段来捕捉安娜生存体验中转瞬

---

① 　选自《马克思》，北京，中华书局，2002。

即逝的感受："布利津的商人们害怕听到'玛丝达小姐'的这个名字，因为好人安娜总是以这个名字来征服大家。当好人安娜说'玛丝达小姐'不可能付那么多，而且她能够在林特海姆更便宜地买到要买的东西之后，连最严格的不二价商店也发现他们不得不稍微便宜一点。林特海姆是安娜喜欢的商店，在那里他们讨价还价了好几天，最后面粉和糖以每磅便宜四分之一便士的价格售出。安娜过着一种勤勉而拮据的生活。"安娜的生活虽然不是马克思所举的工厂劳动的范例，但它充分说明了根植于马克思的劳动本体论和他的人性的性别差异概念的模糊性和内在冲突。安娜的生活经验可以根据马克思讨论的异化、出卖、劳动和消费诸主体来阐述，但在安娜那里也有一些方面不是马克思的理论可以解释的。比如，安娜既不属于一个男人，也不对一个男人负有义务；她不是一个母亲，也不希望成为一个母亲。简单地说，安娜代表了马克思对劳动的体验的分析中许多错误和正确的方面。

安娜当然劳动，但她不是在一个可以一般地描述的工厂里劳动。她的工作是家庭内部的，但她仍然获得报酬。她作为一个劳动者接受工资，但这并不促进她谋取维持生活之外的利益的一点点念头，也不培养她与她那个阶级和地位的其他人的竞争意识。尽管不属于一个男人，但安娜希望有一个严格的以性别为基础的分工来控制自己以及他人的行为。她是一个老处女，按照她自己的地位身份她保有虽然很少但很珍贵的自律权利，且因其不为男人服务而获得了最大的生活乐趣。她没有自己的孩子，但她将她的自我价值的相当一部分与孩子的教育和教化相联系。她抱怨和愤恨她的经济与社会地位，但仍然将她的按等级划分的阶级的价值归因于她的佣人身份的衣着举止。根据她的阶级、性别和职位，安娜被赋予了权力，一种由她的生活方式——通过此种生活方式，她强迫自己作为一个长期受苦的佣人的意志——限制和强加的权力。在她的自我价值具体体现在她为玛丝达小姐付出劳动的方式上，她是被异化的。她也有一种使自己不成为马克思所谓的工厂劳作的机器的态度。她不能被指望做那些违反她自己的理性和身份的事情。她是"好人安娜"，她"不能理解世界上所有的马马虎虎和其他的坏的生活方式，她总是完全憎恨这些东西。在安娜看来，没有一种方式是他们应当作的正当方式"。

安娜保留了对教堂圣事的信仰，但只参加过几次。对安娜来说，宗教是一个给定的不容商议的事实，但不是一种市场上卖的鸦片。

除了一种由她的性别、种族和阶级所决定的生活的"正当方式"，安娜不知道事情原来可以不是这个样子。因此，要看到什么样的环境条件的结合可以促使安娜将自己认同为无产阶级革命的一员，是很困难的；这种做法（成为革命者）在安娜看来，如果不是对她的雇主——雇主在安娜生活中的位置既不如工厂主那么遥远，也不是没有修理她的办法（如果有必要的话）——的背叛的话，肯定至少是一种卑鄙的行为。然而，除了一个人（肖杰博士）之外，另外两个人都是妇女；她们在社会中的位置给予她们权力，但性别本身对她们来说，并没有特别清晰的意义。通过帮助她的女主人促进女主人的事业，安娜直到最后仍保持了她自己的自律权利。即使在玛丝达小姐离开庄园把她的房子遗赠给安娜，安娜自己成了"主人"之后，她仍然忠实于她的自我概念，为男人们服务，就像她当初为她的女主人和主人服务一样。

二、性别辩证法

关于安娜的生存体验的分析——一种现象学——所说明的是马克思关于人的存在和劳动的理论的力量和局限性。假定了马克思在作为实践和异化的生存体验中所投资的价值，采用这样一种研究方法尤其有效。安娜的服务生活不仅是一个马克思的批判可以适用的劳动的例子，而且也是一个研究互相冲突的概念的线索的案例。概念的互相冲突是马克思的劳动本体论——尤其是当这一本体论与阶级、性别、种族和年龄相关的时候——的特征。安娜体现了一个无产阶级工作伦理及其异化的典型，同时也说明了马克思的劳动和人性概念不能完全说明的妇女的生活。

任何妇女都可以如安娜那样，在一个隐性父权统治的资本主义的社会—政治结构中找到她自己的位置，这一点已经在一些最近的女权主义者，诸如艾莉森·贾格尔（Alison Jaggar）、海迪·哈特曼（Heidi Hartmann）、温迪·李（Wendy Lee）、唐娜·哈拉维（Donna Haraway）、罗斯·布鲁尔（Rose M. Brewer）和莱斯利·范伯格（Leslie Feinberg）中间引起了相当大的注意。尽管她们中的每一个理论家关注马克思主义哲学的不同方面，但她们大概都会同意，在对安娜的认识中，重要的是既不能把安娜的生活归结为马克思关于男性工人的"动物机能"的描述，也不能忽视安娜的生活作为劳动的组织的一面。一个马克思主义的女权主义论述可以说明的是，"安娜"们的生活比"异化"所能概括的更为复杂，而这种复杂性与性别和劳动的关系密切相连。

安娜自己提供了这种复杂性的一个线索。除了生活在她的文化的深深的性别和宗教禁忌之中，安娜也与寡妇莱特曼夫人有过一段"罗曼史"："在安娜的生活中，寡妇莱特曼夫人是她的浪漫遭遇。安娜第一次遇到她是在安娜的表兄——一个面包师，他非常熟悉小杂货商莱特曼先生——的房子里……莱特曼夫人是一个非常漂亮的妇人。她丰满圆润，有着橄榄色的皮肤，明亮的深色的眼睛和波浪形的黑色卷发。她是一个快乐的、勾人的、富足且善良的妇女。她非常富有吸引力，慷慨大方，和蔼可亲。她比安娜年龄稍长，安娜马上就被她的魅力和同情心完全征服了。莱特曼夫人是安娜生命中的罗曼史。"在安娜日复一日的工作生活中，莱特曼夫人像是一道闪光。她向安娜敞开她自己，而且，从家庭经济到孩子培养的每一个方面都征求安娜的建议成了她的习惯。安娜只能按她能被打击的方式被打击，她是一个善良的德国女佣，她的浪漫体验被她的生活条件——她在此之中劳动、休闲交友——所限制。

就安娜对莱特曼夫人的爱慕关系很密切而言，这些生活条件被异化了；能否说这是一个浪漫史——它远非一个女同性恋者的浪漫史——的界限，无论怎样解释都是模糊不清的。安娜的浪漫史不能算贞洁，但没有感性的性欲，没有任何与肉体相联系的欲望；安娜用她生活中随手可得的方式表达她的浪漫倾向：忠诚、饥渴、无时无刻和耐心，标准的资本主义价值形式。她自己并不认为这些表达方式是一种限制，而仅仅是"事物所应当是的方式"，这一点可以说是一个马克思对异化的批判的证明。

当然，安娜的故事比这复杂。安娜的生活很难作为一个"动物机能"的例子。将安娜和莱特曼夫人的浪漫史与马克思关于使用他人（和他人的身体）的论述区分开来的，不仅仅是安娜的贞洁，而且是安娜的生活对婚姻和母性的社会期待的蔑视的程度。安娜的罗曼史不仅没有偏离而且是在构成妇女之间适当关系的范围之内进行的；它是非传统的，从中我们也完全看不到安娜对传统礼仪的坚持。然而，安娜确实拥有一段罗曼史——某种类型的罗曼史——而且因为她没有结婚，所以她既不在经济上依赖于，也不从人身上从属于婚姻的誓言。她可以自由地使用她的注意力在另一个妇女身上——正如她在她的生活条件下所做的。

安娜与莱特曼夫人的关系在某种意义上也是异化的，因为与她的所有其他关系一样，她与莱特曼夫人的关系也是由她的文化、阶级和性别的传统习俗所支配的；只不过安娜的适当的修饰促进了这种关系："安娜这一天（去拜访莱特曼夫人）看起来好靓。她总是在衣着上小心翼翼，穿新衣服时十分谨慎。当她星期天外出时，她总是努力使自己符合自己心目中一个女人看起来应该是什么样子的理想。安娜熟知生活中各个阶层的人的难看样子。"在安娜的生活中，异化透露的是一种不同类型的以性别划分为基础的辩证法（与马克思的以男女两性的性别为基础的辩证法不同），因为，当安娜看到莱特曼夫人不顾一切地花费和任意挥霍感情的时候，是礼仪使她的耐心成为可能。安娜的罗曼史被很好地局限在她自己的良心之内，她本身就是传统的一面镜子。安娜之去莱特曼夫人家只能被认为是回归到一个不同类型的家，而不是被认为是一种"动物机能"概念所描述的东西。情爱、倾谈、相互依存和逃避被当作商品利用等等可以很好地用来描述安娜的罗曼史，在此意义上，一个"家"远比马克思主义者关于人的生活的异化的构想更能切近地描述莱特曼夫人之于安娜的意义。安娜不能以和她的男性同事们一样的方式被异化：她不在她与莱特曼夫人的关系中寻求逃避；这不是一种休息，而是一种爱的劳动。

在莱特曼夫人家，安娜不仅发现了（人的）"退化"，而且还发现了（需求的）"满足"；不仅发现了（劳动之余的）"闲暇"，而且还发现了（自我本质力量的）"确证"——尤其是在她所给予莱特曼夫人的孩子的帮助方面。安娜的罗曼史是一种性别辩证法，在其中，人与其本质的疏离被转换成一种自我为他人的升华；异化——通过驱除人的低级的欲望所面对的——由于安娜为莱特曼夫人所做的自我牺牲的女人气被升华了。在她的罗曼史中，除了对她的自我以及她的相对自律的确证，安娜没有获得多少东西；这一事实说明了斯坦的观点：劳动阶级妇女不是马克思所设想的一切劳动者都应该是男性，因而她们的劳动也不是马克思所说的本体论的类劳动。确实，与一般哲学传统一样，马克思对妇女似乎是视而不见的——尽管在马克思主义的批判中，有的女权主义者把它当作一种进步的东西。

三、马克思主义的女权主义批判

从一个女权主义者的视角来看，安娜与莱特曼夫人之间的关系不能单单被辩证唯物主义完全把握住。正如女权主义的马克思主义者海迪·哈特曼在其论文《资本主义、父权统治和职业隔离》中所表明的，马克思所缺少的是对隐性父权统治的社会和政治结构与资本主义之间的关系的分析："我想说的是，在资本主义社会之前，一个父权统治的社会体系已经被建立起来了；在其中，男人在家庭中支配女人和孩子的劳动，并且在这样做的过程中，男人们学会了等级组织和控制的技巧。随着公私分离——诸如由国家机器和建基于普遍的交换和生产单元之上的经济体系所创造的分离——的出现，问题成了一个男人控制妇女劳动能力的问题。换句话说，一个直接的个人控制系统（家庭之内的）被转换成一个间接的、非个人的、以社会程度上的组织机构为中介的控制系统。"对哈特曼来说，这种原初地以性别分工为前提的父权体系，提供了使组织大规模生产的等级制度的组织形式成为可能的条件。父权统治体系主持了一切社会制度诸如婚姻、家庭、宗教与资本主义经济交换的形式的婚礼；资本主义经济交换形式下的劳动本体论是从"一个直接、个人的控制体系到一个间接的、非个人的控制体系"的翻译，即是说，资本主义，与支撑它的社会制度一样，其存在理由是它本身的再生产。

按照哈特曼的说法，男人所面临的问题，是继续保持对妇女——她们本身越来越频繁地进入工厂劳作场所，使得她们的劳动成为公共劳动而不是家务劳动——的劳动控制。"问题"是，资本主义既是父权统治的联盟，又是父权统治的敌人；因为，劳动既奴役妇女——如男人被奴役于工资一样，又使得妇女从对男人的经济依赖性中解放出来——至少在理论上如此。安娜尽管没有结婚，是给别人提供服务，但她仍然依赖于工资劳动的父权统治组织；然而，也由于安娜没有结婚，在给别人提供服务，所以在工资所允许的范围内她仍然是自足的。

也许在这里"允许"是一个关键词。根据哈特曼的理论，正如父权统治的家庭是资本主义生产本身的原型一样，它也提供了一个妇女的潜在的经济独立性"问题"的解决方式："在我看来，在资本主义社会中，由性别差异所造成的职业隔离，是维持男人对女人的优越性的首要机制，因为它在劳动力市场上加剧了妇女劳动的低工资程度。低工资使妇女继续依赖男人，因为男人们鼓励她们结婚。已婚妇女必须为她们的丈夫从事家庭杂务。而男人则既从高工资又从家务分工中受益。"通过保持妇女的低工资，男人们既在家庭内部也在劳动市场上维持对妇女的优越性。没有空洞的权力运作，男人的优越性延伸到一个非常广阔的机遇范围，包括较高的工资以及家务、生育和性的服务。妇女必须结婚的经济压力不仅来自于父权统治的家庭结构——在此之中，女人作为一个女儿被设想为需要摆脱的不利条件，而且来自一种商品交换的制度，这种制度要求一种不付酬的家务劳动。由于在家庭中的经济上的不利地位，女儿们的价值在这种社会结构安排之中，是由她们的婚姻能力来决定的。在此，婚姻本身是一种标准的经济交换形式（比如嫁妆）。

哈特曼等女权主义者的分析，既表明了马克思对资本主义批判的力量，也表明了它的局限性。利用马克思的概念框架，哈特曼表明了一种已经被深深地打上了性别烙印的分工是如何成为系统性压迫——它以异化为特征——的原型的。正如在安娜身上所表现出来的，即使这种异化以一种与男人的异化非常不同的方式被妇女体验到，也并不意味着马克思主义的论述是完全错误的。

这样一种分析表明，一种不批判隐性父权统治的资本主义批判注定是不彻底的，而且是被深深地扭曲了的。哈特曼说："因为性别分工和男性统治都由来已久，要把它们消除是非常困难的，当性别分工存在的时候，要消灭男性统治是不可能的。两者是如此不可摆脱地纠缠在一起，以致为了结束男性统治而消灭性别分工本身是必须的。解放妇女要求社会和文化的各个层次上的基本变革。"这些"基本变革"，正如哲学家艾莉森·贾格尔所列举的，包括恩格斯所说的在内；恩格斯说过，妇女的解放要求家务劳动和孩子照养的社会化，只有这样，妇女才能成为无产阶级的完全自由的成员。但是，这样一种建议疏忽了像安娜这样的妇女——她的家务劳动和孩子护养都要求工资——的解放，对她来说，工资很难说是一种解放。因为这种妇女在资本主义社会和时代的隐性父权统治制度中占据着一个模糊的地位，如果她没有从其他人中被解放出来，就谈不上她从哪一个人中解放出来。承认了妇女压迫的双重性，共产主义革命就必须附加一种将妇女从隐性父权统治中解放出来的革命。

四、种族与革命

在其论文《种族、阶级和性别的理论化》中，罗斯·布鲁尔（Rose M. Brewer）论证说，女权主义者关于资本主义和隐性父权统治对妇女的双重压迫的分析在某些方面已经走向描述一幅更加完整的压迫画图。它们中的大多数假定白种妇女或白种男人的体验是有普遍性的，所以认为这种对压迫的估价是可以普遍适用的。罗斯论证说，即使当焦点聚集在劳动、阶级、性别和种族的交叉点上时，它们首先将自己奉献给改革者的目标——将已经边缘化了的黑人男子重新编入劳动力市场，一种与资本主义以及隐性父权统治的目的不相一致的事业。

"最近的黑人女权主义者认为"，在强调这种类型的分析的错误时，她说："现在黑人生活的一个关键的决定因素，不是黑人男子们对工作的边缘化，而是黑人妇女劳动的社会变革。进一步说，黑人妇女劳动的转变，与国家和经济的结构变化相联系，也与种族—性别分工的转换相联系。"布鲁尔在这里讨论的首要的结构变化是劳动的全球化，劳动的全球化是如此普遍，以致由妇女或少数民族所提出的更高工资的要求，由于廉价劳动力的进口，被系统地破坏了。罗斯表明了全球化是如何将黑人妇女的劳动产品的一些向上浮动的可能性消解于无形了。

如果确实存在一个"世界范围的潜在的劳动力库存"，它随时准备被雇佣——这种雇佣大部分是不能支付家务劳动工资的——那么，经济和社会地位较低的妇女在家里和在大生产的市场力量中都会易于受到伤害。当生产本身被全球化了时，潜在的劳动联营同样抹去了公民身份和民族界限的区别。一个全球性的无产阶级的成员就是简单地承认，（由于经济强制）即使在一个所谓的民主社会中，某一个国家的公民身份也提供不了什么特殊的劳动保护。

然而，正如布鲁尔所表明的，这种经济强制根据主流文化的利益迅速地被合理化了，以保证那些已经被污蔑为懒惰、愚蠢或所谓的需要管教者自己为他们的贫困承担责任。诸如"贫困文化"之类的口号正在重新制造这样的信念：资本主义许可的是"机会"，只有与种族相联系的懒惰才是说明不能获得维持生计的工资的原因。人们用不着到更远的地方，去寻找"贫困文化"的存在的信念是如何证明自己的证据：在任何大城市的黑人社区中，广告板上为烟酒作的广告默默地站立着，在内容和形式上，都是市场营销老套的见证。这样的广告既不为维持全球性的联营提供任何东西，也无助于出售即使是最危险的产品给它的成员；唯一可以说明的是：马克思的"动物机能"的概念不仅仅是根基于性别差异，而且根基于种族差异。

　　从一个马克思主义者的观点来看，19 世纪的宗教曾经起过的麻醉作用，现在可以由一种更加直接的手段——酒类商店和麻醉剂市场来取代了。酒精和麻醉剂都有助于压制通过一种外在标准来衡量一个人的价值的倾向。特殊的证据是不相关的；结结巴巴地说话是异化的一个最好显示，也是公众沉醉的好证明。对布鲁尔来说，重要的是，如果黑人穷人和劳动阶级的穷人被封锁在经济之外的现实被主流文化看作一种"贫困文化"的反映，那么，一种更加真实的画面会承认"在发达资本主义条件下，种族歧视、性别歧视和经济压迫的重铸"。

在发达资本主义社会，异化本身正经历着一种适应一个全球性市场的变化。"动物机能"这样的概念，如布鲁尔所表明的，需要以一个独立的批判性评价的方式，按照种族和性别被重新定义。无论将诽谤堆到"贫困文化"之上可能显得是那么回事，无论压迫的栽赃工具是多么有用，没有什么东西能够回避这一事实：种族歧视和性别歧视有助于地区和国家界限之外的利润的增长。在资本主义的机会主义文化中做黑人和女人，就是处于一种特殊的劳动地位，即是说，处于普遍地被隐性父权统治和资本主义体系——它现在仍然存在着，就像曾经被白人和男人控制一样——剥削的地位。如布鲁尔所言，"是白人的精英力量——他们根据利润的获取和种族、性别的意识形态来做出决定——推动了全球化进程"。

给定了劳动的全球变化以及这种变化对那些已经极易受到最悲惨的剥削的伤害的人的影响的证据，对于黑人和妇女的压迫持续到今天的事实也就不足为奇了。在布鲁尔看来，无论如何，最重要的、必须牢记在心的是这样一种变化，该变化"具有在这些包含广泛的结构变化的前后关系中将人的种族、阶级和性别的差异理论化的含义"。在这些关系中，有密切关系的不仅仅是劳动与性，还有劳动与种族："黑人妇女的劳动例证了一种建立在种族的规范和价值之上的，也建立在根植于性别分工中的物质安排之上的工资劳动的分工。"

问题必须包括布鲁尔的观点对马克思的诸概念发生了什么影响的分析。对种族和性别的意识形态的交织的分析是怎样影响我们理解异化、类存在和实践的方式的？如果对斯坦的《好人安娜》的一种现象学的解读能够表明马克思主义的概念是如何适用于一个女权主义者对马克思主义应用的目的，那么，从对"种族的规范和价值"所扮演的角色的解读中，我们能够得出什么样的可能的洞见呢？从资本主义和隐性父权统治的关系中我们可以知道什么呢？种族压迫为将权利保持在白人精英手中做出了什么样的贡献呢？革命到底又是为了解放谁呢？

五、性的被放逐者

一些包括艾莉森·贾格尔、贝尔·胡克斯和巴巴拉·史密斯（Barbara Smith）等在内的性和种族研究的理论家，已经开始了雄心勃勃的对性的被放逐者的研究的计划。在她的《革命在哪里》的论文中，史密斯论证说，在种族和性别之外，在对"压迫"和"革命"的理论化过程中，隐隐约约地出现了另一种批判的结合点，即同性恋。史密斯详细叙述了她自己在 19 世纪 70 年代中期同性恋运动中的经验，史密斯写道，因为她"走出了黑人解放、妇女解放以及最重要的——新出现的黑人女权主义运动的藩篱……我离开了与一切'主义'相联系的假设的工作。对任何被压迫的人来说，包括男女同性恋者，在这种体系之下要想获得自由是不可能的。警察局的走狗、驱赶畜生的棍棒、救火用的皮管、贫穷、郊区的叛乱、维也纳的战争、暗杀、肯特州对妇女的不受压制的暴力、不切实际的自我牺牲以及我们的情感和身体所经验到的暴力，使得矛盾十分清楚了。没有任何一个神智清醒的人需要这个既成秩序的任何部分。这是这样的一个体系——白人权力至上、厌恶女人、资本主义、恐惧同性恋——使得我们的生活始于如此的艰难之中。"史密斯论证说，那些最可能被剥夺权利的人——如果预先没有被从马克思的无产阶级的成员中排除——就是那些对他们来说革命变得最为迫切的人，即妇女、有色人种、女同性恋者、男同性恋者以及其他被主流文化所"放逐者"。

与布鲁尔一样，史密斯说明了，无产阶级不仅仅是由被异化的白人——通过在家庭中履行他们的动物机能，他们发现很少有闲暇——所组成，而且还由那些其社会地位使家庭的稳定性陷于险境的人所组成。在马克思的论述中，"家"是由男性的性欲和妇女对家务的操劳来定义的；在此意义上，家对那些并不认同异性恋者的价值和规范的人的意义是模糊不清的。加上上述史密斯所述的现实危险——比如，潜在的被逐出家庭的毁灭性的后果——这一点就变得很清楚了；她的主张——同性恋体现了对传统细胞式家庭的一个内在的激进批判——必然是建立于那些"性的被放逐者"所遭遇的暴力的基础之上的。

根据史密斯，"传统的细胞式家庭的政治功能已经限制了性欲的表达和它的所有成员——尤其是妇女、女同性恋者和男同性恋者——的性别角色"，而且这种限制是按照有利于保持一种父权统治的家庭概念和一种以性别分工为基础的劳动本体论的原则来实施的——它保证了由隐性父权统治的资本主义所赋予权利的那些富有的、被假定为正直的白人的持久特权。"人权运动协会"报告可以为上述观点作佐证。报告说，在1999年12月发行的《走出去》(Out)杂志表明，当变性男人的年平均收入是24979美元时，女同性恋者的年平均收入只有17497美元，而变性妇女的年平均收入只有9038美元。女同性恋双方的收入与变性同性恋双方的收入相匹敌的原因（45166美元和47193美元），要根据以下事实来理解：即在变性同性恋情况中，统计上的可能性是，主要收入是由一个男性的家庭生计承担者赚取的；而在女同性恋的情况中，双方都可能赚取大约20000美元，这是一个由男同性恋者的平均家庭收入（58366美元）与变性家庭的平均收入相比较而产生的结论。

与史密斯一样，变性理论家和作家范伯格（L. Feinberg）将由性而来的经济上的不平等解释为资本主义生产的一个不可避免的结果——其性别规范的强制性对保持异性主义者的权利结构是关键性的。那么，拿什么来解释男同性恋者较高的收入呢？范伯格解释说，尽管由于欧洲的"工业革命"而被赋予了权力，"资本家仍然利用许多传统的偏见，尤其是那些有利于他们的划分和征服的政策"；然而他们也提供了新的"蒙混过关"的机会，即为了生存、为了逃避因为不遵从主流文化所认同的规范而被施加的暴力而伪装成变性者。对性的"被放逐者"来说，相对安全的道路——如果不是争取财富的话——就是"蒙混过关"。

史密斯在现代同性恋权利运动中重申了这一点，她说："同性恋白种男人们的种族、性别和阶级的特权，加上他们的众多的人数——他们认同这种体系而不是不相信这种体系——已经使得现在的同性恋运动的政策与其他以身份认同为基础为争取社会和政治变革的运动非常不同。"比如，"木屋共和国"这个绝大多数由白种男人组成的、财政上保守的同性恋组织，他们的政治目标是拒绝资本主义企业的联合管理，其实质是与异性关系的对应组织一致的。无论如何，即使更加有争议的政治目标也清楚地表明不是革命，而是改革、是融入隐性父权统治的资本主义体系。"木屋共和国"对影响妇女和少数人而不影响他们的保守的同伴的立法几乎没有任何的投票记录。

那些有争议的政治目标包括：结婚的权利，在申请健康保险和生命保险等福利时与同性恋同伴一起办理的权利，所得税返还的权利。但是我们必须看到的是，当表达这些目标的语言是由典型的关于权利的语言构成时，在一个资本主义体系之内的权利本身只有作为经济权利才有意义。所有这些权利：结婚、保险和所得税返还都伴随着经济利益；权利，就是给那些已经从一个体系获益的人支付现金，它以许多其他彻底的同性恋公民为代价使作为白种的男性的他们受益。

人们可以反对说，如果没有结婚的权利，为这个体系支付现金就使得即使是那些白种同性恋男人也只能躲在厕所里面临性的压迫了。这是真的。但当被迫躲在厕所里的压力影响了一切男同性恋者、女同性恋者、双性恋者、性欲颠倒者以及在这样一种文化中的变性者的生活时，那么，年收入58000美元的人就远比年收入45000美元甚至更少的人舒适了。对于美元在道德上与被压迫的体验不相关的回答，我们可以说，在这样一种深深地根植于保持消费权力的文化中，这种美元无关论无疑是一种"错误意识"。如史密斯所指出的，"木屋共和国"曾经因为这种错误而被指责过，而且，享受闲暇——用来思考一个人是否能够与其他人一样被压迫的可能性——是经济上的一个很大的奢侈。

"蒙混过关"与富裕生活的其他配备一样，是一个可以购买的商品，有些人比另外一些人更容易得到它，而多数人则没有那么幸运。因"蒙混过关"被抓住而遭受的严厉惩罚使得资本主义和隐性父权统治体系之间的关系很清楚了："在17世纪末的英格兰，一个人因蒙混过关而遭受的惩罚，是给他套上枷锁，装在一辆打开的马车中，拖着游街。直到1760年的法国，男女换装的同性恋者被活活烧死。虽然有严厉的刑罚，整个欧洲妇女和男人一样常常蒙混过关。蒙混过关在17和18世纪是如此普遍以致成了小说的主体。"斯坦的《好人安娜》就可以作为这样一种小说来阅读。因为，当斯坦把安娜与莱特曼夫人的关系作为一种罗曼史来描写，因而使得安娜与莱特曼夫人的关系和她与其他女人的关系不同时，不存在什么性违法行为。相反，由于和传统习俗的一致，安娜和莱特曼夫人"蒙混过关"了。几乎是一幅对异性性关系的规范和价值观的讽刺漫画：好人安娜依靠对她所服务的人的期待而生活。然而，通过安娜对莱特曼夫人经济上的慷慨态度所表现出来的自律，使她"跨性"了，因为她在性上的表现既不是妻子型的也不是丈夫型的，因而也是不能在单纯的狭窄的资本主义批判的范围内得到估价的。只有一种关于性别规范如何被强制遵循的分析才能提供更完整的说明。

如果布鲁尔、范伯格和史密斯是正确的，那么，一种对父权统治和资本主义关系的分析也是不够的。如果没有对各种由种族、性别、性别表达的方式和性取向等所发生的复杂作用的分析，没有一种革命是可能的。史密斯论证说："如果同性恋运动最终想获得一种不同于现状的真正结果，而不是作为施舍品一类的东西，那么它必须考虑制作出一份多方位的革命议程表。这不是为了政治的正确性，而是为了胜利。正如黑人女同性恋诗人和战士安德鲁·罗尔德所声言的：'主人的工具不会拆除主人房屋。'对我来说，仅仅有同性恋的权利是不够的，我怀疑对我们大多数人来说，它们是否足够。坦白地说，我现在想要得到的，是30年前我参加民权运动时所要争取的同样的东西和20年前我参加妇女运动时所要争取的东西；这些东西从我脑子里冒出来，比曾经可能梦想的更加鲜明生动，那就是'自由'。"史密斯所指的自由只是从马克思的《共产党宣言》的展望中抛出的一块石头："共产党人不屑于隐瞒自己的观点和意图。他们公开宣布：他们的目的只有用暴力推翻全部现存的社会制度才能达到。让统治阶级在共产主义革命面前发抖吧。无产者在这个革命中失去的只是锁链。他们获得的将是整个世界。全世界无产者，联合起来！"女权主义、种族歧视和同性恋的理论化表述所表明的是，对伴随着多种形式的压迫——它不能被简化为仅仅是经济压迫——的批判性评估的"联合起来"的召唤注定是没有什么结果的。一种为了既得利益者的革命不是革命；诸如"木屋共和国"这样的改革者的议程表仍然安然地停留在对"主人的工具"的占有上，而不可能创造一种更加普遍的自由。这些理论家所描述的革命所要求的，是一种比马克思所想象的远为激进的无产阶级：一个无产阶级——他们的目的不仅仅是资本主义的终结，而且还有支撑资本主义的异性主义和种族主义制度的终结；一种运动——它的面孔反映它的成员们的各种肤色、性别和阶级。

（陈文庆 译）

马克思主义和
生态学^①

一、实践和"自然"

哲学家和生态学女权主义者卡罗琳·麦钱特（C. Mer-chant）为辩证唯物主义——它强调在人的生产和人的自我概念的形成历史中环境所起的作用——辩护说："对马克思来说，变化的进程是辩证的——人创造他们自己的历史。将人从动物中区分出来的是他们的生产能力，使用工具和语言的能力。人通过工具和劳动将外在自然改造成为一种不同类型的产品。采集—狩猎，园艺畜牧，封建主义，资本主义和社会主义是以不同的方式改造自然的生产的不同类型。"

---

① 选自《马克思》，北京，中华书局，2002。

这种"生产、使用语言和工具的能力"构成马克思的实践观念的核心特征。实践将人从非人的自然中区分出来，它是一种对自然的占有，其结果不是毫无逻辑的，而是辩证的，因而是历史的。我们通过改造自然——它的意义不仅仅是生活资料的再生产——而创造历史。实践标志着那些结果的产生——它反映了这样一种类存在物：正如自然通过它的形体物质化它自己，这种存在物通过语言和工具超越它自己。历史是环境的历史，因为环境是在这种类存在物的语言和工具中产生的具有说服力的叙述，即是说，它是这样的一种类存在，关于它，由于对过去发生和未来将要发生的历史事件的一种深思熟虑，一种道德视角的发展就有了可能。

在这一叙述中，实践从根本上说来是一个生态学的概念；它是人类共同体的构成性的东西——这个共同体根据并且努力按照一些比如亚里士多德所说的"自我实现"的概念来行动。也就是说，人类没有认识到人类的美好生活依赖于其他的种类和生态系统，并且依赖于人类与它们的相互作用。"自我实现"在它的唯物主义本体论和它内含的道德禀赋两方面描述人类。生态女权主义者克里斯·科莫（Chris Cuomo）在《女权主义和生态共同体》中很好地表达了这一观念的精神，她写道："生态学的女权主义起始于生物学和社会学的事实：个体不是原子，我们是社会的同时也是独特的。如果没有其他人的、生态系统的、生物种类的'自我实现'，人们就不可能'自我实现'，在一个生命共同体中没有一个东西能够凭它自己'自我实现'。从共同体中被抽取出来就是破坏了为各种生命提供意义、实质和物质资料的关系和环境。"尽管科莫所指的未必是亚里士多德的"自我实现"观念的马克思主义的运用，她的评论与我关于异化的大部分论述是一致的。"从共同体中被抽取出来"就是被剥夺了为创造意义提供条件的关系和环境。这种说法强化了这一论点：意义是创造性劳动——其本身依赖于那些环境和关系——的演进的产物。从马克思主义的观点看来，实践构成这些关系的实质；从共同体中被抽取出来就是从生命的实质中被异化出来。

由此看来，生命共同体中的任何东西都不能凭其自身而自我实现，任何东西——有机物或无机物、人类或非人类、自然的或文化的、生物或非生物、男性和女性——都构成风景的一个特征。自我实现就是在道德和本体论的制约之内的创造性的劳动。为"他人"——被设想为既是自律的也是与一个自我相联系的——的美好生活而感动打破了将世界的价值二分化的倾向。正如女权主义哲学家们所表明的，辩证的进程不可能有这么整齐。这种二元论的历史与促进"他人"之间很少有什么关系。

二、环境和革命

如果我们比马克思本人更严肃地对待辩证唯物主义，我们会发现，实践可以被改造成为更加进步的革命理想的工具。根据哈特曼、布鲁尔和史密斯的论述所设想的，革命的目标是结束一切形式的压迫。这不是一种无足轻重的老生常谈——创造性劳动与异化劳动一样陷入唯物主义的框架之内。女权主义者柯克（G. Kirk）论证说，生态学女权主义者"需要理解和挑战环境破坏的根源：建立于高度军事化和资本主义经济之上的工业化国家的优越性、价值观念和生活标准已经不可持续了。一个唯物主义的框架将经济的和政治的制度看作生态上不明智的投资的作孽者。它让人看到跨越种族、阶级和民族界限的全球联系，并建立一个跨越这些不同界限的联盟。"如果柯克是对的，环境破坏的根源等于是异化劳动，即资本主义经济。如果挑战资本主义的目标是结束跨种族、阶级、民族、性别、性别认同和表达的一切压迫，那么，它的革命者必须发展出一个唯物主义的劳动概念——它能够说明它自己的环境含义，可持续发展或者别的情况。

没有这样的一个概念，任何一种指向结束压迫的革命都注定是对它自己的身体，即它的集体意志和环境——这是革命有效性的基础——的过早消耗。因为，即使在"自我实现"的人类中心论观点的狭窄范围之内，革命至少要获得那些对于实现自由来说本质相关的东西，即可耕种的土地、清新的空气和清洁的水。然而，如瓦达纳·西瓦（Vandana Shiva）在《发展、生态和妇女》中所言，许多人仍然不能获得那些即使是最基本的商品，尤其是妇女和儿童："发展中的殖民地国家的经济政治进程（资本主义的全球扩张）带有现代西方父权统治体系的清晰印记：当大量的男人和女人由于这些进程而贫困化时，妇女要失去得更多。为了税收的土地私有化尤其严酷地排挤妇女，侵蚀她们传统的土地使用权。现金代替农作物的扩张破坏了粮食生产，当男人们迁徙走了或者被殖民者征用来进行强迫劳动时，妇女只能吃粗劣的食物，并照顾小孩、老人和弱者。很少有例外，妇女们获得经济资源和收入以及被雇用的渠道已经恶化了，她们的工作的负担加重了，她们的相对的或绝对的财富、她们的食物和教育地位下降了。"由于短见和父权体系，西方类型的"男性发展"削弱了它自己的资源——在它的将大农业和制造业生产引进第三世界各民族的要求中的环境和人两方面的资源。这种劳动带着人和生态破坏的印记，因为类存在是自然的身体的呈现。人类的福利不仅受到污染和环境资源侵蚀的影响，而且还在它与自己、与他者以及与地球的关系中被改变。

不仅是唯物主义的，而且还是辩证的，在劳动生产产品同时也生产环境变化的意义上，人与环境的关系是历史的。正如麦钱特所言，通过"语言和工具"的使用，人类记录了人类行为的多种方式；这些行为是至关重要的，或者如西瓦所言，不是相对的，而是绝对的。看看西瓦举的例子："埃塞俄比亚的饥荒部分地是一个创造真正的贫穷的例子，这种贫穷是由致力于消除文化地理解的贫穷的发展所造成的。商业化的农业（由外国公司资助）将游牧部落从他们传统的牧场上赶走，导致这些游牧部落在贫瘠的高原地上为了生存而斗争，而这又引起了生态系统的恶化，导致牛群和游牧部落的饥荒。在高原上，市场经济与生存的经济和自然的经济是相互冲突的。这种新的贫困，已经不再是文化的相对贫困：它是绝对的贫困，威胁着高原上数百万人的生活。"

在此，全球规模的资本主义生产的结果是环境变化能力的不可避免的枯竭。尽管马克思对人类解决由劳动剥削所造成的问题的技术能力也抱着乐观主义的态度，他至少已经意识到大生产给环境带来的一些可能的后果。他评论了工资劳动和资源退化的关系，而且他承认"土地的肥力"退化与企业主之间的竞争直接成正比。如麦钱特所言："在《资本论》中，马克思分析了资本主义生产模式的生态方面的后果。他论证说，资本主义农业，远比公有种植浪费和剥削土地。土地的肥力退化了，因为市场的竞争性不能允许大农场主和田农引进额外的维持土地的肥力所需要的劳动和花费。马克思评论说，资本主义农业'在技艺上'进步了，它不仅劫掠劳动者，而且劫掠土地。"如麦钱特所言，以"自然的死亡"为代价，资本主义的"技艺"创造了它的产品、政府、宗教和文化。"资源"的观念是资本主义文化的创造，因为它标志了："资源"的变形不是透露了人类良心的经纬线，而是直接的原始的可剥削性——通过它，其他形式的自然，包括人的自然，成了可异化的使用对象。在一个重要的方面上，"资源"的观念暗示了即将到来的人与自然的异化，也即人与作为自然的自身相异化。

由于受到马克思的影响，这种社会和环境关系的动力学，在当代社会生态学家如詹姆斯·奥康纳（James O'Conner）的著作中，已经受到相当的注意。奥康纳说："首先，自第二次世界大战以来，西方资本主义的活力根植于生产的社会和生态消耗的大规模国外化。通过现代危机的全球性资本积累已经——不仅在财富和收入的分配、社会正义的规范以及少数派的待遇等方面，而且还在环境方面——产生了更加严重的毁灭性后果。经济和社会正义问题以及生态正义的问题已经比历史上任何一个时期都更加严重地浮现了出来。事情越来越清楚，经济和社会正义与生态正义事实上是同一历史进程的两个方面。"对奥康纳来说，大生产必然伴随着这些后果是不足为奇的；压迫对资本主义是有利的，因为它为资本家在什么东西构成一种资源和什么是不能被剥削的东西之间作出了唯一的价值区分。很少有东西被纳入后者的范围中。我们所需要的是对各种复杂关系的批判性研究的工具，比如南美山村的一个婴儿药厂的建造，收入分配，母亲健康，一个非洲的"发展中"民族的干旱，内战和地区战争，艾滋病和食物援助的分配之间的关系。请考虑一下可饮用水的获得、出生率的可控制性和为了维持生计的橡胶林开发的森林采伐之间的关系；或者，请考虑一下经济高压和种族偏见之间的关系：在一个部落会议的抉择中，他们同意选择一个地址存放一种放射性废物，而美国本土却要作为保留之物。如果没有人做这种工作来解决这些问题，没有一种革命能够成功；与一种历史的辩证唯物主义观点相结合的实践，对创造一种作为可认识的正义的预兆的革命理想，可以有重大的贡献。

三、可持续（发展）的可能性

如果说全球规模的大生产的结果是人与非人的自然的死亡，那么，政治行为主义——它具体体现了一种活的实践——产生的是可持续发展的可能性问题。劳动不仅可能使那些被认为是给定的东西发生退化，还可能使历史地发生的新东西退化。无论这新东西是什么，一旦它出现以后，它就不能被复归为它出现时的原初条件；这些条件本身也面临着同样的物质和社会力量，也要发生变化。这种进程永远不可能只是同一过程的重复；它们是历史（地发生）的，当人类把它们当作一种意识的反省来估价和记录这种进程的产品时，它们能够成为一种进步，而不仅仅是一种连续。这种叙述（进程）给我们讲述的是，作为一个更大的整体之部分的物质性的自然是如何意识到它自己的利益的故事。

正是在这一意义上，实践开始有了一种特殊的道德意义的方面；因为作为"自我实现"这样的意识不能不伴随着这样一种认识，即任何事物或系统的"善"是与它自己的行为紧密相连的。这样的意识认识到几乎一切人类行为都构成环境变化的某些形式。实践给我们提供了一种从人类的"自我实现"的角度来看待人类行为的方式；这种角度不只是工具性地理解劳动，而且，正如科莫所指出的，还伦理性地理解劳动："如果道德地估价一样东西不是指促进它的'善'"，她论证说，"那么伦理价值要么是不起作用的，要么是一种可以化归为经济价值一类的东西。只有当我们的价值和判断不只是围绕着我们自己的利益来旋转时，我们的思想才是伦理的。"

这样一种实践是与马克思主义的类存在生态学相一致的，但是它避开了劳动本体论的陷阱；劳动本体论仍然陷溺于西方传统的价值二元论之中，尤其是那些认为人、文化、白种人和男性是超越于和对立于非人、自然、非白种人和女性的传统。这种实践的构成要素是一种持续不变的价值和对物质世界以及居住者的尊敬。这个世界不能被设想为一个与自我相对的"他者"，而毋宁应该被设想为一个人的身体的外观，就如它被世界所影响，它也通过劳动来影响这个世界一样。进而，实践的身体本身既应根据个体的自律行为被设想，也应根据文化、地理、宗教、种族、性别、性取向、历史、年龄和能力等的相貌被设想。

实践是人类"自我实现"的心脏，是个体和群体的幸福的根源。"自我实现的概念是一种可以应用于个体也可以应用于社会共同体的东西——个体和公共的自我实现辩证地互相促进。"正如实践是无产阶级革命的一个核心概念，自我实现是实践理想的核心观念；实践理想能够支持一种革命：革命的使命是结束一切形式的压迫，并设想一个其成员能够永远自我实现的乌托邦。这种理想需要编入生态学女权主义的经纬线之中。正如哲学家唐娜·哈拉维所言："在'西方的'科学和政治学传统中——种族主义、男性统治的资本主义的传统；进步的传统；将自然作为文化生产的资源来占有的传统；从他人的反映中再生产自我的传统——有机论和机械论已经是一场疆域战争。战争争夺的是生产、再生产和想望之间的边界线。这篇论文是论证边界混乱的快乐，也是论证在其建造中的责任。"我的这本书也一样。作为一种古老的值得尊敬的哲学事业，如果不诉诸快乐和责任，就没有一种革命是明智的。同样，如果我们没有能力在责任中体验快乐，那么没有一种社会的或经济的体制能够被认为是正义的；这种责任留赠给了"我们"，正如维特根斯坦所言，这个"我们"能够意表它所指的东西。

（陈文庆 译）

迈克莱什

阿拉斯泰尔·迈克莱什（Alastair Mcleish），英国学者，任教于英国罗伯特·戈登大学。

本书选取了由英国政治研究协会的马克思主义专家组主办的《马克思主义研究》第一期（1994）中的《马克思对共产主义的审美辩护》一文。在这篇文章中，作者所要竭力阐明的是，马克思的审美理论和他的共产主义学说之间到底是一种怎样的关系，马克思对于艺术审美的看法在多大程度上支撑了他对共产主义的设想，马克思的审美理论的得与失究竟是什么。

作者认为，马克思的共产主义学说建基于马克思的审美理论。在作者看来，正因为艺术被马克思视为是真正人类劳动之典范，是人所特有的类力量的最纯粹的对象化，是人的本质的需要，故而马克思才有了对未来共产主义社会的展望。所以作者强调说在马克思的《1844年经济学哲学手稿》中包含一种对共产主义的审美辩护，而这一对共产主义的审美辩护同时又构成马克思对资本主义商品审美的批判。作者主张，马克思对商品审美的批判遵循着康德的美学传统。在康德的审美观点中至少有两点有助于马克思的这种批判：一是审美的"无利害性"，这种"无利害性"必然反抗经济的生产方式，并要求获得自由的尺度；一是将艺术视为人之发展的真实方式，因为审美具有社会的属性，无论是五官感觉，还是审美标准，都是自然的和社会的产物，是在我们与事物打交道的过程中形成的。在作者看来，马克思对于审美的这种康德式的看法虽然有助于他对粗糙的工具主义的批判，并有助于把审美塑造成人与对象之间可能存在的那种真实而有价值的联系，但也正是这种康德式的观点使得马克思没能为其共产主义的设想提供充分论证。面对在共产主义中仍然存在的悲惨境遇（无神的世界），艺术将成为缓解痛苦、抵抗虚无的中心，而马克思的乐观主义则使他忽略了尼采所思考的这样一个严肃的问题：为什么艺术会成为人类的本质的需要？

马克思对共产主义的审美辩护^①

这篇文章证明，在马克思的《1844年经济学哲学手稿》中包含着一个对共产主义的审美辩护。艺术有助于支撑未来更高等级的文明，在这种形式的文明中，人类活动将不再被工具性的商品价值所困扰。但是，在马克思关于作为审美完成了的人的明确例证和他对"具有全部感官之丰富性的人"的修辞之间却存在着差异。康德主义者喜欢强调对美的事物——诸如宝石和"最美的音乐"——的沉思，与之相比，归属于未来人类的那种庄严似乎对此有更高的要求。

本文认为，马克思早期对于共产主义的辩护必须更强有力地表达出艺术之于我们的生存的意义。我们在估量艺术的文化作用时应该野心勃勃，就像尼采在《悲剧的诞生》中所概述的那样，在那里，他通过对艺术能力的赞美而为存在本身作了辩护。尼采并不满足于

① 选自英文版《马克思主义研究》，1994（1）。

仅仅去肯定艺术是基本的人类需要，他要紧紧扣住的问题是为什么情况会如此。马克思对共产主义"美好生活"的辩护将从这样一种尝试中获益，即尝试着去说明艺术幻想是如何提供出尼采所谓的"生存之完成与完满"的。

在《1844年经济学哲学手稿》中，马克思希望用共产主义来实现广大边缘人的梦想。"保存了以往发展的全部财富"的人类进步最后终止于这样一种社会，这种社会创造着"具有人的本质的这种全部丰富性的人，创造着具有丰富的、全面而深刻的感觉的人"。马克思对未来的希望来自于人类劳动活动所固有的潜能，但在资本主义社会中，这些活动却与其发展的真正形式相异化。

人类活动的一种特殊类型是审美。马克思说，人们能够按照"美的规律"进行生产。这种评论，以及在他的整个著作中经常出现的论及艺术之重要性的旁白，促使一些评注家认为马克思把艺术看作是真正人类劳动之范型，看作人所特有的类力量的最纯粹的对象化。据此，艺术的对象最好被说成是人化的对象。

因此，马克思在1844年对人类劳动能力的称赞中包含一个对共产主义的审美辩护。马克思认为审美修养是人之为人的最惯常也最主要的标准。他说，"具有音乐感的耳朵，能感受形式美的眼睛"对于"那些能成为人的享受的感觉"来说是必不可少的。他赞成对宝石之美和能感受"最美的音乐"的感觉作沉思式的理解。只有当我们拥有能够欣赏音乐的感觉，我们才能领会音乐的美妙——"我对任何一个对象的感觉都只能以我的感觉所及的程度为限。"欣赏美的能力"对我来说是作为主体性质而存在的"。马克思说，"五官感觉的形成是以往全部世界历史的产物"，与之相对的则是一种"囿于粗陋的实际需要的感觉"。然而正如他后来要指出的那样，这一"产物"带来的后果是局限性的，因为贯穿整个历史的生产性安排造成了一些人——少数——"得到了发展的垄断权，而另一些人——多数——经常地为满足最迫切的需要而进行斗争，因而……暂时失去任何发展的可能性"。共产主义能否成为"个人的独创的和自由的发展不再是一句空话的唯一的社会"，这还要拭目以待。

奥尔曼（Ollman）指出，在共产主义社会中，"人类潜能的巨大宝库将会成为现实"。和其他人一样，他也认为审美提供了一种清晰明白的谈论人们未来能力的方式，那时人们会以空前的规模实现自身。马克思本人在《大纲》的导言中也赞成这种可能性，在那里他谈到了艺术的"永恒魅力"。他似乎承认审美是人的永恒天性；艺术具有永恒而普遍的吸引力，即使艺术作品在任何给定的时期都是彻彻底底历史性的。如果这样的话，那么把艺术的存在视为扩大了的对未来社会的规划，视为"真正的人的完成"的核心，就似乎是完全切实可行的。

但是马克思对共产主义的审美辩护引起了一些意料之中的反对意见，比如，对共产主义者的推测就应当包括他可以不需要艺术的可能性。恩斯特·费舍尔（Ernst Fischer）指出艺术可能只是当今现实所缺少的稳定状态的替代品。这就造成这样一种可能性，即在达到稳定状态时，共产主义的现实将使艺术无用武之地。另一种可能是，伟大的艺术将成为明日黄花，而工艺品的生产却大行其道。尽管马克思承认人类将永远需要艺术，但他所提示的艺术未来的文化角色并未公正对待他对共产主义的雄心勃勃的设想。或许在马克思"具有全部感官之丰富性的人"的修辞和作为完成了的人的确切的例证之间不可避免地存在着差异。共产主义者的伟大品质要求他公正地评价客观事物，诸如珠宝和"最美的音乐"，这种建议给人一种虎头蛇尾的感觉。艺术，无论是作为生产之原则还是作为普遍消费之原则，对马克思关于未来的终极目标是必不可少的，这就需要对艺术之于我们的存在意义予以更为有力的表述，而这正是马克思本人所未能给出的。

《1844年经济学哲学手稿》已经有力地帮助人道主义者抨击了货币的拜物教力量，这种力量赋予货币持有者他们可能并不真正拥有的属性。在资本主义社会，充当"普遍皮条客"的货币是人存在的尺度，而作为人的属性的标准，它是虚假的和异化的尺度。

假定社会是一系列的相互交换，这种交换应该采取人的形式："我们现在假定人就是人，而人同世界的关系是一种人的关系，那么你就只能用爱来交换爱，只能用信任来交换信任，等等。如果你想得到艺术的享受，那你就必须是一个有艺术修养的人。如果你想感化别人，那你就必须是一个实际上能鼓舞和推动别人前进的人。你同人和自然界的一切关系，都必须是你的现实的个人生活的、与你的意志的对象相符合的特定表现。"但是货币能将人类所有的缺陷转化成它们的反面："货币的特性就是我——货币持有者的特性和本质力量。因此，我是什么和我能够做什么，这决不是由我的个性来决定的。……货币是最高的善，所以，它的持有者也是善的。……我是没有头脑的，但是货币是万物的实际的头脑，货币持有者又怎么会没有头脑呢？……那我不是具有人的一切能力了吗？……货币的这种神力包含在它的本质中，即包含在人的异化的、外化的和外在化的类本质中。它是人类的外化的能力。"

因此庸人可以买到"虚有其表"的个人教养。除了作为身份的象征，商品化的艺术，正如真正的艺术一样，对他来说也许什么都不是。马克思认为这种情况是非常糟糕的，因为我们之所以需要艺术是有着深刻的原因的。艺术的生产和消费以一种商品所不具有的方式满足了"精神的"需求。然而，他对庸俗作风的攻击，并未如其可能的那样，充分涉及诸如"为什么我们需要艺术"或者"艺术的文化角色应该是怎样的"等问题。诚然，这些问题在激进的政治议程之中并没有什么优先地位，但是它们仍然与马克思对未来社会的看法密切相连。

当然，应按照艺术自身来欣赏艺术，肯定这一点就是向被商品统治的世界作出强有力的反抗姿态。康德提出，美是在我们远离所有的功利兴趣时获得的愉悦，这一观点无疑可以拿来反对粗糙的货币精神，在马克思眼中，这一精神是由资本主义引入的。

因此之故，《1844年经济学哲学手稿》支持康德为人类划出一个历史地有效的新的经验领域。在《判断力批判》中，康德谈到审美的"无利害性"，并用这种无利害性阐明鉴赏是"通过不带任何利害的愉悦或不悦而对一个对象或一个表象方式做评判的能力"。

马克思对商品审美的批评遵循着康德的传统。他支持为审美经验划界的努力，认为主观性的审美经验形式应当从与自私自利的或计算的欲望相连的经验中解脱出来。他同意康德的观点，即艺术提供了发展之真正的而非虚假的方式，这种方式就其潜在性来说可为所有人获得，这表明他亦有人道主义的兴趣。

康德提出了既代表所有人又代表任何个人的审美；"尽管它只有主观的有效性，它却这样来要求一切主体，就像只有当它是一个建立在知识根据上并可以通过一个证明来强加于人的客观判断时，就总是会发生的那样"。美的事物"包含一个使每个人都愉悦的根据"。

对于艺术的审美反应是人类天性中的潜能，同时却又不是纯粹个体的私事。康德在愉悦和美之间做了区分。就前者来讲，说"每个人都有自己独特的口味"是行得通的。但是若一个人对美进行判断，他便"不仅仅是为自己，而且也为别人在下判断，因而他谈到美时好像它是物的一个属性似的"。

在对"美"的分析中，康德也许错误地将审美经验限制在无关利害的沉思中。事实上，审美经验不能被局限在这种主观性的方式中。例如，伟大的艺术也许包含了一种痛苦的经验，这种经验是在他遭遇令人敬畏的事物时保留下的。即便如此，康德仍然正确地坚持将审美经验区别于不同类型的个人嗜好，他用来谈论审美爱好的那种贵族式的口吻使得审美爱好与其他形式的爱好——诸如对薄荷和室内装饰的爱好——无法相提并论。对艺术本身的反应不同于对个人爱好的反应，它属于更高的秩序。

虽然不是科学认识的模式，但康德相信审美感觉有其客观的一面。审美对象产生的愉悦来自于我们的理解力和想象力之间的一场自由的游戏，在这场游戏中，知性把概念应用到通过想象力而提供的感觉上去的工作被解除了。这场自由的游戏，作为所有主体的潜能，使我们谈到美时好像它是事物的客观属性似的。为了支持这种观点，康德指出这样一个事实，即审美上的一致是别人也期待的，我们会因为别人没有默许而责怪别人。在这种情况下没有人公开地说"每个人都有自己独特的口味"。美是这样一种东西，在其中个人"期待别人有同样的愉悦"。我们不能要求其他人在个体的满足程度上相一致，但是审美判断并非那种"为我之美"，在审美判断上是有对错之分的。

对马克思主义的人道主义来说，康德的审美主张至少有两点引人注目的地方。首先，在赞成对艺术和工艺进行区分并坚持艺术的自主性的时候，他指出了一种活动，此种活动的实行必然要求反抗经济的生产方式，同时也要求从经济的生产方式中获得自由的尺度。艺术在经历了工艺技能的毁灭后逐渐从劳动过程中转移出来，这一事实使马克思主义颇费周折地取得了抚慰现实的尺度。艺术向人们展示出，一种人类实践（praxis）是如何脱离生产过程，并在它达到独立性的同时又如何获得了更高的形式。就某种程度而言，艺术是未来更高文明的象征。它昭示出这样一个生产和消费的领域，此领域所奉行的价值与工具价值截然对立。马克思曾谈到一个人们可以在同一天之内既打猎、捕鱼又从事批判活动的时代，这是未来的象征。在那时，不是所有的人类活动都被限制在商品劳动中，艺术就是他所提到的那种活动的典范。

后来的马克思主义者，像马尔库塞和阿多诺，已经注意到审美和工具性活动之间的潜在对抗。对他们来说，审美是反抗工具理性独裁的立足点。马尔库塞赞扬康德"想在审美方面调节感性与理性的哲学努力……企图调和为被某一压抑性的现实原则所分裂了的人类生存的两个方面"。在康德那里，审美通过使理智和激情缔结自由的、非工具性的合约的方式来调和理论理性与实践理性的关系。但是，这一经验的自治领域被压抑了。马尔库塞认为，"理论理性和实践理性曾塑造了操作原则的世界。在这种理性的法庭面前，审美的存在受到了谴责。"个人口味，而不是人类发展的自由方式，成为经济投机和控制的目标，文化工业就是明证。康德主张审美是一个自律的经验领域，这一观点对马尔库塞来说多少带点原则上的颠覆性。

马克思的人道主义同样赞同康德的信念，即审美是人之发展的真实方式。如果审美仅仅是个人的冲动或癖好的话，情况就不会如此。

马克思本人从未为这种立场辩护过。他只是写下了这个观点，即审美感觉是人的类活动的一种形式。审美标准是自然的和社会的产物，是在我们与事物打交道的过程中形成的。它们已经或多或少成为了生产的原则，人们用这些生产原则获得了对自然界的支配地位。但是审美标准也可以放弃这种生产之功能，并为了自身的目的而成为人的发展的原则。作为这样的原则，审美标准绝不能被指认为是一个不真实的和性质虚假的领域，就如实证主义过去所主张的那样。

马克思提出，审美原则是为美感而存在的，而美感则以某种方式将自己添加到日常的感官知觉中。对诗歌、戏剧或奏鸣曲这类美的感知方式有别于对普通的颜色、形状或声音的感知方式。这预示着某种高级的感觉，这种感觉的社会起源（学着如何运用审美标准）说明在"主观地"感知和"客观地"感知之间没有清楚的分界线。

审美能力是人的世界的一部分，虽然已经科学化的对象世界可以将它们驱逐出去，但没有理由否定它们是人们的社会世界的真正属性。这样，马克思支持从教育的观点来看极为重要的关于高级感觉的假设，诸如，图画对于一只高级的眼睛来说，显现出的是一个完全不同的现实，交响乐对一只高级的耳朵来说也是如此。审美特性的存在方式不同于普通的经验特性的存在方式，审美特性的本质是社会的，它们的存在仅仅对于高级的感官来说才是明显的。像青年 A. J. 艾耶尔表达出的那种实证主义，用马克思主义的行话来说，表现了小资产阶级的个人主义，它丧失了从社会层面思考人的主观性的力量。只有当我们假定自己是原子式的个人，并无中生有地创造出一套内在经验的语言时，我们才似乎可以说审美判断是情感的私人发泄。但如果这套语言被公众认同，它也会得到普遍的和合理的应用。

马克思假定，如果审美关注的对象处在社会的经验领域中，并与作为人类主体的个人相联系，那么审美就是可证实的个体发展的方式。与对象之间的真正的审美联系唯通过使自身归属于人的社会存在才能被最终合法化。如果艺术的欣赏者或消费者被想象成是孤立地存在于世界上的原子主体，审美就不会有这么大的合法性。

然而，由于马克思赞同康德的审美观点，其中包括"无利害的沉思"，虽然这些观点反抗了他那个时代粗糙的工具主义，并帮助把审美塑造成人与对象之间可能存在的那种真实而有价值的联系，但这一观点为未来所提供的参考价值却不十分充分，它为美好生活提供的只是一个过于薄弱的组成要素。正是由于这个原因，尼采不无轻蔑地抨击康德的审美理论："'正是美'，康德宣称'给予了我们无利害的愉悦'。无利害的！"

引人注目的是，在尼采哲学中我们发现了一个完全不同于康德哲学思想的推论；这一推论是他对人类未来所持的怀疑论观点的基础。与马克思不同，尼采没有青年黑格尔派的乐观主义，他不认为"在真理的演进和人类的幸福生活之间存在着预定的和谐"。历史并不必然地通向人类伟大的完全实现。最多，未来只是属于少数几个"伟大人物"罢了。

马克思和尼采接受了一个相似的前提，他们认为人类在历史中业已达到了一个新的起点。人类从前资本主义集体的僵硬的和固定的社会形式中挣脱出来，这意味着旧时代的传统的生存根基已经土崩瓦解。毫不夸张地说，人类迈入了一个未知的领域。农业经济所特有的迄今为止一直封闭的社会关系瓦解了。工业经济标志着亲属关系、不变的忠诚和家庭生产组织等这类关系的终结。

在马克思看来，传统的社会关系的崩溃有助于揭示人与文化之间的真实联系。文化不是天然的、上帝预先安排的。资本主义证明了人类的敢于创造的精神。人有目的地干预世界的能力说明，在文化决定的范围内人们拥有相对的自由。这揭示了一个戏剧化的前景，即在原则上人们可以按照他们自己人性的兴趣开拓他们与他们的文化之间的关系。马克思相信历史已经通过启蒙的洗礼成功地开始了这段冒险经历。"过去"是文化经验的蓄水池，人类可以利用这些经验帮助他们自身的作为人的发展。在共产主义，人们将享有"人的本质力量的新的证明"和"人的本质的新的充实"。更高的文明形式是以积累起来的人类历史财富以及人类在挣脱旧时代的羁绊和桎梏并奔向新时代的征途中所发现的财富作支撑的。在共产主义中，个体存在于人类的努力中，以便开发出与人类特有的对文化的创造性联系相伴随的潜能。

马克思认为，在未来人们以一种完全公正地对待类的方式运用他们的自由重建自身，但是马克思对未来的这种漂浮无据的乐观主义被尼采的怀疑主义驳回了。尼采哲学的辩证法考虑更隐秘的可能性。他和别人一样，紧紧抓住人类意识中新的狂躁不安的东西，但是他还在其中看到了精神崩溃和堕落的迹象。这就是他的人的辩证法。例如，康德第一个注意到，当人在体验崇高那强有力的外表时会产生敬畏和恐惧的感觉："险峻高悬的、仿佛威胁着人的山崖，天边高高汇聚挟带着闪电雷鸣的云层，火山以其毁灭一切的暴力，飓风连同它所抛下的废墟，无边无际的被激怒的海洋，一条巨大河流的一个高高的瀑布，诸如此类，都使我们与之对抗的能力在和它们的强力相比较时成了毫无意义的渺小……而我们愿意把这些对象称之为崇高，因为它们把心灵的力量提高到超出其日常的中庸。"但是，尼采通过思考"自然力量的不可抗拒性"得出的结论却并不十分令人振奋。因为崇高也可以被看作是对宇宙的毁灭性真理的揭示，而这一点仍未被人类意识充分地理解。崇高象征了无神世界的可怕现实，这个世界只剩下了盲目的力，对人类漠不关心。当真相开始被察觉时，世界似乎成了充满荒谬和富有悲剧色彩的地方。早在《悲剧的诞生》一书中，尼采就提到了"存在之鬼魅般的荒谬"。

上帝死了，但只有当人们能对此随机应变，并从自己的人性中发现足够的力量来增强自身的存在时，这才不是件坏事。尼采哲学的辩证法认为人们要永远同荒谬作斗争，而荒谬既可以将我们压垮，同时又提供了使我们变得强大的手段。我们在认识和驾驭荒谬的过程中变得强大起来。我们要么制伏这头野兽要么被它吃掉。

正是出于这种关联，尼采借助艺术之潜能来防止我们精神的崩溃。我们得感谢那些艺术家缓解了我们生存的痛苦。在《悲剧的诞生》一书中，尼采对基督徒进行抨击时说，"世界唯有作为审美现象才能为自己辩护"。悲剧为我们提供了对崇高事物之令人恐怖的狄俄尼索斯式真相的洞见。它传达出这个可怕的洞见，即在非理性的世界中，即使人性中最足智多谋的类型都会使人类自身无端遭受无法忍受的苦难。然而，狄俄尼索斯的景象通过阿波罗的幻想所具有的疏离现实的力量的改造后，才变得可被我们接受，这种力量把我们从对悲惨的受害者的完全认同中拯救出来。这两位神友爱的联合使我们有可能接受"崇高"的真相，虽然"崇高"仍然代表了作为不可毁灭的快乐之生存。

尼采用悲剧的例子说明艺术可以给我们提供"形而上学的安慰"。它能提供"生存之完成与完满"。因此艺术不是"自然的模仿，而是对它进行形而上学的补充"。尼采无论在此处还是在其他地方都称赞艺术。艺术的幻想拥有不顾荒谬而肯定生命的看上去十分神奇的力量。这并不意味着艺术会随着比如说异化的克服而消失。尼采认为即使人拥有极其充沛的生命意志，就像前苏格拉底时的希腊人那样，他仍然需要狄俄尼索斯式的艺术。或者说，那些从艺术中寻找摆脱人类困境方法的人们，"因生活的贫困而痛苦，他们需要借助艺术和知识以寻求安宁、休憩和自救"。

尼采关于艺术对我们的意义的主张非常伟大，既然马克思希望为艺术在共产主义中提供一个重要的文化角色，那么他就应该与这种伟大相媲美。如果是这样，马克思对于无利害的沉思的强调容易受到上述指控的攻击，被说成是希望在共产主义社会寻找"平静的海洋"。马克思坚信，更高形式的劳动将完全满足人们的需求，但这种观点并没有得到有力的支持。

面对共产主义中仍然存在的悲惨境遇，艺术将成为人类抵抗的中心，而马克思没能抓住这一点。他承认"死亡是对人类的残酷胜利"，但是他没有思考共产主义否定这一事实所需要的文化手段。诚然，他不像尼采或萨特那类无神论者那样认为无神的世界有多么不幸。没有哪个革命者认真研究过这一观念：人类状况从本质上说是悲惨的。这样做等于承认改变世界是无意义的事情。虚无主义有其反动的一面。

无论如何，马克思主义者对商品形式的艺术表示反感，这就支持了如下观念，即认为艺术应该专注于对生存的与日俱增的欲望和渴求。对于众多的马克思主义者来说，商品化的审美极大地降低了艺术增强生命的力量。为了把它做成消费主义生活方式的附属物，它耗尽了自己的这种生存功能。艺术被降低到与其他所有物同样的水平和重要性。它的两个主要功能是身份的象征和麻醉剂。一方面对艺术品的拥有和使用就像对昂贵的小汽车的拥有和使用一样。另一方面，它成为工作和休闲之间的分裂现象的一个表现，即休闲是被"买来"的放松，是工作之余的缓解，而在工作中人们认为愉悦是可有可无的。商品艺术的艺术功能被减弱了。它不再能以使生存自身变得生机勃勃的方式来发挥作用。

因为文化工业的兴起，伟大的艺术在今天比在以往任何时候都更容易被更多的人接近。而由此产生的悖论是，由于资本主义世界的这种性质，艺术作品失去了它们对我们的影响力。艺术的存在由于被降低到大众商品的消费模式从而受到削弱。对我们来说，它已经失去了它对我们的生存论的意义。虽然艺术可以被越来越多的人接近，与之相悖的却是它对我们的意味越来越少。安娜·卡列尼娜命中注定并不比肥皂剧的主人公有更深的意义。在叙述方式的大规模的重复使用中，仿冒品不断代替了真正的事物，以至于个体不再能够识别和感受差异。

马克思在攻击商品艺术之余提出了艺术意义的重建，这一要求描绘出一幅关于未来社会的可理解的蓝图。马克思本人原可以将为什么作为人类劳动更高形式的艺术是人的本质需要这一课题表达得更为清晰，出于某种好的理由，这种做法也许并不合他的意。这种做法同他事先筹划的实践哲学之间有很大的距离，当然如此这般的询问也许已经增强了他对共产主义的审美辩护了。

（陈蓓洁 译）

劳伦斯·王尔德

劳伦斯·王尔德（Lawrence Wilde），诺丁汉特伦特大学政治理论教授，并担任英国政治研究协会马克思主义专家组的主席。早年致力于研究卡尔·马克思和恩里希·弗洛姆的社会哲学，并从中发展出一套激进的人道主义结构，近年来则将这套结构运用到对"团结"概念的研究中，认为如果把一种"浓厚"的人的本质的概念作为团结理论的伦理基础，将是大有裨益的。其主要著作有：《马克思和矛盾》（1989）、《现代欧洲社会主义》（1994）、《伦理的马克思主义及其主要批评者》（1998）、《恩里希·弗洛姆与对团结的探索》（2004）。此外，他还负责编辑了《通向马克思》（1989）、《马克思主义的伦理思想家》（2001）等著作。

本书选取了英文版《马克思主义研究》第五期（1998）中《重新思考马克思与正义：希腊的维度》一文。这篇文章所要证明的是，马克思是站在何种伦理立场上对资本主义进行分析的，这种伦理立场与古希腊伦理哲学之间具有怎样的亲缘性。

作者认为马克思思想具有希腊的维度，古希腊伦理哲学中的本质主义、目的论和正义这三个要素深刻地影响了马克思对资本主义的分析和批判。在作者看来，马克思的历史理论是本质主义的和目的论的，这与亚里士多德的影响密不可分。而马克思对正义的看法又深受伊壁鸠鲁的影响，即将一种历史的维度引入了关于正义的讨论。在这种观点的影响下，马克思在正义问题上采取了"有限相对主义"的立场，即认为资本主义就其本身来看是正义的，但是从社会主义的立场来看，这种正义又是有限的和不足的，正因为历史地看待正义问题，所以马克思又用道德的语言来谴责资本主义。作者认为，在这一"有限相对主义"的立场和用道德的语言抨击资本主义之间并不像某些学者所理解的那样必然构成一种矛盾，其中体现的恰恰是马克思处理问题的一种辩证方法。

重新思考马克思与正义：希腊的维度[①]

近年来，马克思对资本主义分析的伦理身份问题在学者中引起了广泛的争议，而在英国，诺曼·杰拉斯（Norman Geras）发表的文章对澄清这一问题中的关键点做出了很大贡献。本文将论证，对马克思思想的希腊维度的理解有助于澄清暗含在其社会理论中的伦理观点的起源，在论证这一问题的同时，我将对杰拉斯的立场作出一些批评。

马克思的社会科学中的张力是显而易见的。他蔑视伦理话语，对他那个时代的社会、政治争论中的道德主义的干预，也一以贯之地持反对态度，曾宣称，"共产主义者根本不宣讲道德"。他没有兴趣抽象地讨论，如何以及为何个人应以道德上可辩护的方式对待他人这样的问题，并认为资本主义要么毁灭了道德，要么就是将之变

① 选自英文版《马克思主义研究》，1998（5）。

成了一个弥天大谎。首要任务是直面物质生产过程中社会痛苦的深层原因，用道德规范来支撑社会主义思想的企图则被视为是对这一任务的偏离。然而，他的著作充满了对资本戕害人性的力量的愤慨描述，这些描述是用明显的道德语言表达的。虽然总体来说，我理解拈出马克思思想的伦理维度的尝试，但我仍将证明，杰拉斯把这种张力当作"无处不在的矛盾"的做法错了；不诉诸他的论断——"马克思确实认为资本主义是不正义的，但他并不认为自己这么想"——也能阐明马克思的立场。我将证明，马克思对正义采取的是一种"有限相对主义"的立场，他承认资本主义就其自身来说是正义的，但他也揭示了，从由资本主义自身中产生出来的社会主义的替代物的角度来看，这种正义是有限的、不足的。我质疑杰拉斯的结论，此结论认为，马克思通过援引支配生产资料的"普遍的道德权柄"隐隐地谴责了资本主义的非正义，而这种权柄实际上是一种自然权利。最后，我不同意他的下述观点：马克思认为工人阶级在为社会主义的奋斗中无须最终目标。

杰拉斯认为，在马克思的著作中存在一个真实而又根深蒂固的矛盾：马克思承认资本主义是"正义的"，同时又用道德的语言来谴责它。一方面，马克思认为生产剩余价值的过程是正义的，因为每种生产方式都有与之相适应的正义标准。例如，他在《资本论》第三卷中说，资本主义契约的内容是正义的，"只要它符合并适应这一生产方式"。他在《哥达纲领批判》中也表达过同样的观点。在《资本论》第一卷中他明确地否认了下述观点：当资本家获利时，出卖劳动力的人受到了不公正的对待，或者，他们上当受骗了。另一方面，马克思用道德语言谴责资本主义，这在杰拉斯看来就等于认为它是不正义的。在《资本论》第一卷的许多地方，马克思把获取剩余价值描绘成"抢劫"、"偷窃"、从工人那里"榨取掠夺物"以及"盗用"，在其他一些地方，他用朴素的语言将之称作"赃物"和"窃取异化劳动时间"。杰拉斯的结论是，马克思作出了超历史的道德判断，尽管他同时认为对每一生产方式来说所有的正义原则都是特定的，不能用它们去评价其他生产方式中的实践。

一些学者认为，持一种相对主义的正义观和同时用道德语言批判资本主义，二者之间并不必然构成矛盾。乔治·布兰科特（George Brenkert）、斯蒂芬·卢克斯（Steven Lukes）和艾伦·伍德（Allen Wood）已分别论述了，马克思对资本主义的谴责基于诸如自由和自我实现等价值观，而非基于以永恒原则为基础的正义概念。约瑟夫·麦卡尼（Joseph McCarney）认为，我们不一定要从与正义概念相当的理论水平上来看待那些马克思用来描述剥削的道德语言。他提出，在马克思的著作中，我们可以把"相对于特定的社会秩序"的正义和具有"某种超历史意味"的评价区分开，因为毕竟把正义当作"受时代环境的约束并具有明确的司法规定的"东西是司空见惯的事情。我认为，在这一点上麦卡尼基本是正确的，但当杰拉斯要求出具证明以支持并解释马克思正是这样做的，其要求也十分合理。在下文中，我将试图阐明马克思的正义概念是一个"有限相对主义"的概念，并试图揭示，这在很大程度上是他早年浸润于古希腊哲学与文化的结果。

马克思的伦理立场的一个关键特征是他的人的本质的概念，此概念是杰拉斯极力捍卫的。我在其他地方已经证明过，马克思关于人的本质的概念是其社会理论的伦理基础。马克思认为，使我们特别地成为人的是我们创造性地和社会地进行生产的能力，这一生产概念将思与行结合在一起。人类劳作的产品是我们特殊性的物质证明，是"一本打开了的关于人的本质力量的书"，但在前后相续的诸种生产方式中，生产者并未感到这种力量是他们自己的。广大生产者从未控制过生产过程。历史始终在实现着人的本质，但总是以扭曲或歪曲的形式进行。资本主义是一个充满了不可避免的结构矛盾的全球系统，在其产生和进一步发展的过程中，马克思看到了生产者控制生产过程并使其存在与本质和谐一致的机会，从而宣告了人类社会"史前史"的终结。这一观点是本质主义和目的论的，这反映出马克思与古希腊思想的持久联系。像亚里士多德一样，马克思并未简单地运用事实性语言来定义人的本质，而是暗示它应该被完成。人的本质在共产主义社会中既定的完成，被马克思用史诗般的语言构想为持续而漫长的阶级斗争旅程的终点。

马克思在论及资本主义的劳动契约的不公正时，用了明显的辩证法语言。杰拉斯指责马克思在证明平等交换转变为不平等交换的过程中采用了"辩证法的狡计"。在《大纲》中，马克思提出，"通过一种特殊的逻辑，资本方的财产权辩证地转化为对异化产品的权利……无偿占有异化劳动的权利"。在《资本论》第一卷中他写道，"在一定程度上，商品生产——与其自身内在的法则一致——经过了向资本主义生产的发展，商品生产的财产法则必须经过辩证的颠倒，以使其自身变成资本主义占有的法则"。在等价交换的表象背后潜藏着剥削的本质。通过揭示隐藏在等价物之自由交换的花言巧语背后的对剩余价值的榨取，马克思还展示了权力是如何从生产者那里抢夺过来，又以货币或资本的形式作为凌驾于他们之上的异己力量呈现在他们面前。工人在与资本家交换其劳动能力时，"被迫放弃了它的创造力，就像为了一碗红豆汤而放弃了自己的长子权的以扫（Esau）一样"。这一自由的丧失铭刻在资本主义的显形过程中，而劳动力的买和卖则产生了对剩余价值的榨取。对马克思来说，剥夺工人劳动的创造力是对人的本质的扭曲。杰拉斯反对说，马克思在讨论劳动契约的对错时诉诸辩证法只能把问题搅乱，因为工资关系要么是等价交换并因此是正义的，要么不是，而"一物不能是其反面"。他总结说，评论者对这一问题的困惑因而就是"马克思自己语焉不详的结果"。如果对照杰拉斯早年研究马克思对现象/本质的区分的著作，他对马克思运用辩证法所作的连根拔起式的批评就有些令人吃惊。但这就要求我们更仔细地思考马克思关于本质与现象的著作，及其如何与他著作中所暗含的伦理立场相适应。带着这些问题，现在我将转而讨论马克思思想的希腊维度。

一、希腊的维度

在由黑格尔的幽灵及其颠覆者费尔巴哈所主宰的思想环境中，马克思开始锻造自己的社会理论，但更为辽远的古希腊的声音也回响在19世纪初德国的哲学讨论中，而这对马克思的教育特别重要。我并不想以牺牲黑格尔为代价，来抬高亚里士多德在马克思的社会理论中产生的影响，说它是起主要作用的，相反，我宁愿从以下这个假定出发，即：黑格尔关于共同体的观念和马克思对共产主义社会的构想，都大大得益于他们各自对古希腊哲学的吸取。随着约翰·温克尔曼对古希腊艺术的重新发现，在18世纪末、19世纪初的德国知识分子中出现了一种"希腊迷恋"的倾向。米歇尔·德·高尔耶（Michael De Golyer）提到了德国的希腊"崇拜"，柏林毫无疑问是古典学的中心，而1831年开始出版的亚里士多德著作的第一个现代版本则使这一"崇拜"达到极致。马克思在中学以及后来在大学时沉浸于希腊和拉丁文化之中，他的藏书中有许多希腊和罗马的著作，其中绝大部分是原文的。他的博士论文是对德谟克利特和伊壁鸠鲁的自然哲学的原创性比较，而这一论文的准备工作需要遍读亚里士多德的著作。马克思将亚里士多德称作"天才"、"古代最伟大的思想家",他认为伊壁鸠鲁是"古希腊启蒙的最伟大代表"和"真正彻底的古代启蒙者"。

马克思一生都在不断温习史诗作品,我们首先来考察其哲学与表现在这些史诗作品中的古希腊文化的伦理学的亲缘性。如朱利亚·安娜斯(Julia Annas)所写的,古希腊伦理学的中心要素是整全性,事物聚集、和解之感。在荷马史诗《伊利亚特》与《奥德赛》中有很好的例证:凭着通过艰苦经历获得的完整感,暴行与受难这两个极端得到了和解。在所有的希腊神话中,普罗米修斯的故事对马克思影响最大,他甚至将这一虚构人物描绘为"哲学日历中最高尚的圣者和殉道者"。普罗米修斯("预见者")从诸神那里偷来火,并以之增强了人的力量。诸神报复他,将他绑在岩石上数千年。晚上他受苦寒,白天一只鸷鹰啄食他的肝脏,但他忍受了这些痛苦,最终获释并与大神宙斯和解了。这种只有通过壮烈斗争的经历才能获致的最终和解是马克思哲学著作的一个主旋律。例如,他在《路易·波拿巴的雾月十八日》中说,无产阶级革命把敌人打倒在地,"只是为了使他从大地重新吸取力量,再次更有力量地立于他们面前,因其无比巨大的目标一次次卷土重来,直到有一天,一切返回都不可能了"。在《哲学的贫困》中,马克思引用乔治·桑的话总结说,社会科学的结论总是"不是战斗,就是死亡;不是血战,就是毁灭"。

我认为,古希腊伦理哲学照亮了暗含在马克思对资本主义的分析中的伦理学,而这种伦理哲学的特殊要素是:本质主义、目的论和正义。一些学者注意到了亚里士多德的本质主义与马克思的本质主义的相似性,如司各特·麦考(Scott Meikle)所指出的,马克思首次将亚里士多德的《动物学》翻译成德文,在该书中亚里士多德讨论了什么使我们与其他动物不同。亚里士多德在《政治学》的开端处就奠定了其本质主义的基调:"所有事物都从其功能与能力产生出其本质特征;而这遵循下述原则:如果它们不再能实行其功能了,我们就不应当说它们还是与之前同样的事物,而只能含混地说它们还拥有与之前同样的名称。"对亚里士多德和马克思来说,我们的社会性与理性都是人的本质的要素,而运用这些能力必须是一个人的固有功能。亚里士多德关注公民德性方面的自我发展,而公民最终必须有机会对真理进行沉思,从而达至幸福。马克思认为,构成人的本质的不仅仅是我们进行理性思考的能力。我们人类当然是道德的动物，但我们的特殊性显示于我们的生产和我们有意识的生活活动之中。他把人的本质的自我实现看作是历史发展的目的。只有消除了私人财产，易之以共产主义社会，创造性的社会活动这一人的本质才能被全人类实现。这里所设想的是一个建立在合作基础之上的普遍的共同体，若没有这一共同体，我们就不是完全自由的。

从某种意义上来说，在其成熟著作中，马克思显得离亚里士多德的自由概念更近了一些。正如我们在前一节看到的，早期马克思认为人通过共同劳动与相互交换的令人愉快的经验表现其自由，但在《资本论》第三卷关于自由的著名段落中，他认为只有当我们完全免于需要的时候，真正的自由才是可能的。正如马克思在《资本论》的较前部分中所评论的，对亚里士多德来说，除非其他人去工作（不仅是工作，还包括对工作的监视），否则自由不可能实现。马克思预想，可以运用合作规划与先进技术使必要劳动时间最小化，从而实现自由。有趣的是，马克思在《资本论》第一卷中指出，亚里士多德想象出自动机这样的理想生产图景，以使人类无须劳动。在《资本论》中，马克思还提到了亚里士多德对借贷的蔑视，亚里士多德在《政治学》中提出靠借贷获利"否定了正义"，因为它基于"相互欺骗"。高利贷者"被人憎恨理所当然"，因为他使用货币想达到一定目的，而货币非为此种目的而被创造。换句话来说，便于商品交换是货币的本质，而高利贷者在扭曲这一本质。亚里士多德指责商人是唯利是图者，因为他们的行为损害了使共同体凝聚在一起的纽带。蒲鲁东的追随者提出，可以通过更"纯洁"的方式运用货币——例如，"劳动货币"这样的方案。马克思对货币的分析排除了这种观点，而他在《〈政治经济学批判〉导言》中对这一问题的关注表明，他赞同亚里士多德对货币在社会中的作用的思考。

人们拒斥本质主义的通常理由是，它落入了从"实然"推出"应然"这一自然主义的谬误的陷阱中。我们如何能从用事实性和描述性的语言来界定的本质推导出道德承诺？确实，人类因其社会创造力而在本质上是人，但这并未告诉我们为什么这一本质的实现应被看作是在道德上可欲的目标。理查德·诺曼（Richard Norman）提供了一个答案，他认为马克思与亚里士多德不同，他并不依靠本质主义的论证来表明自我实现这一目标是正当的，他所依靠的是经验的论证。也就是说，马克思指出，如果人的存在继续被异化，就会产生广泛的不满。此言诚然，但这并未使马克思的论证变得不那么本质主义一点。我们要记住，本质的定义绝非是完全事实性的，它包含着价值。阿拉斯代尔·麦金太尔在《德性之后》中说，在前提中，尤其是那些功能性的前提中，常常包含价值。在亚里士多德那里，伦理学是用功能性的术语表达的——他把"人"和"活得好"的关系与一个竖琴手弹竖琴弹得好联系在一起。马克思则将人的本质置于我们的社会创造能力之中，而这包括我们以道德的方式规范生活的能力。人之为人的东西包括"应然"，因此事实上我们是在从"应然"推出"应然"。在《马克思与伦理学》一书中，菲利普·凯因（Philip Kain）看到了亚里士多德的本质主义与马克思的本质主义的相似之处，并正确论述了，对马克思来说，价值深植于我们的本质之中。他承认从非道德前提推出道德结论是不合理的，但如果真实世界的事实已经含有价值了，我们就可以从这些事实推出价值。麦金太尔与凯因认为马克思关于人之为人的看法包含着价值，他们的这一论述是正确的；正如米哈伊洛·马科维奇（Mihailo Markovi ć）所总结的，在马克思那里，"实然"总是充满了"应然"。

按照亚里士多德的说法，一物的本质是其目的，"在一个存在者的发展过程中获得的终极形式"。长久以来，目的论这一哲学观念已不再时行，它常常被等同于非理性主义或神秘主义，因为它按照一个目的或者终极因来理解过去和现在的发展。但是这种了解并不神秘，例如，只有当我们知道一颗橡子的自然发展会产生出一棵橡树时，我们才能理解橡子的本质。我们可以扩展这一视角，帮助我们弄清楚历史发展是什么意思。黑格尔正是这样做的，在《历史哲学》中他声称，"整个世界的终极因"是人类自由的不断展开。马克思采用了目的论的方式，而并非仅只宣称历史必然性，他还试着揭示"控制特定社会机体的产生、存在、发展、消亡及其被另一更高社会机体替代的过程的具体规律"。《资本论》的一位评论者对马克思的方法作出的这番描述，被马克思赞许地接受了，认为它准确地概括了自己的辩证的方法。

在《大纲》的导言中，马克思思考了：为什么即使产生希腊艺术与史诗的环境与他自己时代的环境已截然不同，人们仍不断从它们那里获得巨大的审美快感。"一个成人不能再变成儿童，否则就变得稚气了。但是，儿童的天真不使成人感到愉快吗？他自己不该努力在一个更高的阶梯上把儿童的真实再现出来吗？在每一个时代，它固有的性格不是以其纯真性又活跃在儿童的天性中吗？为什么历史上的人类童年时代，在它发展得最完美的地方，不该作为永不复返的阶段而显示出永久的魅力呢?"这种在更高水平上重现孩子所揭示的真理的吁求,揭示了他自己思想的目的论性质。他把历史想象成是奥德修斯式的跋涉,寻找安宁的家的漫游。在他即将献身共产主义之际,马克思评论说,自由的感觉已同古希腊人一道从这个世界上消失了,但它能够"再次将社会转变成为了其更高目标而团结在一起的人类共同体,转变成为民主国家"。比起黑格尔的评价来,在这里,古希腊的"自由"概念得到了马克思的更高评价。正如霍斯特·梅维斯(Horst Mewes)所评论的,马克思可被看作是"受发生在18世纪德国的古代与现代的对话影响"的最后几个重要人物之一。马克思视共产主义为人类自由的实现、漫长斗争过程的合理巅峰。

目的论往往被视为非理性的,但司各特·麦考认为马克思的目的论思想并不涉及某种"神秘学"——在这种神秘学中,未来因果性地按照现在运行;或者,目的论式的变化是"隐秘目的之计划的实现"——他言之有理。目的论论证并不意味着终极因代替动力因发挥动因的作用。马克思的历史理论是目的论的,因为它把资本主义的兴起看作是不可改变的,而其终结亦被看作不可避免的。但他所设想的另一途径却要通过努力斗争来争取,受既定环境的限制,并不保证成功。当然,当马克思在一些论战文章中写到无产阶级的未来胜利时,他确实太有把握了。例如,在1848年他宣称资产阶级的失败和无产阶级的胜利是"同样不可避免的",在1871年他提到了某种"更高形式,当前社会受其自身经济动力驱使而不可抵抗地趋向它"。目的论的方式可能会激发这些过度的预言,但它也使我们去检验内在的趋势,从而预计可能的结果并相应地制定策略。与杰拉斯相反,我之后将论证,目的论的方式并非不需要最终目标,只是它坚持要给那些最终目标注入严格的现实感。

马克思对人类自由这一目标的承诺是否意味着,他认为一个完美的社会即将来临?这是卢克斯对马克思的漫画,他将一种马克思所没有的完美主义强加给马克思,这种完美主义暗示着一种既无不满又无野心的惬意生活。卢克斯注意到了马克思对权利的道德充满蔑视,他强调想象的社会主义社会中的社会关系,并总结说,"哪怕是高等的、社会性地联系在一起的天使也需要权利"。马克思批评诉诸权利的做法,认为这使个人有权利对抗国家,从而提供了虚假的

达至社会和谐的保证,而私人生活与公共领域的分离这一问题却未

被触及。他不同意仅靠许诺"人的权利",而不改变一个异化的、私有化的社会的结构,就能实现人的解放。他还注意到,一旦危及统治阶级的利益,权利所能提供的政治解放或民主就会被扔到一边去。没有任何迹象表明马克思如卢克斯所说的那样,未在社会主义社会中给法律留下任何位置。对马克思来说,权利属于资产阶级国家,而资产阶级国家的本质就是它反映资产阶级的统治。无产阶级的社会明显也需要统治与管理机构,不过它们不再构成马克思所定义的国家,因而法律不会等同于权利。卢克斯提到的共产主义社会的"天使"把马克思断然拒斥的浪漫主义强加于马克思身上。他所设想的人类解放不需要天使,只需要民主来消除最后的"敌对的社会生产关系"。随着真正人类历史第一次开始展开,各种差异自然仍会继续,但这些差异将不再基于剥削或压迫。这里所假定的并非完美的一致,而是真正的民主认同以决定如何解决这些差异。没有意见的差异就没有什么可批判的了,而批判恰是马克思自己所期望的在未来社会中的职业。

现在回到正义概念上来。我们知道,亚里士多德与伊壁鸠鲁在论述自然正义与法律正义的关系时,多少有些含混,而马克思很熟悉这些论述。在《资本论》第一卷中马克思赞扬亚里士多德是第一个分析政治经济中的价值形式的思想家。亚里士多德意识到了,商品要能公平交换,就必须以某种方式可通约。测量的标准是需求,而这是通过货币这一手段表现出来的。然而,虽然货币表现了可通约性,但这并未解释可通约性。马克思认为,亚里士多德没有认识到劳动是商品价值中的一般要素,这是因为他生活在基于人的不平等之上的奴隶制社会:"除非人类平等的观念成为永久固定的流行观点,否则价值表现的秘密——各种劳动,因为而且只要它们是一般人类劳动,就是平等和等价的——就不会被发现。"马克思提到的段落出自《尼各马可伦理学》的第五卷,这一卷主要是讨论正义的。在这里,亚里士多德关于正义的观点强调了公平与互惠,如果他采用劳动价值论的话,其观点就会具有激进的含义,因为如果那样的话,他就会为奴隶设立正当权利。这显然并非其意图,然而马克思可以从此处以及《政治学》中对高利贷的谴责那里获取大量的弹药,用以批判政治经济学。

在《尼各马可伦理学》的这一部分,我们可以看到亚里士多德强调均衡互换的重要性,他认为这是公平交换的基础,而把"过度与不及"的极端斥责为不正义的。没有互惠就没有社会联结,因而城邦也就不可能团结在一起。资产阶级政治经济学号称在劳动契约中有互惠与公平，但这种社会产生了大量"过度与不及"的极端，而且在马克思看来，它作为一种社会结构也是无法维持的。米歇尔·德·高尔耶认为亚里士多德的"正义"概念与马克思的"平等"概念是"'共同体'这同一个概念的正反两面"。亚里士多德认为平等的人应当受到平等对待，但他愿意接受特定社会已有的社会等级。马克思则致力于寻求全人类的平等，这是其著作的伦理基础的重要组成部分。

伊壁鸠鲁的哲学有力地吸引了青年马克思，伊壁鸠鲁致力于无幻象的生活，这一点特别打动了马克思；他把伊壁鸠鲁描绘为"最卓越的无神论哲学家"。伊壁鸠鲁把自由看作是免于恐惧，而恐惧常常是对未知事物的恐惧；因而知识对克服恐惧就至关重要了。伊壁鸠鲁处在雅典民主衰落之后，他避开政治，选择精神平衡与肉体愉悦的沉思生活，这种状态就是心神安宁，其特征之一是作为非工具性目的的友爱。尽管从骨子里说，马克思是一个政治哲学家，但我觉得他的构想——个人从知识获取力量，免于恐惧，从而在共产主义社会中自我实现并得到解放——中有伊壁鸠鲁的声音在回响。

在 1839 年的笔记中，马克思摘抄了第欧根尼·拉尔修（Diogenes Laertius）记述的伊壁鸠鲁关于正义的观点，以此为其博士论文作准备。马克思在边白上所作的特别着重号明确显示出其重要性。事实上，在他六年后所写的《德意志意识形态》中，当马克思称赞伊壁鸠鲁是社会契约理论的创始人时，他所引用的文本证据就是上述段落。伊壁鸠鲁认为正义只存在于相互关系中，并依其是否有利于相互关系而变化；曾经正确的，如果不能实现其本来目标了，就不再正确了。假设有人制定了一个正义体系，如果它对每个人有效，那么它就具有正义这一"本质"，而这种有效性有其社会基础。如果事实上这种体系无助于"相互交往"，那么它就丧失了正义这一本质。伊壁鸠鲁用似是而非的方式表达了他对正义的观点："总的来说，此正义对全体都有效（因为它在相互交往中有用）；但国家的特殊情况和全部其他可能条件使此正义并非对全体都有效。"此处的关键词是"全部其他可能条件"，因为它指出了正义的更高形式的可能性，无论如何，正义必须建基于从本质上说来是可能的东西的基础上。伊壁鸠鲁以这种方式将一种历史维度引入了关于正义的讨论。

之后我将论述，马克思在《哥达纲领批判》中讨论"平等的权利"

时正是这么做的。然而，值得注意的是，对伊壁鸠鲁来说正义的更高形式不在未来，而在刚刚过去的时代，在民主时期，而马其顿对希腊的胜利摧毁了这一时期。他说，过去的正义体系失去了其作用，但仍包含正义的概念或本质，因而对那些"不让自己被空话迷惑的人"来说仍是正确的。这是用公民不服从来论证，这等于是诉诸道德良心。因而伊壁鸠鲁对正义持历史相对主义的观点，而其教诲的核心以促进心神安宁为导向。他的原则与其说是社会性的，不如说是个体性的。其原则是对民主共同体的失败所导致的问题的道德超越，但关于正义的段落指出了达到社会和谐的可能性。另外，颇为有意思的是，他关于货币的腐化力量的看法与亚里士多德的自然主义的观点相同，而马克思所采纳的也正是亚里士多德的这种观点。伊壁鸠鲁认为，金钱"轻易地夺去了荣誉的力量与优美，因为……不论人们生下来多么有力，多么优美，他们都遵从更富有的人的领导"。

二、马克思的伦理学：有限的相对主义

让我们回到马克思对正义的观点和他对资本主义的批评。法律正义或"权利""决不能超出社会的经济结构以及由经济结构制约的社会的文化发展"，在这种意义上，马克思说资本主义是正义的。然而马克思讨论剥削时明显满腔义愤。他作出的这一谴责是建立在何种伦理基础之上的？为何他将自己对不公正的指控与正义概念区分开？以这种方式他可以有效地揭示对正义和公平的自由主义要求中的不一致，以道德现实主义的方式他可以揭露资本主义正义的虚伪。马克思既把劳动契约说成是"正义的"，又把它说成是"偷窃"，这是为了强调资本主义正义体系中的现象与本质的差异，从而揭露其辩解性的伪装对资产阶级的偏袒。马克思试图揭露出，资本主义道德要求全是伪善的话，例如，在 1848 年关于自由贸易的演说中，他嘲讽说，"把普遍的剥削称为普遍的兄弟联合，这种想法只可能在资产阶级的脑袋里产生"。这是个有趣的例子，因为事实上马克思偏好自由贸易，因为它是进步的，而在他对资本主义的方向的估计中，这意味着自由贸易会加速社会革命。如果马克思说自由贸易有助于产生一个完全不正义的社会，他会发现自己很难支持它，而他所能做的就是去揭露资产阶级的正义、公平和兄弟联合等概念对本阶级的偏袒。

在《哥达纲领批判》中，马克思评论了关于未来社会主义社会中的"平等的权利"的观点，这是马克思的有限相对主义的最明显的证据。他说资本主义分配"是在现今的生产方式基础上唯一'公平的'分配"，引号暗示了可能有其他更能为社会所接受的关于公平的标准。在《法兰西内战》中马克思用相似的笔调写道，"每一种财产的社会形式都自有一套'道德准则'"。在《批判》中马克思认为，在社会主义条件下，私有财产被消灭，"平等的权利"就是按平等的标准——劳动——来进行分配，但个人的体力与能力不同，所以平等的权利会产生不平等的报酬。此处关键点在于，马克思认为社会主义社会中的平等的权利胜过资产阶级社会中的平等的权利，因为"原则与实践在这里已不再互相矛盾"。在马克思看来，在社会主义条件下，平等的权利将不再只是现象，它将成为一个标准，用这个标准给予的报酬，将是透明的。然而，这仍基于个人报酬，仍可能在社会中产生不同的等级。假如能够实现产品与服务的免费供应按照公众同意的数量增加，他更倾向于作为"更高阶段——共产主义社会"的分配原则的法则："各尽所能，按需分配。"马克思选择后者隐隐出于一个信念，它比基于个人报酬的分配更公平。但问题仍然存在：马克思诉诸的公平标准是什么？

席恩·塞耶斯（Sean Sayers）的论证方式更接近于说明与捍卫马克思的观点，尽管他的文章遭到了杰拉斯的强烈批评。塞耶斯认为，马克思并不是用超历史的标准，而是用从资本主义自身中产生出来的社会主义标准来评价资本主义。他引用了马克思在《资本论》第三卷中的评论，在那里马克思推测从"更高的社会经济形式"来看，总有一天财产私有制会显得荒谬，正如奴隶制在先进的资本主义社会中显得荒谬一样。塞耶斯的论证符合马克思的本质主义与目的论的视角，他的这种视角得益于他接触古希腊——当然，还有黑格尔，而进步观念是其核心。杰拉斯反对说，只要引入进步观念，我们就必定乞灵于"超验的标准"以比较两种不同的社会，从而发现它们在哪些方面更优越。他认为诉诸进步并不能给出一个理由，告诉我们为什么某物有价值或值得奋斗。他还坚持认为，如果要论证历史的社会主义结局从道德角度来说比资本主义更优越，我们必须提出这么做的"相应普遍的、伦理上贴切的"标准来。如果我们给出上述关于进步的标准，我们就是在提供普遍的评价标准，从而不能否认马克思使用了这样的标准。

我已经论述了，马克思所设想的目标是社会创造力这一人的本质的完成，但除非满足特定条件，否则这一目标不可能完全实现。我们要认识普遍的或超历史的正义原则，这种要求的问题恰恰在于，表述这些原则变成了超越历史的。这表明，我们用来评价一个社会的标准，恰恰是那个社会所没有的。这是用新的形式代替了旧有的道德普遍主义，而马克思坚持认为道德的社会来源高于任何其他来源。塞耶斯引用了英国黑格尔主义者布拉德雷的一段有趣的话，其大意为，所有道德都是"相对的"，而且必须是"相对的"，因为现实化之本质意味着经历诸时期的演进，处于某一个时期的存在并不就是终结。布拉德雷重复了本质主义的论证：每个时期都实现了人的本质，但并非完全实现，只有在之后的时期我们才能看到前一个时期的不足，但"对权利法则的要求自身，若脱离一切时期，则是在要求不可能的东西"。我想这种有限相对主义对马克思来说是正确的，对亚里士多德、伊壁鸠鲁与黑格尔亦然。资本主义劳动契约有其正义，但这种正义付诸实际时工人感到明显的不公平，马克思对两者之间的张力作出了辩证的表述，这一表述显示出资本主义正义是如何产生出其对立面，并乞求与人的潜能的完全实现相符的解决方法的。

现在回来看杰拉斯的观点，他说马克思隐隐把对生产手段进行社会控制的道德权柄当作一种自然权利，这就产生了一些有趣的问题。在我看来，马克思并未这么做，但他明显坚持认为，一个社会会把这种权柄当作社会和谐的必要条件给予自身。尽管他的观念中有自然主义的因素，但既然他把共产主义社会看作是使得人的本质得以实现的社会，这种自然权利论证中的"自然权利"术语，就不是在传统意义上被使用的。如大卫·布克胡斯特（David Bakhurst）所说，马克思反对永恒道德原则的观念，他坚持认为，所有的规范法则都是由特定共同体创造与保持的。布克胡斯特在捍卫马克思的道德观念的一致性时更进了一步。他认为马克思承认，道德的问题通常可以在我们实践的社会交往形式的基础上得到解答，而进行道德判断是一种源于社会化并随社会交往活动发展的知觉能力。这种观点使我们得以理解，为什么马克思有信心攻击资本主义的道德普遍主义的虚伪，却不需要提出另一种类似的普遍主义。自由社会的道德是由那个自由社会自己决定的。在我看来，这是社会创造力这一人的本质的完全实现的表现。这种方式的优点在于，它使伦理规范重新成为共同体生活的一部分，并使马克思所向往的雅典民主式的伦理精神的出现成为可能。

三、没有最终目标的政治

说白了，资本主义的进一步发展会不可抗拒地产生一场趋向于社会主义的运动，而马克思高估了这种趋向的程度。对那些仍将民主社会主义看作唯一能使人类走向繁荣昌盛的体制的人来说，现在比过去任何时候都更需要批判全球资本主义的运作方式，它使人类走向邪恶，使人性走向毁灭。我认为当马克思这么做时，他并未诉诸传统的道德主义，但我不同意杰拉斯的观点，他认为马克思否认在某种意义上工人阶级可以不要最终目标。杰拉斯承认，不用道德化的批评，马克思仍能对资本主义作出有力的科学的分析，但他坚持认为，这并不能为包含在马克思对道德论证的敌视中的"不足作出辩解或补偿"。他从《法兰西内战》中引用了下面这段话作为马克思的不良做法的例证："工人阶级知道，为了实现他们自己的解放以及现有社会被其经济动力所趋向的更高形式，他们必须经历漫长的斗争，必须经历一系列改变环境与人的历史进程。他们没有需要实现的最终目标，除了解放那些旧有的衰落的资产阶级社会本身所孕育的新社会的因素。"杰拉斯抱怨说，在这段话中马克思否认了最终目标的有效性，只留下"内在运动与上述的解放"。然而把"更高社会形式的因素"解放出来的过程，暗示着多种选择和大规模的转变，在此处它被当作唯一可实现的最终目标；换句话说，解放新社会的因素就是一个最终目标。事实上，在初稿中马克思明确地说是把生产的社会形式从"奴隶制的束缚"中解放出来。上述文字写于那种足以震慑除最勇敢者之外的人退出政治斗争的灾难性暴行之后，马克思想要向那些受压迫者保证，他们并非只能依靠虔诚的希望，那些压迫他们的人并非无所不能。在关于巴黎公社的文章的结尾处，马克思写道，"工人阶级会将这些烈士铭记在心"，在这里马克思以一个共同的主题为前提，这个共同主题是由共同记忆激起的，它含有道德意义。"那些扼杀"巴黎公社的"刽子手们"将被"永远钉在耻辱柱上，不论他们的教士们怎样祷告也不能把他们解脱"。马克思很清楚，追求最终目标对社会主义意识的发展至关重要，并且对残酷无情的压迫的强烈仇恨会驱使人们行动。然而，他也建议，要分析在既定条件下和环境中什么是可以达至的，并用分析的结果来指导行动。他这么做当然是正确的。

（王鹏 译）

加里·K·布劳因

  加里·K·布劳因（Gary K. Browning），牛津布鲁克斯大学政治学教授，在政治理论和政治思想史方面颇有建树，近年来先后出版了《柏拉图和黑格尔：对政治学的两种哲学探索方式》、《黑格尔和政治哲学史》、《对 R. G. 柯林武德重新思考：哲学，政治学和共同体的理论和实践》、《批评的和后批评的政治经济学》、《鲍勃·迪伦的政治艺术》、《利奥塔和宏大叙述的终结》等著作。

  本书选取了《马克思主义研究》第五期（1998）中《黑格尔和马克思的无限：从无限概念到资本概念》一文。在该文中，作者意在证明马克思的《大纲》在多大程度上是受黑格尔的影响的，以及马克思在什么意义上发展了黑格尔的无限概念。

  作者认为，黑格尔的真正的无限，即所谓善的无限性是一个自身展开的无限过程；这个过程中的每一个步骤，每一个障碍，每一个否定都是绝对精神的自我运动。因此，善的无限的本质就在于自身展开，并且生产出和再生产出自身的不同的表现形式。在作者看来，马克思在这方面深受黑格尔的影响，甚至《大纲》的主要的基础都是由黑格尔奠定的，马克思的发展或者说贡献则是将黑格尔的基础运用到对资本主义的批判中去。在这个意义上，不能简单地将马克思等同于一般意义上的黑格尔主义者，尤其是当他特别地强调了劳动的社会意义的时候。马克思当然具备了黑格尔的基础，但是他看到了资本主义的根本问题，在于资本自身再生产的过程。这一过程表面上看起来似乎和黑格尔的善的无限的自身发展过程相类似，但究其实质，却同时具有恶的无限性的特征，从而这种生产方式就具备了摧毁自身的力量。在这个意义上，马克思进行了资本主义批判，也提出了真正人的自由和社会的自由，认为自由就意味着摆脱资本的发展过程，真正地实现劳动的社会化，即达到劳动自身的展开而不是单纯追求量的增长。

黑格尔和马克思的无限：从无限概念到资本概念[①]

本论文旨在探讨马克思的《大纲》和黑格尔的《逻辑学》之间在概念上的内在联系，这种内在联系可以通过那些黑格尔讨论善的无限性和恶的无限性的著作得到揭示。黑格尔与马克思两人的著作中对概念运动的揭示取决于概念化的否定的、令人不满的特性（恶的无限性）与肯定的、令人满意的概念化（善的无限性），其中恶的无限性总是把外部障碍当作偶然碰到的东西，而善的无限性则发现那些表面上的外部障碍不过是其自身展开的内部因素。总而言之，像对待黑格尔一样，若想获得一种对于马克思的丰富的和包罗广泛的见解，那么这种见解必然是反思性的和总体性的，决不能仅仅停留在预言性的和外在的解释上。

《大纲》和《逻辑学》所表现出来的马克思和黑格尔之间所具有

---

　① 　选自英文版《马克思主义研究》，1998（5）。

的那种概念之间的内在关联同样能够明显地证明，黑格尔和马克思在所有理论上都具有某种十分近似的关系。如果集中地考察《大纲》中对黑格尔善的无限性和恶的无限性概念的新的用法，我们就能发现它提供了异化的概念基础，而异化概念又与《1844 年经济学哲学手稿》中的"类存在"有联系，从而在早期马克思和晚期马克思之间建立起了一种概念上的关联。

马克思在《大纲》中对善的无限性和恶的无限性的讨论的展开表明了一种与黑格尔的理论上的联系。在《大纲》以及别的地方，马克思和黑格尔一样在许多地方使用了富于争议的善的无限性和恶的无限性的逻辑以发展共时性体系，这种做法是值得探讨的。① 不仅如此，马克思和黑格尔两个人的"无限"概念取决于他们对善与恶的解释，即善包括克服障碍而达到自由发展，而恶则意味着界限的无止境的出现，从而使得那些价值判断的语言无法与事实陈述的语言分离开来。

本论文将循着以上的思路展开论述。一开始将借助于《逻辑学》中的形式特征来讨论黑格尔的处于善与恶的形式之中的无限概念，然后分析其在《精神现象学》与《法哲学》中的发展。在讨论了黑格尔对善的无限性与恶的无限性的理解以及它们在概念性理解中的地位之后，我们将会发现，马克思在《大纲》中的整个值得讨论的策略其实是对黑格尔对善的无限性与恶的无限性的理解的一种回应。最后，《大纲》与《1844 年经济学哲学手稿》之间的那种连续性也将得到解释。

一、黑格尔的善的无限性与恶的无限性

黑格尔《逻辑学》一书之难读人尽皆知。然而一条有争议的线索却指出，在这本著作中正是无限概念作为一个整体而展开自身。在第二章的结尾处，无限概念被清楚明白地表达出来，同时这显示出贯穿于整部著作中的那种转变。在《逻辑学》中对无限的讨论出自前面所提到的对存在本质的考察所产生的那个有争议的困境。存在乃是《逻辑学》中的实有在概念上的优先性的证明。但是这个存

---

① 许多对《大纲》的解释都注意到了它和黑格尔的《逻辑学》之间的联系，比如尤西达，但却没有将它和黑格尔的其他著作联系起来。

在却非常空洞，并且由此引起了"无"的范畴，并且在"存在（有）"与"无"之间的这种不稳定的来回摇摆又顺势引出了在定在基础上的更进一步的概念性解释。无论如何，规定都意味着界限、限制以及突破此障碍的强烈愿望。然而，在黑格尔看来，将有限物当作某种与无限物完全不同的东西乃是一个错误。"与有限物对立的，和有的规定性、实在的领域对立的，是无限物、无规定的虚空、有限物的彼岸，实有是一个被规定的东西，而无限物的自在之有，却并不在它的实有那里。"在黑格尔看来，真正的无限性既不是与有限性截然对立，也不是超越于有限性之上，毋宁说它乃是包含有限物在其自身的无限之中的一种方式，并且是概念的整体性关联中的一种概念性联系方式。黑格尔通过将真正的无限物比作一个圆的方式来表明善的无限性和恶的无限性这两个概念之间的对立，在圆中一系列规定性概念一个连着一个，与此相反，恶的、不真实的无限物是由直线来表现的，这直线永远前进，并且总是要越过在该直线上最后出现的那些点。"返回到自身的真的无限，其形象是一个圆，它是一条达到了自身的线，是封闭的，完全现在的，没有起点和终点。"

黑格尔的无限概念所包含的一个十分重要的含义是，他的《逻辑学》的主体并非是超越于有限的人类的什么超人的"无限物"。对黑格尔来说，无限物并非与有限物对立，一个无限的主体没有超出有限之外的力量来推动人类的历史或概念的发展。《逻辑学》不是在讲述某种超人的、抽象的思想如何为世界创生出它自己的逻辑环境的故事，而是对人类思想的一般范畴的检验，而实在只有通过思想才能被概念化。《逻辑学》中范畴的发展取决于范畴发展的成果，而范畴乃是通过丰富其自身并且与自身所包含的东西打交道来解释其自身的。

最后，黑格尔主张，那种对实在所进行的完满而自足的范畴解说必须使用那些能对概念解释的自身性质作出解释的范畴，在黑格尔看来，这些解说是由概念的范畴产生出来的。概念的具体表现即自我，人的动力的源泉，自由思想。但是对黑格尔而言，对实在的完整的解释必须包括一些范畴，这些范畴要能够解释自我所拥有的无限的概念力量的自由是如何成为所有实在的基础的。因此，理念的诸范畴成为了发展性范畴思维的善的无限性的证明，正是在这种思维中，思想自身的自由发展涉及所有范畴。生命理念使得实在能够以自我再生产的方式发展，在其中，生命有机体之间以及它们与自然之间以能够让这些物种持存的方式相互联系。然而，物种生命进展中个体的死亡正凸显出这种存在方式的缺陷；个别和普遍之间的鸿沟是极其明显的。目的论范畴是重要的，因为黑格尔认识到那种外在目的论所包含的缺陷：在这种目的论中，目的和手段之间横亘着一道鸿沟。他使用了一个无限目的论的概念，来表达善的无限性的那种循环，在这种无限中，目的与方法是内在于思维与存在的发展过程的。这个无限目的论导致了绝对理念，这在黑格尔看来并非是那种总是居先的绝对的超越，而是一个范畴，该范畴将实有理解为能使那些在性质上无限地自我联系的概念相互更替的范畴系列。绝对理念乃是绝对的，因为它是自身反映的和包罗万象的，并且将自身解释成包括一切其他范畴的唯一范畴。在它外面没有任何东西，它是它自身的界限；它并不把差异当作是某种不可知的外部障碍，而将其当作对自身本质的一系列不同的表达。

黑格尔的有限物与无限物本质上内在关联的概念决定了他的体系是一个整体，但这个体系并不把思想理解为抽象的东西，而是理解为强有力的主体，正像泰勒和迈克尔·罗森所指出的，是创造性的主体，是黑格尔式的自然和有限物的来源。黑格尔的辩证法并非是某个现成的主体外化的结果，而是那些积极地从经验中获取意义的范畴和概念所进行的并非想象的探索。

自然界和人的生活的世界绝非是思想从无中产生出来的，但却和范畴自身的发展有关，假如那些范畴确实是无限的和包罗万象的话。因为这个原因，《逻辑学》的一般范畴包含并要求对自然界和人的世界进行黑格尔所许诺的更为具体的研究。《逻辑学》的诸范畴既使用在那些意味着主体性和客体性方式的自然界和人的世界，并因此也使用在黑格尔展开了其内容的那些具体的研究工作上面。事实上，在黑格尔那里，具体的东西更具有优先地位，因为假如没有现实的自然界和人的世界，假如没有这个人类在其中发展他们的行为和思考方式并从而使得逻辑得以可能的现实世界，实有也将无从被人知晓。

黑格尔哲学体系的本质重要的内在联系对研究黑格尔和马克思有两个重要的提示作用。这一方面意味着黑格尔的重要的范畴概念即善的无限性和恶的无限性宣告了他的其他的具体研究著作，并且马克思的《大纲》紧随着《逻辑学》对善的无限性和恶的无限性的发展，将引出黑格尔的其他著作。因此，黑格尔在《精神现象学》中对效用和利用的讨论恰好举例说明了一个无止境的和坏的无限过程，这有点类似于马克思对货币的讨论。同样，黑格尔在《法哲学》中对需要和自由的讨论一方面与无限物和资本的永不满足的扩张相类似，另一方面也与在共产主义下社会劳动的无限的自我中介性质相类似。

黑格尔的《精神现象学》研究了使意识能够对实在做出哲学解释的条件。它的终点正是绝对知识的立场，在那里，意识知道精神把真理看作它的意识对象的全体。对黑格尔来说，这个绝对的立场是通过引出善的无限性概念的方式被描述的。"真理就是它自己的完成过程，就是这样一个圆圈，预悬它的终点为目的并以它的终点为起点，而且只当它实现了并达到了它的终点它才是现实的。"就像在《精神现象学》中所说的那样，自我意识的绝对存在于有限与无限的绝对中介中。

有限和无限的会合点在《精神现象学》中承认的辩证法的意义之后。在对意识形式的表达上，《精神现象学》的大部分是共时性的，意识要求能认识真理，在这本书中，黑格尔紧紧地跟随着各种意识形式的不满足，而这种不满足又引出了更加丰富的意识形式。在对主人与奴隶之间斗争的详细描述中所包含的承认的辩证法则清楚地表明，意识和它的要求必然是社会的。单个的个体意识不可能知道自身；它的确定性和有限性只能在一种更广泛的社会的互相承认和被主人—奴隶关系所设定的社会发展过程中才具有意义。在对主人和奴隶的相互关系的讨论中，黑格尔明确地认识到主人与奴隶的斗争是在历史中发生的，但在《精神现象学》中，他又概念地解释了这种承认的斗争，从而揭示出人类经验的社会的和进步的方面。当承认的斗争揭示出个别的、有限的精神是自我中介的时候，主人—奴隶关系正在精神之间设置障碍；如果有限的精神把它们自身看作是无限的自我关系的话，就必须克服这些精神。

此后，黑格尔又审视了一系列人类交往的历史方式，比如斯多葛主义、怀疑主义和苦恼的意识。在苦恼的意识中，从有限的、具体的现象中抽象出来的普遍既是被肯定的同时也是被否定的。在涉及那些已经疏远的时代，比如中世纪以后的欧洲以及体现在启蒙运动中的历史和经验的中断的时候，黑格尔正是以某些方式来看待这种疏远，而这些方式正预示了马克思集中研究经济和社会生活的方法。他根据那种表现了恶的无限性之不协调的概念世界来表达异化。比如，在近代早期，国家权力和财富被看作是这个时期那些专制国家的最重要的方面，而人类的全部努力都被纳入到了一个无限的活动序列中，这些活动实际上彼此说明，并从而产生一种精神上的批判以戒备这件事情的虚无性。又比如，在对启蒙的真理的讨论中，黑格尔把启蒙思想的纯粹洞见的驱动力确定在效用上，确定在了效用和利用的概念上，正是这两个概念设定了"自在存在的……先后更替"。效用和利用的概念因此将有限的对象和富于洞见的判断的无限的过程联系了一起，然而这些对象只有在一个无休止的解释过程中才能被重新发现，而这个解释过程对思想所具备的无限性质毫无反思。"并且认为这种关于有限事物亦即关于真实东西的知识是最高的知识。"

《逻辑学》所具有的思想特点的逻辑，比如说设立了善和恶的无限进展的过程，同样地指示着《法哲学》。当黑格尔逗留在他于《历史哲学讲演录》所表达的历史发展中的时候，和我们对马克思的《大纲》进行讨论一样，对《法哲学》的讨论也同时出现了，在这些讨论中并不把那些社会和政治生活的最基本和最简单的范畴看作是自足的。他们力图创造那些更加综合性的和自洽的范畴。《法哲学》中最为基本的概念是意志概念，人们总把它和自由联系在一起。最简单的自由概念通常被认为是无限的，是和它自身概念相对应的逻辑范畴。意志对任何特殊确定性的无限抽象的能力正好证明了意志的纯粹自由。但这种意志的无限的潜能是抽象的，并且只能引起那种具有无穷欲望的坏的无限性，在这种欲望中，意志的形式永远处于特殊的内容之外。

《法哲学》中那些讨论的辩证动力提供了一个内容丰富的概念，在这个概念中，自我的无限的自我确定的权力并不与某个表达了这种无限性的具体的社会世界重合。在黑格尔看来，最终的答案在于那由家庭生活、一系列市民社会的"私人"活动以及国家的所有政治法律所组成的具体的社会和政治生活世界的发展。任何忽视了围绕着社会和政治观点的立场在黑格尔看来都是有缺陷的，因为他认为意志的普遍性需要对社会生活的具体方式有所表达。比如说，财产和契约的制度只有从它们的社会的和政治的角度来理解的时候，才是可行的，而这又正好解释了它们在逻辑上的出现。马克思在他的《大纲》中表现出他非常了解黑格尔在财产关系方面的逻辑体系。

二、马克思，概念的发展和无限

从 1953 年马克思的《大纲》被发现起，这部著作就由于其明显地乞灵于黑格尔及黑格尔对资本主义条件下经济生活的分析方式而显得十分著名。关于这个问题比较著名的讨论可以参考尤西达（Uchida）所著的《马克思的〈大纲〉与黑格尔的〈逻辑学〉》。尤西达十分正确地发现了《大纲》对黑格尔的《逻辑学》的依赖。然而他的工作由于对黑格尔和马克思的整个工作方式的认识不足而遭遇到了困难，黑格尔和马克思正是以这种方式来处理概念解释的工作的。尤西达的主要结论是，《大纲》关于货币和资本的许多章节都模仿了《逻辑学》中关于存在和本质的那些章节。这个解释十分地简洁明了，但就其本身而言却有失偏颇，尤其是对这两部著作中的整体的和一般的辩证形式而言更是如此。

无限概念在善与恶中的变换有助于解释黑格尔和马克思思想中的辩证发展的动力。正像对于黑格尔而言，有限存在物的恶的无限，或者说功利主义、功利计算并不意味着范畴的无限自我关联和自我生产的性质，因此，货币和资本从不同的方面把社会现实的诸方面还原成外部的和它们自身的流通节奏。再者，正像对于黑格尔而言，社会和政治自由以及哲学意识意味着一个能够完全解释自身性质的善的无限性的目的，因此，资本就其能够再生产自身的条件以及能够控制生产的所有方面而言，近乎达到了自我中介、自我生产的真正的无限性。此外，在马克思的《大纲》对货币和资本所做的表面的讨论下面存在着关于社会劳动的秩序井然的社会组织概念，而这正好和真正的无限性的要求相对应。

在《大纲》的导言中，马克思对政治经济学的研究作了一些一般性的评论，正是这些研究让我们清楚地看到他在理智上和方法上对黑格尔所欠下的债务。正如史密斯在其《辩证社会理论及其批判》中所看到的那样，马克思正力图建立一种方法上的步骤，而这正来自黑格尔，同时他也允许将经济现象系统地概念化。这个步骤让马克思有机会自觉地利用黑格尔的善的无限性和恶的无限性概念来发展他后来的理论。

马克思看到，社会现实并不是由那些各不相干的事物所组成的，而是一个关系世界，正如奥尔曼（Ollman）正确地指出的那样，这是辩证理论实践的基础。对马克思来说，现实关系性质的基础在它的社会性质中，他把这社会性质置于政治经济学批判中。在《大纲》中，马克思引用了一个观点来反对私人语言，从而更加确认了现实的概念性的社会关系性质。在导言中，马克思强调了他对现实的唯物解读与黑格尔的唯心解读是对立的，但同时他也看到了关系"能够，并且也只能在观念中得到表达……"马克思在《大纲》中对现实的根本关系性质所做的概念表达使他能够根据无限的自我联系的诸范畴来考察资本主义的政治经济学。

在导言中，马克思还承认了理论分析的正确方式是从少数决定性的抽象普遍关系开始。他对此给出的理由恰好追随了黑格尔的理性路线。"特殊就是特殊，因为它是许多规定的凝结，因此也是差别的统一体。"在这里，马克思的有计划的步骤要求更高的解释必须具有自我中介的诸差别的统一体的形式，而黑格尔就将差别看作是善的无限性的标志；这步骤同时也期待着一种结构性的、体系化的解释方式，史密斯和阿瑟认为后来的《资本论》就采用了这种解释方式。马克思显然明确地认识到他的理论方法和黑格尔的方法的一致性。马克思引用了《法哲学》来解释如何在应付那些更为复杂的范畴之前必须先处理那些更加抽象的范畴，因此这也就确认了在《法哲学》和《大纲》之间的相关性以及马克思承认在《法哲学》和《逻辑学》之间存在着理论上的相似关系。马克思注意了《法哲学》是如何处理家庭、部落和国家等概念产生之前的私有财产的，尽管家庭、部落和国家在历史上早于私有财产并且是私有财产产生的条件。在马克思看来，黑格尔对概念次序的理解，即认为那些更加综合性的和更有解释力的概念乃是对相对较为简单的概念的继承的理解是正确的。随后的关于货币和资本的章节正好证明了这个方法规则，因为这个特殊的物质生产的世界乃是从更加简单的抽象物，从货币和资本中发展出来的。

最后，《大纲》的导言还认为，一种政治经济学是一个相互联系的世界，在这个世界中，生产、分配、交换和消费都被看作是内在关联的现象。在这个关系的内在关联的概念中，马克思赋予生产以优先性，这是逻辑上的优先性，因为一种政治经济学的内在关联必须在历史中产生，而且它是生产和再生产生产方式的生产条件。资本章阐明了，资产阶级政治经济学只能被看作是资本在建构劳动和生产条件的背景中的自我再生产体系。资本创造它自己的生产条件，并且确立了交换、分配和消费的方式，这给了资本一个善的、自我中介的无限体的形式，其中所有的规定性都是内在关联的条件，而非外在的限制。马克思通过对蒲鲁东主义的信用改革计划的批判，从而在《大纲》的开头部分建立了生产体系的内在关联的条件，而蒲鲁东的片面的方法是从组成一个体系的内在关联的整体性中抽象出来的。

《大纲》的资本章的导论部分从黑格尔的概念框架出发，而这后来又在货币章中得到了证明。为了从这些杂乱无章的概念研究中获得意义，在术语的森林中专门来考察一下争论的树木还是很重要的。尤西达在《马克思的大纲和黑格尔的逻辑学》一书中，通过比较马克思对一些特殊概念的使用以及它们在《逻辑学》中的用法把《大纲》和《逻辑学》这两本著作联系了起来。然而，他基本上没有揭示出黑格尔和马克思两人如何展开讨论的一般方式。因为《大纲》和《逻辑学》两本书在术语和概念的使用上有很大的相似性，所以那两个突出的概念即善的无限性和恶的无限性就成为了解释他们的理论发展和逻辑的核心概念了。一个像货币或者量这样的概念或范畴，或者像资本或者度这样的概念或范畴正是处在要求发展的关键点上，尤其是当它要详细说明那些无法返回来解释自身的无穷的具体事例的时候更是如此。当解释不成功了就得要求一个新的范畴形式。同样，在这两部著作中，如要完全解释它自身的条件和发展，就要使用一个令人满意的概念。

一个被黑格尔和马克思所使用的不断发展的争论过程带来的启示是，争论双方的概念和水平根本不是彼此外在的。正如史密斯所看到的那样，黑格尔主义对实在的解释是"过于武断的"。因此，当黑格尔的《逻辑学》把实在设想为一系列自我中介的思想的时候，这种观点把实在表达为被设定在自身的开放范畴之内的存在。同样，一个社会和政治实践的复杂世界也不可能排斥掉特殊的自由行动。与此类似，马克思关于货币流通与资本的自我再生产概念同样包含着商品和交换价值概念的更为简单的规定性。尤西达看到，在《大纲》的货币章与《逻辑学》中关于存在的章节之间有某种联系，而《大纲》的资本章与《逻辑学》中关于本质的章节之间也存在某种联系，这些联系并没有排除这两部著作在讨论问题的过程上的整体上的相似性，而这两部著作从被黑格尔的绝对理念的善的无限性所表现出来的完全自我中介的广泛的范畴解释中获得其意义。

当然，马克思认为，一种商品的确定有赖于它和另外的商品之间的一定的关系，这种理解让我们想起了黑格尔《逻辑学》中的定在概念。而且，马克思对流通的解释也确实让我们联想到黑格尔《逻辑学》中的"存在"的章节中对这种循环展开并成其所是的节奏的论述。马克思在《大纲》中对资本的解释也同样让我们想起黑格尔在解释本质的时候关于假象和表象的论述。在商品和货币的简单流通中，货币和商品表现为互不相干的两种现象，在这里，表象的过程还没有得到解释。尤西达十分正确地看出了马克思对资本的不断自我再生产的性质的解释与黑格尔对本质的解释之间所具有的逻辑上的近似。资本的形式隐藏在它的变化多端的表象后面，但却是这些表象的基础。发达资本主义世界里的政治经济学表达了本质的逻辑，因为它是一个由互为因果的不同部分所构成的整体。

《大纲》中的货币章同样也是对黑格尔本质逻辑的回应；商品是通过无数不同使用价值而彼此规定的；货币是无数交换价值的量的尺度，而交换价值正是通过"变成"货币这样一个现象上的转变才能得到表达。与此相似，资本章的的确确是对黑格尔《逻辑学》中对本质的解释的一种回应。尤西达非常正确地发现了马克思对资本流通的解释其实表达了黑格尔的现象背后的本质这个概念。发达的资本主义政治经济学的确是由许多部分构成的一个整体，这些部分非常恰当地互为因果。

尽管如此，《大纲》中马克思对货币和资本的解释的力量的核心本质上却是矛盾的，这表现在它既是货币流通的恶的无限，然而却又是类似于善的、最终被资本的自我再生产体系所表达的有缺陷的无限。如果说资本以及在其自身的流通中的货币所表达的乃是黑格尔的概念范畴的自我再生产的性质，那么尤西达在这个意义上把《大纲》理解为对黑格尔主义逻辑范畴的表达就是片面的了。

在《大纲》中，货币的流通遭遇到了一种"恶的无限性"，这种"恶的无限性"作为某种受限制的行动是对货币自身持续生产的障碍。马克思看到，和商品流通一样，货币的流通是从无数点出发，又回到无数的点。马克思强调了这里的方法，在这里，流通的无限乃是在无穷尽的意义上无限，但这无穷尽过程中的点却不能解释货币和商品之间的相互转换。"初看起来，流通表现为恶的无限过程。商品换成货币，货币换成商品，如此反复，无穷无尽。"这个循环（CMMC，即商品—货币—货币—商品——译注）表现为无穷无尽，这既不能产生也不能解释它自身的状况。同样，在相反的流通中，货币转换成商品，商品又转换成货币（MCCM）在这个运动过程中放入了一个分界点，在这里货币全部被转换成商品。然而，当货币被用来通过买卖商品而增值的时候，就会有更多的货币来购买商品，这样，货币的增值就成为了一个持续的过程，对马克思而言，资本主义的逻辑基础就在这里被发现了。

至于说到货币在流通过程中产生了它自身的流通条件，这里乃是假定了一个善的无限，然而，这里却还没有建立起对生产过程的控制节奏。资本利用可变资本来创造它自身生产的条件，正是通过在商品形式中获得了固定资本和可变资本，资本更加频繁地表现出善的无限的自我中介的性质。"货币由于对流通采取否定态度，退出流通，才获得了不灭性，而资本获得这种不灭性，则恰恰是由于把自己的命运交给流通，从而保存了自己。"

然而尽管资本有善的无限的特点，可是它却被它自身的矛盾所困扰，这些矛盾能破坏它自称具有的善的无限性。一方面，资本的自我再生产过程的发展道路使固定资本的积累持续提高，而剩余价值却依赖于劳动力的使用价值。因此，资本主义过程的逻辑破坏了它自己的再生产过程，这种内部失败的一个表征就是利润率的下降趋势。因此，资本的无限自我再生产的趋势就被破坏了。此外，这种为资本主义所渴望的无限的自我再生产的体系同样也是这样一个体系，在其中，它生产和再生产自身所需要的那种有活力的、创造性的条件与其说是被确定了，不如说是被歪曲了。被资本的再生产所利用社会劳动的创造性的力量以异化的形式被表达出来了。"他（无产阶级）的劳动的创造性力量却造成了一种异化的力量来对抗他。"马克思在《大纲》中使用了黑格尔在《精神现象学》中所用过的主体间的主人—奴隶的辩证法来表达资本主义的异化的、有限的方面。"它（指主人—奴隶关系）被表达在——通过中介的形式——资本当中，并因此产生了它自身分解的酵素，同时还是它自身有限性的象征。"

资本无限性的"恶"的限制同样表现在它对劳动的社会性和创造性的否定，这样，资本就被不断驱使着去追求更大量的利润，在它这样做的时候，就始终保持着这种无穷尽的和无创造力的恶的无限性。马克思把资本的性质比作是黑格尔意义的量的恶的无限性。"固定地表现为财富，表现为财富的一般形式，表现为以数量来衡量的价值，因此它（资本）就不断地驱使自己去克服量的限制：这是一个无限的过程。"黑格尔在他的题为《法哲学》的讲演中曾经总结过，掩盖在追求利润的外衣底下的需要的增长正好证明了恶的无限性："英国人所谓'舒适的'是某种完全无穷无尽的和无限度前进的东西。"

对马克思来说，资本包含着毁灭自身的种子，这正是由于它是自我生成的无限的自我再生产的体系。它将被一种社会组织所代替，这正好证明了已经被古希腊人所认识到的伦理生活的自我限制的理想。共产主义下的社会劳动将为社会的个人提供满足生产活动和享受闲暇的条件，而这一切都是对社会劳动的合理组织的结果。这种社会性的和创造性的生产条件将随着社会的发展而得到改善和承认。

马克思在他的早期著作中强调过共产主义的自我维持的"无限"逻辑。在《1844年经济学哲学手稿》中，他引用了黑格尔的善的无限来描绘类存在。人的存在的类特性存在于人的一般性质之中；在共产主义下，她（他）能够自由地和一般地生产，个人的自由的和普遍的特性也将在那种个人以发展其能力和需要来塑造其个性的生产体系中得到表达。使类和个人内在地自我关联的类的生活的"无限的"特性，正表达在下面的引文中。"人的个人生活和类的生活并不是各不相同的，尽管个人生活的存在方式必然地是类的生活的较为特殊的表现或者较为普遍的表现，而类的生活必然地是较为特殊的个人生活或者较为普遍的个人生活。"通过分析黑格尔成熟体系中的三部著作之间的关系，马克思认识到这是黑格尔对从无限到有限再返回无限的运动过程的错误的描述，并在《1844年经济学哲学手稿》中表达了他对黑格尔的善的无限性概念的批判性认识。马克思对黑格尔无限概念的富于争议的逻辑有着持续的兴趣，这种兴趣在《德意志意识形态》中再次得到了证明。我在较早的一篇论文《〈德意志意识形态〉：历史理论和理论的历史》中曾主张，马克思和恩格斯在他们批判施蒂纳对个人的特殊性的赞美的时候，已经有意识地关注了黑格尔的善的无限性概念，并且借用了社会性个人的普遍性。此外，在对马克思和无限物的讨论中，史密斯提出，马克思的概念和他对巴黎公社的支持来自于他力图实现的普遍（或无限）和个体的合理的联合体。

在一篇对马克思思想的温和而简短的批评性评论中，埃尔斯特（Elster）特别严厉地批评了《大纲》中的黑格尔主义的概念的辩证法。他强调，"尽管一些改变是有意义的，比如发现了历史的发展，但这里所声称的辩证的联系仍然让人很难理解。概念根本不具备人们出于他们自己的目的所许诺过的那种独立于行动的'发展逻辑'。"本论文试图通过分析马克思对黑格尔论证方式的借用使《大纲》显得更加容易理解。不仅如此，当埃尔斯特正确地指出概念不可能独立于人们的行动这样一个事实的时候，个人行动乃是和社会意义的世界相联系的这个观点也是同样真实的。就我的阅读而言，黑格尔的《逻辑学》关心的是内在于人与世界以及人与人的联系中的诸概念的内在联系，并且保留着一种模棱两可的计划。马克思的《大纲》把自己的概念研究奠定在男人和女人的社会性质的基础上。人的活动被看作是社会性的和主体间的，表达和理解这些关系的唯一的办法是诉诸理念。政治经济学所表达的主体间关系是可理解的和非外在的，确切地说它是和人的行动相伴随的。史密斯看到，马克思和黑格尔在进行概念解释的时候都保留了个人和社会之间的相互性。"像马克思和黑格尔那样的社会理论家在进行范畴转换的时候怎样寻找微观的基础这一点通常都没有得到重视。"而黑格尔和马克思两人学说中的善的无限概念开启了一种认识，使男人和女人的活动内在关联起来，并且如果他们希望自由的话，就必须找到获得和建构这些关系的途径。这是一个与众不同的自由观念，但却不是荒谬的。

（孙大鹏 译）

中央实施马克思主义理论研究和建设工程课题
国家社会科学基金重大课题
教育部哲学社会科学研究重大课题攻关项目

当代学者视野中的马克思主义哲学

西方学者卷 下

XIFANG XUEZHE JUAN

⊙丛书主编

袁贵仁

杨 耕 ⊙本卷主编 吴晓明

北京师范大学出版集团
BEIJING NORMAL UNIVERSITY PUBLISHING GROUP

北京师范大学出版社

图书在版编目(CIP)数据

当代学者视野中的马克思主义哲学:西方学者卷／袁贵
仁、杨耕总主编;吴晓明主编.—北京:北京师范大学出版
社,2007.12(2011.7重印)
　　ISBN 978-7-303-08992-5

　　Ⅰ.当… Ⅱ.①袁…②杨…③吴… Ⅲ.西方马克思主
义－研究 Ⅳ.B089.1

中国版本图书馆 CIP 数据核字(2007)第 185025 号

营销中心电话　　010-58802181 58808006
北师大出版社高等教育分社网　http://gaojiao.bnup.com.cn
电子信箱　　beishida168@126.com

出版发行:北京师范大学出版社 www.bnup.com.cn
　　　　　北京新街口外大街 19 号
　　　　　邮政编码:100875
印　　刷:北京盛通印刷股份有限公司
经　　销:全国新华书店
开　　本:155 mm × 235 mm
印　　张:88.25
字　　数:1 500 千字
版　　次:2008 年 1 月第 1 版
印　　次:2011 年 7 月第 2 次印刷
定　　价:125.00 元(全二册)

策划编辑:饶　涛　　责任编辑:饶　涛
美术编辑:毛　佳　　装帧设计:高　霞
责任校对:李　菌　　责任印制:李　啸

目录

卢卡奇

乔治·卢卡奇（George Lukács，1885—1971），匈牙利哲学家、美学家、文艺理论家，西方马克思主义的创始人之一。卢卡奇所处的年代是国际共产主义运动风起云涌的年代，他的理论创作始终与这一运动紧密相连。按照卢卡奇与这一运动的关系，可以把他的经历和思想演变分为以下几个时期。

1918 年前，可以称作卢卡奇走向马克思主义之前的"浪漫主义的反资本主义"时期。卢卡奇于 1885 年 4 月 13 日出生于布达佩斯的一个匈牙利犹太人家庭里，从小就受到良好的教育。大学学习期间，他先后获得法学博士学位和哲学博士学位。1912～1917 年卢卡奇主要生活在海德堡，在此期间，卢卡奇的思想受到黑格尔、陀思妥耶夫斯基、韦伯的影响，并且通过席美尔和韦伯间接地受到了马克思的影响。这一时期，卢卡奇的理论成果主要集中在美学和文学批评，如1910年的《心灵与形式》、1911年的《现代戏剧发展史》、1913年的《审美文化》、1916年的《小说理论》等。

1919～1929年的10年是卢卡奇开创西方马克思主义思潮的时期，也称为激进的马克思主义时期或救世主的革命的马克思主义时期。卢卡奇于1918年12月加入匈牙利共产党，并在1919年春天成为匈牙利共和国的人民教育委员，共和国失败以后，他逃到维也纳避难。在维也纳期间最大的事件是1923年他的《历史与阶级意识》问世。此书后来被奉为"西方马克思主义的圣经"。

1930～1945年是卢卡奇相对远离政治，在苏联莫斯科马克思恩格斯研究院潜心研究理论的时期。这一时期卢卡奇总的思想倾向是从《历史与阶级意识》脱离，更接近于官方马克思主义立场，因此往往被称为卢卡奇的"斯大林时期"。在这十几年间，卢卡奇除了于1932年前后曾一度到柏林教书和写作外，其余时间均在莫斯科。这一时期的主要著作有《青年黑格尔》、《存在主义还是马克思主义》、《理性的毁灭》等。

1945～1971年的二十余年是卢卡奇回到匈牙利，从事教学和理论研究的时期。在这一时期中，卢卡奇重新回顾和思考了自己的理论研究的历程，一方面，他继续对《历史与阶级意识》中的一些观点进行自我批评，另一方面，他又试图超越苏联时期的斯大林主义立场，以社会存在本体论、日常生活等新的理论范式来阐释自己的观点，因此又被称为批判的改良主义的马克思主义时期。这一时期主要的理论著作是1963年的《审美特性》和1971年的《社会存在本体论》。

本书选取了《历史与阶级意识》一书中的《什么是正统马克思主义》和《新版序言（1967）》。《历史与阶级意识》是由卢卡奇在1918～1923年间，即匈牙利革命期间以及革命失败后几年内陆续撰写的八篇论文汇编而成的。在这些论文中，卢卡奇通过对马克思主义辩证法的研究，来论证无产阶级及其阶级意识的作用，并由此批判了"梅林—普列汉诺夫正统"对马克思哲学的解释定向。在《什么是正统马克思主义》一文中，卢卡奇开宗明义地指出了"马克思主义问题中的正统仅仅是指方法，即辩证的马克思主义是正确的研究方法"。这种研究方法强调总体性的首要性，而辩证法仅仅是用来对人类社会历史进行研究的方法，而不是恩格斯所说的"自然辩证法"，这一辩证法的中心内容就是论述历史过程中主体和客体的相互作用；他强调，这种"主体—客体辩证法"是马克思主义从黑格尔哲学中继承过来的最宝贵的遗产，是马克思主义最根本的内容，从而恢复了黑格尔在马克思哲学中的解释定向。在《新版序言》中，卢卡奇回顾了自己一生的思想历程，其中花了很大的篇幅对《历史与阶级意识》提出了批评，认为由于把马克思主义仅仅看作是一种关于社会的理论，因此，它还带有浓厚的主观主义色彩，而要摆脱这一点，"只有在关于社会存在的本体论中找到解决这一问题的根本方法"。

什么是正统马克思主义①

> 哲学家们只是用不同的方式解释世界，而问题在于改变世界。

> 马克思：《关于费尔巴哈的提纲》

这个本来很简单的问题，无论在无产阶级圈子中还是在资产阶级圈子中都已成为反复讨论的对象。然而在美术界，对任何信仰正统马克思主义的表白报以冷嘲热讽已逐渐开始成为一种时髦。甚至在"社会主义"营垒中，对于哪些论点是马克思主义的本质，哪些论点可以"允许"批评甚至抛弃而不致丧失被看作"正统"马克思主义者的权利，看法也很不一致。于是，不是对"事实"进行"不偏不倚的"研究，而是对旧的、在某种程度上已被现代研究"超越"

---

① 选自《历史与阶级意识》，北京，商务印书馆，1992。

了的著作像对圣经那样进行学究式的解释，在它们当中而且只是在它们当中寻找真理的源泉，便被认为越来越"不科学"。如果问题是这样提出来，那么对它最恰当的回答自然只是同情的一笑。但是实际上它并不是（而且从来不是）这样简单地提出来的。我们姑且假定新的研究完全驳倒了马克思的每一个个别的论点。即使这点得到证明，每个严肃的"正统"马克思主义者仍然可以毫无保留地接受所有这种新结论，放弃马克思的所有全部论点，而无须片刻放弃他的马克思主义正统。所以，正统马克思主义并不意味着无批判地接受马克思研究的结果。它不是对这个或那个论点的"信仰"，也不是对某本"圣"书的注解。恰恰相反，马克思主义问题中的正统仅仅是指方法。它是这样一种科学的信念，即辩证的马克思主义是正确的研究方法，这种方法只能按其创始人奠定的方向发展、扩大和深化。而且，任何想要克服它或者"改善"它的企图已经而且必将导致肤浅化、平庸化和折中主义。

———

唯物主义辩证法是一种革命的辩证法。这个定义是如此重要，对于理解它的本质如此带有决定意义，以致为了对这个问题有个正确概念，就必须在讨论辩证方法本身之前，先掌握这个定义。这关系到理论和实践的问题。而且不仅仅是在马克思最初批判黑格尔时所赋予它的"理论一经掌握群众，也会变成物质力量"① 的意义上。更重要的是需要发现理论和掌握群众的方法中那些把理论、把辩证方法变为革命工具的环节和规定性。还必须从方法以及方法与它的对象的关系中抽出理论的实际本质。否则"掌握群众"只能成为一句空话，群众就会受完全不同的力量驱使，去追求完全不同的目的。那样，理论对群众的运动来说就只意味着一种纯粹偶然的内容，一种使群众能够意识到他们的社会必然的或偶然的行动、而不保证这种意识的产生与行动本身有真正和必然联系的形式。

在这同一篇文章中，马克思清楚地阐明了理论能够和实践有这种关系的条件。"光是思想竭力体现为现实是不够的，现实本身应当

① 《马克思恩格斯全集》第 1 卷，460 页，北京，人民出版社，1956。

力求趋向思想。"① 或者像他在更早的一篇文章中所说的，"那时就可以看出，世界早就在幻想一种一旦认识便能真正掌握的东西了"②。只有当意识同现实有了这样一种关系时，才可能做到理论和实践的统一。只有当意识的产生成为历史过程为达到自己的目的（这个目的来自人的意志，但不取决于人的任意妄为，也不是人的精神发明的）所必须采取的决定性步骤时；只有当理论的历史作用在于使这一步骤成为实际可能时；只有当出现一个阶级要维护自己的权利就必须正确认识社会这样的历史局面时；只有当这个阶级认识自身就意味着认识整个社会时；只有当这个阶级既是认识的主体，又是认识的客体，而且按这种方式，理论直接而充分地影响到社会的变革过程时，理论的革命作用的前提条件——理论和实践的统一——才能成为可能。

这种局面实际上随着无产阶级进入历史而出现了。马克思说："无产阶级宣告现存世界制度的解体，只不过是揭示自己本身存在的秘密，因为它就是这个世界制度的实际解体。"③ 说明这种情况的理论同革命之间的联系绝不是偶然的，它也不特别复杂和容易误解。相反，这个理论按其本质说无非是革命过程本身的思想表现。这个过程的每个阶段在它当中被记录下来，因此它可以被概括和传播，被使用和发展。由于理论无非是记录下每一个必要的步骤并使之被意识到，它同时成为下一个步骤的必要前提。

弄明白理论的这种作用也就是认识理论的本质，即辩证的方法。这一点极其重要，由于忽略了它，在辩证方法的讨论中已造成了许多混乱。恩格斯在《反杜林论》中的论述对于后来理论的作用具有决定性的影响。不管我们怎样看待这些论述，认为它是经典也好，批评它也好，认为它不完整甚至有破绽也好，我们都必须承认在那里没有谈到这个方面。就是说，他把概念在辩证法中的形成方式与在"形而上学"中的形成方式对立起来；他更尖锐地强调指出在辩证法中概念（及其与之相应的对象）的僵化轮廓将消失；他认为，辩证法是由一个规定转变为另一个规定的连续不断的过程，是矛盾的不断扬弃，不断相互转换，因此片面的和僵化的因果关系必定为相互作用所取代。但是他对最根本的相互作用，即历史过程中的主体和客体之间的辩证关系连提都没有提到，更不要说把它置于与它

---

① 《马克思恩格斯全集》第 1 卷，462 页，北京，人民出版社，1956。

② 同上书，418 页。

③ 同上书，466 页。

相称的方法论的中心地位了。然而没有这一因素，辩证方法就不再是革命的方法，不管如何想（终归是妄想）保持"流动的"概念。因为这意味着未能认识到，在一切形而上学中，客体，即思考的对象，必须保持未被触动和改变，因而思考本身始终只是直观的，不能成为实践的；而对辩证方法说来，中心问题乃是改变现实。如果理论的这一中心作用被忽视，那么构造"流动的"概念的优点就会全成问题，成为纯"科学的"事情。那时方法就可能按照科学的现状而被采用或舍弃，根本不管人们对现实的基本态度如何，不管现实被认为能改变还是不能改变。的确，正如马克思拥护者中的所谓马赫主义者所表明的那样，这甚至会更加加强这样的观点，即现实及其在资产阶级直观唯物主义和与之有内在联系的古典经济学意义上的"规律性"是不可理解的、命定的和不可改变的。至于马赫主义也能产生出一种同样资产阶级的唯意志论来，与此丝毫不矛盾。宿命论和唯意志论只是从非辩证的和非历史的观点来看才是彼此矛盾的。从辩证的历史观来看，它们则是必须互相补充的对立面，是清楚地表明资本主义社会制度的对抗性、它们的问题从其本身考虑无法解决的情况在思想上的反映。因此，"批判地"深化辩证方法的企图都必然导致肤浅平庸。因为任何一种"批判"立场总是以这种方法与现实、思想与存在之间的分离作为方法论的出发点。而且它正是把这种分离当作一种进步，认为它给马克思方法的粗糙的非批判的唯物主义带来了真正的科学性，值得百般赞扬。当然，谁也不否认"批判"有这样做的权利。但是我们必须着重指出，它这样做，将背离辩证方法的最核心的本质。马克思和恩格斯关于这一点说得再明白不过了。恩格斯说："这样，辩证法就归结为关于外部世界和人类思维的运动的一般规律的科学，这两个系列的规律在本质上是同一的。"[1] 马克思表述得甚至更明确："在研究经济范畴的发展时，正如在研究任何历史科学、社会科学时一样，应当时刻把握住：……范畴表现……存在形式、存在规定……"[2]

如果把辩证方法的这一含义弄模糊了，它就必然成为一个累赘，

---

[1] 《马克思恩格斯全集》第 21 卷，337 页，北京，人民出版社，1965。

[2] 《马克思恩格斯全集》第 12 卷，757 页，北京，人民出版社，1962。这里把这种方法限制在历史和社会领域，极为重要。恩格斯对辩证法的表述之所以造成误解，主要是因为他错误地跟着黑格尔把这种方法也扩大到对自然界的认识上。然而辩证法的决定性因素，即主体和客体的相互作用、理论和实践的统一、在作为范畴基础的现实中的历史变化是思想中的变化的根本原因等等，并不存在于我们对自然界的认识中。可惜在这里不可能对这些问题进行详细的分析。

是马克思主义的"社会学"或"经济学"的装饰品。甚至显得简直是阻碍对"事实"进行"实事求是"、"不偏不倚"研究的障碍，是马克思主义借以强奸事实的空洞结构。伯恩施坦部分地由于他的没有受到任何哲学认识妨害的"不偏不倚"，反对辩证方法的声音叫得最响最尖锐。然而他从这种想使方法摆脱黑格尔主义的"辩证法圈套"的愿望中得出的现实的政治结论和经济结论，却清楚地表明了这条路是通向何处的。它们表明了，如果要建立一种彻底的机会主义理论，一种没有革命的"进化"理论，没有斗争的"长入"社会主义的理论，就必须从历史唯物主义的方法中去掉辩证法。

二

这里立即就要出现这样一个问题，这些在所有修正主义著作中被奉为神明的所谓事实在方法论上有什么含义呢？我们能在多大程度上指靠它们为革命无产阶级的行动提供指南呢？不用说，对现实的一切认识均从事实出发。唯一的问题是：生活中的什么样的情况，而且是在采用什么样的方法的情况下，才是与认识有关的事实呢？目光短浅的经验论者当然会否认，事实只有在这样的、因认识目的不同而变化的方法论的加工下才能成为事实。他认为，在经济生活中的每一个情况、每一个统计数字、每一件素材中都能找到对他说来很重要的事实。他在这样做时忘记了，不管对"事实"进行多么简单的列举，丝毫不加说明，这本身就是一种"解释"。即使是在这里，事实就已为一种理论、一种方法所把握，就已被从它们原来所处的生活联系中抽出来，放到一种理论中去了。比较老练的机会主义者，尽管本能地非常厌恶一切理论，还是很乐意承认这一点。但是他们求助于自然科学的方法，即自然科学通过观察、抽象、实验等取得"纯"事实并找出它们联系的办法。他们于是用这种理想的认识方式来对抗辩证方法的强制结构。

如果说这种方法乍看起来可取的话，那是因为资本主义的发展本身倾向于产生出一种非常迎合这种看法的社会结构。但是，正因为这个缘故，我们需要辩证方法来戳穿这样产生出来的社会假象，使我们看到假象下面的本质。自然科学的"纯"事实，是在现实世界的现象被放到（在实际上或思想中）能够不受外界干扰而探究其规律的环境中得出的。这一过程由于现象被归结为纯粹数量、用数和数的关系表现的本质而更加加强。机会主义者始终未认识到按这种方式来处理现象是由资本主义的本质决定的。马克思在谈到劳动时对生活的这样一种"抽象过程"作了深刻的说明，但是他没有忘记同样深刻地指出他在这里谈的是资本主义社会的一个历史特点。"所以，最一般的抽象总只是产生在最丰富的具体的发展的地方，在那里，一种东西为许多所共有，为一切所共有。这样一来，它就不再只是在特殊形式上才能加以思考了。"① 但是资本主义发展的这一趋势还走得更远。经济形式的拜物教性质，人的一切关系的物化，不顾直接生产者的人的能力和可能性而对生产过程作抽象合理分解的分工的不断扩大，这一切改变了社会的现象，同时也改变了理解这些现象的方式。于是出现了"孤立的"事实，"孤立的"事实群，单独的专门学科（经济学、法律等），它们的出现本身看来就为这样一种科学研究大大地开辟了道路。因此，发现事实本身中所包含的倾向，并把这一活动提高到科学的地位，就显得特别"科学"。相反，辩证法不顾所有这些"孤立的"和导致"孤立的"事实以及局部的体系，坚持整体的具体统一性。它揭露这些现象不过是假象，虽然是由资本主义必然产生出的假象。但是在这种"科学的"氛围中，它仍然给人留下只不过是一种任意结构的印象。

所以，这种看来非常科学的方法的不科学性，就在于它忽略了作为其依据的事实的历史性质。然而这不只是一种错误来源之所在（总是被采用这种方法的人所忽略），对此恩格斯已明确地提醒人们注意。这种错误来源的实质在于，统计和建立在统计基础上的"精确的"经济理论总是落后于实际的发展。"因此，在研究当前的事件时，往往不得不把这个带有决定意义的因素看做是固定的，把有关时期开始时存在的经济状况看做是在整个时期内一成不变的，或者只考虑这个状况中那些从现有的明显事件中产生出来因而同样是十分明显的变化。"② 因此我们看到，说资本主义社会的结构本来就和自然科学的方法协调，是它的精确性的社会前提，这是很成问题的。如果说"事实"及其相互联系的内部结构本质上是历史的，也就是说，是处在一种连续不断的变化过程中，那么就的确可以问在什么时候产生出更大的科学不精确性。是当我认为"事实"是一种存在

---

① 《马克思恩格斯全集》第 12 卷，754～755 页，北京，人民出版社，1962。

② 《马克思恩格斯全集》第 22 卷，591～592 页，北京，人民出版社，1965。但是应当记住"科学的精确性"要以各种因素始终"不变"为前提。这一方法论要求早已为伽利略所指出。

的形式且受到这样一些规律的制约，对这些规律我在方法论上可以肯定、或者至少有十之八九的把握知道它们对这些事实不再适用的时候呢？还是当我有意识地估计到这种情况，批判地看待以这种方法所能达到的"精确性"并集中注意于这种历史的本质、这种决定性的变化所真正表现出来的那些环节的时候呢？

那些似乎被科学以这种"纯粹性"掌握了的"事实"的历史性质甚至以更具破坏性的方式表现出来。它们作为历史发展的产物，不仅处于不断的变化中，而且它们——正是按它们的客观结构——还是一定历史时期即资本主义的产物。所以，当"科学"认为这些"事实"直接表现的方式是科学的重要真实性的基础，它们的存在形式是形成科学概念的出发点的时候，它就是简单地、教条地站在资本主义社会的基础上，无批判地把它的本质、它的客观结构、它的规律性当作"科学"的不变基础。为了能够从这些"事实"前进到真正意义上的事实，必须了解它们本来的历史制约性，并且抛弃那种认为它们是直接产生出来的观点：它们本身必定要受历史的和辩证的考察。因为正如马克思所说："经济关系的完成形态，那种在表面上、在这种关系的现实存在中，从而在这种关系的承担者和代理人试图说明这种关系时所持有的观念中出现的完成形态，是和这种关系的内在的、本质的、但是隐蔽着的基本内容以及与之相适应的概念大不相同的，并且事实上是颠倒的和相反的。"① 所以要正确了解事实，就必须清楚地和准确地掌握它们的实际存在同它们的内部核心之间、它们的表象和它们的概念之间的区别。这种区别是真正的科学研究的首要前提，正如马克思所说，"如果事物的表现形式和事物的本质会直接合而为一，一切科学就都成为多余的了"②。所以我们必须一方面把现象与它们的直接表现形式分开，找出把现象同它们的核心、它们的本质连接起来的中间环节；另一方面，我们必须理解它们的外表形式的性质，即看出这些外表形式是内部核心的必然表现形式。之所以必然，是因为它们的历史性质，因为它们是生长在资本主义社会的土壤中。这种双重性，这种对直接存在的同

---

① 《马克思恩格斯全集》第 25 卷，232～233 页，北京，人民出版社，1974。存在（分为假象、现象和本质）与现实的区别来源于黑格尔的《逻辑学》。不过可惜在这里不可能讨论《资本论》的概念在多大程度上是按这种区别构成的。同样，表象和概念的区别也来源于黑格尔。

② 同上书，923 页。

时既承认又扬弃，正是辩证的关系。在这方面，囿于资本主义创立的思维方式的肤浅读者，在理解《资本论》中的思想结构时遇到了极大的困难。因为一方面马克思的论述使一切经济形式的资本主义性质达于极点，由于把社会描述为"与理论相符"，即只包括资本家和无产者的彻底资本主义化了的社会，就创造了一种使这些经济形式能以最纯粹形式存在的思想环境。但是另一方面，这种思维方式刚要产生结果，这个现象世界似乎刚要凝结成为理论，它就立即化作了一种幻影，成了哈哈镜里的被歪曲了的形象，"只是一种虚构的运动的有意识的表现"。

只有在这种把社会生活中的孤立事实作为历史发展的环节并把它们归结为一个总体的情况下，对事实的认识才能成为对现实的认识。这种认识从上述简单的、纯粹的（在资本主义世界中）、直接的、自发的规定出发，从它们前进到对具体的总体的认识，也就是前进到在观念中再现现实。这种具体的总体绝不是思维的直接素材。马克思说："具体之所以具体，因为它是许多规定的综合，因而是多样性的统一。"唯心主义在这里陷入了把现实在思维中的再现同现实本身的实际结构混为一谈的幻想。因为现实"在思维中表现为综合的过程，表现为结果，而不是表现为起点，虽然它是现实中的起点，因而也是直观和表象的起点"①。相反，庸俗唯物主义者，甚至披着伯恩施坦等人的现代伪装，也没有超出再现社会生活的各种直接的、简单的规定的范围。他们以为把这些规定简单地拿过来，既不对它们作进一步的分析，也不把它们融为一个具体的总体，他们就特别"精确"了。他们只用抽象的、与具体的总体无关的规律来解释事实，事实还是抽象的孤立的。正如马克思所说："粗率和无知之处正在于把有机地联系着的东西看成是彼此偶然发生关系的、纯粹反射联系中的东西。"②

这种反思联系的粗率和无知，首先在于它模糊了资本主义社会的历史的、暂时的性质。它的各种规定带有适合一切社会形态的无时间性的永恒的范畴的假象。这在资产阶级庸俗经济学中表现得最明显，但是庸俗的马克思主义很快就步其后尘。辩证的方法被取消了，随之总体对各个环节在方法论上的优越性也被取消了；各部分不从整体来理解，相反，整体被当作不科学的东西被抛弃，或者退

---

① 《马克思恩格斯全集》第12卷，751页，北京，人民出版社，1962。
② 同上书，738页。"反思联系"这一概念也来自黑格尔的《逻辑学》。

化成了不过是各部分的"观念"或"总合"。随着总体的被取消，各个孤立的部分的反思联系似乎就是适合一切人类社会的没有时间性的规律。马克思的名言："每一个社会中的生产关系都形成一个统一的整体"①，是历史地了解社会关系的方法论的出发点和钥匙。所有孤立的部分的范畴都能作为任何社会始终都有的东西来孤立地考虑和对待（如果它在某个社会里找不到，则把这说成是"偶然"，是规则的例外）。但是这些单独的孤立的部分所经历的变化，并不能清楚地明确地说明社会发展的各个阶段的真正区别。这些区别只有在各阶段与整个社会的关系的历史总过程中才能真正辨明。

三

这种辩证的总体观似乎如此远离直接的现实，它的现实似乎构造得如此"不科学"，但是在实际上，它是能够在思维中再现和把握现实的唯一方法。因此，具体的总体是真正的现实范畴。② 但是，这一看法的正确性，只有在我们集中注意力于我们的方法的真正物质基础，即资本主义社会及其生产力和生产关系的内在对抗性时，才完全清楚地表现出来。自然科学的方法、一切反思科学（Reflexionswissenschaft）和一切修正主义的方法论理想，都拒不承认它的对象中有任何矛盾和对抗。如果尽管如此在各理论之间还是出现矛盾，那么这只是表明至今达到的认识还不够完全。似乎相互矛盾的各理论必须在这些矛盾中找到它们的限度，必须相应地加以改造，并被纳入到更一般的理论中，那时这些矛盾就会最终消失。但是我们认为，就社会的现实而言，这些矛盾并不是对现实的科学理解还不完全的标志，而是相反，它们密不可分地属于现实本身的本质，属于资本主义社会的本质。它们在对总体的认识中不会被扬弃，以致停止成为矛盾。完全相反，它们将被视为必然产生的矛盾，将被视为这种生产制度的对立的基础。如果说理论作为对总体的认识，为克服这些矛盾、为扬弃它们指明道路，那是通过揭示社会发展过程的真正趋势。因为这些趋势注定要在历史发展进程中来真正扬弃

---

① 《马克思恩格斯全集》第4卷，144页，北京，人民出版社，1958。

② 我们想提醒对方法论问题有更大兴趣的读者，在黑格尔的《逻辑学》中，整体同部分的关系问题也构成由存在到现实的辩证过渡。还必须指出，那里也谈到的内在同外在的关系问题同样与总体问题有关。

社会现实中的这些矛盾。

从这个角度看，辩证方法同"批判"方法（或庸俗唯物主义、马赫主义等的方法）之间的冲突本身是一个社会问题。自然科学的认识理想被运用于自然时，它只是促进科学的进步。但是当它被运用于社会时，它就会成为资产阶级的思想武器。对资产阶级来说，按永远有效的范畴来理解它自己的生产制度是生死存亡问题：它必须一方面把资本主义看成是由自然界和理性的永恒规律注定永远存在的东西，另一方面必须把无法忽视的矛盾看作与这种生产方式的本质无关而只是纯粹表面的现象。古典经济学的方法是这种意识形态需要的产物。但是它作为科学的局限性也是由资本主义现实的结构和资本主义生产的对抗性造成的。例如，当一个像李嘉图那样的思想家能够否定"随着生产的扩大和资本的增长市场也必定会扩大"时，他这样做（当然在心理上是无意识的），就是为了避免承认必然发生最明显地表现出资本主义生产的对抗性的危机，避免承认"资产阶级生产方式包含着生产力自由发展的界限"[1] 的事实。在李嘉图那里是出于信念的东西，在庸俗经济学家的著作中成了有意骗人的为资产阶级社会的辩护。庸俗的马克思主义者由于或是力图从无产阶级科学中彻底取消辩证法，或是力图对它至少进行"批判的"改良，不管是否愿意，达到了同样的结果。举个荒唐可笑的例子，马克思·阿德勒想把作为方法、作为思维运动的辩证法同作为形而上学的存在的辩证法批判地区分开来。他的"批判"的顶点是把辩证法同这两者截然区分开来，他把辩证法描述成为"一门实证科学"，"所谓马克思主义中的真正辩证法主要就是指这种科学"。这种辩证法或许叫作"对抗"更恰当，因为它简单地"主张个人的私利同限制它的社会形式之间存在对立"。这样一来，首先，表现在阶级斗争中的客观的经济对抗消失了，剩下的只是个人同社会的冲突。这就是说，无论是资本主义社会的产生还是它的问题和崩溃，都不能看作是必然的。不管他是否愿意，最后结果是一种康德的历史哲学。其次，资产阶级社会的结构在这里也被确定为一般社会的普遍形式。因为马克思·阿德勒所强调的真正"辩证法，或者更正确地说，对抗"的中心问题，不过是在意识形态上表现出资本主义社会制度的对抗性质的典型形式之一。但是，资本主义之被描绘成永存的是根据经济的理由还是根据意识形态的理由，是对它天真地漠然

---

[1] 《马克思恩格斯全集》第 26 卷 Ⅱ，603 页，北京，人民出版社，1973。

置之还是对它进行批判的改良，那是无关紧要的。

因此，如果摒弃或者抹杀辩证法，历史就变得无法了解。这并不是说，没有辩证法的帮助，就无法对特定的人或时代作出比较确切的说明。但是，这的确使得不可能把历史了解为一个统一的过程（这种不可能，在资产阶级科学中，一方面表现为孔德和斯宾塞类型的抽象社会学的历史概念；现代资产阶级历史学家，其中最明显的是李凯尔特，令人信服地揭露了这些概念之间的矛盾。另一方面，这种不可能也表现为建立"历史哲学"的要求，而历史哲学与历史现实的关系又成为在方法论上无法解决的问题）。对历史的一个方面的描述同对历史作为一个统一过程的描述之间的对立，不是像断代史同通史之间的区别那样只是范围大小的问题，而是方法的对立，观点的对立。无论是研究一个时代还是研究一个专门学科，都无法避免对历史过程的统一理解问题。辩证的总体观之所以极其重要，就表现在这里。因为一个人完全可能描述出一个历史事件的基本情况而不懂得该事件的真正性质以及它在历史总体中的作用，就是说，不懂得它是统一的历史过程的一部分。西斯蒙第对危机问题的态度是这方面的一个典型例子。他了解生产和分配过程中的固有倾向，但是他最后失败了，因为他虽然尖锐地批判资本主义，但是仍然囿于资本主义的客观形式，也就必然把生产和分配看作两个相互独立的过程，"看不到分配关系只不过是生产关系的另一种表现"。这样他就遭到了蒲鲁东的假辩证法所遭到的同样命运；他"把社会的各个环节变成同等数量的互相连接的单个社会"[1]。

我们重说一遍：总体的范畴决不是把它的各个环节归结为无差别的统一性、同一性。只有在这些环节彼此间处于一种动态的辩证的关系，并且能被认为是一个同样动态的和辩证的整体的动态的辩证的环节这层意义上，它们在资本主义生产制度中所具有的表面的独立和自主才是一种假象。马克思说："我们得到的结论并不是说，生产、分配、交换、消费是同一的东西，而是说，它们构成一个总体的各个环节、一个统一体内部的差别……因此，一定的生产决定一定的消费、分配、交换和这些不同要素相互间的一定关系。……不同要素之间存在着相互作用。每一个有机整体都是这样。"[2]

但是，我们不能停留在相互作用这个范畴上。如果说相互作用

---

① 《马克思恩格斯全集》第 4 卷，145 页，北京，人民出版社，1958。

② 《马克思恩格斯全集》第 12 卷，749～750 页，北京，人民出版社，1962。

仅仅是指两个一般不变化的客体彼此发生因果关系的影响，那么我们就不会向了解社会有丝毫靠近。庸俗唯物主义者的片面因果联系（或马赫主义者的职能关系等）就是这种情况。毕竟，还有例如一颗静止的弹子被一颗运动着的弹子击中那样的相互作用：前者开始运动，后者由于撞击而改变了原来的方向。我们所说的相互作用必须超出本来不变化的客体之间的相互作用。它必须在它同整体的关系中走得更远：因为这种关系决定着一切认识客体的对象性形式（Gegenständlichkeitsform）。与认识有关的一切实质变化都表现为与整体的关系的变化，从而表现为对象性形式本身的变化。[①] 马克思在他的著作中的许多地方都清楚地表述过这一思想。我只引大家都很熟悉的一个地方："黑人就是黑人。只有在一定的关系下，他才成为奴隶。纺纱机是纺棉花的机器。只有在一定的关系下，它才成为资本。脱离了这种关系，它也就不是资本了，就像黄金并不是货币，沙糖并不是沙糖的价格一样。"[②] 所以一切社会现象的对象性形式在它们不断的辩证的相互作用的过程中始终在变。客体的可知性随着我们对客体在其所属总体中的作用的掌握而逐渐增加。这就是为什么只有辩证的总体观能够使我们把现实理解为社会过程的原因。因为只有这种总体观能揭破资本主义生产方式所必然产生的拜物教形式，使我们能看到它们不过是一些假象，这些假象虽然看来是必然的，但终究是假的。它们的直接的概念、它们的"规律性"虽然同样必然地从资本主义的土壤中产生出来，然而却掩盖了客体之间的真正关系。它们都能被看作是资本主义生产制度的代理人所必然具有的思想。因此，它们是认识的客体，但是在它们当中并通过它们被认识的客体不是资本主义生产制度本身，而是它的统治阶级的意识形态。

只有揭去这层面纱，历史的认识才有可能。因为从拜物教的对象性形式得来的这些直接概念，其作用在于使资本主义社会的现象表现为超历史的本质。所以，认识现象的真正的对象性，认识它的历史性质和它在社会总体中的实际作用，就构成认识的统一不可分的行动。这种统一性为假的科学方法所破坏。例如，只有用辩证的方法才能了解对经济学极为重要的不变资本同可变资本的区别。古典经济学无法越过固定资本和流动资本的区别，决非偶然。因为

---

① 库诺夫的特别巧妙的机会主义表现在：尽管他熟谙马克思的著作，但是他用"总合"（Summe）来代替整体的概念（Gesamtheit, Totalität），从而取消了一切辩证的关系。

② 《马克思恩格斯全集》第 6 卷，486 页，北京，人民出版社，1961。

"可变资本不过是劳动者为维持和再生产自己所必需的生活资料基金或劳动基金的一种特殊的历史的表现形式;这种基金在一切社会生产制度下都始终必须由劳动者本身来生产和再生产。劳动基金之所以不断以工人劳动的支付手段的形式流回到工人手里,只是因为工人自己的产品不断以资本的形式离开工人。产品的商品形式和商品的货币形式掩饰了这种交易。"①

笼罩在资本主义社会一切现象上的拜物教假象成功地掩盖了现实,而且被掩盖的不仅是现象的历史的,即过渡的、暂时的性质。这种掩盖之所以可能,是因为在资本主义社会中人的环境,尤其是经济范畴,以对象性形式直接地和必然地呈现在他的面前,对象性形式掩盖了它们是人和人之间的关系的范畴这一事实。它们表现为物以及物和物之间的关系。所以当辩证方法摧毁这些范畴的虚构的永存性后,它也摧毁了它们的物化性质,从而为认识现实廓清了道路。恩格斯在谈到马克思的《政治经济学批判》时说:"经济学所研究的不是物,而是人和人之间的关系,归根到底是阶级和阶级之间的关系;可是这些关系总是同物结合着,并且作为物出现。"② 用这种认识才能看到辩证方法的总体观能使人真正认识社会中所发生的事情。部分同整体的辩证关系可能看起来只不过是一种思维的构造,就像资产阶级经济学的直接规定那样远离社会现实的真实范畴。这样一来,辩证法的优越性就会是纯粹方法论上的事情。可是,实际的差别却更深刻和更本质。在社会发展的每个阶段上,任何经济范畴都揭示人和人之间的一定关系。这种关系变成为有意识的并且形成为概念。因此人类社会运动的内在逻辑便能同时被理解为人本身的产物,以及从人和人的关系中产生出来并且摆脱了人的控制的力量的产物。这样,经济范畴便在双重的意义上变成为动态的和辩证的。它们作为"纯"经济范畴处于经常的相互作用中,因而使我们能够通过社会的发展来了解任何一个历史的横断面。但是由于它们是从人的关系中产生的,并在改造人的关系的过程中起作用,所以能从它们同隐藏在它们的活动背后的现实的相互关系中看到社会发展的真实过程。这就是说,科学想了解的一定的经济总体的生产和再生产,必定变成一定的社会总体的生产和再生产过程。在这个变化过程中,"纯"经济自然被超越,尽管这不是说我们必须求助于任

---

① 《马克思恩格斯全集》第23卷,623页,北京,人民出版社,1972。
② 《马克思恩格斯全集》第13卷,533页,北京,人民出版社,1962。

何超验的力量。马克思常常强调辩证法的这个方面。例如，他说："可见，把资本主义生产过程联系起来考察，或作为再生产过程来考察，它不仅生产商品，不仅生产剩余价值，而且还生产和再生产资本关系本身：一方面是资本家，另一方面是雇佣工人。"①

四

然而，这种自我设定，自我生产和再生产，就是现实。黑格尔就已清楚地认识这一点，并且以很近似马克思的方式表述了它，尽管给它披上了过于抽象的、自我误解的、从而使人更加误解的外衣。他在《法哲学原理》中说："凡是现实的东西，在其自身中是必然的。必然性就在于整体被分为各种不同的概念，在于这个被划分的整体具有持久的和巩固的规定性，然而这种规定性又不是僵死的，它在自己的分解过程中不断地产生自己。"② 历史唯物主义同黑格尔哲学的密切关系就明显地表现在这里，因为它们都把理论视为现实的自我认识。但是，我们必须简明地指出它们之间的重要区别。这种区别同样是现实的问题，是历史过程统一的问题。马克思责备黑格尔（还以其至更强烈的口吻责备回到了康德和费希特的黑格尔后继者）未能真正克服思维和存在、理论和实践、主体和客体的两重性。他认为，据称是历史过程内部的真正辩证法的黑格尔辩证法仅仅是一种假象：在关键的地方，黑格尔未能超过康德。黑格尔的认识只不过是对一种与自己根本不同的材料的认识，而不是这种材料即人类社会的自我认识。正如他在批判中所明确地说的，"早在黑格尔那里，历史的绝对精神就在群众中拥有它所需要的材料，并且首先在哲学中得到它相应的表现。但是，哲学家只不过是创造历史的绝对精神在运动完成之后用来回顾既往以求意识到自身的一种工具。哲学家参与历史只限于他这种回顾既往的意识，因为真正的运动已被绝对精神无意地完成了。所以哲学家是事后才上场的。"黑格尔"仅仅在表面上把作为绝对精神的绝对精神变成历史的创造者。既然绝对精神只是事后才通过哲学家意识到自身这个具有创造力的世界精神，所以它的捏造历史的行动也只是发生在哲学家的意识中、见

① 《马克思恩格斯全集》第 23 卷，634 页，北京，人民出版社，1962。
② 黑格尔：《法哲学原理》，280 页，北京，商务印书馆，1961。

解中、观念中，只是发生在思辨的想象中。"① 黑格尔主义的这种概念神话被青年马克思的批判活动最后消灭了。

然而，马克思通过反对它而达到了"自我理解"的那种哲学，早已是黑格尔主义的倒退回康德去的运动。这个运动利用黑格尔的晦涩和内在的不确定性来剔除他的方法中的革命因素。它力图把反动的内容、反动的概念神话、思维和存在的冥想的二重性残迹同在当时德国流行的一贯反动的哲学调和起来。由于马克思采纳了黑格尔方法的进步方面，即作为认识现实的方法的辩证法，他不仅使自己与黑格尔的继承人分道扬镳，而且把黑格尔的哲学本身也分裂为两部分。他把黑格尔哲学中的历史倾向推到了它的逻辑的顶点：他把无论是社会的还是社会化了的人的一切现象都彻底地变成了历史问题，因为他具体地揭示了历史发展的真正基础，并使之全面地开花结果。他以他自己发现的，并且系统地阐述过的这一尺度来衡量黑格尔的哲学，发现它太不够分量。马克思从辩证法中清除掉的"永恒价值"的传奇性残余基本上同反思哲学同属一类，黑格尔殚精竭虑同这种哲学斗争了一生，他曾用他的整个哲学方法、过程和具体总体、辩证法和历史与之相对抗。在这种意义上，马克思对黑格尔的批判是黑格尔自己对康德和费希特的批判的直接继续和发展。②因而出现这样一种情况：一方面，产生了马克思的辩证方法，它坚持不懈地继续了黑格尔竭力要做而未能具体做到的事情。另一方面，也留下了著作体系的尸骸，供追腐逐臭的语文学家和体系炮制者去分享。

黑格尔和马克思是在现实本身上分道扬镳的。黑格尔不能深入理解历史的真正动力。一部分原因是，在黑格尔创造他的体系时，这种力量还不能完全看明白。结果他不得不把民族及其意识当作历史发展的真正承担者（但是由于构成这种意识的成分多种多样，他看不清它的真正性质，所以就把它变成了"民族精神"的神话）。一

---

① 《马克思恩格斯全集》第 2 卷，108、109 页，北京，人民出版社，1957。

② 库诺夫企图正好在马克思彻底克服黑格尔的地方，用从康德眼光看的黑格尔来纠正马克思，是不足为奇的。他以黑格尔的作为"永恒价值"的国家来对抗马克思的纯历史的国家观。马克思的"错误"，即国家应该是阶级压迫的工具的观点，只是"历史的事物"，"它们并不决定国家的本质、规定和目标"。在库诺夫看来，马克思在这方面不如黑格尔，因为马克思"考虑问题是从政治出发，而不是从社会学家的立场出发"。显然，机会主义者从不把马克思克服黑格尔哲学的一切努力放在眼里。如果他们不回到庸俗唯物主义或康德去，他们就用黑格尔国家哲学中的反动成分来消除马克思主义中的革命辩证法，以使资产阶级社会在思想意识中永世长存。

部分原因是，他自己虽然极力想要突破，但仍然禁锢在柏拉图和康德的观点中，仍然禁锢在思维和存在、形式和内容的两重性中。虽然他最先真正发现具体的总体的意义，虽然他的思想始终注意克服一切抽象，但是内容在他看来仍然带有"特殊性的污点"（他在这里很有点柏拉图主义的味道）。这些互相矛盾和冲突的倾向不可能在他的体系中弄清楚。它们往往是并列的、没有中介的、矛盾的和不协调的。因此，最后的（表面的）综合必然转向过去而不是转向未来。① 无怪乎资产阶级的科学从一开始就把黑格尔的这些方面作为本质的东西加以强调和发展。结果，他的思想的革命内核甚至对马克思主义者说来也几乎完全模糊不清。

概念的神话总是说明人们对他们存在的基本条件，那种他们无力摆脱其后果的条件不理解。这种对对象本身的不理解，在思想上就表现为超验的力量以神话的形式构造现实，构造对象之间的关系、人同对象之间的关系以及它们在历史进程中的变化。由于马克思和恩格斯认识到"历史过程中的决定性因素归根到底是现实生活的生产和再生产"②，他们才获得了清算一切神话的可能性和立足点。黑格尔的绝对精神是这些辉煌的神话形式中的最后一个。它已经包含了总体及其运动，尽管它不知道它的真正性质。因此，在历史唯物主义中，那种"向来就存在，只不过它不是以理性的形式出现"③的理性，通过发现它的真正根据，即人类生活能据以真正认识自己的基础，而获得了理性的形式。这就最后实现了黑格尔历史哲学的纲领，尽管以牺牲他的体系为代价。黑格尔强调说，自然界的"变化是循环往复地进行的，总是重复同样的东西"，与此相反，历史上的变化不只是发生在表面上，而且发生在概念中。被改正的是概念本身。

---

① 黑格尔对政治经济学的态度在这方面很能说明问题。他清楚地看到偶然性和必然性的问题是它的基本方法问题。但是他没有看到藏在经济下面的物质现实即人和人之间的关系的极端重要性；在他看来，它仍然是"任性的混沌"，认为它的规律"与太阳系的规律相似"。

② 恩格斯1890年9月21日致布洛赫的信，参见《马克思恩格斯全集》第37卷，460页，北京，人民出版社，1971。

③ 《马克思恩格斯全集》第1卷，417页，北京，人民出版社，1956。

五

我们知道，辩证唯物主义的出发点是："不是人们的意识决定他们的存在，而是相反，他们的存在决定他们的意识。"只有在上面描述的联系中，这一出发点才能表明超出单纯的理论，成为实践的问题。只有当存在的核心表露出是社会的过程时，存在才能被看作是人类活动的产物，虽然是至今未意识到的产物，而这种活动本身又会被看作是对改变存在具有决定意义的因素。纯粹的自然关系或被神秘化为自然关系的社会形式在人面前表现为固定的、完整的、不可改变的实体，人最多只能利用它们的规律，最多只能了解它们的结构，但决不能推翻它们。但是这种对存在的看法也在个人的意识中创造了实践的可能。实践成了适合于孤立的个人的行动方式，成了他的道德规范。费尔巴哈想战胜黑格尔，在这点上遭到了失败：他同德国的唯心主义者一样，甚至远远超过黑格尔，在"市民社会"的孤立的个人面前就止步了。

马克思要求我们把"感性"、"客体"、"现实"理解为人的感性活动。这就是说，人应当意识到自己是社会的存在物，同时是社会历史过程的主体和客体。在封建社会中，人还不可能看到自己是社会的存在物，因为他的社会关系还主要是自然关系。社会还很无组织，它对于人与人的关系的总体还很少控制，以致不可能对意识表现为名副其实的人的现实（在这里不可能详细地考察封建社会的结构和统一性问题）。资产阶级社会实现了这种使社会社会化的过程。资本主义既摧毁了不同地域之间的时空壁垒，也摧毁了不同等级（Stände）之间的法律屏障。在资本主义世界里，表面上人人平等；直接决定人和自然之间物质变换的经济关系日益消失。人成了本来意义上的社会存在物。社会对人说来变成了名副其实的现实。

因此，只有在资本主义下，在资产阶级社会中，才能认识到社会是现实的。但是，完成这一变革的阶级即资产阶级，还是无意识地实现它的这种职能；它所释放出来的社会力量，即把它推上统治地位的那些力量，看来就像第二天性那样与它对立着，而这种天性比封建主义还冷酷，还不可捉摸。只是随着无产阶级的出现才完成了对社会现实的认识。这是由于无产阶级的阶级观点为看到社会的整体提供了有用的出发点。只是因为对无产阶级来说彻底认识它的阶级地位是生死攸关的问题；因为只有认识整个社会，才能认识它的阶级地位；因为这种认识是它的行动的必要前提，在历史唯物主义中才同时产生了关于"无产阶级解放的条件"的学说和把现实理解为社会进化的总过程的学说。因此，理论和实践的统一只不过是无产阶级的社会历史地位的另一面。在它看来，自我认识和对总体的认识是一致的，因此无产阶级同时既是自己认识的主体，也是自己认识的客体。

把人类发展提高到更高阶段的使命，正如黑格尔所正确地指出的（虽然他谈的还是民族），是基于这些"发展阶段作为直接的自然原则而存在"，而且"这种环节作为自然原则所归属的"那个民族（阶级）"……负有执行这种环节的使命"①。马克思极其明确地使这一思想具体化，把它运用于社会的发展："如果社会主义的著作家们把这种具有世界历史意义的作用归之于无产阶级，那末这决不……是由于他们把无产者看做神的缘故。倒是相反。由于在已经形成的无产阶级身上实际上已完全丧失了一切合乎人性的东西，甚至完全丧失了合乎人性的外观，由于在无产阶级的生活条件中现代社会的一切生活条件达到了违反人性的顶点，由于在无产阶级身上人失去了自己，同时他不仅在理论上意识到了这种损失，而且还直接由于不可避免的、无法掩饰的、绝对不可抗拒的贫困——必然性的这种实际表现——的逼迫，不得不愤怒地反对这种违反人性的现象，由于这一切，所以无产阶级能够而且必须自己解放自己。但是，如果它不消灭它本身的生活条件，它就不能解放自己。如果它不消灭集中表现在它本身处境中的现代社会的一切违反人性的生活条件，它就不能消灭它本身的生活条件。"② 所以，历史唯物主义的方法的本质是与无产阶级的"实践的和批判的"活动分不开的：两者都是社会的同一发展过程的环节。因此，由辩证方法提供的对现实的认识同样也是与无产阶级的阶级立场分不开的。奥地利马克思主义者提出从方法论上把马克思主义的"纯"科学与社会主义分开的问题，像所有类似的问题一样，是一个假问题。因为马克思主义的方法，即对现实的辩证唯物主义理解，只有从阶级的观点中，从无产阶级的斗争观点中才能产生出来。放弃这一观点就是离开历史唯物主义，同样，接受这一观点就是直接深入到无产阶级的斗争中去。

---

① 黑格尔：《法哲学原理》，353、354 页，北京，商务印书馆，1961。
② 《马克思恩格斯全集》第 2 卷，44～45 页，北京，人民出版社，1957。

历史唯物主义来自无产阶级的"直接的、自然的"生活原则，对现实的总体认识来自无产阶级的阶级立场，但这决不是说这种认识或方法论观点是无产阶级作为阶级（不用说单个的无产者）所天然固有的。相反，无产阶级虽是认识社会总体现实的自觉的主体。但是它决不是像康德所说的那种认识的主体，在康德那里"主体"永远不可能成为客体。它决不是这一过程的无所谓的旁观者。无产阶级不单纯是这一总体的行动的和受苦的部分，而且它的认识的产生和发展同它本身在历史进程中的产生和发展只是同一实际过程的两个不同的方面。不仅这一阶级是在由直接的失望所引起的自发的、不自觉的行动（捣毁机器可作为这方面的最初例子）中产生，然后通过不断的社会斗争逐渐达到"形成阶级"的地步，而且它关于社会现实、关于自己的阶级地位和自己的历史使命的意识以及唯物史观也都是同一发展过程的产物，历史唯物主义在历史上第一次充分地和如实地了解了这一过程。

所以，马克思主义的方法就像其他政治的或经济的产物那样，也是阶级斗争的产物。无产阶级的发展也反映了它最先认识的社会历史的内部结构。"因此，它的结果会不断表现为它的前提，像它的前提会不断表现为它的结果一样。"① 我们已认识到是认识现实的中心问题和必要前提的总体的方法论观点，在双重意义上是历史的产物。第一，历史唯物主义之所以成为形式的、客观的可能，只是因为经济的发展创造了无产阶级，因为无产阶级的确（在历史发展的一定阶段上）出现了，并且因为认识社会现实的主体和客体发生了变化。第二，这种形式的可能只是在无产阶级的发展进程中才变成了实际的可能。如果说历史的意义只有在历史过程本身中才能找到，而不可能像以前那样，可以在强加于拒不服从的材料身上的先验的、神话的或道德的意义中找到，这就必须先有一个比较了解自己地位的无产阶级，即比较先进的无产阶级，因而也必须先有一个长期的发展前期。这条发展道路是从空想到对现实的认识，从工人运动最初的伟大思想家规定的先验目标到1871年公社清楚了解的"工人阶级不是要实现什么理想"，而只是"要解放新社会的因素"。这是从"与资本主义对立的阶级"到"自为的"阶级的道路。

从这种观点看，修正主义者把运动和最终目标分开，是向工人运动的最初阶段的倒退。因为最终目标不是在某处等待着离开运动

---

① 《马克思恩格斯全集》第 25 卷，985 页，北京，人民出版社，1974。

和通向运动的道路的无产阶级的"未来国家"。它不是在日常斗争的紧张中能愉快地被忘怀，只有在与日常操劳呈鲜明对照的星期日布道时才能被记起的情况。它也不是用来规范"现实"过程的一种"义务"、"观念"。应当说最终目标是与总体（被视为过程的社会整体）的关系，由于这种关系斗争的各个环节才获得它的革命意义。每一个朴实的平凡的环节都有这种关系，不过只有意识才能把它变成为现实的东西，因而只有用说明它和总体的关系的办法才能使日常斗争具有现实性。这样它就能把单纯的事实，单纯的存在提高为现实。我们也不应忘记，一切想把无产阶级的"最终目标"或"本质"从与（资本主义的）存在的一切不纯接触中挽救出来的企图，最后总导致跟修正主义一样远离现实，远离"具体的、批判的活动"，重陷主体和客体、理论和实践的空想的二重性中。①

任何这种二重性理解的实际危险表现为对行动失去指导。一旦放弃只有辩证唯物主义才能一再达到的现实的基础，一旦决定坚持赤裸裸经验的、"自然的"存在基础，就会在行动的主体与展开行动的"事实"背景之间造成一条鸿沟，使它们像不可调和的严格的原则那样彼此对立。那时将不可能把主观的愿望或决定强加于客观的事实或在事实本身中找出行动的指针。要"事实"完全正确无误地赞成或反对一定的行动方针，这种情况过去未存在过，现在或将来也不可能存在。愈认真地对事实进行考察（单独地、直接地考察），它们就愈不那么明确地指向某一个方向。不言而喻，纯主观的决定将被"按照规律"自动行动的未被理解的事实的压力所粉碎。所以正是在行动问题上，看来辩证法是能给行动指明方向的认识现实的唯一方法。无产阶级及其发展的某一点上的自我认识，无论是主观的或是客观的，同时就是对整个社会所达到的发展阶段的认识。只要事实是从它们连贯一致的现实性来理解，从各部分环节与它们在整体中固有的、尚未判明的根源的关系来理解，事实看来就毫不足奇了：我们就能看到那些趋向现实的中心、趋向我们惯常称为最终目标的倾向。这种最终目标不是与过程相对立的抽象的理想，而是真实性和现实性的一个环节，它的所达到的每一阶段的具体含义和这个具体环节的一个组成部分。因此，理解它就是认识趋向总体的倾向（不自觉地）所持的方向，就是了解为了全过程即无产阶级解

---

① 关于这点，参看季诺维也夫与盖得的论战以及他对施图加特之战的态度。还有列宁的《共产主义运动中的"左派"幼稚病》一书。

放的利益而具体决定某个时候的正确行动方针的方向。

但是，社会的发展不断加剧局部环节与整体之间的紧张关系。正因为现实的固有含义日益放射出强烈的光芒，所以过程的含义愈来愈深地埋藏在日常事件中，总体浸透在现象的时空特点中。通向意识的道路在整个历史过程中并不是愈来愈平坦，相反却是愈来愈艰巨和吃力。因此，正统马克思主义的任务，即战胜修正主义和空想主义，决不可能是一劳永逸地打败各种错误倾向。这是一场反复进行的反对资产阶级意识形态对无产阶级思想的无形影响的斗争。马克思主义正统决不是守护传统的卫士，它是指明当前任务与历史过程的总体的关系的永远警觉的预言家。因此，《共产党宣言》中关于正统派及其代表即共产党人的任务的论述并未丧失其意义和价值："共产党人同其他无产阶级政党不同的地方只是：一方面，在各国无产者的斗争中，共产党人强调和坚持整个无产阶级的不分民族的共同利益；另一方面，在无产阶级和资产阶级的斗争所经历的各个发展阶段上，共产党人始终代表整个运动的利益。"

（杜章智　任立　燕宏远 译）

《历史与阶级意识》
新版序言^①

在过去一份提纲性的自传中（1933），我将我的早期发展称为我
走向马克思的道路。收集在这一卷^②中的著作带有我的马克思主义
学徒期的特征。在重印这一时期（1918～1930）最重要的文献时，
我想要强调它们的试验性质，而决不要使人认为它们对当前关于真

---

① 选自《历史与阶级意识》，北京，商务印书馆，1992。

② 《卢卡奇全集》第 2 卷，新维德，1968。这篇序言就是为这一卷写的，此卷除了《历
史与阶级意识》之外，还收有以下著作：《策略和伦理》、《在青年工人代表大会上的
演说》、《法制和强权》、《道德在共产主义生产中的作用》、《论议会制问题》、《共产党
的道义使命》、《机会主义和盲动主义》、《工团主义在意大利的危机》、《论教育工作问
题》、《群众的自发性——党的主动性》、《革命倡议的组织问题》、《再论幻想政治》、
《列宁——对他的思想的联系的研究》、《伯恩施坦的胜利》、《N. 布哈林：历史唯物主
义理论》、《拉萨尔书信的新版本》、《K. A. 魏特福格尔：资产阶级社会的科学》、《莫
泽斯·赫斯和唯心主义辩证法问题》、《O. 斯班：范畴学说》、《C. 施密特：政治的浪
漫》、《勃鲁姆提纲》。

正的马克思主义的争论具有现实的意义。由于今天对应该如何理解马克思主义的本质的和持久的内容和永久性的方法还极不确定，理智的诚实要求我明确说明这一点。另一方面，如果批判性地仔细考察这些著作以及当前的情况，我们就会发现，它们在今天的正确理解马克思主义本质的尝试中仍将具有某种史料价值。因此，这些著作并不仅仅说明我个人的思想发展阶段；它们同时也表明一般精神发展的道路，并且，只要以批判的眼光加以对待，它们对于了解今天的情况和以此为基础的继续前进是不会没有意义的。

当然，不简短地提及我的早期思想发展，我就不可能正确描述1918年前后我对马克思主义的态度。正像我刚才提到的那份提纲性的自传中强调的那样，还是在文科中学学习时，我就已经阅读了马克思的一些著作。以后，在1908年前后，为了给我的关于现代戏剧的专著①奠定一个社会学基础，我研究了《资本论》。当时，引起我兴趣的是作为"社会学家"的马克思：我通过在很大程度上由西美尔和麦克斯·韦伯决定的方法论眼镜去观察他。第一次世界大战期间，我再次着手研究马克思，不过这次已经是为我的一般哲学兴趣所驱使：主要不再是受当时的精神科学学者，而是受黑格尔的影响。当然，黑格尔的这种影响也同样是很矛盾的。因为，一方面，克尔凯郭尔对我的早期发展起了相当大的作用，就在战前几年我在海德堡的时候，我甚至打算写一篇文章，论述他对黑格尔的批判。另一方面，我的社会政治观中的矛盾使我在思想上与工团主义，尤其是G. 索列尔的哲学建立关系。我力图超出资产阶级激进主义，但是社会民主党的理论（特别是考茨基的解释）又使我厌恶。匈牙利社会民主党内左翼反对派的精神领袖萨博·埃尔温使我注意到索列尔。大战期间，我又了解了罗莎·卢森堡的著作。所有这些造成了一种高度矛盾的理论混合物，它在大战期间和战后的头几年对我的思想起着决定性的作用。

我认为，如果我要把这一时期的显而易见的矛盾从"精神科学的角度"将其统一起来，并构造一种有机的内在精神发展，那就背离了事实。如果我们允许浮士德的胸中藏有两个灵魂，那为什么一个常人，当他在一个世界性危机中从一个阶级转向另一个阶级时，就不能肯定他的内心不会泛起各种彼此冲突的思想潮流呢？至少，我觉得，就我能够追忆的那些岁月来说，我的思想一直在这样的两

---

　① 《现代戏剧发展史》，共两卷，1911 年在布达佩斯用匈牙利文出版。

端徘徊：一方面是吸收马克思主义和政治行动主义，另一方面则是纯粹唯心主义的伦理成见不断增强。

当我读到我在那个时期写的论文时，我觉得这一点得到了证实。当我回想起当时写的数量不很多并且不很重要的文学性质的文章时，我感到其中那种直言不讳、自相矛盾的唯心主义成分往往比我更早时期的作品还要多。然而同时，吸收马克思主义的过程也在飞快继续着。如果现在我把这种不和谐的两重性视为我那个时期的思想特征的话，那么它决不包括对立分明的极端，决没有黑白分明的画面，仿佛革命的善在同恶的资产阶级思想残余斗争中已经把这种对立的动力耗尽了。从一个阶级向另一个直接与其敌对的阶级的转变是一个复杂得多的过程。现在，当回首往事的时候，我看到了，我从黑格尔那里获得来的伦理唯心主义带有浪漫的反资本主义因素，对我在这场危机后关于世界的看法还是起了积极的革命的作用。当然，要成为一个新的、首尾一贯的世界观的一部分，它不得不失去自己至高无上的（甚至平等的）地位，并从根本上得到改造。事实上，或许应该在这里指出，甚至我对资本主义世界的熟悉，在某种程度上也成了新的综合中的积极因素。我从来没有犯过那种我经常在许多工人和小资产阶级知识分子中看到的错误——这些人无论如何也不能完全摆脱对资本主义世界的敬畏。我从童年时代就开始的对于在资本主义制度下生活的仇恨和蔑视，使我不至于走到这一步。

思想的混乱并非总意味着一片混沌。暂时地，它可能加剧内在的矛盾，但长远地看，它将导致这些矛盾的解决。这样，我的伦理观要求转向实践、行动，从而转向政治。这反过来又使我转向经济学，转向在理论上进行深入研究和最终转向马克思主义哲学。当然，所有这些发展都是缓慢的、不平稳的。然而，我所选定的方向甚至在俄国革命爆发后的战争期间就已开始明朗起来。《小说理论》正如我在它的新版序言中描述的，是我还处于一种普遍绝望的状态时写的。因此，毫不奇怪，现存的一切在其中表现为费希特所说的那种绝对罪孽的状况，任何希望和出路都带有纯粹海市蜃楼的空想性质。只有俄国革命才真正打开了通向未来的窗口；沙皇的倒台，尤其是资本主义的崩溃，使我们见到了曙光。当时，我们关于这些事变本身以及它们的基本原理的知识不仅十分贫乏，而且非常不可靠。尽管如此，我们——终于！终于！——看到了人类摆脱战争和资本主义的道路。当然，即使在谈到这种激情的时候，我们也不要将过去美化。我本人——我在这里只能谈我自己就经历了一个短暂的过渡时期：直到作出我的最终的、最终正确的选择之前，我还在犹豫不决，妄图用抽象和庸俗的论证来进行自我辩解。但是，最后的决定是不可避免的。短文《策略和伦理》揭示了作出这种决定的内在人性的动机。

我没有必要浪费许多笔墨去论述写于匈牙利苏维埃共和国及其建立时期的那少数几篇论文。在思想上，我们没有作好准备（我可能比其他人更缺乏准备），去完成我们面临的伟大的任务。热情企图勉强地代替知识和经验。我只须提到一件，而在这里是很重要的事实：我们对于列宁的革命理论以及他在马克思主义的这一领域内所取得的极其重要的进展几乎一无所知。当时，只有少量论文和小册子被翻译过来并能读到，而那些参加过俄国革命的人们，有的（如萨穆埃里）没有什么理论才干，有的（如库恩·贝拉）则在思想上受到俄国左翼反对派的强烈影响。我只有在维也纳流亡期间才有可能详尽研究列宁的理论。因此，在我当时的思想中也包含着矛盾的二重性。这一部分是我对当时政治中的灾难性的机会主义错误，例如关于农业问题的纯粹社会民主党式的解决方案，未能采取原则上正确的立场。一部分是在文化政治领域中，特殊的思潮使我走上了抽象的乌托邦主义的方向。今天，在近半个世纪以后，我发现我们当时在这个领域获得的成果相对说来不算少，感到不胜惊奇（在理论领域中，我愿意指出，《什么是正统马克思主义》和《历史唯物主义的功能变化》这两篇论文的第一稿在这一时期就已写出。在收入《历史与阶级意识》时作了修改，但基本方向仍旧是一样的）。

流亡维也纳是一个学习时期的开始。首先，这意味着进一步熟悉列宁的著作。不言而喻，这种学习一刻也没有脱离革命活动。当务之急是要使匈牙利的革命工人运动获得新的生命，并使其继续下去：必须提出新的口号和政策，以使这种运动在白色恐怖期间能够生存和发展。必须驳倒对无产阶级专政的诽谤——无论它来自纯粹的反动派，还是来自社会民主党人。同时，必须开始对无产阶级专政进行马克思主义的自我批评。此外，在维也纳，我们被卷进了国际革命运动的潮流之中。当时，匈牙利流亡者可能是人数最多、分裂最严重的侨民，但他们并不是唯一的侨民。还有许多来自波兰和巴尔干国家的侨民，或者临时，或者长期地住在这里。加之维也纳是一个国际中转站，我们与德国、法国、意大利以及其他国家的共产主义者经常接触。在这种情况下，《共产主义》杂志应运而生，是毫不足奇的。一段时期内，这家杂志成了第三国际中各种极左思潮的主要机关报。波兰、匈牙利的侨民和奥地利共产主义者们构成了刊物的内部核心和经常撰稿人，此外还有来自其他国家的同情者，如意大利的极左分子波尔迪加、特拉契尼，荷兰共产党人潘涅库克、罗兰－霍尔斯特等等。

在这种环境中，上面谈到的我的发展倾向的二重性不仅达到了顶点，而且凝聚成为一种奇特的新的实践和理论形式。作为《共产主义》杂志的核心成员，我积极参与制定了一条"左的"政治和理论路线。它基于一种当时普遍流行的信念，即伟大的革命浪潮将推动整个世界，至少是欧洲一直到达社会主义，它决没有因为芬兰、匈牙利和慕尼黑起义的失败而中断。像卡普暴动、意大利占领工厂、波苏战争，甚至三月行动这样的事件，都加强了我们关于世界革命即将到来、整个文明世界必将被彻底改造的信念。当然，在讨论20世纪20年代前期的这种宗派主义时，我们决不能认为它与在斯大林主义实践中所看到的宗派主义有任何相似之处。后者首先是要保护既定的权力关系，使之不受任何改革的侵犯；它的目的是保守的，它的方法是官僚主义的。而20年代的宗派主义则有以救世主自居的、乌托邦主义的抱负，它的方法是与官僚主义尖锐对立的。这两股潮流只是名称相同，骨子里却分别代表着两个彼此敌对的极端（当然，甚至在第三国际中，季诺维也夫和他的门徒们就已经采用了官僚主义的方法，同样，列宁在其重病缠身的晚年就一直渴望解决如何能在无产阶级民主的基础上克服苏维埃共和国日益增长的、自发产生的官僚主义化的问题。但即使在这里，我们也能看到过去和现在的宗派主义的区别。我关于匈牙利党的组织问题的文章就是针对季诺维也夫的门徒库恩·贝拉的理论和实践的）。

我们的杂志竭力通过在一切问题上都提出最激进的方法，在任何领域都宣布同属于资产阶级世界的任何机构和生活方式等实行彻底决裂，来宣传以救世主自居的宗派主义。在我们看来，这将有助于在先锋队，在共产党和共产主义青年组织中培养起一种未被歪曲的阶级意识。我反对参加资产阶级议会的论战文章就是这种倾向的一个典型例子。它的遭遇——受到列宁的批评——使我能够迈出脱离宗派主义的第一步。列宁指出了决定性的差别，甚至是矛盾，即从世界史的角度看，一种机构可能过时了——例如，苏维埃已经判定议会过时了——但这并不妨碍我们出于某种策略的原因而参加它。我马上认识到这一批评是切中要害的，它迫使我对自己的历史观点作出修正，使其更加灵活，更少僵化，以适应日常策略上的迫切需要。在这一意义上，它是我的观点变化的开始。然而，这种变化是发生在一种还基本上是宗派主义的世界观之中。这在一年以后就表现出来了，当时，尽管我也批评了三月行动的一些策略上的失误，然而对整个三月行动却毫无批判地、以宗派主义的精神表示了赞同。

正是在这里，我的政治和哲学观点中的客观内在矛盾公开化了。在国际舞台上，我可以无所顾忌地将自己的思想热情倾注于革命的救世主义之中。但在匈牙利，随着一个有组织的共产主义运动的逐渐萌生，我发觉，不得不由自己作出决定的问题越来越多。这些问题，有的是全局性的，有的只与个人有关；有的涉及长远的目的，有的则关系着我无法忽视的当下的结果，这种结果同时构成了我的下一个决定的基础。在匈牙利苏维埃共和国中，我就已经处于这种境地。当时，无论是在教育人民委员部中还是在我负责政治领导的那个师中，我都不得不经常撇开救世主义观点，作出合乎实际的决定。这时，面对现实、对探寻列宁所说的"下一个环节"的需要，变得比我一生中以往任何时候都无可比拟地更加迫切和强烈。正是因为这些决定的内容似乎带有纯粹经验性质，它对我的理论立场产生了深远的影响。因为这种理论立场现在必须适应客观的情况和趋势。如果我希望作出一个原则上正确的决定，那就决不能仅仅满足于对直接事态的思考。我将不得不找出那些造成这种事态的、经常隐蔽着的中介物，尤其是，我将不得不对那些可能由这种事态造成并将决定未来实践的中介物作出预见。因此在这里，生活本身迫使我采取了一种往往与我的革命救世主义的唯心主义和乌托邦主义尖锐对立的思想立场。

由于当时在匈牙利党的实际领导中站在对立方面的是一个现代官僚主义式的宗派主义集团，即季诺维也夫的门徒库恩·贝拉的集团，我的左右为难的处境变得更加尖锐。在纯粹理论上，我本来可以把他的观点当作假左派的东西加以抛弃。但在实践上，他的建议却只能用极其普通的日常生活的内容来加以批判，这些生活联系着世界革命的伟大前景，但又与这种前景有着相当的距离。像我一生中常常遇到的情况那样，这时我又交了好运：反对库恩·贝拉的斗争由兰德列尔·耶诺领导。这个人不仅具有渊博的、首先是实际的知识，而且对理论问题具有很高的理解力，只要这些理论问题与革命实践有联系，不论这种联系是多么间接。他深信不疑的观点是由他与群众生活的密切联系决定的。他在反对库恩·贝拉的官僚主义和冒险主义计划时提出的主张立刻使我信服，因此，在宗派斗争开始以后，我总是站在他一边，这里，我们不可能对党内斗争的那些哪怕是最重要的细节加以论述，尽管其中有些饶有理论趣味的事情。就我而言，这些争论意味着我思想方法上的裂痕现在已经发展成为理论与实践之间的分裂：在重大的国际革命问题上，我继续支持极左思潮，而作为匈牙利党的领导成员，我成了库恩·贝拉宗派主义的最激烈的敌人。1921年初，这一点变得特别明显。在匈牙利方面，我追随兰德列尔，主张一种坚决的反宗派主义的路线，而同时在国际方面，我却从理论上支持了三月行动。因此，我思想中对立倾向的冲突达到了顶点。随着匈牙利党的分歧日益深化，随着匈牙利激进工人运动开始增长，我的观点也越来越受到由此产生的理论思潮的影响。然而，尽管列宁的批评动摇了我对于三月行动分析的根基，但是在这一阶段，这些思潮仍旧未能在我的思想中占得上风。

《历史与阶级意识》诞生于这个转变时期的危机之中。它写作于1922年。它一部分是经过修改的早期文章；除已提到的写于1919年的那两篇外，还有1920年的论文《阶级意识》。两篇关于罗莎·卢森堡的论文以及《合法性与非法性》在新集子中未作重大改动。只有两篇文章，也是最重要的两篇，是全新的，它们是《物化和无产阶级意识》和《关于组织问题的方法论》（后者是在《革命运动的组织问题》一文的基础上写成的，此文曾于1921年三月行动后不久发表在《国际》杂志上）。这样，《历史与阶级意识》就是我从大战最后两年开始的发展时期的最后结算。自然，这种结算至少在某种程度上已包含有向更清晰状况转变的趋向，尽管这些趋向不可能真正成熟起来。

对立的思想派别之间的冲突并未结束，我们也不容易将胜利者或失败者的标签贴在它们头上，因此，直到今天，我们也仍旧难于对这本书作出首尾一贯的恰当评价。但是，至少必须简略地强调一下占主导地位的论点。这本书最突出的特点在于，与作者的主观意图相反，它在客观上代表了马克思主义史内部的一种倾向，这种倾向的所有各种表现形式，不论它们的哲学根源和政治影响是如何极不相同，也不论它们是愿意还是不愿意，都是反对马克思主义的本体论的根基的。我指的是将马克思主义仅仅看作是一种关于社会的理论、社会的哲学，因而忽视或者否认它同时也是一种关于自然的理论的倾向。甚至还在第一次世界大战以前，像麦克斯·阿德勒和卢那察尔斯基那样迥然不同的马克思主义者曾共同维护过这类观点。在今天，我发现，可能在某种程度上由于《历史与阶级意识》的影响，这类观点再次出现，特别是在法国存在主义和它的思想圈子之中。我的书在这一问题上持有很明确的立场。书中许多地方主张自然是一个社会范畴，而全书的要旨就是要表明，只有关于社会以及生活于其中的人的知识才与哲学有关。这种倾向的众多代表人物的名字说明，它决不是一个真正的流派。我本人当时只得悉卢那察尔斯基其名，并且总是将麦克斯·阿德勒当作康德主义者和社会民主党人加以反对。尽管如此，细加考察就可以看出他们有某些共同的特征。一方面，可以证明，正是关于自然的唯物主义观点造成资产阶级世界观和社会主义世界观之间真正彻底的区别。回避这一点，就会模糊哲学上的争论，例如，就会妨碍对于马克思主义的实践概念作出清晰的阐述。另一方面，这样在方法论上对社会诸范畴作明显的抬高，会歪曲它们真正的认识论功能。它们特有的马克思主义特征被削弱了，它们真正高于资产阶级思想的东西常常被无意识地取消了。

这里，我自然只局限于对《历史与阶级意识》一书提出批评。但是，这并不是说对马克思主义的这种背离，在有着相似观点的其他作者中就少一点。在这部书中，这种背离对我在那里提供的经济学观点产生了直接的影响，并导致一系列根本性的混乱，因为无可置疑，在这里经济必须是核心。的确，曾试图用经济基础来对所有意识形态现象作出解释，但是，尽管如此，对经济还是作了过于狭隘的理解，因为它的马克思主义基本范畴，作为社会与自然之间物质变换的中介的"劳动"被遗忘了。我的基本态度既然如此，产生这种结果也是很自然的。它意味着，马克思主义世界观的最重要的现实支柱不见了，从而，这种以最激进的方式推断马克思主义根本革命内涵的尝试失去了真正的经济基础。不言而喻，这意味着，作为这种物质变换基础的自然的本体论客观性必须消失。这也意味着，以真正的唯物主义观点来理解的劳动与劳动者的进化之间的相互作用必须消失。这样，马克思的这一伟大思想，"为生产而生产无非就是发展人类的生产力，也就是发展人类天性的财富这种目的本身"，就在《历史与阶级意识》所能理解的范围之外。资本主义剥削就失去了它的这种客观革命作用，下述这种情况也没有被理解："'人'类的才能的这种发展，虽然在开始时要靠牺牲多数的个人，甚至靠牺牲整个阶级，但最终会克服这种对抗，而同每个人的发展相一致；因此，个性的比较高度的发展，只有以牺牲个人的历史过程为代价。"①

---

　① 《马克思恩格斯全集》第26卷Ⅱ，124～125页，北京，人民出版社，1973。

结果，我关于资本主义矛盾和无产阶级革命化的论述都不自觉地带上了浓厚的主观主义色彩。

上述错误也影响了我对书中的核心概念——实践——的理解，它遭到歪曲，并变得狭隘了。在这一问题上，我同样想把马克思作为出发点，企图把他的概念从后来所有的资产阶级歪曲中解放出来，并使它们适应当前伟大革命高潮的需要。当时我首先确信的是：必须彻底克服资产阶级思想的纯粹直观性质。因此，在这本书中，革命的实践概念表现为一种夸张的高调，与其说它符合真正的马克思主义学说，莫若讲它更接近当时流行于共产主义左派之中的以救世主自居的乌托邦主义。我对这一历史时期的发展是有足够理解的：我抨击工人运动中的资产阶级和机会主义思潮，它们极力推崇一种貌似客观实则完全脱离任何实践的认识方法；我正确地反对过度夸张和过高估价直观的作用。马克思对费尔巴哈的批判更加强了我的信心。然而，我没有认识到，如果不以真正的实践为基础，不以作为其原始形式和模型的劳动为基础，过度夸张实践概念可以走向其反面：重新陷入唯心主义的直观之中。当时，我想要勾画出正确的、真实的无产阶级的阶级意识，将它与经验主义的"民意测验"（这个术语当时自然尚未流行）区别开来，并赋予它一种无可争辩的实际客观性。然而，我未能越出"被赋予的"（zugerechnet）阶级意识这样一种观念。这里我是指列宁在《怎么办？》中提到的同一内容。他认为，社会主义的阶级意识与自发产生的工团意识不同，它是"从外面"，也就是"从经济斗争范围外面，从工人同厂主的关系范围外面"灌输到工人群众中去的。这样，我主观上所想达到的东西，以及列宁对社会总体内的实际运动进行真正的马克思主义分析所获得的东西，在我的说明中，却成了纯粹思想的产物，从而成了某种直观的东西。所以，这种"被赋予的"意识在我的表述中竟变为革命的实践，从客观上来说，只能使人感到不可思议。

我那种本身是正确的愿望之所以会走向它的反面，仍是由于刚才提到的那种抽象的、唯心主义的实践概念。这一点从我对恩格斯所作的——又是并非完全错误的——批评中可以看得很清楚。恩格斯认为实践是检验理论的标准，而把实验和工业看作是证明这一点的典型事例。从那时起，我逐渐认识到，恩格斯的论点在理论上是不完全的，因为忽视了这样一个事实：实践的领域（在不改变其基本结构的情况下），在发展过程中已变得比单纯的劳动更加广泛，更加复杂，并以更多的过程为其中介。由于这个缘故，单是生产一种对象的活动，的确可以成为对一种理论假设作出直接的正确理解的基础。在这一限度内，它也能够成为检验上述假设正确与否的标准。然而，恩格斯想用直接实践来反驳康德的"不可捉摸的自在之物"的任务却远未解决。因为劳动本身很可能仍旧是一种纯粹操作的过程，自发或自觉地回避了"自在之物"的问题，并且全部或部分地忽略了它。历史为我们提供了这样一些实例：在某些时候，正确的行动却是在错误理论的指导下进行的。在恩格斯的意义上，这些实例意味着未能把握自在之物。的确，连康德的理论也丝毫不否认这类实验是客观的，并且能够提供有价值的知识。他只是将它们归之于纯粹的现象领域，在那里，自在之物本身仍旧是未知的。现代新实证主义打算将所有关于现实（自在之物）的问题统统剔除于科学的范围之外，它将所有关于自在之物的问题当作"非科学的"东西而加以排斥，同时，又承认技术和自然科学的所有结论。恩格斯想用实践来驳倒康德的"自在之物"，这是正确的。但是，要做到这一点，实践必须超越上述那种直接性，并且在继续实践的同时，发展成为一种内容广泛的实践。

因此我当时对恩格斯的解决办法的反对，并不是没有根据的，正因为如此，我的论证也就更错误了。认为"实验是纯粹的直观"，这是完全错误的。我自己的说明就驳斥了这一点。因为创造一种环境，使自然力能够在观察下"纯粹地"，即没有外来干扰和主体观察错误的影响下发挥作用，这一点完全与劳动的情况相同，劳动同样意味着创造一种有目的的系统，当然是一种特殊的系统。所以，在本质上，实验是纯粹的实践。否认工业是一种实践，认为它"在辩证的和历史的意义上，仅仅是社会的自然规律的客体，而不是其主体"，同样是错误的。包含在这句话中的部分真理——充其量也只是部分真理——仅仅适用于资本主义生产的经济总体。但是它与这样一个事实并不矛盾：在工业生产中，每一单个的活动不仅代表着一种有目的的劳动行为的综合，而且它本身就是这种综合中的一种有目的的，即实践的行为。由于这种哲学错误，《历史与阶级意识》在分析经济现象时，不是以劳动，而只是以发达商品经济的复杂结构作为出发点。这意味着，从哲学上解决诸如理论与实践、主体与客体的关系这种决定性问题的前景，从一开始就落空了。

在这些以及与此类似的成问题的前提中，我们看到了未能对黑格尔遗产进行彻底唯物主义改造，从而——在双重意义上——予以扬弃的影响。我想再提出一个重要的原则问题。毫无疑义，《历史与阶级意识》的重大成就之一，在于使那曾被社会民主党机会主义的"科学性"打入冷宫的总体范畴，重新恢复了它在马克思全部著作中一向占有的方法论的核心地位。当时，我不知道列宁正沿着同一方向前进（《历史与阶级意识》问世九年后，《哲学笔记》方才出版）。然而，列宁在这个问题上真正恢复了马克思的方法，我的努力却导致了一种——黑格尔主义的——歪曲，因为我将总体在方法论上的核心地位与经济的优先性对立起来。"不是经济动机在历史解释中的统治地位，而是总体的观点，使马克思主义同资产阶级科学有决定性的区别。"这种方法论上的谬误由于下述情况而得到进一步的加强：总体被视为科学中的革命原则的思想体现。"总体范畴的统治地位是科学中的革命原则的支柱。"

毋庸置疑，在《历史与阶级意识》对以后思想界的影响中，这种方法论上的谬误起了并非不重要的，而且在许多方面甚至是进步的作用。因为黑格尔辩证法的复活狠狠打击了修正主义的传统。伯恩施坦就曾希望以"科学"的名义把黑格尔辩证法的一切遗迹从马克思主义中清除出去。而他的理论上的对手，首先是考茨基，也不过是要维护这种修正主义传统。对任何想要回到马克思主义的人来说，恢复马克思主义的黑格尔传统是一项迫切的义务。《历史与阶级意识》代表了当时想要通过更新和发展黑格尔的辩证法和方法论来恢复马克思理论的革命本质的也许是最激进的尝试。由于当时资产阶级哲学对黑格尔正表现出越来越大的兴趣，这一任务甚至变得更加重要。当然，资产阶级哲学家们从未能一方面使黑格尔与康德在哲学上的决裂成为他们分析的基础。另一方面，他们在狄尔泰的影响下，企图在理论上把黑格尔的辩证法与现代非理性主义联结起来。《历史与阶级意识》问世不久，克隆纳便将黑格尔描绘成一切时代中最大的非理性主义者；而在勒维特稍后的研究中，马克思和克尔凯郭尔又成了从黑格尔主义解体中出现的两种平行的现象。只有与所有这些发展相对照，我们才能看到《历史与阶级意识》所提出的问题是多么迫切。从激进工人运动的意识形态的角度看也是如此，因为普列汉诺夫等人过高估计了费尔巴哈作为黑格尔与马克思之间的中介的作用，而这种观点在这里则被抛到了一边。当然，只有在稍后的时候，在关于莫泽斯·赫斯的论文中（比列宁后期哲学著作的发表早几年），我才明确提出了马克思直接衔接着黑格尔这一问题。然而事实上，这一立场早已是《历史与阶级意识》的许多论述的基础。

在这个必须简短的总结中，不可能对这本书所提出的全部问题作出具体的评判，即指出它对黑格尔的解释哪些成了混乱的根源，哪些具有指导意义。有能力进行批评的当代读者肯定能够找到说明两种类型的例子。在估价这本书在当时的影响以及今天可能具有的意义时，我们必须考虑一个比任何细节问题都更为重要的问题。这就是异化问题。它在这本书中，从马克思以来第一次被当作对资本主义进行革命批判的中心问题，而且它的理论史的和方法论的根基被追溯到黑格尔的辩证法。当然，这个问题当时正在酝酿中。几年以后，随着海德格尔《存在与时间》（1927）的问世，它成了哲学争论的中心。甚至在今天，主要是由于萨特及其追随者和反对者的影响，它仍旧没有失去这种地位。吕西安·戈德曼把海德格尔的著作解释成在某种程度上是直接对我的回答（但没有明确地这样提），首先由他提出的语文学问题在此可以暂且放在一边。说异化问题在当时正在酝酿中，这在今天是完全恰当的，特别是因为不可能在这里深入讨论这种情况的原因，以便阐明第二次世界大战后特别是在法国如此盛行的马克思主义与存在主义观念的混合，这种提法显得更为恰当。在这里，谁起头，谁影响谁的问题并不特别重要。重要的是，人的异化是我们时代的关键问题，并且无论资产阶级还是无产阶级的思想家，无论政治上和社会上的右派还是左派思想家都看到和承认这一点。因此，《历史与阶级意识》对青年知识分子产生了深刻的影响；我知道，有一大批优秀的共产党人正是被这一事实吸引到共产主义运动中来的。毫无疑问，这一马克思主义和黑格尔主义的问题是由一位共产党人重新提出的事实，是这本书的影响远远超出了党派界限的原因之一。

至于对这一问题的实际讨论方式，那么今天不难看出，它是用纯粹黑格尔的精神进行的。尤其是，它的最终哲学基础是在历史过程中自我实现的同一的主体—客体。当然，在黑格尔那里，它是以一种纯粹逻辑的和哲学的方式提出的：通过消除外化，自我意识向自身的返回，并由此实现同一的主体—客体，绝对精神在哲学中达到了它的最高阶段。然而，在《历史与阶级意识》中，这个过程表现为一种社会—历史的过程，当无产阶级在它的阶级意识中达到了这一阶段，并因而成为历史的同一的主体—客体时，上述过程也就达到了顶点。这看起来的确已经"使黑格尔以脚立地了"，似乎《精神现象学》的逻辑—形而上学结构已经在无产阶级的存在和意识中得到了真正的实现。这一点好像又反过来为无产阶级通过革命建立一个无阶级社会，并结束人类"史前史"的历史转折提供了哲学基础。然而，这里的同一的主体—客体是不是比纯粹形而上学的构造更真实呢？真正同一的主体—客体能为自我认识（无论怎样充分，怎样真正基于对社会的全面认识，也就是无论怎样完美）所创造吗？只要我们精确地提出问题，便会看出，对此必须作出否定的回答。因为即使当认识的内容被归结为认识的主体时，这也不意味着认识活动因此便摆脱了它的异在的本性。正是在《精神现象学》中，黑格尔正确地拒绝了在实现同一的主体—客体问题上的神秘主义和非理性主义观念，拒绝了谢林的"理智直观"，而要求采取一种哲学的、理性主义的解决方式。他的健全的现实感使这一要求仅止于要求而已；他的包罗万象的体系的确在这种实现的前景中达到了顶点，但是他从未以具体的方式表明这一实现的要求怎样能够达到。因此，将无产阶级看作真正人类历史的同一的主体—客体并不是一种克服唯心主义体系的唯物主义实现，而是一种想比黑格尔更加黑格尔的尝试，是大胆地凌驾于一切现实之上，在客观上试图超越大师本身。

黑格尔之所以这样小心谨慎，是由于他的基本概念含糊不清。因为在黑格尔那里，异化问题第一次被看作是生存于世界并面对着世界的人的地位的根本问题。然而，他在外化这一术语中却包括了任何一种形式的对象性。这样，在逻辑上，异化便最终与对象性合为一体。因此，当同一的主体—客体扬弃异化时，它也必须同时扬弃对象性。但是，按照黑格尔的看法，客体，即物，仅仅作为自我意识的外化物而存在，使其返回主体将意味着客观现实即一切现实的终结。《历史与阶级意识》跟在黑格尔后面，也将异化等同于对象化（Vergegenständlichung，用马克思在《1844 年经济学哲学手稿》中所使用的术语）。这个根本的和严重的错误对《历史与阶级意识》的成功肯定起了极大的作用。如上所说，在哲学上对异化的揭示当时正在酝酿之中，很快它就成了那种旨在探讨人在当代资本主义中的状况的文化批判的中心问题。对资产阶级哲学的文化批判来说（我们只要看一下海德格尔就可以了），将一种社会批判升华为纯粹的哲学问题，即将本质上是一种社会的异化转变为一种永恒的"人类状况"（这是一个后来才产生出来的术语），是十分自然的事情。很明显，《历史与阶级意识》迎合了这种观点，虽然它的意图与这种观点不同，而且的确是对立的。因为当我将异化等同于对象化时，我是将它看作一种社会范畴——社会主义将最终消除异化——但是，尽管如此，由于它在阶级社会中的不能消除的存在，特别是由于它的哲学基础，它就同"人类状况"的说法相去不远了。

之所以造成这种情况，是由于经常把两个对立的根本范畴错误地等同起来的缘故。因为对象化这种现象事实上是不可能从人类社会生活中消除的。如果我们记住，在实践中（因此也在劳动中）客观物的任何外化都是一种对象化，每一种人类表达方式包括说话都使人类的思想和情感对象化，那么很清楚，我们这里指的是人与人之间的一种普遍的交往方式。既然如此，对象化就是一种中性现象；真和假、自由与奴役都同样是一种对象化。只有当社会中的对象化形式使人的本质与其存在相冲突的时候，只有当人的本性由于社会存在受到压抑、扭曲和残害的时候，我们才能谈到一种异化的客观社会关系，并且作为其必然的结果，谈到内在异化的所有主观表现。但《历史与阶级意识》并未认识到这种两重性。这正是它在其基本哲学史观点上出现很大偏差的原因（顺便提一下，物化现象与异化现象有着紧密联系，但无论在社会中还是在概念上，两者都不尽相同，而在《历史与阶级意识》中，这两个词却是在同一意义上使用的）。

这种对基本概念的批判不可能是面面俱到的。但即使在这个如此简短的说明中，也必须提到我对认识是反映这种观点的拒绝。这有两个根源。首先是我对机械宿命论的极端厌恶，在机械唯物主义中，宿命论总是同反映论休戚与共。我思想中当时以救世主自居的乌托邦主义、关于实践优先性的观点都对这种机械唯物主义提出了强烈的抗议——这种抗议又不是完全错误的。其次，我知道劳动怎样成了实践的起源和根基。最原始的劳动，例如原始人挖掘石头，就包含着人对他所处理的现实的正确反映。因为，如果没有对他所处理的客观现实的映象，无论这种映象有多么粗糙，任何有目的的活动都是无法进行的。只有基于对现实的正确反映，实践才能使理论得到实现并成为它的检验标准。至于在这个问题上发生的论战的细节，至于拒绝在流行的反映理论中把认识类同于摄像的看法是如何有道理，不值得在这里详细记述。

这里，我专门谈了《历史与阶级意识》的消极方面，同时，我也强调，不管怎样，这本书在当时还是并非不重要。我相信，这两者并不矛盾。所有列举在此的错误，其根源与其说是作者本人的个人品质，不如说是那时流行的、往往是错误的思潮。单是这一事实就赋予这本书以某种代表性。当时，一场重大的、世界历史性的转变正在努力寻找一种理论表述。即使一种理论未能说明这场巨大危机的客观本质，它仍旧可以提出一种典型的观点，并因而获得某种历史的合法性。我今天认为，《历史与阶级意识》一书的情况正是如此。

然而，我并不打算谎称，书中的所有观点无一例外都是错误的。事实确实不是这样。例如，在第一篇论文的引言中，我为正统马克思主义下了一个定义，现在我认为，这个定义不仅在客观上是正确的，而且在处于马克思主义复兴前夜的今天能够产生相当重要的影响。我指的是这样一段话："我们姑且假定新的研究完全驳倒了马克思的每一个个别的论点。即使这点得到证明，每个严肃的'正统'马克思主义者仍然可以毫无保留地接受所有这种新结论，放弃马克思的所有论点，而无须片刻放弃他的马克思主义正统。所以，正统马克思主义并不意味着无批判地接受马克思研究的结果。它不是对这个或那个论点的'信仰'，也不是对某本'圣'书的注解。恰恰相反，马克思主义问题中的正统仅仅是指方法。它是这样一种科学的信念，即辩证的马克思主义是正确的研究方法，这种方法只能按其创始人奠定的方向发展、扩大和深化。而且，任何想要克服它或者'改善'它的企图已经而且必将只能导致肤浅化、平庸化和折中主义。"

我相信，还有许多同样正确的思想可以在这本书中找到，我这样说并不觉得自己过分不谦虚。我只须指出这样一个事实，我将马克思的早期著作放到他的世界观的完整画面之中，而在我这样做时，大多数马克思主义者只愿意把它们仅仅看作是马克思个人发展的历史文献。至于在几十年后，这种关系发生了颠倒，青年马克思被看作真正的哲学家，而成熟时期的著作则受到忽视，那么，这不能责怪《历史与阶级意识》，因为在那里，不管正确与否，我始终把马克思的世界观看作是本质上一个不可分割的整体。

我同样不想否认，在书中许多地方，我试图对辩证范畴的真正本质和运动作出描绘，这会导致一种真正马克思主义的社会存在的本体论。例如，对中介范畴就是这样描述的："中介的范畴作为克服经验的纯直接性的方法论杠杆不是什么从外部（主观地）被放到客体里去的东西，不是价值判断，或和它们的存在相对立的应该，而是它们自己的客观具体的结构本身的显现。"与此紧密相关的是对辩证范畴的起源与客观历史的关系的探讨："只有当，一方面人类存在借以形成的全部范畴表现为这种存在本身的规定（而不仅是它的可把握性的规定），另一方面这全部范畴的顺序、关系和联系表现为历史过程本身的因素，表现为现在的结构特征时，起源和历史才可能一致，或更确切地说，才可能纯粹是同一过程的因素。范畴的顺序和内在关系因而既不构成一种纯逻辑的次序，也不是按照纯历史的事实来安排的。"这条思路合乎逻辑地与马克思 19 世纪 50 年代进行的著名方法论考察中的一段话完全吻合。像这种预示着对马克思思想作出真正唯物辩证的重新解释的段落，在书中并不少见。

如果我在这里把注意力集中于批判我的错误，这主要是由于实际的原因。《历史与阶级意识》过去对许多读者产生了强有力的影响，甚至今天还继续产生这种影响，这是事实。如果是正确的论点产生了这种影响，那么一切都很好，作者的反应完全无关紧要和毫无意义。令人遗憾的是，据我所知，事实是这样的：由于社会的发展以及这种发展所产生的各种政治理论的作用，这本书中那些我今天认为在理论上错误的部分往往影响最大。由于这个原因，在四十多年后重印这本书时，我认为自己有责任首先指出这本书的这些消极倾向，并告诫读者注意错误，这些错误在当时可能是难以避免的，但是今天早已不是这种情况了。

我已经说过，在相当确切的意义上，《历史与阶级意识》是对我始于 1918～1919 年的发展时期的概括和总结。以后的岁月越来越清楚地表明了这一点。首先，这个时期的以救世主自居的乌托邦主义越来越失去现实的（甚至是看起来现实的）基础。列宁于 1924 年逝世。在他逝世之后的党内斗争越来越集中在关于社会主义能否在一国生存的问题上。当然，列宁很久以前就谈到过从理论上抽象地讲有这种可能性。但是，似乎近在咫尺的世界革命的前景，当时曾使得这种断言的理论的和抽象的性质显得特别突出。列宁逝世后对现实的、具体的可能性进行讨论，证明在这些年代里世界革命还不能被认为迫在眉睫（只是随着 1929 年的萧条，世界革命才有时作为一种可能性出现）。而且，1924 年以后，第三国际已经将资本主义世界的现状正确地规定为"相对稳定"。这些事实意味着，我必须重新考虑我的理论立场。在俄国党的争论中，我站到斯大林一边，赞成关于社会主义必然在一国建成的理论，这很清楚地表明在我思想发展中已开始发生决定性的转变。

然而，决定这一转变的更直接和主要的东西，首先是匈牙利党工作的经验。兰德列尔集团的正确政策开始结出了果实。在严格的非法条件下活动的党，逐步扩大了它对社会民主党左翼的影响，结果是，在 1924～1925 年间，这一翼从社会民主党中分裂出来，并成立了一个激进然而依旧合法的工人党，这个党是由共产主义者非法领导的，它所选择的战略目标是在匈牙利建立民主制。它的最高纲领是要建立一个共和国，而非法的共产党本身则继续坚持建立无产阶级专政的旧战略口号。我当时在策略上同意这种做法，然而，关于如何在理论上论证这种立场的大量问题没有得到解决，我越来越为此感到痛苦。

这些思考开始动摇我在1917～1924年间所形成的思想基础。加之，世界革命发展速度的明显降低，必然导致各式各样左翼运动合作起来抗击日益增强的反动潮流。在霍尔蒂王朝统治下的匈牙利，这种合作的必要性对于合法的和左翼激进的工人政党说来是不言而喻的。但是甚至在国际运动中，也存在着相同的趋向。1922年发生了进军罗马事件，在以后的几年中，德国的国社党也得到了增强，它成了所有反动势力日渐增大的集合中心。这就将统一战线和人民阵线的问题提上了议事日程，这些问题不仅必须在战略和策略上，而且还必须在理论上加以讨论。而且我们已经不能指望第三国际来提供什么创造性的意见，它正越来越强烈地受到斯大林主义策略的影响。在策略上，它摇摆于左派和右派之间。斯大林本人在理论上灾难性地介入了这种摇摆之中。1928年前后，他将社会民主党人描绘成为法西斯分子的"孪生兄弟"。这就完全关死了建立左派联合阵线的大门。虽然在俄国党争论的中心问题上，我站在斯大林的一边，但在这一问题上，我却深深厌恶他的观点。但无论如何，由于当时欧洲各国党内的大多数左翼集团都信奉托洛茨基主义（我对它始终持反对态度），这丝毫没有妨碍我从自己早期革命年代的极左倾向中逐步解脱出来。当然，如果我反对路特·费舍尔和马斯洛夫对德国问题的态度（对这些问题我始终极其关心），这并不意味着，我同意布兰德勒和塔尔海默的观点。为了廓清我自己的思想，也为了获得一种政治和理论上的自我理解，当时我极力寻找一种"真正的"左翼纲领，它应该提供一种不同于德国对立两派观点的第三种选择。然而，这种从政治和理论上解决转变时期矛盾问题的想法，被注定成为空想。我从未得到一种令自己满意的解决方法。因此，在这一时期，我没有在国际范围内发表任何理论的或政治的作品。

在匈牙利的运动中，情况是另一种样子。兰德列尔于1928年逝世，1929年，党准备召开第二次代表大会。我接受了为会议起草政治纲领的任务。这使我面对面地碰上了匈牙利问题中的那个使我困惑的老难题：一个党能否同时提出两个不同的战略目标（合法的是共和国，非法的是苏维埃共和国）？或者从另一个角度看：党对政府形式的态度能否是一种纯粹策略上的权宜之计（即非法共产主义运动的前景是真正目的，而合法党的前景只是策略上的手段）？对匈牙利社会和经济情况的透彻分析，使我越来越确信，兰德列尔当年提出共和国的战略口号，已经本能地接触到了匈牙利正确革命计划的核心：即使霍尔蒂王朝已经遭受了如此深刻的危机，以致为一种彻底的革命创造了客观条件，匈牙利仍旧不能直接转变为一个苏维埃共和国。因此，争取共和国的合法口号必须按列宁的精神具体化为他在 1905 年所说的工农民主专政。今天大多数人难以想象，这一点在当时听起来是多么荒唐。虽然第三国际的第六次代表大会的确提到这是一种可能性，人们仍旧普遍认为，由于匈牙利早在 1919 年就存在过一个苏维埃共和国，所以，从历史上讲，采取这种后退的步骤是没有可能性的。

这里不是讨论所有这些不同观点的地方。特别是因为这份提纲的内容，尽管对我个人来说起了改变我以后全部发展方向的作用，但作为一份理论文献，今天已经很难被认为具有什么重大价值了。加之，我的分析无论在原则上还是在具体细节上都是不充分的。这部分地是由于，为了使提纲的主要内容更易于接受，我对问题作了过于一般的处理，没有对具体细节着力加以发挥。但即便如此，它仍旧在匈牙利党内引起了轩然大波。库恩·贝拉集团把提纲看作是最纯粹的机会主义；我自己集团的支持则是很不坚决的。当我从可靠的来源获悉，库恩·贝拉正打算把我作为"取消主义者"驱逐出党时，由于十分清楚库恩在国际中的威信，我放弃了进一步的斗争，并发表了"自我批评"。尽管我当时坚定地相信自己的观点是正确的，然而我也知道——例如从卡尔·柯尔施的命运中知道——被驱逐出党意味着不能再积极地参加反对正在逼近的法西斯主义的斗争。我把这一自我批评理解为参加这种活动的"入场券"，因为在这种情况下，我既不可能也不愿意在匈牙利的运动中继续工作下去了。

对这一自我批评是如何不能认真看待，下述事实可以说明：我世界观中的根本转变构成了勃鲁姆（Blum）提纲的基础（然而，提纲并没有以一种令人满意的方式将这一点表述清楚），从那时起，这种转变就决定了我的全部理论和实践活动。毋庸赘言，这里不是对这些情况作出哪怕十分简短说明的地方。为了证明我的说法不是作者的主观设想，而是客观事实，我可以引证党的主要意识形态专家列瓦伊·尤若夫在 1950 年对勃鲁姆提纲所作的有关评论。他认为，我那时的文学观点直接渊源于勃鲁姆提纲。"每个熟悉匈牙利共产党历史的人都知道，卢卡奇同志在 1945～1949 年间持有的文学观点是与他更早得多的时期的政治观点紧密相连的，这些政治观点是他在 20 世纪 20 年代末期匈牙利的政治发展和共产党的战略决策的背景上形成的。"①

这一问题还有另外一个方面，而且对我来说是更重要的方面，它为记录在此的转变画出了更加明确的轮廓。正如这些论文的读者所了解的，我之所以决定积极投身于共产主义运动，在很大程度上是出于伦理的考虑。在作出这一决定时，我丝毫也没想到，在以后的 10 年中，我将成为一个政治家。这是环境造成的。1919 年 2 月间，中央委员会的成员被逮捕了，我再次认为我有责任接受在为取代它而建立的半合法的委员会中的职务。从此，一系列戏剧性的结果便接踵而至：苏维埃共和国的教育人民委员、红军的政治委员、在布达佩斯的非法活动、在维也纳的党内争论，等等。只是此时，我才重新真正面临着两种抉择。我就勃鲁姆提纲进行的内在的、私下的自我批评，使我得出这样的结论：如果我像我坚信的那样，很明显是正确的一方，但又仍然无法避免如此轰动的失败，那么，我一定是严重地缺乏实际的政治才干。因此，我感到可以问心无愧地退出现实政治的舞台，再次集中精力于理论活动。我从未对这一决定有所后悔（1956 年，我再次担任了部长职务，这一事实与我的决定也没有任何不一致的地方。在接受此职之前，我就作过声明，自己只是在这个过渡时期，在这个极度危急的关头接受了任命，一俟形势趋于稳定，我将立即辞职）。

至于对《历史与阶级意识》之后的我的狭义理论活动的分析，我在叙述中已经跳过了整整五个年头，现在才能回过头来稍微详细地谈谈这些著作。这种与正确的年代顺序相背离的叙述方法之所以有道理，是因为我毫不怀疑，正是勃鲁姆提纲的理论内容构成了我的发展的隐秘的目标。只是当我直接面对着一个特殊的、交织着最复杂问题的重要课题时，我才真正开始克服那种自第二次世界大战后期以来一直构成我的思想特征的矛盾的二重性。也只是在此时，我的马克思主义学徒期才可以被认为是结束了。现在，我可以指出那些标志着这一历史时期的理论著作，并以此勾画出自己直到写作勃鲁姆提纲为止的整个发展线索。我想，预先确定这条线索的终端，

① 列瓦伊·尤若夫：《文学研究》，235 页，柏林，狄茨出版社，1956。

可以使叙述变得更容易些。特别是如果考虑到以下的情况，这一点就更加清楚了，即在这一时期，我的精力首先是放在匈牙利运动的实际问题上，因此，我的理论贡献主要只是一些即兴之作。

这些作品中的第一篇，也是最长的一篇，是企图为列宁画出一幅思想肖像，这是一篇名副其实的即兴之作。列宁刚一逝世，我的出版人就要我写一部关于他的简短专著，我答应了，并在几星期之内完成了这篇短小的东西。比之《历史与阶级意识》，它有了某种进步，因为在写作过程中，我必须全神贯注于我要描绘的伟大人物，这促使我在实践概念与理论之间建立起一种更清晰、更正确、更自然、更辩证的关系。当然，我关于世界革命的观点是属于 20 世纪 20 年代的。然而，部分地由于我在这段短暂的间隔时间中的经历，部分地由于需要全神贯注于列宁的思想品格，《历史与阶级意识》中的最明显的宗派特征开始消退，并为其他更加接近于现实的内容所替代。在我最近为这本小册子再版而写的跋中，我试图对这本书的基本论点中我仍然认为健康和现实的部分作出比初版本身更为详尽的阐述。首先，我设法看到列宁既不是一个简单地、直接地踩着马克思、恩格斯的理论脚印走的人，也不是一个天才的、实用主义的"现实政治家"。我的目的是要阐明他的思想的真实本质。简单地说，列宁的这幅肖像可以描绘如下：他的理论力量在于，无论一个概念在哲学上是多么抽象，他总是考虑它在人类实践之中的现实含义，同时，他的每一个行动总是基于对有关情况的具体分析之上，他总是要使他的分析能够与马克思主义的原则有机地、辩证地结合在一起。因此，就理论家和实践家这两个词最严格的意义而言，他既不是前者，也不是后者。他是一位深刻的实践思想家，一个热情地将理论变为实践的人，一个总是将注意力集中于理论变为实践、实践变为理论的关节点上的人。当然，我过去的研究仍旧带有 20 年代的痕迹，它使我在描绘列宁的思想肖像时，作出了某些错误的侧重。特别是，比之他的传记作家，我在对列宁的评论中更深地探究了他的后期阶段。然而，由于列宁的理论和实践客观上与 1917 年革命的准备工作及其必然后果密不可分，我的著作的主要部分本质上依旧是正确的。在 20 年代聚光灯的照耀下，我为说明这位伟大人物的独特品质而进行的努力，使他显得稍微有点陌生，但并不是完全不可辨认。

以后几年我写的一切，不仅外表是即兴之作（大部分是书评），而且内容也是。因为我正在自发地寻找一个新的方向，并且试图使自己的观点与其他人区别开来，以此廓清未来的道路。就其本质而言，关于布哈林的评论可能是这些作品中最有分量的一篇（我愿意为今天的读者顺便提一下，在 1925 年，当我的这篇作品发表的时候，布哈林是俄国党领导层中仅次于斯大林的重要人物；他们之间的冲突是在三年以后才发生的）。这篇评论最积极的部分在于，我关于经济的观点变得具体化了。这首先表现在我对当时广泛流行于庸俗唯物主义的共产党人和资产阶级实证主义者中间的观点的激烈抨击。这种观点认为，技术是一种主要的因素，它在客观上决定着生产力的进步。这种观点明显地导向历史宿命论，导向对人和社会实践的取消；它导致这样一种观念：技术起着社会的"自然力"、"自然规律"的作用。比之《历史与阶级意识》的大部分有关内容，我的批判不仅在更加具体的历史水平上取得了进展，而且在同上述机械宿命论的抗衡中，我也很少使用唯意志论的思想砝码。我试图表明，经济力量决定着社会的过程，从而也决定着技术的进步。同样的观点也出现在我对魏特福格尔的著作的评论中。两处分析有着共同的理论缺陷，即都将机械的庸俗唯物主义和实证主义视为一种统一的、没有区别的思潮。尽管前者的确从后者中吸收了许多内容，但毕竟不能将它们混为一谈。

我对拉萨尔书信新版本以及莫泽斯·赫斯著作的更为详尽的讨论，有着更加重要的意义。这两篇评论都具有这样一种倾向：与《历史与阶级意识》相比，它们更为具体地将社会批判连同对于社会进化的理解根植于经济状况之中。同时，我试图利用对唯心主义的批判，对黑格尔辩证法的继承，去扩充我们已经获得的理论知识。这就是说，我再次拣起了青年马克思在《神圣家族》中对那些宣称已经驳倒了黑格尔的唯心主义思想家所进行的批判。马克思的批判在于，这些思想家们主观上相信，他们已经超过了黑格尔，但在客观上，他们不过是复活了费希特的主观唯心主义。例如，黑格尔思想的保守方面在于，他的哲学史只是为现存事物的必然性提供了证明。这样，从主观方面看，费希特的历史哲学后面的动力就肯定有某种革命的因素，因为这种哲学将现在规定为插在过去和它声称已在哲学上认识的未来之间的"绝对罪孽的时代"。在关于拉萨尔的评论中，我已经指出，费希特哲学的这种激进性纯粹是想象的，只要一涉及对历史的真实运动的认识，黑格尔哲学就立即显示出比费希特哲学高出一筹。这是因为在黑格尔体系中，各种客观的社会的和历史的中介因素的运动造成现存的一切，比费希特仅仅寄希望于未来的做法要更真实，更少抽象性的思想构造物。拉萨尔对费希特主义的思想倾向充满同情，是与他的纯粹唯心主义的世界观密切相关的。他并不关心那种基于经济之上的历史观以及由此而来的世俗观点。为了着力表明马克思与拉萨尔的差别，我在评论中引用了拉萨尔的一段话。他在与马克思的一次交谈中曾经说道："如果你不相信范畴的永恒性，那么你必须相信上帝。"我对拉萨尔的这种哲学思想倒退所作的尖锐刻画，同时也是在理论上抨击了社会民主党思潮。因为，与马克思对拉萨尔的批判相反，在社会民主党人中间流传着这样一种看法，它将拉萨尔与马克思相提并论，把他们看作是社会主义世界观的共同奠基人。我没有明确提及这些人，但把这种倾向作为一种资产阶级偏见加以反对。这使我在某些问题上能够比在《历史与阶级意识》中更加接近真正的马克思。

关于莫泽斯·赫斯第一部论文集的讨论没有如此直接的政治现实性。然而，由于我再次接受了青年马克思的思想，我强烈地感到，有必要对他的同时代人提出我的反对意见。这些人就是在黑格尔哲学解体时期出现的左翼，以及常常与之紧密相连的"真正社会主义者"。这也促使我着力将对经济及其社会发展问题进行哲学具体化的倾向放到突出的地位。当然，我仍旧未能摆脱对黑格尔所持有的非批判观点。像《历史与阶级意识》一样，我对赫斯的批判也没有将对象化与异化这两个概念区别开来。与早期观点相比，我此时的理论进步似乎采取了一种自相矛盾的形式。一方面，我强调黑格尔哲学中那些认为经济范畴是社会现实的倾向，以反对拉萨尔和激进的青年黑格尔分子。另一方面，我因为费尔巴哈对于黑格尔的非辩证的批判态度，而对他作了尖锐的抨击。这后一方面引导出过去已经提及的那个观点：马克思的理论工作直接衔接着黑格尔遗留下来的理论线索。同时，前一方面又使我想要对经济学和辩证法的关系作出更加准确的说明。举一个有关《精神现象学》的例子，在这里，我强调了黑格尔的经济和社会辩证法的世俗基础，这种辩证法与各种类型的主观唯心主义的先验论正相反对。同样地，异化既不是被看作"一种思想的结构，也不是被视为一种'应受到指责的'现实"，而是被规定为"直接既定的存在形式，在其中，现存事物以在历史过程中克服其自身的方式而存在"。这一思想连接起了从《历史与阶级意识》发展而来的客观线索，它涉及社会进化中的间接性和直接性问题。上述思想最重要的意义在于，它最大限度地表现出了这样一种要求：要从事一种新的批判，从而寻找一个明确的方向，使之与马克思的《政治经济学批判》沟通起来。一旦我对《历史与阶级意识》整个内容的错误之处获得了一种清晰的、根本的认识，这种寻找就变为一个具体的研究计划，即要对经济学与辩证法之间的哲学联系作出考察。早在30年代我就第一次试图将这一计划付诸实现。在莫斯科和柏林，我写了关于青年黑格尔的著作的初稿（直到1937年秋，才最后完成）。只是在30年后的今天，我才试图在关于社会存在的本体论中找到解决这一问题的根本方法。目前，我正在从事这一工作。

在写作关于赫斯的论文与勃鲁姆提纲之间的三年中，这种倾向有何种进展，由于没有任何文献，我不能确切地说。我只是认为，在为党所做的实际工作中，我需要经常进行具体的经济分析，这不会不对我的经济理论观点产生任何影响。无论如何，在1929年，我的体现在勃鲁姆提纲中的重大观点变化发生了。正是带着这些新的观点，我于1930年开始了在莫斯科马克思恩格斯研究院的研究工作。在这里，我交了两个意想不到的好运：《1844年经济学哲学手稿》的手稿正好全部被辨认出来，我可以阅读它。同时，我结识了米哈伊尔·里夫希茨，而且这是一种终生友谊的开端。在阅读马克思手稿的过程中，《历史与阶级意识》中的所有唯心主义偏见都被一扫而空。毫无疑义，我本来可以从以前读过的马克思著作中发现那些与今天使我在理论上如此震惊的思想相类似的东西。然而，事实是这种情况并没有发生，这显然是因为我一直是根据我自己的黑格尔主义的解释来阅读马克思的。因此，只有一篇全新的著作才能产生这种振聋发聩的效果（当然，另一个原因是我已经通过勃鲁姆提纲，动摇了那种唯心主义的社会—政治基础）。无论如何，时至今日，我仍旧记得马克思关于对象性是一切事物和关系的基本物质属性的论述对我产生的惊人印象。接着是这里已经提到的思想，即对象化是一种人们借以征服世界的自然手段，因此既可以是一个肯定的，也可以是一个否定的事实。相反，异化则是一种在一定的社会条件下实现的特殊的变种。这就完全动摇了那种构成《历史与阶级意识》特点的东西的理论基础。正如我早年的著作在1918～1919年间所遭到的命运一样，这本书现在对于我也变得完全陌生了。我突然清楚地意识到，如果我要使现在浮现在眼前的这些理论观点成为现实，就必须再一次完全从头开始。

当时，我曾打算发表一篇论述我的新观点的文章。我的计划失败了（这份手稿已经丢失）。由于当时我正陶醉于这种新起点的前景，对此并未十分介意。然而，我也意识到，在能够希望从思想深处有能力纠正《历史与阶级意识》的错误，并对那里提出的问题作出科学的马克思主义的说明以前，我必须从事广泛的探索，走许多曲折的道路。我已经提到过这样一条曲折的线索：它从黑格尔研究开始，经过对经济学和辩证法的关系的考察，而达到我今天建立一种关于社会存在的本体论的尝试。

与此同时我还产生了一种愿望，想利用我关于文学、艺术以及文艺理论的知识，去建造一个马克思主义的美学体系。这是我同米哈伊尔·里夫希茨合作的开始。在多次讨论的过程中，我们逐渐看清了，甚至像普列汉诺夫和梅林这样最优秀、最有才干的马克思主义者，也未能足够深刻地把握住马克思主义作为世界观的普遍性质。因此，他们不明白，马克思也给我们提出了在辩证唯物主义的基础上建立起一种系统美学理论的任务。这里不是描述里夫希茨在哲学和语文学领域的重大成就的地方。就我自己而言，我写作了一篇关于马克思、恩格斯同拉萨尔就济金根问题争论的论文。这篇论文虽然还是局限在一个特殊的问题上，但是这种体系的轮廓已经变得清晰可见了。这种观点起初受到顽强的抵抗，特别是来自庸俗社会学家方面的抵抗，后来为马克思主义学术界所广泛接受。然而，这里无须对这一问题作进一步的讨论。我只想指出，这里描述的我的世界观中的根本哲学转变，在我 1931～1933 年间在柏林作为批评家的活动中表现得很明显。不仅是模拟问题成了我注意的中心，而且那时我首先批判了自然主义倾向，并且还把辩证法运用于反映论。因为一切自然主义都是建立在对现实的"摄影式"反映的观点之上的。无论是资产阶级还是无产阶级庸俗马克思主义的理论，都未曾强调过现实主义同自然主义之间的区别。然而，对于辩证的反映论，从而对于一种符合马克思主义精神的美学理论来说，强调两者之间的区别正是问题的核心所在。

虽然这些意见严格说来并不属于这里讨论的范围，然而为了说明我由于意识到《历史与阶级意识》是建立在错误的假定之上而实现的那种转变的方向和内涵，是必须提到它们的。正是这些内涵使我有权利说：这是我的马克思主义学徒期，从而我的全部青年时期的发展最终结束的时刻。现在还需要做的，只是对我那篇关于《历史与阶级意识》的遭到许多非议的自我批评作出一些说明。我必须在一开始就承认，我若一旦抛弃我的某部著作，我就终生对它不感兴趣。例如，在《心灵和形式》发表后一年，我曾给玛加蕾特·苏斯曼写信，感谢她为这本书写了评论文章。我在信中说道："这本书和它的形式对我说来已变得完全陌生了。"对《小说理论》也是如此，现在对《历史与阶级意识》也同样是如此。当我在1933年重新来到苏联时，当那里展现出从事富于成果的活动的前景时——1934～1939年间《文学评论》在文学理论问题上所充当的反对派角色是众所周知的——从策略上讲，我必须公开同《历史与阶级意识》保持一段距离，因为只有如此，我对官方和半官方的文学理论的真正游击战才不会被挫败。在我看来，无论我的对手们思想如何狭隘，实行反击总是他们的正当权利。当然，为了发表一份自我批评，我必须采用流行的官方行话。然而这是我当时所作声明中唯一的违心成分。它也是对后来从事游击战的"入场券"：这次声明同我早些时候关于勃鲁姆提纲的自我批评的区别"只是"在于，这一次我真诚相信《历史与阶级意识》是错误的，并且直到今天我还这样认为。以后，当这本书中的错误被改造成时髦的观点时，我抵制了那些想将时髦观点与我的本来看法等同起来的企图，今天我仍然认为这样做是对的。自从《历史与阶级意识》问世以来，40年过去了，在争取真正马克思主义方法的斗争中，情况已发生了变化，我自己在这一时期也写出了新的作品，这一切也许都许可我现在采取一种不那么明显片面的观点。当然，确定《历史与阶级意识》中的某些构思正确的倾向对我以后的活动，甚至对其他人的活动在多大程度上真的造成了富于成效的结果，这不是我的任务。这里有一系列复杂的问题，对于这些问题的解答，我可以平静地留给历史去作出判断。

（杜章智　任立　燕宏远 译）

柯尔施

卡尔·柯尔施（Karl Korsch，1886—1961），德国哲学家，西方马克思主义创始人之一。1886年8月15日出生于德国的托特斯泰特城。他先后在慕尼黑、柏林、日内瓦和耶拿等大学学习法律、经济和哲学，并于1910年获得耶拿大学博士学位。在大学期间，他参加了"自由学生运动"组织。大学毕业以后，柯尔施的学术生涯和社会活动生涯大致可分为三个阶段。

1912～1919年是柯尔施的前马克思主义时期。1912～1914年，柯尔施生活在伦敦，在那里参加了费边社，接受了工联主义运动的影响。第一次世界大战期间柯尔施被征入伍，1919年战争结束后，他成了耶拿大学的讲师。在此期间，柯尔施支持斯巴达克同盟（1919年

1 月）和慕尼黑苏维埃共和国（1919 年 4 月）以及其他马克思主义的或无政府主义的运动；他还参加了柏林社会化委员会，并为激进的左派杂志《工人委员会》撰稿，提出了著名的工人委员会和实践社会主义的理论。

1920～1926 年是柯尔施在德国共产党内部和国际共产主义运动中从事政治活动和理论活动的时期。柯尔施于 1920 年加入了德国共产党（KPD）。在 20 世纪 20 年代初，他试图从理论上总结第一次世界大战后国际无产阶级革命运动的经验教训。1923 年，柯尔施作为德国共产党的代表被选入图林根议会，并成为图林根政府中的共产党人司法部长。1924～1925 年任党内左翼的理论刊物《国际》的主编，1924～1928 年担任了州议会和德国议会的议员。在这一时期，柯尔施发表的文章有：《〈哥达纲领批判〉导言》（1922）、《第一国际的马克思主义》（1924）等，但最重要的著作还是 1923 年发表的《马克思主义和哲学》。由于此文不仅尖锐地批判了第二国际理论家的正统的马克思主义，而且间接地批评了列宁的一些观点，柯尔施因此遭到了德国共产党和共产国际的激烈批判，并于 1926 年 4 月被开除出德国共产党。

1926～1961 年是柯尔施脱离国际共产主义运动，独立从事教学与研究的时期。被德国共产党开除以后，柯尔施拒绝作自我批评，他于 1930 年发表了《关于"马克思主义和哲学"问题的现状——一个反批评》的论文，对于《马克思主义和哲学》发表之后所遭致的各种批判进行了驳斥。1933 年纳粹上台之前，柯尔施移居丹麦，在那里和布莱希特一起进行合作研究。1936 年移居美国，逐步退出了政治活动，从事研究与教学。1961 年 10 月 21 日，柯尔施在马萨诸塞州去世。

本书选取了《马克思主义和哲学》一书中的同名论文《马克思主义和哲学》。《马克思主义和哲学》是柯尔施的代表作，它的核心议题是论述马克思主义和哲学的本质关联。在柯尔施看来，无论是资产阶级学者还是正统的马克思主义者，都几乎完全无视马克思主义的哲学方面。这种对"哲学"的否定态度，其意图是使马克思主义被实证主义地知性科学化，而这种知性科学的实证主义直接意味着消除马克思主义的批判性质和革命性质，并从而使之沦为"庸俗马克思主义"。因此，柯尔施认为，应该重新强调马克思主义的"哲学的方面"，而要做到这一点，关键是强调黑格尔的辩证法与马克思哲学之间的最关紧要的历史联系，并通过这种历史联系来揭明和突出无产阶级革命的"主观前提"，恢复黑格尔同马克思哲学的直接联系。只有通过这样的"哲学转折"，才能重新领会以变革现存世界为宗旨的马克思学说所包含的理论与实践相统一的总体性原则。以这一总体性原则为尺度，柯尔施对马克思主义的演进和发展进行了分期研究，他认为，马克思主义经历了三个主要阶段：第一阶段，马克思主义作为一种总体性的理论而存在；第二阶段，马克思主义丧失了总体性，变成了实证性的理论；第三阶段，一些马克思主义者开始从不同的立足点出发，恢复马克思主义同哲学的本质关联，试图重建总体性的马克思主义理论。在这一重建过程中，真正代表正确方向的是一些非正统的西方共产主义者所开启的哲学运动，包括卢卡奇的《历史与阶级意识》和他本人的《马克思主义和哲学》。

马克思主义和哲学^①

直到最近，不论是资产阶级的还是马克思主义的思想家们，对于马克思主义和哲学之间的关系可能会提出一个非常重要的理论的和实践的问题这一事实，都没有较多的了解。对于资产阶级教授们来说，马克思主义充其量不过是 19 世纪哲学史中一个相当不重要的分支，因而就把它当作"黑格尔主义的余波"而不予考虑。但是，"马克思主义者们"也不想大力强调他们理论的"哲学方面"，尽管这是出于完全不同的理由。诚然，马克思和恩格斯经常自豪地指出，在历史上，德国工人运动在"科学社会主义"中继承了德国古典哲学的遗产。^② 但这

---

① 选自《马克思主义和哲学》，重庆，重庆出版社，1989。

② 这一点在恩格斯的《路德维希·费尔巴哈和德国古典哲学的终结》一书著名的结束语中得到了详细的说明。类似的论述几乎可以从马克思和恩格斯的所有著作中，从他们许多不同的生活时期中发现。例如，恩格斯的《社会主义从空想到科学的发展》第一版序的最后一句。

并不意味着他们认为科学社会主义或者共产主义主要是哲学。① 他们毋宁说是把他们的"科学社会主义"的任务看作不仅明确克服和取代全部早先的资产阶级唯心主义哲学的形式和内容,而且也克服和取代全部哲学的形式和内容。在后面,我将根据马克思和恩格斯的原初观点,更详细地解释这种取代的性质是什么或者打算是什么。这里我只表明,在历史上,就后来的马克思主义而言,这个问题简直不再成为一个问题。他们对待哲学问题的方式,完全可以用恩格斯有一次在谈到费尔巴哈对黑格尔哲学的态度时使用的生动语言来描述:那就是简单地把它"随便扔在了一边"。事实上,正是许多看上去最正统地依照导师指示行事的后来的马克思主义者,却以同样随便的方式去对待黑格尔哲学乃至全部哲学。例如,梅林不止一次简单地描述过他自己关于哲学问题的正统的马克思主义见解,认为他接受了"大师们不朽成就的前提":"抛弃所有的哲学幻想"②。作出这一论述的这个人,可以公正地说他比任何人都更彻底地研究了马克思和恩格斯的哲学起源。这一点对于在第二国际(1889~1914)的马克思主义的理论家当中看到的在全部哲学问题上一般的占支配地位的见解来说,是极为有意义的。这个时期的杰出的马克思主义理论家认为,关心那些在较狭窄的意义上甚至根本不是哲学问题的问题,而仅仅是与马克思主义理论的一般认识论和方法论基础有关的问题,不过是浪费时间和精力。当然,不论他们是否喜欢,他们都允许在马克思主义阵营内和在某些他们自己参与的情况下讨论这样的哲学问题。但是,当这样做的时候,他们要人们明白,这些问题的阐明对无产阶级的阶级斗争实践是全然无用的,并且将必然总是如此。然而,这种观点之所以是不证自明的,并且之所以在逻辑上有道理,其必备的前提是:马克思主义作为理论和实践在本质上是全然不可变化,并且不包含任何哲学问题上的特定立场的。这意

---

① 尤其参见在 1847~1848 年的《共产党宣言》中对德国的或"真正的"社会主义的驳斥和恩格斯在《1892 年工人党年鉴》上发表的关于德国社会主义的一篇文章的导论。恩格斯把 1848 年以前的从一开始就由马克思的名字支配的德国社会主义,描述为"一个从黑格尔哲学的废墟上产生的理论运动",显然完全与资产阶级哲学历史相符合。他称这一趋势的追随者为"过去的哲学家",并且直接地把他们与构成两种趋势的另一派的"工人们"相对照,这两种趋势在 1848 年融合成了德国共产主义。

② 在梅林的《马克思传》中,关于《德意志意识形态》那一章里,有类似的论述。比较一下梅林的论述与古斯塔夫·迈耶的《恩格斯传》的相应部分,人们可以看到梅林对马克思和恩格斯的这些著作(遗憾的是,这些著作仍然没有完全出版)的意义理解得如此之少。

味着，例如，一个第一流的马克思主义理论家在他的个人哲学生活中不是不可能成为一个叔本华的追随者的。

因此，在那个时期，无论马克思主义理论和资产阶级理论在所有其他方面有着多大的矛盾，这两个极端在这一点上却有着明显的一致之处。资产阶级的哲学教授们一再互相担保，马克思主义没有任何它自己的哲学内容，并认为他们说的是很重要的不利于马克思主义的东西。正统的马克思主义者们也一再互相担保，他们的马克思主义从其本性上来讲与哲学没有任何关系，并认为他们说的是很重要的有利于马克思主义的东西。但还有从同样的基本观点出发的第三种倾向；在整个这个时期内，这是唯一多少更彻底地关心社会主义的哲学方面的倾向。它由各种"研究哲学的社会主义者"所组成，他们声称他们的任务是用来自文化哲学（Kulturphilosophie）的观念或者用康德、狄慈根、马赫的哲学概念或别的哲学来"补充"马克思主义。然而，正是因为他们认为马克思主义体系需要哲学的补充，他们也就使人们明白了，在他们的眼里，马克思主义本身是缺乏哲学内容的。

现在很容易表明，在马克思主义和哲学之间关系上的这种纯粹否定的观点——我们已经证明这种观点是资产阶级学者和正统马克思主义者们显然一致的看法——都是起因于对历史和逻辑的发展非常肤浅和不完整的分析。但是，他们双方由以得出这个结论的那些条件在某种程度上却是大相径庭的，因此我要分别地描述它们。那时，人们将会清楚，尽管二者的动机有很大的不同，但它们的原因在一个决定性的地方却是一致的。在 19 世纪后半期的资产阶级学者中，存在着对黑格尔哲学的极度漠视，这与完全不理解哲学对现实、理论对实践的关系相一致，但这种关系却构成了黑格尔时代的全部哲学和科学的生存原则。另外，马克思主义者们同时也以完全同样的方式日益倾向于忘记辩证法原则的原初意义。然而，两位年轻的黑格尔主义者马克思和恩格斯，当他们在 19 世纪 40 年代离开黑格尔时，他们是完全自觉地脱离德国唯心主义哲学，并转变到关于历史和社会的唯物主义观念上来的。

首先，我将概述为什么自从 19 世纪中叶以来，资产阶级的哲学家和历史学家们已经日益抛弃辩证的哲学史观，为什么他们因此便不能够恰当地分析和表述马克思主义哲学的独立本质及其在 19 世纪哲学的总的发展中的意义。

或许会有人争辩说，有着更多的忽视或误解马克思主义哲学的直接理由，因此，绝对不需要我们以辩证法的被抛弃来解释它的被压抑。诚然，在19世纪的哲学史著作中，自觉的阶级本能无可否认地有助于草率地对待马克思主义理论，而且也有助于同样草率地对待像大卫·施特劳斯、布鲁诺·鲍威尔和费尔巴哈这些"无神论者"和"唯物主义者"的学说。但是，如果我们简单地谴责资产阶级哲学家们有意识地使他们的哲学或哲学史从属于其阶级利益，那么，我们对于那实际上是非常复杂的情况就只是有了一个很粗糙的观念。当然，有一些符合于这种粗糙命题的例子。① 但是，一般地说来，一个阶级的哲学代表与他们所代表的阶级之间的关系，更复杂得多。马克思在他的《路易·波拿巴的雾月十八日》中，特别地论述了这种相互联系。他说，从其"物质基础"中，整个阶级创造和形成了"上层建筑全体；并且特别地形成了感情、幻想、思想方式和生活的观点"。这样由"阶级决定"的而又特别远离其"物质和经济基础"的一部分上层建筑，就是我们所说的阶级的哲学。就它的内容而言，这最为明显；但在上一个例子中，这也适合于其形式方面。如果我们要懂得资产阶级哲学史家对马克思主义的哲学内容的完全误解，并且在马克思的哲学这个用语的意义上，即"唯物主义地因而是科学地"真正理解它，那么，我们不应当满足于直接地用它的"世俗的核心"（阶级意识和"隐藏于其中的"经济利益）去解释这种现象。甚至那些以最大的"客观性"试图忠实地考察"纯粹"真理的资产阶级哲学家和历史学家们，也必定要完全地忽视马克思主义的哲学内容，或者只能以一种不适当的和肤浅的方式来解释它。我们的任务就是要详细地表明这种现象的原委。对于我们的目的来说，最重要的原委无非这一事实：自从19世纪中叶以来，全部资产阶级哲学，尤其是资产阶级的哲学史著作，出于社会经济的原因，已经抛弃了黑格尔哲学和辩证的方法。它已经返回到这样一种哲学的和

---

① 这方面最好的例子是冯·赛多在他的《从康德到黑格尔的唯心主义哲学中关于理想王国的思想》中所作的下列论述："就理想的观念被历史化而言，它失去了它的爆发力，因为在德国唯心主义中，正是理想给予历史以逻辑性，并把它从一连串的事件变成一系列的概念。如果理想是一个逻辑—历史的必然性，那么，为之努力奋斗是不成熟的和无意义的。对理想概念的这种阐明，是绝对唯心主义者的成就。如果我们今天的社会和经济秩序盛行到可预见的未来的话，那我们是应该感谢他们的。当统治阶级把自身从唯心主义的历史幻影中解放出来，并且经常地把他们的行动意志变为行动的勇气时，无产阶级却仍然信仰那来自唯心主义体系的唯物主义残骸。应该估计到，这种巧妙的情形将继续一个很长的时间。像在所有别的基本问题上一样，对这一成就最有贡献的是费希特。"在注脚中，冯·赛多十分明确地说，这一事实"可以用于反对那些或多或少地公开宣称哲学在政治上不重要的人"。

写哲学史的方法，这种方法使得它几乎不可能从像马克思的科学社会主义这样的现象中得出任何"哲学的"东西来。

在资产阶级作者作出的关于19世纪哲学史的正规论述中，在一个特殊点上有一个缺口，这个缺口只能以非常勉强的方式克服。这些历史学家们以一种完全观念形态的和无可救药的非辩证的方式，把哲学思想的发展表述为纯粹的"观念的历史"的过程。因此，不能指望他们会合理地解释这样的事实：到19世纪50年代，黑格尔的宏伟哲学在德国事实上已没有追随者，并且在不久之后被全然误解，而在20世纪30年代之前，甚至它的最大的敌手（叔本华或赫尔巴特）也不能避免它的强烈的思想影响。他们中的大多数人甚至不打算作出这样一种解释，而只是满足于在他们的编年史中，在"黑格尔主义的衰败"这种完全否定的标题下，记下随黑格尔死后而来的争论。然而，这些争论的内容是很有意义的，而且从今天的标准来看，它们也是有着极高的正式哲学的水平的。这些争论发生在黑格尔学派的多种不同倾向之间；这些倾向有右派、中间派和不同倾向的左派，尤其是有施特劳斯、鲍威尔、费尔巴哈、马克思和恩格斯这样的左派。为了结束这一时期，这些哲学史家对于黑格尔主义的哲学运动确定了一种绝对的"终结"。然后，他们就以回到康德（赫尔姆霍茨、泽勒、李普曼、朗格）来开始论述19世纪60年代，似乎这是一个新的哲学发展时代，而与此外的任何事情没有任何直接联系。这种哲学史有三大局限性，其中两个表现在那种或多或少完全处于观念的历史的领域内的批判性修正上。的确，在近几年内，更彻底的哲学家们，尤其是狄尔泰和他的学派，已经在这两个方面大大扩展了正规哲学史的有限的眼界。因此，可以认为这两个局限已经在原则上被克服了，尽管在实际上它们已延存到了今天，并且大概还将继续很长的时间。然而，第三个局限无论如何不可能在观念历史的领域里被克服；因此，它甚至仍然没有被当代资产阶级哲学史家们在原则上克服。

19世纪下半叶资产阶级哲学史的三个局限性的第一个，可以表述为一个"纯粹哲学的"局限性。当时的理论家们没有看到，哲学中包含的那些观念，不仅能存活在哲学之中，而且能同样好地存活在实证科学和社会实践之中，而且这一过程在很大程度上就是从黑格尔哲学那里开始的。第二个局限性是"地域的"，这在18世纪后半叶的德国哲学教授中最为典型：这些可尊敬的德国人无视在德国的界限之外还有其他哲学家这一事实。因此，除了极少数例外，他们完全没有看到，尽管黑格尔体系在德国被宣布死了好几十年，但它仍然继续在其他几个国家兴盛，不仅是在它的内容上，而且也是在它的体系和方法上。经过了近几十年的哲学史的发展，限制着它的前景的这前两个局限性已在原则上被克服了，自从 1850 年以来，印在标准的哲学史上面的那幅图景近来已经有了相当大的改善。然而，依靠其历史观，资产阶级的哲学家和历史学家们根本不能克服第三种局限性，因为这将使得这些"资产阶级的"哲学家和哲学史家们抛弃资产阶级的阶级立场，而这个立场正构成了他们全部历史和哲学科学的先天本质。事实上 19 世纪纯粹的"观念的"哲学发展这种现象，只有同这个资产阶级社会的具体历史发展相联系，才能从实质上被充分把握。资产阶级的哲学史家们，在他们发展的现阶段，是不能够审慎而公平地研究这种关系的。

这就解释了为什么直到现在，对于资产阶级的哲学史家们来说，19 世纪哲学总的发展的某些阶段，不得不仍旧是"超验的"阶段的原因。它也解释了为什么在当代资产阶级哲学史的地图上，仍然有一些古怪的"空白点"的原因（这一点已联系到 19 世纪 40 年代黑格尔哲学运动的"终结"和此后在 60 年代哲学的"复苏"之前的空白，进行了描述）。同时这也使人们理解，为什么资产阶级的哲学史今天甚至不能前后一致地把握它以前已经成功地理解了其具体实质的德国哲学时期。换言之，黑格尔之后哲学思想的发展，以及以前从康德到黑格尔的哲学进化，都不能被理解为纯粹的观念的链条。任何理解这整个较后时期——在历史书中，正规地称作"德国唯心主义"时期——的完整实质和意义的企图，只要忽视了或仅仅肤浅地和陈腐地了解某些对于它的整个形式和过程是生死攸关的联系，必将可悲地归于失败。这些联系就是那个时期的"思想运动"和同时代的"革命运动"之间的联系。

在黑格尔的《哲学史讲演录》和其他著作中，有几个描述他的直接先驱——康德、费希特和谢林——的哲学本质的段落，对于整个所谓的"德国唯心主义"时期，包括它的最高结果黑格尔体系自身，都是有效的。它们也适用于后来的 40 年代在黑格尔学派各种倾向之间的争辩。黑格尔写道：在这个根本革命时期的哲学体系中，"革命是通过思想形式概括出来了、表达出来了"。黑格尔的补充说明使人们明白了，他所谈的不是当代资产阶级哲学史家喜欢称之为思想革命的东西——一个审慎地、平静地发生在纯粹研究领域并远离粗俗的现实斗争的过程。资产阶级社会在其革命时期产生出来的这位最伟大的思想家认为，"思想形式的革命"是整个社会现实革命过程的一个客观的组成部分。① "世界历史上这一个伟大的时代（其最内在的本质将在历史哲学里得到理解），只有两个民族，即日耳曼民族和法兰西民族参加了，尽管它们是互相反对的，或正因为它们是互相反对的。别的国家并没有参加到里面来，虽说它们的政府以及它们的人民在政治上参加了，但不是在内在精神上参加了。这个原则在德国是作为思想、精神、概念，在法国是在现实界中汹涌出来。这个原则出现在德国现实生活中，显得是一种外部环境的暴力和对于这种暴力的反动。"② 在几页后，在论述康德哲学的时候，黑格尔又论述了同样的命题："卢梭已经把自由提出来当作绝对的东西了。康德提出了同样的原则，不过主要是从理论方面提出来的；法国人则从意志方面来掌握这个原则。法国人常说：'他头脑发热'（Ⅰ Lalafetepres du bonnet）；意思是说，法国人具有现实感，实践的意志，把事情办成的决心，——在他们那里观念立刻就能转变成行动。因此人们都很实际地注重现实世界的事务。尽管自由本身是具体的，但自由在被他们应用到现实世界时却仍然是未经发展的、抽象的。要想把抽象的观念生硬地应用于现实，那就是破坏了现实。人民群众把自由抓到手里，所表现出来的狂热荒诞实在可怕。在德国，同一个自由的原则占据了意识的兴趣；但只是在理论方面得到了发挥。我们在头脑里和头脑外面发生了各式各样的骚动；但德国人的头脑却仍然可以很安静地戴着睡帽，坐在那里，让思维自由地在内部进行活动。——伊曼努尔·康德 1724 年生于哥尼斯堡。"黑格尔的这些段落肯定了一条原则，这原则使得这一世界历史的伟大时期的最

① 康德在纯粹思想领域中也喜欢使用"革命"这个表达词。但我们应当说，他在此意指着比当今资产阶级的康德主义者更具体得多的东西。这应当联系到康德在《学科间的纷争》和在其他地方关于现实革命事件的许多论述："一个在思想上有天赋的民族——比如我们今天正在目睹着的一个民族——的革命，唤醒所有的旁观者（他们本身不是直接卷入者）以几乎近于热烈的方式去赞同革命。""在人类历史上这种现象是永远不会被忘记的。""这种事件太伟大、太与人类的利益交织在一起，它的影响太广泛地遍布世界，以致人民将不能不记得它，并且当环境顺利的时候，不能不觉醒起来再次企图实行它。"康德的这些论述以及类似的论述被收入《十八世纪德国政治文献》第 1 卷中。

② 众所周知，马克思充分接受和有意识地发展了黑格尔关于一般的资产阶级革命过程中日耳曼和法兰西两个民族所扮演的角色分工的观点。参见所有他的包含有这样论述的早期著作："德国人在政治上考虑过的正是其他国家做过的事情"，"德国人只是用抽象的思维活动伴随了现代各国的发展"，因此，德国人在现实世界里的命运在于他们"和现代各国一起经历了复辟，而没有和它们一起经历革命"（《马克思恩格斯选集》第 1 卷，8、10、3 页，北京，人民出版社，1972）。

内在本质成为可理解的了，这就是哲学和现实之间的辩证关系。在别的地方，黑格尔以一种更一般的方式概括了这一原则。他写道，每一种哲学不过是"被掌握在思想之中的它自己的时代"。无论如何，这一公理对于真正理解哲学思想的发展都是必不可少的，对于社会进化的革命时期来说，甚至是更为中肯的。的确，正是这一点解释了19世纪资产阶级哲学发展和哲学史研究不可避免地面临的命运。在19世纪中叶，这个阶级在它的社会实践中不再是革命的了，并且，由于一种内在的必然性，它也因此再不能在思想上把握观念和现实的历史发展之间尤其是哲学和革命之间的辩证关系了。在社会实践中，资产阶级的革命发展在19世纪中期衰退和停止了。这一过程在其哲学发展的明显衰退和终结中得到了意识形态上的体现；对于这一点，资产阶级的历史学家们至今仍在考究着。这种思想的一个典型例子就是宇伯威格和海因泽的评论，他们在他们著作的有关部分一开头说，哲学发现自己在这个时代"处在一种普遍的枯竭状态之中"，"日益失去了它对于文化活动的影响"。在宇伯威格看来，这种可悲的状况首先应归于"心理突变的倾向"，而一切"外部要素"只有次要的影响。这位著名的资产阶级哲学史家这样对他自己和他的读者"解释"这些"心理突变倾向"的特征："人们既厌倦了自我膨胀的唯心主义，也腻烦了形而上学的臆测（！），并且需要有更丰富的精神养料。"如果19世纪的哲学发展被坚决而彻底地以辩证的方法来对待，即使是以黑格尔所使用的那种不发达和部分地有意识的形式，即以与马克思的唯物辩证法相对立的黑格尔唯心辩证法的形式，那么，19世纪的哲学发展就会立即以全然不同的形式显现出来（甚至从观念史的观点看，也是更为合适的形式）。

从这种观点看，观念领域的革命运动与其说是在19世纪40年代减弱和最后地停止了，毋宁说只是经历了一个深刻的和有意义的特征的变化。德国古典哲学，这一资产阶级革命运动的意识形态表现，并未退场，而是转变成了一种新的科学，这种科学以后作为无产阶级革命运动的一般表现而出现在观念的历史上。这就是最早由马克思和恩格斯在40年代发现和系统论述的"科学社会主义"理论。资产阶级的哲学史家们至今或者是全然无视在德国唯心主义和马克思主义之间的这一本质的和必然的联系，或者只是不适当地和不连贯地想象和描述它。为了真正地把握它，必须抛弃现代哲学史家们的常规的抽象的和观念形态的方法，而代之以一种不必专门是马克思主义的，但一定是在黑格尔和马克思的意义上直接辩证的方法。如果我们这样做了，我们就一下子不仅看到德国的唯心主义哲学和马克思主义哲学之间的相互关系，而且也看到它们的内在必然性，既然马克思主义体系是无产阶级革命运动的理论表现，德国唯心主义哲学是资产阶级革命运动的理论表现，那么，它们必然在精神上和历史上（在意识形态上）彼此处于联系之中，就像在社会政治实践领域里，作为一个阶级的无产阶级的革命运动和资产阶级的革命运动处于联系中一样。在历史发展中，有一个统一的历史过程，在其中，"自发的"无产阶级运动是从第三等级的革命运动中发展出来的，新的马克思主义的唯物主义理论也"自发地"与资产阶级的唯心主义哲学相对峙。所有这些过程都是交互地彼此影响的。马克思主义理论的出现，用黑格尔主义—马克思主义的术语来说，仅仅是现实的无产阶级运动出现的"另一个方面"；正是这两个方面一起构成了这一历史过程的具体整体。

这种辩证的方法使我们能够把上述四种不同的趋势——资产阶级的革命运动、从康德到黑格尔的唯心主义哲学、无产阶级的革命阶级运动和马克思主义的唯物主义哲学——作为一个历史过程的四种要素来把握。这样便使我们能够理解由马克思和恩格斯在理论上系统阐述的新科学的真正本质，这一科学构成了无产阶级独立的革命运动的一般表现形式。这一唯物主义哲学是从最先进的革命的资产阶级唯心主义体系之中产生出来的。这样就可以理解，为什么资产阶级的哲学史或者全然漠视它，或者只能在否定的和完全颠倒的意义上理解它的实质。无产阶级运动的基本实践目标不能够在资产阶级社会和资产阶级国家中实现；同样地，这种资产阶级社会的哲学不能够作为无产阶级革命运动的独立的和自我意识的表达方式的那些一般命题。资产阶级的观点在理论上不得不停留在它在社会实践中不得不停止下来的地方——只要它还没有打算不再作为"资产阶级的"观点，废弃自身。只有当哲学的历史超越了这个障碍时，科学社会主义才不再是一个先验的彼岸世界，而成了一个能够把握的对象。但是，使任何对"马克思主义和哲学"问题的正确理解复杂化的特性是：好像在超越资产阶级立场的局限这一行动——一个对于把握本质上新的马克思主义哲学内容必不可少的行动——中，马克思主义自身作为一个哲学的对象就立即要被废弃和消灭。

在这一考察的开始，我们表明了作为科学社会主义创始人的马克思和恩格斯，远非要建造一个新的哲学。相反，与资产阶级的思想家们相比较，他们两人充分地意识到了在他们的唯物主义理论和资产阶级的唯心主义哲学之间的密切的历史联系。在恩格斯看来，社会主义在它的内容上是一些新观念的产物，而这些新观念必然在社会发展的一定阶段上，在作为其物质状况的产物的无产阶级中产生出来。但是，它依靠它和德国唯心主义，尤其是和黑格尔哲学体系的联系，创造出了自己特殊的科学形式（这一形式使它有别于空想社会主义）。从空想发展成科学的社会主义，从形式上看产生于德国唯心主义哲学之中。自然，这种（形式上的）哲学根源并不意味着社会主义因此不得不是具有独立形式并将进一步发展的哲学。至少，从 1845 年以来，马克思和恩格斯不再把他们的新唯物主义的和科学的见解表述为哲学的见解。[①] 在这里，我们应当记得，对他们来说，全部哲学等同于资产阶级哲学。但是，全部哲学和资产阶级哲学相等同的意义，仍然是需要特别强调的。因为它在很大程度上涉及像马克思主义和国家的关系那样的关系。马克思和恩格斯不仅反对一种特殊历史形式的国家，而且他们也历史地和唯物主义地把国家和资产阶级国家等同起来，并因此宣布废除国家是共产主义的政治目标。同样，他们恰恰不是反对特殊的哲学体系——他们要用科学社会主义最终克服和取代哲学。在这里，我们发现，在马克思主义的"现实主义的"（辩证唯物主义的）观念与拉萨尔主义和所有早期和晚期的形形色色的"粗陋的社会主义"所特有的"法学家和其他人的意识形态的谎言"之间有严重的矛盾。后者基本上从未超越"资产阶级的水平"，即"资产阶级社会"的见解。

任何对"马克思主义和哲学"之间的关系的彻底的阐述，必须从马克思和恩格斯他们自己的明确论述出发。他们认为：他们的新的辩证唯物主义观点不仅要取代资产阶级唯心主义哲学，而且同时要取代全部哲学。最根本的是，不要搞混马克思主义对哲学的这种态度的基本意义，把整个争论看作是纯粹词句上的。这里的意思是指，有人会认为恩格斯只是对在黑格尔术语中作为"科学的哲学方面"的某些认识论原则给予了新的名称，这些原则实质上是被保留

[①] 后面要讨论的马克思的《关于费尔巴哈的提纲》，注明的日期是这一年。也正是这时，马克思和恩格斯（参看马克思在 1859 年《〈政治经济学批判〉序言》中的说明）通过对全部黑格尔以后的哲学的批判（《德意志意识形态》）而抛弃了他们的"早期的"哲学世界观。从那时起，在哲学问题上他们进行论战的目的只是为了说服或者击败他们的对手（如蒲鲁东、拉萨尔和杜林），不再倾向于"澄清他们自己的见解"了。

在黑格尔辩证法的唯物主义变体之中的。① 当然，在马克思那里，尤其是在较后的恩格斯那里，有一些论述暗示了这一点。但是，哲学自身没有由于只是废除它的名称而被废除，这一点是容易理解的。② 在任何关于马克思主义和哲学之间的关系的严肃考察中，必须不考虑这种纯粹术语学的观点。问题毋宁是，我们应当如何理解马克思和恩格斯主要在 19 世纪 40 年代，但也在后来的许多场合讲述的废除哲学的话。这一废除过程应当如何完成？或者它是否已经完成？通过什么行动来完成？以什么样的速度完成？是对于谁来说的？也就是说，这一废除哲学应当被看作是由马克思和恩格斯的一次思想上的行动而一劳永逸地完成的吗？它的完成应当被认为只是对于马克思主义者来说的呢，还是对于全体无产阶级，或者对于全人类来说的呢？③ 或者，我们是否应当把它理解为（像国家的废除一样）一个非常漫长和非常艰巨的，通过各个完全不同的阶段而展开的革命过程？如果是这样的，那么，只要这个艰巨的过程还没有达到它的最终目标，即废除哲学，马克思主义对于哲学的关系又是什么？

---

① 事实上有那么一些资产阶级的，甚至（庸俗的）马克思主义的理论家，严肃地想象，当马克思主义的共产主义者要求废除国家（不同于反对国家的特殊的历史形式）的时候，只涉及术语上的不同。

② 就这里引证的那段话的形式而言，恩格斯的论述所包含的显然不只是一个名称的变化。在恩格斯断言为马克思主义的或者唯物主义的辩证法的结果的东西与黑格尔已经表明是他的辩证的唯心主义见解的结果的东西之间，看起来没有原则上的不同，甚至黑格尔也要求每门科学都清楚它在总联系中的地位；然后他沿着下列思路继续说：由此可见，每一门真正的科学必然是哲学的。从字面上看，这里要求的东西是同恩格斯把哲学变为科学的要求对立的；但是，它们在实质上是意指同样的事情。二者都要克服个别科学和凌驾于其上的哲学之间的矛盾。黑格尔通过把各个个别科学合并于哲学之中表达了这一点；而恩格斯则主张把哲学渗进各个个别科学之中。在两种情况下，似乎有同样的结果：个别的科学不再是专门科学，同时哲学也不再是凌驾于其他科学之上的特殊科学了。然而，后面将表明，在黑格尔和恩格斯之间是纯粹字面上的不同这一现象背后，有着更多的东西。这种差别在恩格斯的这些论述中，特别是他后期的论述中，不像那些马克思单独写作的或与恩格斯合写的早期著作中表达的那样清楚。在这里重要的东西是，尽管恩格斯总是避免说"实证科学"，但他仍然要在"哲学"（思维及其规律的理论——形式逻辑和辩证法）内保留一块有限领域的独立性。当然，这里引起的重要问题是，马克思和恩格斯用他们的科学或实证科学的概念到底意指着什么。

③ 后面将表明，甚至一些杰出的唯物主义思想家，也不幸地近于接受这种极端的意识形态的观点。而且，前面引证的恩格斯的论述能够被理解成这样的意思：实质上，哲学已经在思想上被黑格尔自己无意识地克服和废除，然后由于唯物主义原则的发现而被有意识地取代。但是，我们将看到，尽管有这些现象，恩格斯阐述这一观点的方式还是没有能表达马克思和恩格斯思想的真正含义。

如果马克思主义对于哲学的关系问题被这样提出来，那么，很清楚，我们所涉及的不是对很久已解决了的问题的无意义的和空洞的反思。相反地，这一问题仍然有最大的理论上与实践上的重要性。的确，在无产阶级斗争的现阶段，这是特别具有决定意义的。正统的马克思主义者们循规蹈矩几十年，好像根本不存在什么问题，或者至多只有对于阶级斗争实践来说总是不重要的问题。这一立场现在显得极为含糊——按照在马克思主义和哲学与马克思主义和国家这两个问题之间的正相对应的情况，更是如此。众所周知，如列宁在《国家与革命》中所说的那样，后一个问题"是第二国际的最著名的理论家和政治家们很少注意的"。这就产生了一个问题：如果在废除国家和废除哲学之间有着一定的联系，那么，第二国际的马克思主义者对这两个问题的忽视是否也有某种联系？这个问题可以更确切地提出来。列宁对机会主义者贬低马克思主义的做法的严厉批评，在更一般的情况下，是同第二国际的马克思主义者对国家问题的忽视相关的。在马克思主义和哲学的问题上，还有这种关联吗？换言之，第二国际的马克思主义者对哲学的忽视也与"他们一般很少注意革命问题"这一事实有关吗？要弄清楚这个问题，我们必须对存在于马克思主义理论历史中最大的危机的原因和实质作更详尽的分析。在最近十多年里，这危机已把马克思主义者分裂成了三个敌对的阵营。

在20世纪初，资本主义长期的纯粹进化的发展时期结束了，一个新的革命斗争时代开始了。由于阶级斗争实际条件的这个变化，出现了马克思主义理论进入了危机阶段的日益增长着的迹象。很明显，追随者们的极其平庸的和残缺不全的庸俗马克思主义，甚至不能适当地意识到它自己的所有问题，更不用说对他们之外的一系列问题的任何明确的见解了。马克思主义理论的危机，在社会革命对于国家的态度问题上，最清楚地表现出来。自从1848年的第一次无产阶级革命运动失败和1871年的巴黎公社起义被镇压以来，这个重要的问题在实际上从来没有被严肃地提出过。世界大战和1917年的第一、二次俄国革命，还有同盟国在1918年的崩溃再次把它具体地提到了议事日程上。现在人们已经很清楚，在马克思主义阵营内，在诸如"无产阶级夺取国家政权"、"无产阶级专政"和在共产主义社会里"国家的最后消亡"这些目标和转变的主要问题上，都存在着不一致。相反地，只要所有这些问题以一种具体的、不可避免的方式被提出，至少立即会出现三种都声称是马克思主义的不同的理论见解。然而，在战前，这三种倾向的最杰出的代表——伦纳、考茨基和列宁——不仅被认为是马克思主义者，而且被认为是正统的马克思主义者。长达几十年，在第二国际的社会民主党和工会的阵营内，已经存在着明显的危机；它采取了正统马克思主义和修正主义之间冲突的形式。但是，随着在这些新问题上不同的社会主义倾向的出现，很清楚，这次明显的危机不过是贯穿了正统马克思主义路线自身的更深刻得多的裂缝的一个暂时的和虚幻的表现而已。在这个裂缝的一边，出现了马克思主义的新改良主义，它不久便或多或少地与早先的修正主义混合了。在另一边，新的革命的无产阶级政党的理论代表在恢复纯粹的或革命的马克思主义这一战斗口号下，发动了一个既反对修正主义者的旧改良主义也反对"中派"的新改良主义的斗争。

这一危机在世界大战爆发之际在马克思主义阵营内喷发出来。但是，把它仅仅归结为要为马克思主义理论的这种贫困和被降低到第二国际的正统的庸俗马克思主义水平负责任的理论家和政治家的怯懦，或者缺乏革命坚定性，却是一个极其肤浅的和非辩证的历史过程观——完全是非马克思主义和非唯物主义的，甚至也不是黑格尔唯心主义的。然而，设想列宁、考茨基和其他"马克思主义者"之间的大论战仅仅是倾向于通过忠实地重建马克思主义的学说来恢复马克思主义，这也将是同等肤浅和非辩证的。[①] 到现在为止，我们只是运用黑格尔和马克思引入历史研究中去分析德国唯心主义哲学和从中产生出来的马克思主义理论的那种辩证方法。但是，进行这种分析的唯一真正的"唯物主义的因而是科学的方法"（马克思），

---

① 那些探讨过列宁的著作但对它们在实践上和理论上的前后联系缺乏较深理解的人，可能会认为列宁在事实上已接受了这些资产阶级的道德的、心理学的和意识形态的见解。可能引导他们误解列宁著作的东西，既有列宁用以抨击"庸俗马克思主义"的极其严厉和涉及人身的方式（在这方面是忠实的马克思的信徒），也有列宁在运用马克思和恩格斯著作方面对原文的博学和精确。但是，仔细阅读会相当清楚地表明，列宁从未求助个人因素去解释在国际上已发展了几十年的那个变化过程（通过这一过程，马克思主义理论在19世纪下半叶逐渐地贫困化，并堕落成为庸俗马克思主义）。他把他对这种因素的使用只限制在解释第二次世界大战前最后一个时期的一些特定历史现象上，那时，即将来临的政治和社会危机是清清楚楚的。宣称列宁认为偶然的和个人的特性对于世界历史或者对于解释特定的历史现象是没有意义的，这也是对马克思主义的极大歪曲。另一方面，根据马克思主义的理论，如果解释涉及较长时期，个人的因素自然必须只充当一个不重要的解释性角色。人们能够容易理解，列宁在他所有的著作中，总是以这种真正的"唯物主义的"方式写作。但是，《国家与革命》的序言和第一页证明了，他也恰恰没有认为这一理论著作的主要目的是在意识形态上"重新建立"真正的马克思主义学说。

应该应用于马克思主义直到今天的进一步发展上。这意味着我们必须试图去理解，自从马克思主义理论作为它的时代的必然产物（黑格尔）从德国唯心主义哲学中最早产生以来，它的每一个变化、发展和修改。更确切地说，我们应当力图理解它们一般表达的历史——社会过程的总体对它们的决定作用（马克思）。这样，我们就能够把握马克思主义理论沦落为庸俗马克思主义的真正根源。我们也可以辨明今天第三国际的马克思主义理论家恢复"马克思的真正学说"的热情的然而明显意识形态上的努力的意义。

如果我们把马克思的辩证唯物主义原则运用于马克思主义的整个历史，那么，我们就能够区分出自从马克思主义理论诞生以来所经历过的三个主要的发展阶段——根据这个时代的具体的社会发展，不可避免地是要这样的。第一个阶段开始于1843年前后，与观念历史中的《黑格尔法哲学批判》相对应。它结束于1848年的革命——对应于《共产党宣言》。第二阶段开始于1848年6月战斗中巴黎无产阶级被血腥镇压和由此发生的"在一个疯狂的工业活动、道德沦丧和政治反动时期中"所有的工人阶级的组织和解放的美梦破灭，就像马克思在他的《1864年的开幕词》中机智地描述的那样。在这里我们不涉及整个工人阶级的社会历史，而只关注与无产阶级的一般阶级历史相联系的马克思主义理论的内部发展。因此，如果忽略一切不太重要的分界线（第一国际的建立和失败、巴黎公社的插曲、马克思主义者和拉萨尔派之间的斗争、德国的反社会党人法、工会、第二国际的建立）的话，我们可以说第二个阶段大体上延续到19世纪末。第三个阶段从20世纪初开始到现在，并延续到一个还不能确定的未来。

按这种方式来安排，那么，马克思主义理论的历史发展就呈现出下面的图景：在整个后期，在马克思和恩格斯的头脑中，它的最初的面貌自然在实质上没有变化，虽然在他们的著作中它没有全然保持不变。尽管有所有这些对哲学的否定，但是这个理论的最初形态却是完完全全为哲学思想所渗透的。它是一种把社会发展作为活的整体来理解和把握的理论；或者更确切地说，它是一种把社会革命作为活的整体来把握和实践的理论。在这一阶段，毫无疑问，任何把这一整体的经济的、政治的和思想的要素划分为知识的各个分支的做法，甚至在每一个分支的具体特征被把握时，都是以历史的忠实性去分析和批判的。当然，不仅经济、政治和意识形态，而且历史过程和有意识的社会行动，都继续构成了"革命的实践"（《关于费尔巴哈的提纲》）的活的统一体。这一作为社会革命理论的马克思主义理论的早期和富有青春活力的形式的最好例子，显然就是《共产党宣言》。①

从唯物辩证法的观点来看问题，马克思主义理论的这种原初形式不可能在整个 19 世纪的下半叶（这在实际上是相当不革命的）的漫长时期保持不变，是完全可以理解的。马克思在《〈政治经济学批判〉序言》中关于整个人类的论述，对于工人阶级也必然是正确的。他在那里指出，人类是那么缓慢地和彼此对抗地向着它自身的解放发展："所以人类始终只能提出自己能够解决的任务，因为只要仔细考察就可以发现，任务本身，只有在解决它的物质条件已经存在或者至少是在形成过程中的时候，才会产生。"这一名言不为这样的事实所影响，即消灭现存关系的问题，可以在先前的时代被阐述。给予理论一种在历史的客观运动之外独立存在的权利，显然既不是唯物主义的做法，也不是黑格尔意义上的辩证法的做法，它只不过是一种唯心主义的形而上学的做法。辩证的概念依据这一运动毫无例外地把握每一个形式；由此必然得出结论，马克思和恩格斯的社会革命理论在它的进一步的发展过程中，不可避免地经历了重大的变化。当马克思在 1864 年起草那个《开幕词》和《第一国际章程》时，他完全意识到了"重新觉醒的运动要使人们能像过去那样勇敢地讲话，还需要一段时间"②。这一点不仅对于讲话，而且对于这一运动的理论的所有其他组成部分来说当然也是正确的。因此，在 1867～1894 年的《资本论》和马克思、恩格斯的其他晚期著作中的科学社会主义，代表了马克思主义一般理论的表达，这一表达在许多方面比之 1847～1848 年的《共产党宣言》的直接的革命共产主义，或者《哲学的贫困》、《法兰西的阶级斗争》和《路易·波拿巴的雾月十八日》的那些内容，是不相同的，是更为发展了的。然而，甚至在马克思和恩格斯的后期著作中，马克思主义理论的核心特征实质上仍然没有变化。因为在后期的论述中，马克思和恩格斯的马克思主义作为科学社会主义，仍然是社会革命理论的唯一整体。不

---

① 但是，较晚一些的著作，如《法兰西的阶级斗争》和《路易·波拿巴的雾月十八日》，从历史上看也属于这一阶段。

② 这段话对于具体地解释《开幕词》是极为重要的，但当考茨基在他的《通信集》的 1922 年版序言中引证这封信的大部分时却别有用心地省略了这一段。这样降低了 1864 年的《开幕词》的调子之后，他就能够使它显示出与 1847～1848 年的《共产党宣言》的激烈风格的对立，与"第三国际的非法代理人"的对立。

同之处仅仅在于，在较后阶段，这个总体的各个组成部分，它们经济的、政治的和意识形态的要素，科学理论和社会实践，进一步分离出来了。我们可以使用马克思自己的一种表达说，它的自然联系的脐带已经断了。但是，在马克思和恩格斯那里，这决不会产生代替整体的大量的各个独立要素。这仅仅是体系的组成部分的另一种结合开始以更大的科学精确性发展起来，并在政治经济学批判的基础上建立起来。在它的创立者的著作中，马克思主义体系自身从未消融在各个知识分支的总和之中，尽管它的成果的实际的和外在的应用暗示着这样的结论。例如，许多资产阶级的马克思解释者和一些后来的马克思主义者认为，他们能够在马克思的主要著作《资本论》中的历史材料和经济理论材料之间作出区分；但是，他们以此证明的全部东西是，他们根本不理解马克思的政治经济学批判的真正方法。因为这一区别对于它来说是不存在的，这是马克思的辩证唯物主义方法的一个本质的标志；它的确是一个对于历史的理论把握。而且，理论和实践不可割断的相互联系，作为马克思的唯物主义的第一个共产主义类型的最独特的标志，在他的体系的较后期形式中，无论如何也没有被废除。认为一个纯粹思想的理论似乎已经取代了革命意志的实践，这不过是肤浅的一瞥。这种革命意志在马克思著作的每一个句子之中都是潜在的——然而是存在的，潜在于每一决定性的章节中，尤其是在《资本论》第一卷中一再地喷发出来。人们只须想一下著名的第二十四章第七节关于资本积累的历史趋势的论述，就足以证明这一点。

另一方面，我们也不得不说，马克思的支持者和追随者们，尽管在理论上和方法论上全都承认历史唯物主义，但事实上他们把社会革命的理论割裂成了碎片。在理论上以辩证的方式，在实践上以革命的方式理解的唯物史观，与那些孤立的、自发的各个知识分支，与作为脱离革命实践的科学上的目标的纯理论考察，都是不相容的。然而，后来的马克思主义者却越来越认为科学社会主义是一些纯粹的科学观察，与政治的或其他阶级斗争实践没有任何直接的联系。这方面的充分的证据是一位作者关于马克思主义的科学与政治之间关系的叙述；这位作者在最适当的意义上是第二国际一位有代表性的马克思主义理论家。在 1909 年 10 月，鲁道夫·希法亭出版了他的《金融资本》。这部著作企图"把这些现象嵌入古典政治经济学的理论体系中"，来"科学地理解"资本主义的最近发展的经济方面。他在导言中写道："在这里我们只须认为，对于马克思主义说来，政治研究本身的目的仅仅在于发现因果联系。对支配商品生产的社会的规律的认识，立刻显示了这个社会的各阶级意志的作用。对于一个马克思主义者来说，科学的政治学——描述因果联系的政治学——的任务，是发现这些阶级意志的决定作用。像马克思主义的理论一样，马克思主义的政治学是没有价值判断的。因此，认为马克思主义和社会主义是一回事，是绝对错误的，尽管马克思主义者和非马克思主义者们都共同这样做。那种在逻辑上只被当作一种科学体系并因而脱离其历史作用的马克思主义，只是马克思主义的历史观的一般概括，而马克思主义经济学已把它应用于商品生产的时代的社会运动规律的理论。社会主义的来临是在商品生产社会中发展着的倾向的结果。但是，洞悉马克思主义的正确性，包括洞悉社会主义的必然性，决不是价值判断的结果，并且也没有实际行动的含义。承认必然性是一回事情，而为这必然性做出贡献则完全是另一回事情。完全可能，一个人可以相信社会主义的最终胜利，然而他却决心反对它。由马克思主义提供的对社会运动规律的洞悉，使任何掌握这一规律的人都占有优势。社会主义最危险的敌对者无疑是那些从它的经验中最得益的人。"在希法亭看来，马克思主义是一种理论，这种理论在逻辑上是"科学的、客观的和自由的科学，并没有价值判断"。他毫不感到困难地解释了这样一个值得注意的事实：人们常常认为接受马克思主义的结论并因此而不辞"劳苦"地去研究这样一个复杂的体系与根据"统治阶级不可避免的反抗"而为社会主义斗争是一致的。"既然它在其他方面毫不畏缩地坚持每门科学提出的要求——其结论的客观的和普遍的有效性，那么，仅仅在这个意义上，它才是无产阶级的科学，是资产阶级经济学的对立面。"① 因此，在马克思和恩格斯那里本质上是辩证的唯物史观，最后在他们的追随者那里变成了某种非辩证的东西。对一种倾向来说，

---

① 在 1914 年或 1918 年以前，一个无产阶级的读者或许会认为，希法亭和那些说了这些话并宣称他们的著作有着客观的和普遍的有效性（独立于任何阶级基础）的其他的正统马克思主义者们，是为了工人阶级的利益而出于实践上和策略上的考虑而这样做的。但是他们后来的实践已经毫无疑问地证实了这种解释是错误的。像保罗·伦斯这样的马克思主义者的例子表明，这种"科学的知识"可以很完美地被用来反对社会主义。与此相联系，人们还可以提及这里作了批判的希法亭对马克思主义和社会主义之间所作的区别，这一区别是西姆克霍维奇——一个资产阶级的马克思批评家——在他的《马克思主义反对社会主义》中作出的最荒谬的结论。仅仅由于这个理由，这本书也是有独创性和令人感兴趣的；M. 鲁比诺夫在《从现代统计学看马克思的预言》一文中对此作了广泛的评论。

它已经变成了一种专门化了的理论考察的启发式原则。对另一种倾向来说，马克思的唯物辩证法的流动的方法论冻结成了一些关于不同的社会领域里的历史现象的因果联系的理论公式——换言之，它变成了某种最好称之为一般系统社会学的东西。前一流派把马克思的唯物主义原则仅仅当作一个康德意义上的"反思判断的主观基础"，而后者则教条地认为马克思主义的"社会学"学说首先是一个经济学体系，甚至是一个地理学和生物学的体系。在马克思主义发展的第二个阶段中，它遭受了由它的追随者们带来的所有这些歪曲以及一系列其他不太重要的扭曲。这些歪曲或扭曲可以用一个包容一切的公式概括起来：一个统一的关于社会革命的一般理论被变成了对于资产阶级的经济秩序，资产阶级的国家，资产阶级的教育体系，资产阶级的宗教、艺术、科学和文化的批判。这些批判按其本性来说，不再必然发展为革命的实践；它们同样地能够发展为各种各样的改良企图，这些企图基本上仍保持在资产阶级社会和资产阶级国家的界限之内，并且在实际的实践中，通常也确实如此。这种对马克思主义的革命学说的扭曲——歪曲成为纯粹的理论批判，不再会导致实际的革命行动，或者仅仅只是偶然地导致——如果把《共产党宣言》甚或由马克思起草的 1864 年的《第一国际章程》与中欧和西欧的各社会主义党，特别是德国社会民主党的纲领比较一下，就非常清楚了。众所周知，对德国社会民主党在他们的《哥达纲领》（1875）和《爱尔福特纲领》（1891）中在政治、文化和意识形态领域所提出的全面的改良主义要求，马克思和恩格斯表示了何等严厉的指责。这些文件没有包含哪怕一点真正唯物主义的和革命的马克思主义原则。的确，到 19 世纪末，这种情况导致了修正主义对正统马克思主义的冲击。最终，在 20 世纪初，将至的风暴的第一个迹象预报了一个冲突和革命斗争的新时期的来临，并由此而导致了我们在今天仍然卷入其中的决定性的马克思主义危机。

对于辩证唯物主义来说，一旦理解了原初的马克思主义的社会革命理论衰变为没有任何革命结果的社会的理论批判是无产阶级斗争的社会实践中的相应变化的必然表现，那么，这两个过程可以被看作是整个意识形态和物质发展的必然阶段。修正主义表现为企图以一贯的理论形式表达在变化了的历史条件的影响下工会的经济斗争和工人阶级政党的政治斗争获得的改良主义特征。这个时期的所谓正统的马克思主义（现在是纯粹庸俗的马克思主义）在很大程度上表现为理论家们由于传统的重压而企图以纯粹的理论形态来保持构成马克思主义的最早形态的社会革命理论。这种理论是全然抽象的和没有实际结果的——它仅仅企图拒绝新的改良主义理论，在这种新理论中，历史运动的真正特征被表述为非马克思主义的。这恰恰就是为什么在一个新的革命时期中，第二国际的正统马克思主义者们不可避免地最无能力处理诸如国家和无产阶级革命之间的关系这些问题的缘故。修正主义者们至少拥有"劳动人民"对国家的关系的理论，尽管这理论根本不是马克思主义的。他们的理论和实践很久以来已用资产阶级国家范围内的政治的、社会的和文化的改良代替了要用无产阶级专政夺取、粉碎和取代资产阶级国家的社会革命。正统的马克思主义者满足于拒绝这种违犯马克思主义原则的关于过渡时期问题的解决办法。然而，尽管他们正统地迷信马克思主义理论的抽象字句，他们也不能保持它的原初的革命性。他们的科学社会主义自身已经不可避免地不再是一个社会革命的理论。经过了一个漫长时期，当马克思主义缓慢地在整个欧洲传播开时，它在事实上已经没有实际的革命任务要去完成。因此，革命的问题甚至在理论上对于大多数马克思主义者来说（不论是正统的还是修正主义的），已经不再作为现实世界的问题而存在了。对于改良主义者来说，这些问题已完全消逝了。甚至对于正统的马克思主义来说，这些问题也全然失去了《宣言》的作者面对它们时的那种直接性，而退却到了遥远的和最终相当模糊的未来。在这个时期，人们变得习惯于当即追逐修正主义可以作为其理论表现的策略性的东西。在党的代表大会被正式谴责以后，这种修正主义最后还是被工会同样正式地接受。在 20 世纪之初，一个新的发展时期把社会革命的问题作为一个在所有它的生死攸关的方面是现实主义的和世俗的问题提到了议程上。随后，纯粹理论上的正统马克思主义——在第二次世界大战爆发以前，在第二国际中正式建立的马克思主义的形式——完全地分化瓦解了。这当然是其内部长期衰败的必然结果。正是在这个时代，我们能够在许多国家看到发展的第三个时期的开始，这首先是由俄国的马克思主义者们所代表的，并经常由其主要代表描述为马克思主义的"重建"。

马克思主义理论的这种改造和发展，已经在回到原初的或真正的马克思主义的纯学说的特殊意识形态的借口下实现了。但是，理解这一借口和被它隐藏起来的那个过程的真正特征的原因并不困难。德国的罗莎·卢森堡和俄国的列宁这些理论家们在马克思主义理论领域里已经做的和正在做的事情，是要把它从第二个时期的社会民主党的禁闭性的传统中解放出来。他们因此适应了无产阶级的阶级斗争的新的革命阶段的实践需要。因为这些传统"像梦魇一样"压在那些在客观上其革命的社会—经济地位不再与这些进化学说相适应的劳动群众的头上。第三国际中对原初马克思主义理论的明显复兴，只不过是这样一个事实的结果：在新的革命时期，不仅工人运动自身，而且还有表达它的共产主义者的理论概念，都必须采取一个明确的革命形式。这就是为什么在 19 世纪最后几十年里实际上已被人忘记了的马克思主义体系的大部分又获得了新生的缘故。它也解释了，为什么列宁这个俄国革命的领袖能在十月之前几个月里写了一本书，说明他的目标"首先是恢复正确的马克思主义的国家理论"。事变本身把无产阶级专政问题作为一个实际的问题提到了议程之上。当列宁从理论上在一个决定性的时刻把这一问题提到议程上时，这便早早地预示着，在革命的马克思主义之中，理论和实践的内在联系已经被有意识地重建。

对马克思主义和哲学的问题的新的考察，看起来也将是这种重建的重要组成部分。一个否定的判断从一开始就是清楚的。第二国际的大多数马克思主义理论家对哲学问题的极度轻视，仅仅是丧失马克思主义运动的实践的、革命的特征的部分表现，这种丧失在辩证唯物主义的生动原则在追随者的庸俗马克思主义中的同时衰败上找到了它的一般表现。我们已经提到过，马克思和恩格斯他们自己总是否认科学社会主义还是哲学。但是，考虑到其根源，很容易无可辩驳地表明，对于革命的辩证法家马克思和恩格斯来说，哲学的对立面所意谓的东西，根本不同于后来的庸俗马克思主义者所意谓的东西。希法亭和第二国际的其他大多数马克思主义者所做的，不过是要求超出阶级差别，进行公平的、纯粹的、理论的研究。正确地来理解，马克思主义和恩格斯的科学社会主义与那些资产阶级社会的纯粹科学（经济学、历史学或社会学）之间，比之它与第三等级的革命运动曾经在其中找到了他们的最高的理论表现的哲学之间，有着更为巨大的差别。因此，最近的马克思主义者已被几个众所周知的马克思的词句和恩格斯后来的几个词句所迷惑，把马克思主义废除哲学解释为用抽象的和非辩证的实证科学的体系去取代这种哲学。人们只能对这些马克思主义者的洞察力之低感到惊奇。马克思的科学社会主义与全部资产阶级的哲学和科学之间的真正矛盾，完全在于科学社会主义是革命过程的理论表现，这个过程将随着这些资产阶级哲学和科学的全部废除，以及在它们之中找到了其意识形态表现的物质关系的废除而终结。

为了恢复被其追随者败坏和庸俗化了的马克思理论的正确和充分的意义，对马克思主义和哲学问题的再考察，甚至在理论水平上也是必需的。然而，正如马克思主义和国家的问题一样，这个理论任务也真正产生于革命实践的需要和压力。在夺取了政权以后的革命转变时期，无产阶级必须在意识形态领域完成一定的革命任务，不亚于在政治和经济领域完成的任务——这些任务永远是相互作用着的。马克思主义的科学理论必须再次成为《共产党宣言》的作者所描述的东西——不是作为一个简单的回复，而是作为一个辩证的发展：一种关于包括整个社会一切领域的社会革命的理论。因此，我们以辩证唯物主义的方式必须解决的不仅是"国家对于社会革命和社会革命对于国家的关系问题"（列宁语），而且还有"意识形态对于社会革命和社会革命对于意识形态的问题"。在无产阶级革命前的时期里回避这些问题，会导致机会主义，并在马克思主义内部造成危机，正像第二国际回避国家与革命的问题导致了机会主义并的确在马克思主义的阵营内引起了危机一样。在这些转变时期的意识形态问题上没有明确的立场，在无产阶级夺取了国家政权后的时期里，可能会有灾难性的政治后果。因为理论上的庸俗和混乱严重地妨碍迅速而有力地解决当时在意识形态领域产生的问题。无产阶级革命对意识形态的关系的主要问题，同无产阶级的革命专政的政治问题一样，被社会民主党的理论家们所忽视。因此，在这个新的革命斗争时期，它必须被重新提出，并且必须恢复正确的——辩证的和革命的——原初的马克思主义观。这个任务只能够通过首先考察引导马克思和恩格斯注意意识形态问题的这样一个问题来解决：哲学是如何关联于无产阶级的社会革命的，无产阶级的社会革命是如何关联于哲学的？对这个问题的一个回答由马克思和恩格斯所提出，并且可以从马克思的唯物辩证法中推演出来。它将引导我们到一个更大的问题上：一般地说来，马克思主义的唯物主义是如何关联于意识形态的？

马克思和恩格斯的科学社会主义对哲学的关系是什么？"毫无关系"，庸俗马克思主义回答说。在这个意义上，正是马克思主义的新唯物主义和科学的观点驳斥和取代了旧唯心主义的哲学观点。所有的哲学观念和思辨，因此被证明是不真实的——空洞的，仍然作为一种迷信纠缠着少数人头脑的幻想；保持这样的幻想对统治阶级有着具体的实在利益。一旦资本主义被推翻，这些幻想的残余也将即刻随着消失。

　　一个人只须思考一下这种哲学方法的全部肤浅性，像我们已经试图做的那样，立刻就会明白，这样一种对哲学问题的解决办法，与马克思的现代辩证唯物主义精神毫无共同之处。它属于那样一个时代，在那个时代里，"资产阶级蠢才中的天才"边沁在他的《百科全书》中用"参看迷信的见解"这样的按语去解释"宗教"一词。这就是17世纪和18世纪所创造的气氛的一部分，这种气氛鼓舞欧根·杜林写道，在根据他的计划来构造的未来社会中，将不存在宗教崇拜；因为正确理解的社会的共同体将禁止宗教魔术的一切道具，同时也将除去这些迷信的一切基本组成部分。① 现代的或辩证的唯物主义世界观——根据马克思和恩格斯的说法，新的唯一科学的世界观——看待这些问题时，完全不同于那种对于诸如宗教和哲学这类意识形态现象的肤浅的、唯理主义的否定方式。为了直接表明这种比较，可以这样说，对现代辩证唯物主义来说，重要的是，在理论上要把哲学和其他意识形态体系当作现实来把握，并且在实践上这样对待它们。在他们的早期，马克思和恩格斯由反对哲学的现实性开始了他们的全部革命活动；我们将表明，尽管后来他们的确从根本上转变了他们关于在整个意识形态内哲学的意识形态是如何相关于其他形式的观点，但是，他们总是把意识形态——包括哲学——当作具体的现实而不是空洞的幻想来对待的。

　　在19世纪40年代，马克思和恩格斯开始了他们的革命斗争——最初在理论的和哲学的水平上，为的是那个处在不是同整个现存社会的"后果发生片面矛盾，而是同它的前提发生矛盾"的阶级的解放。他们确信，他们正在攻击现存社会秩序的一个极其重要的部分。在1842年写的《第179号〈科伦日报〉社论》一文中，马克思已经表述过"哲学不是世界之外的遐想，就如同人脑虽然不存在胃里，但也不在人体之外一样"。他后来在《〈黑格尔法哲学批判〉导言》中重复了这一点："现存的哲学本身就属于这个世界，而且是这个世界的补充，虽然是观念的补充。"15年之后，在《〈政治经济学批判〉序言》里，马克思说，在那本著作里，他最终完成了向他后来的唯物主义立场的转变。恰恰当辩证法家马克思实现了从唯心主义到唯物主义的转变之时，他明确了这一点：当时德国这个丢弃了哲学的实践派，犯了一个像不谴责哲学的理论派一样的大错误。

―――――――――――――――

　① 　见恩格斯在《反杜林论》中关于这个论题的辛辣的妙语。

后者相信，它能够从纯粹哲学的观点，即依靠以这样或那样的方式从哲学派生出来的命题（更像拉萨尔后来求助于费希特所做的那样），来同德国社会的现实进行斗争。它忘记了这个哲学观点本身是这个占统治地位的德国社会的组成部分。但是，实践派也基本上受到了同样的限制，因为它相信，"只要扭过头去，背朝着它，嘟囔几句陈腐的气话，哲学的否定就实现了"。它也不认为"哲学是德国现实的组成部分"。理论派错误地相信，"不消灭哲学本身，就可以使哲学变成现实"。实践派犯了一个类似的错误，它企图不在理论中实现哲学，换言之，"不把哲学作为现实来把握，就企图在实践中消灭它"。

在什么意义上马克思（还有恩格斯，他在同一时期经历了同样的发展——就像他和马克思后来经常说明的那样）已经真正地超越了他在学生年代的纯粹哲学的观点，这是很清楚的；但是，人们也能够看到这个过程本身仍然如何具有哲学的特征。我们之所以可以谈论超越哲学观点，理由有三条。首先，马克思在这里的理论观点，不是部分地反对全部现存德国哲学的结论，而是完全反对它的前提（对马克思和恩格斯两个人来说，这种哲学总是最充分地为黑格尔所代表的）。其次，马克思反对的恰恰不是仅仅作为现存世界的头脑或者观念上的补充的哲学，而是整个现存世界。再次，最重要的，这个反对不仅是在理论上的，而且也是实践上和行动上的。"哲学家们只是用不同的方式解释世界，而问题在于改变世界。"《关于费尔巴哈的提纲》的最后一条就是这样宣告的。然而，这个对纯粹哲学观点的一般超越，自然混合着哲学的特征。一旦人们意识到这种新的无产阶级科学在其理论特征上与先前的哲学的区别如何之小（即使马克思用它作为一个在其方向和目标上有根本区别的体系来取代资产阶级唯心主义的哲学），这一点就很清楚了。德国唯心主义，甚至在理论水平上，也总想成为一种不只是理论或哲学的东西。从它同资产阶级革命的关系（前面讨论过）来看，这一点是容易理解的。我们将在以后的著作中进一步研究这个问题。这种倾向在黑格尔的先驱者们——康德、谢林，尤其是费希特身上是典型的。虽然黑格尔自己显然已颠倒了它。但他在事实上也分派给哲学一个超出理论领域之外，并在一定意义上是实践的任务。这个任务当然并不要去改变世界，像马克思所主张的那样，而毋宁说是要借助概念和理解力，使作为自我意识的精神之理性与作为实际现实之理性得到和解。从康德到黑格尔的德国唯心主义，当它肯定了这个普遍的作用（这个无论如何被通俗地认为是任何哲学的实质的东西）时，它没有不再是哲学。与此相类似，仅仅因为马克思的唯物主义理论具有不只是理论的，而且也是实践的和革命的目的，就说它不再是哲学，这是不正确的。相反地，马克思和恩格斯的辩证唯物主义按其基本性质来说，是彻头彻尾的哲学，就像在《关于费尔巴哈的提纲》的11条中和在其他出版过和没出版过的那个时期的著作中系统地阐述的那样。它是一种革命的哲学，它的任务是以一个特殊的领域——哲学——里的战斗来参加在社会的一切领域里进行的反对整个现存秩序的革命斗争。最后，它的目的在于把消灭哲学作为消灭整个资产阶级社会现实的一个部分，哲学是这个现实的观念上的构成部分。用马克思的话来说就是："不在现实中实现哲学，就不能消灭哲学。"因此，当马克思和恩格斯从黑格尔的辩证唯心主义前进到辩证唯物主义的时候，十分清楚，哲学的消灭对他们来说并不意味着简单地抛弃哲学。甚至在考虑到他们后来的立场时，把马克思和恩格斯在成为唯物主义者之前是辩证法家这一点作为稳固的起点，也是非常重要的。如果人们忘记了马克思主义的唯物主义从一开始就是辩证的唯物主义，那么，他们的唯物主义的意义就以一种灾难性的和无可挽回的方式被歪曲了。与费尔巴哈的抽象—科学的唯物主义和所有其他抽象的唯物主义——无论是早期的还是晚期的，也不管是资产阶级的还是庸俗马克思主义的——相对照，马克思主义的唯物主义首先是历史的和辩证的唯物主义。换言之，它是这样一种唯物主义，它的理论认识了社会和历史的整体，而它的实践则颠覆了这个整体。因此，对于马克思和恩格斯来说，在他们的唯物主义的发展过程中，哲学成为社会—历史过程的一个较之开始时不重要的组成部分，这是可能的，而且在事实上也的确是如此。但是，真正的辩证唯物主义的历史观（肯定地说，马克思和恩格斯的唯物主义）不可能不认为哲学意识形态，或者一般的意识形态是一般的社会—历史现实的一个实在的组成部分——一个必须在唯物主义理论中把握住并由唯物主义实践消灭的现实部分。

在《关于费尔巴哈的提纲》里，马克思不仅把他的新唯物主义与哲学唯心主义进行了对比，而且同样有说服力地与每种现存的唯物主义进行了对比。与此类似，在所有他们的后期著作中，马克思和恩格斯强调了在他们的辩证唯物主义与通常的、抽象的和非辩证的唯物主义之间的区别。他们特别意识到，对于理论上解释所谓的精神或者意识形态现实及其实践做法来说，这种区别有着极为重要的意义。在讨论一般精神表象和特别是具体的和批判的宗教史所必需的方法时，马克思指出："事实上，通过分析来寻找宗教幻想的世俗核心，比反过来从当时的现实生活关系中引出它的王国形式要容易得多。后面这种方法是唯一的唯物主义的方法，因而也是唯一科学的方法。"那种满足于以十足的费尔巴哈式的方法把全部意识形态表象归结为它们的物质的和世俗的核心的理论方法，是抽象的和非辩证法的。那种只限于反对宗教现象的世俗核心，并不参与消灭和取代这些意识形态本身的革命实践，同样是抽象的非辩证法的。当庸俗马克思主义采取这种抽象的和消极的态度对待意识形态的现实时，它像那些过去和现在使用马克思的关于经济决定法律关系、国家形式和政治行动的命题去证明无产阶级能够而且应当把它自身仅仅限制在直接的经济范围之内的无产阶级理论家们一样，犯了完全同样的错误。众所周知，马克思在他的反对蒲鲁东和其他一些人的辩论中，有力地抨击了这种倾向；在他的生活的不同阶段，无论在什么地方遇到这种——仍然存在于现代工团主义之中——观点，马克思都强调指出，这种对国家和政治行动的"先验的蔑视"，完全是非唯物主义的。因此，它在理论上是不适当的，在实践上是危险的。

这种关于经济和政治的关系的辩证观成了马克思主义理论的一个不可更改的组成部分，以致第二国际的庸俗马克思主义者们，至少在理论上也不能够否认革命转变问题的存在，尽管他们在实践中忽视这个问题。正统的马克思主义者们甚至没有一个人能够在原则上宣称，在理论和实践上与政治的关联对于马克思主义来说不是必要的。只有工团主义者才会这么认为。他们中间的某些人求助于马克思，却没有一个自认是正统的马克思主义者。然而，许多好的马克思主义者接受了一种与工团主义相一致的关于意识形态现实的理论的和实践的见解。这些唯物主义者们和马克思一起谴责工团主义者对政治行动的拒绝，并宣布社会运动必须包括政治运动。他们经常反对无政府主义者的说法，认为甚至在无产阶级革命胜利之后，尽管有资产阶级国家经历的一切变化，政治也将长久地是一种现实。然而，正是这些人，当他们得知意识形态领域的思想斗争不能仅仅由无产阶级的社会运动，或者由它的社会的和政治的联合运动所代替或所取消时，便直接地陷入了无政府工团主义对意识形态的"先验的蔑视"。甚至在今天，大多数马克思主义理论家们，当他们应当用由马克思和恩格斯铸成的唯物主义的和科学的方法去分析这一社会现实的领域时，却仍然在一种纯粹否定的、抽象的和非辩证的意义上想象所谓精神现象的效力。精神生活应当与社会的政治的生活相结合来看待；同时，社会的存在和社会的发展（在最广泛的意义上，作为经济、政治或法律）应当与作为一般历史过程的一个真实的然而也是观念的（或"意识形态的"）组成部分，并有着许多不同表现形式的社会意识相结合来研究。否则，全部意识现象被全然以抽象的和基本上是形而上学的二元论方式来对待，并被认为是一个真正具体和实在的发展过程的反映，完全依赖于这个过程（即使是相对独立的，最终仍然是依赖的）。

在这种情况下，任何恢复马克思认为是唯一科学的、辩证唯物主义的关于意识形态现实的观点和做法的理论企图，将不可避免地会遇到比恢复正确的马克思主义国家理论的企图甚至更大的理论障碍。追随者们在国家和政治问题上对马克思主义所作的歪曲，仅仅在于第二国际最杰出的理论家从未充分具体地对待最为致命的革命转变的政治问题。然而，他们至少抽象地同意，并在他们反对无政府主义和工团主义的长期斗争中有力地强调，对于唯物主义来说，不仅作为所有其他社会—历史现象的基础的社会经济结构，而且法律和国家这些政治和法的上层建筑，都是现实。因此，不能以一种无政府—工团主义的方式忽视和打消它们：它们必须由政治革命在现实中所消灭。尽管这样，许多庸俗马克思主义者到今天甚至还没有在理论上承认精神生活和社会意识的形式是类似的现实。他们引证某些马克思特别是恩格斯的论述，就简单地把社会的精神的（意识形态的）结构当成一个仅仅存在于空想家头脑里的伪现实——当成缺乏真实对象的错误、想象和幻象，而消除掉了。至少对于全部所谓"更高的"意识形态来说，这可能是真实的。对于这种想法来说，政治的和法律的表象可能有一个观念的和不真实的特征，但它们至少是与某些真实的东西——构成这里所说的社会的上层建筑的法律和国家的设施——相关联的。另一方面，"更高的意识形态表象"（人们的宗教、审美的和哲学的观念）并不对应于真实的对象。这一点可以用稍微有点漫画的手法指出以下情况而得到简单的说明，对于庸俗马克思主义来说，现实有三个等级：（1）经济，在最终意义上讲是唯一客观的和非观念性的现实；（2）法和国家，已经由于带有观念形态的特征而稍微较不现实一些；（3）纯粹意识形态，全然是非客观和不现实的（"纯粹的无用之物"）。

要恢复真正的辩证唯物主义关于精神现实的观念，首先必须弄清楚几个基本术语的用法。在这里要解决的关键问题是一般地如何对待意识同它的对象的关系。从术语上看，应该说把社会意识和精神生活仅仅描述为意识形态，是马克思和恩格斯从未做过的。意识形态仅仅是一种虚伪的意识，尤其是一种错误地把自主的特征赋予部分社会生活现象的意识。设想法律和国家是独立地存在于社会之上的力量的法的和政治的表象，便是恰当的例子。在马克思最精确地使用他的术语的那段话中，他明确地说，在黑格尔称为市民社会的现实关系的复合体内，社会的生产关系——社会的经济结构——形成了法律的和政治的上层建筑竖立于其上并有一定的社会意识形式与之互相适应的现实基础。特别是，这些社会意识的形式——其真实性不亚于法律与国家——包括商品拜物教、价值观念和其他从它们派生出来的经济学表象。马克思和恩格斯在他们的政治经济学批判中分析了这些观念。他们的处理方式的引人注目的特征，是他们从来没有把资产阶级社会的这种基本的经济学观念看作意识形态。在他们的术语里，只有法律的、政治的、宗教的、美学的或哲学的意识形式才是意识形态的。甚至这些形式也不一定在所有的情况下都是意识形态，而只是在已经说明过的特殊条件下才成为意识形态。这种分派给经济学意识形式的特殊地位，标志着那个把后期的充分成熟的辩证唯物主义与其早期不发展的类型区别开来的新的哲学概念。对哲学的理论上和政治上的批判从此以后在对社会的批判中被降级到第二、第三、第四，甚至倒数第二的地位。在《德法年鉴》中被马克思看作他的基本任务的"批判的哲学"，成了一个更彻底的社会批判，这个批判通过政治经济学的批判而达到了社会的根源。马克思曾经说过，"批评家可以把任何一种形式的理论意识和实践意识作为出发点，并且从现存的现实本身的形式中引出作为它的应有的和最终目的的真正现实。"① 但是后来他意识到，法律关系、制度结构或者社会意识的诸形式，都不能从它们自身或者根据黑格尔的和人类精神的一般发展来理解。因为它们是根植于构成作为整个社会组织的"物质基础和骨骼"的生活的物质条件之中的。对资产阶级社会的彻底批判，不再像马克思直到1843年所认为的那样，可以把"任何"一种理论的或者实践的意识作为出发点。它必须从在资产阶级社会的政治经济学中已经找到了其科学表现的意识的特定形式开始。因此，政治经济学的批判在理论上和实践上都是首位的。然而，即使这一更为深刻、更为彻底的马克思的革命的社会批判，

① 《马克思恩格斯全集》第 1 卷，417 页，北京，人民出版社，1956。

也不再是对资产阶级社会整体的批判和对它的全部意识形式的批判。看起来好像马克思恩格斯后来对哲学的批判仅仅是以一种偶然的、临时的方式进行的。事实上，他们远非忽视了这一问题，他们实际上在更深刻、更彻底的方向上发展了他们的哲学批判。要证明这一点，只需要与某些关于这个问题现在很流行的错误观念相对立，恢复马克思的政治经济学批判的充分的革命意义就够了。这也可以用于澄清在整个马克思的社会批判体系中它的地位和它同像哲学这样的意识形态的批判关系。

政治经济学的批判——马克思主义社会理论的最重要的理论的和实践的组成部分——不仅包括对资本主义时代的物质生产关系的批判，而且还包括对它的社会意识的特殊形式的批判，这一点一般已经为人们所接受。甚至庸俗马克思主义的纯粹的和不偏不倚的"科学的科学"也承认了这一点。希法亭承认，关于社会的经济规律的科学知识，只要表明了"在这个社会里规定着阶级意志的决定性因素"，也就是一种"科学的政治学"。然而，尽管在庸俗马克思主义的全然抽象的和非辩证的观念中有着这种经济学对于政治学的关系，"政治经济学的批判"仍然只具有"科学"的纯粹理论上的作用。它的功能只在于批判古典的或庸俗的资产阶级经济学的错误。对比之下，无产阶级政党则为了它的实践目标——最终地推翻资本主义社会的现实经济结构和它的生产关系——而应用这一批判的和科学的考察的结果（偶尔，这种马克思主义的结果也能被像西姆克霍维奇或保罗·伦斯这样的人用来反对无产阶级政党自身）。

用马克思主义的术语来说，庸俗社会主义的主要缺陷在于它相当"不科学地"坚持着一种朴素的现实主义——在这种现实主义中，所谓的常识（"最坏的形而上学"）和资产阶级社会的标准的实证主义科学二者，都在意识和它的对象之间划了一条明显的分界线。两者都没有意识到，即使是对于批判哲学的先验观点来说，这种区别也已经不再是完全有效的了，并且在辩证法的哲学中已经被完全取消了。充其量，他们想象这样一些东西可能对于黑格尔的唯心辩证法才是真实的。他们认为，正是这一点构成了按照马克思的说法"在黑格尔的手中受到损害"的辩证法的神秘化。因此，他们得出结论，这一神秘化必须完全地从辩证法的合理形式——马克思的唯物辩证法——中清除掉。我们将证明，事实上，马克思和恩格斯决没有任何这样的关于意识与现实的关系的二元论的形而上学观——无论在他们的第一（哲学的）时期，还是在第二（实证的科学的）时期。他们从来没有想到过他们会被这样危险地误解。正是由于这一点，他们有时的确在他们的一些论述中为这些误解提供了重要的托词（尽管这些论述可以很容易地像其他许多论述一样数百次地被纠正过来）。因为意识和现实的一致，是每一种辩证法，包括马克思的辩证唯物主义的特征。它的推论是，资本主义时代的生产的物质关系，仅仅是它们与它们在那个时期的前科学的和资产阶级科学的意识中得以反映的形式相结合的东西；没有这些意识形式，它们在现实中无以生存。把任何哲学的考虑放在一边，就会明白，没有这种意识和现实的一致，政治经济学的批判根本不可能成为社会革命理论的主要组成部分，而是必然得出相反的结论。那些认为马克思主义实质上不再是社会革命理论的马克思主义理论家们，看不到对这种现实和意识相一致的辩证概念的需要：在他们看来，它必定在理论上是虚假的和非科学的。

在他们的革命活动的不同时期，马克思和恩格斯或者在经济学的水平上，或者在更高的政治和法的水平上，或者在最高的艺术、宗教和哲学的水平上论及过意识对于现实的关系。探询这些评论（论述）的目的在于什么方面，总是必需的（尤其是在后期，他们几乎只是进行评论）。这是因为，他们是针对黑格尔唯心主义的和思辨的方法，还是针对"普通的方法，尤其是沃尔夫的再次成为时髦的形而上学方法"，他们评论的含义是非常不同的。在费尔巴哈"清除了思辨的概念"之后，后者再次出现在毕希纳、福格特和摩莱肖特的新自然科学的唯物主义之中，"甚至资产阶级的经济学家们"也在它的鼓舞下"写下了一些缺乏联系的大部头著作"。从一开始，马克思必须弄清的只是他们的见解与前者，即黑格尔的方法的关系。他们从来没有怀疑过他们的方法是从那里产生出来的。他们的唯一问题就是如何改变黑格尔的辩证法，使它从一个表面上是唯心主义的，但潜在地是唯物主义的世界观方法，转换成为一个明显的唯物主义的历史与社会观点的指导性原则。黑格尔已经告诫过人们，哲学—科学的方法不是一种可以任意地应用于任何内容的纯粹思想形式。它毋宁说是"以其纯粹本质表现的整体的结构"。马克思在他的一部早期著作中，主张同样的论点："如果形式不是内容的形式，那末它就没有任何价值了。"① 像马克思恩格斯所说的那样，这是一个逻辑的和方法的问题，就是说，"使辩证方法摆脱它的唯心主义外壳并把

① 《马克思恩格斯全集》第 1 卷，179 页，北京，人民出版社，1956。

辩证方法在使它成为唯一正确的思想发展方式的简单形式上建立起来"①。马克思和恩格斯面对着这样一种抽象的思辨形式，在这种形式中，黑格尔留下了他的辩证方法，并且不同的黑格尔学派以甚至更为抽象和更为形式化的方式发展了这种形式。因此，马克思和恩格斯作出了一些强有力的相反的论述，诸如：全部思想无非是"把直观和表象加工成概念"；甚至最一般的思想范畴也只是"既与的、具体的、生动的整体的抽象片面的关系"；思想理解为实在的对象"仍然是在头脑之外保持着它的独立性"②。然而，在他们的一生中，马克思和恩格斯都反对那种把关于直接给予的现实的思想、观察、感知和理解与这个现实对立起来，好像前者自身也是直接地被给予的独立本质的非辩证法的方法。这一点在恩格斯抨击杜林时所说的一句话得到了最好的说明。这句话确实是双倍确定的，因为人们广泛地相信，后期的恩格斯完全堕入了自然主义的唯物主义的世界观之中，而不同于马克思——他的更富于哲学家气质的文友。正是在恩格斯的最后一部著作中，在他把思想和意识描述为人脑的产物，把人类自身描述为自然的产物的同时，也毫不含糊地反对那种把意识和思想"当作某种现成的东西，当作一开始就和存在、自然界相对立的东西看待"的完全"自然主义的"世界观。③ 马克思和恩格斯的方法不是抽象的唯物主义的方法，而是辩证的唯物主义的方法。对于马克思主义来说，前科学的、超科学的和科学的意识，不再超越于和对立于自然的和（首先是）社会历史的世界而存在。如果它们也是作为世界的一个"观念的"组成部分的话，那么它们就作为世界的真实的和客观的组成部分而存在于这个世界之中。这就是在马克思和恩格斯的唯物辩证法和黑格尔的唯心辩证法之间的第一个明显区别。黑格尔说，个人的理论意识不能"跳过"他自己的时代、他那时的世界。然而，他不是把哲学嵌入世界之中，更多地是把世

① 恩格斯补充说，在马克思的《政治经济学批判》中"这个方法的制定，在我们看来是一个其意义不亚于唯物主义基本观点的成果"。也可以参见在《资本论》2版跋中马克思自己的著名论述。

② 全部这些表述都引自马克思去世后出版的《〈政治经济学批判〉导言》一文，这是研究马克思和恩格斯真正的方法论见解的最丰富的源泉。

③ 对恩格斯在他的后期著作中的这些论述作更为完整的分析，表明他只是强调了在马克思那里已经存在的一种倾向。恩格斯接受了全部社会历史现象（包括意识的社会历史形式）最终由经济所决定这一论点，并补充了另一点，即甚至更为决定性地"由自然所决定"。恩格斯这个最后的转折和发展支持了历史唯物主义，但是，像正文中的引文相当清楚地表明的那样，它决没有改变意识和现实之间的关系的辩证观。

界嵌入哲学之中。黑格尔和马克思主义的辩证法之间的这第一个区别，是密切地相关于第二个区别的。早在 1844 年，马克思就在《神圣家族》中写道：“共产主义的工人们很好地知道财产、资本、金钱、雇佣劳动以及诸如此类的东西远不是想象中的幻影，而是工人自我异化的十分实际、十分具体的产物。因此也必须用实际的和具体的方式来消灭它们，以便使人不仅能在思维中、意识中，而且也能在群众的存在中、生活中真正成其为人。”这段具有充分的唯物主义明晰性的话说明，如果在整个资产阶级社会中的全部真实的现象有不可分割的联系，那么它的诸意识形式就不能仅仅通过思想而被消灭。这些形式只有在迄今通过这些形式被理解的物质生产关系自身在客观—实践上被推翻的同时，才能够在思想和意识上被消灭。这对于诸如宗教这样最高的社会意识形式，对于诸如家庭这样中等水平的社会存在和意识也是适用的。① 这个新唯物主义的结论蕴含在《黑格尔法哲学批判》之中，并在马克思 1845 年为了澄清他自己的思想而写作的《关于费尔巴哈的提纲》中得到了明确和广泛的发展。“人的思维是否具有客观的真理性，这并不是一个理论的问题，而是一个实践的问题。人应该在实践中证明自己思维的真理性，即自己思维的现实性和力量，亦即自己思维的此岸性。关于离开实践的思维是否具有现实性的争论，是一个纯粹经院哲学的问题。”认为这意味着实践上的批判完全可以取代理论上的批判，是一个危险的误解。这种观念只是用相反的反哲学抽象的纯粹的实践来取代纯粹理论的哲学抽象。不只是在“人类实践”中，而且是在“人类实践和对这个实践的理解”中，马克思作为一个辩证唯物主义者才找到了对“把理论导致神秘主义方面去的神秘东西”的合理解决。辩证法从它的被黑格尔神秘化了的形式向马克思的唯物辩证法的“合理形式”的转化，实质上意味着它已经成了唯一的理论—实践的和批判—革命的活动的指导原则。它就是那种“按其本质来说，是批判的和革命的”方法。甚至在黑格尔那里，“理论的东西本质上包含于实践的东西之中”。“我们不能这样设想，人一方面是思维，另一方面是意志，他一个口袋装着思维，另一个口袋装着意志，因为这是一种不实在的想法。”对于黑格尔来说，概念在它的“思维活动”里（换句话说，在哲学里）的实践任务不在于普通的“实践的人和感性

---

① 关于新唯物主义对于宗教和家庭的观点的结论，请参见《关于费尔巴哈的提纲》第四条，在那里它们被第一次提出；并参见《资本论》各部分。

活动"（马克思）的领域之中。而宁可说是"在于理解存在的东西，因为存在的东西就是理性"。相反，马克思用《关于费尔巴哈的提纲》的第十一条澄清了他自己的辩证方法："哲学家们只是用不同的方式解释世界，而问题在于改变世界。"这并不像那些追随者们想象的那样，意味着全部哲学被证明只是幻想。它只是表达了对于所有那些不同时是实践——现实的、世俗的、内在的、人类的和感性的实践——和基本上只理解它自身的哲学观念的思辨活动的（不论是哲学的还是科学的）理论的明确拒斥。理论上的批判和实践上的推翻在这里是不可分离的活动，这不是在任何抽象的意义上说的，而是具体地和现实地改变资产阶级社会的具体和现实的世界。这就是马克思和恩格斯的科学社会主义的新唯物主义原则的最精确的表达。

我们现在已经指明了，对马克思主义关于意识和现实的关系的概念来说辩证唯物主义原则的真正的结论。同时，我们也指明了，在各种各样的庸俗马克思主义者那里，在他们对待所谓精神现实的理论的和实践的态度中发现的所有抽象的和非辩证概念的错误。马克思的名言不仅在狭窄的意义上对于经济的意识形式是正确的，而且对于所有的社会意识形态都是正确的：它们不是纯粹的幻想，而是"非常客观的和非常实际的"社会现实，因此，"必须以实践的和客观的方式来消灭"。正统的资产阶级常识的天真的形而上学观点认为思维独立于存在，并且把真理定义为思想同外在于它并由它"镜子式地反映"的对象相符合。这种观点仅仅确认，所有经济的意识形式（前科学的、非科学的和科学的经济学自身的经济观念）有一种客观的意义，因为它们符合于现实（它们所理解的物质的生产关系）——而所有更高的表现形式则只是缺乏客观性的幻想，在推翻了社会的经济结构和废除了它的法律和政治的上层建筑之后，将会自动地消融于它们必然的虚无之中。就像一种影像与它所反映的对象相关联一样，经济观念自身只像是与资产阶级社会的物质生产关系相关联着的。事实上，它们之间是以整体的一个特定的部分与这一整体的其他部分相关联这种方式而相关联的。和物质的生产关系一样，资产阶级的经济学是归属于资产阶级社会这个整体的。这个整体也包含政治的和法律的表象以及它们的显而易见的对象；这些东西，资产阶级的政治家和法学家们——"私有财产的理论家们"（马克思语）——以一种观念上颠倒的方式把它们当作独立自在的本质。最后，它也包括资产阶级社会的艺术、宗教和哲学这些更高的意识形态。如果看上去不存在这些表象能正确地反映的对象，那么，这是因为经济的、政治的和法律的表象没有特别的、脱离资产阶级社会的其他现象而孤立存在的对象。把这些对象与这些表象对立起来，是资产阶级抽象的和意识形态的传统做法。它们只是以特殊的方式表现了整个资产阶级社会，正像艺术、宗教和哲学所做的那样。它们的总体形成了适应于其经济基础的资产阶级社会的精神结构，正如它的法律的和政治的上层建筑适应于这个基础一样。把握了社会现实总体的科学社会主义应该对所有这些形式进行革命的社会批判。这些形式必须连同经济的、法律的和政治的社会结构一起并同时像这些东西一样在理论上被批判，在实践中被消灭。正如革命阶级的经济上的行动没有使得政治行动变得不必要一样，政治或者经济行动也没有使精神上的行动变得不必要。相反地，它必须作为在工人阶级夺取国家政权之前的革命的科学的批判和鼓动工作，作为在夺取国家政权之后的科学组织和意识形态的专政，在理论上和实践上被贯彻到底。如果这对于反对一般地决定资产阶级社会的诸意识形式的精神行动是有效的话，那么，它对于哲学的行动来说就尤其是正确的。资产阶级意识必然地把自身看作像纯粹的批判哲学和不偏不倚的科学一样离开世界并独立于世界的东西，正像资产阶级国家和资产阶级法律好像是超出社会之上似的一样。应当由作为工人阶级的哲学的革命的唯物辩证法去同这种意识进行斗争。只有当整个现存社会和它的经济基础在实践上完全被推翻、这种意识在理论上全部被取消和被废除的时候，这一斗争才会结束。"不在现实中实现哲学，就不能消灭哲学。"

（王南湜　荣新海 译）

葛兰西

安东尼奥·葛兰西（Antonio Gramsci, 1891—1937），无产阶级革命家、意大利哲学家、意大利共产党和西方马克思主义创始人之一。1891年1月22日出生于意大利的撒丁岛，在那里度过了青年时期的大部分时光，直到1911年进入都灵大学时才第一次离开撒丁岛，因此撒丁的文化和传统在他的思想中留下了深深的烙印，青年时期的葛兰西是个撒丁主义者。在大学期间，葛兰西受到意大利唯心主义哲学家克罗齐的影响。葛兰西于1914年加入意大利社会党，第二年由于健康原因中断大学的学习生活后，主要从事理论宣传工作，先后担任了意大利社会党都灵支部的《人民呼声》周刊和意大利社会党机关报《前进报》的编辑。1919年，葛兰西与都灵大学的校友陶里亚蒂等人合作创办了《新秩序报》，这是一份支持都灵工厂委员会运动的社会主义周刊。1921年1月，葛兰西与其他人一起创建了意大利共产党，但在以波尔迪加为绝对统治的意大利共产党内部，葛兰西一开始只起着某种次要的作用。从1922年5月末到1924年5月，葛兰西分别在莫斯科和维也纳为共产国际工作。1924年5月，他被选入意大利议会，同时成了意大利共产党的重要领导人。他试图把意大利共产党改造成为一个以群众为基础的革命政党。1926年11月，葛兰西被意大利法西斯警察逮捕，并被判20多年的监禁。1933年，葛兰西的健康状况恶化，1937年4月27日，在从狱中释放一星期后，葛兰西在一个诊所去世。

葛兰西一生写了大量文章，其中包括他在担任报社编辑时所写的一系列政论性的文章。但是葛兰西作为一个马克思主义理论家的声望，主要是以他去世以后出版的他在狱中的文献、笔记和书信而树立的。这些文献、笔记和书信长达3000多页，编辑成7卷，而其中最重要的是《狱中札记》。《狱中札记》由一系列论文、札记、笔记等组成，涉及哲学、历史、军事、文艺、宗教、国家学说、无产阶级革命理论等众多领域。从哲学上来说，最重要的是他提出了"实践哲学"，这一对马克思主义哲学的新提法除了为躲避法西斯狱吏检查之外，更重要的是这一理论同当时对马克思主义的"正统"解释——经济决定论作了决裂，强调了人类意志和思想的重要作用，从而把马克思主义的研究领域从经济和自然科学的方面，转向了哲学、知识分子、人民群众的心理以及多样化的社会主义文化机构，开创了西方马克思主义的研究路向。

本书选取了《葛兰西文选》中的《反〈资本论〉的革命》和《狱中札记》第三章第二节《马克思诸问题》中的《实践哲学研究中的某些问题》。《反〈资本论〉的革命》是葛兰西在获悉俄国取得十月革命胜利后为《前进报》所撰写的社论，在这篇写于1917年11月24日的文章中，葛兰西认为俄国十月革命成功的最大历史因素是人的意志力量。这显然是受到黑格尔和克罗齐的唯心主义的影响。葛兰西青年时期对意志这一人的主观能动性的强调实际上贯彻了他一生的思想。尽管在他以后思想的发展中，为了避免唯我论，他反复强调这一"意志"必须建立在客观的历史必然性的基础上。

在后一个文本中，葛兰西通过对庸俗马克思主义的批判（以布哈林的《历史唯物主义理论——马克思主义社会学通俗手册》一书作为其批判的靶子）以及对克罗齐哲学的批判来阐释"实践哲学"的思想。他的"实践哲学"既不是如庸俗唯物主义一样坚持"物质一元论"，也不是如克罗齐的唯心主义一样坚持"精神一元论"，而是"实践一元论"。"实践一元论"就是指物质和精神在具体历史行为中得到同一。这一思想也可以用葛兰西提出的"历史的集团"这一概念来表达，所谓"'历史集团'的概念，即自然和精神之间（经济基础和上层建筑）的统一、矛盾和区别之间的统一"。葛兰西试图通过这一思想使马克思主义从唯物主义的纯粹的机械性中摆脱出来，也从唯心主义的纯粹的自主性中摆脱出来，赋予实践哲学以全新意义的自主性，从而既突出精神力量或意识形态的现实性，又不至于使这一自主性陷入唯我论的泥淖，并希望在此基础上恢复马克思辩证法的革命性本质。

反《资本论》的革命^①

布尔什维克革命现在已确定无疑地属于俄国人民总的革命的一部分了。直到两个月以前，最高纲领派还是作为不可缺少的积极动力，他们保证事件不会停顿、保证奔向未来的通道不会受阻，并使事情获得最终解决（资产阶级的解决）。现在这些最高纲领派已经夺取了政权，并建立了他们的专政。他们正在创造一种社会主义结构，在这个结构中，如果革命要在已经取得的巨大收获的基础上继续协调地发展而不遇到正面对抗的话，它将不得不稳定下来。

布尔什维克革命所包含的意识形态的意义多于事件的意义（因此，实际上我们的确不需要作更进一步的了解了）。这是反对卡尔·马克思的《资本论》的革命。在俄国，马克思的《资本论》与其说是无产阶级的书，不如说是资产阶级的书。它批判地论证了事件应

---

① 选自《葛兰西文选》，北京，人民出版社，1992。

该如何沿着事先确定的进程发展下去：在俄国无产阶级甚至还没有来得及考虑它本身的起义、它本身的阶级需要和它本身的革命之前，由于西方式样的文明的建立，怎样会必定产生一个资产阶级，又怎样会必定开始一个资本主义时代。但是，已发生的事件战胜了意识形态。事件已经冲破了这种分析公式，而根据历史唯物主义的原则，俄国历史好像应该按照这一公式发展。布尔什维克否定了卡尔·马克思，并用毫不含糊的行动和所取得的胜利证明：历史唯物主义的原则并不像人们可能认为和一直被想象的那样是一成不变的。

然而甚至在这些事件中也还有宿命论的东西。如果说布尔什维克否定了《资本论》中的某些结论，但他们并没有抛弃它的富有生命力的内在思想。总之，这些人并不是"马克思主义者"，他们并没有用这位大师的著作教条主义式地去编制一种容不得讨论的僵化理论。他们实践着马克思的思想——一种不朽的思想，它是德国和意大利唯心主义的继续，马克思也沾染了实证主义的和自然主义的色彩。这种思想认为历史上占统治地位的因素不是天然的经济事实，而是人，社会中的人，彼此联系着的人，他们互相达成协议，并通过这些接触（文明）发展一种集体的社会意志；是了解经济事实的人，他们对经济事实作出判断并使之适应自己的意志，直到这种意志成为经济的动力并形成客观现实，这种客观现实存在着、运动着，并且终于像一股火山熔岩一样，能够按照人的意志所决定的那样，在任何地方、以任何方式开辟道路。

马克思预见到了可以预见的事情。但是他无法预见到欧洲战争，或者更确切些说，他无法预见到这场战争会如此旷日持久，会发生如此的影响。他也无法预见到，在难以言表的艰难困苦的三年中，这场战争竟然在俄国唤起了它已经唤起的那种人民的集体意志。在正常时期，要形成这样一种集体意志，需要一个通过社会逐步传播、扩散的漫长过程；还需要有范围很广的阶级经验。人是懒散的，他们需要组织起来，首先是从外部组织成社团和联盟，然后在内部，在他们的思想和意志中［……］① 需要一种不断持续的和多样化的外部刺激，这就是为什么在正常条件下，马克思主义的历史批判准则能抓住现实、掌握并阐明现实。在正常条件下，资本主义世界的这两个阶级通过日益加剧的阶级斗争创造历史。无产阶级敏锐地感觉到自己的贫困和经常的艰难困苦，因而对资产阶级施加压力以求

---

　　① 　此处文章中有脱漏。

改善自身的生活水平。它参加斗争，强迫资产阶级改善生产技术并使之更加适应于无产阶级的迫切需要。其结果是：为得到改良而拼命地竞赛，生产节奏加速，有益于社会的商品产量不断增加。可是，在这场竞赛中，许多人倒毙路旁，这就使得那些留下来的人的需要更加迫切；群众经常处于动乱状况。由于这种混乱，他们在思想上形成了某种秩序。他们比以往更加意识到自己的潜在能力，认识到自己有能力承担社会责任并且成为自己命运的主宰。

这是在正常条件下发生的事件。此时，事件是按照某种规则重复着的。此时，历史按阶段发展，尽管这些阶段在意义和价值方面要更加复杂和丰富，它们却是彼此相类似的。但是在俄国，这场战争激励了人民的意志。作为三年多累积起来的苦难的结局，他们的意志几乎在一夜之间完全一致了。饥荒迫在眉睫，饥饿和由饥饿造成的死亡可能降临到每一个人身上，可以一举毁灭数千万人。人民的意志一开始是机械地，而在第一次革命后，便主动地和自觉地一致起来。

社会主义宣传使得俄国人民接触到别国无产阶级的经验。社会主义宣传可以使无产阶级的历史在一瞬间戏剧性地苏醒过来：它的反对资本主义的斗争，它的漫长的连续不断的努力，要使自己从奴隶枷锁中完全解放出来（奴隶枷锁曾使它处于如此卑下的地位），要使自己锻造出一种新的意识，并在今天成为一个尚未到来的世界的宣言。锻炼俄国人民意志的是社会主义的宣传。他们何必等待英国的历史在俄国重演，等待资产阶级成长起来，等待阶级斗争开始，以便形成阶级觉悟，并且遭受资本主义世界的最终灾难呢？俄国人民，或者至少是少数的俄国人民，在思想上已经有过这些经验。俄国已经超出了这些经验，现在它将利用这些经验来维护自己的权利，如同它将利用西方资本主义的经验来使自己迅速达到与西方世界同样的生产水平一样。用资本主义的话来说，北美比英国更要先进，因为在北美的盎格鲁—撒克逊人是从英国经过长期发展后才达到的水平上一下子起飞的。现在，受着社会主义教育的俄国无产阶级，将要在英国今天已经达到的最高水平上开始自己的历史。既然它必须从零开始，它就将在别处已经改善了的基础上起步，因而将迫使自己达到被马克思认为是集体主义的必要条件的那种经济成熟水平。革命者自己将创造为全面达到他们的目标所需的条件。而且他们创造这些条件的速度，将比资本主义所能做的更快些。社会主义者对资本主义制度所作的批判，强调了资本主义的缺陷和对财富的浪费，现在，革命者们可以运用这些批判把事情做得更好，可以避免浪费和不成为这些缺陷的牺牲品。这将首先是一种贫困和痛苦的集体主义制度。但是一个资产阶级政权也会继承同样的贫困和痛苦的条件。在俄国，资本主义不可能立即比集体主义制度做出更多的事。事实上它今天只能做得更少，因为它将立即面对一个不满意的和激烈骚动的无产阶级，这个无产阶级再也不能代表别人来忍受这种随着经济失调而来的苦难和贫困。因此，甚至从纯粹的人的方面来说，现在在俄国能够证明社会主义是正确的。无产阶级能够承受住和平实现之后等待着他们的困难。当然这只有在无产阶级感觉到事情是在他们控制之下，并且知道他们能以自己的努力在尽可能短的时间内征服这些困难的时候才能这样。

人们有这样的印象，即最高纲领派在这个时刻是一种生物本能的必然表现——如果俄国人民不想沦为一场可怕灾难的牺牲品。如果为了自己的新生而含辛茹苦的俄国人民想要少受饿狼的利爪之害，如果俄国不想变成毒蛇猛兽互相厮杀得血肉横飞的巨大的杀戮场，最高纲领派就必须掌握政权。

（中共中央编译局　国际共运史编译所 编译）

实践哲学研究中的
某些问题①

一、问题的提法

使一个历史时代的文化丰富而又有价值的新世界观的生产，以及按照原初的世界观从哲学上去指导的这种生产。马克思是一种世界观的创造者。但是，伊里奇［列宁］的地位如何呢？它是纯粹从属和依赖性的吗？这得在既是科学又是行动的马克思本身中去寻找解释。

从乌托邦到科学和从科学到行动的历程，建立一个指导性阶级（也即国家）就等于创造一种世界观。德国无产阶级是德国古典哲学的继承人，这个说法如何理解？马克思②要指出的，难道不正是在

---

① 选自《狱中札记》，北京，中国社会科学出版社，2000。

② "德国无产阶级是德国古典哲学的继承人"这个提法不是马克思的，它是恩格斯《费尔巴哈与德国古典哲学的终结》中的最后一句话。

成为一个变成了国家的阶级的理论的时候，他的哲学所具有的历史功能吗？就伊里奇来说，这确实发生在一个特殊的领域。在别的地方①，我已指出了列宁要对之负责的、领导权的概念和事实在哲学上的重要性。领导权得到实现，意味着对于一种哲学、对于它的真正的辩证法的真正批判。这里比较一下葛拉齐阿第②在《价格和剩余价格》一书导论中所写到的观点：他把马克思看成是一系列伟大的科学人中的一员。基本的错误：其他任何人都没有创造一种具有独创性的完整的世界观。马克思从精神上开创了一个历史时代，这个时代大概要延续几个世纪，就是说，要一直持续到政治社会消失、调整了的社会诞生时为止。③ 只有到那时，他的世界观才会被替代，那时，必然的概念也才会被自由的概念所取代。

对比马克思和伊里奇以造成一种等级差别，这是愚蠢且无用的。他们分别表现了两个阶段：科学和行动，这两个阶段既是同质的，又是异质的。

因此，历史地说，把基督同圣保罗加以对比，也是荒谬的。基督——世界观，而圣保罗——组织者、行动、世界观的传播，他们在同样的程度上成为历史需要，所以同样具有历史才干。在历史上，基督教可以被称作基督教—保罗主义，而且这种叫法也确实更确切（只是因为信仰基督是神，所以才没有产生这种叫法，但是，信仰本身是一个历史的要素，而不是一个理论的要素）。

二、方法问题

如果人们希望研究一种世界观的诞生，而这种世界观从来不曾被它的创始人所系统地阐明过（而且，创始人本质上的一贯性，不是要在每一篇单独的论文或一系列论著中去寻找，而是要在暗含着这种世界观要素的多种多样的智力劳动的整个发展过程中去寻找），

---

① "领导权的事实"当然指苏维埃革命。领导权概念在列宁著作中并不十分突出，因此，把它归之于列宁，很难解释得通，最大的可能是，在葛兰西心目中的，是列宁关于无产阶级革命——比如他们从事反对经济主义的斗争，又如在"社会民主党的两个策略"中所表述的——一般理论的一些方面。

② 和主教奥尔查蒂（F. Olgiati）相比，葛拉齐阿第（C. A. Graziadei）是落后了，因为奥尔查蒂在一本论马克思的书中认为，除了基督，无人可以之相比。对主教来说，这真的是最极端的妥协了，因为他相信基督是有神性的。

　③ 也即共产主义社会。

那就要做好那些预备性的详细的文献学工作。而且要以极端严谨的精确性、科学上的诚实和智力上的忠诚，没有任何成见、偏见或党派的门户之见地去做这一工作。首先必须重现这位思想家的思想发展进程，以便识别哪些因素变成为稳定的和"永久的"东西，换句话说，就是那些使思想家成其为思想家的思想家自己的思想，同他早先所研究过的、对他起过激励作用的"材料"有所不同并高于这些材料的因素。只有这些因素才构成其思想发展过程的主要方面。这种选择可以按照长度不同的时期来进行，这些长度不同的时期要由内部因素而不是由外部证据来确定（虽然对外部证据也可加以利用），并造成一系列的"弃牌"。也就是说，抛弃掉这位思想家在某些时期可能表示过某种同情，甚至一度接受过并利用它们来进行他的批评工作以及历史创造和科学创造的局部的学说和理论。

通过观察所有学者的个人经验，我们得出这样一个共同的结论：在一定时期尤其在青年时期内怀着"英雄的愤怒"[①] 研究过（就是说，不是出于单纯的外部的好奇心，而是由于深刻的兴趣的缘故而进行的研究）的任何一种新理论，它本身就吸引着学者并整个儿地占有他的思想个性，对于这种理论的研究只是被对于下一种理论的研究所限制，只有在形成批判的均衡，以及学会进行深刻的研究，而不是屈服于所研究的体系和作者的魅力的时候，这种情况才中止。这位思想家越是具有激烈的动力，论战的性质越是缺乏系统性，这些观察就越是有效。或者当人们研究一个理论活动和实践活动不可分割地交织在一起的人物，研究一个处于持续的创造和永恒的运动过程之中，具有强烈的和无情的自我批评意识的、有才华的人的时候，这些观察也就越有效。

以此为前提，我们的工作应当按照下列路线来进行：

（1）重写作者的传记，不仅重写关于他的实践活动的部分，而且首先重写关于他的思想活动的部分。

（2）把他所有的著作，甚至那些最易漏掉的著作，按年代先后编成目录，并根据内在的标准把它们分为作者的见解形成、成熟、掌握并使用新的思想方法和新的认识生活认识世界的方法等时期。研究思想发展的主调[②]和节奏要比研究单个的偶然的论断和孤立的格言更为重要。

---

① 指布鲁诺（Giordano Bruno，1548—1600）的《论愤怒》（1585），在其中，他把作为沉思冥想的认识和积极的斗争或"英雄的愤怒"区别了开来。

② 主调此词最经常被用于音乐，特别是在瓦格纳那里。

这项准备工作是任何进一步的研究所必需的，还应该在所研究的思想家的著作中进一步区分。哪些是他写完以后自己发表的，哪些是因为没有写完而还没有发表的，以及哪些是由他的朋友和学生所发表，并且作了修正、重写、删节等等，换句话说，哪些是有出版者或编者的积极参与的。很明显，对于这些在作者死后发表的著作的内容要特别注意和小心，因为不能把它看成是确定无疑的材料，它们还只是有待于推敲的，仍然是暂时的材料。人们也不应排除这样的可能性：这些著作，特别是如果它们是在较长时期内创作的，如果作者从来没有想要完成它们，那就可能是作者全部或部分地抛弃掉的或自己不满意的。

就实践哲学的创始人（马克思）的具体情况来说，他的文字作品可以分为两类：

（1）在作者直接负责下发表的著作：一般地讲，在这些著作中，人们不仅要研究他拿出来复印的材料，而且要研究作者"发表"或以任何方式流传开来的一切东西，如信件、传单等等（一个典型的例子，是《哥达纲领批判》和通信）。

（2）不是作者直接负责发表，而是由其他人在作者死后出版的著作：对于这些著作，也要有不改真本原样的版本，这项工作现在已经在做，或至少是根据科学标准对原本作出细致的描述。

这些部分应当按照编年体的批判时期重新加以整理，以便有可能进行有效的，而不只是机械的、随意的比较。

应当在作者本人后来发表的作品所提供的材料的基础上，仔细研究和分析作者所做的精心细致的工作。这种研究至少可以提供一些线索和标准，使得人们有可能批判地评价其他人在作者死后编辑的他的著作的版本的可靠程度。作者发表的著作的准备性材料，距离作者本人修订的最后文本越远，他人对该材料所作修订的就越不可靠。不能把一部作品同为了编辑它而集合起来的原材料等同起来。最好的选择，安排各组成要素的方式，对于在准备阶段收集起来的这样那样的要素所赋予的或大或小的重要性，正是这些东西构成著作的实质。

即使对于通信也应该相当仔细地加以研究：在信件里提到的肯定论断在书里或许没有重复。信件的文字生动活泼，虽然从艺术上来说往往比书本中字斟句酌的、深思熟虑的文字更有实效，但有时却可能削弱论证。在信件里，也像在讲演和谈话中一样，会比较经常地发生逻辑错误：思想的较大敏捷性的获得往往是以牺牲坚实性为代价的。

在研究原则性的思想或者在研究新颖的思想时，其他人在这种思想文献记载过程中所做的贡献往往不能引起人们的重视。正是在这方面，至少作为一般原则和方法，应当提出实践哲学的两位创始人（马克思和恩格斯）之间的同质关系的问题。当其中的一位根据他们的相互一致提出一个论断时，这个论断只在那个问题上才有效。即使其中的一位为另一位的著作写了几章，这个事实也并不是应该把该书看成是他们完全一致的产物的绝对理由。不必低估第二位（恩格斯）的贡献，但也不必把第二位和第一位（把恩格斯和马克思）等同起来，也不应该认为（恩格斯）归诸于（马克思）的一切东西都是绝对真实的，没有渗透任何其他的东西。当然，（恩格斯）证明在著作上是独一无二地无私的、没有个人虚荣心的，但问题并不在这里；这也不是一个怀疑（恩格斯）在科学上的绝对诚实的问题。问题在于（恩格斯）并不是（马克思），而如果人们要知道（马克思），就必须首先在他的真正著作中，在那些由他直接负责发表的著作中去寻找。从这些观察中可以得出相关研究的某些线索和若干有关方法的告诫。例如，1912年佛尔米吉尼出版的蒙德尔福论恩格斯的历史唯物主义的书[1]，有何价值呢？索列尔在一封致克罗齐的信中，对于能否研究恩格斯作为一个独创的思想家所不足的才具这样的主题表示怀疑。而且他还经常申明人们不应当把（马克思和恩格斯）这两位作者混淆起来。除了索列尔所提出的问题之外，看来单是因为有人说两位朋友中的第二位，作为一个理论家才具不足（或至少在和第一位的关系中居于从属地位），研究一下谁对独创的思想负有责任，就是十分必要的。事实上，除了蒙德尔福的书以外，在文化界中还没有人作过此类系统研究。的确，（恩格斯的）阐释（其中有些是相对系统的）现在已被提升到作为一种真正的源泉，而且是唯一真正的源泉的首位，正因为如此，蒙德尔福的书才是非常有用的，至少因为它所遵循的指导线索。

三、安东尼·拉布利奥拉

对安东尼·拉布利奥拉关于实践哲学的全部出版物，而不是对

---

[1]　蒙德尔福（Roberto Mondolfo）：《恩格斯的历史唯物主义》，热那亚，1912。蒙德尔福关于实践的黑格尔—马克思主义理论对于葛兰西的实践哲学的可能影响，见英译本导论。

已经无法得到的他的各卷著作，作一客观而系统的概略，哪怕是一种学院式的分析的概略，也是一件非常有用的事情。这样一种工作，是任何旨在回过头去使当时在有限的圈子外鲜为人知的拉布利奥拉的哲学观点传播开来的原创性的必要准备。里奥·勃隆斯坦（托洛茨基）在其回忆录①中竟然认为拉布利奥拉"一知半解"，真让人感到惊讶。这个判断不可理解（除非它是指在作为一个人的拉布利奥拉那里存在理论和实践的沟壑，然而又不像是指这种情况），除非它是针对在俄国非常有影响的德国知识分子集团的假科学的一知半解。实际上，拉布利奥拉肯定实践哲学是独立于任何其他哲学思潮之外的自足哲学，而且他是唯一的企图科学地建立实践哲学的人。

占统治地位的趋向表现在两种主要思潮中：

（1）所谓的正统趋向，以普列汉诺夫②为代表（参见他的《马克思主义的基本问题》）。事实上，普列汉诺夫和他所说的相反，滑到庸俗唯物主义去了。他没有正确地考虑马克思思想的"根源"问题：详细研究他的哲学文化（以及他直接和间接地在其中形成的一般的哲学环境）肯定是必要的，但这只是一项更加重要得多的研究，即对他本人的"独创性的"哲学进行研究的前提，这是不能靠研究他个人"文化"的少许"源泉"来填充的。首先必须说明的是他的创造性建设性活动。普列汉诺夫以典型的实证主义方法提出问题，并证明了他在思辨和历史方面能力的贫乏。

（2）正统的趋向损害了它的对立面的成长：这种趋向把实践哲学同康德主义以及其他非实证主义的和非唯物主义的哲学趋向联系起来。这在奥托·鲍威尔③那里达到其"不可知论的"结论。在一本关于宗教的书中他写道，马克思主义能够由任何哲学，甚至由托马斯主义④来支持，并和这些哲学融合。严格地讲，这第二种趋向

---

① 葛兰西在监狱中之所以能够读到托洛茨基的《我的生活》(1930)（其中谈到拉布利奥拉），只是因为那本书是托洛茨基在被从苏联驱逐出去以后写的，所以，它未列入被禁止的"政治煽动"范畴。

② 乔治·维莱梯诺维奇·普列汉诺夫（1857—1918），马克思主义哲学家，19世纪后期活跃于俄国社会民主主义运动中，1903年加入孟什维克派。作为一个哲学家，普列汉诺夫不论在革命前还是在革命后都一直得到布尔什维克的尊敬，他代表了葛兰西所抨击的正统唯物主义思想链索中一个主要环节，他的《马克思主义的基本问题》一书被列宁称作是对马克思主义的最好的阐述，1908年初次出版。

③ 奥托·鲍威尔（Otto Bauer，1882—1938），奥地利社会民主党人，被称作奥地利马克思主义趋向的主要阐述者，他关于马克思主义经济学可以和托马斯主义的认识论相容的见解，见他的《社会民主主义，宗教和教会》(1927) 一书。

④ 托马斯主义，即圣·托马斯·阿奎那（St. Thomas Aquinas，1224—1274）的经院哲学。

并不真是一种趋向，而是不接受德国式一知半解的所谓"正统派"的一切趋向——甚至包括德·曼的弗洛伊德主义——的总和。

为什么拉布利奥拉和他提出哲学问题的方式会遭到这样一种如此缺乏创见的命运呢？在这里，人们可以重复罗莎·卢森堡在谈到批判经济学(《资本论》) 及其最精致的问题时说过的话：在斗争的浪漫主义时期，在大众的风暴和紧张时期[①]，一切兴趣都集中在最直接的武器上面，集中在政治领导中的策略问题和哲学领导中少数文化问题上面。但从一个下等集团变成真正自主的、有领导权的集团的时刻起，就产生一个新式的国家，我们体验到构造一种新的智力和道德秩序即构造一种新型社会的需要，以及进一步发展普遍的概念和更精致的、决定性的意识形态武器的需要的具体诞生。这就是需要回过头去使拉布利奥拉传播开来，使他提出哲学问题的方式占据支配地位的原因。这样一来，人们就能够开展一种争取自主的高级文化的斗争，这种斗争是那种其否定的和论战的表现冠有"a-"的否定前缀和"anti"（反对）——如 a-theism（无神论）和 anticiericalism（反教权主义）等——的斗争的积极组成部分。这样，人们就给予传统世俗人道主义以一种现代和当代的形式[②]——这种传统世俗的人道主义必定成为新型国家的伦理基础。

四、实践哲学与现代文化

实践哲学是现代文化的一个"要素"[③]。它在一定程度上决定了或丰富了某些文化思潮。然而，所谓的正统派却忽略了或者根本不知道要研究这一事实的重要性和意义。正因为如此，在实践哲学和各种唯心主义倾向之间发生的最重要的哲学结合，这个在本质上和19 世纪最后 25 年的特定的文化思潮（实证主义、科学主义）紧密相关的事实，在所谓的正统派看来，要不是骗人的话，那就是荒谬的（在普列汉诺夫的《马克思主义的基本问题》一书中清楚地提到了这

---

① "风暴和紧张"，源于德国浪漫主义文学运动，被扩大应用为文化生活中的任何骚动时期。

② 对于安东尼·拉布利奥拉哲学概念的分析和系统论述，可以成为一本通常的杂志的哲学部分，还应编一本关于拉布利奥拉的国际性文献目录。

③ 葛兰西经常在把"时间要素"同"方面"或"特征"或"动力"等观念相结合的意义上使用"要素"一词，在这里也是如此。

个事实，但却很少触及，而且也不打算作批判性的说明）。因此，就有必要像安东尼·拉布利奥拉企图做的那样去重新评价对问题的研究。

实际的情况是：实践哲学遭到了双重的修正，就是说，它被归并入双重的哲学结合之中。一方面，它的某些要素，或明或暗地被若干唯心主义思潮吸收和融会（人们只要提到克罗齐、金蒂雷、索列尔、柏格森，甚至实用主义就可以了）。另一方面，所谓的正统派所关心的却是寻找到这样一种哲学：根据他们极端有限的观点，这种哲学要比对历史的"简单"解释更加广泛，他们认为自己是正统的，因为他们把这种哲学基本上和传统唯物主义等同起来了。另一种思潮则回到了康德主义（在此除了维也纳的麦·阿德勒教授①外，可以提到意大利的阿·波吉和阿·巴拉托诺教授②）。可以这么说，一般而言，企图把实践哲学同唯心主义思潮结合起来的思潮，大部分是由"纯粹的"知识分子所组成的；而构成为正统派的思潮，则是由比较明显地献身于实践活动，因而同广大人民群众有比较密切联系（或多或少外在的联系）的知识分子（然而，这并不妨碍其中大多数人进行 180 度大转弯——这转弯起到不小的历史政治作用）所组成的。

这种区别相当重要。作为统治阶级的流布最广的意识形态的制定者，作为国家中智识集团的领袖③，"纯粹的"知识分子，不能不至少利用一下实践哲学的某些要素，以便赋予他们的概念以力量，用新理论的历史现实主义来矫正一些哲理的过度思辨，以便给他们所联系的社会集团的武库提供新的武器。另外，正统的倾向则发现

---

① 麦·阿德勒（Max Adler，1873—1937），奥地利社会学家和社会民主党理论家，和奥托·鲍威尔、伦道夫·希法亭一起，是（1904 年以来）奥地利马克思主义的主要阐述者之一。奥地利马克思主义者代表了第二国际的"正统"思想，既同列宁，又同伯恩施坦修正主义相对立，特别强调马克思著作的科学方面，而不惜牺牲革命实践的要素。他们在马克思那里只看到严格的、摆脱了价值的意义上的社会发展的客观法则之后，就倾向于不是在辩证法本身的内在法则中，而是在康德的先验伦理学中去寻找它们的价值，寻找政治选择的理由。

② 社会民主党理论家。巴拉托诺（Adalchi Baratono，1875—1947）是二人中更为重要的，一度被改良主义社会党领袖称作"我们党的领导的哲学家"。葛兰西在 1922 年 1 月 27 日的《新秩序》上写道："除了巴拉托诺教授的哲学措辞之外，可尊敬的巴拉托诺（爵士）的革命措辞也是无与伦比的教育者……巴拉托诺的内心生活，他的理解能力，他的想象力的活动，说明他无非是他作为书籍报纸的读者所吸收的政治和哲学文化的绦虫罢了。"

③ 在原文中，"领袖"一词用的是英语。

自己卷入到一场同在广大群众中流布最广的意识形态和宗教先验主义的斗争之中，并且以为只要用最粗俗和最平庸的唯物主义就能克服它。但是，这种唯物主义本身远非普通意义上的中立层面，它在很大的程度上——比人们过去和今天所想象的要大得多——是由宗教本身养育着的。在人民当中，宗教表现为一种充斥着迷信和巫术的低下的浅薄的形式，在其中，物质起着不小的作用。

拉布利奥拉和这两种思潮的不同之处在于，他断言（说实在的，并不总是毫不含糊的）实践哲学是一种独立的、原创的哲学，本身包含着进一步发展的要素，所以就由对历史的一种解释变成一种一般的哲学。这正是人们必须努力的方向，发展拉布利奥拉的观点，而（就我的记忆而言）蒙德尔福的书却没有一以贯之地发展这种观点。[①]

为什么实践哲学会有这样的命运——被服务于造成它的主要要素或者同唯心主义或者同唯物主义的结合呢？对于这一点的研究肯定既复杂又微妙；它需要有大量分析技巧和冷静的头脑。否则很容易被外部的相似所欺骗，而看不到隐蔽的相似，看不到必然的但却被遮掩起来的联系。必须以极其谨慎的批判，才能对实践哲学向传统哲学的"妥协"[②] 以及因此使得这些传统哲学还能享有一段短暂的返老还童时刻的那些概念加以鉴别，而这恰恰意味着写出一部以实践哲学的创始人（马克思和恩格斯）的活动为开端的现代文化史。

很显然，这种明显的吸收不难追寻，虽然对此也要进行批判的分析。一个古典的例子就是克罗齐把实践哲学归结为历史研究的一种经验准则。这个曾经有助于意大利历史编纂学的经济—法理学派——这个学派的传播越出了意大利的国界——的创建的概念，甚至已经渗透到天主教徒中间去了。但是，对于隐蔽的、未被承认的吸收的研究，是最为困难的，而且更须严谨，这正是因为实践哲学作为现代文化的一个要素，通过既不明显又不直接的作用和反作用改变了旧思维方式的传播氛围，才发生了上述那种吸收。从这种观点出发的对索列尔的研究特别有趣，因为人们正是通过索列尔和他的命运而得到许多相关的线索。对于克罗齐来说也是如此。但是，

---

① 看来蒙德尔福从来没有完全抛弃罗·阿迪戈（Roberto Ardigo）的学生的基本上是实证主义的观点，蒙德尔福的学生迪·普拉齐（Diambrini Palazzi）就拉布利奥拉的哲学所写的书（由蒙德尔福作序），是蒙德尔福本人的大学教育在概念和指导线索方面贫乏的证明。

② 普拉齐：《安东尼·拉布利奥拉的哲学》，波洛尼亚，1923。

在我看来，最重要的应该是对柏格森哲学和实用主义的研究，因为如果没有实践哲学的历史联系，他们的某些观点就不可设想。

问题的另一方面是，在政治科学中，实践哲学甚至给那些同它进行了激烈的原则斗争的——如同耶稣会门徒在理论上的马基雅维利进行斗争而在实际上却仍然是他的最好的门徒一样——敌手们讲授了一堂实践课。马里奥·米西罗里[①]（大约 1925 年）任《新闻报》驻罗马记者期间发表的一个"观点"中写道，要是探索一下比较聪明的工业家的内心深处是否确信"批判的经济学"（《资本论》）包含有关于他们的事情的最好的见识，弄清楚他们是否利用由此获得的教训，这将是非常有趣的。这一点也不令人惊奇，因为假如（马克思）准确地分析了现实，那么，他所做的无非就是把这种现实的历史代理人在过去和现在以混杂和本能的方式感觉到的，以及由于敌对的批判而比较清楚地意识到的东西合理地、融贯一致地加以系统化而已。

问题更进一步，甚至更为有趣。为什么所谓的正统派也把实践哲学同其他哲学，而且恰恰是同一种特定的流行哲学而不是其他的哲学结合起来呢？事实上，值得考虑的就是同传统的唯物主义的结合；同康德主义的结合只能得到有限的成功，而且只是在某些有限的知识分子集团中。在这个问题上，罗莎论实践哲学发展中的停滞和进步的论文[②]值得参考。她指出，这种哲学的各个组成部分无论怎样地不同程度地发展，总是遵循着实践活动的必需。这意味着新哲学的创始人大大地超过了他们所处的时期，甚至以后的时期的需要，而且他们还建立了储存着由于领先于他们的时代因而暂时还不能使用，只在某个时刻以后才便于使用的武器的武库。这种说法有些武断，因为在很大程度上它所要做的是对要被当作对事实本身的说明的那个事实表述一个抽象的公式。然而，它却包含了值得深入探讨的真理之基石。在我看来，产生这种结合的历史原因之一，要在实践哲学不得不同外来的倾向结成同盟，以便反对仍然存在于人

---

① 米西罗里（Mario Missirola，1886—?），历史学家、新闻记者、编辑，看来对葛兰西有特殊的魅力，《狱中札记》常提及他。在某种意义上，葛兰西把他看作是资产阶级的意大利知识分子的典型人物，自然的灵巧性和浅薄性以及意大利精神生活的一般条件，使他不能一贯地应用他的相当的才能，并且尽管他才华横溢，却还是成为精神的和政治的时兴风气的温驯的牺牲品（特别见题为《知识分子：马里奥·米西罗里的颓废》的短文）。

② 罗莎·卢森堡：《马克思主义中的停滞和进步》，在 1903 年 3 月 14 日马克思逝世 20 周年之际，第一次发表在《前进报》上。

民大众中间，尤其在宗教领域中的前资本主义世界的残余这一事实中去寻找。

实践哲学有两项工作要做：战胜形式精致的现代意识形态，以便组成自己独立的知识分子集团；教育在文化上还处于中世纪的人民大众。这第二项工作，是基本的工作，它规定着新哲学的性质，并不仅在数量上而且在质量上吸收它的全部力量。出于"教导的"理由，新哲学结合成一种略高于人民大众的平均水平（这是非常低的）的文化形式，但绝对不适合于同有教养的阶级的意识形态进行战斗。然而，新哲学却正是为取代那个时候的最高的文化表现——德国古典哲学，并造成一个新的社会集团所专有的以这种新哲学为世界观的知识分子集团才诞生出来的。另一方面，现代文化，尤其是以唯心主义为标志的现代文化，并没有制定一种大众文化，或赋予它自己的学校教育大纲——这些大纲还是一些抽象的理论的图式①——以道德的和科学的内容。它还是有限的知识贵族的文化，只有在变成一种直接的（和偶然的）② 政策的时候，它才对青年产生影响。

这样一种文化力量的构成形式是否有其历史必然性，考虑到时空环境的特殊性，人们能否在过去的历史中找到类似的构成形式，还有待判断。在现代时期之前的经典实例，无疑是意大利的文艺复兴和新教国家中的宗教改革。克罗齐在其《意大利巴罗克式时代史》一书中写道："文艺复兴运动还是一个贵族的运动、一个精英集团的运动，而且即使在作为这个运动的母亲和护士的意大利，它也没有逃离宫廷小圈子的范围，没有深入民间而成为习俗和'偏见'，换句话说，没有成为集团的信念和信仰。而另一方面，宗教改革确实具有这种深入民间的功效，但它为此而付出的代价却是它自己内部发展的落后，以及它的生命胚胎成熟缓慢并且经常被打断。"而该书中写道："和那些人道主义者一样，路德也痛惜悲伤而欢呼快乐，谴责懒惰而倡导劳动；但另一方面，这使得他对于文学和研究采取怀疑和敌对的态度，这也就使得爱拉斯默斯能够说，'在路德主义统治的任何地方，文学都死亡了'。德国新教创始人所采取的这种排斥态

---

① 在这里，在葛兰西的心目中，特别是指 1923 年在唯心主义哲学家、法西斯主义教育部长乔万尼·金蒂雷的主持下实行的意大利学校制度的改革。金蒂雷改革的主要特征是在它影响中学的人道主义教育时，企图从民族理论的发展来看的整个意大利"高级文化"提供一个快速的综合。

② 在葛兰西那里，"偶然的"一词往往不是指时间意义上的"偶然"，而是指"无机的"或"边缘的"。

度，确实是两个世纪以来在研究、批评和哲学方面缺乏成就的唯一原因。然而，意大利的宗教改革家，也就是胡安·第·瓦尔德斯的集团和他们的朋友们，却开始把人道主义和神秘主义、把对研究的崇拜和道德的严肃轻而易举地结合起来。卡尔文主义及其严厉的天恩观和严格的纪律，并不有利于对认识的自由研究和对美的崇拜，但是，它却通过解释、发展和使天恩观适应于职业与有力地促进经济生活、生产和财富的增长观而发挥了效果。"

　　路德的宗教改革和卡尔文主义引发了广泛的民族—大众运动，它们的影响通过这种运动而得以扩散；只是在后期它们才确实创造出一种更高的文化。意大利的改革家并没有获得任何巨大的历史成就。的确不错，宗教改革即使是在其更高的阶段上也必然采取文艺复兴的式样，而且即使是在宗教改革运动没有在民众中孵化的非新教国家中也传播了开来。但是，普遍的发展阶段却使新教国家能够顽强而胜利地抵抗天主教军队的十字军讨伐。就这样产生出了作为现代欧洲最有活力的民族之一的日耳曼民族。法兰西被几次宗教战争蹂躏得苦不堪言，结果是天主教在表面上胜利了，但是，在 18 世纪，它却经历了一场伴随着启蒙运动、伏尔泰主义和百科全书派而来的最普遍的改革。这次改革先行于并相伴于 1789 年的革命。这确实是法国人民伟大的精神和道德的改革，它经德国的路德改革更加全面，因为它包括了乡村中广大的农民群众，具有一个明显的世俗基础，并且企图用由民族的和爱国的相互结合所代表的完全世俗的意识形态去取代宗教。然而，即使是这种改革也没有使高级文化直接繁荣起来，只有处在实证法学形式中的政治科学算是个例外。

　　或许只有乔治·索列尔才暗示了实践哲学是一种现代的人民大众改革的概念（因为诸如米西罗里那样期待着意大利的宗教改革、新的意大利版的卡尔文主义的人，生活在世外桃源），但他的见识只是片断的和唯智主义的，这是因为他对于议会主义和政党的肮脏所采取的詹森主义的愤怒态度。索列尔从列南那里承袭了必须实行精神和道德改革的思想；他（在一封致米西罗里的信中）断言，伟大的历史运动往往是由一种现代文化来代表的，等等。在我看来，虽然当索列尔以一种颇具文学性的方式把原始的基督教当作一种检验标准时就确实暗含有这样一种概念，但多少还是有一点真理的。虽然他也采用机械的和往往是意图明显的引证，但毕竟还有深刻直觉的偶然闪光。

104　　实践哲学以这所有的过去的文化为前提：文艺复兴和宗教改革，

德国哲学和法国革命，卡尔文主义和英国古典经济学，世俗的自由主义和存在于整个现代生活观的根子中的这种历史主义。实践哲学是这整个精神和道德改革运动的顶峰，它使大众文化和高级文化之间的对照成为辩证的对照。它符合于新教改革加法国革命的联结：它既是一种政治的哲学，也是一种哲学的政治。它还处在民粹主义阶段：创造一个独立的知识分子集团并非易事，需要一个长期的过程，其中包括行动和反行动，结合和分裂以及纷繁复杂的新组织的建立。这是一个从属的社会集团的概念，这个集团被剥夺了历史的首创精神，处在持续然而却是混乱的扩展之中，它不能超越某种质的水平，而是低于掌握国家和对整个社会行使领导权的水平，然而却只有这种领导权才容许在知识分子集团的发展中保持某种有机的均衡。实践哲学自身变成了"偏见"和"迷信"。它是现代历史主义的大众方面，但它本身又包含着能够据以取代这种历史主义的原则。在远比哲学史更广阔得多的文化史中，每当大众文化因为经历了一个革命阶段和因为从人民的矿石中锻造出新的阶级而繁荣起来的时候，就会出现"唯物主义"的繁荣；相反，与此同时，传统的阶级就抓住精神哲学不放。处在法国革命和复辟两个历史阶段的中途上的黑格尔，赋予思想生活的两个要素唯物主义和唯灵论以辩证的形式，但是，他的综合是"一个以头立地的人"[①]。黑格尔的后继者摧毁了这种统一，有的返回到唯物主义体系，有的则返回到唯灵论体系。实践哲学通过其创始人复活了黑格尔主义、费尔巴哈主义和法国唯物主义的一切经验，以便重建辩证统一的综合，重建"以脚立地的人"。黑格尔主义所遇到的被割裂的苦恼，在实践哲学这里也在重复着。也就是说，从辩证的统一中，一方面有回归到哲学唯物主义去的，而另一方面，现代唯心主义的高级文化则力图把实践哲学中适合其需要的部分结合过来，以便找到一剂灵丹。

"从政治角度说"，唯物主义概念是接近人民、接近常识的。它和许多信仰和偏见，和几乎所有的人民大众的迷信（巫术、幽灵）紧密相连。这一点在普遍流行的天主教中可以看出来，而在拜占庭的东正教中甚至更为明显。普遍流行的宗教是非常地唯物主义的，然而，知识分子的正式宗教却企图阻止形成两种不同的宗教，两个

---

① 关于黑格尔辩证法是一个"以头立地"的人的映象，在马克思恩格斯那里是经常提到的。参见马克思：《资本论》第 1 卷，德文第 2 版跋，更早的有《神圣家族》第 8 章第 4 节；恩格斯：《费尔巴哈和德国古典哲学的终结》，这在事实上是用黑格尔本人在《精神现象学》序言中所用的一个短语转而反对黑格尔。

分离的阶层，以便使它非正式地而又确确实实地变成狭隘集团的意识形态。但是，从这种观点来看，重要的是不把实践哲学的态度混同于天主教的态度。因为实践哲学同人民群众中的新阶层保持着动态联系，并倾向于不断地把它提高到一个更高的文化生活，而天主教则倾向于保持一种纯机械的联系，一种特别是建立在礼拜仪式的基础上，建立在一种显然是强加于群众崇拜的基础上的表面的统一。许多异端运动，都是人民大众的力量旨在改革教会，通过提高人民群众的文化生活使教会更接近于人民的表现。教会的反应往往非常激烈：它创立了"耶稣会"；给自己穿上了特兰托宗教会议的盔甲；虽然它组织了一个"民主地"选拔知识分子的令人称奇的机构，但它却只是把这些知识分子作为单个的个人，而不是作为人民集团的具有代表性的表现而选拔出来的。

在文化发展史中，重要的是要特别注意文化组织和赋予这种组织以具体形式的人物。鲁柴洛论文艺复兴和宗教改革的书①揭露了以爱拉斯谟②为首的许多知识分子面对迫害和火刑时所采取的屈服态度。所以宗教改革的承担者是作为整体的德国人民本身，是无差别的群众，而不是知识分子。正是知识分子在面对敌人时的这种逃亡态度，说明了为什么宗教改革在高级文化的直接领域内的毫无成果，这种状况一直延续到仍然忠于宗教改革事业的人民，通过选拔过程产生出在古典哲学中达到顶峰的新的知识分子集团时为止。迄今为止，实践哲学也发生了某种类似的情况。在实践哲学领域内形成的大知识分子，不仅在数量上不是很多，而且和人民缺乏联系，他们并非出身于人民，而是传统的中间阶级的表现，在历史的"转折点"上他们又回到这些阶级去了。某些人虽仍留在原来的阵地，但与其说是在推进新概念的自主发展，不如说是在使新概念受到系统的修正。断言实践哲学是一种全新的、独立的和创造性的概念，即使它只是世界历史发展的一个瞬间，就是断言一种正在孵化的新文化的独立性和首创性，断言它将随着社会关系的发展而发展。在任何特定时期，都存在着旧与新变动不居的结合，存在着与社会关系的均衡相符合的文化关系的暂时的均衡。只有在新的国家创建以后，文化问题的全部复杂性才可能提出并且得到融贯一致的解决。

---

① 鲁柴洛（Guido De Ruggiero）：《文艺复兴和宗教改革》，巴厘，1930。

② 爱拉斯谟（Erasmus Of Rotterdam，1465—1536），荷兰鹿特丹的人道主义者和改革者，和路德一起对天主教制度进行道德的和神学的批判，但无论在原则上，还是在个人安全上，都没有准备全然投身于改革阵营。

无论如何，在新的国家形成之前，只能采取批判的、论战的态度，而不能是教条的态度；这种态度必须是一种浪漫主义——这种浪漫主义自觉地渴望着它的古典的综合——的态度。

此外，人们应当把复辟时期①当作建立一切现代历史主义学说（其中包括实践哲学）的时期来研究。实践哲学是它们的顶峰，而且正好是在1848年革命前夜建立出来的，那时，复辟势力已溃不成军，神圣同盟四分五裂。众所周知，复辟只是一个隐喻的说法；实际上，并不存在旧政权的任何有效的复辟，而只有一种把中等阶级的革命成果加以限制、加以规范的新的力量构成。法国国王和罗马教皇成了它们各自的党魁，而不再是法国和基督教的不争的代表。尤其是教皇的地位被震撼了。在这个时期，一种名为"黩武的天主教徒"的永久性组织开始形成。在经过了各种过渡阶段——1848～1849年，1861年（教皇国家第一次解体和伊密里亚使节的归并），1870年和战后时期——以后，它发展成为以防御的立场出现的名为"天主教行动"的强大组织。复辟时期的历史主义理论是和18世纪的抽象的、乌托邦的意识形态——直到1870年它们还作为无产阶级的哲学、伦理学和政治学而存在于法国——相对立的。实践哲学同作为一种群众哲学的18世纪一切形态的民间观念——从最幼稚的直到蒲鲁东的——相对立（蒲鲁东的概念经历了保守的历史主义的某种嫁接，或许可以称之为法国的吉布提，但是，是人民阶级的吉布提②。因为正如在1848年时能够看到的，意大利的历史要比法国的落后）。如果说保守的历史学家、旧的理论家致力于批判了已然僵尸般的雅各宾意识形态的空想性质的话，那么，实践哲学家更有力地评价了作为新的法兰西民族创建过程中的一个要素的雅各宾主义的真正的而非抽象的价值（也就是说，作为在特定环境中被限定的活动的事实，而不是作为被意识形态化了的某种东西），也更有力地评价了保守主

---

① 即欧洲历史上从拿破仑失败和1815年维也纳会议到1848年革命的时期。

② 吉布提（Vincenzo Gioberti, 1801—1852），19世纪为解放和统一意大利而斗争的复兴运动时期的主要的温和派，和蒲鲁东相比，葛兰西更喜欢他，乍看起来，让人惊奇。然而，在别的地方（《历史唯物主义和克罗齐的哲学》）这一点已经得到澄清。这个比较，涉及他们在法国工人阶级运动和"较落后的"意大利解放运动中各自的立场。在这个背景中，吉布提是一个以古怪的方式出现的比较激进的人物，在蒲鲁东那里，保守的要素却逐渐占了雅各宾要素的上风（用葛兰西的话来说），而在吉布提那里，这个过程刚好相反，在其生命的晚年，正好是1848年流产的革命之后和随之而来的血腥镇压时期所写的书中，吉布提采取了支持人民力量在同自由资产阶级知识分子结盟中大规模更新的立场，在那个时间、地点，这个立场要比蒲鲁东的艰难地、辩证地摇摆于乌托邦主义和接受资产阶级制度之间的立场进步得多。

义者本身的历史作用，这些保守主义者就其实质而言是雅各宾党人羞答答的儿女，他们一方面诅咒雅各宾党人行为过火，一方面又小心翼翼地管理着他们的遗产。实践哲学不仅声称要说明和证明国旗的一切，而且声称要历史地说明和证明它自身。也就是说，它是"历史主义"的最伟大形式，是从任何形式的抽象的"意识形态主义"中全面解放出来的，是对历史世界的真正征服，是一种新文明的开端。

五、思辨的内在性和历史主义或现实主义的内在性

有人断言，实践哲学是在 19 世纪前 50 年中文化发展的最高领域中诞生的，这种文化以德国古典哲学、英国古典经济学和法国的政治著作和政治实践为代表。这三种文化运动是实践哲学的来源。[①]但是，要在怎样的意义上去理解这一断言呢？是每一个这样的运动分别地有助于实践哲学、经济学和政治学的建立吗？还是实践哲学综合了这三种运动，就是说综合了那个时代的全部文化，而且在这新的综合中，不论人们考查理论的、经济的还是政治的哪个"要素"，人们都将发现这三种运动中的每一种都是作为一种预备性环节出现的？我认为，实际情况正是如此。而且，在我看来，要把综合的整体环节和内在性的新概念、思辨形式的内在性概念等同起来。而内在性概念是由德国古典哲学提出来的，借助于法国政治和英国古典经济学，它被翻译成历史主义的形式。

关于德国哲学语言和法国政治语言之间具有相同实质的问题，参见前面的脚注。但是，在我看来，最有意思、最有成效的研究课题之一，还是就德国哲学、法国政治学和英国古典经济学之间关系所作的研究。我想，在某种意义上，可以这么说，实践哲学等同于黑格尔加大卫·李嘉图。这样，从一开始问题就应该这样表述：对于李嘉图引进经济科学中的新的方法论的规则，应当被认为具有单纯的工具性价值（换句话说，被认为是形式逻辑的新篇章）呢，还是应当被认为具有一种哲学革新的意义呢？对于形式逻辑原则"倾

---

① 列宁：《马克思主义的三个来源和三个组成部分》（1913）："马克思的学说是人类在 19 世纪所创造的优秀成果——德国的哲学、英国的政治经济学和德国的社会主义的当然继承者。"

向律"① 的发现，引出了经济人的基本经济概念和"被决定的市场"的科学定义，这难道不也是一种具有认识论意义的发现吗？难道它不正是暗含有一种新的"内在性"，暗含有一种关于"必然"和自由等等的新概念吗？在我看来，把它们译成这些名词，正是实践哲学的成就，因为实践哲学把李嘉图的发现普遍化了，就是说，它以一种适当的方式把这些发现推广到整个历史之中去了，并从而以一种前所未有的形式从中引出新的世界观。

有一系列问题必须加以研究：

（1）概述李嘉图的尚处于经验规则形式中的形式科学原则。

（2）寻找李嘉图这些原则的历史渊源。这些原则是同经济科学自身的产生相联系的。就是说，是同资产阶级作为一个"具体的世界阶级"的发展，以及同一个随后形成的世界市场相联系的。这种市场在复杂的运动中已经充分"密集"到有可能从中提炼和研究规则性的必然法则（应该说，这些规则性的必然法则，是一些倾向律。它们并不是自然主义意义上或者思辨决定论意义上的法则，但它们在"历史主义的"意义上是有效的。就是说，是在存在着"被决定的市场"，或者换句话说，是在存在着一个有机生命力的和在其发展运动中相互联结着的环境的意义上有效的。经济学在这些倾向律是现象的量的表现的意义上来研究它们；在从经济学到一般历史的过渡中，量的概念和质的概念以及量变成质的辩证法的概念结合起来②）。

（3）建立李嘉图同黑格尔和罗伯斯庇尔的联系。

（4）考察一下实践哲学是怎样从这三种活生生的思潮的综合中，清除了先验性和神学的一切痕迹，而取得新的内在性概念的。

除了上述研究以外，还必须提出实践哲学对以克罗齐和金蒂雷的现代意大利唯心主义哲学为代表的德国古典哲学的当代承续的态度。我们要如何理解恩格斯关于继承德国古典哲学的命题？是把它理解成一个业已完成的历史周期，在其中黑格尔主义中最富活力的部分已经被一劳永逸地彻底吸收；还是应当把它理解成一个仍然处

---

① 葛兰西在分析倾向律的时候，认为它具有"一种真正'历史的'而不只是一种方法论的性质"，见他在《历史唯物主义和克罗齐的哲学》中关于利润下降趋向的札记。在这里，葛兰西也批评克罗齐给予倾向律以一种"绝对的"，而不是一种辩证的历史的意义——奇怪的是，这个批评和马克思在《资本论》（第3卷第15章）中对李嘉图的批评相似。

② 量＝必然性；质＝自由。量—质的辩证法（辩证的联结）是和必然—自由的辩证法（辩证的联结）相同一的。

于运动变化中的历史过程，在其中正重现着哲学文化的综合的必然性呢？在我看来，这第二个答案显然是正确的。就实际情况而言，在关于费尔巴哈的第一条提纲中批判的唯物主义和唯心主义的彼此片面的立场，正依然如故地在重复着。虽然处在历史的一个较为发达的时刻，在实践哲学发展的更高的水平上进行综合也还是必要的。

六、马克思主义的组成要素的统一

统一是由人和物质（自然——物质的生产力）之间矛盾的辩证发展达成的。在经济学中，统一的中心是价值，换言之就是产业工人和产业生产力之间的关系（那些否认这种理论的人，由于把机器本身——作为不变的和技术的资本——当作独立于运用它们的人的、价值的生产者，而陷入彻底的庸俗唯物主义）。在哲学中，统一的中心是实践，也就是说，是人的意志（上层建筑）和经济基础之间的关系。在政治中，统一的中心是国家和市民社会之间的关系，也就是说，是教育者、一般的社会环境的国家（集中化了的意志）干预——这些问题都有待于深入研究并用更准确的术语来表述。

七、哲学—政治学—经济学

如果这三种活动都是同一世界观的必要组成要素的话，那么，在它们的理论原则中，就必然包含有从一种活动到另一种活动的可转变性，以及彼此转译成适合于每一种组成要素的特殊语言的可能性。任何一种要素都包含在另外两种之中，这三种要素一起构成为一个同质的循环。

文化史家和思想史家从这些命题（这些命题仍然需要斟酌）中推导出若干意义重大的研究标准和批判规则。可能发生这样的情况：一个大人物表现他思想的较有创造力的方面，并不是在从表面的分类的观点来看显然应当是最合乎逻辑的形式中，而是在别处，在表面上看来可以被认为是与之无关的部分中。一个搞政治的人进行哲学写作：情况可能是，他的"真正的"哲学反倒应该在他的政治论著中去寻找。每个人都有一种占支配地位的活动：正是必须从这里去寻找他的思想，这种思想处在一种往往不是暗含在，而且甚至经常是同公开表达的东西相互矛盾的形式中。众所周知，这样一种历史判断的标准包含有一知半解的危险，所以在应用它的时候必须非常小心。但是，这并没有剥夺掉它产生真理的能力。

在现实中，这种偶然的"哲学家"只能在艰难地摆脱他那个时代占统治地位的思潮，摆脱变成了教条的某种世界观的解释的时候才会胜利。另一方面，作为一个政治科学家，他又感到自己已然摆脱了他那个时代和集团的偶像而独立自主，以较多的直接性和完全的独创性去对待同样的世界观；他已然洞察到它的核心深处并且以一种富有活力的方式发展它。在这里，卢森堡所表现的那种思想仍然是有用的、有启发意义的。卢森堡写道，只有在实践哲学的某些问题在一般的历史进程中或特定社会集团的历史进程中成为现实问题的时候，这些问题才可能得以解决。特定的知识活动分别对应于经济—团体阶段、在市民社会中争取领导权的阶段以及国家政权阶段，它们不能被任意应用或者预期。在争取领导权的阶段，发展的是政治科学；在国家阶段，如果不去冒国家瓦解的危险的话，就得发展所有的上层建筑。

八、实践哲学的历史性

实践哲学以历史主义的方式思考自身，也就是，它把自己看成是哲学思想的一个暂时阶段。这一点不仅暗含在它的整个体系中，而且也被一个著名的论题所彰显出来。这个论题认为，在历史发展的某一点，其特征将是由必然王国到自由王国的过渡。迄今存在的一切哲学（哲学体系）都是使得社会分裂的社会内部矛盾的表现。但是，每一个哲学体系本身并不认为自己是这些矛盾的自觉表现，因为只有彼此冲突的一切体系的总和才能提供这种表现。任何一个哲学家都相信，而且不能不相信他表现了统一的人类精神，就是说，表现了历史和自然的统一性。的确，如果不存在这样一种信念的话，人们就不会行动，就不会创造历史，哲学也就不会变成意识形态，也就不会在实践中表现为具有和"物质力量"同样能量的"普遍信条"的盲信者的磐石般的坚定。

在哲学思想史中，黑格尔代表了独立的一章。因为在他的体系中，人们以这样那样的方式，甚至以"哲学空想"的形式，去理解何为现实。也就是说，人们在单个的哲学家和哲学体系那里，找到人们先前从体系的总和以及彼此论战和相互矛盾的哲学家那里才获得的、关于矛盾的意识。

而且，在某种意义上，实践哲学是黑格尔主义的一种改革和发展；它是一种已经从（或企图从）任何片面的和盲信的意识形态要素中解放出来的哲学；它是充满着矛盾的意识，在这种意识中，哲学家本人——不论是被作为个人来理解，还是被作为整个社会集团来理解——不仅理解矛盾，而且把他自身当作矛盾的一个要素，并把这个要素提高到认识的原则的高度，从而到行动的原则的高度。"一般的人"，不论以何种形式表现出来都会遭到否认，一切教条主义的"统一的"概念，都被当作"一般的人"或每个人内在的"人性"概念的表现而遭到嘲弄和破坏。

但是，即使是实践哲学也是历史矛盾的一种表现，而且确实是这些矛盾的——因为是最自觉的，所以是最完全的——表现；这意味着它是和"必然"联系在一起的，而不是和现在并不存在的、历史上也未曾存在的"自由"联系在一起的。所以，如果证明矛盾行将消失，那也就在暗中证明实践哲学也行将消失或者将被取代。在"自由"王国中，思想和观念不再会从矛盾的领地中、从斗争的必然性中产生出来。而现在，哲学家——实践哲学家却只能提出这种一般的论断，而不能走得更远；他不能逃离现存的矛盾的土地，如果不直接造成一个乌托邦的话，那么，除了泛泛而论之外，他不能断言一个没有矛盾的世界。

这并不是说，乌托邦不能具有哲学价值，因为它具有政治价值，而每一种政治都暗含着一种哲学，哪怕是无系统的和处在萌芽形式中的哲学。在这个意义上，宗教是最大的乌托邦，是迄今为止已知的历史上最大的"形而上学"，因为它是以神话的形式调和历史生活中现实矛盾的最宏大的努力。实际上，它断言人类具有同样的"本性"，断言存在着一般的人，它认为人是由上帝创造，是上帝的儿子，所以是其他人的兄弟，和其他人相平等，在其他人中间，并像其他人一样是自由的；而且他能够在上帝的镜照下把他自己看成是人性的"自我意识"；但宗教又断言，所有这一切并不是在这个世界上，而是在另一个（乌托邦）世界上的事情。这样，平等、博爱、自由的观念就在人们中间激发起来，在人类的那些并不把自己看成是平等的，也不把自己看成是其他人的兄弟，不把自己看成是和其他人一样自由的那些阶层中激发起来。就是因为这个原因，在群众的每一次激进的骚动中，这些要求都总是以这样那样的方式，以特殊的形式和特殊的意识形态被提出来。

这里可以插进伊里奇（列宁）所提出的一个意见。在 1917 年 4 月提纲①论普通学校的那一条中，更确切些说，在这一条的解释性说明（见 1918 年日内瓦版本）中提到在雅各宾恐怖时期被斩首的化学家和教育家拉瓦锡。拉瓦锡和他那个时代的民众群情一致地提出了普通学校的概念，而不只是一种被当作统治工具来使用的意识形态，并由此引申出具体的人人平等的结论。在拉瓦锡那里，这还是一个乌托邦的要素——这是一个在预先假定的人"本性"的单一性的一切文化思潮中都或多或少地显露出来的要素；而在伊里奇那里，它却具有一个政治原则的令人信服的理论意义。

如果实践哲学从理论上断言，每一个被相信是永恒的和绝对的"真理"，都具有其实践的根源，都代表一种"暂时的"价值（每一种世界和生活观的历史性）的话，那么，也仍然很难使人民"在实践上"理解到，这样一种解释对于实践哲学自身也是有效的，而这样一种解释又不动摇它对于行动是必需的那些信念。而且，这是每一种历史主义哲学都会遇到的困难；低劣的辩论者（特别是天主教徒）利用这种困难把同一个人身上的"科学家"和"煽动家"对立起来，哲学家和活动家对立起来，并推论说历史主义必然导致道德上的腐化和堕落。这种困难在小人物那里产生许许多多的良心剧，而在大人物那里则产生歌德的"奥林匹亚"态度。这也是为什么必须精确审慎地分析和推敲从必然王国过渡到自由王国的命题的原因。

结果是，甚至实践哲学都倾向于变成最坏意义上的意识形态，就是说，变成永恒的、绝对的真理的教条体系。在《通俗手册》那里，这一点特别真实——《通俗手册》把实践哲学同庸俗唯物主义、同它的必然是永恒的和绝对的"物质"形而上学混淆在一起。

同样值得指出的是，从必然到自由的过渡是通过人类社会，而不是通过自然而发生的（虽然它对我们关于自然的直觉、对科学的意见等等有影响）。可以断言，虽然在一个统一的世界中，实践哲学可能消失，但在必然王国期间还是空想的许多唯心主义概念，或至少它们的某些方面，却能在过渡以后变成"真理"。当着社会分成集团的时候，人们一旦谈到"精神"就必然地得出结论说这种精神正

---

① 见列宁在 1917 年 4～5 月准备的《关于修改党纲的草案》："对未满 16 岁的男女儿童一律实行免费的普遍义务综合技术教育；把教育工作和儿童的社会生产劳动密切结合起来。"对于草案补充说明是由克鲁普斯卡娅准备和出版的，但我们没有找到副本。

是"团体的精神"！当人们像金蒂雷在其论现代主义的书①中所做的那样，跟着叔本华说宗教是群众的哲学，而哲学是被选定的人的宗教，即大知识分子的宗教的时候，这个事实就被默认了。但是，在统一发生以后，用这些术语进行谈论就将成为可能。

九、经济学和意识形态

被当作历史唯物主义的主要假设提出来的这一主张——政治和意识形态的每一个波动都可被表达和解释成是结构的直接表现，在理论中应被当作原始的幼稚病来加以驳斥，而在实践中则应以具体的政治和历史著作的作者马克思的真正的证言来加以抨击。从这种观点来看，《拿破仑第三政变记》和关于东方问题的著作特别重要，当然也还包括其他著作（《德国的革命和反革命》、《法兰西内战》和一些较为短小的作品）。对这些作品进行分析，可以使人们更好地建立起马克思主义的历史的方法论，把分散在他的全部著作中的理论论断加以综合，·进行说明和解释。

由此可以看到，马克思在其具体研究中采取了真正的预防措施，这些预防措施在他的一般著作中不可能有其存在的位置。② 在这些预防措施中，可以举出下面这些实例：

（1）在任何特定时刻静止地确立（像一个快照影像一样）结构的困难。事实上，在任何既定时刻，政治都是基础中的发展趋向的反映，但这些趋向却并不必定会得到实现。只有在结构的整个发展过程完成之后才能对它进行具体的研究和分析，而在发展过程期间，只能进行假设性的研究，并以处理假设为明确条件。

（2）由此可以推论说，一种特定的政治行为可能是统治阶级的领导者方面计算上的错误。对于这种错误要由历史的发展，通过指导阶级的议会和政府的"危机"来加以纠正和超越。而机械的历史唯物主义却不允许有错误的可能性。它认为每一个政治行动都是由基础直接决定的，都是基础的一个实在而永恒的（在实现了的意

---

① 金蒂雷：《现代主义及宗教与哲学的相互关系》，巴厘，拉召尔札，1909。

② 它们只有在诸如伯恩海姆那样的系统的和方法的阐述中才能有一席之地。而伯恩海姆的书则可以被当作历史唯物主义的学术的或"通俗手册"的模范来加以展示，在这种手册中，除了语言学和学术的方法（伯恩海姆认为这是一个原则，虽然在他的论述中暗含着一种世界观）之外，还应明确论述马克思主义的历史观。

义上）的变化。"错误"的原则是一个复杂的原则：人们所涉及的可能是建立在错误计算的基础上的个人的冲动，也可能是特定的集团或派别在指导集团内部接管领导权的不会成功的尝试。

（3）仅仅记住许多政治行动是由于具有组织特征的内部需要而采取的，还是不够。也就是说，这些行动是和赋予一个党、一个集团、一个社会以融贯一致性的需要相联系的。以天主教会的历史为例，可以看得很清楚。如果我们要为教会内的每一次意识形态斗争到结构中去寻找一个直接的原初解释，那人们真是太疏忽了：正是因为这个缘故，各种各样的政治—经济的虚构小说才得以产生。相反地，这些争论绝大部分都和宗派的和组织的需要联系在一起。在罗马和拜占庭之间关于圣灵的源出问题的争论中①，如果为那种认为圣灵只是出自圣父的主张到东欧的基础中去寻找，而为那种认为圣灵既出自圣父也出自圣子的主张到西欧的基础中去寻找依据，那显然是可笑的。两个教会其存在和冲突取决于基础和整个历史，它们提出了双方差别和每一方的内部一致的原则的问题，但却可能发生这样的情况：两个教会中的任何一方的主张在事实上可能正是被另一方所主张的东西。分裂和冲突的原则会完全一样地得到赞同，而构成历史问题的，正是分裂和冲突的这个问题，而不是被这一方或那一方偶然举起的旗帜。

刊载在《劳动问题》杂志上意识形态系列故事的作者（他一定说是臭名昭著的费朗斯·惠斯），在题为《俄国的倾销政策及其历史意义》的滑稽的奇谈怪论中，所谈的正是早期基督教时代的这些争论。他声称，这些争论和那个时代的物质条件联系在一起，而如果我们没有成功地辨认出这种直接的联系，那要么是因为这些事实离我们已很遥远，要么是因为某种其他的智力上的软弱性。这是一个方便的说法，但在科学上却毫无价值。事实上，每一个现实的历史阶段都在其后继的阶段里留下印迹，这些印迹在某种意义上成了证明其存在的最好的档案。历史发展的过程是一种在时间上的统一，通过这种统一，现在包含有整个过去，而过去的"本质"部分则在现在得以实现——而且没有任何代表"本质上""不可认识的东西"的残余。而遗失的部分，即在历史过程中没有被辩证地承传下来的东西，其本身就没有意义。它是偶然的和偶发的"渣滓"，是编年史

---

① 这场一直延续到 15 世纪的争论，是围绕着教义中所谓 filioque 条款进行的，换句话说，就是：究竟是如同西方教会所主张的，圣灵出自"圣父和圣子"，还是如同拜占庭人所说的，圣灵出自圣父。

记录而不是历史。归根结底，它是一种肤浅的、可以遗忘的插曲。

十、道德科学和历史唯物主义

按照我的观点，历史唯物主义的道德的科学基础要在"社会永远不给自己提出解决它们的条件还没有成熟的任务"① 这一论断里去寻找。在存在着这些条件的地方，"任务的解决变成'责任'，而'意志'则变成'自由'"②。这样，道德就会变成在某种意义上旨在达到某种目的意志的自由所必需的条件，以及证明这些条件的存在的研究。这也不应该是各种目的的等级制问题，而是要达到的目的的层次问题——假定人们要使之"道德化"的东西，并不是为每一个个人所单独持有，而是为由各个个人所组成的整个社会所持有的。

十一、规律性和必然性

实践哲学的创始人是如何得到历史发展中的规律性和必然性的概念的呢？我认为，与其把它看成是从自然科学中派生出来的，倒不如说，它是对产生于政治经济学领域中，特别是产生于经济科学从大卫·李嘉图那里获得的形式和方法论的那些概念的研究和斟酌。被决定的市场的概念和事实：就是科学地发现具有特殊决定性的永恒力量历史地产生了，这些力量的作用以某种"自动性"——这种自动性容许对于那些在辨认和科学地证实了这些力量的本质以后接受这些力量的个人创举的未来，有一定量的"可预见性"和确定性——表现出来。所以，"被决定的市场"就等于"在生产机构的特定结构中社会力量的特定关系"，这种关系是由一定的政治、道德和法律的上层建筑所保证的（也就是说，使之永存的）。在确定了这些决定性的永恒力量的特性及其自发的自动性（也就是它们对于个人选择和武断的政府干预的相对独立性）之后，科学家就通过假设使这种自动性绝对化；他把单纯的经济事实从这些事实在现实中表现出来的变动不居的重要性的集合体中分离出来；他确定了原因和结

---

① 卡尔·马克思：《〈政治经济学批判〉序言》。

② 这句略微有些含糊的短语，最好被当作对上述引自《〈政治经济学批判〉序言》的引文的一个注解。

果、前提和结论的关系；这样，他就提出了一定的经济社会的抽象图式（在这个现实而具体的科学建构上面，后来又加上了"人"自身以及"历史的"和发生学的等等新的、更概括的抽象，正是这种抽象被看成是真正的经济科学）。①

假定这些就是古典经济学得以产生的条件，为了能谈论一门新科学或经济科学的一种新概念（这是一回事情），必须证明新的力量关系、新的条件、新的前提已经确立，换句话说，必须证明一个具有新的"自动性"及其现象的新的市场已经"被决定"，这种"自动性"作为某种可以和自然现象的自动性相比的某种"客观"东西表现出来。古典经济学产生了"政治经济批判"，但是，在我看来，这还不是可能产生的一门新的科学，或科学问题的一种新概念。政治经济学"批判"②从"被决定的市场"的历史特性及其"自动性"概念出发，而纯粹的经济学家则把这些要素看成是"永恒的"和"自然的"；批判则以一种现实主义的方式分析决定市场的力量关系，深入分析它们的矛盾，估计与新的要素的出现和加强相联结的变化的可能性，并提出被批判的这门科学的"暂时性"和"可取代性"；它把这门科学当作生命也当作死亡来研究，在其心脏中找到必定要瓦解它、取代它的要素，而且提出"继承人"，必须明显地表现出生命力（等）的继承者。

在现代经济生活中，"武断的"要素，不论是在个人的、财团的还是国家的层次上，都获得了前所未有的重要性，并且深刻地扰乱了传统的自动性；但是，这个事实本身并不足以证明新的科学问题的概念，因为这些干预是武断的，程度变化不定，而且不可预见。它所能够证明的就是那种认为经济生活变化了，因而存在一种"危机"的论断，但这一点不言自明。另外，它并不声称旧的"自动性"已经消失了；它只是断言自动性以比以前更大的程度在主要的经济

---

① 这个抽象也被葛兰西当作经济人的概念而论及。

② 众所周知，"政治经济学批判"是马克思赋予他的从《政治经济学批判大纲》以后全部主要经济著作的标题或副标题。葛兰西也用"批判经济学"一词作为《资本论》的委婉说法。然而，"纯粹"经济学和"批判"经济学之间的对立，在《狱中札记》中却倾向于发生在马克思主义者和现代资产阶级经济学家之间后来的一次争论中。在这个过程中，下面的问题并不清楚：葛兰西是直接用它去指马克思和《资本论》，还是用它去统称马克思主义经济学。这个问题由于葛兰西应用他自己的一套概念和标准（部分地是由克罗齐提供给他的）——虽然就其本身来说是有趣的，这一套概念和标准却并不尊重经济思想发展的历史顺序，而且是建立在对马克思经济著作，特别是《资本论》本身的相当概括的认识上的——而加重了。

现象层次上表现出来，而失去控制的只是个别事实。

人们恰恰必须从这些考虑出发，以便确定"规律性"、"法则"、"自动性"在历史事实中究竟意味着什么。这不是"发现"形而上学"决定论"法则的问题，甚至也不是确定"一般"因果性法则的问题，而是一个揭示以某种规律性和自动性发生作用的相对永恒的力量在历史的发展中如何形成的问题。虽然大数法则①作为一种比较模型非常有用，但却并不能认为大数法则就是历史事件的"规律"。为确定实践哲学（这个要素无非是实践哲学设想"内在性"的特殊方式）的历史根源，很有必要研究一下由大卫·李嘉图提出的经济法则的概念。在实践哲学的形成中，李嘉图之所以重要，不仅因为经济学中的"价值"概念，而且也因为他在"哲学上"是重要的，他提出了一种思考和感受历史和生活的方式。我认为应该把"假定……"的方法，导致一定结论的前提的方法，确定为是实践哲学的创始人的哲学经验的出发点之一（智力刺激物之一）。过去是否从这种观点出发研究过李嘉图，有必要弄清楚。②

历史中的"必然"概念似乎同"规律性"和"合理性"的概念紧密相关。"思辨—抽象"意义上和"历史—具体"意义上的"必然性"：当存在着一种有效而积极的前提，人们心目中对于这种前提的意识已经变得有效，向集体意识提出具体目标，并构成一套以"普遍信念"的形式发挥强有力作用的信念和信条的复合体的时候，必然性就存在了。这前提中必须包含有已经发展起来或正在发展过程中的，为实现集体意志的冲动所必需的、充分的物质条件；但是，同样也很清楚，这个可以计量的"物质"前提，同我们认为是智识行为复合体的一定的文化水平不能分割开来，同作为这些行为的产物和结果的、压倒性的——之所以说压倒性的，是因为它们具有那种引导人们"不惜任何代价"采取行动的力量——热情和感情的某种复合体也不能分割开来。

正如我们已经说过的，这是唯一的途径，通过它人们能够获得一个关于历史"理性"（因而也对非理性）的历史主义的，而不是思

---

① 大数法则是一条统计学定律，概括地讲，是说样品（抽象）的数目越大，就越可能达到它们所从中抽引出的对象总体的中项的平均数。在经济学中，这意味着个别事例的随机变化，倾向于"平均地"表现潜在的法则。

② 人们也应该从这种角度考察一下"偶然"和"法则"的哲学概念：据以导致先验的——如果不是超验的话——目的论的"合理性"或"神意"的概念；以及在形而上学唯物主义中"让世界去碰机会"的"偶然"概念。

辨—抽象的概念。

"神意"和"命运"的概念，在意大利唯心主义哲学家，特别是克罗齐所（思辨地）使用的那种意义上：人们应当看一下克罗齐论维科的书①——在该书中，"神意"概念被译成了思辨的术语，而对维科哲学进行唯心主义解释的源头也可以在这里找到。要了解马基雅维利所说的"命运"的意义，应当看一下路易吉·卢梭的著作。②卢梭认为，在马基雅维利那里，命运具有客观和主观两重含义。"命运"是环境的自然力量（也就是因果联系），各种事件的偶然的交汇，即维科著作中称之为神意的东西；它也是在中世纪的旧的学说中被神话化的超验力量，但是，对于马基雅维利来说，这无非是个人的"德行"③本身，而它的力量则根植于人的意志之中。正如卢梭指出的，马基雅维利的"德行"，已经不再是经院哲学家所说的那种具有伦理特征并从上天获取力量的美德了，也不是列维所说的英勇善战的美德；但它是文艺复兴时期人的德行，这就是能力、才能、勤勉、个人力量、敏感、对机会的直觉以及人们对自身可能性的衡量。

在此之后，卢梭在自己的分析中就摇摆不定了。命运、环境的力量的概念，在马基雅维利那里，像在文艺复兴时期的人道主义者那里一样，仍然保持着一种自然主义的、机械的性质。在卢梭看来，这些概念只有在维科和黑格尔的"合理的神意"中，才将变成"真理"和深化了的历史感。但指出这一点非常重要，在马基雅维利那里，这样一些概念从不具有形而上学的性质。如同它们在真正的人道主义的哲学家那里一样，它们只是对生活的简单而深刻的直觉（所以是哲学！），而且是要被当作情绪的象征而加以理解和解释的。④

---

① 即《维科的哲学》。

② 葛兰西在这一点上是指卢梭的《君主论》。他所遵循的大多数段落，在事实上是引自卢梭这个注的引文或精确的释义。卢梭论马基雅维利的其他著作，包括他的版本的导言已以书籍的形式出版。

③ 真正的"德行"，但是，在马基雅维利那里，最好用一个没有道德寓意的词，比如说"力量"。在君主论中，马基雅维利设置了"命运"（大致可以说是"环境"）和"德行"——个人对特定环境产生作用并征服它的能力——之间的对立。在拉丁文中，德行意味着诸如（例如，并特别是）英勇善战之类的内在素质：马基雅维利倾向于使之成为意志的一种素质。英语"德行"一词的道德意义，经过了斯多葛和早期基督教思想的一个中间阶级，在那里，它意味着"内在力量"，也从而意味着行动得当的能力。

④ 关于马基雅维利以前这些概念的逐渐的形而上学的形成，卢梭指的是金蒂雷的《乔尔丹诺·布鲁诺和文艺复兴的思想》一书。

十二、实践哲学的储备

　　包括和实践哲学相联系的、已经提出并讨论过的全部问题以及全面的批评文献的批评目录，应该是极其有用的。这样一部专门化的、百科全书式的著作所采用的资料范围广泛、材料多样、性质各异，内含多种语言，因而，只有经由一个编委会花费一段长度合理的时间才能准备出来。但是，这样一种编纂工作的作用，无论是在科学领域、教育领域，还是在独立的学者那里，都是极其重要的。对于普及实践哲学研究并将其巩固成为一门科学的学科来说，这本书会成为头等重要的一件工具。它可能标志着两个时代之间的明确决裂：现时代和先前初步摸索的，鹦鹉学舌般重复的和新闻记者的外行做法时期。

　　为了建立这项工程，就必须研究各国的天主教徒发表的所有的同类的材料，有关圣经、福音书、早期神父、公祷文、护教学和拥护论，价值不同的专门化的大百科全书——这些百科全书连续不断地得以出版，维系着成百上千神父和其他干部——他们赋予天主教会以体制和力量——的意识形态上的统一。

　　伯恩海姆曾为历史方法下过一番工夫，类似的某种事情[①]也必须为实践哲学去做。伯恩海姆的书，并不是论述历史主义哲学的，但却与它暗相呼应。一部所谓的"实践哲学的社会学"和实践哲学本身的关系，也应当和伯恩海姆的著作和一般历史主义的关系一样。换句话说，它应当系统地阐述研究和解释历史和政治的实际规则，汇集直接的标准和关键性的预防措施等，成为记录实践哲学所构想的历史和政治的文献。以特定的方式对实践哲学内的若干倾向——它们可能因其彻底的粗俗性而广为流行——进行批判，也将是很有用的。这种批判要采取同现代历史主义批判旧的历史方法和旧式文献学相同的形式，这种曾经产生出了朴素形式的教条主义思想的旧的历史方法和旧的文献学，用肤浅的描述和往往杂乱堆放的未经评估的资料编目，来取代解释和历史建构。这些出版物的力量多半存在于一种已然形成并流行开来的，不合理地自称是历史方法和科学

---

① 伯恩海姆（E. Bernheim）：《历史方法教科书》，第6版，莱比锡，顿克与洪堡特书店，1908。

的追随者的教条主义的神秘主义之中。

十三、实践哲学的创始人和意大利

（马克思和恩格斯）关于意大利或论述意大利问题的包括信件在内的全部著作的系统文集。但是，使自身受到这种选择的限制的一部文集不会是有机的和完整的。这些作者写过这样一些著作：虽然它们并不专门涉及意大利，然而对意大利却有意义（毋庸赘言还不是一般的意义，因为在这种情况下，人们会认为，他们的一切著作都同意大利有关）。文集的计划可以根据下列标准来设计：

（1）专门涉及意大利的著作；

（2）"专门"议论历史和政治批判的著作，这些著作虽不涉及意大利，却同意大利的问题有关。例子：关于1812年西班牙宪法的文章，这部宪法因为在1848年以前的意大利政治运动中所具有的政治作用而同意大利有关。同样地，《哲学的贫困》中对蒲鲁东歪曲黑格尔辩证法所作的批判，这种歪曲也反映在相应的意大利思想运动（吉布提，稳健派的黑格尔主义，消极革命的概念，辩证的革命/复辟）中。这也适合于恩格斯关于1873年西班牙解放运动（在萨瓦的阿马迪厄斯退位后）的著作。它也同意大利有关。这第二个系列的著作也许不需要编文集，只要提供一个批判—分析的说明就可以了。或许最有机的计划可能是一部包括三部分的文集：

第一，历史的—批判的导论；

第二，关于意大利的著作；

第三，对于同意大利间接有关的著作也即论证那些对意大利来说也是基本的、专门的问题的著作的分析。

十四、西方文化对于整个世界文化的领导权

（1）即使人们承认其他各种文化在世界文明的"等级制"的单一化过程中具有其重要性和意义（可以肯定这一点无疑地是会被承认的），它们也只有在变成欧洲文化的构成要素——就是说，就它们对欧洲思想的进程做出贡献并被它所同化吸收而言——的意义上才

具有一种普遍的价值，欧洲文化是唯一历史的和具体的普遍文化。

（2）然而，甚至欧洲文化也都经历了一个单一化的过程，而在我们感兴趣的历史时刻，欧洲文化的一体化过程在黑格尔以及对黑格尔主义的批判中达到顶峰。

（3）它产生于以下两点：我们在涉及知识分子身上得到人格化的文化过程；人们不应谈及大众文化，既然在涉及大众文化时，人们无法谈论批判的精密和发展的过程。

（4）在这里，人们所谈论的不是那些在现实活动中达到顶峰的文化过程，诸如发生在18世纪的法国的过程。或不如说，人们应当仅仅在同黑格尔和古典德国哲学如何在现实中达到顶峰这一过程的联系中去谈论这些过程，把它们当成两种过程的互译性的一个"实践的"证实（在经常指的是别处的这个意义上）①；一个是法国，政治的和司法的；另一个是德国，理论的和思辨的。

（5）从黑格尔主义的解体中开始了一个新的文化过程，这个过程具有一个不同于它的前驱的特征，即实际运动和理论思想在这个过程中是统一的（或力图通过一场既是理论的又是实际的斗争统一起来）。

（6）这个运动以平庸的哲学著作作为根源，或者充其量以那些并非经典的哲学著作作为根源，这并不重要。关键在于，一种新的设想世界和人的方式已经诞生，而且这个概念不再保留给大知识分子和专业哲学家，而更倾向于变成一种通俗的、大众的现象，这种现象具有一种具体的世界范围的特征，能够改变（即使结果包括混血的结合）大众的思想，并使大众文化保存下来。

（7）对于这个开端的发生在各种显然是异质的要素的汇合中——费尔巴哈在作为黑格尔的一个批判者的作用中，图宾根学派在作为对宗教进行历史哲学批判的肯定中等等——不应该感到惊奇。的确，这样一种颠覆只能和宗教联结在一起，这算不得什么。

（8）实践哲学是以前一切历史的结果和顶点。唯心主义和实践哲学都产生于对黑格尔主义的批判中。黑格尔的内在论变成历史主义，但只有在实践哲学那里，它才是绝对的历史主义——绝对的历史主义或绝对的人道主义（在许多现代唯心主义哲学家那里，无神论和自然神论的含糊性：很明显，无神论是一种全然否定的、没有实际意义的形式，除非把它看作是一个纯粹的大众文学论争时期）。

---

① 参见《历史唯物主义和克罗齐的哲学》。

十五、从认识到理解和感情，以及相反地从感情到理解和认识的历程

　　一般的要素"感觉"并不总是认识或理解的；理智的要素"认识"并不总是理解，尤其并不总是感觉的。因此存在两个极端：一方面是卖弄学问和庸俗气味，另一方面则是盲目热情和宗派主义。不是说卖弄学问的迂夫子不会激动起来，远非如此。激动的迂腐在每一点上都和最狂热的宗派主义以及歪理邪说一样都是可笑和危险的。知识分子的错误在于，相信人们能够在没有理解，甚至在没有感情和没有热情的情况下去认识（不仅认识自身，而且还有认识的对象）。换句话说，知识分子的错误在于相信，即使和人民—民族分开来，就是说，没有感觉到人民的基本热情，没有理解他们并在特殊的历史境遇中解释和证明他们，并把他们和历史的法则以及科学而融贯地精心构筑的更高的世界观——就是说知识——辩证地联结起来，知识分子也能成为一个知识分子（而不是一个纯粹的迂夫子）。人民不能在没有这种热情，没有知识分子和人民—民族之间的这种情感联结的情况下，去创造政治—历史。在缺乏这样一种联结的情况下，知识分子和人民—民族的关系就是或者被归结为那种纯粹官僚的和形式的关系，知识分子就变成一种特权阶级或一种教士（所谓有机的集中主义）。

　　如果知识分子和人民—民族、领导者和被领导者、统治者和被统治者之间的关系，是以有机的融贯一致——在其中，感情—热情变成理解并从而变成知识（不是机械地而是以一种生动的方式）——为特征的，那时，而且只有在那时，才是一种代表的关系。只有在那时，统治者和被统治者、领导者和被领导者之间个别要素的交换才能发生，作为一种社会力量的共有生活——并创造出"历史的集团"——才能实现。

　　德·曼"研究"大众感情：他并没有和他的大众一起感觉，以引导和领导他们进入现代文明的净化过程。他的立场是学究式地研究民间传说的学者的立场，对于现代性将会破坏其研究对象这一点他永远都感到害怕。然而，见之于书中的，却是对于一种真正的需

要的学究式反映：因为对于大众感情要以它们在其中客观地表现出来的那种方式去加以认识和研究，而不要把它们看成某种可以忽视的、在历史运动中没有活力的东西。

（曹雷雨　姜丽　张跣 译）

布洛赫

恩斯特·布洛赫（Ernst Bloch，1885—1977），20世纪重要的哲学家之一，西方马克思主义的第一代主要代表人物之一。

布洛赫于1885年出生于德国巴伐利亚路易港一个同化了的犹太人家庭，他天资聪慧，从他17岁写出探索生命的奥秘的手稿《力和它的本质》直至他92岁逝世，他的学术生涯达70余年。在长达70多年的学术生涯中，他出版了一系列重要的著作，包括：《论"尚未"范畴》(1907)、博士论文《关于李凯尔特和现代认识论问题的批判性讨论》(1909)、《乌托邦精神》(1918)、《革命神学家托马斯·闵采尔》和批判文集《穿过沙漠》(20世纪20年代初)、《这个时代的遗产》(1935)、《主体—客体：对黑格尔的解释》(1951)、《希望原理》(第一、二、三卷，1954、1955 和 1959)、《天赋权力与人的尊严》和《哲学的基本问题："尚未存在"本体论》(1961)、《图宾根哲学导论》(1963～1964)、《基督教中的无神论》(1968) 和《关于唯物主义的问题》(1972) 等。

布洛赫最重要的理论是他的乌托邦精神和希望哲学，他也是在这样的基础上看待马克思主义的。他认为，马克思主义提供出无阶级的、自由的、非异化的、完美的未来社会以及创造这种完美未来的意志，因此马克思主义是一种希望的行动。他认为资本主义压迫下的工人是社会主义乌托邦的预言者。人类的生存取决于他们能否成功地夺取生产资料，并在基于合作、平等的社会中实现人的本质。

本书选取的是布洛赫 1971 年出版的《论马克思》一书中的《马克思和唯心主义辩证法》和《改变世界：马克思的〈关于费尔巴哈的提纲〉》两篇文章。在《马克思和唯心主义辩证法》一文中，布洛赫论述了马克思与黑格尔的关系。布洛赫认为，马克思吸收了黑格尔的很多思想，但马克思使黑格尔以脚立地。可是这种颠倒只是对于黑格尔的辩证法而言才是合适的和可行的，而不能用于黑格尔所有的思想。马克思对黑格尔辩证法的颠倒体现在："精神的过程被纠正为世俗的过程，记忆的固定的内容被转变为辩证物质的不可穷尽的存在。"有了这一颠倒之后，马克思的辩证法具有了全新的意义，比如历史的主体不再是作为单纯的理智沉思的承担者的主体，而是作为社会关系总和的人，主体—客体的辩证关系过程也不是在观念的神圣领域内发生，而是发生在利益的社会领域。辩证法在马克思这里是与历史本身相等同的。经过马克思这样的把黑格尔的辩证法以脚立地，马克思的辩证法体现出一种反直观主义的动机，其结果是一种历史的进化的人道主义在马克思这里继续存活着，在这一人道主义中，"整个世界是一个辩证发展的启蒙的开放系统，它的核心是人，被客观地异化的人，以及处于不再被异化的事物中间的人"。

在《改变世界：马克思的〈关于费尔巴哈的提纲〉》一文中对马克思的《提纲》进行了集中论述。他首先从写作的时间的角度交代了马克思与费尔巴哈的思想关系，指出马克思虽然曾受费尔巴哈的思想的影响，但在其写作《提纲》之前他就已形成了自己的唯物主义思想。接着又从结构的角度提出了对《提纲》的独特解读。文章指出根据各条提纲所论述的主题，《提纲》可以被分为有关知觉和活动的认识论组（第五条、第一条和第三条论纲）、涉及自我异化以及它的真实根源和真正的唯物主义的人类学—历史组、涉及证明和证实的观点组或理论—实践组（第二条和第八条论纲）和口号（第十一条论纲）。通过对这几组提纲的具体论述，布洛赫强调了马克思的哲学与以费尔巴哈为代表的旧唯物主义哲学和以黑格尔为代表的近代唯心主义哲学的根本不同。文章指出，在从古至今的所有哲学中，只有马克思的哲学是关于未来的。更进一步地说，就是只有马克思的哲学真正理解了历史，找到了解释和改变这个世界的阿基米德点，即劳动着的人，或人与他人及自然的关系。因此，布洛赫最后指出这 11 条提纲虽然表面上看来只是关于实践的，但它们的全部意义都是关于历史的，都是乌托邦的。

马克思和唯心主义辩证法[①]

一

当学生时代的马克思在 1836 年来到柏林的时候，黑格尔已经去世五年了，但是他的精神却依然在主导着每一个人，仿佛他还在那儿一样，他的目光好像在透过每个人的肩膀凝视远方，甚至包括他的敌人们。青年马克思在给他的父亲的信中写道，他本人已经被越来越紧地拴到黑格尔的身上了，尽管后者有着"非常怪异和不流畅的旋律"。在黑格尔左派的影响之下，然后主要是在费尔巴哈的影响之下，马克思从精神走向了人。接着他又从观念走向了需要以及为满足需要而施展的各种社会计谋，从理智的运动走向了起源于经济利益的现实运动。但是如果马克思是以这种方式使黑格尔以脚立地

---

① 选自《论马克思》，Herder and Herder，1971。

的，那么黑格尔也将表明他至少并不是对这些所谓的"原型"不熟悉。这位伟大的唯心主义者一不留神所讲出来的一句话在这里就是最恰当的例证——对于这句话，不仅是青年马克思，就是作为一个坚定的唯物主义者的老年马克思也会强烈表示同意的。1807年，当黑格尔在班贝克以做编辑为生的时候，他在给他的一位在耶拿的朋友克奈贝尔少校（Major Knebel）的信中写道："经验已使我确信圣经格言的真理，我已把它作为我的指导原则：先求肉和衣服，然后上帝之国就会自己加给你。"当然实际上马太福音说了刚好相反的东西（"你们要先求他的国和他的义，这些东西都要加给你们了"）。但是这句引文进一步证明了（这一点也可以在青年马克思那里得到证实）那个富有成效的洞见，即为了使之具有革命性，黑格尔的思想并不总是需要太多的颠倒。

正是这个颠倒的过程，也是我们对于黑格尔所关注的最主要的事情，只有对于作为辩证法家的黑格尔来说才最适合和最可行。因为，在一个辩证法家的能力范围之内，他曾允许那些只有通过身体和现实的人而发生的过程来通过观念发生，他还经常让那些只发生在具体的存在关系中的事情被反映在观念中。马克思和恩格斯（正如他后来在《反杜林论》的序言中所说的）"通过把它改造为对于自然和历史的唯物主义的解读"拯救了这种一般的辩证的合法性。对于马克思来说，具体化了的辩证法控制着他的所有的分析，笼罩着他的所有的希望，这既体现在新的东西对包围着它的层层硬壳的突破中，也体现在对某种无论如何都会留存下来的超越的东西的保守上。正是这些，使得马克思与所有的抽象的乌托邦主义者们相反，他把苦难不仅仅看作苦难，而且看作是转折点。这种具体化了的辩证法使马克思确信无产阶级必须不仅仅被当作对人的否定，而且——正是由于无产阶级所承受的极端的非人化——它必须被视为"否定的否定"的前提。

在马克思那里，黑格尔对辩证法的那种独特的解读消失了，黑格尔把辩证法仅仅解读为在宇宙对话中的来回谈话，也就是说，是世界设计师与他本人的对话。马克思彻底地抛弃了黑格尔的辩证法中的这个虚假的精神主体。但是一旦它的唯心主义的假象退去，辩证法作为实在的过程就第一次变得真实可见了；它是运动中的物质的法则。马克思所抛弃掉的另外一种黑格尔主义就是那种对精神的理解，它把精神双倍精神化为回忆，而回忆在精神的辩证展开过程中最终不是取消了精神，而是正好相反，取消了经过、过程，或者——如马克思本人所说——取消了生产的空间，那就是时间。而真正的总体性和它的真正地普遍的基底现在则真实可见了——作为辩证的过程中的物质，它保留着开放性。这并没有把所谓最终的本质还原为某种过去的东西，或者是还原为某种实体，该实体从一开始在各个方面都已经是完全"已然的"。因此，辩证的物质无论如何不是机械唯物主义的那种不可变的类型。它并不构成那种只是带有一些辩证的修饰性的标语的"一大块"，这些标语极少能擦及它的表面，更不用说改造它了。

辩证物质的总体不存在于关于过去的视域中，像在黑格尔的回忆的精神中那样，或者像在机械的物质中那样——这一点自从德谟克利特以来就一直如此，而是存在于关于未来的视域中。辩证唯物主义现在视物质为朝着未来的方向而活动着的，过去本身也在对未来的参照中获得意义。辩证唯物主义不仅仅把物质解读为所有的现象的前提，而且解读为某种尚未进入充分的现象存在的东西：它不仅许可存在的可能性，而且在可能性中存在。

因此，马克思会这样责备黑格尔："在黑格尔的历史哲学中像在他的自然哲学中一样，儿子产生母亲，精神产生自然，基督宗教产生异教，结果产生开端。"但是在机械唯物主义中，开端甚至不产生结果；它的物质是没有结果的，而辩证的物质却有那为黑格尔所宣布的整个过程的生活在它前面。因此，辩证的—唯物主义的知识已经连同它的所有的被僵化了的不安性和所有的不安的僵硬性一起废黜掉了黑格尔的逻各斯，但却占有了它的历史的领域。因此，对历史的自觉的生产和主动地把它和一个真正完全的总体（该总体尚未存在）相关联就产生了。

这就是在黑格尔和马克思之间的转换：精神的过程现在被纠正为世俗的过程，记忆的固定的内容被转变为辩证物质的不可穷尽的存在。物质的逻辑就解释了为什么有那么多的那个时代的哲学术语（例如，"异化"，"对象化"，"量到质的转换"等等）现在仍然出现在马克思主义的日程上。首先，由于辩证法，黑格尔的《精神现象学》和《逻辑学》对于马克思主义来说仍然极其重要。但是这两本书并没有穷尽黑格尔的遗产的全部，因为，实际上，真正系统的黑格尔哲学的著作也以更加新和更加多样的形式包含了辩证法。恩格斯跟随着黑格尔的足迹写作了《自然辩证法》；马克思从黑格尔的《法哲学》中吸取了对市民社会和国家的区分，同时也吸取了很多更加实质性的而不是纯粹"方法论的"内容。

另外，黑格尔的《美学》在很大程度上也是在社会关系的基础上建构起来的，它与这些社会关系相协调，这样就揭示了它们的具体的意图，与此同时也背叛了它原本的企图，它原来打算根据"理念"来说明它们的重要性。还有，每当马克思的意识形态工作延伸到文化时，他都会提到黑格尔关于艺术的思想。当列宁把马克思的理论界定为对哲学、政治经济学和社会主义的最伟大的代表性的理论的直接继续的时候，他所想到的就是所有这些（《马克思主义的三个来源和三个组成部分》）。因此，黑格尔的著作的延伸的部分——在这方面，至少在宗教哲学方面（黑格尔左派，费尔巴哈）——都属于马克思主义的中介的历史——这当然还不是全部。即使马克思主义是一种继续，它不仅对于黑格尔来说，而且对于所有以往的哲学来说，都是而且仍然是一种创新。原因在于，在马克思主义这里，不像在过去，哲学不是阶级社会的哲学，而是主张对阶级社会进行超越的哲学。然而，这一创新也不是一个突然的奇迹；相反，没有德国古典哲学，没有这个中介，它就不会存在。

马克思说，人之不同于海狸就在于人计划着他的建筑。为了在他的活动中取得成功，他必须首先在头脑中考虑整件事情，并就其形成一些观念。但这却不是以我们经常在黑格尔那里所发现的那种方式进行的，在他那儿，人从外部把一个概念或一种概念的公式化的运动带进事物之中。知识并不是来源于一个人的头脑的深处，或仅仅来源于对它的沉思。它仅仅作为对真实的事件以及它们的相对稳定的存在方式（范畴）的反映而产生。然而，马克思与黑格尔一样不看重事实：对他来说，它们仅仅是过程的环节或要素。根据这一过程的性质，我们可以自然地得出每一种知识都有它产生和适用的时代，哲学——正如黑格尔所说的那样——实际上"是它所处的时代（直接紧跟在之后的时代也包含在其中）在思想中的反映"。

在这里，马克思完全吸收了黑格尔的思想，但是却是以更加敏锐的方式，远远不是单纯的沉思。"光是思想竭力体现为现实是不够的，现实本身应当力求趋向思想。"在辩证的互动中，理解着的主体依赖历史的成熟性或依赖客体成熟到能够被理解的程度。在这里，作为单纯的理智沉思的承担者的主体绝非真正的历史的主体。在黑格尔那里，这二者相一致到如此的程度，以至于产出思想的主体也就是创造历史的主体，虽然这个沉思的主体，哲学的主体，到来得太晚。但是甚至这个后来的哲学家的意识，黑格尔把思想的主体还原为该意识，仍然基本上是历史—主体，除了他是事后的，他仅仅有此荣誉而已。在黑格尔的宇宙硬币中，思想和存在，头和尾相一致，即使那个"头"只拥有一个领取养老金者的地位，因而仅仅记录世界的过程——而该过程恰恰是人们所以为的"头"。

另一方面，马克思在产出思想的主体身上则只看到一个虚假意识的承担者，他是在现实，即生产过程的外部，进行沉思的。否则，在另一个方面，只要思想融入到正在发生的现实之中，它本身作为变革的过程之中的一个要素，马克思也就承认思想的价值；也只有在此时，它才成为（无条件地）历史的生产者。作为阶级意识，作为革命的科学，它成为一种独特的强有力的力量，反过来对于生产和经济基础产生影响，它属于创造历史的主体，属于由意识所产生的历史。

对于马克思来说，根本的主体绝对不是精神，而是人，是经济的和社会的人。这也不是那个同样抽象的人，像在费尔巴哈那里那样，人是一个单纯的类存在，而且是作为社会关系的总和的人，他通过历史而变化着——归根结底，他是一个尚未被发现、尚未被解放的存在。

因此，主体和客体的辩证关系的过程，于其中一方总是纠正和改变着另一方，主要发生在历史的社会——经济基础之中和之上，该基础——在很大的程度上——与上层建筑是相同的；它发生在利益的社会领域中，而不是在观念的神圣的领域中。马克思解读黑格尔的《精神辩证法》就好像尽管黑格尔有一套唯心主义的学说，他已经提出了如此的唯物辩证法：《精神现象学》的"伟大成就"首先是"黑格尔把人的自我产生看作是一个过程"；接下来，最主要的，"他抓住了劳动的本质，把对象性的人（现实的因而是真正的人）理解为他自己的劳动的结果"。因此，绝对知识的自我产生已经让位于人通过工作的自我产生；精神的独立的自我发展（人们常常不知道为什么——甚至在黑格尔那里也是一个费力的过程）已经让位于真实的历史。它只以物质的辩证的形式存在，充满着阶级斗争，"人的解放"仅仅存在于终点——它尚未达到。

黑格尔以维吉尔的 Anenied 中的一句稍作变化了的引文来结束《哲学史讲演录》："Tantae molis erat, se ipsam cognoscere mentem"；"认识自己的心灵是那样费力的事"。马克思则总是把这个负担解读为不仅仅是理智的，即使他和黑格尔一起都把德尔菲神庙上的铭文"认识你自己"看作是人类历史的主题。尽管如此，他绝对无意把自我—知识仅仅界定为（和黑格尔左派一起）"自我意识的哲学"。自我知识成为非直观的，成为劳作着的人的自我知识，他在自我知识中既把自己看作商品，他是通过异化而成为商品的，也看作是一个创造价值的主体，他通过革命的行动而超越那强加在他身上的商品的性质。在马克思这里，这是对德尔菲神谕的实践贯彻——通过走向实践而超越异化。正是这异化使得生产的过程以及由它所决定的对人的关系的知识都被尽可能地转化为天命，转化为物化的、不可认识的命运。

因此，辩证法必须学会不成为强加在事物之上的程序。即使是黑格尔本人也无意如此，因为他不赞成任何与内容相脱离的方法论；即使是在比较周围的关于知识的理论中也不是这样。然而，黑格尔却把他的辩证法展开为纯粹唯心主义的，只要它涉及国家和人民，它总是根据一个先验的逻辑的标准来处理。

另一方面，对于马克思来说，辩证法绝不是一种他据之以重新操纵历史的方法，而是与历史本身相等同的。封建主义社会中的资产阶级、资本主义社会中的无产阶级、在大规模的工业生产中已经存在的集体生产方式与资本主义的私有制的生产关系之间的矛盾关系所导致的危机：所有这些在当代社会中所产生的矛盾都不是后来被方法论地引进物质之中去的，都不是一种能够被轻易地改正的表面现象。正如马克思所教导的，它们属于关于其本质的辩证法。它是与社会的矛盾，已经发展至极端形式，正在迈向自身的消解——而不是在某种涉及现实的书中的某事，在书中精神可以得到满足，但与此同时，在那个被考察的国家中，一切却还依旧。一切旧的事物都将不再保持原状，相反，由于革命的辩证的知识的生产力，完全有可能达到更新的和更好的事物：这将由于关于物质本身的现实的辩证法而成为可能。它将由于这样一种物质条件而成为可能，在该条件之下，没有任何一块石头将保持原状，在该条件之下，通过认识着和行动着的人，这样的人是物质的最根本的形式，我们将有可能用可移动的石头建构起一座房屋，或一个家园——简而言之，即建构起旧乌托邦主义者们所说的"为人的世界"。

为了使得世界朝向这个方向前进，人作为这个世界的一部分和这个世界中的一部分，世界必须是对于马克思来说所是的东西——一个物质的过程。所有的范畴和各种各样的领域（法律、艺术和科学）仅仅在现实之中发挥作用，该现实在历史中是被革命化了的。它们是这样一些存在的方式，它们并不构成一个恒常的封闭的系统，而是相反，随着社会的变化而变化。这些"领域"（法律、艺术和科学）从来就没有独立的生命或绝对的主权——像在黑格尔那里一样。

关于自然也是一样，马克思提出了一个共同的历史中介（中介的本质）："我们只知道一门科学，历史科学。历史可以从两个方面来考虑，可以被划分为自然的历史和人的历史。但是这二者却不能被分离开来；只要人存在着，自然的历史与人的历史就存在于相互决定的关系之中。"

在所有这些方面，最主要之点一直是，已经被以脚立地的黑格尔的辩证法不再是直观的。在普遍的历史唯物主义中，处于主—客关系之中的主体被规定为处于能动的活动中的，真正有生产力的。

在马克思的著作中，到处我们都可以发现这种反直观的动机既针对着旧的唯物主义，也针对着黑格尔。在他关于德谟克利特的博士论文中，马克思已经注意到德谟克利特忽略了"能动的原则"。与此完全一致，他因此责备费尔巴哈提出了一种仅仅是直观的唯物主义，一种太过客观主义的唯物主义。在费尔巴哈那里，比在黑格尔那里要严重得多，对现实，仅仅是从客体的或直观的形式去理解，而不是把它们当作人的感性活动，当作实践去理解，不是从主观方面去理解。因此，当然是在黑格尔那里，"和唯物主义相反，唯心主义却发展了能动的方面，但只是抽象地发展了，因为唯心主义当然是不知道真正现实的、感性的活动本身的"。最终，马克思认为，在黑格尔那里，绝对不是完全没有"主观的"或"加强的"因素，正如反黑格尔主义者基尔凯戈尔和谢林从他们的"实证的"唯心主义的角度所猜测的那样。马克思在与劳动过程的关系中强调黑格尔辩证法中主—客关系的存在；他宣布，主体，在黑格尔那里是非常抽象的，但作为一种物质的力量不是不存在的。马克思告诉我们，人的生命仅仅存在于决定性的社会关系的总和中，但他同时也告诉我们，人，由于他的劳动，也是这些关系的生产者和变革者。马克思认为世界不是一种机械的宇宙喧闹，在它之中除了外在的必然性之外，别无任何其他的意义，马克思使得一种历史的进化的人道主义存活着，这种人道主义来源于莱布尼兹，经由黑格尔而传给他。在他的人道主义中，整个世界是一个辩证发展的启蒙的开放系统。它的核心是人，被客观的异化的人，以及处于不再被异化的事物中间的人。

这就是黑格尔在马克思中的生命。一种新型的社会继承了德国古典哲学的遗产——而不是那个在后黑格尔时代在精神上已经衰退了的社会。

二

"哲学家们只是用不同的方式解释世界，而问题在于改变世界。"（《关于费尔巴哈的提纲》）

"老年黑格尔派认为，任何事物，只要把它归入某种黑格尔的逻辑范畴，都是可以理解的。青年黑格尔派则批判一切，到处用宗教的观念来代替一切，或者宣布一切都是神学上的东西。青年黑格尔派同意老年黑格尔派的这样一个信念，即认为宗教、概念、普遍的东西统治着现存世界。不过一派认为这种统治是篡夺而加以反对，另一派则认为它是合理的而加以赞扬。"

"把统治思想同进行统治的个人分割开来，主要是同生产方式的一定阶段所产生的各种关系分割开来，并由此作出结论说，历史上始终是思想占统治地位，这样一来，就很容易从这些不同的思想中抽象出'一般思想'、观念等等，而把它们当作历史上占统治地位的东西，从而把所有这些个别的思想和概念说成是历史是发展着的'概念'的'自我规定'。思辨哲学就是这样做的。"（《德意志意识形态》）

"难道批判的批判以为，只要它从历史的运动中排除掉人对自然界的理论关系和实践关系，排除掉自然科学和工业，它就能达到即使是才开始的对历史现实的认识吗？难道批判的批判以为，它不去认识（比如说）某一历史时期的工业和生活本身的直接的生产方式，它就能真正认识这个历史时期吗？诚然，唯灵论的、神学的批判的批判仅仅知道——至少它在自己的想象中知道——统治者和国家的政治的、文学的和神学的行为。正像批判的批判把思想与感觉、灵魂与肉体、自身与世界分开一样，它也把历史同自然科学和工业分开，认为历史的发源地不在尘世的粗糙的物质生产中，而是在天上的云雾中。"（《神圣家族》）

"黑格尔的过错在于双重的不彻底性：首先，他宣布哲学是绝对精神的定在，同时又不肯宣布现实的哲学家就是绝对精神；其次，他仅仅在表面上把作为绝对精神的绝对精神变为历史的创造者。既然绝对精神只是（post festum）事后才通过哲学家意识到自身这个具有创造力的世界精神，所以它的捏造历史的行动也只是发生在哲学家的意识中、见解中、观念中，只是发生在思辨的想象中。"（《神圣家族》）

"因此，黑格尔的《现象学》及其最后成果——作为推动原则和创造原则的否定性的辩证法——的伟大之处首先在于，黑格尔把人的自我产生看作一个过程，把对象化看作失去对象，看作外化和这种外化的扬弃；因而，他抓住了劳动的本质，把对象性的人，现实的因而是真正的人理解为他自己的劳动的结果。"（《1844年经济学哲学手稿》）

"我要公开承认我是这位大思想家的学生，并且在关于价值理论的一章中，有些地方我甚至卖弄起黑格尔特有的表达方式。辩证法在黑格尔手中神秘化了，但这决不妨碍他第一个全面地有意识地叙述了辩证法的一般运动形式。在他那里，辩证法是倒立着的。必须把它倒过来，以便发现神秘外壳中的合理内核。辩证法，在其神秘形式上，成了德国的时髦东西，因为它似乎使现存事物显得光彩。辩证法，在其合理形态上，引起资产阶级及其夸夸其谈的代言人的愤怒和恐怖，因为辩证法在对现存事物的肯定的理解中同时包含对现存事物的否定的理解，即对现存事物的必然灭亡的理解；辩证法对每一种既成的形式都是从不断的运动中，因而也是从它的暂时性方面去理解；辩证法不崇拜任何东西，按其本质来说，它是批判的和革命的。"（《资本论》）

"正是那种用工人的双手建筑铁路的精神，在哲学家的头脑中建立哲学体系。哲学不是在世界之外，就如同人脑虽然不在胃里，但也不在人体之外一样。当然，哲学在用双脚立地以前，先是用头脑立于世界的；而人类的其他许多领域在想到究竟是'头脑'也属于这个世界，还是这个世界是'头脑'的世界以前，早就用双脚扎根大地，并用双手采摘世界的果实了。"（《莱茵报》）

"哲学把无产阶级当作自己的物质武器，同样地，无产阶级也把哲学当作自己的精神武器；思想的闪电一旦真正射入这块没有触动过的园地，德国人就会解放成为人。……哲学不消灭无产阶级，就不能成为现实；无产阶级不把哲学变成现实，就不能消灭自己。"（《〈黑格尔法哲学批判〉导言》）

（张双利 译）

改变世界：马克思的《关于费尔巴哈的提纲》①

一、《关于费尔巴哈的提纲》

1. 从前的一切唯物主义（包括费尔巴哈的唯物主义）的主要缺点是：对对象、现实、感性，只是从客体的或者直观的形式去理解，而不是把它们当作感性的人的活动，当作实践去理解，不是从主体方面去理解。因此，和唯物主义相反，能动的方面却被唯心主义抽象地发展了，当然，唯心主义是不知道现实的、感性的活动本身的。费尔巴哈想要研究跟思想客体确实不同的感性客体：但是他没有把人的活动本身理解为对象性的［gegenständliche］活动。因此，他在《基督教的本质》中仅仅把理论的活动看作是真正人的活动，而对于实践则只是从它的卑污的犹太人的表现形式去理解和确定。因此，他不了解"革命的"、"实践批判的"活动的意义。

2. 人的思维是否具有客观的[gegenständliche]真理性，这不是一个理论的问题，而是一个实践的问题。人应该在实践中证明自己思维的真理性，即自己思维的现实性和力量，自己思维的此岸性。关于思维——离开实践的思维——的现实性或非现实性的争论，是一个纯粹经院哲学的问题。

3. 关于环境和教育起改变作用的唯物主义学说忘记了：环境是由人来改变的，而教育者本人一定是受教育的。因此，这种学说一定把社会分成两部分，其中一部分凌驾于社会之上。

环境的改变和人的活动或自我改变的一致，只能被看作是并合理地理解为革命的实践。

4. 费尔巴哈是从宗教上的自我异化，从世界被二重化为宗教世界和世俗世界这一事实出发的。他做的工作是把宗教世界归结于它的世俗基础。但是，世俗基础使自己从自身中分离出去，并在云霄中固定为一个独立王国，这只能用这个世俗基础的自我分裂和自我矛盾来说明。因此，对于这个世俗基础本身应当在自身中、从它的矛盾中去理解，并在实践中使之革命化。因此，例如，自从发现神圣家族的秘密在于世俗家庭之后，世俗家庭本身就应当在理论上和实践中被消灭。

5. 费尔巴哈不满意抽象的思维而喜欢直观；但是他把感性不是看作实践的、人的感性的活动。

6. 费尔巴哈把宗教的本质归结于人的本质。但是，人的本质不是单个人所固有的抽象物，在其现实性上，它是一切社会关系的总和。

费尔巴哈没有对这种现实的本质进行批判，因此他不得不：

(1)撇开历史的进程，把宗教感情固定为独立的东西，并假定有一种抽象的——孤立的——人的个体。

(2)因此，本质只能被理解为"类"，理解为一种内在的、无声的、把许多个人自然地联系起来的普遍性。

7. 因此，费尔巴哈没有看到，"宗教感情"本身是社会的产物，而他所分析的抽象的个人，是属于一定的社会形式的。

8. 全部社会生活在本质上是实践的。凡是把理论引向神秘主义的神秘东西，都能在人的实践中以及对这个实践的理解中得到合理的解决。

9. 直观的唯物主义，即不是把感性理解为实践活动的唯物主义至多也只能达到对单个人和市民社会的直观。

10. 旧唯物主义的立脚点是市民社会，新唯物主义的立脚点则是人类社会或社会的人类。

11. 哲学家们只是用不同的方式解释世界，问题在于改变世界。

二、探索本质的东西

由于很早就具有的对本质的东西的鉴别力，正像马克思写给父亲的那封信所表明得那样，19 岁的他就能够非常清晰准确地把他所思考的基本命题表述出来。这种推理从一开始就只求达到事物的核心，它从来不允许自己滑向那些无用的东西，无论它在哪里认识到那些无用的东西，它都会立即把它们排除掉。

无论他的视域有多宽广，他的分析有多彻底，这种把握本质的能力总是会采取一种醒目的、直截了当的形式。被理解的东西和能以这种方式被理解的东西一路上就为我们提供了指示牌。有了它们，而且也由于它们，前面的路变得更加清晰，以致它对于最远的一个弯路都适用。当然，这些路标往往是更易为我们提供参考，而不是能够让我们预见到它的所有的结果。意味深长的简洁中有着很强的一致性，正因为如此，它的用词都是要经过反复琢磨的，而绝非可以急速完成的。

三、写作的时间

因此，对于这种类型的命题，思想必须经常地证明自身。在《关于费尔巴哈的提纲》(以下简称《提纲》)的几乎是电报般精练的论纲中这一点得到了创造性的发挥，这些论纲全都是极端简洁的路标式的论纲。《提纲》是马克思于 1845 年 4 月在布鲁塞尔写下的，当时他极有可能正在准备《德意志意识形态》的写作。1888 年，恩格斯把它作为《路德维希·费尔巴哈和德国古典哲学的终结》的附录首次出版。恩格斯对它的文风稍微作了些修改，因为马克思把一些要点放在了注释中。当然，恩格斯并没有作内容上的改动。关于《提纲》，恩格斯在《路德维希·费尔巴哈和德国古典哲学的终结》的序言中写道："这是一份供进一步研究用的匆匆写成的笔记，根本没有打算付印。

但是这些笔记作为包含着新世界观的天才萌芽的第一个文件，是非常宝贵的。"

费尔巴哈以自然为基础，要求从纯粹思想向感性知觉的回归、从精神向人的回归。众所周知，费尔巴哈对黑格尔的拒斥曾经对青年马克思产生了非常强有力的影响，这种拒斥既是"人本主义"的，又是"自然主义"的（以人为根本观念，以自然而不是以精神为基础）。由于即使是黑格尔左派也没有使自己与黑格尔相脱离，他们实际上仍然停留于黑格尔的内部来批判黑格尔这位唯心主义大师，费尔巴哈的《基督教的本质》(1841)、《通向哲学改革的纲要》(1842)和《未来哲学原理》(1843)等就更加起到了解放思想的作用。五十多年之后再回头去看这段思想史时，恩格斯在《路德维希·费尔巴哈和德国古典哲学的终结》中写道："那时大家都很兴奋：我们一时都成为费尔巴哈派了。马克思曾经怎样热烈地欢迎这种新观点，而这种新观点又是如何强烈地影响了他（尽管还有批判性的保留意见），这可以从《神圣家族》中看出来。"

然而，马克思很快就与这种太过模糊的此世的人本主义相疏远了。他在《莱茵报》的活动使得他对政治问题和经济问题有了更加密切的接触，而这种密切的接触是黑格尔左派、甚至是费尔巴哈派都没有的。正是这些接触使得马克思从单一的宗教批判走向了对国家、甚至是对社会组织的批判，正像马克思在《黑格尔法哲学批判》(1841～1843)中所认识到的，这些社会组织决定着国家的形式；而费尔巴哈则局限于对宗教的批判中。在黑格尔对市民社会与国家的区分中，马克思后来则进一步地明确了这一区分，他已经比他的后来的模仿者们，包括费尔巴哈主义者们有了更多的经济意识。马克思满怀敬意地与费尔巴哈相分离，起初这还只被看作是一种补充和纠正，然而一种根本不同的观点，即社会的观点从一开始就已经很明显了。1843 年 3 月 13 日，马克思在给卢格的信中写道："只有当他把过多的注意力放在自然，而过少的注意力放在政治上的时候，费尔巴哈的那些格言在我看来才是不正确的。然而这是今天的哲学能够达到真理的唯一的联盟。"

《1844 年经济学哲学手稿》还仍然保留着对费尔巴哈的高度赞扬，他的思想被看作与布鲁诺·鲍威尔的理智幻想正相反对的东西。在费尔巴哈的贡献中，马克思尤其称赞"创立了真正的唯物主义和现实的科学，因为费尔巴哈使'人与人之间的'社会关系成了理论的基本原则"。然而，《1844 年经济学哲学手稿》已经远远地超出了费尔巴哈，这比它表面上能看出来得要远得多。在这里，"人与人"之间的关系并不像在费尔巴哈那里一样仅仅是一个抽象的人类学的概念。对人的自我异化(从宗教进展到了国家)的批判已经识破了异化过程的经济核心。这不仅仅出现在讨论黑格尔的《精神现象学》的那些精彩的部分，在这些部分中，劳动的历史的决定性的作用已经被认识到了，而且在那里，黑格尔的著作也是从这个方面被加以解读的。

与此同时，《1844年经济学哲学手稿》也对《精神现象学》提出了批判，因为它把人的劳动理解为精神的，而不是物质。彻底地脱离开费尔巴哈的一般的人而进入到政治经济学是发生在马克思和恩格斯所合著的第一本书，即《神圣家族》中。在《1844年经济学哲学手稿》中我们已经能够读到："工人本身是资本和商品。"在这里所留有的关于费尔巴哈的人本主义的所有东西就是它在资本主义中的否定。《神圣家族》表述了这样的观点，即资本主义本身是这种最强烈的、最根本的异化的根源。取代掉费尔巴哈的一般的人，这种一般的人有着不变的抽象的自然地位，这里现在有的是在历史的过程中不断变动着的社会关系的总和，这种社会关系首先主要以阶级冲突和阶级对立为特征。当然，异化既包括剥削阶级也包括被剥削阶级，尤其是在资本主义社会中，资本主义是这种自我异化和对象化的最强烈形式。但是，《神圣家族》中写道："有产阶级在这种自我异化中感到自己是被满足的和被巩固的，它把这种异化看作自身强大的证明，并在这种异化中获得人的生存的外观，而无产阶级在这种异化中则感到自己是被毁灭的，并在其中看到自己的无力的和非人的生存的现实。"生产的特定的形式(主要表现为劳动分工和以阶级为基础)和交换的方式——主要是资本主义的样态——被表明是异化的最根本的源泉。

当然，从1843年起，马克思就已经是一个唯物主义者了。在《神圣家族》中产生了关于历史的唯物主义的概念，与之同时，还有科学社会主义。《提纲》写作于《神圣家族》(1844～1845)和《德意志意识形态》(1845～1846)之间，代表了马克思正式离开费尔巴哈，同时也代表了一种一个后继者对前人的遗产的高度创造性地继承的形式。马克思在《莱茵报》时期的政治生活和经验再加上费尔巴哈就使得他现在已经获得了对于"精神"的免疫力——即使是黑格尔左派所解释的那种精神。已经采取了无产阶级的立场，马克思就能探究具体的原因，这样他才真正地是和在根本上是人本主义的。

当然，这种离开并不是完全的决裂。甚至在以《提纲》为标志的分手之后，马克思的著作中很多地方仍然有关于他与费尔巴哈的联系的证据。即使仅仅从时间的角度来看，与费尔巴哈的哲学，这块被离弃的领地联系最密切的还是《德意志意识形态》，它是紧跟在《提纲》之后写作的。在这里有很多对《提纲》中的思想的批判的重述，然而它对于费尔巴哈的批判与三流的黑格尔主义者们所展开的批判是极其不同的，后者对于费尔巴哈的思想采取谋杀式的毁灭性的批判。费尔巴哈仍然是资产阶级的意识形态的一个部分，因此与该意识形态的假——激进的、分裂的表现形式（例如布鲁诺·鲍威尔和施蒂纳）的争论必然就会把费尔巴哈也拉入到《德意志意识形态》中来。然而凑巧的是，费尔巴哈本人又是马克思用来攻击他，尤其是攻击黑格尔左派的决定性的武器的把手。因此，《德意志意识形态》用费尔巴哈的名以及他对宗教的批判，以之为出发点去批判在唯心主义的框架内的所谓的对唯心主义的"扬弃"。"这些哲学家没有一个想到要提出关于德国哲学和德国现实之间的联系问题，关于他们所作的批判和他们自身的物质环境之间的联系问题。"

另一方面，马克思强调"与'纯粹的'唯物主义者相比，费尔巴哈的伟大功绩在于他认识到人也是'感性的对象'"。事实上，费尔巴哈对于马克思主义发展的重要性，一方面是在上面所提到的这个认识中被表明出来，与此同时，他也在马克思对他关于人的抽象的和历史的观念的批判中以否定的方式被显现了出来，这一批判最终体现在成熟了的马克思主义的非——费尔巴哈主义或者甚至是反——费尔巴哈主义方面。马克思认识到，如果没有把人看作"感性的对象"的这个环节，那么要唯物主义地把人的因素看作所有的社会事件的根本则要困难得多。即费尔巴哈的人类学的唯物主义使得从机械唯物主义向历史唯物主义的转变更加容易。马克思对费尔巴哈的批判是，不把人的因素具体化为使实际存在着的人，尤其是社会地活动着的人处于其与他人和与自然的真实的关系中，唯物主义与历史将不管所有的"人类学"而永远是分离的。

然而，对于马克思来说，费尔巴哈永远是重要的，既作为一个过渡性的人物，也作为一个唯一的能够与之争论的同时代的哲学家，这样的争论既有助于澄清问题，又在促进思想的发展方面富有成效。那些马克思加以批判并且在它们的基础之上又向前进展的主要观点主要都集中在费尔巴哈的主要著作《基督教的本质》（1841）之中。在这方面相关的其他著作还有《通向哲学改革的纲要》（1842）和《未来哲学原理》（1843）。这位哲学家的早期著作中就极少有对马克思来说是重要的了，因为直到 1839 年，费尔巴哈都还不够有创造性，他仍然处于黑格尔的强大影响之下。只有在 1839 年之后，费尔巴哈才把黑格尔的自我异化的概念用到了宗教上，才说他的第一个观念是上帝，第二个观念是理性，第三个，也是最后一个才是人。正如黑格尔的理性主义哲学扬弃了宗教信仰，现在哲学也要用人，与此同时还有作为他的基础的自然来代替黑格尔。尽管如此，费尔巴哈无法找到通向现实的道路；他丢弃了黑格尔那里的最重要的因素，即辩证的方法。《提纲》第一次指出了这样一条道路，通过它我们可以从那条仅仅是反黑格尔主义的路转而踏上通向新的、可改变的现实的道路；我们可以从仅仅是关于可以称之为前线之后的后方的唯物主义进而到活跃着的前线。

四、《提纲》的安排

《提纲》中各条论纲之间的秩序安排问题是一个老问题，然而它同时也是一个新问题。一方面，出自教学的考虑，人们往往试图改变《提纲》的原来秩序，把那些看似属于一组的论纲组合在一起。另一方面，人们有时也主张不去改变各条论纲之间的数字先后顺序，假定我们有可能把这些提纲按照原有的顺序而组合起来。这种组合将会产生如下的结果：第一条、第二条和第三条论纲将被组合在"思想中的理论和实践的统一"的题目之下；第四条和第五条论纲将被组合在"对处于矛盾之中的现实的理解"的题目之下；第六条、第七条、第八条和第九条提纲将被组合在"处于矛盾之中的现实本身"的题目之下；第十条和第十一条论纲将被组合在"辩证唯物主义在社会中的地位和作用"的题目之下。

这是一种根据数字本身的编排。但这种类型的任何分类都把本来的系列既看得太重，又看得太轻、太形式主义了。它看得太重，是因为它把原来的顺序看作好像是永远固定的，就好像罗马法典和摩西十戒一样；它看得太轻，因为它其实只是把这些论纲看似一套邮票。但是数字编排并不是体系化，而且马克思是最不要求这种替代的，即用体系化来替代原本的简单的数字编排。这些论纲应该根据哲学的模式而不是数字的模式来组合，即应该按照它们的主题和内容来编排论纲之间的顺序。至今为止，还没有对《提纲》的评论。然而只有借助于这样一个与《提纲》有着共同的关注的评论，《提纲》

的简洁与深刻的创造性结合才能清晰可见：首先，是有关知觉和活动的认识论组（第五条、第一条和第三条论纲）；其次，是涉及自我异化以及它的真实根源和真正的唯物主义的人类学—历史组；再次，是涉及证明和证实的对观点组或理论—实践组（第二条和第八条论纲）；最后，是最重要的一条提纲，是口号，作为它的结果，精神（the spirits）不仅最终出发了，而且除了精神（spirits）之外，它不再是任何东西（第十一条论纲）。恰当地说，认识论组应当以第五条论纲开头而人类学——历史组应当以第四条论纲开头——因为这两条论纲代表了费尔巴哈的两条基本的原则，对于它们，马克思（相对地）承认，从它们出发，马克思又分别在这两组的其他几条论纲里进一步地把思想向前推进。在第五条论纲中被承认的基本原则是对抽象思想的拒斥，在第四条论纲中则是对人的自我异化的拒斥。与这里所指出的唯物辩证法的首要原则相对应，在这个组的各条提纲之间有相互补充的声音的自由运动；就像在各个组之间有一种永恒的互换的关系一样：它是一个融贯的、一致的整体。

五、认识论组—知觉和活动：第五条、第一条和第三条提纲

这些命题表达了一个认识，即甚至在思想时，人也必须从感性质料出发。是知觉，而不是由它所推导出来的概念才是开端，所有的唯物主义的认识从它出发表达自身。费尔巴哈在学术世界的大街小巷中都充斥着"精神"、"概念"、还是"概念"的时代把我们的注意力引向了这样一个事实。第五条提纲对他的这个成就进行了强调，费尔巴哈"不满意于"理智的存在：他想把脚踏在这块他正在观察的大地上。然而，第五条提纲，接着，主要是第一条提纲，清楚地指出凭借直观的感性（费尔巴哈所指导的唯一的一种），双脚仍然无法行走，大地本身也仍然不能通行。事实上，以这种方式进行直观的他甚至永远也不会尝试着去动一下，将永远停留于一个满意的姿势中。因此，第五条提纲教育我们纯粹的知觉"把感性不是看作实践的、人类感性的活动"。进一步地，第一条提纲责备以前的所有的唯物主义，因为它们"只是从客体的形式"去理解知觉。因此好像是与唯物主义相反，现实的能动的方面"被唯心主义抽象地发展了，唯心主义当然是不知道真正现实的、感性的活动本身的"。取代掉所有以

前的唯物主义，包括费尔巴哈的唯物主义所坚持的道路，即毫无活动性的直观，现在在这里则有了人的活动的因素，它已经在感性的过程中，因而已经在直接的、基础的——刚开始的认识之中了。感性作为知识，作为知识的真正的基础，因此绝非等同于直观的知觉。

第一条提纲中对活动概念的强调的确来自唯心主义的认识论，尤其是在现代资产阶级时期发展起来的那种特定的形式。这一概念预设了这样一个社会作为他的基础，在该社会中，统治阶级视自身为处于活动之中的，或值得把自己看作是处于活动之中的——或者至少很愿意这样做。但是，这只有资本主义社会已经达到那样的程度才是真实的，在那个时候，劳动（或者，更准确地说，在统治阶级周围是劳动的表象）已不再是可耻的，而是被尊敬的，这与所有的前资本主义社会都正好相反。这个现象源于利益的必然性，源于在这个以利益为取向的社会中被解放了的生产力。劳动在古代奴隶制社会和中世纪的农奴制社会中，被视为不光彩的（在雅典，甚至雕塑家们都被看作是低等阶层的成员），因而我们很容易理解为什么它没有被反映在这些统治阶级的观念中，在这方面，这些观念与企业家、资产阶级、所谓的"homo faber"的意识形态刚好相反。后者有一种利益的动力，该动力在很长的时间内都是进步的，它在现代时期被解放了出来，建构了现代资产阶级的历史；在上层建筑中它也清晰可见，而且它还激活了经济基础本身。

这在伦理的领域以所谓的劳动伦理的方式表现出来，认识论地看，它以关于活动的概念的形式表现出来，在认识的领域，它以工作的逻各斯的形式表现出来。工作的道德，尤其是加尔文主义者们为了资本的积累的利益而宣讲的劳动的道德，是资本主义的活动的生命，与贵族的悠闲无事和玄思的修士的和学术的生存的沉思的生命相反。与此相平行的是在认识的领域中被改造了的工作的逻各斯，凭靠它知识被定义为"生产"，该概念尤其在资产阶级理性主义中得到了充分发展。对知识的这种新的看法与古代的，甚至是经院的关于知识的观念都极其不同，后者把知识看作纯粹的接受，看作是单纯的见、观察，或者被动的反映，就像在"theoria"的概念中所包含的含义一样，这层含义根据于这个词的原本含义：看。因此，甚至是柏拉图——cum grano salis——在根本上也是一个直观的感觉论者。因为，无论他的看是多么地纯观念的，是多么地仅仅指向理念的，它仍然在本质上是被动的看，思想的过程被根据感性知觉的模式来解释。实际上，甚至是德谟克利特，第一个伟大的唯物主义者，也是马克思之前的最伟大的唯物主义者，也仍然陷于这个意识形态之中，该意识形态外在于工作，不反映劳动的过程。因为他也把知识仅仅解读为被动的。他认为真正真实的东西通过思想而被我们知道，而思想，即，原子和它们的机制的现实，在这里仅仅是通过由细小的影像所产生的印象而被加以解释的，这些影像不断地离开事物的表面，飞进正在知觉着和认识着的主体之中。就认识论的非能动性来讲，柏拉图和德谟克利特之间没有任何区别。这两种关于知识的理论都是奴隶制社会的产物，这一点非常明显地体现在哲学上层建筑中缺失被轻视的劳动活动上。荒谬的是，理性主义，现代时期的唯心主义，已经从柏拉图出发走了很远，它还能够在认识论中比现代唯物主义要更加强烈得多地反映劳动的过程，而现代唯物主义则从来没有那么远地超越德谟克利特，它的古典的先驱。在唯物主义的理论中，包括费尔巴哈的理论中，我们更多发现的是那个平静的反映的镜子，与此同时，还有它对工作的过程的忽视，而不是"生产"的激情，更不用说主体—客体或客体—主体的辩证的相互的反映了。

在更加近代的唯物主义者中，只有霍布斯有关于理性的"生产"的思想，他提出了一个直至康德都仍然有效的命题：只有那些能够被加以数学地解释的对象才是可知的。然而，霍布斯虽然以此命题为基础能够把哲学定义为关于身体的数学的—机械的运动的原理，因此把它定义为唯物主义，但他却不能真正丢弃掉马克思所严厉批判的"客体的形式"；即他没能够超越纯粹的直观的唯物主义。

另外一个发展发生在唯心主义中，在那里"生产"从几何学的构造转变为历史的生成的真正的工作的模式。这个发展第一次决定性地出现在黑格尔那里。他的《精神现象学》第一次从历史唯心主义的角度认真地对待关于劳动的认识论概念所蕴含的动力。而且这种认真已经远远超越了对于生产的纯粹的数学的—唯心主义的热情，而恰恰是这种热情影响了那个工厂主时期的伟大的唯心主义者们（笛卡儿、斯宾诺莎和莱布尼兹），这主要体现在他们的彻底的或部分的唯心主义中。对于黑格尔的《精神现象学》（费尔巴哈从来没有真正地理解它），再也没有比马克思在《1844年经济学哲学手稿》中对他所作的评论能够更加深刻地领会它的重要性的了。在那里，他把《精神现象学》的真正成就解读为黑格尔"抓住了劳动的本质，把对象性的人（现实的因而是真正的人）理解为他自己的劳动的结果"。这一论述最为清晰地点明了直至费尔巴哈也包括费尔巴哈的纯粹的直观的唯物主义的缺陷：早期的唯物主义缺乏被理解为劳动的永恒摆动着的主—客关系。因此，费尔巴哈仍然对事物、现实和感性"从客体的形式去理解"，不理解"人的感性活动"。与之相反，正如马克思所说，黑格尔的《精神现象学》的立场是现代政治经济学的立场，而由于费尔巴哈的唯物主义的不动的和直观的特征，他的认识论的立场仍然是奴隶制社会或封建农奴制社会的立场。

有一点马克思也说得极其明白，即资产阶级的活动还不是完整的和正义的，这是由于它还仅仅是劳动的表象，因为创造价值的生产从来就不是由工厂主自己完成的，而是由农民、手工业者、最后是由挣工资的工人完成的。另外一个原因是，商品在自由市场上的抽象的、物化的和曲折的流通只允许那些被动的、外在的、最根本的是抽象的关系的存在。因此第一条提纲指出即使是对活动的认识论的反映也只能是抽象的，因为唯心主义"当然是不知道真正现实的、感性的活动本身的"。

然而，甚至是资产阶级的唯物主义者费尔巴哈，他一心专注于脱离抽象的思考，寻求真正的对象而不是物化的概念，也从这个真实的存在中忽略了人的活动，没有把真实的存在理解为"对象性的活动"。这一思想在《德意志意识形态》的导言中得到了进一步的发挥："费尔巴哈特别谈到自然科学的直观，提到一些只有物理学家和化学家的眼睛才能识破的秘密，但是如果没有工业和商业，哪里有自然科学？甚至这个'纯粹'的自然科学也只是由于商业和工业，由于人们的感性活动才达到自己的目的和获得材料的。这种活动、这种连续不断的感性劳动和创造、这种生产，是整个现存感性世界的非常深刻的基础，只要它哪怕只停顿一年，费尔巴哈就会看到，不仅在自然界将发生巨大的变化，而且整个人类世界以及他（费尔巴哈）的直观能力，甚至他本身的存在也就没有了。当然，在这种情况下，外部自然界的优先地位仍然保存着，而这一切当然不适用于原始的、通过自然发生的途径产生的人们。但是，这种区别只有在人被看作是某种与自然界不同的东西时才有意义。此外，这种先于人类历史而存在的自然界，不是费尔巴哈在其中生活的那个自然界，也不是那个除去在澳洲新出现的珊瑚岛以外今天在任何地方都不再存在的、因而对于费尔巴哈来说也是不存在的自然界。"这段话强调了人类劳动的重要，费尔巴哈没有把人的劳动当作对象，而它实际上却是人的环境世界中的最为重要的对象。

存在，它决定所有的一切，它之中有人，人本身是活动的。这一事实的显著结果使得第三条提纲尤其重要，它既与费尔巴哈的思想正好相反，又与所有的庸俗唯物主义者们的思想相对立。关于"感性的世界"的另外两个概念中一个是意思很不好的概念，另一个是经常被误解的概念，它们使得那些唯物主义爱好者们特别关注这样一个观点（它显然远离活动），该观点在"环境"中只能看到存在于人的周围的东西。在这样的理解中，所谓的"既定的环境"就是一个特别客观的概念，因而是一个有着明显的唯物主义倾向的概念。该概念的意义使得它成为一个可互换的概念，而如果没有某物被给予或可能被给予的那个某人（主体），该概念将会无效。然而，即使我们不管这一事实，在这个构成了我们的生存环境的世界上，也极少有什么是给定的而同时又不是活动的产物。由于这个原因，马克思讲"物质"，它是自然科学首先从商业和工业中得到的。实际上，现象只是对于非常肤浅的观察者才显得是"给定的"。稍微一点的穿透力都会表明我们的平常的环境中的任何对象都绝不是纯粹的质料。一个对象，实际上是之前的人的劳动过程的最终结果；即使是那些事实上绝对不是完全被人工加工过的原材料，也是或者通过劳动被从森林里采伐回来，或从岩石上开采出来的，或在被从地底开采出来之后又已被加工过的。

"非——能动的"知觉的第二个命题开始于一个完全合法的、同时也是决定性的唯物主义的概念，即存在相对于意识的优先性。认识论地讲，这个优先性体现为独立于人的存在的一个外在的世界的存在；历史地讲，这个优先性体现为物质基础相对于精神的优先性。

但费尔巴哈在这里又单方面地使这个真理无效了，或者说，他通过忽略人的活动而对这个真理机械地加以夸张。在我们的正常的生存环境的领域中，存在相对于意识的独立性绝对不能等同于存在相对于人的劳动的独立性。

经过劳动的中介——伴随着外在的世界，和这个世界相对于意识的独立性——它的客观性不仅没有被消除，而且得到了最终的实现。就像人的活动本身有客观的性质一样，因而主体—客体关系由于它实实在在地发生的事实，也就构成了外在的世界的一个部分。这个外在的世界不只以主体的形式出现，因而它仍然独立于意识而存在；但要补充的是，它不只"以客体的形式"出现。

事实上，外在的世界代表了主体和客体之间的相互中介，因而在任何地方，存在事实上都并不决定意识；相反，历史地决定的存在，即经济的存在，反而在令人惊奇的程度上到处都包含了客观的意识。

然而，对于费尔巴哈来说，所有的存在是一个有绝对主权的最初（prius），它作为纯粹的前人类的基础——自然是基础，人仅仅是花朵，而不是一种内在的自然力量。实际上，生产的人的方式，在工作过程之中并通过该过程而被加以调整的人与自然之间的新陈代谢，以及包含生产的条件的基础：所有这些都在自身之中包含意识。与此相类似，任何社会的物质基础也都反过来被意识的上层建筑而激活。

关于这个存在—意识关系中的相互作用，第三条提纲以一种远远不同于庸俗的唯物主义的方式讲述了经济存在的优先性，因为它通过把意识放在由意识本身帮助建构起来的外在世界之中而在"条件"或"环境"中给了人的意识一个最"真实"的位置。

机械的环境决定论认为"人是环境和教育的产物，因而改变了的人是另一种环境和改变了的教育的产物"。与这种片面的、常常是彻底的自然主义关于直接反映的理论相反（环境等于土壤、气候），第三条提纲指出"环境正是由人来改变的，而教育者本人一定是受教育的"。这是比过去的传统的唯物主义要强得多的真理。

当然，这并不意味着这种改变不需要参照客观的合法性就能产生，这种客观的合法性同样也适用于主观因素和活动因素。在这一点上，马克思是同时在和两个方面展开战争：既反对机械的环境决定论，关于存在，它最终将导致宿命论，也反对唯心主义的主体理论，它最终将导致"盲动主义"，或至少是关于活动的过度乐观主义。《德意志意识形态》中的一段话沿着这个思路支持并补充了第三条提纲的思想，即在人和环境的最为有效的相互作用的基础上和在持续相互和辩证的主体—客体中介的基础上。因此，在历史中，"历史的每一个阶段都遇到有一定的物质结果、一定数量的生产力的总和，人和自然之间以及人与人之间在历史上形成的关系，都遇到有前一代传给后一代的大量生产力、资金和环境，尽管一方面这些生产力、资金和环境为新的一代所改变，但另一方面，它们也预先规定新的一代的生活条件，使它得到一定的发展和具有特殊的性质。由此可见，这种观点表明：人创造环境，同样环境也创造人。"在这一点上，马克思特别强调主体和客体之间的相互作用；环境和人之间的相互关系被颠倒了，但是以这样一种方式：人及其活动始终是历史的物质基础的特定的组成部分，实际上是它的根基，因此代表着它的可改造性。在马克思看来，甚至是观念（理论），当它掌握群众时，它也会成为一种物质力量。非常明显，对环境的技术的—政治的变革就是这样一种力量；同样，当这样理解时，主体因素留存在物质的世界中。

最后，第三条提纲在《资本论》中得到了进一步的发展，在那里，人在与外在的世界，实际上，在与自然的关系中被决定性地强调了出来："（人）使自己与自然相对立，把自然当作是他自己的力量，他运动其胳膊和腿、头和手，以及身体的自然力量，以便以适合自己的需要的方式来占有自然的产品。通过对外在世界的如此作用和改变，他同时也改变了自身的自然……土地本身是劳动的工具，但当它在农业中被如此使用的时候，它又意味着一系列的其他工具和劳动的相对高度发展。"

因此，人的活动和意识被看作自然的一部分，实际上是它的最为重要的一部分——作为在物质存在的根基处变革性的实践，它反过来又主要决定了随之而产生的意识。

费尔巴哈没有革命的使命感，从来没有超出把人定义为自然的类存在，他对于自然的增加了的首要性（即，由于人的活动而增加了的）没有任何感觉。最后，这就是为什么历史没有在费尔巴哈的纯粹的直观的唯物主义中出现，为什么他从来没有超出直观的态度。他继续以过时了的、"贵族的"方式来看待对象，这与他对于人的感情既不一致，又正好相反——对于人，他仅仅是理论地对他有感情，仅仅把他看作已存在的自然的花朵——他把人放在他的宗教批判的中心（但再没有任何其他的批判）。因此，他是从他的高高在上的位置俯视活动，把它仅仅看作一种卑劣的行径："能动的知觉是一种被自我中心主义所玷污和败坏了的理解的形式。"（《基督教的本质》）正是针对着这句话，马克思在第一条提纲中指出，费尔巴哈"对于实践则只是从它的卑污的犹太人活动的表现形式去理解和确定"。后来当这种"被自我中心主义所玷污和败坏了的"知觉被与另外一种被意识形态化了的所谓的纯粹的知觉以及接下来的所谓的以自身为目的的真理相配对的时候，费尔巴哈表现得是多么地傲慢。费尔巴哈所说的科学是一种多么尊贵的"骑在马背上的科学"，它高高在上，远离其中的尘土；费尔巴哈所说的知识是一种多么贵族气的知识，它事先宣称了实践的污秽，使自己远离正确的东西，远离正义。

马克思非常有远见地把这种错误的理解（以费尔巴哈的观点为典型）与"革命的、实践的批判的活动"的真正的热情相对立起来。作为一个唯物主义者，马克思强调在存在本身之中的生产活动的主观因素，它就像客观的因素一样是真实存在的。这会产生非常重要的结果（甚至反对庸俗的马克思主义），这也使《提纲》的这部分内容极其有价值。除非人的劳动的因素被考虑进去，存在的最基本的最初的东西，它绝对不是一个 factum brutum 或一个给定的东西，不可能在人类历史中得到理解。当然，它也不能与活动着的知觉的最好的形式相结合，即第一条提纲在结尾时所点到的，"革命的、实践批判的活动"。就马克思而言，工作着的人，存在于任何"条件"之下的极其紧要的主体—客体关系，决定性地属于物质的基础；世界之中的主体也是世界。

六、人类学—历史组—自我异化和真正的唯物主义：第四条、第六条、第七条、第九条和第十条提纲

在人的认识能力范围之内，人总是从异化开始。第四条提纲宣布了这一主题：费尔巴哈从宗教方面揭示了自我异化。因此，这项工作主要在于"把宗教世界归结于它的世俗基础"。但是，马克思指出费尔巴哈没有注意到，在做完这一工作之后，主要的事情还没有做呢。正如第六条提纲所更加清楚地指出的，费尔巴哈通过把宗教的本质还原为人的本质而把它归结于自己的世俗基础。就它敏锐地注意到了人的希望的作用而言，这本身是一项非常重要的工作。费尔巴哈"对宗教的人类学批判"把整个超越的领域从"充满希望的思考"中剥离了出去；诸神是人心的美好愿望之被变成了真实的存在。与此相类似，这种愿望的实体化最终带来了对一个想象的同时又是真实的世界的复制，在这个过程中，人就把自己的美好本质从这个世俗的世界转移到了那个超越的世界之中。因此，消除这种自我异化极其必要，即通过人类学的批判以及对造成异化的根源的考察，把天国再还给人类。

正是在这里马克思比费尔巴哈更加彻底，他拒绝停留于被理解为抽象的类的人，停留于没有被具体化到阶级和历史之中的人。费尔巴哈由于黑格尔对概念的物化而严厉地批判了他，而他本人也的

确把他的抽象的人的类经验地落实了，但只是以这样一种形式，即只允许这种抽象的人的类存在于与社会和社会历史相脱离的个人身上。正是由于这个原因，第六条提纲强调："人的本质不是单个人所固有的抽象物。在其现实性上，它是一切社会关系的总和。"

的确，费尔巴哈这里仅仅有特定的个人与抽象的人（去除掉社会）之间的空洞联系，他也不比斯多亚派后来的门徒以及它在自然法传统和在近代资产阶级时期的关于宽容的观念中的后继者们强多少。在希腊城邦衰落之后，斯多亚派的道德后来也就局限在单个的个人身上了。就像马克思在他的博士论文中所说的："因此当普遍的太阳落山之后，夜晚的飞蛾就飞向私有世界的灯火。"

另一方面，在斯多亚派中，通过去除掉所有的民族的—社会的关系，抽象的人性就被变成为屹立于单个的个人之上的唯一的普遍存在，它在所有的时代和在所有人中都既是普通的意见的焦点，也是理性所关注的中心；即，是被普遍而平均地安排了有效的世界居所的人的普遍的家园。只是，这个人类的家园不是那个消失了的城邦，它半是（有一个有用的意识形态）罗马帝国统治下的和平，是罗马的世界性的统治；半是（有一个抽象的乌托邦）有智慧的个人们的兄弟情谊会。因此，同时既作为一个一般概念又作为一个价值概念的人性概念之在小西庇阿的法庭上发展了出来并不是毫无原因的，这一概念的创始人是斯多亚主义者巴内修（Panatios）。

因此，费尔巴哈讲抽象的人的类，主要是采取了新斯多亚主义的立场，这种立场采用了近代的资产阶级的表现形式，在其中有个人与一般性之间的空洞的联系，这就像那个被抬高的抽象的公民概念以及康德对于普遍的人性的热情一样明显，康德的普遍的人性以一种德国的—道德主义的方式反映了公民概念。当然，近代时期的个人是资产者，而不是斯多亚时期的支柱性的个体；他们的普遍化不是古典的共同的世界，这个共同的世界将取消掉人群的多样性，而是对古代城邦的理想化和资产阶级人权的一般化，其中抽象的公民作为道德的—人道的类理想在最前面。

然而，这里有非常重要的由经济所决定的相互一致性（否则，新斯多亚主义不可能在 17 和 18 世纪存在）。在这二者中，社会都被原子化到了个人，与此同时抽象的类、抽象的人类的理想和人道主义都被抬高到了个人之上。马克思批判这种被抬高到纯粹的个人之上的抽象，把人的本质定义为"社会关系的总和"。因此，第六条提纲不仅直接针对着费尔巴哈对人类本身的非历史的思考，而且也针对着与之相关的其他一些东西——关于这个人类的纯粹的人类学的一般的概念，它作为一种纯粹以生物学的方式而把诸多个人绑在一起的一般性。马克思在第十条提纲中非常明确地保留了关于人性的价值概念。《神圣家族》的序言中所用的"真正的人道主义"的用法在《德意志意识形态》中就被抛弃掉了，与此同时被抛弃的还有关于资产阶级民主的各种残余，因为马克思已经达到了无产阶级的革命的立场，辩证的—历史的唯物主义已经诞生。然而第十条提纲仍然宣称："旧唯物主义的立脚点是市民社会，新唯物主义的立脚点则是人类社会或社会的人类。"马克思在这里把所有的强调重点都放在一种人道主义的对立的价值上，因此是放在"真正的人道主义"（只有在社会主义的形式中才存在并能被坚持）的价值上。

人的因素不是以"一种内在的、无声地、把许多个人纯粹自然地联系起来的共同性"的方式存在于每个社会的每个地方的。事实上，它并不是以任何一种已经存在的一般性的方式存在的，而是只能在充满困难的过程中被发现，它这样就与共产主义一起得以完成。

正是由于这个原因，新的无产阶级的立场并没有去除掉关于人道主义的价值概念。相反，只有它第一次使得这个概念得到实现。社会主义越科学，处于其中心的对人的关注越具体，它的目标即对人的自我异化的彻底根除就越确定；而不是按照费尔巴哈的样式，把人理解为一个抽象的类，它有着被过度抬高的人的和神圣的因素。

因而，马克思在第九条提纲中首先主要涉及了认识论提纲组的主题，该主题主要针对着费尔巴哈的人类学而被展开。"直观的唯物主义，即不是把感性理解为实践活动的唯物主义，至多也只能达到对单个人和市民社会的直观。"因此，阶级的障碍被最终点了出来，他在费尔巴哈的认识论中阻碍了革命的活动，在他的人类学中，则阻碍了历史和社会。马克思对于费尔巴哈的作为对宗教的自我异化的批判的人类学的发展因此不仅仅是一个一致性的问题，而且是对非神秘化的延展——主要是对费尔巴哈本人和对人类学的拜物教的非神秘化。因此，马克思就从一般化了的理想的类型人出发，超越了纯粹的个体，达到了现实的人性和可能的人道的基础。

再考察一下那些真正处于异化的根基处的过程非常必要，人们复制了他们的世界并不仅仅是因为他们有一个混同着欲望的分裂的意识，更是因为这种意识和它在宗教中的反映一起对应于一种更加近在身边的分裂，即社会之中的分裂。是社会关系本身被分开和割裂了，它暴露出了底层和顶层，是这些阶级之间和由地位高的阶级所持有的迷惑人的意识形态之间的斗争，宗教的意识形态在诸多意识形态中只是其中之一。对于马克思来说，接下来要做的最主要的工作就是去发现世俗基础的这个更加可能被实现的方面——一个可被证实的此世的基础，与费尔巴哈的抽象的—人类学的基础相反。后者既与历史不相容，又不是辩证的，它没有理解这一点，而第四条提纲则具体而明确地指出了这一点：世俗基础使自己从自身中分离出去，并在云霄中固定为一个独立王国，这只能用这个世俗基础的自我分裂和自我矛盾来说明。因此，对于这个世俗基础本身应当在自身中、从它的矛盾中去理解，并在实践中使之革命化。因此，例如，自从发现神圣家族的秘密在于世俗家庭之后，世俗家庭本身就应当在理论上和实践中被消灭。

由此可以得出，对宗教的批判要成为彻底的（这根据马克思的定义意味着抓住事物的根本），就要求有对尘世中关系的批判，它是天国中的关系的基础——他们的苦难、他们的矛盾以及他们对于这些矛盾的虚假和想象的解决。早在1844年，马克思在《黑格尔法哲学批判》的导言中就作了这个激动人心的论述，这一点是不可能被误解的："对宗教的批判……归结为这样一条绝对命令：必须推翻那些使人成为受屈辱、被遗弃和被蔑视的东西的一切关系。"

只有经过这样的不断推进的批判，再加上它所内含的实践的革命的环节，我们才能够达到这样的条件，在此条件之下，我们不再需要或者作为欺骗、或者作为替代物的幻想："宗教批判摘去了装饰在锁链上的那些虚幻的花朵，但并不是要人依旧带上这些没有任何乐趣、任何慰藉的锁链，而是要人扔掉它们，伸手摘取真实的花朵。"要达到那些被最后一命名的目的，我们首先有必要通过朝向那门成熟的经济的—唯物主义的"秘密科学"的努力而把世俗家庭揭示为神圣家族的秘密，这门"秘密科学"后来促使马克思在《资本论》中说："例如，为了认识到地产的历史构成了罗马共和国的秘密历史，我们很少需要了解罗马共和国的历史。"因此，对于宗教的自我异化的分析要成为真正彻底的，就必须从对意识形态的分析进入到对国家的更加贴近现实的作用的分析，然后再进入到政治经济学，只有在政治经济学那里，我们才能最后达到真正的"人类学"：即以社会科学为基础的关于"人和他人和与自然的关系"的一个根本洞见。

由于马克思在第七条提纲中所指出的"'宗教感情'本身是社会的产物"这一事实，生产的过程不能也必须不能由于产物而被忘记——而这正是费尔巴哈在他的非历史的和非辩证的立场中所做的。马克思的下面这段话就是针对着费尔巴哈的那些站不住脚的分析的不充分性的:"实际上,通过分析从宗教的模糊不清的复制品中找出它的尘世的核心要比反过来从任何特定的现实生活条件中推导出它们在天空中的被超验化了的形式要容易得多。后者是唯一的唯物主义的方法,因而也是科学的方法。一旦当忽视历史过程的这种抽象的自然的—科学的唯物主义的发言人们离开了自己的专业领域的时候,它的内在缺陷就会非常明显地体现在他们的抽象的、意识形态的概念中。"在《德意志意识形态》中,马克思加了一个评论,以澄清辩证的—历史的唯物主义与旧的机械主义类型的唯物主义的根本不同:"当费尔巴哈是一个唯物主义者的时候,历史在他的视野之外;当他去探讨历史的时候,他决不是一个唯物主义者。"费尔巴哈本人用另一种方式表述了这一思想,即,他作为一个唯物主义者朝后看(即,在他关于自然的基础的观点中),但却作为一个唯心主义者朝前看(即,关于伦理和宗教哲学时)。正是由于费尔巴哈的唯物主义中缺失了社会、历史和它的辩证法,以及因此而导致的无法把生活的问题包容进旧的机械的唯物主义中,而这是费尔巴哈所知道的唯一的一种唯物主义,他的唯心主义才成为混合的。这一点既明显地体现在他的伦理学的原理中,也清晰地体现在他的思想非常接近周日学校的道德水平提高班的许多方面。再一次地,正如第九条提纲所说的,很明显,这是"对市民社会的单个人的直观";这里也再一次清楚地表明,费尔巴哈对宗教的表面解决实际上只是对它进行了人类学的剥夺,但却没有进行社会学的批判。他所做的一切并不是对宗教的内容的批判,而只是批判它把它们放置到了另一个超越的世界之中,以及因此而导致的人及其世俗存在的弱化。就费尔巴哈想提醒人性它还有很多被浪费了的财富而言,这样的还原是有问题的。因为在充满着宗教的艺术中——比如说,像乔托(Giotto)、格吕内瓦尔德(Grünewald)和巴赫(Bach),有谁会忽略深刻的人性或深刻性中的人性呢?然而,费尔巴哈带着无与伦比的仁慈、友爱和敏感,把所有这一切变成了一种非宗派的"主观的神学"。另外,他在他的"向前看的唯心主义"的不可避免的空洞性中实践地保留了他的圣父—上帝的所有性质,他只是删去了关于圣父的概念,而把它们当作美德本身。替代掉原来的"上帝是仁慈的"、"上帝是爱"、"是全能的"、"创造神迹"和"聆听祈祷"等,新的表述是:"仁慈、爱、全能、创造神迹和聆听祈祷——这些是神圣的。"通过把原先的很多内容变成"在自然中的基础"的物化的美德,神学的整套装置都被原封未动地保留着，除了它被从神圣的场所转移到了某个抽象的场所之外。但这并没有导致关于宗教的人道主义传统的问题，关于这一传统费尔巴哈是非常明确地知道的。现在所导致的却是为了沉湎于习惯的腓力斯人的利益而创建的次等的宗教，这些腓力斯人对宗教的幻灭是不完全的、错误的。恩格斯指出在费尔巴哈的思想中有宗教的残余是非常有道理的。

与之相反，在关于宗教的观点中，马克思主义不是"向前看的唯心主义"，而是一种向前看的唯物主义；在它之中不再有未被充分地非神秘化的而且必然要被引入尘世的天堂，它是充分的唯物主义。就这个世界本身对它的总体解释，这被称为辩证的—历史的唯物主义，它也以这个世界从它自身向另一个充满苦难的世界的转变为前提，但这另一个世界决不是神话的他世，或主、或圣父。

七、理论—实践组—证明和证实：第二条和第八条提纲

思想在这里没有被看成是苍白而无力的。第二条提纲把它置于感性知觉和直观之上，在它们那里思想才刚刚开始。费尔巴哈对思想有很不好的看法，因为它从特殊走向了一般。但是对于马克思来说，思想决不是仅仅指向纯粹的一般和抽象，而是相反，它分明包含所有现象之间的间接的和本质的联系，即包含那些在现象的纯粹的感性的方面还隐藏着的东西。因此，虽然费尔巴哈仅仅承认思想是抽象的，但由于它的中介的性质，它事实上是具体的；实际上，恰恰是那些没有与思想相联系的纯粹的感性的东西是抽象的。当然，思想要通过知觉来证明自己必须返回到知觉，这个时候知觉中已经渗透了该思想；但这样的知觉决不是费尔巴哈所要的那种被动的和非中介的知觉。证据只能够在知觉所起的中间作用中找到，即只能在那种已在理论中被加工了的感性中和在已成为"为我们的事物"中找到。但这在根本上是由理论所中介和达到的实践的感性。因此，与感性的知觉相比，思想的功能要更加是批判的、穿透性的、解释性的活动——对此的最好的证明就是达到它所揭示的东西的实践努力。就像所有的真理都是关于某事的真理一样，没有只为自身而存在的真理（除了自我欺骗的纯粹的娱乐之外），因此，在真理自身绝对没有对它的充分证明，没有这样的所谓的纯粹的理论的真理。换

句话说，不可能有理论的内在的充分证明；只有一个部分的证明才可能是以纯粹的理论的方式展开的，就像数学的大部分内容的情况那样。但即使是在数学这里，它也是部分的和具体的，因为它实际上并未超出纯粹的内在的"一致性"和逻辑的必然的"正确性"。然而，正确性还不是真理，即还不是对现实的反映以及根据现实的被认识了的潜力和规律而对它施加影响的能力。换句话说，真理不仅仅是理论之内的一种关系，而完全是既在理论之中又在实践之中的一种关系。第二条提纲：人的思维是否具有客观的真理性，这不是一个理论的问题，而是一个实践的问题。人应该在实践中证明自己思维的真理性，即自己思维的现实性和力量，自己思维的此岸性。关于思维——离开实践的思维——的现实性或非现实性的争论，是一个纯粹经院哲学的问题。

这意味着如果人们假定思想的封闭的内在性（包括机械唯物主义的思想），那么这将是一种经院哲学的争论；实际上，这种想法正是以前关于真理的所有的概念的想法。由于理论和实践的关系，第二条提纲是非常新颖而独创的，与之相比，"所有以前的"哲学都显得是"经院主义的"。古代的和中世纪的认识论并没有反映人的活动；资产阶级的抽象的活动并没有真正被它的对象所中介。在古代的和中世纪的轻视劳动的时代和在资产阶级的工作的伦理（但是却没有劳动的具体性）的时代，实践活动—技术的或政治的——都最好也只表现为理论的运用，而不是对具体的理论的证明——而后者恰恰是马克思的立场；它也还没有成为那样的钥匙，该钥匙被再次利用为达到真实的反映的杠杆，而达到真实的反映又是为了达到适当的实践的目的。

因此，最后，正确的思想就等同于做正确的事情。活动，包括人的党派性的政治立场，从一开始就内在于思想之中，最终它也作为正确的结论出现在结尾中。在这个结论中的决定的立场是它自己的，而不是从外面拿进来的。对哲学史的学习可以证明理论—实践关系所做的贡献的新颖性，它与理论的纯粹的"运用"相反。甚至当只有理论的一部分意指行动的时候，这一点都很明确地是真实的，如像苏格拉底、接下来像柏拉图等，他试图在西西里建立他的乌托邦，还有斯多亚主义，它把逻辑仅只当作墙，把物理学当作树，而把伦理学当作果实。这也适用于奥古斯丁和中世纪末期的威廉·奥卡姆，前者是中世纪的罗马天主教教会的当地创建者，后者则是代表新兴的民族国家的利益而破坏罗马天主教教会的唯名论者。在所有这些的背后无疑有来自社会的呼声和要求，但理论却只过自己的抽象的生活，它与实践之间没有联系。它允许自己到实践中下降为一种"应用"，就好像王子可以下降到他的人民中去一样，或者——最好地——允许一个观念下降为它的评价。这一点甚至对于培根也适用，培根在他的精确的近代的资产阶级的实践的功利主义中也是一样。他曾经教导过知识就是力量，并且企图为所有的科学寻找一个新的基础，他把这个新的基础调整为 ars inveniendi。然而，尽管他反对纯粹的理论的和直观的知识，但是科学仍然是自律的，只有它的方法可以被改变——沿着被方法论地安排的实验的归纳程序的方向而改变。然而证明并不在实践活动中，实践活动对他来说仍然只是真理的结果和对真理的回报，而不是它的最终的标准和证明。

无数的"关于活动的哲学家们"甚至要离马克思主义的标准或实践活动更加远一些，它们起源于费希特和黑格尔，然后又在黑格尔的左派中回到了费希特。费希特的活动的概念本身的确曾经在国家政策的某些要点上显示出了力量和一致性，但它最终还是消失在空气中了。它所能做的最后的工作不是通过对这个"非我"世界的工作而改进它，而是彻底地根除它。在这个根本是与这个世界相敌对的"实践"中，所要求的仅仅是费希特的自我的唯心主义的主观的出发点，而不是只有和这个世界一起并且在这个世界之中才能达到的客观真理。

实际上，是黑格尔在他的《精神现象学》中最接近于发展出关于实践的标准，他主要是在劳动的关系的基础上取得这一成果的。另外，黑格尔的心理学也是以从"理论的精神"（知觉、想象、思想）向它的反题"实践的精神"（"practical mind"）（感情、欲望、幸福）的过渡为特征的，然后再从这个过渡中综合地得出合题，"自由的精神"（"free mind" or "free spirit"）。这个合题据称是认知着的意志，它作为意志思想着、认知着它自身——最后，在"理性的国家"中，它欲求着它知道的东西，而且它知道它欲求的东西。

同样，就"不仅普遍的东西的价值，而且纯粹而简单的事实的价值"在实践中都属于美好的东西而言（《黑格尔全集》第五卷），黑格尔的《逻辑学》已经表明了"实践的观念"对"被思考的认识的理想"的更加重要性。列宁指出："所有这些都在《认识的观念》这一章中……就是说，无疑地，在黑格尔那里，在分析认识过程中，实践是一个环节……因此，当马克思把实践的标准引进认识论时，是直接和黑格尔接近的：见《关于费尔巴哈的提纲》。"（《列宁生后发表的哲学作品》)然而，在《逻辑学》的最后、《精神现象学》的最后以及在黑格尔的发达的体系的最后，他又以与费希特几乎一样的方式把世界（事物、对象和实体）引回到主体当中，以至于归根结底不是实践而是回忆使得真理——"明白的认识的科学"得以圆满完成——除此之外，别无其他。在这里我们还会忆起黑格尔在他的《法哲学原理》的序言的结尾处所作的评论："无论如何，哲学总是来得太迟。哲学作为有关世界的思想，要直到现实结束其形成过程并完成其自身之后，才会出现。"因此，封闭的循环的思想者，关于过去的博物馆或不可变动的给定的东西，最终战胜了那个辩证的过程——思想者以及他的隐秘的实践。

为了评价马克思的实践理论的独创性，甚至是在他年轻时所处的思想环境中，我们现在有必要考虑一下黑格尔左派的"实践"。这是在马克思的年轻时代的所谓的"行动的哲学"、"批判的武器"。然而，这在本质上只是从黑格尔的客观唯心主义向费希特的主观主义类型的唯心主义的倒退——像费尔巴哈本人在谈布鲁诺·鲍威尔时所表明得那样。所谓的"行动的哲学"是由 Cieszkowski 在他的那本否则也并不是毫无价值的 1938 年的《历史哲学绪论》中首先提出的。Cieszkowski 明确地说，我们有必要用哲学来引起世界中的变化。实际上，为了确保适当的行动，尤其是确保通过意识而不是通过本能的行动来创造历史，《历史哲学绪论》要求对历史的趋势进行理性的考察。Cieszkowski 教导说，这样意志就被放到了与黑格尔的理性同样重要的位置，以至于——在根本上——实践不仅在理论之前是重要的而且在理论之后也非常重要。这虽然听起来非常有意义，但它只是一种宣称，却并没有在 Cieszkowski 的后来的著作中带来什么结果。实际上，"未来的利益"对于他来说变成越加非理性的和模糊不清的。他对于思辨的抛弃变成了对于理性的抛弃；行动变成了"活动的直观"，他朝向未来的整个取向最后终结于正统教会的阿门—神智学（Amen-theosophy），他在《共产党宣言》发表的年代宣布了自己的这一思想。

最后，在马克思的自己的圈子里还有布鲁诺·鲍威尔，他也宣称一种"行动的哲学"和一种甚至是关于世界判断的哲学，它事实上是所有的哲学中最为主观的一种。当弗里德里希·魏玛四世统治时期的反动的运动区检验这个"批判的武器"的时候，它在布鲁诺·鲍威尔那里仅仅导致了向个人主义的退却，实际上是向轻视群众的个人中心主义的退却。鲍威尔的"批判的批判"只是一种观念之间的比赛，是一种为艺术而艺术式的傲慢的精神自身的实践，它最终导致了施蒂纳的《唯一者及其财产》。关于这个主题，马克思本人在《神圣家族》中说过决定性的话，他的这些话是关于他自己的关于真正的实践活动的主要观念和它指向革命的实践的目标的唯一指向的。它将从无产阶级出发，他们被武装了黑格尔的辩证法中的有成效的因素，而不是"褪色和被离弃了的黑格尔哲学"中的抽象，更不用说是费希特的主观主义了。费希特，那个愤怒的而有德行的人，的确在从《封闭的商业国》到《对德意志人民的讲演》等这些著作中考虑过某些有生命力的可能性。他曾把法国人从德国的哲学中驱逐了出去；然而，他的"批判的批判"仅仅只是在自我意识的马车中旅游。

离马克思更近一些的是那个绝对诚实的社会主义者赫斯，但甚至是他也只以这样的方式来解释人的行为，人的行为好像是与社会的活动相脱离的，它被还原成道德意识的一种改革，这是一种背后既没有发达的经济理论也没有表明被辩证地概念化了的发展趋势的时间表的"行动哲学"。因此，马克思之前的实践概念与马克思的关于理论和实践的概念，与他关于理论和实践活动相统一的理论是完全不同的。根据马克思的观点和列宁的观点，理论和实践总是互相朝向着对方摆动。这就取代了以前的关于思想仅仅附属于理论的观点，如果仅仅根据科学的观点，思想不需要被"应用"，理论本身有自己的自律的生命和内在的自我充分性，即使是在证明方面也是这样。由于理论和实践它们二者都相互地被中介的事实，实践的活动以理论为前提，实践本身能产生理论并且为了能朝向新的实践而进一步也要求新的理论。具体的观念从来都不会被过高地评价，因为对于行动来说，它具有照亮道路的意义；行动也从来都不会被过高评价，因为它成为对真理的完成。

与此同时，由于思想能够帮助我们改变世界，它本身也充满了温暖——充满了帮助他人的欲望、对受害者的爱和对剥削者的恨。正是这些感情使得党派立场成为可能，而如果没有这些立场，社会主义将不会有任何伴随着好的行为的真正的知识。然而，一份没有被知识所照亮的爱的感情也会倾向于阻止它所想实施的帮助行为。它太容易会满足于自己的美德，而成为一种新的假—行动的自我意识。在这种情况下，结果不会是布鲁诺·鲍威尔的为艺术而艺术的批判，而是一种以模糊为特征的充满感情的非批判的批判，就像在费尔巴哈本人那里一样，他不用实践，而总是用自己的模糊的术语"爱"。他把爱还原为在我与你之间的一般的爱的关系，由于退缩到孤独的个人以及这些个人之间过分多情的关系之中，他在这点上就充分暴露了自己缺乏任何社会洞见。这样，他就把人性女性化了："与它的基础相关（!）新哲学实际上就是被纳入意识的爱的本质。它只是用理性并在理性中确证了每个人——真实的人——在他的新哲学中所确证的东西。"《未来哲学原理》中的这段话事实上就是对行动的替代，它来源于过去，是腓力斯人的和罗马天主教徒的方式，它实际上非常容易被转变成虚伪和阴谋破坏。

正是由于过去所声称的人的这种抽象的和仅适用于朗诵的爱，才一直都没有产生真正地想朝着好的方向改变这个世界的愿望——只有在它的邪恶的状态下使之永恒化的欲望。费尔巴哈对于山上圣训的讽刺就从对不正义的去除的过程中排除掉了任何硬性的东西，但是却在阶级斗争中包括进了各种松弛的东西。这正是为什么一般化了的爱——"社会主义"会被资本主义中的慈善家们的鳄鱼的眼泪所欢迎的原因。这也是为什么马克思和恩格斯说："他们会宣讲与这个腐烂了的现实和恨相对立的爱的王国……但是当经验表明这样的爱在 1800 年中从来都没有生效过，从来都没有改变过社会关系、没有建造起它的王国的时候，就很清楚这种曾经无法克服恨的爱现在也不能提供社会变革所需的动力。这些爱被消耗在充满感情的宣称中，但是这些宣称却不能改变任何实际的状况；对于那些它喂以感情的糖浆的人来说，它只是一种安眠药。需要给人以力量：只有必须帮助自己的人才会真正地这样做。因此，是这个世界的真实状况，是当代社会中资本与劳动、资产阶级与无产阶级的尖锐对立，这种对立在工业交往中表现出了最为充分发展了的形式，构成了社会主义世界观和对社会变革的要求的有力来源……这个铁的必然性就为对社会主义的渴望广泛地播撒了种子，为它创造了充满活力的追随者们；通过变革当代关系，它会比在这个世界上的那些爱心中所闪耀着的所有的爱都更容易地为社会变革扫清道路。"（《反对克利盖的公告》）

从那以后，不仅是托马斯·闵采尔所说的"虚构的信仰"，而且是"虚构的爱"在社会主义的叛变者和假社会主义者中间更加广泛地流传了开来，它要比在费尔巴哈所处的那个相对的无害的年代流传得更广。他们的对人类的模拟的爱只是更加广泛的恨的一个联姻的工具——指向共产主义的恨。实际上，这个新虚构的爱仅仅是为了战争的缘故才存在的。它伴随着一种神秘主义，这种神秘主义实际上在费尔巴哈那里也是有的，只是现在它声称是一种"进步的唯心主义"。在情感主义的无形式的宣泄中，在它对圣父—上帝主题的重新加工中，这种神秘主义根本不比上面所提到的极其拙劣的世俗化的和非宗教的腓力斯主义逊色。

但是，今天的神秘主义的假—深刻的空话中的秘密已不再是唯心主义的，它是与费尔巴哈的神秘主义极其不同的，这就像费尔巴哈的神秘主义是与埃克哈特的神秘主义是极其不同的一样——它把人心变得充满杀气，把原来的空洞的美好感情转变为将被资产阶级剥削的虚无。第八条提纲说："凡是把理论引向神秘主义的神秘东西，都能在人的实践中以及对这个实践的理解中得到合理的解决。"这里当然有两种要被区分开来的神秘主义：那些代表现实中的尚未被理解的矛盾的未被解释的方面、困境和错综复杂性的神秘主义；以及另一方面的那些真正被适当地称为"神秘主义"的东西，它们代表黑暗的偶像本身。

然而，甚至是那些看起来还不可认识的事物，甚至是它们中的迷雾，也能够导致神秘主义；正是由于这个原因，理性的实践是唯一的人的解决方式，唯一的理性的解决方式是人的实践——采取人性的立场的行为，而不是站在困难和复杂性本身的立场上的行为。应当指出的是，马克思本人在涉及费尔巴哈时也使用过"神秘主义"这个词（这不是毫无原因的），马克思用它指爱的非革命的性质，即它把难解的问题原封不动地留在那儿。

再扼要重述一遍：费尔巴哈的神秘，爱的神秘没有明晰性，但它当然与后来出现的腐烂的黑夜般的非理性没有什么共同之处。费尔巴哈站在德国的从黑格尔到马克思的救赎的传统之中——甚至像有一条从叔本华到尼采再到他们的后继者们的德国的毁灭的传统一样。另外，对人类的爱，只要它很清楚地理解自己是指向被剥削者们的，它朝向真正的知识的方向进展，它就无疑是社会主义的一个必不可少的因素。但是如果盐也能失去它的咸味，那么糖就更容易会失去它的甜味；如果充满爱心的基督徒也只能是失败主义者，有爱心的社会主义者将会更容易地在他们的虚伪的背信中落入这样的命运。

由于这个原因，马克思批评费尔巴哈有一种非常危险的华而不实，这个（不论它可能是其他的任何东西）在根本上是一种"主观的行为"，它将导致与它本来所声称的利他主义和说不出的普遍的爱中所意图的一切刚好相对立的结果。如果爱中没有两极，同样如果恨中没有具体的极，就没有真正的爱。没有革命的阶级立场的党派性，就只有一个"倒退的唯心主义"，没有一个向前移动的实践。没有始终指向行动的人的理智的首要性，就只有解决的神秘而没有对神秘的解决。因此，费尔巴哈的未来哲学的伦理学的结论既没有哲学，又没有未来。马克思的为了实践的理论才使得这二者都运作了起来：因此，伦理学最终成为肉体。

八、口号及其意义：第十一条提纲

这里已认识到将要到来的事物是最近的，也是最重要的——但不是以费尔巴哈的完全不充分的方式，他从一开始到最后都满足于直观，这样的直观把事物原封不动地丢在那里；或者——更加糟糕的是——他相信根本就不可能改变事物——除非是在书里。对于这个，世界并没有注意，因为世界很容易在这些假的描述中被颠倒、歪曲，所有的现实都不在这本书中。向外的任何一步对于这本内向的书来说都是有害的，该书生活在自己的田园诗般的封闭的世界中，都会打搅这些人造的概念的自律的生活。然而，甚至是那些对它们的主题来说是真实的优秀的书和理论也常常流露出一种典型的直观的乐趣和对留在它曾经一度非常成功地起了作用的某个有限的语境中的满足。作为结果，这样的书和观念事实上害怕它所描述的世界的任何改变，因为那时这本著作——甚至当它本身确立了未来的原理时（像费尔巴哈的情况那样）就不再能这样自由地穿梭于时代之间了。

如果（像在费尔巴哈那里一样），也很明显地有一种精心计算的或无知的政治的冷淡，那么公众就全部被限制在了读者的范围之内——他也仅仅是一个直观的对象，对于他的手和他的行动没有任何要求。即使那个立场是一个新的立场，但它仍然只是一个不就行动提出任何建议的观察点。马克思的著名的第十一条提纲正是在这个意义上讲的："哲学家们只是用不同的方式解释世界，问题在于改变世界。"与所有以往的思想的动机的区别是非常显著的。

我已经指出，简短的命题往往显得要比它们实际上更易懂。一些著名的命题（与它们本身的意图正好相反）往往已无法启发思想，它总是很容易被人们不加咀嚼就吞咽下去。在这种情况下，它们往往会导致一些有问题的反应，这些反应是与理智正好敌对的，或至少是远离理智的理解的，它们往往离我们所讲的那个命题的原来意图和意义远得不能再远了。有鉴于此，我们必须找到马克思的第十一条提纲——一个总是对哲学的精确非常注意的理论家的命题——的精确意图。

它必须不被通过把它和实用主义混淆起来而错误地理解为，或——更正确地说——错误地应用为实用主义，实用主义来源于一个距离马克思主义非常遥远的领域，而且它事实上是与马克思主义不相容的，它在精神上要劣于马克思主义，并且——在根本上——它是完全邪恶的。然而，"忙碌的身体"（像他们在美国所说的那样）经常被用来理解马克思的《提纲》，仿佛它是和美国的文化野蛮主义相等同的。美国的实用主义的基础是这个观点，即认为真理在本质上就是观念的社会有用性。就它意图达到一种实践的成功，并且表明自己的确能够达到这样的成功而言，这里假定了一种关于真理的"阿哈—经验"（"aha-experience"）。在威廉·詹姆士那里（1907 年的《实用主义》），商人，作为"美国的生活方式"，仍然有一种普遍的人性，看起来几乎是人，而且在他周围还带有一种修饰，即增加生活的一种乐观主义。之所以是这样的，是因为在当时仍然可能把美国的资本主义放到一个充满乐观前景的框架中，但更主要的是因为每一个阶级社会都有把自己的利益说成是全人类的利益的倾向。由于这个原因，实用主义一开始声称自己是这些各种各样的逻辑的"工具"的保护人，利用这些工具，高阶层的商人能够达到成功的"人的关系"。但极少有仁慈的商人，它甚至比马克思主义的俗人还要少。因此，在詹姆士之后，实用主义在美国以及在整个资本主义世界很快就显露出了它的本来的颜色：作为一个根本没有了任何追求真理的欲望的社会的彻底的不可知论。两次帝国主义的战争（第一次，即1914～1918 年的战争是整个帝国主义的战争；第二次则以纳粹侵略者的部分的帝国主义为特征）使得实用主义成为一种成熟的交易的意识形态。因此，不再有对真理的关注，甚至是作为要被磨炼的"工具"；那个关于"成功的人的关系"的美好而乐观的框架彻底地走向了恶魔（他从一开始就在它之中）。从此以后，观念就会像股票一样根据战争和商业的情况摇摆、振动——直到最后臭名昭著的纳粹的实用主义登场。现在，正确被定义为任何可以为德国人（德国的金融资本）的利益服务的东西，真理被定义为任何可以为生命（最大的利益）服务的东西，或看起来是对它有用的东西。这就是当时机成熟时实用主义所导致的结果——无论就理论和实践而言，它可能显得是多么地非冒犯性的或欺骗性的。在这里，真理很明显地由于自身的原因而被拒斥，没有任何人承认是为了商业的利益，是由于一个谎言而这样做的。在这里，以一种假—具体的方式，真理也被欺骗性地要求在实践中被证实，而且甚至用了对世界的"改造"的字眼。就那些持有廉价的理智的人和那些假—行动主义者们而言，马克思的第十一条提纲之被降低的可能性还是很大的。当然，从道德的角度来看，这些社会主义运动的行动主义者们与实用主义者没有任何共同之处。他们的意愿是单纯的，他们的目标是革命的，他们的目的是人道的。但是由于他们在所有这些当中忽视了理智，因而就忽视了马克思主义的理论的全部丰富性，与此同时也忽视了内在于马克思主义的理论之中的对整个文化传统的批判的吸取。它的所有这些试验和错误的方法、机械的摇摆、虚假的—实践性等都恰恰是那种对第十一条提纲的可怕的侮辱的做法的特征，这种做法在方法论上总是会使人想起实用主义。这种近似于实用主义的对实践性的迷恋来源于一种尚未被充分认识的伪造——然而对结果的忽略并不是避开愚蠢的办法。这些最好也只有短期的对理论——尤其是对复杂的理论——的尊重的"实践主义者"在马克思主义的阐明之中制造了一种他们自己所不知道的黑暗和一种恨，后者是很容易与无知联系在一起的。

有时甚至不是假—实践性，而是位于这种对理论的反感之后的某种活动：反—理智主义的僵硬还要靠它的破坏性的、非能动的反—哲学。但是，要在《关于费尔巴哈的提纲》中的这条最珍贵的提纲中找到对这个的支持是更加不可能的，因为那样误解就会变成诽谤了。因此，必须再次强调，对于马克思来说，一个观念并不是因为它是有用的，它才是真的，而是因为它是真的，它才是有用的。因此列宁在他的《马克思主义的三个来源和三个组成部分》(1913)中这样表述："马克思的学说所以万能，就是因为它正确。"他接着说："马克思的学说是人类在19世纪所创造的优秀成果——德国的哲学、英国的政治经济学和法国的社会主义的当然继承者。"在这之前，他还评论道："马克思的全部天才正在于他回答了人类先进思想已经提出的种种问题。"换句话说，没有首先对进步理论——在经济学和在哲学中的——熟悉和了解，世界中的现实主义的行动就无法展开。因此，就缺少社会主义的理论家而言，就一直存在着失去与现实的联系的危险；因为如果任何代表社会主义的实践要取得成功的话，现实就必须不被纲要化地或简单化地理解。由于关于实践活动的最伟大的理智的解读者们的反—实用主义，门已经被打开了，因为他们都是真理的见证者；但这些门在任何时候都会通过一个基于实用主义兴趣之上的对第十一条提纲的错误解读而被关闭。第十一条提纲，它本是哲学的最大的胜利，但它却被以一种很荒唐的方式被认为是允许对哲学的消除的，被看作一种非—资产阶级的实用主义。这并不有利于未来的事业，因为除非我们理解了它，未来不会来到我们身边——反过来——除非我们的知识也朝向它推进。理性看守着实践的这部分过程，甚至像它看守着返回到人的体面的每条路一样——反对非理性主义，非理性主义最终在每一个缺少概念的思想的引导的实践活动中出现。因为，如果对理性的破坏一直降到了野蛮的非理性的底部，那么理性的冷淡就会以愚蠢告终——这也许不会导致流血，但却必定会毁掉马克思主义。因此，平庸也等于反对马克思主义本身的反革命——而马克思主义是人类思想的最进步的部分的完成(不是美国化)。

关于错误的理解就讲这么多。因为第十一条提纲是最重要的——corruptio optima pessima，不论错误在哪里产生，错误的理解仍然需要阐明。另外，由于这条提纲是最紧凑的，对它的评论必须更多地关注它的实际用词。这些单词在这里的含义是什么？什么是认识世界和改变世界之间的表面对立？实际上没有对立，在原文中没有"但是"这个词("aber"，在这里是加强语气的意思，而不是对立的意思)，也没有任何地方提示有一个"或者"的意思。以前的哲学家是因为他们只以不同的方式解读世界而被责备，或者更准确地说，他们在他们的哲学事业中已经意识到阶级障碍的存在。他们没有因为进行哲学思考而被谴责。然而，由于对世界的解释类似于直观，而且是从直观来的，因此非直观的知识在这里被单独挑出来作为一种新的样态，它将能够真正地把旗帜一直举到胜利。但是，那个旗帜仍然是知识的旗帜，马克思把这个旗帜高举在他的那本最主要的学术研究著作之上，虽然他把它和行为联在一起，但它不是直观的、无声的。这本充满对行动的指导的著作被命名为《资本论》，而不是《成功指南》或《行动宣传》。它并不包含关于突然的英雄行为的预先的方案，而是相反，它站在正在发生的一切中间，把最真诚的研究和哲学思考投入到现实的最困难的方面的语境中。它强调理解关于自然和社会中的进化的辩证规律的必然性和知识。因此，第十一条提纲的第一部分仅仅针对只解释世界的哲学家们——除此之外，别无其他。接下来，就像《提纲》的第二个部分所表明的，《提纲》开始了一个彻底的有计划的历程去寻求一种新的行动主义的哲学，该哲学对于改变世界是必不可少的而且也是有用的。我们承认，马克思的确很尖锐地说过哲学，但这如果是源自一个时代的重要的例子的话，那么它不是针对直观的哲学的一般的多样性的。他的攻击针对着直观的哲学的一种特定的类型：由他那个时代的三流的黑格尔主义者们制造的哲学，它们不如说是一种非—哲学。马克思对哲学模仿者们的最严厉的攻击主要在《德意志意识形态》中："必须把哲学丢下，必须从它那里出来，作为一个普通的人，使自己投入到对现实的研究中。对于这种研究现在我们手边已经有了大量的材料，只是哲学家们是当然不知道它们的。如果我们再遇到像库尔曼、施蒂纳这样的人，我们就会发现我们早已把他们丢在'后面'了，或他们已处于我们之下了。哲学与对现实世界的研究之间的关系就好像手淫与性爱之间的关系一样。"

库尔曼（那个时代的一位虔敬主义的神学家）的名字、尤其是施蒂纳的名字的出现明确地表明马克思的有力的抨击只是针对于（非）哲学的一种特定的类型的：是针对于哲学毒气的。它绝不是针对黑格尔的哲学或过去的其他伟大的哲学的，无论它们可能显得是多么直观。马克思可能是最不可能认识不到在具体的黑格尔（自亚里士多德以来最博学的百科全书主义者）中已经有"对现实世界的研究"的。的确也曾经有这样的批判是针对黑格尔的，但却是由与马克思和恩格斯都非常不同的头脑作出的：普鲁士的反动的意识形态家们、后来的"修正主义"和其他的"真正的政治家"——正如我们都知道的。马克思甚至在《德意志意识形态》中都用与此非常不同的语言来讲在他之前的现实的哲学，在《德意志意识形态》中他提到它似乎是要表明他正在创造性地加入一个现实的传统。在更早一些的《〈黑格尔法哲学批判〉导言》（1844）中，马克思非常明确地指出，不实现哲学就不能超越哲学，不超越哲学就不能实现哲学。第一部分，它的重点放在"实现"上，它主要是说给"实践派"的："德国的实践派要求否定哲学是正当的。该派的错误并不在于提出了这个要求，而在于仅限于提出这个要求，没有认真实现它，而且也不可能实现它。该派认为，只要扭过头去，背朝着它，嘟囔几句陈腐的气话，哲学的否定就实现了。它的眼光的狭隘就表现在没有把哲学归入德国现实的范围，或者认为哲学甚至低于德国的实践或为实践服务的理论。你们要求人们必须从生活的现实萌芽出发，可是你们忘记了德国人民生活的现实萌芽一向都只是在他们的脑子里生长起来的。一句话，你们不在现实中实现哲学就不能消灭哲学。"而第二部分的中心放在超越上，是讲给"理论派"听的："从哲学产生的理论派也犯了同样的错误（虽然是在相反的方面）。它认为目前的斗争只是哲学同德国这个世界的批判斗争，而没有想到现存的哲学本身就属于这个世界，而且是这个世界的补充，虽然只是观念的补充。它对对方采取批判的态度，对自己本身却采取非批判的态度，因为它从哲学的前提出发，没有超越这些前提得出的结果，或把别处得来的要求和结果冒充哲学的直接要求和结果，虽然这些要求和结果——假定是正确的——只有否定现存的哲学、否定作为哲学的哲学，才能得到。关于这一派我们回头还要详细谈到（这在《神圣家族》和《德意志意识形态》中被展开了，那里有对这里所包含的直观的最严厉的批判，和对批判的'认识的平静'的批判）。它的根本缺陷可以归结如下：它认为，不消灭哲学本身，就可以使哲学变成现实。"

因此，马克思为当时的这两派都提供了一份矫正他们的行为的药方——根据不同的情况而相互颠倒的药方。他为实践派开了更大程度的哲学的实现，而为理论派则开了更大程度的哲学的超越。然而，即使是对哲学的"否定"（它本身是一个极端哲学化的概念，来自黑格尔），在这个语境中也明显地是相对于"以前的哲学"而言的，而不是相对于它的所有的可能的和将来的表现形式的。"否定"是相对于那种包含有为了自身而存在的真理的哲学的（它是批判那种类型的哲学，这种哲学是直观的，同时又是有绝对的主权的，而且这种直观的哲学仅仅从研究文物的角度来解读这个世界），但它不是对正在以革命的方式变革这个世界的那种类型的哲学的批判。实际上，在"以前的哲学"中（它当然是与假—黑格尔主义的哲学非常不同的）有——尽管有所有的直观——如此多的"对这个现实的世界的研究"，以至于甚至不需要对想象力的太大发挥，德国古典哲学就能够在"马克思主义的三个来源和三个组成部分"中算上一份。

在马克思主义的哲学中，真正新的东西无疑存在于对它的基础的激进变革中，存在于它所承担的无产阶级的革命的使命中；然而这个绝对新的因素并不要求能够导致对世界的具体变革的唯一的哲学应该不再是哲学——恰恰因为在马克思主义的表述中，哲学比以前任何时候都更加是哲学。由于这个原因，在第十一条提纲的第二个部分，涉及到对世界的变革时，知识的胜利得到了庆祝。马克思主义如果不先在地和本质地是真正的哲学的理论和实践的基础的话，它不会构成真正意义上的改变——真正的哲学即那种哲学，它通过运用自己的根本力量和对文化传统的应用，将能展开对现实的那些包含着通往未来的种子的方面的认识。当然，即使没有概念，也经常可能在假造的意义上带来变化。匈奴人当然导致了变化，同样恺撒的疯狂也导致了变化，同样无政府主义、甚至是黑格尔称之为"混乱的全部代表"的精神变态者的胡言乱语也都能导致变化。但是稳健的变化，主要是朝向自由的王国方向的变化却只有在有根据的知识的基础上和在对必然性的日益精确地把握的基础上才能达到。从那以后，是哲学家们曾经坚持不懈地以这种方式而改变着世界，如马克思、恩格斯和列宁等。另一方面，实践的无知的机械工们和背负着大段的引文的进行系统化的人没有达到对世界的改变，甚至恩格斯称之为"归纳的财富"的经验主义者们也没有达到。对世界的哲学改变总是伴随着对于关系的总体的无穷无尽的知识，因为即使哲学不是一门高高地位于所有的其他科学之上的一门科学，它也仍然在所有的科学中构成关于总体的唯一的认识和良知。由于总体性本身不是作为一个事实而存在的，而只是在与尚未来临的未来的巨大的相互作用的生成中被看到的，这种知识是关于正在进展着的总体性的不断进步的意识。哲学的变革因此是根据我们所分析的我们的生存环境的那个维度、辩证的趋势、客观的规律和现实的可能性而展开的。

由于这个原因，哲学的变革在根本上是在未来的视域中发生的，这个未来只有在马克思主义的方法的基础上才能被认识，而不能在任何直观的、解释性的立场之上被认识。从这个角度看，马克思还成功地超越了前面提到的关于哲学的实现和哲学的超越的两种正相反对的立场（前者强调对"实践派"立场的反对，而后者强调对"理论派"立场的反对）。这两个强调重心的辩证统一，如果理解得正确的话，在导言的结尾得到了表述："哲学不消灭无产阶级，就不能成为现实；无产阶级不把哲学变成现实，就不能消灭自己。"这样，当无产阶级不仅仅被理解为一个阶级，而且被理解为自我异化的最显著的人的症状的时候，对无产阶级的通过提升而实现的消灭，无疑就是一个长久的过程；实际上，充分的扬弃与共产主义的最后的行动相一致，也与马克思在《1844年经济学哲学手稿》中所表达的那个意图相一致，即朝向最为极端的哲学的"末世"的展望："只有在社会中，人的自然的存在对他说来才是他的人的存在，而自然界对他说来才成为人。因此，社会是人同自然界的完成了的本质的统一，是自然界的真正复活，是人的实现了的自然主义和自然界的实现了的人道主义。"在这里，马克思所寻求到的对世界变革的最根本的展望闪耀着光辉。它的根本性的观念，即对于所有的实践来说都是基础性的知识—良知，在它之中那仍然很遥远的总体性得到反映，就像它带来自然的复活一样，它在哲学中无疑也要求着同等程度的创新。

（张双利 译）

本雅明

瓦尔特·本雅明（Walter Benjamin，1892—1940），
德国文学批评家和文艺理论家，也被认为是法兰克福学
派美学的代表人物之一。

本雅明出生于柏林一个富有的犹太人家庭。21 岁
时，他成为左翼的自由学生联合会的领袖，柏林犹太复
国主义运动的同情者，而且已经与犹太圣经学者格雄·
朔勒姆开始了终生友谊与学术通讯。第一次世界大战期
间，他结识了马克思主义思想家布洛赫，在布洛赫和卢
卡奇的影响下接受马克思主义。1927 年他访问苏联归来
后加入法兰克福学派，但他并不像学派的其他成员那样
进入学院生活，而是始终以自由撰稿人身份为学派的出
版物写作。1933 年他因为希特勒的反犹政策逃亡巴黎。

1940 年 9 月 26 日，为躲避盖世太保的迫害，本雅明在从法国逃亡到西班牙边境时自杀身亡。他的好友德国戏剧家布莱希特得知消息后说："这是希特勒给德国文学界造成的第一个真正损失。"

自 1955 年起，本雅明被世人重新发现，此后，阿多诺、朔勒姆编辑、出版了本雅明的多卷文集和书信集，使他声名鹊起。他留下的主要著作有：《德国浪漫派的艺术批评概念》、《暴力批判》、《论歌德的〈亲和力〉》、《德国悲剧（Trauerspiels）的起源》、《单向街》、《机械复制时代的艺术作品》、《发达资本主义时代的抒情诗人》、《历史哲学论纲》等。

本雅明是一位非常复杂的思想家。就他与马克思主义的关系而言，他与法兰克福学派和布莱希特都维持着一种若即若离的关系，同时，他又受到朔勒姆的犹太教救世主义的重大影响。本雅明反对恩格斯的《反杜林论》和苏联正统马克思主义的教条主义倾向，他反复断言：历史的任何阶段都是未完成的，都可以作多种解读。历史唯物主义正是要重新解读把我们变成我们现在这个样子的那些事物，挖掘被压制的斗争系谱，把我们从为统治阶级服务的、僵化的历史决定论中解放出来。被本雅明视为拯救希望的，是弥赛亚主义的拯救神学与马克思主义的历史唯物主义观念的结合，是用一种充满着"当下"（Jetztzeit）的时间概念爆破匀质、空洞的直线连续的时间概念，是对过去明显被压迫的声音、为幸福和正义而斗争的失败者的经历的记忆和挖掘。

本雅明的这些观点被认为扩展了法兰克福学派对把马克思主义加以实证主义或历史决定解释的谴责。但是，阿多诺和霍克海默从"辩证的唯物主义"出发，认为本雅明的思想虽然采用了辩证的范畴，但和马克思主义的范畴并不一致，他对波德莱尔的论述，将上层建筑中的某些因素直接地与基础中的相应因素联系起来，是"缺少中介的"、"非辩证的"。他们曾提醒本雅明，要求他抵制布莱希特的影响，特别是布莱希特把艺术当作共产主义意识形态直接宣传武器的主张。

布莱希特对革命斗争的非黑格尔式理解吸引了本雅

明。事实上，本雅明从未完全习惯以概念或黑格尔式的辩证法术语来思想和写作，他的著述中充满了作为寓言和隐喻的各种具体形象。甚至，上层建筑与经济基础之间的马克思主义联系在本雅明那里就是一种隐喻性的联系。在对 19 世纪的巴黎和波德莱尔的研究中，本雅明抓住了"拱廊街"、"西洋景"、"世界博览会"、"个人居室"等场景来分析资本主义商品世界的本质。这些"辩证意象"包含着人们被压抑的愿望，也包含着他们的乌托邦理念；是这个时代的真实写照，也是这一时代的幻象。本书选取了《发达资本主义时代的抒情诗人》中《波希米亚人》一节。《发达资本主义时代的抒情诗人》一书也是本雅明《巴黎拱廊街计划》中的一部分。在所选的这一节中，本雅明从马克思的分析入手，说明了 19世纪法国由职业密谋家、文人和流氓无产者组成的"波希米亚人"群体。他们的生存与资本主义商品经济息息相关，但他们同时又是被物质和商品世界遗弃的人，是这个世界的反抗者。本雅明通过波德莱尔分析了这一群体的二重性。

波希米亚人 [①]

　　"波希米亚人"是在马克思文章中的一段揭露性文字里出现的。马克思在这里面把职业密谋家也包括进来，在 1850 年《新莱茵报》上刊登的对警方探子德·拉·渥德回忆录的详细评注中，马克思与这类人发生了关系。要回想起波德莱尔的面孔，就得说出他显露出的与这种政治类型的相似。马克思这样勾勒出这种类型："随着无产阶级密谋家组织的建立就产生了分工的必要。密谋家分为两类：一类是临时密谋家……即参与密谋，同时兼做其他工作的工人，他们仅仅参加集会和时刻准备听候领导人的命令到达集合地点；一类是职业密谋家，他们把全部精力都花在密谋活动上，并以此为生。……这一类人的生活状况已经预先决定了他们的性格。……他们的生活动荡不定，与其说取决于他们的活动，不如说时常取决于偶然事件；

---

　① 选自《发达资本主义时代的抒情诗人》，北京，三联书店，1989。

他们的生活毫无规律，只有小酒馆——密谋家的见面处——才是他们经常歇脚的地方；他们结识的人必然是各种可疑的人，因此，这就使他们列入了巴黎人所说的那种 la bohême［浪荡汉］之流的人。"①

顺便提醒大家注意，拿破仑三世本人也是从与此相关的境况中发迹的。他执政时期的政府爪牙之一便是"十二月十日会"，在马克思看来，它是由"随着时势浮沉流荡而被法国人称为 la bohême（浪荡游民）的那个五颜六色的不固定的人群"②组成的。拿破仑三世在位期间继续保持他的密谋习惯。惊人的布告、神秘的流言、突然包围和令人捉摸不透的反语是第二帝国"国家理性"的一部分。在波德莱尔的文章里也可以发现同样的特点。他表述自己的观点时往往不容置辩，讨论不是他的风格；即使论题有明显的矛盾以致讨论显得必不可少，他也尽量回避。他把他的"1846年沙龙"题献给"布尔乔亚"；他以其辩护士的形象出现，但他的方式却不像一个 advocatus diaboli（魔鬼的诉师）。不久，作为他大骂道德学校的一个例子，他以最激烈的波希米亚方式攻击"honête bourgeoise（有教养的资产阶级）和公证人这类为妇人所尊敬的人"。1850年左右，他宣布艺术不能同功利分开；几年后他又鼓吹 l'art pour l'art（为艺术而艺术），这一切并不比拿破仑三世在议会大厦后面一夜之间把保护关税变为自由贸易更让公众猝不及防。这些线索多少能让人理解为何官方批评家，尤其是于勒·勒美特尔对波德莱尔散文中的理论能量所知甚少。

马克思接下来继续描绘职业密谋家："在他们看来，革命的唯一条件就是他们很好地组织密谋活动……他们醉心于发明能创造革命奇迹的东西：如燃烧弹，具有魔力的破坏性器械，以及越缺乏合理根据就越神奇惊人的骚乱等。他们搞这些计划，只有一个最近的目标，这就是推翻现政府；他们极端轻视对工人进行关于阶级利益的教育，进行理论性质更多的教育。这说明他们对 habits noirs［黑色燕尾服］，即代表运动这一方面的多少有些教养的人的憎恶并不是无产阶级的，而是纯粹平民的；但是，因为后者是党派的正式代表，

---

① 《马克思恩格斯全集》第7卷，320页，北京，人民出版社，1959。蒲鲁东为把自己同职业密谋家分开，常自诩为一种"新人——其风格不是街垒战而是讨论，他天天晚上与政治领袖们共坐桌旁，能赢得世上一切德·拉·渥德的信任。"（引自古斯塔夫·热弗鲁瓦：《囚徒》，180页，巴黎，1897）

② 《马克思恩格斯全集》第8卷，174页，北京，人民出版社，1961。

所有密谋家们始终不能不完全依赖他们。"① 波德莱尔的政治洞察力并没有从根本上超出这些职业密谋家。无论他同情宗教反动还是同情 1848 年革命，其表达都是生硬的，其基础都是脆弱的。他在二月革命的那些日子里所呈现出的形象——在巴黎的街角上挥舞着步枪高喊"打倒奥皮克将军"（他的继父）——便是一个很好的例子。不管怎样，他能奉行福楼拜的宣言："一切政治我只懂反抗。"在同他的比利时随笔一道保存下来的笔记的最后一页，我们可以领会他的意思："我说'革命万岁'一如我说'毁灭万岁、苦行万岁、惩罚万岁、死亡万岁'。我不仅乐于做个牺牲品，做个吊死鬼我也挺称心——要从两个方面来感受革命！我们所有人的血液里都有共和精神，就像我们所有人骨头里都有梅毒一样；我们都有一种民主的传染病和一种梅毒的传染病。"

波德莱尔所表达的不如叫作煽动的形而上学。他在比利时写下这段话，曾有一度他被比利时视为法国警方的间谍。事实上，这类待遇对波德莱尔来说没有什么好奇怪的。在 1854 年 12 月 20 日波德莱尔给他母亲的信中提到警方的文学津贴："我的名字永远也不会出现在他们那可耻的账单上。"② 在比利时为波德莱尔赢得这个声誉的恐怕并不是他对雨果显露出的敌意。雨果在法国被剥夺了公民权，但在比利时却受到热烈欢迎。波德莱尔的破坏性的冷嘲热讽助长了这种谣言的出笼；而他自己正乐于传播它们。de la blague（大话崇拜）的种子在乔治·索莱尔身上再现为法西斯主义宣传的不可少的组成部分，但它首次出现却是在波德莱尔这里。塞利纳写作《屠杀琐闻》的精神及书名本身可以直接从波德莱尔日记中找到："以灭绝犹太人为目的就可以组织一次很好的密谋。"布朗基主义者里戈是在巴黎公社警察头头的位置上结束其密谋生涯的，他似乎也有那种人们在波德莱尔身上常提到的气质。在夏尔·普罗莱《1871 年的革命者》一书中我们可以读到这样的话："里戈尽管冷酷无情，但他是一个地地道道的疯狂的小丑。这是他盲目的狂热的组成部分。"③ 甚至马克思在密谋者身上遇到过的恐怖主义的白日梦也能在波德莱尔身上找到相应的东西。在 1856 年 12 月 23 日写给母亲的信里他写道："一旦我重获那种偶尔有过的朝气和力量，我将用骇人的书发泄我的

---

① 《马克思恩格斯全集》第 7 卷，321～322 页，北京，人民出版社，1959。

② 波德莱尔：《致母亲的信》，83 页，巴黎，1932。

③ 夏尔·普罗莱：《1871 年的革命者，R. 里高》，9 页，巴黎，1898。

愤怒，我要使整个人类起来同我作对。其中的快乐能给我无限的安慰。"① 这种压抑着的暴怒——la rogue——是半个世纪的街垒战在巴黎职业密谋者身上培育出的激情。

马克思写道："是他们筑起了第一批街垒，并进行了指挥。"② 街垒才是密谋者活动的中心。它有着革命的传统。七月革命期间有四千个街垒设置在城中。③ 当傅立叶寻找一种 travail non salarié mais passionné（出于热情而非出于报酬的工作）的样板时，他发现没什么比筑街垒更显而易见了。雨果在《悲惨世界》中对街垒的描绘给人留下深刻印象，虽然他没有注意掌管它们的人们。"暴动的无形的警察在四处巡逻，这时的秩序便是黑夜。……从上往下，向着一大堆黑影望去的眼睛也许能看到这儿那儿，在一些相距不远的地方，有由朦胧的火光映照着的一些特别的曲折线条，一些奇形怪样的建筑物的侧影，一些类似的那种来往移动于废墟中的荧光的东西，这便是街垒所在的地点了。"④ 在总结《恶之花》的那首残缺的"致巴黎"一诗中，波德莱尔在告别这座城市前并没有忘记参拜一下街垒，他记起了"筑起街垒的神奇的石头"，当然这些石头是"神奇的"，因为波德莱尔的诗只字未提那些搬动它们的手。但这种悲伤或许来自布朗基主义，因为布朗基主义者特里东也表达了一种相似的情绪："噢，暴力，街垒的女王，你在火光和骚动上闪耀……囚犯们戴着锁链的手向你伸去。"⑤

在公社的最后几天里，无产者们在街垒后面摸索探路，像受了致命伤的野兽缩回洞穴。受过街垒战训练的工人并不喜欢那些挡住梯也尔去路的露天战场，这也被认为是失败的部分原因。一位研究巴黎公社的史学家最近说，这些工人"更喜欢在自己的街区里打仗，而不是在野外同敌人打遭遇战……如果他们必须死的话，他们更愿意死在巴黎的用鹅卵石筑的街垒后面"⑥。

在那些日子里，巴黎公社最重要的街垒指挥布朗基正囚禁在他最后的牢狱多罗要塞之中。从他和他的伙伴身上，马克思看到了"无产阶级政党的真正领袖"。布朗基在世时及身后所享有的革命威

① 波德莱尔：《致母亲的信》，278 页，巴黎，1932。
② 《马克思恩格斯全集》第 7 卷，321 页，北京，人民出版社，1959。
③ 参见德·格朗萨涅、M. 普罗：《1830 年革命，巴黎斗士们的计划》，巴黎。
④ 维克多·雨果：《悲惨世界》，522 页，巴黎，1881。
⑤ 夏尔·贝诺瓦：《工人阶级的神话》，载《两世界杂志》，105 页，1914-03-01。
⑥ 乔治·拉隆兹：《1871 年公社的故事》，532 页，巴黎，1928。

望是怎么说也不为过的。列宁之前，再没有哪个人在无产阶级中有如此清晰的形象。他的形象铭刻在波德莱尔心中，他在一张纸上的随意涂抹中有一幅便是布朗基的头像。

马克思用以描绘巴黎密谋情形的概念清楚地表明布朗基在其中的矛盾地位。按传统观念，很有理由把他视为一个暴动者。在这种观点看来，他代表了一类政治家，正如马克思所指出的，他们认为自己的任务是"超越革命发展的进程，人为地制造革命危机，使革命成为毫不具备革命条件的即兴诗"①。从另一方面说，如果有人反对这种观点的生动描绘，那么他似乎就有点类似于 habits noirs（穿黑燕尾服的）了，这类人是职业密谋者不喜欢的竞争者。一位目击者这样描绘了布朗基的市场俱乐部："谁如果想准确地了解布朗基的革命俱乐部同秩序党人的两个俱乐部相比给人的第一印象，他不妨想象一下法兰西喜剧院上演拉辛或高乃依时，拥挤的观众旁一群人围成圈观看杂技演员表演伤筋动骨的斗拳。它是举行密谋的正统仪式的小教堂。门向所有的人敞开着，可只有初来者才会折回去。在一阵让人不耐烦的等待之后，此方的牧师出现了。他表面上像是在说他的当事人如何抱怨，自己如何被半打左右从没听说过的自以为是、怒气冲冲的傻瓜缠住。实际上，他是在分析形势。他的外表引人注目，他的衣服无可挑剔。他的头形很好，面部表情平静，只是他那双闪烁着野性的眼睛有时可能会惹麻烦；他的眼睛窄小、犀利，但通常它们让人觉得和善而非生硬。他的言辞字斟句酌，慈祥而独特——与梯也尔的演说风格相近，是我听过的最少演说气的演说。"② 这里的布朗基像个空谈家。这位穿黑燕尾服的人的描绘偏重于细节。人们都知道那个"老人"演说时习惯戴黑手套。但这种作为布朗基性格一部分的慎重的认真和不可捉摸，在马克思看来就完全是另一回事了。对于这些职业密谋家，马克思说道："他们是革命的炼金术士，完全继承了昔日炼金术士的邪说歪念和狭隘的固定观念。"③ 这些话几乎可以原封不动地用在波德莱尔的形象上：一方面，是个高深莫测的预言家，另一方面是个诡秘地专事密谋的人。

可想而知，马克思对那些当作家的下层密谋家们小酒馆不怎么欣赏。那儿弥漫的烟雾波德莱尔是很熟悉的。那首名为《拾垃圾者

①　《马克思恩格斯全集》第7卷，321页，北京，人民出版社，1959。
②　古斯塔夫·热弗鲁瓦：《囚徒》，346页，巴黎，1897。
③　《马克思恩格斯全集》第7卷，321页，北京，人民出版社，1959。

的酒》的著名诗篇就在这里写就的，它的出现大约在 19 世纪中期。那时期，这首诗中的主题正被广泛地议论。其中一个话题便是酒税。共和国国民议会曾许诺将它废除，1830 年又作了同样的许诺。马克思在《法兰西阶级斗争》中表明了在撤销酒税这个问题上城市无产者的要求与农民的要求是多么吻合。这种税对日常消费的酒和最上好的酒同样课以重税。"它在每座超过四千居民的城镇门口设立税收所，把每个城镇都变成了以保护关税抵制法国酒的异邦，从而损害了消费。"马克思写道："通过酒税，农民们领教了政府的花言巧语。但该税也同样损害了城镇居民的利益，并迫使他们跑到城市的限制之外去找便宜的酒。那儿有种被称为 vin de la barrière（栅栏酒）的逃税酒。如果 H-A. 傅雷杰，一位警察总局的处长的话可信，那么一个工人是充满了骄傲和挑衅来炫耀这种酒给他的享受的，就好像这是他唯一能得到的享受。""有的妇女毫不犹豫地跟着丈夫带着已大得可以工作的孩子来到城门外……过了一阵，他们半醉地往家走去，摆出一副大醉的样子，以便让人人都看到他们颇喝了不少。有时孩子也学着父母的样子做。"[1] 当代一位观察家说："有一点可以肯定，城门口的酒挽救了统治结构，使之免遭许多打击。"[2] 这种酒剥夺了对将来的复仇和光荣的梦想。《拾垃圾者的酒》中写道：

> 常看到一个拾垃圾者，摇晃着脑袋，
> 碰撞着墙壁，像诗人似的踉跄走来，
> 他对于暗探们及其爪牙毫不在意，
> 把他心中的宏伟意图吐露无遗。
>
> 他发出一些誓言，宣读崇高的法律，
> 要把坏人们打倒，要把受害者救出，
> 在那像华盖一样高悬的苍穹之下，
> 他陶醉于自己美德的辉煌伟大。

当新的工业进程拒绝了某种既定的价值，拾垃圾的便在城市里大量出现。他们为中产阶级服务并在街头构成了一种家庭手工业。拾垃圾的对自己的时代十分着迷。对穷人的最早的关注落在了他们

---

① H-A. 傅雷杰：《大城市人口中的危险阶层及使之变好的方法》第 1 卷，86 页，巴黎，1840。

② 爱德华·福考：《发明家巴黎，法国工业的生理学》，10 页，巴黎，1844。

身上，随后的问题便是：人的苦海何处是岸。傅雷杰在其《危险的阶级》一书中花了 6 页来讲拾垃圾的。勒普莱提供了巴黎的一个拾垃圾的及其家庭在 1849～1850 年间的预算。这大约就是波德莱尔写这首诗的时间。

当然，一个拾垃圾的不会是波希米亚人的一部分。但每个属于波希米亚人的人，从文学家到职业密谋家，都可以在拾垃圾者的身上看到自己的影子。他们都或多或少地处在一种反抗社会的低贱地位上，并或多或少地过着一种朝不保夕的生活。在适当的时候，拾垃圾的会同情那些动摇着这个社会的根基的人们。他在他的梦中不是孤独的，他有许多同志相伴，他们同样浑身散发出难闻的气味，同样尸冷战场。他的胡子垂着像一面破旧的旗帜。在他四周随时会碰上 mouchards（暗探），而在梦中却是他支配他们。①

从巴黎的日常生活而来的社会主题在圣·伯甫那里就已经出现了。这些主题被抒情诗抓住，却没有被它充分领会。贫穷与酒精的结合方式在那些闲暇的文化人想来，与波德莱尔所想的是截然不同的。

> 在这舒适的车厢里我审视着给我驾车的人，他完全是台机器、丑陋可怕、长着厚重的胡子，长长的头发粘在一起，恶习、酗酒和昏睡使他的醉眼浑浊而沉重。人怎么能堕落到这种地步？我这么想着，一面把身子缩到座位的另一角。②

这是诗的开头；紧接着是一段让人恍然大悟的诠释。圣·伯甫问自己，是否他的灵魂不至于像车夫的一样被人无视。

下面这首题为《阿贝尔与该隐》的诗则显示出波德莱尔对被剥夺继承权的人们所持的更随意、更合理的观点的基础。它把《圣经》里两兄弟的争夺归结为两个永远势不两立的种族间的斗争：

> 阿贝尔的后代，酣睡畅饮
> 上帝满意地望着你们微笑。
>
> 该隐的后代，污秽恶臭

---

① 一个极有意思的现象是，在这首诗的各种版本中，最后一段里的反抗越来越明显了。由此人们可以清楚地看到，只有当内容变成一种咒骂，诗的这一段才找到了确定的形式。

② 圣·伯甫：《安慰》，193 页，巴黎，1863。

匍匐苟缩，凄凄惨惨直到死掉。

全诗由 16 个对句组成，每两句的开头都一样。该隐，这个被剥夺继承权的人的祖先，是作为一个种族的创立者出现的，而这个种族只能是无产阶级。1838 年，格拉尼埃·德·卡萨纳克出版了《无产阶级与资产阶级的历史》。这本著作的目的在于找到无产阶级的起源；他们构成了一个亚人类的（sub human）的阶层，是由盗贼与妓女交配而产生的。波德莱尔知道这些思想吗？很可能知道。马克思肯定见到过这类言论，他把格拉尼埃·德·卡萨纳克称作波拿巴主义反动派的"思想家"。《资本论》避开了这个种族理论，而发挥了"一种特殊的商品所有者"的概念。它指的就是无产者。波德莱尔笔下的源于该隐的人们也恰恰就是这个意思，尽管他还不能够说明这一点。这种人只拥有自己的劳动力，除此之外不拥有任何商品。

波德莱尔的这首诗是题为"反抗者"的组诗的一部分。另外的三段都带着一种亵渎神明的调子。但我们对波德莱尔的撒旦主义不必太认真。如果它有什么意义的话，那也只不过是唯一可以选择的态度，它表明波德莱尔在任何时候都能保持一种忤逆的不恭不敬的立场。但组诗的最后一首"与撒旦的连祷文"却出自神学的内容，即蛇崇拜仪式的"上帝怜我"。撒旦带着它的路济弗尔（魔鬼）的光环出现了，作为深刻的智慧的看护人，普罗米修斯式的技能的指导者和冥顽不驯的人们的守护神。诗中的字里行间闪现着布朗基的影子。

你赋予罪恶从容的神采
诅咒断头台四周的人群。

就连召唤魔鬼的锁链也知道这个撒旦是"密谋家的忏悔神父"，他与那个地狱里的阴谋家，被人称作 Sadan trismegistos（三倍伟大的撒旦）的恶魔不同，他在诗中以及在一些散文作品中是作为至高无上者出现的，他的阴府与 Le boulevard（宽阔的林荫道）毗邻坐落。勒美特尔就曾指出这魔鬼具有二重性，"一方面是万恶之源，另一方面却又是伟大的被压迫者，伟大的牺牲者"[1]。如果人们要问是什么迫使波德莱尔把自己对当权者的激烈反抗置入一种激烈的神学形式中，那就得从另一个方面来看这个问题了。

---

① 于勒·勒梅特尔：《当代作家》第 4 辑，30 页，巴黎，1895。

当无产阶级在六月革命中遭受失败后，对资产阶级秩序和尊严观念的抗议得到了统治阶级而非被压迫阶级的更好保护。信奉自由和正义的人们在拿破仑三世那里看到的不是一个战士的国王——尽管他本人想继他叔父之后成为那样的人——而是一个为时运所宠的十足自信的人。这便是他在（雨果的）《惩罚集》里留下的形象。波希米亚浪荡哥儿们从他们的角度在豪华宴会和富丽堂皇的排场上看到自己"自由"生活的梦想的实现。他们在回忆中描绘出 Viel－Castel（没落的城堡）王朝皇帝的声势和气派，从而使咪咪和舒纳德显得令人尊敬，并且相形之下俗陋不堪。在上层阶级中，玩世不恭（犬儒主义）是一种颇受赞赏的风度；在下层阶级中，反抗性的论辩是通行的一般准则。维尼在《埃洛瓦》中遵循拜伦的传统，在一种神秘学说的意义上向路济弗尔，这堕落的天使表示效忠。巴特罗缪则相反，在其《复仇女神》中把撒旦主义与统治阶级联系起来；他使大量的股票投机者欢欣鼓舞，使固定年薪的颂歌四处传唱。波德莱尔对撒旦的这种两重性了如指掌。在他看来，撒旦不仅为上层同时也为下层说话，大概没有人能比波德莱尔更能领会马克思《雾月十八日》中的这段话了："资产阶级在政变后也高声叫嚷道：现在只有 12 月 10 日会的头目还能拯救资产阶级社会！只有盗贼还能拯救财产；只有违背誓言还能拯救宗教；只有私生子还能拯救家庭；只有混乱还能拯救秩序！"波德莱尔这个耶稣会的崇拜者也没打算彻底地永远地放弃这个救世主。但在诗中他冷淡了那种在散文中未加拒绝的东西；因此，撒旦在诗中出现。在他看来，这些诗的微妙的力量并不归功于彻底拒绝效忠，也不归功于理解力和人性的反抗，即使它是一种绝望的号叫。几乎所有出自波德莱尔的虔诚的自白都像是战斗的呐喊。他不会放弃他的撒旦，在他与自己的拒斥信仰作斗争时，撒旦是他真正的精神支柱。然而这同宣誓或祈祷毫不相干，亵渎令人醉心的撒旦正是恶魔的特权。

波德莱尔想通过与皮埃尔·杜邦的友谊来说明自己是一个社会诗人。多尔维利的评论文章中有一段作者的素描："在这个天才的心灵中，该隐比优雅的阿贝尔占有更高的地位——那残暴的、饥饿的、嫉妒的、野蛮的该隐走进城市来消释他们心中深深埋藏着的积怨。他异想天开地加入到他们的行列中来体验他们的胜利。"[①] 这段描述

---

① 于勒－阿美岱·巴尔贝·多尔维利：《十九世纪：作品与作家》第 1 卷，242 页，巴黎，1862。

准确地道出了那种把波德莱尔与杜邦紧紧联系在一起的东西。杜邦同该隐一样离开了田园，"走进了城市"，"他同我们的父辈指望他写的诗没有丝毫关系，甚至全无一点纯朴的罗曼蒂克"[①]。杜邦从日益扩大的城乡裂隙中觉察到抒情诗的危机正在步步逼近。他在一首诗里尴尬地承认了这一点；杜邦说诗人"把耳朵交替借给森林和大众"，大众则对他的注目给予回报；1848年左右杜邦是众人谈论的话题。革命失败后，杜邦一首接一首地写下了他的"选举之歌"。那时候，在政治文学方面没什么东西能与他的诗相匹敌。这是马克思赋予那些有着"可怕的浓眉毛"的六月革命者的月桂树上的一片叶子。

> 让他们的阴谋成为泡影，噢，共和战士
> 让他们看看你们的面孔，那了不起的
> 美杜莎之间的四周满是红色的闪电。[②]

波德莱尔在1851年为杜邦诗集所写的序是一次文学上的战略行动，其中有这样的著名言论："为艺术而艺术派的幼稚的乌托邦拒绝道德，甚至还常常拒绝热情，现在必须让它绝育了。"接着他说，（这明显指的是奥古斯特·巴比尔）"当一个诗人出现时——除了偶尔显得不称职外——几乎总显得那么伟大，当他用火一般的语言昭示1830年起义的秘密，为悲惨的苏格兰和爱尔兰歌唱时，这个问题以及所有的问题就已经明了，艺术与道德和功利都是不可分的。"但这里并没有那种使波德莱尔自己的作品富于生命力的深刻的两重性。它支持被压迫者，尽管它由于同样的原因与他们一样相信他们的幻想。它倾听着革命的颂歌，也倾听着执行死刑的鼓声传出的"更高的声音"。当波拿巴通过 coup d'état（政变）登台执政，波德莱尔立即被激怒了，"他站在一个深远的位置上注视着事态，变得像一个修道士[③]。"神权政治与共产主义"对于他不是罪恶，相反却争相吸引着他的注意力；一方并非天使，而另一方也并非像他有时想的那样是恶魔。波德莱尔没多久就放弃了他的革命宣言，若干年后他写道："杜邦的第一首诗应归功于他天生的优雅和一种女性的精致。幸运的是，在那些日子里几乎把人人都卷进去的革命活动并未使他完

---

① 皮埃尔·拉罗斯：《十九世纪大字斯》第6卷，1413页，巴黎，1870。

② 皮埃尔·杜邦：《选举之歌》。

③ 保罗·德雅尔丹：《夏尔·波德莱尔》，载《蓝色杂志》，巴黎，1887。

全偏离他固有的轨道。"他对"为艺术而艺术"的反戈一击在他自己看来不过是一种姿态，以此他可以宣告他作为一个自己支配自己的文人的自由。在这一点上波德莱尔走在了同时代作家，包括最伟大的作家的前头。这使他在某些方面看上去卓然立于周围的文学活动之上。

在一个半世纪中，日常的文学生活是以期刊为中心开展的。20世纪30年代末这种情况有了改变。feuilleton（专栏）在每天出版的报纸上为 belles—lettres（美文）提供了一个市场。这一文化分支的导言为七月革命带给出版业的变化作了总结。在复辟时期，单张零售的报纸是禁止出售的，人们只能订阅。那些出不起80法郎的高价订一年报纸的人只好去咖啡馆，那里经常有好几个人凑在一起读一份报纸。1824年巴黎有四万七千个报纸订户；1836年有七万，而到1846年则达二十万户。在这个过程中，吉拉尔丹的《快报》（La Presse）起了决定性的作用。它带来三次重要的革新：把订金降到40法郎，登广告和连载小说。同时，简短、直截了当的新闻条目由详尽的报道加以完备，这些条目因为可以商业化地应用而很快流行起来。所谓的 réclame（广告）为它们作好了铺垫，这种醒目的独立的通告立刻引起了出版商的注意，随即出现在报纸经过编排的栏目上，介绍一本前些天做过广告或正在印刷的书。早在1839年圣·伯甫就指责广告使人道德败坏："他们怎么能一边在一篇评论中谩骂作者，另一边却在下面两寸的地方把它说成是时代的奇迹呢？广告的字体越来越大，它的吸引力占了上风；它构成了一座磁山使罗盘的指针偏离了方向。"[1] 这种广告只不过是某种过程的开端，它最后发展为由感兴趣的人付钱的刊登在报刊上的股票交易通告。撇开出版业的堕落史就不可能写出一部信息史。

这些信息条目只须很小的空间，使得报纸的面貌每天各异的不是政治专栏而是这些条目。它聪明地使每一页都显得丰富多彩而又各不相同，这是报纸的魅力的一部分。这些条目必须不断地填满，市井闲话、桃色新闻以及"值得了解的事情"是它的最通常的来源。它们本身易得、精巧，非常符合专栏的特点，这从一开始就很明显。德·吉拉尔丹夫人在她的"巴黎书简"中对照片表示了热烈的欢迎："目前，人们的注意力都转到达盖尔先生的发明上了。没什么东西比我们的那些沙龙学究对它进行的一本正经的解释更可笑了。达盖尔

---

① 圣·伯甫：《论工业文学》，载《两世界杂志》，682页以下，1839。

先生用不着担心；没人会偷走他的秘密……确实，他的发明太棒了；可人们不理它，对于它的说明已经太多了。"专栏的风格并不是在任何场合都会被立即接受的。在 1860 年和 1868 年，加斯东·德·福洛特男爵写的《巴黎的刊物》两卷相继在巴黎和马赛问世，其任务是努力改变人们对历史资料，尤其是巴黎出版的专栏类资料的漠不关心的状况。那些填消息的人产生于喝开胃酒时分的咖啡馆。"喝开胃酒的习惯唤醒了街头出版业。在只有一本正经的大报纸的时候，人们对鸡尾酒时间还一无所知。"[①] 鸡尾酒时间是"巴黎时间表"以及市井闲话的合乎逻辑的结果。咖啡馆生活使编辑们在印刷机器尚未发达之时就已适应了新闻服务的节奏。直到电报在第二帝国末期广泛应用，街头小报的垄断才被打破。突出事件和灾难新闻如今可以从全世界得到。

一个文人与他生活的社会之间的同化作用就随一种时尚发生在街头。在街头，他必须使自己准备好应付下一个突然事件、下一句俏皮话或下一个传闻。在这里，他展开了他与同事及城市人之间全部的联系网，他依赖他们的成果就好像妓女依赖乔装打扮。在街头，他把时间用来在众人面前显示其闲暇懒散，这是他工作的一部分。他的行为像是告诉人们，他已在马克思那儿懂得了商品价值是由生产它所需的社会必要劳动时间决定的。在众人面前延长闲暇时间对于认识他自己的劳动力是必需的，这使它的价值变得大得简直让人难以捉摸。这么高的价值是不受公众限制的。那时，专栏的高报酬就说明了他们的社会地位业已确立。事实上，这与报纸订金额的下降，广告的增加以及专栏重要性的上升之间有着某种联系。

"由于实行新的措施（降低订金），报纸必须靠广告的收入维持……为了赢得更多的广告，四分之一的版面必须尽可能地使与订户数一样多的人看见。因而，必须不择手段地引诱读者的私人观点，用好奇心来替换政治……一旦新的方针——把订金降到 40 法郎——开始实行，从广告到连载小说的改进都是必不可少的。"[②] 这个事实解释了为这种贡献付出的高额报酬。1845 年，大仲马与《立宪党人》及《快报》签了合同，根据这份合同，如果他每年提供至少十八卷作品，便可获得至少六万三千法郎的报酬。欧仁·苏因《巴黎的秘密》收益十万法郎。1838～1851 年间，拉马丁年薪的总数达五百万

① 加布里埃尔·吉耶莫：《波希米亚人》，72 页，巴黎，1868。
② 阿尔弗莱·奈特芒：《七月政府统治下的法国文学史》第 1 卷，301 页以下，巴黎，1859。

法郎。仅从最先刊登在专栏上的《纪龙德人的故事》上他就获得了六十万法郎的进项。日常文学交易的慷慨的报酬不可扼制地泛滥起来。当出版商得到手稿后，通常保留印上他们选中的作家的名字的权利。因为实际上，一些功成名就的作家并不太注意自己名字的使用。一篇题为《小说创作，大仲马书店》的讽刺小品文提供了某些详情。《两世界杂志》当时评论道："谁知道有多少书是由大仲马写的呢？他自己知道吗？除非他有一本借主与贷主的分类账，不然他肯定忘了不少他的合法的、不合法的或是收养的孩子们。"这就是说，大仲马在自己的基础上雇用了一整支由穷作家组成的军队。直到 1855 年即这家了不起的杂志发表上述评论后的十年，"波希米亚人"的一家小报刊登了一段文字，它这样描绘了一位被作者称为德·桑克蒂斯的成功作家的生活："回到家里，德·桑克蒂斯先生小心翼翼地把门锁上……在他的那些书后面打开一扇暗门，他走进一间狭小、昏暗的小屋，发现里面坐着一个人，头发乱蓬蓬的，面目阴郁而又谄媚，手上拈着一支长长的鹅毛笔，即便在远处人们也可以一眼看出他是个天生的小说家，虽然他以前只不过是个政府的小职员，通过在《立宪党人》上读巴尔扎克学习写作。他是《蜗居》的真正的作者，一位小说家。"[①] 在第二共和国期间，国会试图制止专栏文章的扩散，对每一期连载小说都课以一生丁的税。过了不久，这一规定便被撤销，反动的出版法限制言论自由，从而使专栏的吸引力进一步提高。

专栏的巨大市场给撰稿人提供了巨额的报酬，并帮助这些作家赢得了名声。很自然，一个人会利用自己的名声开拓财源；而政治生活的大门便也朝他打开了。这导致了腐败的新形式，它比滥用作家姓名还要普遍。一旦作家的政治野心被唤起，政府自然要告诉他们正确的道路。1846 年，殖民大臣萨尔旺蒂邀请大仲马由政府出钱到突尼斯旅行——花费总计一万法郎——为殖民地作宣传。不过考察并不成功，花了大笔的钱，国民议会只询问了一下便不了了之。欧仁·苏的运气好些，借助《巴黎的秘密》的成功，他不但使《立宪党人》的订户由三千六百增至两万，还在 1850 年以十三万张巴黎工人的选票当选为议员。不过无产阶级选民并没有得到什么；马克思把这次选举称为对于一个势在必得的席位的"感伤主义的注释"。

---

① 保罗·索尔尼耶：《小说总论及现代小说家的个别论述》，载《波希米亚人》第 1 卷，3 页，1855。

如果文学能为一个为它所宠爱的作家打开政治生活的通路，那么作为回报，这种政治生活便会被用于对他作品的吹捧。拉马丁就是一个例子。

拉马丁的决定性的成功，即《沉思集》（Méditations）和《谐和集》（Harmonies），要追溯到法国农民还能够通过自己的劳动从自己的土地上收获果实的时代，在一首致阿尔封斯·卡尔的质朴的诗里，诗人把他的创造性同种葡萄酿酒的人等同起来：

> 每一个骄傲的人都能卖出他的甘甜！
> 我卖我的葡萄酒——如你卖你的鲜花，
> 多么幸福，当我践踏脚下的葡萄，看着仙液
> 琥珀一般的溪流灌入酒桶
> 为主人酿造，啜饮他的品质
> 大笔的黄金换来大笔的自由。①

在这些句子里，拉马丁赞美其乡村的丰饶，夸耀其产品在市场上给他带来的收入，如果人们不仅把它理解为道德观，更把它视为一种阶级感的表述——小土地所有者的阶级感，那么这些句子是很能说明问题的。这是拉马丁诗歌史的一部分。在 18 世纪 40 年代，小土地所有者的境况变得糟糕起来。他债台高筑；他的那小片土地"已不是躺在所谓的祖国中，而是存放在抵押账簿上了"。这意味着田园乐观主义的没落和那种以拉马丁的诗歌为代表的理想化的自然观的没落。"可是，如果说刚刚出现的小块土地由于它和社会相协调，由于它处在依赖自然力的地位并且对保护它的最高权力采取顺从态度，因而自然是相信宗教的，那么，债台高筑而和社会及政权脱离并且被迫越出自己的有限范围的小块土地自然要变成反宗教了。苍天是刚才获得的小块土地的不坏的附加物，何况它还创造着天气；可是，一到有人硬要把苍天当作小块土地的代替品的时候，它就成了一种嘲弄。"拉马丁的诗在那片天空上形成了乌云。正如圣·伯甫在 1830 年写道："安德烈·舍耐尔的诗不妨说是拉马丁所铺展开的天空下的一幅风景画。"② 而当 1848 年法国农民选举波拿巴当总统

---

① 阿尔封斯·德·拉马丁：《致阿尔封斯·卡尔的信》，参见《诗全集》，1506 页，巴黎，1963。

② 圣·伯甫：《德洛尔美的生活、诗与思想》，170 页，巴黎，1863。

时，这片天空便崩溃了，永远不复存在了。① 圣·伯甫道出了拉马丁在革命中的角色："他或许从未想到他注定要成为奥尔弗斯神，用他金色的弓带领并缓解了那种对原始的侵略。"波德莱尔干脆把他叫作"一个妓女，一个婊子"。

对于这个光辉形象的颇成问题的一面，波德莱尔看得比谁都清楚。这可能是由于事实上他常常感到那光辉触及到他自身。博尔歇相信波德莱尔很少有机会让出版商接受他的稿子。欧内斯特·雷诺写道："波德莱尔必须对不道德的行为作好准备。他要对付的是一帮考虑到写作老手、业余作家和初出茅庐的新手的虚荣心的出版商。只有当一笔订金进账，他们才会接受稿子。"② 波德莱尔自己的全部活动与这种状况是协调一致的。他把一篇稿子同时投给好几家报纸，不加说明便允许重印。从一开始，他对文学市场就不抱任何幻想。在 1848 年他写道："无论一幢房子多漂亮，在有人详细地说出它的美之前，首先不过是多少米高多少米长。同样，文学尽管由最高深莫测的东西构成，首先却是填格子；而一个名声不足以保证其利益的文学建筑师必须不论人家出什么价都卖。"在文学市场上，波德莱尔最终也只占了一个很糟的位置。他的全部作品不过为他挣了一万五千法郎。

圣·伯甫的私人秘书儒尔·特鲁巴特这样写道："巴尔扎克毁于咖啡，缪塞被艾酒灌得阴郁消沉……黑格尔同波德莱尔一样死在疗养院。这些作家没有一个成为社会主义者。"③ 对于最后一句话，波德莱尔当之无愧。但这并不意味着他对文人的真实处境缺乏洞见。他经常把某种人，首先是他自己，比作娼妓。"为钱而干的缪斯"（La Muse Vénale）说出了这一点。伟大的导言诗"致读者"描绘了诗人用自由换来冷酷的现金的令人难以恭维的地位。一首未收入《恶之花》的早期作品是写给街头行人的。下面是第二段。

> 为一双鞋她卖掉了灵魂
> 但在卑鄙者身旁，我扮出
> 伪善的小丑般的高傲，老天爷耻笑

---

① 当时俄国驻巴黎大使的报告表明，事情就是像马克思在《法兰西阶级斗争》中所描述的那样发生的，1849 年 4 月 6 日拉马丁曾向大使保证他将在首都集结军队——这便是资产阶级日后企图用来对付 4 月 16 日工人示威的办法。

② 欧内斯特·雷诺：《夏尔·波德莱尔》，319 页，巴黎，1922。

③ 欧仁·克雷佩：《夏尔·波德莱尔》，196 页以下，巴黎，1906。

为当作家我贩卖我的思想。

　　这第二段"cette bohème——là，c'est mon tout"（放荡不羁，这便是我的一切）漠然地把这类人归到波希米亚弟兄中间。波德莱尔明白文人的真实处境：他们像游手好闲之徒一样逛进市场，似乎只为四处瞧瞧，实际上却是想找一个买主。

（张旭东　魏文生 译）

赖希

赖希（Wilhelm Reich，1897—1957），精神病学者，"弗洛伊德马克思主义"的创始人，"性革命"的理论奠基人。1897年出生在奥地利加利西亚的一个农场主家庭，1918年进入维也纳大学医学系学习，1922年获医学博士学位，1927年加入了奥地利共产党，并建立了"社会主义性卫生和性学研究会"。从此，他以共产党员和精神分析学家的双重身份从事活动，力图把社会主义政治和精神分析疗法结合在一起。1930年，他只身来到德国，并在柏林加入了德国共产党，同时自封为工人运动的"性顾问"，在德国工人运动内开展性—政治运动。与在实际工作中把社会主义政治与精神分析疗法结合在一起相对应，在理论上他试图把马克思主义与弗洛伊德主义结合在一起，并相继写了不少著作。但是，他的这些活动和著作却遭到德国共产党和精神分析学会的共同反对。结果，继 1933 年被德国共产党开除出党后，又被德国精神分析学会和国际精神分析学会开除会籍。他 1934 年离开德国后，几经流浪，于 1939 年迁居美国，1956 年被美国政府以不服从禁令为由判刑，几个月后死于狱中。

他的理论以 1934 年为界，可以分为前后两个时期。前期理论的主要特点是，"综合"弗洛伊德主义和马克思主义，提出"弗洛伊德马克思主义"的思想体系，构成这一思想理论体系的是"性高潮"、"性格结构"、"性革命"理论，这三者又称为"性—经济"理论。他认为自己的三位一体的"性—经济"理论是用马克思的唯物主义理论来阻止弗洛伊德主义向"纯心理学"方向发展。他提出了不同于弗洛伊德的人格理论的"性格结构三层次"理论，他认为人的性格结构分为三个层次，即"社会合作层"（表层）、"反社会层"（中间层）和"生物核心层"（深层），并认为这些层次都是社会的积淀物，是社会条件逐步影响的结果，特别是性压抑的结果。他还提出消灭家庭，建立"性—经济"道德等性革命措施。后期理论主要是对"倭格昂"（orgone）这种生命能的阐述。他认为他对生命能的发现，可以称为科学上的一大奇迹，他认为他所发现的"倭格昂"与柏格森所说的生命之源类似，并把柏格森奉为生命理论的先驱。他认为"生命能"只不过是"原子能"的原始的自然形式，提出要用它来重新解释基督教教义，甚至提出要把"生命能"用来作为核辐射的消毒剂。他的主要著作有：《辩证唯物主义与精神分析》（1929）、《性成熟、节欲、婚姻道德》（1930）、《青年人的性斗争》（1932）、《法西斯主义群众心理学》（1933）、《文化斗争中的性行为》（英译本为《性革命》，1936）等著作。

《法西斯主义群众心理学》是赖希把其性格结构理论、性革命理论运用于研究具体社会现象——法西斯主义的结果。在本书所节选的第一章《作为一种物质力量的意识形态》中，赖希运用自己的"性格结构"理论和

"诞生于把弗洛伊德的深层心理学同马克思的经济理论结合起来的努力之中"的"性—经济"理论对法西斯主义的群众心理和意识形态作了系统而深入的分析。认为"法西斯主义"仅仅是普通人的性格结构的有组织的政治表现，每一个人在性格结构上都具有法西斯主义的情感和思想因素。他还通过对一种意识形态如何作为一种物质力量对革命的发生的作用的分析，阐明了法西斯主义群众的心理问题，认为法西斯主义作为一个政治运动，不同于其他反动党派的地方在于它是由人民群众产生和拥护的，也即是说，它有着广泛的群众基础。

《性革命》可以说是赖希最重要、最有影响力的一部著作，"性革命"、"弗洛伊德主义的马克思主义"等概念均出于此。本书选取的是赖希于 1936 年和 1945 年为该书所写的两个序言。许多研究者指出，该书最重要的也就是赖希所写的几篇序言，因为在其中非常精练地概括了所谓"弗洛伊德主义的马克思主义"的思想体系以及"性革命"理论体系的主要内容。

作为一种物质力量的意识形态[①]

一、断裂

  在希特勒之前，德国自由运动是由卡尔·马克思的经济和社会理论激发起来的。因此，了解德国法西斯主义必须从了解马克思主义开始。

  在国家社会主义党[②]在德国掌握权力后的几个月里，甚至那些一再证明自己具有革命坚定性和献身精神的人，也开始对马克思关于社会过程的基本观点的正确性表示怀疑了。这些怀疑的产生是由于一个无可辩驳的但一开始就不可理解的事实：法西斯主义，这个无论其目标和性质都在政治上和经济上反动的极端代表，已经成了

西万学者卷·赖希

---

① 选自《法西斯主义群众心理学》，重庆，重庆出版社，1990。
② 全称"德国国家社会主义工人党"，简称"纳粹党"。——译注

一个国际现实，而且在许多国家已经明显不容置疑地压倒了社会主义革命运动。这一现实正是在高度工业化的国家里得到了最强烈的表现，从而加剧了这一问题。在世界各个地区，民族主义的兴起抵消了工人运动在现代历史阶段上的失败，而按马克思主义的说法，正是在这个阶段上"资本主义生产方式在经济上已经成熟到了要爆炸的程度"。除此之外，人们对第一次世界大战爆发时工人国际的失败和1918～1923年间俄国之外革命起义的遭到镇压有着根深蒂固的记忆。一句话，这些怀疑是由严峻的事实产生的怀疑；如果它们被证明是正确的，那么，马克思主义的基本思想就是虚假的，假若人们仍然想达到工人运动的目标的话，工人运动就需要从根本上重新定向。然而，如果这些怀疑被证明是不正确的，马克思的基本社会学概念是正确的，那么，就不仅需要广泛而彻底地分析工人运动连续失败的原因，而且尤其需要充分说明未曾预料到的法西斯主义群众运动。只有这样，才能形成一种新的革命实践。

除非能说明这样或那样的理由，否则这种情况就不可能改变。显而易见，不论是求助工人阶级的"革命阶级意识"，还是求助库埃的做法——隐瞒失败并用幻想掩盖重要的事实——当时时髦的做法，都不能达到这一目的。人们不能津津乐道于工人运动还在"前进"，这里或那里还在抵抗，还在号召罢工。决定性的东西不是正在进步，而是与政治反动势力的国际性增强和进展相比，进步的速度如何。

年轻的劳动民主的性经济运动引起了人们对彻底澄清这一问题的兴起，这不仅因为它是总的社会自由斗争的一部分，而且主要因为它要达到的目标同自然的劳动民主的政治和经济目标不可分割地联系在一起。为此理由，我们试图说明，特殊的性经济问题是怎样同与工人运动的前景有关的一般社会问题交织在一起的。

在德国1930年前后的一些会议上，出现了一些聪明的、直率的、但有民族主义和神秘倾向的革命者——例如，奥托·斯特拉瑟——他们这样来指责马克思主义者："你们马克思主义者喜欢引用马克思的理论来辩护。马克思认为理论只能由实践来证实，而你们的马克思主义已经证明是一种失败，你们总是拐弯抹角地解释工人国际的失败。'社会民主党的缺陷'是你们对1914年失败的解释；你们靠指出他们'背信弃义的政治'和他们的幻想来说明1918年的失败。而且你们又用现成的'解释'来说明，在目前的世界危机中群众正转向右翼，而不是转向左翼。但你们的解释掩盖不了你们失败的事实！80年过去了，哪里有社会革命理论的具体证明？你们的根本错误在于，你们反对或嘲笑灵魂和精神，你们不理解哪种东西推动每一事物。"这就是他们的论据，马克思主义的拥护者对此没作任何回答。人们越来越清楚地看到，这些马克思主义者的政治群众宣传，唯一热中于讨论在危机时期的客观的社会经济过程（资本主义生产方式、经济无政府状态等等），求助的只是少数已经站在左派前线的人。渲染物质需要和饥饿是不够的，因为每一个政党都在这方面大做文章，甚至包括教会，致使国家社会主义党人的神秘主义最终战胜了社会主义的经济理论，而且是在经济危机和灾难最恶化之时。因此，人们不得不承认，在这种宣传中，在这种一般的社会主义观中有一种明显的疏漏，而且这种疏漏是它的"政治错误"的根源。这是马克思对政治现实的理解上的错误，然而对它的纠正的一切前提又包含在辩证唯物主义的方法中。这些方法根本没有得到使用。从一开始就可以简单明了地说，在马克思主义者的政治实践中，他们没有考虑到群众的性格结构和神秘主义的社会效果。

那些从事而且实际上卷入1917～1933年革命左派的马克思主义行动中的人，不得不注意到，这种行动限于客观经济过程和政府政治的领域，它既不注意也不理解所谓的历史的"主观因素"，即群众的意识形态的发展和矛盾。尤其是，革命左派未能生动地运用自己的辩证唯物主义方法，保持自己的生命力，并从新的角度用这种方法来理解每一新的社会现实。

可以用辩证唯物主义来理解新的历史现实，但辩证唯物主义的这种用处没有得到发扬。法西斯主义是马克思和恩格斯都不熟悉的一种现实，列宁也只是刚刚看到它的初始形式。反动的现实观闭眼无视法西斯主义的矛盾和实际条件。反动的政治自动地利用了那些反对进步的社会力量；它之所以能够成功，仅仅是因为科学忽视了发掘那些肯定具有战胜反动力量的必然性的革命力量。正如我们下面将看到的那样，倒退的社会力量和非常旺盛的进步的社会力量，都出自中下层阶级的造反中，正是这些中下层阶级后来构成了法西斯主义的群众基础。这个矛盾被忽略了。的确，在希特勒掌握政权前的短暂时期，中下层阶级的这种作用是非常不明朗的。

当每一新过程中的矛盾被理解时，人类生存的每一领域里的革命活动也就自动产生了。它将构成同那些正按真正进步方向运动的力量的同一。在卡尔·马克思看来，"彻底的"意思是"穷根究底"。

如果人们究出了事物的根底，如果人们把握了它们的矛盾的作用，那么克服政治反动势力也就是稳操胜券的了。如果人们没有穷根究底，那么不管他们是否愿意，他们都会以机械主义、经济主义甚至形而上学而告终，不可避免地失去他们的立足点。因此，只有说明了社会现实的矛盾在哪里被忽略，批判才有意义，才有实践价值。马克思的革命性不在于他写了这一或那一声明，或者指出了革命的目标；他的主要革命贡献在于，他承认工业生产力是社会的进步力量，他按其同现实生活的联系来描绘资本主义经济的矛盾。工人运动的失败肯定意味着我们对那些阻碍社会进步的力量的认识是非常有限的，甚至对某些主要因素是完全无知的。

像许多伟大思想家的作品一样，在马克思主义政治家手中，马克思主义也蜕化成空洞的公式，失去了它科学的革命潜力。他们完全陷入日常政治斗争中，以致不能发展马克思和恩格斯传下来的至关重要的生命哲学的原理。为了证明这一点，人们只须把索尔兰德的"辩证唯物主义"著作或萨尔金德以及皮克的任何著作同马克思的《资本论》或恩格斯的《社会主义从空想到科学的发展》比较一下，就可以了。灵活的方法被归并为公式，科学的经验主义被归并为僵化的正统思想。而与此同时，马克思时代的"无产阶级"却已发展成庞大的产业工人阶级，中产阶级小店主成了工业和公共服务行业雇工的巨人。科学的马克思主义蜕化成"庸俗的马克思主义"。这是许多杰出的马克思主义政治家给那种把整个人类生活限定为就业和报酬率问题的经济主义所取的名称。

这种非常庸俗的马克思主义认为，1929～1933年的经济危机规模空前，必然会使受伤害的群众产生左派倾向的意识形态。尽管甚至在1933年1月失败之后仍然有关于德国"革命复兴"的谈论，但现实形势表明，那种指望能导致群众在意识形态上向左发展的经济危机，实际上已使整个人口中无产者阶层在意识形态上走向右的极端。结果是，向左发展的经济基础同向右发展的社会广大阶层的意识形态之间出现了断裂。这种断裂被忽略了，没有人打算探问一下为什么生活在绝对贫困中的广大群众会成为民族主义者。诸如"沙文主义"、"精神变态"、"凡尔赛和约的结果"之类的解释没有多大用处，因为我们用这类解释说明不了贫乏的中层阶级成为彻底的右翼分子的趋势；这类解释的确理解不了在这种趋势中起作用的过程。事实上，不但中层阶级向右转，而且广大的、情况并非一直最糟糕的无产阶级也向右转。人们未能看出，中层阶级由于俄国革命的成功而开始警惕，求助于新的看起来奇怪的预防措施（如罗斯福的"新政"）。这些措施当时未被理解，工人运动忽视了对它们的分析。人们也未能看出，在法西斯主义向群众运动发展的初期阶段，从一开始它就反对中上层阶级，因此，单就它是一个群众运动而言，就不能轻易地把它"仅仅当作大金融的堡垒"。

问题在哪里呢？

马克思主义的基本思想抓住了这样一个事实：劳动力被当作商品来剥削，资本集中在少数人手中，少数人必然使大多数劳动人民进一步贫困化。正是从这一过程出发，马克思揭示了"剥夺剥夺者"的必然性。根据这一思想，资本主义社会的生产方式容纳不下它的生产力。社会的生产和私人靠资本而占有产品之间的矛盾，只有通过生产方式与生产力的平衡才能解决。社会的生产必须由社会占有产品来配套。这种同化过程的第一个行动是社会革命。这就是马克思主义基本的经济学原理。所以说，只有当贫困的大多数人建立起"无产阶级专政"，作为大多数劳动者对少数现在被剥夺了生产资料的占有者的专政时，这种同化才能实现。

根据马克思的理论，社会革命的经济前提已经具备：资本集中在少数人手中，民族经济向世界经济的成长完全同民族国家的关税制度不一致；资本主义经济很难实现它的生产能力的一半，它的基本无政府状态是无可怀疑的。高度工业化国家的绝大多数人过着悲惨的生活；欧洲有五千万人失业；上亿的工人勉强糊口，几乎一无所有。但是剥夺剥夺者的目标未能实现，与所期望的恰恰相反，在"社会主义和野蛮状态"的十字路口上，它走向的是社会最初经历的野蛮状态。因为国际法西斯主义的增强和工人运动的落后使得只能这样。那些仍希望从这场意料之中的第二次世界大战（这场战争当时已是现实）中爆发革命的人——也就是说，那些指望群众手中的枪口会转向国内敌人的人——没有跟得上战争新技术的发展。我们完全有理由设想，在下一次战争中武装广大群众是完全不可能的。根据这一设想，战斗将针对的是大工业中心的非武装的工人，而且将是由可靠的精选出来的战争技术人员来进行的。因此，重新确定人们思维和人们评价的方向，是一种新革命实践的先决条件。第二次世界大战就是对这些期望的一个证明。

二、1928～1933 年德国社会的经济结构和意识形态结构

如果合理地考虑，人们会期望经济上不幸的工人群众对他们的社会状况产生强烈意识；人们会进一步期望这种意识稳固起来，成为使他们摆脱社会悲惨命运的一种决定因素。一句话，人们会期望社会上不幸的劳动者起来向奴役他们的陈规陋习造反，并且宣告："毕竟，我认真负责地干了社会工作。社会的福祸取决于我和像我一样的人。我本人对应做的工作尽到了责任。"在这种情况下，工人的思想（"意识"）就和他们的社会状况是一致的。马克思主义者把这叫作"阶级意识"。我们想把这叫作"对自己技艺的意识"或"对自己的社会责任的意识"。劳动群众的社会状况和他们对这种状况的意识之间的断裂，意味着劳动群众不是去改善他们的社会地位，而是使之恶化。正是不幸的群众，帮助政治上极端反动的法西斯主义者掌了权。

这个问题关系到这些作为一种历史因素的群众的意识形态作用和情感态度，是意识形态对经济基础的反作用的问题。如果广大群众物质上的不幸状况没有导致社会革命，如果客观地考虑，危机却产生了反对革命的意识形态，那么，在危机年代群众意识形态的发展就阻碍了"生产力的繁华"，用马克思主义的概念来说，阻碍了"革命地解决垄断资本主义的生产力和它的生产方式之间的矛盾"。

德国各阶级的构成可表述如下。这种表述引自库尼克《确定德国人口的社会构成之尝试》，《国际》1928 年；伦兹编《无产阶级政策》，国际工人出版社 1931 年。

	有收入者（千）	包括家庭成员（百万）
产业工人*	21789	40.7
城市中层阶级	6157	10.7
中层和下层阶级农民	6598	9.0
资产阶级（包括财产占有者和大农场主）	718	2.0
人口（包括妻子儿女）	35262	总计 62.4

* 马克思所说的"无产阶级"。

城市中层阶级的分布	（千）
小商人的低级阶层（家庭工业、佃农、一个人	
经营的商店、不足三个人经营的商店）	1196
有三个以上雇工的小商店	1403
白领工人和职员	1763
教职人员和学生	431
有小笔独立财产者和小私有者	644
	总计 5437

工人阶级的分布	（千）
工业、商业贸易方面的工人	11826
农业工人	2607
家庭工人	138
佣人	1326
领取社会救济金者	1717
低级白领工人（每月收入在 250 马克以下）	2775
低级职员（和领取养老金者）	1400
	总计 21789

农村中层阶级	（千）
小农场主和佃农（有 5 公顷以下土地）	2366
中等农场主（土地在 5～50 公顷之间）	4232
	总计 6598

这些数字来自 1925 年德国人口普查。

有必要指出，这些数字表示的分布是唯一按照社会经济地位统计的，而意识形态的分布则与此不同。因此，从社会经济上看，1925 年的德国共有：

	有收入者	包括家庭成员
工 人	21789000	40700000
中层阶级	12755000	19700000

而对意识形态结构的大致估计则显示出以下分布：

工业、商业贸易等方面的工人和农业工人		14433000
中下层阶级		20111000
家庭工人（个体生产）	138	
佣人	1326	
社会救济金领取者	1717	
低级白领工人（在像柏林的"北星公司"		
那样的大企业中雇用的）	2775	

低级职员（例如，税务审计员、

邮局雇工）　　　　　　　　1400

　　　　　　　　　　　　　7356（经济"无产阶级"）

城市中层阶级　　　　　　　6157

农村中层阶级　　　　　　　6598

　　　　　　　总计 20111

不管有多少中层阶级雇员投票支持左翼政党，不管有多少工人投票支持右翼政党，令人吃惊的是，我们得出的意识形态分布的数字大致符合 1932 年的选票数：共产党人和社会民主党人总共获得 1200 万到 1300 万张选票，而德国纳粹党和德国民族党人获得 1900 万到 2000 万张选票。因此，就现实政治而言，决定性的不是经济分布，而是意识形态分布。一句话，中下层阶级的政治重要性比以前估计的更大。

在 1929～1932 年德国经济急剧衰退期间，德国国家社会主义工人党的选票从 1928 年的 80 万张跃到 1930 年秋的 640 万张、1932 年夏的 1300 万张和 1933 年 1 月的 1700 万张。根据贾格的计算（《希特勒》，《红色建设》1930 年 8 月），1930 年国家社会主义党总共获得的 640 万张选票中工人投的票几乎占了 300 万张。在这 300 万张选票中，有 60％～70％是雇员投的，30％～40％是产业工人投的。

就我所知，卡尔·拉德克早在 1930 年纳粹第一次高涨后就明白无误地理解了这一社会学过程的疑难方面。他写道："在政治斗争的历史上，没有任何东西与此相类似，特别是在这样一个牢固确立了政治分化，每一个新的政党都不得不为旧的政党坚持的立场而战斗的国家。最有特色的莫过于，不论是在资产阶级文献中还是在社会主义文献中都根本没有提到过这个在德国政治生活中居第二位的党。这个党没有历史，它突然出现在德国政治生活中，就像一个海岛借助火山喷发力量而突然出现在海洋中一样。"（《德国选举》，《红色建设》1930 年 8 月）我们现在不怀疑这个海岛有了历史，并且遵循着一种内在的逻辑。

马克思主义面临一个选择：要么"落入野蛮状态"，要么"上升为社会主义"。根据以往的所有经验来看，这是一个由被统治阶级的意识形态结构决定的选择。要么这种结构与经济状况相一致，要么它与经济状况不相一致，举例来说，要么如我们在亚洲多数社会中所看到的那样，消极地忍受剥削，要么像今天的德国这样，经济状况与意识形态相断裂。

因此，根本问题在于：什么东西造成了这种断裂，或者说，什么东西妨碍经济地位与群众的心理结构相一致？总之，这是一个理解群众心理结构的性质及其同它由之而来的经济基础的关系的问题。

为了理解这一点，我们首先必须完全摆脱庸俗的马克思主义观念，这些观念只会禁闭认识法西斯主义的道路。从本质上看，这些观念可表述如下。

庸俗马克思主义，根据它的一个公式，完全把经济存在同整个社会存在割裂开来，认为人的"意识形态"和"意识"唯一直接由人的经济存在来决定。因此，它造成了经济与意识形态之间、"结构"与"上层建筑"之间的机械对立；它使意识形态刻板地、片面地依赖于经济，看不到经济发展对于意识形态发展的依赖性。正是因为这个原因，所谓"意识形态的反作用"问题对它来说是不存在的。尽管庸俗马克思主义像列宁所理解的那样，也在谈论"主观因素的落后"，但它实际上并不这样做，因为它以前把意识形态当作经济状况的产物的观点太僵化了。它没有从意识形态中寻找经济的矛盾，它没有把意识形态当作一种社会力量。

事实上，它极力不去理解意识形态的结构和动态；它把这作为"心理学"而丢弃一边。认为心理学不是"马克思主义的"；它把主观因素的操纵，所谓历史中的"心理生活"，留给了政治上反动的形而上学唯心主义，留给了非犹太人和罗森贝格人，这些人使"心灵"和"灵魂"唯一对历史的进步担负起责任，并奇怪地以这种论点获得了巨大的成功。对社会学这一方面的忽视，正是马克思亲自批判过的 18 世纪唯物主义的东西。对庸俗的马克思主义者来说，心理学是十足的形而上学体系，他根本不想对反动的心理学的形而上学特点与心理学的基本因素之间作出任何区分，而后者实际上是由革命的心理学研究提供的，我们的任务是要发展它们。庸俗的马克思主义者不想提出建设性的批评，而是简单地否定，觉得自己把"动力"、"需要"或"内在过程"这些事实当作"唯心主义的"来反对，自己就是"唯物主义者"了。结果，他陷入严重的困难中，遭到一个又一个的失败，因为他仍然不得不在政治实践上使用实际的心理学，不得不谈论"群众的需要"、"革命意识"、"罢工意志"等等。庸俗的马克思主义者越是极力否定心理学，他越是发现自己在实行形而上学的重心理主义，以及更坏的乏味的库埃主义。例如，他极力用"希特勒的精神变态"来解释历史状况，或安慰群众，劝说他们不要失去对马克思主义的信仰。无论如何，他都要断言，正在取得进展，革命定会成功，等等。他最终堕落到这样的程度，在给人民注入幻想的勇气时，实际上却说不出有关局势根本的东西，不理解所发生的事情。政治反动势力并没有迷失方向，找不到摆脱困境的道路；尖锐的经济危机既能导致社会自由，也能造成野蛮状态，这些事实对他来说无异于一部天书。他不想从社会现实中来引出自己的思想和行动，而是使现实符合自己的意愿，以此来在想象中改变现实。

我们的政治心理学考察的不过是这种"历史的主观因素"既定时代人的性格结构及其形成的社会意识形态结构。不同于反动的心理学和重心理主义的经济学，这种政治心理学并不企图通过抛出关于社会过程的"心理学观念"来对马克思主义社会学称王称霸，而是给马克思主义社会学以正当权益，如存在产生意识的观点。

马克思主义的这个观点的大意是，从起源上说，"物质的东西"（存在）转化成"意识形态的东西"（在意识中），而不是相反。这个观点留下了两个悬而未决的问题：（1）这是如何发生的，在这个过程中人的头脑发生了什么情况；（2）以这种方式形成的"意识"（从现在起我们把它当作心理结构）如何反作用于经济过程。性格分析的心理学由于揭示了由存在条件决定的人的心理生活的这一过程，从而填补了这个空白。这样一来，它也就正确说明了"主观因素"，这是庸俗的马克思主义者未能理解的。因此，政治心理学具有一种明确规定的任务。例如，它不能解释阶级社会或资本主义生产方式的起源（每当它企图这样做时，结果总是反动的胡说——例如，资本主义是人的贪婪的症状）。然而，正是政治心理学——不是政治经济学——可以考察在一个既定时代人的性格结构，考察他如何思考和行动，他存在的矛盾是如何产生的，他如何努力对付这种存在，等等。可以肯定，它只考察个体男女。然而，如果它专门考察一类人、阶级、职业集团等共有的典型的心理过程，并排除个体差异，它也就成了群众心理学。

这个观点直接来自马克思。"我们开始要谈的前提并不是任意想出的，它们不是教条，而是一些只有在想象中才能加以抛开的现实的前提。这是一些现实的个人，是他们的活动和他们的物质生活条件，包括他们得到的现成的和由他们自己的活动所创造出来的物质生活条件。"（《德意志意识形态》）"人本身是他自己的物质生产的基础，也是他进行的各种生产的基础。因此，所有对人这个生产主体发生影响的情况，都会在或大或小的程度上改变人的各种职能和活动，从而也会改变人作为物质财富、商品的创造者所执行的各种职能和活动。在这个意义上，确实可以证明，所有人的关系和职能，不管它们以什么形式或在什么地方表现出来，都会影响物质生产，并对物质生产发生或多或少是决定的作用。"（《剩余价值理论》）因此，我们现在谈论的不是什么新东西，我们不是在修正马克思，正如通常所认为的那样，"所有人的关系"不仅指作为劳动过程一部分的条件，而且也指人的本能和思想的最隐秘、最切身和最高的表现，即妇女、青少年和儿童的性生活，社会学对这些关系的考察水平及其在新的社会问题上的应用。希特勒正是以某一种这样的"人的关系"，造成了一种不应被嘲笑为不存在的历史局面。马克思未能提出性社会学，因为当时还没有性学。因此，现在出现了一个把纯经济的关系和性经济的关系结合进社会学框架中，并摧毁神秘主义者和形而上学者在这个领域里的霸权的问题。

当一种"意识形态对经济过程有一种反作用"时，这意味着它一定成了一种物质力量。当一种意识形态成为一种物质力量时，只要它能够吸引群众，我们就应该进一步探究：这是如何发生的？一种意识形态因素如何能产生一种物质的结果，也就是说，一种理论如何能产生一种革命效果？对这个问题的回答，也应该是对反动的群众心理问题的回答；换句话说，它应该解释"希特勒的心理变态"。

每一种社会形态的意识形态不仅具有反映这个社会的经济过程的作用，而且更重要地，还具有把这个经济过程深植于作为社会之基础的人民的心理结构中的功能。人以两种方式屈从于他存在的条件：直接通过他的经济和社会地位的影响，间接依靠社会的意识形态结构。换句话说，相应于他的物质地位发挥的影响和社会的意识形态结构发挥的影响之间的矛盾，他的心理结构也不得不产生一种矛盾。例如，工人既屈服于自己的劳动境遇，也屈服于社会的一般意识形态。然而，不管属于什么阶级，既然人不仅是这些影响的对象，而且也在自己的活动中产生这些影响，那么人的思想和行动就一定像它们由之而来的社会一样是矛盾的。但是，只要一种社会意识形态改变了人的心理结构，那么，它就不仅在人身上再生自身，而且更重要地，还会成为人身上的一种积极力量、一种物质力量，而人则发生具体的变化，并因而以一种不同的矛盾的方式来行动。这样而且只有这样，社会意识形态对它由之而来的经济基础的反作用才是可能的。一旦把"反作用"理解成社会上能动的人的性格结构的作用，它也就失去了它表面的形而上学的和心理学的特点。这样一来，它也就成了对性格进行自然的社会考察的对象。因此，那种认为"意识形态"变化的速度慢于经济基础的变化的观点，有明确的说服力。与某种确定的历史状况相一致的性格结构的基本特性，是在童年形成的，而且比技术生产力保守得多。由此可以认为，随着时间的推移，心理结构落后于它们由之而来的社会条件的急剧变化，而且后来会同新的生活方式相冲突。这就是所谓的传统的性质，即旧的社会状况和新的社会状况之间的矛盾的基本特性。

三、群众心理学如何看待这个问题

我们现在开始认识到，群众的经济状况和意识形态状况之间不一定一致，的确，二者之间可能存在着相当大的裂隙。经济状况不是径直地、直接地转化为政治意识的。如果不是这样的话，那么很早以前就会有社会革命了。根据社会条件和社会意识的这种断裂情况，社会考察应该循着两条线索进行。尽管心理结构来自经济存在，但用来理解经济状况的方法一定不同于用来理解性格结构的方法：前者应在社会经济学上来理解，而后者应在生物心理学上来理解。让我们用一个简单的例子来说明这一点：当忍饥挨饿的工人由于工资被缩减而举行罢工时，他们的行动就是他们经济状况的直接结果。那些因饥饿而偷盗的人也属于这类情况。一个人因饥饿而偷盗，或工人因被剥削而罢工，这不需要任何进一步的心理学证明。在这两种情况下，意识形态和行动是同经济压力相符合的。经济状况和意识形态相一致。反动的心理学根据假定的非理性动机去解释偷盗和罢工；结果总是反动的合理化行为。社会心理学以一种完全不同的眼光来看待这一问题：应该解释的不是饥饿的人去偷盗或被剥削的人去罢工，而是为什么绝大多数饥饿的人不去偷盗，为什么绝大多数被剥削的人不去罢工。因此，社会经济学完全可以说明一种服务于一个合理目的的社会事实，即那种满足一个直接需要并反映和放大经济状况的社会事实。但是，如果一个人的思想和行动与经济状况不一致，也就是说，是非理性的，社会经济学的解释就很难成立了。庸俗的马克思主义者和那些头脑狭隘的不承认心理学的经济学家，面对这种矛盾束手无策。一个社会学家越是倾向于机械主义和经济主义，他就越不了解人的心理结构，他就越是在群众宣传的实践中求助于肤浅的重心理主义。他不是去探索和解决群众个体中的心理矛盾，而是求助于无聊的库埃主义，或者根据"群众精神变态"来解释民族主义运动。[①] 因此，探索群众心理的路子恰恰开始于直接的社会经济学解释无的放矢的地方。这是否意味着群众心理学和社会经济学服务的目的相交叉呢？否！因为群众的同直接的社会经济状况相矛盾的思想和行动，即非理性的思想和行动，本身就是以前的更早的社会经济状况的产物。人们靠所谓的传统去解释社会意识的压抑，但不曾去考察确定"传统"的是什么，它塑造了哪些心理因素。头脑狭隘的经济学家一直看不出，最根本的问题不是工人对社会责任的意识（这是不证自明的），而是禁锢这种责任意识的发展的东西。

忽视人民群众的性格结构，探索必将是徒劳的。例如，共产党人说，正是社会民主党人误入歧途的政策使得法西斯主义者掌权成为可能。实际上，这个解释等于什么也没有解释，因为社会民主党人的要害正是散布幻想。一句话，它没有产生一种新的行动方式。那种认为以法西斯主义为形式的政治反动势力"愚弄"、"腐蚀"并"催眠"了群众的观点，像别的解释一样是站不住脚的。只要法西斯主义存在，这就是而且仍将是法西斯主义的职能。这些解释之所以难以站住脚，乃因为它们指不出一条出路。经验告诉我们，这些解释不管怎样一再重复，都不能使群众信服。换句话说，光有社会经济的探索是不够的。探询一下那些不能而且不会辨认出法西斯主义职能的群众中正出现什么东西，难道不更有的放矢吗？说"工人应该相信……"或"我们不理解……"这无济于事。为什么工人不相信，为什么他们不理解呢？工人运动中的左派和右派之间翻来覆去地讨论的这些问题，也应该被看作是毫无结果的。右派认为，工人天生不想战斗；而左派反驳这种说法，断定工人是革命的，右派言论是对革命思想的背叛。这两种论断由于未能看到问题的复杂性，严格地说都是机械的。必须作出一种现实主义的估价，即普通工人本身具有一种矛盾，也就是说，他既不是截然革命的，也不是截然保守的，而是处在分化点上的。他的心理结构一方面来自社会状况（这为革命态度奠定了基础），另一方面来自权力主义社会的整个气氛——二者不相一致。

承认这种矛盾，并准确了解工人身上反动的东西和进步革命的

---

① 由于这种经济学家既不知道也不承认心理过程的存在，所以，"群众精神变态"一词对他来说并不意味着我们所说的意思，即具有重大历史意义的社会环境。在他看来，这是一种没有任何社会意义的东西。

东西如何互相抵消，这具有决定性的重要意义。自然，这也适用于中层阶级的人。他在危机中反抗"制度"，这很容易理解。然而，从社会经济的角度来看不容易理解的是，尽管他已经处于经济不幸的地步，他却害怕进步，并成为极其反动的。一句话，在他身上也存在着造反情绪同反动的目的及意图之间的矛盾。

例如，在我们分析作为一场战争的直接原因的特定经济和政治因素时，我们并没有对这场战争作出充分的社会学解释。换句话说，1914年前德国的并吞野心紧紧盯住布列依和隆依的矿山、比利时的工业中心，放在德国在近东的殖民地扩张上；或者说希特勒帝国的兴趣集中在巴库的油井、捷克斯洛伐克的工厂等等上面，这只是问题的一部分。可以肯定，德国帝国主义的经济利益是直接的决定性因素，但我们还应妥当考虑到世界大战的群众心理基础，我们应探寻群众的心理结构何以能吸收帝国主义的意识形态，把帝国主义的口号变成直接违背德国人民的和平的和不关心政治的态度的行动。仅仅把这归因于"第二国际领导人的过失"，是不够的。为什么无数具有热爱自由、反帝国主义倾向的工人群众允许自己被蒙蔽呢？害怕合乎良心的抵制所带来的后果，只能说明事情的一小部分。那些经历过1914年战争动员的人知道，劳动群众明显有各种各样的情绪。从少数人的自觉抵制，到相当广泛的人口阶层对命运的奇怪的屈从（或十足的冷淡），再到明显的军事热情，各种情绪都有。不仅在中层阶级中是这样，而且在大部分产业工人中也是这样。某些人的冷淡，像其他人的热情一样，无疑都是战争的群众结构基础的一部分。在两次世界大战中群众心理的这种功能，只能用性经济的观点来理解，即，帝国主义的意识形态具体地改变了劳动群众的结构，使之适应了帝国主义。说社会灾难是由"战争精神变态"或"群众的糊涂"引起的，纯粹是废话。这些解释什么也说明不了。此外，假定群众容易成为糊涂虫，这对群众的评价也太低了。问题的要害在于，每一社会制度都在它的群众成员中产生一种结构，它需要用这种结构来达到它的主要目的。没有群众的这种心理结构，就不可能有战争。社会的经济结构和作为社会成员的群众的心理结构之间有一种本质联系，这不仅意味着占统治地位的意识形态是统治阶级的意识形态，而且对于解决实际政治问题来说更重要的是，一个社会的经济结构的矛盾也深植在被奴役的群众的心理结构中。否则，一个社会的经济规律只有通过服从于这些规律的群众的活动才能成功地达到具体结果，便是不可思议的。

可以肯定，德国的自由运动了解所谓的"历史的主观因素"（同机械唯物主义相反，马克思把人当作历史的主体，列宁正是立足于马克思主义这一方面之上），所不了解的是非理性的、似乎无目的的行动，也就是说，不理解经济和意识形态之间的脱节。我们应该能解释神秘主义是如何战胜科学社会学的。只有当我们的探索路线能使我们的解释自发地产生一种新的行动方式时，这一任务才能完成。如果劳动者既不是截然反动的，也不是截然革命的，而是处在反动的倾向和革命的倾向的矛盾中的，如果我们成功地说明了这种矛盾，那么，结果一定是一种用革命力量抵消保守的心理力量的行动方式。每一种神秘主义都是反动的，而且反动的人都是神秘主义者。嘲笑神秘主义，或极力把神秘主义当作"糊涂"或"精神变态"而不加以注意，并不能产生反神秘主义的纲领。如果正确地理解了神秘主义，那么必然就会有解毒药。但为了完成这一任务，就必须用我们所有的认识手段来彻底理解社会状况和结构形态之间的关系，特别是理解按纯社会经济的依据未能解释的非理性的观念。

四、性压抑的社会功能

甚至列宁也注意到了群众在起义之前和起义过程中有一种特定的非理性行为。关于1905年的俄国士兵起义，他写道："士兵们对农民的事情充满着同情；只要一提起土地，他们的眼睛就会突然发亮。军队中的权力不止一次落到了士兵群众的手里，但是他们几乎没有坚决地利用这种权力；士兵们动摇了；过了几天，甚至过了几个小时，他们杀了某个可恨的军官，就把其余拘禁起来的军官释放了，同当局进行谈判，然后站着给人枪毙，躺下来给人鞭笞，重新套上枷锁。"（《论宗教》）任何神秘主义者都根据人的永恒的道德天性来解释这种行为，并认为这种道德天性禁止向神圣模式和"国家权威"及其代表造反。庸俗的马克思主义者完全无视这些现象，他既不能理解也不能解释它们，因为从纯经济观点出发是无法解释它们的。弗洛伊德的观点非常接近事情的真谛，因为它承认这种行为是幼年对父辈的犯罪感的结果。然而，它未能向我们说明这种行为的社会学根源和功能，因此拿不出实际的解决办法。它还忽略了这种行为同广大群众的性生活的压抑和扭曲之间的联系。

为了进一步说明我们考察群众的这些非理性的心理现象的方式，

有必要粗略地看一下性经济的探索路线，这个问题在别的地方还要详谈。

性经济是一个研究领域，很多年前由于机能主义在这一方面的应用从而从关于人类性生活的社会学中产生了它，它已经有了一些新的见解。它从下列前提出发：

马克思发现，社会生活是受经济生产的条件和这些条件在一个确定的历史时刻造成的阶级冲突所支配的。在对被压迫阶级的统治中，社会生产资料的占有者很少求助于野蛮力量；它的主要武器是它对于被压迫者的意识形态权力，因为国家机器的主要支柱正是这种意识形态。我们已经提到，在马克思看来，具有心理和生理性情的活生生的生产者，是历史和政治的第一个前提。能动的人的性格结构，即马克思意义上的所谓的"历史的主观因素"，却没有得到考察，因为马克思是一个社会学家，而不是心理学家，因为当时科学的心理学还不存在。为什么人允许自己被剥削，在道德上被凌辱，一句话，为什么人几千年来都屈服于奴役，并没有得到回答。马克思已确定的东西只是社会的经济过程和经济剥削的机制。

大约半个世纪后，弗洛伊德使用了一种他所说的精神分析学的方法，发现了支配心理生活的过程。他最重要的、对现存的许多观念具有压倒一切的革命影响（起初使他仇视世界）的发现如下：

意识只是心理生活的一小部分；它本身是由无意识地发生的因而不易自觉控制的心理过程支配的。每一种心理体验（不管看起来多么无意义），例如梦、无用的动作、心理疾病和精神错乱的模糊发音，都有一种功能和"意义"，如果人们能成功地追溯出它的病因，它完全是可以理解的。这样一来，曾经完全蜕化为一种大脑物理学（"大脑神话学"）或一种神秘的客观的格式塔理论的心理学，就进入了自然科学的领域。

弗洛伊德的第二个伟大发现是，甚至儿童也有一种活跃的性活动，这种性活动同生殖没有关系，也就是说，性与生殖、性的与生殖器的，不是同一回事。对心理过程的分析解剖进一步证明，性，或毋宁说它的能量，即里比多（身体的里比多），是心理生活的原动力。因此，生活的生物前提和社会条件在头脑里相重合。

第三个伟大发现是，儿童的性活动（父母与孩子关系中最关键的东西，即俄狄浦斯情结，是它的一部分）一般是由于害怕因性行为和性念头受惩罚而被压抑的（"害怕阉割"）；儿童的性活动受到禁止并从记忆中被根除掉。因而，尽管儿童时期的性压抑摆脱了意识的影响，但它并没有减弱性的力量。恰恰相反，压抑强化了它，并使它在头脑的各种病理失调中表现出来。由于在"文明人"中间很少有不符合这个规则的例外，所以弗洛伊德说他把所有人都当作自己的病人。

与此相关的第四个重要发现是，人的道德准则根本没有神圣的起源，而是来自幼年时期父母或父母代理人使用的教育措施。归根到底，这些反对儿童性活动的教育措施是最有影响力的。最初在儿童的欲望和父母对这些欲望的压制之间出现的冲突，后来成了个人身上本能和道德之间的冲突。在成人身上，那些本身无意识的道德准则，不利于理解性和无意识的心理生活的规律；它支持性压抑（"性阻力"），并要求广泛抵制对儿童时期性活动的"揭示"。

每一个这样的发现（我们只提到了对于我们的主题来说最重要的发现）都通过自身的存在而构成了对反动的道德哲学，特别是宗教形而上学的严重冲击，因为这两种东西都主张永恒的道德价值，认为世界处在一种客观的"力量"支配之下，除了把性限定在生殖功能上而外，还否认儿童时期的性活动。然而，这些发现未能发挥重大影响，因为立于其上的精神分析社会学阻碍了它们以进步的和革命的冲动方式所提出的大部分东西。在这里我们不便证明这一点。精神分析社会学试图像分析一个人那样来分析社会，把文明的进程和性满足绝对对立起来，把破坏的本能当作永远支配人类命运的首要的生物学事实，否认原始母权制时期的存在，由于回避自身发现的结果而最终成了一种跛脚的怀疑主义。它敌视根据这些发现而进行的努力，倒退了许多年，它的代表顽固地反对这些努力。但所有这一切丝毫动摇不了我们维护弗洛伊德的伟大发现，反对任何一种不管出自任何缘故的攻击的决心。

性经济社会学的探索路线依据的正是这些发现，这条路线并不是用弗洛伊德来补充、取代或调和马克思，或用马克思来补充、取代或调和弗洛伊德的典型尝试。在上面一段话中，我们提到在历史唯物主义中有一个领域，精神分析学应在这个领域起一种科学的作用，而这种作用是社会经济学不能够完成的，即理解意识形态的结构和动态，而不是理解它的历史基础。由于结合了精神分析学提供的见解，社会学能达到一个更高的标准，并能更好地支配现实；人类性格结构的性质将最终被把握。只有头脑狭隘的政治家才会指责性格分析的结构心理学不能够提出直接的实际建议。而且只有政治上喋喋不休的人才会执意谴责它被一种保守的生活观所扭曲。而真

西方学者卷·赖希

209

正的社会学家将承认精神分析学对儿童性活动的理解是一种非常有意义的革命行动。

自然而然，建立在马克思社会学基础和弗洛伊德心理学基础上的性经济社会学的科学，同时本质上是一种群众心理学的和性社会学的科学。它拒斥弗洛伊德的文明哲学①，它开始于精神分析学的诊断心理学探索路线终结的地方。

精神分析学揭示了性压制和性压抑的结果和机制及其在个人身上的病理后果。性经济社会学进一步探询：出于什么样的社会学原因，性被社会所压制，并被个人所压抑？教会说，是出于要从地狱中获得拯救之缘故；神秘的道德哲学说，这是人的永恒伦理道德的天性的直接结果；弗洛伊德的文明哲学认为，这是为了"文化"的利益。人们难免产生怀疑，禁不住要问儿童的手淫和成年人的性交怎么可能破坏煤气站的建立和飞机的制造。显而易见，要求压制和压抑性活动的并不是文化活动本身，而只是这种活动的目前形式，如果能消除儿童和成年人可怕的灾难，人们愿意牺牲这些形式。所以，这个问题与文化无关，而与社会制度有关。如果人们研究了性压制的历史和性压抑的病因，人们就会发现，不能把它们追溯到文化发展的开端，换句话说，压制和压抑不是文化发展的先决条件。只是到了相对较晚的时候，随着权威主义父权制的建立和阶级分化的产生，性压制才开始表现出来。正是在这个阶段，性兴趣普遍开始服务于少数人对物质利润的兴趣，在家长制婚姻和家庭中，这种状况采取了一种稳固的有组织的形式。随着性的限制和压制，人类感情的性质起了变化；一种性否定的宗教开始出现，并逐渐演变成它的性政治的组织，即有着自己和先驱者的教会，它的目的不过是根除人的性欲以及由此而来的哪怕一丝一毫的幸福。从现在盛行的剥削人类劳动力的角度看，所有这一切都有充分的理由。

为了理解性压制与人类剥削之间的关系，有必要考察一下使得父权制权威主义社会的经济情况和性经济情况交织在一起的社会基本制度。如果不把握这种制度，就不可能理解一个父权制社会的性经济和意识形态过程。对一切时代、一切国家和每一社会阶级的男男女女的精神分析表明：社会经济结构同社会的性结构和社会的结构再生产的交错，是一个人最初的四五年里在权威主义家庭中进行的。后来教会

---

① 尽管这种哲学是唯心主义的，但其中蕴含的关于现实生活的真理要比所有社会学和某些马克思主义社会学蕴含的真理之总和更多。

只是继续了这种作用。因此，权威主义国家从权威主义家庭中获得了巨大的利益：家庭成了塑造国家的结构和意识形态的工厂。

我们已经发现了使得权威主义体系的性利益和经济利益结合在一起的社会制度。现在我们应该探询一下这种结合是怎样发生的，怎样起作用的。不言而喻，只有当一个人完全意识到提出这个问题的必要性时，对反动的人（包括工人）的典型性格结构的分析才能有答案。对儿童自然的性活动的道德禁锢（其最后阶段严重损害儿童生殖器的性活动），使儿童感到害怕、羞愧、畏惧权威、顺从，以及权威主义意义上的"善良"和"驯良"。它对人的造反力量起了一种削弱作用，因为人们极为畏惧每一种至关紧要的生命冲动。既然性是一个被禁止谈论的话题，那么一般的思想和人的批判能力也成了被禁止的。简言之，道德的目的是产生逆来顺受的主体，这些主体不管多么悲伤和蒙耻都要适应权力主义秩序。因此，家庭是小型的权威主义国家，儿童必须学会适应家庭，以便为后来总的适应社会作好准备。人的权威主义结构——这应该是明确确定的——基本上是由于性禁锢和性畏惧嵌入性冲动的生命本质中而造成的。

如果我们考虑一下普通的保守工人的妻子的情况，我们也就容易理解了为什么性经济把家庭当作权威主义社会体系再生产的最重要源泉。在经济上，这种妻子像自由的劳动妇女一样是悲忧的，有着同样的经济状况，但她投票支持法西斯主义党；如果我们进一步弄清楚普通的自由的妇女的性意识形态同普通的保守的妇女的性意识形态之间的实际差别，那么我们就会认识到性结构的决定性重要性。保守的妇女有着反对性活动的道德禁锢，使得她意识不到自己的社会状况，这些道德禁锢使她害怕"性布尔什维克主义"，从而也使她稳固地听命于教会。从理论上说，有这样一种情况：那些机械地思考问题的庸俗马克思主义者假定，当经济上的痛苦又加上了性痛苦时，人会特别敏锐地辨别社会状况。如果这个假定是真实的，那么，大多数青少年和大多数妇女一定比大多数男子更喜欢造反。但现实显示了一幅完全不同的画面，经济学家完全不知道如何对付它。他发现不可理解的是，反动的妇女甚至对他的经济纲领不屑一顾。我们的解释是：对一个人首要的物质需要的压制所达到的结果不同于对一个人的性需要的压制所达到的结果。前者激励造反，而后者——就它使得性需要被压抑、不被意识到，并作为一种道德防卫而固定下来而言——则阻止向这两种压制进行造反。的确，这种对造反的禁锢本身是无意识的。在普通的非政治的人的意识中，甚至找不到它的痕迹。

结果造成保守主义、畏惧自由，一言以蔽之曰，反动的思维。

依靠这个过程，不仅性压制加强了政治反动势力，并使群众个体成为消极的和非政治的，而且它还在人的性格结构中产生了第二种力量——一种积极支持权威主义秩序的人为兴趣。如果由于性压抑的过程，性不能得到自然的满足，那么性就要寻求各种各样的替代式的满足。例如，自然的攻击性被扭曲成野蛮的虐待狂，这种虐待狂构成了由一些人煽动的帝国主义战争的一部分群众心理基础。再举一例，从群众心理学的观点来看，军国主义的效果基本上是建立在一种里比多机制上的。同我们博学的政治家相比，实际上一个售货女郎或一个普通的秘书更能理解一套军服的性效果、有节奏的正步走的刺激性欲的效果、军事程序的表现癖的性质。然而，政治上的反动势力却故意利用这些性兴趣。它不仅为男人设计了华丽的制服，而且还把征募新兵的事情交给有魅力的妇女来干。在结束本章时，我们不妨只提一下好战的政权征募新兵的招贴画，上面写着："到外国旅行去——参加皇家海军吧！"而且用外国女郎的形象来描绘外国。为什么这些招贴画有效力呢？因为我们的青年已由于性压制而开始在性生活上挨饿。

禁锢自由意志的性道德，以及那些顺从权威主义兴趣的力量，从被压抑的性活动中获得了它们的能量。我们对"意识形态对经济基础的反作用"过程的一个本质部分有了更好的理解：性禁锢大大改变了在经济上受压迫的人的性格结构，以致他的行动、感情和思想都违背了他的物质利益。

因此，群众心理学能使我们具体说明并解释列宁的观察。1905年的士兵在他们的长官身上不自觉地感知到了他们童年时的父亲形象（凝固为上帝的概念），这些父亲否定了性活动，扼杀了生活的乐趣，但人们既不能也不想杀掉他们。士兵的悔悟及其在夺取权力后的犹豫不决，是其对立面的表现，即转化成怜悯的仇恨，怜悯是不可能变成行动的。

因此，群众心理学的实践问题是唤醒那些总是帮助政治反动势力取得胜利的消极的大多数人，并清除那些阻碍从社会经济状况产生的自由意志发展的禁锢。一旦摆脱了各种束缚并纳入自由运动的合理目标的渠道，普通人民群众的心理能量就能在足球赛上激发起来，笑谈廉价的音乐喜剧就不再会被阻止。

（张峰 译）

性革命[①]

一、第二版（1936）序言

1935 年 10 月，三百名最有名的精神病学家向世界的良心发出了呼唤。那时，意大利向埃塞俄比亚发起了第一次进攻，包括妇女、老人和儿童在内的数千名毫无防备的人在这次进攻中被杀害。人们开始认识到，如果出现另一次世界大战，将有多少人会死于战祸之中。

像意大利这样一个有着成百万受饥挨饿的人的国家竟会如此热情地、没有遭到任何反抗地听从战争的呼唤，尽管除了一些例外情况，未出人们的预料之外，但还是不可思议的。它增强了这样一种总的印象：整个世界都允许自己受那些精神病学家称之为心灵紊乱

① 选自《二十世纪哲学经典文本·西方马克思主义卷》，上海，复旦大学出版社，1999。

西方学者卷·赖希

的人统治，特别是——世界各地的人确实都患有情感病；他们的情感反应是变态的，是与他们自己的愿望和真实的能力相矛盾的。情感上的变态反应的症状有：在充裕之中挨饿，尽管有可以利用的煤源、建筑机器和数百万平方的可供建筑的空地，却受冻挨淋；相信长着长白胡子的神圣的力量能指导万物而人完全受这种力量的支配；兴高采烈地去伤害那些未曾伤害过任何人的人并相信有必要去征服某一个前所未闻的国家；衣衫褴褛，到处乱跑并认为某个人体现了他所属的那个民族的"精华"；期望无阶级社会同时又把存在着奸商的"人类共同体"看作就是这样一种社会；忘却一个国家元首在上任前的许诺；普遍地赋予个人，即使是政治家，以支配其生活和命运的权利；闭眼不看这样的事实——即使所谓的国家领袖和经济巨头也得像普通人一样吃饭睡觉，拉屎排尿，也具有性冲动，也受无法控制的情感所支配；把从属于"文化"的对儿童的体罚视为当然；禁止生活旺盛期的青年有性拥抱之快乐……这可以无限地列举下去。

从本来是非世俗的、被认为是非政治性的科学的观点来看，精神病学家的呼吁具有一种官方的政治色彩。但这种色彩是不完全的。它尚未触及到它正确地加以描述了的现象之根。精神病学家并不从当代人普遍的情感疾病的本性出发。他们并未去探究群众为了一小撮政治家的利益而极其心甘情愿地去牺牲自己的根本原因。他们没有注意到在需要的真实满足与同宗教狂热者的狂喜状态有关的民族主义狂热中的虚幻满足之间的区别。他们并不试图理解何以群众在经济生产力大大提高以至本可引向一种理性的有计划经济的情况下，仍甘心于饥饿和贫困。问题不是政治家的心理学而是群众的心理学。

现代的政治家是金融界巨头或独裁者的朋友、兄弟、堂表兄妹或岳父。大量有思考能力的人，不管是否受到教育和熏陶，并没有看到这一点并作出相应的反应，这个事实本身就是一个问题。这是一个不能通过对个人的精神诊断的考查来解决的问题。情感疾病、显示性的混乱思维、屈从、情感奴役、自我伤害、对领神的坚信不疑等等，所有这些都表现了刻板、单调的生活（特别是性生活）中的一种紊乱，而这种刻板、单调的生活是生活的机械化所固有的。

心灵疾病的奇怪症状仅仅是那些想通过祈祷逃避战争的群众的神秘和轻信态度的极端表现罢了。具有收容千分之四的人的能力的全世界的精神病院，并不比政治机构对性生活的调整予以更多的重视。正统的科学至今尚未涉及性欲问题。然而变态的情感反应渊源于对未满足的性能量的病理学引导，这一点是再也不容置疑的了。

因此当我们提出有关对人的性生活的社会调整问题时，我们就触及到了情感疾病的本质。

性能是在心灵中决定人的感情与思维的性格的生物能。"性欲"（从生理学上说，即是副交感功能）本身就是创发性的生命能。它的压抑不仅导致身心紊乱，而且也导致表现在最无目的的行动、神秘主义、好战等等中的社会功能的总失调。因此性政治学的出发点必须是：人的爱情生活为什么受到压抑？

让我们简述一下性机制是如何把情感生活同社会经济秩序联系起来的。人的需要是由社会形成、改变的，特别是由社会压抑的。这个过程确立了人的心理结构，这种结构并不是天生的，相反它是在每个社会成员中，在永无止境的需要与社会的斗争过程中发展的。冲动的结构并不是先天的，而是在生活的开端中获得的。"天生的"是有机体中一定数量的生物能。性压抑产生从属的人，他同时表现出奴隶般的顺从和反抗。我们要使人"自由"，因此，我们不仅必须认识现代人是如何被构造的，而且还必须懂得自由人是如何被构造的和用来创造自由人的力量是什么。

由于情感功能的核心是性功能，政治（实用）心理学的核心就是性政治学。这在几乎是唯一能满足性要求的文学和电影中是显而易见的。

生物学的需求——饮食和性快乐——创造了建立人的社会共同体的必要性。由共同体创造的生产条件改变了这些基本需要（但不会毁灭它们），也创造了新的需求。改变了的和新形成的需求转而又进一步决定了生产及其手段（工具和机器）和与此有关的人与人之间的社会经济关系的发展。某些关于生活、道德和哲学等等的思想就是以这些生产条件为基础而形成的。它们一般是与在特定时期的技术水平即理解和支配生活的能力相适应的。由此创造的社会意识形态形成了人的结构并被转变成一种物质的力量，作为"传统"保存在这个结构中。因此全部问题都取决于是整个社会还是一小部分人参与社会意识形态的形成。如果一小部分人掌握政权，那么他们也决定了一般意识形态的类型和内容，从而决定了人的结构的形成。因此，在一个独裁主义的社会中，大多数人的思想都是与统治者的经济和政治兴趣一致的。相反，在没有少数人的权利利益的民主社会中，社会意识形态是与社会所有成员的切身利益相符的。

迄今为止，社会意识形态一直被仅看作是在人的头脑中形成的关于经济过程的思想的总和。但自德国最严重的危机中政治反抗取得胜利并体验到了群众的非理性行为以后，意识形态不再被看作纯粹是对经济条件的反映。一旦某种意识形态掌握并塑造了人的结构，它就变成一种物质的、社会的力量。任何具有历史意义的社会经济过程都扎根于群众的心灵结构并确立于群众的行为模式中。不存在生产力本身的发展，而只有人的结构及其以社会经济过程为基础的感情和思维的发展与阻抑。经济过程即机器的发展，在功能上是与创造、推进、阻止这个过程并受这个过程影响的人的心灵构造过程等同的。没有一种能动的驱力结构的经济学是不可思议的；相反，任何一种人的感情、思维和行动也都是以经济为基础和后果的。两种观点的片面性乃是心理主义（认为只有人的情感力量创造历史）和经济主义（认为只有技术创造历史）的基础。人不应当泛泛地谈论辩证法，而应当理解人群、自然和机器之间活生生的相互关系。它们一方面作为整体发挥作用，而另一方面，又相互制约。因此，如果我们不理解心理结构的核心就是性结构，而文化过程本质上就是一个有助于维护生命的性需要的过程的话，我们决不能成功地把握当今的文化过程。

必须联系独裁主义社会问题来全面研究和掌握人的谦卑的、不幸的、所谓"非政治的"性生活。事实上，高级的政治学并不产生于外交宴席上，而是产生于日常生活中。因此，人的所谓个人生活的政治化已是刻不容缓了。如果这个地球上的18亿人理解成百个外交家的活动，那就万事大吉了。没有任何基于军事利益和紧迫原则的对社会的调节和对人口的需要的满足的安排。但这18亿人只要未曾意识到他们自己谦卑的、个人的生活，那就不能控制他们的命运。阻碍这一点的内在力量被称为性伦理主义和宗教神秘主义。

最近二百年的经济秩序极大地改变了人的结构。但是这种文化，较之自然生活，特别是性生活几千年前开始受到压抑时即已存在的无处不在的人的贫困，实在是微不足道的。为了创造，一方面是害怕权威、奴役和无限谦卑，另一方面是虐待狂残忍的群众心理基础，花了成千年的时间去压抑本能生活。正是在此基础上，资本主义的利润经济能够保持连续二百年的繁荣。但我们不应当忘记，几千年前引起人的结构变化的乃是社会经济过程。因此，我们关心的不再是二百年的机器时代，而是六千年的人的结构，这种结构迄今尚不能使我们有益地使用机器。不管对资本主义经济规律的发现是多么辉煌，多么具有革命意义，它本身尚不能解决人类奴役和自我征服问题。尽管到处有人，包括被压迫阶级的成员，在为"面包和自由"

而战，然而绝大多数群众却在被动地忍受或者向天祷告，或者为他们的压迫者争取自由。这些群众忍受着难于置信的痛苦，这是他们自己也每日每时经历到的。有人愿意只给他们面包，而不给他们以生活的任何欢乐，这又进一步加强了他们的谦卑感。事实上，群众尚未具体地理解自由是或可能是或将是什么。生活的一般幸福的可能性尚未形象地展现在他们面前。一旦有人试图告诉他们这些东西，以便把他们争取到自己一边，那么他们得到的便是讨厌的、可怕的、有罪的快乐，这是可以在腓力斯人的下等酒馆或夜总会的下流场所可以得到的快乐。生活幸福的核心是性欲的幸福。执掌政权的人没有一个敢触及这个问题。人们总的看法过去和现在一样，都认为性欲是一件私人的事情，与政治无关。但政治的反抗有更正确的解释。

我的《性成熟、节欲、婚姻道德》①一书的法文译者将弗洛伊德的马克思主义与正统的马克思主义作了比较，认为心理分析思想的特殊模式改变了马克思主义的原则。"在他（赖希）看来，性危机主要并不产生于走下坡路的资本主义道德和状况与新的社会关系和新的无产阶级道德之间的冲突。它产生于自然的、永恒的性需要与资本主义的社会秩序之间的矛盾。"这种说法总是有启发性的、有益的，并且必然地使我原来的思想更突出、更丰富。

在这里，批判家把阶级区分与需要和社会之间的差别相对照。诚然，所有这些差别同出一源，因而不应当被看作纯粹的反题。客观地，并从阶级的观点来说，可以正确地认为性危机表现了资本主义的衰落和革命力量的上升之间的冲突，但仍可以同样正确地认为，它反映了性需求与机械化社会之间的矛盾。如何调和这两种观点？很简单，批评家们不能找到其答案，只是因为他们不了解社会过程的主观方面和客观方面，虽然这本来是自明的。客观地说，性危机是阶级分化的现象。但主观地说怎么样呢？一种新的无产阶级道德是什么意思呢？资产阶级的道德是与性欲相对立的，就是说，它创造了矛盾并导致了痛苦。革命运动消除这种矛盾的方法是从意识形态上保证性满足，然后才通过法律和对性生活的新的调节予以加强。因此，资本主义与性压抑同革命道德与性满足一样是不可分离的。谈论一种"新的革命道德"是没有意义的。这种新的道德不是从哪些性领域中的东西，而只是从对需求的一般满足中，获得其具体内容。革命的意识形态如果没有认识到，那些性领域中的东西和其他

① 法译本书名为《性危机》，巴黎，1934。

东西一样是它的实在内容，那么它就只是在谈论一种新道德，而实际上还在墨守成规。苏联意识形态与现实之间的矛盾就充分说明了这一点。新的道德就是要使道德调整变为多余并建立社会生活的自我调节。在偷窃或在反对偷窃的道德律中可以找到一个明显的例子：并不挨饿的人不必偷窃因而也无须用道德法典来阻止他偷窃。这同一个基本规律也可适用于性：过着满意的性生活的人无须强奸因而也不需要任何反对强奸的道德律。性生活的"性机制调节"代替独裁的调节。由于性法律的混乱，共产主义试图保持资产阶级道德的形式而同时又改变它的内容，因此在苏联产生了一种"新道德"以取代旧的。这是错误的。正如列宁所说，国家不能只改变其形式，而必须彻底砸烂，同样，强制性的道德也不能只是改变而必须砸烂。

前述批评家的第二个错误在于，相信我们假定了一种与现代社会相冲突的绝对的性欲。例如，心理分析的一个基本错误是把冲动看作是绝对的生物因素。但这不根植于非常辩证的心理分析的核心，而根植于心理分析学家的通常用形而上学命题补充的机械论思想。冲动并不绝对，它会出现、变化并消失。但生物变化的时间间隔是如此之广，而社会过程的时间间隔却是如此之窄，以致使我们有一个印象，以为前者是绝对的事件，而后者则是相对的、流逝的事件。倘若研究时间上极其有限的特殊社会过程，只要确定那种在既定的生物冲动和社会秩序理解、处理这种冲动的方式之间的矛盾就足够了。但这对于那些以世纪计的性欲过程的生物规律，则是绝对不够的。在此，必须明确说明本能机体的相对性和可变化。如果我们把个人的生命过程看作是每一个社会事件的首要条件，那么只要假定生命及其基本需求的存在就足够了。但生命本身并不是绝对的。它一代一代出现并消失，同时它可以基因的形式保持不变，代代相传。从宇宙时考虑，一切生命都产生于无机界，并且同星星既升起又陨落一样，也会消失即回归于无机状态。这是辩证思维的一个必要假定。也许这种观点最适于把人类幻觉及其"精神的"、"超越的"使命的微不足道与毫无意义，同人的生命与一般自然的压倒一切的吸引力相比较。这一点也可被解释为，社会斗争较之人和社会只是其一部分，对宇宙过程来说是不足挂齿的。人们可能会说，当星星在宇宙中运行，并且一个人可以更好地享受自然而生活时，人们却为了"消除失业"或为了支持希特勒这样的人而相互残杀，组织起民族主义的敢死队，这是多么可笑。如果说这样一种解释可能有错误，那是因为它完全是一种反对政治反抗而主张工作民主①的自然科学观。但实际上，政治反抗确实徒劳地试图把无限的宇宙和人对自然的感情嵌入一种无限小的性禁欲主义和爱国主义的自我牺牲观念中。另一方面，工作民主则试图把无足轻重的个人与整个社会一起结合进巨大的自然过程中，并消除由自然在社会中不完善的发展——六千年的剥削、神秘主义和性压抑——造成的矛盾，虽然这种发展曾经是必要的。总之，它支持性欲，而反对非自然的性道德，它支持国际的计划经济，而反对剥削和民族界限。

纳粹意识形态包含了一种合理内核，它给反抗运动提供了推动力。然而国家社会主义的实践却保留了一切与这一反抗运动的基本倾向即社会、自然和技术的统一相反的社会力量。它保留了阶级划分，而这是不能由对人民的统一的任何幻想所消除的。它保留了生产资料的私有制，而这是不能由任何对"共同体理想"的说明所能抹去的。纳粹意识形态神秘地表达了潜存在于革命运动中的东西，即一个无产阶级的社会和一种进入自然过程中的生活，作为其合理的内核。然而革命运动虽然尚未完全意识到它的意识形态内容，却完全清楚实现其理性哲学——在全球实现幸福——的社会经济前提。

我在本书中概述的对现行性生活条件和概念的批判来自我在几年医疗实践中获得的性机制观点。第一部分（强制性性道德的崩溃）是大约六年前发表的，当时题为《性成熟、节欲和婚姻道德》。尽管在某些地方有所扩充，但基本保持原样。现在补充了第二部分（苏联争取"新生活"的斗争），它基于我十年研究中所获得的材料。我描述了性革命在苏联的延误，这将表明我何以在我最初的性政治著作中不时地提及苏联。在最近三四年中，这个国家发生了重大变化，许多东西不再能与先前的正确思潮保持一致了。社会秩序中向集权主义原则的总的回归伴随以苏联性革命成就的侵蚀。

本书并不妄想考察所有有关的问题，更不用说想解决它们了。本来这里还可以批评一下现行的心理疾病理论，并对宗教作一概述。但不可能。问题是无穷尽的。如果这样，本书也要无边无际了。我的《法西斯主义的大众心理学》一书讨论了法西斯主义的性政治学和作为家长制性—政治组织的教会。本书既不是一部性学教科书，也不是一部当代性危机史。作者只想通过典型的例子表明今日性生

---

① 工作民主的功能在于促使在人与人之间建立起自然的、内在的、合理的工作关系。工作民主这一概念描述了这种关系的客观的现实（不是意识形态），尽管这种现实经常遭到现存的制度和不合理的政治意识形态的歪曲，它依然是所有社会成就的基础。

活中的矛盾。在此阐述的性机制观点绝不是凭空想象的结果，没有几十年与青年的密切接触，没有在我治病工作中不断地证实了的我对青年的经验，本书一个字我都写不出来。我这样说，是期望得到某种批评。由于激烈的争论是富于成效而且必不可免的，因此批评家除非亲自研究那些可以从中发现性学知识源泉的社会生活领域，就是说研究广大的、没有文化的或文化较差的、受苦的、上帝选定的民族领袖称之为"下人"的群众生活，否则便是枉费时间和精力。根据我在德国和奥地利的实际经历和我的临床实践，我冒昧地对苏联的性革命过程提出了一种看法，虽然没有对这个国家的性—政治状况有长期的亲身的了解。对苏联性状况的描述有这样那样的夸张，是完全可能的。我并不想宣布绝对真理而只是概述一下一般的倾向和矛盾。不用说，我考虑到本书在以后重印时可以作一些适当的更正。

我的一些好心的朋友警告我抛弃"危险的政治学"而全力倾注于自然科学研究。对他们，我乐于说，性机制，假如这个名词恰当的话，是直接引向理性革命的，既不偏右，也不偏左。身临大火的人难道还能悠闲地撰写关于蟋蟀颜色感觉的美学论文吗？

二、第三版（1945）序言

我的著作《文化斗争中的性行为》一书的第三版在此首次以英文问世。本书在题材上没有任何变化，但对术语作了许多必要的修正。

本书中的材料最早是在 1918～1935 年间以欧洲自由运动为背景加以收集的。这场运动抱有一种错觉，并以这种错觉为根据，认为独裁主义的意识形态等于"资产阶级"的生活过程，而自由则反映了"无产阶级"的生活过程。欧洲自由运动铸成了这一根本性的错误。过去 12 年的社会事件以血的事实驳斥了这个错误：独裁主义的和进步的意识形态与经济学的阶级划分无关。一个社会阶层的意识形态并不直接反映它的经济条件。人类大众的感情的和神秘的冲动在社会过程中至少起着与纯粹的经济利益同样大的作用。在所有国家的所有社会阶层中都有进步的思想和行动，同样也都有独裁主义性质的威胁。在性格结构上，存在着经济和社会的区别，但没有阶级的区别。正如理论社会学曾机械地假定的，这不是无产阶级和资产阶级之间的阶级斗争问题。相反，这是具有自由结构的工人与具有独裁主义结构的工人，与社会的寄生阶层作斗争；有着自由能力的上层社会阶级成员冒着生命的危险为所有工人的权利向从无产阶级营垒中上升起来的独裁者作斗争。我很遗憾地说，有着无产阶级革命传统的1944年的苏联，就性政治学而言，是反动的，而渊源于资产阶级革命的美国，在其性政治学方面，则至少必须说是进步的。19世纪完全按照经济学确定的社会概念不再适合于20世纪文化斗争中的意识形态的形成了。简而言之，今天的社会斗争是在那些想捍卫或肯定生活的力量与那些想毁灭和否定生活的力量之间展开的。今天主要的社会问题不再是："你是富人还是穷人？"而是："你是否支持并为确保人生最大可能的幸福而战斗？""你是否在尽你所能地使数百万劳动者独立思考、独立行动、独立生活，并在可见的将来实现社会生活的完全自我调节？"

很清楚，谈论上面具体地予以描述的这个基本的社会问题，必须把甚至是人类共同体中最穷的人也具有的那种生活功能亦考虑在内。在这方面，15年前我所指出的性压抑的意义起了巨大的作用。社会和个人的性——经济学已经确立了这样一个事实：对儿童和青年的爱情生活的压抑是产生被奴役的下属与经济上的奴隶的关键因素。所以，现在问题不再是一个人是否拿得出一张白的、黄的、黑的或红的党员卡以证明属于这个或那个思想教派。相反，它一点不差地是这样一个问题：一个人是否充分地肯定、支持或者捍卫新生儿、小孩、青年人、成年男女的自由的生命表现，或者说一个人是否压抑或毁灭这些表现，而不管所使用的是何种意识形态或托词，不管是为了这个还是那个国家，不管是无产阶级还是资产阶级，也不管是犹太教、基督教还是佛教。这是普遍真理，而且只要继续有生命，它将始终是这样的普遍真理。如果我们想永远消除对人类劳动阶级的有组织的欺诈，如果我们想在行动中证明，我们在严肃地采取民主的理想，那么我们就必须认识这一真理。

今天，对彻底改变性生活条件的必要性的认识已经渗透到了社会思想之中并很快地站稳了脚跟，对儿童的性欲的重视和关心也越来越普遍了。确实，对青年的爱情生活的社会支持还很缺乏，正统的科学仍不愿讨论以青春发动期间性问题为代表的棘手问题。但是认为青春期的交媾是一种自然的不言而喻的需要的看法似乎不再像我1929年初次讨论这个问题时那么骇人听闻了。性机制学在这么多国家获得成功，是由于许多良好的教育者和能够理解人的家长认为儿童和青年的性要求是完全自然的和合理的。尽管我们还有造成重大创伤的臭名昭著的中世纪的性法律和可怕的教养所，但关于儿童和青年爱情生活的理性思考已经留下了不可磨灭的足迹。

一个新的启蒙时期必须使自己面对强有力的中世纪非理性主义的残余势力。尽管还有人持遗传性退化论（hereditary degeneracy）和犯罪偏离说（criminal deviation），然而对犯罪和感情疾病的社会原因的认识到处都有突破。尽管还有不少医生提议应束缚婴儿的双手以免手淫，然而许多销量很大的日报时有反对这种规定的报道。尽管还有些年轻人因满足他们自然的爱的功能而被送到教养院，但还是有不少法官认识到这种法律和机构乃是社会的罪恶。尽管还有大量教会记录和说教谴责自然的性欲，视其为恶魔的杰作，但想当牧师的人中从事社会工作而抛弃传统道德的人数却在日益增加，甚至有些主教也主张生育控制，即使他们将此仅限于合法婚姻。尽管许多年轻人开始抱怨争取爱情幸福的斗争之艰辛，但一个父亲如果谴责自己的女儿没有结婚证书便生儿育女，还是会在电台中受到公众的责难。尽管还有对离婚者敲诈的强制性婚姻法，但人们对这种法律和离婚顺序越来越厌恶，并影响到整个共同体。

我们正经历着一场我们的文化存在的真正革命性的变革。在这场斗争中，没有游行，没有军人，没有奖章，不敲锣打鼓，不鸣放礼炮，但充当这种战争牺牲品的人却不会比1848年或1917年的内战少。人类对他的自然的生命功能的反应正从千年沉睡中苏醒过来。我们生活中的这场革命触及到了我们情感的、社会的和经济的存在之根本。

剧烈的变革主要发生在作为社会唯一致命的薄弱环节的家庭生活中。而这里的变革以一种混乱的状态出现。之所以呈混乱状态，是因为它们深深地动摇了渊源于古代家长制的独裁主义的家庭结构，并使之成为一种较好的、较自然的家庭组织。本书并不攻击自然的家庭关系，但反对由严格的法律、人的结构和非理性的公众意见所支持的独裁主义的家庭形式。苏联1917年社会革命后的情形正是这样，它表明这种变革具有情感的和社会的危险性。苏联想在20世纪20年代短时间内通过暴力解决的问题，今天正在整个世界范围得到解决，虽然速度慢些，但要深刻得多。当我谈及我们文化生活条件的革命性变革时，我主要指的是取消家长制的独裁主义的家庭形式，而代之以自然的家庭关系。但正是这种夫妻之间，父母与子女之间的自然关系面临着最危险的障碍。

"革命"一词在这部性—经济学著作中，与在其他同类著作中一样，并不是指使用暴力而是指使用真理；并不是指举行秘密集会，散发非法传单，而是指对人的良心的直接的、公开的警告，没有遁词，不绕圈子；并不是指政治犯罪、暗杀、签约和毁约，而是指"抓住事物本质的理性革命"。性机制学同医学中微生物和无意识情感生活的发现、物理学中力学规律和电的发现、经济学中生产力和劳动力的发现，具有相同的革命意义。性机制学之所以是革命的，是因为它揭示了人的性格结构的形成规律，是因为它不再使人对自由的渴望以口号为根据，而以功能性的生物学能量规律为基础。我们是革命的，就是说我们是从自然科学的观点，而不是从神秘主义、机械论、政治学的观点看待生活过程的。而活的有机体中起着生物能作用的宇宙的"倭格昂"能的发现，使我们的社会研究有了一个根植于自然科学的坚实基础。

我们时代的发展到处都在争取一种无条件的人类共同体和国际主义。政治家管理政府必将被代之以对社会过程的自然科学的调节。关键的是人类社会而不是国家。我们关心的是真理，而不是策略。自然科学面临的最大任务是要为扭曲了的人性的未来命运负责。政治学最终将成为一种带着不同目的的纯粹的政治讨论。自然科学家，不管自身是否喜欢，将不得不指导社会过程，而政治家也不能不学会做某些有益的事，而不管其是否愿意。本书的任务之一是帮助这种到处受到围攻的新的、理性的、科学的生活秩序突出重围，促使其不那么痛苦地、少付出一点代价地分娩脱胎和成长壮大，任何有教养的、对生活负责的人都不能，也不会误解或滥用这本书。

（陈学明 译）

阿多诺

特奥多尔·维森格伦特·阿多诺（Theoder Wiesen-grund Adorno，1903—1969），德国哲学家、社会学家、音乐理论家，法兰克福学派重要成员之一。

阿多诺生于法兰克福一个酒商的家庭。1921年他高中毕业，开始接触卢卡奇、布洛赫的著作，后进入法兰克福大学学习，主攻哲学、社会学、心理学和音乐理论。在一个关于胡塞尔的讨论班上，他结识了霍克海默。1924年，他完成了题为《胡塞尔现象学中物和思维的先验性》的博士论文。1925年，阿多诺到维也纳加入了以勋伯格为中心的作曲家圈子，他在那里学习音乐理论并且谱写了若干作品。他的"无调性"、非总体性的思维方式也开始形成。1927年，阿多诺重返法兰克福，后以一篇《克尔凯郭尔：美的构造》论文在法兰克福社会研究所获讲师席位。他还在《社会研究杂志》上发表了一系列文章，讨论音乐的社会作用、爵士乐等问题。随着纳粹在德国掌权，社会研究所辗转搬迁至纽约，阿多诺也辗转赴美。在美国期间，他的研究方向逐渐从音乐转到哲学和社会学问题上来，并且特别注重对法西斯主义的研究。1947年，他和霍克海默合著的《启蒙的辩证法》出版。1949年，阿多诺与研究所许多同仁一起返回德国，他参与了社会研究所的重建工作并且后来接替霍克海默担任所长。返德以后，阿多诺开始偏重比较个性化的社会、文化批判并写了较大数量的文学、艺术评论。1955年，他出版了在1940年自杀、对他思想有重要影响的好友本雅明的文集。在20世纪60年代德国社会学界关于社会学方法的大争论中，阿多诺坚持法兰克福学派社会学研究中批判性的立场，反对英美社会学的实证主义、经验主义。1963年，他当选为德国社会学协会主席。他最重要的著作《否定的辩证法》1966年出版。在60年末的学生造反运动中，阿多诺对现实的政治问题持一种超然态度，这与他在哲学、社会学、美学理论上的激进锋芒大异其趣。这也使得学生们攻击他脱离革命，背叛了社会批判理论。1969年4月，他甚至被学生哄下了讲台。此事导致阿多诺移居瑞士，不久以后去世。

阿多诺一生著作甚多，除了以上提到的几部以外，著名的还有：《新音乐的哲学》、《三棱镜：文化批判和社会》、《最低限度的道德》、《认识论的元批判：胡塞尔研究和现象学的矛盾》、《本真的行话》、《音乐社会学导论》、《社会批判论集》、《文学笔记》三卷（1966～1969）、《美学理论》等。此外，他还撰写了一批颇有影响的论文。

阿多诺的思想来源异常丰富，马克思主义、新黑格尔主义、现象学、弗洛伊德主义、先锋派艺术观念等都对他有重要影响。对马克思主义，阿多诺始终抓住的是其资本主义物化社会意识形态的批判精神。但在20世纪50年代以后，他开始淡化自己早年思想中较浓厚的马克思主义色彩。本书选取了阿多诺晚年最重要的著作《否定的辩证法》第二部分《否定的辩证法：概念和范畴》中的《客观性与物化》和第三部分《模式》第二章《世界精神与自然历史》中的部分内容。在所选的文字中，阿多诺一方面认为马克思也主张一种绝对否定，黑格尔辩证法的主要缺陷尚在于总是要夸大保存在否定之否定中的旧的要素。另一方面，他也把马克思和恩格斯称为"无神论的黑格尔主义者"，他们都曾拒绝怀疑一切总体性的不可避免性。阿多诺站在反对总体性的立场上，认为历史的决定作用只是一种形而上学的偶然性。值得注意的是，在追求否定性、非同一性的思想指导下，《否定的辩证法》采用一种散文式的结构，显得文风晦涩、形式混乱，这也体现了阿多诺对哲学体系的否定和破坏的精神。从选文中，我们也能管窥这种独特的风格。

客观性与物化^①

　　关于客体的优先地位的思想是任何自负的哲学都怀疑的。自费希特以来，对它的厌恶已被制度化。千般重复和变化的相反的主张试图淹没一种溃烂的怀疑，这就是他律可以比康德宣扬的自律更强有力，而康德认为自律不能被他律那种优越力量所征服。这种哲学的主观主义是资产阶级自我解放意识形态的伴随物，它为这种解放提供了根据。它的顽强活力来自对现状的一种方向错误的反对中，来自对现状的物性的反对中。哲学在把这种物性相对化或液化时，相信自己要凌驾于商品的优势之上，凌驾于这种优势的主观反思形式即物化意识之上。

　　在费希特那里，这种冲动就像普遍统治的渴望一样是显而易见的。这种冲动像世界的由一种习惯的非反思的意识所证明的自在存

①　选自《否定的辩证法》，重庆，重庆出版社，1993。

在一样，实质上是纯粹生造出来的和不宜维持的东西。就此而言，这种冲动是一种反意识形态的冲动。尽管客体有优先地位，但世界的物性还是现象。这种物性诱使主体把自身的生产的社会关系归于自在之物。这一点在马克思论拜物教的一节里已被阐明了，该节实际上是来自德国古典哲学遗产的一部分。甚至德国古典哲学体系的动机也幸存于这一节中：商品的拜物教特性并不归罪于主观上迷路的意识，而是客观地从社会的先验，即交换过程中演绎出来的。

马克思已经表达了作为批判产物的客体的优先地位同现存的客体的讽刺画、商品特性对客体的歪曲之间的差别。交换作为一个过程有现实的客观性，但同时在客观上又是不真实的，违犯了它自身的原则——平等的原则。这就是它为什么必然产生一种虚假意识，即市场偶像的原因。只是在讽刺的意义上，商品交换的社会的自然增长才是一种自然的规律，经济的先定统治不是不变的。思想家很容易宽慰自己，想象自己在消除物化、消除商品特性时拥有智者的宝石。但物化本身是虚假客观性的反映形式。以物化、意识的一种形式为中心的理论唯心主义地使批判理论成了统治的意识和集体无意识可接受的东西。由此，马克思的早期著作——与《资本论》相区别——主要在神学家那里被抬高到它目前的流行程度。

残忍而野蛮的官员在四十多年前因为卢卡奇的重要著作《历史和阶级意识》论物化的一章而诅骂卢卡奇是异端分子。他们的确感觉到了卢卡奇思想的唯心主义性质。这一事实不乏讥讽的意味。人们不能把辩证法还原为物化，犹如不能把它还原为任何别的孤立的范畴一样，不管这些范畴多么有争议。而且，在关于物化的挽词中，人类苦难的原因会被掩盖起来而不是受到指责。灾难在于一些注定使人类无能和冷漠的关系，但这些关系是可以被人类行动改变的。因此，灾难主要不在于人类和向人类显示这些关系的知识。与总的灾难的可能性相对照，物化是一种副现象，甚至和物化相结合的异化，即与之相应的主观意识状况也是如此。异化是从焦虑中再生出来的，意识——物化在已经构成的社会中——不是焦虑的组成部分。如果一个人把物性看作是彻底邪恶的，如果他想把一切存在的东西推动成纯粹的现实性，那么他就会敌视他者，敌视异化，就会倾向于非同一性——这种非同一性不单是意识的解救，也是和解的人类的解救。相反，绝对的动态将是粗暴地自我满足的绝对的行动，即把非同一性当作它纯粹的诱因来滥用的行动。

不消沉的和太人道的口号帮助主体实现了它和不是它同类东西的平等。物凝结成被征服的东西的碎片，挽救这东西则意味着对物的爱。我们不能从现存的辩证法中排除掉在意识中被体验为一种异己物的东西：否定的强制和他治以及对我们应爱的、而意识的族内婚符咒不允许我们去爱的东西形象的损坏。艾兴多夫的"漂亮的异己者"一词远远超出了自认为感觉到了人世悲哀、物化痛苦的浪漫派。和解的立场不会以哲学帝国主义来并吞异己物。相反，它的幸福将在于：异己物以它得到承认的近似性仍然是疏远的和不同的东西，既超然于他治，又超然于一个人自身。

对物化的无休止的指责反对这种辩证法，以此表现了历史哲学用来支持这种指责的结构。早期卢卡奇渴望重新到来的有意义的时代正如他后来证明它只是资产阶级的时代一样，也是物化、非人制度的产物。中世纪城镇在当代的再现一般看起来好像是在进行一种处决以取悦于大众。如果主体和客体的和谐都是从前盛行的，那么它就像一种最新的和谐一样，是由压力造成的和易碎的。对过去状况的美化服务于一种后来的多余的否定，这种否定被体验为无出路的；只有作为失去的东西，过去状况才成了有迷惑力的。对过去状况的崇拜，即对前主观阶段的崇拜在恐怖之中，在个体解体和集体退化的时代盛行起来。

随着自然科学的分娩，物化和物化的意识还得到了一个摆脱匮乏的世界的潜能。在此之前，人性是受非人化的物支配的[①]，至少它和意识的物化形式携手并进，同时对物又漠不关心，把物当作纯粹的手段并还原于主体，从而促成人性的撕裂。在物的领域里，客体的非同一性同人对支配性的生产关系与对人不能认识的自身的功能联系的屈从互相交融。成熟的马克思在他为数不多的对自由社会的评论中改变了他对物化原因、劳动分工的立场。他此时已把自由状态和天然的直接性区别开来了。他希望，计划要素将导致为生活而不是为利润而生产，因而本质上是直接性的恢复——在这种计划中，他保存了异己的事物；而在他关于实现哲学只是思考的东西的设计中，他起初保留的是中介。

没有固定物的因素辩证法就是不可能的，就会变成一种无害的变化学说。但这一事实既不能归因于哲学的习惯，也不能唯一归因

① 参见 W. 本雅明：《德国人：一封信的后果》，128 页，法兰克福，1962。

于意识对其有了坚实知识的社会强制。适合哲学的只是思考那些不同于思想然而又要使之成为思想的事物，尽管它们的恶魔企图使思想相信自身不应这样做。

（张峰　译）

世界精神与
自然历史

一、世界精神的建构

在这一方面辩证法也不是世界观的变种。它不是按照样品卡从别的东西中挑选出来的哲学立场。不仅对所谓的第一哲学的概念的批判推动了辩证法，而且辩证法也受到了来自下面的促进。只有强迫地按自身目光短浅的概念来裁剪的经验才把强调的概念当作一种独立的（尽管是中介的）要素排除在外。假如康德提出了反对黑格尔的理由，认为绝对唯心主义公然蔑视实际的东西，因而退缩进它当作反思哲学而攻击的那种实证主义中，那么今天应有的辩证法就会是相反的：不仅是谴责统治的意识，而且也是战胜统治的意识。这种意识是一种苏醒过来的实证主义，但这样一来也就否定了它自身。

哲学要求深入细节当中，这一要求不是被任何自上而下的哲学或被任何渗透于其中的意图所操纵的，它已经是黑格尔的一个方面。只不过在他那里，这一要求是以同义反复的方式来实施的：按照预先安排，黑格尔的那种深入细节产生了一种从一开始就被确定为总的和绝对的精神。与这种同义反复相反对的是本雅明这位形而上学家在《德国悲剧的起源》序言中提出来的拯救归纳推理的意图。本雅明写道：形象化现实最小的细胞都重于世界其余的一切。他的这句话已经证明了人们目前经验状态的自我意识，而且确实具有特殊的可靠性。因为它是在所谓的"重大的哲学问题"（变化了的辩证法概念要求人们怀疑这些问题）的领域之外形成的。

总体对于现象的第一性应到现象中去把握（现象被传统的所谓世界精神所统治），不应按照那种最广意义上的柏拉图主义的传统把它当作神圣的东西接收下来。世界精神既是又不是精神，毋宁说它是否定性。黑格尔把这种否定性从精神推卸给了那些必须服从精神的东西，而这些东西的失败加重了这样一个评价：它们和客观性之间的差别是不真实的和邪恶的差别。世界精神成了与个别行动相对比而独立的东西——从这些个别行动中，所谓的精神发展像社会的现实总运动一样也被综合出来。世界精神成了与这些行动的活生生的主体相对比而独立的东西。世界精神支配人们的头脑并穿透人们的头脑，因而从一开始就是对抗性的。"世界精神"这一反思概念对生活不感兴趣，尽管它表达其第一性的那种整体需要生活，犹如生活为了存在而需要整体一样。

马克思主义的"神秘化"一词在一种牢固的唯名论意义上所意指的正是这种实在化。但同样根据这种理论，那种被拆除的神秘化又不单是意识形态，它同样也是对整体的现实优先性的一种被曲解的意识。在思想上，这种被拆除的神秘化盗用了普遍性的深奥的和不可抗拒的优先性，即永久化的神话。甚至在那些把人类关系遮隐起来的他治关系中，哲学的实在化也有其经验的内容。世界精神概念中的不合理东西是从世界过程的不合理性借来的，但它仍然是一种拜物教的精神。不管怎样解释，直到今天，历史都缺乏总的主体。历史的基础是现实的个体主体的功能联系："历史什么事情也没有做，它'并不拥有任何无穷尽的丰富性'，它并'没有在任何战斗中作战'！创造这一切、拥有这一切并为这一切而斗争的，不是'历史'，而正是人，现实的、活生生的人。'历史'并不是把人当做达到自己目的的工具来利用的某种特殊的人格。历史不过是追求着自己目的的人的活动而已。"① 但历史被赋予了这些品格，因为社会的运动规律几千年来一直是从它的个体主体中抽象出来的，并把他们降低为社会财产和社会斗争中的纯粹执行者和纯粹参与者。这种降低是现实的，如同"没有个人及其自发性就没有一切"这一事实是现实的一样。马克思一再强调这个自相矛盾的方面，但在《资本论》中又不承认它的哲学上的结论："资本家只有作为人格化的资本，他才有历史的价值，才有……历史存在权。……资本家只是作为资本的人格化才受到尊敬。作为这样一种人，他同货币贮藏者一样，具有绝对的致富欲。但是，在货币贮藏者那里，这表现为个人的狂热，在资本家那里，这却表现为社会机构的作用，而资本家不过是这个社会机构中的一个主动轮罢了。此外，资本主义生产的发展，使投入工业企业的资本有不断增长的必要，而竞争使资本主义生产方式的内在规律作为外在的强制规律支配着每一个资本家。竞争迫使资本家不断扩大自己的资本来维持自己的资本，而他扩大资本只能靠累进的积累。"

二、对抗是偶然的吗

有必要思索一下：对抗性在人类社会起源中是作为一种人害人的原则、一般延长的自然史而遗传下来的，还是一种演化的 θέσει（存在），或者说，在对抗性已经产生的情况下，它是否来自类的生存的必然性而决非偶然地来自古代的任意的夺权行动。当然，这样一来，世界精神的构造也就土崩瓦解了。历史的普遍性、在总趋势的必然性中结成的事物的逻辑建立在某种偶然的东西之上，某种外在于它的东西之上，也就是它不需要成为的东西之上。不仅黑格尔，而且还有马克思和恩格斯——他们的唯心主义差不多只是表现在与总体性的关系上——都曾拒绝怀疑一切总体性的不可避免性。任何打算改变世界的人都免不了产生这种怀疑，但马克思和恩格斯挡开了这种对他们的体系而不是对统治制度的致命打击。

当然，马克思不信任一切人类学并谨慎地忍住不去把对抗性安置在人类天性，或他根据黄金时代的陈腐说法而描绘的原始时代中。但这只是使他更固执地坚持对抗的历史必然性。经济具有先于统治

---

① 《马克思恩格斯全集》第 2 卷，118～119 页，北京，人民出版社，1957。

的第一性，而统治又只能在经济上推导出来；争论很难用事实来调停，事实消失在原始历史的混沌中。然而，对原始历史的兴趣或许像一度对社会契约的兴趣一样都不是对历史事实的关心，就连霍布斯和洛克也很难把社会契约视为能真正得到贯彻的东西①，甚至对无神论的黑格尔主义者马克思和恩格斯来说，它也是一件把历史加以神化的事情。经济的第一性应该拿出历史的、令人信服的理由来说明为什么幸福的结局是历史内在固有的。我们得知，经济过程产生政治统治关系，而且，这种政治统治关系直到不可避免地要从经济的强制下解放出来之时才能被推翻。

然而，特别是在恩格斯那里，学说的不妥协恰恰是政治上的。他和马克思所欲望的革命是在整个社会中、在它的自我保护的基本阶层中的一种经济关系的革命，而不是作为社会政治形式上的、统治的、竞赛规则上的、变革的革命，其锋芒针对的是无政府主义者。当马克思和恩格斯决定把人类的原始史、也就是说人类的原罪在政治经济学——尽管这门与商品交换关系的总体性密切联系在一起的学科的概念是后来的事情——中译解出来时，支配着他们动机的是让革命立即到来的期待，他们想要第二天就发生革命。因此，他们的强烈兴趣在于破除那些使他们担心会像一次斯巴达克起义或像农民起义一样被粉碎的倾向。

出于实现乌托邦的缘故，马克思和恩格斯反对乌托邦。他们的革命意象给史前时代打上了印记。资本主义中经济矛盾压倒一切的分量似乎要求资本主义来源于自无法追忆的时代以来的历史的强者积累的客观性。马克思和恩格斯预见不到后来在革命的失败中（甚至在革命取得成功的地方）显而易见的事情：统治可以比计划经济（当然他们两人都不曾把计划经济和国家资本主义混同起来）活得更长久。马克思和恩格斯据之而表明对抗性（经济学同纯政治的对抗性）趋势的那种潜能已延长到了特定的经济阶段之外。由于在政治经济学批判的主要对象垮台之后统治仍固执地存活着，统治便帮助一种意识形态取得了廉价的胜利：这种意识形态将要么从所谓集中化之类的非异化的社会组织形式中，要么从现实过程中抽象出来的意识，即理性中推演出统治。也正是这种意识形态，要么以公开的赞同、要么以鳄鱼的眼泪预言：只要有组织的社会存在着，统治就

---

① 想象的社会契约之所以受到早期资产阶级思想家如此地欢迎，乃是因为它从根本上确定资产阶级合理性的商品交换关系是符合法律条文的先验性；同时，它又是想象的，如同资产阶级理性本身就处在不透明的现实社会中一样。

有无限的前途。

　　与这种意识形态相对立，仍然存在着对那种被神化为自在存在的政治的激烈批判，或对那种以其特殊性而膨胀起来的精神的激烈批判。然而，20世纪的事件所触及到的是作为一种可估计到的经济必然性的历史总体性观念。只有当事物的发展可以有所不同时，只有当总体性被看作一种社会必需的外观、看作从个人身上挤压出来的普遍性的实在化时，只有当总体性的绝对性要求被破除时，批判的社会意识才可以自由地认为总有一天事情会是不同的。只有当理论认识到必然性是实现了的外观，历史的决定作用是一种形而上学的偶然性时，理论才能卸掉历史必然性的巨大包袱。这种认识受到了历史形而上学的阻挠。与即将逼近的灾难更相一致的是，人们已猜测到一种不合理的灾难刚开始。今天受挫的另一种可能性已经浓缩成无论如何也要防止灾难的可能性。

三、"自然历史"

　　历史生活的客观性就是自然历史的客观性。与黑格尔相反，马克思了解这一点，而且恰恰是和那种在主体头上所实现的普遍相关联了解了这一点："一个社会即使探索到了本身运动的自然规律——本书的最终目的就是揭示现代社会的经济运动规律——它还是既不能跳过也不能用法令取消自然的发展阶段。……我决不用玫瑰色描绘资本家和地主的面貌。不过这里涉及的人，只是经济范畴的人格化，是一定的阶级关系和利益的承担者。我的观点是：社会经济形态的发展是一种自然历史过程。不管个人在主观上怎样超脱各种关系，他在社会意义上总是这些关系的产物。同其他任何观点比起来，我的观点是更不能要个人对这些关系负责的。"这里所说的肯定不是费尔巴哈的人类学的自然概念。针对那种自然概念，马克思在靠黑格尔左派而重新登台的黑格尔的意义上主张辩证的唯物主义。所谓的自然规律仅仅是资本主义社会的规律，因而马克思最终称它是"神秘化"。"可见，被神秘化为一种自然规律的资本主义积累规律，实际上不过表示资本主义积累的本性，绝不允许劳动剥削程度的任何降低或劳动价格的任何提高有可能严重地危及资本关系的不断再生产和它的规模不断扩大的再生产。在一种不是物质财富为工人的发展需要而存在，相反是工人为现有价值的增殖需要而存在的生产方式下，事情也不可能是别的样子。"

这种规律因其在统治性的生产关系下的不可避免性而成为自然的。意识形态不是作为一种可分开的层次而添加到社会存在上的，而是社会存在内在固有的。它依据于抽象，抽象具有商品交换过程的本质。如果不无视活生生的人，便不会有任何交换。这在现实的生活过程中意味着至今仍必需的社会假象。它的核心是作为自在之物的价值、作为"自然"的价值。资本主义社会的自然增长是现实的，同时也是这样的社会假象。关于自然规律的假定不应按字面来理解，至少不应在所谓"人"不断形成的设计的意义上被本体论化——这已为马克思主义理论的最强有力的动机所证实：废除这些规律。自由的王国一旦开始，这些规律也就不起作用了。

通过动员黑格尔调和的历史哲学，康德的自由王国和必然王国的区分便被转换成了阶段的顺序。只有像歪曲辩证唯物主义一样来歪曲马克思的动机的人——这种人延长了必然王国，声称它是自由王国——才会把马克思有争议的自然规律性概念从一种自然历史的构想虚假化为一种唯科学主义的不变性学说。然而，这并不能使马克思关于自然历史的论点失去任何真理内容，即它的批判内容。黑格尔用一种人格化的先验主体来应付，但这种主体已经缺少了主体。马克思不仅谴责黑格尔的美化，而且也谴责这种美化碰到的事实情况。人类的历史，即不断征服自然的历史正继续着自然的无意识的历史，即毁灭和被毁灭的历史。

具有讽刺意味的是，社会达尔文主义者称赞的东西、他们喜欢据之行事的东西对他来说是否定性的，其中产生着废除自身的可能性。《政治经济学批判（1857～1858年）草稿》中有一段话使得人们不怀疑马克思自然历史的观点本质上是批判的："这一运动的整体虽然表现为社会过程，这一过程的各个因素虽然产生于个人的自觉意志和特殊目的，然而过程的总体表现为一种自发的客观联系：这种联系尽管来自自觉个人的相互作用，但既不存在于他们的意识之中，作为总体也不受他们支配。"

这种社会的自然概念具有它自身的辩证法。如果社会的这种自然规律性被实在化为不变的自然既定性，那么它也就成了意识形态。但这种自然规律性作为无意识社会的运动规律是现实的，《资本论》在反精神的现象中从商品形式的分析到崩溃理论都探索了这一点。从一种基本的经济形式向另一种经济形式的变化类似于在几百万年当中生生灭灭的动物种类的变化。关于拜物教一节所说的"商品的神学的怪诞"嘲弄了一种虚假的意识，这类虚假意识反映了社会的交换价值关系缔结为自在之物的性质。但这些怪诞也是真实的，如同血腥的偶像崇拜的规矩一度是事实一样。因为基本的社会化形式（神秘化是其中之一）保持着它们对于人类的绝对至上性，仿佛它们是神的旨意。

理论一经掌握群众，也会成为现实的力量。这句话也适用于先于所有虚假意识的结构。这些结构至今仍然确信它的不合理的光环，即持续的禁忌和古代的魔法具有社会至上性。黑格尔闪现出这方面的一丝光线："绝对根本的是，尽管宪法是在时间中产生的，但不被视为一种产物。因为它是那种完全自在和自为的存在物，因而应被视为神圣的和不朽的并驾于被制定的东西之上。"

黑格尔因此把非存在的概念延伸到存在的相反概念的一度的定义。相反，"宪法"这一中介一切自然直接性的历史世界的名称把中介的领域——历史的领域——规定为自然。黑格尔的措辞依据的是孟德斯鸠对古代的、非历史的全部国家契约论的驳斥：公法的制度绝不是由主体的自觉的意志行为创造的。精神作为第二自然是对精神的否定；否定越是彻底，它的自我意识对它的自然增长来说就越是盲目。这就是黑格尔所碰到的情况。他的世界精神是自然历史的意识形态。他鉴于它的权力而把它叫作世界精神。统治被绝对化了并且投射到存在本身上，而存在被说成是精神；但历史，即对它一直的实际样子的阐明获得了非历史的性质。

在历史中，黑格尔站在了历史的不变要素一边，站在了过程的永远如一的同一性一边，这个过程的总体性被说成是福祉。可以非常直截了当地指责黑格尔把历史神话化了，他用"精神"和"和解"的词语来掩饰令人窒息的神话："天性上偶然的东西碰上了偶然事件，所以这种命运是必然性，如同哲学和概念想永远使纯偶然性的观点消失并在其中（如在现象中）认识到它的本质、必然性一样。有限的东西、财产和生命必然地被设定为偶然的，因为这是有限性的概念。这种必然性具有自然力的形式，一切有限的东西都是会灭亡和消失的。"西方的自然神话宣扬的正是这些东西。按照一种超出精神哲学之外的自动作用，黑格尔引用自然和自然力作为历史的模式。但它们在哲学中维持着自己，因为设定同一性的精神是和靠否认这种精神而起作用的盲目自然的魔法相等同的。黑格尔看到了这个深渊，感觉到世界历史的根本活动和国家事件是第二自然；但他以不合理的复杂性而炫耀的是第一自然。"法的土壤主要是精神的领域，法的更接近的地点和出发点是自由的意志，所以自由构成了它的实质和规定性，法律制度是实现了的自由的王国，是精神的世界从自身中作为一种第二自然产生出来的。"

但是，这种第二自然在卢卡奇的小说理论中第一次在哲学上重新产生出来，它依然是对任何可被视为第一的自然的否定。真正 θέσει（存在）的东西——如果不是靠自身，那么就是靠个人的功能联系产生的——盗用了那种把资产阶级意识标为自然和自然之物的徽章。对这种意识来说，任何东西都不再表现为外部的；在某种意义上，实际上不再有什么东西是外在的，不再有什么东西不受总的中介所影响。因此，约束的东西开始对自身来说表现为自身的他者——唯心主义的主要现象。社会化越是无情地控制人们的和人们之间的一切直接性要素，人们就越想不到这张网已经结成，而且它自然的外观就越是不可抵抗的。随着人类历史和自然之间的距离不断加大，这种外观便得以增强：自然成了对监禁的不可抗拒的比喻。

青年马克思以一种肯定使教条马克思主义者感到恼怒的极大激情表达了人类历史和自然这两种要素的难以解开的联系："我们仅仅知道一门唯一的科学，即历史科学。历史可以从两方面来考虑，可以把它划分为自然史和人类史。但这两方面是密切相连的；只要有人存在，自然史和人类史就彼此相互制约。"自然和历史的传统的对立既是真实的又是虚假的；之所以真实，乃因为它表达了自然要素所碰到的情况；之所以虚假，乃因为它凭借着概念的重构，辩护性地重新用历史本身来掩盖历史的自然成长。

（张峰 译）

马尔库塞

赫伯特·马尔库塞（Herbert Marcuse，1898—1979），美籍德裔哲学家、社会学家，弗洛伊德主义的马克思主义的主要代表人物，法兰克福学派的重要成员，西方马克思主义最有影响的代表者之一。1898年7月19日出生于德国柏林的一个犹太资产阶级家庭。1917年曾加入德国社会民主党左翼，1919年离开该党以抗议它对无产阶级的背叛。随后便到柏林大学和弗赖堡大学研究哲学，1923年以《德国艺术家》的论文获弗赖堡大学哲学博士学位。此后6年，他在柏林从事书刊发行和出版。1929年，他重返弗赖堡，师从胡塞尔和海德格尔，并成为海德格尔的哲学助手。在此期间马尔库塞认为海德格尔的哲学使得被第二国际所忽视的"历史"和"个人"获得了它们应有的价值，因而试图将马克思主义的社会理论与海德格尔的哲学融合起来。他的《历史唯物主义现象学概念》、《论具体的哲学》以及为获取大学讲师资格而写的论文《黑格尔本体论和历史性理论的基础》都体现了这种努力。但由于倾向于马克思主义的马尔库塞与日益右倾的老师海德格尔之间政治立场的分歧，以及在弗赖堡获得工作机会的渺茫，马尔库塞于 1932 年离开了弗赖堡，法兰克福大学董事里察勒应胡塞尔邀请，把他推荐给了霍克海默。马尔库塞的思想发展由此进入了一个重要转折点。

1933 年，马尔库塞成为法兰克福学派的成员并被派往研究所在日内瓦的分支机构供职。希特勒上台后，霍克海默把整个研究所迁往美国，马尔库塞也随该所移居美国，并于 1940 年加入了美国籍。在美国期间，他曾在美国战略情报所任职，其余时间则先后在哥伦比亚大学、哈佛大学、加利福尼亚大学圣地亚哥分校任教。在工作之余，他把主要的精力投入了创建、完善法兰克福学派的"社会批判理论"的工作。为此，他发表了一系列的著作，包括《理性与革命》(1941)、《爱欲与文明》(1955)、《苏联的马克思主义》(1958)、《单向度的人》(1964)。其中《单向度的人》后来成了学生造反运动的"圣经"、"教科书"。

20 世纪 60 年代中期，马尔库塞的理论成为"新左派"的指导思想，并产生了 60 年代后期轰动一时的西欧、北美的"学生造反运动"。作为对这一运动的指导以及对反对派的指责的回应，马尔库塞写下了《否定》(1968)、《论解放》(1968)、《从富裕社会中解放出来》(1969)、《自由和历史使命》(1969)、《五篇演讲》(1969) 等著作。造反运动失败后，马尔库塞退回书斋，于 70 年代写了《反革命与造反》，作为对造反运动的总结。晚年的马尔库塞在法兰克福学派左、右两派的攻击中，于 1976 年 7 月 29 日在德国的斯塔恩克逝世。

本书选取了《理性与革命》第二篇第一章《社会辩证理论的基础》中的第七节《马克思的辩证法》和《批判的哲学研究》中的《历史唯物主义的基础》。《马克思的辩证法》这一节篇幅不大，却是全书的纲。马尔库塞在这里概括了马克思辩证法的两大特征：（1）马克思的辩证法是一种"否定的辩证法"；（2）马克思的辩证法只适用于社会历史领域。马尔库塞对马克思辩证法的这种表述后来成了法兰克福学派哲学理论的主要内容。因此，《理性与革命》一书后来成了整个法兰克福学派的代表作之一。

《历史唯物主义的基础》是马尔库塞于1932年为解释马克思的《1844年经济学哲学手稿》（以下简称《手稿》）而写的一部著作。全书包括六部分，其中心思想就是论证马克思主义是一种人道主义。马尔库塞认为，《手稿》是为批判庸俗的资产阶级经济学而写的，资产阶级政治经济学"从来不把人当作它的主体，它忽视人的本质及人的历史"，马克思的政治经济学批判则要"从人的本质和历史方面来考察人的境况和实践"，来论证消除异化使人获得解放的必然性和必要性，从而提出了一种彻底的人道主义。而且，《手稿》中所使用的人道主义是马克思所有著作的中心论题，它为历史唯物主义奠定了新的基础。对《手稿》的这种解释对马克思主义研究产生了十分深远的影响，该著作发表后不久，西方就出现了以马克思主义人道主义化为标志的"《手稿》热"。

马克思的辩证法^①

现在，我们可以试图概括一下马克思的辩证法与黑格尔的辩证法的质的区别。我们曾强调过，马克思关于现实的辩证思想受黑格尔对这一思想论述的影响，即受现实的否定特征的影响。在社会领域中，否定性继续了阶级社会的矛盾，因而保存了社会过程的动力。每一个简单事实和条件都被带入这一过程，以使只有在它所属的整体中被发现时才可能把握它。对于马克思来说，如同对于黑格尔一样，"真理仅存在于整体中，存在于否定的整体之中"。

然而，只有在抽象的过程中，社会领域方能变成一个否定的整体。而抽象过程是被抽象的主体关系和资本主义社会的结构强加于辩证法的。我们更可以说，抽象是资本主义自己的杰作，而马克思的方法则追寻着这一过程。马克思的分析已表明，资本主义经济是

---

　① 选自《理性与革命》，重庆，重庆出版社，1993。

由于具体劳动不断地变成抽象劳动而建立起来的。经济缓慢地从人类具体活动和需要中分离出来，通过一个抽象关系的复合体实现了个体活动和需要的统一。在这抽象的关系中，个体的劳动是依据它所代表的社会必要劳动时间而计算的，并且存在于人们之间的这些关系是作为物（商品）的关系而出现的。商品世界是一个"虚伪"和"神秘"的世界，对它的批判分析必须首先遵循构成世界的抽象，因而必然脱离这些抽象关系以便实现它的真正内容。其次是要从抽象中获得抽象，或扬弃虚假的具体，以便真正的具体可得到复兴。于是，马克思理论首先建立了决定商品世界的抽象关系（例如：商品、交换价格、金钱、工资）并从这些抽象关系回到资本主义完全发展的内容（将导致资本主义灭亡的资本主义世界的结构倾向）。

我们已说过，对于马克思来说，如同对于黑格尔一样，都主张真理仅仅存在于否定的整体中，然而，马克思理论所产生的整体不过就是黑格尔哲学的整体，二者的差别包含着黑格尔与马克思的辩证法之间的决定性的差别。对于黑格尔来说，整体就是理性整体，一个封闭的观念体系，最终与历史的理性体系相一致，黑格尔的辩证过程因而就是一个普遍的观念过程，在这个过程中，历史被存在的形而上学过程所限定。另一方面，马克思从观念的基础中获得了辩证法。在他的著作中，现实的否定变成了一个历史条件，一个不能被作为形而上学关系状态的而具体化的历史条件。换句话说，它变成了一个与社会的特定历史形式相联系的社会条件。马克思辩证法所涉及的整体就是阶级社会的整体，所涉及的形成其辩证的矛盾的否定性和限定其内容的否定性就是阶级关系的否定性。辩证法的整体也包括自然，但仅涉及进入社会再生产的历史过程的自然和成为社会再生产的历史过程的条件的自然。在阶级社会的进步中，再生产在其发展的不同水平上表现出了各种各样的形式，因而，导致所有辩证法概念的基本结构的形成。

辩证法因此由于其性质而成为一个历史的方法。辩证的原则并不是一个普遍的适用于任何一个主体物质的原则。可以肯定，每一事实不论它是什么都能符合于辩证的分析，例如，列宁对于一杯水的著名论述。[①] 但是，所有的辩证分析都必须符合社会历史过程的结构，并表明它在所分析的事实中可以形成。辩证法把事实作为与

---

① 《列宁选集》第 1 卷，62 页，纽约国际出版社，1934。

事实不能分离的有限历史整体的要素。关于列宁的一杯水的例子，他论述道"人类实践的整体必须进入客体的限定之中"；一杯水的独立的客观性因而也就消失了。仅就每一事实都受社会过程的对立影响而言，它们是服从于辩证的分析的。

马克思的辩证法的历史特征包含着普遍的否定性，也包含着自身的否定。特定的关系状态就意味着否定，否定之否定伴随着事物新秩序的建立。否定性和其自身的否定是同一历史过程的两个不同领域，这两个不同的领域被人类的历史活动所连接起来。"新的"状态是旧的状态的真理。但真理并不是固定地和自动地从先前的状态中产生；只有依靠人的自主活动取消现存状态的整体，它才能产生。真理，简言之，不是一个脱离历史现实的领域，不是一个外在的有益的历史领域。可以肯定，它是超越特定历史现实的，但这仅是就其从一个历史阶段向另一个历史阶段过渡而言的。否定和否定之否定是在同一整体内的一个具体事件。

马克思的辩证法就其他方面看是一个历史的方法；它涉及了历史过程的特殊阶段。马克思批判了黑格尔的辩证法，因为黑格尔把辩证法的运动普遍应用于所有存在的运动，存在本身的运动，因此所得到的仅是"对历史运动的抽象的、逻辑的、思辨的表达"[1]。而且，黑格尔抽象表述的运动和他思维的运动是普遍的，实际上描述了人类历史的一个特殊领域，即"人类成熟的历史"（Entstehungs-geschichte）[2]。马克思论述的这种成熟历史和人类"实际历史"的区别，意味着辩证法的界限。人类成熟的历史，马克思称为人的史前史，它是阶级社会的历史。当阶级历史被废除时，人类的实际历史将开始。黑格尔的辩证法为史前史的发展规定了一个抽象的逻辑形式，马克思的辩证法则赋予它以真实的具体运动。马克思的辩证法因此仍是与史前史阶段相联系的。

马克思的辩证法从其开始的否定描述了人类在阶级社会中存在，使否定加剧并最终废除了否定的矛盾对立就是阶级社会的对立。马克思辩证法的本质所要表述的就是，随着从阶级社会所代表的史前史向无阶级社会的历史的过渡历史运动的整个结构将发生变革。一旦人类已成为其自身发展的有意识的主体，它的历史将不再依据史前史阶段的形式来叙述。

---

① 马克思：《1844年经济学哲学手稿》，152～153页，北京，人民出版社，1979。

② 同上书，153页。

马克思的辩证法仍然反映了统治社会过程的盲目经济力量的影响。依据它的内在矛盾和它的解决方式而对社会现实进行的辩证分析表明，社会现实必然被随着"自然的"（物质的）规律而起作用的客观发展所克服——因此只有矛盾才能成为社会运动的最终力量。只要运动仍未被自由联合的个体的自我意识活动所控制，运动本质上就是辩证的。辩证规律就是对社会"自然"规律已产生的认识，因而是趋向其废除的一步，但它仍是关于"自然"规律的认识。可以肯定，同"必然王国"的斗争随着人类走向"实际历史"阶段而不断继续着，否定性和矛盾将不会消失。尽管如此，当社会已成为这种斗争的自由主体时，后者仍以完全不同的形式表现出来。因为理性决不允许把史前史的辩证过程强加于人类未来的历史。

把马克思的辩证法同阶级社会的历史明确地联系起来的概念，就是"必然"这一概念。辩证规律就是必然规律；阶级社会的各种形式必然由于它的内在矛盾而消亡。马克思认为，资本主义的规律以"铁的必然性不可避免地趋向其最终结果"。然而，必然性并不适用于资本主义社会的实际改造。马克思表明了，造成资本集中的组织也必然产生"劳动的社会化"。"资本主义生产由于自然规律的残酷无情而必然产生其自身的否定"，即使所有权建立在"土地和生产资料公有和合作的基础上"。虽然如此，在从统治资本主义发展的客观必然到转入社会主义过程中的相似的必然的论述中，马克思理论的全部含义还是被曲解了。当资本主义被否定时，社会过程不再处在盲目必然规律的支配之下。这就是新与旧的性质的严格区别。从资本主义不可避免的灭亡到社会主义的过渡是必然的，但这只是就个体的充分发展也是必然的这一点而言的。个体的新的社会统一体的产生也是必然的，但这只是就必然运用有效的生产力以满足所有个体的一般需要而言的。正是自由和幸福的实现必然导致一个秩序的建立，在这个秩序中，协作的个体将决定他们的生活组织。我们已强调过，未来社会的性质在促使它实现的普遍力量中被反映出来了。在众多的趋向未来的倾向中，不存在任何使自由和自我意识的社会终止的盲目必然性。资本主义的否定在资本主义自身内开始，但在以前的革命中就已存在了积极的理性的革命自发性，它使后来的革命充满活力。革命确实需要依靠一系列客观条件：需要某些已具备的物质和文化发展条件，需要国际范围内使工人阶级有组织的意识，需要尖锐的阶级斗争。然而，只有依靠一个有意识的已在头脑中具有了社会主义目的的活动的指导，这一切方能成为革命的条件。从资本主义向社会主义的转化不存在任何一点自然的必然性或自主的必然保证。

某种程度上，资本主义本身已扩大了理性实践的范围和力量。使资本主义存在的"自然规律"已被另一种趋势所抵抗，这种趋势已阻止了必然过程的作用，因此使资本主义秩序的生命得以延缓。资本主义在某些领域已服从于大规模的政治和管理的制约。例如，计划性不是社会主义社会独有的特征。马克思所解释的社会规律的自然必然性包含着资本主义条件下这种计划的可能性，这是在它们涉及秩序和机会、意识活动和盲目组织之间的相互作用时才成立的。资本主义条件下合理计划的可能性当然并不影响马克思在资本主义制度中所发现的基本规律的正确性——这一制度由于这些规律而注定要灭亡。但这一过程包括一个很长时期的暴政。唯有自由的活动才能将后者阻止。革命需要许多成熟力量，但这些力量中最主要的就是主观的力量，即革命阶级本身。自由和理性的实现需要那些已具备它们的人的自由理性。

因而马克思的理论是与命定论的决定论完全不相容的。的确，历史唯物主义包括决定论的原则：社会存在决定社会意识，然而，我们已试图表明了，这种原则所阐明的必然性适用于"史前史"的生活——阶级社会的生活。束缚和歪曲人类的潜能的生产关系不可避免地决定人类的意识，主要是因为社会不是一个自由的和有意识的主体。只要人类还不能支配这些关系和运用它们实现整个社会的需要和愿望，那么，它们将以一个客观的独立整体的形式出现。被这些关系所决定的意识必然地变成观念的东西。

当然，人的意识将不断地受再生产及其社会的物质过程的制约，即使当人们已达到了统治这些社会关系时依然如此。但当这些物质过程已被理性化和已成为人们有意识的理性杰作时，意识对社会条件的盲目依靠将不复存在。当理性被合理的社会条件所决定时，它也就被其自身所决定。社会主义的自由包括意识和社会存在之间关系的双方。历史唯物主义的原则导致了它的自我否定。

马克思在对资本主义及其起源的分析中所揭示的基本劳动过程，是资本主义社会中各种理论分歧和实践产生作用的基础。因此，对劳动过程的认识同时也是对造成理论和实践相分离的根源的认识，是对重建它们的内在联系的认识。马克思的理论的性质是社会的完整而有机的理论。资本主义经济过程对于所有的理论和实践产生了极权主义的影响。摧毁资本主义虚伪性，并粉碎它的具体化的经济分析将潜心于对所有资本主义社会的理论和实践的共同基础进行批判。

马克思的经济学没有给独立的哲学、心理学或社会学留下任何余地。"道德、宗教、形而上学，意识形态的所有其他部分以及和它们相应的意识形式，因此不再保持独立的特征……当描绘现实时，哲学只作为失去其存在方式的独立活动的分支。充其量它的地位不过是被那些最普遍的结果所取代，即从人的历史发展的考察中所产生的抽象性所取代。"随着理论从实践中分离，哲学变成了真正理论的避难所。科学不是被迫"服务于资本"，就是被降为远离人类实际斗争的悠闲之物，与此同时，哲学通过抽象思维的工具担负着保证人的需要、恐惧和愿望得到解决的使命。"纯粹理性"，即从经验主义的偶然性中提取出的理性成为真理的真正王国。

在康德的《纯粹理性批判》的结论中，他提出了与人类理性相联系尤为密切的三个问题：我怎样才能认识？我将做什么？我希望的是什么？这些问题及为其解决所作的努力确实包括了哲学的核心，包含着对脱离现实的人类根本潜能的关心。黑格尔已将这个哲学的关心置于他那个时代的历史的前因后果中，以使其成为康德所提出的问题在实际历史过程中的证明。人类的认识活动和希望都取决于理性社会的建立。马克思着手证明了那些阻碍和促进这一目的的具体力量和倾向。他的理论与实践的确定历史形式之间的客观联系，不仅否定了哲学也否定了社会学。马克思所分析的社会事实（例如：劳动异化、商品拜物教、剩余价值、剥削等）并不与一些社会学事实如像离婚、犯罪、人口变迁和商业循环等相类似。马克思的范畴的基本关系，不属于被描述和组织社会的客观现象所充斥的任何其他科学和社会学所达到的范围。仅仅对于把它们带入其否定的事先检验的理论来说，它们将作为事实而出现。根据马克思的观点，正确的理论乃是在于改造世界和解释世界。

然而，马克思的真理概念是远离相对主义的。只存在唯一一个真理和原则能实现马克思的真理概念。理论已证明了趋向生活的合理秩序实现的倾向，创造它的条件和被采纳的最初步骤。新社会实践的最终目的已被确定：为了所有个体的自由发展，必须废除劳动和生产资料社会化的存在。其余的则是人类自我解放活动的使命。理论与实践每时每刻都是同步的，不断地分析变化的情况，同时不断地确定其概念。实现真理的条件是多样化的，但是，真理所保护的同样也是理论所保护的，这都是它们自身最根本的保护者。即使革命实践偏离了它正确的道路，理论仍将保留其真理。实践遵循真理，而不是相反。

真理的这一绝对主义完成了马克思理论的哲学遗产，并且断然地将辩证法理论从实际主义和相对主义后来的表现形式中分离出来。

（程志民 译）

历史唯物主义的
基础^①

马克思在 1844 年写的《1844 年经济学哲学手稿》的发表必将成为马克思主义研究史上的一个划时代的事件。这些手稿使关于历史唯物主义的由来、本来含义以及整个"科学社会主义"理论的讨论置于新的基础之上。这些手稿也使人们能用一种更加富有成效的方法提出关于马克思和黑格尔之间的实际关系这个问题。

不仅仅《手稿》的片断的性质（不少实质性的部分似乎已散失了，分析常常在紧要关头中断，它们中间没有任何一篇是准备发表的最后的草稿）决定了有必要作出详尽的解释，以便把个别段落同整个内容贯穿起来，而且《手稿》的内容本身还特别要求读者具有很高水平的专门知识。因为，假如允许我预先提一下的话，那我就要说，我们所论述的是关于政治经济学的哲学批判以及政治经济学

① 选自《法兰克福学派论著选辑》上卷，北京，商务印书馆，1998。

作为一种革命理论的哲学基础。

在一开头，就要如此着重强调这些困难，这是为了避免这样一种危险，即每次太轻率地和仓促地把这些手稿纳入关于马克思的学术研究的那些常用的框框和模式之中。这种危险性是很大的，因为后来的有关政治经济学批判的所有常见的范畴，在这一著作中都能找到。但是，在《1844年经济学哲学手稿》中，我们能比在以往所能得到的任何材料中更清楚地了解这些基本范畴的本来的含义，这样，就可能有必要按照这些范畴的本来含义，对当前所流行的那种对马克思的后来的更为详尽的批判所作的解释加以修正。对《手稿》的这一初步的评论，也许足以表明如下常见的论点是站不住脚的：即马克思是先为他的理论制定哲学基础，再为他的理论制定经济学基础。

我们所要论述的是关于政治经济学的一种哲学的批判，因为在这里马克思理论的基本范畴（例如劳动、对象化、外化、扬弃、财产等）是在同黑格尔哲学的激烈对抗中产生出来的。这并不意味着，黑格尔的"方法"在加以改造后被接受并被运用到新的领域中去和赋予新的生命。倒不如说，马克思追溯到了有关黑格尔哲学的基础问题（这种基础本来就决定了他的方法），独立地采用了这些问题的现实的内容，并且进一步更加透彻地考虑它。这些手稿的重要性还在于，它们包含了第一个确有材料的证据，证明马克思对黑格尔的《精神现象学》即"黑格尔哲学的真正诞生地和秘密"[1] 特别感兴趣。

如果说马克思在对黑格尔哲学的基本问题的探讨中形成了他的理论的基础，那可不能说，这一基础只是经历了从哲学基础到经济学基础的转变；也不能认为，在马克思理论的后期的（经济学）形式中，哲学已被一劳永逸地攻克和"完成"了。倒是可以说，在马克思理论的所有阶段上，他的理论基础都包括了哲学的基础。这一点不会因为如下的事实而有所改变：马克思理论的意义和目的根本不是哲学上的，而是实践的和革命的，即通过无产阶级的经济斗争和政治斗争推翻资本主义制度。必须加以注意和理解的是：通过对人的存在及其历史的实现的某种非常特殊的、哲学的解释，经济学和政治学成了革命理论的经济—政治的基础。哲学理论和经济学理论之间，理论和革命实践之间的关系是非常错综复杂的，这种关系只有通过对整个形势的分析（历史唯物主义由此而得以发展）才能

---

[1] 马克思：《1844年经济学哲学手稿》，112页，北京，人民出版社，1979。

加以阐明，在对《1844 年经济学哲学手稿》作了充分的阐述以后，这种关系将会变得很清楚。我这篇文章只是想在这方面开个头。可以用来作为出发点的一个粗略公式是：对政治经济学的革命的批判本身就有一个哲学的基础，反之，作为这种批判的基础的哲学也包含了革命的实践。理论本身就是一种实践的理论；而实践不仅仅存在于理论的终点，而且在理论开始之时就已出现。从事实践，并不是要立足在外在于理论的一个不同的基础上。

在作了这些引言性的说明以后，我们可以着手叙述《手稿》的整个内容。马克思本人把《手稿》的目的描述为关于政治经济学的批判，这是一种"实证的"批判；而且这种批判通过揭露政治经济学的错误及其不适合于它的论题，也为政治经济学提供了一个基础，使之适合于它的任务。对政治经济学的实证的批判因而也是对政治经济学的批判的基础。在这种批判中，政治经济学的概念完全改变了：它成了一种关于共产主义革命的必要条件的科学。这种革命本身与经济上的激变无关，它意味着人的全部历史的革命，人这一存在物的定义的革命。"这种共产主义……是人和自然界之间、人和人之间的矛盾的真正解决，是存在和本质、对象化和自我确立、自由和必然、个体和类之间的抗争的真正解决。它是历史之谜的解答，而且它知道它就是这样解答。"①

假如政治经济学能够具有这种关键的重要性，那么，从一种批判的观点来看，显然一开始就应该把它看作不仅仅是另一门科学或一个专门化的科学的领域，而必须把它看作是有关整个人类存在问题的科学的表述。这样，我们必须首先更加仔细地考察哪一种政治经济学是这里所必须加以批判的。

政治经济学遭到批判，是因为它对资本主义社会中人的整个的"异化"和"被蹂躏"加以科学的论证或掩盖，是因为它把人当作由"劳动、资本和土地的分离"，由分工、竞争和私有财产等所决定的"畸形存在物"②。这种政治经济学从科学上确认了把人的历史—社会世界歪曲成金钱和商品的外在世界，这是一个把人作为一种敌对的力量来对待的世界。在这样一个世界里，人性几乎丧失殆尽，人沉沦为丧失了人的存在的现实性的抽象的劳动者，他们和自己劳动的对象相分离，被迫把自己当作商品出售。

① 马克思：《1844 年经济学哲学手稿》，73 页，北京，人民出版社，1979。

② 同上书，42、68 页。

劳动者和劳动的这种"外化"的结果，就是所有人的"本质力量"的实现成了他们的现实性的丧失。对象世界不再作为整个人性的自由操作和自我肯定的领域在"自由的活动"中被占有的"真正的人的财产了"。它成了这样一个私人占有的对象世界：它能被占有、使用和交换，而同时，人必须服从它的似乎不可改变的规律，简言之，"死的物对人的完全的统治"①。

所有这些情形，常常是用"外化"、"异化"、"物化"的名称加以阐述的，而且这也是众所周知的马克思理论的内容。但重要的是，要弄清马克思在他的理论的起点上是怎样和从什么角度来阐述这一切的。

马克思在开始对政治经济学进行实证的批判时，在他提出"异化"和"外化"的问题时，他说道："我们从一个现有的经济事实出发吧。"② 那么，"异化"和"外化"就是像受生产、消费和流通过程中的供求规律或其他什么规律控制的地租或商品价格这样的"经济事实"吗？

资产阶级的政治经济学，正像这儿所批判的那样，并不把异化和外化本身看作一种事实（在资产阶级的理论中，异化和外化这些词所指的情形，在各种极不同的标题下被掩盖起来了）。而对社会主义的政治经济学来说，只有当这种理论被置于马克思（在我们正加以探讨的这种研究中）所制定的基础之上时，这种事实才是"存在"的。所以，我们必须要问：这是一种什么样的事实（因为它同政治经济学的所有其他的事实有着本质的区别），在什么基础上它成为显而易见的，并且能被如实地加以叙述。

对"异化"和"外化"实际情况的叙述，开始时似乎完全是在传统的政治经济学及其原理的基础上进行的。马克思一开始就有意地把他的研究分成三个传统的政治经济学概念，即"工资"、"资本的利润"和"地租"。但更为重要的，也是标志着一个崭新方向的是，马克思不久就推翻和抛弃了这种三个概念的划分："从第二十二页一直到马克思手稿的结尾，不管原有的标题是什么，这三个方面的内容是交叉地论述的。从第二十二页到第二十七页这六页的文字，在现在的版本上加上了'异化劳动'这一标题。"（见该书出版说明

---

① 马克思：《1844年经济学哲学手稿》，39页，北京，人民出版社，1979。

② 同上书，44页。

第六页①)

这样，劳动这个概念的发展就打破了阐述这些问题的传统结构，马克思的探讨一直围绕着这一概念进行，并且揭示了而后成为共产主义革命这门科学的基础的新的"事实"。所以，我们的解释也必须从马克思关于劳动的概念入手。

当马克思叙述资本主义社会中劳动的方式和劳动者的存在形式时，即指出在资本主义社会中劳动者同生产手段的完全分离；劳动者同已成为一种商品的劳动产品的完全分离；工资围绕着仅能维持劳动者肉体生存的最低要求而上下波动；劳动者的劳动（在资本主义社会里表现为"强迫劳动"）跟他的"人的现实"的分离，所有这些特征本身仍然还只是表明了一些简单的经济事实。这一印象似乎又由下述这一点而得到肯定：马克思是"通过分析""外化了的劳动"这一概念，得出"私有财产"这一概念，并从而得出传统政治经济学的劳动这一基本概念的。②

但是，假如我们更进一步地考察马克思对外化劳动的叙述，我们就会有一个令人注目的发现：这儿所阐述的并不仅仅是一个经济问题。这是人的外化、生命的贬损、人的现实的歪曲和丧失。在有关章节中，马克思是这样说的："外化了的劳动，亦即外化了的人、异化了的劳动、异化了的生命、异化了的人。"③

这是一个人作为人（不仅仅作为劳动者、经济主体之类）的问题，是一个过程的问题，这个过程不仅存在于经济史而且存在于人和他的现实的历史中。马克思在同样的意义上论述了私有财产："人既对自己说来成为对象性的东西，同时又毋宁成为异己的和非人的对象……私有财产不过是上述情况的感性的表现罢了。……对私有财产的积极的扬弃，也就是说通过人并且为了人而对人的本质和人的生活、对对象化了的人和属人的创造物的感性的占有。"④

马克思在这儿经常谈论"人的本质力量"和"人的本质存在"。例如，他说："工业的已经产生的对象性的存在，是人的本质力量的打开了的书本"，要把握它同"人的本质"的联系。⑤ 在上面所引的

---

① 这个出版说明及页码是指作者写文章时所用的马克思《手稿》一书的出版说明及页码。——译注
② 马克思：《1844年经济学哲学手稿》，54页，北京，人民出版社，1979。
③ 同上书，54页。
④ 同上书，77页。
⑤ 同上书，80页。

地方，他还用了哲学的框架来叙述劳动和私有财产。马克思这样做，并不是因为他被某种哲学术语所限制，而是因为这样解释会使问题更清楚，那就是马克思的政治经济学的整个基础及其批判是直接在哲学的基础上和在哲学的论争中发展起来的。马克思所使用的哲学概念不能被看作是在以后要被抛弃的残迹，或者是我们能将其摘下的装饰品。根据马克思在同黑格尔的论争中发展起来的关于人的本质和人的本质的实现的思想，可以看出这样一个简单的经济事实，它表现为人的本质遭到歪曲，人的现实性丧失殆尽。只有在这一基础上，经济事实才能成为革命的真正的基础，这种革命将真正地改变人的本质和人的世界。

我们力图说明的是：批判的基本概念（外化劳动和私有财产）一开始就并不是简单地作为经济学的概念，而是作为在人的历史中一个重要的过程的概念被接受过来和加以批判的，所以，通过对人的现实的真正占有来实现对私有财产的"积极的扬弃"将使整个人类历史革命化。正因为资产阶级的政治经济学从来不把人当作它的主体，所以它必须在批判中加以彻底的改造。它忽视人的本质及人的历史，因而从最深刻的意义上说，它不是一门"人的科学"，而是一门非人的科学，一门非人的物品和商品世界的科学。由于同样的原因，"粗陋的共产主义"① 也遭到了马克思的尖锐的批判，它也不把注意力集中在人的本质的现实性上，而是在事物和对象的世界中纠缠，因而它自己也是处在"异化"的状态中。这种共产主义只是用"普遍的私有财产"② 取代个人的私有财产，"它极力要把一切不能作为私有财产由一切人所占有的东西加以摧毁；它想用强力抹杀天赋等。在它看来，物质上的直接的占有是生活和生存的唯一目的；劳动者这个范畴并没有被扬弃，而是被推广到一切人身上。"③

对至今还一再轻率地被推崇的马克思主义理论的绝对经济主义所提出的种种诘难，在这儿已由马克思本人在反对粗陋的共产主义中提出来了。对马克思来说，这种粗陋的共产主义仅仅是对资本主义的简单的"否定"，它本身存在于与资本主义同级的层次上，而那正是马克思所要抛弃的层次。

在我们开始进行解释之前，需要防止另一种可能出现的误解。假如说马克思关于政治经济学的批判和他的革命理论的基础在这儿

---

① 马克思：《1844年经济学哲学手稿》，44页，北京，人民出版社，1979。

② 同上书，71页。

③ 同上书，71页。

是作为哲学来论述的，那么这并不意味着其中仅仅包括"纯理论上的"哲学的成分。如果是那样的话，就是忽视了（资本主义中无产阶级的）具体的历史境况及无产阶级的实践，而这种研究的出发点、基础和目的恰恰正是具体的历史状况和对它进行革命改造的实践。从人的本质和历史方面考察人的境况和实践，就使这种批判的实践性质更加鲜明和尖锐。资本主义社会成问题的不仅仅是经济的事实和对象，而且是整个人的存在和"人的现实"。对马克思来说，这一事实正是无产阶级革命的根本理由，这种革命要求作为一种整体的和彻底的革命，而绝不是任何局部的变动或"进化"。这种理由并不是在马克思关于异化和外化的学说的外面或背后，而恰恰正是这种异化和外化的学说本身。所以，那些试图否定马克思理论的哲学内容或因困惑而掩盖它的人，都暴露了他们完全不能认识到这一理论的历史来源。他们一开始就把哲学、经济学和革命实践完全割裂开来，而这种割裂正是马克思奋力反对的，在他的批判的一开始就已克服了的物化的一种产物。

———

在资本主义社会里，劳动不仅仅生产商品（在市场上能自由出售的货物），而且还生产"作为商品的自己本身和劳动者"，"劳动者创造的商品越多，他就越是变成廉价的商品"①。劳动者不仅仅失去了他自己劳动的产品，而且创造了对异化的人而言的异化的对象；他不仅仅随着分工和劳动机械化程度的增长"在精神上和肉体上被贬低为机器"，以至于从一种存在物"变成抽象的活动和胃"②，而且他甚至不得不"出卖自己本身和自己作为人的资格"③。也就是说，为了使作为一种物理的主体能生存下去，他自身必须变成一种商品。所以，劳动不再是整个人的一种表现方式，而是人本身的异化；劳动不再是人的完全的和自由的现实化，而是变成了一种"非现实化"。"劳动的现实化表现为非现实化到这种程度，以致劳动者从现实中被排除出去，直至饿死。"④

① 马克思：《1844年经济学哲学手稿》，44页，北京，人民出版社，1979。
② 同上书，8页。
③ 同上书，10页。
④ 同上书，44页。

必须注意，即使在这种描述外化劳动的"经济事实"的过程中，马克思也已不断地打破了单纯经济上的描述：从劳动的经济"状态"追溯到了劳动者本人的"地位"。① 劳动的异化和外化已超出了经济关系的范围，它涉及了人作为"人"的本质和现实，并且也仅仅因为这一原因，劳动对象的丧失才如此事关重大。当马克思谈到他所描述的这种"事实"只是一种更为一般的事实的"表现"时，这一点是表述得很清楚的。马克思说："这一事实不过表明：劳动所生产的对象，即劳动产品，作为异己的东西，作为不依赖于生产者的独立力量，是同劳动对立的。劳动产品是固定在对象中的、物化为对象的劳动，是劳动的对象化。"② 他还说，（资本主义经济制度的）"这一切后果"是从这一事实中产生出来的："劳动者同自己的劳动产品的关系就像同一个异己的对象的关系一样。"③ 异化和物化④这一经济事实因而是建立在人（作为劳动者）对待（他劳动的）对象的一种特定的态度的基础之上的。"外化劳动"现在必须在人同对象的关系这一意义上，而不再单纯作为一种经济状况来加以理解。"劳动者把自己外化在他的产品中，这不仅意味着他的劳动成为对象，成为一种外部的存在，而且还意味着他的劳动作为一种异己的东西不依赖于他而在他之外存在着，并成为与他相对立的独立力量；意味着他贯注到对象中去的生命作为敌对的和异己的力量同他相对抗。"⑤ 同时，这将进一步表明，"私有财产"这一经济事实也是建立在外化劳动的状况的基础之上的，也必须把它作为人的活动来理解。"从而，私有财产是外化了的劳动，即劳动者同自然界和自己本身的外在关系的产物、结果和必然归结。"⑥

认为经济事实根植于一个一般的概念中和人与对象的关系中，这似乎是对实际事实的一种异想天开的、唯心主义的歪曲。"因此，私有财产这一概念，是通过分析而从外化了的劳动……这一概念得

---

① 马克思：《1844年经济学哲学手稿》，7页，北京，人民出版社，1979。

② 同上书，44页。

③ 同上书，45页。

④ "物化"指的是丧失了劳动对象以及劳动者本身遭致外化的"人的现实"的一般情形，在资本主义的金钱和商品世界中可以找到这种情形的典型表现。物化和对象化之间是有很大区别的（下面我们将对对象化加以充分的讨论）。物化是"对象化"的一种特殊的（"异化的""不真实的"）形式。

⑤ 马克思：《1844年经济学哲学手稿》，44页，北京，人民出版社，1979。

⑥ 同上书，54页。

出的。"① 说这话的是马克思，而不是黑格尔，正是这一"表面看来的歪曲"表现了马克思在理论上的一个极为重要的发现：从经济事实到人的因素的突破，从事实到行为的突破，把被凝固了的"情形"和它们的规律（这些规律在其物化的形式中是同人的力量没有关系的）放到运动中，放到它们的历史发展的进程中加以理解（离开了运动，离开了它们的历史发展，这些"情形"及它们的规律就会像死水一潭，变得凝固化）。（在马克思《手稿》一书第55～56页上对这一问题的新探索作了纲领性的介绍）。在这里，我们不能详谈这一方法的革命意义，我们将沿着一开始所定下来的考察路线继续下去。

假如外化劳动这一概念包含着人同对象的关系（并且正像我们将要看到的那样，还包含着人同他自己的关系），那么，劳动这一概念本身也必然包含着一种人的能动性（并且不是一种经济上的情形）。假如劳动的外化意味着完全的非现实化和人的本质的异化，那么，也就必须把劳动本身当作人的本质的真正表现和实现来把握。但这样一来，就意味着劳动再次被作为一个哲学的范畴加以使用。尽管上面的推论是正确的，但假如马克思本人在这儿没有这样明确地使用本体论这一术语的话，我们还是不愿意把本体论这个经常被滥用的术语同马克思的理论联系在一起。他说，只有"借助于私有财产，人的情欲的本体论的本质才能充分完满地、合乎人的本性地得到实现"②，他还提出，"人的感觉、情欲等等不仅是［狭］义的人类学的规定，而且是对本质（自然界）的真正本体论的肯定"③。

马克思关于劳动的实证的定义几乎全是作为与外化劳动的定义相对立的概念而提出来的。在这些定义中清楚地表述了劳动这一概念的本体论的性质。我们取其三个最重要的公式："劳动是人在外化范围内或者作为外化了的人的自为的生成"④，劳动是人的"自我创造、自我对象化的运动"⑤，劳动是"生命活动本身，生产活动本身"⑥。马克思的所有这三个公式，虽然不是在对黑格尔作详尽考察的文章中提出来的，但仍具有黑格尔的劳动概念的本体论性质的色彩。马克思的批判中的这个基本概念，即外化劳动这一概念，事实

---

① 马克思：《1844年经济学哲学手稿》，54页，北京，人民出版社，1979。

② 同上书，103页。

③ 同上书，103页。

④ 同上书，116～117页。

⑤ 同上书，128页。

⑥ 同上书，50页。

上正是通过考察黑格尔的对象化这一范畴产生出来的，而对象化这一范畴是在黑格尔的《精神现象学》中围绕着劳动这一概念第一次发展起来的。马克思的理论根植于黑格尔的哲学的"问题系"的中心，《1844年经济学哲学手稿》就是一个直接的证据。

从关于劳动的这些定义中，我们可以推论说：劳动是"人的自我创造运动"，也就是这样一种活动，在它之内并通过它，人第一次真正成为符合人的本性的人，因为人在劳动中这种"成为什么"和"是什么"是由自己决定的，所以他就能够按照他所具有的本性来认识和"对待"自己（即人的"自为的生成"）。劳动是一种有意识的和自觉的活动：人在劳动中，与他自己、与他的劳动的对象联系在一起；人并不是直接地与他的劳动相关联的，而且可以说他能够与劳动相对抗、相反对（由于这一点，正像我们将看到的那样，人的劳动就作为一种"全面的"和"自由的"生产活动而同巢居动物一类的"直接的"生产活动从根本上区别开来了）。人在他的劳动中是自为地处于对象性的形式中，这一事实和第二个论点密切相关，即人是一种"对象性的"，或者更确切地说，是一种"对象化了的"存在物。人只有通过使用自己的"本质的力量"去造就一个"外在的"、"物质的"、对象性的世界，把自己的本质当作某种对象性的东西加以实现，才能使自己的本质得以实现。人的实在性和力量正体现在这一世界上他所从事的劳动中（最广义上的劳动）。"实际创造一个对象世界，改造无机的自然界，这是人作为有意识的类的存在物……的自我确证。"[1] 在这一活动中，人表明自己是同动物、植物、无机界不同的有着自己"类"的特性的人的存在物（在后面，我们将要考察对象化这一中心概念）。按照这种方式所理解的劳动，就是一种"关于存在的"特殊的人的"确证"；在劳动中人的存在实现了和被证实了。

这样，马克思的劳动概念的这种即使是最非正式的和最一般性的特征也已远远超出了经济的范围，它已深入到把总体的人的存在作为研究课题的领域。要把我们的解释深入进行下去，就得涉及这一方面的内容。首先必须回答，马克思是怎样和从哪一点开始给人的存在和本质下定义的。对这一问题的回答，是理解异化劳动这一概念的真正含义和理解整个革命理论基础的前提。

---

[1]　马克思：《1844年经济学哲学手稿》，50页，北京，人民出版社，1979。

二

在《1844年经济学哲学手稿》中有两个段落①给人下了明确的
定义，它概括了整个人的存在。即使这仅仅是粗略的描述，但已清
楚地表明了马克思的批判的真正的基础。在有些地方②，马克思是
把消灭了异化和物化的"实证的共产主义"看作人本主义来加以叙
述的，人本主义这一术语表明，对马克思来说共产主义的基础就是
人的本质的某种实现。这种人本主义（就它是人的本质的一个实证
的定义来说）的发展，在这里首先是受了费尔巴哈的影响。在马克
思《手稿》的序言中我们早就读到："一般的实证的批判，从而德国
人对国民经济学的实证的批判，是全赖费尔巴哈的发现给它打下真
正的基础的。""实证的人本主义和自然主义的批判是从费尔巴哈才
开始的。"③ 在后面，马克思又把"为真正的唯物主义和现实的科学
奠定了基础"，说成是费尔巴哈的"伟大功绩"。④ 但是，我们的解
释将不遵循哲学史的进程，追溯从黑格尔经过费尔巴哈到马克思的
"人本主义"的发展，而是直接从马克思的论述本身展开讨论。

"人是类的存在物。这不仅是说，人无论在实践上还是在理论上
都把类——既把自己本身的类，也把其他物的类——当作自己的对
象；而且是说（这只是同一件事情的另一种说法），人把自己本身当
作现有的、活生生的类来看待，当作普遍的因而也是自由的存在物
来对待。"⑤ 人是"类的存在物"这一定义造成了关于马克思的学说
的研究中的严重影响，而我们所引的这段话的价值就在于它揭示了
马克思关于"类"这个概念的真正的由来。人是一种"类的存在
物"，也就是说，人是一种使"类"（他自己本身的类和其他存在物
的类）成为他的对象的存在物。一种存在物的类是指这种存在物根
据他的"血缘"和"起源"而得以存在的那个东西。它是指这种存
在物所具有的所有特性中为全体所共有的"原则"，即这种存在物的

---

① 马克思：《1844年经济学哲学手稿》，48～50、118～122页，北京，人民出版社，
1979。
② 同上书，73、75、120页。
③ 同上书，2页。
④ 同上书，111页。
⑤ 同上书，48～49页。

一般的本质。假如人能使每一种存在物的类成为它的对象，那么，每一种存在物的一般的本质都能成为他的对象，也就是说，人能在存在物的本质的存在中占有每一种存在物。正是由于这一原因（在上面所引的那段话的后半部分就表述了这一原因），人能够自由地和任何存在物发生关系：他不局限于存在物的某种实际状况和他跟它的直接关系，而且能超出存在物的直接的特殊的实际状况，在存在物的本质的存在中掌握其本质。他能认识和把握包含在每一个存在物内的可能性。他能按照存在物的"内在固有的尺度"① 开发、改变、塑造、对待和进一步处理任何存在物。劳动，作为人特有的"生命活动"，根植于作为一种"类的存在物"的人的本性之中。人具有同对象的"一般"方面和包含在对象内的可能性发生关系的能力，而劳动正是以此为前提的。尤其是，人的自由根植于人具有同他本身的类发生关系的能力，即人具有"自我创造"和自我实现的能力。这样，通过自由劳动（自由生产）这一概念，作为类的存在物的人同他的对象之间的关系就更加密切地被规定下来了。

作为类的存在物的人是一种"普遍的"存在物。每一种存在物由于它的"类的特征"都能成为人的对象，所以人的存在同对象是一种普遍的关系。他不得不在"理论上"把这些对象性事物包含在他的实践中，他必须把对象性事物变成为他的"生命活动"的对象，并作用于它们。整个"自然界"是他的人的生命的工具，是人的生命的手段。他必须吸收它并重新把它引进自己的实践中，它是他存在的前提。人不能简单地接受对象世界或者只是一味对它迁就，他必须把它占为己有；他必须把这一世界的对象转变为他的生命的器官，他的生命在这些器官中并通过这些器官才变得有效。"实际上，人的万能正是表现在他把整个自然界——首先就它是人的直接的生活资料而言，其次就它是人的生命活动的材料、对象和工具而言——变成人的无机的身体。自然界就它本身不是人的身体而言，是人的无机的身体。"② "自然界是人的工具"这一命题不仅仅是指人为了其肉体的生存，简单地依靠对象的、有机的和无机的自然界作为他生命的工具，也不仅仅是指人在他的"需求"的直接压力下"生产"（占有、处理、制作等）对象世界，使之成为他吃、穿、住等的对象。马克思在这里明确地谈到了"精神的无机自然界"、"精

---

① 马克思：《1844 年经济学哲学手稿》，51 页，北京，人民出版社，1979。
② 同上书，49 页。

神食粮"、"人的物质生活和精神生活"①。这就是为什么人的万能就是自由的原因，这一点是人与本质上有限的动物的本性相区别的地方，因为动物"只是在直接的肉体需要的支配下生产"，而人"只有在他摆脱了这种需要时才真正地进行生产"②。动物仅仅生产它自身和"它自己或它的幼崽所直接需要的东西；动物的生产是片面的，而人的生产则是全面的"③。人并不把对象只是作为他的直接生命活动的环境，也不把对象只是作为他的直接需求的对象。人能与任何对象"相对"并且在劳动中消耗和实现对象的内在可能性。他能够"按照美的规律"而不仅仅按照他自己需求的标准来生产。④ 在这种自由活动中，人重新生产了"整个自然界"，并且通过改造和占有自然界，使自然与他自己的生命一起得以进一步发展，即使这种生产并不满足直接的需求。从而人的生命的历史在本质上同时也就是人的对象世界和"整个自然界"的历史（这里所说的自然界，是马克思，也是黑格尔所赋予的广义上的自然界）。人并不是在自然界之中，而自然界也不是人由于自己的本性而必须首先进入的外部世界。人就是自然界。自然界是人的"表现"，"他的创造物和他的现实性"⑤。在人的历史中，我们无论在哪里遇到自然界，自然界就是"人的自然"，而同时，人对他自己来说也总是"人的自然界"。这样，我们就能懂得，为什么说彻底的"人本主义"就是"自然主义"⑥，关于这一点我以后还要详谈。

在人和自然间所达到的这样一种统一的基础上，马克思进一步提出了关于对象化的至关重要的定义。通过这个定义，人同对象的特殊关系，即人进行生产的方式，就更加具体地被规定为万能和自由的了。对象化，作为"对象性的存在物"的人的定义，不仅仅是附加于说明人和自然的统一性的一个补充，而且也是这种统一的更密切和更深刻的基础（这样的对象化，像人参与自然界一样，属于人的本质，因而不能被废弃；按照革命的理论，能够并且必须废除的，只是对象化的某种特殊形式，即物化和异化）。

作为一种自然存在物的人是一种"对象性的存在物"，马克思认

---

① 马克思：《1844年经济学哲学手稿》，49页，北京，人民出版社，1979。

② 同上书，50页。

③ 同上书，50页。

④ 同上书，51页。

⑤ 同上书，51页。

⑥ 同上书，73、120页。

为，这种"对象性的存在物"是一种"具备并赋有对象性的亦即物质的本质力量的存在物"①，是一种同现实的对象有联系，"对象地活动着"，并且"只有凭借现实的、感性的对象才能表现自己的生命"的存在物。② 因为人的存在物的力量就在于（通过外部对象和在外部对象之中）生活在他所面临的一切事物中，同时，人的"自我实现"，也就意味着"创立一个现实的、然而以外在性的形式表现出来的、因而不从属于他的本质并且凌驾于他之上的对象世界"③。对象世界作为人的必然的对象，是人自身的组成部分，人通过占有和扬弃这个对象世界，他的人的本质首先被"产生"和"确认"。对象世界只有对自我实现的人来说，才是真正的对象，它是人的"自我对象化"，或者说是人的对象化。但这同一个对象世界，因为它是真正的对象，所以它能作为（并不属于人的存在）人的存在的前提出现，它超出人的控制，并且是"不可抗拒的"。人的本质中的这一冲突，即它自身是对象，正是对象化能变成物化，外在化能变成外化这一事实的根源。这一冲突使人有可能完全"丧失"作为他本质的部分的对象，并使它成为独立的和不可抗拒的。在异化劳动和私有财产中，这种可能性成了现实。

然后，马克思就着手把对象化以及在它之中表现出来的冲突甚至更进一步地归到人的定义中去。"只要它（指对象性的存在物即人）的本质规定中没有包含着对象性的东西，那么它就不能对象地活动。它所以能创造或创立对象，只是因为它本身是为对象所创立的，因为它本来就是自然界。"④ 但是，由对象所创立的存在物的这一特性又是"感性"的基本的决定因素（受对象作用，具有感觉），因而马克思把对象性的存在物和感性存在物等同起来，把拥有自身之外的对象这一特性和存在物具有感性这一特性等同起来，"说一个东西是感性的，亦即现实的，这就等于说，它是感觉之对象，是感性的对象，亦即在自己之外有着感性的对象，有着自己的感性之对象。是感性的，也就等于说，是受动的。"在同一页上又说道："说一个东西是对象性的、自然的、感性的，——这就等于说，在它之外有对象、自然界、感觉；或者等于说，它对于第三者来说是对象、

---

① 马克思：《1844年经济学哲学手稿》，119页，北京，人民出版社，1979。

② 同上书，120、121页。

③ 同上书，119页。

④ 同上书，120页。

自然界、感觉。"① （这里所说的第二个相同将在下面加以讨论）所以，对于马克思来说，感性就成了他的哲学基础的中心，"感性（参见费尔巴哈）必须是一切科学的基础"②。

根据上面的推论，可以明显地看出，这里所讲的"感性"是用以解释人的本质的一个本体论概念；而且，这一概念在任何一种唯物主义或感觉主义产生以前就已出现了，被马克思所接受采用的这里所说的感性这个概念（通过黑格尔和费尔巴哈）一直可以追溯到康德的《纯粹理性批判》。康德在这本书中说，感性是人的知觉，只有通过知觉，对象才被给予我们。只有在对象"作用"于人这一意义上，对象才被给予人。人的感性就是指人的易感性。人的知觉作为感性是接受的和被动的。它接受所给予的东西，并且它依靠和需要这种被给予的性质。就人以感性为特征来说，人是由对象所"创立的"，并且通过认识把这些对象当作他存在的前提，人作为感性的存在物，是附属的、被动的和遭受苦难的存在物。

在费尔巴哈那里（在上面所引的那句话中马克思明确地提到了他），感性这个概念本来是和康德那里的含义相同的，事实上，当费尔巴哈在反对黑格尔的过程中想把感觉的接受力恢复为哲学的起点时，他最初几乎是以反对"绝对唯心主义"的康德批判主义的维护者与保卫者的身份出现的。费尔巴哈说："存在这样一种东西，不只有我个人参与，而且有其他的人，尤其是有对象参与的。"③ "只有通过感觉，一个对象才能在真正的意义之下被给予——并不是通过思维本身"；"对象并不是呈现于我的'自我'之中，而是呈现于我的'非我'之中……因为……只有当我被动的时候，才产生一种存在于我以外的活动性亦即客观性的观念"④。这种具有需求、依赖于所给予的事物、用人的感性表述接受的、被动的存在物，被费尔巴哈发展成——"被动的原则"⑤，并置于他的哲学的顶点，尽管他循着和康德非常不同的方向前进。把人解释成为是一种"具有需求的"纯粹被动的存在物，是费尔巴哈抨击黑格尔，抨击黑格尔关于人完全是自由的和有创造力的意识这一观点的基本根据。"只有一种被动的存在物才是一种必然的存在物，没有需求的存在是多余的存

---

① 马克思：《1844 年经济学哲学手稿》，122、121 页，北京，人民出版社，1979。
② 同上书，81 页。
③ 《费尔巴哈全集》第 2 卷，德文版，309 页。
④ 同上书，321 页。
⑤ 同上书，257 页。

在……一种存在物没有忧伤就是一种没有基础的存在物……非被动的存在物就是不存在的存在物。一种存在物不蒙受苦难就是一种没有感情和肉体的存在物。"①

在马克思那里，也明显地具有回复到感性去的同样的倾向。这种倾向把人理解成由需求所决定的，认为人凭借自身中存在的感性依赖于先定的对象性。这种倾向又服从于实现一种关于人的实在的、具体的图景这一目的，这种人是对象性的、自然的、与世界相统一的存在物，与黑格尔的抽象的"存在物"是相对立的，后者是不受先定的"自然"约束的，既创造自身又创造一切对象。马克思说道："作为自然的、有形体的、感性的、对象性的存在物，人……是受动的、受制约的和受限制的存在物"②，"是感性的，也就等于说，是受动的。因此，人作为对象性的、感性的存在物，是一个受动的存在物；而由于这个存在物感受到自己的苦恼，所以它是有情欲的存在物。"③ 人的情欲，即人的现实的活动力和自发性，就它是一种对在人之外的先定的对象的追求来说，被归结为人的受动性和需求性，"情欲是人强烈追求自己的对象的本质力量"④。并且，"丰富的人同时也是需要人的十分完满的生命表现的人，是他自身的实现在自己身上表现为内在的必然性即需要的人"⑤。

现在我们可以懂得为什么马克思强调"人的感觉、情欲等等是对本质（自然界）的真正本体论的肯定"⑥。同在异化劳动中表现出来的人的忧伤和需求不纯粹是经济上的问题一样，在感性中表现出来的人的忧伤和需求也不纯粹是认识上的问题。在这里忧伤和需求根本不是描述人的个体的行为方式，它们是人的整个存在的特征。它们是本体论的范畴（因而以后当涉及《手稿》的其他论题时，我们还要谈到它们）。

为了再次说明感性这个概念的真正含义，反对把它作为唯物主义的基础的许多错误的解释，对这一概念作这样广泛充分的解释是必要的。马克思和费尔巴哈在发挥这一概念的过程中，实际上是在竭力解决"德国古典哲学"的一个至关重要的问题。但是，在马克

① 《费尔巴哈全集》第 2 卷，德文版，256 页。
② 马克思：《1844 年经济学哲学手稿》，120 页，北京，人民出版社，1979。
③ 同上书，122 页。
④ 同上书，122 页。
⑤ 同上书，82 页。
⑥ 同上书，103 页。

思那里，正是感性（作为对象化）这一概念，导致了从德国古典哲学到革命理论的决定性的转折，因为他把实践的和社会的存在这一根本的特征引入关于人的本质的存在的定义之中。作为对象，人的感性实质上是实践的对象化，并且正因为他是实践的，所以他实质上又是社会的对象化。

三

我们从马克思的《关于费尔巴哈的提纲》中知道，恰恰正是人的实践这一概念，划清了马克思和费尔巴哈之间的界限。另一方面，也正是通过这一概念（更确切地说，是通过劳动这一概念），马克思超出了费尔巴哈而回到了黑格尔那里。"黑格尔《现象学》及其最后成果……的伟大之处就在于……他抓住了劳动的本质，把对象性的人、真正的因而是现实的人理解为他自己的劳动的结果。"① 因此，事情并不是像我们所想象的那么简单，从费尔巴哈到马克思的道路并不是以彻底地抛弃黑格尔为特征的，相反，在革命理论的来源方面，马克思在改造的基础上再次吸取了黑格尔的决定性的成就。

我们看到，人的感性表明人是由先定的对象所创造的，从而也就表明了人拥有一个既定的对象性的世界，他"普遍地"和"自由地"同这个对象性的世界发生关系。现在我们必须进一步阐述人占有这个世界以及与这个世界发生关系的方式。

在费尔巴哈那里，人占有这个世界以及与这个世界发生关系，实质上还是理论上的，这一点表现在他把人与世界发生关系的方式，即真正占有现实的方式，说成是"感知"。而在马克思那里，简单地说是用劳动代替了感知，尽管马克思并没有排除理论上的关系的至关重要性，而是把它和劳动结合在一个辩证的、互相贯穿的关系之中。我们在上面已经提到，马克思超出了劳动这一概念的所有经济学上的定义，而把它理解为人的"生命活动"和人的真正的实现。我们现在必须把劳动这一概念从它与人是"自然的"和"感性的"（对象性的）存在物这一定义的内在联系中来加以说明。我们将会看到，人怎么样在劳动之中，使忧伤和需求，也使全面性和自由成为现实的。

---

① 马克思：《1844年经济学哲学手稿》，116页，北京，人民出版社，1979。

"人直接地是自然存在物。作为自然存在物，而且是有生命的自然存在物，人一方面赋有自然力、生命力，是能动的自然存在物；这些力量是作为禀赋和能力、作为情欲在他身上存在的；另一方面，作为自然的、有形体的、感性的、对象性的存在物，人和动植物一样，是受动的、受制约的和受限制的存在物，也就是说，他的情欲的对象是作为不依赖于他的对象而在他之外存在着的；但这些对象是他的需要的对象，这是表现和证实他的本质力量所必要的、重要的对象。"① 因而对象主要地不是知觉的对象，而是需求的对象，并且也是人的力量、能力、情欲本能的对象。上面已经指出过，不能仅在肉体需求的意义上来理解"需求"：人需要"人的十分完满的生命表现"②，人为了能够实现自身，需要通过与他相对的先定的对象来表现自身。人的活动和人的自我确证在于占有与他相对的"外部对象"，在于把自己转移进那外部对象之中去。人在劳动中废弃了对象的单纯的对象性，而使对象成为"生命的工具"。他把自己的存在物的形式印刻在对象上，并使对象变成"他的产物和他的现实"。作为完成了的劳动成果的那一部分对象就是人的现实；当人实现他自身之时，人就是置身于他的劳动的对象之中。由于这一原因，马克思就能说，人以对象的形式在他的劳动的对象中看到了他自身，他变成"自为"的了，他把自身也当作一种对象，"因此，劳动的对象是人的类的生活的对象化：人不仅像在意识中所发生的那样在精神上把自己化划为二，而且在实践中、在现实中把自己划分为二，并且在他所创造的世界中直观自身"③。

这里之所以说"类的生活"的对象化，这是因为在劳动中活动着的并不是孤立的个别人，劳动的对象性也不是孤立的个人的对象性或者只是那样的一群个人的对象性，倒不如说，正是在劳动中，作为类的人的普遍性得到了实现。

这样，我们就已经领会了对象化的第二个基本特征：它实质上是一种"社会的"活动，对象化的人从根本上说是一种"社会的"人。劳动在其得以进行的对象的领域正是共同生命活动的领域，人在劳动的对象中并且通过劳动的对象，互相表明是存在于他们的现实之中。交往的原初形式，人们相互之间的本质的关系，就表现在对对象性世界的共同使用、占有、欲望、需求和享受等之中。所有

---

① 马克思：《1844年经济学哲学手稿》，120～121页，北京，人民出版社，1979。

② 同上书，82页。

③ 同上书，51页。

的劳动，都是同别人联系在一起的劳动，都是为了别人同时又是反对别人的劳动，所以，人们正是在劳动中首先互相揭示他们自身实际上是为了什么。这样，一个人以他的个体的方式所进行的劳动的对象，"对别人说来是他自己的存在，是这个别人的存在，并且对他说来是别人的存在"①。

这样，假如把对象性的世界在总体上理解为一个"社会的"世界，理解为人类社会的对象性的现实，从而理解为人的对象化，那么，由此，对象性的世界已被当作一个历史的现实了。在任何给定的情况下，对人来说是先定的这个对象性的世界是以往人类生活的现实，以往的人类生活虽然属于过去，却仍然以它所已赋予对象性的世界的形式呈现出来。因此，对象性的世界的新的形式只能在这一基础之上，并且通过废弃某种现成的较旧的形式才得以产生。真正的人类和他的世界首先就产生在这种把过去的有关方面纳入现在的运动之中。"历史是人的真正的自然史"，是人的"产生过程"②，是"人通过人的劳动的诞生"③。不仅仅人在历史中生成，而且自然界，就它不是外在于和脱离了人的本质的东西，而是从属于被超越的和被占有的人的对象性的东西而言，也在历史中生成，"世界史"是"自然界对人说来的生成"④。

只有在现在，即只有在作为人和自然的统一体的人的整个本质被实践的社会的历史的对象化过程加以具体化以后，我们才能理解人是"全面的"和"自由的"类的存在物这一定义。人的历史同时是"整个自然界"的过程，人的历史是整个自然界的"生产和再生产"，即通过一再超越对象的现存的形式把对象性地存在的东西向前推进。所以，在人同整个自然界的"全面的"关系中，自然界终将不是作为人（就像其他东西一样）所必须服从的界限，或外在于人的某种东西。自然界是人的表现、确证和活动："外在性"是"显露在外的并且对光、对感性的人敞开的感性"⑤。

现在我们简短地概括一下包含在人是一种普遍的和自由的存在物这一概念中的那些定义。人同他自己和其他任何存在的东西发生关系，他能超越给予的和先定的东西，能占有它，从而把自己的现

① 马克思：《1844年经济学哲学手稿》，74～75页，北京，人民出版社，1979。
② 同上书，122页。
③ 同上书，84页。
④ 同上书，84页。
⑤ 同上书，133页。

实性赋予它，并在任何事物中实现自身。这种自由同我们在开始时所讲到的人的忧伤和需求并不矛盾，相反，就自由就是超越那些给予的和先定的东西而言，它是建立在忧伤和需求的基础之上的。"人的生命活动"并不是像动物那样"与之直接融为一体的那种规定性"①，它是"自由的活动"，因为人能够把自己从他存在的直接规定性中"区别"开来，"使他的存在成为一种对象"，并且能超越它。他能把自己的存在变成一种"手段"②，能自己给予自己现实性，自己"创造"自己，自己创造自己的"对象性"。我们必须在这种较深的意义上（并且不仅仅从生物学的角度）来理解"人创造人"③、人的生命真正是"创造性的"以及"创造生命的生活"④ 这类论述的含义。

这样，马克思的定义又回到了它的出发点"劳动"这一基本概念。在什么意义上把劳动作为一个本体论的范畴是正确的，现在已很清楚。就人通过创造、处理和占有对象世界，自己给予自己现实性而言，就人"同对象的关系"是"人的现实的实现"而言⑤，劳动是人的自由的真正表现。人在他的劳动中变得自由了。人在他的劳动的对象中自由地实现自身："随着对象性的现实在社会中对人来说到处成为人的本质力量的现实，成为属人的现实，因而成为人自己的本质力量的现实，一切对象也对他来说成为他自身的对象化，成为确证和实现他的个性的对象，成为他的对象，而这就等于说，对象成了他本身。"⑥

四

在前面部分中，我们已经根据上下文指出了构成《1844 年经济学哲学手稿》一书核心的人的定义，并且说明它是政治经济学批判的基础。在讨论这些问题时，我们仿佛只是在哲学研究的领域内考虑问题，而忘记了《手稿》是一种革命理论的基础，并进而最终涉

---

① 马克思：《1844 年经济学哲学手稿》，50 页，北京，人民出版社，1979。
② 同上书，50 页。
③ 同上书，74～75 页。
④ 同上书，50 页。
⑤ 同上书，77 页。
⑥ 同上书，78～79 页。

及革命的实践，虽然我们也曾一再提醒实际情况正好相反。但是，我们必须这样做，因为只有首先找到了出发点才能作出我们的解释，从而认识到哲学批判本身直接成为实践的革命的批判。

进行这种批判和解释的事实根据是表现在劳动的外化和异化中的人的本质的外化和异化，以及人在资本主义历史现实中的境况。这些事实对这种批判来说，被看作是人和人的劳动的本质的东西的完全歪曲与隐瞒。劳动在那里不是"自由的活动"，或者说不是人的全面的和自由的自我实现，而是对人的奴役和使人丧失现实性。劳动者也并不是他的生命表现得十分完美的人，而是一个非人，是"抽象"活动的纯粹的肉体。劳动的对象也不是作为劳动者的人的现实性的表现和确证，而是"外在的事物"，它不属于劳动者，而属于其他人，它成了商品。基于所有这一切，人的存在在异化劳动中已不再成为他的自我实现的"手段"，情况正好相反，人的自我倒成了仅仅为了他的生存的手段。劳动者的整个生命活动的目的仅仅是维持其肉体的生存。"结果，人（劳动者）只是在执行自己的动物机能时，亦即在饮食男女时，至多还在居家打扮等时，才觉得自己是自由地活动的；而在执行自己的人类机能时，却觉得自己不过是动物。动物的东西成为人的东西，而人的东西成为动物的东西。"①

我们已经看到，马克思是把这种异化和现实性的丧失看作人作为人的行为的一种完全歪曲的"表现"来加以论述的：劳动者同他的劳动产品的关系是"劳动产品这个异己"的对象"统治着他"，同时，劳动者同他自己的活动的关系是他自己的活动成为"某种异己的，不属于他的活动"②。这种异化绝不限于劳动者（尽管它对劳动者所产生的影响特别严重）。它也影响非劳动者——资本家。"死的物对人的统治"在资本家那里表现在私有财产的情形和资本家拥有和占有私有财产的方式上。这确实是一种由于占有、拥有财产而造成奴役的情形。资本家不是把他的财产作为自由的自我实现和活动的领域加以拥有的，而只是作为资本加以拥有的。"私有财产使我们变得如此愚蠢而片面，以致任何一个对象，只有当我们拥有它时，也就是说，当它对我们说来作为资本而存在时，或者当我们直接享有它，吃它，喝它，穿戴它，住它等时，总之，当我们消费它时，它才是我们的……而以占有的这一切直接的实现为手段的那种生活

① 马克思：《1844 年经济学哲学手稿》，48 页，北京，人民出版社，1979。
② 同上书，48 页。

西
方
学
者
卷
·
马
尔
库
塞

是私有财产的生活——劳动和资本化。"① （在下面谈到"虚假的财产"时，我们再回过头来解释"真正的占有"）

假如历史的实际情形和在关于人的本质的定义中所提出的所有条件完全不相符，那么，这是不是证明这一定义缺乏内容和意义，是违反历史事实的一种唯心主义的抽象说教呢？我们知道，马克思在他的《手稿》后一年写的《德意志意识形态》中正是以这种辛辣的嘲弄抨击像施蒂纳和"真正的社会主义者"这样一类黑格尔主义分子关于本质、人等的无聊的空洞说教的。难道说马克思自己在他关于人的本质的定义中也具有这种无聊空洞的特征吗？或者说，从《手稿》到《德意志意识形态》，马克思的基本观点发生了根本的改变？

马克思的观点确实有一点变化，即使这种变化并不是他的根本观点。必须一再强调，马克思在制定革命理论的原理时，是在各条战线上进行战斗的。一方面他要反对黑格尔主义学派的假唯心主义，另一方面又要反对资产阶级政治经济学的庸俗化倾向，而后还要反对费尔巴哈和假唯物主义。他所进行的斗争的意义和目的是随着他所反对和捍卫的方向而定的。在这里，当马克思主要是反对那种把历史实际情形的一个特殊方面变成刻板的"永恒的"规律，并把它称为"本质的关系"的政治经济学中的物化倾向时，他把这种历史的实际情形和人的真实本质作了对比。而马克思在这样做时，就揭示了关于人的本质的真理，因为他是在人的真实的历史中把握人的本质的，并指出了人的本质的存在被克服的必然性。

所以，这些改变是随着斗争领域的转移而引起的。但是，下面这一点更是决定性的。把本质（"这种"人的规定性）和实际情形（人的被给予的具体历史状况）简单地相互对立起来应付了解，就完全忽视了马克思在他研究一开始已提出的新的观点。马克思认为，本质和实际情形，本质的历史状况和现存的历史状况，不再是相互分离或彼此独立的：因为人的历史经验被归纳到关于人的本质的定义中去了。我们所论述的不再是在每个具体历史阶段都千篇一律的抽象的人的本质，而是在历史中并且只有在历史中才能被确定的人的本质（因而马克思在反对布鲁诺·鲍威尔、施蒂纳和费尔巴哈时所说的"人的本质"完全是另一个问题）。正是因为这一点，对从德国哲学的最有生命力的阶段的直接关系中成长起来的马克思说来，

---

① 马克思：《1844年经济学哲学手稿》，77页，北京，人民出版社，1979。

全部人类历史实践中的问题始终是人自己的问题，这一事实是不证自明的，以至于无须再加以讨论了（马克思主义的继承者恰好把与此对立的观点看成是不证自明的）。即使在马克思同处于衰落阶段的德国哲学进行极其激烈的斗争时，一种哲学的动力仍然活生生地贯穿其间，只有那些天真者，才把这种斗争误解为马克思是要把哲学也一起消除掉。

人的本质的历史特征的发现，并不意味着人的本质的历史和人的事实上已经存在的历史可以同日而语，我们已经知道人绝不直接地“与他的生命活动同一”，倒不如说，人同他的生命活动是“相区别”的，同时又是与它“发生关系”的。本质和存在在人身上是分开的：他的存在是实现他的本质的一种“手段”，或者，在异化时，他的本质仅仅是维持其肉体生存的手段。① 这样，假如本质和存在已相分离，假如人类实践的真正的自由的任务是把两者作为“实际上的实现”而统一起来，那么，当实际情形已经发展到歪曲破坏人的本质时，根本抛弃这一现存状态就成了责无旁贷的任务了。正是这种对人的本质的透彻的洞察，成了发动彻底革命的不可抗拒的原动力。资本主义的实际情形其特点不仅仅表现为经济和政治上的危机，而且也表现为人的本质遭受巨大的灾难。这种见解认为，只是在经济上或政治上进行改革，从一开始就注定要失败，并且主张，必须无条件地通过总体革命来彻底改变现状。只有在牢固地确立这种基本观点，以致任何单纯政治上或经济上的论证已无法动摇它以后，才可提出革命的历史条件和革命的承担者的问题，亦即阶级斗争理论和无产阶级专政理论的问题。任何一种批判，如果只是注意到阶级斗争和无产阶级专政的理论，而没有进一步把握这种理论的真正的基础的话，那是没有抓住要害。

我们现在就来看，《手稿》为建立一种实证的革命理论做出了什么贡献，看看《手稿》是怎样论述真正废除异化、外化劳动和私有财产的。我们将再次限于研究表现在政治和经济事实中的基本情形。关于异化根源的研究，即对私有财产的产生和历史状况的研究，也属于这种实证的革命理论。我们将阐明这一点。所以，必须对两个主要问题作出回答：（1）马克思怎样论述实现对私有财产的废除？也就是说，怎样论述总体革命以后的人的本质的情形？（2）马克思怎样分析私有财产的根源？或者说，怎样分析异化的产生和发展？

① 　马克思：《1844 年经济学哲学手稿》，50 页，北京，人民出版社，1979。

马克思自己很明确地提出了这两个问题，其回答大抵可以在《手稿》第52～54页和第73～80页上找到。

人的完全异化和人的现实性的丧失被追溯到劳动的外化。根据马克思的分析，私有财产是外化劳动"在现实中""显示和表现出来的"方式①，是"外化的实现"②（下面我们要回到私有财产和外化劳动的密切关系这一问题上）。外化的废除，假如是真正的废除（而不是仅仅"抽象的"或者理论上的废除），那就必须废除外化的真实的形式（外化的"实现"），因此"整个革命运动在私有财产的运动中，亦即在经济中，既为自己找到经验的基础，也为自己找到理论的基础"③。

由于与外化劳动联系在一起，私有财产就已不只是个具体的经济学范畴了。马克思明确地强调了私有财产这一概念所包含的特别的含义。"这种物质的、直接感性的私有财产，是异化了的人的生活的物质的、感性的表现。私有财产的运动——生产和消费——是以往全部生产的运动的感性表现，也就是说，是人的实现或现实。"④通过这一解释，即马克思所补充的"人……的实现"，马克思特别强调，"生产"（私有财产的运动是它的展现）不是经济的生产，而是整个人类生命的自我生产过程（关于这一点上面已经解释过）。下面这段话更进一步地叙述了私有财产表现了异化了的人的生命运动："人既对自己说来成为对象性的东西，同时又毋宁成为异己的和非人的对象；他的生命的表现就是他的生命的外化，他的现实化就是他的非现实化，就是他的异己的现实。私有财产不过是上述情况的感性的表现罢了。……对私有财产的积极的扬弃……"不只是经济上的扬弃，而是对整个人的现实的实证的"占有"⑤。私有财产是异化了的人使自己对象化，"生产"自己和他的对象性世界，并且在对象性世界中实现自己的方式的真正表现。所以，私有财产是整个人的行为的形式的实现，而不只是一种外在于人的特定的有形的"状况"，或者说，绝不"仅仅"是"客观的存在物"⑥。

但是，假如在私有财产中实现了已丧失现实性的一种人的行为

---

① 马克思：《1844年经济学哲学手稿》，52页，北京，人民出版社，1979。
② 同上书，54页。
③ 同上书，74页。
④ 同上书，74页。
⑤ 同上书，77页。
⑥ 同上书，66页。

的异化了的形式，那么，私有财产本身只能是真实的和本质的人的行为的异化了的不真实的形象。因此，私有财产必定存在两种现实的"形式"：异化了的形式和真实的形式。一种仅仅是私有财产，另一种是"真正人的"财产。[1] 必定存在着一种属人的本质的"财产"形式。而实证的共产主义根本不是要抛弃所有的财产，恰恰是要恢复财产的这种真正的人的形式。

怎样"通过私有制同真正人的和社会的所有制的关系来确定私有财产作为异化劳动的结果的普遍本质"[2] 呢？要回答这一问题必须同时搞清楚实证地废弃私有财产的含义和目的。"如果私有财产从它的异化状态解脱出来，那么私有财产的意义就是本质的对象——既作为享受的对象，又作为活动的对象——对人说来的存在。"[3]

这是对真正的财产的最一般的实证的解释：人为了自由地实现他的本质所需要的所有对象的有效性和可用性。这种有效性和可用性是作为财产被实现的——这一点绝不是不证自明的公理，而是建立在这样的思想的基础上：人绝不是直接地和简单地拥有他所需要的东西，而是只有当占有它们时，才算真正拥有对象。这样，劳动的目的就在于把经人处理后投注于世的对象给予人，作为他自己的占有物，人通过对象就能自由地从事活动并实现自己的潜力。财产的本质在于"占有"。占有和通过占有的实现的具体方式，是财产的状态的基础，绝不仅仅是简单的拥有和占有而已。我们现在必须进一步解释占有和财产这类新概念，它构成了马克思的分析的基础。

我们已经看到，私有财产是怎样存在于一种占有、拥有对象的不真实的方式之中。在私有财产的情况下，一个对象当能"被用"时就是"财产"，而这种有用要么在于能直接消费，要么在于能转变成资本。"生命活动"为财产服务，而不是财产为自由的生命活动服务。被占有的不是人的"现实"，而是作为物（物品和商品）的对象，即使这种占有是"片面的"：它局限于人的物质行为，局限于能立即"享受"或能转变成资本的对象。与此相反，"真正人的财产"现在在它的真正的占有中被加以描述："通过人并且为了人而对人的

---

① 马克思：《1844年经济学哲学手稿》，56页，北京，人民出版社，1979。在《德意志意识形态》中，马克思激烈地抨击了"真正人的财产"这一概念（特别是在反对"真正社会主义"的论战中），在这里，在马克思的革命理论基础的范围内，这一概念的意义显然与施蒂纳和"真正的社会主义者"所说的完全不同。

② 同上书，56页。

③ 同上书，103页。

本质和人的生活、对对象化了的人和属人的创造物的感性的占有，不应当仅仅被理解为对物的直接的、片面的享受，不应当仅仅被理解为享有、拥有。人以一种全面的方式，也就是说，作为一个完整的人，把自己的全面的本质据为己有。"接着又进一步叙述了这种全面的占有："人同世界的任何一种属人的关系——视觉、听觉、嗅觉、味觉、触觉、思维、直观、感觉、愿望、活动、爱——总之，他的个体的一切官能……是通过自己的对象性的关系，亦即通过自己同对象的关系而对对象的占有。"①

作为财产的基础的占有，超出了所有经济的和法律的关系，变成了一个理解人同对象性世界的全面的和自由的关系的范畴，人同正成为自己的对象的关系是"全面的"，它"解放"了所有人的官能。整体的人在作为"他的产物和他的现实"的整个对象性的世界中是自由自在的。在经济上和法律上废弃私有财产，并不是共产主义革命的终结，而仅仅是共产主义革命的开始。因为正像我们所看到的那样，这种全面的自由的占有就是劳动，人同对象的具体的关系就是创造、安排和形成的关系。但在这种情况下，劳动将不再是外化了的、物化了的活动，而是完全的自我实现和自我表现。

这样，由物化所体现出来的这种非人性，从根本上和最危险的地方，即在财产的概念上，被废除了。假如对象从"片面的"所有制和占有中解脱出来，并依然是这种人的产物和现实（人在它们中"生产"或实现它们和他自身），那么，人就不再在对象性世界中"丧失"自身，他的对象化也不再就是物化了。但是，这种在对象中已经实现的人不是孤立的个人或抽象的一群个人，而是社会的人，作为一种社会的存在物的人。人复归于他的真正的财产就是复归于他的社会本质，这就是社会的解放。

五

"只有当对象对人说来成为属人的对象，或者说成为对象化了的人，人才不致在自己的对象里面丧失自身。而只有当对象对人来说成为社会的对象，人本身对自己说来成为社会的存在物，而社会对

---

① 马克思：《1844 年经济学哲学手稿》，77 页，北京，人民出版社，1979。

人来说成为这个对象的本质，这种情况才是可能的。"① 这样，要消除上面所概括的物化须具备两个条件：对象性的关系必须成为属人的，即社会的关系；必须这样去认识和自觉地维持这种关系。这两个条件从根本上说是互相联系的，因为只有当人自己这样地意识到这种关系时，也就是说，取得有关他自己和对象的知识时，对象性的关系才能成为属人的和社会的关系。这样我们再次看到了马克思独具慧眼的洞察力（即人的"自我生成"）在他的理论的基础中所起的核心作用。那么，认识，即对作为社会的东西的对象化的认识，在什么程度上才能成为废弃一切物化的真正的推动力呢？

我们知道，对象化本质上是一种社会的活动，而且，人正是在他的对象中和在作用于对象的劳动中，才认识到自己是一种社会的存在物。消除物化的对对象化的洞察，就是对作为对象化的主体的社会的洞察。因为不存在在个人之外的作为主体的"社会"这样的东西；马克思明确地反对把社会当作一种同个人相分离相对立的独立的整体："首先应当避免重新把'社会'作为抽象物同个人对立起来。个人是社会的存在物。因此，他的生活表现——即使它不直接采取集体的、同其他人共同完成的生活表现这种形式——是社会生活的表现和确证。"②

这样，洞察对象化也就是洞察人和他的作为社会关系的对象性的世界，是怎么样和通过什么成为它们现在这个样子的。这也就是洞察人的历史—社会的状况。这种洞察不仅仅是理论的认识，或者任意的、被动的直觉，而是实践：废弃现存的东西，使之成为一种自由的自我实现的"手段"。

这也就意味着，规定这一任务的那种洞察并不是任何人都能达到的。它只能被这样一些人所认识：他们实际上是由他们所处的历史—社会状况赋予他们这一任务的（我们不能按这种方式继续推论出这样的结论：在马克思所分析的情况下无产阶级是这种洞察的承担者；马克思的《〈黑格尔法哲学批判〉导言》一书的结尾谈到了这方面的问题）。这不是为了这样的一种人的任务，而是在特殊的历史条件下的一项特殊的历史任务。所以，不言而喻，"异化的扬弃总是要作为统治力量的那种异化形式为出发点"③。因为异化的扬弃有赖于历史所既定的条件，所以，为了使扬弃的实践成为真正的扬弃，

---

① 马克思：《1844 年经济学哲学手稿》，78 页，北京，人民出版社，1979。

② 同上书，76 页。

③ 同上书，92 页。

就得揭示这些条件并占有他们。洞察对象化，也就是洞察人的历史和社会的状况，揭示了这种状况的历史条件，并因而实现了这种实践力量和具体形式，这种洞察便由此而成为革命的杠杆。我们现在也就能理解，关于异化的起源和洞察私有财产的起源这两个问题，在多大程度上必定成为实证的革命理论的不可分割的组成成分。

马克思对私有财产起源问题的考察表现了他的理论的一种开创性的新"方法"。马克思从根本上确信，只要人能自觉地认识他的历史，他就不会陷入到他还没有创造自己的状况之中去，并且确信，只有人自己才能把自己从任何状况之中解放出来。这一基本的信念，表现在《手稿》关于自由这一概念中，"工人阶级的解放只能是工人阶级自己的事"这一思想清楚地贯穿于一切经济的说明中，只有当后者被曲解为庸俗的唯物主义时，这一思想才会与历史唯物主义发生"矛盾"。假如生产关系已成为一种"束缚"和统治人的外在力量，那么，这只是因为人在某一时期，已经自己把自己从他的对生产关系的统治力量中外化了出去。假如人们把生产关系看作主要是由既定的"自然的"生产力（例如气候或地理条件、土地条件、原材料的分布等）所决定的东西，并且忽视这样的事实：所有这些物质材料总是以一种历史地留传下来的形式存在着的，并且构成了特殊的属人的和社会的"交往形式"的一个方面，那么，上述结论也同样是正确的。因为通过这种先存的生产力而存在着的人的状况，只有通过对他所发现的这种先存的东西作出"反应"，也就是说，通过占有这种东西的方式才能成为一种历史的和社会的状况。确实，这种已被物化为外在的决定性力量的生产关系总是特殊的社会关系的对象化，而且，只有在用这些人的关系来说明经济革命时，废弃这种表现在这些生产关系中的异化，才是真实的和全面的。这样，私有财产起源的问题变成了人通过某种活动把财产从自身外化出去的问题："现在要问，人如何达到自己的劳动的外化、异化？这种异化如何根源于人类发展的本质？"马克思认识到阐述这一问题的新的方式是极其重要的，他又说："我们已经把私有财产的起源问题归结为外化了的劳动同人类发展进程的关系问题，因为我们已经为解决这一问题得到了许多东西。因为当人们谈到私有财产时，人们以为他们是在谈论人之外的某种东西，而当人们谈到劳动时，则以为是在直接谈论人本身。问题的这种新的提法就已经包含着问题的解决。"①《1844年经济学哲学手稿》没有回答这一问题。在马克思后来的对政治经济学的批判中对这一问题作出了回答。但是,《1844年经济学哲学手稿》在关于人的本质的定义中论证了这样一种看法:在人的本质中对象化总是倾向于物化,而劳动总是倾向于外化,所以物化和外化不仅仅是偶然的历史事实,与此相关,它也证明了劳动者怎样通过他的外化"造就"了非劳动者,从而也"造就"了对私有财产的统治②,以及劳动者怎样在异化之初而不是在得到解放以后,就把命运掌握在自己手中的。

马克思在谈到黑格尔的《现象学》的真正的成果时,提出了作为自我异化的异化的定义:"人同作为类的存在物的自身发生现实的、能动的关系……这只有通过下述途径才是可能的,即人实际上把自己的类的力量全部发挥出来……并且把这些力量当作对象来看待,而这首先仍然只有通过异化的这种形式才是可能的。"③

至于为什么只有通过异化这种形式才是可能的,在这里,我们找不到解答;更确切地说,不可能对它作出回答。因为我们所面对的是一种根源于人(作为一种"对象性的"存在物)的事态,而对这种事态只能揭示到这般程度。正像上面已解释的那样,追求外在于人的"不可抗拒的"、"不属于人的存在物的组成部分的"对象,这正是人的"需求";人必须与这些对象发生关系,仿佛它们是一些外部的对象,虽然这些对象只有通过人和为了人才能成为真正的对象。对象首先是以一种外部的外在的形式与人直接相对立的,并且只有通过对对象有意识地加以历史的和社会的占有,对象才能成为属人的对象,成为人的对象化。所以,人的表现首先总倾向于外化,而他的对象化则倾向于物化,从而他只有通过"否定之否定",即通过废弃他的外化和从他的异化中复归,他才能达到一种普遍的和自由的现实。

在证明外化劳动的可能性根植于人的本质之中以后,哲学上的阐述就可以说完成了,发现外化的现实的根源就成为经济的和历史的分析的事了。我们知道,马克思认为这种分析的出发点是分工。④我们在这里不可能对这种分析作详细的论述,只能很快地看一看马克思所揭示的途径:由于劳动的外化,劳动者"造就"了资本家和

---

① 马克思:《1844年经济学哲学手稿》,56页,北京,人民出版社,1979。

② 同上书,55～56页。

③ 同上书,116页。

④ 同上书,97～98页。

私有财产的统治。在进行这种分析的开头，有这样一句话："人从自身和从自然界的任何自我异化，都通过他自己本身和自然界同有别于他的其他人所发生的那个关系表现出来。"① 我们已经知道这一句话的上下文：人同他劳动对象的关系。直接地就是他同那些与他一起分享这个对象的其他人和作为社会的存在物的他自身的关系。所以，虽然劳动者在他的劳动的自我外化中所"拥有的"对象，是某种外在的、不可抗拒的和不属于他的东西，但是，这个对象，并不是作为孤立的、不属于任何人的，并且可以说是在整个人类之外的东西而与他相对立的。倒不如说情况是这样的："如果说劳动产品不属于劳动者，并作为异己的力量与劳动者相对立，那么，这只能是由于产品属于别人而不属于劳动者。"② 随着劳动的外化，劳动者立即成了为某个"主人"服务的"奴仆"："因此，如果……他的劳动产品……"对他来说"是一个异己的……对象……那么，他所以同这一对象发生这种关系。是因为有另一个异己的……人是这一对象的主人。如果说人自己本身的活动对人说来是一种不由自主的活动，那么，这是因为人自己本身的活动是替别人服务的、受别人支配的、处于别人的强迫和压制之下的活动。"③

情况并不是这样的："主人"首先存在着，迫使别人服从于他，使别人从他的劳动中外化出去，仅仅成为一个劳动者，而使自己成为一个非劳动者。但情况也不是这样的：统治和奴役之间的关系是劳动发生外化的简单的结果。劳动的外化，即从它自身的活动和从它自身对象中异化出去，在本质上就是劳动者和非劳动者，统治和奴役之间的关系。

这些区别似乎是次要的，并且在后来当进入纯粹的经济分析的领域时，这些区别事实上已消失了。但是，在《手稿》中，这些区别为马克思所特别强调，即使仅仅因为它们关系到马克思对黑格尔的极其重要的批评。统治和奴役在这里并不是作为特殊的（前资本主义或早期资本主义）公式、生产关系等提出来的概念。它们是对在异化劳动下人所处的社会状况的一般描述，在这一意义上，它们又回到了黑格尔在他的《现象学》中所发展起来的"主人与奴隶"这些本体论的范畴。在这里我们不可能讨论马克思对主人和奴隶之间的关系所作的更进一步的论述，但我们择其一个要点："凡是在劳

---

① 马克思：《1844年经济学哲学手稿》，53页，北京，人民出版社，1979。

② 同上书，53页。

③ 同上书，53页。

动者那里表现为外化、异化的活动的东西，在非劳动者那里都表现为外化、异化的状态。"①

我们知道，异化（指主人和奴隶两者在其中发现自己的一种状态，尽管他们是以不同的方式发现自己）的扬弃，只能建立在摧毁物化的基础上，也就是说，建立在对其历史和社会状况中的对象化的活动加以实践的洞察的基础之上。因为人只有在劳动中，在他的劳动的对象中，才能真正理解在历史和社会状况中的他自己、他人及对象性世界，所以，主人作为非劳动者，是不可能达到这种洞察的。因为那种实际上是特殊的属人的活动，对人来说，是作为一种物质的和对象性的东西出现的，所以，劳动者对于主人来说（仿佛）具有一种不可归结的有利条件。劳动者是真正的变革者；摧毁物化只能是他的事。主人只有在他变成了劳动者之后，才能达到这种革命的洞察，但这意味着他扬弃了他自己的本质。

这种从政治经济学的哲学批判和基础中产生出来的理论，在其每一条研究途径和各个方面，都证明它本身是一种实践的理论，是一种其内在含义（由它的对象的性质所要求）为特殊的实践的理论；只有特殊的实践才能解决这一理论所独具的问题。"我们知道，理论的对立本身的解决，只有通过实践的途径，只有借助于人的实践的力量，才是可能的；因此，对立的解决决不仅仅是认识的任务，而是一个现实的、生活上的任务，而正是因为哲学把这一任务仅仅看作理论的任务，所以哲学未能解决它。"② 我们还可以补充说：但是，假如哲学把它作为一个实践的任务加以把握，也就是说，假如哲学扬弃了作为"仅仅是理论"的哲学自身，换句话说，假如哲学第一次真正作为哲学"实现"了自身，那么，哲学也能解决这一任务。

马克思把解决这一任务的实践的理论（就它把作为历史的和社会的存在物的人置于中心地位而言）称之为"真正的人本主义"；如果这种理论被贯彻到底，就它掌握人和自然的统一而言，马克思又把它看成与"自然主义"相一致，即："人的自然性"和"自然的人性"的相一致。假如这种被马克思作为他的理论基础提出来的真正的人本主义，同那种通常所认为的马克思的"唯物主义"不相符，那么，这样一种矛盾也完全在马克思的意料之中："我们在这里看

①　马克思：《1844 年经济学哲学手稿》，57 页，北京，人民出版社，1979。
②　同上书，80 页。

到，彻底的自然主义或人本主义既有别于唯心主义，也有别于唯物主义，同时是把它们二者统一起来的真理。"①

六

最后我们需要简短地考察一下被看作整个《手稿》的结尾的马克思对黑格尔的批判。因为我们在解释马克思对政治经济学的批判时，已经探讨过马克思所阐述的对黑格尔的批判的实证的基础（把人定义为是一种"对象性的"、历史的和社会的、实践的存在物），所以我们这里的讨论可以简短些。

马克思首先指出，必须讨论一个一直没有充分地回答过的问题："我们如何对待黑格尔辩证法"②？这个问题是在马克思对政治经济学进行实证的批判的终了和建立革命理论时提出来的，它表明马克思在多大程度上认识到他是在黑格尔所开创的领域里工作的，并且表明马克思同几乎所有的黑格尔主义者以及几乎所有的他后来的追随者相反，他是怎么样把这一事实看作是一种对黑格尔所应尽的科学哲学的义务的。在简短地抨击布鲁诺·鲍威尔、施特劳斯等人以后（对这些人的"批判的批判"使得非讨论黑格尔不可），马克思立即对费尔巴哈作出支持："费尔巴哈是唯一对黑格尔辩证法采取严肃的、批判的态度的人；只有他在这个领域内作出了真正的发现。"③马克思指出了费尔巴哈作出的三个这样的发现：（1）证明了哲学（即黑格尔的纯粹思辨哲学），不过是"人的本质的异化的另一种形式和存在方式"；（2）通过"把'人与人之间的'社会关系当作理论的基本原则"，从而建立了"真正的唯物主义"；（3）正是通过这一原理，他把"立于自身之上并且实证地以自身为基础的肯定"，同黑格尔的自称是绝对的肯定的那个"否定之否定"对立起来。④马克思在列举费尔巴哈的三个发现的同时，表述他自己对黑格尔批判的三个主要方面，现在我们就来谈这三个方面。

"必须从黑格尔的《现象学》这个黑格尔哲学的真正诞生地和秘

---

① 马克思：《1844年经济学哲学手稿》，120页，北京，人民出版社，1979。
② 同上书，109页。
③ 同上书，111页。
④ 同上书，111页。

密开始。"① 马克思在一开始就抓住了在其起源上（即在《现象学》中）还以不隐蔽的形式表述的黑格尔的哲学。假如在开始时我们还可能把这种批判误解为只是对大家通常所认为的那种关于黑格尔的辩证的批判的话，那么，现在我们可以明白，被马克思看作辩证法加以批判的正是黑格尔哲学的基础和实际"内容"，而不是它的（大家通常所认为的）"方法"。而且，马克思虽然进行批判，但他同时又吸取了那些积极的方面，即由黑格尔所作出的伟大发现；也就是说，在马克思看来，只是因为在黑格尔那里有着真正积极的发现，黑格尔的哲学才可能而且必须成为他的批判的主题，而正是在黑格尔的真正积极的发现的基础上，他才可能而且必须进一步努力。从马克思的批判的否定的方面，即马克思对黑格尔"错误"的揭露开始，这样，我们接着就能从这些否定的方面之中吸取积极的方面，并且证明，这些错误实际上只是对真正的和确实的事态所作的错误的解释。

黑格尔在《现象学》中对"人的本质"的历史运动作了"思辨的表达"，但他没有表达人的现实的历史，而只是表达了"发生的历史"②。他所表述的人的本质的历史是：人首先成为他现在的这个样子，并且仿佛当人的现实的历史开始之初人就已经成了这个样子的了。即使在这一基本特征的概括中，马克思已经比大多数黑格尔哲学的解释者更为深刻和正确地把握了《现象学》的意义。然后，马克思就着手对黑格尔自己的成问题的思想的核心加以批判：黑格尔对人的本质的历史所作的哲学描述从一开始就陷于失败，因为黑格尔从一开始就把人的本质当作抽象的自我意识（"思想"、"精神"），从而忽略了其真正具体的丰富内容："人的本质，人，在黑格尔看来是和自我意识等同的"③；人的本质的历史仅仅是作为自我意识的历史，或者甚至只是作为自我意识范围内的历史展开的。马克思所指出的对解释人的本质至关重要的那个概念，马克思把它放在他的概念结构的中心的那个概念，即人的"对象性"、人的"本质的对象化"，恰恰被黑格尔糟糕地赋予不同的含义并被歪曲了。在黑格尔那里，对象（即对象性本身）只是意识的对象，其确切的含义是，意识是对象的"真理"，对象只是意识的否定的方面：它被意识所设定（创造、产生），作为意识的外化和异化；它也将再被意识所"扬

① 马克思：《1844年经济学哲学手稿》，112页，北京，人民出版社，1979。
② 同上书，112页。
③ 同上书，118页。

弃"，或"回复到"意识中去。这样，对象就其存在的性质来说，是纯粹否定的事物，即"虚无性"①，它只是抽象思维的对象，因为黑格尔把自我意识归结为抽象思维。"主要之点就在于：意识的对象无非就是自我意识；或者说，对象不过是对象化了的自我意识、作为对象的自我意识……因此，问题就在于克服意识的对象。对象性本身被认为是人的异化了的、不符合于人的本质（自我意识）的关系。"② 但是，对马克思来说，对象性正是人的关系，人只有在这关系中才能自我实现和自我活动，它是"现实的"对象性，即人的劳动的"产物"，它绝不是抽象意识的对象。从这一立场出发，马克思说，黑格尔把人看成是"非对象的、唯灵论的存在物"③。这种存在物绝不是作为真正的对象存在着，而是始终只作为自我设定的自身的否定性存在着。它实际上常常是在它的"异在本身中，也就是在它自身中"④，因而它最终就是"非对象性的"，并且，"非对象性的存在物是一种……怪物"⑤。

就其主张展现人的本质的存在物的历史运动而言，这也构成了对《现象学》的一种批判。假如其历史被展现了的存在物是一种"怪物"，那么，它的历史必然也是彻头彻尾的"非本质的"。马克思看到，黑格尔在看作"非对象化"、"看作外化"的"对象化"的运动中⑥，在对这种在整个《现象学》中以多种形式重新提到的"外化"的"扬弃"中，发现人的历史的运动。但是这种对象化仅仅是表面的，"抽象的和形式上的"，因为这种对象只具有"对象的样子"，而这种自我对象化的意识依然在这种表面上的外化中是"在它自身"⑦。像异化本身一样，异化的废弃只是表面样子：外化依然存在着。黑格尔所提及的异化了的人的存在的形式，并不是异化了的现实生活的形式，而只是意识和知识的形式；黑格尔所涉及和加以扬弃的并不是"现实的宗教、国家、自然界，而是本身已经成为知识的对象的宗教，即教义学；法学、国家学、自然科学也是如此"⑧。这样，因为外化的废弃只是思想上的废弃，而不是现实的废

---

① 马克思：《1844 年经济学哲学手稿》，123 页，北京，人民出版社，1979。
② 同上书，117 页。
③ 同上书，117 页。
④ 同上书，124 页。
⑤ 同上书，121 页。
⑥ 同上书，116 页。
⑦ 同上书，124 页。
⑧ 同上书，127 页。

弃，也就是说，因为"这种思想上的废弃保留了它在现实中存在的对象"，所以，马克思就能说，整个《现象学》，以及建立在《现象学》基础上的整个黑格尔的体系，仍然处于异化之中。事实上，这一思想出自作为整体的黑格尔的体系，例如，黑格尔就不是把"自然界"理解为在它的同人或"人性"的存在统一体中的人的"自我外在化的感性世界"，而是把自然界当作"外化"意义上的、"不应有的缺点、缺陷"意义上的外在性，当作一种"乌有的无"①。

我们在这里不再进一步论述这种否定性批判的其他特点了。我们在《黑格尔法哲学批判》中对这类批判已很熟悉了。例如，把思想变成绝对，把绝对主体实体化为历史过程的承担者，主词和宾词之间的关系被颠倒了②，等等。必须记住，马克思把所有这些"不适当的东西"看作是现实事物范围内的东西。如果说黑格尔把人的本质设定为一种"非存在物"，那么这是一种现实的存在物的"非存在物"，因而也就是一种现实的"非存在物"；如果说黑格尔"只是为历史的运动找到了抽象的、逻辑的、思辨的表达"③，那么这仍然是一种现实的历史运动的表达；如果说黑格尔不是用抽象的形式描述对象化和异化，那么他还是把对象化和异化看作是人的历史的本质的运动，马克思对黑格尔批判的重点明确地是在积极的方面，我们现在就着手讨论这个方面。

"因此，黑格尔《现象学》及其最后成果——作为推动原则和创造原则的否定的辩证法——的伟大之处就在于，黑格尔把人的自我创造看作一个过程，把对象化看作非对象化，看作外化和这种外化的扬弃；因而，他抓住了劳动的本质，把对象性的人……理解为他自己的劳动的结果。"④ 只有当我们将黑格尔著作的中心议题加以展开（但我们在这里显然无法做到这一点），才能把握马克思在这里对《现象学》所作的解释的全部意义。也只有在那时我们才能明白，马克思以前所未有的正确性识破了一切神秘的和令人误解的解释（甚至在黑格尔自己的著作中，这样的解释就开始了），并且追溯到在现代哲学中，即在《现象学》中第一次所提出的问题的最根本的核心中去。

在上面所引的那段话中，马克思已经指出了他所认为的黑格尔

---

① 马克思：《1844 年经济学哲学手稿》，133、132 页，北京，人民出版社，1979。

② 同上书，129 页。

③ 同上书，112 页。

④ 同上书，116 页。

的最重要的发现。下面我们想简短地说明这些发现，在马克思看来，这些发现是"黑格尔辩证法的积极的环节"。

《现象学》提出了"人的自我创造"，它的含义除了上面已经说过的以外，还包括它是指一个人（作为一种有机的、活生生的存在物）成为按照他的本质，即人的本质所是的那个样子的过程。因而，它就提供了人的本质的"发生的历史"①，或者说人的本质的历史。人的"创造活动"是一种"自我创造的活动"②，也就是说，人把他的本质赋予他自己：他首先必须使自己成为他所是的那个样子，"树立"自己，"生产"自己（我们已经探讨过这一概念的含义）。这一掌握在人类自己手中的历史，被黑格尔看作以外化及外化的废弃为特征的一个"过程"。整个这一过程被称为"对象化"。从而人的历史是作为对象化而产生和实现自身的；人的现实性是由从他所有的"类的力量"中创造现实的对象所构成的；或者说，是由"创立一个现实的、对象性的世界"所构成的。黑格尔把这种创立对象性的世界仅仅看作"意识"或"知识"的外化，或者说看作抽象思维同"物相"的关系，而马克思则把它看作整个的人在历史的和社会的劳动中的"实践的"实现。③

黑格尔是这样解释知识和对象性世界的关系的：这种对象化同时就是非对象化，也就是说是现实性的丧失或异化，所以，"这首先仍然只有通过异化这种形式才是可能的"④。这就是说，知识在成为对象性的过程中，一开始就在它的对象中失去了自身，对象把它作为外在的他物与它相对立，对象以一种事物和物质的外在世界的形式出现，事物和物质同在它们中表达自己的意识失去了内在的联系，而现在作为一种独立于意识的力量出现。例如在《现象学》中，道德、法、国家和财富的力量就作为异化了的对象性世界出现，正是在这里，马克思指责黑格尔把这些东西仅仅看作"思想物"，而不是现实物⑤，因为对黑格尔来说，它们不是现实的、具体的人的存在的外在化，而只是"精神"的外在化。

虽然对象化首先在于对象的丧失或异化，但在黑格尔那里，正是这种异化，倒成了真实的存在物的复原。黑格尔"把人的自我异

---

① 马克思：《1844年经济学哲学手稿》，112页，北京，人民出版社，1979。
② 同上书，128页。
③ 同上书，119页。
④ 同上书，116页。

⑤ 同上书，114页。

化、人的本质的外化、人的非对象化和非现实化，看作自我获得，本质的表现，对象化，现实化"①。人的本质（在黑格尔那里始终被当作仅仅是意识）是这样一种东西：它为了能够发现自己，不仅必须表现自己，而且必须外化自己，不仅仅使自己对象化，而且使自己丧失对象。只有当它真正丧失了自身，它才能回到自身，只有在他的"他物"中，它才能成为"自为的"存在物。这就是否定的"积极意义"，即"作为推动原则和创造原则的否定的辩证法"的积极意义。② 为了论证和阐明这一论断，我们将不得不探讨黑格尔的本体论的基础，在这里，我们只需要指出，马克思是怎样说明黑格尔的这一发现的。

通过上面提到过的否定这一积极的概念，黑格尔"把劳动看作人的自我创造的活动"③，"他把劳动看作人的本质，看作人的自我确证的本质"④，关于这一点，马克思甚至说，"黑格尔站在现代国民经济学家的立场上"⑤。这似乎是个自相矛盾的论断，但正是通过这一论断，马克思概括了黑格尔《现象学》的庞大的、几乎近于革命的具体内容。假如劳动在这里被解释为人的自我确证的本质，那么，很显然，这里所说的劳动不完全是个经济学的范畴，而更是个"本体论"的范畴，正如马克思在这同一段中对劳动解释的那样："劳动是人在外化范围内或者作为外化了的人的自为的生成。"⑥ 那么，马克思究竟出于什么原因一定要用劳动这一范畴来说明黑格尔的作为异化中的自我发现和在外化中实现的对象化这一概念呢？

这不仅仅是因为黑格尔用劳动来揭示人的本质的对象化和它的异化，或者说，不仅仅是因为他把劳动着的"奴隶"同他的世界的关系描述为对异化了的对象性的首次的"废弃"，不仅仅是因为这一点，虽然在《现象学》中这一点被看作人的历史的真正开始这一事实，既不是偶然的巧合，也不是一种纯粹主观臆想，而是表达了这整部著作最深刻的方面。马克思由此发现了在黑格尔的《现象学》中以自我意识的历史形式表述的人的本质的历史的本来含义，尽管这样说有点夸张。正是实践，即自由的自我实现，始终处理、废弃

① 马克思：《1844 年经济学哲学手稿》，128 页，北京，人民出版社，1979。

② 同上书，116 页。

③ 同上书，128 页。

④ 同上书，116 页。

⑤ 同上书，116 页。

⑥ 同上书，116～117 页。

和变革既成的"直接的"事实。前面已经指出过，马克思认为黑格尔真正的错误就是用"精神"来替代这种实际的主体，因此，马克思认为："黑格尔只知道并承认一种劳动，即抽象的精神的劳动"①，但这并不改变这一事实：黑格尔把劳动看作人的自我确证的本质。这一事实至关重要：尽管在《现象学》中历史被加以"精神化"，但用以说明人的历史的真正占主导地位的概念是进行改造的"能动性"。

假如对象化及其扬弃的内在含义是这样的实践，那么，异化和异化的扬弃的各种形式也就不仅仅是从现实历史中抽取出来和没有必然的关系而拼凑起来的一堆"例子"。它们必定已根植于人的实践中，并且是人的历史的一个组成部分。马克思用这样一句话来表达这一见解：黑格尔已经为历史的运动找到了"思辨的表达"②，对这一句话，必须既要否定地和批判地去理解，又同样要积极地去理解。并且，如果异化的形式像历史的形式一样根植于人的实践本身之中，那么也不能仅仅把它们看作是意识的对象性的抽象的理论形式，在这种逻辑的思辨的"外衣下"，它们必定具有不可避免的实际结果，它们在实际上必然地要被加以废弃和"被改革"。在《现象学》中就已蕴含着一种批判，马克思给予它以革命的意义。"因此，《现象学》是一种暗含着的、自身还模糊不清的、带有神秘色彩的批判；但是，既然《现象学》紧紧抓住人的异化……那么，在它里面就潜藏着批判的一切要素，并且这些要素往往已经具有了远远超过黑格尔观点的完善的和成熟的形式。"在它涉及的各部分中，"包含着——尽管还是以异化的形式——对宗教、国家、市民生活等等整个领域的批判的要素"③。

所以，马克思已经非常明确地说明了革命理论和黑格尔哲学之间的内在联系。按照这种批判（它是哲学探讨的结果）加以衡量，令人吃惊的是后来的那些人对马克思的解释（甚至对恩格斯的解释）竟如此荒唐。这些人认为，可以把马克思同黑格尔的关系归结为对黑格尔的"辩证法"作通常所认为的那种改造，他们也完全阉割了辩证法的内容。

我们的见解肯定还是相当粗浅的，因为首先我们还不能讨论马克思所指责的黑格尔所犯的"错误"，是否真的可以归咎于他，以及

---

① 马克思：《1844年经济学哲学手稿》，117页，北京，人民出版社，1979。

② 同上书，112页。

③ 同上书，115页。

如何归咎于他。但通过本文，有一点可能已很清楚：这一讨论实际上是从黑格尔的论题的中心出发的，马克思对黑格尔的批判并不是前面的对政治经济学的批判及其基础的附录，因为他在对政治经济学的考察的过程中本身就贯穿着一种对黑格尔的批判。

（薛民 译　黄颂杰 校）

弗洛姆

弗洛姆（Erich Fromm，1900—1980），美国心理学家、哲学家和社会评论家。早年受教于海德堡大学。于1922年获哲学博士学位。先后在德国慕尼黑大学和柏林精神分析研究所接受精神分析训练，作为弗洛伊德的追随者，曾在法兰克福心理研究所和法兰克福大学社会研究所工作，后因认为弗洛伊德过分强调无意识驱动力，忽视社会因素在人类心理学上的作用而与之发生分歧。1934年流亡美国，从1941年起先后执教于哥伦比亚大学、本宁顿学院、墨西哥国立自治大学、密歇根州立大学、纽约大学等。在此期间与正统的弗洛伊德精神分析学派进行争论，并成为美国新弗洛伊德学派的主要代表之一。主要著作有：《逃避自由》（1941）、《追寻自我》

（1947）、《梦的精神分析》（1951）、《健全的社会》
（1955）、《爱的艺术》（1956）、《弗洛伊德的使命》
（1959）、《马克思关于人的概念》（1961）、《超越幻想的
锁链》（1962）、《占有还是存在》（1976）等。

　　作为新弗洛伊德学派的主要代表之一，弗洛姆认为
对人的基本社会需要的理解是研究人类自身的基础，并
认为关联、超越、根源、认同和定向是健康个体的主要
需求，但由于社会体系的存在不可能在同一时期满足所
有这些需要，于是便发生冲突。弗洛姆认为马克思主义
来源于西方"人道主义"的哲学传统，并认为这个传统的
本质就是对人的潜能得到现实的关怀。但马克思主义从
社会经济方面考虑人类行为愿望和志趣，强调了理性方
面的因素，却忽视了非理性方面；而弗洛伊德强调欲望
冲动对人的行为的意义，强调非理性因素，却忽视了社
会环境对人的个性的影响。弗洛姆从而提出要把两者结
合起来，建立"弗洛伊德的马克思主义"。他认为这种马
克思主义是"精神的存在主义"，即人的存在重要性不是
获得物质财富，而是精神生活，要把人从经济需要的压
迫下解放出来，使之成为有充分个性的人。因此，社会
革命并不是社会制度的革命，而是一种心理革命，即人
的本能结构的革命。弗洛姆主张建立一个人本主义的公
有制社会，通过社会上亲如兄弟般的连接，在维持个人
的归属感的同时，允许每个人达到他的个人需要，使相
互关系的需要成为一种创造性的力量，而不是像在集权
社会里那样成为一种破坏性的力量。

　　本书选取了《马克思在认识人的问题上所做出的贡
献》一文。该文是弗洛姆于 1968 年在巴黎召开的"卡
尔·马克思对当代科学思想影响"学术报告会上宣读的
一篇论文。在文中，弗洛姆从弗洛伊德主义的马克思主
义观点出发，认为心理学是"一门关于人的科学"，而马
克思理论的核心是人，因为在《1844 年经济学哲学手稿》
中对人性概念的探索一直贯穿在他的全部著作中。从这
个角度说，马克思对心理学做出了重要贡献。弗洛姆在
比较了马克思的理论和弗洛伊德的精神分析理论后认
为，马克思的心理学有两个特点：一是人本性，即主张

心理学是以揭示人的真正本质、实现人的全部潜能为宗旨的，它属于人道主义心理学的范畴；二是动力性，即马克思的心理学属于动力心理学的范畴。弗洛姆在文中主要详细阐述了第二点，他认为，马克思的动力心理学的基础不像弗洛伊德的心理学是孤立的"机械人"的模式，而是人与世界、人与人以及人与自然的关系。在此基础上，马克思区分了"固定动力"（"不变的欲求"）和"相对动力"（"可变的欲求"），弗洛姆认为马克思的这一区分对当今讨论的动力和潜能问题做出了重大的贡献，而他理论中的"社会性格"概念，就是以马克思的这一思想为基础的。另外，马克思还区分了固定欲求的本质和动物的本质的区别，弗洛姆认为这两者的区别是马克思的动力心理学与弗洛伊德精神分析学最关键的差别。在此基础上弗洛姆论述了马克思理论中的需要概念、爱的概念、生命概念、热情概念等，以此对马克思的动力心理学作了扼要的叙述。

马克思在认识人的
问题上所做出的贡献①

马克思在认识人这个问题上所做出的贡献，或者说，他对心理学所做出的贡献，至今仍是很少被人们重视的一个问题。

……现代理论心理学和实验心理学在很大程度上，是一门关于异化的人的科学，是从异化了的和正在异化的方法进行调查和研究的。马克思的心理学建立在充分意识到的异化事实的基础上，而又超越上述那种心理学的研究方法，它不是将异化人当作自然人，即生来如此的人。因而，马克思的心理学理论，对于那些在如何认识人这个问题上只相信反射论和条件论的人来说，实际上一直是一本从未打开过的书。今天，或许我们有可能更好地认识马克思对心理学做出的贡献了。一方面是因为，人们不再认为，弗洛伊德的那些基本发现与他的理论中的机械论因素是完全不可分割的；另一方面，

① 选自《弗洛伊德主义原著选辑》，沈阳，辽宁人民出版社，1989。

由于人道主义思想的复兴为我们认识马克思的人道主义心理学创造了一个良好的基础。

马克思把心理学说成是"一门关于人的本质的科学"。他最初提出的人性概念贯穿在他的全部著作中，直至他的《资本论》的最后篇章。在《资本论》第三卷中，他提出过"最大限度地适合他们的人性以及与人性相符合"的工作条件。在《1844 年经济学哲学手稿》一书中，他论述过"人的本质"或者人的"物种生命"（the "species life" of man）。在《德意志意识形态》中，马克思对"本质"这个概念的应用作过限定，认为本质"不是抽象物"。在《资本论》中，他用"一般的人性"概念取代了"本质"概念，以此区别于"每个特定历史阶段的人的本性"。的确，这是他对人性概念进行的重要而精确的改进，但绝不是放弃了人性概念。

马克思是否给"人的本质"和"一般人性"下过定义？的确有。他在《1844 年经济学哲学手稿》中，将人类的人的本质定义为"自由的、有意识的活动"，与此相对立的是，动物的本质"没有自己和自己的生命活动之间的区别，动物自身就是这种生命活动"[1]。在其晚期著作中，马克思一方面放弃了这个"类本质"的概念，一方面则重点强调人的活动是完美人性特点的体现。在《资本论》里，他将人定义为"社会动物"，并批判了亚里士多德将人定义为"政治动物"的观点，指出亚氏的定义"具有古希腊社会的特征"，正如富兰克林把人定义为"制造工具的动物"具有美国人的特征一样。……我十分同意下述观点，即对马克思关于人的定义最恰如其分的叙述应该是"实践"的人。

马克思在第一阶段的著作中关于人性概念的运用，如果离开了更为重要的并决定其心理学理论特征的第二阶段，几乎是没有意义的。我把马克思的人性概念看作是积极的、动力的概念。马克思把人看作是由各种欲望或动力所驱使的，虽然人在大体上并未意识到这些驱动力的存在。马克思的心理学是一种"动力心理学"。就这一点来说，它一方面构成了与斯宾诺莎心理学的渊源关系，同时也成为弗洛伊德心理学产生的前奏；而另一方面，它也构成了与形形色色机械论心理学的对立。正如我在后面将要详细说明的，马克思的动力心理学的基础是把人与世界、人与人以及人与自然的关系置于首位；与此相反，弗洛伊德的心理学则是以孤立的"机械人"模式作

---

[1]　马克思：《1844 年经济学哲学手稿》，50 页，北京，人民出版社，1979。

为基础的。

马克思最为普遍而十分富有成果的动力概念，存在于他对"固定动力"（即"不变的欲求"）和"相对动力"（即"可变的欲求"）所作的区分之中。不变的欲求"在任何情况下都存在……只有其形式和方向才受社会条件作用而有可能改变"；相对的欲求"只是源出于某种类型的社会组织"。马克思认为，性欲和饥饿属于"固定欲求"的范围；而像贪婪则是相对欲求的一个实例。这种动力的区分是与一般人性和变化了的特殊人性的区分密切相关的。关于这一点，我只想简要地谈谈固定欲求和相对欲求的区分是极富有成效的，仅就此而言，马克思便对当今讨论的动力和潜能问题做出了重大贡献。马克思进一步说明这两者的区分，认为"相对欲求"（动力的一种表述）"并非人性的不可缺少的组成部分"，而是"来源于某种社会结构、生产条件和交换方式"。在这里，马克思把相对欲求与社会结构、生产条件和交换方式相联系，这样，他就为一种动力心理学奠定了基础，这种动力心理学认为人的大部分欲求（即大部分动因）取决于生产过程。我从动力意义出发加以简要陈述的"社会性格"概念，即是以马克思的这一思想为基础的。

与区分固定欲求和相对欲求具有同等重要意义的是，马克思将人的固定欲求的本质和动物的本质作了比较。正是在这一点上，我们发现了马克思的动力心理学与弗洛伊德精神分析学差别的关键所在。根据精神分析学家和一般学院心理学家们关于固定欲求是人和动物相同本质的看法，马克思对此曾写道："饮食男女等等也是真正人类的机能。然而，如果把这些机能同其他人类活动割裂开来并使他们成为最后的和唯一的终极目的，那么，在这样的抽象中，它们就具有动物的性质。"[①]而弗洛伊德精神分析学认为，人的动力由本能欲求的内在化学过程提供能源，它的目标是把心理紧张降低到最理想的限度，并认为，让性欲的饥渴得到满足，其本身就是目的。

现在我们来谈谈马克思关于欲求本质所作的最为根本的陈述。马克思说："欲望是人努力获得他们的对象的潜能。"这里，欲望被看作一种相对的概念或关系概念。它与弗洛伊德的本能概念或动力概念不同，它不是一种内在的由化学过程产生的本能冲动；它需要有一个对象作为得到满足的一种手段，而人本身的潜能就具有力求与之相联系的某种对象性的动力性质。人性的这种动力性质，主要是

① 马克思：《1844 年经济学哲学手稿》，48 页，北京，人民出版社，1979。

根植于人企图向世界表现其内在潜能的需要，它并不根植于人把世界当作为满足自身生理需要的一种手段。马克思的意思是说，因为我长了眼睛，所以就有看的需要；因为我长了耳朵，所以就有听的需要；因为我有大脑，就有思维的需要；因为我有心脏，就有感觉的需要。总之，因为我是一个人，我就有人的需要和对世界的需要。当马克思在这里提到的人的潜能及其表现时，很明显，他指的不是自我，而是欲望，作为人的倾向、能力、动力和本质力量和潜能，是在每一种需要活动中表现出来的潜能中发现的力量。顺便提到的是，对理解马克思上面的观点，参考一下当代颇负盛名的精神分析的自我心理学，也许是有益的。

马克思论述了人的欲望的各种表现，他把欲望视为人对自身、对他人以及对自然的一种关系范畴；把欲望视为对人的内在力量的实现……马克思非常清楚地表达过："人同世界的任何一种属人的关系——视觉、听觉、嗅觉、味觉、触觉、思维、直观、感觉、愿望、活动、爱。总之，他的个体的一切官能……是属于人的现实的实际上的实现。"①确切地说，正是因为对象是一种属于人的现实的实现，它自身就成为属于人的了，或者像马克思指出的那样："只有当物以合乎人性的方式跟人发生关系时，我才能在实践上以合乎人性的态度对待物。"②

因此，人的"欲求"所要表达的是一种基本的、具体的人的需要，人与人、人与自然发生关系的需要，在这种关系中确认自身的实现，其目的是完成人与自然界的统一。即，"人的实现了的自然主义和自然界的实现了的人本主义"③。人的这种自我实现的需要，是特殊的人性动力的根源。"丰富的人同时也是需要人的十分完满的生活表现的人，是他自身的实现在自己身上表现为内在的必然性即需要的人。"④

马克思还清楚地看到了人与自身的关系及其与别人的关系这两者之间的联系。他在这方面的观点基本上与歌德相同，歌德说过："人正是因为认知世界，才认识他自己；人只是在他自身范围内认知世界，并且只是在世界范围内意识到自身。每一个被真正地认识的

---

① 马克思：《1844 年经济学哲学手稿》，77 页，北京，人民出版社，1979。

② 同上书，78 页。

③ 同上书，75 页。

④ 同上书，82 页。

客体都在我们自身之内开发出一个新的器官。"①从这一动力关系的概念出发，歌德的观点用马克思的话来说，即上面引述的"丰富的人同时也是需要人的十分完满的生命表现的人，是他自身的实现在自己身上表现为内在的必然性即需要的人"。因此，"贫穷是一种受动的纽带，它迫使人感觉到对其他人这种最大的财富的需要"②。

那么，马克思提出的人性模式对于认识人有什么现实意义呢？这种人是过去辉煌时代的人，还是未来的救世主？答案十分复杂，它把我们直接引向马克思心理学体系中最为深刻、最为先进的方面。如关于精神病的概念，如果定义为一种与一般人的病不同的，甚至更为严重的病；或者从另一种观点看，这种精神病既不妨碍人生产，又不妨碍人生育，那么与这种病的概念相适合，马克思具体地构想出"正常人病理学"，即正常人的具体反常表现，人格的支离破碎，人的自我丧失，人性的丧失。因此，马克思曾讲过这种可能性，即如果对象没有成为人的对象，人就有可能在对象中丧失自己，换句话说，如果人与对象之间不是一种积极的动力关系（马克思常谓之为"占有"关系）。马克思所说的人"在精神上和肉体上的非人性化"，"支离破碎的工人"，即是与"全面发展的人"相反的"残缺不全的人"。对此马克思解释道，如果人自身对他、对自然的关系不是一种积极的关系，那么他也就丧失了自身，其动力就丧失了人性而只呈现兽性。进一步说，既然他不是一般动物，那么他就是一个病态的人，一个支离破碎、残缺不全的人。这正是马克思动力心理学中的革命因素和治疗因素。的确，人不仅具有将自身与世界联系起来的潜在的能力，而且也有这种需要；人为了要成为人，为了能被改造，他需要恢复自己健全地、不是病态地发挥人的这种潜能的可能性。

马克思提出的与全面发展的人相对立的残缺不全的人的概念，为一种创造性的神经症的新概念奠定了基础。他在《德意志意识形态》一书中有如下一段重要的话："设想可以脱离一切其他欲望来满足一个欲望，可以不同时满足自己这个完整的活生生的个人来满足这一欲望，这种设想完全是荒谬的。如果这一欲望取得抽象的、独立的性质，如果它成为一种外在的力量同我对立起来，如果因此个人的满足就表现为片面满足一个唯一的欲望，那么……这不决定于

---

① K. 勒维特：《从黑格尔到尼采》，英文版，24 页。
② 马克思：《1844 年经济学哲学手稿》，82 页，北京，人民出版社，1979。

意识或'善良意志'……而决定于存在；不决定于思维，而决定于生活，决定于个人生活的经验发展和表现，这两者又决定于社会关系。如果这个人的生活条件使他只能牺牲其他一切特性而单方面地发展某一种特性……那么这个人就不能超出单方面的、畸形的发展。"马克思在这里说的是异化了的欲望，以自身获得满足为目的的欲望；这种欲望并不能使整体的人获得满足。换句话说，这种欲望与其他一切欲望相脱离，因而作为一种异化力量而与人相对立。像弗洛伊德精神分析学那样的本能心理学则认为，正常人的活动和健康都是本能满足的结果。确切地说，即是性欲本能得到满足的结果。这样一种认识是十分错误的。还有一种人道主义的欲望概念，把欲望的能源看作是由所有潜能为了达到它们的目的的积极努力所提供的。而马克思的论述则指出了神经症和精神病的本质，这种病可以被认为对一种欲望的控制，因而也是一种欲望的异化。

理解非异化动力问题，关键的概念是能动性，或者像马克思最初所说的"自我能动性"。很明显，马克思并不是像在当代语言中描述的那样来使用"能动性"这个概念，也不是指做某件事或忙忙碌碌，等等。这个概念也不同于动物的活动，"动物只是按照它所属的那个物种的尺度和需要来进行塑造，而人则懂得按照任何物种的尺度来进行生产，并且随时随地都能用内在固有的尺度来衡量对象；所以，人也按照美的规律来塑造"①。……当马克思具体地谈到人类的欲望，特别是用爱的欲望来表达能动性这一问题时，这个概念就变得格外清楚了。他写道："我们假定人就是人，而人跟世界的关系是一种合乎人的本性的关系；那么，你就只能用爱来交换爱，只能用信仰来交换信仰，等等。如果你想得到艺术的享受，你本身就必须是一个有艺术修养的人。如果你想感化别人，你本身就必须是一个能实际上鼓舞和推动别人前进的人。你跟人和自然界的一切关系，都必须是同你的意志的对象相符合、你的现实的个人生活的明确表现。如果你的爱没有引起对方的反应，也就是说，如果你的爱作为爱没有引起对方对你的爱，如果你作为爱者用自己的生命表现没有使自己成为被爱者，那么你的爱就是无力的，而这种爱就是不幸的。"②

马克思在他的《神圣家族》一书中，也极其清楚地论述了这种

---

① 马克思：《1844 年经济学哲学手稿》，50～51 页，北京，人民出版社，1979。
② 同上书，108～109 页。

爱的积极本质。他写道："埃德加尔先生把爱变成'神'，而且是变成'凶神'，所用的办法是把爱人者、把人的爱情变成爱情的人，把'爱情'作为特殊的本质和人分割开来，并使它本身成为独立存在的东西。通过这样一个简单的过程，通过谓语到主语的这一转变，人就变成了非人。"[1] 的确，爱是人的一种能动性，不是一种受动性。马克思说："正是爱教导人真正相信他以外的对象世界的实在性。"

如果我们注意到马克思提出的关于虚假的、非人的、征服的需要的概念，那么，我们对他所讲的需要概念，即人的真正的需要的概念，就可以充分理解了。这种人的真正需要，就是需要把自己的潜能表现出来并且倾注到合适的对象上去。现代心理学很不重视对需要进行批判性的分析。假如一个人渴望某种东西而又证明他的渴望是一种合理的需要，那么，现代心理学就接受了工业生产的规律（最大限度的生产，最大限度的消费，最低限度的人际的摩擦）。正统的精神分析学只将注意集中于性欲需要，后来，又集中于毁灭需要，除了这些生存需要之外，它就无须去关心范围更加广泛的需要。而马克思则由于他的心理学思想具有辩证法的本质，因此，能将需要的含糊的性质表现得非常清楚；事实上，马克思基于这一点，即对心理学科发出了最为严厉的抨击。

马克思在《1844年经济学哲学手稿》中这样写道："……不感觉自己本身的不足的科学，当人的活动如此广泛的丰富性除了可以用'需要'，'日常需要'来一言以蔽之的东西以外没有使他明白任何其他东西的时候，人们关于这样的科学究竟应该怎样想呢？"[2] 下面一段话则是马克思对那些非人的需要作了简明的刻画："每个人都千方百计在别人身上唤起某种新的需要，以便迫使他做出新的牺牲，把他置于一种新的依赖地位，促使他进行新花样的享乐，从而使他陷于经济上的破产。每个人都力图创造出一种支配其他人的、异己的本质力量，以便从这里面找到自己本身的利己需要的满足。因此，随着对象的量的增长，压制人的异己本质的王国也在扩展，而每一个新的产品都是产生相互欺骗和相互掠夺的新的潜在力量。随着人作为人越来越贫穷……甚至从主观方面来说，这也部分地表现在下述情况上，即产品和需要的范围的扩大，成为对不近人情的、过于讲究的、违反自然的和想入非非的欲望的精心安排的和总是考虑周

---

① 马克思、恩格斯：《神圣家族》，23～24页，北京，人民出版社，1958。
② 马克思：《1844年经济学哲学手稿》，81页，北京，人民出版社，1979。

到的迎合。"结果"过多的有用的东西的生产会产生出过多的无用的人口。双方面都忘记了，浪费和节约、奢侈和寒酸、富有和贫穷是等同的。"①

由于马克思区分了真实的和虚假的人的需要，马克思心理学也就触及"需要"和"欲求"在动力理论上的一个最重要的区别。的确，如何区别人的和非人的、真实的和虚假的、有益的和有害的需要，这是一个基本的心理学问题。对这个问题，一般心理学和弗洛伊德精神分析学都还没有开始研究这样的区别。他们之所以不能作出这样的区别，是因为他们研究的对象是异化了的人，因为他们把现代工业创造并满足了越来越多的需要看作是一种进步的象征；而当代自由的观念，在很大程度上反映了消费者在自己财力许可条件下对各种各样的商品进行自由的选择（这与 19 世纪企业家的那种自由是迥然不同的）。只有辩证的、革命的心理学，即超越那种畸形人的外表来看待人和人的潜在性的心理学，才能对这两种类型的需要作出重要的区别。或许，对那些不会把现象误认为本质的心理学家们，才能对这个问题进行研究。我们还应该注意到，马克思在作出这种区分之后，又被迫得出结论——贫穷与财富、节制与奢侈不是相互矛盾的而是同等的，因为它们都依赖于人的需要的受挫。

到目前为止，我们已经一般性地讨论了马克思有关"欲求"和"需要"的观点，尽管在马克思最初的心理学思想的论述中不可能像我们所期望的那样全面而系统。

我们已经说过，对马克思来说，爱的概念在描述人与外部世界的关系中是至关重要的，它对思维过程也是一个关键性概念。马克思在《神圣家族》中对"埃德加尔先生"的批判，其中主要一点就是对他试图排除爱的欲望以及完全寡欲清心的这种认识。对此，马克思先后把爱等同于"一切有生命的东西，一切直接的东西，一切感性经验，一切实际经验，而关于这种经验我们是绝不会预先知道它来自何处和走向何方"②。就人与人之间的关系而言，马克思认为："男女之间的关系是人与人之间的直接的、自然的、必然的关系。……男女之间的关系是人与人之间最自然的关系。"③

把马克思的这一概念与弗洛伊德的性欲概念作一番比较是很有意思的。在弗洛伊德看来，性欲（在他后期著作中即"毁灭"）是一

---

① 马克思：《1844 年经济学哲学手稿》，85～89 页，北京，人民出版社，1979。

② 马克思、恩格斯：《神圣家族》，26 页，北京，人民出版社，1958。

③ 马克思：《1844 年经济学哲学手稿》，72 页，北京，人民出版社，1979。

个人的核心欲望。如我们前面说过的那样，这一欲望被认为是男人对女人的使用以求满足他的由化学过程产生的性渴望。假如马克思知道弗洛伊德的理论，他一定会把它批判为一个典型的关于使用和剥削的资产阶级理论。我们发现，马克思关于人与人之间关系的概念的核心不是性欲，而为爱洛斯（Eros）性爱，或因性欲只是这种性爱的一种表现方式。这里所说的爱洛斯性爱，专指男女之间的吸引力，这种吸引力乃是一切生物的一种基本的吸引力。

在马克思心理学中，另一个基本概念是与死亡相对的生命概念，它不是生物学和生理学意义上的生命，而是心理学意义上的生命。在许多方面，这一概念已触及弗洛伊德提出的生命与死亡本能问题，但尚未涉及弗氏理论的尚未得到证实的生物学基础。说得更明白一些，它触及了我所说的"生命之爱"（biophilia）和"死亡之爱"（necropilia）。

也许，在马克思的心理学中，最有决定性意义的问题是，一个人、一个阶级或一个社会，是受生命之爱还是受死亡之爱所驱使。他对资本主义的敌视，如同他对社会主义的爱一样，就其感情背景来说，都根植于这种生与死的二分法。马克思曾多处提到过这个二分法，我在这里只从《共产党宣言》中摘引最著名的一段话："在资产阶级社会里，活的劳动只是增殖已经积累起来的劳动的一种手段。在共产主义社会里，已经积累起来的劳动只是扩大、丰富和提高工人的生活的一种手段。因此，在资产阶级社会里是过去支配现在，在共产主义社会里是现在支配过去。"或者，像他在别处所指出的那样，资本主义的规律是"死物统治着活人"。

爱洛斯性爱和对生命的爱是非异化人的两大重要动力因素。它们给予人以人性，并在让人有可能使他成为人的那种社会环境中得到表现。在资本主义社会统治的人的各种欲望中，马克思也概括了各种类型的贪婪（贪婪是缺乏爱的异化的替代物），特别是极欲和纵欲。马克思对 19 世纪资本家禁欲主义和积财聚宝的特性的分析，以及对那些奢侈无度的人的特性的分析，是可应用于各个阶级的动力性格学（characterologg）发展的一个里程碑。既然马克思的整个心理学思想是动力的思想，不是行为主义描述性的思想，那么，他所说的那些性格特点和性格概念，也就必须从动力的意义上去理解，它们都是一些受一定的经济和社会条件所决定的相对固定的欲望和爱好。在这里，马克思的思想与巴尔扎克的伟大的社会心理学著作有联系。巴尔扎克把性格的研究看作是"给人以动力的力量"的研究，他的著作在许多方面可以视为对马克思心理学原理的详述。顺便补充一点，如果我们读一读马克思写给恩格斯的信，特别是那些未加删节的德文原版，便可以发现他的有关个体深层心理学的观点。这些思想和观点，虽然没有巴尔扎克叙述文学具有的艺术性，但从一种辩证的人道主义精神分析学的角度来看，则是对性格问题作出的最好的精神分析的概括。

我们对马克思的动力心理学作了扼要的叙述，作为结束，我们再回顾一下关于他论及的热情的概念。特别令人感兴趣的是，他认为，人的热情可以被转化为对自身的仇恨。这个观点后来在弗洛伊德的精神分析学中起过重要的作用。马克思写道："羞辱是一种被转为敌视自身的强烈的情感。如果整个民族蒙受了羞辱，那这个民族将会成为一头随时准备猛扑的蜷伏着的雄狮。"

如果不了解马克思对意识的态度以及关于意识的功能的概念，那我们就无法充分理解马克思对人道主义深层心理学做出的贡献。在他的《德意志意识形态》一书中，马克思对意识作了经典的论述，他写道："不是意识决定生活，而是生活决定意识。"后来在《〈政治经济学批判〉序言》中写道："不是人们的意识决定人们的存在，相反，是人们的社会存在决定人们的意识。"在前一个论述中他所说的"生活"，在后一个论述中则称之为"社会存在"。马克思继承了斯宾诺莎的传统，反对那种认为意识是所有物质生活的最终因素和本质的流行观点。斯宾诺莎是这种思想的早期的著名倡导者之一，而这种思想在弗洛伊德 50 岁以后达到了高峰。不过，马克思比弗洛伊德看得更深刻，马克思认为意识乃是特定生活实践的产物，这样的生活实践则是一定的社会或阶级本身的特点给予的。意识"一开始就是社会的产物"；和语言一样，它起源于一种需要，即与他人进行交往的需要。虽然人自认为他受自己的思想的限定和促动，但实际上，人则是受存在于暗中为他所不知的力的促动。马克思在《德意志意识形态》中早就使用过与"一般自然欲望"受压制时相联系的"压抑"（Verdrangung）这个术语。罗莎·卢森堡继承了这一思想，她非常明确地提到"意识"与"潜意识"之间构成的冲突。在谈到马克思关于社会存在决定人们的意识时，她曾写道："潜意识先于意识而存在。""历史过程的逻辑先于参与历史过程的人的主观逻辑而存在。"在阶级社会里，人的意识必定是虚假的意识（指"意识形态"），由于阶级社会的矛盾，真正的动力带有不合理性，而又似乎给人的行为以合理的印象。

马克思关于意识和意识形态的观点，构成了他的革命理论最核心的一部分。在 1843 年 9 月的一封信中，他把意识说成是"一种世界必须占用的东西，尽管它不需要如此……那么我们的格言必须是：意识的革命不是通过教条而是通过对自身不清楚的神秘意识即宗教和政治的分析"。破除幻想，分析意识，换言之，认识人并未意识到的现实，这是社会变革的条件。马克思通过许多经典的论述表达了这样的思想，人们必须面对僵死的环境发出有力的歌声，以此推动它按人们的旋律活动起来。"放弃对人的环境的幻想就是放弃需要幻想的环境"，人应该成为"一个已觉醒的失望者，以围绕自己运动，因而围绕他真实的太阳运动"。认识现实是变革的关键，对马克思来说，这是社会进步和社会革命的条件之一；而对弗洛伊德来说，这是治疗精神病的条件之一。马克思因为他对个体人的治疗不感兴趣，所以他未曾讨论过有关个体人的变化条件的意识。但是，如果我们把马克思的整个心理学体系通篇考虑一下，正如我在这里试图概述的那样，那么，把马克思和弗洛伊德进行比较，则绝不是无意义的。

我相信，一旦我们充分认识到马克思的理论核心是人，那么，他对心理学发展的贡献就会得到人们的承认。

（李铮 译　车文博 校）

哈贝马斯

　　哈贝马斯（Jürgen Habermas，1929－　），德国著名哲学家、社会学家，法兰克福学派主要代表人物之一。1929年6月出生于德国杜塞尔多夫，1945～1954年先后在德国哥廷根大学、瑞士苏黎世大学、德国波恩大学学习哲学、心理学、历史学、经济学，1954年获波恩大学博士学位。1956～1959年在法兰克福社会研究所工作，师从阿多诺；1961～1964年任海德堡大学哲学教授；1964～1967年任法兰克福大学哲学社会学教授、法兰克福大学社会研究所所长；1971～1983年任德国普朗克研究院"科技世界生存条件"研究所所长；1982年重返法兰克福大学任哲学社会学教授，直至1994年退休。哈贝马斯学识渊博，学术研究领域极为广泛，先后发表论文近百篇，出版专著数十部，其中主要著作有：《公共领域的结构转型》（1962）、《理论与实践》（1963）、《社会科学的逻辑》（1967）、《作为"意识形态"的技术与科学》（1968）、《认识与兴趣》（1968）、《晚近资本主义的合法性问题》（1973）、《重建历史唯物主义》（1976）、《交往行为理论》（1981）、《道德意识与交往行为》（1983）、《交往行为理论的预备性研究和补充》（1984）、《现代性哲学话语》（1985）、《后形而上学思维》（1988）、《商谈伦理学的诠释》（1991）、《事实与价值》（1992）、《包容他者》（1996）、《后民族结构》（1998）、《真理与论证》（2000）等。

哈贝马斯是一位现实感极强的思想家，属于"亲身经历了道德自我意识被彻底摧毁"、在战后寻找新的生活方向的那一代人，一直致力于寻找一种对"重建自己的历史境况具有指导意义的价值取向和思想规范"。由《形而上学导论》的发表（1953）所引发的所谓"海德格尔事件"使哈贝马斯认识到，哲学与政治不再是两个彼此隔绝的领域，"哲学的任务不再是建立个人的学说，而是专业上的论战和公开的批判"。正是源自这种基本的现实取向，哈贝马斯才会认为只有当"交往行为理论"完成之后，他的思想的事业才真正开始。20 世纪 90 年代发表的政治哲学巨著《事实与价值》更为他赢得了"民主斗士"的称号。迄今为止，哈贝马斯这种基于生活历史动机而对现实政治的强烈关注的兴趣始终没有减退。与为现实生活寻找具有指导意义的价值取向和思想规范相对应，哈贝马斯在其哲学研究中的一个始终追寻的目标是为理论尤其是社会科学奠定规范性基础。其路径是通过"语言学的转向"切入对"生活世界"的分析，在与社会科学的各种主导倾向的交流和论战中展开他的"普遍语用学"研究并建立其"交往行为理论"，从而揭示出构成一切交往行为基础的三种有效性要求：真实性、正确性和真诚性。上述三种有效性要求合而言之，即交往合理性的要求，这种交往合理性同时也便是一切科学认识的规范性基础。

本书选取的是哈贝马斯《理论与实践》中的《介于

哲学与科学之间：作为批判的马克思主义》一文的主体内容和《重建历史唯物主义》一书的同名文章中集中论述历史唯物主义的部分内容。尽管哈贝马斯的学识背景极为广阔，包含着德国唯心主义、弗洛伊德主义精神分析、语言分析学派、解释学现象学、德国社会理论等诸多方面，但其最重要的思想渊源无疑是早期法兰克福学派所继承的深厚的马克思主义哲学传统。哈贝马斯始终追随着霍克海默和阿多诺批判的社会理论所开启的思想方向，同时对他们的理论缺陷感到不满，认为他们未能充分地揭示出批判社会理论自身的规范性基础及其社会使命。与此相应，在我们上述所选取的文本中，哈贝马斯认为马克思主义理论的规范性基础同样晦暗不明，认为马克思主义哲学"只是在形式上表明了它在哲学和实证科学'之间'的地位"，还根本没有成为其所试图代表的科学理论的独特类型。并认为历史唯物主义未能充分完成自己提出的普遍地解释社会进化的任务，缺乏一种真正的理论反思，从而倒退为一种历史客观主义。因此，所谓历史唯物主义的重建也就成为哈贝马斯思想的当然的主题。

介于哲学与科学之间：作为批判的马克思主义^①

国家与社会的"分离"，对资本主义发展的自由阶段来说是典型的；这一分离在有组织的资本主义阶段中停止了，这对国家和社会的相互交叉和重叠是有利的。商品交换领域和社会劳动领域十分需要一种集中的管理形式，因此，昔日按照自由市场的规则把管理权转让给私人的资本主义社会，必须在许多交往领域中让社会交往先在政治上进行协调。但是，当资本主义社会的构成不再是作为国家的前提和基础时，国家和社会就不再处于上层建筑和基础的古典关系中。那种方法上起初把社会的经济活动规律孤立起来的观察方式，只有当政治依赖于经济基础，并且又不反过来，把经济基础的功能理解为用政治的自我意识来解决已经形成的冲突的一种功能时，才能要求在社会的生活联系的基本范畴中把握社会的全部生活联系。

---

① 选自《理论与实践》，北京，社会科学文献出版社，2004。

西方学者卷·哈贝马斯

　　此外，在先进的资本主义国家中，甚至在广大的居民阶层中，不管怎么说，生活水平是大大提高了，以至于对社会解放的兴趣不再能直接在经济表达中表现出来。"异化"失去了它的经济上显而易见的贫困的形态。异化劳动的贫困症出现在异化的自由时间中。坏血症和佝偻症发生在心理压力引起的诸种干扰中；饥饿和劳累在受异己控制的兴奋的无聊中，在不是"自己的"需求的满足中，保持着它们的更加微妙的和甚至于连阶级特征都不是的形式。"抗拒"现实的形式更加隐秘，即使像既往那样，也许是更加伤神的。同样，统治作为异化的另一面，放弃了在雇佣劳动契约中所确立的暴力关系的赤裸裸的表现。随着"服务者"的经济地位和政治地位有了保障，人的统治关系换成了看不出是谁在间接操纵的强制；在愈来愈多的社会生活的领域中，指令失去了它的命令形式，并且在社会技术占据统治地位的情况下，发生了变化，以致使得处于服从地位的人们得到了很好的整合，因而能在自由的意识中干他们应该干的事情。

　　在这种情况下，一个未来的社会主义革命的指定的承担者——无产阶级，作为无产阶级自行消失了。于是，人民大众，根据他们在生产过程中的客观地位，就成了"无产阶级"；它对生产资料没有实际的拥有权。对此，所谓的人民的资本主义（Volkskapitalismus）也无法作任何改变；今天，在资本高度集中的情况下，那种非政治形式的、仿佛是民主的监督，即建立在私有制的永久基础上的民主监督没有前途。但是，另一方面，[劳动者]被排除在占有生产资料之外，同克扣社会补偿（收入、保险、教育等）不会这样相联系，以至于这种客观状况仍然会被主观上当作无产阶级的状况来认识。阶级意识，尤其是革命的意识，今天，即使在工人阶级的核心阶层中也难以得到确认。在这种情况下，任何革命的理论都失去了它的接受人；因此，论证不再能变为口号。提倡批判的人（如果还有这种人的话）的心脏停止了跳动；因此，马克思的希望，革命一旦掌握了群众，就能变成物质力量，今天似乎必然落空。但是，各国内部已经平息下来的阶级斗争，在资本主义和社会主义"阵营"之间的国际范围内仍有发生。

　　俄国革命和苏维埃制度的确立，终于成了事实，这一事实平息了关于马克思主义的系统的讨论，大多是关于马克思主义的讨论。由脆弱的无产阶级发动的，由小资产阶级的和前资产阶级的农民群众所代表的反封建运动（这一运动在列宁主义培育的职业革命家的统治下，1917 年 10 月消灭了议会和苏维埃的双重统治），并没有直接的社会主义目标。但是，它却建立了一种干部统治；斯大林依靠的就是这种干部统治；10 年之后，随着农业的集体化，社会主义革命才由上而下，以官僚主义的方式而开始。苏维埃的马克思主义，是从反对法西斯战争中作为世界强国出现的，这就决定了建立在资本主义基础上的、有组织的西方领导力量，在维护自己制度的稳定性上，头脑要高度清醒。对广大社会领域的强制性监督，保障人们社会地位和均衡社会补偿的许多组织形式，有一种制度化的不断改革的性质，因此，资本主义通过"自我约束"的力量实行自我调节有了可能；在美国，人们把这种发展简称为新资本主义（new capitalism）。相反，社会主义的苏维埃道路，为发展中国家介绍的似乎只不过是一种缩短了的工业化方法；这种方法同实现真正的社会解放相去甚远，甚至在时间上使自己落后于资本主义的法治国家的成就，成了一党专制的合法的暴政。当然，苏联从速度上成功地提高了生产力，这种速度使它能够在"赶超"的口号下，为实现最高的生活水平进行和平竞赛。这在长时期内也涉及社会结构和统治机器，因此，两种制度在福利国家实行的大众民主的中等水平上的比较无法回避。一个"在异化中自我感觉良好"的社会，一个彻底地和不停顿地抵制从意识中生长出芒刺的社会，内部蕴藏的危险，即反映在"勇敢的新世界"的消极的乌托邦中的危险，当然不可能因此而被排除。诚然，如果最好的制度和永世的和平、最大的自由和完美的幸福的旧的乌托邦思想，作为理性的动力是一种理论，如同人们常看到的那样，是一种被曲解为仅次于神话的理论的基础；如果政治实践永远必须用这种理论使自身合法化（因为这种理论已经用投资的形式成了国家的意识形态），那么，人们就可能和赫尔伯特·马尔库塞一样，慎重地思考这样一个问题：这样一种制度是否最终面对人们已经给指出的那些危险也无须纠正。首要的危险当然还是那些从世界战争的紧张局势中——原子均势只是脆弱地防止了世界战争——每天不断出现的危险；这些危险是如此令人胆战心惊，以至于几乎没有一个人敢于无视两大阵营间的和平共处是否能，以及如何能从制度上得到保障这样一个预先提出的问题，并且不对这一问题作出种种思考。

一、同马克思主义的辩论
——典型的反应形式

上述四种事实，在反对马克思主义理论的思想影响中，尤其在反对它的被凝结为世界观的并被斯大林法典化的辩证唯物主义（直到 20 世纪 60 年代中期）中，形成了一个难以逾越的障碍。对马克思主义的反应的种种理论形式，也受到了这四种事实所形成的无声力量的影响。甚至在今天，这些形式仍然以国际上变换着的阶级斗争在各党之间形成的敌友关系的力量为特征。我们把一系列典型的反应形式作如下的区分。

在不考虑苏联马克思主义自身想要达到的目的的情况下，明确地把苏联马克思主义的政治形态和意识形态作为科学分析的客体。属于这一范畴的，一方面是对苏联马克思主义体系（作为独裁统治的典型）所作的富有成绩的政治学研究。受过马克思主义教育的理论工作者，如弗兰茨·诺伊曼（Franz Neumann），对法西斯的研究始终着眼于经济利益的格局同政治制度的联系；然而，他们在此期间，却几乎没有作与苏联马克思主义本身相应的马克思主义的分析。用孤立的方法去看待政治事物的结构的这种狭隘观点，尤其在观察这样一种对象时是有问题的；这种对象的内在要求就在于，在社会再生产过程的合理的、有组织的进程中，从实体上改变政治关系，即把这类政治关系作为政治形态来解决。

属于同一分析范畴的，还有对苏联意识形态所作的富有思想的文化科学研究。有的，例如弗格林（Vögelin）试图把苏联的意识形态从宗教史上归之为早期基督教教义的衍生物，或者如洛维特（Löwith）试图将苏联的意识形态归之为犹太基督教的末世论。除此之外，最常见的是，人们试图从哲学史上把苏联的意识形态归之为德国唯心主义思辨的派生物：从青年黑格尔派对黑格尔辩证法的简单占有中，得出一种理性上无法证明的绝对知识；这种绝对知识又为没有人性的结论的绝对计划奠定了基础。马克思主义被表述为理性上无法解释的宗教信仰或者哲学信仰的世俗化。这种分析满足于利用已经揭示的精神史上的相似点，然而，却把这种理论对认识社会的运动规律的内在要求又丢在观察之外。

此外，人们还论证了马克思主义对辩证法的过分夸大，而被夸大了的辩证法反过来又回击马克思主义。卡尔·施密特就试图证明，（苏联的）政治实体力图把政治变成理性管理，但在革命初期就把政治变成了极权统治，这是应当废除的统治。卡尔·雅斯贝尔斯也提出同样的想法：用神秘的、宗教的或从哲学上来解释的先验论，在力图把先验论变成一种绝对科学时，恰恰由于把批判概念变成了意识形态而自食其恶果；意识形态的枷锁无疑应该被砸碎。

在另一个层面上出现了从神学和哲学上同马克思主义进行的辩论；辩论赞同马克思主义的意图，并且有时接近于部分地接受马克思主义。这尤其适用于一部分天主教以及受新教影响的哲学。在这方面有两种典型的观点：一是兰特格列勃（Landgrebe）的神学哲学观，另一种是麦茨克（Metzke）、蒂尔（Thier）等人的哲学人本主义。

人们用马克思的革命人道主义观去理解马克思的自然主义，并且把它同马克思的后继者恩格斯、考茨基、列宁和斯大林的形而上学的唯物论加以区别。马克思的地位，可以用他同黑格尔的关系来衡量。在当时西方形而上学的历史背景下，随着以柏拉图、笛卡儿和黑格尔为标志的形而上学的划时代的变革，黑格尔成了新时代的意识的幸运的和不幸运的结束，之所以如此，正是首先因为他随着他的绝对理性体系的研究，使自己陷入了在他青年时期的神学著作中，用他对理性的卓越理解而大胆预见到的、辩证法似乎已经摆脱了的困境。马克思则回到了（当然是不自觉的）这个被人们忘掉了的出发点上，即回到了复活人与自然，以及人与人相互之间的所有已经僵死了诸种关系的问题上。马克思的自我异化的辩证法，是在这样一个领域内发展起来的，这个领域首先是由于理性的百科全书式的辩证法解决不了黑格尔本人曾经满怀希望地批判"法定性"而展开的问题才形成的。如果说，世界的"复活"和自然的"复活"，应该从生活的概念中来设想，而生活的概念，正如在青年黑格尔的著作中所说的，只能在基督教的启示中来实现，那么，青年马克思著作中的无神论尝试立即成了骇人听闻的事情。兰特格列勃的有趣的表述方式把马克思纳入了后期海德格尔的存在史的展望中。无疑，兰特格列勃以此预断，真理只能以圣徒的冥想的方式来实现，而不能以受批判指导的实践来建立；但是，在这种可以说是唯心主义的偏见中，马克思主义的激进要求，以及它的基本观点的真理性，尽管被纳入了信仰和揣想的领域，但还是得到了讨论。

占有哲学的另一条道路，把青年马克思引向关于"人的图景"

的探讨。青年马克思首先在巴黎手稿中分析了异化劳动的结构，并且使用了一些来自黑格尔的精神现象学中的、被转换成了费尔巴哈的人本学语言的核心范畴。于是就出现了这样一种现象，似乎马克思在谈人的"客观本质"时认为，人作为自然本质，自身首先是劳动产生的。马克思想用人本主义的观点，或者想用基本的人本主义观点把人的本质力量的外化，以及把人同自然的交换，把人对客观的本质力量的占有，把人的实现和人在其通过社会生活的理性的再生产所产生的和自由表现出来的本质中的实现，一句话，想把这种联系解释为一种固定的结构。然而，这种联系却被发展成了具体情况的特殊分析，即，被发展成了通过雇佣劳动和资本的辩证法的产生的"劳动阶级状况"的特殊分析。

马克思占有哲学的两种形式，发现了它们的局限性，那就是它们不愿抛弃废止了唯物主义批判的"哲学前提"；而唯物主义批判的批判成就，首先就是使哲学陷入了哲学的自我意识的贫困中，即使哲学陷入了这样一种认识中，这种认识既不能解释自己的起源，又不能通过自身去完成自己的任务。

于是，出现了一批把哲学作为原始哲学（Ursprungsphilo-sophie）来批判，并以此来打破这些局限性的学者。他们用实践的观点去占有历史哲学的基本观点，并且清楚地看到了马克思主义（不管它是以何种形式出现）对本体论所作的错误的解释和理解。他们知道，马克思从未对人的本质，以及对社会的本质提出过问题，并且，从未对存在的意义（der Sinn von Sein），从而对社会存在的意义是如何形成的提出过问题，即以这样的方式提出过问题：为什么存在和存在物（das Seiende）是这样，而不是别的样子？马克思没有提出过这个问题，而始终只是，而且一再地把十分容易理解的异化问题引向这样一个最初的问题上：为什么既定的历史的和社会的状况（我必须在这种历史的和社会的状况的强制下维护、安顿和过我的生活）是这样，不是其他样子？为什么这个存在物是如此，而不是别的？然而，众多的哲学家和社会学家们（在他们头脑里，一种相同的、受认识指导的兴趣仍然在起作用），却不像马克思那样，把在哲学概念和社会学概念上所作的努力直接运用于社会生活的再生产的领域上。因此自黑尔夫丁（Hilferding）[①] 以来，几乎没有出

---

① R. 黑尔夫丁（Hilferding Rudolf，1877—1941），奥地利—德国社会科学家、政治家。——译注

现过可以与马克思主义的经济学家相媲美的经济学家。相反，他们从事的研究是被马克思算作上层建筑的诸种推导出来的现象。无疑，这里反映的不只是这样一个事实，即随着世界各国内战的尖锐化，限制与制裁也在加剧，从积极方面看，与这种消极动因相一致的是这样一个事实：随着异化形式的多样化，意识形态批判赢得了迫切性。当有组织的资本主义制度强调把生产和就业相对地稳定在一个高水平上，通过官方的制度上的强制措施，仍然平息不了经济冲突或者使经济冲突转向军事扩张时，批判就会首先在"文化"领域中，而不是在所谓的基本需求领域中来寻求被否定和被颠倒了的需求的满足。这样，批判追随的只是从趋势上看已经从劳动市场的经济机制过渡到了自由时间市场的社会心理机制的诸种压制的力量；一句话，受操纵的文化消费，证明的也许只是一种以新的、无疑更优越的形式的旧的权力关系。

在一批岁数较大、仍然同马克思主义传统有联系的学者中，时常有以不明显的正统的形式表现出来的研究：在文化批判的运用中，出现了马克思的劳动价值理论的范畴，然而，本身却没有证明自己就是马克思的劳动价值理论范畴。在美学反思的、具有外国特色的幽灵中，仍然有着长期受到排斥的政治经济学批判的某些研究。这种以语言表达出来的研究愈少，人们对它的呼声就愈加难以理解，就会对它保持沉默。这种难以被人所理解的情况延续得越长，难以理解性就愈增加，这自然就让人们产生这种研究是否仍然存在的怀疑。在比较年轻的人中（这些年轻人首先是由于同遭致惨败的法西斯保持距离，而熟悉了马克思主义传统），出现了一种互为因果的现象，这就是历史地回归到原本的马克思，重点地反对随着恩格斯已经出现的马克思主义的"衰败的历史"。他们喜欢称自己是马克思主义的反对者，是马克思学家，并且，在哲学史的包装下，对某些问题，尤其是对意识形态概念、唯物主义辩证法和革命的策略，与马克思主义展开十分不同的研究；这是一种摇摆不定的正统派；而且，当他们难堪地不敢涉及政治经济学诸种问题时，他们同马克思主义的体系联系究竟达到了什么程度，连他们自己也说不清。

属于这种特有的、在沉默寡言的马克思正统派（Marx-ortho-doxie）和十分健谈的马克思历史学派（Marxhistorismus）之间摇摆状况的，是一种科学—政治的活动；在这种活动中，是几十年来几乎停止了的同马克思主义的经济的和社会学的专业讨论；从实证科学的官方立场上看，这一讨论"已被克服"。马克思主义的经济学和社会学，自第一次世界大战以来，自身几乎没有什么发展。只有几位益格鲁撒克逊的学者，其中有美国的 Paul M. Sweezy 和 Paul Baran 及英国的 Maurice Dobb 与其学生 Ronald L. Meek，还在力求同现代研究并驾齐驱；他们也做出了成就，而且他们的成就超越了宗派主义作家的典型的水平。

社会学的发展则不相同，因为它根本不同劳动价值学说的系统的基本观点进行辩论，而只同既定的理论推论进行辩论。它把一些原则性的问题放在一边，而只从劳动价值学说体系中抽出某些部分，使之对自己有利。早在 20 年代，曼海姆（Mannheim）就用科学社会学的形式把意识形态学说加以同化。后来，G. 弗里特曼（Friedmann）又将《资本论》第一卷中的著名章节（第十三章）纳入了他的劳动社会学（Arbeitssoziologie）中；甚至，马克思主义的社会学核心理论——阶级学说，最终被解释成了社会阶级的学说，今天又被融入了权威性的结构功能主义理论。所有这些情况，当然都是在社会科学劳动分工的前提下形成的；舒姆彼德①在他的富有特色的关于资本主义和社会主义的全部发展理论的评述中，对此谈了自己的看法，他写道："我们必须做信仰者不喜欢的事情……他们最反感的就是人们仔细地分析马克思的著作，并且系统地进行讨论。他们可能会说，这种行为本身说明，资产阶级无能把握辉煌的全局，而这个全局的诸个重要部分又相互补充，相互解释，因此，如果看到的只是其中的某一部分或某一方面，那就不能认识全局的重要意义。在这种情况下，我们别无选择。"②舒姆彼德当然没有说明，并且似乎也只能谈及制度化了的科学活动，即为什么他除了把马克思主义的学说分成两种科学的和两种非科学的学科之外，别无其他选择。他经常把经济学要素和社会学要素分开研究，并且细心地把这些要素从"哲学"框架中分离出来，并使这些要素摆脱企图对读者施加政治和教育的影响。于是，他一开始就从理性的考察中，获得了三种不同的观点，这就是：第一，从分析上加以分离的经济学观点和社会学观点在作为整体的社会中的先前的一体性；第二，对作为一种历史过程的社会的辩证的理解；历史过程在同可确定的倾向的斗争中，从一种社会状况中创造出另一种社会状况；第三，理论与

---

① 舒姆彼德（Schumpeter, Joseph Alois, 1883—1950），奥地利—美国经济学家。其主要著作有：《经济发展的理论》（1912）、《资本主义、社会主义和民主》（1942）、《经济分析史》（1954）。——译注

② 舒姆彼德：《资本主义、社会主义和民主》，17 页等，伯尔尼，1950。

实践的关系，这是马克思主义着重反思的一种关系，因为马克思主义的科学理论结构，从政治意图上看同历史哲学一致。排除了这三种对马克思主义的基本问题来说是建设性的因素，就会将马克思主义还原为"纯粹的"科学，就像先前那样，还原为"纯粹的"哲学。如果按照逻辑实证主义的说法：科学陈述只能从假想和推断的体系中获取，而科学陈述或者它的推论可以通过经验来检验，即，可以通过基本原理来证伪，那么按照马克思主义的学说自己的要求，作为全部学说就不能包括在科学里面。马克思主义的学说当然愿意接受科学陈述的监督；但是，为了把社会理解成历史上形成的整体，以达到批判的政治实践的助产术的目的，从一开始就需要将从前依附于健全的人类理智和它的偏颇的非理性的语用学（Pragmatik）的诸阶段理性化。这就是说，这些阶段的理性化，用对象化的科学计算和实验是不能实现的。科学，作为证伪的力量（als falsifizierende Instanz），应该始终发挥作用。如果人们起初就严肃地对待这种要求，那么科学就会实际上令人信服。舒姆彼德以讽刺的口吻写道：按照社会科学分工的观点，马克思主义的"组成部分"的独立化，保留的只是支离破碎的东西（disjecta membra）；这些东西则是从同实践相关的作为整体的社会理论的辩证思想认识（Sinnverständnis）中产生的。

二、追求理论与实践统一的
实证主义解释

在作为一个历史的整体性的社会概念中，马克思能够把后来分裂成为一个个社会科学学科的特殊的专业对象维系在一起。在"综合"上取得的成功，后来（post festum）未能把今天出现在经济学、社会学、政治学和法学之间的鸿沟弥合起来——未能把社会生活联系在一起。在洛恩茨·冯·斯泰因（Lorenz von Stein）的年代里，全部国家学说都十分关注社会生活的联系。因此，关注社会生活的联系，并不是马克思主义的特权。

毫无疑问，诸种社会科学在这个期间，只能在它们的分工的基础上，方能取得令人骄傲的认识上的进步，这一认识进步又把社会科学的某些学科引导到了与诸种自然科学并驾齐驱的地位，然而，这一进步都付出了代价，诸种自然科学所承担的代价，则远远小于

诸种社会科学；当诸种社会科学还根本没有意识到这种情况时，尤其如此。我们想举例说明，一门科学，譬如现代的社会学，为何当它的某一认识受到愈加严格的判断时，它就必须更加严格地限制它的可能的认识领域。

今天，社会学把人看成是社会角色的承担者。随着这一范畴的引入和运用，社会学就开始了对社会行为领域的精确分析。只要相关集团的行为期待所作的"角色"定义，表现为一种历史概念，角色在人类的历史发展过程中发生的变化，永远不是社会学研究的对象。愿意正确研究社会现象和所发生的事情的过程特征及其冲突的动力理论，也无法逾越这一限制。这样看来，动力理论的研究方法也不是历史的。只有在工业社会的进步阶段中，随着马克斯·韦伯所说的工业社会状况的理性化，种种机构和制度功能上的相互依赖和补充的作用的增长，主体才能被解释成为社会义务的实存样板；社会功能的日益增加，也要求主体自身成为社会义务的实存样板。不断变化的行为模式的多样化、独立化和迅速推广，正如资产阶级的意识，尤其是18世纪资产阶级的意识所表明的那样，使得人的社会"角色"面对"外化"的人，以及意识到自己的外化从而要求发展自身的内在性的人，有了物的实存。马克思深信，行为方式的物化，必定导致交换关系的发展，最终必定导致资本主义生产方式的发展。我们暂时撇开这个话题。然而，可以肯定的是，角色范畴的富有成果的分析，依赖于社会的发展水平，而富有成果的分析，首先要在社会的种种关系上得到证实。但是，如果这种分析成果普遍运用在社会关系上，而且成了一种全面的历史范畴，那么，角色分析必然以它自身的历史局限性否定社会的发展是一种历史的发展。因此，社会对个人来说似乎是外在的，不管个人，如中世纪的农奴，是否归属于少数自然产生的那类角色，或者如工业发达的文明社会中的职员，是否归属于多种多样的、迅速变化着的，从某种意义上说是交替的那类角色。在发展的这个维度上，个人在承担角色和变换角色方面的自由，随着对待角色的态度的机遇而增长。但当人们看到自己不得不服从于外在指定的角色时，个人在承担角色和变换角色方面产生的则是一种新型的不自由；角色越是外在，角色的内在性也许必然越深。

忠实于角色分析的社会学，势必超越这一发展，必将把历史的发展归结为日益相同的基本关系的社会变化。角色本身与角色承担者的地位是不变的，似乎社会的生活联系对人的生活本身来说是外在的，而且方式总是相同的，正如康德在经验的特征与思维的特征的比较中所描述的那样。

为了认识的进步，社会学在此期间，面对社会的历史特征不仅付出了方法的盲目性的代价，同时也付出了方法上节制自己的代价；面对它自己的行为实践结论，它不得不接受限制；这一限制不仅使它错误地看待对象，甚至也错误地看待自己。这也可以用同样的例子来证明。把角色承担者的科学的构思同现实的人的道德决断严格区分开（这类似于康德把现象和实在分开），可以用来解释作为科学家兼政治家的社会学家陷于其中的冲突状况。按照众所周知的解决价值判断争论的办法，社会学家必须严格地把下面两个方面加以区分：一方面，用经验理论上已获得的对问题的解释方法来回答技术问题；另一方面，用传统上或者哲学上已获得的对规范问题的解释来回答伦理问题和政治问题。然而，今天的社会学却日甚一日地成了行政管理的辅助科学。社会学研究成果的技术上的转化，不再对分析模式发挥作用，而是对本身已经模式化的社会现实产生影响。因此，社会学的独立始终是一种幻想。从社会政治的结果上看，社会学家尽管要求研究各不相同的对象，但始终同现实的人，同活生生的社会关系相联系。

角色理论反过来又影响了社会学家的活动，这一影响又使角色理论的基本问题显现出来，即，如何能把现象的构成和社会存在的联系纳入反思本身，理论如何能够赶上理论与实践的关系，理论如何能够预见理论与实践的关系？人们试图在非价值化或者价值中立的基础上，用下述要求来解决这个问题，即，社会学家在解决他所遇到的相关问题时，应该选择的方案是个人自由。达伦多夫（R. Dahrendorf）在他的文章《社会性的人》中写道："如果社会学家选择的是能够经得起考验的理论，而这些理论关注的又是个人的权利和完美，那么，这些理论对科学活动的纯洁性来说是没有危险的。在对社会进行科学研究时，牢记使研究成果尽可能地用在有利于和造福于自由的个人，这从方法上讲完全无可怀疑。"

但是，如何使这些既定目标在具体情况下得到理性的证明呢？此外，这些指导认识的兴趣只是对问题的选择具有指导意义，或者对基本的、系统的范畴的选择也具有意义呢？思维性的前认识难道不能在辩证地把康德与黑格尔的批判相区别的意义上，同时融入经验性质的社会学的构思中？然而，黑格尔却正确地向康德证明，他从他的功能性的（通过认识的可能性的先验条件得到证明的）真理概念中也不能完全取消实体的要素，并且证明，他必须以理性和自然、主体和客体的事先的相一致为前提。显然，马克思使理性和自然、主体和客体的辩证关系失去了唯心主义根基。马克思把精神自身的活动（在精神自身的活动中，主体和客体过去和现在都是相互结合在一起的）解释为人通过社会劳动的自我产生。"主客体的统一性"，既不是作为精神的人，也不是作为自然生物的人生来就有的，这种统一性只有在同自然界的劳动交换中，作为人与自然的相互形成过程，通过实践形成的。人的一切可能的经验，是在这种实践的水平上保留下来的，实践基础上的经验，始终也是人们感兴趣的经验。

当然，在人们感兴趣的经验中产生的主客体的统一性，通过由科学方法导致的主客体的分离而形式化，但从来没有完全被中断。经验的种类和经验的科学性程度，只有根据兴趣的内在联系能在何种限度内被形式化才能有区别。人们对占有现实过程的兴趣，其程度是很高的：这种兴趣是基本的，并且在几乎所有的历史状况中和社会状况中都富有活力。此外，兴趣随着它实际上成为占有，首先是占有自然，反过来又被其取得的成果所证实，通过兴趣－占有－兴趣的循环过程而稳定下来。所以，这种兴趣在基本认识中扎根，并在基本认识中"消失"就不足为奇。然而，这种兴趣在社会科学领域中必将成为问题。自然"自身"发生了什么，我们并不知道，也无须知道，因为我们对自然的"命运"，从"实践上说"并不感兴趣；然而，通过科学（物理学）范畴的运用，以及通过应用科学（技术）的技术手段的运用，我们可以占有自然。但是，我们对社会的命运感兴趣。因为，即使我们在认识中（想象的）把自己置于社会生活联系之外，并且与社会生活联系相对立，我们仍然隶属于这种联系，是它的构成部分，何况我们在认识活动中既是主体，又是客体。在科学理论的基本认识中首先只是扎了根的、对拥有社会的兴趣，同对社会"自身"的兴趣既同步，又相互影响。因此，不管如何，一种从令人感兴趣的经验中产生的对社会整体性的前认识，进入了理论体系的基本概念中。

但是，当同情况相联系的、带有必然性的经验也一并进入严格科学的基本认识中时，指导认识的兴趣必须受到监督；作为客观兴趣，它必须合法化，除非人们想随心所欲地中断理性化的过程。不管一体化的理论（Integrationstheorie，它产生于社会危机的不安全感），把社会的系统理解为均衡的和持久的制度的一种机制，也不管冲突理论（Konflikttheorie，它产生于对强制的政治一体化的安全的失望）把社会系统理解为一个由于内部矛盾始终公开的和变动的统治链条，它们对整个社会的一种预见性的解释，始终融入在基本范畴的选择中。其中一个典型的预见性解释，就是社会作为整体是什么样子以及应该是什么样的一种前认识；而在生活中令人感兴趣的经验就是不把"存在"、"应该"和"责任"相区别，正像它把自己在现实中遇到的东西不分为事实和规范一样。

辩证的解释，从社会实践的联系中，从进行认识的主体在社会劳动过程中的地位，以及他们在对待各种政治力量对它们自身的目标所作的解释过程中所采取的态度，来理解进行认识的主体。按照霍克海默的解释，这一双重反思，是"批判"理论同"传统"理论相区别的特征。他写道："传统的理论表象是从科学的活动中抽象出来的，这种科学活动是在既定阶段的劳动分工中完成的。传统的理论表象同研究这一理论的学者们的活动是一致的；这种活动是在社会一切其他活动之外进行的；它并没有直接观察到各个活动之间的联系。因此，在这种理论表象中，科学的现实的社会功能并没有表现出来；它所表现的并不是理论在人的生存中的意义，而仅仅是理论在变化了的领域中，在历史条件下产生的意义……当作为科学家的专业学者把社会现实连同它的产物视作外在的，而作为国家的公民又通过发表政治文章、参加诸种党派或者慈善组织和参与选举来表达他对社会现实的兴趣，而且把这两个方面，以及他个人的某些行为方式视作高尚的，并且用心理分析把它们结合在一起的时候，批判的思维则试图采用现实的方法克服紧张关系，消除个人头脑中的有目的的意识、自发性、理性和劳动过程中的社会的基本关系之间的对立。"① 对马克思来说，批判的这种"唯物主义的"自我意识问题，不是产生于实证科学的内在的困难，而是在考察那个时代的哲学的政治结果时，以及在考察它毫无结果时产生的。社会科学当时还绝没有达到用它从哲学的破产中获得的遗产来对照辩证理论的水平。

哲学的核心已经深入到了 18 世纪和 19 世纪初经济学所提出的问题，因此，政治经济学批判能够立足于自己的科学土壤上，并且以此为根据对哲学的错误的科学要求提出质问。精神现象学的经验应该用社会生活联系的经验来证实自己的意识形态的自我理解。哲学作为哲学应当被超越。今天，则相反，实证科学同当年的哲学在

① 霍克海默：《传统的和批判的理论》，载《批判理论》第 2 卷，法兰克福，1968。

西方学者卷·哈贝马斯

这样一些"唯心主义"要素中一致起来了，在这些要素中，传统的理论与批判的理论相区别。批判的理论在哲学与实证主义之间保持着一种独特的地位，因此，批判的实证主义的自我解释进入了同样的领域，而马克思可以说是从对立的方面进入这一领域的。

三、批判与危机：具有实践意图的 经验历史哲学的神秘主义来源 与科学结构

马克思主义的理论只是形式上表明了它在哲学和实证科学"之间"的地位。因此，它还根本没有成为它所代表的科学理论的独特类型。我们可以毫不含糊地说，马克思主义理论的结构是一种明确地用政治观点设计出来的、同时在科学上又可以证伪的历史哲学；我们可以大胆地利用晚辈者的机会说，我们能够比马克思对自己的理解更好地理解马克思。

当人们把政治经济学批判理解为一项工作——这项工作以人道主义者的语言学的批判开始，在文学家的美学批判中得到继续，最终在哲学家的理论批判和实践批判中学会把自己理解为批判——的完成时，马克思才把他的理论称之为批判——一个并不引人注意的名称。在当时，批判完全是理性的同义词，它表达的是善意的评论和机智的判断，是寻求按照自然规律同正义的事情相一致的正确的东西的媒体；它像能量一样，无休止地和无目的地推动理智向前进，最终甚至让理智转向反对自己。人们把"哲学家"称之为参与重要活动的人。康德也在"自由的法学教师"的实践的和教育学的意义上，自豪地称自己是一位哲学家。马克思则相反，他对哲学采取一种引人注意的态度：他不再把他的批判理解为哲学，而是理解为对哲学的克服。根据卢梭的某些描述，批判在19世纪才明确地重新同危机联系在一起；这就是说，批判与危机不仅语源上相同，而且是同根。

在希腊语中，批判性的判断隶属于危机，即隶属于作为急需作出决断的法律争执；批判（Kritik）本身是危机的客观联系中的一个环节。在拉丁语中，危机这个词限制在医学用语中。天主教终于把危机运用在区分善恶的救世进程上。于是，对于判罪和释放的批判性或者重大的决断进入了惩治和宣判无罪的领域，即神学预期的范

畴；在这些范畴中，18 世纪学会了构想历史哲学。在这一整个时期，当批判有了科学的形态时，它不仅脱离了语用学学科的使用领域，例如脱离了法学和医学领域，而且也摆脱了在基督教史中仍然保持的危机的客观联系——批判成了主观能力。甚至，在着手对人类发展的历史进行批判的学科中，在历史哲学中，批判不再把自己理解为危机（Krisis）的对应物。文明的过程不再是一个自我批判的过程，至多是向批判迈进的过程。

从刚刚形成的资产阶级社会的前景来观察，世界的历史似乎没有阻挠世界从封建关系的自发性中摆脱出来的目标的实现。因此，批判有充分理由认为，它能够从理论上解决实践上早已在解决的问题：新事物脱离旧事物，资产阶级自由摆脱等级束缚，资本主义生产方式摆脱封建的生产关系，在当时具有强大的动力。因此，这一过程必然不再被理解为一种危机。对不可靠的，甚至是模棱两可的结论作出批判性的决断，似乎没有必要；孔多塞和他的同时代人，已不再把历史理解为各种矛盾的分离，即不再把历史理解为直线的前进；他们能够这样理解。这种意识由于地震，即自然事件，经受了第一次被伏尔泰、莱辛和歌德所描述的打击。但是，只有当这类自然事件从社会自身的大地上爆发时，只有当工业资本主义所遭受的痛苦，使人们忘掉里萨本（Lissabon）的地震时，即随着 19 世纪的经济危机，危机作为一种客观的联系，当然是由历史形成的一种联系，才重新受到带有主观印记的批判。20 世纪的危机意识，成了它自身的历史意识。

对决断危机过程的实际兴趣，推动着批判，使其成为好事情。因此，批判无法从理论上由自身来论证自身。因为成了世界性的、普遍化了的危机，不是纯认识的舶来品；因为法官被卷入了这场法律争执，正像医生被一场疾病所侵袭那样，批判意识到了它自身真正地卷入了它所批判的对象之中。批判想把客观联系作为整体进行反思（虽然它已陷入了客观联系），并且想以此来结束危机，但是，由于客观联系的复杂性，批判所作的一切努力都注定毫无结果，一切努力不能超越批判，用危机本身的手段干预危机；这就是说，没有人反对上帝，除了上帝自己。因为世界性的危机超过了单纯的主观批判，所以，批判本身只有随着危机的克服才能真正成为批判。

在既定的传统中，尤其是在犹太神话和新教神学的传统中（其代表人物是以撒·路利亚和雅各·鲍姆），激进的辩神论问题的重心变成了受认识论推动的救世说的变种，即，成了令人注目的神统论和天体演化学说的观点；根据这种观点，最初的、大家熟知的和天真无邪的上帝，自身外在化了，即他不是向外表现自身、放弃自身、转让自身，而是逃进了自己的避难所，成了利己的上帝，可以说，流亡到他的看不见底的深层里去了，并在他的最高的升华中，成了另一个他——自然。通过这种自我收缩，通过最早的自动退位，上帝放弃自我，以致在他的痛苦的回归过程的最后，亚当能够第二次把他从王位上拉下来。因此，在神话的强制下，人必须在历史中，独自进行自己的拯救活动。同时也拯救自然，甚至必须用自己的力量去拯救被推翻了的上帝：一位在撒旦扮演的普罗米修斯的角色中的耶稣。这时，上帝尽管仍是上帝，但却失去了严格意义上的上帝作用。他现在完全听凭无可挽回的灾难的摆布；只有付出这一代价，他才能揭开作为历史的世界进程。

我们不探讨这个最早的奇特的神话来源；我们提及这一神话，只是因为黑格尔从上帝屈尊的辩证比喻中得出一个形而上学的法律程序，借助这一程序，他就可以把世界的历史完全猜测为危机与危机的联系。在发展的每个阶段上，丑恶、敌意、破坏发展成了特有的冷酷、固执与权力欲；否定的东西以及否定本身获得一种只有上帝在违背上帝自己的情况中才能实现的肯定性。危机的出路当然只有当分道扬镳的各种力量，即地位相同，用谢林的话说"作用相同"的各种力量相互争斗时，才能重新真正地出现在每一个阶段上。上帝毫无保留地顺从历史，才使得作为整体的危机联系完美无缺。上帝始终是一个超然存在，因为失去了原有尊严的上帝，无论怎么说曾经是上帝：在危机中上帝先于危机；如果说上帝最初并不认识自己，那么后来确实又重新认识了自己。这样，黑格尔就把神秘的传说变成了作为危机的世界历史的辩证逻辑；是的，世界历史的曲折进程，就是曲折的辩证法自身的进程。但是，在绝对精神中，并且通过人获得了解放的上帝终于懂得，人在先前已经懂得一切，而且，人在历史中始终是历史的主人。因此，随着黑格尔的《逻辑学》的出现，哲学就打破了无神论的上帝所具有的神秘特征；上帝成了历史；并且在历史中经历了风险。

这种作为危机的世界的哲学，在其辩证法中还包含着许多神秘主义的东西，因此，它并不认为自身隶属于危机。相反，它认为自己是危机的解决。哲学的上帝，并没有完全听从历史的摆布；它包含着绝对精神的哲学反思，它并未受到危机的干扰，并且超越了危机，因此，它也不能被理解为批判；它不是生死斗争的判断，也不是必须通过生活本身才能得到证实的生活的预断。哲学不是这样的，它构成了自己的整体性；它不是批判，而是综合。

马克思在他的博士论文里清楚地描述了黑格尔的体系；他在谈到黑格尔的体系时说："哲学构成了一个完美的、整体的世界。"哲学面对的是一个支离破碎难以解释的世界——另一个完整的体系，一个要求哲学来解释和证明的对立的实存；它所面对的是这样一种情况，在这种情况中，"体系下降为抽象的整体……它以充沛的精力来实现自己的愿望，却与另一个他在发生冲突……于是就得出了这样的结论：世界的哲学生成同时就是哲学的世界生成；哲学的实现同时就是哲学的丧失"。

然而，这种批判仍以这种哲学的逻辑学，即以黑格尔的辩证法为前提。大家知道，列宁曾建议把黑格尔的《逻辑学》作为研究《资本论》的教材。此外，把黑格尔的《逻辑学》作为前提，在马克思主义中，是近代马克思主义批判的一种普遍流行的方法。事实上，马克思从体系上以客观精神的范畴为出发点；马克思把伦理观念想象为作为整体的社会的概念，并且认为，作为整体的社会的真正实现，要用伦理观念，而且，分崩离析的世界的非道德状况也可以用伦理观念来衡量。马克思的社会学证明，黑格尔哲学中的客观精神作为预期的和解，带有某种欺骗性，这种客观精神只有在既定的否定过程中，只有从既定社会中所存在的诸种矛盾中才能获得。只有当辩证法被想象为各种社会状况的一种社会状况时，这些社会状况才能得到认识。为什么马克思"可以"这样想呢？在明确抛弃了唯心主义前提，而没有被国人所接受的情况下，他是如何为自己的想法作论证呢？对解决危机的最初兴趣（这种兴趣指导着批判的认识），起初只是"主观精神"的一种形式。黑格尔把对恶的切身体会以及抑制恶的热情和动力称之为对"存在与应该的不相称"的"实践情感"。因此，马克思必须证明，他的实践兴趣是一种客观兴趣，是他的批判动力在客观的危机趋势中产生的根源。因为危机是在经济危机中表现出来的，所以马克思试图用分析社会劳动的方法来论证危机，即试图用分析工业化第一阶段在生产资料私有制的条件下异化了的劳动来论证危机。在我们看来，尤其重要的是，马克思的分析是在没有黑格尔的逻辑学的前提下开始的。只是在这一分析过程中，他才在雇佣劳动和资本的关系中发现了死劳动对活劳动的固有统治，而这一作为唯心主义辩证法的"合理内核"的统治应该用唯物主义来解释。马克思在《巴黎手稿》的著名论断中坚持这一认识：精神现象学的伟大之处就在于，"黑格尔把人的自我产生理解为一个过程，把对象化理解为失去对象，理解为外化和这种外化的消失；黑格尔抓住了劳动的本质，并且把客观的人理解为真正的人，因为真正的人是他的劳动的结果"。

马克思对黑格尔的神秘主义形式的辩证法中的虽然已被揭下、但是由于对哲学的唯心主义的自我理解仍然被误解的那个屈尊的和对自己进行修整的上帝的动因作了穷根究底的研究：人类作出了许多努力，用自己劳动的双手维持生活，成了历史发展的掌舵人，然而却不知道自己是历史的主体。异化劳动的经验是辩证经验的唯物主义证明：自从人们有了他们与生俱来的东西时，他们就在自己的历史中留下了劳动的足迹；他们在压在自己头上的力量中遇到了他们自己制造的东西，他们在占有诸种对象中占有的只是他们自己的本质力量的对象化。但是，如果社会劳动的领域可以证明是历史辩证法的经验基础，那么，唯心主义表述中仍然坚持的对人类在每一阶段上，在他面临的事情上，最后，也会理性地认识自己，以及事实上扬弃异化这两件事的保证就会落空。然而，异化劳动的辩证法的批判认识是否不仅产生于客观的危机联系，而且直至发挥实践作用，马克思始终没有确定。唯物主义辩证法还给了被黑格尔的唯心主义辩证法破坏了的无神论的上帝神话的特征以及合理性，因为唯物主义的辩证法把无神论当作真的，并且认识到：人类过去只是把自己支配历史的力量的想象——虽然人类始终缺少这种支配的力量的想象——封存在上帝的图像中。历史上成为的上帝不仅不再能成为上帝，而且认真地说，他也从来没有能做过上帝。人类只有用自己的劳动才能拯救自己。只要人类还没有摆脱不成熟的状态，她必然就表现为被解救者，而人类只有在创造自身生活的道路上，使用理性，才能拯救自己。正是在这一背景下，费尔巴哈的并不十分深刻的宗教批判思想今天很难发挥影响，（当年）对马克思、恩格斯发挥影响，可以理解。

马克思是从社会劳动的辩证法中，用唯物主义的思想来理解危机联系的。社会劳动辩证法的诸种范畴，是在当时的政治经济学中发展起来的，但不是在政治经济学的彻底的历史特点中被人们所认识。因此，马克思采用政治经济学批判的形式来研究资本主义制度。在政治经济学批判这一并不引人注目的标题下，"批判"首先要求批判地探讨先前文献资料的含义，但要求批判地探讨用实践的意图拟定的克服危机的这一理论的深层含义：政治经济学批判也是原本意义上的危机理论。对异化劳动的分析具有唯物主义辩证法引论的性质；真正的批判是以唯物主义辩证法为根据展开的：它向人们证明，人们的历史是他们自己创造的（虽然他们对此没有明确认识），人们对自然状况的鲜明的、巨大的优势是用自己的双手劳动创造的。马克思以论证商品拜物教的性质开始自己的《资本论》："商品形式的奥秘简单地说就在于它把人们自己的劳动的社会性质反映为劳动产品本身的物的性质，反映为这些物的天然的社会，从而也把生产者同总劳动的社会关系反映成一种存在于生产者之外的物与物之间的社会关系。由于这种转换，劳动产品成了商品，成了可感觉而又超感性的物或社会的物……因为生产者首先是通过他们的劳动产品的交换才发生社会接触的，所以他们的个人劳动的、特殊的社会性质，似乎也表现在这种交换中。因此，在生产者面前，他们的个人劳动的社会关系就表现为现在这个样子，这就是说，不是表现为人们在自己劳动中直接的社会关系，而是表现为人们之间的物的关系和物之间的社会关系。"但是，这些社会关系，不仅对直接参与生产过程和分配过程的人来说，即他们作为真正的人，是一种客观讽刺，这就是说，他们实际上不是这个样子；甚至把这些关系作为自身研究对象的科学也屈从于现实自身产生的假象："对于人类生活形式的思索，以及对这些方式所作的科学分析，总是采取与现实发展相反的道路。这种思索是从事后开始的，因此带有发展过程的现成结论。给劳动产品打上了商品烙印，因而成为商品流通的前提那些形式，在人们试图了解它们的内容而不是了解它们的历史性质（人们已经把这些形式看成是不变的了）以前，就已经取得了社会生活的自然形式的固定性。"马克思是在这个基础上，采用政治经济学批判的形式，来批判客观的危机联系的。

当然，只有当劳动本身采用了商品形式，只有当生产方式是资本主义的时候，商品形式才可以普遍化为一切可能的劳动产品。只有随着把自己的劳动力当作唯一的商品出卖的自由的雇佣工人的形式的出现，历史上才出现了这样的条件：在这种条件下，作为价值增值过程的劳动过程，在人面前才能达到这样一种独立程度，以至于使用价值的生产似乎完全以资本的自我运动的方式消失。这种客观假象的批判——作为实践上占有资本主义异化的本质力量的理论前提——把雇佣劳动等同于剩余价值的来源。

剩余价值的理论的出发点是一种简单的思考。如果货币在等价交换的条件下转化为资本，应该是可能的，货币占有者就必然买进商品，并把这些商品变成这些商品的价值，然后再出卖这些商品的价值；这个过程的最后是他所获得的价值大于他所投入的货币。因此，就必须有一种特殊的、正如一切其他商品一样，能变为其价值的商品，但这些商品的使用价值的特点是，从商品的使用中能产生出价值。马克思写道："为了能从商品的使用中取得价值，我们的货币所有者就必须幸运地在流通领域内，即在市场上发现一种其使用价值本身具有成为价值源泉的特殊属性，即，这种商品的实际使用就是劳动的对象化（物化），从而是价值的创造。货币所有者在市场上发现了一种特殊商品，这就是劳动的能力或劳动力。"劳动力的价值用社会必要的劳动时间来衡量，即用生产生活资料所需要社会劳动时间来衡量，但是，在劳动时间方面，资本家使用他买来的劳动力的时间，则比为了劳动力的再生产所必要的劳动时间长。这种剩余劳动被视为剩余价值的来源。

这种关系的分析，并不具有道德判决的性质，像人们所宣传的那样（资本家的行为，整个说来不能算在个人头上，从客观上说，他们的行为是由他们在生产过程中的地位决定的）。马克思之所以对雇佣劳动和资本的对立感兴趣，并且对此抱以批判态度，以及着眼于从实践上来解决现存的危机联系，是因为他认为自己在这种对立中揭示了自我倒置的辩证法的起源，这种自我倒置，妨碍人们认识自己就是历史的主体和确认自己的这种权利。

马克思断言，资本主义制度的危机是从资本的价值增值过程中，是从随着剩余价值的占有这种基本关系中产生的，而且是必然的。在这种观点以前，马克思的另外一种观点是：作为危机联系的世界，只能从经济上来解释，这就是说，这个世界在危机中成了死结；这个死结同时可以随着危机一起解开。马克思的第一个观点成了政治经济学中的危机理论，而另一个观点则在历史唯物主义中成了意识形态学说。

四、唯物主义历史哲学的前提

历史哲学大约起始于 18 世纪初，即开始于维科对真理与事实相通的著名论断："按照我们的第一个毋庸置疑的原则，完全可以肯定，历史（是）人创造的……因此，历史的本质存在于我们自己的精神变化中……因为，任何地方都没有比人创造事物以及叙述事物的地方更可靠。所以，（历史哲学）这门科学和几何学的研究方法完全一样；几何学根据自己的原理建立了量的世界，观察着量的世界，创建了自身；人间事物的规律，要比几何学的点、线、面和图形具有更多的现实性。这将必定赐予你——我的读者，以一神仙般的欢乐，因为在神（上帝）那里，认识和行动是一回事。"① 维科这段话里的最后一句，已经接触到了从一开始就具有历史哲学认识论要求的问题，尽管这句话在把历史的理性同神的理性作比较时，对神是如此阿谀奉承：当原始的理性思考世界的时候，它就创造了世界；维科寄希望于人的（依托）是，在人类创造了历史之后，能够认识历史：人应该能够想到历史是他的产物。人应该把自己的精神理解为历史的产物，并且把历史理解为自己的产物。然而，历史的理性终于通过分袂（Hiatus）与神的理性划清了界限。神的理性为了创造自然世界的表象而满足于这种表象，而人创造自己的历史世界，也许是为了能够想象原本的历史世界。历史哲学不能像几何学那样依附于原始理性的亲缘关系。

认识论的问题在这里以神学的形式出现并非偶然。因为，历史哲学要把教父们在历史神学中预想的东西变成有目的的科学观察的命题。历史哲学已经构想了世界的统一性以及作为世界史的世界历史；它把起始与终结，构想为起源与目的，并且把两者之间的对峙构想为不幸与福祉。随着世界历史的统一和世界历史联系的命运，历史成了总体性和危机过程的结合体。在末世论和摆脱原罪的观点下，历史既有世界历史的土壤，也有救世史的土壤；因为有神论不幸地维护着历史的主体与历史上行动着的主体之间的区别，即维护着历史的主人与仅仅服从于历史的人之间的区别。在这种构思中只有一个唯一的历史哲学家，而维科的诸种定义恰恰适合于这位历史哲学家——上帝。然而，维科的《新科学》却想把所有的人都说成是神的合法信奉者。历史哲学只是更多地要求历史理性的自然源泉。

维科对即将统治世纪的进步思想还采取了不以为然的态度。他在《新科学》中对认识的要求是这样解释的：人首先能够认识的是他创造的东西，因此，历史哲学下一步要做的事，就是抛弃作为历史主体的神的假说；他把神的位置留给了人。维科认为，人是历史的主人，但人却缺乏使自己成为历史主体的素质——万能和神力；人创造着自己的历史，但却是无意识的；历史始终具有双重意义：

① G. B. 维科：《新科学》，139 页，慕尼黑，1924。

历史是自由的行为和事件，即行为和发生的事。因此，维科并没有把神意完全从历史的理论中排除出去；在他看来，天意的规律是"自然的"，并以"简单的方式"起作用，因此，它同历史发展的经验规律相吻合。当神的计划从事情的本质的真正发展中显现出来时，神意就会在事情的本质中消失。这是自然理性能够认识的。维科在历史的秋千下张起营救人民的大网——神意，只要人民，自在的历史主体，还没有作为主体用意志和意识驾驭历史。人类不断崛起，但又屡屡失败，因为这种崛起是以基督教顺民的思想来创造历史，因此，在遭致失败之后就又处在周而复始的压制之下：从退化的、野蛮的反思状态跌入最原始的基督教的野蛮状态。Corso 和 Ricorso 时期，神意的隐蔽价值明确地显现出来。只有这个时期才能确保文明的衰落在其最高阶段不只是倒退；只有这个时期才能把远景展现在人们面前；从这一远景中人们可以清楚地看到，在灾难的大地上还有内心净化，在浩劫中还有福音。

一旦历史的理性放弃了自然化的神意的补充功能，对认识进行辩证解释的机遇就会消失。这样，从起始到终点的进程就只能从一种意义上被理解为从起始到目的的进步。此外，它还要求证明，在这一系列现象中连续有一个达到优良本质的进程。在文明的发展中，每一个有经验记载的倒退，因为它现在只能是自为的，并且是纯粹的倒退，所以这种倒退必然使理性在人类的进步中受到怀疑。与此相关的还有另一个问题。

维科的历史哲学始终是向后看。在精神创造了历史之后，精神能够认识历史，也就是说，只要历史的进程是循环的，尽管它尚未结束，精神就能从整体上和有规律地去把握它。Corso 和 Ricorso 循环过程的最终突破和实现，一个时代的结束，严格说来，并不遵循"新科学"的规律。甚至，如果历史的循环模式被直线模式所代替，历史哲学后瞻性这种认识批判的可靠性就会落空。历史哲学的艰巨任务，就是按照进步的规律建构未来；在未来的社会状况里，过去的状况不能再现；历史哲学将要预见未来，并且要求对它的预见性的成就作出认识批判的解释。这两个问题在 18 世纪都没有真正被解决。在维科之后，杜尔哥[①]和孔多塞[②]都回到了笛卡儿的传统上，他

---

① 杜尔哥 (Turgot，Anne Robert Jacques，1727—1781)，法国政治活动家和经济学家，他的主要著作是《关于财富的形成和分配的考察》(1766)。——译注

② 孔多塞 (Condorcet，Marie Jean，1743—1794)，法国数学家、哲学家、政治家和百科全书派。——译注

们认为，为了把握住作为自然规律的进步规律，只需要牛顿的历史。面对康德哲学的批判成就，任何让历史的规律服从于自然的普遍规律的尝试都暴露了它的想象的双重性。康德哲学把理性作为自然，是人类发展的基础。现在，这种理性已经同历史地把人类的独立自主变为现实的理性有了区别。

康德坚信历史的直线发展。这样，他就回到了维科提出问题的基础上；他用具有预见性的历史哲学的需要去衡量维科的真理与事实相通的认识准则。历史发展的预见性，只有"当预言者把他所说的事件宣告为预言时"才是可能的。只有当历史的主体作为独立的个体，按照他们的观念已经是历史的主体时，全世界的持久和平状态就成了他们的道德行为准则和目标，并且，这种和平状态只有在同他们实际上履行义务成正比时，才可以预言。但是，只要反思性的批判力把历史的进步当作它的目的，当作各种现象的必然联系，它就必须这样来想象自然的意图，或者神意的意图，似乎有一个通过有目的的行动来实现上述目标的历史主体。神的目的论（姑且把它作为假想）自然是把人类作为自然存在物，把它放在因果律之下。历史的主体，从知性和现象的方面看，仿佛是分裂的；他们是自己历史的创造者，同时还不是集因果决定论的自然存在物和道德自由的个体于一身的主体。但是，如果人类在自己的历史进程中表现为这样一种矛盾的统一体，那么，包含在历史哲学基本认识中的矛盾，作为从属于历史的矛盾，就必然被理解为历史的真正动力。康德就是这样（与他提出的政治与道德有可能统一的问题相联系）在真正的历史哲学中提出了显然在历史哲学范围内他无法解决的问题。

这个问题留给了黑格尔。因为人始终是来自历史和属于历史的外在的异己的东西，所以，每个阶段上都在重复占有先前已经外化的东西。概念贯穿于物，并使先前的物化中已经消亡的东西获得新生。因为人类是历史的主体，并且的确又不是历史的主体，所以，从维科到康德的历史哲学认为，历史哲学一方面能够解释它对历史的可创造性的认识论要求，另一方面又不能完全放弃神意，即使只是出于诠释的目的。历史哲学只有在黑格尔从人类既是历史的主体，又不是历史的主体这一矛盾中发现人类正在摆脱历史哲学的种种表象，并且正在创造自身的前进力量，并在这种矛盾中看到了自身运动着的历史的辩证法之后，才能够做到这一点。

于是，随着放弃维科的循环模式重新出现的两个问题中的一个问题被黑格尔提了出来，但他却回避了另一个问题，即用认识批判的观点来解释预言。他虽然辩证地把历史哲学纳入历史，但却把历史哲学作为一种精神史，用哲学的绝对自我意识来概括历史哲学。虽然黑格尔认为历史哲学的前景包含着它最终把人类从世界历史的倒置中解放出来的努力，然而，他的历史哲学在这个最高阶段上像维科的历史哲学一样，仍然是向后看。随着历史的辩证法转变为唯物主义的辩证法，历史哲学才丢掉了历史作为总体性赖以进行哲学的自我反思的绝对观点。正如我们已经看到的，马克思在死的劳动统治活的劳动中发现了历史的主体们在历史的主体面前无能为力的真正原因；历史的主体们，自己就是历史的主体，当然，他们没有成为历史的主体。所以，推动历史的是被理解为异己的劳动，而不是概念的劳动。"贯穿于"物化关系的不是重新寻找的意识，而是实际的占有本身。这种实践以理论活动为媒介，或者说，通过理论活动来进行。但是，理论本身，甚至理论活动，即从历史哲学的角度或者用辩证观点洞察历史运动规律的理论和理论活动，则始终先于理论上仅仅是先导和向导的实践。特别是马克思主义的历史哲学，在回顾历史和展望历史时，更是把自己的精力放在社会实践（生产）和革命实践上，然而，却把沉思变成了批判。

黑格尔对维科的评价，使得马克思和康德在对维科的认识上也一致起来。马克思和康德都把维科的认识准则作为预测历史哲学的基础。他们俩都认为，只有当人类用意志自觉地去创造自己的历史时，尚不完善的历史的思想才能从理论上加以预测。如果不能预测，那就要从实践理性上给予解释。在康德看来，实践理性为道德行动提供的只是规范观念。因此，历史的思想只有作为观念才能构想，它不能成为约束历史理论的东西；而马克思则认为，只有当人们准备从实践上真正把握历史的思想时，人们才能从理论上认识历史的思想。马克思把"愿意做"解释为"能够认识"的前提，因为他从黑格尔那里学会了把历史的"思想"理解为人类摆脱自身的、直至历史哲学本身的认识原理的矛盾。历史的"思想"，整个说来，只有当人类准备从实践上用意志自觉地去创造他们不断创造着的历史时，才能从理论上得到解释。同时，批判必须把自己理解为它准备扬弃的历史状况的要素。因为历史哲学最终是唯物主义地把自己包含在历史中，而后发现了历史哲学前提的合法性，根据这种合法性，它解决了它的基本认识中的矛盾，即历史的前进中的矛盾。

众所周知，马克思不仅把他的批判告诉了无产阶级，而且还从无产阶级发展的历史中得出了这种批判观点在认识论上的合法性。

因为异化劳动，即死劳动对活劳动的统治在无产阶级的贫困生活中已经发展成了不可抗拒的灾难，成了扬弃它自身的"实际的必然表现"，所以，马克思论证说，随着无产阶级在生产过程中的客观地位，在这个生产过程之外，同时形成了一种观点，根据这个观点，必须以批判的眼光来理解整个（资本主义）制度，并把它作为历史上过了时的制度。这个论据，过去究竟在多大程度上适用于唯物主义地解释带有实践意图的历史哲学的唯物主义表述，以及在多大程度上适用于唯物主义地解释历史哲学从理论转变为正在进行中的历史过程的批判，这里我们姑且不去谈论。但是，这种论据在以往的年代里，不足以从当年的阶级斗争状况推广到整个历史结构上。因为在神学的框架内，整个世界历史首先被表述为一个有开端、有结尾的历史，因此马克思能够不假思索地把它理解为阶级斗争的历史，一句话，这种包括在历史哲学问题中，以及把现实的危机现象概括为世界历史危机联系的总体性的先入之见，在这里并没有得到说明。

教会的神学思想，只有在世界的统一意识、人类及其发展的统一意识已经形成的时候，才能对世界史的哲学观察发挥作用，只有这个时候，历史的经验主体才成了可以想象的。因此，历史哲学以18世纪形成的那种全球性的统一意识为前提。殖民时代的伟大发现，中国的教会化，以及最后，北美大陆的开始解放，迫使欧洲文明走向自我相对化：它既从外界（伏尔泰的历史哲学就是从中国开始），又从人类早期历史的起源中（与多方面研究心灵的"野蛮人"相对比）学习观察事物。欧洲文明同时也在历史连续性的联系中，以及在不断扩大的全球性的统一的框架中积累经验，而这种统一与其说是通过基督教的天启的历史的偶然事件得到了保障，不如说是通过人的相互交往得到了保障。

世界的统一是历史哲学的一个前提，历史的可创造性则是历史哲学的另一个前提。人们只有在自己是历史的创造者时，才能从理性上确保自己的历史。随着资本主义生产方式的实行，愈来愈广阔的社会交往领域变成了交换关系。随着物质生产力的发展，越来越多的社会生活关系丧失了它们的自然力量。封建的生产关系的革命化和作为个人独立自主领域的资产阶级社会的巩固，同广大领域的（尽管是局部的）理性化一致起来。在历史真的是能够创造的同时，在学习中运用理性去掌握历史的启蒙的自我意识也在成长。

历史哲学问题的这两个主观动因，同历史发展的客观趋势紧密相连，因此，它们的起源能够在数百年来发展着的，并且最终在17

世纪的英国革命和 18 世纪的法国革命之间成了资产阶级社会意识的这块大地上被固定下来。

摆在人们面前的是两个结论。一方面，历史发展的典型趋势增强了。在工业化社会及其借助于技术进行交往的基础上，政治事件的相互依赖关系和社会关系的一体化，超越了两个世纪前只能想象的规模，并且有了这样的进步，以至于在这种交往关系的范围内，许多局部的历史第一次成了一个世界的历史。同样，自从运用暴力来肯定自己的手段发展到其影响度致使运用这些手段达到既定政治目的受到怀疑时，人类就史无前例地、不可避免地面临着这样一个讽刺性的事实：人类仍在不断地摆脱受她控制的历史的可创造性。因此，历史哲学的内在前提并没有被遗忘，而是更为真实。所以，自称已解决了历史哲学自身问题的一切对立的意识形态，均被怀疑为逃避现实。另一方面，我在这段开始时所说的两个结论的第二个结论：神学从哲学上把历史假想为总体的框架概念有问题。

假若历史发展的松散线索在比较晚的阶段上，才被连接成为世界历史联系的网，那么，不允许在事后用这个网来包罗全部历史。全球的统一性本身首先是历史形成的这个事实，同一开始就把总体性归属于历史的观察方式相矛盾。此外，如果社会状况在它的历史发展的较晚的阶段上，同人的理性的计划是相通的，历史的可创造性，也不允许由整个历史来肯定。理性化的能力首先是历史地形成这个事实，同一开始就把一个主体归属于历史的观察方式相矛盾。

唯物主义的历史哲学，恰恰应该严格地从划时代的联系中来把握自己的前提，因为从历史上看，它产生于这种联系。它应该以批判的眼光来看待自我意识，进而认识到，世界的统一性和历史的可创造性的诸种范畴，真的是历史自身首先在既定的阶段中创造的。

正如现实冲突的延伸（它延伸到了历史的初期），仅仅具有启迪性质，因此它的终结的预测也始终是假设的。历史哲学以这样的方式把历史的主体们想象为历史的可能的主体，即历史的客观上多种含义的发展趋势，似乎真的由采取政治行动的人借助于意志和意识来掌握和决断，并且有利于他们。以这种幻想为出发点，历史的可能的主体就在历史哲学运用实践的十分敏感的自相矛盾中暴露出来，以至于受过教育的人类也可以上升为她最初只是想象的东西。

（郭官义　李黎 译）

重建历史唯物主义[①]

　　马克思只有两次有联系地和原则性地谈到了唯物史观。[②] 为了解释某些情况和发展，通常他是以历史学家的身份来使用唯物史观这个理论范畴的。《路易·波拿巴的雾月十八日》，就是一个绝无仅有的例子。恩格斯称历史唯物主义为指导思想和方法。这可能给人一种印象，似乎马克思和恩格斯只是把历史唯物主义同启迪学的要求相联系，这种启迪学和从前一样，是用系统的意向去叙述历史。但是，人们并没有理解历史唯物主义——无论是马克思和恩格斯，还是马克思主义的理论家们，都没有理解历史唯物主义；在工人运动的历史中，人们也没有理解历史唯物主义。因此，我不能把历史唯物主义看作启迪学，而看作理论，即看作一种社会进化论。由于

①　选自《重建历史唯物主义》，北京，社会科学文献出版社，2000。
②　参见《德意志意识形态》第1卷和马克思在1859年1月写的《〈政治经济学批判〉序言》。

这种理论具有反思能力，因此它对政治行动的目的也是有益的，并且在有些情况下，是同革命的理论和战略联系在一起的。马克思在《政治经济学批判大纲》和《资本论》中所研究的资本主义发展的理论，是同历史唯物主义相适应的局部理论。

1938年，斯大林把历史唯物主义法典化，后果严重。自那时以来的历史唯物主义研究，始终受着这种理论框架的禁锢。现在，斯大林确认的历史唯物主义解释，需要重建。重建历史唯物主义，应该有利于批判地研究各种相互竞争的理论观（特别要有利于批判性地研究社会科学的新进化论和结构主义）。当然，我能够说清楚的仅仅是某些观点，我试图用这些观点来说明历史唯物主义的重建是有希望的。

首先我想谈的是历史唯物主义的基本概念和基本假说和对它们的批判考察，然后列举一些人们在使用这些假说时所遇到的某些难题，提出和说明我的抽象的解决这些难题的建议，最后来考察人们从相互竞争的理论观中能够学到的东西。

我首先谈"社会劳动"和"类的历史"的概念以及历史唯物主义的三种基本假说。

有组织的社会劳动是人类用以同动物相区别和再建其生活的特殊方式："可以根据意识、宗教或随便别的什么来区别人和动物。一旦人们自己开始生产他们所必需的生活资料的时候（这一步是由他们的肉体组织所决定的），他们就开始把自己和动物区别开来。人们生产他们所必需的生活资料，同时也就间接地生产着他们的物质生活本身。"[①] 在对人类生活方式并不特殊的描述阶段上，生物及其周围环境间的变换，可以用物质交换的生理学概念加以研究。然而，要想抓住人类生活方式的特殊的东西，最好就要在劳动过程的阶段上去描述生物及其与周围环境的关系。用物理学的观点看，劳动过程就是人的能量的使用和在占有外界自然时的能量转换。但是，按照工具行为的规则，有目的地改变物质的社会学观点，依然是决定性的。

---

① 《马克思恩格斯全集》第3卷，24页，北京，人民出版社，1960。

当然，马克思所理解的生产，不仅是一个个的个人的工具行为，而是不同的个人的社会协作："这样，生活的生产——无论是自己生活的生产（通过劳动）或他人生活的生产（通过生育）——立即表现为双重关系：一方面是自然关系，另一方面是社会关系；社会关系的含义是指许多个人的合作，至于这种合作是在什么条件下、用什么方式和为了什么目的进行的，则是无关紧要的。由此可见，一定的生产方式或一定的工业阶段始终是与一定的共同活动的方式或一定的社会阶段联系着的，而这种共同活动方式本身就是'生产力'；由此可见，人们所达到的生产力的总和决定着社会状况，因而，始终必须把'人类的历史'同工业和交换的历史联系起来研究和探讨。"① 不同个人的工具行为是有目的的和合理的，即按照生产目的来协调的。协作是根据战略行动的规则形成的；战略行动的规则，是劳动过程的一个必要组成部分。

　　但是，生产生活资料，只是为了消费。正像劳动是社会性组织起来的那样，劳动产品的分配也是社会性组织起来的。分配规则谈的不是对物的处理或者对物的有目的的和协调的使用，而是相互期待或者相互利益的系统联系。因此，产品分配要求相互作用的规则，这些相互作用的规则在借助语言取得理解的水平上，在主体相互之间作为交往行动的公认规范或规则，可以被个别情况所代替，并且随着时间的推移，可以不断地被提出。

　　我们把社会调节劳动和分配的系统称之为经济。因此，按照马克思的观点，生活的再生产的经济形式，是人类发展阶段的特征。

　　社会劳动的这个概念，作为人类生活的再生产形式，具有一系列的内涵。它对近代主体哲学或者反思哲学的最重要的假说，持批判态度。马克思说："个人怎样表现自己的生活，他们自己也就怎样。因此，他们是什么样的，这同他们的生产是一致的——既和他们生产什么一致，又和他们怎样一致。"② 马克思的这些话，按照关于费尔巴哈的提纲的第一个论点，可以被理解为认识论上的实用主义，即对那些把认识着的主体理解成为自身是静止的和被动的意识的（经验主义或者理性主义）诸种思潮的现象论的批判。这些话同时也具有唯物主义的内涵：它的矛头既指向理论上的唯心主义，也指向实践上的唯心主义，因为这两种唯心主义都强调精神先于自然，

---

① 《马克思恩格斯全集》第3卷，33～34页，北京，人民出版社，1960。

② 同上书，24页。

理论先于兴趣或利益。或者让我们看看马克思在另一篇文章中说过的话："人的本质并不是单个人所固有的抽象物。实际上，它是一切社会关系的总和。"① 这是模仿黑格尔的客观精神概念对资产阶级社会科学中的方法论上的个人主义和对英国和法国道德哲学中的实践的个人主义——它们都把有行动能力的主体理解成为一个个的单子——的宣战。

当然，在我们的阐述中，社会劳动的概念是否能够充分地表达人类生活的再生产形式的特征，这是人们感兴趣的问题。因此，我们必须更加精确地规定，我们想要理解的人类生活方式是什么。上一代人的人类学，积累了四百多万年的新知识，在这四百多万年的时期里，人类完成了从灵长类动物到人的发展，即完成了从黑猩猩到人的（假定的）共同祖先经过直立人到现代人的发展过程。这种人类发展史，是由生物的和文化的发展机制的相互交织决定的。在人类起源和发展的这个时期内，在一系列漫长的变化过程中，一方面人的大脑的大小和人的重要形态发生了变化，另一方面，给人类带来具有被淘汰压力的环境，不再仅仅受自然的生态影响，而已经受以狩猎为生的原始群的积极的适应能力的影响了。只是到了向现代人过渡的时期，这种生物的、文化的混合进化形式才让位于纯粹的社会进化。自然的进化机制停止运转，新的物种不再产生，代之而起的是成为现代人社会基础的异族通婚。异族通婚的结果，是遗传内部特征的广泛扩散和混杂。这种内部分化是文化混杂的天然基础，文化混杂清楚地表现在多种多样的社会学习过程中。最好的做法，是把社会进化（即社会正在进化）赖以进行的社会—文化阶段同纯粹的生物进化（即物种正在进化）赖以进行的灵长类阶段加以区别。同样，把两种进化机制交织在一起（其中大脑的进化是重要的个别的进化）的社会—文化阶段同原始人阶段加以区别，也是最好的做法。

当我们用新的人类学的知识来观察社会劳动这个概念时，我们就会看到，人们对社会劳动在人类进化阶段中的作用估计太低：不仅人，就是原始人，早就以通过社会劳动来适应再生产的形式和组建起经济——成年男子组成以狩猎为生计的原始部落。他们占有武器和工具（技术）；他们有分工地进行协作（协助组织），并在集体中分配捕获到的猎物（分配原则）——同类人猿相区别了。生产资

① 《马克思恩格斯全集》第3卷，7页，北京，人民出版社，1960。

料的生产和社会组织（劳动组织和劳动产品分配的组织），满足了以经济形式再建生活的条件。

追述原始社会的状况，比追述当时的生产方式更为困难。原始社会的交往系统究竟在多大程度上超过了早在灵长类动物时期就普遍地用手势进行的交往，人们是不清楚的：人们估计当时已经有了以手势为语言和呼叫信号的系统。总之，大规模的协作狩猎活动，需要对狩猎经验进行了解，因此我们必须假定当时已经有了原始语言。那种对人类形成重要的系统的联系——认识活动的联系、情感表达的联系和人际关系的联系——就是借助这种原始语言开始建立起来的。我们估计，在群体的原始人中，在分工上已经形成了两个局部的社会系统：以成年男子为一方的社会系统（他们聚集在人人平等的狩猎群里，共同占据着主宰地位），和以妇女为另一方的社会系统（她们生活在一起，采集果实，照料孩子）。同灵长目社会相比较，协作的战略形成和分配规则是新的东西，这两种新东西，都直接同最初的生产方式，即协同狩猎的形成和巩固相联系。

所以，马克思的社会劳动概念适用于区分灵长目的生活方式和原始人的生活方式，但却不适合于人类特有的生活方式的再生产，因为冲破在脊椎动物门类中形成的社会结构的，不是原始人，而是人：在一维的等级中，每一个动物，都过渡性地占有一个，而且只占有一个位置。这种等级制控制着黑猩猩和狒狒中成年雄性动物之间更经常表现出来的侵略关系，也控制着雌雄性动物之间的性的关系和老幼之间的社会关系。一种类似家庭的关系，只存在于母亲和她的子女之间以及姐妹之间。母亲和成年儿子之间的性关系是不允许的；父女之间的相应的性关系限制是没有的，因为父亲的角色是不存在的。甚至建立在社会劳动基础上的原始社会，也还没有家庭结构。我们当然可以设想家庭是怎样形成的。有组织的社会性的狩猎生产方式，产生了一个派系问题。男子的家庭化（库特语）即实行建立在异族通婚基础上的亲缘制，解决了这个派系问题。群体社会中以狩猎为生的男子，同那些在进行狩猎时留下来从事采集果实的妇女和年轻人相比，他们是独立的。随着分工的发展，产生了一种新的一体化需要，即在两个局部系统之间实行有监督的交换的必要性。但是，原始人显然只具有同地位相关的性的关系模式。这种模式同新的一体化需要是不相适应的，并且，灵长目动物的等级制越是受到狩猎群中的强行平等化的破坏，这种模式就越加同新的一体化需要不相适应。只有以婚姻和正常的传宗接代为基础的家庭制，才能使成年的男性成员，借助于父亲角色的作用，把自己在男性狩猎群中的地位同自己在妇女和儿童群的地位联系在一起，从而才能把社会劳动的功能同抚养子女的功能结合在一起，并且把男子狩猎的功能同妇女采集果实的功能协调起来。

当家庭的社会结构补充了狩猎经济时，我们才能谈现代人所达到的人类的生活的再生产。这个进程延续了数百万年，这意味着，动物的地位等级制被以语言为前提的社会规范系统所代替，这是不寻常的发展进程，而动物的地位等级制在类人猿那里，根据 G. H. 米德（G. H. Mead）的说法，早就是以象征性的相互作用为基础的。灵长目的地位等级制是一维的；任何一个个体，只能占据一个位置，即他在一切领域中的地位都是相同的。只有在同一个个体占据不同的地位和不同的个体占据相同的地位时，功能上特殊的局部系统间正常的社会交换才有可能。动物的地位等级，是以占有某一地位的动物拥有的威慑力为基础的，即以占有某一地位的动物的特性和拥有的力量为基础。另一方面，它们扮演的社会角色，是以大伙都期待和承认的规范行为，而不是以尊重某个角色根据它的特殊禀赋所拥有的惩治其他动物的能力为基础。这意味着行为动机意向的道德化。社会角色能够根据条件把所期待的两种行为联系在一起，从而使相互对立的动机或意向形成一个体系。一个人可以让另一个人去完成自己所期待的行为，因为另外一个人同样也可以让那个人来完成自己所期待的行为。一个人可以不依赖于偶然情况的联系，通过社会角色对其他人的动机施加社会影响，并且可以把动机的形成汇集成互相作用的符号世界。做到这一步当然必须具备以下三个条件：

（1）社会角色依据的前提是，相互作用的参加者不仅要接受其他参加者的看法（借助于象征实行相互作用时，就出现这种情况），而且，参加者的看法也可以变成其他参加者的看法。相互作用的参加者必须能够接受其他参加者的看法；以其他参加者的看法为出发点，他们仿佛能从外部来观察自己的期待系统和行为系统，否则，他们就不能把他们的相互期待有条件地联系在一起，并且不可能把他们的相互期待作为一个系统当作自身行为的基础。

（2）如果相互作用的参加者具有一种时代视野，这种时代视野又超越了直接的、眼前的行为结果，社会角色就能得以确立。否则，空间的、时间的和事实上有差别的预期行为，就不可能结合成为一个独一无二的社会角色。葬礼形式表明，团聚的家庭生活，成了具有广泛范畴意义的时代意识。

（3）如果社会角色需要监督相互作用参加者的行为动机，社会角色就必须同惩治机制结合在一起。因此惩治的可能性不再（像灵长目社会中那样），是由模范人的偶然本性保护的，也不（像高度文明社会中那样）是受政治统治权力手段保护的，因此，惩治的可能性只能在社会公认的规范的自相矛盾的解释中经受考验。正像我们在禁令所起的作用中所看到的那样，同社会角色相联系的解释模式，具有某些情感矛盾，这些情感矛盾是从冲动系统的发展中产生的。因此，人们应该把这些情感转变成为规范意识，即转变成为准备尊重社会公认的规范。

由于种种原因，在语言没有完全形成之前，这三个条件不可能具备。我们可以认为，发展是在劳动和语言的结构中完成的，而发展导致了人的生活的延续的特殊形式和社会进化的最初状态。劳动和语言比人和社会更古老。

历史唯物主义所选择的人类学的基本概念，似乎具有这样的意思：

——社会劳动的概念是基本的，因为劳动和分配的社会组织的进化成就，显然先于已形成的语言交往的发展，而语言交往又先于社会角色系统的发展；

——但是，当我们把社会劳动的概念同家庭的组织原则联系起来时，我们才能充分地表达人类特有的生活方式；

——同社会劳动的结构相比较，角色行为的结构标志着一个新的发展阶段；交往行为的规则，即主体相互之间公认的和习俗上得到保障的行为规范，不能归结为工具行为或者战略行为规则；

——生产和社会化，社会劳动和对未成年人的照料，对类的延续同样是重要的。因此，家庭的社会结构是基本的，它既操纵着外部自然的一体化，也操纵着内部自然的一体化。

———

马克思把社会劳动的概念同类的历史相联系。类的历史这个词是唯物主义的信息，它首先告诉人们的是，任何物种发展领域里的自然进化，是用其他手段，即通过社会化的个人的生产活动本身继续下去的。当人们通过社会劳动维持自己的生命时，他们同时也就生产了他们的物质的生活关系，生产了他们的社会和社会进程，在这个进程里，个人和他们的社会一起发生变化。生产方式的概念，是重建类的历史的钥匙：马克思把历史理解成为生产方式的不连续的序列，从这个序列的逻辑发展顺序中，人们看到了社会进化的方面。请让我回忆一些最重要的定义。

生产方式的特征是通过生产力的一定发展水平和一定的社会交往形式，即生产关系表现出来的。生产力是由下列因素构成的：第一，在生产中进行活动者，即生产者的劳动力；第二，技术上可以使用的知识，即变成了提高生产率的劳动手段——生产技术的知识；第三，组织知识，即有效地运用劳动力，造就劳动力和有效地协调劳动者的分工合作的组织知识（劳动力的动员、造就和组织）。生产力决定着能够掌握自然过程的程度。另一方面，那些能够确定劳动力以什么方式，在既定的生产力的水平上，同能够支配的生产资料结合起来的机构和社会机制，也是生产关系。调节生产资料的增长，或曰控制社会所使用的劳动力的方式，也间接地决定着社会所生产的财富的分配。生产关系表达着社会权力的分配；它借助于满足需求的、社会承认的分配模式，预先就规定了利益结构。历史唯物主义的出发点是，生产力和生产关系的变化，不是相互独立的，而是形成了一些结构，它们相互联系，产生了有限的、同结构相类似的发展阶段，因此产生了一系列从发展逻辑上看是有顺序的生产方式。（"手工磨坊产生了封建社会，蒸汽机产生了资本主义社会。"）

正统的马克思主义理论，把生产方式分为五种：文化高度发展前的原始部落和氏族社会的原始公社的生产方式；古代的，建立在奴隶制基础上的生产方式；封建的生产方式；资本主义的生产方式和社会主义的生产方式。关于古代东方和古代美洲的历史发展的归属问题的讨论，产生了亚细亚生产方式。这五种生产方式，标志着社会进化的全部阶段。任何特殊的经济结构，都可以用进化论的观点，用不同的生产方式——这些生产方式在一个历史的具体的社会里，形成了一种等级式的联系——加以分析。M. 戈德利尔对西班牙殖民主义时期印加文化所作的分析，就是这方面的一个很好例证。

人们对类的历史概念所作的教条主义理解，同18世纪的那些哲学史见解一样，具有许多缺陷。迄今为止的关于世界历史的学说，把生产方式分为五种或六种，这种学说确认了宏观主体的单线的、必然的、连续的和上升的发展。针对这种类的历史模式，我想提出一种较为温和的理解，我的理解不会被说成是众所周知的反对历史哲学思想的客观主义。

历史唯物主义不需要假想一个进化赖以进行的类的主体。更确切地说，进化的承担者是社会和与它结为一体的行为主体。进化表现在按照一个合理构成的模式而构成的、又经常被更全面的结构所代替的那些结构上。在这种构成结构的过程中，社会和个人，连同个人的自我同一性和群体同一性，都在变化。即使社会进化可能具有一种倾向，即使联合在一起的个人能够自觉地影响自己的进化过程，那似乎也不会出现特殊的主体，而是自身创造的、更高级的、主体通性的共同性。另外一个问题是发展概念的特殊化问题，即从什么意义上说，人们可以把新的结构的产生理解成为一种运动；处在运动中的，只是经验的基础材料。

假若我们把发展逻辑同发展动力，即把能够合理构成的、越来越全面的结构等级模式同经验的基础材料赖以发展的过程相分离，那么我们也就不需要历史的非单线性、必然性、连续性和不可逆转性。我们当然考虑在原始部落中形成的、并且确立了社会进化基本状态的、具有深厚人类学基础的普遍结构，即这样一些结构：我估计，它们是随着类人猿的认识潜力和动因潜力在语言交往的条件下的变化和再形成而产生的。这些基本结构，可能同今天正常情况下的4～7岁之间的儿童（只要他们的认识、语言和相互作用能力已经结为一体）所具有的意识结构相符合。

这些基本结构，描述了较为全面的结构赖以形成的逻辑活动领域。但是，新的结构能否形成，以及何时形成，取决于意外的边缘条件和经验上的能够加以研究的学习过程。一个既定的社会为什么能够达到既定的发展水平的发生学的解释，不取决于一个在任何既定的阶段上按照它当时所获得的结构的逻辑建立起来的系统是什么状况这种结构解释。许多途径都能够达到同样的发展水平。进化的统一体越是众多，单一的发展就越加不可能。同样连续的发展，是没有什么保障的。说得确切一点，一个社会是否会在发展过程中丧失其生命力，或者是否能借助于发展新的结构去解决它的体制问题，这取决于偶然的情况。说到底，倒退在进化中是可能的，并且已被多种经验所证明。总之，一个社会没有随之而产生的必然的倒退现象，是不可能跌到曾经达到的发展水平之下的。法西斯德国就是一个例子。不可逆转的不是进化过程，而是一个社会（如果和只要它在进化）必然要经历的结构顺序。

争论最多的当然是历史唯物主义所说的历史所固有的目的论。我们所说的进化，实际上是指明方向的累积过程。新进化论把复合性的增加当作可以接受的辨认方向的标准。一种制度（系统），它能够容纳的情况越多，它在实际情况中能够同化环境，能够在这种环境面前保住自己的存在的复合性就越大。马克思也对"社会分工"范畴给予高度评价。他所说的"社会分工"，是系统分化的过程和在某种较高的水平上，职能特殊的局部系统的一体化过程，即提高一个社会自身的复合性和控制能力的过程。当然，复合性作为辨认社会进化方向的标准，具有许多弊端：

——复合性是一个多维概念。一个社会，它的规模、相依关系、多样性、普遍化、一体化和再次专门化的能力，可以是复合的。因此，复合性之间的比较可能是弄不清楚的，全球的阶段划分问题，用复合性的观点可能无法解决。

——此外，复合性和维持社会存在之间，并没有明明白白的关系；有的复合性的增加，证明在进化上是钻进了死胡同。但是，看不到这种联系，把增加复合性视作方向，把制度（系统）的复合性当作评价发展水平的基础，是不合适的。

——但是，有的社会却看不到在维护它的存在方面存在的明摆着的和客观上可以确定的问题。这种情况也使一个社会的复合性和维护其存在间的联系成了问题。衡量社会的再生产，不能以再生产率为标准，这就是说，不能以这些社会的成员生活的长久的可能性为标准，而要以保障用规范加以确定的社会的同一性，即以保障能够用文化加以解释的"美好的"生活或者"可以忍受的"生活为标准。

马克思并不是按照一个社会的复合性的增加来评价这个社会的发展，而是根据生产力的发展水平和社会交往形成的成熟与否来评价社会发展。生产力的发展，取决于技术上可以运用的知识的使用；一个社会的基本设施和制度，体现了道德的、实践的知识。这两个领域中的进步，是以它们的普遍的公认的要求为衡量标准的。我们也以这两个领域中的普遍的公认的要求为标准来衡量经验认识的进步和道德—实践洞察力的进步，即以陈述的真值和规范的正确性为标准，来衡量经验认识的进步和道德—实践洞察力的进步。因此，我要维护的观点是：历史唯物主义所说的衡量历史进步的标准——生产力的发展和社会交往形式的成熟——有能力为一个制度（系统）的存在作辩护。下面我还要谈到这个问题。

三

在我讲述了"社会劳动"和"类的历史"这两个概念之后，我想对历史唯物主义的两个基本假说——上层建筑理论和生产力生产关系的辩证法——作一简要论述。

马克思在《〈政治经济学批判〉序言》中，对上层建筑作过最著名的表述。他写道："人们在自己生活的社会生产中发生一定的、必然的、不以他们的意志为转移的关系，即同他们的物质生产力的一定发展阶段相适应的生产关系。这些生产关系的总和构成社会的经济结构，即有法律的和政治的上层建筑竖立其上并有一定的社会意识形式与之相适应的现实基础。物质生活的生产方式制约着整个社会生活、政治生活和精神生活的过程。不是人们的意识决定人们的存在，相反，是人们的社会存在决定人们的意识。"[①] 在任何社会中，生产力和生产关系，按照这个社会中占统治地位的生产方式的标准，形成一个经济结构，这个经济结构决定着这个社会的一切其他局部系统。对这种理论所作的经济学解释，长期以来占据统治地位。每一个社会都根据这种解释（根据自己复合性的程度）把自己划分成为局部系统，人们又按照等级把这些局部系统排列为经济、行政—政治、社会和文化领域的序列。这种理论认为，较高级的局部系统的过程，是由当时较低级的局部系统的过程决定的，它们是因果的依赖关系。这种理论的一种较为温和的解释则认为，较低级的局部系统过程从结构上限制着当时较为高级的局部系统过程。因此，经济制度（系统），正像恩格斯所说的那样，"归根到底"决定着其他局部系统中一切过程的范围。普列汉诺夫支持第一种论述；马克斯·阿德勒、拉布里奥拉支持第二种论述。在黑格尔马克思主义者，例如，卢卡奇、科尔什、阿多诺的著作中，社会的总体性概念，反对层次模式。他们的上层建筑理论形式是，一切社会现象均依赖于经济结构，同时，他们又用辩证的观点把经济结构理解为存在于可以观察到现象中的本质。

马克思的上述理论是在相互关联中提出的。这种关联清楚表明，上层建筑对基础的依赖性，首先是对一个社会所处的向一个新的发

① 《马克思恩格斯全集》第 13 卷，8 页，北京，人民出版社，1962。

展水平过渡的危机阶段而言的，不是对社会的任何一种本体论状态，而是对经济结构在社会进化中所起的领导作用而言的。有趣的是卡尔·考茨基（K. Kautsky）看到了这一点。他写道："法律的、政治的、意识形态的全部机构，只是在归根到底的意义上才能够看作是经济基础的上层建筑。但是，对于它的历史中的个别现象来说，则完全不是这样。这种个别现象，无论是经济的，是意识形态的，还是其他性质的，它在某些关系中是基础，而在其他关系中则是上层建筑。马克思关于基础和上层建筑的命题，只是对于历史中的某些新现象来说，才是绝对正确的。"[①] 马克思使用基础概念，是为了给一些问题划定范围，这些问题是在解释新的进化时必然涉及的。基础理论告诉人们，新的进化所要解决的只是那些在社会的基础领域中出现的问题。

把"基础"和"经济结构"等同看待，可能会产生这样一种认识：基础领域始终和经济系统是一致的。但是，这只适用于资本主义社会。我们是通过资本主义社会所行使的职能——调节对生产资料的支配，从而间接地调节社会财富的分配——来确定资本主义社会的生产关系的。在原始社会中，行使这种职能的是血缘系统，在文化高度发达的社会里，行使这种职能的是占统治地位的系统。只有在资本主义中，当市场除了它的控制职能以外，还拥有稳定阶级关系的职能时，上述的资本主义生产关系才出现，并具有经济的形态。后资本主义社会的理论甚至预测了这样一种社会状况，在这里，进化的优先地位将从经济系统转移到教育和科学系统上去。不管怎样，生产关系能够为各种不同的设施和制度服务。

资本主义的生产关系是以资本主义制度为核心形成的，而这个制度核心，确定社会一体化的既定形式。这里，我和杜尔克姆一样，都把社会一体化理解成为社会的生活世界关于价值和规范的统一性的保障。如果体制问题不能在同占统治地位的社会一体化的形式取得一致的情况下加以解决，如果必须对占统治地位的社会一体化的形式进行革命，以便为解决新的问题创造条件，那么，社会的同一性就处于危机之中。

对这种危机的发生过程，马克思是这样看的："社会的物质生产力发展到一定阶段，便同它们一直在其中活动的现存生产关系或财产关系（这只是生产关系的法律用语）发生矛盾。于是这些关系便

---

① 卡尔·考茨基：《唯物主义历史观》第 1 卷，817 页，柏林，1927。

由生产力的发展形式变成生产力的桎梏。那时社会革命的时代就到来了。随着经济基础的变更，全部庞大的上层建筑也或慢或快地发生变革。"① （马克思）常常用技术至上的思想去理解生产力和生产关系之间的辩证法。在这种情况下，马克思的上述原理则意味着：生产技术不仅制约着劳动力的组织和动员的一定形式，而且通过劳动的社会组织，也制约着与之相适应的生产关系。生产过程被设想成为一个统一体，因此，人通过生产力也从自身中制造了生产关系。在青年马克思的著作里，恰恰是"劳动中本质力量的对象化"这种唯心主义概念为上述原理奠定了基础。在恩格斯、普列汉诺夫、斯大林和其他人的著作中，生产关系"产生"于生产力的构想，首先表现为工具的行为模式。

但是，我们必须把交往行为的层面同在社会协作中形成的工具的和战略的行为层面加以区别。假如我们考虑到了这一点，那就可以这样理解上述原理：（1）存在着内在的学习机制，它关心的是技术上和组织上可以使用的知识的自发的增长和把这种知识转变成生产力；（2）只有当生产力的发展水平同生产关系之间存在着一种相应的结构的时候，生产方式才处在均衡的状况中；（3）内在原因引起的生产力的发展，会使生产力同生产关系之间产生结构上的不一致；（4）这种不一致，在特定的生产方式中会产生不平衡，并且必然会导致现存生产关系的变革。例如，戈德利尔就是用这种结构主义思想来理解上述原理的。

甚至，戈德利尔在我们上面提到的著述中也没有交代清楚，我们赖以解释新的进化的发展机制是从哪里产生的。公认的学习机制，能够解释认识潜能的增长，也许还能够解释认识潜能向提高生产力的工艺和战略的转化。它能够解释体制所产生的问题，如果生产力和生产关系间的结构差异增大，这些问题就能够给生产方式的存在造成威胁。然而，这种学习机制却不能解释如何解决已经出现的问题。新的社会一体化形式的实施，譬如，用国家来代替血缘系统，需要的是道德—实践性质的知识，不是用工具行为和战略行为的规则能够给予补充的技术上能够使用的知识。它不需要扩大我们对外部自然的控制，它需要的是体现在相互作用结构中的知识。一言以蔽之，它需要的是扩大社会对我们固有的内在本性的独立性。

工业发达的社会就是例证。在工业发达的社会里，生产力的进

① 《马克思恩格斯全集》第13卷，8～9页，北京，人民出版社，1962。

西方学者卷·哈贝马斯

步造成了劳动过程和企业内部劳动组织的高度分化。然而，已经深入到这个"生产社会化"中的认识潜力，却同能够孕育迫使资本主义社会革命化的社会运动的道德实践意识没有结构上的相似性。因此，"工业进步"，不是像《共产党宣言》所认为的那样，用"工人的革命联合……代替他们的分散状态"，而是用新的劳动组织代替旧的劳动组织。

所以，我们可以把生产力的发展理解成为产生问题的机制，它尽管可以引起，但却不能导致生产关系的变革和生产方式的革新。但是，即使这种解释也几乎不能捍卫马克思的上述原理。为此，我们还可以举几个众所周知的例子。大家知道，由于生产力的提高，使体制出现了问题。这些问题超过了按血缘关系组织起来的社会的控制能力，并且动摇了原始公社制。波利尼西亚和南非发生的事件，就是明显的事实。但是，导致最初的高度文化的形成或者欧洲资本主义的形成的巨大的内在发展动力，并没有把生产力的可观发展作为条件，而是作为结果。在这些情况下，生产力的发展没有能导致进化论上的挑战。

最好是把知识所具有的潜在能力和使用这种知识加以区别。依我看，莫斯科维奇明确论证的并非没有学习能力的机制，不断产生一些多余的认识，这些多余的认识就是没有被使用，或者最初只是表面上得到使用的技术知识和组织知识所具有的潜在能力。如果这种潜在的认识能力得到了充分利用，那么，它将成为（狩猎者和采集果实者、农夫和畜牧者、农业和城市手工业、手工业和工业等等之间）社会结构分工的基础。因此，知识的内在增长，是社会进化的一个必要条件。但是，只有有了新的制度框架，迄今未能解决的体制问题，才能借助于积累起来的潜在认识能力加以解决，而生产力的提高就是从体制问题得到解决的过程中产生的。只有在这种意义上，马克思所阐述的原则——一种社会形态，"在它存在的物质条件在旧社会的胎胞里成熟以前"①，是不会灭亡的；新的、更高的生产关系是不会出现的——才能为自己作辩护。

我要得出的暂时结论是：

第一，不用进化的革新措施就不能得到解决的体制问题，是从社会的基础领域中产生的；

第二，任何较高级的生产方式，都是社会一体化的一种新形式，

---

　① 《马克思恩格斯全集》第 13 卷，9 页，北京，人民出版社，1962。

而新的社会一体化形式是围绕着新的制度核心形成的；

第三，一种内在的学习机制，关心的是认识的潜在能力的积累，这种潜在能力能够被用来解决产生危机的制度问题；

第四，但是，这种知识只有随着生产力的发展，当进化上完成了向新的制度框架和社会一体化的新形式迈进时，才能得到补充和完善。

这一步如何完成是个悬而未决的问题。历史唯物主义对这个问题所作的描述性回答是，通过社会冲突，通过斗争，通过社会运动和政治斗争（用阶级斗争来分析在阶级结构条件下出现的这些政治斗争）。但是，一个社会为什么能够进化，以及如何理解社会斗争在一定的情况下导致了社会一体化的新形式，从而导致了社会的新的发展水平，这只能用分析的回答才能解释。我想作出的回答是：人类不仅在对于生产力的发展具有决定性作用的、技术上可以使用的知识领域中进行学习，而且也在对于相互作用的结构具有决定性作用的道德—实践意识的领域中进行学习。交往行动规则的发展，是对工具行动和战略行动领域中出现的变化的反应。但是，交往行动的规则在这些领域中遵循的是自身的逻辑。

四

历史唯物主义的类的历史观念，要求依据诸种生产方式的发展序列重新解释社会的发展。我想列举使用这个观念时产生的一些优点和遇到的困难，并且提出一个解决这些困难的建议，供大家讨论。

现在，人们企图以一种竞争的精神寻找一些观点，从而用这些观点，按照发展的逻辑去整理历史材料。历史唯物主义观念的优点，在同这些竞争性企图的比较中表现出来。例如，在历史的分期上，有人建议以人们所研究的主要材料（从石头、铜和铁，直到现代的人工合成材料）为依据，或者以人们所开采的最重要的能源（从火、水和风，直到原子能和太阳能）为依据。然而，想从这些序列中找出一种发展模式的企图，随即就成了对技术的研究和对自然资源的开发。技术史的发展模式，实际上是存在的。总之，人们承认对技术发展所作的下述解释：似乎人们具有一种有目的的、合理行动的功能圈的基本组成部分，这种功能圈最初是人的机体固有的，然后又依次把它反映在技术手段层面上，并使自己从相应的功能中解脱出来，即首先从运动器官（腿和手）的功能中，然后从人体产生的能量中，最后从感觉器官（眼、耳、皮肤）的功能中和大脑的功能中解脱出来。在谈论了技术史的阶段之后，还要追溯的当然是（人类的）发展史（莫斯科维奇的自然模式）。对这种认识的发展，皮亚杰用个体发生学的观点，论证了从前使用思维，经过具体使用思维到形式使用思维这样一个普通的发展程序。也许，技术史是通过世界观的进化，同推动社会进化的巨大力量联系在一起的。似乎也可以用思维的形式结构来解释这种联系。认识心理学，给思维形式结构的逻辑发展序列，提供了一个值得充分研究的个体发生学模式。

诚然，自"新石器革命"以来，重大的技术发明，并没有导致新时代的到来，仅仅是新时代的伴随者。人们尽管可以合理地重新设想一个技术史，然而，它却不适宜于划分社会形态。生产方式这个概念，它所反映的情况是，生产力的发展管理是社会发展的一个重要尺度和方面，但对社会发展的分期来说却不是起决定性作用的尺度和方面。关于社会发展分期的其他建议，它们遵循的原则是协作形式的区分。毫无疑问，从家庭作坊，经过这些家庭作坊的手工工业中的协作，经过工厂，即有分工的一国企业到多国企业的发展，发挥了重要作用。在资本主义的社会形态内部，我们可以看到这一发展路线。从这条发展路线中，我们可以看到，社会进化不能以劳动力组织这一指导思想加以再现。这同样也适用于市场的发展（从家庭经济、城市经济和国民经济到世界经济）或者适用于社会分工（狩猎和采集果实、耕种和畜牧、城市手工业和农业、农业和工业间的分工）。这些发展提高了社会组织的复合性。但是，这些现象中的任何现象都没有明确表明，什么时候，一种新的组织形式，一种新的交往媒介，一种新的功能的专门化，就意味着生产力的发展——占有外部能力的提高，以及什么时候，它就成了对人的内在自然的压制和可以被理解为生产关系的组成部分。所以，直接用生产关系来确定不同的生产方式和依据社会的生产方式去分析社会复合性的变化，则更有教益。

运用这一观念当然也遇到了一些困难。关键性的论点是如何调节对生产资料的支配。对这个问题的讨论，在历史唯物主义内部，其特征是接受六种普遍的和具有逻辑发展顺序的生产方式。在原始社会里，劳动和分配是借助亲缘关系组织起来的。那时，还不存在对自然和生产资料的个人支配（原始公社式的生产方式）。在早期高度文明的国家埃及、古老中国、古老印度和古老美洲，存在着由僧侣、军人和官僚控制的国家占有土地的所有制，这种所有制高于残余的乡村公社所有制（即所谓的亚细亚生产方式）。在希腊、罗马和其他地中海沿岸的社会里，地主既占据着拥有家庭经济领域中奴隶和雇工的专制者的地位，又占据着拥有城市或国家的政治共同体中自由民的地位（古代的生产方式）。在中世纪的欧洲，领主统治是建立在私人大规模的土地占有基础上的，这些土地分给了许多个人占有者，而这些个人占有者在许多方面，同时也在政治和经济方面同领主保持着依附（或农奴）关系（封建的生产方式）。在资本主义社会里，劳动力终于成了商品，因此，直接生产者对生产资料占有者的依附关系，通过劳动契约机构在法律上得到了保障，通过劳动市场在经济上得到了保障。

在人类学和历史研究中，这种模式的运用遇到了难题。此外也碰到了混合形态和过渡形态的问题：只有在少数情况下，既定社会的经济结构，才同单一的生产方式相一致。无论是文化的相互渗透，或是时间上的重叠，都使复合的结构得以产生，而这些结构必然被解释为多种生产方式的组合。然而，更重要的是生产方式的逻辑发展顺序向人们提出的问题。当前，人们就这些问题进行的讨论，如果我们没有看错的话，主要是围绕着下列几个问题。

（1）人们还不十分清楚，如何把建立在同样的原始公社生产方式基础上的旧石器社会和新石器社会加以区分。"新石器革命"不仅标志着生产力的新的发展状况，而且也标志着一种新的生活方式。因此，人们建议把占有物品的经济阶段同创造物品的经济阶段加以区别：当狩猎者和采集果实者夺取了自然财富，并且直接加以使用时，耕种者和畜牧者则渴望获得土地、牲畜这些生产资料，而所有制问题是同生产资料一起提出来的。其他区别都与社会组织的复合性相联系（原始群、部落、酋长制）。人们估计，标志着过渡到新石器社会的技术革新，取决于神秘的世界观的相继出现。这种估计是有根据的。

（2）就所谓亚细亚生产方式进行的众说纷纭的讨论，提出了一系列理论问题。亚细亚生产方式是否属于原始公有制的最后阶段？或者，是否可以把这种生产方式理解成为阶级社会的第一种形式呢？如果说亚细亚生产方式像我认为的那样，是阶级社会的第一种形式是有说服力的，难道在这种情况下它就是一个普遍的发展阶段？或者，它就是同（西方）古代的生产方式并行的一种特殊发展路线？或者是由古代的和封建的生产方式结合在一起的一种混合形式？

（3）封建社会的划分，同样也遇到了巨大困难。难道封建社会是一种能够明确加以规定的生产方式，还是一个无须分析的集合名词？如果有这种特殊的生产方式，难道它就标志着一个普遍的发展阶段？如果有，那么，难道就只有欧洲中世纪的社会才达到了这个阶段，换句话说，难道封建社会是一种单一的现象？或者，如果有这种特殊的生产方式，难道其他具有高度文化的社会就都达到了封建的发展阶段？

（4）与此相关还有一个问题：如何把古代高度文明的社会和（后来）高度发达的文明社会加以区别。局部社会系统的发展和层次的增加，都出现在同一个阶级的政治组织的范围内。当然，在所有从进化看富有成效的高度文明的社会中，发生了世界观的令人注目的结构变化——一种神秘的关于宇宙起源的世界观变成了一种具有宇宙伦理形式的理性化的世界观。这种变化发生在公元前 8 世纪和 3 世纪之间的中国、印度、巴勒斯坦和希腊。这种变化怎么能够唯物主义地加以解释呢？

（5）最后，后工业社会的理论同有组织的资本主义社会的理论之间的争论，也是这种情况。例如，争论的问题之一是，西方发达的工业国家中的国家进行干预的资本主义，是否就是旧的生产方式的最后阶段，或者是否就是向新的生产方式过渡的最后阶段。

（6）所谓的过渡性的社会主义社会的划分，是一个特殊问题。官僚主义的社会主义同发达的资本主义相比，难道是一个进化上更高级的社会形态？或者它们都是同一个发展阶段上的变种？

这些问题和类似的问题，使得著名的马克思主义历史学家霍布斯鲍姆（Hobsbawm）在其关于马克思的《前资本主义的经济形态》的前言中，对普遍的发展阶段观念发生了怀疑。人们当然可以提出这样的问题：上述问题是拖延了正常的学术讨论的进程，还是毫无成果的研究的标志。我认为，今天不能提出这个非此即彼的问题。对于社会发展的逻辑来说，生产方式的概念也许不是一把错误的钥匙，而是一把尚未充分打磨的钥匙。

（郭官义 译）

施密特

阿尔弗雷德·施密特（Alfred Schmidt，1931— ），德国哲学家、社会学家，是法兰克福学派主要代表人物之一。

1962年，施密特在霍克海默和阿多诺的指导下完成博士论文《马克思的自然概念》。从1972年开始，他在法兰克福大学担任哲学和社会学教授，曾一度出任法兰克福大学社会研究所所长。他的主要著作有：《解放的感性：费尔巴哈的人类学唯物主义》、《马克思的自然概念》、《历史与结构》、《论批判理论的观念：霍克海默哲学要旨》、《什么是唯物主义》、《批判理论——人道主义——启蒙运动：哲学论文集》、《研究唯物主义的三篇论文》、《尼采认识论中的辩证法问题》、《康德和黑格尔》、《论辩证唯物主义中的历史与自然的关系》、《亨利·列斐弗尔与现代对马克思的解释》、《工业社会的意识形态》、《经济学批判的认识论概念》等。

本书选取了《马克思的自然概念》中的第一章《马克思和哲学的唯物主义》。在这一章中，施密特认为恩格斯提出的世界的统一性在于其物质性的命题是错误的本体论命题，实际上所谓世界的统一性命题本身就是唯心主义的命题，辩证唯物主义不需要这种本体论。马克思的唯物主义不是从本体论和物理学角度，而是从经济学角度去看待自然的，它是一种"非本体论"哲学，是"经济唯物主义"，它只想为解除人间的饥饿和苦难而奋斗。施密特认为，自然界本身根本不存在辩证法，在马克思那里只有作为"历史的方法"才是可能的。施密特由此批判了恩格斯的自然辩证法。他认为，在马克思那里，辩证法在任何地方都没有脱离经济学的内容，与此相反，恩格斯却要借助辩证法的范畴，去解释以现成形态存在的自然科学的各种成果。在恩格斯那里，自然和人不是被历史和社会的实践结合起来，人作为自然过程的进化产物，不过是自然过程变动的反射，这就倒退到素朴的实在论立场上了。恩格斯把辩证法的各个要素从具体的历史内容分离出来，超出了马克思的社会历史解释范围，就倒退成独断的形而上学。

马克思和哲学的
唯物主义①

一、马克思唯物主义的
非本体论性质

  关于马克思的自然概念问题，必然延伸到唯物史观同哲学的唯物主义的关系问题。对此，马克思的注释家是很少涉及的，即便有所研究，也是不能令人满意的。就一般哲学的意义来说，恩格斯无疑是唯物主义者，他的《费尔巴哈与德国古典哲学的终结》、《反杜林论》和《自然辩证法》等著作，都清楚地证明了这一点。在马克思那里，情况就有点不同。包含在他的历史理论和社会理论中的，并隐含地以这些理论为前提的哲学唯物主义的核心，表现得并不明

① 选自《马克思的自然概念》，北京，商务印书馆，1988。

显，因此很难把握它。以往关于马克思的文献，大多把马克思的唯物主义同哲学史上曾出现的种种唯物主义从质上加以区别，其根据显然在于它首先是以历史与社会为对象的理论。但这些文献却同时忽视了把马克思和古代唯物主义者们联系起来的诸要素。在这里，提出唯物史观与哲学唯物主义的关系问题，绝非是次要的问题，也绝非只是为了引起人们对术语的关心。马克思也意识到，把自己的理论称之为"唯物主义的"，这不只是吓唬资产阶级的一种不客气的迫不得已的修辞手段，而且这种理论在严格意义上终究是属于唯物主义哲学史的。这样，在1857年的《〈政治经济学批判〉导言》中，作为他的理论纲领的主要之点的，是不仅捍卫了各个国家形态和意识形态依存于各种现存的生产关系和分配关系的观点，并以此批驳了"对这种见解中的唯物主义的种种非难"①，而且还明确地提到这种见解"同自然唯物主义的关系"②，虽然马克思并未清楚地解释过这个关系。

认为决定社会历史前进的根本因素乃是人类直接生活的生产与再生产的方式的理论，是以哲学唯物主义为前提的。为了正确阐明这个问题，有必要回顾一下马克思的理论发展的若干方面，而这些方面至今仍被人们忽视。首先是他对法国启蒙主义者们及对他们所孕育的空想社会主义内部各派别的评价，这在《神圣家族》中可以看到。在那里，唯物主义被明确地称为"现实的人道主义的学说和共产主义的逻辑基础"③。马克思特别赞赏爱尔维修，因为发现他把洛克的感觉主义认识论转变为一种唯物主义的社会理论："既然人是从感性世界和感性世界中的经验中汲取自己的一切知识、感觉等等，那就必须这样安排周围的世界，使人在其中能认识和领会真正合乎人性的东西，使他能认识到自己是人……既然人的性格是由环境造成的，那就必须使环境成为合乎人性的环境。……既然人天生就是社会的生物，那他就只有在社会中才能发展自己的真正的天性，而对于他的天性的力量的判断，也不应当以单个个人的力量为准绳，

---

① 《马克思恩格斯全集》第46卷上，47页，北京，人民出版社，1979。摘引的字句凡未特别注明的，均系马克思、恩格斯的话。

② 同上书，47页。

③ 《马克思恩格斯全集》第2卷，167～168页，北京，人民出版社，1957。列宁也把马克思的历史观看成是法国唯物主义的一以贯之的继续完成。关于马克思的唯物主义和法国唯物主义的关系问题，并见罗吉尔·伽罗第的《科学社会主义的法国起源》（莱比锡，1954）。"自然历史的"思路，从法国启蒙主义起，经布丰与拉马克，直至达尔文和马克思为顶点。

而应当以整个社会的力量为准绳。"① 和直接导致社会主义理论的启蒙主义思想并立，同时代对黑格尔体系的批判的主题，以及包括谢林的主题，也对青年马克思的思想发展起了不少的作用。例如，在《黑格尔法哲学批判》中，马克思采用了使人联想起谢林受波墨影响的表达方式，他把家庭与市民社会称为"黑暗的天然的基础，从这一基础上燃起了国家的火炬"。后来，众所周知，费尔巴哈的术语在他那里占了优势。在《神圣家族》中，历史唯物主义的原始表述尚未统一，仍是费尔巴哈式的，就像论述国家的"自然基础"② 那样，往往抽象而且笼统地论述社会。从社会派生出来的实体和社会的关系，在书中仍像费尔巴哈那里的精神和自然的关系一样。《神圣家族》中有一段针对黑格尔左派的话，这段话极清晰地表明它同马克思关于自然唯物主义是构成一个正确的社会理论的潜在前提这一说法相一致：难道批判的批判以为，"只要它从历史运动中排除掉人对自然界的理论关系和实践关系，排除掉自然科学和工业，它就能达到即使是才开始的对历史现实的认识吗？难道批判的批判以为，它不去认识（比如说）某一历史时期的工业和生活本身的直接的生产方式，它就能真正地认识这个历史时期吗？诚然，唯灵论的、神学的批判的批判仅仅知道（至少在它自己的想象中知道）历史上的政治、文学和神学方面的重大事件。正像批判的批判把思维和感觉、灵魂和肉体、自身和世界分开一样，它也把历史同自然科学和工业分开，认为历史的发源地不在尘世的粗糙的物质生产中，而是在天上的云雾中。"③ 这里值得注意的是，马克思不只是责难无视物质生产和自然科学的黑格尔左派错误地解释历史，而且还试图揭露他们作为哲学唯心主义者必然要导致上述历史观的原因：把思维同感觉、灵魂同肉体分开来，是不能把握文化内容和物质生产领域间的联系的。

费尔巴哈的人本主义的唯物主义并不是以原子的机械运动为课题，而是以自然的质的多样性和作为感性的客观存在的人作为课题。这就帮助了马克思形成他的历史理论的"基础"概念。费尔巴哈由于把黑格尔的思辨作了唯物主义的颠倒，因而跳出了作为黑格尔左派之特征的在唯心主义内部批判唯心主义的框框。倘若用马克思的

---

① 《马克思恩格斯全集》第 2 卷，166～167 页，北京，人民出版社，1957。

② 同上书，145 页。

③ 同上书，191 页。

话来说，他抛弃了"醉熏熏的思辨"，而转变为"清醒的哲学"①。"巴黎手稿"高度赞扬了费尔巴哈著作的意义："实证的人本主义和自然主义的批判是从费尔巴哈才开始的。费尔巴哈的著作越是无声无息，这些著作的影响就越是实在、深刻、广泛而持久。他的著作是继黑格尔的《现象学》和《逻辑学》之后包含着真正理论革命的唯一著作。"②

费尔巴哈抽象地反对唯心主义，这给马克思奠定了新的非唯心主义思想的出发点，马克思甚至在这阶段一度脱离了他后来又重新采纳的重要的辩证法主题。例如，在《神圣家族》很多地方人们可以看到，马克思追随费尔巴哈，把辩证法和唯心主义直接等同起来。虽然马克思在《德意志意识形态》、《关于费尔巴哈的提纲》以及其全部后期著作中（以费尔巴哈对黑格尔的批判为中介）重又回到黑格尔的观点。

对费尔巴哈和马克思的关系的传统解释，大抵局限于阐明：费尔巴哈对宗教和唯灵论形而上学的无神论批判，在多大程度上激发了马克思对黑格尔的批判，或使之开始成为可能。尽管自然主义和人本主义作为费尔巴哈批判的基调，对唯物辩证法的产生具有重要意义，但那时传统的解释对这点与其说是弄清了，还不如说往往是假定的。埃里希·蒂尔就是指出如下看法的少数几个人之一：对于了解法国启蒙主义者和黑格尔左派批判圣书的人来说，费尔巴哈对马克思的影响，与其说是基于众所周知的费尔巴哈的无神论，还不如说是基于他对自然和人的感情上的激情。对于理解马克思的自然概念来说，费尔巴哈于1842年和1843年所撰写的《关于哲学改造的暂定提纲》和《未来哲学原理》这两本著作，比恩格斯在他的著作中所赞赏的1814年的《基督教的本质》更加重要。费尔巴哈对黑格尔的批判是从对一切唯心主义体系的诘难开始的，即是从自然概念开始的。在黑格尔看来，自然对理念来说是一个派生的东西，"自然在时间上是最先的东西，但绝对先在的东西却是理念；这种绝对先在的东西是终极的东西，是真正的开端，起点就是终点"③。

黑格尔的自然哲学可以理解为关于在他的形式中的理念的科学。在自然中，理念以尚未纯化为概念的直接形式呈现在我们的面前，

---

① 《马克思恩格斯全集》第2卷，159页，北京，人民出版社，1957。
② 马克思：《1844年经济学哲学手稿》，2页，北京，人民出版社，1979。
③ 《哲学全书》第2部，第248节附释，58页，斯图加特，1958。

它是处于无概念性中所设置的概念。在黑格尔看来，自然不是在其自身中自我规定的存在，而是呈抽象的一般形式的理念为复归其作为纯粹精神的自我，所必须经过的外在化的阶段。黑格尔的整个哲学中最离奇的，也最成问题的转化之一，是从《逻辑学》——它把纯粹理念作为终极之物——向《自然哲学》的转化，即从思想向感性的物质存在的转化。费尔巴哈和马克思都批判了这种转化："理念的绝对自由是：理念……决定把它的特殊环节或最初的规定作用，和它的异在的环节，即作为它自身的反映的直接性的理念，自由地外化为自然。"

理念在向自然转化的过程中，究竟在多大程度上使自己非辩证法化呢？由于理念作为"绝对的"东西，总是已经出现在它自己的面前，那么，理念又究竟在多大程度上把自己外化并消散成物质存在的世界呢？仅仅说这些问题在黑格尔那里并不清楚，这是不够的。而且，当理念产生之后，自然便逐渐扬弃一切自然规定性，从而转化成作为自己更高级真理的精神。黑格尔叙述这种从自然向精神转化时所采取的方式，不禁使人想起《精神现象学》中所宣称的：知识及其对象的辩证法在绝对知识的阶段上，达到非物质的终极。正是这一点受到了马克思的批判。黑格尔这样写道："我们在关于精神哲学的导论中已经指出，自然怎样把它的外在性和特异性，就是说把它的物质性作为非真实的东西、作为不符合自然内在概念的东西扬弃掉，以及怎样由此而达到非物质性，并转化成精神。"①

黑格尔认为，在自然逐渐摆脱其外在性而产生心灵的时候，能从自然推演出一般自然的非物质性，"这样，一切物质的东西都被在自然中起作用的自在的精神所扬弃，而且，由于这种扬弃是在所谓心灵这实体之中完成的，因此，心灵就体现为一切物质的东西的观念性、一切非物质性。从而凡称之为物质的一切东西——即使相信它对表象具有多大程度的独立性——对精神来说，都是作为非独立的东西来认识的"②。

正如已经说过的，费尔巴哈抽象地、反方向地使自己的自然主义同黑格尔这种自然哲学的唯心主义相对峙。在费尔巴哈看来，如果黑格尔哲学是立足于哲学立场上的哲学，那么他自己则是立足于非哲学立场上的一位哲学家。他并不是从哲学开始又以哲学告终，

① 《哲学全书》第 2 部，第 389 节附释，54 页，斯图加特，1958。
② 同上书，58 页。

而是从非哲学开始，通过哲学又复归于非哲学。在《哲学改造的暂定提纲》中，费尔巴哈概括了他的"否定一切讲坛哲学"① 的纲领："哲学家必须把人还没进行过哲学探讨的东西，也就是同哲学相对立的东西，把反对抽象思维的东西，从而把在黑格尔体系中一切被贬低到注释地位上的东西，提升为哲学的正文……因此，哲学必须不是从自身开始，而是从它的对立方面、从非哲学方面开始。我们的内在本质，即区别于思维的非哲学的绝对反经院哲学的这个本质，乃是感觉主义的原理。"②

这种新哲学并不和其他各门科学相反，并不企求什么特殊地位，而是和它们一样以自然为前提。费尔巴哈的这个观点虽然在马克思那里得到适当的改变，但它仍然是一直到《资本论》都能追及的同一个思想。"一切科学都必须以自然为基础。一门科学在它不能找到自己的自然基础之前，只不过是一种假说。"③

脱离自然的理性将成为没有素材的东西，而这个自然在其自身中具有自己的基础："存在来自自身，基于自身而存在。"④ 自然是自身的原因。费尔巴哈特别批判了黑格尔认为自然是绝对理念的外在化的观点："黑格尔的关于自然、现实是由理念所设定的学说，只不过是自然由上帝所创造、物质存在由非物质的即抽象的存在所创造的那种神学学说的理性的表达而已。在《逻辑学》结束之处，绝对理念甚至莫名其妙地作出'决定'，亲手证明绝对理念来源于神学的天堂。"⑤

在费尔巴哈看来，思维和精神不是绝对的主观，而是与其他各种自然性质相并列的人的一种性质，一切意识都是有肉体的人的意识。因此，把人作为一种有需要的、感性的、生理的存在这人本主义理论，是一切主观性理论的前提："只有人才是费希特的自我的根据、基础，才是莱布尼兹的单子的根据、基础，才是绝对者的根据、基础。"⑥

在德国古典哲学的终结阶段，终于证明了超验的自我，"意识一般"是一种抽象，它来自各个有限的主观。在康德哲学中，先验的自我同经验的心理的自我间的关系是很大的难题。康德根据自己的

---

① 《哲学改造的暂定提纲》，载《哲学小论丛》（1842～1845），74 页，莱比锡，1950。

② 同上书，67、68 页。

③ 同上书，77 页。

④ 同上书，73 页。

⑤ 同上书，72～73 页。

⑥ 同上书，77 页。

纲领不得不主张把这两种自我严格地区别开来。但是，他在具体实行理性批判时，并没能彻底消除二者的区别而使之相互转化，因而，甚至他的先验的主观也带上了某种人本主义的色彩。在身处于这整个思想运动的最后阶段的费尔巴哈那里，正是把人看成一种经验的自然的存在，人才成为他的根本主题："新的哲学把人，包括作为人的基础的自然，当作哲学的唯一的、普遍的、最高的对象——因此，也把人类学，包括生理学作为普遍的科学。"①

费尔巴哈在他对宗教的批判中，试图把宗教的内容作为感性存在的人之异化来理解，他又完全同样地把绝对精神作为有限的人的精神之异化来理解。这样，他就摈弃了黑格尔那种在世界和有限精神被创造出来之前就先在的逻辑范畴，于是逻辑的各种形式便被说成是变化无常的人所具有的机能："形而上学或者逻辑学只有在它不和所谓主观精神相分离时，才是一门实在的、内在的科学。形而上学是奥秘的心理学。"②

这种不应从绝对精神出发而应从肉体的人出发的思想，对于马克思的主体性理论也具有重大的意义。费尔巴哈的下述命题对马克思来说也是确当的："所谓实在，或者所谓理性的主体，仅仅是人。是人在思维，既不是自我在思维，也不是理性在思维。"③

诚然，黑格尔承认概念与实在之间有不可磨灭的差异。但是，他同时又把这差异单纯作为思维规定而诉诸于主观方面，所以它被再度贬低为无价值的东西；而由于费尔巴哈把绝对精神还原为人的精神，这差异就显然是不可动摇的事实，即使精神完美无缺，也不可能凭借纯粹的演绎去抓住"实在的东西"。费尔巴哈非常深邃地表达了这个思想："实在的东西不可能以完整的形态而只能以片断的形态表现在思维中。这种差异是正常的——它以思维的本性为依据，而思维以普遍性为本质，同以个别性为本质的实在相区别。但是，这种差异不会造成思维中的东西和实在的东西之间明显的矛盾，这是因为思维不是在与其自身相同一中直线前进的，而是被感性的直观所中断，因而受到阻挠。只有以感性的直观来规定自身、修正自身的思维，才是真实的、客观的思维：具有客观真理的思维。"④

马克思比费尔巴哈前进了一步，不仅把感性直观，而且还把整

① 《未来哲学原理》，载《哲学小论丛》（1842～1845），167 页，莱比锡，1950。
② 《哲学改造的暂定提纲》，载《哲学小论丛》（1842～1845），77 页，莱比锡，1950。
③ 《未来哲学原理》，载《哲学小论丛》（1842～1845），167 页，莱比锡，1950。
④ 同上书，167 页。

个人类实践导入作为认识过程的一个构成环节中去，这就同时满足了费尔巴哈的下述要求：必须把新哲学"在根本上同旧哲学"① 区别开来。只有费尔巴哈那里的作为权威的人与自然，开始被证明为是实践的辩证要素时，它们才达到了具体性。像费尔巴哈一样，马克思也讲到"外部自然界的优先地位"②，虽然，他那时加了这样一个批判性的保留：一切这种优先地位只能存在于中介之中。

马克思把自然——人的活动的材料——规定为并非主观所固有的、并非依赖人的占有方式出现的、并非和人直接同一的东西。但他绝不是在无中介的客观主义的意义上，即绝不是从本体论意义上来理解这种人之外的实在。在费尔巴哈那里，具有纯粹自然性质的类本质的人，它作为空洞的原始主观性，不是能动地、实践地而是被动地、直观地同自然的死一般的客观性相对立。费尔巴哈所说的人与自然的统一，只同把人是自然所孕育的这一点神秘主义地神化了有关，而与在工业中以社会、历史为中介的人与自然的统一无关。就是说，他所说的统一在所有阶段上同样和差异的统一、被他物占有的统一、分离的统一无关。费尔巴哈的人，不是作为一种独立的生产力出现的，而是和人类以前的自然密切相关。诚然，肉体的活动以自然基础为前提，这自然基础同人的超验的意识相抗衡。一切劳动都适应于确定的存在；而这存在对主体来说，显然是空洞的、能被活的主体作用所渗透的。而费尔巴哈对于同他所说的自然相对立的人加以人本主义的强调，则始终是抽象的。在他看来，自然作为整体，是非历史的匀质的基质；而马克思批判的实质就是把它消融在主体和客体的辩证法之中。在马克思看来，自然概念是人的实践的要素，又是存在着的万物的总体。由于费尔巴哈无反思地单纯强调总体这一方面，因而就陷入"纯粹自然"这种素朴的实在论的神话，并以意识形态的方式，把人的直接存在与其本质等而视之。马克思并不只想用物质的"世界实体"这同样属于形而上学的东西，来置换黑格尔的"世界精神"，他不是像费尔巴哈那样抽象地责难黑格尔的唯心主义，而是看到了真理是在不真实的形式中表现出来的。马克思认为，唯心主义看到了世界是以主体为中介的，这是正确的。

---

① 《未来哲学原理》，载《哲学小论丛》(1842～1845)，170 页，莱比锡，1950。
② 《马克思恩格斯全集》第 3 卷，50 页，北京，人民出版社，1960。关于这点，再参见《神圣家族》，《马克思恩格斯全集》第 2 卷，214 页，北京，人民出版社，1957。马克思在那里说："在黑格尔的历史哲学中，和在他的自然哲学中一样，也是儿子生出母亲，精神产生自然界……结果产生起源。"

但是他认为，只有弄清了从康德到黑格尔等哲学家之所以会"产生"的独特的激情之后，我们才能深刻地理解客观世界的创造者是人类社会历史的生活过程这一思想的全部意义。随着历史进入现代，人类外部的自然存在已越来越归于人类社会的准备活动的一个环节。对这样一个事实，在哲学上的反思是：客观性的种种规定越来越纳入主观之中，以致在康德之后所完成的思辨中，被全部吸收到主观性中去了。因此，从黑格尔那里，生产过程就其整体来说，仍然是精神的一种作用，尽管在个别细节上他还是显示了他的非凡的洞察力。用费尔巴哈的话来说，在黑格尔的逻辑学中，思维"处于和其自身不断的统一之中；思维的各个对象只不过是思维的各种规定，它们完全包容在思维之中，没有什么剩留在思维之外的东西"①。在黑格尔那里，主观与客观的矛盾是在作为绝对的主观内部被扬弃的。虽然在辩证过程的各个阶段上，非同一性常常是这过程的动力，但在这体系的最终点，却是唯心主义的同一性取胜。而在马克思的辩证法中，情况正好相反，取得最终胜利的却是非同一性，这是因为马克思和费尔巴哈不同，他完全认识到黑格尔辩证法的意义："黑格尔的辩证法是一切辩证法的基本形式，但是，只有在剥去它的神秘的形式之后才是这样……"②

马克思这里所说的黑格尔的辩证法的"神秘形式"，是指它对一切直接事物的中介性思想作唯心主义的解释。马克思只是在把主体和客体都看作"自然"的范围内，坚持费尔巴哈的自然主义的一元论。同时，马克思把自然和一切关于自然的意识都同社会的生活过程联系起来，由此克服了这种一元论的抽象的本体论性质。因为，人作为中介的主体，作为从有限时空上规定了的人，他们本身也是那以他们为中介的实在事物的组成部分，所以关于直接事物的中介性观点，在马克思的版本中不会导致唯心主义。当然，马克思所说的自然直接性与费尔巴哈所说的相反，它是打上社会烙印的，但在这种情况下，它也不是一种可被消除的假象，它对于人及其意识来说，仍然保持着它在产生上的优先性。

这种人的外部实在既独立于人，同时又以人，或者至少能以人为中介。马克思用下面一些同义术语来表述它："物质"、"自然"、"自然材料"、"自然事物"、"大地"、"劳动对象的存在基因"、"客观

① 《未来哲学原理》，载《哲学小论丛》(1842～1845)，99页，莱比锡，1950。
② 马克思1858年3月6日致库克曼的信，参见《马克思恩格斯全集》第32卷，526页，北京，人民出版社，1975。

的"或"实在的劳动条件"等。按照马克思的观点，人构成这实在的一部分，所以他的自然概念和"全部实在"是同一的。可是，作为全部实在的自然概念并不导致一种终极的世界观或一种独断的形而上学，而只是标定了这种新唯物主义活动的思维水平。借用恩格斯的话来说，这种唯物主义的本质在于从世界自身来说明世界。①这种自然概念在下述意义上是"独断的"，即它足以从理论构成中，排除掉任何被马克思称之为神秘主义或意识形态的东西。但同时，也可以宽宏大量地把它理解为是完全非独断的，因为它防止自然受到形而上学的神化，或者使之免于僵化成终极的本体论原则。

这种包罗万象意义上的自然是认识的唯一对象。一方面它包含了人类社会的各种形态，同时，它又依附于这些形态而出现于思想和现实之中。在这点上，马克思受到费尔巴哈的感觉主义的影响，从把感性作为"一切科学的基础"② 出发，认为唯物主义学说和科学态度简直是一致的："科学只有从感性的意识和感性的需要这两种形式的感性出发时，因而只有从自然界出发，它才是真正的科学。"③

马克思的理论充其量只考虑感性世界和适应现存社会变化的有限的人（本质和现象兼具）。马克思认为，从根本上讲，存在着的仅仅"一边是人及其劳动，另一边是自然及其物质"④。他试图根据人的劳动状况的客观逻辑来理解生活的其他各个领域的结构："工艺学会揭示出人对自然的能动关系，人的生活的直接生产过程，以及人的社会生活条件和由此而产生的精神观念的直接生产过程。"⑤

人每每以他们和自然斗争的形式为模式，从其形形色色的文化领域来解释世界，于是，马克思也和费尔巴哈一样，把一切关于超自然存在领域的概念，都看作是对生活的否定结构的反映：历史的运动是人与人以及人与自然的一种相互关系。诚然，物质世界概念既包括客体也包括主体，然而，从本质上讲，人与自然的关系虽然还有不调和性，但毕竟是劳动的必然性把它们历史地贯穿在一起。

自然之所以引起马克思的关系，比什么都重要的是它首先是人

---

① 参见《马克思恩格斯全集》第20卷，365页，北京，人民出版社，1971。

② 马克思：《1844年经济学哲学手稿》，81页，北京，人民出版社，1972。

③ 同上书，81~82页。这原理在成熟的马克思那里也是恰当的。参见《资本论》，《马克思恩格斯全集》第23卷，410页，北京，人民出版社，1972。悉尼·胡克在《从黑格尔到马克思》（纽约，1936）赞成这样的观点：马克思把唯物主义理解为"科学方法论的最明确的表现"。

④ 《马克思恩格斯全集》第23卷，202页，北京，人民出版社，1972。

⑤ 同上书，410页。

类实践的要素。例如，他在"巴黎手稿"中就已明确指出："抽象的、孤立的、与人分离的自然界，对于人说来也是无。"①

只要自然界在尚未被加工时，它在经济上就是毫无价值的；或者更确切地说，它只不过是有待于实现的潜在的价值："单纯的自然物质，只要没有人类劳动物化在其中，也就是说，只要它是不依赖于人类劳动而存在的单纯物质，它就没有价值，因为价值不过是物化劳动……"②

从《神圣家族》关于哲学史的论述中，能推论出通常未被马克思明确阐述过的几个哲学论题。之所以说不能从本体论上去理解马克思的唯物主义，是因为在《神圣家族》中对黑格尔体系的一般特征作了如下阐述："在黑格尔的体系中有三个因素：斯宾诺莎的实体，费希特的自我意识以及前两个因素在黑格尔那里的必然的矛盾的统一，即绝对精神。第一个因素是形而上学地改了装的、脱离人的自然。第二个因素是形而上学地改了装的、脱离自然的精神。第三个因素是形而上学地改了装的以上两个因素的统一，即现实的人和现实的人类。"③

这里，马克思在三条战线上进行战斗。在批驳斯宾诺莎的实体概念时，他抨击自然无须人的中介而自在存在的观念；在批驳费希特的自我意识、整个德意志唯心主义的主观概念时，他批判了使意识及其机能独立于人的观念，认为进行中介作用的主体不只是精神，也包括作为生产力的人；最后，他在黑格尔的绝对，即实体与主观的统一之上，看到了这两个因素所结成的统一不是具体地、历史地产生的，而是"被形而上学地改了装"的统一。正如自然不可能脱离人那样，反过来，人和他的各种精神活动也不可能脱离自然，人的思维能力是一种自然史的产物。因此，马克思说，思维过程就是自然过程："思维过程本身是在一定的条件中生长起来的，它本身是一个自然过程，所以真正能理解的思维只能是一样的，而且只是随着发展的成熟程度（其中也包括思维器官发展的成熟程度）逐渐地表现出区别。"④

如果在唯物主义里找统一的概念，把唯物主义的历史纯粹看作是一种内在思想的发展，那么这种人一开始就走错了道。如果把整

---

① 马克思：《1844年经济学哲学手稿》，131页，北京，人民出版社，1979。
② 《马克思恩格斯全集》第46卷上，337页，北京，人民出版社，1979。
③ 《马克思恩格斯全集》第2卷，177页，北京，人民出版社，1957。
④ 《马克思恩格斯全集》第32卷，541页，北京，人民出版社，1975。

个唯物主义哲学中某些特有的形式撇开不谈，唯物主义在它的方法上、在它的特殊兴趣上、最后在它的内容的重要特征等方面，都会随着历史的变化而变化。在某一世纪里是唯物主义最重要特征的东西，在下一世纪里则可能被证明是次要的了。然而，即便是唯物主义，也和一切哲学一样，总是人的生活过程的一种思想形态："那种曾用工人的双手建筑起铁路的精神，现在在哲学家的头脑中树立哲学体系。哲学不是世界之外的遐想，就如同人脑虽然不在胃里，但也不在人体之外一样。自然，哲学首先是通过人脑和世界相联系，然后才用双脚站在地上；但这时人类的其他许多活动领域早已双脚立地，并用双手攀摘大地的果实，它们甚至想也不想：究竟是'头脑'属于这个世界，还是这个世界是头脑的世界。"①

虽然 17 和 18 世纪资产阶级启蒙主义者的唯物主义，把物理学或生理学的规定性上的物质作为中心课题，但在以政治经济学批判为其本质内容的唯物主义之一的形态中，物质必然是作为最广义的社会范畴出现的。形而上学的和自然科学的各个命题，特别是力学的各个命题（除少数者外），都成为马克思主义以前的所有唯物主义的基础，但不再作为原始命题提出，而纯属派生的问题。马克思在《神圣家族》中关于哲学史的论述，说明了物理学的唯物主义无论是在它所关心的方向上，还是在它关于实在的独断的见解上，都在怎样地同资产阶级的社会解放这些受历史制约的问题联系在一起。从而，唯物主义传统的种种研究对象随着它们在社会的机能与生成中被把握的程度而退后。而在马克思那里，任何属于唯物主义基本命题的东西，都有其地位。当然，它们在那里不是作为孤立的主张，而是通过被辩证的社会理论所扬弃，才能作为完全理解的东西。在《资本论》中，马克思断然地批判了以往的唯物主义，指责它们忽视了它们自己所提出的模式化的观点同历史过程的关系："那种排除历史过程的、抽象的自然科学的唯物主义的缺点，每当它的代表人物越出自己的专业范围时，就在他们的抽象的和唯心主义的观念中立刻显露出来。"②

在《德意志意识形态》中，马克思同费尔巴哈的争论以地道的古典方式表明：作为唯物主义命题的主要源泉之一的自然科学，之所以没给人们提供任何对自然实在的直接意识，是因为人对这实在

---

① 《马克思恩格斯全集》第 1 卷，120～121 页，北京，人民出版社，1956。

② 《马克思恩格斯全集》第 23 卷，410 页，北京，人民出版社，1972。

的关系从首要意义上来讲，不是理论的东西，而是实践的、变革的东西。无论从自然科学的考定范围，还是从它的方法论，甚至从它的往往称之为物质的事物的内容而言，它都是由社会所规定的。马克思和费尔巴哈的上述争论，必须和他同时所写的《关于费尔巴哈的提纲》的联系来理解。在那里，已清晰地表现出这场争论的征兆：马克思从"直观的"唯物主义转变为"新的"唯物主义。马克思指出：费尔巴哈关于自然的论述并不是最终形态的，它恰恰和自然本身一样，在很大程度上也是被中介的东西："费尔巴哈特别谈到自然科学的直观，提到一些秘密只有物理学家和化学家的眼睛才能识破，但是如果没有工业和商业，自然科学会成为什么样子呢？甚至这个'纯粹的'自然科学也只是由于商业与工业，由于人们的感性活动才达到自己的目的和获得材料的。这种活动、这种连续不断的感性劳动与创造、这种生产，是整个现存感性世界的非常深刻的基础，只要它哪怕只停顿一年，费尔巴哈会看来，不仅在自然界将发生巨大的变化，而且整个人类世界及他（费尔巴哈）的直观能力，甚至他本身的存在也就没有了。"[①]

诚然，在马克思看来，感性的世界不是"开天辟地以来就已存在的、始终如一的东西，而是工业和社会状况的产物"[②]。但是，这个以社会为中介的世界同时也是一个在历史上先于一切人类社会而存在的自然世界。因此，尽管承认了社会要因，"外部自然界的优先地位仍然保存着，而这一切当然不适用于原始的、通过自然发生的途径产生的人们。但是，这种区别（人类社会以前的自然与社会中介过的自然间的区别——著者）只有在人被看作是某种与自然界不同的东西时才有意义。此外，这种先于人类历史而存在的自然界，不是费尔巴哈在其中生活的那个自然界，也不是那个除去澳洲新出现的一些珊瑚岛以外今天在任何地方都不再存在的、因而对于费尔巴哈说来也是不存在的自然界。"[③]

在这里，马克思坚持外部自然及其规律对社会的中介要因的先在性。这一事实在认识论上具有重大的意义，后面我们还要详细讨论。

不仅由于进行劳动的主体使自然材料和他自己相作用，所以不应该说物质是最高的存在原则；而且，人在生产的时候，并不是处理物质"本身"，而总是仅仅处理物质的具体的，并从量和质上规定

---

① 《马克思恩格斯全集》第3卷，49～50页，北京，人民出版社，1960。

② 同上书，48页。

③ 同上书，50页。

了的存在形态。物质的普遍性、它对于意识的独立性只存在于特殊的东西之中。至于所谓本原物质、存在物的本原根据之类，并不存在。由于物质实在和人相关联的相对性，因而不仅它处于"为他存在"时，即使处于"自在存在"时，也都和本体论原理不相容。把辩证唯物主义和黑格尔的辩证的唯心主义相比，称它为"本体哲学"，这是站不住脚的。

辩证唯物主义并不承认有什么脱离具体的规定而独立存在的自在实体。恩格斯在《关于〈反杜林论〉札记》中，就物质概念论述如下："注意。物质本身是纯粹的思想创造物和纯粹的抽象。当我们把各种有形地存在着的事物概括在物质这一概念下的时候，我们是把它们的质的差异撇开了。因此，物质本身和各种特定的、实存的物质不同，它不是感性地存在着的东西。"① 他在《自然辩证法》中曾一度谈到物质的问题："象'物质'和'运动'……要不研究个别的实物和个别的运动形式，就根本不能认识物质和运动；而由于认识个别的实物和个别的运动形式，我们也才认识物质与运动本身。"②

那些把辩证唯物主义系统化的最新尝试，也同样干脆抛弃了作为第二位的偶性实体之"承担者"的物质概念。和精神同样，物质也绝不是用来解释世界的绝对"根本的"、统一的说明原理，"和形而上学的唯物主义相反，辩证唯物主义破除了所谓事物的'终极的'、'不变的'本质的概念，破除了所谓一切存在物的'终极的'性质与其现象都可从中推演出来的绝对的根本实体这概念。自然界中没有什么一成不变的东西，也不存在什么绝对根本的实体。"③

对物质概念的这种辩证法的解释表明：恩格斯以及追随着他的今日之苏联哲学，意识到本体论的危险，并想方设法避免它。而试

---

① 《马克思恩格斯全集》第20卷，598页，北京，人民出版社，1971。

② 同上书，579页。

③ 《马克思主义哲学的基础》（柏林，1959），F. W. 康斯坦丁诺夫编，根据俄文版翻译，131页。关于辩证唯物主义中物质概念的非本体论性质问题，参见凯茨·涅德洛夫的论文：《列宁关于马克思主义哲学的物质概念的观点》，载《德国哲学杂志》（柏林，1959）第7卷第2期。在辩证唯物主义看来，不能同意这种究极的本体理论：似乎一切存在都可还原到它那里去。这种观点，最近在俄国颇为得势。G. I. 克兰因的《在苏联哲学中的斯宾诺莎》（伦敦，1952）极明确地阐明：20世纪20年代初的苏联哲学，通过受德波林及其学派支配阶段，其物质观依赖于强调斯宾诺莎主义的实体概念，达到了相当的程度。在俄国紧跟斯大林主义之后的哲学阶段，具有这样的特征：即对唯物主义辩证法的很多论点作了实在论的、本体论的解释，这使人联想到 N. 哈特曼的观点。在俄国，甚至使用"唯物主义的本体论"这一术语，以标定马克思主义的特征，而这术语是亚里士多德—托马斯主义早就用过的。

图用物质的概念来阐明整个宇宙的起源时，总是难以成功的。在任何场合下，为了用物质去概括地形而上学地解释世界，不管人们愿意与否，就只能是从作为普遍原理的物质出发，而不是从物质的具体的存在形态出发。恩格斯在《自然辩证法》中还这样指出："终极的原因——物质及其固有的运动。这种物质并不是什么抽象。就是在太阳中，一个个实物都是分解了的，并且在它们的作用上没有差别。但是在星云的气团中，一切实物虽然各自分开地存在着，却都融为纯粹的物质本身，即仅仅作为物质而不按照自己的特殊属性来起作用。"①

既然马克思一开始就承认物质的实在已被社会所中介，因而恩格斯就有权利提出他的表述：物质本身只是一个抽象，只存在物质的特定的存在形式。

关于历史和世界的意义这个传统的问题，对于理解马克思的唯物主义和一般的哲学唯物主义的联系也极为重要。如果把唯物辩证法说成是非目的论的，那么乍听起来就会特别引人注目。但是，在唯物主义的辩证法看来，历史既不像在叔本华那里是杂乱无章的事实的堆砌，也不像在黑格尔那里是一以贯之的精神意义的连接。因为马克思并未从泛神论角度赋予历史以"独立性"。当他像黑格尔那样也指出"史前史"中的支配与恐怖的不可避免的必然性时，他的思想仍易于带有一种为唯心主义辩解的色彩。确实，相互间有规律性地更迭的社会形态使某种似乎包纳一切的结构进入了人类历史，然而，这绝不意味着一种目的论在贯穿着总体。马克思并没有把作为总体的世界看成是从属于赋它以意义的统一的理念的。他那里唯一存在的只是黑格尔称作"有限目的论的观点"：即有限的、受时间和空间所限制的人的有限目的，这种目的同被自然世界和社会世界所限制的各个领域相对立。作为反乌托邦的事实的死，出色地"证明……一切给予意义的形而上学和一切神正论的软弱无力"②。现实中出现的一切目标和目的，都可追溯到适应境况变化而采取行动的人，离开了人就没有任何意义。只有黑格尔的精神之类的主观扩大到无限世界去时，它的目的才能同时也成为世界自身的目的。在黑格尔看来，"有限目的论的观点"是受到限制的，应在绝对精神的理论中遭到扬弃。与此相反，马克思不知道在这世界里除了人所规定

---

① 《马克思恩格斯全集》第 20 卷，586 页，北京，人民出版社，1971。

② 马克斯·霍克海默：《资产阶级历史哲学的起源》，91～92 页，斯图加特，1930。

西方学者卷·施密特

的目的之外还有什么别的目的。因此，世界包含的意义无非就是人通过调节自己各种生活条件而达到目的，除此别无他意。甚至一个更好的社会到来的时候，也没有理由替达致这个社会所经历的充满人类痛苦的过程去辩解，"历史能够从一个较恶的社会到达一个较善的社会，历史在其进程中还可能达到一个更善的社会，这是一个事实。然而，历史的道路是在充满了个人的痛苦和悲惨中前进的，这又是另一个事实。在这两个事实之间有一系列解释上的联系，但没有任何辩解的意义。"①

马克思并不从所谓先于人的总体意义的概念出发，所以历史是不断地重新开始的各个个别过程的连续，它只有依靠关于世界片断的哲学才能把握，而这种哲学有意识地放弃了仅从一个原理出发去进行完整无缺的演绎这一要求。理解了以往人类历史的人，绝不应据此以为理解了世界的意义。黑格尔的《历史中的理性》的下述表述，在马克思看来是完全不可思议的："我们在历史中应该探求的不是主观精神或心灵的特定目的，而是一种总的目的，即世界的终极目的。我们必须用理性来理解它，因为理性自己关心的不可能是任何特定的有限目的，而只能是绝对目的。"

恩斯特·布洛赫对马克思的解释在很多地方太形而上学了，特别可以说明他的特征的，是他的著作中反复出现这样的论点：在马克思的哲学中，也有所谓世界的终极目的之类的东西。布洛赫在他的一篇论文②中，完全采用黑格尔的方式，给辩证唯物主义规定课题：解决"和世界的'意义'密切相关的历史的'意义'的问题，这是个有充分根据而又现实的问题"。由于他对马克思那里的世界意义作了假定，因而对他自己的乌托邦概念产生了哪些影响呢？我们在下面讲述马克思关于人与自然关系的乌托邦时，再详细讨论这一点。但在这里，就世界意义这个问题而言，我们还必须注意另一种观点。马克思并非仅仅根据现代自然科学的成果，也并非仅仅根据意识形态的批判，来捍卫他的彻底的无神论。和萨特尔一样，在马克思看来，只有"创造意义"的上帝不存在，才能保证人的自由的可能性。人从本质上来看不是固定的；人的本质也不是在总体上表现出来的。相反，在具有"史前史"特征的人类以往的历史中，由于人并不支配自己相对于自然的各种能力，因而人的本质就残酷地

---

① 马克斯·霍克海默：《资产阶级历史哲学的起源》，92 页，斯图加特，1930。

　② 即《进步概念的演化》。

完全隶属于维持其生存的物质条件。人类当前只有首先从理论上把自己作为自身的原因来看待的时候，才能达到其本质和实存的现实统一。"巴黎手稿"特别详尽地阐发了这个观点："任何一个存在物只有当它立足于自己自身的时候，才在自己的眼里是独立的，而只有当它依靠自己而存在的时候，它才算立足于自身。靠别人的恩典为生的人，认为自己是一个从属的存在物。但是，如果我不仅靠别人维持我的生活，而且别人还创造了我的生活，别人还是我生活的源泉，那么，我就是完全靠别人的恩典为生的；而如果我的生活不是我自己本身的创造，那么，我的生活就必定在我之外有这样一个根基。"①

马克思把从本体论角度所提出的关于最初的人和自然的创造者问题，作为一种"抽象的产物"加以拒绝②："请你自问一下，你是怎样想到这个问题的；请你自问一下，你的问题是不是来源于一个唯因其荒谬，因而我无法回答的观点……当你提出自然界和人的创造这一问题的时候，你从而也就把人和自然抽象掉了。你认为人和自然界是不存在的，然而你却希望我向你证明人和自然界的存在。我现在对你说：如果你抛弃你的抽象，那么你也就抛弃你的问题；如果你要坚持你的抽象，那你就要坚持到底，而只要你认为人和自然界是不存在的，那么你就要认为你自己本身也是不存在的，因为你也是人和自然界啊。不要那样想，也不要那样向我提问，因为你只要那样想并提问，那么你把自然界和人的存在抽象掉，就失去了任何意义。"③

这段极为夸张的，而且对于了解马克思和一切第一哲学的关系来说是典型的论述，再次使人弄清了马克思究竟主要关心什么，即关心先于人类和社会的自然的存在问题，这些问题不是"抽象地"提出来的，它们总是已经以对自然作理论的和实践的把握之一定阶段为前提的。在被称为绝对第一的基质之中，一切都已经同在理论的、实践的活动中产生的东西交织在一起，所以它们绝不是绝对第一的东西。因此，在马克思看来，关于人和自然的"生成"④ 的问题，与其说是形而上学的问题，还不如说是历史的社会的问题："由于在社会主义的人看来，全部所谓世界史不外是人类通过人的劳动的诞生，是自然界对人说来的生成。所以，在他那里有着关于自己依靠自己本身的诞生、关于自己的产生过程的显而易见的无可辩驳

---

① 　马克思：《1844 年经济学哲学手稿》，82～33 页，北京，人民出版社，1979。

② 　同上书，83 页。

③ 　同上书，83～84 页。

④ 　同上书，84 页。

的证明。既然人和自然界的实在性，亦即人对于人说来作为自然界的存在和自然界对人说来作为人的存在，已经具有实践的、感性的、直观的性质，所以，关于某种异己的存在物、关于凌驾于自然界和人之上的存在物的问题，亦即包含着对自然界和人的非实在性的承认的问题，实际上已经成为不可能的了。"①

马克思的无神论（在本质上已属于"后期无神论"思想）反对贬低人与自然的一切价值。对于唯心主义来说，神是最高的存在；对于和人道主义等同的唯物主义来说，人是最高的存在。马克思看到神的概念是对支配的最抽象的表达，它总是和下述的独断论的观点结合在一起的：世界具有统一的精神总体的意义。假如神存在，那么革命的人将不再是最初的世界意义的创造者，也将不能被认为是那种能使各个人在其中既感振奋，又受尊重的有意义的社会总体的创造者。在马克思的哲学年谱中，普罗米修斯被尊为至高无上的圣人，这并非偶然。他在自己的博士论文中写道：应该把人的自己的意识作为"最高的神性"② 来认识。如果理论最初是从社会生产中的人与自然的历史的中介关系出发的，那么无神论现在就不再纯粹是"世界观"的理论："无神论作为对（自然界和人的——著者）这种非实在性的否定，已不再有任何意义，因为无神论是对神的否定，并且正是通过这种否定而肯定人的存在；但是社会主义，作为社会主义，已经不再需要这样的中介：它是从作为存在物的人和自然界的理论上和实践上的感性意识开始的。"③

当唯物主义作为对世界的总括性解释而出现时，在哲学史上总能证明它本身是颇有疑问的。值得注意的是：唯物主义的最重要的代表人物的主要兴趣，并不在于把独断的形而上学命题搜集起来，即使在他们提出这些命题的时候，其着眼点也同与他们相对立的唯心主义观点迥然不同。在唯物主义者看来，从凡是物质的东西都是实在的和凡是实在的东西都是物质的这种观点，并不直接产生任何道德准则。

诚然，马克思的唯物主义表面上和黑格尔哲学所持有的那些神学的形而上学问题有联系，但不能认为它是对形而上学的首要的传统的中心问题的回答。在这点上，他和伟大的百科全书派相似，对从人的直接实践出发的必要性虽然采取严肃的毫不含糊的态度，而

---

① 马克思：《1844 年经济学哲学手稿》，84～85 页，北京，人民出版社，1979。

② 《马克思恩格斯全集》第 40 卷，190 页，北京，人民出版社，1982。

③ 马克思：《1844 年经济学哲学手稿》，84 页，北京，人民出版社，1979。

在形而上学的终极问题上则是宽容的。在《德意志意识形态》中选用莫泽斯·赫斯起草的一节，其中以极端启蒙主义的方式给唯心主义者规定了特征："一切唯心主义者，不论是哲学上的还是宗教上的，不论是旧的还是新的，都相信灵感、启示、救世主、奇迹创造者，至于这种信仰是采取粗野的、宗教的形式还是文明的哲学的形式，这仅仅取决于他们的教育程度……"①

如果马克思的唯物主义像今天仍在苏联和东欧盛行的那样，只是作为一种抽象的世界观的表白的话，那么首先注意：这一来它就和那种低劣的唯心主义毫无二致了。不是所谓物质这抽象体，而是社会实践的具体性才是唯物主义理论的真正对象和出发点。所以，马克思在《关于费尔巴哈的提纲》第八条作了这样的说明："社会生活在本质上是实践的。凡是把理论导致神秘主义方面去的神秘东西，都能在人的实践中以及对这个实践的理解中得到合理的解决。"②

马克思的唯物主义并不理会关于心灵的精神或物质的本性问题；即使对这种问题作出唯物主义的回答，也往往会给社会带来唯心主义的，也即贻害人的作用。而马克思的唯物主义首先关心从这个世界上消除饥饿和痛苦的可能性问题。马克思和古代的伦理学唯物主义者们一样，都有幸福主义的基调，甚至连唯心主义者黑格尔也和他们的快乐观相近。当然，唯物主义首先不是什么伦理的态度，本质上也不是把粗野的感官快乐盲目偶像化；但另一方面，不用说，唯物主义不可能仅仅还原为单一的理论或单一的方法。"唯物主义者关心的问题，是非绝对理性的幸福——包括它的低级形态的快乐，而不是那种往往使人甘于忍受外间悲惨境遇的所谓内在的幸福，它关心给萎缩了的主观性也予以正当权利的客观条件。"③

当恩格斯在他关于费尔巴哈的论文④中，嘲笑那种把唯物主义

---

① 《马克思恩格斯全集》第3卷，630页，北京，人民出版社，1960。

② 同上书，5页。

③ 哈因兹·马乌斯：《唯物主义》，载海贝尔特·布尔克缪纳所编的《对概念的阐明》，63页，缪亨，1947。

④ 《费尔巴哈与德国古典哲学的终结》，《马克思恩格斯全集》第21卷，324页，北京，人民出版社，1965。布莱希特极尖锐地总结了"德意志"与唯物主义的关系："德国人对于唯物主义缺乏天资。他们之所以采用唯物主义，是因为他们从那里直接构造出一个理念，因此，所谓唯物主义者是这样一些人：他们相信理念来自物质的状态而不是相反，进而物质已是不可再现的东西。人蛮可以相信在德国只有两种人：牧师和牧师的反对者。前者的代表们面孔瘦削、苍白，懂得一切哲学体系；后者的代表们是脑满肠肥的绅士，懂得任何一种葡萄酒。"（《逃亡者的对话》，20~21页，柏林、法兰克福，1961）

不只是看作一种理论，而且把它和感官快乐结合起来的观点是所谓"庸人的偏见"时，他受到人们的责问：人们为了超过资本主义在进行着巨大的努力，这种努力不只是理论上的，如果不应把获得快乐和感官的满足作为它的奋斗目标之一，那么这种努力究竟还有什么价值呢？在社会主义运动中，海涅早已发现恩格斯的阐述中所包含的禁欲主义的特征，后来这竟成为反人类实践的一个缘由：尽管人没有任何适宜的果腹之物，但至少仍应该有"科学的世界观"。

要使世界上任何人都不再为物质和知识的匮乏而苦恼，为着这个目标而奋斗的理论，不需要什么形而上学的"终极的原理"。批判的唯物主义拒绝探究"世界之谜"，或者说，它断然拒绝用新形态的本体论从根本上对自己提出问题的方式，使纯粹的哲学思辨继续下去。它的思想结构是有限的人的思想结构，是从特定的社会历史任务中产生的；它为的是把人从自己构筑的、无法预测的经济决定这牢笼中解放出来。唯物主义的理论既是最精致的文化形态，又建造它的社会各种条件。但是它绝不是今日之东欧从中编造出来的那种积极的"世界观"。从根本上讲，它对以往历史作出唯一批判性的评价是：至今人们在历史中仍被贬低成一种经济的动力性对象，这种经济在盲目地、机械地进展着。因此，恩斯特·布洛赫正确地指出："迄今还不存在人的生活，而只存在着驱使人们沦为奴隶或剥削者的经济生活。"[1] 他无论从社会现实本身或从理论上，都强调了经济因素。可是，在马克思看来，经济和无产者同样不是形而上学的解释原理，经济应从它支配一切的地位回到为人服务的从属地位去。马克思理论中的"唯物主义的东西"，不是宣告经济具有这种优越地位：它是同人敌对的、由现实造成的抽象的、人不能干预的。而是它试图使人的注意力转向他们的各种关系所具有的可怕的内在逻辑，即转而注意这种虚假的自然：在人们的关系使他们成为商品的同时，又把这种状况意识形态化，似乎他们已是各自独立的主体。

霍克海默把资本主义生产的无政府状态表征如下："这个过程不是在自觉意志的控制下完成的，而是作为一种自然的过程实现的。日常生活是以盲目的、偶然的、片面的形式，从各个个人、各种工业、各个国家的混乱而无秩序的活动中产生的。"[2]

由于资本主义社会受它自身的生活过程所支配，因而它的理性

---

① 恩斯特·布洛赫：《痕迹》，39 页，柏林，1930。

② 马克斯·霍克海默：《唯物主义与道德》，载《社会研究杂志》第 2 卷第 2 册，167 页，莱比锡，1933。

带有非理性的、神秘的和宿命的性质。达尔海默叫人们注意："资本主义社会对待它自己的经济的态度，如同澳大利亚未开化的土人对待闪电、雷鸣和雨一样。"①

未被社会正确地组织起来的对自然的控制，无论怎样高度发展，也依然从属于自然。揭露邪恶的人往往被误解为像在赞美和宣传邪恶。彼得·德梅茨的《马克思、恩格斯和诗人们》一书，是经济学的批判家们所讲的一个完全误解和歪曲唯物主义的典型。德梅茨说马克思似乎想出了与其学说相对立的一切东西。在他看来，马克思的唯物主义"从诗人的形象中剥夺了自由的素质，从而诗人对经济过程来说，蜕变成生来不具人格的奴婢"②。这并不是马克思的唯物主义所造成的，而是无法控制的从人那里异化出来的生产体系的实际发展所致。马克思在他的著作中，甚至在提纲、草稿之类的著作中，确实对禁欲问题谨慎小心，他回避了一切道学家之流的唯心主义提法，而这并非因为他是素朴的经济学家。他给 F. A. 佐尔格的一封信，表征了他的态度。他在信中抱怨党内"腐败精神"的抬头。他指出：有一伙一知半解的学生和聪明过度的博士们，"想使社会主义有一个'更高的、理想的'转变，就是说，想用关于正义、自由、平等和博爱的女神的现代神话来代替它的唯物主义的基础（这个基础要求一个人在运用它以前认真地、客观地研究它）"③。正由于马克思不允许贬低物质问题的重要性，所以和那些把在历史上尚未解决的问题说成已经实现了的人比起来，马克思更忠实于被唯心主义辞藻的外衣遮蔽着的人这个内核。马克思认为，精神的内容本身并不就是意识形态，而只是社会现实的未得到实现的要求。

黑格尔把存在于人之外的物质世界这个第一自然，说成是一种盲目的无概念性的东西。在黑格尔那里，当人的世界在国家、法律、社会与经济中形成的时候，是"第二自然"，是理性和客观精神的体现。马克思的看法与之相反：倒不如说黑格尔的"第二自然"本身具有适用于第一自然的概念，即应把它作为无概念性的领域来叙述，在这无概念性领域里，盲目的必然性和盲目的偶然性相一致；黑格尔的"第二自然"本身仍是第一自然，人类终究不会超脱出自然历史。许多马克思的批判家们就抓住这一点，宣称马克思的社会学方

① 奥古斯特·达尔海默：《辩证唯物主义入门》，参见《马克思主义文库》第 14 卷，26 页，维也纳、柏林，1928。

② 彼得·德梅茨：《马克思、恩格斯和诗人们》，94 页，斯图加特，1959。

③ 《马克思恩格斯全集》第 34 卷，281 页，北京，人民出版社，1972。

法是不恰当的变态的自然科学方法，它已经诉诸于对象的"自然"性质，不能算是一门人文科学。但马克思在把迄今的人类社会历史作为一个"自然史的过程"来看待的时候，它首先具有这样的批判意义："经济学规律，在一切……无计划生产中作为人对它们没有支配力的客观规律，采取自然规律的形态与人们对立。"马克思认为，尽管人从漫长的"史前史"中获得了经验，即取得一切技术上的胜利，但最终获胜的依然是自然，而不是人。作为社会控制不了的、"人绞尽脑汁想出来的现代工业社会的全部机器，只不过是把人自己撕成碎片的痛苦的自然"①。

然而，马克思并不限于强调这种批判，他还在19世纪进化论的意义上，广泛地运用自然史这个概念，并把它扩展到全部现实领域中去。当他谴责"抽象的自然科学的唯物主义"把"历史过程"排除掉时，他想到的不仅是社会的历史过程，还考虑到自然的历史过程。

黑格尔和18世纪一般的机械唯物主义者一样，把自然看成是互不关心的存在物之物质分离状态，在他那里，严格意义上的自然史并不存在："思维的考虑必须放弃那类模糊不清的、根本上属于感性的观念，例如，尤其是所谓植物产生于水，尔后较高级动物的组织产生于较低级动物的组织等等观念。"②

相反，马克思认为，自然的各种形态彼此合乎规律地产生是不证自明的。他的发展观既来自黑格尔，又来自达尔文。恩格斯在他对《资本论》第一卷的评论中指出了这一点。他在其中这样谈到马克思的方法："因为他极力证明，现代社会从经济上来考定，孕育着另一个更高的社会形态，所以他力图在社会关系方面作为规律确立的，只是达尔文在自然史方面所确立的同一个逐渐变革的过程。"

马克思把"社会经济形态的发展"当作一种"自然历史过程"③来对待，这意味着他从严格的必然性来看待历史过程，而和先验构成的或心理的解释原理无涉。他把个人的活动方式理解为客观过程的各种功能，在迄今为止的历史中，个人一直不是作为自由的主体，

---

① 霍克海默、W. 阿多诺：《启蒙的辩证法》，270页，法兰克福，1969。

② 从这一段可以弄清，黑格尔抽象的唯心主义考察自然之所以受到批判的正当原因。这里显然有和其特征极不一致的地方。在黑格尔看来，来自生命的发展概念的是精神的原动力，凭着这个概念，精神事实上失去了构成形式逻辑与反思哲学特征的抽象性、无用性以及僵死性。黑格尔在自然的图像中得到了概念的具体化，可是其逆论又使自然成了概念自身的一个抽象物，自然受到拙劣的报复。

③ 《马克思恩格斯全集》第23卷，12页，北京，人民出版社，1972。

而是作为"经济范畴的人格化"出现的。①

列宁在他的对于理解历史唯物主义具有极重要意义的著作，即1894年的《什么是"人民之友"以及他们如何攻击社会民主主义者?》中，特别指出马克思研究方法的"自然史"性质及其与达尔文进化论的关系："达尔文推翻了那种把动植物种看作彼此毫无联系的、偶然的、'神造的'、不变的东西的观点，第一次把生物学放在完全科学的基础之上，确定了物种的变异性和承续性，同样，马克思也推翻了那种把社会看作是可按长官的意志（或者说按社会意志和政府的意志，都是一样，随意改变的、偶然产生和变化的、机械的个人集合体的观点，第一次把社会学置于科学的基础之上，确定了社会经济形态是一定生产关系的总和，确定了这种形态的发展是自然历史过程。"②

马克思以对特定社会，即对资产阶级的资本主义社会的具体分析，来代替有关社会与一般进步的一切抽象议论。马克思的唯物主义与达尔文的学说同样，它并不是对总体的说明，倒是根据事实来把握历史过程，而不诉诸于形而上学的独断论，"正像……种变说所要求的完全不是说明'全部'物种形成史，而只是把这种说明的方法提高到科学的高度，同样，历史唯物主义也从来没有企求说明一切，而只是企求指出'唯一科学的'（马克思在《资本论》中的话）说明历史的方法"③。

马克思本人当然承认社会规律的特殊性，但他意识到他的理论与达尔文的关系："达尔文注意到自然工艺史，即注意到动植物的生活中作为生产工具的动植物器官是怎样形成的。社会人的生产器官的形成史，即每一个特殊社会组织的物质基础的形成史，难道不值得同样注意吗？而且，这样一部历史不是更容易写出来吗？因为，如维科所说的那样，人类史同自然史的区别在于，人类史是我们自己创造的，而自然史不是我们自己创造的。"④

恩格斯在《自然辩证法》中，也以完全相同的方式，把自然历史和人类历史区别开来："今天整个自然界也溶解在历史中了，而历

① 《马克思恩格斯全集》第23卷，12页，北京，人民出版社，1972。
② 《列宁全集》第1卷，122页，北京，人民出版社，1984。
③ 列宁在这里援引《资本论》，参见《马克思恩格斯全集》第23卷，409页，北京，人民出版社，1972。
④ 同上书，409~410页。

史和自然史的不同，仅仅在于前者是有自我意识的机体的发展过程。"①

在马克思看来，自然史和人类史则是在差异中构成统一的，他既没有把人类史溶解在纯粹的自然史之中，也没有把自然史溶解在人类史之中。

诚然，一方面社会历史是"自然史的一个现实的部分"②，由于人类以前的历史中作为特征的各种事实，在其中继续存在着，因而，马克思能够把生产工具（凭借对它们的制造和使用而从本质上把人和动物区别开来）称为人的"延长了的自然的肢体"③。和动物一样，人也必须适应环境。关于这一点，霍克海默和阿多诺在《启蒙的辩证法》中这样说道："大脑器官、人的智能是强有力的，足以构成地球史的正规时代。人类包含着其机械、化学的制品和组织能力（就像熊齿包含在熊中一样，既然它们和熊齿都实际用于同样的目的，只是它们的功能优越而已，为什么不能把它们包含在人类之中呢？）是这个时代中最新的适应性变化。"

所以，另一方面，自然历史过程和社会历史过程之间的种种差异不容忽视。这差异不允许人们像社会达尔文主义的形形色色的变种那样，把自然规律简单地搬到社会关系中去。马克思在致库克曼的一封信中，尖锐地批评了 F. A. 朗格企图以抽象的自然科学方式，忽视人类历史的丰富内容："朗格先生……有一个伟大的发现：全部历史可以纳入一个唯一的伟大的自然规律。这个自然规律就是《struggle for life》，即'生存竞争'这一句话（达尔文的说法这样应用就变成了一句空话），而这句话的内容就是马尔萨斯的人口律，或者更确切些说，人口过剩律。这样一来，就可以不去分析'生存斗争'如何在各种不同的社会形态中历史地表现出来，而只要把每一个具体的斗争都变成'生存斗争'这句话，并且把这句话变成马尔萨斯关于'人口的狂想'就行了。"④

总之，只有在以有意识的主体创造的人类历史为前提的时候，才能谈得上自然历史。自然历史是人类历史溯往的延长。人用一些打上社会烙印的范畴，去把握以往的再也不能靠近的自然；人也不得不用同一范畴去把握还没有作为为我之物所占有的自然领域。

---

① 《马克思恩格斯全集》第20卷，580页，北京，人民出版社，1971。
② 马克思：《1844年经济学哲学手稿》，82页，北京，人民出版社，1979。
③ 《马克思恩格斯全集》第23卷，203页，北京，人民出版社，1972。
④ 《马克思恩格斯全集》第32卷，671～672页，北京，人民出版社，1975。

一切关于自然及其历史的陈述，其构成前提非常之多，对这些，达尔文弄清到什么程度，这一点马克思是完全了解的。尽管他是以"自然史的"方式来观察社会的。这可以从他致恩格斯的一封信中清楚地看出："值得注意的是，达尔文在动植物界中重新认识了他自己的英国社会及其分工、竞争、开辟新市场、'发明'以及马尔萨斯的'生存斗争'。这是霍布斯的一切人反对一切人的战争，这使人想起黑格尔的《现象学》，那里面把市民社会描写为'精神动物的世界'，而达尔文那里则把动物世界描写为市民社会。"①

与马克思相一致，恩格斯在致 P. L. 拉甫罗夫的一封信中指出，从资产阶级的种种关系以及它们在思想领域中的反映所借用过来的特定的学说，在运用到有机自然界的发展之后，又被社会达尔文主义者称为纯粹自然规律，搬到社会中去："达尔文的全部生存斗争学说，不过是把霍布斯一切人反对一切人的战争的学说和资产阶级经济学的竞争学说，以及马尔萨斯的人口论从社会搬到生物界而已。变完这个戏法以后……再把同一种理论从有机界搬回历史，然后就断言仿佛已经证明这些理论具有人类社会的永恒规律的效力。"②

在马克思学派内部，社会达尔文主义的历史研究法在考茨基的《唯物史观》中起了很大的作用。考茨基把人类历史和人类以前的历史之统一加以绝对化，由此得出结论："人类的历史只不过形成生物史的一个特殊状况，它具有自己固有的规律，但这些规律和生物界的一般规律相关联。"③ 当然，考茨基后来又忘掉了这些社会"自己固有的规律"。在马克思看来，宇宙和生物的发展史只不过是构成他的历史观的"自然科学根据"④，而他的历史观把社会史看成是它的主要运用领域。考茨基则颠倒了这个关系，他认为人类历史是自然历史的一个附属物。它的运动规律不过是生物学运动规律的一种纯现象形态。在浩瀚的马克思主义文献中，卡尔·柯尔施是为数不少的理解了自然和历史的复杂的辩证关系的作者之一。他痛斥考茨基对马克思的历史理论的歪曲："对他们（马克思和恩格斯——著者）

---

① 《马克思恩格斯全集》第 30 卷，252 页，北京，人民出版社，1974。
② 《马克思恩格斯全集》第 34 卷，162 页，北京，人民出版社，1972。并参见第 31 卷，恩格斯 1865 年 3 月 29 日给 F. A. 朗格的信。在《自然辩证法》中，他这样说到达尔文："达尔文并不知道，当他证明经济学家们当作最高的历史成就加以颂扬的自由竞争、生存斗争是动物界的正常状态的时候，他对人们，特别是对他的本国人作了多么辛辣的讽刺。"
③ 卡尔·考茨基:《唯物史观》第 2 卷，63 页，柏林，1927。
④ 《马克思恩格斯全集》第 30 卷，574 页，北京，人民出版社，1974。

来说，唯物主义地理解以往一切历史的社会形态，其现实的基础是现代的'资产阶级社会'，而不是自然界或有机自然界及其一般发展史，甚至也不是一般历史发展中的人类史。"①

关于自然史和人类史的关系问题，还同马克思批判意识形态方面有关。事实上，迄今把战争、迫害和危机等受历史和社会制约的事件，歪曲成是不可避免的自然事实，这就是维护统治权力的一个强有力的因素。当马克思讲述下面这番话时，他首先考虑的是阶级关系："自然界不是一方面造成货币所有者或商品所有者，而另一方面造成只是自己劳动力的所有者。这种关系既不是自然史上的关系，也不是一切历史时期所共有的社会关系，它本身显然是已往历史发展的结果，是许多经济变革的产物，是一系列陈旧的社会生产形态灭亡的产物。"②

关于人，马克思不接受生硬推论出的事实，无论是精神性质的还是生物物质性质的。他在《德意志意识形态》中对麦克思·施蒂纳的批判就表明了这点："从前桑乔用教书匠的那些固定观念来解释个人的一切缺陷，以及个人关系的缺陷，而对于这些观念如何产生却漠不关心，而现在他却纯粹用肉体的产生过程来解释这种缺陷了。他完全没有考虑到：孩子的发展能力取决于父母的发展，存在于现存社会关系中的一切缺陷是历史地产生的，同样也要通过历史的发展才能消除。甚至连那些桑乔根本没有谈到的天然产生的类的差别，如种族差别等等，也都能够而且必须通过历史的发展加以消除。"③

最后，关于自然和历史的关系这个问题，也还有另一个方面：它同科学方法和理论的关系。自从狄尔泰和新康德主义的西南学派以来，对于历史科学和自然科学采用原则上不同的方法已相沿成习。狄尔泰把自然科学所特有的因果"解释"的方法，同历史、人文科学所特有的直观"理解"方法区别开来，而文德尔班和李凯尔特则更加激烈地把实在分割成两个截然不同的部分。康德学派把自然理解为规律支配下的事物的存在，自然科学的"合规律的"性质正与这种观点相呼应；历史则被认为由大量受价值支配的、基本上没有联系的、只具"个别性的"事实集合而成，而只有描述性的"个性描述的"方法才能理解这些事实，依此而成为处于一切理性分析的

---

① 卡尔·柯尔施：《唯物史观》，34 页，莱比锡，1929。并参见他的《马克思主义与哲学》（莱比锡，1930），135 页以下。

② 《马克思恩格斯全集》第 23 卷，192 页，北京，人民出版社，1972。

③ 《马克思恩格斯全集》第 3 卷，498 页，北京，人民出版社，1960。

彼岸的东西。

在马克思看来，不存在自然与社会的绝对分离，因而在自然科学和历史科学之间不存在根本方法的不同。例如，他在《德意志意识形态》中写道："我们仅仅知道一门唯一的科学，即历史科学。历史可以从两方面来考察，可以把它划分为自然史和人类史，但这两方面是密切相联的；只要有人存在，自然史和人类史就彼此互相制约。"

"自然界和历史之间的对立"① 是意识形态学家们制造出来的，这是由于他们从历史中排除掉人对自然的生产的关系。马克思在批判布鲁诺·鲍威尔时说：自然和历史不是"两种互不相干的'东西'"②。在人的面前总是摆着一个"历史的自然和自然的历史"③。

当马克思在《资本论》中把社会经济形态的历史过程作为一个自然历史的过程来阐述时，他被指责为过分采用"自然主义"的方法。这是没有道理的，因为这种指责独断地以我们这里所批判的这种观点为前提，即认为自然研究者和历史研究者的态度之间存在着根本方法的不同。科学思维不能承认那种似乎绝对不容许合规律地解释的特殊领域。

狄尔泰、文德尔班和李凯尔特等方法论上的二元论，是以远离历史的抽象作用为基础的，尽管这些著作家们也竭力去研讨历史。当然，这种态度当初也具有这样的批判意义：把随意的意义模式强加给同这意义毫无关系的材料，并不能打开解释历史的大门。但是，他们的方法是舍本逐末的，仿佛历史过程完全无结构可言，只能依靠直觉和个性描述的陈述才能把握。

马克思在《道德化的批判和批判化的道德》中，在把自然和历史相互消融还是把二者的差异绝对化的问题上，他反对采取我们已经论述过的那种非辩证的二者择一的态度。马克思所采取的方法对于我们理解他的方法论极有教益："'人的理智'来自'生活深处'，并且不会因为任何哲学的或其他学术研究而破坏自己天然的习性，它的全部粗俗性格表现在：在它看出有差别的地方就看不见统一，在它看见有统一的地方就看不出差别。当它在规定差别的定义时，这些定义就立即在它手下硬化为顽石，而它认为假如使这些僵化的

---

① 《马克思恩格斯全集》第3卷，44页，北京，人民出版社，1960。

② 同上书，49页。

③ 同上书，49页。

概念互相撞击而打出火花，那是最有害的诡辩。"①

在马克思看来，正如不存在那种必须从"精神史"来探究的、采取观念衍生形态的纯粹内在一样，也不存在作为自然科学认识对象的完全不受历史影响的纯粹自然。作为合规律的、一般领域的自然，无论从其范围还是性质来看，总是同被社会组织起来的人在一定历史结构中产生的目标相联系。人的历史实践及其肉体活动是连接这两个明显分离的领域的愈趋有效的环节。事实上，"巴黎手稿"时期的马克思期待着共产主义的实践具有一种使自然和历史相和解的作用，更期待着自然科学和被他称为人的科学的历史科学在那里合为一体："正像关于人的科学将包括自然科学一样，自然科学往后也将包括关于人的科学：这将是一门科学。"②

所以说是一门科学，这是因为在它的差异内部，"自然界的社会的现实"③ 和同时发展着的人的自然实在，将通过工业而越来越相互适应。因此，"属人的自然科学或关于人的自然科学"④，都将成为同一门科学。

二、对恩格斯的自然辩证法的批判

在试图阐述马克思的自然概念之前，不能把恩格斯对辩证唯物主义的自然概念的最初解释撇开不谈。当恩格斯以历史唯物主义的虔诚信徒的身份露面时，他意识到展现在我们面前的自然界以及一切有关于自然界的自然科学和哲学的知识，总是和社会实践的各个更迭形态相关联的。因而他和马克思一样，也反复地想证明：凡自然科学所研究的材料和方法以及所提出的问题，既体现了发展着的生产力，又是发展生产力的杠杆。⑤

这里必须指出：即使恩格斯背离了自己使自然科学辩证法化的

---

① 《马克思恩格斯全集》第 4 卷，332 页，北京，人民出版社，1958。
② 马克思：《1844 年经济学哲学手稿》，82 页，北京，人民出版社，1979。
③ 同上书，82 页。
④ 同上书，82 页。
⑤ 关于这点，参见依林古·费切尔的论文《从无产者的哲学到无产阶级的世界观》，即认为恩格斯"也没有注意到自然科学认识的社会制约性"。参见费切尔编：《马克思主义研究》第 2 集，42 页，图宾根，1957。在本节，为理解马克思的自然概念，试图引证恩格斯在这方面的观点。值得注意的是：在恩格斯那里，被社会中介过的自然概念和独断的、形而上学的自然概念确实毫无联系地并存着。

主张，拒不使用自然哲学的概念，但是，由于他超出了马克思对自然和社会历史的关系的解释范围，就倒退成独断的形而上学。正如一些批判家们所指出的，提出这一点并不是把恩格斯的观点作为一派胡言而一笔勾销，毫无疑问，重要的是，首先把促使恩格斯达至那种形而上学的认识背景弄清楚。可是像费切尔那样，认为恩格斯只是为了适应工人阶级政党的某种战术上或政治上对世界观的需要，这种指责是片面的，因为它忽视了恩格斯的哲学发展的特殊性。

随着德国古典哲学体系的崩溃，一方面对唯心主义提出的问题失去了理解，从而也丢掉了辩证法，另一方面，在19世纪50年代，主张自然科学与哲学最终分离的庸俗机械的"传教士的唯物主义"，更具有越来越大的影响。恩格斯所关心的自然概念尽管是唯物主义的，但同时它也并没有完全把自然辩证法的成果化为乌有。他在《反杜林论》中写道："马克思和我，可以说是从德国唯心主义哲学中拯救了自觉的辩证法并且把它转为唯物主义的自然观和历史观的唯一的人。"[1]

这种"拯救"的结果，不仅是《德意志意识形态》和《关于费尔巴哈的提纲》标志着辩证唯物主义的诞生，并随之结束了和黑格尔的初次较量，而且马克思或恩格斯对黑格尔作了更深一层的估价，这是从1858年开始的。

直到《关于费尔巴哈的提纲》为止，要讲清楚马克思和恩格斯理论观点的不同，几乎是不可能的。但是，到了19世纪50年代末期，这两个人在著述思路上部分地发生了分歧；虽然各有其独到之处，但两人都转向了实证科学。

马克思使他们共同制定的研究费尔巴哈的纲领具体化了，同时还使得对于《德意志意识形态》来说是极为重要的关于自然和社会实践的关系这问题具体化了。他试图"通过批判使一门科学"，即经济学"第一次达到能把它辩证地叙述出来的那种水平"[2]。

与此相反，恩格斯借助辩证法的范畴，去解释以既成形态存在的现代自然科学的各种成果。马克思在这点上则是非常黑格尔式的，因为他认为，只有对自然科学的历来状态进行了批判，才使辩证地叙述的科学开始建立起来，从而唯物辩证法在任何地方都没有脱离经济学的内容。与马克思相反，恩格斯的自然辩证法只是一种必然

① 《马克思恩格斯全集》第20卷，13页，北京，人民出版社，1971。
② 《马克思恩格斯全集》第29卷，264页，北京，人民出版社，1972。

的、外乎事实的考察方法，当他立足于唯心主义思辨的前提上，毫无结果地把黑格尔的范畴"应用"于生物学的细胞概念时，这就更加明显了。他说："细胞就是黑格尔的自在的存在，它在自己的发展中正是经过黑格尔的过程，最后直到'观念'这个完成的有机体从细胞中发展出来为止。"①

这里，因为我们主要研究恩格斯的自然概念和马克思的自然概念的差异，所以仅限于举出恩格斯晚年的若干形而上学的基本命题，从中得到批判的主题。前面说过，正像费切尔所认为的那样，恩格斯的自然观与其说是"当时居统治地位的庸俗唯物主义的一元论概念的升华"，倒不如说它试图用辩证法使法国启蒙唯物主义的体系继续完成之。恩格斯在关于费尔巴哈的论文中，既明显地表露出霍尔巴赫的色彩，又把自己的计划说成是"现代令人满意的'自然体系'"。此外，具有质的能动性质的浪漫派自然哲学，对于恩格斯也起着不少的作用。②

直到最近，被苏联唯物主义当作金科玉律的形而上学，仍是以《反杜林论》中如下一些命题为其本质的：（1）"世界的……统一性是在于它的物质性"③；（2）"一切存在的基本形式是空间和时间，时间以外的存在和空间以外的存在，同样是非常荒诞的事情"④；（3）"运动是物质的存在方式。无论何时何地，都没有也不可能有没有运动的物质……任何静止、任何平衡都只是相对的，只有对这种或那种确定的运动形式来说才是有意义的"⑤。

这种唯物主义之所以区别于从德谟克利特到霍尔巴赫的一切机械唯物主义，在于其非还原的性质。恩格斯承认：在世界的物质统一之内，有形式的区别。在他看来，物质的较高存在形式以及运动形式的确是由较低的形式产生的，但是，不能把前者完全还原成后者。不存在物质运动的终极的根本形式。虽然机械的、化学的、生物的以及心理的运动形式在本质上是互不相同的，但在它们仍然是一种物质本质的现象形态这一点上则是不变的。恩格斯想借助辩证法解释事物从低级向高级的发展，他给这种辩证法下了这样的定义："辩证法……是关于自然、人类社会和思维的运动和发展的普遍规律

① 《马克思恩格斯全集》第29卷，324页，北京，人民出版社，1972。
② 《马克思恩格斯全集》第20卷，14~15页，北京，人民出版社，1971。
③ 同上书，48页。
④ 同上书，56~57页。
⑤ 同上书，65页。

的科学。"①

《自然辩证法》——附带说一句，这是恩格斯晚年最成熟的哲学著作——认为，可以从这里所提到的三个领域中，概括出辩证法的三个根本规律：（1）量转化为质和质转化为量的规律；（2）对立的相互渗透的规律；（3）否定的否定的规律。② 这三个规律也被苏联马克思主义所采纳。

平心而论，恩格斯和他在东欧的追随者们不同，他无论如何决没有想劝导自然科学家把辩证法作为直接的研究方法。归根结底，他是想对现代自然科学所提供的材料加以百科全书式的整理，即"经验自然科学积累了如此庞大数量的实证的知识材料，以致在每一个研究领域中有系统地和依据材料的内在联系把这些材料加以整理，就简直成为无可避免的"③。恩格斯不止一次地在他早期的观点里，提出想把自然以及自然科学的历史与体系统一起来的意念。他1844年关于18世纪的论述，表明他从法国百科全书派的著作里找到这种统一的第一个类型："百科全书思想是18世纪的特征：这种思想的根据是认为以上所有这些科学部门都是互相联系着的，可是它还不能够使各门科学彼此沟通，而只能够把它们简单地并列起来。"

狄德罗和达兰贝尔等追随培根，把各门科学按认识能力分类；而19世纪，把科学从内容联系上来加以整理排列，则成为有力的倾向。例如圣西门和孔德的科学发展的序列就是这样，恩格斯无疑受了他们的影响。但是，当他根据物质的种种运动形式，把自然科学分类为从数学经过力学、物理学、化学而到生物学时，他特别赞赏黑格尔："他对自然科学的……概括和合理的分类是比一切唯物主义的胡说八道合在一起还更伟大的成就"④，"正如一个运动形式是从另一个运动形式中发展出来一样，这些形式的反映，即各种不同的科学，也必然是一个从另一个中产生出来"⑤。

话回原题。前面所举出的抽象的形而上学诸命题和辩证法的诸原则，正如已讲过的，它们充其量不过是对自然科学研究成果进行解释与叙述的可能性问题，而决没有丝毫涉及自然科学的方法本身。

---

① 《马克思恩格斯全集》第20卷，154页，北京，人民出版社，1971。
② 同上书，401页。"否定之否定规律"在整个斯大林时代，被作为黑格尔主义残留在马克思那里的遗物而遭到拒斥，苏共二十大之后才再次"恢复名誉"。
③ 同上书，382页。
④ 同上书，546页。
⑤ 同上书，593页。

自然科学方法毕竟是从形式逻辑上规定方向的，在无视历史对自然科学对象的中介作用这个意义上，它是非辩证法的。

马克思在《资本论》中，论及科学中的研究方法和叙述方法的关系问题时，明确地说："当然，在形式上，叙述方法与研究方法不同。研究必须充分地占有资料，分析各种发展形式，探寻这些形式的内在联系。只有这项工作完成以后，现实的运动才能适当地叙述出来。这一点一旦做到，材料的生命一旦观念地反映出来，呈现在我们面前的就好像是一个先验的结构了。"①

可是，在人所创造的社会史之类的对象中，研究方法和叙述方法即使有种种形式上的不同，实质上依然是相互吻合的。与此相反，脱离人的一切实践去对自然进行解释，这从根本上讲，只能是对自然的漠视。

恩格斯早期在《政治经济学批判大纲》中，不得不批判18世纪的唯物主义"只是把自然当做一种绝对的东西来代替基督教的上帝并把它和人类对立起来"②。可是他自己晚年的哲学也免不了要遭到同样的批判。这种自然观愈是使自然脱离人的生动的实践，就愈是受到《关于费尔巴哈的提纲》的批判。在恩格斯那里，自然和人不是被首要意义的历史的实践结合起来的，人作为自然过程的进化产物，不过是自然过程的受动的反射镜，而不是作为生产力出现的。如果唯物主义的自然观只是像他在关于费尔巴哈的论文中所说的那样，无非是"对自然界本来面目的朴素的了解，不附加任何外来的成分"③，那和马克思的立场相比，意味着倒退成素朴的实在论④。如果说到感性的一般世界，马克思不仅认为从本原上给予的东西同被实践中介了的"来自外部的附加物"是不可分割的，而且他更进一步意识到：只有在把一切中介性的有用劳动除外的情况下，才能讲到"不借人力而天然存在"⑤ 的特殊商品体的"物质的基质"。

恩格斯甚至把外部的现实僵化为只是"事物"的总和，他在给

---

① 《马克思恩格斯全集》第23卷，23～24页，北京，人民出版社，1972。

② 《马克思恩格斯全集》第1卷，597页，北京，人民出版社，1956。

③ 《马克思恩格斯全集》第20卷，539页，北京，人民出版社，1971。

④ 因此，在恩格斯那里，把自然严格地限定为黑格尔意义上的"未经把握"的东西。黑格尔说，"所谓概念地把握某对象"，"是用有条件的以及被中介的事物的形式去把握它，因而在这对象是真理的、无限的、无条件的东西时，使之转化为一个有条件的以及被中介的东西。在这样的方式下，不是在思维上把握住真理，代之以的反而是不真实的东西。"（《小逻辑》，第62节）

⑤ 《马克思恩格斯全集》第23卷，56页，北京，人民出版社，1972。

C. 施密特的信中，特别试图阐述唯心主义的辩证法和唯物主义的辩证法之间的差异："黑格尔的辩证法之所以是颠倒的，是因为辩证法在黑格尔看来应当是'思想的自我发展'，因而事物的辩证法只是它的反光。而实际上，我们头脑中的辩证法只是自然界和人类社会中进行的、并服从于辩证形式的现实发展的反映。"①

第一，恩格斯在这里把"自然的世界和人类历史的世界"看作两个割裂的领域时，一开始就妨碍他达到"事物的辩证法"；第二，思维的运动在马克思那里决不只是对事物的单纯的反映。在马克思看来，把意识内部建立的关系不加批判地二重化，完全具有意识形态的性质。进行反映的意识同时是人的"实践批判"活动的一个要素，其原因正如本书第三章所述。思想作为现实的本质之组成部分，总是潜入被思想所反映的现实。在马克思看来，担负着文化内容的客观的经济辩证法，它本身已经包含着活动主体的精神。

在马克思那里，自然和历史难分难解地相互交织着；相反，恩格斯把二者看成是唯物辩证法的方法的两个不同的"适用领域"，把辩证法的各个要素从具体的历史内容中分离出来，完全紧缩成首先来自《自然辩证法》的三个与实在相对立的被实体化了的"根本规律"，于是辩证法成为在马克思那里所决没有的东西，即世界观、解释世界的积极原则。

在上一节我们已明确说过，恩格斯一方面确认"物质本身"不过是一种抽象的存在，实际上只存在着物质的特定的存在形式；另一方面，他认为，物质之所以能解释宇宙进化的问题，不在于它的规定性，而在于它是作为世界的最高原则出现的。因此，恩格斯的自然概念归根结底仍然是本体论的，一般说来，它甚至是天主教的解释，天主教就倾向于认为辩证唯物主义是本体论。但在马克思与恩格斯的特殊差异上去认真研究马克思的时候，不能认为马克思的主张也是如此。雅柯夫·霍梅斯在他的《技术的爱欲》中，把马克思的唯物主义说得一钱不值，不也就是用辩证法再度贬低马克思在认识论中的实在论立场吗？这归根到底是对马克思把主体的要素从德国唯心主义那里引进自己理论加以非难，即是对变革的实践加以非难。当霍梅斯说，在马克思看来反映在人的意识里的现实的事物"决不再"表述"离开人而存在的自然本身"②，这时候霍梅斯是完全正确

① 《马克思恩格斯全集》第38卷，203页，北京，人民出版社，1972。
② 雅柯夫·霍梅斯：《技术的爱欲》，80页，弗赖堡，1955。

的。在马克思看来，尽管对象并不是由人的理论活动所规定的，但是，客观世界却失去了造物的性质，它最终只是体现了人的行动。

恩格斯解释自然的"本体论的"特征，也是从前面所引用的形而上学命题中直接产生的。正如上一节论及自然科学时所试图指出的那样，这些命题绝不是由"本原的"问题所产生的，而是被各个历史、社会中介的。

这样，同恩格斯的世界的统一性在于其物质性的命题相反，首先，关于世界的统一性问题应该说是属于唯心主义哲学的。在康德那里，自我意识的形式统一奠定了对现象世界的统一意识。黑格尔的辩证法克服了康德哲学的认识形式与认识素材的僵死对立的特征，从而更接近被康德作为根本前提的东西，即社会劳动的组织作用使自然为劳动过程服务，达到事实上的统一，达到和精神的同一，成为单纯的"支配的基质"。在康德以后的唯心主义哲学中，精神不是被归结为个体的自我，而成为一个普遍的主观，这证明了社会劳动的合理的、组织化的性质。① 例如，在《资本论》中把再生产自己的总体叫作"总体工人"②，个体的劳动对它来说，是作为这总体工人的简单的器官出现的，这一点就在马克思那里，再现了这种超个人的主观观念，他把社会生产看成是抽象的、唯心主义的关于生产的真理。

使世界统一的概念得以形成的，是对现实的支配，而不是像恩格斯认为的是"哲学和自然科学的长期的和持续的发展"③ ——当然也谈不上它是如何构成前者的——从而关于世界的物质性一说，绝不具有积极的意义，它只不过素朴地表明自然界所与的总体之物质性质。"存在"总是已经"在加工和支配的观点下被直观的"④。

---

① 关于这点，参见阿多诺：《黑格尔哲学》(1957)。其中这样说："当世界构成一个体系时，世界的确是通过社会劳动所形成的普遍性来成为体系的。"

② 《马克思恩格斯全集》第23卷，556页，北京，人民出版社，1972。

③ 《马克思恩格斯全集》第20卷，48页，北京，人民出版社，1971。

④ 霍克海默、阿多诺：《启蒙的辩证法》。海德格尔在关于人道主义的信中，与那些"过于低劣的驳斥"相反，他为马克思辩护说：马克思的唯物主义不是在所谓"一切事物仅仅是物质的"那种赤裸裸的命题之内，"毋宁是在一切存在物作为劳动的材料呈现出来这个形而上学的命题之内"。在他指出这点时，他忽视了这里的问题并不是简单的二者择一。马克思以前的唯物主义和历史唯物主义的关系是复杂的。马克思的唯物主义不只是替代了以往的唯物主义，同时也是唯物主义批判的自我反省，这是因为：所谓"一切事物仅仅是物质的"命题，究极地分析起来，意味着一切事物对于各时起支配作用的实践来说仅仅是材料。引自 M. 海德格尔：《柏拉图的真理论》，87～88页，波恩，1954。

倘若说到一切自然存在的时空性这一命题，的确，说不能设想没有事物的空间和时间，这是对的，反过来也一样。在马克思看来，自然也只有通过社会劳动的各种形式才显现出来。在这点上，杜克海姆学派想超过马克思，这虽然很困难，但它试图证明空间和时间也和认识的最高形式的各种条件一样，都是社会的产物。

关于作为物质存在形式的运动的命题也同样。辩证唯物主义和一切唯物主义一样，也承认外界自然的诸规律和诸运动形式不依赖于意识而存在。但是，它自身只有在成为为我之物的时候，即在自然组合进入与社会的目的中去的时候，才成为重要的。

恩格斯也想在纯粹客观的辩证法意义上，解释人类史前的和外在的自然领域，这种尝试正如某些批判家们所反复指出的，事实上不能不转而使辩证法和唯物主义互不相容。如果把物质作为在其自身中具有辩证法结构的东西来叙述，它就不再是精密的自然科学意义上的自然，但正是这种意义上的自然，被恩格斯和他在苏联的追随者们看成是能支持自己观点的支柱。

围绕布洛赫哲学的争论表明：离开人的思维活动和生产可以独立实现的自然辩证法观点，必然转向对"自然主体"的泛神论、物活论的理解，随之也就放弃了唯物主义的立场。

对恩格斯来说，质、量、度、连续、分离等自然辩证法的基本范畴，都是从黑格尔的《逻辑学》第一部，即"有的逻辑学"借用来的。而黑格尔在《哲学入门》一书之中，也的确富有特征地把这部分仍然叫作"本体论的逻辑学"，因为所谓"前主观"的辩证法由此才是可能的，它在事物的发展中，使"有的逻辑学"通过"本质"的逻辑学，最后通过"概念"的逻辑学的中介得到证明，使自然转化为精神，使客观性总体地转化为主观性。然而，这一些当然要被恩格斯的唯物主义所拒绝。①

如果像马克思一样，不再把自我实现的绝对概念作为矛盾的推动力，而只剩下受历史制约着的人作为精神的承担者，那么也就谈不上什么不依赖于人的自然辩证法，因为自然界不存在辩证法中最本质的一切要素。在对马克思的研究中，卢卡奇在《历史和阶级意识》中最早指出了这一点。他说："恩格斯对辩证法的阐述中所产生的误解，本质上根源于恩格斯——追随黑格尔这坏的先例——把辩

---

① 关于这点并参见赫伯特·马库塞的《评黑格尔逻辑学与其唯物主义的关系》，载《苏联马克思主义》，143 页。

证法的方法也扩大到对自然界的认识中去。归根到底，辩证法的各根本规定，例如主观与客观的相互作用、理论与实践的统一、现实中的历史变化作为构成思维变化的基础范畴等，在对自然界的认识中并不存在。"①

先于人类社会的自然界只导致外部各要素相互间的两极性与对立，充其量只导致相互作用，而没有达致辩证法的矛盾。和霍尔巴赫一样，恩格斯的"自然体系"也只是相互作用的体系。"相互作用是我们从现代自然科学的观点考察整个运动着的物质时首先遇到的东西。"②

但是相互作用的范畴像黑格尔所说的那样，站在"所谓概念的门槛上"，即站在因果关系的机械思维和辩证法的概念思维之间。恩格斯的辩证法概念，同自然本身的前辩证法的性质相对应，是一种独特的东西，它动摇于古典力学和黑格尔、马克思严格意义上的辩证法之间。

由于在自然本身中只能见到辩证法的萌芽，所以，超出旧机械唯物主义的辩证法要素，在恩格斯那里完全不能得到它的地位。恩格斯在认识论中所主张的自然的运动规律，究竟是机械的或本来就是辩证法的，这问题对于在认识论自身中非辩证法的赤裸裸的客观主义来说，显然已是第二位的问题了。

在这里，对恩格斯的自然观提出批判性的看法，并不意味着应该否认自然辩证法的概念，而是说理应证明这种观点：马克思的理论本身就已经包含着自然辩证法，恩格斯则应补充完善之。在马克思看来，一切自然存在总是已经从经济上加过工的，从而是被把握了的自然存在，这时，这存在的结构是辩证法的还是非辩证法的问题，在马克思看来，是"离开了实践……纯粹经院哲学的问题"③。无论在哲学上还是在自然科学上，自然的概念都不能脱离社会实践对自然的作用。马克思虽然也时常把物质概念和自然概念并列起来使用，但他的理论具有"实践的"特征，其必然结果，首先不是从思辨的或物理的角度去规定归属于物质概念的现实，而确实是从经济唯物主义的角度去规定现实。例如《哥达纲领批判》把自然作为"一切劳动资料和劳动对象的第一源泉"来谈论，《资本论》把自然作为"不变资本的物质存在形式"④、作为活劳动即人和归属于人的

---

① 卢卡奇：《历史和阶级意识》，载《马克思主义辩证法的研究》，17 页，柏林，1923。
② 《马克思恩格斯全集》第 20 卷，574 页，北京，人民出版社，1971。
③ 《关于费尔巴哈的提纲》，第 3 条。
④ 《马克思恩格斯全集》第 24 卷，159 页，北京，人民出版社，1972。

生产资料所施与的对象来看待。

　　由于自然产生出作为意识活动之主体的人，自然才成为辩证法的，人作为"自然力"① 是和自然本身对立的。劳动资料和劳动对象在人那里相互发生关系，自然是劳动的主体——客体。由于人逐渐地消除外部自然界的疏远性和外在性，使之和人自身相作用，为自己而有目的地改造它，自然辩证法才存在于人变革自然的活动中——因为人对于自然的关系是以人们之间的相互关系为前提的，所以劳动过程作为自然过程，它的辩证法把自己扩展成为一般人类史的辩证法。

　　　　　　　　　　　（欧力同　吴仲昉 译　赵鑫珊 校）

---

① 《马克思恩格斯全集》第 23 卷，202 页，北京，人民出版社，1972。

萨特

让－保罗·萨特（Jean－Paul Sartre，1905—1980），法国著名哲学家。1905 年 6 月 21 日出生于法国巴黎一个海军军官的家庭，满周岁不久即丧父，后同母亲一起回到外祖父家生活。3 岁因右眼患病并最终失明，但天资聪颖的他在身为语言学教授的外祖父的熏陶下，童年时代便饱读世界名著。1915 年 10 岁的萨特进入亨利四世学校读六年级，后因母亲改嫁而随继父迁至法国港口城市罗舍尔，1920 年又回到亨利四世学校。1924 年成绩优异的萨特被巴黎高等师范学校录取，专业为哲学。巴黎高等师范学校被誉为近代法兰西思想家的摇篮，是柏格森、丹纳和罗曼·罗兰的母校。萨特在这所学校里不仅学习知识，还结交了后来成为法兰西思想界风云人物的让－伊波利特、列维－施特劳斯等人。1928 年毕业时，萨特在中学哲学教师学衔会考中意外失利，后来他再次参加会考，这次他不仅考分名列前茅，而且还在会考中结识了后来成为他这一生亲密而忠实的伴侣西蒙娜·德·波伏娃。短期服役后，萨特于 1931～1933 年任教于外省勒弗尔中学，后经朋友介绍又赴德国柏林法兰西学院进修一年，研究胡塞尔和海德格尔。在第二次世界大战爆发后，原本远离政治的萨特热烈地投身于现实之中，他应召入伍并于 1940 年在前线被俘，1941 年获释后，他回到巴黎以写作的方式继续参与反法西斯斗争。在这段时期，他不仅发表了许多作品，而且还同左派知识分子梅洛－庞蒂、波伏娃等人成立了名为"社会主义和自由"的团体。"二战"结束后，他们创办了《现代》杂志，这份杂志成为了存在主义的重要论坛。"二战"后萨特先是同共产党人关系密切，后因苏联的政治状况而同他们决裂，但是他并未放弃马克思主义和工人阶级，而是坚持他的"第三条道路"。萨特晚年一直活跃在法国和世界的政治、文化舞台上，他的成就和品质为他赢得了"20 世纪人类的良心"的美誉。1980 年 4 月 15 日萨特因患肺气肿去世，享年 75 岁。

　　萨特一生著述很多，在哲学和文学上都有相当高的成就。早年萨特在柏格森的引领下步入哲学殿堂，并且从柏格森那里获得了一个具有心理主义色彩的起点。同很多从心理主义出发的哲学家一样，他强调个人，强调偶然性和自由，这在萨特的 1938 年第一部长篇小说《恶心》中就有很多体现。后来萨特师从胡塞尔，又深受海德格尔的影响，决心将现象学同克尔凯郭尔的个人主义路线结合起来，形成了他风靡一时的现象学－存在主义，1943 年问世的《存在与虚无》是这座哲学大厦的奠基处。而经过了时事剧变之后，萨特对早年"绝对地一点也不懂"的马克思主义进行了深入的研究，并致力于存在主义同马克思主义的结合。1960 年出版的《辩证理性批判》代表了这方面研究的最高成果。总的说来，萨特的哲学是社会历史进程的理论面貌，萨特哲学体系的两座基石是现象学本体论和历史辩证法，其中一以贯之的是人的存在和人的自由主题，因此萨特哲学又被称为"人学"。

本书选取了《辩证理性批判》一书中的《马克思主义和存在主义》一文。该文是萨特"二战"后长期思考的哲学成果。布达佩斯事件之后萨特同共产党人的关系破裂并未使他放弃马克思主义，相反，他在该文中认为马克思主义是当代唯一不可超越的哲学，任何超越它的企图不是重复马克思早已说过的东西，就是回到马克思以前的哲学。萨特将自己的存在主义看作是寄生在马克思主义哲学上的思想体系，并且企图将自己原先在《存在与虚无》中建立起来的个体绝对自由原则注入社会性的因素。但是与此同时，萨特认为当代马克思主义停滞不前，其理论与实践分离的状况一方面将实践变成无原则的经验主义，一方面将理论变成僵死的教条。而正是在这样的情形下，存在主义成为了马克思主义的一块飞地，并且是接近现实的唯一的具体道路。

马克思主义和
存在主义[①]

哲学在某些人看来是一个同质性的领域：思维在其中诞生、死亡，体系在其中建成，然后在其中倒塌。另一些人把哲学看作我们随时可以自由采取的某种态度，还有一些人则把它看作文化中的一个确定的部分。在我们看来。哲学并不存在；不管人们以何种形式对它进行研究，这个科学的影子和人类的心腹谋士[②]只是一种三位一体的抽象。实际上有着几种哲学。或者确切地说——因为你再也不会同时找到一种活的哲学——在某些十分确定的情况下，一种哲学的构成是用来表达社会的总体运动；只要这种哲学还活着，它就是同时代人的文化领域。这个令人困惑的客体是同时以一些极其不同的样态出现的，并不断对这些样态进行统一。

① 选自《辩证理性批判》，合肥，安徽文艺出版社，1998。

② 原文为 eminence grise（灰衣主教），指法国红衣主教黎塞留的亲信约瑟夫神父（1577—1638）。

哲学首先是"上升的"阶级意识到自我的一种方式：这种意识可以是清晰的或模糊的，间接的或直接的；在穿袍贵族和商业资本主义的时代里，是由法学家、商人和银行家组成的资产阶级通过笛卡儿主义对自己的认识；150年之后，在工业化的初级阶段，由工厂主人、工程师和科学家组成的资产阶级在康德主义向它提出的博学者的形象中模糊地发现了自己。

但是，这面镜子要真正成为哲学的镜子，就应该显示为当代知识的整体化：哲学家遵照某些表达出上升阶级对自己的时代和世界采取的态度和方法的指导模式，对所有的知识进行统一。其后，当这种知识的各个部分逐一因启蒙运动的发展而被怀疑和否定之后，总体仍然是一种未分化的内容：这些被否定、几乎难以理解的知识在被一些原则联系在一起之后，反过来也把这些原则联系在一起。哲学客体在被归结为最简单的形式之后，在"客观精神"中仍将以指出一种无限任务的调节性理念的形式出现；这样，今天在我们这里谈论"康德的理念"，在德国人那里则谈论费希特的世界观。这是因为一种哲学在十分敏锐有力之时，绝不会表现为一种惰性物，不会表现为知识的已经终结的消极统一；它产生于社会运动，本身就是运动，并影响着未来；这种具体的整体化同时是把统一继续进行到底的抽象计划；在这一方面，哲学的特点是一种研究和解释的方法；它对自己和它未来发展的信心只会再现拥有它的阶级的自信心。任何哲学都是实践的，即使是起初表现为极度沉思性质的哲学也是如此；方法是一种社会的和政治的武器：那些伟大的笛卡儿主义者去世之后，他们分析和批判的理性主义却断续存在；产生于斗争的理性主义重新回到斗争之中，以便将它阐明；当资产阶级在暗中破坏旧制度的机构时，理性主义则在攻击企图为这些机构辩解的陈旧意义。[①] 然后，理性主义帮助了自由主义，并把一种学说赋予企图实现摧毁性行动的无产阶级。

这样，只要产生哲学、负载着哲学性并被哲学阐明的实践仍然生气勃勃，哲学就依然有效。但是，它发生了变化，失去了它的独特性和它原来的、时代性的内容，原因是它逐渐渗透到群众之中，以便在群众中，并通过群众成为一种集体的解放工具。这样，笛卡儿主义在18世纪以两种不可分离、相互补充的面貌出现：一方面，

---

① 以笛卡儿主义为例，"哲学"的作用仍然是否定的；它进行清除和摧毁，并通过封建制度的无限复杂和本位主义来隐约显示资产阶级所有制的抽象的普遍性。但在其他情况下，当社会的斗争具有其他形式的时候，理性的贡献就可能是肯定的。

它作为理性的理念和分析的方法，启发了霍尔巴赫、爱尔维修、狄德罗乃至卢梭，而人们认为反宗教的抨击文章和机械唯物主义都起源于笛卡儿主义；另一方面，它进入隐匿状态，并制约着第三等级的态度；在每个人中，普遍的和分析的理性以"自发"的形式隐藏起来并重新出现；这说明，被压迫者对压迫者的直接回答将是批判的。这种抽象的反抗要比法国大革命和武装起义早几年。但是，武装的、有领导的暴力将打倒已在理性中解体的特权。事情发展到如此地步，以致哲学精神超越了资产阶级的范围，渗透到民众之中。这是法国资产阶级自以为是普遍的阶级的时候：它的哲学的渗透使它能够掩盖开始使第三等级分裂的斗争，并为一切革命阶级找到共同语言和共同的行动。

如果哲学应该同时成为知识的整体化、方法、调节性的理念、进攻的武器和语言的共同体，如果这种"世界观"也是对那些被蛀蚀的社会进行加工的一种工具，如果一个人或一群人的这种特殊观念成为文化的本质，有时则成为整个阶级的本质，那么十分清楚，哲学创造的时代是罕见的。在 17 世纪后和 20 世纪之间，我看有三个时代可以称为著名的时代：笛卡儿和洛克的时代、康德和黑格尔的时代以及马克思的时代。这三种哲学依次成为任何特殊思想的土壤和任何文化的前景，只要它们表达的历史时代未被超越，它们就不会被超越。我常常看到，一种"反马克思主义的"论据只是马克思主义以前的一种观念的表面更新。对马克思主义的一种所谓的超越，在最坏的情况下是回到马克思主义以前的时代，在最好的情况下则是重新发现一种已包含在人们自以为超越的哲学中的思想。至于"修正主义"，它是显而易见的或是荒谬的；无须让一种活的哲学去重新适应世界的进程；它会通过千百种首创性的特殊探求，自己去适应世界的进程，因为它和社会的运动是一回事。那些自以为是自己先辈最忠实的代言人的人们，虽说有良好的愿望，但还是在改变他们只想重复的那些思想；那些方法在改变，因为人们把它们应用于一些新的客体。如果哲学的这种运动不再存在，就会出现下列两种情况中的一种：它或者已经死去，或者处于"危机之中"。在第一种情况下，不是要修复而是要抛弃一座已经毁坏的大厦；在第二种情况下，"哲学的危机"是一种社会危机的特殊表现，它的墨守成规是由使社会分裂的那些矛盾来决定的。因此，一些"专家"进行的一种所谓的"修正"只是一种空想的、无实际意义的故弄玄虚；这是历史的运动本身，这是人们在各方面和在人类活动的各个层次上的斗争，人类活动的各个层次将会释放出被囚禁的思想，并使它达到充分的发展。

那些追寻伟大的繁荣、担负着整理体系或用新的方法来征服还不大熟悉的领域的智者们使理论具有实际功能，他们像使用工具那样来使用这些功能，以便从事摧毁和建设；这些人不应被称作哲学家。他们开发这个领域，对它进行清查，在上面建造几幢楼房，甚至会在其中作某些局部的改变，但他们仍然从那些伟大死者的活思想中吸取养料。这种思想得到前进中的群众的支持，构成了他们的文化环境和他们的未来，决定了他们的研究乃至他们的"创造"的范围。我建议将与此有关的人们称为"观念学家"。既然我应该谈论存在主义，人们就会理解，我是把它看作一种意识形态；这是一种在知识的边缘寄生的体系，开始时反对知识，现在却企图同知识融为一体。为了使大家更清楚地理解它现在的雄心和它的功能，就要向后倒退，回到克尔凯郭尔的时代。

哲学上规模最大的整体化是黑格尔的学说。知识在他的学说中上升到最显要的地位：知识不仅对准外部的存在，而且把这种存在并入自身，并在自身中将它解体；精神不断具体化、异化和复原，它通过自己的历史而达到实在化。人被外在化，并消失在事物之中，但哲学家的绝对知识超越任何异化。这样，我们的分裂和成为我们不幸的矛盾是一些为了被超越而提出的契机，我们不仅仅是学者，看来我们是在精神上意识到自我的胜利之中被认识了；知识通过我们，在使我们解体之前给我们定位，我们在活着时便同最后的整体化融为一体：这样，一种悲惨的经验、一种导致死亡的痛苦的纯粹体验被一种体系作为应该通过中项的非常抽象的规定性，作为通向唯一真正具体的、抽象的过渡来吸收。

在黑格尔面前，克尔凯郭尔看来无足轻重，他确实不是一位哲学家；另外，他自己就曾拒绝这一称号。实际上，他是一个不想把自己封闭在这一体系中的基督教徒，他为了反对黑格尔的"理智主义"，就不断肯定实际体验的不可还原性和特殊性。正如让·瓦尔（Jean Wahl）指出的那样，一个黑格尔学说的信徒无疑会吸收这种浪漫的意识，并遇到"不幸的意识"，即已被超越、其主要特点已被认识的契机；但是，克尔凯郭尔否定的正是这种客观的知识：对他来说，对不幸的意识的超越仍然纯粹是口头的。存在的人不会被一个理念体系所吸收；不管人们对痛苦能说些什么和想些什么，它都避开了知识，因为它是在自己之中，为了它自己而被忍受的，因为知识仍然无力改变它。"哲学家建造一座理念的宫殿，却住在一所茅屋里。"当然，克尔凯郭尔想要捍卫的是宗教；黑格尔不希望基督教会被超越，但他通过这一点把基督教变成了人类存在的最崇高的契机，相反，克尔凯郭尔强调了神圣的超验性；在人和上帝之间，他设置了无限的距离，上帝的存在不能是一种客观知识的研究客体，面是一种主观信仰的对象。这种信仰有力量，被人自发地肯定，所以决不会归结为一种可以超越、可以分类的契机，决不会归结为一种认识。因此，他终于要求用特殊的纯主观性来反对本质的客观普遍性，用现时生活严格的和狂热的不妥协性来反对任何现实的平静中介，用不顾公愤而固执地表现自己的信仰来反对科学的明显性。他到处寻找武器，以便逃避可怕的"中介"；他在自身之中发现了对立、犹豫不决和不能被超越的模棱两可：悖论、含糊不清、断断续续、两难推理等。在所有这些分裂中，黑格尔也许只会看到正在形成或正在发展的矛盾；但是克尔凯郭尔指责他的正是这一点：在意识到它们之前，那位耶拿大学的哲学家准会把它们看作断章取义的理念。实际上，主观的生命由于是被体验的，所以永远不能成为一种知识的客体；它基本上不能被认识，教徒和超验性的关系不能用超越的形式来理解。这种自以为在反对任何狭隘的和无限深邃的哲学中表现出来的内在性，这种在言语之外作为每个人在他人和上帝面前进行的个人冒险而被重新发现的主观性，就是克尔凯郭尔所说的存在。

大家看到，克尔凯郭尔和黑格尔是不可分离的，这种对任何体系的粗暴否定，只能在一个完全由黑格尔学说控制的文化场域中产生。那个丹麦人感到自己被概念和历史弄得走投无路，就要捍卫自己的生命，这是基督教浪漫主义对信仰的理性主义人道化作出的反应。以主观主义的名义来抛弃这个事业则显得太轻而易举了。如果重新处在那个时代的范围之中，那就必须指出，克尔凯郭尔反对黑格尔是有道理的，就像黑格尔反对克尔凯郭尔是有道理的一样。黑格尔是有道理的：耶拿的哲学家不像丹麦的观念学者那样，坚持一些最终同空洞的主观性联系在一起的、一成不变的、贫乏的悖论，而是用自己的概念来对准真正的具体事物，而中介总是表现为一种充实。克尔凯郭尔是有道理的：人们的痛苦、需要、激情和辛劳是一些不能被知识超越和改变的原始实在；当然，他的宗教主观主义可以理所当然地被看作唯心主义的顶点，但同黑格尔相比，他向现实主义前进了一步，因为他首先坚持其某种实在的事物对思想的不可还原性和它的优先性。在我们这里，有一些心理学家和精神病科医生①把我们内心生活的某些演变看作是它对自己作用的结果。从这个意义上说，克尔凯郭尔的存在是我们内心生命的作用——被战胜和不断产生的反抗、不断更新的努力、被克服的绝望、暂时的失败和暂时的胜利——因为这种作用直接同理智的认识相对立。齐克果也许是第一个在反对黑格尔时依靠黑格尔而提出实在的事物和知识的不可通约性。这种不可通约性的根源可能是一种保守的非理性主义，同样，这也是人们可以用来理解这位观念学者的方式之一。但是，它也可以被理解为绝对唯心主义的死亡：并非是理念改变了人，光有了解一种激情的原因还不足以使它消除，还必须去体验它，用其他激情同它进行对照，顽强地同它进行斗争，总之，是对自己产生作用。

令人惊讶的是马克思主义者也同样地指责黑格尔，尽管是出于一种完全不同的角度。确实，在马克思看来，黑格尔把对象化和异化混淆起来，前者是人在宇宙中简单的外在化，后者则使他的外在化转而反对人。如果就其本身来理解——马克思曾多次强调指出这一点——对象化将是一种充分的发展，它将使不断产生自己的生命并在改变自然的过程中改变自己的人能够"在他创造的一个世界中凝视自己"。任何辩证的魔术都不能从中变出异化，因为这不是一种概念的游戏，而是真正的历史："人们在自己生活的社会生产中发生一定的、必然的、不以他们的意志为转变的关系，即同他们的物质生产力的一定发展阶段相适合的生产关系。这些生产关系的总和构成社会的经济结构，即有法律的和政治的上层建筑竖立其上，并有一定的社会意识形式与之相适应的现实基础。"② 然而，在我们历史的现阶段，生产力同生产关系发生了冲突，创造性劳动被异化，人不能在自己的产品中看出自己的特点，他那艰难的劳动在他看来是一种敌对的力量。既然异化突然成为这种冲突的结果，这就是一种历史的、完全不能归结为理念的现实：要使人从中解放出来，要使他们的劳动成为他们自己的纯粹对象化，光有"意识自省"是不够的，还要有物质的劳动和革命的实践。马克思写道："我们判断一个人不能以他对自己的看法为根据，同样，我们判断这样一个变革时代也不能以它的意识为根据。"③ 他在写这段话时，强调了行动（劳

---

① 参见拉加施（D. Lagache）：《哀悼的作用》。

② 参见《〈政治经济学批判〉序言》（1859）。

③ 同上。

动和社会实践）对知识的优先以及它们的异质性。他也肯定这种人类的事实不能归结为认识，这个事实应该体验自己和产生自己，只是他没有把这个事实同清教徒般的和被愚弄的小资产阶级空洞的主观性混为一谈：他把它变成哲学整体化的直接主题，他研究的中心是具体的人，这种人同时由他的需要、他生存的条件和他劳动的性质，即他反对事物和人的斗争的性质来确定。

这样，马克思反对克尔凯郭尔和反对黑格尔都是对的，并且他同前者一起肯定人类存在的特殊性，因为他同后者一起把具体的人放在他的客观现实中来研究。在这种情况下，用唯心主义来反对唯心主义的存在主义就失去任何用处，它在黑格尔学说没落之后没能继续存在，看来是十分自然的。

实际上，存在主义只是暂时隐没了；在反对马克思主义的全面斗争中，资产阶级思想依靠的是新康德主义者、康德本人和笛卡儿：资产阶级思想没有想到求救于克尔凯郭尔。这位丹麦人的著作在20世纪初重新出现时，有人肆无忌惮地攻击马克思主义辩证法，用一些多元论、模棱两可的东西、悖论来反对它，也就是说，当时资产阶级思想首次被迫转入守势。德国的存在主义在两次世界大战之间出现——至少在雅斯贝尔斯那儿是如此——当然，同一种让超验性复活的险恶愿望相适应。人们已经可以思考——让·瓦尔指出了这一点——齐克果把他的读者带到主观性的深处是否只有一个目的，就是让他们发现失去上帝的人的不幸。这个圈套非常像那个"伟大的孤独者"的做法，因为他否定人际的交流，而为了影响他的同类，他只看到"间接行动"这一方法。

雅斯贝尔斯开诚布公，他只是评论自己的老师，他的主要特点是在突出某些主题的同时掩盖另一些主题。例如，开始时超验性看来并不存在于这种思想之中，但实际上却经常在其中出现，他对我们说，要通过我们的失败来预感到超验性，这就是我们的失败的深刻含义。这种观念在克尔凯郭尔那儿已经存在，只是没有这样突出，因为这位基督教徒在一种启示宗教的范围内思考和生活。对启示保持缄默的雅斯贝尔斯——通过不连续、多元论和无能——把我们重新引到纯粹的和形式的主观性，这种主观性通过它的失败来发现自己和发现超验性。事实上，成功作为对象化，可以使人处于事物之中，并由此而迫使他超越自己。失败的中介完全适合于已部分抛弃基督教信仰，但对信仰仍依依不舍的小资产阶级，因为它已对自己的理性主义和实证主义的意识形态失去信心。克尔凯郭尔认为，任何胜利都是靠不住的，因为它会使人离开自我。卡夫卡在自己的《日记》中重新提出这一基督教的主题，人们可以在其中看到某种真理，因为在一个异化的世界中，个体的胜利者在自己的胜利中看不到自我的痕迹，原因是他已成为胜利的奴隶。但是，雅斯贝尔斯认为，重要的是从中得出一种主观的悲观主义，并使这种悲观主义达到一种不敢说出自己名称的神学的乐观主义。其实，超验性仍被掩盖，它只有通过自己的不在场才能被证实；人不能超越悲观主义，人如果留在不可克服的矛盾和总体分裂的层次上，就能预感到需要调和；对辩证法的这种指责，其目标已不再是黑格尔，而是马克思。这不再是拒绝知识，而是拒绝实践。克尔凯郭尔不想作为概念出现在黑格尔的体系中，雅斯贝尔斯不愿作为个人同马克思主义者创造的历史进行合作。克尔凯郭尔比黑格尔前进了一步，因为他肯定了实际经验的实在性，但雅斯贝尔斯在历史运动方面倒退了，因为他在抽象的主观性中避开实践的真正运动，这种主观性的唯一目的是达到某种内心的品质。① 这种倒退的意识形态在昨天还相当确切地表达了遭受过两次失败的德国的某种态度，以及欧洲资产阶级的某种态度，资产阶级想要用灵魂的高贵来为特权辩解，在美妙的主观性中避开自己的客观性，并迷恋于不可言喻的现在，结果看不到自己的未来。从哲学上来看，这只是一种残存的软弱而又阴险的思想，不会使人产生很大的兴趣。但是有另一种存在主义，这种存在主义是在马克思主义的边缘发展起来的，它不是为了反对马克思主义。我们主张的是这种存在主义，我将要谈的也是这种存在主义。

一种哲学通过它真正的存在来改变认知结构，产生一些观念，即使它在确定一个被剥削阶级的实际前景时，它也使统治阶级的文化极端化并改变这种文化。马克思写道，统治阶级的思想是占统治地位的思想。他显然是对的：1925年，当我20岁的时候，大学的讲台上不讲马克思主义，马克思主义派的学生在自己的论文中不敢运用马克思主义，甚至不敢提马克思主义的名称；否则就不能通过所有的考试。当时学校里对辩证法十分恐惧，所以我们连黑格尔也不知道。当然，学校允许我们读马克思的书，甚至建议我们去读："要驳倒他"就得了解他。但是，由于在传统上不教黑格尔，也没有马克思主义的教师，由于没有教学计划、缺乏思想工具，我们这一代

---

① 这种品质既是内在的（因为它通过我们被体验的主观性扩展开来），又是超验的（因为它处于我们能及的范围之外），雅斯贝尔斯称之为存在。

人同前几代人以及下一代人一样，都对历史唯物主义一无所知。[①]
相反，学校里向我们详细地传授亚里士多德逻辑学和数理逻辑。就
在这个时候，我读了《资本论》和《德意志意识形态》。我非常清楚
地理解了，但又一点也不理解。理解就是改变自己，就是走到自我
之处，但是这种阅读并没有改变我。与此相反，开始改变我的是马
克思主义的现实，是在我眼前工人群众的沉重存在，这个巨大而又
阴沉的队伍在体验和实行马克思主义，并在远处对小资产阶级知识
分子产生一种不可抗拒的吸引力。我们在书中阅读这种哲学时，它
在我们看来并没有任何特别之处。不久之前，一位神甫[②]写了一本
关于马克思的内容丰富而又十分有趣的著作，他在该书的前几页中
平静地宣称："研究（他的）思想可能同研究出另一位哲学家或另一
位社会学家的思想一样安全。"我们当时也是这样想的；只要这种思
想通过书写的词句出现在我们面前，形象就仍然是"客观的"；我们
心里想："这就是上世纪中叶居住在伦敦的一位德国知识分子的思
想。"但是，这种思想在表现为无产阶级真正的决心，成为这个阶级
的行为——对它来说和在自身之中——的深刻含义时，就在不知不
觉中不可抗拒地把我们吸引过去，使我们获得的整个文化都变了样。
我现在要重复这一点；当时使我们感到震惊的不是这种思想，也不
是工人的状况，对工人的状况我们有抽象的认识，但没有亲身的体
验。使我们震惊的是这两者联系在一起，如果用我们这些同唯心主
义决裂的唯心主义者的习惯用语来说，就是作为一种理念的体现和
载体的无产阶级。我认为，在此必须对马克思的话作一些补充：当
新生的阶级意识到自己时，这种意识就对远处的知识分子产生作用，
并使他们头脑里的想法分化瓦解。我们曾以"人生的悲剧性"[③]的
名义来否定官方的唯心主义。这个遥远的、看不见摸不到的，但有
意识并在行动的无产阶级向我们提供了证据——对我们中的许多人
来说，是以难以觉察的方式——证明所有的冲突都没有解决。我们
是在资产阶级人文主义的教育中长大的，但这种乐观的人文主义正
在分崩离析，因为我们已猜到，在我们城市周围存在着"意识到自

---

① 正因为如此，和我同龄的马克思主义知识分子（不管是不是共产党员）都是拙劣的辩
　　证学者：他们在不知不觉中回到了机械唯物主义。

② 卡韦（J. Y. Galvez）：《卡尔·马克思的思想》（*La Pensée de Karl Marx*），瑟伊出
　　版社，1956。

③ 这种说法由西班牙哲学家米格尔·德·乌纳穆诺（Miguel de Unamuno）提出而风行
　　一时。当然，这种悲剧性同我们时代的真正冲突没有丝毫共同之处。

己是次等人类的次等人"的巨大人群，但我们感觉到，这种分崩离析的方式仍然是唯心主义的和个人主义的。在那个时代，我们喜爱的那些作家对我们解释说，存在是一种丑事。然而，使我们感兴趣的却是从事自己的劳动、有着自己的艰辛的真正的人们；我们寻求一种能解释一切的哲学，却没有发现这种哲学已经存在，正是这种哲学使我们产生了这种要求。在当时，有一本书在我们中间很受欢迎：让·瓦尔的《走向具体》。不过，我们对这个"走向"感到失望：我们想要从完全的具体出发，我们想要到达绝对的具体。但是，我们喜欢这本书，因为它揭示了宇宙中的反常现象、模棱两可的事物和未解决的冲突，将了唯心主义一军。我们学会了用多元论（这个右翼的概念）来驳斥我们的教授乐观的和一元论的唯心主义，所用的名义是一种尚未被了解的左翼思想。我们热情地采用了一切把人分为封闭式的群体的学说。我们这些"小资产阶级的"民主人士拒绝接受种族主义，但我们倾向于认为"原始的精神状态"、儿童和疯子的世界对我们来说仍然是完全无法理解的。在大战和俄国革命的影响下，我们用暴力——当然只是在理论上——来反对那些教授的美梦。这是一种不良的暴力（侮辱、打骂、自杀、凶杀、无法挽回的事故），它有可能把我们引向法西斯主义；但是，在我们看来它有一个好处，就是突出了现实的矛盾。这样，马克思主义"成为世界的哲学"，把我们从依靠自己的过去而勉强生存的资产阶级的死亡的文化中拉了过来；我们摸索着走上了多元实在论的危险道路，这种实在论的目的是人和事物的"具体"存在。然而，我们仍处在"占统治地位的思想"的范围之内。对于我们想要了解其真实生活的人，我们当时还没有想到要把他首先看作产生他生活的条件的劳动者。长期以来，我们把整体和个体混为一谈；多元性——它曾在我们反对布兰斯维克（L. Brunschvicg）① 先生的唯心主义时帮了很大的忙——使我们不能理解辩证的整体化；我们喜欢描写一些实质和人为地孤立起来的类型，而不是重新构成一种"已经生成的"真理的综合运动。那些政治事件使我们把"阶级斗争"的模式作为一种方便的而不是可信的解码工具来使用。但是，看到这半个世纪的全部血腥历史以后，我们才使自己理解了它的现实性，才知道我们处在一个分裂的社会之中。是战争打破了我们思想的旧框框，是战争、德国占领的时期、抵抗运动以及其后的几年。我们希望和工人阶级

---

　① 布兰斯维克（1869—1944），法国批判唯心主义哲学家。

一起斗争，我们终于懂得，具体是历史的和辩证的运动。我们否定了多元实在论，却在法西斯分子那里重新看到了它，我们发现了世界。

那么，为什么"存在主义"保持了自己的独立性？为什么它没有在马克思主义中解体？

对于这个问题，卢卡奇已在《存在主义和马克思主义》这本小书中作了直接回答。在他看来，资产阶级知识分子不得不"抛弃唯心主义的方法，同时又维护它的成果和它的基础：这就是在帝国主义时期，在存在中和在资产阶级意识中（在唯物主义和唯心主义之间）'第三条道路'的历史必然性"。我将在后面指出这种概念化的先验愿望在马克思主义内部造成的破坏。我们在此只是指出，卢卡奇根本没有说出主要的事实：我们在当时同时相信，历史唯物主义对历史作出了唯一合理的解释，存在主义仍然是研究现实的唯一具体的方法。我现在不想否定这种态度的矛盾：我只是看到，卢卡奇甚至没有怀疑这种态度。然而，许多知识分子和大学生过去曾生活在这种双重要求的压力之中，现在仍生活在这种压力之中。这是什么原因呢？原因在于卢卡奇十分清楚，但在当时无法解释的一种情况：它像月球引潮那样把我们吸引之后，我们在改变了我们的所有想法之后，我们在自身之中清除了资产阶级思想的各个范畴之后，马克思主义把我们扔在一边；它不能满足我们理解的需要；在我们所处的特殊领域中，它再也没有任何新的东西可以传授给我们，因为它已经停止不前。

马克思主义已停止不前。正是因为这种哲学希望改变世界，因为它的目标是"哲学的变异—世界"，因为它的希望是实践的，所以在它之中发生了一种真正的分裂，把理论扔到一边，把实践扔到另一边。从被包围的、孤立的苏联进行工业化的巨大努力之时起，马克思主义就不能不受到这些新的斗争、实际的必然性以及几乎与此不可分离的错误的反作用。在这个收缩（对苏联来说）和低落（对革命的无产阶级来说）的阶段，意识形态本身从属于一种双重的要求：在社会主义的苏联的安全——也就是统一——和建设。具体的思想应该从实践中产生，并且回到实践中来阐明实践。它并不是盲目的和没有规则的，而是——像在所有科学技术中那样——以某种原则为基础。然而，党的那些领导人拼命使群体的整合达到极限的程度，他们害怕真理的自由变异及其包含的所有争论和冲突会打破战斗的统一；他们替自己保留了确定路线和解释事件的权利；此外，

西方学者卷·萨特

401

由于害怕研究会带来启示、会否定他们的某些指导思想并"削弱意识形态的斗争",他们就把学说置于研究所及的范围之外。理论和实践分离的结果,是把实践变成一种无原则的经验论,把理论变成一种纯粹的、固定不变的知识。另一方面,不想承认自己错误的官僚机构强行推行的计划化因此而变成一种对现实施行的暴力,由于一个国家未来的生产是在办公室里决定的,而且往往是在它的界域之外,所以这种暴力的补偿物是一种绝对的唯心主义。人们先验地使人和物从属于思想;经验在不能证实预测时就只能是错误的。布达佩斯的地铁在拉科西(M. Rakosi)的头脑中是实在的;如果布达佩斯的土地不能建造地铁,那么这土地就是反革命的。马克思主义作为对人和历史的哲学解释,必然反映计划化的偏见。这种关于唯心主义和暴力的固定印象对事实施行了一种唯心主义的暴力。多年来,马克思主义知识分子认为,他违背经验,忽视令人为难的细节,对资料作大量简化,尤其是在研究事件之前就把事件概念化,就是在为他的党服务。

我不想只谈那些共产党员,还要谈其他所有人——党的同情者、托洛茨基分子或托洛茨基的同情者,因为他们是由他们对共产党的同情或反对而造就的。11 月 4 日,当苏联第二次对匈牙利进行干预时,虽然每个群体都还没有掌握关于形势的任何情况,但每个群体的决定已经作出:这是俄国的官僚机构对民主的工人委员会的侵略,是群众对官僚体制的反抗或被苏联有节制地镇压下去的反革命图谋。后来传来了消息,许多消息,但我没有听说有哪一个马克思主义者改变了看法。在我刚才引述的那些解释中,有一种解释揭示了这个方法,即把匈牙利的事情说成是"苏联对民主的工人委员会的侵略"[①] 的方法。不言而喻,工人委员会是一种民主的机构,人们甚至可以认为,它们包含着社会主义社会的未来。但是,尽管如此,在苏联第一次干预时,它们在匈牙利并不存在;而它们出现在起义时又过于短暂、过于含糊,不能被人们说成是有组织的民主。这没有关系。工人委员会出现过,苏联的干预发生过。从这点出发,马克思主义唯心主义同时采取两个行动:概念化和走极端。人们把经验论的概念提高到完美的程度,使萌芽状态达到充分的发展;同时,人们拒不接受经验的模糊资料;这些资料只能使人误入歧途。因此,人们将遇到柏拉图两个理念的典型矛盾:一方面,苏联犹豫不决的

---

① 这种说法得到过去的托洛茨基分子的支持。

政策让位于"苏联官僚主义"这个实体的严密的和不可预料的行动；另一方面，工人委员会在另一个实体"直接民主"面前消失。我将把这两个客体称为"一般的特殊性"：它们让人认为是特殊的和历史的实在，而人们只须把它们看作抽象关系和普遍关系的纯粹形式统一。人们在将真正的权力赋予它们时就完成了偶像化：工人委员会的民主包含着对用粉碎自己的敌人来作出反应的官僚机构的绝对否定。然而，人们不能怀疑，生气勃勃的马克思主义的理论多产来自它对待经验的方式。马克思相信，事实从来不是孤立地出现的，如果它们是一起产生的，那么它们总是在一个整体的高级统一之中，通过一些内部关系联系在一起，一个事实的存在会改变另一个事实的深刻本质，所以他用综合的方法来研究 1848 年的二月革命或路易·拿破仑·波拿巴的政变；他在其中看到了一些同时由它们的内部矛盾撕裂和产生的整体。物理学家的假设在被实验证明之前，可能也是对经验的一种解码：它否定经验论，只是因为经验论是哑巴。

但是，这个假设的构成模式有着普遍化的作用；它没有整体化的作用：它确定一种关系、一种功能，而不是一个具体的整体。马克思主义者用有普遍化作用和进行整体化的模式来研究历史过程。当然，整体化不是盲目地完成的；理论确定了展望和制约的次序，并在一个演变中的总体系的范围内研究某个特殊过程。但是，在马克思的著作中，这种展望都不想阻止对作为特殊整体的过程进行评价，或把这种评价变成无用的东西。例如，他在研究 1848 年的共和国短暂而悲惨的历史时，并不只是——就像有人在今天会做的那样——宣布共和派的小资产阶级背叛了它的同盟者无产阶级。相反，他试图在细节中和整体中来描绘这个悲剧。他使轶事性的事实从属于（一个运动、一种态度的）整体，因为他想通过这些事实发现这个整体。换句话说，他对每个事件所赋予的，除了它的特殊意义之外，还有一种启示作用：既然指导调查的原则是寻找综合的整体，那么，每个事实一旦被确定，就要作为一个整体的部分被观察和解码；人们在它的基础上，通过对它的缺陷和它的"超意义"的研究来确定作为假设的整体，而它又在整体中重新看到自己的实在。因此，活的马克思主义是具有启发性的：同它的具体研究相比，它的原则和它以前的知识显现为调节性的。在马克思那儿，永远找不到实体：那些整体（例如在《路易·波拿巴的雾月十八日》中的"小资产阶级"）是活的；它们在研究的范围内通过它们自己来自我确定。否则，人们就无法理解马克思主义者对形势的"分析"的重视

（在今天仍然如此）。不言而喻，这种分析是不够的，它仅是综合重建的努力的第一个契机。但是，这种分析看来对整体往后的重建也是必不可少的。

然而，马克思主义的唯意志论喜欢谈论分析，把这种行动归结为一种简单的仪式。要丰富知识和开明行动，不再需要根据总体上的马克思主义来研究事实。分析只是在于清除细节、歪曲某些事件的意义、改变一些事实的性质，或者甚至编造一些事实，以便从中找出作为它们实质的那些固定不变的和偶像化的"综合概念"。马克思主义的开放概念封闭了起来；它们不再是钥匙或解释性的模式：它们作为已被整体化的知识为它们自己而提了出来。用康德的话来说，马克思主义把这些特殊化和偶像化的类型变成经验的一些构成性概念。这些典型的概念的真实内容总是属于过去的知识；但是，当代马克思主义者却把它变成一种永恒的知识。在分析时，其唯一开心的事是"放置"这些实体。他越是相信这些实体先验地表示真理，取得证据就越是容易：凯尔斯坦修正案、"自由欧洲电台"的号召和一些传闻，足以使法国共产党员把"世界帝国主义"这个实体"放置"在匈牙利事件的根源上。整体化的研究让位给整体的一种经院哲学。"通过部分来寻找整体"这种启发性原则变成了"清除特殊性"的恐怖主义实践。[①] 卢卡奇——经常违背历史的卢卡奇——在1956年找到这种固定不变的马克思主义的最佳定义并非偶然。20年的实践使他具有一切必要的权威。可以把这种伪哲学称为唯意志论的唯心主义。

今天，社会的和历史的经验落到知识的外面。资产阶级的概念几乎没有更新，并很快失去影响；那些仍然存在的概念缺乏基础：美国社会学的实际成果并不能掩盖它在理论上的游移不定；开始时令人震惊的精神分析法也已凝固不变。知识的分支数目众多，但缺乏基础。马克思主义有一些理论基础，它包括了人类的整个活动，但它不再知道任何东西：它的概念是一些强制；它的目的不再是获取知识，而是先验地构成为绝对知识。面对这种双重的无知，存在主义得以再生并保存下来，因为它重新肯定人的实在性，就像克尔凯郭尔在反对黑格尔时肯定他自己的实在性一样。只是这个丹麦人拒不接受黑格尔对人权及对现实的观念。相反，存在主义和马克思主义的目标是同一个，但后者把人吸收在理念之中，前者则在他所

---

① 这种精神上的恐怖在一段时间里同对个人的"肉体上的清除"相对应。

在的所有地方，即在他工作的地方、在他家里、在街上寻找他。当然，我们并不认为——就像克尔凯郭尔认为的那样——这个实在的人是不可认识的。我们只是说他未被认识。如果说他暂时避开了认识，那是因为我们所拥有的用来理解他的概念，都是从右翼唯心主义或左翼唯心主义那儿借来的。对这两种唯心主义，我们决不会混为一谈：第一种因其概念的内容而得名，第二种因在今天对自己概念的使用而得名。同样确实的是，马克思主义在群众中的实践没有反映或很少反映理论的僵化。但是，正是革命行动和论辩式的经院哲学的冲突，在社会主义国家中和资产阶级国家中阻碍了共产党人清楚地意识到自己：我们时代最显著的特点之一是历史在形成时并不了解自己。有人也许会说，这在过去一向如此：在 19 世纪下半叶之前确实如此，总之，是在马克思之前。但是，马克思主义的力量和宝贵之处，在于它曾是整体性阐述历史过程的最激进的尝试。相反，20 年来，它的影子一直使历史处于阴暗之中：这是因为它不再和历史生活在一起，而是企图用官僚主义的保守主义把变化归结为同一。

然而，我们必须统一一下看法：这种僵化并不是正常的老化。它是由一种特殊的世界形势产生的；马克思主义非但没有衰竭，而且还十分年轻，几乎是处于童年时代：它才刚刚开始发展。因此，它仍然是我们时代的哲学：它是不可超越的，因为产生它的情势还没有被超越。我们的思想不管怎样，都只能在这种土壤上形成；它们必然处于这种土壤为它们提供的范围之内，或是在空虚中消失或衰退。存在主义像马克思主义那样研究经验，以便从中发现一些具体的综合；它只有在一种运动的和辩证的整体化内部才能想象出这些综合，而这种整体化正是历史，或者——从纯文化的角度来看——正是"哲学—的—变异—世界"。在我们看来，真理在变化，它已经和将要变化。这是一种不断进行整体化的整体化；特殊的事实没有任何意义，它们只要还未通过各个部分整体的中介就被带回到正在进行的整体化之中，就既不是真的也不是假的。让我们再深入一步。加罗迪（R. Garaudy）① 写道（1955 年 5 月 17 日《人道报》）："今天，马克思主义实际上形成了一个坐标系统，只有这个系统才能对从政治经济学到伦理学、从历史学到地理学的任何一个领域中的任一种思想进行定位和定性。"当他在写这段话时，我们同他

---

① 加罗迪（1913— ），法国大学教授、政治家，曾任法共中央委员、政治局委员。他发表了许多著作，论述马克思主义的各种问题。——译注

的意见一致。但如果他把自己的论述扩展到——不过这不是他论述的题目——个人和群众的行动、著作、生活和工作的方式、感情、一个机构或一种性格的特殊演变上来，我们仍然同意他的意见。再进一步说，我们也同恩格斯的意见完全一致，他在那封为普列汉诺夫提供向伯恩斯坦进行一次出色进攻机会的信中写道："所以，这并不像某些人为着简便起见而设想的那样，是经济状况在自动发生作用，而是人们自己创造着自己的历史，但他们是在制约着他们的一定环境中，是在既有的现实关系的基础上进行创造的。在这些现实关系中，尽管其他的条件——政治的和思想的——对于经济条件有很大的影响，但经济条件归根到底具有决定意义，它构成一条贯穿于全部发展进程和唯一能使我们理解这个发展进程的红线。"人们已经知道，我们并不认为经济条件只是社会的一个不变的静态结构：是它们的矛盾构成了历史的动力。可笑的是卢卡奇在我所引述的那部著作中认为自己和我们不同，并重提马克思主义对唯物主义所下的定义："存在先于意识"，而存在主义——其名称相当清楚地指出了这点——把这种领先变成一种由原则肯定的客体。

（林骧华　徐和瑾　陈伟丰 译）

梅洛—庞蒂

梅洛—庞蒂（M. Merleau-Ponty，1908—1961），当代法国重要的思想家。第一次世界大战期间由于父亲去世随母亲前往巴黎。1926 年考入巴黎高等师范学校。1931 年通过哲学教师资格考试，然后入伍，接着在德国学习。随后任教于波菲和查特的中学。1939 年再次服兵役。1941 年参加了萨特等人组织的反法西斯组织"社会主义和自由"。1945 年与萨特一起创建《现代》杂志并任政治编辑。"二战"后梅洛—庞蒂先后任里昂大学和巴黎大学教授。1952 年当选为法兰西学院哲学教授。1961 年在写作《可见的与不可见的》一书时突然去世。

梅洛—庞蒂的主要著作有：《行为结构》（1942）、《知觉现象学》（1945）、《人道主义和恐怖》（1947）、

《意义和无意义论文集》（1948）、《哲学赞词》（1953）、《辩证法的历险》（1955）、《符号》（1960）、《可见的与不可见的》（1963）。

梅洛—庞蒂和萨特一样是法国现象学运动的先驱，他被保罗·利科称为"法国最伟大的现象学家"。梅洛—庞蒂的思想受到胡塞尔的强烈影响，他的著作显示出将现象学和存在主义结合在一起的倾向。他将经验主义和理性主义看作西方哲学的两大基本走向，二者都继承了笛卡儿传统，将真理视为确定之物，并且割裂了主体与客体、内在性与超越性的关系。梅洛—庞蒂试图通过重新构造主体与客体、自我与世界的方式实现对于二者的超越。《感知现象学》就体现了这一点。梅洛—庞蒂认为，事物不是强加给意识的外在物，也不是在我们的意识中被建构起来的，而是通过主体—客体辩证法被揭示出来。梅洛—庞蒂强调生活着和存在着的身体的重要意义，认为它并非像大多数人认为的那样只是被动地受思想控制的客体，而是"身体—主体"。梅洛—庞蒂强调知觉的原初性，其指向世界本身的意义远甚于对外界的"反映"，而这种意义的实现与身体对于世界的揭示紧密相连。与许多现象学家不同的是，梅洛—庞蒂承认世界之超越于人的意识之外的实在性。

尽管梅洛—庞蒂对于历史的看法（即历史中并没有唯一决定性的因素，而是多元的和充满偶然性的）与历史唯物主义有着重大差别，但他还是同情马克思主义，试图将存在主义和马克思主义结合在一起。他将能动性和人道主义作为二者结合的基础，希望以此来重新阐释马克思主义。

本书选取了《符号》一书的《前言》部分。在这一文本中，梅洛—庞蒂批判了对于马克思主义的教条态度。"二战"后，西方世界弥漫着一种虚无主义气氛，人们普遍将哲学与政治分离开来。此时许多自称为马克思主义者的思想家起而反对这种趋势，但梅洛—庞蒂指出，这些思想家的致命弱点是，他们一方面无法明确指出自己的哪些观点是马克思主义的，或者为什么他们在某些观点上是马克思主义者，另一方面又往往违背马克思主义，试图用一种与马克思主义无关的体系取而代之。在梅洛—庞蒂看来，这一问题之所以发生，与他们对马克思主义本身的理解有关：他们认识到在当代背景下所进行的以马克思主义为原则的哲学与政治的结合已经破裂，但却又将这种结合推向未来的世界或想象。梅洛—庞蒂认为，如果哲学与政治的分离被视为源自哲学本身的错误，那么这将是一种不成功的分离。就马克思主义而言，其原则是不实现哲学就不可能破坏哲学，这与仅仅破坏哲学的斯大林主义实践有着天壤之别。不能由于马克思主义没有被实践"证明"为"始终有效"，就认为它已经"被事实推翻"。梅洛—庞蒂将"马克思的马克思主义"视为一种哲学，在他看来，哲学既不是历史的女仆，也不是历史的主人。二者之间保持着远距离，哲学并不受政治责任的约束，因为它有自己的责任，即"揭示我们寓于的存在"。马克思主义的意义就在于一个多世纪以来，它唤起了许多理论和实践运动，推动许多成功或不成功的实践的发生。因此，对于马克思的学说，不应当予以全盘肯定和否定，而应当以对待"经典著作"的方式对之进行不断的重新考察：新事实从经典著作得到新的共鸣，新事实揭示经典著作中的新特点。

《符号》前言[①]

在构成本书的哲学论文和几乎都涉及政治的随笔之间，乍看起来，有天壤之别，十分不协调！在哲学中，道路是艰难的，人们确信每走一步都能为今后开辟道路。在政治中，人们始终感到需要不断地重新深入发掘。我们不谈论偶然性和意外事件：读者将在文章中发现一些预测错误；坦率地说，读者越是担心，就越不可能发现它们。实际情况更严重：好像一种狡黠的机制刚刚显露出事件的面目时，就马上把事件隐藏起来，好像历史在对构成历史的事件进行检查，好像历史喜欢躲起来，只是在极短的混乱期间才露出真相，在其余的时间里设法躲过"超越"，重建历史宝库中的形式和作用，总之，使我们相信什么都没有发生。默拉（Maurras）说，他是在政治中，而不是在纯粹的哲学中认识明证。因为他仅仅考察已经过去

① 选自《符号》，北京，商务印书馆，2003。

的历史，向往一种也已经建立的哲学。如果人们考察正在形成之中的历史和哲学，那么可以看到，哲学在最初时刻就找到其最可靠的明证，初始状态中的历史则是梦幻或梦魇。当历史提出一个问题，当累积的焦虑和愤怒最终在人类空间中呈现出一种可辨认的形式时，人们自以为在这之后一切都不同于以前。即使有完整的问题，在其肯定性方面，答案也不可能是答案。更确切地说，是问题消失了，出现了一种无问题的状态，就像一种激情随着时间的流逝而消退。饱受战争和革命磨难的国家突然又变得完好无损。死者是平息风波的同谋者；因为只有当死者在活着的时候才能重新创造不复存在者的匮乏和需要。保守的历史学家把德雷福斯的无辜当作不容争议的事实记录下来——他们不失为是保守的。德雷福斯没有得到雪耻，甚至没有得到平反。他的无辜已成为老生常谈，却不能抵消他的耻辱。在他被蒙冤、他的辩护人还给他清白的意义上，他的无辜没有被记录在历史中。历史仍然剥夺丧失一切的人，仍然给予拥有一切的人。因为包含一切的时间过程为不公正辩护，回驳受害者的上诉。历史决不会认错。

虽然人们对此已十分了解，但每当遇到它时，这一切仍然给人以深刻的印象。当代的大事件在于调和以前的世界和另一个世界。在这个问题面前，苏联和它昨天的对手处在同一边，以前的世界的一边。尽管如此，人们宣布冷战结束。在和平竞争中，如果西方国家没有发明经济的民主调节，那么事情是不可想象的。事实上，工业社会是在极度的混乱中才发展到今天这个样子的。资本主义盲目地挥舞大棒，使一个国家的经济受使道路和城市极度膨胀、摧毁人类制度的古老形式的一种主流工业的支配……在各个方面，都出现了大量问题：不仅仅是有待发现的技术，而且也是政治形式、动机、精神、生存的理由……在殖民战争中长期孤立于世界，在殖民战争中学会社会斗争的一支军队将其所有重量落在它所依赖的国家上，使冷战意识在一种已经摆脱冷战的时间中倒流。在 20 年前能识别"精英"（特别是军事领域精英）的那个人，现在认为应该建立一个与国家首脑分离的永久性政权，使政权摆脱议会的纠缠，但却使政权陷入党派的纠纷中。他说，人民不能代替国家（这也许只是一种绝望的、"无用"的说法），他把国家的雄心和他称之为生活水平的东西区分开来——好像任何成熟的国家都不能接受这些困境，好像在现实社会中的经济从属在军队的人为社会中的政治决策，好像与历史书相比，面包、葡萄酒和工作是不太重要的事情，不太完美的东西。

　　人们会说，这种稳定的和无变化的历史就是法国的历史。但是，世界是否更坦率地面对纠缠着它的问题？因为这些问题可能会模糊共产主义和资本主义的界限，所以教会竭尽全力压制它们，重新采用已成为过去的禁令，重新谴责社会主义，如果社会主义不是民主的话，试图重新采取国家宗教的立场，首先在自己的领域，然后全面地遏制研究精神和对真理的信仰。

　　至于共产党政治，我们知道非斯大林化思潮在到达巴黎和罗马之前已经通过层层的过滤。在反复否认"修正主义"之后，特别是在布达佩斯事件之后，应该以赞许的目光看到苏联社会进入了一个新时期，苏联社会用斯大林主义清除了社会战争的精神，走向强国的新形式。这正式地叫作向共产主义高级阶段的过渡。向世界共产主义自发演化的预测包括不可改变的支配计划，抑或只不过是一种表明人们放弃强行过渡的体面方式？或者，人们在两条路线之间，准备好在碰到危险时突然转向以前的路线？目的的问题不是真正的问题，不是面具和面孔的问题。也许，商定的计划没有人类现实和整体运动来得重要。苏联可能有几张面孔，事物是模棱两可的。在这种情况下，我们应该欢迎黑色幽默和和平进入国际舞台——这是赫鲁晓夫的功劳，把它们当作向着光明的进步。如果幽默是超我的乐趣，正如弗洛伊德所说的，那么历史的超我也许能容忍最大的缓和。

　　如果明天的真理不能阻止一个年轻人进行法西斯主义和共产主义的冒险，如果明天的真理是贫乏的，因为它们用这种无言而语、拨动每个人身上的愤怒和希望之弦，但不是真理的散文的语言，以政治方式说出来的，何必昨天反对斯大林主义，今天反对阿尔及尔，何必耐心地解开资本主义和共产主义虚构的纽结，混淆所有的人比我们知道得更清楚的东西？如果所有的哲学家，或差不多所有的哲学家都以为需要有一种政策，而这种政策属于"生活使用"的范围，不是知性所能及的，这不是一种难以置信的误解吗？哲学家的政策是没有人实行的政策。这是一种政策吗？不是有哲学家能较确定地谈论的许多东西吗？当哲学家描述当事人不想知道的明智观点时，他们不是在承认他们不知道有关的事情吗？

　　这些反省差不多潜在于任何地方。在现在或将来是马克思主义者，其余的人首先根据承认哲学和政治的分离而划分的读者和作家中，人们能猜测到这些反省。他们很想同时以两种计划生活。他们的体验对问题有决定性影响，应该通过他们的体验来重新考虑问题。

　　首先，有一个事实是不容置疑的：在不认真研究政治，也不认真研究哲学的哲学家身上，有一种政治嗜好。因为众所周知，政治是现代的悲剧，所以人们期待政治有一个结局。在人的所有问题都能找到头绪的借口下，一切政治愤怒都成了合乎情理的愤怒，正如黑格尔在年轻时所说的，阅读报纸成了早晨的哲学祷告。马克思主义在历史中发现了关于存在和虚无的所有抽象事件，他把大量的形而上学放入历史中——这是合理的，因为马克思主义思考历史的框架，思考历史的构造，思考物质和精神、人和自然、存在和意识的融入，而哲学只能给出逻辑演算或图解。人类起源在一个全新的未来中的完整再现，以及革命政治需要经过这个形而上学的中心。然而，最近以来，人们把所有的精神和生活形式联系于纯策略的政治，一系列无明天的不连续行为，无结果的插曲的政治。从此以后，政治和哲学不结合它们的长处，反而相互交换它们的短处：人们有一种诡诈的实践和一种迷信的思想。关于议会党团的选举或毕加索的绘画，不知耗费了多少时间，多少争论，好像世界史、大革命、辩证法、否定性完全是以这些贫乏的形式表现出来的。事实上，历史—哲学的重要概念一旦与知识、技术、艺术、经济变革失去联系，就将变得软弱无力——除非在最好的概念中，政治的严谨能对迟钝、漫不经心和即兴发挥助一臂之力。如果这就是哲学和政治的结合，那么人们会认为还是分开为好。马克思主义作家与这一切决裂，重新扮演他们的角色，有什么更好的办法？不过，哲学和政治的"糟糕"决裂不能挽救任何东西，反而使哲学和政治都陷入贫困。

　　当倾听这些作家的时候，人们有时感到一种不舒服。他们时而说他们在一些基本观点上是马克思主义者，但不能明确指出是哪些观点，为什么他们在某些观点上是马克思主义者——哪怕嘲笑在他们中间的马克思主义者、马克思的追随者和马克思学家之间的混淆，时而需要一种新的学说，差不多一种全新的体系，但他们不会在从赫拉克利特、海德格尔、萨特那里借来的概念之外冒险。可以理解两种胆怯。多年以来，他们是在马克思主义中进行哲学活动。当他们发现青年马克思，追溯黑格尔的起源，再从那里回到列宁时，他们多次遇到他们的未来剧的抽象表达，他们知道，人们能在这种传统中找到对付一个或几个反对派的所有武器，他们理所当然地以为自己始终是马克思主义者。但是，因为也是马克思主义长期以来向他们提供继续做共产党人，要求共产党人重新考虑其历史解释者特权的理由，所以人们理解当他们重返事物本身时，他们想排除任何中间事物，需要一种全新的学说。忠实于自己之所是，从头开始考虑一切，这两个任务中的任何一个都是无边无际的。为了确切地说出人们为什么仍然是马克思主义者，应该先说出马克思的精髓在哪里和在什么时候被丢失，人们处在系谱树的哪一条分枝上，人们是否想成为一条新的分枝，一条新的主枝，或人们是否想连接树干的生长主茎，或人们是否使马克思整个地重新回到马克思只不过是其过渡形式的一种较早和较近的思想——总之，应该重新确定青年马克思与马克思，这两个马克思与黑格尔，这种传统与列宁，列宁与斯大林乃至与赫鲁晓夫的关系，以及最后，黑格尔—马克思主义与在它之前和之后的学说的关系。这项任务十分繁重，卢卡奇的所有著作只不过是其十分勉强的开始，是在共产党时代的尝试，因为这是并非很表面地研究哲学的唯一方法，既然卢卡奇的著作不属于这种方法，那么这种方法对卢卡奇的著作来说也是难以忍受的和不值一提的。因此，卢卡奇的著作转向科学，转向艺术，转向无党派的研究。但是，如果人们不能再依靠马克思主义近一个世纪以来的根基，如果应该作为自己的责任、并非表面地、在与那些不做别的事情和人们曾经对之提出异议和把他们打发走的人的不舒服接近中进行尝试，是何等地令人感到不安。

因此，人们在违背于忠实的要求和决裂的要求之间，人们不能完全接受一种要求，也不能完全接受另一种要求。人们有时在撰写著作的时候，好像从来没有马克思主义，例如，人们根据博弈论的形式主义看待历史。然而，在其他地方，人们又保留马克思主义，回避任何修正。事实上，一种修正在进行之中，但人们把它掩饰起来，在重返起源时把它伪装起来。人们说，使正统观念解体的最终原因是独断论和哲学。真正的马克思主义不是一种哲学，我们局限于这种包含一切，包括斯大林主义和反斯大林主义，以及世界的整个生活的马克思主义。在难以置信的转折后，无产阶级终有一天将重新发现其普遍阶级的作用，将重新担负起在目前没有承载者，也没有历史影响的这种普遍的马克思主义批判……因此，人们后来援引目前正在讨论之中的思想和行动的马克思主义同一性。对一个不确定未来的要求保留了作为思考方式和荣誉问题的学说，因为学说难以被当作生活方式。在马克思看来，这就是哲学的不足之处。但是，在人们把哲学当作替罪羊的时候，谁认识到了这一点？马克思为革命实践指出的非哲学现在成了不确定事物的庇护所。这些作家比任何人更好地知道，哲学和政治的马克思主义结合已经破裂。但是，他们的所作所为好像这种结合原则上是在一个未来的世界，也就是一个想象的世界中，是马克思关于这种结合的论述：在历史、挽救的否定、完成的破坏中实现的和被破坏的哲学。这种形而上学的作用没有发生——这就是为什么这些作家离开了共产党，因为共产党几乎没有实现抽象价值，共产党破坏抽象价值是为了提出自己的价值。他们不能肯定形而上学的作用从来没有发生过。在这方面，他们不检查形而上学作用的哲学根基，而是把果断和决心转化为幻想和希望。安慰不是无可指责的，因为安慰重新关闭在他们中和在他们周围的公开争论，压制必然出现的问题：第一个问题在于知道是否有一种破坏—实现作用，特别是一种使作为独立要求的安慰成为多余的思想的实现，或这个图式是否不意味着自然的一种绝对肯定性，历史或反自然的一种绝对否定性，马克思以为能在其周围事物中证实它们，但它们也许只不过是某种哲学，不能免除重新检查。第二个问题在于知道这种作为一种肯定、革命的哲学表达方式的否定是否不能为一种无限权力的实践说明理由，因为起否定的历史作用的机器因而凌驾于任何可确定的标准之上，任何"矛盾"，乃至布达佩斯的矛盾，都没有权利与这种机器抗衡。如果人们一上来就认为马克思主义是后来有效的真理，那么对马克思主义本体论的一系列询问就没有必要。这些询问始终研究马克思主义的感染力和深远的生命力：这是创造性否定，实现—破坏的试验或考验；如果忘记它们，人们就不会承认这种试验是革命。无论如何，如果人们无争议地把它的要求——不是一种哲学，而是一个唯一的重要历史事实的表达（以及它对作为反对历史的借口和错误的一切哲学批判），给予这种试验，因为人们发现目前没有在全世界范围的无产阶级运动，那么人们会搁置这种试验，人们会认为自己是名誉马克思主义者。如果哲学和政治的分离被归于哲学的错误，那么这将是一种不成功的分离。因为人们可能像错过一种结合那样，错过一种分离。

在这里，我们不假设任何预先确定的论点；在作为绝对知识的哲学论坛前，我们决不会借口马克思主义和共产主义相互排除，把两者混淆在一起：在如果不实现哲学就不可能破坏哲学的马克思主义原则和仅仅破坏哲学的斯大林主义实践之间，有着明显的区分。我们没有暗示这个原则在这种实践中不可避免地会失效。我们说，由于最近几年的事件，马克思主义进入了它的历史新时期，在这个时期中，马克思主义能引发分析，为分析定向，能保留一种重要的启发意义，但是，在马克思主义自以为是真理的意义上，它显然不再是真理，最近的经验把马克思主义放在第二真理的范畴中，并把使催促变得无意义的一种新状态和一种新方法给予马克思主义者。当人们问马克思主义者——当马克思主义者问自己——他们是否仍然是马克思主义者的时候，对这个糟糕的问题只有糟糕的回答，不仅是因为正如我们在前面所说的，一个确切的回答必须以一种展望未来的大量研究的完成为前提，而且也是因为即使这种研究已经完成，它也不可能用一个简单的回答作出结论，同时也是因为这个问题一旦被提出，就不能用拒绝肯定和否定来回答。把最近的事件当作"决定性实验"之一是荒谬的，即使有根深蒂固的看法，决定性实验在物理学中也是不存在的，因为在决定性实验之后，人们仍然能得出理论被"证实"或被"反驳"的结论。用这些基本术语提出问题是难以置信的，好像"真"和"假"是精神存在的两种唯一方式。即使在科学中，一个被超越的理论体系也仍然能被归入超越它的体系的语言中，它仍然是有意义的，它仍然保留着它的真理。当涉及马克思主义的内在历史及其与哲学、前马克思主义和后马克思主义史的关系时，我们从现在起已清楚地知道，结论不可能是人们通常所理解的一种陈词滥调：要么"始终有效"，要么"被事实推翻"。在得到证实或被推翻的马克思主义陈述后面，始终有作为精神和历史实验模型的马克思主义，马克思主义始终能依靠一些辅助性假设在失败后保全下来，正如人们也能肯定马克思主义不因为成功而普遍有效。自一个世纪以来，马克思主义学说唤起了许多理论和实践运动，成为许多成功实验的或失败实验的实验室，甚至在它的敌人看来，马克思主义也是许多有深刻意义的反应、争论、反马克思主义学说的刺激物，从此以后，谈论"反驳"和"证实"是不恰当的。即使在马克思主义的基本表达方式中，在我们刚才提到的马克思主义本体论中，有一些"错误"，这些错误也不是人们能阻止或忘却的错误。即使没有作为肯定或作为自身绝对否定的纯粹否定，这里的"错误"也不是真理的对立面，更确切地说，是一种有缺陷的真理。在肯定和否定之间，有一种内在的联系，马克思看到了这种联系，尽管他错误地把这种联系局限在客体—主体的两分法之中；客体—主体的两分法在他的著作中起着作用，为他的历史分析开辟了新维度，使这些新维度在马克思所理解的意义上不再是不容置疑的，但继续是意义的来源并且是可重新解释的。马克思的论点仍可能是真理，就像毕达哥拉斯定理是真理，但不是在对创立它的人来说它是真理的意义上——正如恒等的真理和空间本身的属性——也正如在其他可能空间中的某种空间形式的属性。思想史不是简单地表明看法：这是真理，那是谬论。和任何历史一样，思想史也有暗中的决定：它贬低或美化某些学说，把它们变成"寓意"和珍品。也有在思想史中显露出活力的其他学说，这不是因为在学说和一种不变的"现实"之间有某种奇迹般的一致或对应——为使一种学说成为伟大的学说，这种局部的或干瘪的真理既不是充分的，也不是必要的——而是因为学说在必要的陈述、命题和中间事物之外仍然是有说服力的，如果人们想走得更远的话。这就是经典著作。对于经典著作，人们认识到没有人能逐字逐句地接受经典著作，新事实不是绝对地处在经典著作范围之外，新事实从经典著作得到新的共鸣，新事实揭示经典著作中的新特点。我们说，重新考察马克思应该是对经典学说的沉思，不可能以全盘肯定或否定告终。你是或不是笛卡儿主义者吗？这个问题没有很大的意义，因为拒绝接受笛卡儿著作中这个或那个的人只有通过在很大程度上归于笛卡儿的论证才能做到这一点。我们说，马克思正在转向这种第二真理。

我们只是凭最近的经验，特别是凭马克思主义作家的经验才这样说。因为当加入共产党很久的共产党人最终离开党或被排斥在党之外时，他们是作为"马克思主义者"还是作为"非马克思主义者"？他们的所作所为正好表明，困境是字面上的，应该走得更远，没有一个学说都能战胜事物，能把布达佩斯的镇压转变为无产阶级的胜利。他们并没有以意识自由和哲学唯心论的名义与正统观念决裂，因为正统观念使无产阶级日趋衰弱，直至武装反抗和批判，进而使无产阶级工会和经济生活日趋衰弱，进而使科学和艺术的内在真理和生活日趋衰弱。因此，他们以马克思主义者的身份进行决裂。不过，他们进行决裂的时候，同样违背了马克思主义原则，马克思主义原则指出，每时每刻都有一个无产阶级的阵营和一个无产阶级敌人的阵营，任何创举都是通过这种历史的裂缝来评价的，在任何情况下，人们都不应该"让敌人占便宜"。当他们今天说他们仍然是马克思主义者，但还必须补充说，他们的马克思主义不再等同于任何机器，他们的马克思主义是一种历史观，而不是现实的历史运动，总之，他们的马克思主义是一种哲学的时候，他们没有欺骗自己，也没有欺骗我们。当他们进行决裂的时候，他们在愤怒或绝望中预感到或回到历史的无声进程之一，他们毕竟把马克思当作一位古典主义者或一位哲学家。

人们对他们说：归根结底，任何创举，任何政治或非政治研究都是根据政治结果来评价的，政治路线是根据党的利益来评价的，党的利益是根据领导人的观点来评价的。他们拒绝把所有的要求，所有的标准经过一系列还原归结为一个唯一的要求和标准，他们断言，历史运动是以其他方式，根据其他节律，在政治组织范围内，在无产阶级中，在工会中，在艺术中和在科学中进行的，历史的中心不止一个，领域不止一个，参照计划不止一个，意义的来源不止一个。因此，他们不承认存在一客体、同一性和差异的某种概念。他们采用与多个中心或多个领域一致的存在概念。他们说了他们不是哲学家吗？

人们继续对他们说：你们谈论马克思主义，但你们谈论马克思主义的里面和外面吗？当马克思主义显露和展现出来的时候，这个问题不再有很大的意义。当有办法的时候，人们谈论马克思主义的里面，当没有办法的时候，人们则谈论马克思主义的外面。谁做得更好？马克思主义曾建议对所有学说进行著名的"从里面超越"，当人们对马克思主义进行这种超越时，人们是在里面，还是在外面？只要人们不是重说约定的东西，而是试图通过它们理解自己和理解存在的事物，人们就已经在外面。人们在外面或不在外面的问题只是在最初的一个历史运动或一个学说方面提出的。马克思主义不少于也不多于一个沉淀下来的历史和思想的无边际的场，人们就是在那里活动和学习思考。对想进入词语中的历史活动的人来说，变化是巨大的。但是，这正是哲学傲慢的顶点。

在世界范围内，显然有许多阶级斗争的形势。在古代国家，也有阶级斗争的形势——比如，在伊夫·弗朗（Yves Velan）的瑞士——在新独立的国家中，也有阶级斗争的形势。可以肯定，如果新独立国家中优先发展的部门是按照发达国家的利益确定的，那么其独立只不过是一句空话，新民族独立运动的左派在这方面与地方资产阶级发生冲突。也可以肯定，欧洲的新经济领域和工业社会的发展使旧式议会和政治生活成为过时的东西，把监督和管理新的经济机器的工作提到议事日程。我们可以根据马克思主义造出一些能指引目前分析的范畴，"结构性帝国主义"也许是其中的一个范畴。[1] 同样也可以肯定，沿袭下来的政治如果无视这些问题和揭示这些问题的马克思主义参考系，那么它就不可能是我们时代的政治。这就是当

---

[1] 塞尔日·马莱：《戴高乐主义和新资本主义》，载《思想》，1960（2）。

刚才我们说马克思是一位古典主义者的时候，我们所表达的意思。但是，这种马克思主义本身是一种政治的概述吗？它关于历史的理论立场也是一种实践立场吗？在马克思的马克思主义中，理论立场和实践立场是一致的。人们可能发现了问题的答案，问题只不过是一种答案的开端，社会主义是资本主义的焦虑和运动。当我们看到联合起来的北非独立国家能调整它们的发展，但"不得不依靠法国资本，技术人员和贸易"，在法国政治和工会左派远没有认识到新问题，共产党对新资本主义仍持有一种完全否定的态度，以及在苏联共产党第二十次代表大会之后的苏联没有否认"结构性帝国主义"时，应该需要更多的乐观主义来期望"非洲民族独立运动的最进步力量马上会比较他们的当务之急和经济发达国家中工人阶级的当务之急"。即使已经作了比较，能从中得出哪一种政策？即使各国无产阶级相互认识，它们能提出哪一种共同行动？如何原封不动地和部分地重新采用关于党的列宁主义概念？人们认识到作为理论分析工具的马克思主义和把理论定义为一种实践意识的马克思主义之间的距离。有阶级斗争的形势，人们也能以无产阶级和资产阶级的观点描述世界形势：这只不过是一种说法，无产阶级只不过是一种合理政策的一个名称。

我们在此以哲学名义所作的辩护，正是马克思主义者通过事物到达的思维方式。我们的时代每天都能使一种天真的合理性失望：它通过其所有裂缝看到根本性的东西，要求一种哲学解释。我们的时代没有吸收哲学，哲学也不是悬在我们的时代之上。哲学既不是历史的女仆，也不是历史的主人。它们之间的关系并非如人们想象的那样简单：确切地说，这是一种远距离作用，其每一种实质性差异都需要混合和掺和。我们还要学会正确使用这种重叠——特别是一种哲学：它不受政治责任的约束，因为它有自己的责任，它能自由地进入任何地方，因为它不取代任何人，它不参与激情、政治和生活，不在想象事物中改变它们，而是揭示我们寓于的存在。

（姜志辉 译）

列菲伏尔

  H. 列菲伏尔（Henri Lefebvre，1901—1994），法国哲学家，"存在主义马克思主义"的代表。就读于巴黎大学，并获哲学博士学位。1928 年参加创办《马克思主义杂志》，1929 年加入法国共产党，1930 年开始任大学教授。从 1944 年起先后担任图卢兹法国广播台主任、国立科学研究院研究员、巴黎大学农泰尔学院社会学教授等职。1956 年创办《论证》杂志，提出要继承和超越马克思主义。1958 年因反对法共路线被开除出党。其主要著作有：《辩证唯物主义》（1938）、《日常生活批判》（1946）、《马克思主义的现实问题》（1958）、《总结和其他》（1959）、《现代世界的日常生活》（1971）。

  列菲伏尔按照存在主义的精神解释马克思主义，并把马克思主义存在主义化，由此曾被萨特尊为"综合"马克思主义与存在主义的先辈。在哲学上，列菲伏尔把日常生活作为哲学思考的主要对象，由此建立了论述发达资本主义社会的异化—日常生活批判理论。他认为异化使人片面化，使人性遭到压抑和破坏，只有开展日常生活批判才能克服异化，使人真正成为"全面的人"、"总体的人"。并认为在日常生活中意识形态像面纱一样把经济现实、现存的政治上层建筑的作用包裹和掩盖起来，只有撕开面纱才能接触真相。他提出了"国家是从事欺骗活动的场所"，认为社会主义的社会问题的关键不在于是否批判个人崇拜，而在于是否在制度上确保国家逐步消亡。因而他主张通过工人自治的社会主义来改变整个社会，从而达到人的生活的理想境界。列菲伏尔认为马克思主义产生了深刻的危机，它被官方化后变成行政教条，为此，须以主体能动性原则作为出发点来复兴马克思主义。他提出"没有单一的马克思主义，但有多种多样的马克思主义"。列菲伏尔被誉为是20世纪50年代以来在西方广泛传播的"马克思主义多元论"的最系统的阐述者和最积极的宣传者之一。在美学上，他认为只有用马克思主义哲学才能理解和说明艺术的本质和艺术的历史。并提出审美力是在历史进程中从自然感中生长起来的，人的无限的美是可以被理解的，它使我们发现了自己。认为艺术是人类劳动的特殊形式和特殊产物，是一种上层建筑，永远具有社会性和政治性。艺术是与游戏、幻想、想象紧密联系在一起的，并力求把握一定时期生活的丰富内容。艺术的特征和力量是与它对具有多种多样性质的人以及对人的丰富本质的关注相联系的。

本书选取了列菲伏尔《人类的产生》一文。在这篇文章里，列菲伏尔试图从存在主义的角度来阐述人类的产生。他认为，人类的产生过程是逐步脱离自然的过程，不断统治自然的过程，但同时也是日益被自然制约的过程。自然界是客体和主体产生的前提，但自然界本身是"无动于衷"的，只有人的活动才使自然界的存在具有意义。因此，自然界的各种存在物，就是指人所创造的一切物体、工具以及思想意识等等。但是，尽管如此，由人所赋予意义的外部世界仍然具有自身的规律性，对人的活动具有制约作用。因为当人类的生产活动一旦对象化产生"人化自然"后，这个"人化自然"就有了自身的客观规律性，并对人们以后的感性活动具有了制约作用。人类产生的这一历史过程表明，人的异化根源于人的本质之中，根源于人与自然的关系之中。现代生活的异化已经扩展到全部生活，而消除异化的途径就是努力克服人的存在的分散性、片面性和神秘性，争取实现人的存在的总体。列菲伏尔由此提出了"总体的人"这一概念。在他看来，马克思在《1844年经济学哲学手稿》中所说的"全面的人"、"完整的人"就是他所说的"总体的人"。"总体的人"的出现将标志着人类异化的结束，人道主义社会的建立。而要造就"总体的人"就需开展总体的行动。而在目前情况下，只有艺术包含着"一种走向总体行动的努力"，因为"艺术是摆脱异化特性的生产劳动，是生产者和产品、个人与社会、自然生物与人类的统一体"。

人类的产生[①]

　　1844 年手稿说："人是作为自然生物产生的。"因而在人"诞生"
之初，自然界是一种生物的和物质的自然界，它包含着全部未知的
和悲剧的东西。自然界确实存在着，并且在变化着，它将不断出现
在人类生活的内容里。人们可以抒情地、塑造性地或科学地探索和
解释自然界。为自然界下一个定义将会使艺术和科学毫无用处，并
会使它们失去自律和运动，这种解释只能是一种形而上学的抽象。
现代意识刚刚开始预感到自然的"求生"程度，它的对比和双重性，
即好斗性与同情性、骚乱与克制、破坏性的恼怒与愉快的交织。这
些生物包含着什么？意味着什么？理智应当怎样把这些东西糅合在
一起，使它们平静下来而又不致失去这些东西？这些力量或许像黑
格尔和胚胎学家所认为的那样，包含着有机体生命的历程。无疑，

①　选自《西方学者论〈1844 年经济学哲学手稿〉》，上海，复旦大学出版社，1983。

它们同样深刻地改变着无机体的成分和有机体的成分。人的本能再也不是与动物相同的本能了。我们的生物力量不能只由人类的过去来确定，而且也应当由未来决定。人首先是一种生物的可能性，尽管这种可能性是通过长期的斗争，才变为现实性的。人在长期的斗争中为自己的存在承担了日益增多的责任。他的活动变为力量和意志，他获得了——痛苦地获得了意识。人作为知觉和肉体的存在，成了自然界的活的思想，但是，他继续属于自然界。人的力量融合在自然界的力量之中，并在其中新陈代谢。这些活动也许还是一种高雅的东西，同时在某些方面，又是基本力量的衰竭，变化是多种多样的：进化、革命或退化——既有衰落的一面，也有上升的一面。

哲学思想的作用是要排除阻碍了解和适应人类这种令人生畏的内容的任何过早的解释和局限的态度。我们只能说自然界不是没有生气的，不是一种已经是实在的"灵魂"或精神，不应该把自然界想象为原始的外界物或客体（或客体的总和），或者想象为纯粹的内在物或主体（或主体的总和），因为客体和主体的产生是以自然界为前提的。对"自为"的自然界、独立于人类之外的自然界，最好的理解毫无疑问应当是其反面：即自然界是"无动于衷"的，这并不是说它是与我们对立的，或根本与我们格格不入的，而是说同我们理解的客体或主体相比而言，它是不分什么主客体的。

作为自然界的一种生物，人有许许多多本能、倾向和生命力。这样的生物是被动的、受到限制的。这种肉体和自然的生物，它的客观需要要求一个也是属于自然界的客体。人的这种自然本能的客体（饥饿、性的本能）是由不得人的，并且独立于人的，相反，人依赖于这些客体。人的需要、人的生命力量就这样变得软弱无力和空泛苍白了。

自然界中人与其他生物的关系就是这样的。自然界的人从"存在观点"出发，认为这种关系是一种外在性和独立性。人是以他物的存在作为其客体的，也是他物存在的客体。人既是主体又是客体，这两者都是感觉灵敏的，这种主体是客观地存在于机体和基本的生物意识之中的主体，因而包括与他物存在的这样一种关系，即：他物的存在既是人的愿望的客体，又是他物自身存在的主体——人就是他物存在的感觉灵敏的客体。人作为客体这一事实，使人成为其他活的生物攫取和进攻的对象。然而，既是一种存在，而又不是一个客体这种说法是极其荒谬的（1844年手稿说：一种"理智"），是一种形而上学的孤立，因而是使人无法忍受的。人们只有和一个他物同时存在，并且自己也是一种他物时才不会孤独，即主体要有一个与自己不同的另外一种现实，客体要有一个与客体不同的另外一种现实同时存在。纯主体的（单子的）集聚无法使主体摆脱孤独。不为他物的愿望的客体，这种物体是无法确定其存在的。"我一旦有了一个客体，我自己也就成了这个东西的客体。"

因此自然界的物体在其自身以外，有着自己的自然界，它就是这样存在于自然之中的。根据这个基本经验，自然界在我们眼里就是各种东西的外在物。但是，正如黑格尔所说的，最外部的东西同时也是最内部的东西。自然界的物体在它们的外在性中甚至在彼此斗争中都是紧密联系在一起而又相依共存。人在作为自然界的人时是被动的，而当人在感到自己的被动性时，即感到心有余而力不足时，就会变得怀有欲望。马克思说："欲望是人为了达到目的的一种基本的动力。"欲望的意义就是如此，理智不能禁止欲望，因为怀有欲望的人会从自然界最深沉的能量中获取力量。然而，欲望仅仅只是力量的基础和出发点，力量不依赖于客体，它支配和包含着它的客体。自然界的客观性只是它的终极。

因为，人不仅仅是自然界的生物，他是有人性的，自然界就是在人类中间并被人类分裂的，它与自己抗衡，与自身作着比以往任何斗争、比任何个人之间或生物之间的斗争更为深刻的斗争。人这个自然界的生物，转而与自然作斗争。对人来说，自然界是源泉和母亲，然而，自然界只不过是人的行动的对象。自然是外部的自然界，也是人在身后的归宿。用一句时髦的话来说，这个"存在论"经验也是根本性的。人的客体不再是自然界的直接客体，人特有的感情正如它客观地显露出来的那样，不再有自然界人类的客观性，也不是原始的需要、直接的感觉。在人的眼里，自然界的存在已不再是直接的恰到好处的了。像自然界的其他生物一样，人类应当诞生了。人类历史就是人类的诞生史，就是独立于自然之外与自然作斗争，又是从自然中脱胎而出的历史。在这个历史过程中，人凌驾于自然界之上并逐步统治着自然。马克思说，"历史就是人类的自然历史"，但人类的诞生是一种改造，是一种越来越自觉的改造。精力充沛的人类以自己为中心改造着自然并使自然也变成人类。人类以自然界为对象创造着自然，把自己变成自然界而又把自然界变成人类。人类按照自己的需要塑造自己，也在自己的活动中改变着自己并提出新的要求。在创造客体、"产品"的同时，人类形成了并成为一种巨大的力量，人类在积极解决自己活动中出现的问题的同时不断进步。

"客体的消极性和变化也有积极的意义。"客体和主体同样也是积极的和客观的。主体的活动就是为了达到自身以外的客体而提出许多新的客体并改变主体对客体的自然依赖性。所以主体活动的目的是自己达到自己，自己认识自己，并通过客体作用于自身。它改变着主体和客体的对立面，使自己具有比自然界客观性更高的客观性。

哲学态度的片面性是由它最初方法上的局限性所决定的。唯心主义不讲内容只讲纯粹活动，因而必然导致这种活动"形式化"。实证主义、经验主义和朴素唯物主义则撇开活动首先考虑目的、论据或事实，因而置活动于不顾，限制了实际的存在。最能完整地解释人类活动的哲学方法应该以比原始目的的概念或纯活动概念更丰富的一种概念为基础。生产的概念代表着一种"概述人的活动"的高级的统一体。

一、存在物的分析

无论一个什么样的存在物，即使是普通的存在物（如桌子、锤子、花园中的树），主观和客观、活动和物都是紧密地联系着的。这些东西都是从自然界中分离出来的、孤立的东西。它们都具有确定的外形并且在不同的方面都是可以测量的。它们都有自己的名称，人类在讲话中提到它们。词和概念把这些东西确定下来，固定下来，并把它们从自然界中分离出来。

然而，这些存在物仍然还是自然界的物体。自然界没有提供反对这种形式的材料，材料本身就已表明这一物体可以得到的形式。

任何存在物——任何物体都是这样有转向自然的一面，也有转向人的一面。它既是具体的又是抽象的。具体的是因为它是一种特定的物质，又因为它是我们活动的对象，既抵制我们的活动但又顺从我们的活动。抽象的是因为它有特定的可以测量的外形，而且已进入了社会存在，是相似物体中的一种，是一系列充实其物质性的新关系的支柱（作为商品在语言中或在社会的数量估价中起着作用）。

让我们研究一下在很简单的情况下作用于一部分物质的活动吧。任何生产活动都是为了使一个特定的物体从大量的物质中脱胎而出。

一个物体一经离析就已被确定了。一切和物质环境重建关系并把物质环境重新置入自然界的东西，作为存在物，作为人类的客体都破坏着这种物质环境。例如，锤子上的铁锈就是如此。作为一个客体并且能有所作用，锤子有最清晰的外形和具体的实在性，从大量不确定的物质中分离出来。所以它是抽象的，但这种抽象具有具体的实际力量。

又如人搬运重物。在这一简单的行为中，物体的实在性直接支配着活动。重物的形式，它的体积和搬运方向，这些都是客观的条件，人的活动必须着眼这些客观条件。另一方面，共同操作的人数，以及他们的体力是使重量移动的一系列协调一致的动作的决定性因素。这些人之间，人与物之间互相适应，使人的劳动具有一种形式，一种结构和一种节奏。这种观察可以从很简单的情况扩大到物体的制造、实验室的试验等很复杂的情况。在人类作用于一个存在物的任何努力中实际被研究的主体和客体都有一种具体的统一性。主体和客体没有被混淆，它们的区别不是抽象的，它们在某一种关系上又是相互对立的，构成了一种特定的辩证整体。

不应当单纯地从空间和时间上来研究"存在物"，还应当把一系列的现象作为"存在物"加以考虑。我把水搁在火上，盛器保护着这种液体使之不受外部干扰，以免影响预期达到的结果。应当把火、盛器、液体等全部东西作为活动的结果加以研究，而且还要研究先后发生的一系列现象，如液体温度升高、沸腾等。正如全部物体在空间中是孤立的那样，这一系列的现象在时间中也是孤立的。这种在时间中"凝固"起来的现象的总和，其科学名称就叫决定论。这一系列现象，一方面是真实的、物质的和具体的；另一方面，从严格的意义上来说又是抽象的，因为抽象一词意味着分离、离析。抽象并不源自思想，而源自实践活动。感觉认识的基本特点不能正确地从分析思想中推导出来，而只能从生产活动和存在物分析中推导出来。抽象作用是一种实践的能力。

任何生产都离不开人的机体、手、大脑和眼睛。它还以需要为前提。人的机体和需要是可以改变的。人类的意向一开始并不是明确、有力和清晰的，符合一种意向的存在物有助于确定和区别这种意向并使之成为一种自觉的意向。它反过来影响人的意向和人的机体。人的手、大脑、眼睛——个人和整个人类都是如此，在使用中形成并臻于完善。

任何生产还都需要确定别的实践活动，特别是工具和技术。工具可以作用于客观实体，它本身也是一种客观实体，是自然界的一种物体。它不是从外部作用于自然界，而是作为一个局部反作用于其他局部。

根据这一观点可以对工具加以分类并区别：

（1）用来从自然界中分离出某些东西的工具。这类工具与自然界各种现象之间的相互依存相比，具有破坏和开采的特点。十字镐、锤子、箭就是这种类型的工具。它们具有纯粹的数量和质量以及精确的空间。

（2）用来保持已获得的各种物质，保护它们的分离性，免受自然界影响的工具。例如：防止铁器生锈的油漆、各种容器、各种名称。实际上，在这个意义上语言也是一种工具，从简单的字到科学词汇，都是如此。

（3）对分离出来的物质进行加工的工具。

（4）最后，人类各种活动的结果也是工具，因为它能满足一种需要。这一分类法使工具的概念推而广之，因而在空间和时间中具有某种效能的房屋，有某一特定目的的劳动群体，精确的、社会的空间以及时钟等也是工具。

技术是旨在达到某种结果的动作和活动的总和。这一总和是一系列单独的特定活动组成的（既可决定他物又是由他物决定的），完全像一种工具和一种客体。

应该看到这种定义的技术只是活动的一个时刻，而不是全部活动。它随着经验的增多，而被确定、被形成和被"巩固"。技术并不是存在物的起源，也不是开采、意义、物体与人的需要、机体和活动的关系和价值等决定存在物性质的起源。技术是结果，开始时它不是自觉的，只是在后来才慢慢地在口头上被叙述出来被传播开来。物质的技术和思想的技术都不是一开始就直接被人理解的，人种学者的发现证实他们看到了在原始的意识中同时存在着正确的技术和奇怪的解释，并对此大为震惊。好像这种物质的甚至精神的技术在我们身上，在我们这个时代已经不复存在（"灵感"、"创世"的奥秘等等）……

只有在很高的阶段上，当许多技术成了自觉的技术并明确地传了下来，当技术既专门化了又有一般的特征——即当特定的技术，如逻辑学日趋巩固并成为意识的核心时，只有在这个时候，人类活动的意识和技术才算真正明确了。

起初，可以这样说，意识存在于事物、活动的结果和产品的客观形式之中，人们只是在做的过程中间才发现所做的东西。人类首先是通过摸索、试验和纠正错误来进行生产活动的。人类的操作逐渐固定下来并成为技术，然后，从事活动的人又进一步研究自己的技术以求改进并从中找出物体特性的结论。人从存在物到自身，又从自身再回到存在物，通过多次自省和退缩，人类的活动凝结成特定的举止行为，终于形成了自己的意识。正像画家那样，先是苦练，后来才在自己的初期作品中发现了自己的才能，再进一步改进技术，变更方法。认为一个画家不通过实际作画而能认识自己的才能，发展自己的才能是荒谬的。绘画对于画家来说不是一个单纯的机遇，不是一种生来就有的才能的偶然的反映。但是，唯心论却是这样假设精神的。

二、整体的活动

对孤立的存在物所作的分析可以与知性或"妄想"的哲学分析相比较。孤立的物体的生产是把物体分类出来，确定其外形和属性。这种生产是一种智力活动，它把物体分离出来，确定其性质并表明这些物体的意义，并力图成为一种思想技术（如语法、分析的技术、形式逻辑等），因而这种生产活动具有"妄想"的基本特点。知性是一种本能，人在一定的时期里，区别个人和孤立的物体的实际功能——即达到某个实际目的的功能。

研究孤立的物体只是思维的初级阶段。哲学的基本活动始终是再现整体。有思维能力的人总是认为孤立的客体是无法认识的，抽象的活动应当是可以理解的，也就是说可以把抽象的活动与决定这种活动的全部条件和所谋求的目的联系起来。因而，有思维能力的人始终认为应该重新找到原来的材料，即整体，同时"认识"它，支配它。早期的思想和直观对这个整体的认识是很清楚的，一看到客体或者一系列因果，就需要立即把这些客体置于整体之中。

哲学历来都想把各种因素有意识地归并到整体之中，其方法还是很多的。人们可以把人类活动当作抽象活动的机械总和，或者把它视作形式逻辑那样的技术，从人的活动中找出归并的原则。用这种方法重现整体的哲学反对在摒弃抽象、达到具体和整体的时刻，对特定的活动进行抽象的研究。这就是古典的唯心主义方法。

人们也可以凭想象回到先于活动的阶段，即模糊的直觉、原始的精神状态，撇开活动，在抽象的活动中寻求整体。这种"直觉"的思想方法丢开了问题的已知条件，这种方法以抽象的生产活动中所出现的问题，以及更高的统一体所要解决的问题为基础，简单地否定抽象活动。这些理论（直觉主义、原始主义、明显的整体主义）是一种精密的理智和简单的反理智主义的奇怪的混合。

应当自觉地和正确地实行局部和整体的结合，不能忽视问题的任何一个方面。孤立的存在物应该在它与整体的全部关系中得到重现。把一个物体从自然界中分离出来（它与自己在逻辑上是一致的）只不过是一个限度，是我们作了许多努力从未达到的最后一个目的。一个物体只能在一个方面，只有通过另一个并非更容易完全分离的物体的媒介才能被分离出来，并得到定型（如我们所住的房子、花园里的一棵树、长小麦的一块田地）。在其他许多方面，物体还是存在于浩瀚的世界运动之中。认为物体的分离定型是一劳永逸的，必将陷入机械论的错误。这实际上是简单的总和而不是局部和整体的结合，只是一种存在物的总和，似乎这些产品是自然界的物质，似乎人们是通过这个总和来发现自然界的。

应该从孤立的存在物中看到全部存在物，同时从研究局部的活动进而研究全部创造性的活动。这种整体化是普通哲学和其他专门科学的基本方法。在专门科学中，常常需要分阶段达到由局部到整体的目的。政治经济学就是这样从特定商品进而研究整个市场的，即从单个的生产者进而研究全部生产和生产率的。这个观点的变化是与现象的性质的深刻变化相适应的。混淆阶段常常使经济学家犯错误。他们推崇整体，但又不懂得整体，他们孤立地承认基本现象，因而一脱离这些基本现象就看不到整体。在社会学和历史学中，同样应该从心理和个人的观点推及整个社会的观点。在自然科学中，人们也可以看到类似的做法，即通过阶段的变化，从基本现象推及一般的、总的和统计学的结果。

但是，用这种做法来分析人类活动，只有当整体先于各种因素之前就已存在时才是可行的。这些因素作为整体的时候是"自我"而实际的，但另一方面，与整体相比较又只不过是一些抽象的东西。社会整体是作为一种实践的或实际的结构而存在的。

阶段的这种变换是同哲学上从知性到理性的过渡相符合的，它支配着这种过渡。整体化不是思辨的幻想。世界的统一性虽然被分散的、生产孤立的物体的活动所破坏，又被一系列特殊原因的巩固（物质和精神的）弄得支离破碎，但在人类这个特定的方面仍在继续着。任何活动都是一种合作：各种需要在时间和空间上，在个人和集体上并不是彼此绝对分离的。技术就孕育在其中并不断完善着，等等。理智就是运动的功能、整体的功能、全部生活的功能和变化的功能。

所有的存在物是一个整体，客观的人类世界就是一个存在物的世界：我们在传统上把它称之为感觉认识的世界。这是一个超越瞬间，超越孤立的人和物，使人浮想联翩的社会世界。在这个意义上来说，即使最小的物体，也是无数启示和关系的支柱，能使人联想起并不立即出现在眼前的各种活动。对于儿童和成人来说，物体不仅仅是一种暂时的感觉存在，或是主观活动的机会，而且还具有一种客观的和社会的内容。传统（技术的、社会的和精神的）和最复杂的性质都体现在最微不足道的物体之中，使它们具有一种象征性的价值或某种"特征"。每一个物体都是意识的一种内容，一种时机……

当人们把全部物体当作一个整体加以研究时，存在物就比以往被孤立地研究时更高级，使人们在实践阶段中研究的活动就有了新的定义，也就是说有了一种更高级的内容和形式。国家是人类活动的产物：它是由好几代人造就的。目前存在的大地景物和整个自然界就是一种产物，具有产物本身所包含的主观和客观的双重性质。

人类的意识就在这个时候出现在与全部存在物的关系之中，这种关系在艺术家的创作和艺术生涯的继续中就已经十分密切了，而在历史学界中则更为密切。不应当用劳动者的非专业化的劳动（虽然这种劳动总的来说也是有作用的）来理解生产活动和社会劳动，而应该从人类范围内来理解它。生产活动并不是低下的，不应该光看到劳动的最简单的形式，相反应当从高级形式来设想劳动：这样全部劳动就会具有创造性的意义和"诗情画意"了。人类的个人存在和实践中的全部活动以及历史的全部发展过程的结果创造了人类本身，所谓"世界历史就是人类劳动创造人的历史"。

在自然界中——面向人类的自然客体——介于人与自然之间的还有这样一个整体：即生产物的世界和全部工具。没有工具和技术，人类也就微不足道了。然而，人并不是只求实用，光靠工具的。当人类成为工具时，当人类的活动只有实用主义的目的时（即使这种目的被冠冕堂皇的思想意识掩盖着），就产生了一种非人性的现象。人类认为自己是一种超验力量——命运、神仙的工具。为了解决人类作为工具而存在和人类对自由的要求之间的矛盾，一些哲学家求助于一种超验论：人在死后或在地球以外的别的地方，即神秘地"拯救"自己的地方才能认识自己，而在这种解放最终到来之前只得服从超验力量所安排的命运。这种理论更加残酷地重新确立了它原先改变的工具论意识。只有一种回答是有实际意义的，即把人改变为工具的活动是人类的一种矛盾，这种矛盾是可以而且应当被克服的。

工具不像抽象的东西那样，它不是从外部强加于自然界的一种形式，不是人类的桎梏，也不是人与自然之间的堑壕。热带森林或大海上的风暴纯粹是宇宙的造物，除了自然界之外，人类得听任自然界的摆布——也得听任这种力量的摆布，因为人是孤立无援的。但是，田间矗立的房屋，风格宜人，却表明自然界中的人能够适应自然与自然界友好相处。

自然界不同于人，但是决定着人的生存，因此最高的意识是人在自然界中的意识。人的高级意识既不是认识工具或技术，也不是作为自然界的外部主观性的纯自我意识。它表明了一种人类化的、有组织的和炽烈的自然生活，因为自然生活只限于动物。动物的生活只是一种生存竞争的基本需要，吃饱喝足后就不复存在了。"工业是人与自然界的现实的历史的联系，同样也是人与自然科学的现实的历史的联系，因此，如果把工业看作人的本质力量的公开揭示，那么就能够了解自然界的属人的本质，或人类的自然本质，那时候自然科学就失去它抽象物质的，或者说是唯心论的倾向，像现在已经成为人类真实生活的基础那样（虽然形式已经异化）成为人类科学的基础。而说什么生活有它的一种基础，科学有它的另一种基础——这压根儿就是一种谎言。在人类历史中这样的自然界……就是人类的自然界。"①

在历史上，人类既独立于自然界，但又同自然界保持更紧密的联系，更高的统一。人是自然界中有限的生物，是一个整体，是积极的主体，人的生命是自生的，他致力于自身的巩固和提高——生存是有限的但可能性却是无限的——因此，人类能够达到更高级的生存程度并超越原来的起点。人类的活动是一种不断地回复到原来的起点以便把握它并不断地把它提到更高级的水平的运动。人类是一种有着自己的未来并逐渐掌握全部未来的生物。他的局限性和抽

---

① 一个世纪以来，科学正如马克思所预料的那样，走向统一，人类实在性的意识（生存竞争的理论、历史意识、统计学科学等等）丰富了自然科学。

象性变成了力量。人类受局限性影响最大的东西——抽象的知性，在物体和时间、工具和概念处于分离状态中确定这些东西的能力恰恰成了这种日益增长的力量的源泉。人的意识表明人有力量支配事物，克服自己的局限性，因为人的意识只从通过抽象和逻辑以及自然界陌生的理论上的人的意识中产生。因此意识既表明人的局限性又表明人的无限性。这就是人的内在矛盾，他迫使人不断完善自己并改造自己，而这就是人类的悲剧所在，人类的不幸——也是人类的伟大所在。人类从自己的局限性中引出了特定的、人性的无限性。这种无限性包含、摆脱并克服处在自然生存中的无限性，因而可以称为：人类力量、认识、行动、爱、精神——或简而言之为人性。

三、已被掌握的领域和尚未被掌握的领域

简单的规律如物体下落的规律，只有在常常被错误地称作为"理想"的条件下才是真实的规律。这种规律对任何实际的物体都不是真实的，因为它只有对虚无的物体才是真实的。人们通过抽象的过程排除了造成紊乱的活动，并完全根据时间、空间和被称之为"重力"的力量的变化，使自然现象发生在极其凝固的条件之中。因此，人们就在时间和空间的数学关系中找出了一个简单的规律。这个规律概括了特定物体的生产。像任何产品一样，这个物体有自然的一面，也有人工的一面，有客观的内容也有主观的含义，有具体的一面也有抽象的一面。空间和时间也是同样的，确定空间和时间有助于确定"虚无"的物体，而空间和时间又是由这物体所决定的。把物体从自然界中分离出来的任何活动都是对自然界的分析。正如恩格斯在《自然辩证法》一书中所说的那样，砸碎了一颗核桃，这就是作一种分析。人类的活动分离、提炼并巩固着物体，因而也是扼杀着、粉碎着自然界。然而，运动所要获得的是真正活动着的有生命的东西，这种东西只有人们不断努力才能得到。人类的内在矛盾迫使自己不断变化，因而分析永远不会停止。此外，存在物从来不是一成不变的，无论从自然界方面（它总是想把人类从它那里夺去的东西重新要回来），还是从人的活动方面来说都是如此，人类的活动总是企求获得新的东西。

单纯地分割世界，抽象地对各种东西进行鉴别，把活动着的东

西完全固定下来的纯理论是不存在的。活动的辩证法是在各种各样的关系中发展的。它继续在世界内部作着广泛的分析，而又从来不脱离总体实践，这种分析不单纯是一种分析，而且必然还是一种综合。人类的活动就是在分离物体的过程中揭示出各种物体之间的关系的，被分离出来的东西是抽象的，但关系却是实际的。这种关系一旦被分离了出来，那么与物体相对而言它自己也成了抽象的了，也就重新回复到物体，回复到物体的本质中去了。人类的活动就是这样不断从抽象到具体，再从具体到抽象。它先把物体分离出来，再把它们联系起来；先把各种东西孤立起来，再揭示它们之间的关系。

因此任何存在物、任何规律和在事物中发现的任何属性都是相对的、暂时的和大概的，都有客观的和具体的特征。

在任何情况下巩固活动都有助于区别两种"因素"：一种是人们能够容易地把它们分离出来并且按照物体和活动的目的把它们组合起来的因素；另一种是被看作令人眼花缭乱而暂时被人忽视的"纤小"的因素（如空气对下落物体的作用等等，这些因素数量繁多，体现着整个自然界对某一物体的作用）。这些"纤小"的因素最后能够成为令人感兴趣的东西。人类的认识在开始时总是排除这些因素，而后来才承认它们。

巩固活动的基本目的总是为了形成一种"决定论"。对存在物可行的东西，对决定论也是可行的：它是一种创造——当然不意味着任意的乱造。任何决定论都是从实践活动中得来的，因而对自然界无限的实在性，对庞杂的因素和各种偶然性来说都是客观的。任何决定论都是巩固的东西。它有一种客观的意义和客观的实在性，同时也有某些相对的东西和主观的东西。它暂时是孤立的，它的意义存在于只有把它分离出来才能发现的关系之中。

在已被掌握的领域，即在人类范围内，全部生产活动——实践的目的在于建立一个巩固的宇宙，一个由许多确定了的因素组成的世界。从这个角度上看，机械是一种巨大的工具，它的主要的作用是要建立一些受人类控制的关系。这是一种得天独厚的工具，因为它适应了人类，是为了巩固决定论所进行的活动的最伟大的成就。

因此，机械和决定论都具有某种客观的东西，但是，不应当只看到它们的客观性，防止它们变成灾难。决定论在确定人类的全部活动及其目的中占有地位。全部决定论构成了由人的活动控制的一个整体。这个由实践安排的整体完全是具体的，实在物的统一性就在其中，任何局部的决定论都无法破坏这种统一性。

人类的活动，即实践把对立导入了世界，这样就使世界上已经出现的对立越演越烈。它突出了实在物的时间、外观和属性的特点。时间、外观和属性都是不同的。人类活动还把具体和抽象、必然性和偶然性、因果决定论和合目的性的对立导入了实在性。但是，就在导入这些对立的同时，人类活动还形成了它们的统一体。

巩固能为未来规定条件，从而确定未来的方向，而不排斥未来。例如，在种树养树这个过程中，客观的运动仅仅是受到保护和指导的。生产活动避免矛盾和各种力量的客观冲突，因为矛盾和冲突可能会使人们努力寻求的巩固遭到破坏。因而，人的活动一方面利用对立，加强对立并导入对立，但另一方面又不断谋求缩小和克服内在的矛盾。在人类活动的结果中，矛盾通常只是在互相对立的各种力量之间平衡的形式下才被接受的。平衡导致暂时的平静，不久就会有一种新的更加精确的力量在适当的时候和特定的方面打破这种平衡。这类平衡在机械的理论结构和物理的理论结构以及物体、机器等物质结构中都可以看到。因此人类的活动需要努力巩固矛盾，使矛盾成为一种工具和决定论。这种活动是可能的，而且会获得成功，但是只是相对的而且只适用在作用于一种孤立的物体的时候，它并不排斥自然界和人类活动的辩证法。许多机械论或唯心论哲学家的错误就在于把这一活动绝对化了。

从研究孤立的存在物过渡到研究全部的存在物，从研究局部的活动过渡到研究全部活动，这就避免了一种诡辩。人类的活动并不排除矛盾，而是赖以为生的。人类致力于缩小矛盾的时候，其本身就包含了矛盾。人类活动只有在使矛盾充分暴露出来时才能掌握矛盾，更好地统一矛盾。

在这个世界上，人类还未能掌握的领域还是很多的。在自然界中，这个尚未掌握的领域对人类来说，充满着必然性和未被认识的偶然性。就人类本身而言，这个领域就叫作纯粹的自发性、非自觉性、心理和社会的注定性。它包括人类活动至今还不能够支配和巩固的全部东西，至今还不能由人类"生产"并为人类服务的全部东西。这里指的是尚未以人类为中心，人类尚未认识的许多实际的东西，这些东西还没有成为实践的客体。生产活动包括这种矛盾，所有矛盾中最深刻的矛盾：人的力量与人的无能为力之间的痛苦的对立——一个由人类掌握和巩固的现实部门的存在与一个原始状态的部门存在之间的对立——给人以生命的东西与使人死亡的东西之间的对立。人类每时每刻都处在与使自己得以生存但又无法主宰的东西分离的境地，人的基本东西在根本上受到威胁，人最后在精神上、物质上死亡。

不幸的是这个尚未被掌握的领域还几乎包括自然界和生物的全部生命，人类的全部精神和社会生命。原来似乎十分强大的人类力量，突然变得极为脆弱并受到威胁。人们原来认为这个领域是外部的存在和外部的实在性，但不久就发现这种恰恰是最内部的、最内在的东西。

对于这个尚未掌握的领域，人类的态度是用非科学方法加以探索，用不同于对已经掌握了的领域的认识对它作出解释或作出多少有点主观武断的设想。一个尚未认识的领域刚存在，人类对它的探索、解释、模糊不清的认识和设想也就出现了。后来的探索还被用文字和诗歌的方式加以表达，而解释和设想导致神话和宗教——意识的基本要素的产生。

然而，原始认识也有一些合理的因素，它表明了正在诞生的生产活动与世界的关系。原始人意识到的世界统一性的程度要比现代社会里的被分得很散的人所认识的更高。原始人在本质上已经看到矛盾的统一性，虽然这种认识是模模糊糊的。所谓"前逻辑学"的思想（根据这种思想，矛盾着的东西可以构成一个统一体）包括一部分被人种学家忽视了的真理，他们根据刻板的标准认为"前逻辑学"是一种形式逻辑。

这种原始思想也包含着一种对尚未被认识的领域的态度。这种态度源于已被认识的领域和对这个领域的认识。更确切地说，它任意把从已被掌握的领域中得来的认识武断地扩展到尚未掌握的领域里。它想掌握还没有掌握了的东西，以为用荒诞的方法，巫术就可以取得效果。巫术既是实践中得出的解释（原始人用来回答这个问题：为什么这样的行动会获得这种的结果？）——这是一种虚幻的延伸，但又是在当时的技术力量条件下对咄咄逼人的、尚未被认识的现实的令人信服的延伸，又是人类意识对世界的设想，又是在医学和炼金术方面对未知领域所作的诗情画意般的、有时也是实际的探索。看来在巫术和宗教之初并没有过前逻辑的思想，也不存在来自宗教和科学的原始巫术，也没有源自从原始人的行为中得到启示的社会学的宗教。目前，互相分离、互相对立的宗教、科学、艺术是生产活动特定的社会分工的结果。意识是建立在这种活动基础上的，但又处在生产活动和尚未被认识的世界痛苦的矛盾（包括心理和性的冲动等等）之中，它在宗教、美学的表现形式中寻找解脱方法。所有活动都要求一种间接的尝试，目的是为了了解和支配尚未被掌握的世界。只有科学认识才能完全做到这一点。

如果说原始意识中已经存在着合理的因素（用来补充形式逻辑的直观因素），那么现代意识中就包含着许多原始思想的痕迹。对于尚未被掌握的领域，现代人要比原始人更感兴趣也更为害怕。我们的能力是单薄的，我们的意识还受着威胁。看来应当不惜代价用一切方法掌握尚未认识的领域，并占为己有。因此，神话般的活动继续存在。人们并没有对用预兆的方法，例如，用心理学的方法进行探索而感到满足，更没有对用美学来表达这个未被认识的领域表示满足。人们还想说明它，使它平静下来变得不那么咄咄逼人，以此自慰。这样宗教就持续了下来，并又产生了新的神话和巫术。人们看到在纯理性主义的领地上维护理性是多么的不容易，理性要么是生气勃勃的力量，即一种与世界和人类作斗争并战而胜之的活动，一种创造统一体和秩序的力量，要么是一种软弱无力的形式，它让位于崇拜自然界的东西或社会存在物，或者对这两者（土地、种族、国家……）都崇拜的神秘的解释。如果说理性仍然是纯内在性的话，那么它一定会屈服于外部的权威。

四、物质决定论

这种决定论不是绝对的，它是相对的，因而是大略的。它与人、人的活动以及这种活动的目的有关，应该经常扩大和深化它，并把一系列新的原因和世界上的各种新因素同理论和更广泛的目标联系起来。所以，必须时常批判终极决定论。终极决定论只有在后来的决定中才能显出是正确的，只有把对这种决定论的批判同对产生这种决定论的活动所作出的分析结合起来时，决定论的意义才更为广泛，因而，由某种科学所证实的决定论，只能被看作是一种契机，换句话说就是：任何数学的、物理学的、化学的、生物学的决定论永远一方面是由整个自然界作出的，另一方面是受人类的活动制约的。

这里人们就又一次遇到我们所处的这个世界以及它的形成和巩固这一问题了，巩固完全是相对的，大略的。我们的世界的组成和稳定都是相对的，它是面对与人类不同的自然界现实并朝着这种现实扩展的。这种对象的变化提出了新的问题，需要首先找出引起这种变化的"细微"的原因。

如此获得的关系不仅仅是部分与全局的关系。科学家提出统计学决定论的概念和规律，这种规律逻辑上并不是从适用于另一种范畴的规律中得出的。我们世界的广延是以发现与实际不同的质的程度为标志的，与组成质的程度的量的相比，质的程度的规律是统计学上的规律，而且属于与程度和全部更高级相比的它们一切的"原子数"①。

人类的世界看来似乎就是由外表、形式（就词的形成意义上来说）和运动构成的。外表、形式和运动产生于自然界之中并且在自然界中相对得到固定并影响着自然界的变化。在自然中和自然界以外都有一种人类的空间和时间。例如，显然人类的运动（生物的、心理的、社会的时间，即我们机体的时间和时钟所表示的时间）决定着我们观察世界、构思世界并找出其规律的方式。然而，这种时间只有在一个方面（物理学家称之为可变 t）是抽象的；而在另一方面确是自然的现实。规律既反映了时值，又具有客观的意义。用黑格尔的话来说，现象的稳定可以由我们的运动来衡量，而我们的运动又是同自然界的运动糅合在一起的，所以预测和归纳都是可能的。

不能认为物质的自然界就是许多外部决定论的彼此并列或总和。每种决定论都是一种产物，一种实践的产物，而不是纯智慧的抽象结果。因此全部决定论就是活动的巨大的产物，是一种巨大的客体，即世界。这个客体应该从自然界和生产活动这两方面来理解。生产活动本身就是一个与自然界不可分割的整体。另外，对自然界作"就事论事"的理解是荒谬的。因为，自然界本身既不是不可确定的，又不能用决定论的概念加以规定。"纯"自然界这个最实际的存在对我们来说是最抽象不过的一个概念。所有规定都无法对它起作用，它既千差万别，又瞬息即变（自我运动），我们即使用最普遍、最抽象的辩证法规律也无法对它加以确定。离开以自然界为基础的生产活动，渗入自然，"包括"自然并有机地把各种分散的因素联系起来的生产活动，试图确定自然界就等于提出一个无法解决的、只有神话才能回答的难题，就等于离开世界的生存条件，离开对世界的认识来想象世界。

---

① 英国科学家 H. 列维受到辩证唯物主义（《作为现代哲学的人》，伦敦，1938）的启发，在最近的一本著作里，他没有运用数学仪器，对这些关系作了精辟的阐述。

决定论数量繁多因而就产生了它们统一体的问题。生产活动使自然客体成了许多决定论；各种决定论是和不同的科学、不同的技术和专门知识有关的。所以，真实的和具有生产能力的人就是决定论的连接物。人不得不把自己的活动和活动的对象分成许多门类，以便形成自己的世界并主宰自然界，也不得不从作为物质的可以被感觉到的、可见的生物，作为有生命的生物和可以用数学方法加以计算的生物等不同角度来认识自己和其他生物。决定论数量众多反映了世界的客观联系，尤其反映了具有特定实在性的各种程度的存在，然而，不应该绝对地对待这种多样性。决定论的多样性仅仅是暂时的，因为，人类是一个整体，以人类为中心的世界也是一个整体。在生活和实践中常常出现世界被分成许多零星的决定论，同时辩证的统一也在不断地形成。当人类真正做到认识自己，把自己变成包括自然在内的特别的统一体时，这种辩证的统一体便会朝一个更高级的统一体发展，这时"自然科学将包括人文科学；人文科学也将包括自然科学，这两种科学，将变成一种科学"。

一系列原因和决定论都是以人为出发点又以人为结果的。这种分析可以归结为一个公式：物质的决定论，就是自然界中的人。这个定义可以从辩证法的角度来理解：它既指出了在决定论中存在着客观的东西，又指出每种决定论都存在于活生生的人的活动之中，人是自然界中存在的并作用于自然界的一种生物。

科学为了使自己包含在这繁多的决定论之中，为了使自己的客观性成为可理解的东西，并形成自己的统一体，就需要一种知识和生产活动的辩证理论。

五、社会决定论

马克思把历史变化的辩证的、复杂的和偶然的特点归结成一个令人惊异的公式：人类历史通常是由自己的阴暗面推动前进的。奴隶制决定了大部分伟大的文明，只有革命和战争才能摧毁和战胜限制的文化，只有使旧的东西衰落才能使旧世界对社会结构和思想的限制消失。这个"阴暗面"腐蚀和破坏现存的东西，使它衰落并产生危机，导致新的社会现实的因素出现。这种否定的观点原先是一种偶然的表现，后来就成了一种新的要素。这种要素首先是以微不足道的、外部的、零星的形式出现的。后来，原先各种孤立的和不起作用的因素增多了，它就成了一种新的现实阶段。就这样在中世纪的第一批商人以后产生了资产阶级。16世纪时，无产阶级还很少，他们原是破了产的手工业者，后来人数越来越多最后产生了一个新的社会现实，一个新的阶级。

一个社会现实就好像是一个感性物体一样。社会物体是生产活动的产物。它既有抽象的一面，又有实在的、具体的一面。人们可以作用于它，是因为它是客观存在的，不是一朝一夕突然冒出来的。

市场是一种典型的社会物体。它完全像一个尚未被人们掌握的自然界的一部分现实那样，目前还对人类有一种威力。它既有已被人类认识的东西，又包含尚未被人类认识的成分；既有表面现象，又有内在的实质。它能够使某种形成市场的力量和特定的行动方法发生作用。

物质的东西更能在人类社会中发生作用。这种物质的东西就是"财富"。它刺激着社会活动、人类的需要和人与人之间的关系。但是，另一方面，它还给社会活动作出了某些规定。特别是，从远古到今日消费品稀少（相反，我们已进入了物资丰富的时代）造成了斗争和竞争，延长了人类为生存而作的斗争。人类活动的对象和产品即使成了社会关系的支柱，并导致产生诸如市场等这种特定的东西后，仍然没有失去它原来的性质，在人类活动中继续决定着矛盾和斗争。从全面的竞争中产生了某些有权势的团体的斗争——社会各阶级。

因此，作为物质的物和后来成为纯粹的社会的物——如商品和市场——决定着社会的活动和经济社会的变化。政治活动在人性上和社会关系上适应了人对自然界的实践活动的需要。它借助于社会关系反过来对社会关系起着作用。它干预冲突并利用冲突中的各派力量。在整个历史过程中，时代、文明和阶段之间从来没有过绝对的界限。经济社会的运动始终是复杂的。政治活动始终试图把这一运动纳入特定的方式并为此消灭反抗的力量。它总是想在自发的变化中塑造"巩固"的结构。其结果便是产生了各种形式的国家，这些国家的形式是适应社会关系的，它利用现有的各种力量，因而总是对最强大的一方有利的，但是政治活动的这种努力一直到今天都在制造着越来越深刻的矛盾，为新的力量和形式的出现铺平了道路。

这种分析可以归结为一个公式：社会决定论就是人类社会中的自然界决定论，它确实为特定的人类活动提供了条件。它既决定了人类的活动，又限制了这个活动。它提供了人的自由，又反对这种自由。它源于自然的客观性，但后来却陷入了"拜物教"的客观性和社会关系的特定的客观性。它还源于自然的局限性，即物质匮乏和自然的生存斗争。在自发的过程（这种过程与自然科学所发现的过程相似）之后，社会现实和社会物质，即基本现象的统计结果就产生了。

因此，社会决定论是人性中的非人性的东西，是人性中自然斗争和生物现实的继续。人还没有完全被认识，是人类社会中的自然界。

六、总体的人

人起初是自然界中微不足道的一分子，是一种微弱的赤身裸体的生物。这种微弱的生物却勇敢地进行着斗争，后来从自然界分离出来成了一种既脆弱又强大的"要素"。这种分离是根本性的：人不再属于自然界，然而却又存在于自然界之中和体现于自然界之中。在人类征服自然的过程中，这种矛盾依然存在并且更为深刻。人的活动是创造性的，人通过自己的活动创造了自身。人创造自身，但并不是自己的产物。人的活动逐渐地统治着自然界，但是，当这种活动转而反对人的自身时，就有了外部的性质，并把人类引入社会决定论之中，使人类蒙受了极大的不幸。人类本身并不是这种决定论，然而，没有这种决定论也就没有人类了。人类首先存在于非人类之中，并通过非人类加以体现。它不仅依赖于自然界，而且在社会中，也是最弱小的。人既顺从于生物界的突然变化，又同样激烈地用法律、伦理和宗教反对这种激烈的变化。

人类经历了剧烈的痛苦，并在痛苦之中形成了自身。他原来只是与自然界有着矛盾。在这对矛盾中，矛盾的双方相互起着作用，矛盾一方的性质影响着另一方的性质，旧的矛盾一经解决，矛盾的统一就达到了更高更自觉的程度，这时又会出现新的更深刻、更富有戏剧性的矛盾。人类的活动确实超越了自然的对抗形式（实践、思想及包含某种支配外在性的内在统一性），但人的活动在以前都只不过加剧并使人深刻感受剧烈的痛苦和斗争罢了。

不论作为一种现象，还是作为一种慰藉，人性都是不存在的。然而，人已经存在了。当我们撇开根据有限的特性观察每一事物、每一事件、每一个人，而把人的活动作为一个整体加以研究时，人就出现在我们的眼前了。人的本质首先是抽象的潜在性，即内部的分化、分离。而且人的本质似乎还只存在于理想的形而上学之中。然而，每个矛盾所引出的问题都需要得到解决，都趋于得到解决，都决定着解决问题的活动，并把人性的现状提到一个新的高度。一个矛盾解决了，人就朝这种本质进了一步，矛盾就好像是历史和戏剧性运动的内在动力。人性就被创造（生产）和发现了。发现和创造混合在一起了。

唯心主义孤立地看待逐步出现的人。它不顾生存条件，就事论事地研究人是怎样产生的，认为人似乎原来就是而且永远是这个样子的，使人的产生变得平淡无奇。

人是在同他物相比之中，在否定自己并被自己所否定的、然而却与人紧密地联系在一起的东西，即从自然界之中诞生并认识自己的。人先是与自然界糅合在一起，然后再逐渐增强并超过了自然界，并为自己创造了一种人类的自然界。

庸俗地运用这些字眼就掩饰了这些词的真正含义。自然界成了人类的自然界。它以人为中心，存在于人类之中，成了一个世界，一种有组织的尝试。而人则成为一种具体的存在，一种能动的力量。人的劳动使以人为中心的自然界人化。自然界内部的人化具有明显的生命力，成为一种摆脱了天然和被动本能限制的本能力量。人类的自然界是一个相互依存、摆脱分裂的统一体。

劳动，即经济生产其本身并不是一个目的。"生产的基本结果……就是人的存在。""自然界是人的无机躯体……人依靠自然而生存，就是说：自然界是人的躯体，人通过持续不断的过程与自然界联系在一起以免死亡。尽管人的物质生活和精神生活与自然界联系在一起，但这些仅仅意味着自然界只是和它自己联系在一起的，因为人本身就是自然界的一部分……但是只有在设计一个物质世界的时候，人才作为类的存在物出现。这种生产是人的能动的、类的生活。由于生产活动，自然界就成了人类的创造物和现实性。当人不仅在意识上、精神上而且在实践中、现实中把自己化分为类时，当人在由自己创造的世界里直观自己的时候，劳动对象就是人的特定生活的对象化……"社会的历史就是人占有自然界和自己的自然界的历史。社会劳动和经济活动是这种占有的手段，是人的本质的基本时刻——条件是这种手段和时刻包括在人的本质之中并受人的本质所支配。这些手段和时期本身并不是人的本质。经济的人应该被超越，以便显示总体人的自由。"作为总体的人……人具有多种本质（全部东西）。"

总体运动已被行动和思想所分裂。这种分化不可能是绝对的。它具有相对的实在性，即人与自然的斗争。物质决定论认为人是在自然界中活动并以自然界为对象进行活动的。社会决定论则把自然界置于人类之中。"人类的自然界"解决了这些争端，提出了一种最高的统一体，把各种决定论组合在一起并超越了这些决定论。像整个自然界一样，人类的自然界也是一种自发性（自我运动），不过这是一种有组织的和清醒的自发性。总体的人就是整个自然界。它包括所有物质的和生命的力量，包括世界的过去和未来。但是人还在任意地、自由地改造着自然界。

产品和生产力是总体的人的"他物"。人可能陷入此中。应当懂得并把握着现代人的命运——经济力量的独立性。社会过程的客观性刚被确定就已经快过时了。客观性是与起着作用的并且已经变得客观的人的主体活动联系在一起的，它为人的活动提供一种新的客观内容，使人的活动更加客观化、更加有效、更加明确地成为一种自觉的创造活动。

命运始终是人的"他物"。历史是如此残忍地无法挽回，悲剧在于遭此命运的人无法证明这种命运是否正确，但是所有的命运都是由人的未来所安排和中断的。然而，历史并不是荒诞不经、杂乱无章的逸事和暴力的续编。这种历史观否认只是由于活生生的主体人而存在的那种历史，否认通过历史而形成的总体的人。

人尚处在生产阵痛阶段，还未诞生，几乎还没有被认为是一种统一体和结果，还只存在于自己的对立物之中并通过自己的对立物而存在，这个对立物就是：人中的非人的东西。它还只是分散在由实体和新生的人性意识转化成的许许多多活动和专业生产之中。人还只是在与自己不同的他物中，即在思想意识中感觉到自身。

当创造性活动越来越多样化时，社会的人继续在自己的活动结果中认识自己。但是承担意识的产物其作用已不像对原始人和孩子那样直接了。产品成了社会的和抽象的产品，这时就出现了一种产品：精神产品。这样就有了三种外部的，但又是基本的产品，即：物质产品、纯社会产品和精神产品。这后一种产品在某种角度上来说也是物。它是人的意识之外的东西，从另一个意义上来说，它完全取决于某个特定的社会范围，某个特定的历史时期里的活动。这些思想意识既表明了社会集团总的活动和这种强有力的活动所达到的水平，也表明了世界和意识已被分成许多局部的活动。它们改变了实际的关系，力图在关系之中认识自己的活动，已从自我中摆脱，也就是说超越了自我。思想意识的出现使人颠倒了事物、外部实体的秩序，即上帝、命运、绝对的形而上学真理。这些精神的东西超越了物质的东西——这两者之间是没有自觉的联系的——直至使人认识不到自己的创造性活动。精神产品的客观性包含着一部分幻觉，但是这种表象成了一种事实。人类相信自己能在社会上出现，有一种超验性的根源，他们按照被政治家们利用的信仰组织起来。理论的异化就这样成了实践，并作用于习惯。荒唐无稽的事情和崇拜偶像似乎具有一种实在的力量。这种力量是由人赋予并转而反对人的，自己反对自己的力量。

在另一种意义上，这些产品包含着一种真理。这些产品表示了人类的具体生活，同时也改变着真理。这些产品成了文化和生活风格的组成部分，而文化和生活风格过去一直有过某种有效的东西，其中某些组成部分（特别是古希腊的文化与风格）也许能够融合在有组织的和更新的现代世界之中。一般说来，这些风格源自重复的和最微不足道的实际生活行动的积累。然而，历史表明在大部分伟大的文化中，正确的思想意识、豪华的服装和高雅的谈吐，与十分单调的日常举止之间有一种难以忍受的矛盾。只有未来才能解答意识和现实之间的这种矛盾。

思想意识的效能基本上来自信仰，但是意识逐渐从这些产品中分化了出来，并为思考和对世界起着作用的实际力量的发展所替代。任何思想意识经过了或长或短的"不幸的意识"阶段后都在历史上消失了。人类思想和实在性通过思想意识而形成，但又超越思想意识，并从思想意识中解放出来，最终作为真正的活动而确立。

即使在人类征服自然的力量已经相当强大的今天，人类比以往任何时刻都更是自己造成的崇拜偶像的牺牲者。偶像的存在真是离奇，它既抽象又真实，既是物质的又裹着富有魅力的思想意识，有时甚至是迷人的思想意识的外衣……这就需要有一种新的、清晰的、坚韧不拔的、善于提出问题的意识来揭露这些偶像，防止思想混乱而丧失理智。辩证唯物主义应当成为表现这种意识的手段。

人类对自己的本质和真实的价值并不很理解。人类自己对生产活动的分析表明，人对人的本质所下的各种哲学上的定义都是与进行这种生产的各个时期相吻合的。"生产"一词的含义是至关重要的，因为，它包含着其他活动并说明其他活动，因为它包含着并意味着人的本质、行动、知识。这个词有时不太受人重视，因为人们在最小范围内提到它，但它却意味着全部人类价值。这个词所包含的真理还没有全部被显示出来，因为直至今天，人类的生活还不是有意识地进行的，还没有包括它的产生过程。人的生命消失在盲目崇拜这种生存和意识方式之中。"劳动所生产的东西是一种与人不同的独立存在的东西和力量。同样，在宗教中，幻想和人的头脑里本能的活动就像神魔般的外部活动一样独立地作用于人，所以生产者的活动并不是一种本能的活动……最重要的活动，即人的生产活动只是人类满足继续生存的物质需要的一种手段……生活本身就是作为一种手段而出现的……""任何生产都是人类在一种社会形式下并用这种社会形式来占有自然。"① 如果说人类的本质目前还"异化"着，那么这首先意味着社会形式无助于人类占有自然界。创造性的活动、人类的本质、个性等应当成为"目的本身"（在伦理界限上的东西）的东西还只不过是一种手段。

目前的状况是难以忍受的，因为人类的实在性比以往任何时候更完全地被分离。似乎分化、分散、矛盾等一切不好的东西今天都出现并集中在为数众多的不幸的人类身上。人类的实在性处在危险之中，它在精神上变得模糊不清，实际生存中也受到威胁。

后来就出现了这样一个时期，"人类原来认为不可异化的东西都成为可以变换、可以买卖、可以变化的东西了"。在此以前一直是互相沟通和可以赠与的。道德和意识、爱情和科学都成了贸易手段。"这就是全面堕落和普遍谋求私欲的时期。"② 金钱的需要成了"政治经济学造成的"唯一的真正需要，以致"金钱的数量日益成为人的唯一主要的品质"。这种异化使得人变得更为贪婪，简直成了禽兽般的简单的需要了，而这种行为甚至在人的同类中也有发生。人不如动物，变得孤独了，有时甚至不想同自己的同类交往。全部生活对人来说，就是一种"从手中溜掉了"的外部力量。社会的本质是没有人性的，只是金钱。它的本质就成了纯经济性的了："我的'生存手段就是别人的生存手段'，我企求得到的东西别人也是无法得到的，每件东西都是与自身不同的他物。因此，我的活动本身也是一种他物。总之——资本家确实是这么认为的——一种没有人性的力量支配着一切。"③ 经济学左右一切确实是没有人性的，人的本质就是追逐物，追逐金钱，即恋物（把"绝对经济主义"归咎于马克思，

---

① 马克思：《政治经济学批判》，第18节。
② 马克思：《哲学的贫困》。
③ 同上。

说明了目前有人想把价值的概念颠倒过来，其实马克思的思想就是想超越经济意义上的人）。

资本家作为人，他是除了金钱以外别的什么都没有的人。但是否资本家也强烈地觉察到一无所有，感到作为一个人他在社会地位、生活必需等方面都被排斥在社会之外？他没有金钱，而金钱就是建筑在利润基础上的社会生活的唯一意义。离开集体的人，是不可思议的。所有的社会结构都确立了某一些统一体。当一个集体被内部的、明的或暗的斗争弄得四分五裂，那么它就称不上真正的集体了，人就不成其为人，而重新变为动物了。这样，人类集体变了，人也变了。

人和集体异化的方式是多样的，目前异化的基础是某些没有人性的社会集团，其中最重要的是现代无产阶级。这个集团要么被排斥在集体之外，要么被人在政治上加以利用，因而得到口头上、表面上的承认，它既不能分享社会的物质财富，也不能分享社会的精神财富。他刚要参加集体的活动，他的反对者就说他破坏集体。

在以生产资料个人所有制为基础的社会结构中，无产阶级只是许多工具中的一种工具，只是"机器的附庸"。现代的工人不得不出卖自己的劳动力，成为一种商品，许多物品中的一种物品，劳动这种外部的力量，"作用于人就像作用于物"①。马克思在 1844 年已经写道："由劳动产生的工人越多，他所创造的外部物质世界也就越有力量，而工人的内心世界就更贫乏……劳动对于工人是外在的，工人没有在自己的劳动中显示出来，而只是自身否定并感到不幸……工人只有在劳动之外才感到自己的存在。因此工人的劳动不是满足自己的需要，而是为了满足除自身以外别人的需要的一种手段。……所以工人的活动不是自觉的活动。这种活动属于别人，是工人自身的毁灭。结果是：劳动的人只有在起吃、喝、生育等动物功能时，才觉得自己是自由的，而在人的作用中，他只感到自己是动物。诚然，吃、喝、生育也是人的真正的功能，但是，当人们把这些活动从其他的活动分开来，使之成为目的后，工人就成了动物了……这就是劳动者和作为外界活动的工人劳动之间的关系。"②

生产者就是这样（或个别或集体）离开并被人剥夺自己创造的财富的。生产者得不到全部物质产品供自己消费。这就造成了经济

---

① 马克思：《资本论》第 3 卷。

② 马克思：《1844 年经济学哲学手稿》。

上的相对生产过剩，这种相对的生产过剩——物质丰富今天是可能的——变成了失去一切，导致经济危机和政治斗争。

人类的共同生活被破坏了。创造性的活动成了一种使个人从集体中分离出来的手段。特别是，集体成了掌握生产资料的人的工具。

异化就这样扩展到全部生活，任何个人都无法摆脱这种异化。当他力图摆脱这种异化的时候，他就自我孤立起来，这正是异化的尖锐形式。人的本质源自全体社会进程。个人只有在同集体的牢固和明确的关系中才能获得这种性质。个人不应当与集体分离，也不应混同集体，但是在我们的社会里，关系被颠倒了，个人可以认为在孤立中也能够认识自己。这样个体就更彻底地"丧失"和脱离了自己的基础，脱离自己的社会根基，他把自己看作理论抽象（心灵、内在生活、理想），或一种生物存在（躯体、性欲）。他自行维持，并再造成集体的更加严重的分裂。个人身上的矛盾是多种多样的：无意识与意识之间的矛盾、自然界与人类之间的矛盾、社会与个人之间的矛盾、本能与理智之间的矛盾、内容与形式之间的矛盾——实践与理论之间的矛盾。

无产阶级是这种集体中的具体的组成部分和实际方面。无产阶级通过劳动与物质以及事物的对抗性，与特定的生存环境中的矛盾保持密切的联系。辩证唯物主义作为无产阶级的表现形式已经形成了，尽管它超出了无产阶级的条件界限，超出了哲学知识、经济科学和改革派的所有希望。无产阶级因而拥有人的某些基本要素，另外，资产阶级也拥有其他的某些基本要素：知识、文化。但后者由于是从前者分离出来的，所以是抽象的和形式的。人类集体被人类的主要部分或明或暗地行使暴力取代了，被无限分散的个人主义和个人竞争所取代了。这种分散性表现在个性之中，具体的、实际的和自然的因素从意识和文化中被分化出来了。意识粗暴地统治着实际内容。没有内容的精神力量抽象地发挥着作用。受过教育的人成了尼采所称的"理论上的人"。

集体在物质和精神上的分离越来越加剧，必然趋于衰亡（这一点已被特定的经济分析所证实）。为了结束这种状况，必须抛弃使一个阶级从属于另一个阶级、使人类存在中一些成员屈从于另一些成员的社会结构，因为，人类成员是由一些互相对立的集团所控制的。还应该抛弃这样的经济结构：在这个经济结构中，无产阶级仅仅是生产的工具，生产的实在性相应地被低估了。为了解决个人与社会之间的对抗，从中揭示社会成员之间的联系和统一，特别需要充分认识实践的重要性。鉴于意识的局限性源于我们经济和社会结构中某种实践，所以必须抛弃这种实践，进行一种新的结构严密和"全国协调"的实践。

在这种极度分散和矛盾中，在这个物质和精神的恶厄之中，人的本质也许就接近形成了。人的本性既已变得这样复杂，就应当达到更高度的统一，矛盾越深就越迫切需要统一。

这样，自我与为我、起源和终结、变化和超越、客体和主体、本质和存在等唯心主义概念就在唯物主义的人道主义中变得清晰起来了。人们可以以分析实践为基础，说明活动时期、思想和行动的种类、认识领域等起源。辩证法的异化概念支配和概括了对变化中的人的描述，对人类目前和历史的悲剧进行详述，提出了实践的最新意义。实践的分析反过来又肯定了这一概念的正确性。

总体的人是变化的主体和客体，它是与客体对立并克服这种对立的有生命的主体，是被分成许多局部活动和分散的规定并克服这种分散性的主体，它既是行为主体，又是行为的最后客体，甚至是行为在生产外界客体时的产物。总体的人是有生命的主体—客体，是起初被弄得支离破碎，后来又被禁锢在必然和抽象之中的主体—客体。总体的人经历了这种支离破碎走向自由，它变成自然界，但这是自由的自然界。它像自然界一样成了一个总体，但又驾驭着自然界，总体的人是"消除了异化"的人。

唯物论的和实践的哲学不能提出一个超验的理想，它的理想应该是一种实在的功能，应该扎根于这种实在性里，并存在其中。总体的人的思想适应了这种要求。此外，人的可能的实在性可以通过特定的经济学和社会学的研究加以科学地确定。

人类异化的结束将使"人回复到人"，即所有人类因素的统一。这种"十足的自然主义"同人道主义是一致的。它将创造人，又保护了发展取得的全部财富。"它是生存与本质、对象化与自我肯定、自由与必然、个人与全体之间争论的真正的终结。它解答了历史之谜并知道是它解答了这个谜。"①

人类集体的这种结构将不会使历史终结，而只是终结人类的"史前史"，终结处理得不好的兽性的"自然历史"。这种结构开创了真正的人类时期。掌握了自己命运的人最终还将试图解决纯属人类自己的问题：幸福问题、知识问题、爱情问题和死亡问题。人类将

---

　　① 《马克思—恩格斯纪事》，第3节。

使这些问题从无法解决的条件中解放出来，如人在生活必需上的不平等就是一个无须置疑的事实。利用这个事实，为了从中获利而加剧这种不平等是可耻的，而在一个人类集体中，这些问题就可以被提出并加以研究，以求寻找一个切实可行的解决方法。社会的具体不平等不会消除自然界的不平等，相反会使这种不平等暴露出来，同时使每个人都有发挥个人才干的机会。应该与生存有关的因素进行斗争并支配它，以便发现并战胜遗传、地理和科学等等的必然性。

这样确定的人道主义还有一个量的问题，它是建立在生产力发展的基础上的，而且它同样有一种质的问题。任何人类集体都有一种素质、一种风格。人类集体和风格已经存在，有民族、文化、传统。人道主义不是要摧毁这些集体，恰恰相反，是要使它们摆脱局限性、充实它们，使它们走上具体的世界大同而又不失去自己的独特性。这就需要继续进行总体运动，把现有的内容加以发展。

在这种人道主义中，最高的权力机关不是社会，而是总体的人。总体的人是自由集体中自由的个人。它是在差别无穷的各种可能的个性中充分发展的个性。

人的史前史的这种结局不是命定的。它既不是从经济命运得出的，也不是从神秘的历史目的性中得出的，更不是"社会"的指令导致的。为这种结局奋斗的个人可能被打败。人类可能会陷入混沌和紊乱之中。解决方法已在总体运动中被指出来了，它已经为预感、活动和意识指明了方向。它不取消这些东西。经济和社会的自动作用的目的怎样才能自动完成呢？

艺术始终包含一种趋向，一种走向总体行动的努力。在音乐中，一个部分的感官音素（声音）趋于成为意识内容的共同广延，即节奏、运动、情感、色情、灵性。在绘画中则有视觉因素。消失了的时代的社会结构对于我们已经没有实际的意义了，但它的艺术仍然有一种无法替代的价值。人们能够在最神秘的诗篇中，找到被称之为神圣的、超人的总体行为。人们总是怀着炽热的、模糊不清的、漫无边际的感情设想着这种全面行动。人类在异化中总是为实现一体化作出努力，希望在一个外部信仰中找到人类的协调一致、慰藉和安全，人们在宗教礼仪和道德中寻找人类与集体的一致。在某些令人恍惚的宗教仪礼中，人类达到了与宇宙的一致。在这种时刻里，人的意识不禁自露，其强烈程度只有花了长期禁欲的代价才能达到。但是，这些冲动并没有真正解决问题。过了这一段恍惚之后，人类又重新处在不幸之中，感到更为沉痛、更为失望，感到成了人类之外的生物了。在所有这种尝试中，只有艺术才为我们留下巨大的价值。

总体的人的思想积极有效地继续着这些尝试。它包括过去最高的价值，尤其是艺术，因为艺术是摆脱异化特性的生产劳动，是生产者和产品、个人与社会、自然生物与人类的统一体。

这种最高理想使变化具有意义，因为这种理想是与变化联系在一起的。总体的人是一种思想。唯心主义把这种思想片面地贬低为脱离生活，在绝对中形成的理论活动。

总之，总体行动将既是高度个体化的，同时在基本能量上又具有共同广延性。它既是高度清晰的又是高度自发的，它虽然融合在自然界的节律之中，但又是唯一的存在。

然而，最高级、最具有人性、最全面的意识只会加剧最初和最深刻的矛盾：虚无与存在的矛盾、生与死的矛盾，毫无疑问，人类无法最终战胜死亡，无法使自己不受损伤维持生存。但是，人类仍在与死亡作斗争。人类接受了挑战，它不仅要与虚无这一把握不住的敌手交锋，而且在人类中间也有死亡的同谋者，人类拒绝与死亡同流合污，而是与死亡的同谋者作斗争。

个人终究是要死亡的。但在个人的自我中除了自己外还有人类、精神和生存。人类想使自己代代相传永久延续下去，并且丰富充实，"加入"到最长寿的生物的行列。人就是这样在自己的一生中与死亡作斗争的。

"理论的人"应该认识、弥补和超越巨大的人类现实性。应该把抽象的、理论的和形式的自我向世界开放。新的哲学取决于实际的行动和需要，而不取决于假设、抽象的抉择、随意选择的价值或想象。它的任务应当在意识和人类的各种因素和方面之间建立明确的联系。在这种研究中，唯一的准则是实践的准则；消灭中断运动、分裂瓦解和阻碍前进的东西。

七、探索总体内容

哲学思想和不满足于纯形式态度和纯理论意识的行为，可以设法避免形式和内容的分裂，并立即把握住某一种具体的内容。然而，如果为部分内容所作的努力只限于这一真实的因素，那么这种努力必将会把这一真实的因素绝对化起来，并把这一绝对化的东西当作神化了的形式。例如，我们可以把个人心理、民族集体、人的精神实体、人类对统一和实在性的要求等视作为内容。孤立的人格化的真实性的每一个"时刻"都会先否定其他"时刻"继而否定自己。局限的、变成形式了的内容就会压迫和破坏自己的实在性。这样，民族主义就会成为民族实在性的敌人，自由主义就会使自由死亡，唯灵论就会成为人类和个人主义以及具体的个人的敌人，极权主义就会与人类的全部成就对抗。

在哲学上，这种方法把局部真理绝对化，因而使部分真理成为错误，创造了一种超等事物。种族主义就是一种超生物学，民族主义理论就是一种超历史学或者是一种超社会学。这种做法隐藏着形而上学的危险，它否认一部分内容，却又承认和加剧实在因素的分裂。它忽视其他领域的作用，摆出一副专家和支持者的姿态。它虽然也表示要保护个人和个人组成的集团，但并不想加以解决。

对于希望真正解决问题的人来说，可以走的路只有一条，即努力把握总体内容。

这种努力将决定哲学的生命。

（乔桂云 译　葛智强 校）

阿尔都塞

路易·阿尔都塞（Louis Althusser，1918—1990），出生于法属阿尔及利亚阿尔及尔附近的比曼德利小镇。在阿尔及尔读完小学后，到法国马赛读中学。1939 年，经三年预科准备，他考入巴黎高等师范学校文学院。当时正值德国入侵，阿尔都塞应征入伍，随军驻守布列塔尼半岛，后被德军俘虏直至战争结束。战争结束后，阿尔都塞重回巴黎高师学习，导师是著名哲学家和科学史家 G. 巴什拉。1948 年，他提交了题为《黑格尔哲学中的内容概念》的博士论文，以后一直留在该校任教。

阿尔都塞 1948 年正式加入法国共产党。入党后不久，便与法共领导的思想不合。从 20 世纪 60 年代开始，阿尔都塞在结构主义方法的影响下解释马克思主义经典著作，相继发表了一系列论文和著作，尤其是 1965 年发表的《保卫马克思》(论文集) 和《阅读〈资本论〉》(与 E. 巴里巴尔合著) 使他赢得了广泛的声誉。他还在法共内部组织了一个研究《资本论》的学习小组，并于 1965 年创办了《马列主义手册》，抨击法共中央的意识形态。1966 年初阿尔都塞的一批追随者被法共开除出党，他虽然对此保持缄默，但仍然坚持自己的政治和理论见解。20 世纪 70 年代以后，他依然不断呼吁马克思主义陷于危机之中。他的另一本论文集《列宁与哲学》于 1976 年出版，在这部著作中，阿尔都塞表示要把意识形态问题补充到马克思的国家理论中去，进而提出了"意识形态的国家机器"概念。1980 年，阿尔都塞因精神病发作，掐死了他的妻子，后一直在监护下生活，1990 年因心脏病逝世。除了以上提到的以外，阿尔都塞的主要著作还有：《孟德斯鸠、卢梭、马克思：政治与历史》、《哲学与政治论文集》、《论再生产》等。

阿尔都塞通常被称为"结构主义的马克思主义者"，对此，他在《自我批评材料》中指出他虽然采用了某些结构主义术语，但他的学说不同于结构主义，特别与结构主义的形式主义倾向是相对应的。尽管如此，阿尔都塞的学说，对于使马克思研究摆脱黑格尔主义的影响，进入另一种角度理解马克思，并且与结构主义、精神分析等当代思潮结合，具有重要意义。

本书选取了《保卫马克思》一书中的《马克思主义和人道主义》。在该文中，阿尔都塞由对苏联提出的"社会主义个人人道主义"这一词汇的分析入手，认为这个词汇包含着一个突出的理论不平衡性："社会主义"是个科学的概念，而"人道主义"则仅仅是个意识形态的概念。他通过回顾马克思的思想经历，指出马克思从 1845 年起就确定了他的理论的基础：人类社会即是统一的，但在各联结点上又是特殊的，而不再把人的本质当作理论的基础。但是，人道主义尽管不是理论，但作为意识形态它也有存在的必要性，因为意识形态作为一切社会总体的有机组成部分，它涉及人类同人类世界的"体验"关系，苏联也正是由于这个原因提出"社会主义个人人道主义"这一词汇的。

本书选取的另一个文本是《在哲学中成为马克思主义者容易吗》。阿尔都塞在这个文本中回顾了自己的思想生涯，阐述了他的那些著作最初发表时的理论和实践背景。在他看来，哲学归根到底是理论层面上的阶级斗争。马克思对被黑格尔神秘化了的辩证法形式进行改造，黑格尔把社会看作一个总体，而马克思则把社会看作一个有占统治地位结构的复合的整体。马克思主义社会形态观念的整体是复合的、不平衡的，各种差异的交互影响是被归根到底起决定作用的统一性所控制的。在这篇文章中，阿尔都塞重申了自己关于马克思的理论反人道主义观点。在他看来，马克思不是借助于人这个概念，而是通过生产关系，阶级斗争，法律的、政治的和意识形态的关系等概念来理解资本主义社会的各种现象。马克思的理论反人道主义把矛头对准了整个资产阶级意识形态，他的目的是要帮助工人阶级了解资本主义社会的机制、发现自身生活在其中的各种关系和规律，从而支援和指导革命。

马克思主义和
人道主义①

一

　　社会主义的"人道主义"已经提上了议事日程。

　　自从开始由按劳分配的社会主义向按需分配的共产主义过渡以来，苏联提出了"一切为了人"的口号，并开始探讨关于个人自由、尊重法制和人格尊严等新论题。各国工人政党纷纷庆贺社会主义人道主义的成就；他们在《资本论》中，并日益频繁地在马克思青年时代的著作中，寻找社会主义人道主义的理论根据。

　　这是一件具有历史意义的大事。人们甚至可以设想，有了社会主义人道主义这个既令人欣慰又令人神往的命题以后，共产党人就能同社会民主党人进行对话，或者更广泛地同一切反对战争和贫困

①　选自《保卫马克思》，北京，商务印书馆，1984。

的"善良"的人们交换意见。今天，人道主义的大路似乎也将通向社会主义。

事实上，历来的革命斗争，其目的始终是为了结束剥削和实现人的解放。但是，正如马克思所预见的，革命斗争在其第一个历史阶段，不能不采取阶级斗争的形式。那时候，革命人道主义只能是"阶级人道主义"，即"无产阶级的人道主义"。人剥削人现象的结束是阶级剥削的结束。人的解放意味着工人阶级的解放，首先意味着无产阶级专政。在苏联四十多年的大规模斗争中，"社会主义人道主义"首先表现为阶级专政，然后才表现为个人自由。

随着无产阶级专政的结束，苏联进入了第二个历史阶段。苏联人说：在我国，阶级对抗已经消灭，无产阶级专政完成了自己的职能，国家不再是阶级的国家，而是全民的国家（每个人的国家）。从此，在苏联，人确实被当作个人看待，就是说，不再分阶级。在意识形态中，阶级人道主义的提法也为社会主义个人人道主义所取代。

10年前，社会主义人道主义只有一种形式，即阶级人道主义。今天则有两种形式：在依然实行无产阶级专政的国家里（如古巴），是阶级人道主义；在无产阶级专政已成为过去的国家里（苏联），则是社会主义个人人道主义。两种形式分别适应两个必要的历史阶段。"阶级"人道主义可以在"个人"人道主义中展望已经实现了的自己的未来。

在这一历史变革的启发下，人们的思想也有了某些转变。过去，社会民主党人根据资产阶级的个人人道主义反对无产阶级专政，从而使他们和共产党人处于疯狂的对立地位；现在，无产阶级专政在苏联已经过时。人们甚至可以预见，无产阶级专政在西欧将采取和平的和短期的形式。社会主义人道主义和资产阶级的或基督教的自由人道主义这两种个人人道主义似乎有了某种共同点。苏联的"自由化"为自由人道主义提供了保证。至于社会主义人道主义，它可以认为自己不仅批判了资产阶级人道主义的矛盾，而且更重要的是完成了资产阶级人道主义的"最崇高的"愿望。人类终将发现，社会主义人道主义实现了人类几千年来的梦想，即以往基督教的和资产阶级的人道主义作了素描的梦想：人的统治在人的身上并在人与人的关系中最终实现。

由此，马克思在《1844年经济学哲学手稿》中所作的预言将会实现："共产主义……是由人为了人而对人的本质的真正占有，作为完成了的自然主义，等于人道主义……"

二

为了看得比这一事件更远，为了理解这一事件，为了懂得社会主义人道主义的意义，单是承认这一事件或记录下赖以思考这一事件的概念（人道主义、社会主义）是不够的。必须验证概念的理论根据，以便相信这些根据确实为我们提供了对事件的真正科学的认识。

可是，"社会主义人道主义"这个语汇恰恰包含着一个突出的理论不平衡性：在马克思的思想中，"社会主义"是个科学的概念，而人道主义则仅仅是个意识形态的概念。

这里需要说明，我们并非要对社会主义人道主义所应确指的现实提出异议，而是要确定这一概念的理论价值。我们说人道主义是个意识形态的概念（因而不是科学的概念），这是为了肯定，一方面它确指一系列存在着的现实，另一方面它不同于科学的概念，因而不提供认识这些现实的手段。它用一种特殊的（即意识形态的）方式确指一些存在，但不说明这些存在的本质。混淆这两种不同的概念，就不能得出任何认识，就会含糊不清，甚至可能会犯错误。

为了把问题说清楚，这里简短地回顾一下马克思的经历。马克思只是对他青年时代（1840～1845）的理论基础——人的哲学——作了彻底的批判后，才达到了科学的历史理论。"理论基础"一词，我是在狭义的意义上来使用的。青年马克思认为，"人"不仅是揭露贫困和奴役的一声呼叫，而且是他的世界观和实践立场的理论原则。"人的本质"（不论它意味着自由和理性或是共同体）同样是严谨的历史理论和连贯的政治实践的基础。

这一观点在马克思处于人道主义时期的两个阶段中都可以看到。

在第一阶段，占主导地位的是离康德和费希特较近而离黑格尔较远的、理性加自由的人道主义。马克思在同书报检查令、莱茵省的封建法律和普鲁士的专制制度作斗争的同时，把政治斗争及其依据——历史理论——建立在人的哲学这一理论基础上。历史只是依靠人的本质，即自由和理性，才能被人理解。自由是人的本质，正如重力是物体的本质一样。人命定是自由的，人是自由的存在。即使人拒绝自由或否定自由，人终究离不开自由："自由确实是人所固有的东西，连自由的反对者在反对实现自由的同时也实现着自由……可见各种自由向来就是存在的，不过有时表现为特权，有时表现为普遍权利而已。"① 这一区分把全部历史都说得明明白白。因此，封建制是自由的，不过它以"不合理"的特权形式而出现；现代国家是自由的，它以合理的普遍权利的形式而出现。就理性而言，人只有作为理性，才能是自由的。人的自由既不是任性，又不是一切由利益所决定；正如康德和费希特所主张的那样，它是自主的，是对理性的内在规律的服从。这种"向来就存在，只不过它不是永远以理性的形式出现"② 的理性（例如封建制），到了现代，终于在权利的国家和法律的国家中以理性的形式存在着。"它［哲学］认为国家是一个庞大的机构，在这个机构里，必须实现法律的、伦理的、政治的自由，同时，个别公民服从国家的法律也就是服从自己本身理性的即人类理性的自然规律。"③ 由此规定了哲学的任务："哲学所要求的国家是符合人性的国家。"④ 这项要求是向国家本身提出的；只要国家承认其本质，国家就会自动进行改革，并成为理性，成为人类的真正自由。在这种情况下，全部政治可归纳为哲学的和政治的批判（用以提醒国家去完成自己的义务）；出版自由和人类的理性自由也就成了政治本身。要求以出版自由为绝对条件并且可以归纳为公开的理论批判（即通过报刊途径进行的公开批判）的这种政治实践，就是马克思在《莱茵报》的政治实践。马克思在阐述其历史理论的同时，为其自身的实践奠定了基础和作了辩解：他认为记者的公开批判是典型的政治行动。在这部启蒙哲学中，整个思路一环紧扣一环。

在第二阶段（1842～1845），占主导地位的是另一种形式的人道主义，即费尔巴哈的"共同体的"人道主义。理性国家对理性置之不理：普鲁士国家没有实行改革。历史本身对理性人道主义的幻想作出了这样的判决：德意志的激进青年曾期望王储一旦当上了国王能履行他登基前许下的自由主义诺言，可是，未等王位到手，王储却早已从自由主义滑到了专制主义。既然国家孕育着理性，它终究应该成为理性；可是，国家却又一次生下了非理性。这使激进青年们陷入极度的沮丧，他们经历了一场真正的历史危机和理论危机。马克思由此得出结论说："政治国家……在它的各种现代形式中包含

---

① 《马克思恩格斯全集》第1卷，63页，北京，人民出版社，1956。

② 同上书，417页。

③ 同上书，126页。

④ 同上书，126页。

着理性的要求。而国家还不止于此。它到处意味着理性已经实现。但同时它又到处陷入理想的使命和各种现实的前提的矛盾中。"① 可见，决定性的一步已经跨出：国家的弊端不再被认为是国家与其本质的分离，而是其本质（理性）与其存在（非理性）的真实矛盾。费尔巴哈的人道主义指出了在非理性中存在着理性的异化，而在理性的异化中又存在着人的实现，即人的历史，这就恰恰使思考这一矛盾成为可能。②

马克思依旧宣扬人的哲学："所谓彻底，就是抓住事物的根本。但人的根本就是人本身。"可见，正因为人首先是"共同体"、"共同体的人"，才能是自由和理性，他只是在人的普遍关系中，即人与人的关系和人与物的关系中（物是由劳动加以"人化"的外部自然），才在理论上得到完成（科学）和在实践上得到完成（政治）。在这里，人的本质仍然是历史和政治的基础。

历史是理性在非理性中的异化和产生，是真正的人在异化的人中的异化和产生。在其被异化的劳动产品（商品、国家、宗教）中，人不知不觉地实现着人的本质。既然人的异化产生历史和人，那么这一异化就意味着有一种先于人而存在的确定本质。一旦历史结束,已成为非人客体的这个人将只得在财产、宗教和国家中，把自己异化了的本质当作主体保留下来，从而成为总体的人，真正的人。

在关于人的这一新理论的基础上，出现了一种新型的政治行动，即在实践中重新获取人的本质。这种政治行动不再求助于国家的理性。政治不再是简单地从事理论批判，不再是通过自由的出版物去树立理性，而是通过人的实践去恢复人的本质。因为如宗教一样，国家也是人，不过是处于被剥夺地位的人；人被肢解为国家的公民和平民这两个抽象概念。在"公民权"的天上，即在国家中，人在

---

① 《马克思恩格斯全集》第 1 卷，417 页，北京，人民出版社，1956。

② 德意志的激进青年被历史抛进了一场理论危机之中，费尔巴哈的出现使他们欣喜若狂。的确，《临时提纲》、《基督教的本质》和《未来哲学原理》的作者对这些知识分子的理论危机作出了理论的解答，费尔巴哈在其异化的人道主义中提出的理论概念，使他们能把人类本质的异化作为实现人类本质的不可缺少的环节，而把非理性（国家的不合理现实）作为实现理性（国家的观念）的必要环节。因此，他们原来把理性和非理性之间的必然联系作为不合理的东西而被迫感受，如今却能够对这种联系进行思考了。当然，这种关系依旧没有离开自己的基地——哲学人本学；但在理论上，则必须修改人的概念，以理解历史的理性和历史的非理性的历史关系。从此，人不再由理性和自由所规定；即使在"共同体"的原则中，人已成为具体的主体间本位、爱情、博爱、"类存在"。

想象中体验着人类共同体的生活，而在"人权"的地下，人被剥夺了人类共同体。因此，革命将不仅是政治的（国家的合理的开明改革），而且是"人道的"（"共产主义的"），从而把不可思议地被异化成为金钱、政权和上帝的人性重新交给人。这场实践的革命将由哲学和无产阶级共同去完成，因为人在哲学中得到理论的肯定；人又在无产阶级身上被实践所否定。哲学深入到无产阶级中去将是理论肯定对自我否定的自觉反抗，是人对其遭受非人待遇的反抗。那时候，无产阶级将否定其自我否定，并在共产主义中掌握自己的命运。革命就是对异化所固有的逻辑的逻辑：革命就是至今手无寸铁的批判把无产阶级当作自己的武器。批判给予无产阶级认识自己的理论；无产阶级又把自己的武力交给批判：二者汇合成为一股统一的和不分彼此的力量。由此可见，无产阶级和哲学也是在人的本质中结成革命联盟的。

三

从 1845 年起，马克思同一切把历史和政治归结为人的本质的理论彻底决裂。这一决裂包括三个不可分割的理论方面：

（1）制定出建立在崭新概念基础上的历史理论和政治理论，这些概念是：社会形态、生产力、生产关系、上层建筑、意识形态，经济起最后决定作用以及其他特殊的决定因素等等。

（2）彻底批判任何哲学人道主义的理论要求。

（3）确定人道主义为意识形态。

在这一新的概念体系中，整个思路也一环紧扣一环，但这一体系的结构和以往不同：受到批判的人的本质（2）被确定为意识形态（3），而意识形态的范畴属于社会的和历史的新理论（1）。

马克思同一切哲学人本学和哲学人道主义的决裂不是一项次要的细节，它和马克思的科学发现浑然一体。

它意味着，马克思把抛弃以往哲学的旧假设和采用一种新假设这两件事一气呵成。以往的唯心主义哲学（资产阶级的哲学），其全部领域和阐述（"认识论"、历史观、政治经济学、伦理学和美学等等）都建立在人性（或人的本质）这个总问题的基础上。这个总问题在几个世纪里曾经是个不证自明的原则，任何人都想不到对它提出异议，虽然这个总问题在其内部不断有所调整。

这个总问题绝不是含糊和松散的东西；相反，它是由精确的概念紧密结合而成的连贯的体系。它包括两个互为补充的假定，马克思在《关于费尔巴哈的提纲》第六条中对它们作了这样规定：(1) 存在着一种普遍的人的本质；(2) 这个本质从属于"孤立的个体"，而它们是人的真正主体。

这两个假定是互为补充和不可分割的。然而，它们的存在和统一却是以经验主义和唯心主义的全部世界观为前提的。为了使人的本质具有普遍的属性，必须有具体的主体作为绝对已知数而存在：这就意味着主体的经验主义。为了使这些经验的个体成为人，他们每个人都必须具有人的全部本质（即使不能在事实上，至少也要在法律上）：这就意味着本质的唯心主义。由此可见，主体的经验主义和本质的唯心主义是相辅相成的。这种关系可以在其"对立面"中互相颠倒：概念的经验主义，主体的唯心主义。这种颠倒保持着总问题的根本结构固定不变。

在这个典型结构中，人们不仅可以看到社会理论（从霍布斯到卢梭）、政治经济学（从配第到李嘉图）和伦理学（从笛卡儿到康德）的原则，而且可以看到马克思以前的唯心主义和唯物主义"认识论"（从洛克到康德，再到费尔巴哈）原则。人的本质或经验主体的内容可以变化（例如从笛卡儿到费尔巴哈）；主体可以从经验主义转为唯心主义（例如从洛克到康德）。但是，以上术语及其相互关系只是在不变的同一个典型结构内部发生变化，而这个典型结构就是总问题本身：只要有一种本质的唯心主义，就始终有一种主体的经验主义与之相适应（或者，有了主体的唯心主义，就一定有本质的经验主义）。

马克思不再把人的本质当作理论基础，因而也就摒弃了两个假定的全部有机体系。他把主体、经验主义、观念本质等哲学范畴从它们统治的所有领域里驱逐出去。这些领域不仅有政治经济学（破除了关于经济的人的神话，就是说，作为古典经济学的主体而具有特定功能和特定需要的个人）、历史学（破除了社会原子说和政治伦理的唯心主义）、伦理学（破除康德的伦理观念），而且还有哲学本身，因为马克思的唯物主义排除主体的经验主义（以及它的反面：先验的主体）和概念的唯心主义（以及它的反面：概念的经验主义）。

这场包罗万象的理论革命之所以有权推翻旧概念，是因为它用新概念代替了旧概念。马克思确立了一个新的总问题，一种系统地向世界提问的新方式，一些新原则和一个新方法。这项发现立即被包括在历史唯物主义的理论之中，马克思的历史唯物主义不仅提出了关于社会历史的新理论，同时还含蓄地，但又必然地提出一种涉及面无限广阔的新"哲学"。例如，马克思在历史理论中用生产力、生产关系等新概念代替个体和人的本质这个旧套式的同时，实际上就提出了一个新的"哲学"观。他取消了主体的经验主义和唯心主义以及本质的经验主义和唯心主义这两个旧假定（它们不仅是唯心主义的基础，而且是马克思以前的唯物主义的基础），而代之以实践的辩证唯物主义和历史唯物主义，也就是说，人类实践的各种特殊方面（经济实践、政治实践、意识形态实践、科学实践）在其特有联结中的理论，这个理论的基础就是：人类社会既是统一的，但在其各联结点上又是特殊的。用一句话来说，马克思提出了一种关于特殊差异的具体观点，这种观点能够确定每个独特的实践在社会结构的特殊差异中所占的地位；马克思正是用这个观点去代替费尔巴哈关于"实践"的意识形态概念和普遍概念。

为了理解马克思所做出的崭新贡献，必须认识到，不仅历史唯物主义的概念是新的，而且这些概念所造成的和所预示的理论革命是深刻的。只有在这个条件下，才能确定人道主义的地位，即既反对把人道主义硬说成理论，但又承认它具有意识形态的实际职能。

就理论的严格意义而言，人们可以和应该公开地提出关于马克思的理论反人道主义的问题；而且人们可以和应该在其中找到认识人类世界（积极的）及其实践变革的绝对可能性条件（消极的）。必须把人的哲学神话打得粉碎；在此绝对条件下，才能对人类世界有所认识。援引马克思的话来复辟人本学或人道主义的理论，任何这种企图在理论上始终是徒劳的。而在实践中，它只能建立起马克思以前的意识形态大厦，阻碍真实历史的发展，并可能把历史引向绝路。

因为马克思既然否认人道主义是理论，也就必然把它作为意识形态而加以承认和认识。马克思从没有像唯心主义那样想入非非，以为对事物的认识终究可以代替事物本身或消灭其存在。笛卡儿主义明知太阳远在千里之外，却为在百步之内能看见太阳而感到惊奇；他们即使依靠上帝也弥补不了这段距离。马克思从不认为认识货币的本质（一种社会关系）将能破坏货币的外表和存在形式；因为货币和现存生产方式是同等必要的东西，而货币的外表就是货币本身。① 马克思从不认为，意识形态一旦被人们所认识，就可以被取消；因为对这项意识形态的认识既然是对它在特定社会中的可能性条件、结构、特殊逻辑和实践作用的认识，这种认识必定同时是对意识形态必要性条件的认识。因此，马克思虽然否认人道主义是理论，但他并不取消人道主义的历史存在。无论在马克思以前或以后，人的哲学在真实世界中还是经常出现的。今天，甚至有些马克思主义者也跃跃欲试地在阐述一种新人道主义理论的命题。进一步说，如果联系当时的历史条件，马克思一方面否认人道主义是理论，另一方面又承认人道主义作为意识形态的必要性。有条件地承认人道主义的必要性不单纯是为了思辨的目的。马克思主义正是在这个基础上才能建立起对于各种意识形态的政策：宗教、伦理、艺术、哲学、法学，以及在其中占首位的人道主义。马克思主义对于人道主义意识形态的政策，就是说，马克思主义对人道主义的政治立场——它可以在伦理和政治领域内对当代意识形态或者拒绝，或者批判，或者使用，或者支持，或者发展，或者恢复为人道主义——只能建立在马克思主义的哲学基础上，而否认人道主义是理论又是马克思主义哲学的前提；离开这个绝对条件，马克思主义的意识形态政策就讲不通。

四

由此可见，归根到底是要认识到，人道主义的本质是意识形态。

---

① 目前正时髦的所谓"物化论"，其基本论点是认为关于资本拜物教的理论是马克思青年时代作品中的，特别是《1844年经济学哲学手稿》中的异化理论的翻版。在这部手稿中，人的本质的客体化被作为人类恢复人的本质的不可缺少的前提而得到肯定。在客体化的全部过程中，人只是以对象的形式而存在，人就在对象形式中遇到以异己的和非人的本质充当外表的人的本质。这种"客体化"不能叫作"物化"，尽管它可被叫作非人化。非人化并不由"物"这个标准模型所表现，而是有时表现为兽性（甚至先兽性：这样的人同自然界甚至不再发生简单的动物关系），有时表现为最高权力、蛊惑、先验（上帝、国家）和金钱，其中金钱是"物"。在资本中，唯一以物的形式（一块金属）出现的社会关系是货币。但是，把货币当作物来看待（也就是说，在货币中混淆了价值和使用价值），并不符合该物的现实。人和货币直接发生关系，这并不意味着他碰到一件普通的物，而是意味着他有权或无权支配物和人。物化论的意识形态处处把人的关系当作"物"，它根据货币是物这个样板去思考全部社会关系，从而把社会关系混同于"物"的范畴（这个范畴同马克思是最不相干的）。

这里并不需要对意识形态下一个深刻的定义。我们只要粗浅地知道，意识形态是具有独特逻辑和独特结构的表象（形象、神话、观念或概念）体系，它在特定的社会中历史地存在，并作为历史而起作用。我们暂且不去研究一门科学同它自己的过去有什么关系的问题，我们要指出，作为表象体系的意识形态之所以不同于科学，是因为在意识形态中，实践的和社会的职能压倒理论的职能（或认识的职能）。

这里所说的社会职能，其性质是什么？为了把问题弄清楚，就得研究马克思的历史理论。历史的"主体"是特定的人类社会。它们分别以总体的形式而出现，各总体的统一由某种特殊类型的复杂性所构成；恩格斯把在历史过程中起作用的各个领域概括地分为三类：经济、政治和意识形态。在任何社会中，尽管表现形式可以变化万端，但始终有一种基本的经济活动、一种政治组织和一些意识形态形式（宗教、伦理、哲学，等等）。意识形态因此是一切社会总体的有机组成部分。种种事实表明，没有这些特殊的社会形态，没有意识形态的种种表象体系，人类社会就不能生存下去。人类社会把意识形态作为自己呼吸的空气和历史生活的必要成分而分泌出来。只有意识形态的世界观才能想象出无意识形态的社会，才能同意这样的空想：意识形态（并非其某种历史形式）总有一天会被科学所代替，并从世界上消失得无影无踪。这种空想实际上是认为：本质上属于意识形态的伦理学可以为科学所取代或变成百分之百的科学；科学消灭了宗教，在某种程度上也是科学代替了宗教；艺术可以和认识浑然一体或者成为"日常生活"；如此等等。

为了不避开最棘手的问题，历史唯物主义不能设想共产主义社会可以没有意识形态，不论这种意识形态是伦理、艺术或者"世界的表象"。当然可以预见，在共产主义社会中，意识形态的形式和关系将有重大的变化，甚至某些现有形式可能会消失，或者它们的职能将移交给邻近的形式。根据已有的经验，我们也可以预见到意识形态新形式的发展（例如："科学的世界观"、"共产主义人道主义"），但在马克思主义理论现状下，严格地说，不能设想共产主义——作为一种新的生产方式并需要具有一定的生产力和生产关系——可以不需要社会生产组织以及与之相适应的意识形态形式。

因此，意识形态既不是胡言乱语，也不是历史的寄生赘瘤。它是社会的历史生活的一种基本结构。何况，只有承认意识形态的存在和必要性，才能去影响意识形态，并把它改造成为用以审慎地影响历史发展的一个工具。

　　应该说，意识形态属于"意识"的范围。我们对这个说法不要产生误解，虽然它依旧带有马克思以前的唯心主义总问题的色彩。假如意识这个词在所有场合只有单一的含义，意识形态同它的关系确实很少。即使意识形态以一种深思熟虑的形式出现（如马克思以前的哲学），它也是十分无意识的。意识形态是个表象体系，但这些表象在大多数情况下和"意识"毫无关系；它们在多数情况下是形象，有时是概念。它们首先作为结构而强加于绝大多数人，因而不通过人们的"意识"。它们作为被感知、被接受和被忍受的文化客体，通过一个为人们所不知道的过程而作用于人。人们"体验到"自己的意识形态，就像笛卡儿主义者在百步内"看到"或看不到月球（假如他故意不看月球）一样；因此，意识形态根本不是意识的一种形式，而是人类"世界"的一个客体，是人类世界本身。然而，说意识形态和人的"意识"有关，这是什么意思？首先，这是为了把意识形态同其他社会领域加以区别；其次，是因为人类通过并依赖意识形态，在意识形态中体验自己的行动，而这些行动一般被传统归结为自由和"意识"。总之，人类同世界——包括历史——的这种"体验"关系（不论参加政治活动与否）要通过意识形态而实现，甚至可以说，这种关系就是意识形态本身。马克思说人们在意识形态（作为政治斗争的场所）中认识自己在世界和历史中的地位，讲的就是这个意思。人们正是在意识形态的这种无意识中，才能变更他们同世界的"体验"关系，并取得被人们称作"意识"的这种特殊无意识的新形式。

　　由此可见，意识形态涉及人类同人类世界的"体验"关系。这种关系只是在无意识的条件下才以"意识"的形式而出现；同样，它只是在作为复杂关系的条件下才成为简单关系。当然，复杂关系不是简单关系，而是关系的关系，第二层的关系。因为意识形态所反映的不是人类同自己生存条件的关系，而是他们体验这种关系的方式；这就等于说，既存在真实的关系，又存在"体验的"和"想象的"关系。在这种情况下，意识形态是人类依附于人类世界的表现，就是说，是人类对人类真实生存条件的真实关系和想象关系的多元决定的统一。在意识形态中，真实关系不可避免地被包括到想象关系中去，这种关系更多地表现为一种意志（保守的、顺从的、改良的或革命的），甚至一种希望或一种留恋，而不是对现实的描绘。

正是在想象对真实和真实对想象的这种多元决定中，意识形态具有能动的本质，它在想象的关系中加强或改变人类对其生存条件的依附关系。由此，这种能动作用永远不可能单纯起工具的作用。把意识形态作为一种行为手段或一种工具使用的人们，在其使用过程中，陷进了意识形态之中并被它所包围，而人们还自以为是意识形态的无条件的主人。

这在阶级社会里是十分清楚的。占统治地位的意识形态是统治阶级的意识形态。但统治阶级并不同占统治地位的意识形态保持一种功利性的或纯粹策略性的外在关系，尽管这种意识形态是它自己的意识形态。当"新生的"资产阶级在18世纪传播关于平等、自由和理性的人道主义意识形态时，它把自身的权利要求说成是所有人的权利要求；它力图通过这种方式把所有人争取到自己的一边，而实际上它解放人的目的无非是为了剥削人。这就是卢梭关于不平等起源的神话；这是富人向穷人作"最深思熟虑的演说"，从而说服穷人像接受自由那样接受奴役。事实上，资产阶级在说服别人相信他们的神话以前，自己一定先相信了这种神话，因为他们看到，他们的意识形态就是对真实生活条件的想象的依附关系，这种关系使他们能够对自己施加影响（赋予自己法律的和伦理的意识，以及自由经济的法律条件和伦理条件），并对他人（即现在受剥削的人和即将受他们剥削的"自由劳动者"）施加影响，以便担负和完成其作为统治阶级的历史作用。在关于自由的意识形态中，资产阶级确切地看到，他们对存在条件的依附关系，即真实关系（资本主义自由经济的权利），是被包裹在一种想象关系（人人都是自由的，包括自由劳动者在内）之中的。他们的意识形态是关于自由的文字游戏，这场游戏既暴露出资产阶级为了驾驭他们的自由的被剥削者，决心用自由的讹诈来欺骗他们，同时也反映着资产阶级需要像被剥削者体验自由那样去体验自己的阶级统治。剥削他国人民的人民是不可能自由的，同样，使用意识形态为其效劳的阶级也屈服于阶级的意识形态。我们说意识形态具有阶级的职能，就是说，占统治地位的意识形态是统治阶级的意识形态，它不仅帮助统治阶级统治被剥削阶级，并且使统治阶级把它对世界所体验的依附关系作为真实的和合理的关系而接受，从而构成统治阶级本身。

但是，还必须进一步考虑，在阶级已经消灭的社会里，意识形态会发生什么变化。假如意识形态的全部社会职能归根结底无非是一篇寡廉鲜耻的欺人之谈（如柏拉图的"美妙谎言"和现代的广告技巧），而统治阶级在意识形态之外制造和操纵意识形态，是为了欺骗受它剥削的人们，那么，随着阶级的消失，意识形态也将消失。我们已经谈过，即使在阶级社会里，意识形态能动地作用于统治阶级本身，促使其改造并有助于改变其态度，从而使统治阶级适应其真实的存在条件（例如法律自由）；显然，为了培养人、改造人和使人们能够符合他们的生存条件的要求，任何社会都必须具有意识形态。正如马克思所指出的，历史是对人类生存条件的不断改造，即使在社会主义社会中也是如此；因而人类必须不断地改造自己，以适应这些条件。这种"适应"不能放任自流，而应该始终有人来负责、指导和监督，这个要求的表现形式就是意识形态。人们正是在意识形态中衡量差距、体验矛盾并"能动地"解决矛盾。无阶级社会正是在意识形态中体验社会对世界的关系的适应或不适应，它在意识形态中并依靠意识形态去改造人们的"意识"，即人们的态度和行为，使之适应人们的任务和生存条件。

在阶级社会中，意识形态是统治阶级根据自己的利益调整人类对其生存条件的关系所必需的接力棒和跑道。在无阶级社会中，意识形态是所有人根据自己的利益体验人类对其生存条件的依赖关系所必需的接力棒和跑道。

五

现在我们可以回过头来再谈社会主义人道主义的论题，并阐明我们已经指出的在科学术语（社会主义）和意识形态术语（人道主义）之间的理论差别。

社会主义的个人人道主义既然是一种意识形态，它正好通过文字游戏而与资产阶级的或基督教的各种个人人道主义形式殊途同归。我并不认为这是居心叵测与天真幼稚的殊途同归。事实上，文字游戏始终指示着一种有待实现的历史现实，又是一种为人们体验到的和希望去解决的疑难。马克思主义者在他们同世界上其他人的关系中强调社会主义的个人人道主义，无非是要表示他们决心缩短自己同可能的同盟者之间的距离，他们无非是要走在运动的前面，而让未来的历史用新的内容充实旧的用语。

关键在于这个新内容。因为马克思主义关于人道主义的论题首先不是给别人使用的。马克思主义者阐述这些论题，首先必然是为他们自己，然后才为别人。我们知道这些论述是建立在以下基础上的：苏联存在的新条件、无产阶级专政的结束和向共产主义过渡。

全部问题就在这里。我所提出的问题也正在这里。关于社会主义的个人人道主义的长篇大论，这在苏联究竟反映着什么？马克思在《德意志意识形态》中谈到人和人道主义的观念时指出，在人性或人类本质的观念后面，隐藏着一个对偶性的判断，确切地说，就是人与非人的对偶；他写道："和'人'一样，'非人'也是现实条件的产物；这是该产物的否定方面。"人与非人这对矛盾是一切人道主义的隐蔽的本原，这一本原无非是体验、经受和解决该矛盾的方式。资产阶级人道主义把人作为一切理论的本原。人类本质的这一光明面是非人的黑暗面的外表。表面看来，人类本质似乎是绝对的，但它既然包括这部分黑暗面，它的诞生势必遭到反抗。自由和理性的人揭露着资本主义社会里自私自利和四分五裂的人。在人与非人这对矛盾的两种形式里，18世纪的资产阶级主张自由和理性，德国左翼的激进知识分子则主张"共同体"或"共产主义"；通过这种形式，他们分别体验他们对生存条件的依附关系，而其表现则是拒绝、要求和纲领。

目前的社会主义人道主义，其情况又如何呢？它也是拒绝和揭露。它拒绝对人的一切歧视，无论是种族的、政治的、宗教的或其他的歧视。它拒绝一切经济剥削和政治奴役。它拒绝战争。这种拒绝不仅是一项引以为骄傲的胜利宣言，同时也是向一切在帝国主义的剥削、压迫、奴役、歧视和战争下生活的人提供的忠告和榜样；而且它首先是针对苏联本国的。通过社会主义的个人人道主义，苏联自己承认无产阶级专政的时期已经过去，反对并谴责无产阶级专政在"个人崇拜"时期所出现的"弊端"，以及它的荒唐的和"罪恶的"形式。社会主义人道主义在苏联国内就是针对着无产阶级专政已经过时以及专政的被滥用这样一个历史现实。它针对着"双重"的现实性：一种是已为生产力和生产关系发展的合理必然性所超越的现实性；另一种是本来就不应该要求超越的现实性，即"理性的不合理存在"的另一种形式；对于苏联的过去所留下的这部分历史的"非理性"和"非人性"，即恐怖、镇压和教条主义，苏联至今也还没有完全克服其后果和危害。

但是，通过社会主义人道主义这一愿望，我们正从黑暗向着光明，从非人向着人过渡。苏联正在进入共产主义，这是一个没有经济剥削、没有暴力和没有歧视的世界，这个可能消除黑暗和悲剧的世界将为苏联人打开进步、科学、文化、有饭吃和有自由，以及自由发展的无限广阔前景。那么，这里为什么要特别强调人？苏联人为什么需要有关于人的观念，就是说，需要用以帮助他们体验自己历史的关于他们自己的观念？这里很难不把问题的以下两个方面联系起来：一方面是必须准备并实现具有历史意义的转变（向共产主义过渡、无产阶级专政的结束、国家机器的消亡，以及建立一种适应于这个过渡的政治、经济和文化的组织形式）；另一方面是必须准备并实现这一过渡所需要的历史条件。显然，这些条件也带有历史留给苏联的烙印，困难不仅来自"个人崇拜"时期，而且也产生于"社会主义在一国建成"，特别是这个国家原来的经济和文化十分落后。在这些条件里，首先必须指出的是历史遗留下来的"理论"条件。

历史任务和历史条件在当前的不相适应，恰好可以说明人们需要向意识形态求助的原因。事实上，提出社会主义人道主义的命题就是为了解决某些确实存在的历史的、经济的、政治的和意识形态的新问题。这些问题在斯大林时期被掩盖了起来，但是，它们在建设社会主义的同时，毕竟还是产生了的：随着社会生产力达到一定的程度，应采取哪些经济的、政治的和文化的组织形式去适应这一发展；在新的历史阶段中，应该实行哪些个人发展的新形式，使国家不再用强制手段去指导和监督每个人的命运，使每个人从此在客观上具有选择自己命运的权利，就是说，承担起从事该项选择的困难任务。社会主义人道主义的论题（个人自由发展、遵守社会主义法制、尊重个人人格，等等）是苏联人和其他社会主义国家的人体验人对环境的依附关系的方式。人们惊奇地注意到，政治问题和伦理问题在苏联和大多数社会主义国家里都占首要地位，西方各国的政党也经常考虑这些问题。人们以同样的惊奇看到，关于这些问题的理论论述，即使不是经常的，但至少有时运用马克思青年时期所使用的概念，即关于人的哲学概念，如异化、分裂、拜物教、整体的人，等等。可是，单就这些问题而言，它们实质上并不要求"人的哲学"的帮助，而是要制定出社会主义国家处在无产阶级专政消亡或者已经过时的阶段里所应实行的政治生活、经济生活和意识形态生活的新的组织形式。那么，某些意识形态学家不是公开地、明确地和严格地用马克思主义理论的经济术语、政治术语、意识形态术语去提出这些问题，却根据人的哲学的概念去提出问题，这究竟是什么道理？为什么许多马克思主义哲学家需要运用马克思早年关假如这种需要不是必要的表现，而这种表现又不能得到具有确凿根据的其他必要性形式的保护，人们就不会想到去求得意识形态的帮助。共产党人用社会主义的经济、社会、政治和文化的现实反对一般帝国主义的"非人道"，这无疑是正确的；这一对立是社会主义同帝国主义争论和斗争的组成部分。但是，如果把人道主义这个意识形态概念不分场合和毫无保留地作为一个理论概念去使用，这却可能是危险的，因为人道主义这个概念无论如何总是使人想到意识形态的无意识，并且很容易同小资产阶级的思想命题混淆起来（众所周知，列宁曾预言，小资产阶级及其意识形态的寿命很长；直到现在，它们还没有被历史所埋葬）。

由此，我们接近于达到一个更深刻而且很难阐明的理由，因为，在一定限度内，使用人道主义的意识形态也可以被认为是代替使用理论。我们在这里又遇到历史遗留给马克思主义的现实理论条件这个问题，这里不仅是指斯大林时期的教条主义，而且还有更早的第二国际机会主义的遗产；列宁毕生反对第二国际对马克思主义的灾难性的歪曲，但第二国际的机会主义还没有被历史永远埋葬。这些条件阻碍了马克思主义理论的发展，从而使马克思主义理论不能提供解释新问题所需要的概念；而假如有了这些概念，马克思主义今天就能用科学的语言，而不是用意识形态的语言，来提出这些问题，就能用适当的马克思主义概念赋予事物以恰如其分的名称，而不是往往用异化这类意识形态的概念或身份不定的概念作为事物的定语。

例如，人们遗憾地看到，共产党人在谈到苏联和工人运动史的一个重要历史现象时，用了"个人崇拜"的概念作定语。作为理论概念，这个定语在马克思主义理论中是"找不到的"，也是不伦不类的。它可以同时描述和谴责一种作风，因而具有双重的实践价值。据我所知，马克思从不认为，一种政治作风可以直接被当作一个历史范畴或者当作历史唯物主义理论的一个概念，因为如果作风确指一种现实，它就不是概念。然而，有关"个人崇拜"的各种议论确实关系着上层建筑领域，即关系着国家组织和意识形态的领域，并且总的来说仅仅关系到这一个领域。我们知道，在马克思主义理论中，上层建筑领域具有"相对的自主性"（这也恰恰在理论上说明了，在上层建筑领域犯了错误的这个时期中，社会主义的经济基础能够顺利地发展）。为什么把"个人崇拜"现象描绘为一种作风，归结成一个人的"心理状态"，而不用著名的和公认的现有马克思主义概念去思考这种现象和确定发生这种现象的环境，就是说，为什么只是简单地叙述，而不进行思考呢？如果一个人的"心理状态"能够承担这一历史作用，为什么不用马克思主义的术语来提出问题，用以说明"心理状态"上升到历史事实的地位和规模应具有哪些历史可能性条件？在马克思主义中，有一些原则是可以在理论上提出、说明和帮助解决这个问题的。

我引用了异化和"个人崇拜"这两个概念作例子，并不是偶然的。因为社会主义人道主义的各个概念（特别是权利问题和个人问题）也以上层建筑领域的问题作对象，例如关于国家组织，政治生活、伦理生活、意识形态生活。人们不禁想到，在这些问题上，向意识形态求助同样是最简便的办法，因为它可以弥补理论根据的不足。理论根据现在虽然不足，但它们确实是存在的，是可以补足的。弥补这个不足、落后和距离，而不公开予以承认，或如恩格斯所说，把自己的需要和急躁作为论据，把对理论的需要作为理论本身，这就是向意识形态求救的人所扮演的角色。我们面临着哲学人道主义的威胁，而哲学人道主义却有社会主义的空前成就作掩护；某些马克思主义的意识形态学家把哲学人道主义作为他们缺乏理论的补充，他们可以因此而自以为有理论，但他们不能说这是马克思给予我们的世界上最可宝贵的东西，即可能提供科学认识的理论。

以上说明，虽然社会主义人道主义已被提上了议事日程，但是这一意识形态存在的正当理由不能为不恰当的理由作挡箭牌，否则我们就会把意识形态和科学理论混淆起来。

马克思的哲学反人道主义可以使人懂得现有意识形态（人道主义包括在内）的必要性。但是马克思的哲学是一种批判的和革命的理论，它同时也使人们了解对意识形态应采取什么策略：或者支持，或者改造，或者反对。马克思主义者懂得，一切策略必定建立在战略的基础上，而一切战略必定建立在理论的基础上。

（顾良 译　杜章智 校）

在哲学中成为马克思主义者容易吗[①]

　　如果我承认自己写作这些文本——《孟德斯鸠》小册子、《保卫马克思》里的文章和《阅读〈资本论〉》的两个章节——中任何一篇的目的都不是要把它们当作大学的学位论文来提交，我想应该不会让任何人感到惊讶或不快。不过，在 26 年前，即 1949～1950 年，我的确曾把一个（通常所说的）"大论文"是研究法国 18 世纪政治和哲学，而所附的"小论文"是研究让－雅克·卢梭《第二篇论文》[②]的计划，递交给了伊波利特先生和扬凯莱维奇先生。而且，正如我关于孟德斯鸠的论文所表明的那样，我从来没有真正放弃过这个计划。为什么要提到这一点呢？因为这跟我递交给诸位的那些文本有关系。我当时已经是一个共产党人了，因此我也在努力地成

---

① 选自《哲学与政治——阿尔都塞读本》，长春，吉林人民出版社，2003。
② 即《论人类不平等的起源和基础》，卢梭第二篇应第戎科学院征文而写的论文。

为一个马克思主义者——也就是说，我在努力地尽我所能，去理解马克思主义意味着什么。所以我就打算把这项研究 18 世纪哲学和政治的工作当成理解马克思思想所必需的预备科目。事实上，我当时已经开始用某种方式在实践着哲学了，以后我也从来没有放弃过这种方式。

首先，我当时就开始利用 18 世纪作家来兜理论的圈子，在我看来，这个过程不仅对于理解哲学，而且对于哲学本身的存在都是必不可少的。哲学并不像密涅瓦对众神和众生现形那样，会在这个世界上自行出现。仅仅就它占据一个立场而言，它才是存在的，并且，仅仅就它在已被别人占据的世界的最中心夺取了一个立场而言，它才占有这个立场。因此，仅仅就这场冲突已经把它变成一个特别的东西而言，它才是存在的；而这种特别的性质又只有用一种间接的方式，通过致力于对其他各种现存立场作不断的研究来兜圈子，才能取得和接受。这种兜圈子本身是冲突的表现形式，它决定了——在战斗中、在这个作为哲学的战场（康德所谓 Kampfplatz）上——某种哲学会站在哪一边的问题。因为，如果说哲学家们的哲学就是这场永恒之战（而康德则希望通过引进他自己哲学的永久和平来扑灭战火），那么没有什么哲学可以在这种理论的力量对比的范围内存在，除非到了它能够跟自己的对手们划清界限，并对它们那方面的立场（它们也不得不占据这些立场，才能确保自己带有凌驾于敌人之上的力量的印记）形成围攻之势。

如果正像霍布斯所说（也许不被人理会，但这个说法却跟哲学和人类社会同样有关），战争是一种普遍化的状态，世间没有任何地方可以逃避它；如果它就像产生着自身的结果一样，也产生着自身的条件（这意味着一切战争从本质上讲都是先发制人的），那么我们就可以理解，各种哲学体系发生冲突的战争，是以对立立场间先发制人的攻击为前提的，因而也是以某种哲学必须利用从其他哲学那里兜圈子的方式来确定和捍卫自己的立场为前提的。如果正像我近来所论证的那样，哲学归根到底是理论层面上的阶级斗争，那么，这场斗争所采取的哲学特有的形式，就是对一个特别立场在理论上的划界、兜圈子和生产。要证明这一点，姑且不论整个哲学史，我只需要提一下马克思本人：只有通过对黑格尔的参照，并通过划清与黑格尔的界限，他才能够确定自己的立场。而我认为，长久以来，我通过让自己回溯到斯宾诺莎来理解马克思为什么不得不回溯到黑格尔，也正是以马克思为榜样的。

当然，这种把哲学看作斗争——并且归根到底，看作理论中的阶级斗争——的观念，意味着对哲学与政治之间传统关系的颠倒。所以，我才要致力于研究政治哲学家和"普通的"哲学家，从马基雅维利，经过霍布斯、斯宾诺莎、洛克、孟德斯鸠、卢梭和康德，直到黑格尔。我主张必须要摆脱哲学和政治之间的可疑的区分：这种区分把政治人物看成是低等人，也就是说，看成是不懂哲学的人或业余的哲学家；而同时它也在暗示，我们只能一味地在哲学家清清楚楚谈论政治的那些文本里去发现他们的政治立场。一方面，我的看法是，每一个政治思想家，就算他像马基雅维利一样几乎不谈什么哲学，仍然都可以在强调的意义上被看作是哲学家；另一方面我认为，每一个哲学家，就算他像笛卡儿一样几乎不谈什么政治，仍然都可以在强调的意义上被看作是政治思想家，因为哲学家的政治（也就是说，使哲学成其为哲学的政治）跟哲学作者们的政治观念完全是两码事。因为，如果哲学归根到底是理论层面上的阶级斗争，那么构成哲学的政治（像支撑着政治思想家思想的哲学一样）就不能被等同于政治斗争中这样那样的一段插曲，甚至也不能等同于其作者的政治倾向。构成哲学的政治针对着并萦绕着一个完全不同的问题：统治阶级意识形态领导权的问题，即不是组织、巩固和捍卫这个领导权，便是同这个领导权进行斗争的问题。我这里正在使用的说法，再早一点，我是不可能把它们提出来的。不过，假使我可以这么说的话，我是在对一些公认的观念提出质疑的同时，一点一点地发现了某种东西，类似于我后来所说的"新的哲学实践"的东西；一旦发现了这种新的实践的需要，我就马上不顾一切地开始把它付诸实践——无论如何，这造成了一个结果，就是它后来的确提供给我一条特殊的途径去接近马克思。

如果说，我看上去好像是放弃了这门其实一直在激励着我的18世纪理论的预备科目，那肯定不全是出于个人的原因。所谓环境——我在《保卫马克思》的序言里提到的那些事情，苏共二十大后就用"个人崇拜"这个名称（而不是用概念）来命名的东西，再加上这时淹没了马克思主义的各种右派的解释：对人的解放额手称庆或加以利用，或在谈论人、人的自由、人的筹划、超越等等的哲学中对它翘首以待——就是这些环境使我不得不投入战斗。你们完全可以恰如其分地说，就像为《莱茵报》撰稿的青年马克思"被迫在一些实际问题上发表意见"（讨论林木盗窃或普鲁士的书报检查令）一样，我不久也被迫在一些马克思主义理论的焦点问题上"发表意见"，不然就会因为我的沉默而招致误解。促成我这样做的机缘是偶然的；这便是碰巧在 1960 年我必须为《思想》杂志写一篇简评，评论一本关于青年马克思的国际性论文集。① 这篇评论成了一次反击，它不是简单地指责那些公认的论点，而是从侧翼攻击它们；我就这样转移了争论的场地，直到提出一些我从那时起就不断论证、加工而后又修正的论点。

我回顾当时这些环境的原因，是我需要对我的哲学论文的论战性质，或干脆说它们的政治性质，作出进一步的说明。现在递交给诸位那些论文，它们不能不公开地宣称，斗争是一切哲学的核心。当然，我刚才的话应该可以表明，它们并不是由赤裸裸的政治所构成，因为它们是哲学的；它们也不是徒逞口舌之快的论战，因为它们产生于推理性的辩论；更何况，这种努力的全部意义都在于提出并捍卫一个简单的观念：一个马克思主义者不能不彻底思考斗争，不能不彻底思考他所从事并献身的这场战斗的条件、机制和赌注，就在他所写的东西和所做的事情中进行斗争。这些文本因此是在确定形势中的明确干预：既是在当前的马克思主义哲学界中，同时反对教条主义和对教条主义的右派批判的政治干预，也是在政治中反对经济主义及其人道主义"附属物"的哲学干预。但是，既然它们也诉诸工人运动的历史、诉诸马克思，所以就不能把它们归结为对于形势的单纯评论。我想说的是，不管人们会怎样看待它的弱点和局限，这种哲学干预都是投身于工人运动并为之行动的一名共产党员的工作——即使我当初受到孤立，即使我总是不被理睬，即使我那时和现在一直因为我说过的话而受到批判；因此，这也是一名战士的工作：他试图严肃地看待政治，以便彻底思考它在理论内部的条件、限度和后果，从而试图确定干预的路线和形式。不能否认，这样的开端包含着大量的尝试和风险。而既然我现在谈到了风险，就让我谈谈它们中间的一个吧（其他的姑且不论），这个风险与我论文中的理论立场有关。

它是这样的：在我曾经卷入的争论中，在关系到某些政治上和理论上的战略要点的时候，我宁愿捍卫那些激进的论点。从字面上看来，这些论点是悖论性的，甚至是理论上的故意挑衅。我举两三个例子来说明这种选择。

我论证过并且写道，"理论是一种实践"，同时提出过理论实践

---

① 即《论青年马克思（理论问题）》，参见《保卫马克思》。

这个范畴，在有些人眼里，这是个令人反感的提法。现在，这个论点也像所有论点一样，必须根据它在划清界限——即确定对立立场——时的作用来看待了。与一切形式的实用主义相对立，它的第一个作用是曾经证明了关于理论的相对自主性的论点，因而证明了马克思主义理论有权不被看作政治决策的奴婢，有权既不背叛自己的需要，又能联合政治的和其他的实践一起求得发展。但这个论点同时也有着另一种作用：它与纯理论的唯心主义相对立，为理论赋予了实践的唯物主义的特征。

另一个激进的提法：理论实践的检验标准的内在性。我可以引用列宁的话，因为是他提出了这个故意挑衅的论点（作为许多这样的论点之一）："马克思学说具有无限力量，就是因为它正确。"不是因为它能够被它的成败所检验，所以它才正确，而是因为它正确，所以它才能被它的成败所检验。但我还引进了别的论据：要证明数学，并不需要把它的定理应用于物理学和化学；要证明实验科学，也不需要把它们的结果作技术上的应用。因为论证和证明都是明确具体的物质上和理论上的工具与程序的产物，都是内在于各门科学本身的。在这里被当作赌注的东西仍然是理论的相对自主性，不过这一次它不是与理论唯心主义相对立，而是与缺乏辨别力的实用主义和经验主义相对立，因为后者没有办法把各种实践相互区分，就像黑格尔说的黑夜里的牛一样。

最后一个例子：我论证了关于马克思的理论反人道主义的论点。这是一个精确的论点，但有人却不愿意理解它的精确的意义，而且它惹得全世界资产阶级的和社会民主党的意识形态一起来反对我，甚至就在国际工人运动内部。为什么我要采取这样激进的立场呢？因为我不想躲在那种表现无知的辩论后面，那种辩论可能还是有用的，但要在适当的时候。我之所以首先要捍卫促使我采取这些激进立场的原则，显然是因为这些立场当时遇到了各种叫喊声：教条主义、思辨、蔑视实践、蔑视具体的东西、蔑视人，等等。这种义愤不无几分滑稽。

至于我，既然我并非不知道上面提到的那种哲学与政治的关系，所以我铭记马基雅维利。马基雅维利很少说出来却总是在实践的方法的准则，就是必须极端地思考，这意味着在一个立场之内思考，从那里提出近乎出格的论点，或者说，为了使思想成为可能，就需要占据一个近乎不可能的位置。马基雅维利做了什么事呢？为了使他的国家的历史有所改变，也为了使读者的脑筋有所改变——为了激发他们的思考并进而激发他们的意志——马基雅维利似乎在幕后表明，个人必须依赖自己的力量——其实就是说，不必依赖任何东西，既不必依赖现有的国家，也不必依赖现有的君主，只能依赖于不存在的那个不可能性：新君主国里的新君主。

我在列宁那里找到了这一论证的回响和基础。当然这是在《怎么办？》发表之后的几年，为了回敬对他的一些说法的批评，列宁以矫枉过正的理论形式作出了答复。列宁说，当棍子朝着不对的方向弯曲时，如果你想要让事情对头，就是说，如果你想要把它直过来，并让它永远是直的，就必须握紧它，持久地把它弯向另一边。这个简单的说法，在我看来，包含了使真理说出来就产生作用的一整套理论，这种理论深深地根植于马克思主义的实践。与那种为了矫正弯曲的、错误的观念就只想要笔直的、正确的观念的整个理性主义传统相反，马克思主义认为，因为观念是在社会关系的物质性中获得和实现的，所以它们就只有历史的存在。所以，在各种单纯观念之间的关系的背后，竖立着一些力量的对比关系，它们使某些观念掌握权力（因而可以概略地称之为占统治地位的意识形态），而使另一些观念俯首称臣（因而可以称之为被压迫的意识形态），一直到这样的力量对比改变为止。由此可见，如果你想改变历史上存在的观念，哪怕是在所谓哲学这个貌似抽象的领域，你也不可能满足于仅仅鼓吹赤裸裸的真理，等待它在"启蒙了的"心灵中成为解剖学上显而易见的事实，就像我们的 18 世纪先辈们常说的那样。既然你想要迫使观念发生改变，你就得被迫运用一种能够破坏其中的权力的反作用力，把棍子弯向另一边，让观念对头，通过这样做而去认识那种使这些观念一直在弯曲的力量。

这一切勾勒了一种社会过程的逻辑，其范围显然比任何书写文本都要广阔。但是，在像《怎么办？》这样的书写文本里，力量的对比关系能够获得的唯一形式，就是它在某些激进提法中存在、认识、有所期待，这使得我们透过那些论点本身的陈述，就能感觉到新的观念和占统治地位的观念之间的力量的对比。如果我能够以我的谦逊去接受这些榜样的激励并得到它们的许可，我就可以说：是的，我是在有意识地面对和处理着作为力量对比的这些观念之间的关系；是的，我也是在有意识地"极端地思考"着一些我认为重要的观点，有意识地把棍子弯向另一边。不是为了挑衅的快感，而是要让我的读者警觉到这种力量对比的存在，在这一点上刺激他们并产生明确的后果——不是因为有什么理论万能的信仰在作祟（为此我还受到过某些哲学学派"掌门人"的指责），相反地是因为对于理论本身所流露出来的弱点的唯物主义知识——也就是说，是因为意识到了力量的条件。理论必须认识这些条件。并且，如果它想要有机会使自己转变成为一种现实的权力，就必须服从这些条件。

为了证明我刚才一直在说的话，当时机成熟的时候，我将乐于讨论：这种弯曲和反弯曲的力量的对比，这种提出论点时的极端主义，如何完全正当地属于哲学的分内之事；即使伟大的哲学家不那样承认，就像列宁藏在一句俗语后面顺便承认的那样，他们也总是在实践它，不管他们是用唯心主义的否认来隐瞒这个事实，还是在他们对待唯物主义的"羞辱"时就把这个事实暴露在光天化日之下。

在把棍子弯向另一边时，你会冒风险，这还是没错：弯得太少，或者太多，每个哲学家都会有这样的风险。因为社会力量和利益都是生死攸关的赌注，但又从来不可能有绝对的把握去解决，在这种情况下，已没有任何扳回的机会。如果你的干预太突然，你就冒着马上找不到目标的风险；如果你把棍子弯得太多或太少，你就冒着发现自己被拉回错误境地的风险。诸位也许知道，这正是我曾经公开承认某种程度上在我这里也发生过的事情。我在1967年就认识到，而最近又在《自我批评材料》里说明：我在1965年的作品（它们都已经摆在诸位面前了）受到理论主义倾向的损害，同时由于卖弄结构主义术语而被迫作了那么一点点让步。但是，为了能够说明这些缺点，我需要时间的透镜——不仅是10年的间隔，而且还有关于自己作品所引起的后果的经验、进一步工作的经验和自我批评的经验。写过的，你需要理解。我还要补充说：尤其要理解你自己所写过的东西。

在探讨我这些论文里的详细论证过程之前，我先就它们很一般的目标说几句话。

这一目标可以从我的书《保卫马克思》、《阅读〈资本论〉》的标题里得到说明。因为这些标题都是口号。我认为，我在这里可以代表我那一代人讲话，他们经历过纳粹主义和法西斯主义、人民阵线、西班牙内战、大战和抵抗运动，以及斯大林时代。我们被当代历史的伟大阶级斗争所吸引，献身于工人运动的斗争并希望成为马克思主义者。当时要成为马克思主义者，要在马克思主义理论里学会走路并不容易，甚至在二十大之后也是一样，因为前一时代的教条主义继续存在着，现在又与它的对子，即所有那些谈论人的"马克思主义"哲学的废话结合了起来。既然这种废话是以青年马克思著作的文字为基础的，所以就有必要回到马克思，以便给被历史审判的云翳覆盖住的那些观念投上少许光芒。我不想着重讨论这种工作在政治上的重要性；不管怎么说，它的确做了某种始作俑者，为此我从来没有得到过宽恕，因为它对教条主义的批判不是从人道主义意识形态的右翼立场出发，而是从理论反人道主义、反经验主义、反经济主义这些左翼的立场出发的。我在这一工作中并非单枪匹马：我后来发现，其他人——不仅有意大利的德拉·沃尔佩，还有一些年轻的苏联思想家（他们的作品尚未广泛发行）——也以他们各自的方式开始走上同一条道路。我们都在尝试着把作为一种理论、一种革命理论的资格的东西，归还给已被教条主义和马克思主义人道主义当成头号意识形态来利用的马克思主义理论。马克思在《资本论》序言里表示寄希望于"愿意为自己思考的读者"。为了试图理解马克思究竟思考过什么，我们最起码应该做的，就是回到马克思，从而"为自己思考"马克思究竟思考过什么。

例如，为了反对马克思思想所遭受的颠覆，在我看来，有必要强调一个简单的观念：这种思想的空前的和革命的性质。空前的，是因为马克思通过始于《德意志意识形态》、终于《资本论》的概念整合工作，已经为我们可以用最接近的说法称之为历史科学的东西奠定了基础。革命的，是因为这一科学发现为斗争中的无产阶级提供了武器，它引起了哲学内部的全面动乱：它不仅使哲学改写范畴，使这些范畴与新科学及其后果相一致，而且首要的是，它理解哲学与阶级斗争的现实关系，并把这一点作为工具提供给哲学，使哲学能够为自己的实践承担责任，对这种实践加以改造。

正是这场变革、这个在马克思和他的前辈之间的根本的差异，我不仅想要把它揭示出来，而且想要把它说清楚，如果可能的话，还想加以解释。因为我过去认为它在政治上和理论上对于工人运动及其同盟者来说是生死攸关的，而现在也仍然认为掌握这个差异是生死攸关的。为此，我必须立足于马克思在其科学革命过程中生产出来的这一新哲学的高度，同时在一个接近斯宾诺莎并得到马克思肯定的思想运动中，努力去掌握这个以新获得的真理为基础的差异。不过，为着同样的目的，我也必须掌握一种能够掌握这个差异的哲学，也就是说，我必须对于马克思自己的哲学有一个清晰的看法。现在人人都知道，成熟的马克思除了那篇不同寻常的 1857 年《〈政治经济学批判〉序言》和从未实现的要用一打纸来写辩证法的念头之外，在这一行里没有给我们留下任何东西。毫无疑问，马克思的哲学，就像列宁说的，包含在《资本论》中（不过是以一种实践的状态），正如它也同样包含在工人运动的伟大斗争中一样。我下定决心一定要把它萃取出来，并且从那些有用的片断和范例出发，我努力赋予它一种类似于概念的形式。正因为如此，马克思主义哲学的问题自然盘踞了我注意力的中心。我不想让它成为世界的中心，我不想把哲学提到统帅的高度，但是我不得不兜这个哲学的圈子，为的是紧紧抓住马克思著作的这种激进性质。

我一直都抱着这样的信念。我现在打算用不同于《保卫马克思》和《阅读〈资本论〉》的方式来提出它，但我认为，在把哲学确定为理解马克思的出发点这个问题上，我并没有搞错，因为他的立场正是在那里得到了概括。

一、"归根到底……" (la "dernière instance")

我现在向诸位建议，我的论文应该从贯穿着它们并且相互交织的三条崎岖的途径加以探讨。

我首先要利用的是"归根到底"这条途径。

我们都知道马克思和恩格斯证明了经济归根到底（en dernière instance）起决定作用的论点。这个小小的短语看起来像是根本没什么，实际上却使得整个占统治地位的社会与历史观天翻地覆。对于马克思在 1859 年《〈政治经济学批判〉序言》里用来描述他的社会观的那个形式或隐喻，我们注意得不够。这是一个地形学的形式，也就是说，是一个空间结构的形式，它在空间上为给定的现实指出了它们各自的地位。

马克思主义地形学用一个大厦的隐喻来描述社会，这个大厦的上面的楼层建立在（按照大厦的逻辑就会有的）它的基础之上。"基础"在德文里是 die Basis 或 die Struktur，传统上译为 base 或者更常见的 infrastructure：它是经济，是由生产关系支配的生产力和生产关系的统一体。从底层的基础上竖立起上层或 überbau（上层建筑）的几层。

可以说，一个简单的意象再现了现实。不过它也区分了这些现实，这是非常重要的。例如，它把被黑格尔归入市民社会的实在法放进上层建筑的范畴，这样就区分出了与那些单纯的现实事物非常不同的东西：它们的功效及其辩证法。

当马克思说基础归根到底起决定作用的时候，他的意思是说，它决定着上层建筑。

例如："从直接生产者身上榨取无酬剩余劳动的独特经济形式，决定着统治和从属的关系，这种关系是直接从生产本身产生的，而又对生产发生决定性的反作用。"但是马克思在这里所关心的决定作用仅仅是归根到底的决定作用。就像恩格斯（在一封致布洛赫的信里）写的那样："……根据唯物史观，历史过程中的决定性因素归根到底（en dernière instance）是现实生活的生产和再生产。无论马克思或我都从来没有肯定过比这更多的东西。如果有人在这里加以歪曲，说经济因素是唯一决定性的因素，那么他就是把这个命题变成毫无内容的、抽象的、荒诞无稽的空话。"①

在这个地形学的决定作用里，最后的诉求实际是最后的诉求。②如果说它是最后的，就像它唤起的法律意象（终审法庭）那样，那么这是因为还有其他的，即那些体现为法律—政治的和意识形态的上层建筑的诉求。因此，提出决定作用里的这个"归根到底"就起到了双重的作用：它把马克思从一切机械论的解释里截然地分离出来，同时在决定作用内部揭示了由一些不同的诉求所发挥的功能，即由辩证法所勾画的那样一种现实差异所发挥的功能。因此，这一地形学表明，只有在一个有所区分的、因此也是复合的和连接起来的整体（所谓"Gliederung"（分节））中，才能把握经济基础归根到底的决定作用；在这样的整体中，归根到底的决定作用确定了其他那些诉求的现实差异、它们的相对自主性和它们反作用于基础本身的固有方式。

在作出推论之前，我还想强调一下"归根到底"这个范畴在理论上具有决定意义的重要性，因为它太常被人认为是一种在哲学上粗略的或通俗的东西。论证经济的归根到底的决定作用，就是把自己同一切唯心主义历史哲学区别开来，也就是接受一个唯物主义的立场。但是，谈论归根到底的经济的决定作用，则是把自己同任何

---

① 恩格斯接着说："经济状况是基础，但是对历史斗争的进程发生影响并且在许多情况下主要是决定着这一斗争的形式的，还有上层建筑的各种因素：阶级斗争的政治形式及其成果——由胜利了的阶级在获胜以后确立的宪法等等，各种法的形式以及所有这些实际斗争在参加者头脑中的反映，政治的、法律的和哲学的理论，宗教的观点以及它们向教义体系的进一步发展。"（1890 年 9 月 21 日致约·布洛赫的信）

② 这里开始使用 la dernière instance 的字面意义，特别是它的法律意义：最后的诉求或诉讼（终审）。

机械决定论观念区别开来，并接受一个辩证的立场。然而，当你在黑格尔的阴影里工作的时候，你务必保持警惕，反对那些纠缠在辩证法里的唯心主义的诱惑。马克思保持着警惕，因为当他用辩证法来勾画一种地形学诉求所发挥的功能时，他便有效地保护了自己，没有陷入能够在发展着自己的自发运动中生产自身物质内容的那样一种辩证法的幻觉。在使辩证法服从于地形学的制约因素时，马克思也在使它服从于它的作用的现实条件，他是在保护它免受思辨的愚弄，是在迫使它进入一个唯物主义的模子，迫使它承认：它自身的形式是由它自身条件的物质性所规定的。我同意，上述勾画和上述规定，就它们自己说来，都还够不上为我们提供唯物辩证法本身的形式，但是，它们的确把我们至少从一种诱惑——即在黑格尔那里寻找现成的这些形式的诱惑——里解救了出来。

我们以这种方式回到我在论文中发展了的那些论点，它们的目的是要对马克思和黑格尔加以辨别。我已在其他地方说明了马克思受过黑格尔的什么恩惠，也说明了马克思为了找寻自己前进的道路，为什么老是不得不从黑格尔那里兜圈子。

不错，马克思接近于黑格尔，但这首先是因为那些没有被提起过的原因，是因为可以追溯得比辩证法更远的原因，是因为与黑格尔——针对从笛卡儿到康德的古典资产阶级哲学的理论前提——的批判立场有关的原因。用几句话概括一下：马克思接近黑格尔，是因为他坚持拒绝一切关于开端和主体的哲学，不管是理性主义、经验主义还是先验哲学，是因为他批判"我思"、感觉论经验主义主体和先验主体，因而也是因为他批判知识论的观念。马克思接近黑格尔，是因为他批判法律主体和社会契约，是因为他批判道德主体，简言之，批判一切关于主体的哲学意识形态：这类哲学意识形态无论包含什么变种，都不仅再生产着，而且还在哲学上整合着占统治地位的法律意识形态的概念，从而为古典资产阶级哲学提供保障其观念、实践和目标的手段。而且，如果你考虑到这些批判主题的归类，你就必须承认，马克思接近黑格尔，恰恰是对于黑格尔公然从斯宾诺莎那里借来的那些特征而言的，因为这一切都可以在《伦理学》和《神学政治论》当中找得到。这些根深蒂固的亲和关系，正常情况下都在虚伪的沉默里被忽略掉了，然而它们还是——从伊壁鸠鲁到斯宾诺莎和黑格尔——构成了马克思唯物主义的前提。几乎从来没有人提起过它们，原因仅仅是马克思本人没有提起过它们，结果是马克思和黑格尔的全部关系都被拴在辩证法上面了，因为这一点马克思的确谈论过！就好像不是他最先承认了这一点似的：你要判断一个人，决不能以他自己的自我意识的表象为根据，而只能以在这种意识背后生产着这种意识的整个过程为根据。

请原谅我对这一点强调了这么多，但它确实是解决许许多多难题的关键，这些现实的或想象的难题都牵扯到马克思与黑格尔的关系，并且在马克思思想内部牵扯到辩证法和唯物主义的关系。事实上我相信，除非使辩证法服从于唯物主义的第一性，而且研究这种辩证法必须采取什么样的形式才能成为这种唯物主义的辩证法，否则就不可能恰当地提出马克思主义辩证法的问题。从这个观点看，就不难理解辩证法观念怎么可能钻进了像黑格尔这样的哲学，这不仅是因为有法国大革命及其后果的戏剧性动荡给他上了严厉的一课，而且也是因为，对于一种有很好的理由从一开始就拒绝使用开端和主体的范畴、拒绝为它们提供保证（即使它后来又改造并重新启用了它们）的哲学来说，辩证法是它自身唯一的思考工具。当然，黑格尔并不只是因为拒绝了开端和主体才致力于寻求辩证法的。在一种单向的运动中，他创造了一种能够把它跟古典哲学区别开来，并且推动这种运动达到他的目的的辩证法，如果用马克思的话来说，就是他把辩证法"神秘化"了。但这并不意味着黑格尔的神秘化本身不是一个证据——它证明了从伊壁鸠鲁（也许更早）的时候起，就在唯物主义和辩证法之间经常维持着的一种关系；因为唯物主义只有同一切关于开端的哲学——不管是关于存在、主体，还是关于意义的哲学——划清界限，才能产生作用。用几句话说明这个问题：当你拒绝事物的根本开端（不管它借用什么形式）的时候，你都需要创造出与古典范畴完全不同的新范畴，去控制那些从这个开端中取得权威的概念——本质也好、原因也好、自由也好。当你拒绝把开端范畴当作哲学的发行银行的时候，你就不得不连带拒绝它的货币，并且把别的范畴——那些辩证法的范畴——投入流通。这大体上就是把在伊壁鸠鲁、斯宾诺莎和黑格尔那里发现的唯物主义前提联结起来的深刻关系，它不仅支配着有关辩证法的一切，而且支配着辩证法本身。

这才是在我看来比起"没有前提的结论"这个马克思给黑格尔下的唯一判断远为重要的东西，而马克思在那里只不过是提出并且是就事论事地提出辩证法的问题。他这样做，当然是为了在黑格尔身上认识到——用他的话说——"第一个……叙述了辩证法的一般运动形式"的功绩（这个说法是正确的，而且肯定是有不少保留的），但同时也是为了表明（这时候就毫无保留了）：黑格尔把辩证法"神秘化"了，而马克思自己的辩证法不仅和黑格尔的不同，而且"和它截然相反"。但是，我们也知道，按照马克思的说法，要使黑格尔辩证法非神秘化，把它颠倒过来就够了。我过去已经充分地论证过，这个关于颠倒的观念其实没有说明问题，它只是一个隐喻而已，意在对辩证法的形式进行真正的唯物主义改造，马克思曾向我们许诺要用一打纸来谈论这个问题，但却从来没有写过。这种沉默确实不是偶然的。它无疑说明了有一种需要存在着：需要找到线索，从结论追溯辩证法的唯物主义前提，并以这些前提为基础，在强调的意义上"彻底思考"它们所隐含的新范畴——我们可以在《资本论》和列宁作品里发现这些范畴的运用，只是它们并不总拥有自己的名称，或者说，还没有明确拥有自己的名称。

从我开始在马克思和黑格尔之间，而且就在他们的相似性中去寻找差异的时候起，我就被卷进到这个难题里来了。很明显，就算马克思从黑格尔那里借用了辩证法的名词和观念，但不管怎样，他也不会接受这个被双重神秘化了的辩证法——它的神秘化不仅表现为生产自身物质内容的唯心主义企图，而且首先表现为使它的自我化身的奇迹得以实现的那些形式：否定、否定之否定或"扬弃"。因为就算黑格尔的辩证法拒绝了一切开端（就是《逻辑学》开头听说的那种有与无在那里直接同一的开端），它也是把开端投射在了作为目的的结局里，这个目的的返回来在辩证法自身的过程内创造了辩证法自身的开端和主体。黑格尔这里不存在任何指定的开端，但那是因为整个过程在最后的总体里得到完成，这个过程就预示着它的结果的所有环节来说，都无限地成为自身的开端。黑格尔这里不存在任何主体，但那是因为实体成为主体，这个完成了的否定之否定的过程就是过程本身的主体。如果说马克思从黑格尔那里接受了辩证法的观念，那他就不只是把它"颠倒过来"，以便使它摆脱自我生产的僭妄或幻想，而且他也必须改造它的那些形式，使它们不至于再产生出隐含的后果。列宁在从 1918 到 1923 年期间曾经反复地论证，如果社会主义不能成功地对小商品生产进行改造，那么只要允许它存在下去，小商品生产就会继续滋生资本主义。人们不妨以同样的方式说，只要马克思主义不能成功地对被黑格尔神秘化了的辩证法形式进行改造，这些形式就会继续滋生黑格尔式的、神秘化的后果。因为，这种改造既不是我的凭空想象，也不仅仅是未知之数，而是在马克思和列宁的文本里、在无产阶级阶级斗争的实践里可以明明白白找出来的东西。

所以，我只是试图把已经作为实践形态存在着的东西从概念上提出来罢了。

正因为是从这个方面看问题，所以我断言：马克思并不具有与黑格尔相同的关于社会形态的性质的观念，而且我相信，通过指出黑格尔把社会看作一个总体，而马克思则把社会看作一个有占统治地位结构的复合的整体，我就能够说明这种差异。如果可以容我放肆一点，在我看来，我们应该把总体范畴给黑格尔留下，而去为马克思求得那个整体的范畴。有人会说这是在字词上吹毛求疵，但我认为不全是这样。如果说相比起来，我宁愿为马克思保留整体而非总体范畴的话，那么这是因为在所谓总体里面总会出现双重的诱惑，一方面使我们把它看作一种将一切表现形式包揽无余的、无所不在的本质，另一方面（其实是一回事）又使我们把它看作一个圆圈或者球体（这个隐喻使我们再次想起黑格尔），并在那里面发现一个可以作为它的本质的中心。

抓住这一点，我相信就已经找到了马克思和黑格尔之间的一个重要差异。对黑格尔来说，社会像历史一样，是由圆圈套圆圈、大球套小球组成的。支配他的整个观念的是表现性总体的思想，就是说，那里的所有要素都是具有总体性的成分，每一个都表现着总体的内在统一性，而这个总体在它的全部复杂性方面，也永远只是一个简单原则的对象化—异化。而实际上，在你读《法哲学原理》的时候你就会看到，黑格尔展开抽象法的领域、道德的领域和伦理的领域的方法，就是通过绝对精神的辩证法来生产这些领域，因此，每个领域都经过否定之否定而生产着别的领域，为的是在国家那里找到它们的真理。它们之间有许多的差异，不过既然它们的关系永远是"真理"的关系，所以肯定这些差异，永远只是为了在其他差异中将它们否定和超越掉；而之所以能够这样，是因为在每一个差异里已然到场的自在都呈现着未来的自为。在你读《历史哲学》导言的时候。你也会看到同样的过程，人们甚至可以说是同样的程序：理念发展的每一环节都存在于相应的国家，这些国家实现的是一个简单的原则——古代希腊的个性之美、罗马的法律精神，等等。而且，因为从孟德斯鸠那里借来了这样的观念，即在历史总体里，所有具体的规定性（déterminations，决定作用），不论是经济的、政治的、道德的，甚至是军事的，都表现着一个简单的原则，所以黑格尔也是根据表现性总体的范畴来构想历史的。

对马克思来说，差异是现实，而且它们不仅是在各种能动性领域中、在各种实践和对象方面的差异，它们也是在功效上的差异。在这里，"归根到底"是以这样的方式起作用的：就是说，它揭穿了关于圆圈或球体的和平的虚构。马克思抛弃圆圈的隐喻而使用大厦的隐喻并不是偶然的。圆圈是封闭的，作为与总体相对应的概念，是以人们能够把一切现象包揽无余，从而把这些现象重新聚集在中心的简单统一性内部为前提的。另一方面，马克思给我们描述了一个大厦、一个基础和上面的一层或两层——到底有几层却没有说清楚。他也没有说过，凡事都应当归入这些范畴，凡事不是基础就是上层建筑。你甚至可以为这样一个（《资本论》所必需的）观念辩护：马克思主义的社会和历史理论暗含了一整套关于社会和历史的附带成本、关于它们的无支付能力的理论。马克思只是说，你必须区分；这些区别是现实的、不可化约的；在决定作用的次序上，基础和上层建筑的分量是不相等的；这种占支配地位的不平等或不平衡构成了整体的统一性，因此，这里的统一性再也不可能是那种表现的统一性了：它不再表现一个简单的原则，不再使自身的一切要素都沦为现象。

正因为如此，我谈论整体，从而表明，在马克思主义的社会形态观念里，一切事情都是紧紧结合在一起的；一个要素的独立永远只是它的依赖性的形式；而且各种差异的交互影响是被一个归根到底的决定作用的统一性所控制的。但也正因为如此，我不谈总体，因为马克思主义的整体是复合的、不平衡的，并且是被那个归根到底的决定作用给它打上了这个不平衡的烙印的。正是这种交互影响、这种不平衡，才使我们能够理解：某种现实的事物如何可能偏偏在一个社会形态里产生，并且通过政治上的阶级斗争，它又如何可能抓住现实的历史。我顺便说明一点：在由黑格尔灌注生气的那个世界里是永远看不到政治的。因为当你被圆圈套住的时候，你在哪里可以抓住这个圆圈呢？在形式上，马克思主义地形学在说话的同时就给出了答案：这就是归根到底起决定作用的东西——经济，因而还有经济上的阶级斗争，它延伸为为了夺取国家政权而进行的政治上的阶级斗争；并且这就是经济基础的阶级斗争与上层建筑的阶级斗争相联系（或不相联系）的方式。但这不是全部。在说明这一点的同时，马克思主义地形学向每一个提出问题的人都指出了他在历史过程里的位置：这就是你占据的位置，并且这就是你为了改变事物所必须转向的位置。阿基米德为了举起世界，只需要一个定点。

马克思主义地形学给你指定你必须在那里战斗的位置，因为这个位置就是改造世界的战斗将要进行的地方。不过这个位置不再是一个点，而且也不是固定的——它是把由归根到底的决定作用所支配的各种立场连接起来的一个体系。

没有人会否认，在我已经提到的《〈政治经济学批判〉序言》里，这一切还都是形式化的。但《共产党宣言》却是循名责实的，而《资本论》更是重复了它们的用法。《资本论》里充满了地形学形式的范例。正是通过这种形式的运用，理论上的决定作用才能成为在实践中作出的决定，因为这种形式是按照工人（马克思是在跟他们说话的）能够理解它们的方式来安排事物的。被掌握了的概念（Begriff）在马克思那里，变成了地形学的理论—实践工具，变成了在实践中掌握世界的手段。

不难看出，在这种新的整体里起作用的辩证法根本不是黑格尔的辩证法。我曾试图联系矛盾问题来说明这一点。我指出，如果你认真理解马克思主义整体的性质及其不平衡，你一定会得出结论，认为这种不平衡必然表现为矛盾的过度决定或不足以决定的形式。当然，这里的问题不在于根据一定量的决定作用的增加或减少、根据从先前存在的矛盾（即"de jure（法理上）"在某个地方存在的矛盾）中增加或减少的一定量，来看待过度决定或不足以决定。过度决定或不足以决定并不是相对于纯粹矛盾的例外。正如马克思说，人只有在社会中才能独立，正如马克思说，简单经济范畴的存在是历史的例外产物；同理，纯粹状态的矛盾只能作为不纯粹的矛盾的一种特定产物存在着。

这个论点的作用完全是要改变我们看待矛盾的标准。特别是，它让我们防止那种我称为简单矛盾的观念，或不如说是按"矛盾"这个词的逻辑意义来理解的矛盾的观念；那种矛盾的条件是两个对等的实体，它们各自只是具有相反记号中的一个：＋或－，A或非A。如果我现在仍可以在同一方向上，却又比我在最初的论文里走得稍微远一点的话，那么我应该说，和你在《资本论》里看到的一样，矛盾呈现着出人意料的不平衡的特点：它使相反的条件产生作用，而如果你只是否定了其中一个的记号，然后再把取得的相反记号给予另一个，仅仅以这样的方式是不可能取得这种作用的。这是因为相反条件都被卷入一种不平衡的关系，这种关系仅仅因为矛盾本身的缘故而不断地再生产着矛盾存在的条件。例如，我现在可以谈论资本主义生产方式的存在和在倾向上宣判它灭亡的矛盾，资本主义生产关系的矛盾，把阶级划分为阶级、使资本家阶级和工人阶级这两个完全不平等的阶级彼此对抗的矛盾。因为工人阶级不是资本家阶级的对立面，所以它不是被否定的、被剥夺了资本和权力的资本家阶级——而资本家阶级也不是工人阶级再加上些别的东西，诸如财富和权力。它们并没有分享相同的历史，它们并没有分享相同的世界，它们并没有引导相同的阶级斗争，然而它们的确在相互对抗，因为对抗的关系再生产着对抗的条件，而不是以一种优美的黑格尔式的升华与和解来超越这些条件。

我认为，如果你重视马克思主义赋予矛盾的这一特殊性质——即矛盾是不平衡的——你就会提出一些有意思的结论来，它们不仅和《资本论》有关，而且和工人阶级斗争的问题、工人运动中时而富于戏剧性的矛盾的问题、社会主义矛盾的问题都有关系。这是因为，如果你想理解这种不平衡，你就不得不追随马克思和恩格斯，认真看待导致矛盾不平衡的那些条件（也就是我所说的"有占统治地位结构的整体"得以构成的那些物质的、结构性的条件），而且，你还可以在这里一眼看出关于不平衡发展的列宁主义论点的理论基础。因为在马克思那里，一切发展都是不平衡的，并且这里的问题同样不在于从所谓平衡的发展里有所增加或减少，而在于某种根本的特性。任何发展都是不平衡的，因为正是矛盾推动了发展，而且因为矛盾就是不平衡的。正因为如此，我曾经借卢梭（他是黑格尔之前首要的异化理论家）《论不平等的起源》的书名，把"论起源的不平衡"这个短语用作我的文章《关于唯物辩证法》的副标题。我用复数形式的"起源"（origines）是要说明，根本不存在就这个词的哲学意义而言的 Origine（开端），任何开始都打上了不平衡的烙印。

我只是概略地叙述了几个主题，仅仅是想指出归根到底这个论点对于理解马克思来说有着至关重要的意义。理所当然，对于马克思主义理论的任何解释都不仅带有理论的赌注，而且也带有政治的和历史的赌注。关于归根到底、关于有占统治地位结构的整体、关于矛盾的不平衡的这些论点，当时都具有一个当务之急的目标，它支配着这些论点的表达方式：这个目标就是要承认并且说明理论在马克思主义工人运动中的地位和作用，为此，不仅要注意列宁的著名口号"没有革命的理论，就不会有革命的运动"，而且要追究细节，以便把理论从各种混乱、神秘化和受到的摆布中解放出来。但是超出这个最初的目标之外，我的论点还另有更为重要的目的，它们都和工人运动所面临的那些诱惑有关：或者是某种弥赛亚的或批判的辩证法唯心主义的诱惑（从青年卢卡奇的时代，甚至从老的和新的青年黑格尔派的时代以来，这种诱惑就一直在纠缠着反叛的知识分子），或者是我称之为"穷人的黑格尔主义"的进化论的诱惑（这种进化论在工人运动中总是采取经济主义的形式）。

在这两种情况下，辩证法都用前马克思主义哲学的旧的方式，发挥着在哲学上为革命和社会主义的到来提供保证的功能。在两种情况下，唯物主义不是被偷梁换柱（就前一种假设的情况而言），就是被归结为生产力的机械的、抽象的物质性（就后一种假设的情况而言）。在所有情况下，这种辩证法的实践都意外地碰到了事实的无情考验：革命既没有发生在 19 世纪的英国，也没有发生在 20 世纪初的德国；它根本没有发生在先进的国家，而是发生在别的地方，在俄国，然后又在古巴，等等。

如果没有列宁主义关于不平衡发展的范畴教会我们去追溯矛盾的不平衡及其过度决定和不足以决定的作用，我们又怎能理解帝国主义的主要矛盾转移到最薄弱环节上的这个过程呢？相应地我们又怎能理解在那些阶级斗争似乎大功告成的国家里阶级斗争反而停滞不前的状况呢？我在有意地强调不足以决定，因为虽然有些人容易接受对决定作用作一味的补充，但他们却不能接受不足以决定的观念，即产生决定作用的某种底线的观念——这道底线如果没有跨过，就会造成革命的流产、革命运动的停滞或消失、帝国主义在腐败中继续发展，等等。如果马克思主义能够把这些事实记录在案却又不能理解它们，如果它不在理论内部清除关于早熟和流产之类的标准概念（即清除某种标准的观点），从而不能在强有力的意义上掌握我们所了解的那些革命是早熟还是流产这个"显而易见的"真理，那么肯定在辩证法这方面有问题，而且肯定有某种观念尚未完成对黑格尔的清算，因而继续束缚着辩证法的手脚。

正因为如此，我认为要想更清楚地看到马克思的不同寻常之处，就应当把他表明自己跟黑格尔辩证法的关系的那种即兴的提法转换成恰当的视角。而要这样做，就首先应当思考马克思的唯物主义是怎样表达的，因为辩证法的问题取决于此。于是有一种很好的方式可以用来讨论这个难题，也就是我刚才一直在遵循的方式，即运用归根到底的决定作用这个范畴。

二、关于知识的过程

我现在想更简捷地利用另一条贯穿我论文的途径，以便考察在那里发展出来的另一组论点，它们都与"知识"的问题有关。

毋庸讳言，在这一点上我大大地仰赖于斯宾诺莎。我刚才说过，马克思接近黑格尔，是因为他批判知识论的观念，但是黑格尔的这种批判已经在斯宾诺莎那里出现过了。当斯宾诺莎写下那句名言"Habemus enim ideam veram……（因为我们具有真观念……)"①时，他事实上是什么意思呢？我们具有真观念吗？不，这句话的分量落在那个"enim（因为)"上。事实上正是因为并且只是因为我们具有真观念，所以我们才能依照它的规范生产出别的观念来。而事实上正是因为并且只是因为我们具有真观念，所以才能知道它是真观念，因为它是"index sui（自明的)"。这个真观念是从哪里的呢？那完全是另外一个问题。但事实就是我们具有它（habemus)，而且不管它可能是什么，它都造成了这个结果，它支配着关于它可以说到的以及从它那里推出的一切。这么一来，斯宾诺莎就预先让一切知识论（它们就知识的辩明问题进行推论）都取决于我们已经拥有某种知识这个事实。所以，一切关于知识的开端、主体和辩明的问题，作为所有知识论的根本问题，都被拒绝了。但是这并没有妨碍斯宾诺莎谈论知识：不是为了理解它的开端、主体和辩明，而是为了确定过程及其环节，即著名的"三个等级"②。而且，如果你仔细看看这些等级，它们就显得非常奇怪了，因为头一种知识完全就是活生生的世界，而末了一种知识则特别适宜理解在《神学政治论》中以异端态度对待的犹太人的"特殊本质"，即黑格尔可以用自己的语言说成是他们的"具体共相"的东西。

如果有人显然出于理论上的机会主义而认为我这样就落入了异端，我感到抱歉。但是我会说，马克思事实上与斯宾诺莎的立场关系密切；不仅1857年《导言》里的马克思是这样（因为这篇作品事实上是经由斯宾诺莎来反对黑格尔)，而且《资本论》里的马克思，连同列宁，也是这样。因为虽然他们同样拒绝一切关于知识的开端、

---

① 斯宾诺莎：《知性改进论》，29页，北京，商务印书馆，1960。

② 斯宾诺莎：《伦理学》，79～80页，北京，商务印书馆，1983。

主体和辩明的理论，但是他们同样也谈论知识。而且如果你了解到列宁把知识论定义为……辩证法的话，那么列宁力主马克思主义有"知识论"之说的这个事实，就不至于令人困扰了。事实上马克思和列宁都以非常一般的方式谈论知识，来叙述知识过程的一般方面。人们一定会对马克思论及这类一般性的那些段落感到疑虑。但在许多情况下，至少有一次，他的确说明了自己的意思：这就是谈到"生产"的那一次。在同一时间，他既概括了生产的一般特性，却又表明一般的生产，更不用说生产一般，并不存在，因为只有在具体社会形态中存在的特定的生产方式。这是一种说话的方式，说明任何事物都是在特定过程的具体结构内产生的，但是为了能够弄懂发生了什么事，你就需要借助那种最低限度的并不存在的一般性，否则就不可能发现和理解确实存在的事物。是的，我认为1857年《导言》就是这种思路。我认为它既没有提出"知识论"也没有提出其替代品，即认识论；我认为，它只是表明了那种最低限度的一般性，否则，就不可能发现和理解知识的具体过程。但是正像生产的一般概念那样，知识的一般概念的存在只是为了消解在具体过程的具体分析中，即消解在知识过程的复杂历史中。

整个这件事上，我都尽可能严格地从1857年《导言》出发，即使我利用它造成了某些在理论上故意挑衅的必然后果，我认为自己仍然还是忠实于它的。

马克思好几次用到知识的"生产"概念，我在论证我的中心论点——知识就是生产这个观念——的时候，直接地并且在字面上受到了他的启发。我显然也对斯宾诺莎主义的"生产"心存共鸣，而且我吸取了这个词的双重含义，既召唤劳动、实践，又召唤着真理的展开。但从根本上说，同时也为了刺激读者的缘故，我是紧紧地，甚至可以说机械地，扣住马克思主义生产概念不放的，它在字面上暗示了一种过程以及用工具对原料的加工。我甚至超出马克思，仿照在《资本论》中可以找到的劳动过程概念而提出了"实践"的一般概念；并且，在重新提到理论实践的时候，我使用了，无疑也是迫使了马克思的一小段原文来达到对三种一般性作出区分的目的。这三种一般性各司其职，第一种作为理论的原料，第二种作为理论劳动的工具，第三种则作为思想具体或知识。我承认，这件事里同样免不了有斯宾诺莎的干系，因为他提出了"知识的三个等级"，以及第二个等级——科学抽象——的核心作用。

在马克思的原文里尤其令我感兴趣的东西，是他与经验主义和与黑格尔的彻底的双重对立关系。与经验主义相对立，马克思证明知识不是从具体到抽象，而是从抽象到具体，同时这一切都是——用他的话说——"在思维中"发生的，而引起这整个过程的实在对象却在思维之外存在着。与黑格尔相对立，马克思证明从抽象到具体的这种运动不是生产出现实的方式，而是得以认识现实的方式。而在这整个论证里让我着迷的地方，就是我们必须从抽象出发。马克思在那里写道，知识是"思维的、理解的产物……是把直观和表象加工成概念这一过程的产物"，还有"从实在和具体开始……例如在经济学上从……人口开始，似乎是正确的。但是，更仔细地考察起来，这是错误的。……人口就是一个抽象。"① 我断定，直观和表象是被马克思作为抽象看待的。而我赋予这种抽象以具体或经验的地位，你可以发现这就是斯宾诺莎所谓的第一等级的知识——用我的话说，也就是赋予它以意识形态的地位。当然，我没有说用第一类一般性对第二类一般性进行加工，就只是对意识形态材料进行加工，因为它们也可以对已经在科学中整合出来的抽象进行加工，或者对两者一起进行加工。但是那里的确留有所谓纯粹意识形态原料这样一种含混的情形，留有一种假设，使我提出了科学/意识形态这个对子，以及认识论断裂（早在巴什拉之前很久，斯宾诺莎就把这种断裂插进他所谓知识的第一等级和第二等级之间了）；而这样一来，我就造成了诸多的意识形态后果，正如我在《自我批评材料》里已经指出的那样，这些后果未能摆脱全部的理论主义。

但是，正因为我忍受着卢梭所谓"信仰推论力量的弱点"之类的苦恼，我才没有止步不前，而是在实在对象和知识对象这两者间作了重要的区分。这个区分恰恰包含在马克思论述知识过程的那些语句里。作为唯物主义者，他证明知识是关于实在对象（马克思称之为实在主体）的知识，实在对象（用他的话说）"此前此后都在头脑之外保持着它的独立性"。紧接着，在提到社会这个被探究的主体时，他写道（还是用他的话说），它"也必须始终作为前提浮现在表象面前"。因此，马克思把在思想之外的这个实在对象的存在提了出来，作为关于实在对象的整个知识过程的前提。但是，在肯定实在对象的这种外在性的同时，他也肯定了知识作为把直观和表象"加工"成概念的"产物"这一过程的特殊性。而在这个过程的终点，思想具体、思想总体作为它的结果，就表现为关于实在—具体、实

---

① 参见《〈政治经济学批判〉序言》。

在对象的知识。实在对象和知识过程之间的区分不容置疑地出现在马克思的原文里，因为他提到了整合工作及其各环节的多样性，提到了思想具体和它为之提供给我们知识的实在对象之间的区分。

我利用这段原文的目的，不是要建立一套"知识论"，而是要在那个处处被人视而不见的世界里有所触动；有某种马克思主义哲学为了保护自己免受敌人的攻击，就躲在那个世界里。我提出，如果说我们真正拥有的一切知识都是关于某个实在对象的知识，而这个对象"此前此后"都保持它对头脑的独立性的话，那么，有意义的事情也许就在于思考一下把"此前"和"此后"划分开来的那个间隔，即作为知识过程本身的那个间隔；就在于认识到这个由相继形式的"整合工作"所规定的过程，自始至终都完全不属于对实在对象本身的改造，而仅仅是对于这个对象的各种替身的改造：首先改造那些直观和表象，进而改造由此产生的那些概念。因此我得出了我的论点：如果知识过程并没有改造实在对象，而仅仅是把这个对象的直观改造成概念，进而改造成思想具体，并且如果整个这一过程都像马克思反复指出的那样，是"在思维中"，而不是在实在对象身上发生的，那么这就意味着，对于实在对象来说，为了认识它，"思维"需要作用于各种过渡形式，使这些形式通过其改造过程来指示实在对象，以便最终生产出关于这个实在对象的概念，即思想具体。我用"知识对象"的范畴来指通过思维作用所生产出来的这些形式（直至最终形式①）的总和。在使自发的直观和表象成为关于实在对象的概念的运动中，每一种形式确实都与实在对象有关，又决不至于与它混为一谈。但同样不能把最终生产出来的思想具体与实在对象混为一谈：马克思之所以抨击黑格尔，恰恰是由于黑格尔造成了这样的混淆。我再次想起斯宾诺莎，想起他那萦绕在我心头的话语：圆形的观念不是圆形，狗的概念也不叫吠——简言之，你决不能把实在物与它的概念混为一谈。

当然，如果这个必要的区分得不到可靠的支持，它就会导致唯名论，甚至唯心主义。一般人都同意，斯宾诺莎滑入了唯名论。但无论如何，他的确在设法保护自己，以免成为唯心主义，因为他发展了具有无限属性的实体的理论，同时证明了广延和思想这两种属性的平行论。马克思以另一种方式更有效地保护着自己，这便是运用了实在对象先于知识对象的第一性的论点，同时运用了这个论点

---

① 指"思想具体"。

先于另一个论点——即实在对象与知识对象的区分——的第一性。你在这里得到的就是那种最低限度的一般性，而在我们所谈论的情况中，也就是最低限度的唯物主义论点；这些论点通过与唯心主义划清界限。为我们探究知识生产的具体过程开辟了一块自由的空间。而最终，任何人只要愿意进行比较，他就会看到，关于实在对象与知识对象相区分的这个论点"起作用"的方式，是跟列宁对绝对真理和相对真理的区分非常相似的，并且有着非常相似的目的。

列宁写道："你们会说：相对真理和绝对真理的这种区分是不确定的。我告诉你们：这种区分正是这样'不确定'，以便阻止科学变为恶劣的教条，变为某种僵死的凝固不变的东西；但同时它又是这样'确定'，以便最坚决果断地同信仰主义和不可知论划清界限，同哲学唯心主义以及休谟和康德的信徒们的诡辩划清界限。"① 直截了当地说，这意味着，我们的论点明确到足以不滑入唯心主义，明确到足以同唯心主义划清界限——也就是说，在其一般性方面正确到足以防止科学的活生生的自由被埋葬在它自身成果的下面。

在把握事情的分寸方面，我关于实在对象和知识对象相区分的论点也是这样。赌注是巨大的。问题在于防止马克思所建立的科学被变成"恶劣的教条"；问题在于给马克思所实行的艰巨的批评与整合工作注入活力，没有这种活力，他就决不可能——用他自己的、仍然是古典的方式说——在事物的现象背后，在与这种现象截然相反的方面，去发现事物未为人知的"内在联系"。问题在于敦促人们理解和重视马克思与被普遍接受的现象世界——就是说，与占统治地位的资产阶级意识形态压倒一切的"显而易见的真理"——所必须实行的空前的决裂。而且，既然我们自己都跟这件事情有关，那么问题就在于把这个真理转变为对于我们来说是活生生的和行动中的真理，因为我们必须与其他有时就潜伏在马克思本人语汇中"显而易见的真理"相决裂，因为占统治地位的意识形态和工人运动中的种种偏向已经歪曲了这些语汇的意义。问题在于提醒：如果诚如列宁所说，"马克思主义的活的灵魂"是"对具体情况作具体分析"，那么，对具体的知识就不是出现在分析的开端，而是出现在结尾；并且只有以马克思的概念为基础，而不是以关于具体的直接的、"显而易见的"证据为基础，这种分析才是可能的——人们离不开具体，但具体其实是不能够从它挂在脸上的标记来了解的。

---

① 参见《唯物主义与经验批判主义》。

最终——而这并不是最不重要的方面——问题在于和马克思一起提醒：对现实的知识也使现实有所改变，因为这种知识明确地给现实加进了它被认识这一事实，虽然一切都让我们觉得，似乎这种增加在其结果中自我勾销了。既然（对）现实的知识事先就属于现实本身，既然它无非是（对）现实的知识，那么它就只是在没有给现实加进什么东西这个悖论性的条件下，才对现实有所增加；而且一旦知识被生产出来，它不需要得到什么认可就会回到现实，并在其中消失。知识的过程每走一步，都给现实增加了自己对于那个现实的知识，但每走一步，现实都把知识放进了自己的行囊，因为这种知识是现实的固有之物。知识对象和实在对象的区分表现为一个悖论：肯定这一区分只是为了宣布它无效。但它并不是无效的东西：因为为了宣布它无效，就必须不断地去肯定它。这是正常的，正是全部知识的无限循环给现实加进了某种东西——准确地说，加进了对现实的知识，但这只是为了把它归还给现实；而循环只能是循环，因而也是生生不息的，只要它再生产着自己，因为只有新知识的生产才能使旧知识的生命延续下来。这些事情或多或少就像是在马克思的原文里发生的，那里说：活劳动必须"把新价值加到材料上"，以便使包含在生产资料里的"死劳动"的价值得以保存和转移到产品上去，因为（用他的话说）正是"由于劳动的单纯的量的追加（导致）生产资料的旧价值在产品中的保存"①。

什么是跟这些论点生死攸关的赌注呢？让我们举出马克思主义科学，并且假定政治条件已经到了这样的地步，以至于没有人再对它加工，没有人来增加任何新的知识。这时，已被现实放进行囊里的旧知识，就在现实内部以巨大而僵死的、"显而易见的"事实的形式存在着，就像没有工人的机器，甚至不再是机器只是东西而已。我们在这种情况下，便不再能够有把握像列宁说的那样，阻止科学"变为恶劣的教条，变为某种僵死的凝固不变的东西"。这只是用另一种方式在说，当这个世界要求对帝国主义、国家、意识形态、社会主义、工人运动本身具有新知识的时候，马克思主义本身却冒着背诵那些已经徒有其名的真理的危险。它是以这种方式在提醒你列宁那令人惊讶的说法：马克思只是给一种理论奠定了基础，我们应当不惜一切代价在各方面把它推向前进。它是以这种方式在说：如果马克思主义理论一旦相信自己大功告成，它就会落在历史后面，

---

① 参见《资本论》第1卷。

甚至落在它自己的后面。

三、马克思与理论人道主义

我现在想很简捷地沿着最后一条贯穿我论文的途径去验证另一个故意挑衅的论点：关于马克思的理论反人道主义。我想说，正因为观看人们用以迎接我这个论点的意识形态焰火的乐趣，就算我不曾把它提出来过，我也一定会发明这个论点的。

这是一个严肃的论点，只要我们严肃地读解它，尤其只要对组成它的两个词语之一给予严肃的关注——不是那个像恶魔一样的词，而是"理论的"这个词。我说过，并且重复过，人的概念或范畴在马克思那里已经不起理论的作用了。但遗憾的是，"理论的"这个用语被那些不想理解它的人忽略掉了。

让我们试着来理解它。

为了这个目的，我先要谈谈费尔巴哈（我翻译了他的一些文章）。没有人会否认费尔巴哈的哲学是一种旗帜鲜明的理论人道主义。费尔巴哈说：每一新的哲学都是带着一个新的名称出现的。他说，现代的哲学、我的哲学是带着"人"这个名称出现的。① 而实际上，人、人的本质，是整个费尔巴哈哲学的中心原则。并不是费尔巴哈对自然没有兴趣，因为他的确谈到了太阳和行星，谈到了植物、蜻蜓和狗，甚至谈到大象，以便指出它们没有宗教可言。但是，在他谈论自然的时候，在他平静地告诉我们每一种类都有它自己的世界，而这个世界只是它本质的显现的时候，如果我可以这么说的话，他是在预先准备他的场地。这个世界由对象组成，其中尤其存在这么一个对象，使某一种类的本质在它那里得到成就和完善：它就是这一种类的本质对象。因而每一行星都有太阳作为它的本质对象，太阳同样是行星的本质对象，等等。

场地准备好了，我们现在可以把注意力拉向人。人是他的世界的中心，就像他处在围绕这个世界的地平线的中心（即他的周围世界的中心）一样。他的生活里没有一样东西不是他的；或者不如说，没有一样东西不是他自己，因为他的世界的一切对象，仅就它们是他的本质的实现和投射而言，都是他的对象。他的直观的对象只是

---

　　① 参见《关于哲学改造的临时纲要》（1842），第63条。

他直观它们的方式，他的思想的对象只是他思考它们的方式，而他的情感的对象也只是他感受它们的方式。他的一切对象，就它们所给予他的东西从来只是他的本质而言，都是本质的。人总在人自身中，人从来没有离开过人的领域，因为世界是人的世界，而人就是人的世界——青年马克思从费尔巴哈那里拿来的这个简单的短句，在参加去年夏天莫斯科"黑格尔会议"的与会者中间引起过一番学究气的讨论。太阳与星辰、蜻蜓、直观、智力和激情，凡此种种都只是通向决定性真理道路上的过渡——人不像星辰和动物，他的特殊性在于能够把他自己的类、他的类的本质、他的全部族类本质作为对象来拥有，这个对象是无须归功于自然或者宗教的。

通过对象化和颠倒的机制，人的类本质以一个外在对象的、另一个世界的形式，在宗教中，被赋予了本身无法辨认的人。在宗教中，人把他自己的力量、他的生产力想象成一个绝对他者的力量，在这个他者面前战栗，向他顶礼膜拜乞求怜悯。而这一点完全具有实践的意义，因为就是从这里产生了宗教崇拜的所有仪式，甚至产生了奇迹的客观存在；它们其实都发生在上述想象的世界里，因为它们——我引用费尔巴哈的话说——只是"愿望的满足"。绝对的对象，作为人，因而在上帝那里碰到了绝对，但却没有认识到，他所碰到的就是他自己。整个这套哲学并不只限于宗教，它也涉及艺术、意识形态、哲学，另外——鲜为人知的事实是——还涉及政治、社会甚至历史。所以整个这套哲学都寄托在主客体本质的同一性上面，这种同一是通过人的本质力量在自我实现和异化中的展现而得到说明的：自我实现建立其对象；而异化则把主体和对象分离开来，使对象成为外在于主体的、物化的东西，并且把本质关系颠倒了过来，因为足以令人感到羞辱的是，主体发现自己受到以一个对象形式出现的自己的统治，而这个作为上帝或国家等等的对象，无论如何都不过是主体自己而已。

一定不要忘记，我在这里只能概括其前提的这种话语具有某种庄严的意义，因为它要求把由宗教的或政治的异化所造成的颠倒重新颠倒过来；换言之，它要求把人的主体属性中的想象的统治颠倒过来：它号召人最终索回对于他的本质的拥有，这种本质从上帝和国家对他的统治中异化掉了；他号召人最终再也不是在宗教的想象世界里、在"国家的天国"里，或者在黑格尔哲学异化了的抽象里，而是在此时此地的尘世、在现实社会里实现他的真正的人的本质，即人的共同体、"共产主义"。

　　人处在他的世界的中心，就这个说法的哲学意义而言，是指他的世界的原初本质和目的——这就是我们可以在强调的意义上称之为理论人道主义的东西。

　　我想，大家会同意，原本采纳了费尔巴哈关于人的类本质和异化的难题性的马克思，后来跟他决裂了；而且大家也会同意，与费尔巴哈理论人道主义的这次决裂，在马克思思想的历史上曾经是一个根本性的事件。

　　但我还想走得更远一些，因为费尔巴哈是一位奇怪的哲学人物，他具有"泄露天机"这样的癖性（如果可以容我这么说的话）。费尔巴哈是一位供认不讳的理论人道主义者，但是在他背后站着一整排的哲学前辈，他们虽然没有勇敢到如此公开地承认这一点，却一直在从事人的哲学，哪怕是用一种遮遮掩掩的方式。我决不至于贬低这一伟大的人道主义传统，它的历史功绩在于为反对封建主义、反对教会，以及反对它们的意识形态专家进行了斗争，在于赋予了人以地位和尊严。不过我想，我们也决不至于否认这样的事实：这个产生了伟大著作和伟大思想家的人道主义意识形态是和上升的资产阶级密不可分的，它表达了这个阶级的渴望，同时转译和传递着经由新法律体系（被修改成资产阶级商业法的旧罗马法）所认可的商业的和资本主义的经济要求。人作为自由的主体，自由人作为其行动和思想的主体，首先在于人能够自由地占有和买卖，在于成为法律的主体。

　　我想直截了当地在这里作出这样的断言：除了一些不合时宜的例外，古典哲学的伟大传统都是在它的各种体系的范畴中进行着再生产的活动——既对人认识的权利，也对人行动的权利进行着再生产。用人认识的权利，它制造出它的各种知识论的主体，从"我思"到经验主义的和先验的主体；用人行动的权利，它制造出经济的、道德的和政治的主体。我相信——但显然不能在这里证明——自己有权这样断言：通过被划分和伪装成不同主体的形式，关于人、人的本质或人的类的范畴在古典的、前马克思主义的各种哲学里都起着根本性的理论作用。而当我谈论某个范畴所起到的理论作用的时候，我的意思是说，它是和其他范畴息息相关的，不改变整体所发挥的功能，就不可能把它和整套东西割裂开来。我想我可以这样说：除了少数几个例外，伟大的古典哲学都以含蓄的形式表述了无可争议的人道主义传统。如果说，费尔巴哈用他固有的方式"泄露了天机"，如果说，他把人的本质毫不含糊地摆在了整个事情的中心，那么这是因为，他认为自己能够逃脱使古典哲学通过划分不同的主体而把人掩盖起来的那种限制。这一划分——为了让问题简单一点，我们就说划分两种主体吧——使人成为一个知识的主体和一个行动的主体。这是古典哲学的一个特有的标志，它可以防止这种哲学作出费尔巴哈那种异想天开的声明。费尔巴哈自认为能够克服这一划分：他用人类主体自身属性的多元性取代了各种主体的多元性；而且他认为自己能够从性行为出发去解决另一个政治上的重要难题——个人和类之间的区分，理由是性行为克制了个人（因为它总是要求至少应该有两个人存在），并且已经创造出了类。我认为，从费尔巴哈进行思考的方式可以明显地看出，早在他之前，哲学的主要关怀就是人。区别在于，人是被划分为不同的主体，还是被划分为个人和类。

由此可见，马克思的理论反人道主义远远不只是清算费尔巴哈而已：它的矛头同时既对准了现存的社会和历史哲学，又对准了古典哲学传统，因而也通过它们，对准了整个资产阶级意识形态。

我要说，马克思的理论反人道主义首先是一种哲学的反人道主义。如果我刚才这番话还有些道理，那么你只须把它跟我前面讲到的问题对照一下，也就是对照一下马克思跟斯宾诺莎和黑格尔在反对关于开端和主体的哲学这一点上的亲和关系，就能够看出我的意思了。其实，如果你考察一下那些文本，如果它们可以被认为是马克思主义哲学的真正文本的话，那么你是找不到人这个范畴以及它的任何过去的或者可能的伪装物的。唯物主义和辩证法的那些论点构成了仅有的一点马克思主义哲学存在的整体，并且引起了五花八门的解释。但是我看不出它们怎么可能允许任何一种人道主义的解释；相反，它们注定要排除这样的解释，把它看作唯心主义的一个品种，并且注定要让我们用完全不同的方式去思考。

但是我们还没有结束，因为我们还必须理解历史唯物主义的理论反人道主义——也就是说，必须理解马克思主义关于社会形态和历史的理论不把人的概念当作中心概念的做法。

也许我们应该先讨论两种反对意见。事实上，我们当然应该这样做，因为它们一而再、再而三地被提出。第一种意见断定：任何按上述方式来构想出来的马克思主义理论，都将以漠视人、麻痹他们的革命斗争而告终。但是《资本论》通篇都在讲被剥削者从原始积累时期到成功的资本主义时期的苦难，它的写作也是为了有助于把他们从阶级奴役下解放出来。然而这并没有妨害马克思，相反却迫使他对具体的个人进行抽象，从而在理论上把他们看成是关系的简单"承担者"——而这就是在同一本《资本论》里，在分析造成他们被剥削的机制的过程中讲到的。第二种意见用人道主义意识形态的实际存在来反对马克思的理论反人道主义，因为这些意识形态尽管一般说来是为资产阶级的领导权服务的，却同样有可能在特定环境下、在特定社会阶层内部，甚至以宗教形式，表现出群众对于剥削和压迫的反抗。但是，只要你认识到马克思主义不仅承认意识形态的存在，而且要根据它们在阶级斗争中所起的作用来判断它们，这也就不成其为问题了。

在这里当作赌注的是完全不同的东西：是从人的本质出发，从自由的人类主体、需要、劳动、欲望的主体、道德和政治行为的主体出发去解释社会和历史的那一类理论企图。我坚持认为，马克思之所以能够创立历史科学并写出《资本论》，只是因为他跟所有这些五花八门的人道主义理论企图进行了决裂。

与整个资产阶级意识形态相反，马克思声称："社会并不是由个人构成的"，而且，我的"分析方法"，"不是从人出发，而是从一定的社会经济时期出发"。针对在《哥达纲领》中宣称"劳动是一切财富和一切文化的源泉"的那些人道主义的和马克思主义的社会主义者，他还反驳说："资产者有很充分的理由硬给劳动加上一种超自然的创造力。"① 有人还能想象出比这更断然的决裂吗？

后果可以在《资本论》中看到。马克思表明，归根到底决定着某种社会形态并且让我们能够理解它的东西，不是什么幻想出来的人的本质或人性，不是人，甚至也不是"人们"，而是跟经济基础密不可分的那种关系，即生产关系。同时，与一切人道主义的唯心主义相反，马克思表明，这种关系不是人与人的、面对面的关系，不是主体间的、心理学的或人类学的关系，而是一种双重的关系：人群与人群的关系，其本身又关系到这些人群与所有物——生产资料——之间的关系。你能够想象出来的、具有最大可能性的一种理论上的神秘化，就是认为各种社会关系都能够归结为人与人的关系，甚或人群与人群的关系：因为这就是假定社会关系是只牵扯到人的关系，然而实际上它们同样牵扯到物，即从物质的自然界中取得的生产资料。

马克思说，生产关系就是分配的关系：由于它把生产资料归属

---

① 参见《哥达纲领批判》。

于某个阶级，因而它也同时把人们分配到了各阶级中。阶级就产生于这种分配过程中的对抗，分配过程也就是归属过程。所有个人生来都是这种关系的一员，因而也都是能动的，但这首先是就他们受到这种关系的束缚而言的。正因为他们都是关系的一员，就像是自由签订的契约的一方那样，所以他们才受到关系的束缚；而正因为他们受到关系的束缚，所以他们也才成为关系的一员。这一点非常重要，因为它使人理解马克思为什么在这种情况下把人们只看作是关系的"承担者"，或者说，是由生产关系所决定的生产过程中某种功能的"载体"。这决不是因为他把具体生活里的人归结为简单的功能载体：他在这方面像这样看待他们，是因为资本主义生产关系在生产中（也就是在剥削中）把他们归结成了经济基础内部的这样一种简单功能。

实际上，被看作生产当事人的生产的人，由于资本主义生产方式而只能这样：他被规定为关系的简单"承担者"、简单的"功能载体"，完全是匿名的，而且是可以相互替代的，因为如果他是工人，就可以把他扔到街头，如果他是资本家，他就可以发迹或者破产。总之，他必须服从于作为剥削关系、因而作为对抗性阶级关系的生产关系的规律；他必须服从于这种关系及其作用的规律。如果你不对无产者和资本家的个别具体的规定、他们的"自由"或者他们的个性进行理论的"归结"，那么你就不可能理解资本主义生产关系对个人进行的那种严酷的实践的"归结"，即把他们只当作经济功能的载体，此外什么都不是。

但是，把个人当作经济功能的简单载体给个人带来了后果。不是马克思这个理论家像这样对待他们，而是资本主义生产关系！把个人当作可以相互替代的功能的载体，就是——在作为资本主义根本性阶级斗争的资本主义剥削内部——无可挽回地在血肉之躯上给他们标出价码，把他们归结为只是机器的附属物，把他们的女人和孩子丢进工厂的地狱，把他们的工作日延长到极限，给他们刚够把自己再生产出来的报酬，并且创造出那支庞大的劳动后备军，从中可以获得其他的匿名载体，以便对那些正在受雇、能够有幸得到工作的人施加压力。

但与此同时，它也将创造出工人阶级斗争组织的条件。因为正是资本主义阶级斗争——即资本主义剥削——的发展本身创造了这些条件。马克思不断强调一个事实：正是资本主义的生产组织不仅通过把工人群众在工作场所集中起来，不仅通过把他们混杂在一起，而且首先是通过把劳动与日常生活的严酷纪律强加给他们，从而强行给工人阶级上了阶级斗争的课程。工人们所蒙受的一切，结果只能被反过来在共同行动中反抗他们的雇主。

但是要让这一切发生，工人们就必须成为其他关系的一员，受到这些关系的束缚。

实际上，资本主义的社会形态不能只归结为资本主义生产关系，因而归结为它的经济基础。没有上层建筑的帮助，没有归根到底由生产关系所决定的法律—政治的和意识形态的关系，阶级剥削就不能够维持——也就是说，不能够对自身存在的条件进行再生产。马克思除了在几处简单地提一下之外，并没有进行这项分析。但是从他说过的每件事中，我们都能推定，这些关系也同样是把具体的个人当作关系的"载体"，当作功能的"承担者"；人们只因为受到这些关系的束缚而成为关系的一员。例如，法律关系从实在的人中进行抽象，目的是把他当作简单的"法律关系载体"，当作能够拥有财产的简单的法律主体，哪怕他仅有的财产就是他那赤条条的劳动力。例如，政治关系同样从活生生的人中进行抽象，目的是把他当作简单的"政治关系承担者"，当作自由的公民，哪怕他的投票只是增加了他所受的奴役。再例如，意识形态关系同样从活生生的人中进行抽象，目的是把他当作不是服从占统治地位的观念就是反抗这些观念的简单主体。但是所有这些关系各自都把实在的人用作它的承担者，仍然决定着他们的血肉之躯并在那里打上印记，就像生产关系所做的那样。而且因为生产关系就是阶级斗争的关系，所以正是阶级斗争归根到底决定着这些上层建筑关系，决定着它们的矛盾，也决定着它们借以在经济基础上面打下烙印的过度决定作用。

而且，正如资本主义阶级斗争在生产内部为工人的阶级斗争创造了条件一样，你可以看到，法律的、政治的、意识形态的关系也能够——恰恰通过它们所强加的限制——为这一斗争的组织和意识做出贡献。因为无产阶级的阶级斗争确实是在资产阶级关系的框架内，并从资产阶级的阶级斗争那里来学习政治的。资产阶级只有把广大群众都纳入自己的斗争，才能推翻旧政权、推翻它的生产关系和它的国家。资产阶级只有把工人拉进自己的政治战线（随后当然又屠杀他们），才能打败大土地所有者。通过它的法律和它的意识形态，也通过它的枪弹和它的监狱，资产阶级在政治的和意识形态的阶级斗争中教育了他们，其方式之一就是迫使他们理解无产阶级的阶级斗争和资产阶级的阶级斗争无关，迫使他们挣脱后者意识形态的桎梏。

正是在这里，"归根到底"及其在"大厦"内部产生的矛盾作用可以干预进来，对上述那些悖论现象的辩证法加以说明。马克思不是借助于人这个荒谬的概念，而是通过完全不同的概念——生产关系，阶级斗争，法律的、政治的和意识形态的关系——来理解那些现象的。在理论上，"归根到底"所发挥的功能使我们能够说明从经济斗争到政治、意识形态斗争这些阶级斗争形式之间的差异和不平衡，进而说明这些斗争之间存在的相互影响，说明这种斗争之间存在的矛盾。

因此，马克思的理论反人道主义，正如在历史唯物主义内部起作用那样，意味着拒绝把对社会形态及其历史的解释根植于那种抱有理论企图的人的概念——就是说，作为开端性主体的人的概念，因为人们就在这个概念里找到了他的需要的开端（经济人）、他的思想的开端（理性人）、他的行动和斗争的开端（道德人、法律人和政治人）。因为，一旦你从人出发，你就不可避免要受到唯心主义的诱惑，去相信自由或创造性劳动是万能的——也就是说，你只会完全"自由"地屈服在占统治地位的资产阶级意识形态万能的脚下，这种意识形态的功能就在于用人的自由力量的虚幻形式来掩饰和强加另一种力量——更加真实也更加有力的资本主义的力量。如果说马克思没有从人出发，如果说他拒绝了从人的概念里对社会和历史进行理论的推导，那么这是为了要和上述神秘化进行决裂——这种神秘化不过是以资本主义生产关系为基础的意识形态力量对比关系的表现形式而已。

因而，马克思从产生了资产阶级意识形态上述作用的结构性原因出发（正是这种原因维持着你应当从人出发的幻觉）：马克思从一定的经济形态出发，而在《资本论》的特殊情况下，则是从资本主义生产关系和在上层建筑中被它归根到底决定着的那些关系出发。而且每一次他都说明，这些关系决定着人并给他们打上印记，以及它们如何在人们的具体生活中给他们打上印记，而通过阶级斗争的体系，活生生的人又如何被这些关系的体系所决定。在1857年《导言》里，马克思说：具体是许多规定的综合。我们可以把他的意思加以变通，然后说：具体意义上的人是被关系的许多规定（决定）的综合所决定的，他们受到这些关系的束缚并成为其中的一员。如果说马克思没有从那个作为空洞观念的人（也就是被资产阶级意识形态所压倒的人）出发，那么这是为了最终得到活生生的人；如果说他从把活生生的人当作"载体"的这些关系那里兜了圈子，那么这是为了最终能够掌握支配着他们的生活和他们的具体斗争的各种规律。

我们应当记住，从关系兜圈子，在任何时候都没有使马克思远离活生生的人，因为在知识过程的每一个环节上，也就是在他分析的每一个环节上，马克思都说明了每一种关系——从归根到底起决定作用的资本主义生产关系到法律—政治的和意识形态的关系——如何在人们的具体生活中给他们打上印记，使他们的生活受到阶级斗争的种种形式和作用的支配。马克思的每一次抽象都与这些关系所强加给人们的"抽象"相一致，而正是这种严酷的具体"抽象"把人变成了受剥削的工人或是剥削人的资本家。我们还应当记住，这个思维过程的终点——它所导致的"思想具体"——正是那个给具体现实下定义的许多规定的综合。

马克思就这样把自己放在阶级的立场上，并且考察了阶级斗争的大量现象。他想要帮助工人阶级去了解资本主义社会的机制，去发现自身生活在其中的各种关系和规律，从而支援和指导它的斗争。除了阶级斗争之外，他没有别的对象；他的目的是帮助工人阶级进行革命，从而最终在共产主义条件下消灭阶级斗争和阶级。

我必须老老实实承认，对马克思的理论反人道主义这个论点所能提出的唯一比较严肃的反对意见是与《资本论》当中回到异化主题的那几处文本有关的。我故意说"主题"，是因为我不认为提出这个主题的那些段落具有理论的意味。我是想说，异化不是作为一个真正深思熟虑了的概念，而是作为现实事物的代用品在那里出现的。因为这些现实事物还没有得到足够的、彻底的思考，以至于让马克思能够把它们指出来；它们便是工人阶级组织和斗争的形式，当时这些形式才只是冒出地平线而已。所以，《资本论》里的异化主题可以说是作为还没有形成的一个或一些概念的代用品而发挥功能的，因为客观历史条件还没有把这些概念的对象生产出来。如果这个假设成立，我们就能够理解，巴黎公社如马克思所愿，使得异化这个主题变得多余了，就像列宁的全部政治实践所做的那样。事实上，异化在巴黎公社以后就从马克思的思想中销声匿迹了，而且在列宁大量的著作里从没有出现过。

但是，这个难题不仅仅影响到马克思主义的理论；它也纠缠着马克思主义理论与工人运动相融合的历史形式不放。这个难题今天公开摆在我们面前了：我们一定要考察它。

（陈越 译）

沃尔佩

　　加尔瓦诺·德拉·沃尔佩（Galvano della Volpe，
1895—1968），出生于意大利罗马一个保守的贵族家庭。
他毕业于波罗哥纳大学，大学毕业后曾在几所中学做教
师，随后回到母校任教。不久后任墨西纳大学哲学史教
授直至退休。沃尔佩从 1943 年开始对马克思主义发生
兴趣，并于次年加入意大利共产党。1957 年匈牙利事件
后曾从事意大利共产党文化刊物《社会》杂志的编辑工
作，该编辑部由于与党的领导存在思想分歧而于 1962
年被解散。

　　沃尔佩的主要著作有：《作为实证科学的逻辑》
（1950）、《卢梭与马克思》（1957）、《趣味批判》
（1960）、《当代思想批判》（1967）等。

沃尔佩早年受到意大利唯心主义学派的影响，研究逻辑学、政治学和美学等，从 20 世纪 30 年代逐渐开始转变立场，对唯心主义展开批判。在对哲学史尤其是休谟、尼采、实用主义和存在主义进行的研究中，沃尔佩为转向马克思主义作了准备。

沃尔佩以认识论和方法论问题的研究开启了新的思想历程。他研究了亚里士多德与柏拉图、康德与莱布尼兹、伽利略与经院哲学等著名的思想冲突，认为只有采用历史唯物主义的方法才能建立"异质性的综合"。沃尔佩认为科学的思维应当以体现在马克思著作中的"具体—抽象—具体"循环为方法论原则，这种循环体现了理性与实践的统一。由于沃尔佩将"抽象"理解为"有限抽象"，因此他认为每一领域都有其独特的逻辑，即"特定对象有特定逻辑"。

沃尔佩将自己的方法论原则运用于美学、伦理学和政治学等领域，试图解决这些领域中的冲突和矛盾，其中影响最大的是他在美学领域的工作。沃尔佩与浪漫主义美学相对，强调艺术的认识因素而不是幻想因素。他借用了结构主义语言学尤其是叶尔姆斯列夫的理论，将诗的语言与日常语言和科学语言区分开，认为只有诗的语言才能避免模糊性和单一性而具有多义性。因此艺术作品所提供的是一个"有机语境"而不是"总体语境"，对于这种作品，解释者应当采用"批判的释义"的方式加以诠释。作品通过特定种类的媒介传达出来，在沃尔佩看来，每一种媒介都有其不同的特点，因此通过特定的媒介表达的作品的效果也具有不可转换性。

本书选取了《卢梭和马克思》一书中的《关于 1843 年和 1844 年的哲学遗著》和《关于〈《政治经济学批判》导言〉（1857）和〈《政治经济学批判》序言〉（1859）》。在《关于 1843 年和 1844 年的哲学遗著》一文中，沃尔佩提醒人们注意《黑格尔法哲学批判》的重要性。他认为这部手稿包含着一种新的哲学方法的最一般的前提，而这是以批判黑格尔逻辑学的形式体现出来的。在沃尔佩看来，马克思在该著作中揭露了唯心辩证法的神秘方面，创立了与之对立的"革命的、科学的辩证法，将自己的哲学—历史的方法与黑格尔的哲学—思辨的方法"作了积极的比较，为其此后的思想发展提供了认识论的钥匙。

在《关于〈《政治经济学批判》导言〉（1857）和〈《政治经济学批判》序言〉（1859）》一文中，沃尔佩认为，马克思于1857年所写的《〈政治经济学批判〉导言》是一篇独立成章的著作，是将辩证唯物主义和历史唯物主义的基本概念用于政治经济学的"方法论原则"的"天才大纲"。在他看来，在这篇文章中，马克思提出了"具体—抽象—具体"方法，这种方法首先要求在"历史—物质的、社会的需要"中获得对当代的资产阶级社会的历史意识；其次，要求系统地表达抽象，即这种抽象应当是作为分析的综合，以实现历史性和合理性的一致（这种合理性不是一种范畴或绝对的规范性，而是正好表达了"历史—合理"的需要和"合理—功能"的需要），从而能够进行对于"历史先例"的评价。沃尔佩将这种方法称为"科学辩证法"，认为其意义是革命性的：它意味着只存在一种方法、一种逻辑，因而意味着只存在一门科学；同时它还意味着哲学的逻辑最终将被归于科学的逻辑。

关于 1843 年和 1844 年的哲学遗著①

　　卡尔·马克思最初的完全哲学意义上的方法论著作是他逝世后出版的所谓青年时代的两部作品，亦即《马克思恩格斯全集》（MEGA 版）② 中的《黑格尔法哲学批判》和《1844 年经济学哲学手稿》。这两部著作的标题是俄文版的编者们确定的，而且确定后一部著作的标题依据了马克思本人曾经作出的间接的暗示。至于第一部著作，人们可以推测，它最迟写于 1843 年，它的副标题是"黑格尔国家法批判"，或照字义讲就是"黑格尔国家法或公法批判"。但是我们应该使用"黑格尔公法哲学批判"这个完整的标题。其实在 1950 年我们所翻译的联合出版社版本中就已经使用了这个标题。至于第二部著作，《1844 年经济学哲学手稿》，这个标题本身就已表明

---

①　选自《卢梭和马克思》，重庆，重庆出版社，1993。

②　参见大卫·梁赞诺夫（David Riazanov）编的版本，法兰克福，1927。

它写于 1844 年，而且我们还确切地知道这部著作是在巴黎完成的。另一方面，《黑格尔法哲学批判》推测起来可能是马克思在终止同《莱茵报》的合作关系之后，在克罗茨纳赫写的。马克思的《评第二届莱茵省议会关于出版自由的辩论》以及《关于林木盗窃法的辩论》等文章可以使人们回忆起这一点。

我们认为，这两部著作中最重要的一部是《黑格尔法哲学批判》，即使直至今天它在意大利以及其他地方远不如《1844 年经济学哲学手稿》那样广为人知。但是马克思在 1873 年为《资本论》第二版所写的《跋》中曾提请人们注意这部著作，他毫不夸张地说："将近 30 年以前，当黑格尔辩证法很流行的时候，我就批判过黑格尔辩证法的神秘方面（die mystifizierende seite）。"从 1873 年减去 30 年，你就可以得到在 1843 年的准确的日期。

这是马克思最重要的著作，之所以这样说，是因为它包含着以批判黑格尔逻辑学（通过批判伦理－法的黑格尔哲学）的形式体现出来的一种新的哲学方法的最一般的前提。通过对黑格尔的批判，马克思揭露了先验论的、唯心主义的而且一般说来思辨的辩证法的"神秘方面"。这些神秘方面是黑格尔的基本的逻辑矛盾或实际上的（而不仅仅是形式上的）毫无意义的同语反复，它们来自这种辩证法的概念结构的类的先验的特征。与此同时，马克思创立了与黑格尔辩证法相对立的革命的"科学的辩证法"。马克思在《哲学的贫困》（1847）一书中特别地诉诸于这种辩证法。马克思在《〈政治经济学批判〉导言》（1857）和《政治经济学批判》（1859）中特别考察了与此相关的经济问题之后，将这种辩证法运用于《资本论》之中。另一方面，马克思在《1844 年经济学哲学手稿》中只是在致力于批判黑格尔哲学的最后那一部分才表现出哲学的兴趣。马克思在这一部分对黑格尔哲学的批判无论如何只有结合《黑格尔法哲学批判》才能够理解。其余的部分是经济学－哲学的"简短的笔记"，处处都显露着只是后来才得以展开的观点和理论的卓越的洞察力。

从对黑格尔由家庭和市民社会到国家的推演（1820 年《法哲学》第 262～269 节）的下述分析中，我们可以得到关于马克思《黑格尔法哲学批判》的思维过程的一个粗浅的然而也许是适当的概念。

"黑格尔把家庭和市民社会看做国家的概念领域，即把它们看做国家的有限性的领域，看做国家的有限性，这一国家把自己分为这些领域……它这样做'目的是要超出这两个领域的理想性而成为自为的无限的现实精神'……'于是便把自己的现实性的材料分配给这两个领域……这样……这种分配就是以……为中介的'。……逻辑的泛神论的神秘主义在这里已经暴露无遗。现实的关系是这样的：'国家材料的分配对于单个人来说是以情势、任性和本身使命的亲自选择为中介的。'这一事实，这种现实的关系被思辨的思维归结为现象。这种情势，这种任性，这种本身使命的亲自选择，即这种现实的中介似乎只是由现实的理念私自制造出来并在幕后行动的那种中介的现象。现实性不是被看做这种现实性本身，而是被看做某种其他的现实性。由此可以得出这样的结论：普通经验的规律不是普通经验本身的精神，而是别的精神；另一方面，现实的理念的定在不是从自身中发展起来的现实，而是普通的经验。

理念变成了独立的主体，而家庭和市民社会对国家的现实关系变成了理念所具有的想像的内部活动。实际上，家庭和市民社会是国家的前提，它们才是真正的活动者；而思辨的思维却把这一切头足倒置。如何理念变为独立的主体，那末现实的主体（市民社会、家庭、'情势、任性等等'）在这里就会变成和它们自身不同的、非现实的、理念的客观要素。

国家材料的分配'对于单个人来说是以情势……为中介的'。而黑格尔并不认为这种分配是真实的必然的，是本身无条件地合理的东西；它们本身并没有被认为是合乎理性的；但是，另一方面，它们的合乎理性终究还是被承认了，不过它们在这里被认为是表面的中介，它们的存在形式没有改变，但是却获得了理念的规定的意义，获得了理念的结果、理念的产物的意义……在这里我们可以看到两种来历：奥秘的和明显的。内容属于明显的部分，而奥秘的部分所关心的总是在国家中寻找逻辑概念的历史的再现。实际上，发展却恰巧是在明显的方面进行的……政治国家没有家庭的天然基础和市民社会的人为基础就不可能存在。它们是国家的 conditio sine qua non ［必要条件］。但是在黑格尔那里条件变成了被制约的东西，规定其他东西的东西变成了被规定的东西，产生其他东西的东西变成了它的产品的产品。现实的理念之所以下降为家庭和市民社会的'有限的领域'，只是为了在扬弃它们的同时享有自己的无限性并重新产生这种无限性。现实的理念（为了达到自己的目的）于是便把自己这种有限的现实性的材料分配给上述两个领域（这种有限的现实性？哪一种有限的现实性？——要知道，这些领域就是现实的理念的'有限的现实性'，是它的'材料'）……这样一来，经验的现实性便如实地显现出来了；这种现实性也被认为是合乎理性的，但是它之所以合乎理性，并不是由于它本身的理性，而是由于经验的事实在其经验的存在中被附加了一种超出其本身范围的意义。作为出发点的事实并不是被当做事实本身来看待，而是被当做神秘主义的结果。现实性变成了现象，但是除了这种现象，理念便没有任何其他的内容。……这一节集法哲学和黑格尔全部哲学的神秘主义之大成。……因此，家庭和市民社会到政治国家的推移在于：本身就是国家精神的这两个领域的精神现在也把自己当做这种国家精神来看待，并变成作为家庭和市民社会实在内容的那种自为的现实的东西。可见，推移不是从家庭的特殊本质等等中引伸出来，也不是从国家的特殊本质中引伸出来，而是从必然性和自由的普遍的相互关系中引伸出来的。这正是黑格尔在逻辑中所玩弄的那种从本质领域到概念领域的推移。在自然哲学中也玩弄这种推移——从无机界到生物界的推移。永远是同样的一些范畴时而为这一些领域，时而为另一些领域提供灵魂。总之，就是在替各个具体规定寻求适应于它们的抽象规定。……他不是从对象中发展自己的思想，而是按照做完了自己的事情并且是在抽象的逻辑领域中做完了自己的事情的思维的样式来制造自己的对象。"① （此处按照英文本意思如下：黑格尔不是从对象中发展自己的思想，而是根据一种早已在对象中存在的［或预见的、先验的］思想来发展对象。——中译注）

现在，如果我们将马克思对黑格尔的这个决定性的批判与伽利略对"辛普里丘"（他是一位真正的耶稣教徒和学究式的天文学家）的批判作一比较，那么我们就会发现两者之间有着重大的、根本的一致。伽利略用萨尔维亚蒂的话说："这家伙在尽力发明出一个个事物，要这些事物服务于他的目的，而不是一步步调整他的目的来适应现实事物。"②

马克思得出了一个一般性的批判的结论。他说："重要的是黑格尔在任何地方都把理念当做主体，而把真正的现实的主体……变成了谓语。而事实上发展却总是在谓语方面完成的。"③ 也就是说，如上所见，它（真正的现实的主体）属于"奥秘的部分"或"普通经验"，它们是真正促进发展的，或者甚至更可以说，只有在那里才存在一个内容。然而，同样如上所表明的，这种普通经验仍然是它现

---

① 《马克思恩格斯全集》第1卷，250～259页，北京，人民出版社，1956。

② 伽利略：《关于两大世界体系——托勒密体系和哥白尼体系的对话》，94页，伯克利，加利福尼亚大学出版社，1953。

③ 《马克思恩格斯全集》第1卷，255页，北京，人民出版社，1956。

实的样子，它们本身并没有被认为是合乎理性的、真实的和必然的，因而是没有经过分析的，而只是从外面先验地获得理念（或它的象征）的一种（类的）抽象属性的价值。理念无限地超越了普通经验，因而对于真正地阐明它或传达它毫无用处。简而言之，正如马克思所说的，它仍然是"恶劣地经验的"，仍然是一个本质的同义反复，是事实本身——被考察经验事实的同义反复。由此便产生了认识的贫乏，这是对先验地和以讽喻的方式解释对普通经验的一个惩罚和报应。正如马克思在评论第 301 节时所解释的："黑格尔应该受到责难的地方，并不在于他如实地描写了现代国家的本质，而在于他用现存的东西来冒充国家的本质。"① 换言之，马克思是要告诉人们，黑格尔这样做使他那个时代的历史的国家变成了类的〔一般的〕国家，使之成为最普遍的本质，然而也因此使自己处在一个再也不可能在这种国家的结构和（历史的）起源中看到任何特定或具体的内容，从而也不能批判这种国家的位置上。人们因此也就明白了黑格尔对 1820 年普鲁士"立宪的"、半封建的君主政体的著名的褒扬或使之理想化是如何产生的。

马克思在下面这一段话中将他自己的哲学－历史的方法同黑格尔的哲学－思辨的或者辩证－先验的、从根本上说有缺陷的方法作了积极的比较。他在评论第 305 节时说："同样，对现代国家制度的真正哲学的批判，不仅要揭露这种制度中实际存在的矛盾，而且要解释这些矛盾；真正哲学的批判要理解这些矛盾的根源和必然性，从它们的特殊意义上来把握它们。但是，这种理解不在于像黑格尔所想像的那样到处去寻找逻辑概念的规定，而在于把握特殊对象的特殊逻辑。"②

因此，这里对那种新的辩证唯物主义方法的认识是如何形成的这一点已经很清楚了。马克思首先在《政治经济学批判》中尝试使用了这种辩证的实验的（伽利略式的）方法，之后，又运用于《资本论》中（历史－辩证的）研究。《政治经济学批判》之具有严格的方法论意义的"导言"对于《资本论》本身的结构具有决定性的重要性，假若没有这部所谓未成熟著作所提供的认识论的钥匙，那么这个"导言"也将是晦涩不明的（不过，像马克思 24 岁时的著作一样，大卫·休谟的《人性论》也是近代哲学的伟大著作之一）。假若

---

① 《马克思恩格斯全集》第 1 卷，324 页，北京，人民出版社，1956。
② 同上书，359 页。

没有我们刚刚提过的那些"具体概念"以及这里所展示的对构成黑格尔辩证法的"纯粹概念"或"类的"概念的全面批判所确立的先例，诸如"规定的抽象"和根本的"同义反复"这样一些连接"导言"内容的认识论范畴，实际上也不可能是清楚明了的。在马克思看来，黑格尔的辩证法，确切说是一种"神秘化的"辩证法，或者是一种"赝品"。在当时，马克思的确还年轻，但是他已经如此自主了。

至于对纯粹概念的辩证法的一般批判，这种对一切先验论的新的真正唯物主义的批判的独创性在于它发现了任何先验的抽象（类的或本质的）的有效的结果。这不仅仅是这些抽象（正如在反理性主义的、康德的模式中那样，费尔巴哈也做了这种抽象）的"空洞"，而且还有它们的（不完善的）充实，一种没有中介的或未被消化的经验内容的充实；事实上这些内容又被这些类的（预想的或先验的）抽象所超越。这是一种不完善的有错误的充实，而且因此从认知的（和认识论的）观点看一种否定的充实，因为，我们已经看到，在它里面存在着事实的循环或同义反复——实际上是根本的同义反复，而不仅仅是形式上的或语词上的同义反复。

亚里士多德对柏拉图先验地划分经验物种的分类法进行了批判，而伽利略亦批判了他那个时代学院派物理学家们的"先验论观点"。这两者的批判都把自身同人类思想史上广为人知的最深刻地反教条主义的批判联系和结合在一起（我们在这里不可能花费更多的时间来探讨这一点，但我们觉得有必要提请读者参阅我们的《作为实证科学的逻辑》以及这部著作中的《方法概论》）。

我们认为，这是一种彻底唯物主义的批判，因为它所批判的那种不完善的（错误的）、否定的循环被认为是所有先验的推论的结果。这种恶性循环恰恰是那种本质和理性的正确的、肯定的循环以及所有非先验的、非教条的和科学（唯物主义的）推理的对应物和确认。这一批判事实上证明了人们如何必然要从一般不考虑物质或超越理性的东西的所有（先验的）推理的错误和毫无结果中推出作为认识论要素或认识行为因素的物质自身的积极性和必要性（这是一种物质的批判的公设或公则）。

至于将这种对抽象辩证法的一般批判运用于黑格尔的《法哲学》，在这里回忆一下以下的几个结果就足够了：第一，马克思对他所说的"现代代议制国家"（马克思所说的是"立宪国家"——中译注）的"批准的谎言"或"普遍等级代表"的概念的毁灭性的批判。马克思说，这是一种政治幻想，是一种谎言，因为这个等级，作为部分，不可能代表整体、"人民"、"普遍事务"或国家的利益。他从此出发，对资产阶级公法的"形式主义"进行了极其尖锐而深刻的分析。他说："立宪国家是这样一种国家，在这种国家里国家的利益作为人民的真正利益，只是在形式上存在……这种国家利益成了一种装潢，成了人民生活的 haut goût［调味品］，成了一种客套。等级要素是立宪国家批准的法定的谎言，即国家是人民的利益，或者人民是国家的利益，在内容上，这种谎言是一定会被揭穿的。它之所以能作为立法权而稳固地确立起来，正是因为立法权有普遍物作为自己的内容……"① 但是它并没有这种普遍物，而且它的普遍性因此也只是形式上的，因为长期以来它一直是过于偏袒的，把历史地发展起来的新的社会利益排除在外，并且没有考虑先天的"自然"权利！这个批判包含在马克思对黑格尔《法哲学》第 301 节的评论中。黑格尔在这一节中说："等级要素的作用就是要使普遍事务不仅自在地而且自为地通过它来获得存在"②，等等。

第二，对"普遍事务"这个资产阶级的、黑格尔的概念所作的具体的批判的考察，就像对黑格尔不断地把哈勒（Karl Ludwing von Haller）③ 的正统主义同孟德斯鸠的立宪主义混合和拼凑起来这一现实的具体考察一样，只是展示了"庸俗经验论"，即未被消化的那种经验论（或历史）的范例。这种经验论是未被中介的或没有得到解释的，因此也是有缺陷的，是同义反复；我们看到，它是抽象、黑格尔的辩证法或任何先验论的结果和惩罚。由此可以证明唯物主义对先验论的一般批判的正确性，因此也证明了显然需要以一种哲学－历史的或社会学－唯物主义的概念取代任何哲学－思辨的概念。我们特别应当考虑到马克思青年时期的批判早已默默地剖析过的《法哲学》的错误影响通过诸如宾德尔（Julius Binder）④ 和金蒂莱这样一些人在我们时代的延续。

在完成了上面的论述之后，我们将以《1844 年经济学哲学手稿》中的三个手稿作为结束。在此，注意一下下述原理就够了。首先，在手稿中所描述的最值得人们注意的经济学哲学概念就是作为异化劳动的劳动这个有争议的批判性概念。"［马克思在第一个手稿的最

---

① 《马克思恩格斯全集》第 1 卷，325～326 页，北京，人民出版社，1956。
② 同上书，319 页。
③ 卡尔·路·冯·哈勒（1768—1854），瑞士法学家和历史学家，拥护和倡导专制主义。
④ 尤·宾德尔（1870—1939），德国法学家和哲学家，是新黑格尔主义者，著有《法哲学》一书（1925）。

后一部分中说，]我们从一个现有的经济事实出发吧：［……］劳动者创造的商品越多，他就越是变成廉价的商品。随着实物世界的涨价，人的世界也正比例地落价。劳动不仅生产商品，它还生产作为商品的自己本身和劳动者……这一事实不过表明：劳动所生产的对象，即劳动产品，作为异己的东西，作为不依赖于生产者的力量，是同劳动对立的。［……］在［资产阶级］国民经济学以之为前提的那种状态下，劳动的这种现实化表现为劳动者的非现实化，对象化［凝固在对象中的劳动］表现为对象的丧失和为对象所奴役，占有表现为异化、外化。［……］以致劳动者生产的对象越多，他能够占有的对象便越少，并且越加受自己的产品即资本的统治。"①

其次，有一个关于人类历史与自然史相统一，因而知识——辩证的和道德的伽利略主义——科学的统一的一般的方法论的概念。"［马克思在第三个手稿的第二部分中说，]历史本身是自然史的一个现实的部分，是自然界生成为人这一过程的一个现实的部分。正像关于人的科学将包括自然科学一样，自然科学往后也将包括关于人的科学：这将是一门科学。"② 因此，如同我们将进一步看到的那样，这里所说的是逻辑的统一，即马克思主义自身的哲学的、文化的革命。

第三，我们看到了作为以讽喻的含义解释经验的东西（如上所述）的方法的黑格尔唯心主义方法的如下特征。"［马克思在第三个手稿的最后一部分中说］现实的人和现实的自然界［即'现实的主体的'自然界］［对黑格尔来说］不过成为这个潜在的、非现实的人和这个非现实的自然界的宾词、象征［理念：即它们成了实体化的理念的宾词，或者它们的自然宾词的宾词——神秘化的宾词！］。因此，主词［或特殊］和宾词［或一般］之间的关系是绝对地颠倒的（verkehrung）：这就是神秘的主体－客体，或包摄客体［或特殊，或自然］的主体性［即一般性］"③，等等。而且，马克思还把对"非批判的实证主义"的恰当的描写加之于"庸俗的"或有缺点的经验主义——这种经验主义是上面已提到的以讽喻的方式进行的解释的结果和惩罚。此外，他还增加了一些关于"现有经验的哲学上的消融和恢复"④ 的依然相当恰当的综合公式，用以表明先验的或讽

---

① 马克思：《1844年经济学哲学手稿》，44～45页，北京，人民出版社，1983。

② 同上书，82页。

③ 同上书，129页。

④ 同上书，115页。

喻的辩证法及其否定结果的整个神秘过程。

但是，在我们要得出最终的结论时，我们不能忽视这两部遗著中辛辣的艺术和哲学的讽刺以及它们在这方面是如何也预示着后来出版的那些最生动的著作。自然我们把针对黑格尔关于国王和君主的"推移"的哲学讽刺搁在一旁——只要回忆一下谴责关于继承权、贵族继承权的"推移"的政治"动物学"这个用语就够了。① 我们从《黑格尔法哲学批判》中仅仅指出反对复辟官僚机构的几条思路——但是，它们自然具有一种超出那个时代的更进一步的现实意义。

马克思说："官僚精神纯粹是一种耶稣会的精神、神学的精神。官僚是国家的耶稣会教徒和神学家。官僚机构是 la république prêtre〔国家祭司〕。……因此，它不得不把形式的东西充作内容，而把内容充作形式的东西。国家的任务成了例行公事，或者例行公事成了国家的任务。……官僚机构是和实在的国家并列的虚假的国家，它是国家的唯灵论。因此任何事物都具有两重意义，即实在的意义和官僚式的意义……"② 针对黑格尔关于"行政学"和行政"考试"的"构思"，马克思写道："'官职'和'个人'之间的'联系'，是市民社会的知识和国家的知识之间的客观联系，这种通过考试来确立的联系，无非是官僚政治对知识的洗礼，是官方对世俗知识变体为神圣知识的确认（每次考试的主考人当然是无所不知的）。我们倒没有听说过希腊和罗马的政治家还要经过考试。可是，罗马政治家和普鲁士的政府官吏比起来又算得了什么！"③ 针对黑格尔关于"官吏"的"道德和理智的教育"的"构思"，马克思写道："在官吏本身，'直接的道德和理智的教育'应该'从精神上抵销'他的知识和'实际工作'的机械性（这就必须培养他的人道精神，使'大公无私、奉公守法及温和敦厚'成为他的'习惯'）。事实上难道不是刚刚相反，不正是官僚的'官场'知识和'实际工作'的'机械性'在'抵销'他的'道德和理智的教育'吗？……做官的人得提防自己这个官被自己所侵害。这算什么统一！从精神上抵销?!"④ 诸如此类，不胜枚举。至于《手稿》，只要回忆一下马克思就两个鼓吹财产转让和"工业奇迹"的反动的敌手所作的注释就足够了："装腔作势的老年黑格尔派神学家芬克（Georg Funke）引用利奥（Herr

---

① 《马克思恩格斯全集》第 1 卷，377 页，北京，人民出版社，1956。
② 同上书，301～302 页。
③ 同上书，307～308 页。
④ 同上书，310 页。

Leo）的话眼含热泪地讲到，在废除农奴制时一个奴隶如何拒绝不再做贵族的所有物。还请参见尤斯图斯·莫泽尔（Justus Moser）的《爱国主义的幻想》，这些幻想的特色是它们一刻也没有超出循规蹈矩的庸人的那种狭隘的、庸俗的、'家传的'、平凡的眼界；虽然如此，它们却仍然不失为最纯粹的幻想，并且这个矛盾还使这些幻想如此投合德国人的口味。"① 正是像伏尔泰这样的人对"第四等级"的傲慢的讥笑，在这里折磨着这些仍然迷恋着"封建的往昔"（"封建的追忆"）（这是《手稿》中的另一种表述）② 的最后的个人——"第三等级"革命的最后的对手。

（赵培杰 译）

---

① 马克思：《1844 年经济学哲学手稿》，52～63 页，北京，人民出版社，1983。乔·芬克是一位保守的黑格尔主义者。汉·利奥（1799—1878），曾著有一部中世纪史（1830）。尤·莫泽尔（1720—1794）是奥斯纳布吕克（德国）的律师，是《爱国主义的幻想》（1774～1776）一书的作者。

② 《马克思恩格斯全集》第 42 卷，108 页，北京，人民出版社，1979。

关于《〈政治经济学批判〉导言》(1857)和《〈政治经济学批判〉序言》(1859)①

　　马克思1857年为《政治经济学批判》（1859年出版）所写的《导言》是卡尔·考茨基1902年在马克思的档案中，在所谓的马克思的遗著中发现的，而且由考茨基发表在1903年3月7日、14日和21日这三期《新时代》杂志上，1907年考茨基在出版《政治经济学批判》第二版时又予以再版，最后是俄国的编辑人员在1939年出版的。俄国编辑在出版该《导言》时，对片断性的和难于理解的手稿作了批评性的和有鉴别的编辑加工（现在我们可参阅卡尔·马克思：《政治经济学批判大纲》，柏林，迪茨出版社，1953），但是在我们下面将要讨论的《〈政治经济学批判〉序言》(1859)中，马克思提到了由他"设计"的一种"一般生产"，而这个材料被他有意"压下了"，因为马克思说"预先说出正要证明的结论总是有妨害的"，而

---

　① 选自《卢梭和马克思》，重庆，重庆出版社，1993。

且，"读者如果真想跟着我走，就要下定决心，从个别上升到一般"①。

我们同时应当注意到这样一点：这个一般的科学家的顾虑——由特殊进到一般，由事实进到概念，而不是（片面地）由一般到特殊或由概念到事实——最终在他有意压下的探讨"政治经济学的方法"的《导言》第三章中得到论证、解释和展开。就我们特别感兴趣的探讨方法论问题的这一章来说，这个顾虑并没有什么意义，但是对于其他具体地研究"生产"问题——从另一方面说，这些章节也同样具有方法论的眼光——的章节来说就不是这样。简言之，摆在人们面前的事实是：1857 年所写的《导言》是一篇独立成章的著作，具有其自身的权威性，确切说这是因为（正如最近编辑们所说的），马克思在那里奉献给我们一个将唯物主义辩证法和历史唯物主义的基本概念用于政治经济学的"方法论原则"的"天才大纲"。从上述结论中，我们已经知道了对方法进行逻辑－唯物主义分析的某些含义。对方法进行逻辑－唯物主义的分析是我们这篇论文的主题。现在我们必须借助它的极其犀利的观点来追随这个分析。

马克思在这一章的中间说，例如，如果我们要把握和理解生产（就生产的一般方面而言）这个经济范畴，我们就必须认识到："这个一般，或者说，经过比较〔分析〕而抽出来的共同点，本身就是有许多组成部分的、复杂的、〔在许多具体场合〕分别有不同规定的东西。其中有些属于一切时代，另一些是几个时代共有的，〔有些〕规定是最新时代和最古时代共有的。没有它们，任何生产都无从设想。但是，如果说最发达的语言和最不发达的语言共同具有一些法律和规定，那么，构成语言发展的恰恰是有别于这个一般和共同点的差别。对生产一般适用的种种规定所以要抽出来，也正是为了不致因为有了统一（主体是人，客体是自然，这总是一样的，这里已经出现了统一）而忘记本质的或'具体的'差别。"②

马克思在这里指出了为什么只有对一般和个别进行严密的科学的分析，对一般规定进行"抽取"，但同时不能把它们与具体规定混淆起来才不至于因为前者，或者说偏爱前者而"忘记"了后者。简言之，只有这样才不至于注重一般而轻视具体。具体是对先验的东西进行抽象综合的规范，是实在的规范。

---

① 《马克思恩格斯全集》第 13 卷，7 页，北京，人民出版社，1962。
② 《马克思恩格斯全集》第 46 卷上，22 页，北京，人民出版社，1979。

　　"那些证明现存社会关系永存与和谐的现代经济学家的全部智慧，就在于忘记这种差别。例如，他们说，没有生产工具，哪怕这种生产工具不过是手，任何生产都不可能。没有过去的、积累的劳动，哪怕这种劳动不过是由于反复操作而积累在野蛮人手上的技巧，任何生产都不可能。"① 而且，他们还解释说，"资本是一种一般的、永存的自然关系"。假若我们"抛开了正是使'生产工具'、'积累的劳动'成为［现代意义上的］资本的那个特殊"，那么这就是真的。②

　　简而言之，他们试图"把一切历史差别"、具体的差别"混合和融化在一般人类规律之中"。因此（例如，参阅约·斯·米勒（John Stuart Mill）的著作）他们认为，"生产……应当被描写成局限在与历史无关的承担自然规律之内的事情，于是资产阶级［生产］关系就被趁机当作社会一般的颠扑不破的自然规律偷偷地塞了进来"③。这样，他们重又陷于"同义反复"。"一切生产都是个人在一定社会形式中并借这种社会形式而进行的对自然的占有。在这个意义上，说财产（占有）是生产的一个条件，那是同义反复。但是，可笑的是从这里一步就跳到财产的一定形式，如私有的［现代的资产阶级的］财产。"④

　　马克思在这里是想告诉我们：（1）现代资产阶级的经济学家得出的结论是可笑的，因为，说作为财产和占有，它是生产或占有的一个条件，以此来规定财产、资产阶级财产一定的、具体的历史形式是没用的。这实际上陷入了一种真正的同义反复或逻辑循环。（2）这个同义反复的，而且因此在认识论上是毫无结果的结论不是别的，恰恰是一个实在的结果和惩罚。正是因为有关于生产是实际上强有力地，通过先验的方法对自然的占有这个最一般的概念，它才在自身之中也接受和消耗现代的资产阶级的生产，因此超越了它的具体规定。简言之，就像马克思所说的，它是从关于生产的一般的、不变的观念出发，把资产阶级生产关系当作抽象的或观念上的经济社会（社会一般）的永恒的自然规律塞了进来或代换的。

　　所以，形而上学的塞入或先验的代换，在规定具体的时候支持和偏爱一般或最抽象的东西，反对或轻视特殊的或最具体的东西，的确非常清楚地向我们展示了那些关于"政治经济学的形而上学"

---

① 《马克思恩格斯全集》第46卷上，22页，北京，人民出版社，1979。
② 同上书，22页。
③ 同上书，24页。

　④ 同上书，24页。

的论点（见我们在前面讨论过的《哲学的贫困》）的错误的、被曲解的结构。这是一种神秘化的辩证法的结构和方法。我们知道，这种神秘化的辩证法把特殊或具体归结为理念或一般的一种纯粹的"比喻的"或"符号的"（象征的）表现，从而以同义反复和逻辑循环而告结束。同义反复和逻辑循环是对一种欺骗性的、因而是未经消化的、没有中介的、特定的或具体的品质（quality）的确认。这种欺骗性的存在确实仍然包括或涉及一种具体的存在，但是请大家注意第一部分中对问题（matter）所作的批判的假设，以及随后对在先验的规定中具体表象的"蒸发"式讨论。

马克思继续说，因此有必要遵循一种"科学上正确的方法"①。这尤其意味着从"具体"开始，从"实在的主体"（在这种情况下就是一个历史的"一定的社会"）进到抽象②（否则，就既不会有任何思想，也不会有任何知识）。甚至在今天，资产阶级经济学家都以鲁滨逊一类的故事自娱，例如罗宾斯（L. C. Robbins）。在马克思看来，这只是从自然法理论那里获取灵感的"虚伪"③。也就是说，"孤立的一个人在社会之外进行生产——这是罕见的事，在已经内在地具有社会力量的文明人偶然落到荒野时，可能会发生这种事情——就像许多人不在一起生活和彼此交谈而竟有语言发展一样，是不可思议的"④。

但是，"具体之所以具体，因为它是许多规定的综合，因而是多样性的统一。因此它在思维中表现为综合的过程，表现为结果，而不是表现为起点。"⑤ 如果为了考察全部社会生产过程，我们从作为全部社会生产行为的基础和主体的人口开始，而实际上忘记了（抛开了）构成人口的"阶级"，也就是忘了这些阶级所依据的具体的历史因素，如雇佣劳动、资本等等，以及相应的含义，那么我们就是从"一个浑沌的关于整体的表象"开始。⑥ 经过更切近的规定之后，我们就会在逐步的分析中达到越来越简单的概念。这样，我们就从"表象中的"具体达到越来越稀薄的抽象，直到达到一些最简单的抽象（规定），如分工、货币、价值等等。"在第一条道路上，完整的

---

① 《马克思恩格斯全集》第 46 卷上，38 页，北京，人民出版社，1979。
② 同上书，44 页。
③ 同上书，18 页。
④ 同上书，21 页。
⑤ 同上书，38 页。
⑥ 同上书，38 页。

表象蒸发为抽象的［贬意］规定"①，这是资产阶级政治经济学所采取的方法。

但是，应当注意，这个规定并不像康德对抽象的理性主义批判可能使之成为的那样是"空洞的"。相反，这个规定充满着一种"浑沌的"、混乱的、未经消化的具体，或者说没有中介的"坏的经验论"（见第一部分及这部分开头的论述）。我们知道，由于其先验的因素而受到削弱的这个抽象的规定变成了一种实在的同义反复——或者说关于实在或其内容的同义反复（上面所说的惩罚）。所以，马克思认为，具体表象的"蒸发"与它作为表象被抽空这一点并无关系，而是同它的内容的"混沌的"、"表象中的"、无差别的特点有关系。也就是说，在这个抽象的、先验的规定中所蒸发的是表象的认知价值（cognitive value），而不是它的内容。我们知道，内容、具体、物质在表象中的这个存在，或更确切地说持久性（permanence），无论怎样扭曲（也就是说，作为欺骗性的内容，因而浑沌的、无差别的，或庸俗的、没有中介的经验论），都可以依靠唯物主义对先验的东西的批判以及关于物质所作的相应的批判、假设揭示的物质和理性（reason）的现实的循环而得到表达和解释。

但是，马克思接着指出，当我们达到最简单的抽象（规定）（如分工、交换价值等等）之后，"行程又得从那里回过头来，直到我最后又回到人口"，而且"这回人口已不是一个浑沌的关于整体的表象，而是一个具有许多规定和关系的丰富的总体了"②。换句话说，马克思是要告诉我们，如果我们因此是根据其历史的特点来考察总体的，那么我们在这方面所遵循的是一种正确的方法，依靠这种方法，"抽象的规定［这里所说不再是带贬义的，不是先验的，而现在是以不断地'回到'具体本身或统一——多样性为基础的］在思维行程中导致具体的再现"③，（而且我们知道，没有规定或抽象，就不会有任何思想或知识）。在这方面，"黑格尔陷入幻觉，把实在理解为自我综合、自我深化和自我运动的思维的结果"④。而"从抽象上升到具体的方法，只是思维用来掌握具体并把它当作一个精神上的具体再现出来的方式"，作为实在或事实上的具体，"主体，即［一定的］社会"是我们出发的"前提"，而且"也必须始终作为前提浮

---

① 《马克思恩格斯全集》第46卷上，37页，北京，人民出版社，1979。
② 同上书，37~38页。
③ 同上书，38页。
④ 同上书，38页。

现在表象面前"①。

因此，正确的方法可以表达为由具体或实在到观念的抽象，然后又回到前者去的一种圆周运动（参阅上面讨论的物质－理性的现实的循环）。换言之，具有逻辑严密性的正确的方法在于对抽象或（特别是）经济学的范畴——正如我们已经看到的，假若它们的真理与它们的内容的简单化或一般的抽象处在一种逆反的关系之中——进行不断的、永恒的历史解释。正如马克思所说的，它之所以是正确的方法，是因为，"在这个限度内，从简单上升到复杂［或特殊、具体］这个抽象思维的进程符合现实的历史过程"②。人们可以在对劳动这个基本范畴所作的正确的、科学的阐述中清楚地看到这一点。

马克思说，"劳动似乎是一个十分简单的范畴"，是一个一般的范畴，而且它在这种一般性上——作为劳动一般——的表象也是非常古老的。"但是，在经济学上从这种简单性来把握的'劳动'，和产生这个简单抽象的那些关系一样，是现代的范畴。"③

这实际上是说，这个范畴肯定是一个抽象，不过它是历史的而非先验的抽象。也就是说，它概括了伴随着"商业劳动和工业劳动"所产生的经济的、实践的和理论的"进步"。在这个"进步"之中，重工主义或重商主义把财富的源泉从物、货币转到主体的活动——商业劳动和工业劳动，而同这个主义相对立的"重农主义"把（劳动的一定形式）"农业"看作创造财富的劳动。最后，它导致亚当·斯密在"简单劳动"或"劳动一般"中发现了财富的源泉。这样，我们就不仅有了创造财富活动的特性，而且也就有了被规定为财富的对象的一般性，"这就是产品一般，或者说又是劳动一般，然而是作为过去的、物化的劳动"。

因此，"这也许会造成一种看法，好像由此只是指人——不论在哪种社会形式下——作为生产者在其中出现的那种最简单、最原始的［经济］关系找到了一个抽象的表现"。而且，"从一方面看来这是对的。从另一方面看来就不是这样"。的确，"对任何种类劳动的同样看待，以各种实在的劳动组成的十分发达的总体为前提，在这些劳动中，任何一种劳动都不再是支配一切的劳动。所以，最一般

① 《马克思恩格斯全集》第46卷上，37～38页，北京，人民出版社，1979。沃尔佩特别提到马克思后面那段话："……整体当它在头脑中作为思想整体而出现时，是思维着的头脑的产物，这个头脑用它所专有的方式掌握世界。"（同上书，39页）

② 同上书，40页。

③ 同上书，41页。

的抽象总只是产生在最丰富的具体发展的地方，在那里，一种东西为许多东西所共有，为一切所共有。这样一来，它就不再只是在特殊形式上才能加以思考了。"

另外，"劳动一般这个抽象，不仅仅是各种劳动所组成的具体总体的精神结果。对任何种类劳动的同样看待，适合于这样一种社会形式，在这种社会形式中，个人很容易从一种劳动转到另一种劳动，一定种类的劳动对他们说来是偶然的，因而是无差别的。这里，劳动不仅在范畴上，而且在现实中都成了创造财富一般的手段，它不再是一种特殊性上同个人结合在一起的规定了。在资产阶级社会的最现代的存在形式——美国，这种情况最为发达。所以，在这里，'劳动'、'劳动一般'、直截了当的劳动这个范畴的抽象，这个现代经济学的起点，才成为实际真实的东西。"①

经济学家斯威齐（P. Sweezy）说："重要的是应认识到，把所有劳动归结为具有一个公分母〔使所有劳动适合于一个共同特点〕，因此各劳动单位可以彼此比较和替代，可以彼此加减，最后总计形成一个社会总数，这并不是一个任意的抽象〔……〕。相反，正如卢卡奇正确地指出的，它是这样一个抽象：'这个抽象是资本主义的本质。'"② 所以，马克思作如下总结："所以，这个被现代经济学提到首位的、表现出一种古老而适用于一切社会形成的关系的最简单的抽象〔马克思最初可能表示反对，请比较前面引证的那段话：'这也许会造成一种看法，好像由此只是……'〕，只有作为最现代的社会的范畴，才在这种抽象中表现为实际真实的东西。……劳动这个例子确切地表明，哪怕是最抽象的范畴，虽然是由于它们的抽象而适用于一切时代，但是就这个抽象的规定性本身来说，同样是历史关系的产物，而且只有对于这些关系并在这些关系之内才具有充分的意义。"③ 而且，我们现在还要看到一个基本的抽象的或历史的规定，或一个"经过复制的"多样性的统一——所谓的资本。

当然，对形成具体-抽象-具体的循环的范畴或经济学的抽象所作的这个历史的解释，实际上并不是说我们应当"把经济范畴按它们在历史上起决定作用的先后次序来排列"，因为这样做是"不行的"、"错误的"。之所以这样说是因为，"它们的次序倒退由它们在现代资产阶级社会中的相互关系决定的，这种关系同表现出来的它

---

① 《马克思恩格斯全集》第46卷上，41～42页，北京，人民出版社，1979。

② 斯威齐：《资本主义发展的理论》，31页，伦敦，多布森出版社，1946。

③ 《马克思恩格斯全集》第46卷上，42～43页，北京，人民出版社，1979。

们的自然次序或者符合［编年学的］历史发展的次序恰好相反"①。所以，"问题不在于各种经济关系在不同社会形式的相继更替的序列中在历史上占有什么地位，更不在于它们在'观念上'（蒲鲁东）（在历史运动的一个模糊表象中）的次序"——而且如黑格尔相当恳切地表示的——"而在于它们在现代资产阶级社会内部的结构"②。

那么，确切地说，马克思为何不仅否认"［经济范畴］在观念上的次序"（从马克思以前的全部著作看，尤其是在《哲学的贫困》之后，这个否认是无可争辩的），而且也否认它们的"自然次序"、历史—编年学的次序？而马克思为何接着又提到它们在"现代资产阶级社会"内部的"有机联系"，也就是说提到由它们在现代社会中的相互关系决定的次序和结构（我们再重复一下，后面所说的这个次序同"它们的自然次序恰好相反"）？《苏联大百科全书》中的一个条目说："马克思在他对政治经济学的批判中所使用的逻辑的方法无非是历史的方法，不过摆脱了历史的形式［的确，编年的］以及起扰乱作用的偶然性［非理性］而已。"③ 这段话引自恩格斯《卡尔·马克思〈政治经济学批判〉》一文。恩格斯的原话是："……因此，逻辑的研究方式是唯一适用的方式。但是，实际上这种方式无非是历史的研究方式，不过摆脱了历史的形式以及起扰乱作用的偶然性而已。"我们还要补充说：现实的问题在于，不能把马克思的方法和黑格尔的方法（看来它的确摆脱了起扰乱作用的——或者相反——历史偶然性，尽管人们称之为历史辩证法的方法！）混为一谈。这是一个需要弄清楚经济范畴的根本的历史性如何能够与它们的次序（或"相反的"次序）的非编年学的性质相一致的问题。这个问题仅仅是具体—抽象—具体的循环，这个问题的解析性的发展，是一定的或历史的抽象、因而是科学的抽象方法的解析性发展。让我们对这一点作一番考察。

上面所提出的关于最现代的而且也是最一般的劳动范畴的历史结构的论点已经给我们指出了一个决定性的方向。在这里人们看到，只是作为纯粹的和简单的劳动的次要的（最新的）现代—历史的特点，劳动的其他的（以前的！）历史特点才获得了一种不再受历史的束缚或编年史学的限制的意义。简言之，在关于纯粹的劳动的抽象所体现的概念的形式，而且因此具有了一种单一的、一般的意义，

---

① 《马克思恩格斯全集》第 46 卷上，45 页，北京，人民出版社，1979。

② 同上书，45 页。

③ 这段话引自恩格斯的《卡尔·马克思〈政治经济学批判〉》。参见《苏联大百科全书》，271 页，莫斯科，1952。

丧失了它们的有限的、特殊的、仅仅是分析的、历史—编年史学的意义——另一方面却没有失去其特异性或有意义的分析力量——它来自它们的历史性或历史必然性。这些并不是幻想中的特征。

从这里可以推导出一种同时也是分析的综合。这就是所谓的历史的或一定的抽象，在这个抽象中，真正的历史性与理想（非编年史学的次序）相一致。当然，我们仍然必须进一步探讨以前的历史特征和最近的历史特征之间的从属关系，这是作为综合—分析的历史的或一定的抽象的结构的原则。我们同时应当说，这种从属关系，除了意指那些以前的特征包含在一个主谓关系（nexus）或概念——这个关系或概念的结构只能由最近的或目前的历史特征，也就是说，由它的普然性来赋予活力——并不，也不能意指任何东西。

马克思说："所谓的历史发展总是建立在这样的基础上的：最后的形式总是把过去的形式看成是向着自己发展的各个阶段，并且因为它很少而且只是在特定条件下才能够进行自我批判［……］所以总是对过去的形式作片面的理解。基督教只有当它的自我批判在一定程度上，可说是在可能范围内准备好时，才有助于对早期神话作客观的［而不是片面的］理解。"也就是说，变成了一种宗教的历史。"同样，资产阶级经济只有在资产阶级社会的自我批判已经开始时，方能理解封建的、古代的和东方的经济。在资产阶级经济没有用编造神话的办法把自己同过去［通过范畴对过去或未来的那些先验的投射——这是实在的特点］完全等同起来时，它对于以前的经济，特别是它曾经不得不与之直接斗争的封建经济的批判，虽与基督教对异教的批判或者新教对旧教的批判相似的［……］因此，现代'资产阶级社会''在科学上也绝不是把它当作这样一个社会来谈论的时候才开始存在的'。"①

现在，让我们继续探讨另外一个基本的、一定的或历史的抽象——资本——的形成。显然，这个抽象是资本的盖然性所带来的，是从社会和资产阶级经济学的自我批判中产生的。马克思说，在中世纪的经济中，资本——不是指纯粹的货币资本——作为传统的手工生产工具，也具有一种土地所有制的性质，但是，"在资产阶级社会中情况则相反。农业越来越变成仅仅是一个工业部门、完全由资本支配"。也就是说，"在资本处于支配地位的社会形式中，社会历史所创造的因素占优势"，在那里，"不懂资本便不能懂地租。不懂

---

① 《马克思恩格斯全集》第46卷上，43～44页，北京，人民出版社，1979。

地租却完全可以懂资本"。所以，资本这个因素"必须成为起点又成为终点，必须放在土地所有制之前来说明"（而且在"分别考察了两者之后，必须考察它们的相互关系"）。①

人们在这里实际上已经理解了这样一点：以前的经济范畴，那些过去的或者说"历史的"经济范畴（中世纪的土地所有制和与之相对应的资本）与其后的、现代社会的范畴之间关系的意义为什么是由一种与来自范畴在历史上的次序的"相反的"次序决定的。换言之，这个次序不是地产—资本，而是资本—地产。因此，范畴的相反的次序，或者说理念（ideal），或者价值次序——它构成了过去与现代之间关系的意义——是由理解和解决地租现象盖然性的现代的或现实的历史必然性决定的。这是"在［我们早已讨论过的］现代资产阶级社会中"相互关系和经济范畴的"有机的连接"。为了这一目的，这个过程（procedure，程序）要求资本必须成为起点又成为终点，而且要颠倒（经验的）编年次序，把它放在"地产"之前来考虑。

这就是 1857 年《〈政治经济学批判〉导言》的主旨。当我们运用马克思列宁主义的方法，尤其是在《资本论》中所揭示的方法论原则进行了比较深刻和首尾一贯的阐述之后，这篇《导言》——如果我们没有弄错的话——可以使我们得出如下结论：（1）经济学只能够在它能够进行自我批判并且意识到它自身的范畴的盖然性这样一个程度上才有可能对它的历史先例，因而对它所产生的问题（例如地租）作客观的而不是片面的理解。要做到这一点，必须具备以下前提：（a）它已经获得了对一定的具体或主体，也就是说对现代的资产阶级社会、当代的社会的历史意识。资产阶级政治经济学缺少的就是这种意识。我们在《哲学的贫困》中已经看到，在资产阶级经济学看来，特定的资产阶级经济制度是"自然的"或"永恒的"，于是，就资产阶级经济而言，"以前是有历史的，现在再也没有历史了"。（b）因此，人们从一开始就发现，它同任何的真正的科学一样，也是不带任何先验的偏见或教条地建立在具体或经验的基础之上的。确实应当在历史—物质的、社会的需要中去寻找它——上面所提到的从具体到抽象的循环的开始的或最初的运动。

（2）因此，为了客观地理解它的问题，它应当系统地表达抽象。它们作为综合——这是抽象，概念或范畴的同义语——的性质不应当同作为分析的性质相分离，因为人们确实关心的是对他们的历史

① 《马克思恩格斯全集》第 46 卷上，45 页，北京，人民出版社，1979。

先例进行估价，并且揭示出同它们的结果（或目前的盖然性的）历史特点之间概念的联系，并且解析这些联系。

但是，要做到这一点还必须保证：概念因此设想的理念或相反的次序并不造成它们的特异性或有意义的分析的性质，以及它们的有限的、孤立的——简而言之——法律分析的或历史－编年史学的基准的完全丧失。因为，前者是它们的历史的适当性和必然性。这样的特异性或分析的平等是根本的，因为，假若没有它，那么一种进步的综合－辩证的取向甚至是不可能的。后者是概念的特征，是由它们组成的，而且在它们之上表现出相反的、理想的或合乎理性的次序，或简而言之，它们与其结果的联系。

通过这个步骤，的确形成了抽象、综合或统一，不过是一定的、分析的抽象、综合和统一，是那些具有多样性的抽象、综合和统一。简言之，它们是这样一些抽象，在这些抽象中，历史－合乎理性的需要，作为我们由此出发的历史－物质的律令的一个需要和功能，可以得到满足。上述方法论的循环的第一个和第二个运动——从具体到抽象和从抽象到具体——都说明了这一点。因此，它勾画了历史性和理智性（在一定的抽象中）的一致性。

（3）作为一定的抽象的客观性或合理性所固有的规范性——不是一种范畴的或绝对的规范性，只是一种假定的规范性——它正好表达了历史－合理的需要，并且也表达了合理－功能的需要（理性作为物质的功能，而且也可以反过来说）。因此，这个假定的规范性是不能被证明的，它也不可能获得真理－价值或变成规律－现实，或者说在历史的（不是抽象的！）物质性，即实践的经济和社会的经验的物质性中并通过这个物质性而保留下来。

方法的循环在其由抽象到具体的回归的第二个或最后一个运动——因此结束了这个循环——中又描述了这一点。列宁在《唯物主义和经验批判主义》一书中对这一点作了如下确切的表述："实践标准，即一切资本主义国家近几十年来的发展进程所证明是客观真理的，乃是马克思的整个社会经济理论，而不是其中的某一部分、某一表述等等，因此很明显，在这里说什么马克思主义者的'独断主义'，就是向资产阶级经济学作不乏宽恕的让步。"

就它是思辨还是沉思的而言，这是一个让步，即向一种真正独断主义的经济学的让步。谈到实践这个决定性的范畴，始终要牢记《关于费尔巴哈的提纲》第二条，马克思在这里说："人的思维是否具有客观的真理性，这并不是一个理论问题，而是一个实践的问题，人应该在实践中证明自己思维的真理性，即自己思维的现实性和力量，亦即自己思维的此岸性。关于离开实践的思维是否具有现实性的争论，是一个纯粹经院哲学的问题。"

前面得出的结论，向我们概括地揭示了马克思从《哲学的贫困》、《黑格尔法哲学批判》的反先验论的论述开始为之努力奋斗的整个经济学和道德学说的科学的，即分析的辩证法的重要性。这个辩证法是一定的（determinate）或历史的抽象的辩证法，同时它是从自身内部批判和剔除思辨的辩证法，或一段的（属类的）、不确定的先验的抽象的辩证法——这种辩证法是荒谬的、神秘化的，而且是没有结果的，因为我们清楚地知道，它以事实上的同义反复而告终。

现在，科学辩证法（主要表现在具体－抽象－具体的循环，或者物质和理性、归纳和演绎的循环）的方法论意义几乎是革命性的。这也就是说，任何真正的知识都是科学，因而并不是纯粹的知识或沉思。它意味着只存在一门科学，因为只存在一种方法，一种逻辑。人们懂得理化实验科学的唯物主义逻辑使科学摆脱了在某种程度上数学化了的柏拉图主义。柏拉图主义是从伽利略到爱因斯坦所有资产阶级科学家进行理论表述的科学的哲学背景。因此，尽管系统表述规律的技巧必定不同，因为经验和现实各不相同——从物理学的规律到经济学和伦理学的规律都各有差异——所以我们上面提到的循环为特征的方法、逻辑也不变（举例来说，即使数学在有条理地推敲整个物理学的规律的过程中是一个基本的要素，另一方面在详尽阐释经济的和社会的等等规律时也只能作为一个辅助手段来利用）。

我们在马克思的《1844年经济学哲学手稿》中已经知道："历史本身是自然史的一个现实的部分，是自然界生成为人这一过程的一个现实的部分。正像关于人的科学将包括自然科学〔也就是说，它将采用它的实验方法，并且具有一种历史－辩证意义上的历史－实践的方法〕一样，自然科学往后也将包括关于人的科学。"而且，正如日丹诺夫（A. A. Zhdanov）在他关于西方哲学史的著名讲演中所说的："哲学发展的特点就在于随着人类对于自然的和社会的（本书英译本将'社会'（society）一词误为'科学'（science）一词，现予改正。——中译注）科学知识的发展，从哲学中逐渐分化出各种实证科学。因此，由于各种实证科学的发展，哲学〔思辨〕的范围不断地缩小了（顺便说一句，这个过程直到现在还没有完结）。这种自然科学和社会科学从〔思辨〕哲学权力束缚下解放出来的过程，无论对于自然科学和社会科学，或对于哲学本身都是一种进步过程。"①

最后，这意味着，人类知识的不断增长和发展使我们能够肯定不仅科学逻辑的统一，而且还有逻辑的科学的统一和——简而言之——逻辑的统一。因此，事实上再也不可能提出一种与"科学"的逻辑不同的"哲学的"逻辑。用马克思曾使用过的表达方式说，哲学，作为关于人的科学，不再是隐喻的、没有根据的、晦涩的意义上的"科学"，只是在诸如"哲学是关于精神的科学"这样一些公式中，才是在这些意义上使用"哲学"这个词的。这些只是"形而上学"、"思辨"等等的同义语。相反，正是在历史－科学或关于历史的唯物主义科学这个特定意义上，我们在1857年《〈政治经济学批判〉导言》中发现了马克思第一次概括阐述的作为科学的经济的认识论－科学的基础。

这完全可以说是马克思主义特有的道德的伽利略主义；也就是说，传统的"道德科学"实际上而且无一例外地是最严格意义上的科学。我们有意谈到伽利略主义，在历史唯物主义及其方法之间作出区分，既是就唯心主义及其实在而言，而且同样重要的是，也是对实证主义及其对"事实"的盲目崇拜以及与此相关的对于前提（假设）和观念的培根式的厌恶而言。我们对1843年至1857年这一时期马克思思想的探索，事实上已经使我们从对黑格尔思辨哲学的本质的批判在那个时期证明的《资本论》的前提（假设）的实证的理论知识，或者像列宁在《唯物主义和经验批判主义》（1908）中正确认识到的，转向经济的和社会的规律。

最后，假若我们简短地考察一下《〈政治经济学批判〉序言》（这篇序言是在1859年，即在《导言》两年之后写的），那么，它关于经济基础与上层建筑关系的广为人知的哲学内容就显得比以前的论述——尤其是1857年具有方法论意义的《导言》——更为重要了。现在，让我们回忆一下它的基本内容。在谈到"对黑格尔法哲学所进行批判性的再分析"时，马克思说："我的研究得出这样一个结果：法的关系正像国家的形式一样，既不能从它们本身来理解，也不能从所谓人类精神的一段发展来理解，相反，它们根源于物质的生活关系……这些生产关系的总和构成社会的经济结构，即有法律的和政治的上层建筑竖立其上并有一定的社会意识形式与之相适

---

① 日丹诺夫：《在关于亚历山大洛夫著〈西欧哲学史〉一书讨论会上的发言》，载《论文学与艺术》，北京，人民出版社，1959。

应的现实基础。物质生活的生产方式制约着整个社会生活、政治生活和精神生活的过程。……社会的物质生产力发展到一定阶段，便同它们一直在其中活动的现存生产关系或财产关系（这只是生产关系的法律用语）发生矛盾。于是这些关系便由生产力发展的形式变成生产力的桎梏。那时社会革命的时代就到来了。随着经济基础的变更，全部庞大的上层建筑也或慢或快地发生变革。在考察这些变革时，必须时刻把下面两者区别开来：一种是生产的经济条件方面所发生的物质的、可以用自然科学的精确性指明的变革，一种是人们借以意识到这个冲突并力求把它克服的那些法律的、政治的、宗教的、艺术的或哲学的，简言之，意识形态的形式。"① 那么，除了关于他重新分析黑格尔法哲学（这是上面所叙述的方法论的考察中的决定因素）的纯粹哲学的考察以外，马克思肯定也表示要参考与此有关的《黑格尔法哲学批判》以及在 1844 年发表的，这里所引证的《〈黑格尔法哲学批判〉导言》。我们从第一部分中知道，《黑格尔法哲学批判》直接涉及了逻辑和方法问题。除此之外，作为历史的系统的要素的部分，我们必须指出，在 1857 年的《导言》中以具体－抽象－具体的循环为代表的方法观使我们对结构－上层建筑关系有不止一个严格的和一般的逻辑的看法。在我们上面从《导言》中引证的那段话的最后所提及的那个意识中，它也使我们能够选择和界定作为道德标准或行为标准的决定性的实践标准。通过对前提的证明这就结束了那个循环，然而同样，在一个精神的或技术性的标准那里显示出经济－社会的（等等）规律，实践的经验或行动把现在被证明了的假设转换成一种精神的或技术性的标准。

斯威齐强调指出，马克思主义者不仅要"批判"资本主义制度，因为他们已经认识到了这个制度的历史的因而是暂时的特点，而且，他的批判的，因而它的"精神的"观点也是"与道德有关的"，这同一种"关于太阳系的批判"观点（无论它有什么缺点）形成对照。它也是与道德有关的，"因为人的行动本身应当对社会制度所经历的和将要经历的变革负责"。

因此，《关于费尔巴哈的提纲》第二条的全部方法论的革命意义得到了明确解释。

（赵培杰 译）

---

① 《马克思恩格斯全集》第 13 卷，8～9 页，北京，人民出版社，1962。

胡克

悉尼·胡克（Sidney Hook，1902—1989），美国哲学家和社会评论家，实用主义代表之一。受教于纽约市立学院和哥伦比亚大学，期间深受柯恩、伍德布里奇和杜威的影响。1927 年获纽约哥伦比亚大学哲学博士学位。1928～1929 年间先后在德国柏林大学、慕尼黑大学和莫斯科马克思恩格斯学院深造。曾一度接近美国共产党，并发表过一些称赞马克思主义的言论。试图把马克思主义和实用主义结合在一起。1929 年归国后一直在纽约大学任教，期间先后担任哲学系副教授（1934～1939）、教授（1949～1972），1972 年起，任哲学系名誉教授。胡克是一位学识渊博、著作等身的学者。除哲学外，在政治、法律、文化、教育等方面他都有著述，并获多所大学的文学和法学博士学位。此外，他还在一些研究机构和学术团体兼职。1958年，任美国哲学协会东部分会副会长；1959～1961年间任会长；1965年为美国美术和科学学会会员；1966年为国家教育学会会员。主要著作有：《实用主义的形而上学》（1927）、《对卡尔·马克思的理解》（1933）、《马克思的意图》（1934）、《共产主义的民主与专制方面》（1934）、《基督教与马克思主义》（1935）、《理性、社会神话和民主》（1940）、《马克思与马克思主义者：一笔意义不明确的遗产》（1955）、《政治权利和人身自由》（1959）、《约翰·杜威：他的教育哲学及其评论》（1959）、《实用主义与人生的悲剧意识》（1975）等。

悉尼·胡克是20世纪后期美国实用主义思想传统的一位主要继承人。他在美国实用主义发展上的作用，一是解释和宣扬杜威的学说，用它来回应当代各种社会问题，并强调不要把实用主义当作一种纯理智的思想体系，而要使之成为解决现实问题的方法论，用来解决人类所面临的各种实际问题。作为杜威的学生，胡克是当代将实用主义思想应用于伦理、社会和政治问题的哲学家之一；二是试图用实用主义来解释、批判和取代马克思主义。他主张应当把马克思同恩格斯及列宁区别开来，把马克思前期和后期区别开来，并肯定前者而否定后者。胡克认为马克思思想中最优秀的因素都为杜威所接受并作出了发展，因此杜威的学说超越了马克思。并认为马克思的辩证唯物主义不同于恩格斯和列宁的学说，是一种与政治倾向无关的进化的自然主义，因而与杜威的经验自然主义在本质上是一致的。胡克还认为马克思在《关于费尔巴哈的提纲》中所阐述的同样是一种行动主义的观点，即其中暗示着实用主义。他和杜威一样把科学方法看作是应付某一特定环境的方法，并认为马克思本人的辩证法也是如此，只是马克思的论述有点含糊不清，而恩格斯等人所论述的辩证法则是黑格尔主义的残余。在社会历史问题上，胡克主张历史多元论和民主社会主义，反对历史唯物主义和以之为基础的科学社会主义，并自诩他在这方面的理论与国际社会党人是一致的。

本书选取的是他的《理性、社会神话和民主》一书中的第七章《什么是马克思主义中活的东西和死的东西》。在这一章中，他用实用主义观点对"马克思主义运动中那些显得肯定不正确的理论方面，以及马克思主义的传统中那些广泛地来看仍然可以结合到一种健全的综合中去的方面"作了区分，即区分了"什么是马克思主义中的活的东西和死的东西"。在他看来，正统派马克思主义关于科学的概念存在"历史上的、分析上的和功能上的三重局限性"；在新的资本主义条件下，马克思对资本主义的批判略显有些牵强，"整个'衰退'概念是一种机械的和不恰当的类比"；马克思关于国家的学说也是基本上以经验为基础的，而且马克思认为向社会主义的过渡可以以民主的和平方式来实现，这是对列宁学说的反驳；在社会革命就是政治革命的层面上，马克思关于"政党"的理论的"科学意图是好的"，而列宁在这一点上却显得有些稚嫩；此外，他分别对马克思主义的"权力拜物教"、"权力的使用和滥用"、"历史唯物主义"和"批判的历史主义"作了细致分析，在他看来，这些理论都必须经受社会实践和历史实在的考验。

什么是马克思主义中活的东西和死的东西①

对于马克思主义同对于基督教一样，很容易说，它是从来也没有被试验过的。谈到基督教，这种说法是有一些道理的，因为照字面意义来解释，对它是决不可能用于试验的。但是马克思主义，照它自己所骄傲地宣称的来说，不仅仅是一套观念，而是一种历史运动的理论表现和指南。它的正确性只能在历史的实践中得到检验。如果那些事件对它淡漠地过去了，那就是说，既不加以证实也不证明它不正确，人们就仍可以诉诸理论的淳朴的完整性，因为这些理论既从来没有为人所了解，也就从来没有按照它来行动过。然而这样的一种诉求就等于是坦白承认这些理论是在历史上不相干的。而马克思主义有一句很好的名言是说：凡是与历史理解和行动的目的无关的，就是历史上毫无意义的。因为马克思主义作为完成社会主

---

① 选自《理性、社会神话和民主》，上海，上海人民出版社，1965。

义的理论和实践来说，它主要不是一种理解历史而是创造历史的方法。

一、马克思主义的危机

马克思主义运动在全世界的分崩离析也许只是暂时的。但是目前这种运动之被遮蚀几乎达到全部黯然无光。马克思主义的"破产"、"崩溃"、"堕落"，成了无数的论文和书籍的主题。甚至早就把它的"尸体解剖报告"都写好了，虽然那还是过早的。这种批判性著作的浪潮本身就证明它很少关心实际状态。从一种观点上看，它正表明马克思主义的理论，就像那么常常为人宣布已经死亡，而又必须一次又一次地来埋葬它的一切主义一样，是有相当的活力的。

关于马克思主义的分崩离析，更加给人深刻印象的证据当从直接考察马克思主义运动对当代社会和政治事务的日趋衰颓的影响来得到。这样的一种考察将证明已经丧失的不仅仅是物质力量和战略阵地。在某些把社会主义理想的正确性认为不成问题的地方，对这种理想的信心已遭到无形的破坏。世界各国的马克思主义运动，似乎已在一个世纪中首次丧失了先前几次危机中支持着它的那种认为有了方向和充满信心的感觉。阐述信仰和理论的论文已都被放弃，而只是匆促地去杂凑一些只能在一天、一周或一月内起作用的口号和公式了。

历史本身已变成了马克思主义理论和实践的最致命的修正主义者。在马克思的时代就早已陈旧的那些幻想已被粉刷一新，而把它们建立为政治实践的指南。久已背叛社会主义理想的斯大林主义者仍把自己称作是马克思主义者，恰恰就同过去有许多已放弃基督教信仰的团体仍坚持他们是天主教徒的情况一样。其他以正统派自豪的人们，当他们从反动的残暴打击中跑出来的时候，被迫说这一切都是按照马克思主义的原则发生的事件。不管是胜利还是失败，他们的理论都是对的。每一次的失败都是又一次的证实。托洛茨基写道，"各种事件都不是在不知不觉中抓住我们的，所必需的只是适当地去把它们解释明白而已"。

那种全盘否定和怀疑论的流行心情，也同无批判的重新肯定一样，是不会有什么启发的。那些在盲目的愤怒中把抛弃自己的神的祭坛摧毁的人，恰恰是同那些仍然迷恋于其愚昧崇拜的信徒一样都是虔信的。他们将找到别的偶像和别的教会。他们将不会为自己做什么试验，来证明在马克思主义的学说中究竟什么是正确的和什么是不正确的，因为怕的是发现他们所视为珍宝的原来只是貌似金子的一块黄铜。

在这一章中，我所要探究的是当代马克思主义运动中那些显得肯定不正确的理论方面，以及马克思主义的传统中那些广泛地来看仍然可以被结合到一种健全的综合中去的方面。这样的一种综合是不是被称为马克思主义的，就像这是不是"马克思的真正意思"的问题一样，是不重要的。

二、科学、理想和科学方法

大家都熟悉那句马克思主义的骄傲的大话，认为只有它才是"科学的社会主义"。不论它对科学的概念有什么局限性，马克思主义者要求成为科学的那种愿望，即他们以能被证实的证据为根据来对人和世界的本质作出判断和据以行动的愿望，是不成问题的。在马克思主义的文献中，科学知识和正确的知识是同义语。在把科学既作为一种文化的力量，又作为提出一种生活哲学所根据的基础来作口头的评价这一点上，从来没有一种民众运动比马克思主义还更强烈的。

正统派马克思主义的科学概念有历史上的、分析上的和功能上的三重局限性。任何事物要成为一种科学，其意义是由 19 世纪恩格斯的说法所决定的，这种说法在他执笔的时候早已陈旧了。它是一种没有自然之神（Deity）的自然神论的世界观，其中像无限性、必然性、普遍性的那些名词都是在情感上自由而在理智上不精确的方式中使用的。科学的结论是受到颂扬的，而对它的方法却几乎没有什么研究。而且有的时候甚至就是这些结论，如在人类学和生物学上的，也都变成了马克思主义者心中的一些理智上的定见，尽管根据新的科学进步这些结论都是无法支持的。

从分析上看，正统派马克思主义科学观的那些局限性都出于在方法论上的缺乏明确性。这种科学观可以断言，"马克思主义不是一种教条"，但是它从来没有弄清楚教条和假设之间的差别。它仰仗经验，但那不过是为了证实马克思主义的断言，而不是把这些断言加以检验。在战前或战后时期的经典著作中，我们要想找到任何一点指示，表明马克思主义者准备接受什么样的经验的证据，把它作为构成对他们学说的一种甚至只是可能的反驳，都是徒劳的。但是对于什么可以构成任何特殊见解的可能反驳这一点没有一种明确的概念，我们就对什么可能会构成一种证实也没有明确的概念。在可能是的、想会是的、必然是的，甚至我们会喜欢它是的，这些东西之间，都没有作出适当的区别。"原因"、"条件"、"缘故"（occasion），是被作为可以互相交换地使用的。通常未加界说的那种经济因素，在一种未加解释的意义上，被宣称为"归根到底"或"长远地来看"（这些说法也都始终未经分析）是"根本的"。

马克思主义科学观的功能上的拖后腿作用是它所有局限性中最致命的，因为它阻碍了马克思主义者为自己弄清楚他们的目标、整串社会主义理想和促进这些目标所用的方法之间的关系。如果说马克思主义者对他们的社会主义理想是不自觉的，或者说他们明确地把这些理想同历史过程所产生的任何事物等同起来，那是不正确的。在第一次世界大战以前，马克思主义运动的宣传是灌注着道德热情和理想主义的。而如果说，随着布尔什维克的到来，这些理想是被看作理所当然的，而政策，要是也受到一种检验的话，也只是用它对夺取权力所起的作用而不是根据用以证明这种权力是正当的那些社会主义理想来检验的，这样说是正确的。在列宁看来，无产阶级的权力本身就证明它是理所当然的。国家的权力在事实上是不是无产阶级的权力，在他眼中除了他自己意识到他和他的党"表达"了无产阶级的"真正"需要之外，并不需要更进一步的证明。如果他有什么怀疑的话，他也就用他使反对派保持沉默的同样法令来加以解决。

回想一下二十多年前美国在战前的年代，我就想起甚至是社会主义运动中的年轻人也在政府所有制和社会主义之间作出了区别（那么地不变，看来几乎就是一种老生常谈的答复）。要是有某个新手把社会主义界说为一切生产、分配和交换手段的政府所有制，是会得到仔细的纠正的。邮局和给水工程是政府所有的；即使整个经济都是为政府所组织并拥有，那也跟社会主义还差得远。我们惯常说的是：社会主义是基本生产资料的集体所有制和民主管理。世界产业工会的影响及其对国家的夸大了的不信任或许在这种态度中有所反映；但是不管我们的信仰有些什么原因，人身自由和文化自由的理想，社会民主和教育民主的理想在那时都被认为是社会主义所不可缺少的。

因此，那些理想当时是有的；但并没有那种用它们来观察形势判别风向的习惯，或是根据马克思主义者发现他们自己实际在做的事情而来修正这些理想的勇气。马克思主义者纵然有他们自夸为科学的哲学，却永远不会根据其所称出于情势要求的纲领和方法，来检查他们所宣布的目标，永远不会用他们在行动中的手段的后果来检查他们所设想的目的。不管他们干什么，不管他们所干的后果是什么，社会主义总是会有某种办法来实现并有一天能实现的一种正确的理想。因此，社会主义的理想作为一种绝对的东西，作为某种不管现象如何而总可以保全的东西在起着作用。马克思主义者至多只是对向着有限目标的手段来说是科学的，而永远不是对终极目的来说是科学的，然而他们自己的理论却是强调目的和手段的相互关联性的。

这种害怕修正他们的理想的恐惧——这种修正，是以行动中的后果来理解和批判这些理想的过程中一个很自然的方面——一方面导致一种术语的拜物教，而另一方面在实践上又导致对社会主义的理想作了一种因为没有认识而陷于十分恶劣的修正。不管马克思主义者干了些什么或历史事件已变得怎样，社会主义是不得为人触犯、加害或怀疑的。它满足了一个梦想的一切条件。

人类将始终有梦想。梦有着它们足以给人慰藉的东西，而且有时和宗教一样，可以表现出一些有启发性的神话故事。但是把一种梦想错误地当作关于存在和历史的一种清醒的假设是疯狂的。在马克思主义中仍然是活的东西，或是说得更准确一些，在马克思主义者的思想中可以使之有生命力的东西，就是对一切社会梦想所作的科学批判的传统，由于这种批判，在这些梦想后面的希望都能按照其周围联系以及实现梦想的可能性和代价来判断它是合理的或不合理的。只有在那个时候，梦想才成为理想。

传统的马克思主义在它经过科学的清洗之后将有多少被保留下来，是不可能在事先加以预断的。即使什么都不能保全，也未必就什么都不能利用。为了心理上和历史上的理由，也许有必要放弃"马克思主义"一词，不用它来作为一种鉴定的名词。

三、对资本主义的批判

一切社会主义运动源源不绝的力量源泉是资本主义经济的不公

平和不平等。贫困、不安全、失业、战争以及它们在文化上的影响，本身都不构成为社会主义作论证的一种论据，因为始终有这样一种抽象可能性，即尽管资本主义是这样糟，但社会主义也许会更糟。但是这些因素确是一种咄咄逼人的论据，让人要去追求某种更好事物，而且只要马克思主义者能证明在资本主义之下不可能在这些方面有根本的改善，它们就构成反对资本主义的一切论据中最强有力的论据。

在剥去了它的价值学说的形而上学之后，马克思主义对资本主义经济的批判仍保有它的效力。在现有的社会和技术条件之下，资本主义生产在经济上不可能保证利润、就业，以及对劳动人民保证一种适当的生活水平，在这里"适当的"指的不是绝对地来看，而是相对于那些不是未加利用就是被毁坏了的潜在富源来说的。

在资本主义条件下使经济恢复发生效果的一切建议表现出三种主要行动路线的不同形式——根据马克思主义的理论，迟早它们全都一定是要失败的，因为它们不可能对资本的投资保证有利可图的报酬，而这种报酬乃是引起新投资的唯一诱因。

（1）按照工资提高价格。这可以对某种工业在有限时期内恢复利润。但是不久以后消费者购买力的衰落便导致生产过剩和经济萧条。按照价格来降低工资有同样的后果。

（2）按照价格提高工资。这就把利润率降至不能刺激继续生产的程度。它也加强了寻求节约劳动的方法，以便降低成本，而在较大的影响范围内导致技术失业。按照工资提高价格，同样也提高成本而减低利润。工资和利润二者同时提高或降低就彼此互相抵消。

（3）政府有大规模的支出而不广泛地管制价格和工资。这不是导向通货膨胀，便导向增税，从而降低利润和阻碍新的投资。

由此决不是就能推论出，资本主义是注定要遭到一种自动的经济崩溃。它可以摇晃不定地从危机走向危机，通过销毁物资，限制生产、军备经济，而且最后乞灵于战争来"解决"它的困难。整个的"衰退"概念是一种机械式的和不恰当的类比。从资本主义过渡到另一种社会形式，如果是被造成的话，乃是一种政治的行为，虽然不仅是一种政治的行为。这是几乎所有的马克思主义者在纸面上都承认的。要是严肃地对待这个问题，就会导致政治上的预测不可能被设想为一种经济分析的必然结果或附加物。然而实际上不是在诚实地面对政治上的预测的困难，不是科学地来掌握这许多时间和理智行为的要求所许可掌握的各种有关因素，而是坚持那些顽固的理智习惯。未来是在一种简单化的经济一元论的基础上来胡乱说明的。不管政治气候是怎样地有暴风雨来袭的情况，总是以深信总有一天将使一切成为和平、富裕和自由的保证来安慰我们。

四、国家学说

尽管有夸大的因素，以及关于国家最后消亡的乌托邦式信念，马克思主义的国家学说基本上是依据经验的。许多马克思的信徒们曾企图"证明"国家按照定义是统治阶级的一个工具；但是在马克思的著作中，这个命题是作为把对于立法团体、法院和行政权的特殊活动所作的分析加以概括而出现的。在有利益冲突的地方，并在这些争执的调节和裁决显然是国家权力所从事的地方，探究国家究竟代表谁的利益来行动是正当的。而且在原则上，总是能对这样一种探究给出明确的答案。

不幸的是，很少对国家的活动从事经验的分析。这种分析充其量只能对不同历史时期给予不同程度的答复。对于国家"大抵"是或"在大体上"是作为统治阶级的一种工具的那种效果所作的结论，其宣传价值是很小的。更重要的是，这种结论同国家是不是在此时此地并就这种建议来说将为增进或打击一个特殊阶级的利益而行动这一问题是形式上毫不相干的。

在马克思主义者开始作经验的分析的地方，他们的工作通常有三重的缺点。他们即使不承认是在这样做，其实往往是假定只有经济利益决定国家活动；他们因此不是不估计到宗教利益、种族利益和地区利益的影响，就是把后者解释成仅仅是经济利益的伪装。他们对于构成一个阶级的是什么那个概念是那样含糊，以致不管证据是什么，它总能被硬说成是他们论点的一种证明。因此，如果农民们通过对立法者行使高度的压力而得以牺牲城市消费者的利益来赢得他们的好处，或是如果一个工业家集团由于撤销某种歧视性立法而使他们的利益丧失给了另一个工业家集团，或是如果一种政府的公用事业或赋税政策使一个私人垄断组织蒙受不利的影响，或是如果一项有利于工人的劳动关系法案不顾雇主们有组织的反对而获得通过——这一切都被用来证实国家是那统治阶级的一种工具的观点。在这些情况下，它被解释成这样："统治阶级"屈服于压力，以便逃避对它提出更为强烈的要求。但是"统治阶级"的能被迫使屈

西方学者卷·胡克

541

服这一事实，在理解国家的性质上恰恰同它所以屈服的理由有同样的重要意义。第三个最愚不可及的错误是假定在一种集体化的经济中，各种经济利益的差别就会消失，从而任何国家权力的必要性也就会消失。这就不仅是窃题论证的一个荒唐的例子了。它恰恰在最为迫切的要点上，即关于由无计划的资本主义在历史上所发展出来的自由和权利，怎样在有计划的集体经济中保存下来并加以扩展的问题上，把思想阻塞住了。

作为所有这些错误的基础的，是在可以被称为国家的实体性概念和功能性概念之间的一种重大的混淆。根据功能性概念来说，国家就是它的所作所为，而在任何特定的时期内，它通常的所作所为就赋予它一种阶级性。根据实体性概念来说，国家是由一整套制度所组成的，这些制度的本质是由阶级决定的，即使当它以最为不同的方式来表现这种性质时也是一样。立法机关、法院、军队、警察和民兵都不能因为行使不同的职能或为不同目的来行使职能而改变其性质。而马克思断言，一定的国度在一定的情况下，各种国家制度由于它们的传统和人事不可能行使职能来完成社会主义的目的，因此工人和他们的同盟军就不能停止在夺取国家机器，而必须打破这种机器，这就历史上说可以是有道理的。但是列宁把一种特殊分析的结论转变为一种教条，并且断言现有的国家由于它本身的性质，永远不可能在任何情况下通过新的使用和新的职能来改变它的性质。他用这样的一种方式来给国家下定义，以致就排除了这一种可能性。结果是无论什么地方和什么时候，在特殊的历史情况和经验的分析之前，取得权力的道路都被宣布为取得双重权力的道路。这曾经是以一种叙述或预测的形式来掩蔽的一道命令。"到处建立苏维埃！"便变成了普遍的口号，而且甚至毫不考虑在那些民主国家中赢取并利用国会来把它改变成为社会主义理想和目的服务的工具的极大利益。相反地，把国会仅仅看作是用来对社会共同体宣布其完全无效的讲台——这是一种也曾为纳粹党徒和法西斯主义者所热烈喝彩的意见。

这一点上的混乱情况曾为能不能用和平方法来完成向社会主义过渡这一完全和它无关的问题所遮盖住了。从马克思的观点来看，它或许是可以用和平方法来完成的；但是不管用和平方法或不是和平方法，却总归是用民主的方法。根据列宁对马克思的修正意见来说，向社会主义的过渡是既不可能用民主方法，也不可能用和平方法来完成的。

五、作为工具的党

　　社会主义不是不可避免的。它乃是当客观情况成熟的时候要来完成的东西。但是怎样去完成呢？是由人们而不是由经济力量去完成。人们可以自发地完成这件事情，而且对于他们所干的事，只有一种模糊的意识，或者可以处心积虑地并且通过组织去完成。我们所知唯一有组织的政治行动形式是一个政党的行动，这一事实并不因谈的是政治的"集团"或"社团"而有所改变。一个政党的性质和作用是这样的：如果有真正的其他可用来代替的行动方式，而通常是有这种方式的，则既可能使理想蜕化，也可能使工具败坏了目的。尽管如此，信赖群众的自发行动，把它作为一种代替的行动方式，来希望完成政治行动的值得向往的特色而不冒陷于政治官僚主义的危险，却是不明智的。信仰群众自发的和持久不变的智慧是十足的神秘主义。历史并不像一个巨大的轮盘赌用的轮子，可以一次又一次地让它转动，直到出来一个有利的号码为止。它也不是像大多数相信自发性的人所主张的那样，是一种仁慈的宇宙辩证法的展开。

　　因此，不论是好是坏，就社会革命是政治革命这一范围来说，这些革命都是由政党所组织的。它说明马克思主义的科学意图是好的，即对于用以领导社会主义运动的那种工具——政党——的性质的关切始终处于理论商讨的最前列。我之所以说科学意图，是因为在这里也同别处一样，每当涌现出结论，其含义似乎威胁着目的（政党就是为了这些目的作为一种政治工具来使用的）时，科学的分析便突然止步了。关于社会主义政党的以及它对阶级的关系和它的领导使命的概念上的分歧，曾被证明是俄国的热月的一切原因中最致命的原因。党只被了解为能用以赢得政治权力的工具，而不是被了解为能用以达到社会主义的工具。

　　马克思主义运动，特别是它战斗性最强的一翼，尽管关切组织的问题，却表明它本身特别不知道对于用民主方法来发生作用的社会主义，一个职业革命家的政党这一概念所具有的影响远大的危险。它的眼光所注视的，是怎样能尽快地把权力从掌权的那些人手中夺过来的问题，而不注视这样的一种观点对社会主义所造成的后果，根据这个观点，一个少数的政党，通过它自己的一纸命令就构成一个阶级的先锋队，而这个阶级本身又"表达"了人类的利益。工团主义者和无政府主义者所作的警告，莫斯卡、帕累托和米凯耳斯在俄国革命以前的深刻的论据，马尔托夫、罗莎·卢森堡等在俄国革命以后所作的批判——都被漠视了。有些共产党内的反对派分子曾对布尔什维克以党的专政代替了工人阶级民主的做法中所包含的对政治领袖的迷信提出警告，列宁对他们所作的答复，作为他在实践上的冷酷无情和在理论上的天真的证据来说，是再没有比这更雄辩的了。他说，"是党专政还是阶级专政……单是这种问题的提法就已经证明思想的混乱到了不可思议的无可救药的地步"。他又说，把领袖专政和群众专政对立起来，"实在是荒唐和愚蠢得可笑"。比这更糟的是"为了资产阶级的利益而抛弃党的原则和党的纪律……那是执行特务挑拨者的工作"[①]。他的议论从来没有到达一种论证的水平。

列宁的天真想法所反映的，是他无力去想象他的对于工人的最大利益的概念能在事实上同工人实际的最大利益有所不同。他的愤慨是对批评的一种反作用，由于他天真的救世主式的信念，他除了把这种批评当作对他个人的光明正大的一种攻击之外就不可能有其他的解释。斯大林就是列宁为他这种天真想法所曾付出的代价。而且如果我们想起列宁自己所喜爱的一句箴言所说，"一个政治领袖不仅要对他的领导方式负责，而且也要对他所领导的人们所作的事情负责"，那列宁对斯大林所负的责任便是绝对的。由于具有这种天真想法，列宁指责工人反对派在苏维埃内部为争取更大民主而作的斗争乃是在试图推翻苏维埃政权，是完全合乎常情的。列宁主张任何一个背离了一贯的共产党路线（如他所解释的）的人，一定终于成为一个喀琅施塔得的叛乱者[②]，而每一个喀琅施塔得的叛乱者，当他以前帮助布尔什维克的时候是一个"革命的英雄"，现在却不由自主地成了一个白卫军。[③]

这种头脑简单的丑事的一个最后例证将表明列宁所曾准备到达的程度。在新经济政策被引进俄国之后，西方社会民主党主要的理论家之一和坚决反对干涉俄国事务的一个人奥托·鲍威尔曾写道，"看他们在退向资本主义；我们一向说，他们的革命是资产阶级性质的"。列宁对此曾愤慨地大声叫喊说："无论孟什维克或社会革命党

---

① 参见《列宁选集》第 10 卷，英文版。

② 这是 1921 年在喀琅施塔得发生的反革命叛变，企图以"不要共产党人参加的苏维埃"的口号来掩盖他们搞资本主义复辟的阴谋。

③ 参见《列宁选集》第 9 卷，英文版。

人，都在宣传这些玩意，他们听到我们说要枪毙进行这种宣传的人，都感到惊奇。"① 我们不知道，工人阶级反对派为了他们的主张而实际被杀害，是不是比列宁对他们实行杀害时的自以为是的态度更为令人厌恶。

可以代替列宁主义的政党概念的另一种选择不是传统的社会民主党的政党概念。后者所假定的是：一个献身于改造现有社会的英勇任务的党，是能以那些资产阶级的党——对它们来说政治大体就是一种买卖——所特有的同样的组织形式、同样的假期空闲时间的活动、同样的对选举收获的评价来取得成就的。可以代替列宁主义政党概念的真正另一种选择是：一个既不降低纪律，又因更善于同时把握科学方法和民主程序而在纪律上更为灵活的党。它的任务将是以这样一种方式指导有组织的为社会主义而进行的斗争而不是对它发号施令，以便使"夺取政权"变成把那些在社会共同体中早就存在的民主制度和倾向加以展开的活动的一个方面。它承认并尊重艺术和科学对政治所持相对的自主性，因此就除政治之外避免了对什么东西都有一个"党的路线"的那种恐怖和愚蠢。它是围绕着原则建立起来的，而不是一种对领导的迷信。它的远景既不是血腥和恐吓，也不是水乳交融。它必须在现实主义方面毫不退让，这种现实主义无非是意味着一种应用的明智。因此它将没有那些作为党员的先决条件必须加以接受的理论教条。对它的信任将扩展到这样的一种程度，即准备估计到在走向胜利地完成社会主义的道路中，由它自身的组织活动所可能造成的，甚至是以最好的意图所造成的那些危险和障碍。

六、革命的解剖

这样的一种政党概念至少必须面临两种严厉的批评。一种批评是由所谓社会革命的规律所引起的，根据这种规律除借助于为垄断政权而斗争的垄断性的党之外不可能使革命获胜。另一种批评是由另外一套心理和历史的所谓规律所引起的，根据这种规律社会党人（民主党人）可以获得胜利，但社会主义（民主主义）则永远不会获胜。我们将在这一节中讨论第一种反对的意见，而在后面一节中讨

---

① 参见《列宁选集》第9卷，英文版。

论第二种反对的意见。

认为有"社会革命的规律"。这种主张的困难是在于关键性名词的不明确，而一旦对这些名词毫无歧义地下了定义时，则在于它们实际所获证据的性质是没有决定性意义的。首先，必须不要把否认我们拥有可以检验的社会革命规律，当作断言社会革命是没有原因的。原因的多种多样也许会这样复杂，以致我们不可能把它们归结为关于各种事件之间不变关系的一般陈述。而且，我们把一种"社会革命"真正理解成为什么呢？在严格的马克思主义的意义上，一种社会革命是在经济的生产方式中所有权关系的改变。然而大多数关于社会革命的议论却包括着并不包含所有权关系的改变的政治革命在内。即使是马克思主义者，谈到巴黎公社时也把它当作一种企图未遂的社会革命，虽然它并未对引进社会主义作过什么努力。

布林顿教授①在他所著《革命的解剖》中，企图用这样的说法来快刀斩乱麻地解决定义问题："我们所关切的这些运动既然普通都称作革命，那就可以再一次这样来称呼它。"这种办法的唯一而致命的困难是：我们对标本的选择既是那么地广泛，以致我们就能很容易地作出一种选择，它所揭露出的一套简单的齐一性会与布林顿教授所得出的十分不同。如果我们对所有权问题采取一种功能性的提法，即与其根据一纸命令毋宁以实际的支配为根据，那么法西斯和纳粹的革命也必须被看作是社会革命了。德国和意大利（还有俄国）的官僚机构比任何资本主义民主国家中的资产阶级更加绝对地拥有生产工具。这两种革命没有进入布林顿教授所考察的视野之内，而且马克思主义者也很少考虑把它们当作他们社会革命规律的一种检验。革命只能通过为垄断政权而斗争的垄断性政党来赢取的任何"规律"，除了对早已选择好符合这个"规律"的例证之外是否能得以确立是很成问题的。

十分有兴趣的是：马克思主义的"历史规律"概念使得作出这样一种概括成为冒险的事。马克思不否认有些生产规律是对一切时代都有效的，而且如果没有这种规律，生产就在任何时代都不可能。但是他坚持"一般地决定生产的种种条件必须区别开来，以便不致因见到统一（这是因为主体是人，客体是自然，这总是一样的）就忘记了本质的差别"②。这些一般的生产规律并不告诉我们奴隶制

---

① 布林顿（Crane Bringon，1898—　），美国当代的历史学家。

② 参见《政治经济学批判》的《导言》，开尔（Kerr）版，269页。

度、封建制度或资本主义制度的经济规律究竟是什么。同样地，即使有社会革命的规律，也不一定因此就能得出资本主义革命规律和社会主义革命规律是相同的这一结论。而如果有社会主义的革命规律的话，在那些像法国、俄国、中国和美国那样不同的国家中，也不一定需要有相同的形式。

这一切都被列宁主义者所忽视或漠视了。不难证明，他们如何赢得政权的概念是拿他们对 1789 年、1848 年和 1871 年（公社）的法国革命，以及 1905 年企图未成的俄国资产阶级民主革命的研究来作根据的。布林顿教授硬说"布尔什维克之用革命的'科学'研究来指导其行动的程度，似乎并不比独立派人（克伦威尔派）或雅各宾党人更大得可观。他们仅仅使一种老的技术适应于电报与火车的时代罢了。"这种说法是大错特错的。事实上，布尔什维克的一切主要的观念都是从他们所想象的对已往资产阶级革命的"科学"研究中得出的。当然也有随机应变的因素，包括公开否认他们的原则，以及其他的马基雅维利主义。但是，这也是由他们的组织理论作好了准备的。在布尔什维克胜利之后，他们的理论便成为共产主义国际一切党派的经典学说。他们在纸面上充分灵活地说，既然俄国革命的条件不可能在别的地方重复，别的国家便会在战略和策略上有相应的区别。但是在事实上，同一时期总是用同样的策略路线，直至用同样的口号和措辞的细节来强加于所有的国家。

布尔什维克的成功决不证明他们的理论是科学的。因为他们所赢得的是权力，而不是社会主义。即使他们完成了社会主义——从他们的方法来看，这是一件极端不像会有的事情——这也不会证明他们的方法可以在别的地方成功。

当列宁主义者谈到革命规律的时候，他们还忽视了另一件并非不重要的需要考虑的事情。这在布林顿教授的《革命的解剖》那本书中也被忽视了，这本书是机智而值得一读的，书中对一切有关社会革命的问题，可就是重要的问题除外，都显出有真正的洞察力。这就是对于指导那些领导社会革命的人们关于这种革命所用以斗争的方法的理论所具有的知识的影响。在世界上任何一个国家，凡是布尔什维克关于夺取政权的理论已为其政敌所知的地方，如果布尔什维克仍照其理论行事，他们就在那里也未必会重新获胜了。当然，今天的斯大林主义者不过是苏联的边境保卫者，除非是并且当保护俄国官僚政治成为必要的时候，他们对夺取政权是不发生兴趣的。但是其他各类的列宁主义者，恰恰因为他们不科学地忽视了每种历史情况的特殊因素并低估了知识和无知的历史影响，是注定要失败的。

七、权力拜物教

在莫斯卡、帕累托、米凯耳斯和诺马德（Nomad）的著作①中，提出了反对民主社会主义的可能性的最强有力的论据。如果我们想起这些论据是在极权主义兴起前很久，并且是在社会的乐观主义正像今天的悲观主义那样普遍的一个时期里提出的，那它们便更加使人有深刻的印象了。因此它们为那些看来已至少有一部分证实的预测带来另外的重要性。根据最近的各种事件来看，这些思想家所采取的见解已在许多的地区重新流行了。如果它是有根据的，那么马克思主义的社会哲学便是一种有害的幻想，是一种乌托邦梦想的变种，无论在什么地方只要企图实现这个梦想便一定要使人类付出昂贵的代价。

莫斯卡的论点是一个简单的论点，而且让每个有过某种政治经验的人觉得它有高度首倡性的看来很有道理的样子。他断言，实际上的政治权力从来不是以大多数的同意为根据的，断言不管是哪种的意识形态或领导人物，一切政治的统治都是一种有时和平、有时强制的过程，少数人就通过这种过程来在一切利益不可能获得平等考虑的情境中满足他自己的利益。如莫斯卡所说的："政治权力始终是而且也永远将是由有组织的少数人行使的，这些少数人已经和将会有随着时间变化而不同的手段来把他们的霸权强加于群众。"在和平的时代，那些手段就是公开的神话和合法的欺骗；在一个危机中则是暴力。无论得胜的是哪一方面，作过战斗、流过血并挨过饥饿的群众总是失败的。他们的"救主"就在新的神话的权势下变成他们的统治者。神话的各种形式是变化的，但少数人统治和剥削的基本内容却依然存在。这就是莫斯卡作为一切社会生活的一种"规律"而提出来的，除了对蠢汉、伪君子和政治领袖的候补人选之外，这种规律是能被证明满足一切人的。它是这样一种"规律"，每个政党都认为它对个别组织显然是正确的，而把它用在它本身时则就认为

---

① 格·莫斯卡：《统治阶级》；威·帕累托：《心灵和社会》，特别是第 4 卷；劳·米凯耳斯：《政党》；墨·诺马德：《革命的使徒们》。

是一种污蔑。

莫斯卡的"规律"在帕累托的书中便以"特选人物的循环"这一原则出现。信仰社会的同质性是对糊涂虫讲的神话。根据帕累托的看法，各集团之间的差异，以及它们利益之间的冲突，比起唯心主义的哲学家大半根据定义发现的那种和谐来，总是更为普遍存在的。每个社会都粗略地分成两个阶级——一种特选人物，包括一切由于他们的力量、阴险、勇猛、财富和社会出身而享受公认为杰出的果实的人（狮子和狐狸）；以及非特选人物，包括其他居民（绵羊）。特选人物依次再分成彼此互相支持的一种统治的特选人物和一种非统治的特选人物。一种统治的特选人物，同穷人一样，是我们所经常有的。每当其中有人缺乏活力、意志、训练和在非常时期使用暴力的准备，总是从非特选人物中找那些证明毕竟不是绵羊的人来作新的补充。当不发生这样的情况时，权力的控制便被一种以敌对的特选人物为首的革命从统治阶级手中夺走了。"历史是贵族政治的墓地。"可是将始终有贵族政治。权力可以是用人道、民主和自由的名义取得的。它只能由少数人来使用。

米凯耳斯通过比较更多从经验出发的考虑达到同样的结论。为了不管多么高尚的任何一种理想而行使的政治权力，是只能通过组织来赢得的。不管被设想为多么民主的一切组织，不可避免地势必要产生一种领导，而这种领导归根到底控制着组织。如果这种领导被击败，取而代之的不是一种发挥功能的民主，而是一种新的领导。因此，一切的民主运动都是自行失败的。这种运动是由于"寡头政治的铁则"而注定要失败的。根据这个铁则，"大多数的人在永久受保护的条件下都是悲剧性地必然注定要服从少数人的统治，而且必须甘心把一种寡头政治当作崇拜的偶像"。

为了清楚分析起见，我们必须在莫斯卡、帕累托和米凯耳斯关于过去和现在政治权力的实际使用和滥用所作的叙述性概括以及他们所提供的理论解释之间作出区别。作为叙述性的概括来说，在对各种政治上的统治形式的差别作适当注意之后，他们的结论大体上是正确的。的确，每一个政治组织事实上是由少数人操纵的。的确，关键性的谎言、诈骗和赤裸裸的暴力几乎总是一切政治统治的三种支柱。的确，一切成功的群众运动——即使具有民主的意识形态——都已在他们某种的基本原则上，而有时是在全部的基本原则上有了妥协。基督教、德国的社会民主主义和俄国的共产主义的历史，都以一种戏剧性的和集中的方式指明这一切和更多的事情。但是在说明这些现象并预测未来一定总是和过去一样的时候，莫斯卡退回到一种心理学的理论，把人性看成是某种固定的、不依社会环境为转移的东西。他的几乎每一种主要的解释和预测都包含着诉诸一种原始的本性，这本性被了解为虽有不同的表现而在实质上是不可改变的。莫斯卡那种陈旧的术语，已经而且也能够通过改成为能动的心理学和精神分析的语言而成为最新式的。但是占支配地位的假定是相同的。政治权力的规律被坦率地说成心理学的规律。它们都是从人的本性上不能改变的因素中产生的。莫斯卡有时毫不犹豫地把这些因素看作"邪恶的本能"。他就是从这种原罪的概念中得出他最可悲的预言的。

对帕累托来说，同样也是正确的；而对米凯耳斯来说，则在较小的程度上是正确的。帕累托关于残余的永久性的学说整个的意义被概括在这样一句话之中，即"世纪流逝而人性始终如一"。米凯耳斯由于从之推演出结论说，"多数人是永远不可能实行（民主）自治的"，便削弱了他的从一切政治组织中一切领导在技术上的必要性中得出的论据的力量。即使是勉强用过时的心理学名词来陈述命题的克伦·布林顿，也曾用下列的意见来结束他对革命的研究："在某些十分重要的方式上，人们行为改变的迟缓，几乎可与地质学家所研究的那种改变相比。"布林顿不说"人性永不改变"，而是说"几乎是永不改变"！就对历史的理解方面来说，这样的限制是没有多大意义的。

从人性上取得的论据必须用以支持社会学上肯定民主社会主义是不可能的这一规律那种事实，是 prima facie （一眼看来确凿的）证据，说明这整个见解是非历史的。如果的确历史没有社会学是盲目的，那么社会学没有历史是空的，这也恰恰同样是确实的。为了论证起见，莫斯卡和帕累托所主张的一切，除去他们用未来的时态来说的以外，都可以承认。关于权力的真正的问题总是特殊的，总是根植于特殊的人民在特定的时间里的具体需要之中的。任何根据他们的（米凯耳斯是在一个不同的范畴中）关于社会斗争和革命是无益的这种发现而作出的结论都是一种 non sequitur （不能从前提推论出结论的）。它出卖了政治上的活力，因为来培养一种抽象的猜疑，怀疑一切政治权力都会有暴行，往往就是鼓励人接受现存权力的惯常的滥用。就其关于革命无益的结论是有根据的这个范围来说，它也必须是从其他经验的、而非心理学的角度考虑推论出来的。米凯耳斯提供了某些这种考虑，但值得注意的是他并不把任何叫人无所作为或绝望的劝告放在这些考虑的基础上。

相信有一种性能的不变核心构成人性"本质的"性格这种信念，是以历史上得出的粗枝大叶的资料和一种错误的下定义的技术为基础的。习惯、历史传统，以及社会制度，比任何一套天生的冲动、残余思想、本能或内心的迫切需要，在政治行为上都起更加重要得多的作用，而且对预测未来也更为可靠。把后者从它们的客观的文化背景中孤立出来，并在其中选出一种所谓统治欲、自私、战斗、恋爱或逃亡等等的冲动，便能把人性的范型切割得适合任何一种政治神话。在约翰·杜威所著的《人性和行为》中，这整个的概念已得到了决定性的反驳。

八、权力的使用和滥用

莫斯卡、帕累托和米凯耳斯的"规律"，当穿上了心理学的外衣时是没有经验上的保证的，尽管事实是如此，这些"规律"却能以起支持作用的历史证据来重新制定。它们用这样的一种方式来陈述，便对这样一些特殊的情境起适当的作用，在这些情境中，要在接受已给定的一种政治统治形式，连同它的已知的祸害和争取有着新祸害威胁的一种新的政治形式之间作明智的选择是可能的。在这样的情境中，这些"规律"便对伴随着权力从一个集团移转到另一个集团而来的可能危险起指南或警戒的作用。于是任务就变成是设法谋取安全保障的一种任务——这是一种让人去实验，而不是让人去悲叹的机会。而大多数的安全保障并不就使那些偶然的事故不可能发生，只是使它们发生的频繁程度或致命的程度减少些。

有时因为政权的变迁所获社会利益的希望可能很渺小，以致在我们对社会革命的危险的认识面前，我们很容易使自己迁就我们目前不管是多么惨的情况。举例来说，如果对于法国和俄国的革命的收获，所能谈到的一切就无非是如布林顿所歪曲臆断的那样，"要一次法国革命来产生那种公尺制和摧毁对封建主缴纳土地买卖税以及类似的封建弊端，或是要一次俄国革命来使俄国使用现代的历法和在俄文字母中摈弃几个无用的字母"的话，那么采取革命便会是罪恶的愚蠢的了。但是正如布林顿先生所清楚地知道的，革命的收获是更为广大得多的。这些利益是否值得为之付出那样大的代价，那是另一个问题。这种代价是否必要，那又是另一个问题。我们是否必须继续付出这个代价，或竟是付出更大的代价，则是第三个问题。

这些问题必须总是放在一种特定的周围联系中来提出。目前的周围联系是这样的：我们在其中必须考虑到要想完成民主社会主义可能必须付出的代价。在马克思主义者看来，其实是在任何一个明智的人看来，要解决那个问题必须先解决另一个问题：现状的代价是什么？如果那个代价是战争，则很难，但并非不可能设想随着在社会主义条件下的权力滥用所引起的生命、自由和幸福的任何丧失，将比一次大规模的战争中所遭受的损失更坏。进一步说，我们现在是正处在一个地位，能够更加适当地估计在社会主义条件下腐败和压迫的可能的根源，并建立起理论上和制度上的安全保障来防止它们。

对集体化经济的危险没有自觉的认识和不承认对自由、批评、个人独立，以及其他一切我们同一种发挥功能的民主政治相结合的基本实践有建立保障的必要，那在我看来就丧失了争取社会主义的理由。因为这就会导向另一种变相的斯大林主义，而斯大林主义不管有什么可疑的成就，其代价是太大了。俄国在斯大林统治下所牺牲的生命，比它在沙皇统治下的世界大战中所死的人还多得多。俄国全部历史上大众的贫困，包括饥荒在内，没有能开始与俄国群众在上一世代中所遭受的苦难和绝对的政治专制相比拟的。如昂德雷·季特①在大清洗开始以前的著作中所说的，"世界上没有一个国家……更少思想自由、更加屈从、更加恐惧（陷于恐怖化）、更加沦为奴隶的"。

我们现在转而对社会主义者必须保卫自己而来加以防止的那些危险作一简单的观察。在一个社会主义的社会——任何一种社会主义的社会中——冲突和可能压迫的第一个领域是经济生活的领域。那些以为只有在一种生产资料私有制度下才可能有经济不公道的无批判力的社会主义者，对这一点可能感到震惊。然而，很清楚，在有限的世界中为有限的生物所行使的制度下，没有能对所有的人同等地供应一切的。恰恰同样重要的是：他们也不可能一下都得到同等的供应。因此不管社会生产力将达到怎样的水平，在生活水准上总将有某种的差别。否认这点就是真正极端的乌托邦主义。如果把马克思的那句关于无阶级社会的名言"各尽所能，按需分配"按字

---

① 昂德雷·季特（André Gide，1869—1951），法国现代作家，经济学家查理·季特之子。

面来解释，而不是把它作为缩小生活条件上的差别（而提高其绝对的最低水平）的一种指导原则，那是见鬼的妄想。总是会有差别的；而且因为有了差别就有冲突。冲突的种类、范围和激烈程度一般取决于反映和协调不同的生产者和消费者集团互相冲突的利益的特殊机构的态度。在这些机构之中，有工人阶级和职业团体、工会和行会，这些都是指真正和永远独立于政府的。

在一个社会主义的社会中第二个可能滥用权力的领域是行政的领域。每个受委托负责作出可以影响其他人们的职业、快乐和一生事业的决定的行政官员，都是可以在行使职能中成为一个暴君的。行政所及的范围愈大，危险也就愈大。尤其是当迫切要求效率的时候，便很容易把不公道说成是一种必要的恶而用来骗人。这里的情况，也是无论这样做是变好还是变坏总须用设法制约和监督来对付的一种情况。在一种行业中的熟练工人的既得利益是必须公开承认的。在行政行为涉及公民权利或工业权利的地方，这些行为必须接受独立于党派之外而用民主方法选出的委员会的审查。

最后，有多种多样的个人的心理因素造成了压迫。是否有任何抽象的像嗜爱权力这种东西，是极端可疑的。是有一种对种种事物的爱好，要得到或保持这些事物就需要不同程度的权力。对某些人来说，权力的行使是对所受打击的一种酬报；对其他一些人来说，这是取得威望、荣誉的一种方式和一种自觉有活力或重要性的感觉；而几乎对所有的人来说，这是一种诱惑我们可以用它去偏袒我们所喜爱的和漠视我们所轻蔑的人的东西。每个人都有他自己的一张人名单，认为消除了这些人就会是对世界做了一件大好事。但是从这一切能推出什么结论呢？对于任何一个既非圣贤又非蠢材的人来说，没有什么需要大惊小怪的东西。这里同别的任何地方一样，一旦我们放弃了关于不变人性和关于组织的进步或腐败的不可避免规律的教条，我们就可以做某些事情来缓和、抵消和建立起一些道德上与之等值的东西。

不管我们谈的是痛苦或是不公道或是权力，除非是对一个超自然主义者，并没有那个关于恶的问题这种东西。有的只是各种的恶。我们对于病态的权力欲以及这种欲望成长的条件，它所使用的工具和它借以隐藏在背后的神话知道得越多——并且我们越使这种知识公开——我们就越能更好地对付克服权力欲的问题。怀疑论总是很现成的；但是在科学中只不过要它来导致麻痹积极性而已。我们是需要有更多的知识，但是我们至少已有足够的知识可以来作一开始。

那种知识大部分是一种关于应当避免什么的知识，主要是从密切考查德国和俄国得来的。很清楚，不可能容忍包括报刊和广播在内的教育工具的垄断。更加明确地说，一切教育活动的首要重点必须围绕着科学方法的逻辑和伦理观来转动。必须这样地来了解民主本身的意义，以便表明解决少数和多数之间政策冲突的理智分析方法是民主的不可缺少的部分。只有在不仅对物理控制问题，而且也对人的价值问题适用科学方法的一个社会中，自由和权威才能有幸福的共处。

九、历史唯物主义

尽管在理论上承认历史中有多元的因素，马克思主义作为一种政治运动，却并没有得到对事实的科学研究的证实而就趋向于指定经济生产方式对政治和文化有一种压倒的决定性的影响。它没有觉察到，一个社会的经济组织往往是和政治统治和文化行为的多种不同选择可以相容的。这种失察促使它毫不感觉到其他因素的作用，包括如我们早已指出的知识和无知对未来的各种事件所发生的历史性影响。因此，传统的马克思主义，如果用它预测政治和文化变革的能力来作检验，就不是很成功的。说其他的社会学说也都未曾有更大的成功，这种说法也难以用来作为一种掩饰，因为马克思主义自称是关于社会变革的唯一科学的理论。

对经济生产方式指定不相称的影响，可以举出两个明显的例证。直到最近为止，大多数马克思主义者一直是把社会主义的文化上层建筑——政治、法律，以及家庭、宗教、艺术和哲学——的性质作为一种简单的系论从社会主义生产的性质中推演出来的。如果说，他们"推演"出什么，在某种意义上说，那是一种夸大。更确切的是说，他们对这些问题是认为当然的。生产关系的改变，它本身就保证社会生活，甚至保证人的灵魂会变成和谐、公正和自由的。凡是对社会主义共和国的组织、对文化和教育方向的问题、对集体主义的暴政的可能性的关切，都充其量被当作热中于空洞的可能性的浪费时间而被打发开了。这样一类的思考往往被认为是妨碍了争取政治权力的斗争，而不是就它们对于为达到民主社会主义的理想而进行的斗争必须采取的方式所发生的影响来加以估价。

当代马克思列宁主义者之中最"正统的"列昂·托洛茨基的政

治见解，就是过分重视经济因素的一个甚至更为显著的例子。因为他假定俄国的经济是社会主义的，他就准备来维护斯大林的军队对任何民主国家的入侵，以及斯大林对包括无产阶级在内的公民们所强加的专制和血腥的极权主义。托洛茨基之所以这样做，不是因为他赞成斯大林在实际上用阴谋、清洗和文化恐怖来巩固的官僚制度，也不是因为他赞成这种入侵的智慧。而单单只是因为他指望生产关系被社会化。即使工人们的文化和经济命运因这种变革而恶化了，托洛茨基也确信社会化经济的辩证必然性将不可避免地导致第二性的政治革命而将会扫清斯大林主义。这种神秘的信仰同对政治的科学分析是没有共同之点的，但是同马克思列宁主义的一切派别所共同持有的历史唯物主义观点是一致的。

如果说出真情的话，在那些经典解释者的著作中，历史唯物主义理论本身的论述就吃了几类意义模糊的苦头，从而使它难以知道怎样检验它的正确性。在其中可以提到：生产关系和生产力之间的方程式，从必要条件到充分条件的转移，在"生产方式归根到底基本上决定着一种文化"这种陈述中"基本的"和"归根到底"等词的意义。这里就必须做好一种重要的澄清工作。澄清工作的最大阻碍便是正统派马克思主义者之中坚持不变的主张，总以为他们支配着一种辩证方法，这就使他们可以毫不困难地坚持在他人看来是彻底不一贯的理论。正统派马克思主义的辩证法概念中的不可解决的困难，将在以后详细加以分析。

十、马克思的批判的历史主义

马克思主义的社会哲学曾再三被宣告为历史的。在双重的意义上是历史的。首先，在明显的意义上，它是在特定的历史时期内兴起，来明确表现国际工人阶级的利益并指导国际工人阶级的斗争的。其次，在其所着重指出的从前一度并不是老生常谈的东西之中，即一切文化活动、社会理论和实践的一切准则和标准都是受时间和地点的限制的。

如果我们在第一种意义上采取"历史的"一词，那么我们说马克思主义是历史的就是表明一种事实。但是从此产生什么结论却决不是明确的。马克思主义的社会主义所表达的究竟只是工人阶级的利益，还是整个社会共同体的利益呢？如果是整个社会共同体，为什么它又自称是一种阶级的学说，又为什么阶级斗争就是这种学说的中心特征呢？如果工人阶级从资本主义羁绊中解放自己的时候也解放了人类的其余部分——如马克思自己所断言的——那么我们说人类的其余部分从资本主义羁绊中解放自己的时候也解放工人阶级，也恰恰会是同样正确的。

有时马克思好像把人类的其余部分，或在表面上目前利益同工人阶级的利益不可调和地对立的那一部分人，说成是并没有正确地体会他们"真正的"利益是什么。这些利益据说是同工人阶级的"真正"利益相调和的。这里马克思步黑格尔的后尘，而黑格尔则效法卢梭在一般意志和个人意志之间作出区别。姑且撇开形而上学不谈，在社会共同体表面利益和真正利益之间这种区别所具有的主要困难，是在于促使马克思主义者作出这种区别的同一根据，使他们认为有理由在工人阶级的真正利益和表面利益之间，即在工人所想象的他们要求什么和马克思主义者所知道的他们真正要求什么之间引进类似的区别。这种区别便把极权主义浅薄的一面引进马克思主义，而列宁则已驱使马克思主义达到一种灾难性的结论。它是同马克思时常表明的工人阶级是它自己政治命运的建筑师，而且它的胜利一定要在大多数居民非强制的支持下以民主方法得到的观点绝对相反的。

在这一点上从马克思著作中所能推论出的唯一可理解的论断是：只有工人阶级处在能成功地领导社会主义的斗争的地位。马克思所举出的理由是很多的。其中首要的是：如果没有社会主义，就不可能解决它最迫切的困难——失业、不安全、比较低的生活水准，而这对其他的集团就不那么确实或明显了；而其次，它在工业中的战略地位使得工人一旦组织起来之后就具有一种攻守兼备的惊人打击力量。马克思并未断言单是工人阶级就能完成社会主义，但是它必须构成一种运动的主要基础，联合不同居民集团去实现社会主义。

我们且暂时承认马克思的主张，认为工人阶级现在是并且曾经是处在领导一次胜利的社会主义运动的地位的。不幸的是：处在一个地位和能够从这个地位出发去推动是两件不同的事情。各种事件的检验表明：工人阶级处在它潜在运动的地位上曾经是茫然不知所措。我们承认，如果工人阶级不领导社会主义运动，就不会得到民主的社会主义。即使这可能是真的，但这并不保证工人阶级就一定将实际出来领导。社会主义劳工不能从中产阶级和各种职业集团争取同盟军，或者甚至在许多国家中不能使大多数工人在其旗帜下联合起来的原因也许是可以发生争论的，但是这些事实本身是反驳不了的。① 在俄国冒牌的社会主义革命时期对农民和知识分子的洗劫，当然增加了工人阶级和其他居民集团之间统一行动的困难。今天没有一个人真正知道这种有效的统一行动究竟该怎样来完成。的确，对这件事说来，时间是十分短促的。要把这种合作和说服的技术发展出来就需要有新的政治天才。

马克思主义之为历史的，其第二种的意义，并不证明有理由相信真理的相对性，像那句话在通俗的著作中通常被解释的那样。如果我们检查一下马克思的程序，我们将看出他所用的历史的处理法并不是代替科学方法的，而是把那种方法具体适用于"普遍"社会规律和"抽象"伦理理想的问题。

如我们在前面的一节中已经看到的，马克思并不否认可以在一切社会中观察到社会行为的某种齐一性。他所坚持的是：为了在任何一个历史时期内理解行动的目的，必须对那个时期内可以影响所设想的齐一性的程度和正确性的那些在历史上区别开来的因素作调查研究。当我们处理历史题材的时候，我们发现比在自然科学的材料中的情况有更多与我们目的相关的可变因素。在这两方面探究的基本类型是相同的。凡是出现的区别都不是在一般的方法上，而是在调查研究对象的特殊性质上的区别。在任何特定的时代，马克思所得出的结论，一旦能对这些结论指定意义，则要么就是真的要么就是假的。把它们叫作"历史的"真理或错误，并不对它加上或除去什么东西。

就抽象的伦理理想来说，马克思所遵循的是黑格尔批判康德的基本大纲，而以关于心灵和人类利益的自然主义理论代替了黑格尔的唯灵论理论。美好和正当，或是更美好和更公道，都不是从直觉、启示或权威所得出的武断命令的表现。它们也不是从纯粹的形式规则中演绎出来的空洞的同义反复。它们是以对下列各项的认识为根据的评价和保证：（1）在特殊情况下所包含的一切有关利益；（2）这些利益怎样同生产力和生产关系的状况有关；（3）向人们开放的行动选择；以及（4）各该行动所造成的后果。对于伦理理想的历史的处理法不外就是对这些理想的明智的批判。而且一切的理想都是须受批判的。批判理想的过程可以包括比马克思认为必要的更多的东

---

① 在美国，《幸福》杂志的一次民意测验，表明大多数美国工人认为：亨利·福特这个极端反对工会的人却比他们自己的工会领袖对工人们做了更多的事情。

西。但是它至少必须包括马克思所认为必要的东西。只有那些根本反对马克思的批判的、历史的方法的人，才以为有若干的理想或标准在任何时间和地点都是超乎批判之上或越出批判之外的。

应当注意的是：在马克思的批判的历史主义中，以及在他的"理性主义"和"人道主义"（在后面内容中论到的）中有生命的和正确的东西，在当代的马克思主义者和马克思主义运动中所发现的，并没有像这样一些个人的思想中所发现的那样多，这些人把马克思主义和马克思看作一回事，就很自然地把他们自己看作是和马克思完全对立的。在今天的世界上，马克思思想中最优秀因素在其中得到表现的最杰出的人物便是约翰·杜威。这些因素都为他独立地作了发展，而且是超出了在马克思著作中所发现的任何东西之外系统地对它们作了精心研究。如果一种民主的社会主义运动要在美国土地上生根的话，它就将须从约翰·杜威的哲学中取得营养。

十一、马克思的理性主义

马克思的主要原则很少像他的所谓理性主义那样曾遭到那么严厉的批评。没有很多人曾费心来具体明确一下他们说的这种理性主义是什么意思。如果理性主义意味着相信"理性"构成事物的结构，或相信理性是人类行为和历史的推动力，则马克思就不是一个理性主义者。马克思之为一个理性主义者，是在于他认为理性的或科学的方法是在我们寻求了解和控制时所能成功地使用的唯一方法。正是在这种的意义上，他是一个真正的启蒙运动的产儿。没有一种事物不能科学地加以研究，没有一种事物是科学方法对它不相干的，不管是在运行中的星星，还是为情感所牵的人类。人类行为的决定因素可能离开"合理性的"你高兴说它多远就有多远，但是只有通过理性的运用，我们才能发现事实。热情和信仰是可以移动山岳的，但是谁能说它们究竟是否会把这山放在正确的地点呢？它们凭本身并不就是理性的表现，而是在它们接受批判性的分析并对它们的历史原因和后果作了调查研究之后，它们才能变成合乎理性的。

当我们想起还只有一个世代以前是把马克思和马克思主义批评为过于感情用事的时候，指责他们吃了过多的理性主义的苦头看来是奇怪的。凡是随时留意马克思主义团体的日常活动的人都知道，它的标志与其说是理智不如说更多的是狂热行为，与其说是冷静评价各种事件不如说更多的是狭窄地对组织的忠诚。诽谤是一种比论证更加经常使用的武器，而憎恨是占统治地位的情感。我们可以有理由对马克思主义团体指望更多的东西，但是很可疑这些令人不快的性质是否就是它们所独有的特征。马克思主义者不是因为他们缺乏热情才在欧洲输给了法西斯主义者的。一部分是因为他们在权力鼎盛时期缺乏大胆的行动的勇气，一部分则因为他们的理论是硬性的，而他们特殊的实践又是不明智的。

至于马克思本人，他暴躁易怒的个性使他难以同人类是在过或应当过"一种推理的生活"——如果那是用来同一种理性生活相对比的话——的观点相调和。他的一种慢性的陷于理性主义的过失，在夸大的意义上说似乎就在于他认为一切工人都能读《资本论》，而每个毫无成见地读《资本论》的人因此都会具有被说服的那种乐观的自信。然而如果合理性就意味着明智的话，那么只要指出这一点就够了，即真正的明智既然知道它自己的限度，则指责任何人能因"明智过多"而吃苦头就是荒谬的。

马克思的正当的理性主义最显著的例证当在他关于社会组织的理论中去寻找。他认为在现有的历史条件下，社会能用一种明智的计划来加以组织。这样计划的目的之一便是增加人类的安全，并使人们从那些无计划和无组织的经济活动所产生的多方面反社会后果中解放出来，这种经济活动就构成那用比喻来描述为我们目前的社会"体系"的东西。马克思可以自称继承了在柏拉图和亚里士多德的社会卓见中所表达的古典理性主义的遗产，而比那些带着神秘的热情夸夸其谈地谈论希腊－罗马整体的批评家有更大的正当理由。因为照柏拉图和亚里士多德看来是美好生活所必需的那种在理性控制下对自然冲动的和谐组织，照马克思看来则是为明智统治下自然资源和经济资源的和谐组织所制约的。要成为明智的就意味着计划。而一个用明智地组织起来的社会就是一个有社会计划的社会。既然利润"制度"使社会的计划成为不可能，用明智地组织起来的社会就必须是在经济活动的大部分领域中废除利润动机的一种社会。

为一个计划社会辩护的主要理由之一，就是它允许得到一种社会的和个人的安全，这在受调节的或不受调节的资本主义下是不可能实现的。但是如我们所日益察觉的，有各种不同的安全在一定的限度内都能与一个计划的社会相容。有自由的合作企业的安全，有军事机器的安全，有牢狱的安全。不指明我们的计划是为了什么和为了谁，没有一种计划社会的哲学是完全的。我们很有理由来对那些谈安全，而仅仅谈安全的人表示怀疑，因为人类可以既有安全而仍受束缚——安全地受束缚。把我们的生命和幸福孤注一掷地投入一种为安全的抽象理想而作的斗争中是不聪明的，除非我们知道一点关于我们希望看到发展的是哪一种男人和女人，以及知道我们为安全所必须付出的代价是什么。马克思对这些问题是用这样一种关于人的理论来答复的，它表明经济安全不是美好社会的万应良药，而是作为自由的与富有创造精神、批判精神和冒险精神的人类活动的条件的框架。这就把我们引到了马克思社会哲学的另一个基本原则，这个原则是为他的批评家所忽视而为许多自称为他的信徒的人所漫画化了的——这就是马克思的人道主义。

十二、马克思的人道主义

对马克思的社会哲学所作的批判，是在说它是没有灵魂的唯物主义和说它是恶魔式的唯灵论这两种指责之间交替地进行的。如果熟悉马克思的早期哲学就会消除这一类的误解。它是浸透了一种充满像"人道"、"公平"和"手足之情"等名词的费尔巴哈主义的。他对费尔巴哈的批判，是力图赋予这些抽象名词以一种当前历史时期中的物质内容，而不是否认对它们有赋予意义的可能性。事实上，这些名词甚至布满了他的经济理论方面的专门著作，而且当他作一个政治呼吁时也总是很明显的。我将论述马克思的人道主义的三种特殊表现。如果说这些表现具有一种新奇的气氛的话，这只是加强了把马克思和当代的马克思主义运动明确地区别开来的必要性。

（1）首先是马克思承认财产（不是资本）和个人人格是不可分离地联系着的。尽管他拒绝使用康德和黑格尔两人用以构成他们财产哲学的道理，他却同他们一致认为拥有若干财产——使用和享受的物品——是享有个人人格所必需的。如果我们不拥有能称作是我们自己的东西的话，那就不可能有实际的自由。如果不占有若干东西（其性质和范围取决于历史时期），我们所能发展的唯一人格就只是圣贤或苦行者的人格，在他们看来，整个生命就是为死亡作准备。威廉·詹姆士在探索那把我们的人格扩展到我们的衣着、书籍和其他个人财物的方式时，就在某个地方提出过同样的见解。

财产的法律本质在于是这样的一种权利：这与其说是使用我们所有的东西，毋宁说是排斥别人使用我们所有东西的权利。马克思论证说，考虑一下在独立的手工业者和短工已成为不合时代要求的现代历史时期中基本生产工具的所有权，没有一个人能合理地主张这些东西的所有权是发展个人人格所必需的。它们不是个人的使用物品，而是用来维持群众生计的、具有社会效用的非个人的工具。生产工具的私有权所带来的是排斥群众使用这些工具的权力，每当企业变成无利可图的时候这种权力就被行使。既然这种使用是生存所必需的，这样一种权利便意味着对于靠使用它们来维持生活的人们的生命所施的权力。换句话说，马克思认识到对于事物、尤其是对于劳动工具和劳动资源所施的权力，意味着妨害、阻碍，而有时则是破坏人的个人人格的权力。正是这种卓见，以及使人类摆脱利润率的变化所加在他们头上的专断控制的愿望，促使他详细地去研究资本主义积累的性质和后果。在他之前，为了人的个人人格的利益，人们曾为了从一种有世俗武装的宗教权威中解放出来而作过战斗。随着资本主义生产力的扩展和启蒙运动的成长，人们转而反抗那同"人权"不相容的传统的政治专制形式。我们必须把马克思主张终止经济暴政——这种暴政，主要是无计划的经济行为的不自觉的结果，也同样是一种很厉害的暴政——的建议理解为就是这种为人的个人人格而进行的斗争的一个方面。他认为用科学的节约办法和民主管理来为社会全体成员提供富裕、摆脱经济上操心的自由是可能的。

（2）马克思的人道主义的另一种表现见之于他的关于整体人（the whole man）的理想。在现代生活的条件下，有两种专门化：一种是由那些为其创造性的精力寻找适当出路的个人所自由地选择的，而另一种则是由不受管束的机器过程和谋生的必要所强加于人的。第二种专门化，好比把人降为他的一部分，它使他非人化，并使得他设想他的生活恰恰是在他工作终止的时候才开始的。这样个人就发现他的生活被割裂了，从而在他的愿望和行动之间，在他游戏和劳动之间，在他的雄心壮志和机会之间都没有了联系交往。成长的自然过程便为精力和兴趣的偶然转移所代替，而这种转移并不造成富有意义的类型。工人迟早会发现，当他自己不是失业和无定职时，是沉溺于机械式的例行工作之中，而其单调性只是为反对任何作为替罪羊的，以及那些解释所谓舆论的人为他造出来的惯例的激情迸发所打断。要不然他就生活在无须他任何一种积极参与的虚伪世界里。

马克思关于整体人的理想，蕴含着一种关于在完成社会需要的同时又满足天生嗜好的劳动的概念。在这种方式下，从我们现时的社会条件中看似乎是繁重苦役的东西，就能获得一种尊严的地位。马克思虽然因为分工可以造成为实现平等的富裕所必需的生产水平而欢迎分工，但却对任何一种过度专业化的心理效果表示怀疑，即使这种专业化是自愿达到的也是一样。一个能绘画而不能思考的画家，一个可以自由自在地作抽象思考，但对声色却是聋盲的思想家，一个认得出钢和石头的最微小的瑕疵，但对人类关系微妙而复杂的性质漠然无知的工程师，其实是，任何一个能把一种特殊的工作做好而别无所长的人——所有这些人，在马克思看来，都是一些仅仅是局部人（partly man）的生物。

很明显，马克思对于人们不论作为个人还是作为集体的创造性成就的潜力来说，都是过分乐观的。他由于总是偏爱古代伟大的古典理想，便使和谐的、全面自我发展的希腊概念适应于一个科学技术的时代。然而，他并不指望在一个把学校同生活严格地分离开来的社会中，用理论的改造或教育来使人们革命化。在一本早期的哲学著作中，他写道："人通过劳动来改变自然"，而在《资本论》中又说，"人通过改变自然〔与社会〕而改变他本身"。过程是渐进的，但既不是自动的或不可避免的，也不是普遍的。

（3）马克思的人道主义的一种更为引人注目的表现，以及由于布尔什维克－列宁主义曲解他的意思而在今天特别值得注意的一种表现，就是他的民主的社会监督概念。这对于"马克思所认为值得计划的，究竟是哪一种安全，哪一种社会主义"这一问题，构成了一个毫不含糊的答复。马克思重视社会一切成员的积极参加到了如此地步，以致职业政治家的使命都会归于消失了——这是一种相当天真的希望，但却证明他对民主过程是充满了信仰的。他拒绝把人仅仅看作一个生产者，一个被雇来完成上峰所给他制定的指示的活工具，只要保证他具有最低限度的人类舒适就会默从任何一种极权主义的统治。"生产者"在马克思看来也是一个使用者；而且正是使用者的决定，最终决定了生产的基本目的。那就是马克思要指望生产者和消费者的组织——自由的组织——提供未来有效的政治单位的原因。

马克思反对他那时"教权社会主义"的理由，甚至更恰当地能适用于我们自己时代的德国、俄国和意大利的国家社会主义。它不仅是在经济上奴役群众的另一种形式，而且也是一种精神奴役的状态。马克思充满自信地宣称，"但对不希望把自己当愚民看待的无产阶级说来，勇敢、自尊、自豪感和独立感比面包还要重要。"① 作为一项预言来说，这已被证明是悲剧性的错误；作为一个理想的宣言来说，它表达出马克思所信仰的东西，也表达出今天千百万人们仍继续信仰而值得为之战斗和效命的东西。

从马克思的人道主义的民主中可立刻推论出某些东西。首先，对现有民主的任何批判，不管它多么不完全，也只有从寻求在个人、社会和政治的生活中扩展民主过程，或寻求来支持它以对抗反动的观点看来，才证明是正确的。其次，社会主义不可能由独裁者从上面来强加给社会，而那些独裁者尽管他们总是那么自称仁慈和智慧，却因为他们害怕批评和嗜爱权力的缘故既不可能是仁慈也不可能是智慧的。"工人阶级的解放只可能由它自己来完成。"再次，同样明显的是：一个垄断了出版、教育、住宅、就业的一切手段，而在事实上占有着生产工具的少数派政党的专政是一个警察国家而不是社会主义民主。最后，在某些条件下，没有民主的社会主义——它在实际上根本不是社会主义——可以比任何一种坚持政治民主形式的资本主义来得更糟和糟得多。

马克思是一个硬心肠的现实主义者。他曾预料到民主过程的发展，会遭到在这个过程中其切身利益、威望和权力地位将受到不利影响的一个强大少数派的坚决反对。如果它借助于暴力来废弃民众的委托，它就会被革命的铁扫帚所扫除。但是，他总是极为小心地把这点弄清楚，这种行动需要有社会中绝大多数人的拥护；它不会是一个自命为救世主的少数派的工作，或是一种起义，或是一个政党私自的创造。

马克思像19世纪的一切革命家一样，把革命设想为一种进步的历史事件。他在政治斗争的逆流下面看出了在社会主义革命中有一股深刻保存的力量，而不是一股破坏的力量。它首先保存了资本主义伟大的技术成就。这些成就不是仅仅在战争中，而是在和平中以其充分的力量被利用来作为建设人类幸福的一种新的经济结构的基础。即使在可以对它重新加以解释的地方，它也保存了过去所积累的文化财富，小心地收藏着一切在最近和遥远过去的艺术和科学中的真正美的和真的东西。"文化布尔什维克化"的恶毒胡说，俄国革命的这个影响最远大和致命的口号之一，会被他看到不外乎是一种好战的野蛮行为的形式而加以申斥。其次，他把革命看作是某种会

---

① 《马克思恩格斯全集》第4卷，218页，北京，人民出版社，1958。

西方学者卷·胡克

把在新教徒的宗教改革和法国革命时期就已赢得的、而为马克思认作过去遗产的主要部分的公民权利和自由保存下来并加以扩展的事情。由于扫除了从前的宗教和政治革命所未曾触动的经济束缚，更大的知识和文化的自由，以及个人生活中更大的独立领域便会得到加强。

这一切为我们提供了三重标准，可用以判定在任何特定情况下革命是否具有真正的社会主义内容，还是它是否仅仅标志着由一群瘦官僚取代胖官僚的变革。首先，广大人民群众的生活水准是不是比生活在最为高度发展的资本主义下的人民生活水准来得更高？其次，文化活动和创造的水平是不是比至今处于资本主义下的标准来得更高，或至少更为广泛？再次，社会的公民们是不是至少享有同他们在处于最开明的资本主义的统治下所拥有的同样多的思想、言论和行动的自由，同样多的批判和表示不同意见的自由？除非对这三个问题的答案一律断然是肯定的，如马克思所设想的社会主义革命就没有完成。

十三、手段和目的

如果我们对马克思的观念的正确性根据从这些观念产生的预测来作估价的话，我们就可以得出若干有趣的结论。就其针对着也许能称之为社会主义的工具性前提的东西——在旧社会外壳中涌现的新社会的经济结构——这个范围来说，这些观念在大体上是正确的。就其针对着社会主义宽宏的社会理想和政治理想是否事实上会在这种新的制度结构中实现的问题来说，这些观念几乎是完全错误的。就这些理想之未能实现使其作为社会生活主要指导原则的适当性受不良影响来说，必须搁着不作判断。

试考虑一下，马克思和他的信徒们下列这些或多或少明白说出的预测，在什么程度上已经实现了：资本和经济权力的积聚和集中，政府和经济之间越来越密切的联系，工业合理化的发展，技术工程的地位，农业的机械化，自由市场的缩小和垄断资本的成长——简单地说，就是我们所知的组合经济的那些特征。我们不要把它弄错。纵然有局部的变化，经济发展的基本倾向表明实质上在英国、法国和美国是同德国、俄国、意大利和日本属于同样的类型的。

在另一方面，考虑一下：在对于要在新的经济中实现的政治、社会和文化的理想所作的预测和我们在质朴的事实中所看到的事情之间的尖锐差异。如果我们把今天在一切国家中所存在的情境作一勾画，我们就发现在经济生活一体化的程度和社会与政治生活中民主的程度之间存在一种成反比的关系。在许多国家的社会主义者以怀乡病的感觉来缅怀他们曾视之为死敌的各资本主义民主国家的自由那种情况中，既有讽刺而且也有悲哀。

社会主义的手段，它的经济工具，已被证明不是像大多数马克思主义者迄今所认为的那样，是对社会主义的目的所不可缺少的。显然，马克思主义的政治方法也已经由于早已论及的理由被发觉是不够的。

那么，我们的结论是什么呢？我们的结论将既不能满足那些早已写出马克思主义尸体解剖报告的人们，也不能满足那些倘若他们未曾宣布马克思主义是错误的就会算历史已大失败的理论上的死硬派。

我们第一个结论是：社会主义理想之所以未能在使这些理想成为可能的经济结构中发展，主要是由于人们的失败。应当负责的，不是"辩证法"（不论它是什么），不是生产力的水平，不是阶级斗争的"规律"，而是人们。马克思主义的瓦解代表着一种巨大的道德的失败——一种明智和勇气的失败。在世界上一切马克思主义运动中缺乏一种实证的道德哲学，以及把组织的虔敬来代替对社会变革问题的一种真正的科学研究，已使它本身对这些运动作了报复。

马克思主义作为一个运动来说正在死亡，而且在许多国家中已经死亡了。然而在它所未能发展的思想和观念中有一种活的内核。作为一种代表社会主义理想，而为经验的教训所加强，并以更加深远的道德和心理上的卓见重新武装起来，并准备去学会懂得要成为科学的真正意味着什么的一种科学活动的纲领来说，这些观念仍构成一种富有希望的社会哲学。工人运动、农民们、各种职业团体和它们的同盟军，不论是在马克思主义的名义下，或是更有可能地在别的名义下，一经接受了这种哲学，它是可以再度变成一种生动的力量的。如果不发生"马克思主义"运动，这些观念也毫无疑问地将使政治和社会的研究富有成果；但是作为一种行动的纲领来说，它将仅仅作为一种历史的可能性，作为某种"也许会发生过的"事情来为人记起，并且在历史上与伟大的幽灵般的爱尔兰自由邦处于并排的地位。因为以它的名义所已造成的历史，是为它的冒牌货——德国的社会民主主义和俄国的布尔什维主义——所造成的。

如果一种"马克思主义"运动，如在这里所了解的，即通过应用理智去获得经济安全、政治自由，以及在一种实质上社会化的经济中文化发展的机会的一种有组织的活动不发生的话，那么我们就必须作出结论说，民主作为一种生活方式是同现代的经济结构不相容的。

除非等到未来的世代中已作出了若干更多的努力，我们是不能听任自己受这个结论支配的。

（金克 徐崇温 译）

柯亨

  G. A. 柯亨（G. A. Cohen，1941—　），英国伦敦大学的哲学教授，现为社会政治理论讲座教授。1941年出生于加拿大的蒙特利尔，曾受教于美国麦吉尔大学。毕业后，远赴英国牛津大学深造，并先后在美国麦吉尔大学（1965）和普林斯顿大学（1975）任访问教授。其学术思想深受当代分析哲学和政治哲学尤其是诺齐克的著作的影响，这些影响将他从"独断论的社会主义的迷梦"中唤醒。1978年，他把分析哲学的方法运用于马克思主义思想的研究，出版了标志着"分析的马克思主义"思潮诞生的著作——《卡尔·马克思的历史理论：一个辩护》，从而成为创立"分析的马克思主义"学派的一代宗师。他又与埃尔斯特、罗默等联合主编了《马克思主义和社会理论研究丛书》，并强调："这套丛书的基本主旨是试图在马克思主义的社会理论的研究中建立一种新的规范。他们采取的不是教条主义的或单纯注释式的研究方法，而是依据与历史对话的原则，以非马克思主义的社会科学和哲学作为工具，检讨并发展由马克思开创的理论。"

柯亨发表的大多数论著都是围绕着历史唯物主义问题展开的，其中主要的著作包括：《马克思的劳动辩证法》(1974)、《卡尔·马克思的历史理论——一个辩护》(1978)、《生产力和生产关系》(1986)、《历史、劳动和自由：来自马克思的论题》(1988)、《如果你是一个平等主义者，你怎么会这么富有?》(2001) 等。

柯亨的代表作《卡尔·马克思的历史理论——一个辩护》是西方马克思主义发展史上一部极为重要的理论著作，它促使人们重新去解读马克思的经典文本，并对马克思的种种表述作出严格的分析，以避免曲解马克思的基本思想。本书的主旨在于按照分析哲学的清晰性和确定性的原则，来为马克思的社会历史理论——历史唯物主义作辩护，并对历史唯物主义的概念、原理进行了清晰的解释、严格的论证，企图以一种比当时的马克思所使用的更清晰的语言和方式来表述马克思本人的历史唯物主义理论。

本书选取了《卡尔·马克思的历史理论——一个辩护》中的第十章《功能解释：马克思主义的》及附录《卡尔·马克思和社会科学的衰亡》。在第十章中，作者阐述了一个重要的观点，也是他为马克思的历史唯物主义理论作辩护的一个重要方法，即认为对历史唯物主义的解释应该是一种"功能解释"，并通过对马克思的历史唯物主义中的两个重要论题：意识形态的产生和传播，以及经济结构适应生产力的分析，阐发了其"功能解释"的内涵。柯亨认为通过对马克思的历史理论进行"功能解释"，可以消除传统的关于马克思历史理论的解释对其硬度所造成的软化，不至于在传统的解释框架下失掉其本质性的内容。因此，他主张只有通过"功能解释"才能确保马克思的历史理论锋芒不被钝化。他认为

"马克思的核心解释是功能解释，它的粗略的意思是：被解释的东西的特征是由它对解释它的东西的作用决定的"，他认为这样解释马克思主义的一个理由是："如果解释关系的方向像已经确定的那样，那么对这种关系的本性的最好的说明就是：它是一种功能性的解释。"

在《卡尔·马克思和社会科学的衰亡》一文中柯亨以马克思的名言"如果实在和现象之间没有区别，那么就不需要科学"开始了自己的论述。在马克思那里，以往社会理论中的"实在"同"现象"是分离的："对于马克思来说，阶级社会的生存，特别是资本主义，也依赖于它实质是什么和它表现出的对其成员——统治者和被统治者，一样的现象之间的不一致。"接着他分析了马克思关于封建社会和资本主义社会统治形式的差异，最后的结论是它们尽管存在剥削程度及隐蔽方式的差异，但从本质上而言，它们都属于"实在"与"现象"分离的社会；在马克思看来，随着社会主义社会的来临，科学注定要消亡；在社会主义与社会科学间的对立同理论与实践的对立相关联；最后柯亨认为，马克思关于科学的观念是不科学的，但他赞同从客观上而言，并不需要科学来支撑社会的理论构想。

功能解释：
马克思主义的[①]

一、引言

第九章为功能解释辩护。它是本书所阐释的历史唯物主义不可缺少的思想方法。这里继续对它进行辩护。我们所要对付的反对历史唯物主义功能解释的观点，可能是马克思主义者和非马克思主义社会科学家提出的。据此，我们推测出各种不同的对马克思主义解释观点的精致说明。

《〈政治经济学批判〉序言》使用了很多解释性的表达：生产关系适合生产力；法律和政治的上层建筑建立在现实基础上；整个社会生活、政治生活和精神生活的过程，受物质生活的生产方式制约；社会意识被社会存在决定。在上述每种情况中马克思都区分两项，

① 选自《卡尔·马克思的历史理论——一个辩护》，重庆，重庆出版社，1989。

他断定其中第二项是以某种方式解释第一项。他在这里和别的地方都没有说他假设的是哪一种解释。对"适合"、"制约"、"决定"这些词作语义分析不是揭示他的意思的方法。我们曾经说过,马克思的核心的解释是功能的解释,它的含义很粗略地说就是,被解释项目的性质是由它对解释它的项目的作用决定的。这样解释马克思主义的一个理由是:如果解释关系的方向是像他规定的那样,那么对这种关系的性质的最好的说明就是,它是一种功能性的解释。因为生产关系深切地影响着生产力,上层建筑有力地制约着经济基础。马克思所要求解释的现象对他说的解释它的现象有重大的影响。把他的解释解释为功能的,有助于使被解释现象作为原因的功能和它们在解释顺序中的第二等地位,取得一致。

因此,说一种经济结构适合生产力已达到的水平,意思是:这种经济结构为生产力有效地使用和发展,提供最大的范围,并且它的流行是因为它提供了这样的范围。说存在决定意识,其意思至少主要是:社会主导思想的性质是由这种主导思想的倾向,即依靠主导思想的性质,支持由生产力所要求的经济结构的作用来解释的。

把这两个命题放在一起,我们得到这样一个假设:新教之所以兴起是因为在资本/劳动关系非常有利于发展新的社会生产能力的时候,它是适合促进资本主义事业和加强劳动纪律的宗教。当马克思说"新教把一切传统的假日变成工作日,所以在资本主义的发生上起了重要作用"[①] 时,他不是把一定的作用归功于新的宗教,而是根据那种作用对它的兴起提出了一种(部分的)解释。

虽然马克思在关于他假设的核心解释的结构上是模糊不清的,但有一些提示:"最初的工人法(Statute of Labourers)——爱德华三世第二十三年即 1349 年制定的——以曾扑灭人口十分之一的黑死病为直接的口实(只是口实,不是原因,因为这个法律在口实已不存在之后,还继续存在了数百年之久)。""法规"不能由它产生的环境来解释,只能由那种法规对于发展中的社会结构的持久的作用来解释。我们必须避免英国人的错误,"他们倾向于把一个东西的最初的表现形式看作它的存在的原因……"

关于主要的马克思的解释观点具有功能解释的特征,这一观点没有别的更好的表述。但功能的解释,由于若干坏的理由,不是普及的,这一点将得到简短的说明。在实践中马克思主义者提出功能

---

① 《资本论》第 1 卷,276 页,北京,人民出版社,1956。

解释，但他们却没有把这种实践精确地理论化。当功能解释被明朗化时，他们就退回去了，其原因，我们将作考察。于是他们求助于难以理解的"结构因果性"①，援引恩格斯的未作解释的"归根结底的决定因素"②，求助于轻而易举的建议，即基础的优先性在于它限制上层建筑这一事实，尽管反过来不也是真的；或者由于他们把优先性解释成为只是启发性的，因而实际上放弃了解释优先性的主要命题。

马克思主义者认为，由于各种理由，功能解释是可疑的，下两节将讨论其中最重要的一些理由。

二、对功能解释概念的批判

这一节对照对功能解释的典型批判，非正式地重述上一章的某些主要内容。

我们从一个简单的功能解释开始。在某些工业中，在整整一个时期内，中型的生产单位有显著的增长：小作坊发展为大工厂，或被大工厂所代替。规模的扩大减少了生产原来定量的产品的费用。它产生了规模的经济效益。如果我们发现规模的扩大具有那样的效果，而不是别的，那么规模的扩大是因为这种扩大产生经济效益，这似乎就是一个可信的解释假说。在我们知道扩大规模产生经济效益的事实如何解释扩大规模之前，我们完全可以提出这样的解释。我们可以知道，某种事情有利于引起大规模作用是因为花费的效用，而不用知道是什么事情起这样的作用。我们可能不知道规模的扩大是由于聪明的经理审慎地探索，还是通过经济学上类似的偶然变异和自然选择所造成的。我们能够主张，变化是由它的后果解释的，而不必能说出它是如何被这样解释的。

现在让我们更仔细地描述这种解释的形式。我们有一个原因，规模的扩大和一个结果，规模的经济效益。不是说原因的发生是因为结果的发生；甚至也不是原因发生因为它引起了那个结果，虽然这样说更接近真理。而是，原因发生是因为它的倾向有那样的结果：规模发生扩大，因为这种工业扩大其规模便产生经济效益。

---

① 这段话牵涉到阿尔都塞，他本人在处理实际社会现象时使用功能解释。例如，《列宁和哲学》中的"意识形态和意识形态的国家机构"。

② 恩格斯致布洛赫，1890 年 9 月 21 日。

这是功能解释形式，反对它的任何观点是错误的。看看 P. 柯亨所表述的一个反对观点。他的功能解释的例子是："宗教的存在是为了支持社会的道德基础……〔和〕……国家的存在是为了协调在复杂的社会中发生的各种活动。在这两种情况下结果是用来解释原因；道德秩序和协调的最终状况是用来解释宗教和国家的存在……批判者正确地证明这类解释是公然反对逻辑法则，因为一件事情不可能是另外一件事情的原因，如果它在时间上是继它之后发生的。"后出现的现象不能解释先出现的现象，这是真的（如果不是一个逻辑规律）。但柯亨提到的这些命题违反那个真理却是错误的。当宗教是一个社会的稳定所必需的时候，这个社会就会提出或支持一种宗教，这似乎是合理的。因此，一个社会的宗教可以根据社会的这一特点来解释，它需要一种可行的宗教，这一特点不是有一种宗教的结果，并且解释中没有歪曲时间的顺序。

现在假设一个社会为了稳定需要一种宗教，并且有一种满足这种需要的宗教。由此不能推出这个社会需要宗教可以解释它有宗教。该社会可能的确需要宗教，但是它是否因为需要一个宗教就有一个，这是另外一个问题。它可以有一种宗教，根本不是因为它需要宗教，而是因为别的理由。设想十个没有神的社会，因为没有宗教，每一个社会都濒临瓦解的边缘。一位先知访问这些社会，其中只有一个接受他的教诲。于是其他九个衰亡了，只有一个信仰宗教的会继续存在。但是，这个社会接受宗教是因为人们喜欢先知的容貌，而不是因为他们需要一种宗教（虽然他们的确需要宗教）。因此，有一种宗教，并且它是被需要的这个事实，不表明有一种宗教因为它是被需要的。这要求进一步的论证。也许某些社会学家错误地把进一步论证的需要看作是功能解释本身的一个缺陷。

说：

第一，f 发生了。

不是对为什么 e 发生了提出一种解释。可是这可以是真的。

第二，e 发生因为 f 发生。

第二条可能真也可能不真，如果它真，那不单纯是因为第一条真。类似的说明适用于功能解释。人们不会以下面的话作为宗教存在的解释。

第三，宗教是维持社会秩序的需要。但这可能是真的。

第四，宗教存在因为它是维持社会秩序所必需的。

第四条可能真也可能不真，如果它真，那也不是单纯因为第三条是真的。

单纯的 f 先行于 e 的事实不保证 f 引起 e，尽管可能 f 引起 e 是真的。同样，单纯的 g 的倾向是有益的事实不能保证 g 是由那些倾向来解释的，但它可能真的是这样解释的。"在这以后，所以，就由于这"（post hoc ergo propterhoc）的谬误的存在，并不取消一切因果解释的资格。同样的一个谬误，即假设，如果某事是功能性的，它就是被它的功能解释的，也不排除一切功能解释。

因此，当柯亨否定一种宗教理论，仅仅因它对宗教作了功能解释的时候，以及当他责难杜克海姆（Durkheim）关于劳动分工的叙述是根据它在形式上是功能性的时候，他是误解了。功能解释在原则上没有错误，虽然鉴别某事物发挥的功能不一定要提供一个功能解释。在社会学中由于没有认识到两个真理，产生了混淆不清的争论，因为许多人只抓住一个真理。

于是，当柯亨错误地论证一种功能归属于一种现象不可能是解释的时候，其他人却提出，表明一个习惯或制度是必要的或具有功能的，实际就是解释它的存在。莫顿（Merton）的著名论文《明显的和潜在的功能》就倾向于认为，确定一个项目有种种功能，自然就对它作出了解释。他决不满足于区分以功能来解释某事物（真正的功能解释）和解释某事物的功能。他辨明霍桑（Hawthorne）实验有一功能，但他没有注意，它不是解释为什么实验发生的功能。①

社会学家常常鉴别有益的功能，但这往往是进一步的问题，它的回答需要进一步的证据和论证：他们鉴别的功能是否解释为什么某事物是这样的。有时他们提出了好的证据和论证，但不经常。

三、功能主义、功能解释和马克思主义

反对对社会现象作功能解释的意见，来自功能解释和功能主义理论的历史联系。后者的缺点影响了前者的声誉。这是令人遗憾的，因为我们将看到它们之间并没有必然联系。

我们理解功能主义是人类学中的一种倾向，它的主要辩护者是 Malinowski 和 Radcliffs-Brown。功能主义肯定三个命题，这里按其

---

① 有人可能认为，莫顿的辩护只关心鉴别社会形态和制度的功能，不关心对它们的功能解释。这是很不可靠的理解，如果它是对的，那么我们可以反对一篇介绍功能研究的文章中所谓莫顿忽视了它们的解释意义的说法。

强度上升的顺序排列（（3）包含（2），（2）包含（1））：

（1）社会生活的全部因素都是互相联系的。它们彼此强烈地影响并集合形成一个不可分离的整体。（互相联系命题）

（2）社会生活的全部因素彼此支持和加强，因此也支持和加强它们集合而构成的整个社会。（功能互相联系命题）

（3）每一因素所以是它的样子，是由于它对整体的贡献，像（2）所描述的那样。（解释的功能互相联系命题）

命题（3）表现出对功能解释的承诺，并因此而受到批判，其根据就是上一节中讨论和否定了的那些。但是还有对命题（2）的单独的批评。命题（2）没有提出功能解释，但断定社会因素的普遍的有功能性（eufunctionality）。许多社会中普遍存在的冲突、紧张和危机，使命题（2）成为假的。Malinowski 怎能认为，"在每一类型的文明中，每一习俗，物质对象，观念和信仰履行某种必要的功能，完成某种任务，在一个正常工作的整体中代表不可缺少的一部分"？

命题（2）不仅被广泛地认为是假的，而且它的含义是极其保守的。因此，马克思主义者曾强烈地反对功能主义。这个事实有助于解释，他们不承认他们自己的解释命题的功能性质。

我们不需要讨论功能主义是否确实必然是保守的问题，虽然我们可以指出，得出这样的结论是多么的自然，即如果每件事情都服务于一个有用的目的，或者的确是不可缺少的，那么就没有要求社会变革的余地。Radcliffe-Brown 的"社会制度功能一贯"原则，似乎难以和阶级斗争的现实相一致，而无论怎样，对它的否定就是对保守信念的安慰。

显然，一个马克思主义者可以肯定功能解释而不认可命题（1）到（3）的任何一个。功能解释与否定功能主义学说是一致的，而且功能解释不必然是保守的。历史唯物主义中的功能解释有两个方面是革命的，它预言大范围的社会转变，它主张社会转变的过程是激烈的。

说社会形态的兴衰是依据它们促进还是阻碍生产力的发展，就是按照生产力的发展预言社会结构的大规模的转变。历史唯物主义的最主要命题把人的能力的增长置于历史过程的中心，正是这种社会外的是社会本身必须适应的。功能主义的保守主义倾向在于它对社会制度的功能解释是维持（现存的）社会的。当把制度和社会本身解释为能力的发展（这种能力的发展战胜抗拒它的社会形态）时，就不存在保守主义。

这个理论又是革命的，因为社会转变的方法是阶级斗争。转变不会平静和轻易地发生。阶级斗争这个问题的主要答案：一种新经济结构将有利于生产力这个事实，怎样解释它的实现？我们现在必须更一般地考虑这个"怎样的问题"。

四、详细阐述

我们在第九章论证过，可靠的功能解释适用于生物物种的发展。偶然变异和自然选择的理论，不能代替这个领域的功能解释。相反，它还表明为什么功能解释在这里是合适的。这个理论说明，植物和动物有有用的器官，是因为它的有用性，并说明一个特征的功能以什么方式说明它的存在。

现在，在没有这样的理论的情况下，我们仍将观察到在生存的需要和生物实际能力之间的相互刺激关系，这种相互关系适宜提出它们具有那种能力，因为它们有助于那种需要这样的命题。当我们缺少一种说明，像达尔文那样，表明这种解释是如何工作的，或像我们在第九章提出的，甚至当我们缺少关于解释的详尽阐述的时候，我们可以合理地假设功能解释。一个满意的详尽阐述，提供更充分的解释，并把功能的事实置于更长的过程，它更精确地详细地说明解释的作用。

因此，根据合适的证据，但在一个详尽的理论之前，可以合理地提出功能解释，这一事实，对于社会科学和历史是非常重要的。因为功能解释在那些领域，常常在没有详尽说明的情况下是很有道理的。拒绝采取我们易于接受的那种解释，将是一个错误，只因为我们宁愿走得比现有知识所允许的更远。例如，如果一个社会中的教育规定的模式以适合其变化着的经济方式发展，那么断定教育变革是因为支持经济的发展，就是合理的，即使我们不知道教育变革适合经济发展的事实如何解释它的发生。无疑，有根据要留心即将获得似乎可信的更充分的阐述，但那对功能解释却不是真的。

功能性质的解释，虽然被承认为解释，还需要进一步的详尽阐述。我们常常肯定，p 解释 q，但还不清楚它如何解释它。有些人不知道氧气对燃烧的作用，但仍有绝对把握认为，当一根火柴摩擦以后就会燃烧起来，它的燃烧是因为它被摩擦，尽管这个人的无知使他不能说出摩擦为何引起燃烧。同样地，回到功能解释，一个人不知道遗传学和进化论，当他发现昆虫经常发展抵抗周围杀虫剂的能力时，他会自然得出结论，昆虫发展那些能力，因为那些能力是起保护作用的，尽管这个人说不出更多的理由来。或许，历史学家和社会科学家从不记录像生物界这样无可争论的适应变化的情况。但是他们的其他的解释假说也是根据一定的证据，这种证据没有自然科学家所要求的那样令人注目。

因此，功能解释具有理智的效用和价值，即使人们说"它们提出的问题比他们回答的多"。因为他们回答一些问题，而对那些进一步的问题指出研究的正确方向。

然而，现在让我们考察精致阐述功能解释的若干方法。

再考虑一下由于扩大生产规模产生的经济效益而提高了平均生产规模的工业。我们设想，这一解释判断被通过，但并不详细知道规模产生经济效益的事实与规模扩大（后果）的事实之间的联系。两者自己已经提出了详尽的说明。

第一种说明，我们可以假设工业决策者知道，扩大生产规模将产生经济效益，并且他们扩大他们的生产单位，是由于知道这一功能事实。因此这一功能事实可以通过说明扩大规模是有益的这一信念的形成，发挥它的解释的作用。这一信念同对相关利益的渴求一起，成为规模扩大的更切近的原因。由于明显的理由，我们把这称为功能解释的合乎目的的详尽说明。

在上面的说明中，我们既没有肯定也没有否定工业单位在竞争环境中的行为。决策者可以是国家计划委员会成员，使工业的过程完全服从他们的意志。但有目的详尽说明也可以适用于竞争的环境中，在这种环境中，那些知晓扩大规模一定带来利益的企业，就是能在竞争中生存下来的企业。

在竞争的经济中，有目的说明是可能的，但它是详尽说明的次要形式。设想一种竞争经济，其中某工业在扩大规模情况下，更有效地发挥功能，但假设工业企业的经理对这一事实无知，那么，如果平均规模扩大，它也不是因为追求扩大规模所带来的经济效益。但是，某些企业是扩大了他们的生产单位的规模，也许是因为大小的声望，或者因为发展被看作减少经理们之间紧张的一种方法；或者假设在某些企业中没有扩大规模的意图，但存在着向这个方向的未受控制发展的趋势。因此我们不能说任何特殊的企业，它的规模的扩大是因为有关的经济效益。但是功能的事实仍可以解释该工业规模大小在长时间中的变化，只要那些扩大（由于无论什么原因）

规模的企业，依靠这种扩大在竞争中取得成功。竞争的选择一定有利于那些实施规模扩大有效的企业，不管实施的动力是什么。我们把所描述的这种情况称为对功能解释的达尔文式的说明，因为其中有这样一些突出的因素：偶然变异（在生产的规模中）匮乏（根据有限的实际的要求）和选择（在那些变种的市场上，这些变种由于机会具有优越的结构）。

第三种详尽说明可以称为拉马克式。与达尔文相对照，在拉马克的生物学理论中，物种的演化是根据在它的根本的生活史中的进化，它获得更适应的特点，并遗传给后代。一个不完全适应生物环境的器官变得更适应，这是由于使用这个器官同环境作斗争的结果（例如，牙齿变得锋利是由于在经常咀嚼食物时，利齿更容易咀嚼的结果）。这个说明不是目的性的，因为改变器官不是生物体的意图：器官的改变是使用的结果，这种使用不是有意改变它，而是反应环境的要求。这个说明也不是达尔文式的。最初的变异，然后保存下来，不是与环境需要有关的机遇产生的，对生物体不必要有任何竞争的压力，而是表现为具有好的和坏的装备的生物物种之间的不同的存活率。

第四种精致说明的形式（实际是第一种的特殊情况），适合于自我蒙蔽（self-deception）的情况。和第二、第三种形式相比，第四种形式功能事实是通过代理人的愿望起作用的，但与有目的的形式又不同，有目的的形式没有代理人的充分的承认。第四种形式的详尽说明对于解释规模的经济效益将是很奇特的，但它与马克思的理论有关。

上述的分类不是包揽无遗的。考察过的几类说明，允许彼此结合：从功能事实到它解释的事实，往往有几条交织线索。C. W. 密尔斯（Mills）比较社会发展中的"趋势"和"推进"，我们很容易设想两者的结合。这样，再回到规模的经济效益上来，最初就可能存在一种无计划的、由竞争控制的、向较大平均规模发展的趋势，后来才有了对功能关系的认识，因此进一步加以推进。

五、马克思的例证

我们的讨论将限于两个主要论题：意识形态的产生和传播，以及经济结构适应生产力。

当马克思主义者大胆提出对意识形态和上层建筑现象的功能解释时，他们常常被指责为赞同"历史阴谋论"（conspiracy theory of history）。一个马克思主义者说，在主要的美国报纸上没有左翼评论家的地盘，或英国工会领导人结束了他们在上议院的事业，"不是偶然的"。因此他被批判为设想一个全权的精英，对这些问题实行有效的控制。他有时试图预先作出回答，通过否认主张阴谋的观点，但是太一般；他没有说，类似提到的那些现象，是由什么样的其他的方式，由它们提供的功能来解释的。

我们关于功能解释的非目的性的说明，提出了弥补这一缺陷的一些方法，但也有必要指出，马克思主义者敏锐地感到，他们发现了共谋的职责。在历史上有比坚决反对"共谋理论"所能允许的更多的集体的谋划，和有比现状所承认的更广阔的余地，对马克思的功能命题作有目的的说明。因此，虽然意识形态的创造通常不是为了适合它们服务的目的，但殚精竭虑地一致维持和保护现存的意识形态却不是不寻常的。按照 C. 希尔（Hill）的说法，17 世纪英国的贵族和绅士怀疑他们"不用教会的帮助，仍能够控制国家"，因此"为了明显的社会原因，在 1641 年重整旗鼓保卫主教制度"。统治阶级对英国国教的上帝并不具有特殊的虔诚，人们直率地宣称，国立的教会是保证政治服从所必需的，并根据神灵的启示来行动。或者举另一个例子，一个高级国家官员，考虑到社会中知识上的不平等分配，得出结论，"这种知识的不平等已经成为维持产生它的一切社会不平等所必需的"，他希望看到一种教育制度的持久存在，这种教育制度正在那个地方重新生产着无知。

当人们看到需要商讨如何延续阶级统治，并且的确进行这种商讨的时候，共谋是一个自然结果。然而以"阶级统治已经决定……"开始的句子还意味着议会开会。统治阶级的代表们在政府、娱乐和实际事务交织的环境中会晤和相互交流信息，甚至当他们完全不在同一个时间和地点的情况下，共同的政策也会产生。

当然，在刚刚强调的对意识形态的玩世不恭和直率地信奉之间有许多细微的差别，清醒的和埋头于捍卫占统治地位的思想之间所作的劳动的划分，也是很起作用的。如果在整个上层人物中都知道了政策的真相，那就能够泄露到他们下面的阶层中去。操纵，自我蒙蔽，以及盲目信仰和依附一种意识形态，适应环境的最和谐的变化，经常是混合而存在的。

所有的阶级都接受任何可能有利于它们的观念，统治阶级处于有利地位，宣传特别适合他们本身的意识形态。然而，一种意识形态在被接受或传播之前必须先形成。在这一点上，在马克思那里有达尔文机械论的痕迹。这种观点认为思想体系的产生是相对独立于社会的强制，但是它要坚持下去和影响社会生活，就要经历一个过滤过程来选择那些为意识形态部门愿意接受的。因此，这一点是真的，但在另一方面又是不重要的，即共产主义思想在历史上一再地被构想出来，因为只有当这个思想能够有助于一个可行的目标，如它现在所能做到的，通过加入无产阶级的解放事业时，它才能实现它的社会意义。存在一种"意识形态备用物资储存处"，当社会需要变化时，它可以献出不同结构的成分。

但是这是靠不住的，即脱离可能的社会用途而形成的思想，将准确地适合各阶级对它们的需要。这里，"拉马克式"的因素可以加入进来，使这幅图画更可信。在拉马克的理论中，个体生物的器官多少是可塑的，因为当它用于新的用途时，会在环境的刺激下发生变化。由于思想构造的精密性，一套思想也有部分相同的可塑性：一个重点的改变，一个被忽略了的影响等等，都能改变整体的意义。这种"拉马克式"的可能性，在马克思具有巨大价值的评论中有暗示，对这种可能性，"自我同一"的基督徒是易于接受的。不是由于"自由主义"是一个含糊的词，它的假定的教义才在空间和时间中发生变化。如果下面话对于革命者来说是真的话："当人们好像只是在忙于改造自己和周围的事物并创造前所未闻的事物时，恰好在这种革命危机时代，他们战战兢兢地请出亡灵来给他们以帮助，借用它们的名字，战斗口号和衣服，以便穿着这种久受崇敬的服装，用这种借来的语言，演出世界历史的新场面。"① 那么，也许他们如此行动不仅是为了马克思所说的缘故，而且因为现有的信条和思想形式是那些取自过去，而他们现在必须采用和改制的。

第六章证实了经济结构的转变适应生产力的发展这一命题。生产关系反映生产力的性质，这种性质是使一定类型的结构适合它们的进一步发展。我们否认这个公式把阶级斗争从历史的中心移开，而认为阶级斗争是一个主要手段，生产力凭借它断定自身高于生产关系，并向那些把更基本的作用归之于阶级斗争来解释还有什么别的东西决定阶级的兴起和衰落的人提出挑战。那些评论构成了关于经济形态功能解释的初步说明，现在必须加以展开。

---

① 参见《路易·波拿巴的雾月十八日》。

阶级永远是彼此对置而平衡的，那些倾向于获胜的阶级的作用，将最好地满足生产的需要。但是生产在一定阶级统治下繁荣的事实，怎样保证它的统治呢？部分答案是，在稳定和繁荣的生产中，有一个一般的利害关系，因此处于最好地位的阶级用它来从社会其他阶层那里吸引伙伴。未来的统治阶级，常常能够在服从他们将要代替的统治阶级的那些阶级中争取援助。相反地，不适合担负统治社会任务的阶级，势必缺乏政治霸权所需要的自信，如果他们夺取了权力，也势必不能长久地掌握它。

有时，像在资本主义逐渐形成中那样，一个新阶级管理生产的能力，也表现在它将建立的新的社会形态上，这种形式比旧形式更有效，并必然取代旧形式。有目的的和竞争的因素在资本主义发展的早期，联合起来侵犯和打击束缚它们的封建制度。也存在适应的变态。例如，前资本主义的有土地的统治阶级在商业化的时代，需要从尚未从事工业化的资产阶级那里得到资金。当地主不能履行由他们的新联系所产生的义务时，他便失去了控制权，于是别的人担心着同样的命运：在资本主义的基础上他们的经营被代替。有些人看出要生存下去需要的是什么，并慢慢改变了自己的阶级特征；另一些人不了解时势，或者太依恋于一种过时的意识形态和生活方式，反对新秩序，最后便销声匿迹了。

旧秩序上的意识形态和上层建筑失去了它们的权威，而这种意识形态和上层建筑经常潜在的对下层阶级的压迫和非正义的意义，变得更加明显。在已获得荣耀的阶级的鼓舞下，占统治地位的错误观念变得苍白无力。马克思指出，当这些条件不再适合生产的发展的时候，意识形态对现存条件的保护开始崩溃。

因此，"当关于竞争是所谓自由个性的绝对形式的幻觉消失以后，这表明竞争的条件，即建立在资本之上的生产的条件，已经被感到和被认为是一种障碍，因而已经是这样，并越来越成为这样"。

以同样的精神，恩格斯认为平等的和纠正非正义的观念是永恒的，但它们获得历史的力量只有在生产力和生产关系之间存在矛盾的时候。能抓住生产力的阶级，利用被剥削的生产者的不满而爬上去。

回顾一下，我们设立了一个新的统治的生产关系，因此改变了经济结构的类型和一个使经济结构类型整体无损的较小的变化之间所作的区别。我们看到了一个令人注目的例子，一种类型的经济结构被另一种所代替。但也出现了没能达到整体性转变的经济结构的适应性变化。英国缩减工作日的立法就是这样一种变化，它修改统治的生产关系，是通过改变资产阶级和无产阶级之间进行工资议价而实现的。

马克思陈述了由于"工厂法案"的实施而缩减工作日的两条原因，他并没有使二者统一联系起来。在提出他的理由之后，我们将勾画出它们之间可能的联系，它将对功能要求有时表明自己的方式作出一个概括。

理由："且不说那一天比一天厉害的工人运动，强迫限制工厂劳动"，它也是"节制资本无限吮吸劳动力的渴望"所必需的。① 这些是被作为分离的力量而提出的，它们的结合产生了工厂法（马克思没有说，是否只有其中一个而没有另一个就足够了）。

马克思设想，健康的制度需要给资本家的剥削加一个制动器，这种剥削已经达到了危害劳动力再生产的程度："资本对于劳动者的健康和寿命，一点也不关心，除非社会强迫他去关心。关于生理退化和精神退化的问题，关于早死的问题，关于劳苦致死的问题，他将答道：这种痛苦既然能增加我们的快乐（利润），我们为什么要费神去管它？"② 这里的"资本"是体现在个别的资本家身上的，所描述的那些行为是由自由竞争的社会制度，作为"外部的强制法则，加在个别资本家身上"的。③ 竞争的强制，只能由社会的强制来抵消，这种社会强制表现为它的政治监护者，即比较负责的资本主义国家，尽管资本家的行为是被迫的，但国家必须干预，因为"资本为它自身的利益，似乎也赞成一个标准劳动日的规定"④。这句话中的"资本"是指与其成员对立的资本，或指作为体系中的赌金保管者的资本家，而不是指体系的傀儡。地位比较安全，企业长久存在，在附加的国家的强制下，或能继续存在，或加以改进的大资本家，往往采取赌金保管者的态度，并把改革的需要加在国家头上。因此资本家政府，工厂法的立法者，是其他盲目的资本家的眼睛，是资本家危及系统的活动的稳定器。系统的需要不能由各自攫取最大限度的个人利益的分散的企业家来关照。而集中的政府，可以看到和关心那些需要，并可以响应劳动阶级的要求，这些要求适合那些需要，但那些需要是必然要遭到市民社会的反对的。

---

① 《资本论》第 1 卷，239 页，北京，人民出版社，1956。

② 同上书，270 页。

③ 同上书，270 页。

④ 同上书，266 页。

让我们现在作一下清点。工人们要求减轻剥削，因为他要生活；政府赞同，因为资本家需要活的劳动。假设的那个概括（不是普遍规律）是，经济结构中有利于下层阶级直接福利的实质性变化的发生，是该阶级为之进行斗争，并且他们提高——或至少维护——系统的稳定性（其理由与减轻对剥削痛苦的感觉无关）的结果。这些因素是联系的，因为统治阶级对变化需要的感觉是被下层阶级要求的压力所刺激的，结果后者获得的较多。

阶级暴动更可能实现它的目标，当这个目标具有功能的意义时。它与这样一个事实有关，即是系统内的需要，还是激烈的斗争，能够说明福利资本主义到来的原因。资本主义的长存所必需的改革，也可以描述为一种"劳动政治经济学对财产的政治经济学的胜利"，当资本主义能够在改革强加在它身上的变更下维持自身的时候，才有胜利。

（岳长龄 译）

卡尔·马克思和社会科学的衰亡^①

"如果实在和现象之间没有区别，那么就不需要科学。"下面我们将探讨上述名言的细节。在第一个问题里，我们试图解释马克思用它的意图是什么。然后第二个问题通过叙述中世纪庄园中的剥削和资本主义工厂中的剥削之间的某些差别，来揭示封建社会和资产阶级社会的实在和现象之间的差别。第三个问题，我要证明，对马克思来说，名言包含着社会主义和社会科学是不相容的——随着社会主义的发展，社会科学必定衰亡的意思。第四个问题，我把社会主义和社会科学之间的对立与理论和实践统一的学说联系起来。最后第五个问题，我批评马克思关于科学的思想，但维护他关于客观需要一个不依靠科学来理解的社会的信念。

（1）马克思在写作《资本论》时，反复地宣称关于本质和现象

---

　① 选自《卡尔·马克思的历史理论——一个辩护》，重庆，重庆出版社，1989。

的学说，他试图以此书揭露潜蕴的实在和核查资本主义生产关系的现象。在《资本论》第二卷，他把对一个现象的"真正科学的"解释同对它的"神秘"的观点紧密联系起来。在第三卷他宣称，"如果事物的表现形式和本质直接符合的话，那么一切科学就都是多余的了"。在 1865 年对工人的一次演讲中，他预告"日常经验只能抓住事物诱人的外观，如果根据这种经验来判断问题，那么科学的真理就会总是显得不近情理了"。他经常以普通观察与他的分析相矛盾这个使他得意的事实，来夸耀他在《资本论》中的论证。在他致库格曼的信中，他抱怨最近的资产阶级经济学家（与其古典的先驱不同①）只使用每一个商人都熟悉的普通的价格和利润概念。他认为，不能洞悉一个商人所能够看到的现象背后的经济学研究，是不科学的。②

马克思提到自然科学的成就，它可以帮助我们评价，他区分现象和实在，并主张科学发现后者是什么意思。我们呼吸的空气好像是基本的，但化学揭示，它是由不同的物质构成的，这些物质不能由鼻子来测定。太阳好像是在天空移动，但科学取代了这种由日常经验支持的说法，提出运动的主体是地球的说法。

这些例子旨在类比马克思所分析的资本主义，与那些在其中生活的人们所看到的资本主义之间的关系。

马克思理论的一个基本原则是，只有支出劳动才能创造经济价值，并且是和劳动支出的量成比例的。由此可知，因为工人不能得到他们生产的全部价值，所以他们就没有得到他们所进行的全部劳动的报酬。由此也可以得知，资本的投入使利润创造只能到这样的程度，即它在投资劳动力。

尽管有这些原理，雇佣工人仍好像是得到了他完成的每一单位劳动时间的或高或低的报酬。如果他的工资是每小时 8 个先令，而他工作 10 小时，他将得到 4 个英镑，这恰好是 8 先令的 10 倍。然而被剩余价值理论所揭露的实际是，4 英镑只是工人的一部分劳动时间的报酬。他们未得到报酬的那一部分劳动时间创造的价值，恰恰

---

① 著名的斯密和李嘉图。关于他们的引人入胜的比较，见《剩余价值理论》第 2 册。斯密虽然表述了关于资本主义的重要的真理，但他没有把"神秘"和他的著作的"神秘"部分分离开来。实在与现象在他的表述中是混在一起的。马克思根据外观——观察材料——必须首先描绘出来，而原谅他，作为一个先驱，斯密不能经常把它与深蕴的东西区别开来。李嘉图有更一贯的科学性的愿望，但他也不总是成功的。正是马克思本人，使经济学变成完全科学的，把现象放在它们应有的位置上。

② 马克思致库格曼，1868 年 7 月 11 日。

是作为利润的部分。可是，由于工人好像是得到了他付出努力的全部报酬，利润好像是有不同于他的劳动的别的来源，因而被现象束缚的经济学家们把它归之于资本家，即归之于资本家把他的财富不是用于消费，而是用于投资；或者归之于企业家的精明创造；或者归之于他所占有的机器的能力。总之，这些经济学家有意把创造价值的能力归之于资本本身。

这种转嫁得到那些只考察现象的人们的鼓励，他们没有看到创造利润和分配利润之间的关键性区别。虽然一个企业所创造的利润的数量①完全依赖于它投在劳动力（与机器、原料等相对的）上的资本的数量，但是企业所得利润的数量却直接与投入到所有生产因素中的全部资本成比例。劳动密集的工业有较高的价值创造率，但价值占有率却和别的工业相同。竞争导致利润通过经济从劳动密集工业到其他工业的均衡流动。因此劳动单独创造价值和利润，这是与资本家的实践无关的。他不会特殊地被在劳动密集工业中投资的机会所引诱。他关心的是他的利润的数量，不是创造利润的原动力。因此，他认为决定他所得利润分配的东西和创造它的东西是相同的，而那些不能透过表面看本质，因而也看不到创造价值和分配价值区别的经济学家，追随着他。②

让我们转到根据自然科学的基本的说明。马克思认为，感觉使我们误解了空气的构成和天体的运动。但是，一个企图通过呼吸测定空气不同成分的人会有一个鼻子，它的功能不同于正常人的鼻子。一个不能感觉静止的太阳和转动的地球的人，视觉会有毛病，或是靠自动调节的。感觉空气是基本的和感觉太阳在运动，比起产生幻觉来更类似于看海市蜃楼的经验。因为，如果一个人在适当的条件下看不到海市蜃楼，那么它的视觉一定有毛病。他的眼睛不能在一定距离反映光的作用。

空气是一个统一物质和日出日落的观念，不是来自错误的知觉。那是由于空气和太阳如何表现它们自身。同样，工人的劳动得到完全的报酬和每一单位的资本都参与利润的创造的观念，也不是对资本家经营形式产生错觉的结果。那些观念记录了资本主义社会的表面特征。然而任何认为那种社会的真实面貌暴露在它的外表上，并可以直接观察到的人会曲解它的本质。

---

① 严格地说：剩余价值。

② "在非科学观察者"眼中，事物的样子，同"在那些被实际卷入资产阶级生产过程并同这一过程有实际利害的人们眼中所表现的样子"一样。

刚才谈到的那种现象，像海市蜃楼一样，是我们周围世界的一部分。它构成事物的外部形式，具有客观的地位，只有科学才能把它剥掉。如果不用形象表达这种思想，那么我们可以说，在现象和实在之间存在一条鸿沟，当且仅当对事态的解释证伪了缺乏这种解释的人对它所自然作出的描述。鸿沟是由于实在本身显现的方式，而只有当它们存在时，科学对一个事态的要求才是可以理解的（那些加有着重号的表述可以看作承认当一个理论被一个证伪它的“更深刻”的理论所取代时，那么这个理论就是描述现象而不是实在。然而马克思，像他生活的那个时代一样，却相信观察和理论这一两分法，我是按照他的观点叙述他的。因此，加有着重号的表述中所提到的描述应被理解为根据前理论的 pre-theoretical 观察。我将忽略对这里预设的经验领域和理论领域绝对划分所提出的挑战）。

因此，假设鼻子的一个孔通过氮，另一个孔通过氧，并且假设呼吸感觉出这些气体的区别，那么他就不需要科学告诉他空气是异质的（科学还可以胜过鼻子，揭示空气中氮和氧的比例，以及它们各自的化学结构；但不是通过断定大气的多样性的事实）。如果巨大的望远镜戴在我们的眼睛上，并且我们可以像蜗牛运动它们的触角那样控制它们，那么哥白尼革命可能永远不会发生。

然而幸运的是，我们不总是感觉到本质的自然现象，这更便于我们的生存。用鼻子来筛选氮和氧是一个沉重的负担，并会使神经错乱；望远镜会使我们对接近手头的东西感觉不灵。实在和现象之间的鸿沟事实上有利于人类的机体。我们将看到，对马克思来说，阶级社会的生存，特别是资本主义，也依赖于它实质是什么和它表现出的对其成员，统治者和被统治者，一样的现象之间的不一致。

维科说过，对人来说社会比自然更可理解，因为社会是人创造的。然而按照马克思的观点，这种创造是一个神秘的谜：要理解人们行动的环境，以及他们在做什么，需要精细的理论解释。社会中实在和现象之间的分离更能引起烦恼。我们不难意识到需要建立一种社会秩序，其中事情都像它们看起来那样。我们将看到，社会主义被期望满足这种需要。然而首先我们必须要问，为什么阶级社会以一种不同于正确的社会理论所描绘的外观来表现它们自身。

（2）部分的回答是，它们建立在人对人的剥削上。如果被剥削者能看出他们是被剥削的，他们会怨恨他们的屈从并威胁社会的稳定。如果剥削者看出他们剥削，那么他就不能心安理得地进行统治。

作为社会动物剥削者一定感到他们的社会行为是正当的。① 当这种感觉难以与真理相一致时，真理一定是对它们隐蔽着，也对他们压迫的人隐藏着。因此假象是阶级社会所必需的。

我说"必需的"，主要是因为它是被要求的，而不是阶级社会的成员们得到对它的虚假信念。虚假性通过弥渗到他们经验的世界而维持它的控制，他们的知觉是虚假的，因为他们知觉的是一个歪曲了的实在。柏拉图认为（根据某些解释），人们在幻觉下观察物质世界，不是因为他们的思想不能符合它，而是因为他们如实地反映了一个假象的世界是什么样。马克思不是没有受到从柏拉图开始的哲学传统的影响，当他写到工人当真认为他们的劳动得到了完全的报酬这个现象（schein）时，那段话表明他认为现象是实在的一种性质。它只是实在在人们心中的派生的反映。

因此，劳动价值理论的发现并没有"廓清迷雾"，我们是透过它来观察商品关系的。那些知道这个理论的人继续"运动在各种假象的形态中"。事情对于知道马克思主义的工人也没有什么不同。他们知道事情不同于它们继续看上去的样子。一个可以解释海市蜃楼的人不能不看到海市蜃楼。

本页稍后的表，目的在于显示，在封建主义和资本主义两种剥削制度下，明显的东西和隐蔽的东西。在转到这个表之前，我们先简短地阐述两个分析的概念，它使我们能鉴别两个社会之间的某些一般区别。

19世纪德国的社会学，吸取马克思、黑格尔和 H. 麦（Maine）的思想，提出两种人类社会典型类型的区分，即 Gemeinschaft 和 Gesellschaft。没有两个英语名词能恰当地表达它们的不同，但是我可以把 Gemeinschaft 翻译为"共同体"（community），把 Gesellschaft 译为"社会"（association）。它们是由各自人民特点之间的不同关系来区别的。在一个社会（association）中，人们只是当每一个人都期待从这种联合中得到私自的利益时才彼此联合。人民之间的联系是非个人的和契约的。完全的资本主义市场体现这一观念。然而封建庄园看起来更像与社会相对的类型，共同体，带有个人化的关系。领主和农奴之间的联系不是来自契约：它是按照王权的形象设想的。领主为他的庄园的依附性而斗争，他是农奴父亲般的保

---

① 马克思从未说到这一明显的心理学的论题，但是如果我们懂得他的大量的意识形态理论的意义，那么这个论题可以归于他的。

护人。农奴劳动是为了供养领土的家族，以效忠的精神劳动。主人和仆人之间的关系不是功利的，不是根植于精细的计算。每方好像关心另一方的福利，不是仅仅作为保护人或作为消费品的提供者对另一方发生兴趣。商业的侵入瓦解了这些关系，并把人的关系归结为赤裸裸的现金交易。在资本主义社会中，一个人对另一个只是手段。但是在共同体中，一个人的地位受到他的伙伴的尊敬，他们对他的利用和他对他们的利用均受到限制。

因此，无论是一个 Gemeinschaft，还是一个 Gesellschaft，都不必然是剥削的。无疑，在一个市场社会中，或纯粹社会中，人们相互利用，但相互利用不是剥削，除非它产生不平等的报酬。马克思所谓的"简单商品生产"可以构成一个不是剥削的 Gesellschaft，在简单商品生产中，人们会集在市场，交换他们的商品，但是市场商人自己生产他们的商品。在生产过程中没有人服从他们。简单商品市场可能不是一个吸引人的理想的社会组织，但它流行的地方不需要有整个制度上的不公正。另一方面，同时描述的典型的庄园，虽然它包含着马克思意义上的剥削（榨取剩余产品），但不包括严重的不公正。我的邻居不剥削我，如果出于友谊，我为它开垦花园，特别是当他准备保护我免遭抢劫时。如果资本主义是简单商品生产，并且如果封建主义符合它的共同体的意识形态，那么哪一个也不能被认为是剥削的，如果剥削需要压迫的话。然而两个社会事实上是压迫性的剥削，因为规定的条件没有满足。资本主义不是简单商品生产，其有产的市场商人对无产的生产者行使权力。马克思指出，资本主义不是像它自身表现那样的亲密的共同体。领主和农奴之间的关系根本上是功利的，无论多少当事人不明白这个事实。

从下面的表可以看到两种社会之间的某些区别：

	在封建主义下	在资本主义下
榨取剩余产品	明显的	隐蔽的
人际关系是功利的	隐蔽的	明显的

两种社会实际上都具有表中所列的两个特征，但在每一种社会中只有一个特征是容易观察到的。

考虑第一个特征。在一切关系中，明显的是农奴花费他的一部分时间为领主的利益工作。如果劳动酬金是恰当的，那一部分时间就是花在耕种领主的土地，而不是耕种他自己的小块土地上；另外，农奴耗费在他自己和公共土地上的劳动，是为了增加生产，为领主提供食粮，或卖掉粮食换成钱，纳入领主的金库。再明显不过的是，他的一定数量的劳动果实流到主人那里。然而在资本主义制度下，工人辛苦劳动的部分产品被资本家占有的那种方式，遮蔽了占有的事实。工作日和工作年不是清楚地被划分为他的工作得到报酬的那一段时间和不得报酬的那一段时间。这种看法是错误的，即工人在任何既定的时刻不是生产等于工资的产品，就是生产等于利润的产品。但是理论却要坚持把工人的全部劳动时间划分为那样两部分。资本家和工人之间也不是划分具体的实物产品。他们只是分享货币，用它在市场上进行买卖，而这使得他们之间的交易神秘化。因此，封建租用是显露的，雇佣制度是隐蔽的。"一名儿童能够说出古代奴隶主或中古封建贵族财富的来源。对于我们的非生产阶级就不是如此。我们的商人巨擘们的财富的来源被神秘遮蔽着。"①

现在考虑第二个特征。在资本主义社会，生产关系明显是功利的。资本家借口对他们的工人没有亲情，并且借口他们与工人之间的冷淡是相互的。然而马克思相信，庄园关系只是看起来不同。虽然人们似乎由传统和忠诚的非经济纽带联系起来，但历史唯物主义认为，正是实际的经济必然性使他们结合在一起。中古时期生产力水平的特点，使庄园关系成为供养种族的适当方法。公有性（Gemeinschaftlichkeit）精神是使人们服从这种关系所需要的，他的基础是功利主义的。如果庄园的成员知道它的意识形态的认可是一种耻辱，那么农民就会不为地主干活，地主就不可能保持他的家长的地位。马克思在其早期《手稿》中，甚至把封建主义是一个伪装成共同体（Gemeinschaft）的社会（Gesellschaft）这一事实，当作是它崩溃的原因。作为基础支撑着半家族关系上层建筑的经济现实一定要显露自身。资本主义代替封建主义，因为真理一定会被公开。马克思后来放弃了这种向资本主义转变的黑格尔化的解释，但是他保留了解释所根据的对比。

结论：封建主义和资本主义有两个特征。一个是在封建主义的遮蔽下，另一个是在资本主义的遮蔽下。一个似乎可信的建议是，在任何被这些特征限定的社会中，社会稳定性需要其中一个隐蔽着。如果农奴知道庄园的公有性是一种耻辱，他们不会做他们事实上做的事情，因为农奴是有意交出一部分产品给地主。如果工厂工人们知道他们没有得到他们全部劳动的报酬，他们会拒绝为资本家工作，因为他们这样做的唯一动机是利己。没有传统的纽带能阻止他们反

---

　① 参见鲍丁（Boudin）：《卡尔·马克思的理论体系》。

抗这个制度，因此，当他们了解了马克思主义科学的真理时，他们就会起而反抗。然而他们要革命化，就必须学习那些真理。他们必须看穿工资形式的海市蜃楼。

可能遭到反对的是，即使历史唯物主义曾使马克思专注于经济必然性产生庄园结构的论题，也没有证据说明他承认它。因此我提供一些文献。《共产党宣言》指出，只有资本主义迫使人"不得不用冷静的眼光来看他们的生活地位、他们的相互关系"。那种关系在封建主义制度下流行，但人们不了解它们，因为它们不"显露在外"。在资本主义社会，人们"不再在共同纽带的假象下受别人束缚"。马克思确信，第二个特征，虽然是隐蔽的，却是封建主义的特性。

然而，他相信在封建社会第一个特征是可观察的事情吗？《共产党宣言》中的一句话似乎驳斥了我们的解释："总而言之，它用公开的、无耻的、直接的、露骨的剥削代替了由宗教幻想和政治幻想掩盖着的剥削。"如果这与我的观点不一致，那么它同样与我根据的文本不一致。然而事实上没有不一致的地方。剥削的专门意义（表中的第一个特征）正是这里要争论的问题，它不是说，资产阶级使剩余产品的榨取更加露骨。那段话的意思显然是，资本主义使主人对待人们的功利态度更加明显，而这正是我所肯定的东西。

马克思也对比了资本主义和奴隶制的幻想。与雇佣工人似乎不进行无偿劳动相反，奴隶似乎只进行无偿的劳动。然而后者同前者一样是虚假的外观，因为奴隶被允许消费他的一部分产品。工人和奴隶两者都得到报酬，即得到了为了劳动的生活必需品。但是"由于奴隶和奴隶主之间没有订立任何交易合同，由于双方又没有什么买卖行为，所以奴隶的全部劳动似乎都是无报酬的"。"所有权关系隐蔽了奴隶为他自己的劳动……货币关系就隐蔽着工资劳动者的无偿劳动。"

（3）从实在和现象的区分得出的一个必然结果是，科学可以研究一个社会的构成，仅当它和隐蔽它的基本结构的机制合成一体时。社会相互作用的真正内容必定是隐藏的，揭示它这是社会科学所承担的一个任务。

在繁荣的资本主义社会中，当资本家雇用工人时，双方都确实不知道他们进行的交换的本质。工人缺少在一个市场社会生产和销售商品的必需的设备。这些东西都被资本家阶级垄断了。因此他们被迫使自己屈从于那个阶级的某些成员。但是他们好像是自由地出卖自己的劳动，因为他们能够讨价还价，并拒绝一个资本家所给予他们的待遇，而同意另一个资本家所给予的待遇。在与资本的基本关系上，他们好像是一个自由的行动者。由讨价还价的机会产生的这一外观，是他们被奴役的形式，这种外观隐蔽着他们被奴役的实质。

再举另外一个例子。按照马克思的理论，商品的市场价值是被生产它们的社会必要劳动时间决定的。然而，那些价值好像是不依赖于人的工作的。资本家可以说明，因为一个商品有高的市场价值，所以值得雇大量工人生产它，然而实际上，正是因为生产它需要大量工人，它的价值才高。而且，经济价值与人类能量消耗无关这一观念，是被日常经验养成的。因为在日复一日的供与求的波动中，价格的变化不依赖于花费的劳动时间，而且价格的最后被劳动时间决定这一点，对于那些不超出日常经验而未达到理论境地的人来说也是隐蔽的。

因此，马克思说社会主义制度下人与人之间的关系是"明朗的"和"可理解的"。经济活动者的行动是由民主形成的计划组成的一个整体，因此他们理解他们在做什么。经济活动的基本理由和意义是公开明显的。如果我们把马克思的社会主义和科学的思想结合起来，我们就可以得到一个结论，即社会主义使社会科学成为不必要的。在一个消除了事物的外观和它的真正性质之间的差异的世界中，社会科学不必起作用。

资本主义的神秘性，普通见解之不能把握它，是以一种或其他方式来自这样的事实，即资本主义的生产目的在于扩大交换价值，表现为货币的积累。社会主义由于取消了市场而解除了神秘。因为它以此取消了货币，即取消了市场交换的中介，而没有货币就没有抽象财富的积累，它是与具体的、有用的、可感觉形态的财富相对的。马克思写道，若我们设想一个非资本主义的社会，那就是设想一个共产主义的社会，货币资本就会完全消灭，从而，由此引入的交易上的烟幕也会消散。例如，在一个由股票市场有计划支持的企业的真实行为和现象之间，就决不存在不一致。

如果马克思假设社会主义可以不要社会科学，那么他认为所有的经济学家在革命后都应被解雇吗？我们知道他指责李嘉图后的资产阶级经济学家在使用庸俗经济学的语言时是多余的。然而在他们的时代，庸俗经济学的语言必然是不合适的，因为它只描述了表面现象，它掩盖了事实的真相。社会主义经济学家，或有时从事经济学的全面发展的社会主义的人，将没有机会使用专门化的概念工具。

但是他们仍将有事可做。因为虽然社会主义的生产的合理性和可理解性是可以直接达到的，但不是所有的社会主义经济事实都是可以共同感知的。没有乌拉尔的山峰高到能看清苏联的每一工厂、土地和办公室。马克思在《资本论》第二卷，强调未来社会合理性时所展望的集中化的社会主义，无论如何，材料的收集，材料的加工都是社会主义计划所必需的。然而只要社会主义经济学的发现超过单纯的观察的发现，那就没有理由认为社会主义经济学将被毁掉。如果马克思对科学的解说是正确的话，那它们将不构成科学。

对马克思来说，社会主义经济学不是科学，因为它不使用专门的科学概念，这些科学概念是理解资本主义所需要的。最重要的是，它不再使用价值概念，这个概念深深地渗透在理论中。它需要劳动时间的概念，但那是不同的。劳动时间不是一个理论实体，所有的经济都是实行对它的计算，包括鲁滨逊在内，不过他是按照不是从理论而是从常识得来的原则。只有在资本主义制度下，劳动时间采取神秘的价值形式，它成了它的秘密内容。

由于社会理论和社会实践的统一，社会主义抑制社会科学。它使曾经只在理论中才能理解的人与人的关系领域，成为在实践上是可以理解的。在人们不理解他们自身时，社会科学是必要的，一个人们在其中不理解自己的社会是一个有缺陷的社会。社会主义不是一个有缺陷的社会，因此，社会科学的理论与它无关。资本主义是隐晦的，只有科学才能阐明它。然而在社会主义的光芒照耀下，专门的探索者的火炬就熄灭了。

（4）哲学不等于社会科学。然而，在他早期回答费尔巴哈的著作中，马克思要求取消哲学，与根据成熟的科学和社会主义观点要求取消社会科学相类似。在每一种情况下的取消，都是哲学和社会科学赖以生存的社会现实的那些"产生幻想"的性质消失了的结果。

在这一个问题中，我对马克思的《关于费尔巴哈的提纲》第十一条作出多少有点新奇的解释。它认为实在和现象的区分，与马克思主义者注重的理论和实践的统一有着紧密的联系。

理论与实践统一的思想包含着马克思主义的理论和实践的许多含义。按照它的最普遍的用法，它为革命者提供一个方针。按照对它的最粗俗的理解，它告诉革命者要在图书馆花费半天时间，其余的则坐在码头或工厂的大门旁。但是这种生活方式本身并不值得用理论和实践的统一来描述，因为它只是它们的外在的并列。进一步的要求是把在图书馆学到的教导应用到码头和把码头的经验应用到图书馆的桌子上。关于正确的革命行动的更为老练的建议是可以得到的。

然而理论和实践的统一也可能不指一个方针，而是指一个已建成的社会主义社会的特征。脑力和体力劳动的结合是一个这样的特征，但是在我看来还有更高的形而上学层次的某些含义，这可以说是对马克思费尔巴哈提纲最后一条的一个补充。他写道："哲学家们只是用不同的方式解释世界，而问题在于改变世界。"我认为我们可以加上："改变世界以致解释世界不是必需的。"当恩格斯认为德国工人运动是德国古典哲学的继承者时，他的意思是无产阶级会在实践中完成哲学家企图在理论中完成的使世界更加合理的事业。理论与实践的统一作为一个策略，与建立一个合理的世界的任务有关。理论和实践的统一在目前的定义上，是这个策略要实现的革命化的合理世界的一个组成要素。在这样一个世界中，对社会主义人的实践的理论解释表现在他的实践中，不需要单独在理论家的头脑中精心制作。

在马克思的《黑格尔法哲学批判》导言和《关于费尔巴哈的提纲》中，理论和实践统一的概念背后有一系列的思考。它的进行是这样的：理论的目的在于产生与实在符合的思想。实践的目的在于产生与思想符合的实在。因此，理论和实践的共同之处是渴望建立思想和实在的一致。因而，一个人可以认为自己基本上既不是一个理论家，也不是一个活动家，而是主要通过建立理论或行动，或通过两者，致力于安排思想和实在之间的符合。他可以说："保证符合的方法是次要问题。在现实的环境中，它无论如何都是排除幻想。"

正是从这一未说出的观点出发，马克思判定费尔巴哈从思想中拯救人们的纲领是不合适的。在某些领域，只有当实在改变了的时候，思想才能够保持与实在符合。费尔巴哈要求人民抛弃关于他们的处境的幻想。他应该要求他们抛弃继续产生幻想的处境，甚至是在他们已经得到理论上的揭露之后。当社会环境不可避免地发生思想和现实之间的不合时，幻想的敌人一定作用于现实，而不单单在思想中。有些问题只有实践才能解决。

考虑《关于费尔巴哈的提纲》第四条："费尔巴哈是从宗教上的自我异化，从世界被二重化为宗教的想象的世界和现实的世界这一事实出发的。他致力于把宗教世界归结于它的世俗基础。他没有注意到，在做完了这一工作之后，主要的事情还没有做哪。……"

认为马克思的话表述了一个实践家对幻想分析的回答的不满意，

是肤浅的。他不仅仅是在宣告他不愿意满足于理智上的胜利。认为费尔巴哈关心的是理论，马克思关心的是实践，这也是错误的。他们的主要兴趣是相同的。两人都要求消除幻想，而马克思的责难是理论单纯做不到这一点。"主要的事情还没有做"的目标就是保证可理解性。只有在心中记住这一共同的目的，我们才能理解对费尔巴哈的批判的动机不是由于气质爱好的不同。马克思与费尔巴哈有着真正的不一致，这是由于消除幻想和创造现实与思想之间的和谐的共同要求所产生的。

两位思想家所要消除的幻想，比理论的阐述要长远，因为理论不能消除产生它们的环境。因为这种环境首先不是思想的谬说，而是世界的畸变，对它理论是不能医治的。马克思认为，一定是社会环境本身的冲突，才能够产生实在与现象之间的冲突。只要社会还是分裂的，那么实在与现象之间也仍将是分裂的。

在《关于费尔巴哈的提纲》第十一条和黑格尔在其《法哲学》前言中，对哲学家提出的消极的劝告之间，好像有直接的冲突。黑格尔说，哲学不能够对历史做出积极的贡献。它的功能是在事件之火的残烬中辨清历史的努力的合理性，密纳发的猫头鹰，智慧的象征，只当白日的工作结束时，在黄昏中起飞。而提纲第一条却提出新时代的任务。

然而不清楚的是，黑格尔是否认为密纳发的猫头鹰白天的自我约束永远必要。如果我们转向他的绝对知识，那么我们可以看到他与马克思的对立要比上一段所提出的少。因为马克思的社会主义，在其认识论方面，是绝对知识的实现，因为具有这种知识就是无须推论直接认识全部精神世界的本质。马克思把这一思想变成现实，通过筹划一个人类社会，人们不用理论理解他们自己的行为和别人的行为的意义。

（5）我曾把马克思关于实在和现象，科学和社会，以及理论与实践的观点放在一起。我现在要批判马克思的科学概念，但是我要保护他对于一个取消社会科学的社会的可想望性的信念。

我们知道，马克思关于现象和实在之间的鸿沟的概念，依赖于一个朴素的观察和理论的区分。我将在它的朴素的形态上继续承认这个区分。我将不对不带理论的观察报告的概念提出挑战，它可以算作一种观察报告而不管它发生的背景是什么。我也不怀疑先前提出的，实在与现象之间的差异性质的一贯性。再说一遍：在现象和实在之间存在一条鸿沟，当且仅当对事态的解释证伪了缺乏这种解释的人对它自然作出的描述。这种描述完全是根据观察并许诺观察者不带有理论假设。

这些让步，并不能支持一切科学发现都揭示实在和现象之间的鸿沟这一论题。科学有时发展前科学的知识而不损害它，有时确证它而不发展它。社会主义经济学的工作不使简单的前理论信念复杂化的观点，并不说明它不是科学。

马克思用来支持他的名言，而不是阐明它的那些例子，证实了刚才提出的观点。尽管"地球围绕太阳运动"可能不合情理，但在所要求的意义上"水由两种高度易燃的气体组成"，就不是不合情理的。我们的确没有料想到它是这样构成的，但科学发现却没有改变我们关于水能灭火的信念，因而并不包含现象与实在之间的鸿沟。每一个坚持经验报告可以不带理论承诺的人，必定承认"熄灭火的东西，不是由易燃物质构成的"这一陈述不是经验的记录，而是一条基本的理论。太阳系的科学图画雄辩地推翻了那些对观察作天真的回答的信念。水的组成的发现却不是这样。

现在假定，当且仅当主要的社会过程需要理论解释时，便需要有一门社会科学。因此我将主张，感到需要一门社会科学这本来就是不幸的。这一主张将首先是针对破坏性的社会科学，其次是针对中立的社会科学的。

对破坏性的社会科学来说，这一论题是比较容易辩护的。社会实在和其现象之间的鸿沟无疑是一件不幸的事情。但是我们把这个观点同可能与它相混淆的其他论点区别开来。

有人哀叹这一鸿沟，只是因为它意味着理论是揭露实在的需要。还有人不哀叹这样的鸿沟，而只哀叹实在不是没有理论就可以理解的。当中性科学被需要时这也是真的。因此，这种对鸿沟的回答不是专门针对破坏性科学的。

假定鸿沟的存在因为它是隐蔽剥削所必需的。或假定对鸿沟的解释是错误的，但是它可以隐蔽剥削。在每种情况下，人们都可以哀叹鸿沟，因为它通过隐蔽剥削而保护剥削。因为当看不透剥削时，对它进行斗争就更加困难。因此这不是对鸿沟的反对理由。

我们也可以不根据鸿沟导致人们犯错误而反对鸿沟。因为我们已经看到，当鸿沟被阐明以后它会依然如故。

一旦我们不顾与鸿沟相联系的不幸环境时，鸿沟还是令人讨厌的。海市蜃楼（自然界中实在和现象之间鸿沟的一例子）毕竟使沙漠旅行更有兴趣。然而，如果根据相似的理由，为现象和社会实在之间的巨大鸿沟辩解，那似乎是不可取的无聊做法。经验导致一种相信关于重大社会问题的诺言的倾向，甚至当这种倾向受到理论知识的限制。对这一事实表示遗憾无疑是可以理解的。

如果我们假定马克思同意他认为科学必然是颠覆性的观点是错误的，那么，他还会继续要求缩小对社会主义的理论理解，包括缩小中性的社会科学的作用吗？我认为他会的，而且这是有道理的。

我相信，一个人不依靠理论而能理解自己，这是值得想望的。因为有一种感觉难以搞清楚，在其中我和我自己以及和我所做的相异化，以至于我需要理论来理解我自己和理解控制我的行为的原因。

对一个我们参与的社会过程的理论的需要，反映了同那些过程的类似的异化。因此，减少对社会科学的依赖是值得想望的。当然，这并不使它成为可能。对透明的人与人的关系的渴望可能部分地满足，因为我们能够详细说明可免除的社会制度，主要是市场，它加重了不透明性。然而奢望在黑格尔—马克思传统中所沉思的完全彻底透明，却是徒劳无益的。

在语言学、交往理论以及经济学领域（它比市场要长久）中的最新发展，足以证明这一点。人们不能指望消除关于人的现象的中性理论，虽然人们可以理解这样做的欲望。最现实的希望是颠覆性的理论将成为不必要的，中性理论成为普遍可接受的。许多人会坚决主张，如果理论成为普遍可以达到的，那么"观察陈述"就会是由理论词汇铸成的。我不打算考察这个说法。它的表述违反了支撑我们的讨论的观察和理论的朴素区分。

（岳长龄 译）

威廉姆·肖

威廉姆·肖（Shaw William，1948—　），是"分析的马克思主义"流派卓越的年轻代表，他从青年时期就对马克思的思想具有浓厚的兴趣，后来又深受分析哲学传统，尤其是"分析的马克思主义"大师柯亨的研究方法的影响。曾受教于英国伦敦经济学院，并于1975年凭一篇题为《生产力和生产关系》的论文获得博士学位。1978年，他在任美国田纳西大学哲学教授时发表了《马克思的历史理论》，此书是该学派具有代表性的一本著作。书中对马克思的历史理论进行了非"传统"的解释，威廉姆·肖也因此成为西方马克思主义研究中颇有影响的一位学者。从1986年起开始任教于圣乔思州立大学，现为该校哲学系系主任。

威廉姆·肖的主要研究方向为"政治社会学"、"伦理学"和"马克思",因此他在美国的哲学界、伦理学界和马克思主义研究界拥有广泛的影响。其主要著作有:《生产力和生产关系》(1975)、《马克思的历史理论》(1978)、《企业中的道德问题》(1988)、《社会和政治的哲学》(1997)、《当代伦理学》(1998)、《解读法哲学》(2000) 等。

《马克思的历史理论》是威廉姆·肖一部很重要的著作。他认为这本书的主要意图就是研究马克思的历史理论。他指出:"尽管研究马克思的文献是十分丰富的,但是几乎没有什么著作以系统的和持续的方式涉及这个特殊的主题,而这种研究方式正是这样的主题所需要的。大部分介绍马克思其人和探讨其主要观念的第二手资料,并没有对马克思的那些理论信条作出令人满意的分析,而这些信条对于试图对马克思的历史理论作出令人满意的评价来说,是十分必要的。"在威廉姆·肖看来,目前只有少数人密切地关注着历史唯物主义,而这正是他现在坚持这个课题而不从事关于马克思的其他的野心勃勃的、包罗万象的课题的一个充分的理由。他希望他的工作能够部分地填补这方面文献上的空白,并且鼓励其他人在这方面继续努力。他所集中探讨的不是马克思的整个历史理论,只是探讨它的一个方面,也就是"马克思关于历史变化的一般的、基础性的模式以及提供历史统一性和推动它向前发展的那些要素,也就是经济上的动力机制,即生产力和生产关系之间的相互关系"。威廉姆·肖认为他所作的研究是在马克思的框架内进行的试图发掘并详尽说明历史唯物主义的若干被忽视的方面,主要是关于历史发展的动力以及生产力和生产关系在其中的作用问题,并认为这样的一种近似注释式的研究有助于阐明他对马克思思想的理解,包括说明马克思本人的主要问题,叙述主要问题的论点,以及由著作中引申出来的进一步推论。他认为,在马克思的历史理论中虽然存在着许多明显的困难,但它为对社会和历史进行研究提供了一个可以应用的工具,并且现在还没有真正可以与马克思竞争的历史理论。一般而言,他对马克思的评价还是较为公允的，且他运用分析哲学的方法研究马克思的历史理论的基本概念的做法，对于向来缺乏分析哲学洗礼的中国学者而言，也值得引起重视。

本书选取的是他的重要著作《马克思的历史理论》中的第二章《马克思的技术决定论》。在所节选的第二章《马克思的技术决定论》中，威廉姆·肖认为通过对生产力和生产关系各自的含义作深入的分析和严格的界定之后，就有条件来探讨这两者之间的关系了。通过分析，他认为这两者之间的关系是生产力决定生产关系。即在生产力和生产关系的相互作用中，生产力起着第一性的作用，而生产关系则起着第二性的作用。那么，马克思的生产力决定论的实质又是什么呢？通过进一步的分析，他认为这一决定论的实质不能到生产力的外部去寻找，生产力的实质只能是其自身内在的东西，确切地说，也就是技术。正是在这个意义上，他把生产力决定论的实质理解为"技术的决定论"。

马克思的
技术决定论①

    至此我阐明了马克思历史理论中的两个基本概念。既然人们一直不太注意去阐明这两个重要概念，因此第一章的研究，只要是对马克思思想的各种问题能提出一种新的看法，可能就会由于其本身的正当权利而具有某种价值。然而鉴于目前研究的特殊目的，我们需要认真揭示这两个历史唯物主义的关键概念。澄清这两个概念对于准确地介绍马克思的历史理论是必要的，同时还可以表明，马克思的见解至少在概念上是连贯的。

    现在让我们来考察马克思所展示的生产力和生产关系之间的联系，既考察生产方式中生产力和生产关系的联系，同时也考察与我们的题目尤为密切的、处于不同生产方式过渡之中的生产力和生产关系的联系。本章坚持认为马克思把生产力看作是历史发展中的决

①　选自《马克思的历史理论》，重庆，重庆出版社，1989。

定因素，并力图揭示哪些是马克思考虑到了的内容。对马克思的这一主张作错误的理解（常常是由于对历史唯物主义基本范畴的曲解所引起的），曾导致一些人否认马克思有赋予生产力以其在历史中的决定作用这一意图。然而，如果调查研究表明，马克思的"技术决定论"远非通常所理解的那些明显谬论，那么，人们或许就不会感到有必要把马克思从其自身困境中解救出来了吧。

　　详细说明生产力和生产关系在历史上的辩证法并非易事。马克思本人很少致力于说明生产力决定论的特征，他的解释者们也与他一样。马克思把精力花在具体地研究这一动力的作用上。所以，以后的一些章节将联系马克思论述过的特定历史过渡，来研究生产力和生产关系的相互关系。这些具体的研究将会为我对马克思所作的"工艺的"解释提供证明，同时还有助于阐明其中所包含的决定论的模式。对比之下，这一章的考察将是比较一般的、初步的。在这里必须提出的一些问题，是为我以后考察马克思的一系列思想——生产力决定什么，怎样决定，为什么决定等等——作准备的。但是，由于缺乏马克思本人关于这些问题以及有关问题的任何详尽评论，所以这一章不允许我求助于我早先所求助过的那种逐字逐句按原文解释的方法。

　　尽管如此，我在这里还是打算把马克思理论学说的性质尽可能全面地、连贯地、明白地展示出来。不幸的是，人们对这种理论提出的一些问题，并没有得到令人满意的回答。经常有一些人暗示我们，马克思有理由持一种特殊的见解，而这些暗示，在他们能够帮助说明马克思的更为清楚的观点的地方，就成为问题了。在某些论点上，马克思的不足之处，必须成为我探究的终点。我的目的不是重新刷新马克思的历史模式，以便使它能够经得起当代的批评，即使能够做到这一点。相反，我的目的在于，揭示马克思所发现的历史发展的动力，因为我没有把显然站不住脚的观点——马克思不可能认可的观点——强加于马克思。

　　我认为这一点是可以肯定的，马克思把生产力看作是历史中具有动力性的、决定性的因素。但是（如上所述），这种决定因素的性质和后果，并没有得到广泛的理解，在马克思主义者中间，也不乏反对"技术决定论"者——反对马克思强调的"技术决定论"。因此，作为开始，我将公布一些马克思强调生产力第一性地位的、附加的引语，在阐述这种第一性地位以后，我将提出作为这种第一性地位的根据，分析马克思提供的历史解释的一般性质，并考察这种
第一性地位对生产力决定论所产生的影响。

一、生产力的第一性地位

以上的讨论以及《〈政治经济学批判〉序言》本身的内容都很清楚地说明，马克思认为人类历史的关键在于人们的生产力的发展。生产力是一切社会组织的物质基础，生产力的发展标志着社会的进步。马克思主义的解释家们因各种原因想阻止把这一论点归之于马克思，冲淡《〈政治经济学批判〉序言》的重要意义，这一点值得注意。《〈政治经济学批判〉序言》表述了一种为马克思毕生赞同的观点。甚至在《哲学的贫困》这本马克思在其晚年仍十分重视的早期著作中，《〈政治经济学批判〉序言》的观点也是很清楚的：……生产方式、生产力在其中发展的那些关系并不是永恒的规律，而是同人们及其生产力发展的一定水平相适应的东西，人们生产的一切变化必然引起他们的生产关系的变化吗？

这是马克思和恩格斯对其早在《德意志意识形态》中就提出了的唯物主义观点的进一步提炼。可以说，在《德意志意识形态》中，第一次提出了关于较高关系的出现有赖于生产力的观点。

"因此，按照我们的观点，一切历史冲突都根源于生产力和交往形式之间的矛盾。"

"已成为桎梏的旧的交往形式被适应于比较发达的生产力，因而也适应于更进步的个人自主活动类型的新的交往形式所代替；新的交往形式又会变成桎梏并为别的交往形式所代替。"

马克思恩格斯这时用"交往形式"以及一些有关词语来表示他们后来称为的"生产关系"，但是已经有了贯穿于马克思成熟著作中的这一观点：人们生产关系的发展和变革是他们的物质生产、生产力发展的结果。下举三例：

"劳动过程的每个一定的历史形式，都会进一步发展这个过程的物质基础和社会形式。这个一定的历史形式达到一定的成熟阶段就会被抛弃，并让位给较高的形式。当一方面分配关系，因而与之相适应的生产关系的一定的历史形式，和另一方面生产力、生产能力及其要素的发展，这二者之间的矛盾和对立扩大和加深时，就表明这样的危机时刻已经到来。"①

---

① 《马克思恩格斯全集》第 25 卷，999 页，北京，人民出版社，1974。

总之，各个人借以进行生产的社会关系，即社会生产关系，是随着物质生产资料、生产力的变化和发展而变化和改变的。

国家的经济关系，以及社会的、伦理的和政治的状况随着物质生产力量的变化而变化。①

在这些段落中所阐明的《〈政治经济学批判〉序言》的主旨，是关于历史的发展。虽然生产关系和生产力之间有着相互影响的辩证关系（它在非原著文献中被令人作呕地强调着），但是，马克思还是认为，生产力是历史变革的长远的决定因素，区别以下两种类似的论断，对于澄清马克思的观点，也许是有益的（因为马克思本人没有作这种区分）：（1）生产关系的变革始终是生产力变革的结果；（2）生产力的变革总是要导致生产关系的变革。是论断（1）而不是论断（2）声称生产力的变革为生产关系的变革所必需；是论断（2）而不是论断（1）声称生产力的变革可以满足生产关系变革的要求。

生产力的变革既包括现存生产力的改进——即一个社会内部既有生产力内部的变革，也包括那个社会据以作为生产力的要素的创新。生产关系的变革是人们对生产力和与其他人的关系在性质上的变化，是"劳动"关系或"所有权"关系的变革。这些变革不包括作为这些变革条件的特定的人或生产力的变化，是由有关变革的关系的性质或类型决定的。同样，马克思通常并不关心特殊的、个别的关系的变化。试想一家停业的制造商，这家特定企业的劳动关系不再存在这一事实，意味着这种特定社会经济结构起了变化（尽管这显然是无足轻重的），意味着它的生产关系起了变化。然而，马克思事实上只对这些关系的类型（不管是"劳动"类型还是"所有权"类型）上的变化感兴趣。

上面的论断（2）是说明生产力的变革引起生产关系的变化，但这一论断是有问题的。首先，生产力的变革可以由现存的生产关系加以调节。试想一个木匠使用一种新的稍加改进的铁锤代替他的旧铁锤，或者试想在同样的工作中，一个较有技能的木匠代替了一个才能较差的木匠，在这种情况下，我们所论及的关系可能有更高的生产关系，但是这些关系都是同样的生产关系。另一方面，很显然，生产力和生产关系不协调时生产力也可能进步。

其次，更好地调节现有的生产力，或利用以前未开发出来的劳

---

① 参见《马克思恩格斯全集》第 26 卷 Ⅲ，474、488~489 页，北京，人民出版社，1974。

动力，不一定马上可以见效。无疑马克思主张，生产力的变革引起生产关系的变更，但那是在一种彻底的历史形式中的变更：当人们的生产力发展时，他们的生产关系、社会关系不得不去适应它们。马克思所想象的是一种先于任何重大（上层）建筑质变以前的生产力对生产关系增加的压力。

这种压力在根本性的变化实现以前，实质上已经逐渐集结起来，而且，社会生产关系根本转变的确切性质和时间选择（尽管对于马克思来说不是这种根本转变的基本的必要条件），往往还要取决于上层建筑方面的因素。马克思在《〈政治经济学批判〉序言》中写道："一种是人们借以意识到这个冲突并力求把它克服的那些法律的、政治的、宗教的、艺术的或哲学的，简言之，意识形态的形式。"虽然这些斗争领域不纯粹是经济关系的附带现象，但它们对于马克思来说——只是由于生产力的更为基本的压力，才在历史变革中发挥它们的作用。

由于生产力所引起的生产关系的变革可能不会马上产生，并且可能为上层建筑方面的因素所影响，这一思想揭示了马克思历史进化观念中的某些重要内容。但是确切地说，它并不降低这种生产力变革引起的生产关系变化的效能。关于第一点（即生产关系不必为适应生产力的进步而总是变化），它明显地损害了关于生产力的效能的观念，但是，人们可以认为（这与马克思的观点比较接近），对于任何生产力和生产关系的结合来说，存在着生产力的某种进一步的发展，足以引起生产关系的变革，至于这种进一步的发展是什么，需要经验的研究才能确定。

这一点与前面提到的两个论断的第一个论断有联系。因此，马克思确实坚决主张生产力的变革对任何生产关系的变革都是必要的；不能认为上层建筑因素对这些变更有重大的作用。所以论断（2）教导人们用生产力的变革来解释生产关系的变更。没有生产力的进步，生产关系就不可能改进——也就没有变革的动力。这一论断具有以下保留条件：马克思恩格斯有时也容许上层建筑现象对经济基础有（某种）独立性，并反作用于生产关系，使它们发生变化。虽然这种公式不太明确，但是很清楚，他们认为这些改变只限于规定的限度内。所谓规定的限度，就是为生产力所规定的限度。所以，尽管生产关系的变革不总是生产力变革的直接结果，但在一般情况下，或在其他任何实质性的关系变化的情况下，情形仍然是这样。因此，在马克思的理论中担负着解释生产力的重任。

二、为什么生产力占支配地位

在《德意志意识形态》和其他著作中，马克思和恩格斯提出了一些经过他们深入思考并作为奠定他们唯物史观基础的观点。所不幸的是，他们为支持这些观点而提出来的论据，往往是轻浮的、草率的。说什么物质生产是人类生存的"现实的前提"；说什么人们首先必须吃、喝、住、穿，然后才能从事政治、科学、艺术、宗教活动等等。这些论据很难表现这个领域在理论解释上的首要地位，它们仅会使人深信物质生产对其他社会生活的决定作用，解释物质生产占有支配地位。正是这一点，可能使他们失去判断力，从而导致这样一种不完全的推理。

尽管马克思和恩格斯在论证上有某些偶然的失误，但他们是在试图说明和捍卫他们关于历史的一般观点。对比之下，他们没有去陈述他们为什么深信生产力在物质生产的社会基本领域中起决定作用的情况和理由——虽然他们常常主张生产关系确实随着生产力增大的结果而变化，但他们对于为什么一定会是这样，只不过暗示了一些线索。人们可能设想，他们不过是把这个论点看作为一种经验常规，因此无须寻求进一步的说明。然而实际上似乎不是这样。由于马克思是以唯理主义的眼光看待科学，他当然不会认为物质生产在社会领域中的支配地位是不可知的，而是认为物质生产处于支配地位是一种经验观察的规律。其次，虽然马克思恩格斯关于这一点的论述常常不能令人满意，但人们感到，他们给予了物质生产以某种本体论意义的第一性地位，并由此决定了它对于社会科学在解释上的重要地位。同样，他们似乎在实际上已经认为，生产力对生产关系起决定作用，一直是必然的而非偶然的真实。如果他们只是陈述一种观察到的经验规则，他们就不会（人们这样设想过）在充分的调查研究之前，如此随便地假定生产力在整个历史进程中是生产关系的决定力量。

我认为，马克思或许把生产力在物质生产中的第一性地位看作是一望而知的、显而易见的真理。如果我们考察到他们选择的——在他的一般观念范围内——是生产力决定论，这一点就可能更易于理解。第一种选择是，生产关系既可以被上层建筑的因素决定，也可以被折中的因素决定；第二种选择是，生产关系可以自我发展；

或者作最后一种选择，生产关系和生产力可以相互决定。第一种选择，显然在无形中破坏了物质生产在理论解释上的地位。社会的经济关系被认为构成了一般社会领域，如果生产关系本身为非基本因素所支配，那么，在什么意义上可以说经济关系是更为基本的因素呢？说某种非基本因素或关系系统地决定了经济结构，是与马克思的理论背道而驰的，甚至承认生产关系为各种不同的因素（也许随各种不同的历史情况而异）所影响。显然，从方法论出发，也可以把生产关系看作是任何历史研究或社会研究的出发点，但它还是同样地损害了马克思基本观点的精神实质。与物质生产第一性地位相适应的，不是什么别的，正是生产力才可以是生产关系的决定因素，而这也许就是为什么马克思像是把生产力决定论看作是真理的缘故。

当然，生产关系是可以自我决定的。马克思谈到生产关系内部矛盾的展开时，就暗示着第二种选择，并且在某种意义上，例如，成熟资本主义的危机和难题，在马克思看来，是资本主义关系本身所固有的。然而，生产关系并不是作为某种内在的、独立的经济演进的结果而发展的。生产关系到底为什么会发展？为什么它们"固有的矛盾"只是在时间的某一点上才成为不可解决的难题，只是生产力的变革、人们生产能力的发展，才使生产关系得到进步（生产能力的发展，使生产关系的矛盾得以显现出来）。如果人们的生产能力在一定的社会经济时期没有扩大，那么——在马克思看来，这十分清楚——人们的生产关系将不会进到高一级的程度。

第三种可能的选择——即生产力和生产关系相互决定——在当代马克思主义者中颇为流行（人们认为，那是因为他们不能使自己承认生产力决定论，所以他们就勉强地把这种观点转嫁给马克思而造成的）。然而这样一种观点不能自圆其说。它明显地与本章开头的引语相冲突；并且，由于在任何一种经济结构发生时，它得不到历史唯物主义为这种发生提供一般的理论解释。因而实质上与马克思思想的整个精神相违背。马克思深信，新的生产关系的引进，在这样的一种方式上取决于生产力的发展，在这种方式中，这些生产力不依赖于（生产）关系。马克思为什么持有这种观点的理由虽然不太明显，但是，这种观点却是他关于生产的总概念的源泉——我一会儿就来讨论这个总概念。

不过，首先什么是马克思关于生产力决定生产关系理论的更为真实的理由？说到底，为什么人们的社会经济关系要同他们不断扩大的生产力相适应？对此，马克思给了两点相互交织的回答。第一，他写道："人们永远不会放弃他们已经获得的东西……为了不致丧失已经取得的成果，为了不致失掉文明的果实，人们在他们的交往（Commerce）方式不再适合于既得的生产力时，就不得不改变他们继承下来的一切社会形式。"

人们为了适应现存的或将来的生产力，会改变或正在改变他们的生产关系——人们不会放弃生产的进步——这一信念像是关于人类本性的一个假定。马克思对这一假定深信无疑，并可能把它同那些关于人类状况的更为"思辨的"主张区别开来。在他的著作中，这一信念是为一种像历史过程的原因那样广泛的、社会历史的、颇带目的论的社会规律，而不是作为一种应用于个人行为的规范而出现。

第二，当一个社会的生产力与其生产关系发生冲突时，以前刻画这个社会特点的基本经济平衡就被破坏了。这可以是由于一定的人或一定的阶级，企图趁机利用可以由社会自由支配的、潜在的或现存的生产力所引起（如中世纪胚胎中的、资本主义性质的企业家），也可以是由于统治阶级本身（如成熟的资本家阶级）已经解放了为它所不能够控制的生产力而引起。经济的不平衡动摇了其余社会关系，大大增强了符合要求地利用生产力的刺激力。既然马克思相信社会不会牺牲它已经获得的生产力，所以他自然认为，只有调整生产关系以适应生产力，才会使社会重新稳定。

马克思在这里的推论意在说明，为什么生产关系要适应不断发展的生产力；它并不表明，这些关系不同时也为其他的（如意识形态的）因素所决定。马克思是这样主张的，但他并没有去直接论证它。他确实相信，新的生产关系只有在这些关系的前提——适当的生产力——存在时才会形成。这一点对于劳动关系来说是容易理解的。但是，马克思同时也认为，对于所有权生产关系来说，情况也是这样。即使资本主义的其他前提条件已经具备，资本主义也还是只有在必要的生产发展已经出现时才会产生：古罗马就是马克思常常引证说明这一点的例子。同样，他和恩格斯认为，阶级差别的废除，只有在生产发展到某一较高水平时，才有可能。没有足够水平的生产能力，公社式的生产关系只会造成生产方式的停滞和衰落——阶级差别将因此重新出现。批评家即使接受这一点，可能还会争辩说，假定已经有了足够高的生产力，但是，一定的上层建筑因素仍然是为生产关系变革所必需的。这在某种意义上，马克思是会同意的，但是他断言，这些其他因素的出现，来源于新的生产力的存在。这些新的生产力的出现（并且可以设想，人们关于这点的意识），既刺激了新生产关系的引进，同时又使这种引进成为可能。

于是在马克思看来，生产关系的发展依赖于人们生产力的变革，而且暗示了为什么这种变革可以激起关系进行调整的原因。但是生产难道不也是依赖于生产关系吗？——（生产）关系难道不也决定生产力吗？这样一些问题，也许就是上述相互决定论的动机。当然，生产力"依赖"于利用它们的生产关系，因为生产不能在生产关系之外发生，但是，这并不意味着生产关系决定生产力。

虽然生产力是通过人们的活动自然地改进的（即使这种进展可能是逐渐的），但是它们的进步可能在较高或较低程度上为现存的生产关系所激发。以具有不同生产方式为特征的不同社会形态，在不同程度上刺激生产力的发展，但是，承认这一点，并不推翻生产力决定论原理。现代工业是已经建立起来的资本主义的产物，但是现代生产力要求并确保实现社会化的生产关系。此外，具有这种刺激生产力迅速前进特点的生产关系，其本身就是对过去存在的生产发展水平的一种适应。生产关系刺激生产力非但绝对不会使马克思感到为难，而且在事实上可以把他称为这种理论的创始人，即逐步发展的特定生产关系之所以能够逐步发展，正是因为它们在历史上最适于容纳生产力的持续发展。

马克思认为生产力处于支配地位，这源于他关于物质生产本身的思想。作为人类生存前提的生产和再生产，构成社会组织的基本功能。由于这种不断进行的生产过程，人们的生产能力扩大了。显然生产力要受外来（非生产力的）因素的影响，但是它们却提供了关于人们的生产进步、关于人们控制自然程度的最清楚标尺，并且正是这种发展，对于马克思来说，具有第一位的意义。

马克思好像是把这种生产的进步、生产力的扩大不依赖于生产的社会形式，看作一种既定的东西。在他看来，这种发展是一种自然发生，它包含在人类生产活动的真正本性之中。"任何生产力都是一种既得的力量，以往的活动的产物。"他既不询问为什么会是这样，也不寻求更为原始的因素来解释生产力为何可以得到发展。但是，由于不断的生产进步，迫使人们的社会生产关系向前发展。虽然马克思并不把历史归结为技术变革的历史，但是，他却通过人们与其周围世界的物质冲突这种发展的辩证法，使人类史与自然史成为一体。

然而，却有人寻求过比生产力更为基本的因素，这种因素既可以系统地决定生产力，又可以更一般地解释生产的进步。普列汉诺夫似乎曾经认为，地理就是这样一种因素。然而这种观点不能看作是对马克思理论的一种准确解释；马克思著作中论述地理的有关段落，并不包含有这种看法。地理条件虽然在人类早期发展中很重要，但是它们的变化太缓慢了，因而不能够把它们看作生产力的决定因素。此外，大多数地理性的东西（煤的储藏、河流、土地、气候）本身就包括在生产力之内。另一方面，像卡尔·费顿这样的批评家，却曾经指责过马克思忽视了"智力"或某种其他人类能力，声称它们比生产力更为基本，并且事实上是生产力的决定因素。既然人类的知识以及生产的智力已经包括在马克思的生产力概念之内，所以费顿的批评就落空了。对马克思来说，人们不能忽视生产力的理由，也就是为了给人类社会的研究以更坚实的基础，因而不能忽视物质生产的理由。生产和再生产的循环往复是不可避免的，但是，人与其他动物不同，他不归结为一种固定不变的生活方式。宁可说，人类生产本身包括了它的生产能力的发展。所以，对于马克思来说，生产力的发展是在一种为生产关系的发展所不具有的方式上和生产的真正本质紧密地联系在一起的。而生产关系的发展却不尽然，关系的改变只是为着适应于由人类能力的改进而开辟出来的可能性而变革。

三、唯物主义与历史解释

探讨生产力决定论是本章的目的，为了便于探讨，必须考察马克思对生产关系及其在历史唯物主义更大结构中的地位所作的研究的性质。

目前很少有人认为："唯物主义的"动机（所谓"唯物主义的"是指与心灵或精神上的追求相反这种通俗意义）在马克思的历史理论中有什么地位。确实，经济上考虑的支配地位（在狭窄的控制个人行为的意义上），在他的理解中似乎限于商品社会，或至少限于资本主义社会。然而，尽管这种粗略的"物质的"概念在历史唯物主义中已经消失了，但是，马克思的观点却还是常常与一种狭隘的经济决定论混同起来。这种经济决定论在本质上断言，历史完全是由

经济变量决定的，其他社会因素和社会关系同经济变量并不相互作

用，只不过是经济关系的傀儡。整个现实被等同于经济领域，国家、法律、意识形态等等反而具有各自不同的较低程度的实体性，这种理论无疑是错误的，马克思并不赞同，很难认为，它与马克思著作的精神相符合。虽然这种对历史唯物主义的错误解释不断发生，但是它还是不断地得到纠正。所以对这种观点无须在这里作过多的说明。我将只是考察恩格斯晚年关于唯物史观的著名通信，不管这些信件在正确、清楚的理论表达方面是如何令人不满意，但是毫无疑问，他和马克思是不能对上述的那种经济决定论负责的。

从上述事实中，很难得出如某些人曾假定过的结论：马克思只是坚持一种一般的相互作用论的观点，从这种观点看来，对任何一种因素都不能比对另一因素更加看重。确实，我们承认，马克思首先研究经济关系，但是他只是赋予它们在一切都是相互作用着的社会体系中的应有地位。强调社会现实一切方面的相互关联性，虽然有德国唯心主义和历史主义为之先驱，但它却非常符合 20 世纪含糊的功利主义和结构主义的许多情趣。对马克思的这种解释有利于使他的理论为任何人所接受。但是这种解释彻底冲淡了马克思的理论。针对以下的指责，即："生产方式制约着整个社会生活，政治生活和精神生活的过程……适用于物质利益占统治地位的现今世界，但都不适用于天主教占统治地位的中世纪，也不适用于政治占统治地位的雅典和罗马。"马克思写道："很明白，中世纪不能靠天主教生活，古代世界不能靠政治生活。相反，这两个时代谋生的方式和方法表明，为什么在古代世界政治起着主要作用，而在中世纪天主教起着主要作用。"[1]

尽管马克思在解释为什么生产方式决定整个社会组织时挥舞那精彩的"不根据前提推理"，但是很清楚，马克思不仅相信社会形成统一的整体，而且相信，这些在功能上联系起来的社会整体是由它们的经济基础决定的。经济上的考虑不是历史事变中的唯一力量，但是，经济领域由以构成社会生活的方式，在很大程度上解释了为什么人们的动机会是它们所表现的那样。11 世纪的十字军东征不是封建生产关系的附带现象，对马克思来说，正是这些关系，掌握着理解宗教战争在其中成为可能的世界的钥匙。

如果马克思那时——由于提出一种在其各种不同的因素中社会经济因素占第一性地位的社会世界的图景——企图在简单的相互作

① 《马克思恩格斯全集》第 20 卷，99 页，北京，人民出版社，1971。

西方学者卷·威廉姆·肖

用论和粗俗的经济唯物主义之间采取中间立场，那么这就提出了自从恩格斯以来，使马克思主义者为难的、关于基础和上层建筑之间确切联系的整个问题。对这个迷宫地带进行令人满意的勘察超出了本文的范围。一方面，问题不在于描述决定论的特殊类型——例如上层建筑的因果关系，这种决定论允许上层建筑"相对独立"的只是在最后被表现出它的决定性。另一方面，答案不单纯是基础——上层建筑关系是某种只能根据特殊事例理解的，并且每一事例都可在其全部经验的丰富性上被研究的东西。虽然马克思恩格斯无疑相信，根据他们的理论，一切历史"必须重新研究"，但是他们的理论却还是指望去做只是比推进历史研究更多的事情。如果基础——上层建筑关系在每一个别社会都不相同，以至于只有通过专门研究才能揭示，那么马克思的隐喻性暗示所应加以探索的道路，就不会导致使历史科学显示有规律的类型。[①]

马克思的模式把社会生活的各个领域列为一种等级体制，这使得他在研究更为基本的关系时，在方法论上可以撇开一定的社会存在领域；但是，我认为也可以假定第二级和第三级社会领域的派生特征是具有系统性的。这样，派生物的性质就会易于进行科学分析和加以公式化。艾迪斯曾抓住以下结论：

"因此，我们可以说，（在马克思关于整个社会相互作用论的理论范围内）主张经济因素第一性就是主张：如果人们要是考察社会的一切相互作用规律和一切社会横断面规律，那么就会发现或能够推出……（2），某种从经济到非经济（例如马克思关于意识形态的分析）的'如果——那么'型的统计学上的类似规律；以及可能推论出（3），一些或者按'如果——那么'或者按'如果——并且——只是——如果'方式联结经济和非经济变量的非统计学上的类似规律。"[②]

我认为这是一个在澄清以下两个问题条件下会为马克思所接受的结论：第一，虽然马克思在社会生活领域中发现了一个一般的等

---

① 本尼德托·克罗斯似乎认为像在这里主张批评某事一样，在他的信念中，没有一种原因或多种原因，会导致从某一个社会经济形态转变到另一个社会形态，通常因为这些原因和环境在每个具体情况下是不同的。克罗斯迎来的不是科学的历史唯物主义的结论；对于他来说，他的观点对理解历史只是一种帮助。历史唯物主义既不是科学，也不是历史哲学，仅仅是强调某些先前（即经济的）被忽略的历史方面。即使克罗斯在这点上是正确的，然而他几乎不能想到，历史唯物主义的奠基者们的意图是如此的朴素。

　② 艾迪斯：《自由和马克思主义者的历史哲学》。

级体制，但是他所论述的规律的形成，不仅总是适用于一般社会，而且总是适用于每一个特殊类型的社会经济组织。正如对马克思来说，虽然每一个历史时期都有它自己的规律，但是却没有实质性的经济生活的一般规律一样①，经济结构和上层建筑之间的联系也是如此。对马克思来说，上层建筑派生于经济基础是一个规律，但这是一个规律中的规律：在每一个社会形态中，更为特殊的规律支配着这个一般的派生出来的规律的确切性质。对这一点，恩格斯似乎很欣赏："必须重新研究全部历史，必须详细研究各种社会形态存在的条件，然后设法从这些条件中找出相应政治、司法、美学、哲学、宗教等等的观点。"② 在这里，恩格斯几乎不主张放弃历史研究的理论，宁可说，每一生产方式的上层建筑派生的规律必须出自严肃的研究。《〈政治经济学批判〉序言》的理论指导人们的研究，但是它决不等于作出了确切的、历史上特有而又符合规律的、相互联系的结论。

第二，虽然（或者不如说"因为"）合乎规律的规则不能在社会生活领域中发现，但是（所以），社会复合体的不同方面不是独立的变量。拉布利奥拉和普列汉诺夫很久以前猛烈抨击"因素论"，即一种认为历史或社会是各种不同的、独立自主的社会领域（比如文化或经济）作用结果的理论，赞成关于社会生活更为综合的观点，他们从来没有因此被谴责为暗中破坏了正统的马克思主义对于经济关系第一性地位的坚持。确实，普列汉诺夫无论如何是那个传统的主要支柱。反过来说，对社会世界中一般的相互联系的确认，并不排除对那个世界内因果联系的确认。虽然恩格斯晚期哲学著作强调既在自然领域又在社会领域发生的"普遍的相互作用"，反对"形而上学"的静止的思维方式，但是，他并不放弃对经验规则和规律的科学关注："只有从这个普遍的相互作用出发，我们才能了解现实的因果关系。为了了解单个的现象，我们就必须把它们从普遍的联系中抽出来，孤立地考察它们，而且在这里不断更替的运动就显现出来，一个为原因，另一个为结果。"③ 恩格斯这一段话是论述自然界的，但是对于社会领域，他也会同样坚持这一观点。虽然他的"辩证法"

① 参见《马克思恩格斯全集》第 23 卷，23 页，北京，人民出版社，1972。见马克思致巴·瓦·安年科夫信中关于经济范畴的问题。

② 恩格斯 1890 年 8 月 5 日致康·施米特的信，他说："到现在为止，还仅仅做一点研究，因为只有少数人是严肃地认真对待它。"

③ 《马克思恩格斯全集》第 20 卷，574～575 页，北京，人民出版社，1971。古代希腊辩证思想的不完全性，正是它不可能去解剖和分析自然——它不可能去掌握分离现象。

的锋芒在于提倡越出原因和结果的狭隘偏见而采用一种包含更为广泛的世界观，但是这种世界观必须包含关于现象之间富有规律的规则性的理解。

那种认为人类社会中的因果关系要求现存的有关方面在现实中完全彼此分开的想法，当然是荒谬的。但是此类天真想法，似乎助长了流利的、认为用"传统的"因果关系模式来讨论马克思理论是不适宜的看法。例如，奥尔曼遵循的方针是：马克思并不是赋予任何单个领域以因果上的第一性地位，而是把整个资本主义体系，它的一切经济的、社会的、政治的和意识形态方面，看成一个有机整体。这种因果关系的缺乏，似乎正是由马克思观点的有机论口授在奥尔曼的头脑中的。奥尔曼和同一派别的其他人，不仅像是在同一种台球式的因果模型工作着，而且他们还错误地认为，事件或社会关系在概念上的相互联系，禁止它们之间有因果联系。马克思确实有一个真正"有机的"社会概念，然而因果观念对于他的社会历史观，以及对于他自信是正在举行的科学工作来说，都是在构成整体时所必不可少的。

既然构成一定生产方式的生产关系，只会在不同程度上和不同范围内，决定与之相适应的各种不同上层建筑关系，所以，如果一个特定社会的确切性质和历史要是得到阐明，那么其他的规则和规律就会自然得到利用。对马克思来说，生产关系构成一般的社会世界，但是它们单独不能显示某一特定的社会形态的独特特征。虽然可以像《〈政治经济学批判〉序言》一样，"用自然科学的精确性"对生产方式进行分析，但它并不直接允许推断出生产方式在一个特定社会形态中的独特表现。至于在《资本论》的分析中，独特的历史事件是偶然的——虽然在这里，"必然性"和"偶然性"之间的鸿沟在某种程度上是由马克思阶级分析的桥梁沟通的。

早先人们论证，对马克思来说，阶级是按照它们各自对某一类型生产关系内生产力的关系规定的。马克思的经验主张是：一个阶级的经济地位决定它特有的观念和意向。如果一般地说生产关系构成社会形态，那么对马克思来说，正是阶级分析，揭示了人们的集团如何倾向于从他们各自利益的观点来解释社会世界和他们在这个世界内的各种可能性；现实把它自己不同地"呈现"给不同的阶级。于是像马克思这样的人们，就根据他们的（主要是由阶级决定的）世界观，作出有人性的、难免有错误的决定：工人可能号召或不号召总罢工，他们的对手可能坚决或不坚决地进行斗争，如此等等。

历史不是一个封闭的过程，在其中预先注定的东西，只是必然地显现出来。

虽然有这样一种意见，根据这种意见，生产关系的"必然性"特征和历史的"偶然性"事件之间的鸿沟，正像"基础"和"上层建筑"之间的鸿沟一样，由马克思的阶级分析而缩小了（因为被马克思归属到阶级范畴中的人们，都内含于这两种关系之中），但是，鸿沟还是依然存在着。戴着阶级斗争的眼镜观察社会，可能是也不可能不是一种有益的、启发式的研究。但是，在没有发达的行为科学的情况下，几乎不可能有成熟的科学解释或科学预言。当然，往往正是某一个别人或个别事的独特性与历史的理解有关。当马克思的论述转向像帕默斯顿勋爵的外交政策这样的题目时，就显然完全不是"马克思主义的"了，他的评述断然变成了新闻记者式的、普通平凡的。这样一种特殊历史现象，几乎不可能同关于生产方式长远趋势的"更深刻的"分析直接地、立即地联系起来。

如果我没有搞错的话，那么，马克思实际上并不企图以他解释更为基本的社会经济现实的方式，来解释"偶然性的"历史事件和上层建筑现象。他的理论在本质上不过是为他从第二级和第三级的因素中抽象地研究这些现实提供许可证。马克思的毕生工作，在于研究一种与日常事件相去甚远的、现实的必然特征。从这个基本的然而又是抽象的社会经济现实的着眼点出发，许多历史和许多关于特殊社会世界的细节是不可能预见的。他的理论引导人们注意到的经济结构决定论，是以十年为单位，而不是以一天为单位计算的。我认为马克思和恩格斯确实是以一种维多利亚时代的科学乐观主义，相信对于它的一切"细微差别"和"细枝末节"的"历史的偶然外貌"来说，科学上全面的解释，在原则上是可能的，但重要的是要懂得：这样一种全面的历史解释所必须凭借的某些法则（例如个体心理学），不是那些作为历史唯物主义研究对象的法则。它（历史唯物主义）所提供的解释水平要高得多，它提供了历史领域的鸟瞰图，而不是虫眼图。

例如：马克思对资本主义生产方式的描述，就是在一种很高的抽象水平上进行的。他以英国作为例子，阐述他关于资本主义的观点，但是《资本论》不是对英国的研究（更甚于万有引力定律不只是关于牛顿身边所落苹果的研究）。马克思在 1857 年的《〈政治经济学批判大纲〉导言》草稿中，论述了抽象在政治经济学中的作用。马克思自己认为，他对资本主义社会的研究，是在一大堆混乱的经济偶然性、复杂的经济形式和现象上的表现中间开辟了道路，抓住了资本主义社会最内在的联系；在理解了这些联系之后，能逐步上升到复杂的经济范畴；最后到达于对日常生活的经济事件作出说明。按照这一程序，《资本论》开始于最基本的然而是抽象的关系，逐步前进到在这些更深刻的关系中把自己显露给表面观察者的那些更"具体的"经济现象和表面范畴。即使这样，对一个特定的资本主义国家来说，并不是论价值的那一章是抽象的，像"生产价格"和"利润率趋向下降"这些更"具体的"规定性同样也是抽象的。马克思的模型描述了社会经济现实的若干层次。但是，与任何现实的、资本主义生产方式发生于其中的社会形态——例如1860年的英国或1900年的德国——相比较，一切都是高度理论化的。

重要的是要记住：马克思是在其整体上，即在其构成一种生产体制或生产方式的范围内，考察了一定的（所有权）生产方式，揭示了政治经济学研究对象的规律性。对马克思来说，一种生产方式的系统的规律性既是共时的（例如在雇佣劳动和资本之间的交换中），又是历时的（例如在递增的资本积累中）。任何特定的个别生产关系的历史，大都是生产方式的综合倾向的结果。例如，如果个别关系停止产生，那么这很可能是其他生产关系压力的结果，是作为一个整体的生产的社会特征的结果。个别生产关系不可能成为生产力决定论的试金石，它们——按照马克思的观点——从作为一个整体的系统功能方面，一般地做到这一点。

虽然生产关系被说成是适应于生产力，但是，正是这些关系，成为马克思的研究对象。第一，马克思所从事的是解剖社会，或者更准确地说，是解剖它的社会经济骨骼，而这种骨骼，是由社会关系——不是由生产力——组成的。马克思研究了社会世界和社会关系，但是生产力不是关系。甚至于人的劳动力，人们在把它作为一种生产力来考察时，也是撇开其社会特征而考虑其技术方面，而不是因为生产力构成社会世界，因而从他们本身把它们看作是这个世界的一个抽象方面。

第二，虽然生产力决定生产关系，但是生产关系并不归结为它们的生产力。生产关系可以由人和生产力规定，但是，即使它们在这种意义上不是整体论的，也还是没有任何个别行为的规律——更没有任何技术规律——可以产生生产方式的规律。经济关系具有能使对它们的研究易于达到严格的科学分析的规律性；从个别的偶然性中进行抽象，生产关系的重复性特征就可以得到确定。例如，雇佣劳动和资本之间的关系，就不是一种独特性的事件：劳动力每日被雇佣千百万次，因此这种社会关系固定不变的特征就可以由分析显示出来。这样，生产关系在某种方式上就能成为科学理论的对象，而在这种方式上，生产力本身则不能成为科学理论的对象——而这就是第三点。曾有人提出，在马克思看来，生产力有一定的发展上的自主性，但这在实际上是从人的较大的意向方面说的，而不是着眼于技术进化特定过程的合乎规律的必然性。对马克思来说，人的社会关系，特别是人的生产关系——不是生产力——是社会世界的建筑材料，并且是社会科学研究和理论的真正对象。

生产关系必须在它们本身的层次上来理解，而不能作为它们所适应的生产力的"结果"来理解。然而似乎可以说，生产力在它们与生产关系发生冲突并把社会推向新的生产关系的限度内，在继续不断地向历史的舞台迈进。生产力的发展程度，说明了为什么正好是此种生产关系和生产方式而不是彼种生产关系、生产方式发生的原因。要理解马克思的历史发展概念，需要我们抓住生产力的这种决定作用，而这就是我下面将要论述的问题。

四、生产力的巨大动力作用

生产力的历史水平决定了无论是业已存在的或即将产生的特定生产方式。以上讨论的结论就是必须从理论模型方面理解生产关系和生产力的相互作用，理论模型揭示了一定社会形态中榨取剩余价值的一般方式。虽然特定生产方式的特点对于了解历史变革是至关重要的，但是这种变革的契机并不单纯在于生产关系本身潜在的矛盾的展开，可以说，推动历史前进的巨大动力作用，在于生产力和生产关系交替的冲突和适应。当然，这种辩证法的特点在每一个历史变革中随生产方式本身特点的不同而不同，但这里的要点是，生产关系仅仅是由于社会生产能力的扩张才发展到较高的阶段。马克思所提出的这种支配历史的辩证法，其各种不同情景，将在以后的章节中加以考察，但是《〈政治经济学批判〉序言》确实提供了一些洞悉其一般特征的见解。

第一，"无论哪一个社会形态，在它们所能容纳的全部生产力发挥出来以前，是决不会灭亡的。这是不必赘述就可以适当理解的，这是把决定生产力的潜力，生产发展的最高水平赋予每一个社会经济形态。"① 在《〈政治经济学批判〉序言》的上下文中，这种主张意味着生产力只有在达到这种水平时，才会同生产关系发生严重的冲突。

第二，新的更高的生产关系，在它存在的物质条件以及在旧社会的胚胎里成熟以前是决不会出现的（这里马克思又是从整个社会形态方面说的）。人们认为，马克思所谓的"物质条件"，可能是指新的生产力，新的生产关系的萌芽，或为形成以上二者所必不可少的要素。驱使生产力与生产关系发生冲突的同一发展，促进了将要解决这种冲突的新的生产关系的产生。

第三，人类社会经济的演进是以可辨认的生产方式、可区别的社会形态为标志的，这些生产方式、社会形态的演进大体按以下方式重演：（1）随着社会生产能力的扩张，生产力和生产关系的协调日益转变成不协调；（2）二者矛盾的爆发是不可避免的，它是以有利于生产力发展的方式得到解决，生产力获得与之相适应的（生产）关系；（3）在更高的水平上建立起平衡。然而认为历史的进步是以生产方式的升降为标志的观念，不只是包含生产力决定论的命题在内。不过，如果已经建立起来的生产关系，由于它们在容纳生产力时具有适应性，而被为了自身利益维护这种秩序的阶级保护起来，阻碍生产力的发展，那么，马克思有理由认为在生产力与生产关系不协调时，生产关系也可以维持，这样，《〈政治经济学批判〉序言》的这种对抗、推翻或稳定的模型，似乎就被赋予了某种合理性。

最后，《〈政治经济学批判〉序言》列举了人类进步的几个重要阶段，其中所包含的若干历史过渡，本书将在以后部分加以考察。然而，马克思似乎曾经修订了他的特殊的历史时代表（至少是前封建时代），因为他没有把那么多的精力花费在对它们的详尽阐述上，而且他对它们的经济演进所作的说明，确实是不太令人满意的。马克思不大可能预先就有这种想法，即认为历史演进是通过确定的社会经济类型、确定的生产方式进行的，这些类型和方式的发展在生产力扩张的控制下，导向着它们各自的后继者的产生。

马克思把所有权关系归属到少数几个范畴之中，其中每一个都是以确定的生产体制、特定的社会经济生产方式为其特征的。在这种社会体系内，生产的劳动关系经常得到调整以适应生产力的发展。为了有效地利用社会生产能力的发展，这些关系一定要定期调整。

---

　① 一本未发表的原稿，通过科恩对我们的帮助搞清了这部分和以下的章节。

一定的所有权关系可能促进这种调整，或者它们可能被迫发展——或容许必要的劳动关系，或适应于已经变革了的劳动关系。因此，要想获得适合于生产力的劳动关系，经济结构的社会形式本身可能就需要变更。

当生产力和劳动关系在一定生产关系体系中发生脱节（矛盾）时，或当新的劳动关系同它们欲发挥功能于其内的所有权关系形式之间的冲突变大时，要求变革一般生产方式本身的压力也就增大了。这种情况可能通过阶级斗争发生，因为人们在他们的生产关系中分裂成具有不同物质利害关系的阶级。其次，对马克思来说，代表与生产力水平相适应的生产关系的阶级，享有历史上的优越地位：只有它的利益才为刚刚开始的、适应于刚出现的生产力的迫切要求的生产关系所服务的，而且只有它的统治才会导致稳定的经济结构。"那些使一定的生产力能够得到利用的条件，是一定的社会阶级实行统治的条件。"

历史人物并不常有的历史意向性，在即将逼近的生产方式面前的阶级斗争中显示出来了。人们常常在不完全理解他们实际上在做什么的情况下，调整着他们的生产关系。确实，在马克思的理论中，无产阶级是第一个在充分意识到它的历史地位（这应部分地归功于这个理论本身的作用）的情况下变换生产方式的阶级。作为对比，资产阶级也想过他们正在为自由和平等而进行革命，然而按照马克思的理论，他们事实上是在巩固资本主义。

人们的生产关系在适应生产力地持续不断地增长和发展，虽然只是在特定时期，但这些生产力确实与特殊的、刻画经济结构特征的所有权关系的形式发生公开冲突（在经济危机或阶级斗争中）。这就导致同生产力的目前发展及其持续发展更相适应的生产关系的建立。新的生产关系体系给社会构架以新的形式，而且对马克思来说，作为一种结果，它在不同程度上铸造了或重新铸造了其余的社会关系。生产力和生产关系的特定动力把历史推向较高的、并伴有人类生产能力持续改进的社会经济形式，而对这种基本的历史推进作出全面阐明，需要一种论述有关特定生产方式的理论。

这样一种理论对于任何特定社会都是非常抽象的，这一点可以用马克思关于从资本主义到社会主义过渡的观点加以说明，我将在下一章中讨论这种过渡理论。马克思从任一特殊的民族——国家的特定面貌，描绘了被抽象化地考虑的资本主义演进。《资本论》给以下的声明作了保证签名：社会主义是"不可避免的"，并且，由于同样的原因，它不授权人们去预言社会主义在什么特定时间或地点来到——但只肯定资本主义发展的趋势是如此这般以致带来社会主义。很清楚，预言或解释一个特定的社会主义革命，需要有比懂得资本主义体系合乎规律运转以及工人阶级倾向于社会主义（当然，这种知识是必要的，但还很不够）更多的知识。然而，革命在某一特定地点由于特殊的（地方的）原因而爆发，这并不破坏比这更广泛的生产力决定论。

要使马克思的理论进一步巩固，只要表明历史发展的一般进程是由人们生产力的发展所决定，也就足够了。每一社会形态的特定发展，不纯粹是生产力和生产关系一般理论上的相互作用的重复。世界上的每一个社会集团，不是注定要走同样的四个或五个经济发展阶段，任何特定社会形态的演进不只是一个内部生产活动的事情。《〈政治经济学批判〉序言》列出了整个人类社会经济演进的一般阶段——它们不是由历史所责成的，每一个国家都要毫无例外地攀登的阶梯。社会很少孤立地存在，生产的进步促使它们彼此发生反响。马克思几乎不相信任何国家的历史发展只是它内部生产力发展的结果。民族——国家能够跳过经济阶段，然而它们为什么能够做到这样，必须用历史发展的综合模型以及这种发展的动力是生产力来加以说明和解释。

国家也可能落后甚至倒退。但是当人们举出 16 世纪（东欧一些地区）封建关系的复活，或 19 世纪初德国落后的经济状况这种复杂的例证时，上述理论并不强迫人们去一个劲地抓住生产力水平不放。毋宁说，马克思主义的分析，必须讨论这些社会中生产力的进步与各种不同的生产方式之间的联结，并须讨论它们的各种不同的经济关系的作用——以及伴随而来的阶级之间的斗争——如何为周围国家的经济运动所影响。在响应别处资本主义建立时的封建关系的重新加强，并不一定反映这些国家生产力的下降；相反，它反映了影响生产力和生产关系之间辩证关系的一些变量的变化：比如，比起一个软弱的、面临着外部竞争的资本主义体制，封建关系暂时也许可能更好地利用生产力。基本的马克思主义分析继续把一种生产方式作为一种理想模型研究下去，但是在任何特殊的历史情况下，这种生产方式将和其他生产方式一道——既在这个特定社会之内，也在这个特定社会之外发生作用。把各种各样的生产方式，也许是不同类型的生产方式之间的相互作用，以及把这些生产方式与生产力扩张的联系考虑进去，会使图景复杂起来。但是，只有这样一种分析才能把理想生产方式和抽象研究同某个特定国家特殊的经济发展联系起来（应当指出，马克思对任何个别国家演进的特殊社会经济进程，从来不更多地提供一种说明性的蓝图）。

既然生产力是历史进程的基础，可见马克思是在对这一历史进程的基础上进行"技术决定论"的解释，但是这个标签颇有些不大愉快的含义。这是因为那些把马克思的理论看作是技术决定论理论的人们，对它作出了不适当的解释。一般说来，这种解释由于从生产力中勾销了劳动力（技巧、知识、经验）或企图把它直接用于生产力或生产关系的特殊的、个别的变更上去，因而使马克思的理论显得难以置信。因为这些解释显得如此站不住脚，所以马克思的朋友们常常采取这种立场：马克思并没有真正打算把生产力当作生产关系的决定因素。既然我已经对生产力如何决定生产关系提出了有条理的（虽然是抽象的）说明，所以就没有必要再进一步去详细论述这种对历史唯物主义的错误概括。马克思的"决定论"解释家们，不管是如何地不充分，至少强调了这一事实：马克思确实把生产力的增长看作是社会发展的第一推动者。这一点同特定的社会形式以及阶级斗争的联系，形成了他的独特看法。

现在，要想充分了解马克思的历史理论，就必须具体地追踪每一个历史时期生产发展的水平和性质如何使一定的所有权关系适合特定的生产方式成为必然的确切方式。因此，我从这些一般的观点转到对马克思所论述过的特殊过程的研究上来。首先，从资本主义到社会主义的过渡，这是马克思毕生进行的理论研究的主要对象。其次，过去世界史几种不同生产方式的演进，这些研究会使生产力同生产关系之间动力的性质、历史变革和发展的推动力得到更具体的说明，关于对马克思唯物史观的研究，将在最后一章得出结论。

（阮仁慧　钟石韦　冯瑞荃　译）

罗默

罗默（John E. Roemer，1945— ），"分析的马克思主义"阵营中最活跃的成员之一。1966 年以优异的成绩毕业于哈佛大学数学系，做了几年数学教师之后，又考入加州大学伯克利分校。于 1974 年获得经济学博士学位，此后担任加州大学戴维斯分校政治科学和经济学教授。其主要著作有：《马克思经济理论的分析的基础》（1981）、《剥削和阶级的一般理论》（1982）、《分析的马克思主义》（主编，1984）、《在自由中丧失：马克思主义经济哲学导论》（1988）、《分析的马克思主义的基础》（主编，1994）、《市场社会主义：当前的争论》（主编，1993）、《社会主义的未来》（1994）、《分配正义理论》（1996）、《机会平等》（1998）、《政治竞争》（2001）等。

罗默最突出的研究成就是对剥削和阶级理论的分析和重构，《剥削和阶级的一般理论》一书被公认为是柯亨之后的"分析的马克思主义"流派最重要的著作。首先，他提出了财富、阶级和剥削的两个对应原理：其一是阶级—财富对应原理，该原理认为，若把全部当事人从最富到最穷排列出来，那么各个阶级也可一一对应出来；其二是阶级—剥削对应原理，该原理认为，凡是雇佣劳动力的阶级就是剥削者，而凡是出卖劳动力的阶级就是被剥削者。罗默认为，他证实了马克思的劳动力的出卖或雇佣分别与被剥削者和剥削者相联系的理论，并把上述原理视为他重构剥削和阶级理论的基础——从财产出发去建构剥削理论和以剥削理论为基础建构阶级理论。他的一般剥削理论原理认为，人类历史中存在着如下几种剥削形式：（1）封建剥削。在这种剥削中，佃农受剥削，地主是剥削者，非佃农的无产者就不是受剥削的群体。（2）资本主义剥削。根据生产资料的私有财产的替代的平均分配来确定其特征。（3）社会主义剥削。在资本主义剥削被消灭之后，由于个人还占有不同的不可转让的财产（技能等），不平等仍然存在，这种不平等就是社会主义剥削。（4）地位剥削。按酬金按地位划分，特定的收入与人们一定的地位密切联系，而又与占有那种地位所必要的技术完全无关，这种现象被视为地位剥削。他还提出了社会必要剥削的理论：社会必要剥削有静态和动态之分，静态指某种生产群体退出原先所在的经济群体后，经济情况恶化，动态指退出初期有所改善，但经济慢慢恶化；早期资本主义由于发展了社会生产力从而也提高了工人们的福利，这种剥削就是社会必要剥削；在现行社会中，由于劳动技能差别而产生不公平的剥削也是社会必要剥削。此外，罗默还认为，马克思的剥削概念是多余乏味的概念，其理由是：第一，对劳动的剥削不是说明资本主义利润和积累的基础；第二，谈论剥削不如直接看生产资料的不平等；第三，剥削理论不能正确地判断不公正的受害者。

本书选取的是他的《在自由中丧失：马克思主义经济哲学导论》一书的第八章《历史唯物主义》。在文章中，罗默首先充分参考了柯亨对历史唯物主义的解释。罗默认为，将阶级斗争视为马克思主义的核心并宣称经济结构与生产力的关系是可能的。其次他将历史唯物主义和进化论进行了类比，认为历史唯物主义是论述从封建主义向资本主义转变中的最好理论，但它并不具有普遍意义。尽管历史唯物主义的解释功能的逻辑受到反对者攻击，但他看来，功能解释的逻辑性可以不受因果解释的限制，他举例论证历史唯物主义对资本主义社会的功能解释的有效性，但是要求对该解释进行证据上的审视。他最后介绍了布伦纳对历史唯物主义的挑战。布伦纳从经济史的角度，试图颠倒经济结构和生产力之间的关系及其命题中提出的不是生产力的发展水平决定经济结构，而是阶级力量决定财产关系，生产关系再转过来决定生产力的发展速度的理论。作者论证了它的阶级和剥削的传统理论在马克思主义的历史观中有其理论源泉，并且试图说明马克思主义对财产形式的强调，意在揭示私有财产只是组织经济活动的一种可能的方式。

历史唯物主义[①]

  历史唯物主义是过去 10 年中受到众多关注的历史理论。尽管我在这里无法对这一问题作出深入的评论，但我将表明，至此论述的阶级与剥削的传统理论在马克思主义的历史观中有其理论上的来源。我对历史唯物主义的概括几乎完全依赖 G. A. 柯亨的著作，他的著作比其他人的著作更多地使历史唯物主义在社会和政治理论中恢复为一种必须认真对待的候选理论。在以后的章节中，我还将再考察出现于布伦纳著作中的一种颇具挑战性的关于历史变革的马克思主义的理论变种。

一、经济结构、生产力和上层建筑

  虽然历史唯物主义是马克思主义的核心，但马克思对这一理论

① 选自《在自由中丧失：马克思主义经济哲学导论》，北京，经济科学出版社，2003。

本身的论述却非常少。主要的论述是出现于 1859 年出版的《〈政治经济学批判〉序言》中的一段简要说明："人们在自己生活的社会生产中发生一定的、必然的、不以他们的意志为转移的关系，即同他们的物质生产力的一定发展阶段相适合的生产关系。这些生产关系的总和构成社会的经济结构，即有法律的和政治的上层建筑竖立其上并有一定的社会意识形式与之相适应的现实基础。物质生活的生产方式制约着整个社会生活、政治生活和精神生活的过程。不是人们的意识决定人们的存在，相反，是人们的社会存在决定人们的意识。社会的物质生产力发展到一定阶段，便同它们一直在其中运动的现存生产关系或财产关系（这只是生产关系的法律用语）发生矛盾。于是这些关系便由生产力的发展形式变成生产力的桎梏。那时社会革命的时代就到来了。随着经济基础的变更，全部庞大的上层建筑也或慢或快地发生变革。在考察这些变革时，必须时刻把下面两者区别开来：一种是生产的经济条件方面所发生的物质的、可以用自然科学的精确性指明的变革，一种是人们借以意识到这个冲突并力求把它克服的那些法律的、政治的、宗教的、艺术的或哲学的，简言之，意识形态的形式。我们判断一个人不能以他对自己的看法为根据，同样，我们判断这样一个变革时代也不能以它的意识为根据；相反，这个意识必须从物质生活的矛盾中，从社会生产力和生产关系之间的现存冲突中去解释。无论哪一个社会形态，在它所能容纳的全部生产力发挥出来以前，是决不会灭亡的；而新的更高的生产关系，在它的物质存在条件在旧社会的胎胞里成熟以前，是决不会出现的。所以人类始终只提出自己能够解决的任务，因为只要仔细考察就可以发现，任务本身，只有在解决它的物质条件已经存在或者至少是在生成过程中的时候，才会产生。大体说来，亚细亚的、古代的、封建的和现代资产阶级的生产方式可以看作是经济的社会形态演进的几个时代。资产阶级的生产关系是社会生产过程的最后一个对抗形式，这里所说的对抗，不是指个人的对抗，而是指从个人的社会生活条件中生长出来的对抗；但是，在资产阶级社会的胎胞里发展的生产力，同时又创造着解决这种对抗的物质条件。因此，人类社会的史前时期就以这种社会形态而告终。"

在这段论述中有一些关键用语。生产关系是经济权力的关系；人们对生产资料，包括物质生产资料和他们自身的劳动力，拥有或者不拥有经济权力。例如，封建生产关系包含农奴对其自身劳动力仅有部分的支配权（因为领主对它也有一定的支配权）和领主对农奴小块土地仅有部分的支配权（因为不能排除农奴对它的使用）。换句话说，农奴和领主都对农奴的劳动力和小块土地拥有一定的经济权力。相反，在资本主义下，无产者对他的劳动力拥有完全的支配权，这是从他可以决定是否出卖劳动力的意义上讲的，他对非劳动的生产资料则不拥有支配权（这一说法将会受到一些人的质疑，他们争论说，无产者是为了生存而被迫出卖他的劳动力的，一旦出卖了劳动力，他就不再对它有支配权，因为资本家在生产地点支配他。但另一方面，在生产地点工人确实也对生产资料行使某种支配，这解释了监督和系统剥夺工人关于生产过程知识的必要性）。奴隶对他的劳动力和生产资料都没有权力。理想中的共产主义使生产者对他的劳动力和生产资料都拥有完全的支配权，虽然很多人会把这种理想看作是无法接受的乌托邦。

经济结构被定义为全部生产关系的总和。经济结构的形态——即社会将其自身组织为封建的、资本主义的、奴隶制的还是共产主义的——是生产力发展水平的结果，生产力发展水平包括技术知识和生产者技能的发展水平。历史唯物主义的首要的主张是现存的经济结构不是人们具有的观念或他们的宗教见解的结果。相反，每一经济结构都是适合当时技术发展的水平的。在一个时期西欧社会就其社会组织而言是封建的，因为封建制度在具有那个时代生产力特征的经济中是最有效的组织生产的方式。一旦生产力得到进一步的发展，封建生产关系就不再是组织那种经济的有效方式了，而资本主义生产关系却成了有效的方式。封建经济结构成为生产力进一步发展的桎梏并受到资本主义经济结构的成功挑战，资本主义经济结构最终胜出。历史唯物主义还主张，最终生产力将发展到如此高级以致资本主义关系在利用生产力方面将不再是最优的。一旦资本主义关系成为生产力进一步发展的桎梏，那时（马克思和恩格斯曾经预言）社会主义（或共产主义）将作为组织生产活动的最优经济结构而胜出。马克思把资本主义社会灭亡以前的时期称为人类社会的史前时期，因为在此之后（在他看来）剥削的阶级关系将不会继续存在，人的潜能的全面发展将得以实现。

这一分析的要点在于根本的动力是生产力的发展，经济结构是与之相适应的（以某种形式还要作解释）。与任何既定的生产力发展水平相伴随的，可能会有一种或几种可行的经济结构。如果只有一种，那它必定会在那种生产力水平下存在；如果有几种，那将会存在某种形式的竞争以使某一经济结构得以实现。经济结构适应技术的发展水平，根据这一理论，它就具有或多或少由外因决定的发展趋势。

历史唯物主义的第二个主要主张涉及经济结构和法律的、政治的上层建筑的关系，上层建筑指的是国家的政治形式和实施财产权的法律。上层建筑是经济结构的必然结果。因此，法律和政治是在来自纷争的混乱已经消除和经济结构已经建立之后我们所看到的那些东西。法律加强了组成经济结构的那些经济力量，但基本的因果关系是从经济结构到法律的上层建筑。法律和政治贯彻执行的是经济结构的要求，经济基础反过来又是基于生产力的要求。这样，法律和政治的发展是后退两步由物质性的经济发展所决定的。

那么，历史唯物主义的这三个主要命题就是：（1）生产力趋于发展是不以人们的意志为转移的，但无疑从某种意义上讲又是因为人们进行的力求改善其境遇的活动；（2）在生产力处于其特定水平的既定条件下，社会的生产关系（或经济结构）由它们组织经济活动的功效来说明；（3）社会的法律和政治上层建筑由它使现存经济结构稳定与合法的效果来说明。

这三个命题全都受到了强有力的挑战，并被马克思主义与非马克思主义的社会理论家所争论。第一，他们强调，生产力趋于发展的主张是一种以欧洲为中心的结论。在亚洲，长期以来生产力基本上没有什么发展，因为经济结构成功地束缚了这种发展，这种情况与马克思在《序言》中的主张恰好相反。第二，他们声称，技术与生产者技术知识的发展方式在很大程度上为生产关系所决定，而不是相反。不仅经济结构可以成功地束缚生产力，而且如果说生产力有所发展，那它们的发展也带有现存经济结构的深刻烙印。这些主张是由布雷弗曼、马格林和布伦纳等人提出的，这里只举出这几个人。第三个挑战指向上层建筑的从属性的主张：很多作者坚持认为，政治的和法律的上层建筑对财产关系的性质具有巨大的影响，因而像命题（3）所强调的那样把这一首要的因果关系视为相反方向因果关系的延伸是错误的。命题（1）通过命题（3）体现为所谓的经济决定论；绝大多数当代学者，无论他们是不是马克思主义者，都不认为这些主张充分强调历史唯物主义所考虑的东西仅仅是"反馈作用"，即意识形态、宗教和民族主义对经济结构发展方式的作用。无论历史唯物主义是不是一个正确的理论，它的价值都在于它是一种关于历史的理论，一种对历史经济理论的足够清楚和简洁的说明，而这种理论是任何其他理论都必须认真对待的。

作为一种经济结构如何会成为生产力发展桎梏的一个例子，让我们考虑一下马克思的这段话："手推磨产生的是封建主为首的社会，蒸汽磨产生的是工业资本家为首的社会。"实际上马克思是错的：他是在写下这段话的 10 年之后才开始对封建社会进行历史研究的。如果他在写这段话时就开始了对封建社会的研究，他会用"水力磨"代替"手推磨"。在 16 世纪的英国，庄园领主常常不允许农奴使用小型的手推磨，而是要求他们使用领主的水力磨，这是出于税收目的所采取的确保所收获的谷物数量的价值的方法。也许用水力磨碾磨谷物对于庄园那样的规模是有用的，但它不能在大规模基础上提供足够的动力生产谷物。随着蒸汽机的出现，开动机器所能生产的产品数量大大超过直接生产者所能消费的产品数量这一情况已成为可能。这时的产品才能进行交换以获得利润。因而，经济利益的可能性是伴随具有更高生产力的技术而得以出现的，而且还出现了一个占有这种利益的阶级（资本家阶级）。但是，如果技术在生产力方面还不足以生产出远远超过生产者自身所须的产品，这一阶级就不能存在。此外，交易的新技术（运输）出现了，这使得生产商品是为了交换而非为了自身需要的企业供应的远方的市场变得可被利用。通过对这一问题的详细阐述，人们可以对资本主义的产生和封建主义的最终灭亡提供一种历史唯物主义的解释。交易的发展是导致资本主义生产力发展的一个方面，这一论点被称为对从封建主义向资本主义转变的商品化论点。

　　接下来的例子不是一个历史唯物主义理论的例证，虽然这个例子常常被看作是一个马克思主义的论据。考虑一下对从资本主义向社会主义转变所作的如下解释：资本主义发展了劳动分工。它使众多的生产者群体集中到工厂，教会他们以合作的和有纪律的方式进行劳动，并且培训他们（当今讨论较多的一个问题，是关于资本主义社会中对广大群众的日益忽视；但是压倒性的历史事实是资本主义已把绝大多数人口城市化，并随着城市化而出现了通信、文化和教育的设施）。然而，通过培养工人的这种合作，资本主义播下了使它自身灭亡的种子，因为此时工人们认识到资本家本身并不是生产过程所必需的。资本主义工厂既向工人展示了他们的力量，也向他们提供了组织起来并最终为他们自己而剥夺资本家的生产资料的场所。这一解释并不是一种历史唯物主义的解释，因为它没有表明资本主义生产关系是生产力进一步发展的桎梏，而只表明既定的资本主义生产的本性使资本主义生产关系将变得不能继续维持。

历史唯物主义的一个本质的方面，是它对社会演进提供了一种经济学上的解释，即这一演进的发生是"不以人的意志为转移的"。财产的、法律的和政治的制度的兴起和衰落，被看作它们是较好地还是较差地适合利用变化着的生产力。根据命题（1），生产力趋向于发展贯穿历史。正如我所指明的，这一命题受到了生产力长期停滞的例子的挑战。然而，似乎的确存在跨越时间的技术进步的趋势。柯亨论证说，因为人是有理性的，他们面对的是稀缺的环境，他们有能力通过利用他们的理性去提高他们借以生产产品的技术的效率来缓和稀缺，因而生产力趋向于发展。柯亨对这一论证的表述则更为细微，但只要说有理由相信如同命题（1）所宣称的生产力发展的那种趋势就够了。这样，在给定的关于人类理性和表现人类环境特征的稀缺这些假定下，历史唯物主义的三个命题就能被辩解为合理的命题。不过，即使历史唯物主义理论在逻辑上是一贯的，它是否准确地描述了实际的历史发展这一问题仍然存在。

二、阶级斗争的作用

《共产党宣言》是以这样一段话开始的："至今一切社会的历史都是阶级斗争的历史。"然而，在我此前引用的马克思的论述中却没有出现阶级斗争。一些人坚持认为，马克思宣扬的两种不同的历史理论是前后矛盾的；另一些人则试图调和这两种主张。如果阶级斗争被赋予新经济结构诞生的助产婆的作用，那就不难提出一种调和方法。生产力也许已经超越了封建财产关系，后者束缚了它们的进一步发展，但那些关系的崩溃（为资本主义关系开路）的发生则是由于阶级斗争——农奴反对封建领主的斗争和封建领主反对商业资本家的斗争。实际上，阶级斗争可能会经常发生，但被剥削的生产者阶级的反抗只有在现存生产关系不再实现其应起的作用时才会成功。只有那时革命才会发生，一种新的财产关系才会得以确立。虽然可能看起来是由于阶级斗争才有这种转变，这种历史唯物主义的看法却认为它只不过是这种转变的推动者，而革命的更深层的原因是生产力发展水平和旧的经济结构之间的不一致。

阶级斗争对历史唯物主义的这一插入可以作进一步的阐述。设想在封建经济中存在农奴这一直接生产者阶级，再设想在封建经济旁边一个新生的资本主义经济正在出现，这种经济基于已向其他地区开放交易的可能性。与封建经济的成分不同，这一资本主义经济成分主要从事的不是为了自己消费的生产，而是为了交易的生产。尽管农奴的反抗已有多年，但只是那种使资本主义成分的生存成为可能的技术（包括商业的技术）的出现，才为他们提供了对封建经济的大规模的替代。这时存在一种选择，因为资本家和封建领主可以在对劳动人口的控制上展开竞争。如果资本家使用的技术或生产力能使他们支付高于农奴挣到的实际工资，那就存在一种从经济上解放农奴的优势，而这种优势以前是不存在的。这样，从作为农奴可以终止其农奴身份的意义上讲，农奴反抗封建领主的阶级斗争就更有可能取得成功。他们可以成功地变成独立的农民并能参与由资本主义成分发展起来的交易，或者他们可以从封建等级中摆脱出来而成为城市中的手工业者或无产者。封建主义与资本主义之间此时的这种竞争使得反对封建制度的阶级斗争得以成功，尽管以前这种斗争是无法成功的。

由此说来，作为统治阶级出现的阶级（反对封建阶级的资本家阶级）能取得成功是由于其更有效地发展生产力的能力。其过程是这样的：最能发展生产力的阶级将能为直接生产者提供最高的生活水准，这一更高的生活水准将像磁铁一样吸引生产者进入它的生产方式。这显然与达尔文主义的进化过程相类似。自然选择"偏爱"既定环境中最适于生存的变种。在历史唯物主义中，变种就是不同的经济结构，既定的环境就是生产物品的不同方式，包括对不同技术的使用。获胜的变种是那种能为直接生产者阶级提供最好条件的变种，这些直接的生产者始终在为他们条件的改善而斗争，因而始终在寻求替代物。如果资本家阶级拥有的技术知识足够优于封建技术，从而在长时期内对农奴和农民产生吸引力，那它将在控制上最终成功地击败封建阶级。控制上的这一改变是通过阶级斗争而实现的，但它只有通过生产力发展水平才具有可能性。

作为一种论述从封建主义向资本主义转变的理论，历史唯物主义是最好的。但也许它与这一重要的历史事件结合的过于紧密，以至于它无法成为一个普遍的理论。这一节的主要目的一直是要表明，既断定阶级斗争是马克思主义的核心，同时又断定经济结构改变以适应发展生产力是可能的。这并不是说我的说明从历史上看是正确的，而是说它看起来在逻辑上是可能的。同我刚才给出的说明相比，一些当代的马克思主义者赋予阶级斗争一种对于经济决定论的更少从属性的作用。

三、理论的逻辑

历史唯物主义理论的逻辑一直受到反对者的攻击，这些人声称经济结构适应生产力的解释是一种功能的解释。根据历史唯物主义理论，生产力的发展水平解释经济结构的性质，经济结构又促进生产力的发展。与既定生产能力水平相关的经济结构的流行的确是因为它促进了这种能力的进一步发展。这种解释是功能的解释，因为这一经济结构存在的"原因"，被说成是存在于一种它具有的推动生产能力发展的"结果"或功能中。一事物的原因怎能又是它具有的结果呢？这似乎颠倒了作为"A 导致 B"这一陈述定义组成部分的原因和结果的时间顺序。

柯亨论证说，有一些功能解释在逻辑上是成立的并且不是以其结果去解释原因，因此，他认为上段话提出的反对历史唯物主义的功能解释的论点是错误的。考虑一下一个产业的例子，在这一产业中大型工厂在一个时期取代了小作坊，这一取代之所以成功是因为技术意义上的规模经济。尽管规模经济只是在大型企业成为现实之后才得以实现，但我们有理由说规模经济解释了这一产业大型企业的发展。对此的功能解释是，这种规模上的扩大是因为该产业是这样一种类型的产业，其规模的扩大能产生经济效益从而导致一种竞争上的优势。即使不知道大型企业引入的那种机制，人们也可以完全有把握地断言这一点：无论是有先见之明的经理看到了大型企业的发展道路，还是一些大型企业被偶然引入，随后发生的情况就是大企业凭借其所能利用的规模经济（选择性的适应）将小企业排挤出去。

第二个例子表明历史唯物主义的功能解释的性质可能是有效的。而这再次表现出它与进化论的类似。考虑一下这一命题："鸟的翅膀长有空心骨因而它们能飞。"这显然是说，鸟最终长出空心骨是因为空心骨有利于飞行；这种空心骨也许是来自以前因缺少空心骨而不善于飞行的鸟的一种适应性变化。我们可以说空心骨是由它们能使鸟飞行这一功能来解释的，而且这种解释没有犯将结果置于原因之前的逻辑错误，因为鸟的骨骼结构被飞行动物所适应本身是一个过程，而这一最有利于它们生存的过程就包括空心骨。空心骨出现的机制也许仍可能是以下几种情况之一：也许是全能的上帝给了鸟类空心骨，也许鸟类知道吃哪些是能长出空心骨的食物，也许由偶然变异导致的选择性适应造就了长有空心骨并因而在生物进化上获得更大成功的鸟类。同样，尽管经济结构适应生产力的机制还没有被理解，但存在一种因某种机制而发生的适应却可能仍然是清楚的；因而功能解释被证明是正确的。

很多马克思主义者的论点存在的一个主要问题，是它们在证据不足以支持某种功能解释的情况下对该解释的不加批判的信赖。例如，资本主义社会的国家行为是由它们维持资本主义秩序的功能来解释的，即使在那些行为看上去是为了工人的利益的时候也是如此。让我们考虑一下 8 小时工作日法的制定。对此的功能解释是，如果这些法律没有制定，工人就会起来反抗从而资本主义制度就会崩溃；因此，当资本主义国家通过这些法律时，它是为了资本家阶级的利益而行事的。一种对 8 小时工作日法的更直接的解释，是争取 8 小时工作日的大规模工人运动迫使资本主义国家制定它们。但这一解释却没有表明它们是资本主义的生存所需要的。

再考虑一下资本主义社会中种族主义的存在。马克思主义者论证说，种族主义分裂了劳动阶级，使它难以组织起来反抗资本。如果资本家能够借助种族、语言、年龄或性别使工人中的一个群体反对另一个群体，那就能加强他们的地位。对此的功能解释是，种族主义在资本主义社会的存在是因为它强化了资本的力量。但这一解释并不很清楚，因为同时还存在着经济学方面的论证——竞争将消除种族主义，或者至少消除歧视性的工资差别。这种论证认为，如果黑人工人和白人工人在生产能力上是相同的，那竞争将消除这两个群体之间的工资差别。如果一个黑人工人的工资低于他的价值（在标准的新古典模型中他的劳动的边际产品），那某个追求利润的资本家就会以较高的工资雇用他；这一过程将继续下去，直到工资反映出生产能力。因此，看起来维持种族歧视的工资差别不会有益于任何单个的资本家。如果资本家想要最大化其利润，他就要找到付给低工资的工人；而如果很多资本家都这样做，工资就将被抬高到竞争情况下的水平。这一论证受到很多令人不得不信服的有关种族歧视的工资差别的顽固性的例子的反驳，而且这些例子都能由这样的模型来解释，即在这些模型中，资本家意识到，例如，如果通过维持工资差别使工人们相互竞争，那他就能削弱反对他的劳动大军的团结（因此，"分而治之"这句话被用来描述资本家的策略）。显然，有些国家，例如南非，在那里，是经过协商的、实行中央集

西方学者卷·罗默

633

权的国家政策在维持种族主义。① 从这个例子可以清楚地看出南非资本主义倡导种族主义政策的机制，而且可以证明，这种政策是有益于其资本家阶级的利益的，尽管种族隔离的存在是因为它倾向于使资本主义更加有利可图这一情况并不显而易见。不错，种族隔离可能会使南非资本主义垮台，否则它也许能以一种更为开明的形式继续维持其存在。在自由主义资本主义的民主政治中，种族主义也许会对资本主义起作用，种族主义的存在也许是因为它倾向于增加公司的利润和增进资本主义的稳定，但这需要细致的材料表明这一机制的实际情况是可信的。

第三个缺少充分证明的功能解释的例子涉及的是美国工人阶级儿童的教育。这些儿童的识字率很低。一些马克思主义者坚持认为，资本主义需要一个由相对来说受教育程度低下的工人组成的下层阶级，这些工人知道纪律并服从他们的老板，但他们没有足够的文化去了解世界并认识到他们"失去的只是锁链"。因为有这样一个半文盲的工人阶级对资本主义有用，因此学校（国家机构）只是从这些方面培训工人阶级的儿童：学会服从而不是学习阅读。但是，这样的功能解释显然也不令人信服，因为那些包含于这一过程中的大多数人——教师、学生、家长，以及很多学校董事会成员——都想要学生学习阅读。不错，美国学校的教育质量是低，尤其是那些为工人阶级和少数民族学生开办的学校，但上述功能解释却太随意了。人们必须展现为相关的所有当事人面对的激励倾向才能解释为什么很多工人阶级的儿童没有学习阅读。

历史唯物主义已经许可理论家对资本主义社会的全部罪恶作出不费气力和缺乏说服力的解释。尽管下面这些断言可能是正确的——在资本主义国家政府是为资产阶级的利益而行事的，种族主义在资本主义下会比在社会主义下更严重，工人阶级的儿童不学习是因为他们生活在资本主义社会中——但对它们的证明需要详细的历史资料，而不是仅仅求助这些资本主义社会具有的维护资本主义的特性的功能。这些断言必须以一个一个的事例为基础来证明。历史唯物主义被设想为一种解释某些大规模历史变革的理论；如果它是有说服力的，那这是因为有历史证据证实了它的结论。但也正是由于这一原因，功能解释，作为一种对很多以前被观察到的事例的归纳，也才可能被证明是有理的。

---

① 本书英文原版出版于 1988 年，此处是指 1988 年以前的南非。

四、来自经济史的挑战

罗伯特·布伦纳为我们提供了对历史唯物主义理论的一个令人感兴趣的挑战。他声称，就现代欧洲的初期而言，其经济结构与生产力之间的关系与命题（2）提出的关系是截然不同的。他坚持认为，一种作为封建的或作为资本主义的（或作为一种以独立存在的农民为特征的）农业财产关系的经济结构的实现，不仅取决于像生产力发展水平那样的经济因素，而且还直接取决于阶级斗争，取决于"竞争者的相对力量"。布伦纳想要解释两个历史现象：在现代欧洲初期的许多地区直接生产者与剥削阶级之间收入分配的一般趋势，和资本主义关系在农业中的不同发展，这些关系在一些地区比另一些地区更强大。

在布伦纳的论述中处于核心地位的一个重要历史事件是黑死病，这场瘟疫导致了 14 世纪相当多农民的死亡。布伦纳对这样一种人口统计模型感到不满意，这种模型坚持认为，作为这场瘟疫的一个结果，土地对劳动力比率的巨大增长应当改善农民的总体条件。劳动力供给变少，因而工资应当上升。假使这样的话，那此时农奴和农民的总体经济状况就是有利的，而不仅是工资方面是有利的。根据标准的供求分析，作为从人口统计看的这次黑死病灾难的一个结果，农民同封建领主讨价还价的力量有所增强，因而能使他们从封建束缚中解放出来或者削弱这种束缚。布伦纳说，在 1349 年之后的英国，以及在加泰罗尼亚，其结果与这种标准的解释一致。在 14 世纪后期，由于封建领主试图通过加重他们对留下来的农民的剥削以补偿他们因农民的流失而受到的损失，曾存在过试图控制农民并向他们强征更为苛刻的费用的情况。封建领主还试图限制农民的流动、通过立法操纵工资和提高地租。但封建领主的这种逆历史潮流的做法失败了；农民的起义和逃亡主导了 15 世纪，这标志着农奴制度在这些地区的明确的终结。在加泰罗尼亚，农民组成军队并加入到与封建领主的血腥对抗，并最终确保了农民的胜利。

在欧洲东部显然出现了相反的结果。在恢复他们因黑死病失去的收入的努力中，封建领主试图加重他们对农民的剥削并取得了成功。这一胜利导致了人们所说的第二次农奴制度，它出现于 15～17 世纪，尽管在此期间贸易仍在增长。商业经济的吸引力还没有足够

西方学者卷·罗致

的力量把农民从封建束缚下引开。按照布伦纳的历史叙述，欧洲东部明显缺乏的是充分组织起来的农民。

东部第二次农奴制度的一个结果是生产力没有发展。在封建经济中竞争处于最低程度，因为封建庄园再生产它们的经济生活并不依赖交易。布伦纳写道，这种新出现的阶级关系（第二次农奴制度的阶级关系）的结构具有作为其结果的那种"发展不充分中的发展"的特征，这一特征是对已增长的一般意义上的生产力并且特别是对工业化的阻碍。

资本主义关系强迫资本家必须去创新以便在市场中生存。其他人正在力图进入市场，而且他们是以新的更好的技术进入市场的，这些特别发达的技术使得其开发者能以更低的价格出售其产品，这种压力迫使所有的资本家都要去创新。但封建制度下的激励机制却不同；封建领主几乎没有任何刺激去创新，而且他能在一个基本自给自足的庄园经济中生存。交易也许能带来额外的收入，但这并不是再生产所必需的。布伦纳论证道，首先，（由于农民反抗力量的薄弱）封建领主几乎可以随意强化劳动者的服役，后者被强迫劳动的有效性阻碍了农业的改进。其次，封建领主从农民那里榨取剩余产品限制了国内工业产品市场的出现，因为农民们已没剩下什么东西可以去交换。再次，对农民迁徙的直接控制阻止了工业劳动力的出现并且窒息了工业，因而城镇衰落。总而言之，在那时，欧洲东部封建领主的阶级力量在几个世纪成功地阻止了生产力的发展，这种情况是对历史唯物主义似乎会提出的主张的反证。

在西欧，农民反抗封建主义的胜利没有自动导致资本主义；相反，它导致了一种以小农单位为基础，并有一些土地被共同使用的经济。布伦纳宣称，这种独立的农民生产是否转变为农业资本主义不是取决于生产力的发展水平，而是取决于农民与新兴农业资本家和封建领主阶级之间阶级力量的对比。在英国，发生了向资本主义的转变；在圈地运动中，土地集中于相对来说少数人的手里，那时贵族把农民的小块土地和公有地都据为己有。但是，除去圈地运动以外，英国农业生产力的发展应归于那种出现在封建领主和农民之间的阶级关系的类型；与东欧的农民不同，英国的农民没有受到那样沉重的压榨，这一较为宽松的待遇使得农民的剩余产品能得以发展；并给予农民在农业创新上的动力。这种创新反过来又提供了谷物的剩余，而这种剩余是成功的工业化的前提——为生活在城镇的工业无产阶级提供食品。

相比之下，在法国，农业生产力没有发展，而这是因为在那里普遍存在的阶级关系的类型。法国农民与东欧屈服的农民不同，与同英国封建领主和农业资本家一同进入资本主义关系的英国农民也不同，他们保持着独立的地位。布伦纳论证说，法国农民能够保持他们的独立地位是因为法国政府的性质，即它依靠独立的农民作为其税收的基础（而在英国则不是这样）。法国政府关注的是限制封建领主从农民那里收取地租，从而使农民能够交付他们的税金。与此相应的观点是，从根本上讲，是一种政治的变量解释了为什么农业生产力在英国得到发展而在法国却没有。法国经济增长相对停滞是因为法国农民（受到法国政府支持的）的相对力量，而英国封建领主阶级则力量更强大并且成功地剥夺了农民对他们的生产资料的支配权，从而迫使他们进入农村中的资本主义关系。这一发展反过来又带来了竞争和创新。

布伦纳总结道："总而言之，不难理解，这种经济发展停滞的特征是由法国的这一阶级结构所强加的。不仅农业生产力长期衰退，而且缺少发展国内市场的相应能力。因此，具有讽刺意味的是，农村人口的最完全的自由和财产权利却意味着贫穷和落后的自我不断循环。在英国，恰恰是这种权利的缺乏促进了真正的经济发展的开始。"这是一种明确地将传统历史唯物主义头足倒置的理论表述。不是生产力的发展水平决定经济结构，而是阶级力量决定财产关系，生产关系再转过来决定生产力的发展速度。这一断言的作出既考虑到第二次农奴制度在东部的出现，这是相对西部自由农民而言，又考虑到英国工业化的发展，这是相对法国在近代初期的相对停滞而言。在布伦纳的论证中，阶级斗争和阶级力量的对比是外在的和起推动作用的因素，相对于它们，诸如劳动供求等经济因素只是具有辅助说明意义的因素。

五、演进的财产关系

关于财产关系变革的原因，我已提出了两种不同的马克思主义观点。那种传统的历史唯物主义的主张断言，生产力的发展是由于理性的人为改变他们的稀缺状况而进行的不断努力，财产关系必须适合现实的生产力。只有一定类型的经济结构才能与既定生产力共存，按照这一判断，起决定作用的因素是生产力。同样，按照这一判断，阶级斗争是财产关系由以发生变革的途径，但它不是这种变革的深层原因。这种深层的原因存在于前面提到的那一事实，即只有一定的经济结构（或者一组这样的结构）才能与既定时期的生产力共存，这种经济结构因而才出现，而阶级斗争则起着助产婆的作用。在第二种说法中，阶级力量的对比是外在的事实，生产力的发展或停滞是现存的财产关系的结果，而这种财产关系反过来要由阶级斗争来解释。两种说法都同意经济的发展与资本主义生产关系相联系而经济的相对停滞与封建关系相联系；它们的分歧在于，在从封建主义向资本主义这一阶级社会的转变中的阶级斗争的中心地位。在第二种说法中，经济结构无须适合不断发展的生产力；它实际上能够在重要的时期阻止这种发展。然而，人们也许争论说（针对布伦纳），资本主义在欧洲不同部分发展的几个世纪的差别——地区阶级力量不同对比的结果——在人类历史中不是一段重要的时期，因而他的证据与柯亨对历史唯物主义的传统解读并不矛盾。或早或晚，而且也许从一个严格说来长远的历史观点来看，当生产力达到一定水平时，欧洲所有地区都要或多或少同时转变为资本主义的经济结构。

这里与前几章关于剥削的论述密切相关的要点是，在那两种说法中财产关系转变的原因都不是有关生产者也许受到不公正对待和剥削的思想。有关不公正的思想实际上也许是作为那种现存的财产关系的一个结果而出现的；但至少在马克思主义的论证中，它们不是那些财产关系转变的原因。在柯亨关于历史唯物主义的论述中，一种新的财产关系形式的出现，只是因为它能适合生产力的变化。在布伦纳的论述中，革命转变的成功是由不同阶级的力量和组织所决定的。在这些意见中，这里论述的两种不同主张都提出了与"唯心主义"相对立的对革命变革的唯物主义的解释：唯物主义的解释是这样一种解释，其中动力指的是竞争、稀缺、供给和需求；唯心主义则强调思想的作用。而且通常强调某个"伟大人物"思想的作用。马克思主义认为，伟大人物的思想只有在它们适合适当的作为基础的经济结构时才是重要的。正像阶级斗争可能是迟早必定出现的变革的助产婆一样，一旦基础性的物质和社会条件为伟大思想创造出适当的环境，它也迟早必定会出现。

尽管当今几乎没有什么社会科学家和历史学家会完全赞同这里给出的关于财产关系演变的两种马克思主义的论述中的任何一种，但很可能正是历史唯物主义的影响说明了为什么现在为社会科学家和历史学家所采用的研究这些问题的方法几乎全都是唯物主义的方法。对历史和社会变革的经济的或唯物主义的确定如今成为普遍存在的研究策略，尽管阶级不总是核心概念，而且大多数采取唯物主义方法的人也不把他们自己称为马克思主义者。实际上，当唯物主义原理这一马克思主义研究方法的基石已成为几乎所有当代社会思想的中心之后，采取一种特别的马克思主义的方法去研究历史意味着什么就值得怀疑了。

（段忠桥　刘磊 译）

海尔布隆纳

罗伯特·海尔布隆纳（Robert L. Heilbroner，1919— ），美国著名经济学家、哲学博士、法学博士、美国新社会研究院经济系诺尔曼·托马斯讲座教授。

自20世纪50年代以来，海尔布隆纳发表了多部专著，其中包括：1953年的《世界哲学家传》、1959年的《作为历史的未来》、1962年的《经济社会的创造》、1963年的《大追溯》和《美国资本主义的限度》、1967年的《世俗哲学家》、1970年的《资本主义与社会主义之间》、1971年的《经济问题》、1975年的《人类前途探索》、1978年的《繁荣、破产及其他》以及1980年的《马克思主义：赞成和反对》等。

本书选取了《马克思主义：赞成和反对》一书中的

《导言》。在《导言》中，海尔布隆纳开宗明义地指出了由于马克思创立了一种社会分析方法，这种分析方法能够从历史和社会的角度洞察现实生活中的症结所在，从而奠定了马克思在人类历史中的重要地位，这一地位可以与柏拉图对存在或认识的回答和弗洛伊德对无意识过程的说明相媲美。因此，马克思主义虽然面对大量的揭露和反证，它却仍然像精灵一样就在人们身边。后来马克思的信徒们为了继承马克思的遗产，对马克思主义下了五花八门的定义，仿佛马克思主义没有一个把整体统一起来的因素。海尔布隆纳却认为，马克思主义有一个可以得到公认的共同点，这个公认点来自一套共同的前提，它们是：（1）"对待认识本身的辩证态度"；（2）"马克思主义的唯物主义历史观"；（3）"依据马克思的社会分析而得出的关于资本主义的总看法"；（4）"对社会主义的信奉"。在《导言》中，海尔布隆纳还谈了马克思的思想与以马克思主义为指导的那些国家的政治现实之间的关系问题，他认为这是一个棘手的问题。他指出，马克思主义存在的理由在于它是一种革命的理论，这种理论信奉的政治目标就是用共产主义制度取代资本主义制度。因此，这会使接触马克思主义的人走向两个极端——赞成或反对。而海尔布隆纳却采取另一种态度：赞成和反对。

《马克思主义：赞成和反对》导言[①]

马克思主义是现代世界中一个令人时刻感到惊悸的精灵，是激起人们最热切的希望和恐惧、使人产生种种大相径庭的见解的根源。但是我不想从直接介入这种混乱状态着手来开始对这个问题的研究。我倒要提出一个可能使读者感兴趣而不是激起热情的问题：产生了马克思主义的马克思著作在一个多世纪以后竟然还有这样大的魅力，其原因何在？或者，如人们经常提到的情况：自马克思从事著述的时代迄今，世界已变化得几乎无法辨认了，但我们为什么还要向马克思请教，以获得洞察当代事务的眼力？

我认为，如果阐明马克思主义面对大量揭露和"反证"而仍能继续幸存的原因，就可以回答这些问题。正是马克思有幸创立了一种研究方法，使他在世界上留下了不可磨灭的痕迹，当然这也与他

① 选自《马克思主义：赞成和反对》，北京，中国社会科学情报研究所，1982。

具有必要的天才相关。我们之所以向马克思求教，并非因为他一贯正确，而是因为对他不能回避。凡是愿意从事马克思所开创的研究工作的人，都会发现马克思就在眼前，因而对作为他遗产的那些思想，必须要么表示赞同，要么加以反驳；要么发扬光大，要么全盘抛弃；要么详加说明，要么一笔带过。

当然，影响如此经久不衰的不止马克思单独一人。最明显的例子也许是柏拉图的影响，他在哲学中的精灵也是无法回避的。在柏拉图以前，哲学家们满足于对事物的性质和人类的理解力发表种种见解，但他们的格言不管多么发人深省，多么明智隽永，却都缺少结构严谨的论证力量。正是柏拉图在系统论述一种哲学推理方式方面的贡献，强调了理性，强调了词句的意义以及认识者与被认识物之间的决定性关系。在某种意义上说，柏拉图由此而"发明"了自成体系的哲学本身的任务，正因为此，今天即使在得出结论与他相反的哲学家们当中，也都能感受到他的影响。

当代也有这种影响经久不衰的人物，这就是弗洛伊德。跟柏拉图以前的哲学一样，在弗洛伊德以前当然也有一些研究无意识问题的人。但他们的见解和观感都不得要领或缺乏说服力，因为这些见解和观感不是作为整体的部分结合在一起，或者说是用特殊的方法获得的。弗洛伊德发现无意识是精神生活的一个组成部分，这一发现无可抗拒地改变了关于人类心灵的观念。所以，当代的研究者不论是否赞同弗洛伊德的独特理论，或是否运用他那一套特殊的方法，就跟柏拉图的精灵的情况一样，人们凡是进行精神分析本身的研究时，总是明显地感到他的精灵就在身边。

马克思之所以重要，也恰恰是由于他作出了这样的成就。他在某些方面堪与柏拉图、弗洛伊德相媲美的贡献，是他发现了历史（首先是在我们称为"资本主义"的这个时期的历史）表面下的现实的一个意想不到的层次。马克思所发明的东西——再说一次，这方面他堪与柏拉图、弗洛伊德相媲美——就是一种能够深入那被埋藏的现实的研究方式，也就是我们称之为社会分析的一种方式。最后，同柏拉图的情况一样，而且也会再次同弗洛伊德的情况一样，马克思把见解和方法结合起来的做法，永远改变了人们后来理解现实的方式。

正因为如此，尽管时过境迁，世态多变，马克思的《资本论》仍然不失其贴切中肯的性质，而亚当·斯密的《国富论》虽然明智非凡，却没有这种贴切中肯的性质。差别并不仅仅在于马克思的著作强调了技术和危机以及社会紧张关系，因而比斯密的著作更具有现代性。更深刻的原因是，《资本论》所担负的任务在斯密和其他任何人的著作中都是毫无先例的，这个任务由其副标题《政治经济学批判》点明了。这个批判一开始就驳斥了资本主义制度使一些人产生的错误观念，这些人不善于透过资本主义制度的表层而深入探究其本质，因而老是停留在其表面现象的水平上。马克思的首要目的是表明，我们用来解释社会的那些常用概念（如"劳动"或"资本"这类概念）实际上是些骗人的表面东西，如果我们要了解社会生活的真实过程，就必须学会突破这些表面的东西。因此，我们阅读《资本论》不仅仅是要发现资本主义的活动方式（因为马克思的解释尽管很高明，但肯定不够完善），而且要了解资本主义是什么；这是到那时为止从未被人提出的问题，马克思对这个问题的回答是深刻而又令人难以忘怀的。

当然，对所有这些问题我们随后还要加以探讨和说明。但我希望，把马克思看作是一种社会分析方法的首创者，这种首要的看法能使我们多少了解到，尽管马克思的解释中有许多细节已经被证明是错误的，但人们仍然认为他具有直接的和不可缺少的作用，此中的原因何在？没有人敢于透过社会的表面去作深入的探究，恰如没有人愿意冒险涉足哲学思维的圣殿或无意识力量的迷宫。但对于想探索社会生活的隐秘动力的人而言，马克思是可以师承的权威人物，如果我们要从事他所开创的批判研究工作，就都得向他学习。

然而马克思的遗产并不只是一个探讨社会的新制高点。它也包含有一个能动主体，这个主体已经发挥了支持、补充，在某些情况下甚至取代马克思本人著述的作用，总的说来，这个能动主体构成了马克思主义的无所不在的"精灵"的重要内容。

至于马克思本人，我想采取一个有关这个巨大精灵的初步措施。这立即就使我们面临着如何给马克思主义下定义的问题。从一开始，马克思信徒们的著作的一大特色就是把马克思的著作加以可悲的分割，对其作出了种种相互抵触的解释。而在最近这些年来，这种分割则日益明显，解释也更加分歧，确实很难找到把整体统一起来的因素。今天有各种各样的马克思主义者，其中有的把马克思的著作原封不动地加以捍卫，有的要把马克思的著作几乎全部加以改变；有的认为资本主义的情况基本上如马克思所云，有的认为《资本论》的分析已不再适用；有的想突破禁区，涉足宗教和精神分析领域，有的认为这些只不过是资产阶级的邪门歪道；有的骄傲地自诩为正统派，另有人则认为马克思主义已蜕变为意识形态，其本身已是到达人道社会主义的主要障碍。确实是众说纷纭，歧见杂陈，以致毕生从事马克思主义研究的学者 E. 加缅卡宣称："分析马克思主义或社会主义思想的唯一严肃办法，大概就是放弃那种认为存在着一种名曰马克思主义的严谨学说的观念……"[①]

但是，我确信马克思主义思想，或者说得更精确些，马克思的著述所激发的思想（我们合称之为"马克思主义"），是有一个可以得到公认的共同点的。这个共同点来源于同一套前提，凡是在这类著作中都可以发现这些前提，不管其作者所赞同的观点如何严谨或反传统，也不管这些观点相互之间如何不相一致，前提还都是共同的。换一种说法，我认为存在着一套能规定马克思主义思想的前提，所以凡是包含有这类前提的分析，都可以正当地将其分类为"马克思主义的"分析，即使作者本人并不如此认定。因为这些共同的前提将构成我们自己论述的依据，所以我想在这里非常简略地提及一下，把阿丽安的线[②]交到读者手中，以指引我们通过后面几章，顺利前行。

这类具有共同特征的因素中，第一个就是对待认识本身的辩证态度。辩证法是一个使人感到神秘化的字眼，大多用来向某个主题点洒圣水，或用来证明作者的虔诚。但我认为辩证法有个能使人理解的核心，这个核心始终贯穿在起源于马克思的著作中，尽管经常只是以缄默不言的形式体现出来。这个辩证的核心主要表现为这样一种观点，即认为事物最内在的本性是能动的和斗争的，而不是呆滞的和静止的，因此要在事物内部寻找其"矛盾的"属性。

不用说，对这种看法还要加以更详细的论述。不过现在我们且转过来谈谈也同样使马克思主义思想具有统一性和共同点的第二个因素。这就是马克思主义的唯物主义历史观。跟辩证法一样，对"唯物主义"下定义也决非轻而易举，而且若不考虑它的一些重大问题，也难于下定义。我认为完全可以把唯物主义描述为这样一种见解，即强调人类生产活动在历史上所起的中心作用，并因而认定社会各阶级在生产成果分配方面的斗争是历史变化的主要动力。很显

---

① 转引自 D. 贝尔：《从前的马克思和未来的马克思》，载《美国社会学杂志》，1977 年 7 月号，196 页。

② 阿丽安（Ariadne），希腊神话中克里特王米诺斯之女。她用小线团帮助雅典英雄泰西逃出迷宫。the Ariadne's thread（阿丽安的线）转义为帮助解决复杂问题的线索、引路指述的办法。

然，这种斗争性的历史观是同强调斗争的辩证哲学观念一脉相承的。

第三个共同因素是依据马克思的社会分析而得出的关于资本主义的总看法。我们已经说过，这种看法并没能使每一个研究者在关于资本主义制度的结局问题上都得出与马克思相一致的结论。但可以毫无例外地说，凡是接受马克思传统的作家都接受以马克思原来看法为根据的资本主义"是"什么的观念，并以这种观念为出发点，即使也作了些改变。而这种看法又可以承认是把辩证历史观用之于现在。

最后一个但不是最小的一个因素是以某种形式规定的对社会主义的信奉。得用另一种方式来说明马克思主义思想的这个最后的而且也是非常重要的共同特征。作为马克思主义著作的一个必要前提，就是要共同确立"理论与实践相统一"的信念，即相信运用马克思的分析方法不仅可以说明过去，而且可以作为行动的指南，指引人们去创造一个社会主义的未来，一个由人类为求得自身的完全实现而自觉建造的未来。我们将会看到，这种信念已经遇到了巨大的困难。但是，把社会主义当作人类所企求的目标来信奉——而且马克思主义将为达到这个目标提供有用的指导——仍然是把一切马克思主义观点统一起来的一个构成要素。

人们肯定会反对把马克思主义思想说成有如此庞大结构的做法。这种情况之产生，特别是由于马克思本人著作所论述的中心主题比这种大全式学说的包罗范围要狭小些。马克思把他的全部精力都倾注于研究名曰资本主义的这种社会形态，为此目的而暂时运用了辩证的方法和唯物主义的历史观，但他从来没有自觉地要创立一种无所不包的大全式哲学，或创立一套完整的历史理论，这种做法与他那宏伟但终究有限的意图是无关的。然而，马克思的追随者的著作却比马克思的著作在范围上扩展了；本书既要探讨马克思本人的著作，也要论及马克思遗产的这种较大的范围。

从这种较大的范围的角度来看，我认为上面所勾画的这种框架结构能够发挥有益的效用。它使我们能够相当准确地把理应称为马克思主义的著作与那些不应称为马克思主义的著作区分开来，从而为我们的论述主题限定某种范围。此外，这种前提的框架还提供了另一种线索，使我们了解到马克思主义何以能恢复并保持经久不衰的生命力。因为它使我们看出马克思主义能够集人类理智之大成，这就是从一种基本的哲学观出发，继而运用这种观点去解释历史，然后又分析现在，找出现存社会制度中的历史力量，最后则继续按照分析的方针，沿着固定的行动轨迹，在走向未来的方向中臻于完成。只有很少几个马克思主义者试图明确地表达或说明这一巨大的设想。但这种可能性是潜藏在马克思主义思想的背景之中的，因为把马克思主义的几个中心思想联系在一起就会产生这样的结果。因此，可以把马克思主义看作是一种努力想使社会存在具有迄今仍缺乏的连贯性和意义的一种做法，这里所说的社会存在不只是指我们个人同周围社会环境交互作用的那一个方面。

马克思主义的这个伟大抱负究竟获得了多大的成功，这是另一个问题，对此我们将予以认真考察。但是，在一个正陷入认识分歧和生活意义不明的困惑之中的世界上，马克思主义能迫使这个世界感到其"精灵"的某些作用，这肯定是它那具有统一性的倾向和具有目的论性质的强大力量所造成的结果。

我们在系统探讨马克思主义的思想观点之前，还有一个次要问题需要加以论述。这就是作为溯源于马克思著作的思想本体的马克思主义（其中当然也包括马克思著作本身）同苏联、中国、古巴及其他自称为"马克思主义的"那些国家的政治现实之间的关系。我几乎无须解释，这个问题就是，所有这些国家都宣称它们得益于马克思的教导，要献身于马克思主义的原则，同时又在其制度和意识形态中明显地表现出对大多数西方人、包括绝大多数西方马克思主义者的厌恶态度。

于是，马克思主义研究就被一个引人注目的问题弄得模糊不清，受到了感情上的支配，这个问题就是作为知识成就的马克思主义与作为政治现实的马克思主义之间的关系，以及前者对后者的责任。这是一个在资本主义与美国在越南的行动之间的关系或基督教与宗教裁判所之间的关系问题上有某些类似之处的问题。反对资本主义和基督教的人士一向宣称这种联系是直接的、不可分割的；而资本主义和基督教的维护者则断言这种联系是间接的和偶然的。对于马克思主义及其在制度上的实现问题，情况也是如此。这两者之间有某种关系，前者对后者负有某种责任，这个问题是可以得到论证的。困难在于确定两者之间这种联系的性质。

关于这个问题，我在本书的最后一章中将作出较详细的说明。我现在提出这一点只是为了承认一个棘手的问题，对这个问题若不加以明确的说明，它就会干扰我们的工作。但是目前我暂且不顾读者的急切心情，主张先把这个问题放在不突出的地位，仍然考虑它，但不让它占据我们的全部注意力。因为我认为重要的是，我们对待马克思主义这个主题不仅要持批判的和探询的态度，而且也要取肯定的和赞同的态度。这是因为我跟萨特一样地深信，马克思主义是我们当代"必要的"哲学，我这样说的意思是，马克思主义能够使人极大地开阔视野，从历史和社会的角度洞察到我们生活中的症结所在。但这并不意味着，马克思主义使我们对我们的历史困境能作出全能的解释，其程度甚至超过了柏拉图对有关存在或认识的一切问题的回答，或弗洛伊德对一切无意识过程的说明。有知识并非无所不知。这不过只是看得稍远一些或理解得稍微深刻一些，而这确实是马克思及其后继者们的著作能帮助我们做到的事情。

这就产生了一个围绕着马克思主义总主题的最后问题——由于其所造成的情感冲突而使人加以忽视或贬低的问题：马克思主义作为一种革命学说的性质。在此以前我们主要是从其知识内容方面来探讨马克思主义。但是，马克思主义的令人惊悸的精灵，马克思主义所造成的相反见解的根源，却并不在于这方面的内容，虽然这一内容也可能很重要。无论是对马克思主义的朋友还是敌人来说，马克思主义值得存在的理由都在于它信奉一个政治目标，即推翻（虽然不一定采用暴力）资本主义制度并用社会主义制度、最后用共产主义制度取而代之。

马克思主义的革命精髓显然产生出了与马克思主义作为政治现实这一先前提到的问题有关的一些结果。但它造成的问题并不完全相同。即使俄国革命没有发生斯大林主义的转折，或者如果苏联明天会变成完全民主的国家，马克思主义的革命动力和灵感也仍然会影响我们的研究。因为革命的行动，以及革命行动对我们生活机会所预示的种种改变（在采取革命行动之前则是革命的想象、希望和幻想），对于一切考察者或者产生一种巨大的吸引力，或者造成一种强大的排斥力，但形成这种情况的原因却很少或者丝毫不与作为理论研究主体的马克思主义相关，或者与作为政治运动的马克思主义可能产生病态的性质相关。马克思主义自命为一种革命变革的力量，一种使世界上被压迫者团结奋斗的基础，这确实使凡与马克思主义相接触的人都走向了两个极端——赞成或者反对。

这就使我得出了我自己的态度，即本书标题所宣告的：赞成和反对。这是一种会受到读者斥责的态度，被吸附在革命磁铁的这一或另一极上的读者会把这种态度斥之为自相矛盾，更坏些则斥之为可疑甚至不可容忍。在这一点上我不想为这种态度辩解。我只要求那些从一个极的角度把我的话看作有破坏作用因而细加挑剔的人承认，那些从另一极的角度来看我这些完全相同的话的人也会怀着同样不信任的心情。虽然这不能作为我的话确有价值的保证，它至少会让我的读者知道，我认为对待马克思主义除了全盘接受或完全摈弃的态度以外，还有可能采取另一种态度。

（易克信　杜章智 译）

杜娜叶夫斯卡娅

拉娅·杜娜叶夫斯卡娅（Raya Dunayevskaya，1910—1987）不仅是一位著名的马克思主义理论家，也是 20 世纪国际工人运动的一位重要活动家和实践者。1937 年，当托洛茨基流亡墨西哥时，她担任过他的俄文秘书，两年后与托洛茨基决裂。1953 年，她在美国创办了社会主义工人月报《新闻与通讯》，以宣传马克思主义的人道主义思想。她是美国最早注意到马克思的《1844 年经济学哲学手稿》价值的学者之一，也是最早把这部手稿介绍给美国读者的人。她的主要哲学著作有"革命的三部曲"：《马克思主义与自由》、《哲学与革命：从黑格尔到萨特和从马克思到毛泽东》、《罗莎·卢森堡，妇女解放和马克思的革命哲学》。

《马克思主义与自由》初版于 1958 年。在这部著作中，杜娜叶夫斯卡娅指出，马克思拒绝他那个时代的共产主义，并不是要以 19 世纪的人道主义作为他的科学经济理论的附属品。马克思关于资本主义必然崩溃、新社会秩序必然出现的预见，是建立在一个基本认识之上的，即工人在其作为生产者的现实社会生活中将追求自身的普遍性和完整性。马克思主义是一种解放理论，马克思关注人类的自由，关注作为资本主义绝对规律的人的生命的巨大浪费。而俄国的共产主义付给工人最低限度的工资，同时从他们身上最大限度地榨取，他们给这个动力冠以"计划"的美名。马克思预见到了这种走向国家资本主义的倾向，这是因为他运用了辩证的方法。在这本著作中，杜娜叶夫斯卡娅也对现代机器时代进行了追溯，从它在工业革命中的诞生起，直到它在今天自动化中的最新发展。本书选取了此书的第一部分第三章《新人道主义：马克思早期经济学哲学手稿》。在作者看来，随着马克思思想的发展和无产阶级斗争的发展，马克思的理论越来越具体，但在早期著作中表述的观点，作为马克思主义的本质，从来没有被放弃，马克思始终关怀的是人类的自由，是人对成为完整的人的渴求。

新人道主义:马克思早期经济学哲学手稿[①]

　　1843 年,青年马克思与资产阶级社会决裂了。马克思的眼界一开始就是总体自由的眼界。他所关怀的是人类的自由,而他所瞩目的则是现代社会中与人类自由相对立的两个特征:不可避免的苦难和生命的浪费。19 世纪末,伟大的法国革命和美国革命是时代的标志。但是这些革命带来的是一种新形式的阶级统治,工业革命早已为这种阶级统治奠定了基础。马克思在写给他的青年黑格尔派朋友阿诺尔德·卢格的信(他和卢格准备创办一份新的杂志)中说,我们不必害怕"对现存的一切进行无情的批判,所谓无情,意义有二,即这种批判不怕自己所作的结论,临到触犯当权者时也不退缩……世界早就在幻想一种一旦认识便能真正掌握的东西了。"[②]

---

① 选自《马克思主义与自由》,沈阳,辽宁教育出版社,1998。

② 《马克思恩格斯全集》第 1 卷,416~418 页,北京,人民出版社,1956。

马克思的目标是帮助时代完成自我实现。即使在他与资产阶级社会决裂之前，在他还是个年轻人，刚刚走出大学校门，作为《莱茵报》的编辑，第一次遇到客观世界和物质利益问题的时候，就立即与普鲁士书报检查制度发生了冲突。他写道："自由确实是人所固有的东西，连自由的反对者在反对实现自由的同时，也实现着自由……没有一个人反对自由，如果有的话，最多也只是反对别人的自由。可见各种自由向来就是存在的，不过有时表现为特权，有时表现为普遍的权力而已。"他曾为新闻自由和报社的权利而斗争，为的是使报纸可以讨论公众感兴趣的一切问题。重要的是，一切问题，包括物质的、宗教的、政治的、哲学的，一旦成了"新闻问题，就变成了时代的问题"。

一、辩证唯物主义与阶级斗争，或者，什么样的劳动

马克思在读大学的时候，就已经掌握了黑格尔辩证法。在与普鲁士书报检查机关的斗争（这是他走出校门之后第一次遇到既得利益问题）中，马克思转向对黑格尔法哲学的批判。按照马克思后来的描述，通过这些研究，他得出了新的结果："法的关系正像国家形式一样，既不能从它们本身来理解，也不能从所谓人类精神的一般发展来理解，相反，它们根源于物质的生活关系。……不是人的意识决定人的存在，相反，是人们的社会存在决定人们的意识。"①

由于有了这种新的辩证唯物主义历史观，无产阶级意识的发展进入了新的世界舞台。这里没有任何机械论的东西，只有马克思的新唯物主义观点：社会存在决定意识。但社会存在不是一堵墙，它不会妨碍人对新社会的意识与观察。马克思本人就很快转向了活生生的工人运动。青年黑格尔派的其他成员，那些批判现存半封建普鲁士国家的斗士，在真正面对 1844 年 8 月西里西亚纺织工人起义时，却停止不前甚至向后倒退了。马克思写道："德国穷人的智慧，与德国智慧的贫困成反比。西里西亚起义带有无产阶级作为一个阶级的阶级意识，它在法国和英国的起义结束的地方开始。"②

①　参见《〈政治经济学批判〉导言》。
②　转引自弗·梅林的《马克思传》。

19 世纪 40 年代是一个骚动的年代。1844 年，无产阶级的冲动切切实实地在欧洲大地上萌生出来。不久之后，这些冲动在席卷整个欧洲的 1848 年革命中达到了顶峰。正是在这一年，马克思写下了《经济学哲学手稿》。在这部手稿里，马克思辩证地提出了一个基本问题，即什么样的劳动的问题。这个问题如今在全世界被人们争论不休。在美国，自动化使得这个问题变得异常紧迫。1844 年，马克思把这个自身等同的问题变成了一个中枢点，在理论上回应工人们反抗专制的工厂劳动方式的斗争。

马克思在还是青年黑格尔派时，就把黑格尔的革命的思想方法与反动的结论明确区别开来。革命的思想方法分析了由内在矛盾推动的客观发展，而反动的结论则使黑格尔哲学被专制的普鲁士当局当作官方的国家哲学。在骚动的 40 年代，马克思与资产阶级社会决裂后，看到了阶级斗争的全部意义：无产阶级的起义是近代历史的动机力量。正因为如此，他才能够第一次使辩证哲学摆脱其神秘的外壳。

黑格尔把客观的历史看作是世界精神的连续展现，而马克思则在生产过程中指出了客观的运动。这时，马克思在无产阶级的自身活动中，看到了内在必然的自我运动，而这正是黑格尔辩证法的核心。这种自身活动是内在必然的，因为它是有机体的自身发展方式。因此，马克思从一开始就是从生产中无产阶级的活动出发的。他把劳动与生产区别开来，从而与财产区别开来，并在劳动本身中寻找矛盾。劳动正是通过这种矛盾得到发展，并将克服资本主义生产方式中的矛盾。从本质上说，关于斯密和李嘉图，马克思所要说的是：你们的发现实际上是一种回声。你们运用私有财产做的正是商人使用贵金属做的同样的事。你们把它当作人之外的东西来处理。你们以为，发现劳动是价值的源泉，任务就完成了。但事实上，这仅仅是开始。理论要有意义，就必须直接地研究人，研究劳动者。生产不是人与机器的关系，而是人与人通过机器工具中介的关系。物与物的交换，商品的交换，反映了在生产中人与人的关系，但同时也模糊了这种关系。你们的错误在于，当你们为劳动大唱赞歌时，却忽视了劳动者，而劳动是劳动者的机能。当然，这不是偶然的。因为，正是工人，由于遭受到资本主义私有财产的力量的压迫，才不断地发展了私有财产中的各种矛盾。私有财产也是劳动，但它是一种异化了的力量，因为正是把劳动从劳动者身上抽象出来的劳动过程，把机器变成了积累起来压在活工人身上的死重物。

654　　　　劳动是人的先于一切的机能。但是，在资本主义条件下，劳动是在机器上劳动的人的非常特殊的机能，而人则变成了机器的单纯附属物。因此，人的劳动不再是他的自身活动。在原始共产主义时期，劳动是一种创造性活动。在这个时期，人通过掌握自然，发展了各种本质能力和才智。而在工厂中，劳动是异化了的劳动。私有财产的产生不是因为劳动产品与劳动者相离异。私有财产只是这一事实的结果：人的活动成了一种异化的活动。这与机器本身一样，也是工业革命的产物。

劳动分工是一切阶级社会的共同特征。当劳动分工达到高度发达的程度时，所有的科学、所有的智慧、所有的技巧都进入了机器，而人的劳动则变成了简单、单调、极其乏味的活动。这时，劳动除了生产它的对立物资本之外什么都不能生产。所有的具体劳动都被还原为一种抽象的、凝固的物。死的、积累起来的、物化了的劳动，现在反过来压迫活的劳动者。这种死劳动对活劳动的主宰，是一种阶级关系。在封建社会中有产者与无产者的区分，以及各种等级之间的区分，现在变成了在资本主义生产方式之中、在劳动本身之中充分展开的矛盾。资本与劳动的关系，比起封建社会中等级之间的关系，更加具有对抗性。这种生产方式既不是一种自然秩序，也不是你们所预见的永恒秩序。它和其他一切社会秩序一样，也是历史的、暂时的。

当劳动的所有魅力都消失殆尽的时候，劳动变成了"简单劳动"，但它决不是一种轻松的活动。恰恰相反，劳役的重负和折磨与日俱增。例如，工作时间的延长、工作速度的加快以及监狱般的纪律等等。工厂已经把劳动者变成了产业军队，将其置于各级长官的等级制度之下。这就是为什么技术革命并没有像你们预言的那样带来和谐的发展，而是一面带来了资本的积累，另一面带来了苦难的积累。劳动与资本是绝对对立的，以至于阶级斗争发展成了一种真正的内战。要想在理论中看到生活的真理，只须把雇佣劳动者本身包括在对资本主义财富的生产的研究之中。

有些人可能会认为，马克思使用"异化"这个术语仅仅是个哲学语言的问题，在写出"科学的经济学理论"之后，他很快就放弃了这个术语。但我们必须指出，马克思从根本上就是一个辩证法家。[①] 在"黑格尔辩证法批判"中，马克思批判了黑格尔的唯心主

① 这方面，赫伯特·马尔库塞的《理性与革命》是一部开拓性的深刻著作。应当承认，我从这部著作中获益匪浅。

义，批判黑格尔仅仅关心观念和思想，批判他仅仅在思想的范畴之内解决一切矛盾，而在现实生活中，这些矛盾仍然存在，并且使社会陷于苦难。但马克思接受了辩证的方法，实践了它，发展了它。在黑格尔的所谓"否定性的辩证法"中，异化是一个基本的概念。马克思认为，黑格尔的否定性的辩证法是"运动和创造的原则"。马克思抨击黑格尔，不是因为他通过矛盾来了解发展，而是因为他把这个发展过程看成是并且说成是"绝对知识"的问题。但实际上这是一个无产阶级革命（而不是什么抽象的否定性）所要实现的新社会的问题。在同一时期的另一篇著作中，马克思将这一点表述得更清楚："黑格尔把世界头足倒置起来，因此，他也就能够在头脑中消灭一切界限；可是，对于坏的感性来说，对于现实的人来说，这当然丝毫不妨碍这些界限仍然继续存在。"①

马克思吸收并改造了"否定之否定"的原则，或曰对现实矛盾（对立的阶级力量）的革命克服的原则。不仅在他早期的著作中是这样，即使在《资本论》中也是如此。这种思想贯穿了他作为思想家、组织家、作家和革命家的一生。马克思批判黑格尔的"扬弃的限度"，因为，它局限在"思想的范围之内"。正如我们已经看到的，马克思强调的是"黑格尔的《现象学》及其最后成果——作为推动和创造原则的否定性的辩证法——的伟大之处"。马克思得出结论："黑格尔辩证法的积极环节……即对对象化运动的扬弃。这是真知灼见……"②

事实上，黑格尔把发展看作对象化运动的扬弃的观点是非常深刻的。马克思把这一点与共产主义观念直接联系起来："共产主义是以扬弃私有财产为自己的中介的人道主义。"随后他又把第二个否定——即"否定之否定"——包括在对象化运动之中。马克思在"粗陋的共产主义"（甚至"积极的共产主义"）与他自己的人道主义哲学之间作出了极其明确的区别。这个划分成了作为解放原则的马克思主义与所有打着"马克思主义"、"社会主义"和"共产主义"招牌的人之间的分水岭。在思想和实践两方面，这些人所追求的都是与马克思的立场完全不同的过程。

马克思说："只有通过扬弃这种中介［即扬弃私有财产］，——这种中介是一个必要的前提，——积极地从自身出发的人道主义才

---

① 《马克思恩格斯全集》第 2 卷，245 页，北京，人民出版社，1957。

② 《马克思恩格斯全集》第 42 卷，45、181 页，北京，人民出版社，1979。

能产生。"一句话，在废除了私有财产之后，还需要另一个超越，才能真正实现一个新的人类社会。它不仅是一种不同的"经济制度"，而且是一种完全不同的生活方式。自由的个人发展着他们的全部先天的和后天的才智，这就是马克思所说的从人类史前时期进入真正的历史的第一步，是"从必然走向自由"的第一步。

毫无疑问，成熟的马克思（在此后的 39 年中，他以自己的著作和活动表述自己的观点）是从他早期著作中地道的黑格尔语言起步的。在这些早期著作中，他用黑格尔的术语"思维与存在的统一"，来描述人的真正潜能的发展。然而，尽管马克思用的是黑格尔的术语，但他决不是一个唯心主义者，即他决不认为社会中的矛盾可以在思想中解决。他写道："哲学不可能解决这些问题，因为哲学仅把它们当作理论问题来把握。"而且，在这些早期著作中，马克思毫不含糊地指出，只有群众的革命活动才能消除劳动的异化，消除资本主义社会的矛盾。

然而，问题在于，对于马克思来说，和对于今天的我们一样，如果没有一种哲学，没有一种整体观念（马克思起初称这种观念为"人道主义"而不是"共产主义"），就不能满足无产阶级的多重要求。人将不再被异化，不再被分解。必须通过在活的工人身上使脑力劳动和体力劳动重新统一起来，使人重新变成完整的人。这样，工人的自身活动才第一次发展出他的全部人类潜能："共产主义是最近将来的必然的形式和有效的原则。但是，这样的共产主义并不是人类发展的目标，并不是人类社会的形式。"①

二、私有财产与共产主义

马克思不仅把头足倒立的黑格尔颠倒过来，而且对"极其幼稚的、未经深思熟虑的共产主义"进行了批判，对"完全否定人的个性"的共产主义进行了批判。马克思不知道我们今天的集权共产主义，但是在批判他那个时代的空想共产主义时，也对他们关于私有财产问题的观点加以批评。马克思说，尽管这些共产主义者不承认，但他们的观点"不过是对私有财产的一种逻辑表述"。这就是说，在私有财产的拥护者与反对私有财产但希望保留现存劳动方式的人之

① 《马克思恩格斯全集》第 42 卷，131 页，北京，人民出版社，1979。

间，其实并没有本质的差别。马克思说，毫无疑问，工人创造的产品与他本身相异化了，变成了别人的私有财产，变成了资本家的私有财产。毫无疑问，工人创造的财富越多，他就变得越贫穷。

异化劳动是最堕落的东西，是一切矛盾的根源。如果不克服异化劳动，资本主义的基本矛盾是不可能克服的。"在劳动对象的异化中不过总结了劳动活动本身的异化、外化。"这是资本主义中一切邪恶事物的本质。

马克思写道："政治经济学从劳动是生产的真正灵魂这一点出发，但是它没有给劳动提供任何东西，而是给私有财产提供了一切。蒲鲁东从这个矛盾中得出了有利于劳动而不利于私有财产的结论。然而我们看到，这个表面的矛盾是异化劳动与其自身的矛盾，政治经济学不过是表述了这个异化劳动的规律罢了。……甚至蒲鲁东提出的工资平等，也只能使今天的工人与其劳动的关系变成一切人与劳动的关系。这时社会被理解为抽象的资本家。"①

马克思同样反对任何认为可以通过分配领域的变革，而不是通过生产领域的改组，来消除资本主义弊病的看法。所以，他实际上已经揭示出，共产主义者不过是私有财产拥护者的另一面而已。我们的前辈不可能像我们这样理解早期马克思。因为，只有我们这一代人，才忍受着名曰共产主义的"反资本主义"型的彻底的资本主义，或者说，忍受着一党制国家集权主义。早在1844年，马克思就曾警告说："我们应当特别地避免建立起一个与个人对立的作为抽象的社会，个人是社会存在物。"②

马克思对劳动的分析，把他与他那个时代和我们这个时代的所有社会主义者和共产主义者区别开来。这一分析远远超出了对社会经济结构的分析。他的分析深入到了现实的人类关系。他写道："至于说生活有它的一种基础，科学有它的另一种基础——这根本就是谎言。"③

生产不再受到粗糙工具的限制，粗糙工具也不再像在前资本主义社会中那样限制人的活动，尽管在这些社会中粗糙工具是人的财产。人一旦占有现代化生产机器，就会为人本身的发展提供无限广阔的前景。这种占有必须建立在高度的物质基础之上，使群众的智慧可以与他们的体力结合起来，从而为一种崭新的生活方式提供基

---

① 《马克思恩格斯全集》第42卷，100~101页，北京，人民出版社，1979。
② 同上书，122页。
③ 同上书，128页。

础。因此，对生产工具总体的占有，"不过是与物质生产工具相适应的个人能力的发展。正是由于这个原因，工具总体的发展就是个人本身的总体能力的发展。"

这就是问题的核心之所在。人的能力的发展意味着在无比广大的历史尺度上重新建立其自身活动。马克思对资本主义制度下的劳动深恶痛绝，以致他一开始不是倡导"解放"劳动，而是倡导"废除"劳动。这就是为什么他起初用"自身活动"而不是"劳动"这个术语来表述人的机能。到了工人阶级在起义中表现出他们可以通过异化劳动得到解放时，马克思才把"废除劳动"改为"解放劳动"。在马克思的一生中，指引他前进的始终是"对普遍性的渴求"，是人对成为完整的人的渴求。不管语言上有什么变化，问题实质始终没有改变：在资本主义制度下，人的劳动局限于体力的操演。而在新的社会里，劳动与它在资本主义下采取的形式不再有任何共同之处。体力劳动与脑力劳动的分工将被消除，取而代之的将是"劳动者本身的自由个性"。

马克思写道："当人们谈论私有财产的时候，他们以为处理的仅仅是人之外的东西；当人们谈论劳动的时候，就不得不直接处理人的问题。对问题的新提法本身就已经包含着对它的解决。"但是，只有用马克思称为"人道主义"的新世界观解决这个问题，而不是用资产阶级经济学解决它，也不是由空想共产主义把"正义"问题引入经济学问题，这种提法才包含着对它的解决。马克思的观点是，把财产形式与生产关系（人们在生产中的相互关系）分开是不可能的。对马克思来说，消灭私有财产是消灭异化劳动的手段，它本身并不是目的。马克思并没有把两者分开。他不厌其烦地强调，最重要的不是财产的形式，而是生产方式。他说，每一种生产方式都创造了一种相应的财产形式。马克思质问蒲鲁东："但是要想了解私有财产根源的秘密，就是说把生产关系转变为一个秘密，不是要放弃经济科学的所有主张吗？在每一个历史阶段上，私有财产都有不同的发展，并且是在一系列完全不同的社会关系中发展的。因此，对资产阶级财产作出定义，也就是对全部社会生产关系作出解释。"①

正如马克思在其早期著作中指出的那样，只要存在着"凌驾个人之上的权力，私有财产就必定存在"②。在马克思看来，私有财产

---

① 马克思 1865 年 1 月 24 日给施韦泽的信。

② 参见《德意志意识形态》。

就是支配他人劳动的权力。这就是为什么马克思坚定不移地认为，使"社会"成为所有者而保留异化劳动不变，是在创造"抽象的资本家"。在这方面，我们这代人可以比其他时代的人看得更清楚，因为正如波尔和密茵斯在谈论股票和债券时非常恰当地描述的那样，私有财产在资本主义制度下已经发展得如此多样化，以致一个人的财产只是"一堆期望"。而事情的本质就在于，这是一种权力，一种支配他人劳动或者参与支配他人劳动的权力。

在充分地展开他的经济理论之前30年，马克思就隐约地看到，资本的增值将会导致资本集中在"唯一的一个资本家手上"。马克思坚持认为，只有当"自由地联合起来的个人"而不是抽象的"社会"变成了社会化生产资料的主人时，废除私有财产才意味着一种新的生活方式、新的社会秩序。

三、俄国人对马克思经济学哲学手稿的滥用

1955年，俄国的主导哲学杂志突然刊载了一篇题为《马克思〈1844年经济学哲学手稿〉中唯物辩证法的创立》的长文，署名 V. A. 卡尔普欣。卡尔普欣先生的做法与日丹诺夫在1947年的做法如出一辙，他闯入马克思主义哲学的领域，宣称要把"马克思的唯物主义"与"黑格尔的唯心主义"分开。他表面上似乎是在陈述极其简单的东西，实质上却对马克思主义哲学进行了彻底的歪曲。他厉言正色地写道，"从马克思的观点看来，否定的问题服从于辩证法的基本规律，即对立面的统一与斗争的规律。马克思坚决反对黑格尔的神秘主义，反对他的第一次否定和第二次否定的模式，反对黑格尔从某种否定性出发得出对立面斗争的结论，据黑格尔断言这种否定性是内在地附在事物之中的。"

马克思看到，黑格尔辩证法"积极环节的伟大之处"，就在于"作为运动的原则和创造的原则的否定性的辩证法"；而抱着歪曲的历史观的卡尔普欣，却把这个原则称为"某种据说内在于事物之中的否定性"。

马克思把否定之否定（黑格尔式的扬弃），看作是一种客观的运动，而卡尔普欣却把它变成了"神秘的"，并使之服从于对立面的斗争。马克思提到过"彻底的自然主义或人道主义，既不同于唯物主

义，又不同于唯心主义，同时又是把二者结合的真理"，而卡尔普欣却试图把马克思变成一个庸俗唯物主义者，变成一个关心"实际问题"的实际的人。然后，卡尔普欣冠冕堂皇地总结说，"马克思是第一个超越了哲学局限性的哲学家，他从无产阶级的实际生活和实际需要出发分析了哲学的基本问题，并使之成为认识现实世界并对其进行革命改造的真正科学的方法"。

这个俄国人攻击马克思主义，背后的动因是俄国的现实世界。令他感到忧虑的其实并不是黑格尔的唯心主义。马克思主义的革命的辩证方法和人道主义，在理论上威胁到了他们的存在，就像工人阶级在生活中威胁着他们的存在一样。俄国的危机越是深刻，就越是需要靠某种意识形态把工人维持在工作岗位上。在第二次世界大战的中期，斯大林的理论家们拼命糟蹋《资本论》；听命于赫鲁晓夫的理论家们又把黑手伸向了马克思的早期著作。每当新的危机出现，马克思的亡灵就被再次召唤回来。俄国人不断地花费难以置信的时间和精力，苦心孤诣地把马克思囚禁在私有财产和国家财产概念的樊笼之中。但这是不会成功的。托洛茨基曾经绝妙地指出，即使是"机关枪的经验主义"，也不能征服早期马克思的辩证法和他对社会的远见卓识。解决资本主义经济矛盾问题，就是解决人的问题，这个观点在所谓的"先锋队政党"内部比在其他任何地方都遭到更强烈的反对，这是我们这个时代的奇异的反映。他们个个都是计划者，他们要想保持自己的权力，就必须摧毁马克思的人道主义。

当今最紧迫的问题是，后来发生了什么？而这个问题是俄国人像逃避瘟疫一样逃避的问题。通过革命获得的政权，是否会落入新的官僚阶级手里，而不是掌握在无产阶级手里？虽然马克思没有遇到过这样的问题，但他准确地预见到，仅仅废除私有财产就会导致这样一种状况。

作为黑格尔主义者的马克思，把劳动与自由当作活动来理解，这种观念与经济学家的功利主义观念完全不同。经济学家充其量把自由看作是对饥饿和"文化"需求的满足。他们把自由时间仅仅看作是"享乐"。这些人中也包括当今的科学家，他们可以看到原子的分裂，却看不到人的整体。马克思把从资本主义剥削中解放出来的自由时间，看作是自由地发展个人力量的时间，发展先天的和后天的才智的时间。

马克思并不认为这是一种乌托邦，它也不是来世。在资本主义日薄西山的时刻，要想使全民化的生产资料服务于任何一种比私人占有生产资料更好的目的，这是一条必经之路。这一点在我们的时代比在其他任何时代都更容易理解，而且，这一观念正是悬在俄国理论家头顶上的达摩克利斯宝剑。

古典政治经济学试图让工业无产阶级的眼睛盯在"摆脱自身的封建污点"上，而不是盯在整体自由上。马克思对此进行了批判。他写道："对他们来说，历史是存在的，但历史不再继续。"对俄国集权主义者来说，俄国革命在 1917 年就完成了，历史也停止于一党制国家的胜利凯旋。

用更广阔的眼光来看，马克思早期著作中表述的观点，是马克思主义的本质。在生命的后 30 年，他不断地坚持和发展了这些观点。当然，马克思主义变得更加丰富了，就是说，随着马克思思想的发展和无产阶级斗争的发展，马克思的理论越来越具体。当马克思完成了他的经济学理论时，马克思主义就变成了一种意识形态。他一刻也没有把自己的经济理论与政治理论分开，也没有把它们与他的哲学分开。早期人道主义中的任何东西，他都从来没有放弃过，尽管他曾在另一阶段上把它们称为共产主义。这是他的《共产党宣言》的真正精髓。这篇著作第一次公开打出了一面旗帜，不仅是工人和知识分子的新组织——共产主义者同盟，而且是世界无产阶级的旗帜。在这面旗帜上写着："全世界工人联合起来"、"每一个人的自由发展是所有人的自由发展的条件"。这中间所包含的"个人主义"要素，是马克思主义的灵魂。这就是为什么马克思从一开始就警告说："我们必须避免建立一个与个人相对立的作为抽象的'社会'。个人是社会存在物。因此，他的生命表现……是社会生活的表现和确证。"[①] 他始终对"无产阶级的自发组织"十分关注，并始终与这些组织站在一起。而这又不妨碍他发展自己的理论。恰恰相反，我们以后将会看到，在《资本论》结构的展开中，无产阶级如何帮助他冲破了资产阶级理论概念的局限。关于马克思自身的发展过程，需要强调一点，即通过马克思我们接触到了知识分子的一个新的方面，一种新的知识分子，他们的理智的、政治的、社会的活动变成了现实的社会力量的表现。

黑格尔把危机时期称为历史的分娩期。在每一个这样的危机时期，都有一些知识分子"走向人民"，从英国的乌托邦主义者，到俄国的民粹派都是如此。但是在这种情况下，不仅领导者与群众相互

---

① 《马克思恩格斯全集》第 42 卷，122～123 页，北京，人民出版社，1979。

脱离的问题始终存在，而且更重要的是，在运动发展的紧要关头，他们往往落在群众的后面，并且往往成为群众的进步运动的真正绊脚石。只有马克思不是这样。他的《共产党宣言》发表在1848年革命的前夜，这决不是偶然的。他之所以能做到这一点，是因为他的理论观念是对工人阶级的本能斗争的概括。工人阶级本能地为未来新的社会秩序而斗争，为真正的人的社会而斗争。工人阶级的斗争是从经济过程的辩证法中产生的，而这种经济过程，在其发展的每一个阶段上，都产生着马克思所说的对未来社会秩序的"新热情和新力量"。当然，在新社会到来之前，谁也无法预见它的具体形式，但是马克思的远见预见了新社会。他没有"落伍"，不是因为他的个人天才，而是因为理论与实践统一的辩证方法。对于那些把自己与作为一种"政治趋向"的无产阶级联系在一起的知识分子，马克思为他们提供了一种新的人性向度，使他们在创造新社会的过程中，变得与无产阶级一样，昂首挺胸，顶天立地。

马克思的社会预见，即他对于未来的预见，并没有改变。黑格尔把这种预见叫作绝对，而马克思开始把它叫作"真正的人道主义"，后来又叫作"共产主义"。但不管是"真正的人道主义"还是"共产主义"，必经之路都是"否定之否定"，亦即摧毁曾经摧毁了前一个社会制度的现存社会制度。这就是使俄国统治阶级为之战栗的东西。他们当然会为之战栗，因为他们对这个运动的了解，决不仅限于"否定之否定"这个名词，他们了解反抗他们的革命的现实。劳动人民反抗工厂里过重的共产主义负担的斗争，击破了知识分子的冥顽与固执。俄国的理论家们，剥去对立面斗争的阶级斗争内容，把它转变为"新"与"旧"之间的斗争，然后突然决定"接受"对立面的斗争。然而，生活是比辩证法理论更为严厉的监察官。历史拒绝在俄国理论家们为它划定的转折点上转折。"新的辩证规律"什么结果也没得到。他们转而反对黑格尔的神秘的绝对和"否定之否定"。然而，反叛的潜流是无情的，它不会延缓对他们的惩罚。

（傅小平 译）

麦克莱伦

戴维·麦克莱伦（Dauid Mclellan），英国肯特大学政治学教授、国际著名的马克思主义研究者。

其著作主要有：《马克思的生平和思想》、《马克思以后的马克思主义》和《马克思以前的马克思主义》等。其中《马克思以后的马克思主义》和《马克思以前的马克思主义》两本著作是姐妹篇。在《马克思以后的马克思主义》一书中，作者以翔实的材料介绍了马克思逝世以后马克思主义在全世界的传播和发展的历史：从德国社会民主党人的马克思主义到俄国的马克思主义，从两次世界大战期间的欧洲新马克思主义到中国与第三世界的马克思主义，再到欧美马克思主义。同时，作者在书中也阐述了上述各国的政治、历史、经济的状况及其特点；分析了各个国家的无产阶级革命运动及其领袖人物的理论素质；总结了各国工人运动成败的原因；分析了共产主义内部的分歧和斗争。由于该书不仅提供了大量的历史资料，而且也有一定的理论深度，因此被誉为"对20世纪马克思主义的经典叙述"。在《马克思以前的马克思主义》一书中，作者引用丰富的材料系统地介绍了马克思从出生直到《1844年经济学哲学手稿》各个阶段的主要思想经历和发展过程；刻画了马克思思想发展的内在历史根据和逻辑联系；论述了马克思早期思想的每一个重要进步以及引起这些进步的主、客观条件。该书对于学习和研究马克思的早期思想、马克思主义发展史、特别是马克思主义哲学发展史具有重要参考价值。

本书选取了《哲学译丛》1993年第3期上的论文《20世纪的马克思主义》。该论文曾以"在马克思主义中哪些还有活力和哪些没有了生命力"为题，发表在英国《月刊》（Monthly）1991年第4期上。而这篇译文则是根据作者1992年9月在北京大学和中国社会科学院哲学所讲学时的讲稿翻译的。作者写作此文的目的是回应苏联和东欧剧变后许多人宣称马克思主义已经死亡这一说法的。作者认为，根据马克思的观点，共产主义是在资本主义充分发展的基础上形成的，而苏联和东欧社会主义则是在超越资本主义的阶段上建立的，所以马克思主义与苏联和东欧的剧变有一定的联系，但并不是直接的联系。而且，马克思和马克思主义两者之间是有区分的，苏联和东欧的领导人实际上很少从马克思主义传统的基本原理中吸取鼓舞力量。作者认为，马克思主义中有两个方面已经没有生命力了。它们是：（1）被苏联教科书所宣扬的作为一种形而上学思想体系的马克思主义，它承诺对世界提供全面的解释；（2）经济决定论的马克思主义，基于这种观念，苏联实行了指令性的、高度集中和严格计划的经济观念。但是尽管如此，作者认为，马克思主义在许多方面还是富有生命力的，它主要体现在以下两个方面：（1）马克思的唯物史观。作者指出，唯物史观的出发点是研究"社会经济的生产关系，并且使其他一切事物与它相适应"，换句话说，"在任何社会中你首先要考察的是人们如何满足他们的物质需要"。这样一种对历史的理解方法，尽管缺乏预测功能，并且由于过分强调了生产力，忽视了除去经济以外的其他因素，但是作者认为强调经济是至关重要的，因为如果只靠道德的辞藻、法律的约束或者政治权力的改革，是不能从根本上解决社会问题的，解决社会问题的根源还在于经济。（2）马克思主义考察社会和政治思想根源的方法以及创立意识形态批评的方法。这种方法就是，当我们考察社会和政治现象时，不能按其表面价值来接受，而是要发现掩藏在表面背后的一些别的东西。最后，作者得出结论说，马克思主义传统中体现和发展了马克思本人思想的那部分是"继续为了一个目标而奋斗，这就是资本主义是一个压迫的和剥削的社会，它能够而且应该让位于一个体现更高度的真正自由和平等的尚未出现的社会"。作者认为这一点将一直吸引人们关注马克思主义。

20 世纪的马克思主义[①]

　　东欧和苏联近期的事变，导致许多人宣称马克思主义的死亡。那些认为这个讣告太早了的人则宣称，认为那些事变（尤其是就苏联斯大林时代的终结而言）是来自于马克思本人的思想，这就如同犯了把奥斯威辛集中营与尼采思想相联系的错误。确实，假定明天梵蒂冈突然崩溃，《圣经》还会有效吗？现在这种类比关系多少被夸大了。在马克思的思想、马克思主义和苏联之间有较为密切的联系，但并不是那么十分紧密。的确，如果你研究一下由马克思本人所勾画的历史阶段，你能看到的是，根据某种目的论的公式得出的，一个跟着另一个相继的发展阶段，通过封建主义和资本主义而到达共产主义的目标，你可能认为，在苏联建设一个马克思主义的社会，一个社会主义社会的尝试，却是找错了地方：因为根据马克思的观

———————————

① 选自《哲学译丛》，1993（3）。

点，共产主义是骑在资本主义的肩膀上的，只有经过一些特殊的、暂时困难的过渡阶段，才能达到共产主义，而在东欧和苏联却完全超越了马克思所勾画的历史进程中的资本主义阶段。

如果说，当前发生的事件没有给马克思主义传统提出任何难题，或者说，它们完全和马克思主义传统的奠基人的见解一致，甚或这些事变可能早被他们预见到了，这样说毫无疑问是对马克思和马克思主义传统过于宽宏大量了。因为东欧以及苏联的具体背景中，马克思主义传统最应受指责的事情之一便是：如果你考察一下东欧和苏联的不同政见者运动，以及那些反对国家官僚制度的人们，他们很少有人（如果有的话）从马克思主义传统的基本原理中吸取鼓舞力量。他们可能从某种宗教，从某种理想化了的市场观点，或者某种形式的人权或自由主义中吸取鼓舞力量。

在马克思和马克思主义两者之间有可能作出区分吗？我有坚实的论据作出这种区分。马克思本人首先作出了这种区分，在评论他的一些过分热情的法国追随者时，他认为，他们是把他的理论正置入一个过于系统化的形式中，而且提倡一种过于简单化的马克思主义，以致他自己也不是马克思主义者了。然而，不论马克思的观点可能是什么，我认为，我们可以说，马克思主义中的某些观点没有了生命力。更确切地说，在我看来，马克思主义中有两个方面确实已不复存在。

第一，也是最明显的是，在某种意义上，马克思主义是一种思想体系，它以一种形而上学和哲学的意义对世界提供全面解释，也就是说，是一向被苏联宣教并被编写成无数俗套的教科书来宣讲的马克思主义。在此，据说规律支配着从量变到质变的变化，一直到下次革命的准确日期等的一切事物。这种无所不包的形而上学基于一种对世界的初步的唯物主义解释，却从未被大多数善于思维的人们认真采用。然而，它正像比它更颇为简单化的宗教观点那样，被广泛传播，在一定程度上，可能已被亿万人们所接受。马克思主义中的这个方面过去和现在都缺乏正确性。

第二，经济方面，指令性经济、高度集中和严格计划的经济观念，能够解决社会和经济问题，至少在现阶段的发展水平上，已被证明是一个空洞的承诺。当然，这并不否定在指令性经济体制下，苏联在一些方面所取得的一些重要进展：发射第一颗人造卫星上天；在30、40和50年代国民生产总值以惊人速度的增长，在一些重要方面比西方很多国家，创建了可查证的更为平等的社会（随着这类指令性经济体制的消失，将会出现某种程度上的怀旧情绪，这是可以理解的，但现在这种怀旧情绪并不被人们欣赏）。然而，东欧和苏联社会的独裁主义的程度，他们目前生产力发展水平的低效率，（就现在能搜集到的资料来看）许多公民对他们的社会不太满意，这些事实都已表明这种形式的马克思主义的结束。效率因素，独裁的政治关系以及它们自己公民正当的普遍不满，这三种因素可能意味着，这种国家统制形式的马克思主义不能维持下去了。

然而，我要强调的是，马克思主义并不是仅限于我上面所提到的这两个方面，所以它们的死亡并不意味着作为整体的马克思主义现在没有了生命力。因此在我看来，如果研究一下马克思主义在近几十年的影响，几乎所有知识学科的活动（在广义上来说）都从它那里获益。如果你研究中美和南美的自由神学；如果你研究近几十年来英语世界编年史的一些第一流的主要贡献；如果你研究文学批评的某些领域，所有这些学科与马克思主义富有成果的相互作用是引人注目的。

我认为在马克思主义传统中有许多方面仍旧是富有生命力的，为了更精确起见，我想略述两个或三个方面。第一个方面，是马克思自己所说的唯物历史观。这种历史观认为，如果你想要理解历史上发生的事情，最好的出发点是研究那个社会经济的生产关系，并且使其他的一切事物与它相适应。当然，这只是一个基本观点，作为一种历史视角似乎可以把它看作一种地图，在这上面，你能确定各种事物的具体位置。作为一种对历史的理解，作为一种研究历史的方法，这可以阐释为：在任何社会中你首先要考察的是人们如何满足他们的物质需要。只有在满足物质需要的基础上，人们才参加其他各种活动：政治活动、制定法律、绘画和作祷告等。我认为，这种文化唯物主义的方法，与近 10 年来像克拉克（Clarke）那样的历史学家们的解释方法相比较时，这种方法仍旧是有效的，而他们对历史的解释特别是对英国史的解释似乎在两种观点之间强烈摇摆：一种是唯心主义，它往往几乎完全用观念的变化来解释历史运动；另一种是最玩世不恭的个人主义，它按照个人的利己主义来分析历史的发展。在那种历史写作方面，在我看来，一般而言，马克思主义看待这些事物的方法仍旧是富有生命力的。当然在此也存在难题，一般马克思主义历史观的难题在于，它并不擅长于预言。这一事例可能说明问题：（我自己这样相信）资本主义作为一种组织社会的方式在道德和精神上是崩溃了，但不幸的是在经济方面肯定并没有崩溃。而马克思主义宣称，正是这经济和物质生活是它优先考虑的领域（如果你研讨马克思主义的道德和精神方面的问题，那么我相信可能会有答案，但是这些方面在绝大多数马克思主义传统中肯定不占首要的地位）。确实，如同 S. 韦尔（S. Weil）所说："马克思主义对资本主义压迫机制的分析是杰出的，确实，它是如此杰出以致难于理解为什么这种压迫应该永远结束。"我认为韦尔在这个方面比马克思的绝大多数后继者看得更清楚。

日益看得更清楚的另一个困难是，马克思主义历史观的全部力量在于，它指向生产力（供人使用的工具和仪器）和人们把自己组织在一起的方法，它把这些看作是未来社会进步的载体。许多传统的马克思主义固有这样一种观点：随着生产力的增长，将带来一个新的和较好的社会，这种观点却与资本主义所共同具有（S. 韦尔也曾指出过）。我们通常忘记了自由资本主义和马克思主义是同一社会的产物，它们对那个社会有许多共同设想。资本主义也宣称，无论如何，它的设想形式之一就是，如果你让市场力量自由发展，那么我们就将（自然而然地）生活得更好。这一观点与马克思主义同样确信，生产力的无束缚的发展将最终解决我们面临的问题。我几乎不需要说，这种观点已经成了严重的问题，尤其是近 10 年或 15 年以来有害的生态后果出现（完全撇开道德的和精神的结果不论），而这种生产力发展的信念实际上已经传播得家喻户晓。

马克思主义历史观的第三个困难是，它把经济作为决定性的因素来强调。如果你想要分析什么事物，马克思主义最典型的分析方法就是（用过分简单化的话说），经济因素是最重要的因素，它比政治重要，比法律重要，比宗教等都重要。现在这种方法也在三个领域遇到严重的问题。这些领域的第一个领域显而易见是民族主义的不断的恶性膨胀。根据《共产党宣言》，全世界的工人被假定为没有祖国，全世界的工人被设定为跨越国界团结成为一个阶级。第一次世界大战和 20 世纪之后的事情为这种乐观主义付出了代价，而民族主义仍像过去那样强烈。第二个困难是宗教的持续存在，根据马克思主义，宗教是过时了的力量。然而到目前为止，宗教并没有从世界上消失，如果你读报纸或听新闻，考虑此时的世界，你将看到，无论是好或（我常担心）坏，反正社会生活绝对受宗教冲击，这又是一个领域，在此领域中马克思主义的中介语言的预期并没有被证实。第三，或许更困难的是，如果你研究社会中的经济因素，那么你就会像马克思主义那样倾向于以人们所属的阶级去划分人群，一般而言，至少从阶级划分出发解释他们的态度和活动。但是也有另一些可选择的划分社会的方法，似乎这些可选择的方法比阶级划分是更强有力的解释。其中一个方法显而易见是种族划分，黑人和白人之间的划分，而不是工人和资本家的划分。另一个方法可能是我前面所提到的民族划分。甚或更意义深长的是：人类社会中真正的划分则是性别的划分，而不是无产阶级与资产阶级的划分。男人和女人之间的差异和斗争，以及前者剥夺后者，这是贯穿历史的主线。在我看起来，20多年来，在马克思主义中最有意思的著作已经论述了各种形式的马克思主义与各种形式的女权主义之间的相互作用：J. 米切尔（J. Mitchell）和M. 巴雷特（M. Barrett）的著作探讨了基本的辩证法：是劳动的辩证法还是性别的辩证法？或者两者能通过父权制的观念而相互联系起来？应当说，值得赞扬的是，在马克思主义传统中已经有恩格斯关于《家庭、私有制和国家的起源》这种类型的著作，正是在这个领域中产生了一些具有开拓性的历史著作。

总之，传统马克思主义对历史的解释，存在着这些困难：这种解释缺乏预测作用，它过分强调生产力，而且它相当忽视除去经济之外的其他因素，而这些因素似乎强烈地影响着人们的社会和政治活动。然而，我要强调的是，马克思主义传统的力量的确在于它强调物质力量，强调经济和它的坚决主张：如果你想要用大部分人可能都赞同的方式改革社会，那么，你就必须从我们社会中的物质资源分配的角度考虑经济。任何只依靠道德的辞藻，或者简单地依靠法律，或者只靠扩大政治权力的改革都不可能从根本上解决这些问题，因为，根据马克思主义的观点，大部分问题的根源是经济，特别是社会中大部分人缺乏经济力量。我认为，强调经济是很重要的。

除唯物主义的历史观以外，我要提及的第二个有力的方面是，马克思主义以之考察社会和政治思想根源的方法，以及创立对意识形态批评的方法，这种批判询问：思想从哪里来，它们又为谁服务？在这个领域，马克思、尼采与弗洛伊德一道被称为"三位怀疑大师"。这三位思想家之所以被称为"怀疑大师"，是因为他们都告诉我们："不要按其表面价值接受人们（个人或社会）对他们自己的描述。在这种描述下面有着别的东西。无论有意或无意，他们都掩藏着一些别的东西。"在社会批判理论的发展过程中，马克思主义可能是这方面的最强者。因为在这三位怀疑大师中，弗洛伊德太个人主义，以至于不能像我们希望的那样，对社会和政治现象给予更广泛的解释。尼采，至少在他后期追随者的著作中，又太相对主义和无政府主义，以致不适合充当任何可信赖的向导。而马克思在这方面可能是三个当中最好的。关于意识形态，马克思说的是：如果你考虑一些一般概念，像人权或民族利益，形形色色的政治家往往不断宣传的所有套话（有一些比另一些更常说），你将发现这些概念实际上只有助于增进社会中一个特殊的、限定的集团的利益。举一个选择或者权利的例子。选择：我们被选举，据说，是给人民以选择，是给每一个人做 x、y 和 z 的权利。现在，一再结合我前边所提到的观点一直到你气得满脸发青，你能给每一个人做 x、y 和 z 的权利。但是这并不意味着他们具有做 x、y 和 z 的能力，使用权利的能力基本上取决于你所占有的经济实力。举一个人们喜欢用的例子。我们都有权利到伦敦皮卡迪利大街利茨豪华饭店的餐厅去吃饭。你、我以及我们大家都有这个权利。我猜想（因为我从来未去过那里，所以并非亲身经历），如果你真去利茨饭店，吃完饭时你将面对着一个数目很大的账单。由于这个原因，你将发现，在那里就餐的只是很少的一部分人。或换句话说（用 A. 弗朗斯的话）：你见到有人在塞纳河桥下睡觉，那并非是法国社会有代表性的部分——虽然所有人都有权利去那里睡觉。所以如果你听到什么人说"这是为了民族利益——这全是为了我们的利益"，那么你就要问："谁真能够从这当中得到好处？"在古老的法律问题里："什么人得到好处？"谁将从这里面得到一些好处？通常而言，这些好处将是有明显差别地被分配——如果这种好处不是绝对地大部分人没有份儿的话。

结论中，我想要重申的论点，并非"马克思主义没有了生命力，而马克思的一些观点将长存"。我不想作这种区分。毕竟，马克思主义传统有些部分确实体现和发展了马克思本人的思想。这些部分继续为了一个目标而奋斗，这就是资本主义是一个压迫的和剥削的社会，它能够而且应该让位于一个体现更高度的真正自由和平等的尚未出现的社会。正是那个信仰（它部分的是一个信仰，因为这些设想确实还没有被验证）它过去曾吸引人们，我相信它仍将吸引人们转向马克思主义。请注意，我说的是"能够和应该"的社会转变。大部分人可能会同意"应该"：当说到是否"能够"则出现困难，但是只要残酷的、不必要的不公正确实存在，那么了解这些不公正为什么存在，并且改变这些不公正的努力也会存在，万幸能继续存在。我希望我所讲的内容至少已经提示，了解和也许改变这种不公正的一些要素就包含在马克思主义传统中。其矛盾是，至少到目前为止，比起改造世界来，马克思主义传统和马克思本人较令人满意地认识了世界。但是，我们希望下个一百年将看到两者成功地结合起来。

（范文 译　伊丛 校）

詹姆逊

弗雷德里克·詹姆逊（又译詹明信，Frederic Jameson，1934— ），美国著名的马克思主义文艺批评家，主要致力于马克思主义教育学，尤其是文化解释学方面的研究。1934年生于俄亥俄州，1960年获耶鲁大学博士学位，后留学法国和德国，精通法文和德文。曾任教于哈佛大学、加州大学圣地戈分校、耶鲁大学和国外多所大学。1985年至今任杜克大学文学系主任、比较文学教授，曾四次访问中国。主要著作有：《萨特研究》、《马克思主义与形式——20世纪辩证的文学理论》、《语言的牢笼——俄国形式主义和结构主义批判研究》、《政治无意识——作为社会象征行为的叙述》、《理论中的意识形态》、《后现代主义或晚期资本主义的文化逻辑》、

《地缘政治美学——世界体系中的电影与空间》、《区别音符》和《文化转向》等。詹姆逊在理论方面涉猎极为广泛，他总结了现当代各种马克思主义和其他哲学、政治学、美学等思想，结合现时代的发展，利用马克思主义的思想精髓剖析时代的特征和问题，并得出了许多新鲜的结论和观点。

本书选取了《马克思主义与现实》2002年第2期的《马克思主义与后现代主义》一文和《詹姆逊文集》第一卷中的《后马克思主义的五条论纲》。《马克思主义与后现代主义》一文原载于道格拉斯·凯尔纳主编的《后现代主义/詹姆逊/批判》（华盛顿，1989）一书，该文是对书中编入的其他14篇评价马克思主义、后结构主义和后现代主义的关系的结语和回应。在文中，詹姆逊认为后现代运动是古典资本主义扩展的第三阶段的文化逻辑更纯粹更同质的表现，而不是脱离现实的对这一时期的文化批评或精神诊断。因此，他认为把马克思主义与后现代主义结合起来的研究思路不是对他早期思想的背离，而是一种逻辑的发展。在此基础上，他回应了由于他的这种新的研究思路而判定他是一个庸俗的马克思主义的御用文人或认为他偏离马克思主义的轨道的各类批评意见，并简明扼要地对一系列后现代主义理论的重要概念，例如历史分期法、总体性、生产方式、文化、认知图绘等，作了分析和厘清。在这个过程中进一步说明了后现代主义与马克思主义的关系问题。可以说，这是詹姆逊给自己列的最近的一份理论纲要。

在《后马克思主义的五条论纲》一文中，詹姆逊认为马克思主义是关于资本主义固有矛盾的科学，后马克思主义试图对传统的研究客体即资本主义本身所呈现的新的出乎意料的维度加以理论化。在这篇论纲里詹姆逊对后马克思主义时代的特点和状况进行了概要式的分析和评述。第一条，詹姆逊认为资本主义不仅仅是一种制度或生产方式，它也是人类历史上迄今出现的最有弹性、最具适应性的一种生产方式，它借助"制度的扩张"和"全新商品的生产"这两个基本策略来克服自身的危机。第二条，在我们的时代，社会主义作为一种幻想的自由，在两个意识形态上同时受到了威胁：一是在关于全球规模的撒切尔主义市场体系的争论中"话语斗争"的层面，二是更深层面的反乌托邦焦虑和惧怕变化的层面。第三条，詹姆逊认为社会革命并非时间中的一刻，而是可以据变化的需要在共时系统中得以证实的东西，在一定意义上，暴力是真正社会革命进程的一个外在标志。在后马克思主义时代，问题不是革命的概念是否可行，而恰恰是民族自治的问题即在全球资本主义的世界体系中局部的不同社会发展和迥异的集体规划是否可行。第四条，詹姆逊认为苏联解体并不是由于共产主义的失败，反倒是由于共产主义的成功。关于苏联解体还有三个命题需要进一步论证：第一个命题是苏联内部的社会和政治分化与结构腐化；第二个命题是效率、生产力、财政能力等比较性的经济范畴，需要突破苏联的经济模式发挥影响；第三个命题是苏联在它试图融入一个正在从现代化向后现代化时代过渡的世界体系时变得毫无效率因而解体的。第五条，现时代，商品化已经渗透进文化的领域，文化大部分成为商品，文化代替经济和商业成为大多数事物，形象社会和消费主义是现时代的特点，在对全球化和信息化进程中的社会现象展开分析时，马克思主义以一种更普遍的方式享有理论上的优越性。

马克思主义与
后现代主义^①

　　马克思主义与后现代主义：人们往往感到这是一种罕见的或悖论的结合，是缺乏稳固基础的，以致有些人认为，当我现在"成为"后现代主义者时，一定不再是任何含义（用其他一些传统字眼）上的马克思主义者了。由于这两个术语（在十足的后现代主义的意义上）装载着整个大众想象的重荷，"马克思主义"已被理解为列宁和苏维埃革命时期泛黄的老照片，而"后现代主义"则产生的是最豪华的大酒店的想象。于是，这种蓦地产生的无意识，迅速构成了这样一幅图景：一个正在艰难经营的小餐馆，里面充满一种怀旧的氛围，墙上挂着老照片，一位苏维埃的服务员懒懒地端上一盘糟糕的俄罗斯饭菜——而这个小餐馆却处在闪烁着霓虹灯的繁华的建筑群中。如果我也陷入这样一种个人的理解的话，我过去所研究的课题

① 选自《马克思主义与现实》，2002（2）。

西方学者卷·詹姆逊

就显得十分奇怪和滑稽了：几年前我曾出版了一本结构主义的书，有人据此称我为结构主义的"最重要"的发言人，而另外一些人则要求我成为一个"杰出"的批评家和这一运动的反对者。而事实上我既不是前者也不是后者。不过，我不得不说，我必须在一些相当复杂和不寻常的情况下"两者都不是"，这一点有些人似乎难以理解。就后现代主义而论，尽管我在论及这个问题的原则性论文中竭力解释从理智上或政治上简单地赞美后现代主义或"不承认"（这个词我后面还要论及）后现代主义都是不可能的，但先锋艺术批评家仍很快认定我是一个庸俗的马克思主义的御用文人；而另一些更纯真的同志则依据一些著名前辈的例子，认为我最终偏离马克思主义的轨道而成为一个后现代马克思主义者，也就是说，一个背叛者和变节者。

因此，我特别感谢道格拉斯·凯尔纳在"导言"里所作的有洞见的表达，这一新的课题与我早期的著作不是相悖而是一种逻辑的发展。我本人要再次说明的是关于"生产方式"的概念，我对后现代主义的分析正是对这一理论的又一贡献。可是首先需要注意的是，我的所有这些看法——显然归功于（这一点我过去说得不够充分）鲍德里亚，以及给他启发的一些理论家（马尔库塞、麦克卢汉、亨利·勒菲弗尔，以及一些情境决定行为论者、萨哈林等等）——他呈现的是一个相当复杂的结合。这不仅仅是将我从教条主义的沉睡中唤醒的艺术产品（尤其是在建筑领域）的一种新鲜的体验：我在后面运用时还要继续强调，"后现代主义"这个概念不是专门的美学的或风格上的术语。这种结合也提供了一种机遇，以解决长期存在的与马克思主义传统中的传统经济模式不相适应的问题。我们中的一些成员所感到的不适应并非社会阶级的问题，而是媒介的问题。阶级的"消失"只有那些"自由漂浮的知识分子"才可能考虑，而媒介的冲击波对西欧的影响将使一些观察者与20世纪60年代逐渐似乎处于中立的北美社会保持一种批判的和感性的距离。

一、资本主义的第三阶段

列宁对帝国主义的论述并不完全等同于列宁和宣传机器，用不同方式理解他的理论已逐渐成为可能。列宁提出了所谓垄断资本主义阶段或古典资本主义时期，这种关于资本主义阶段的新的分期在马克思那里并未明确地预见。这将会使你相信，或是一种新的变化已被命名和阐述便永远如此，或是人们可以在一定的情况下创造另一种名称。但是，马克思主义者中有很多人不愿意采取第二种方式来得出不同的结论，因为在其间，新的媒体和信息社会中的现象已经被右翼（在我们缺席的情况下）殖民化了，包括在一系列有影响的研究中从最初冷战时期的"意识形态的终结"到后来盛行的"后工业社会"的概念。恩斯特·曼德尔的《晚期资本主义》一书向这些思潮发起了挑战，他运用一种灵活的马克思主义的观点，第一次将资本主义的第三阶段理论化。这一划分也使得我关于"后现代主义"的思想成为可能，由此，后现代主义可被理解为对第三阶段文化生产的特殊逻辑理论化的尝试，而不是另一种脱离现实的对这一时期的文化批评或精神诊断。

引人注目的是我对后现代主义的研究所采用的总体方式，今天令人感兴趣的问题不是我为什么采用这一视角，而是为什么激起了这么多人的反感（听说很反感）。在以往，抽象化无疑是一种策略方式，在抽象化的过程中，现象、特别是历史现象，能够被疏离和陌生化；当一个人囿于眼前的事物之中——年复一年的经历着文化、资讯、一系列的事件和突发事变——这其间的空隙可以被抽象概念所掩盖。人们发现，在那些貌似独立和不相干的领域之间有着隐秘的联系，通常认为只是孤立的和依次发生的事件却原来是事物的有规律的变化和有着某种内在的关联，它们具有一种全球性的特征，这种全球性正是它们的唯一根源。特别是由于刚刚过去的历史我们很难把握，于是，重建历史，提出全球性的特征和假设，将眼前的"繁芜、嘈杂的混乱"提炼成抽象的概念，这是对此时此地的一种激进的干预，同时也是对盲目性的有效抵制。

但是，如果仅仅是从正在运作的"总体战"的其他目的中分离出来，我们必须正视表达的问题。如果历史的抽象——生产方式的概念、资本主义的概念乃至后现代主义的概念——是一些不能直接经验的东西，那么，就有理由怀疑概念与事物本身潜在的混淆，怀疑这种用抽象来"表达"现实的可能性，以及这种抽象本质如社会或阶级真实存在的可能性。不过，通常对其他人的错误的担心主要意味着对其他知识分子的错误的担心。从长远的观点看，不可能制造一种表达方式来确凿地表现预先存在的视觉幻象，这里只有一种保证唯物主义抵御唯心主义复原的方式，即防止用形而上学的术语作解构性的阐释阅读。知识分子的生活和文化中的永远革命是不可能的事，所需要的是为警惕我们传统中所称为的概念的具体化而进行的不断革命。后现代主义这个概念的非同寻常的命运无疑就是这种情况，它引起了我们中一些人的种种担心，但是这里所需要的不是划清界限和忏悔罪行（如斯大林的一个著名的提法，"不要被胜利冲昏了头脑"），而是重新运用历史分析的方法，对具有政治和意识形态功能的概念不断地加以检验和判断，在今天，这种方法将部分地在我们想象性地解决现实的矛盾中发挥意想不到的作用。

可是，目前在后现代主义名义下的周期化或总体化的抽象概念又重现了一个更深的悖论，在企图统一某个领域及假定在这一进程中隐藏着一致性与这个领域极其冲动的逻辑之间似乎存在着矛盾，也就是说，它与后现代主义理论本身的开放性特征所具有的差异和分化的逻辑似乎存在着矛盾。如果后现代的特有的历史被认为全然是他律的，随机出现的，是一些不相干的子系统，那么，在这些论争中，必然有某些东西干扰了最初将它作为一个体系来理解的努力，而这种努力至少可以说显然与后现代主义本身的精神不一致。也许这种努力确实暴露了它的某些企图，它想"控制"和"支配"后现代，减少和排除它的差异的作用，甚至强制运用一些新的概念来整合多元论。然而，如果将动词的词性忽略不计，我们要"控制"历史，无论用什么，最终都是可能的：不论它用什么语言表达，从历史的梦魇中挣脱出来，人类作为征服者将控制那些似乎是盲目的和自然的社会—经济命运的"法则"，保存马克思主义的不可替代的遗产。因此，这对于无意控制自己命运的人们来说不会有很多的吸引力。

二、系统与变异

但是，关于变异的统一理论还有一些误导和矛盾的成分，因为这一概念建立在不同层次的抽象的混淆之上：构成产生差异的系统不能设想为完全类同于它试图理论化的客体的那种系统的概念，不能像狗的概念使人联想到吠叫，糖的概念使人感觉到甜味一样。人们感到，我们自身独有的某些珍贵的、存在的东西，某些脆弱的、唯一的东西，将无可挽回地失去，我们发现我们每个人都很相似，如果真是那样的话，我们将感到太糟糕了；否定是存在主义（包括现象学）的基本形式，这类事情和这种焦虑的出现需要解释。但在我看来，对后现代主义全球化概念的否定从某种意义上讲是传统的对资本主义概念的否定的重现。从当前的角度看，很少有令人吃惊的事情，因为后现代主义作为资本主义晚期的系统转换与资本主义自身一以贯之，具有同一性。那些否定实质上只不过是随之而来的悖论的一种或另一种形式，也就是说，虽然各种前资本主义的生产方式通过种种休戚相关的形式或内聚力获得了再生产的能力，而资本主义的逻辑则相反，它是一个分散的、原子论的、"个人主义"的逻辑，是反社会而不是社会的，它的系统结构，暂且不说它的再生产本身，在关系上具有某种神秘和矛盾。我们先将（市场）这个难解的问题搁置起来，这里要说的是这一悖论正是资本主义的创造力和我们必然碰到的在定义它时词不达意的矛盾状态（由此引出了特殊的新概念——辩证法）。我们在下面还有机会回头讨论这类问题，这里仅粗略地指出，变异这个概念本身就是一个系统（尼古拉斯·卢曼曾作了最详尽的阐述），也就是说，如果你愿意的话，可以将差异的作用在更抽象的层面上转化成一种新的同一性（这将被理解为一个人还必须懂得区别辩证的对立与这种随意的、分散型的差异）。

　　"反总体战"最终具有政治的动机，这是霍恩在他的论文中揭示出来的一个有价值的观点。追随利奥塔，霍恩明确提出对乌托邦的恐惧是 1984 年以来我们所面临的老问题，乌托邦和革命政治与总体性和某种总体的"概念"的联合最好避开，因为它将导致致命的恐怖：这个概念至少在埃得蒙·伯克时就被提出来了，但是在经历了斯大林时期无数次的重申后被柬埔寨的暴行再度激活。从意识形态的意义上讲，这是一个经过冷战修饰和定型的特殊的复活，并出现在 20 世纪 70 年代法国的非马克思主义运动中，并被斯大林的清洗运动和希特勒的灭绝人性的集中营异乎寻常地证明了（可参见阿诺·梅耶的一本著名的书《天堂为什么不黑暗》，其中对"最后解决"与希特勒的反共产主义之间的结构关系进行了明确论证）。"后现代"除要求非政治化倾向以外，对这些灰白的梦魇般的形象的说明是不清楚的。前面所说的那种暴烈的革命历史也能被用于一种完全不同的教训，即首先来自反革命的暴力精神，实际上，反革命的最有效的形式就在于将暴力传递到革命的进程中。我想先进国家中的联盟现状或微观政治未必支持这类的焦虑和幻想，至少在我看来，它们没有构成从南非的潜在革命中撤回支持和关联的根据。最后，革命、乌托邦或总体化冲动的普遍情感从一开始就受到某种程度的污染，它们注定要在具有理想色彩的思想结构面前碰得头破血流，甚至最后还在最坏的宗教意义上重述原罪的教义。在这篇论文的结尾，我将回头讨论更具体的政治问题。

三、社会决定论的思想

现在，我打算用另一方式研究总体化思想的问题，即通过质问总体化的可能的历史条件而不是针对它的真实内容或有效性。于是，这就不再是把它仅仅哲学化，或是否你想在表征的层面上哲学化。在这个研究中，我们通过询问社会决定能否使思想得以实现或关闭来退出和疏离我们对既定概念的即时判断（"最前沿的当代思想不再允许我们运用总体性或周期性的概念"）。总体性的通常的禁忌难道纯粹来自哲学的进步和日益增长的自我意识吗？难道是因为我们今天获得了一种理论上的启蒙和概念上的精致状态，就可以帮助我们避免以往的已成为过去的思想家（最著名的是黑格尔）的严重错误吗？也许会如此，但是它还是要求某种历史的解释（其间"唯物主义"这个概念的出现无疑会发生作用）。我们不妨以稍稍不同的方式的提问来拂去当代人的这种傲慢：即为什么"总体性的概念"在一定的历史时期被认为是必要的和不可避免的，而相反在另一些时期则是有害的和不必考虑的。这种追问以它自身的方式返回我们思想的外部和我们不再（或尚未）思考的基础，它在任何肯定的意义上都不可能是哲学的（尽管阿多诺在《否定的辩证法》一书中试图将它转换成一种新型的真正的哲学）。这种追问将会把我们引向一种强化的意义，即我们的时代在各种意义上都是一个唯名论的时代。这种唯名论可能产生数种史前史或超决定论：例如，存在主义时期孤独的个体所具有的新的社会意义（特别是在萨特的著作中所出现的对人口统计学、纯粹数字或复杂性的恐惧），它使传统的"一般性"显得苍白，从而失去其概念的力量和说服力。同样，英美经验主义的传统也是在一个悖论的"理论化"和过度唯理性的时代以一种复兴的力量从概念的死亡中产生的。自然，"后现代主义"的口号也意味着这样一种意义；但从另一方面看，后现代主义不是一种解释而是有待于被解释的东西。

这种推理和假设的分析直接削弱了现存的一般的或普遍化的概念，这种分析关涉一种显得很可靠的操作，也就是对运用这样的概念的过去的时期的分析。的确，在那些时期，一般概念的形成能够被观察，从而使它似乎具有历史的特权。就总体性的概念而论，我感兴趣的是我曾谈到的阿尔都塞的结构概念，即关键在于，我们能够承认这样一个概念的存在，但我们知道这里提供的只是它们中的一种：另外某些东西通称"生产方式"。阿尔都塞的"结构"就是如此，也就是"总体性"，至少在我使用时是这样。至于"总体化"的过程，通常意味着就是在各种现象之间产生一些联系：举一个在当代很有影响的例子，尽管斯皮瓦克提出用她的"连续符号链"的概念来替换辩证的思想，但在我看来，这个概念也可以作为特殊的（非辩证的）"总体化"的形式。

我们应当感谢罗兰德·L·米克对"生产方式"这一概念的史前史的研究（这是他在撰写研究摩根和马克思的著作中勾画出来的），在18世纪，这个概念是以他所称作的"四阶段理论"的形式出现的。这一理论会聚了18世纪中叶法国和苏格兰启蒙运动的成果，提出了人类文化的历史变迁是以物质或生产为基础的命题，并划分出四个基本的发展阶段：狩猎和采集、游牧、农业、商业。于是，在这个历史叙述中尤其是在亚当·斯密的思想和著作中所出现的是，现在继续研究的对象就是特定时代即资本主义的生产方式，前资本主义阶段的历史构架已经消失，但它却为斯密和马克思的资本主义模式提供了一个共时的模式。不过，米克要论证的是，历史叙述作为思考资本主义的可能性的必不可少的系统是不是共时的？像这样的问题也出现在我关于资本主义的"阶段"或时期的思考中，它被设计成我们现在称为的"后现代主义"的文化逻辑。

然而，我在这里主要涉及"生产方式"这个概念的可能性的各种条件，也就是说，首先是社会历史情境的特征使表达和阐述这个概念成为可能。总的来说，我认为思考这一特殊的新思想（或在这一新方式中糅进已有的思想）须考虑到某种特殊的"不平衡"的发展，即一些性质不同的和同时存在的生产方式都出现在上述思想家的视野中。下面是米克所描述的这一特殊概念产生的前提条件（作为它的"四阶段理论"的最初形式）：

我自己的看法是，思考我们所研究的这一类型须着重强调经济技术的发展和社会—经济的关系。首先，很可能是同时代经济迅速发展的作用，其次，可能是经济发达地区与经济还处于"较低"阶段的地区之间的对比易于发现的作用。在18世纪五六十年代中，在有些城市（如格拉斯哥）和地区（如法国北部的一些先进省份），公众的整个社会生活发生了迅速可见的改变，显然这是经济技术和基础性的社会—经济关系深刻变革的结果。这种新的经济结构形式的出现很容易与以往的结构形式相比较和对照，如现在还继续存在的苏格兰高地或法国的遗民、美国的印第安部落。如果生存方式的改变在同时期社会发展中具有如此重要和"进步"的作用，那么，可以断言，它们在此前的社会中也必然具有非常重要的作用。

四、历史的范式

首次思考生产方式这个新概念的可能性是作为一种新出现的历史意识或历史性的形式自由地加以描述的。然而这不一定非要求助于具有哲学意识的话语不可，因为被描述的东西也许同样可以用一种新的推论性的范式来命名，我们可以通过文学，借助司各特小说中所呈现的另一种新的历史范式（卢卡奇曾在他的《历史小说》中作过解释）来强化这一概念形成的同时代的状况。这种不平衡性由法国思想家（杜尔哥，包括卢梭本人）表述为"生产方式"，并尽可能像做其他事情一样参与那一时期法国革命前的情境中。在此期间，封建形式以一种非常显著的差别来对抗新生的资产阶级的文化和阶级意识。

在许多方面，苏格兰都是一个非常复杂有趣的例子。作为第一世界国家的最后一个和第三世界国家的头一个（这里采用了汤姆·莱恩在《不列颠的解体》一书中的大胆的观点），启蒙时期的苏格兰正是上述具有截然不同性质的生产和文化并存的空间：高地的古代经济和他们的氏族制度，低地村民的农业开发，边界上正处在工业"起飞"前夜的英格兰"伙伴"的商业活力。因此，爱丁堡的辉煌并不是盖尔人遗传物质的问题，而是苏格兰中心城市和知识分子的策略性的离心立场，而这实质上又是由同时并存的性质不同的生产方式决定的。这一问题现在仍然是苏格兰启蒙运动思考或概念化的任务。这决不仅仅是一个经济问题：司各特，与晚近的福克纳相似，将社会和历史的原始材料、民间记忆吸收到文学中来，用一种栩栩如生的叙述形式，将并存的各种生产方式通过狂热的革命、内战和宗教战争深刻地表现出来。为此，思考新的现实和表述新的范式的条件似乎要求一种特殊的关联，并与这种新的现实保持一定的策略距离，因为这种新的现实可能会将沉浸其间的东西覆盖（这一点很像科学发现中作为认识论变体的著名的"局外人"原则）。

可是，所有这些带来的一个副产品在这里却对我们有着更为重大的意义，它直接关涉到对这种概念化过程的逐渐上升的压制。后现代运动作为古典资本主义扩展的第三阶段的文化逻辑，它在许多方面都是资本主义晚期的更纯粹更同质的表现。因为在这一时期，迄今残存的具有社会—经济差异的飞地都已消除（包括借助商品形式殖民和同化的）。如果是这样的话，那么，它的意义在于暗示出我们历史感的苍白，特别是对类似于生产方式概念的全球化和总体化的概念的抵制，而这些情形又正是资本主义普遍化的作用。今后所谓每一件事都是系统中的有机概念的看法似乎失去了存在的理由，它只有在韦伯、福科或1984年的人们所幻化的梦魇般的"总体系统"的形式中通过"被压制的恢复"的方式得以再现。

但是，生产方式并不是那种令人生畏的意义上的"总体系统"，它包括种种对立的力量和在自身产生的一些新趋势，既有"残存"的成分也有"初生"的力量，而生产方式则必须力图管理或控制这些东西（葛兰西的霸权的概念）：如果这些异质力量不具有自身的有效性的话，霸权的设想就是不必要的。这样，差异被模式预先设定：某些东西与卷入其中的另一特征有明显的不同，即资本主义将产生差异和区别作为它自身内在逻辑的一个功能。最后，又回到我们最初关于表达的讨论，显然，在概念与事物之间、在这个全球和抽象的模式与我们个体的社会经验之间存在"差异"，从中可以提供一些解释性的区别但决不能用于"置换"。

关于生产方式的"适当用途"的另一些提示也可以考虑：所谓的"生产方式"并不是生产者的模式，这一点似乎有必要说明。还有必要说明的是，如果这些讨论还未沦为漫无目标的攻击的话，在目前的语境下，生产方式包含的各个层次（或者说抽象的等级）必须在注意之列。我在《政治无意识》一书中勾勒了这些层面的大致框架，具体说来，要注意区别出考察历史事件、引起更广泛的阶级和意识形态的冲突和传统、关注非个人的社会—经济模型系统（著名的具体化和一般化的主题就是例证）等层面。在这些论述中，经常提到的代理人的问题也必须穿越这些层面加以定位。

五、文化生产的位置

例如，法瑟斯托认为，我所使用的"后现代主义"一词是一个特定的文化范畴：它不能，或更确切地说不论好坏，就被赋予"生产方式"的名称，而在这个名称下，文化生产找到一个特殊的功能位置，它的表征在我的著作中主要来自文化（这无疑是混乱的根源）。因此，他劝告我更多地关注艺术家本身和他们的观众，以及中介和管理这种新的生产机构：我实在不明白为什么要排除那些论题，我认为它们都是非常有趣的问题。但是，在那个层面上，要将社会学的探询变得可以解释是很困难的，宁可说他所涉及的现象倾向于即刻重新组成它们自己的半自律的社会学层面，一种即刻要求历时叙述的层面。所说的艺术市场是现在，而所说的艺术家或消费者的地位则指转换之前，甚至充其量只为这些活动的可选择性留下了很有限的空间（例如，古巴通常就是这样，艺术市场、美术馆、绘画的投资人等等都不存在）。一旦你写下那种叙事，那一系列的局部的变化，那么，整个事件就加入了在当时另一空间里存在的材料，而在其中，像后现代的"伟大变革"式的某些东西就能够看到。

的确，法瑟斯托的建议具体化了社会代理人，仿佛使这些人得以显露（这样一来，后现代主义者就是这些艺术家或音乐家、美术馆或博物馆的职员或唱片公司的董事，他们是一群特殊的资产阶级、年轻人或工人阶级的消费者），尽管如此，这里也要求必须保持抽象层面的差异。因为我们仅仅只能貌似有理地声称"后现代主义"作为一种时代精神或"生活方式"（纯粹是一种轻视的表述）是整个新的阶级分化的"意识"的表现，它大大超越了上面所列的群体的限制。这种越来越大、越来越抽象的范畴被冠以种种新的名称：新的小资产阶级，专业管理阶级，或更简单地称为"the yuppies"（这些称呼中的每一种都偷偷塞进了一个与之相对应的具体的社会代表）。

这种后现代文化的阶级内涵的身份认同并不暗示"yuppies"已经成为某种新的管理阶级或"历史主体"——仅仅是他们的文化实践和价值，他们的局部意识形态代表了资本主义这一阶段有效的主导意识形态和文化范式。的确，我们经常看到，一个特定时期流行的文化形式并不是由上面提到的社会结构中的主要代理人来承担的（商人无疑与这一时期有更直接的关系，他们被各种不同类型的心理学和意识形态的力量所驱动）。而问题的实质是上述的文化—意识形态正以最有效的方式作用于对世界的表达，或者说，在这些方式中世界能够被重新划分。为什么某个阶层可以提供这些意识形态的表述，这是一个令人感兴趣的历史问题，就像某个作家或某种文体突然获得主导地位一样。但可以肯定地说，对于这些历史的转变事先并没有既定的模式或公式；然而同样可以肯定地说，我们也没有给正在盛行的后现代主义制定什么框架。同时，在这一论题上，我的著作的另一局限（这一点没有被任何撰稿人提到）现在已日益清楚了，决定用文化术语描述的策略造成了一个相当大的疏忽，即未论及后现代"意识形态"的身份认同。由于我特别关注我所称作的新的"理论话语"的形式问题，同时也因为全球性的去中心和小团体制度化之间的悖论的结合在我看来是后现代倾向性结构的一个重要特征，因此我给别人的印象是主要挑选了知识分子和社会现象如"后结构主义"和"新社会运动"。这样一来，与我所持的根深蒂固的政治信念相反，所有的"敌人"似乎都站在左翼的立场上，下面我将力图纠正这一印象。

但是我们所说的后现代主义的阶级身份又要求我们现在指定另一种比以上所列举的更高（或更抽象和全球性的）的代理人。显然，这就是多国资本本身。它也许被作为某种"非人"的资本逻辑的一个过程来描述，我将用它自身的术语和它自身的标准继续为那种语言和那种描述的恰当性辩护。这一似乎抽象的力量又是一种整体的人类代理者，它遵循人类自由的创造力，沿着特殊的方式发展，并创造着最初的局部策略和实践——从另一个角度看，这也是显而易见的，关于对资本的代理人的寻求我们还想提及一个古老的格言："人们可以创造历史，但不是在他们自己选择的环境中。"在晚期资本主义的各种可能性的条件下，人们看到了"发财的机会"，"拼命"去赚钱，用新的方式改编电影（就像艺术家、博学家、思想家或美术收藏家一样）。

这里我力图证明的是，尽管在有些读者和批评家眼中我对后现代的描述似乎"缺乏代理人"，但它仍能够被转换或解码为叙述性的描述，在这个描述中，所有规格和层面的代理人都在起作用。而在这些交替描述之间的选择——聚焦在各个不同的抽象层面上——与其说是理论的还不如说是实践的。可是，将这种代理人的描述与其他心理的和意识形态的"主体位置"的深厚的（精神分析）传统连接起来只是一种愿望。如果它被拒绝，理由是以上所描述的代理人只不过是基础—上层建筑模式的又一个版本——经济是后现代主义的基础，这是一种说法，将社会阶级作为它的基础，又是另一种说法——这样一来，提供给我们理解的"基础和上层建筑"就不是一个真正的模式，而是一个起点和问题，就像一种规则似的非教条的东西，它不仅要求同时理解文化及其自身，而且要求同时理解与之相关的它的外部、它的内容、它的语境以及它的介入空间和有效空间。可是，人们如何做才是不预先规定的呢？格罗斯对本雅明的绝妙的改编——将后现代主义作为晚期资本主义的"余象"——使我们想起了他在系统阐述这一关系中不仅揭示了本雅明是如何具有微妙的适应性（在有些地方他说"上层建筑"是"基础"的反映，而在某些方面又从根本上修改了我们的陈规），而且展示了探索新形象的开放和承继的多种途径。余象是一种具有幻象和变态的客观现象；它们要求注意视觉作用、心理感受以及物体的炫目性质等等。我提出了一个后现代主义的"模式"，到底是否名副其实，现在只得听天由命；但是这样一个模式的构成最终是有吸引力的。我希望不要把我说的我们欢迎和期望可选择的结构看成是"多元论"的证词，因为在其中把握现在是我们的理智所面对的最成问题的任务。

六、重构阶级之图

当强调权力和控制以试图排除置换物时，某些东西将失去，这构成了马克思主义的原动力，诸如经济体系、生产方式的结构和剥削等。权力和控制的问题再一次从这些系统的不同层面被表述出来，而在对这些不可调和的对立进行当代分析时没有任何预定的东西可以参照，除非其动机就是产生一个新的意识形态（传统中有一个悠久的名称，叫无政府主义），在这种情况下，另一些类型的边界被划出，人们可以用不同的方式讨论这个问题。

在索·兰道看来，就当前情况而言，在资本主义的历史上还从未有过这样一个时期能享有如此多的活动自由空间：在过去它所产生的反对自身的所有威胁力量——劳工运动、起义、群众性的社会主义政党乃至社会主义国家——今天当它们不再以这种或那种方式作有效的中和时，似乎都退去了，因为全球资本主义时期似乎不要传统的预警就能够遵循自身的本性和趋势发展。于是这里又有了另一个后现代主义的"定义"，一个很管用的定义，而这仅仅是一种想指责悲观主义的鸵鸟式的陶醉。这是资本主义的两个阶段的过渡时期，在这个时期，早期的经济形式正处于全球化规模的重建过程中，包括劳动者的原有的形式和它的传统组织机构和观念。一种新型的国际无产阶级（我们一时还未能想象出它们的面貌）将在这种激烈的变化中重新出现而不需要事先预言。然而，我们自己仍处在这一潮流中，没有人能够说清楚我们将在这里待多久。在这个意义上，在我研究当前情境的历史论文中似乎出现了两种完全不同的结论（一个出现在论 20 世纪 60 年代的论文中，另一个出现在我论后现代主义的论文中），但这两者实质上是同一的：在前者，我期待一个全球范围的无产阶级化的过程，这一点我在上面刚提及；在后者中我提出了较难理解的术语——"认知绘图"作为一种新型的全球性的标志。

但是，"认知绘图"实际上只不过是"阶级意识"的符码：它的意义仅在于提出需要一种新的和到目前为止还未想象到的阶级意识，同时它也反映了后现代中所暗含的那种新的空间性发展（这一点在埃迪·索娅的《后现代地理学》中以一种清楚时髦的方式被纳入议事日程）。我偶尔也像有些人一样，对"后现代主义"的口号感到厌倦，但是当我试图对我与它的共谋关系感到懊恼，或对它的滥用和它的臭名昭著感到痛惜，且不得不说它引起的问题多于它所要解决的问题时，我发现自己颇费踌躇，是否有一些其他概念能够以非常有效和经济的方式将这一问题提得更醒目。"我们必须给它命名"，20 世纪 60 年代的重要问题在后现代主义的争论中得到了意想不到的复兴。

（胡亚敏 编译）

后马克思主义的五条论纲①

一、第一条

在资本主义本身经历了结构形变的那些时刻，各种"后现代主义"层出不穷。

马克思主义是关于资本主义的科学，或为了给资本主义和马克思主义这两个术语以更深刻的含义，我们还可以说马克思主义是关于资本主义固有矛盾的科学。这意味着，一方面，在宣扬资本主义和市场决定性的广泛胜利的同时侈谈"马克思主义的深度"，是前后矛盾的。后者似乎为前者预示了一个稳定的未来，且不管它的胜利在多大程度上是"决定性的"这一问题。另一方面，资本主义的"矛盾"并不是某种无形的内部消解，而是相对合乎规律的，至少服

---

① 选自《詹姆逊文集》第 1 卷，北京，中国人民大学出版社，2004。

从于根据事实所作的理论化。比如，对资本主义的任何特定时刻来说，它所控制的空间最终浸透着它在技术上能够生产的过多的商品。因此，这一危机就是制度性的。

然而，资本主义不仅仅是一种制度或生产方式，它是人类历史上迄今出现的最有弹性、最具适应性的一种生产方式，以前曾经克服过这种循环的危机。它借以克服这种危机的两个基本策略是：制度的扩张和全新商品的生产。

制度的扩张。资本主义总有一个中心，以前是英国的霸权，近来是美国的霸权。每一个新的中心在空间上都比以前的中心更大和更具包容性，因此为普遍的商品化以及新市场和新产品开拓了更广泛的领域。根据一种不同的历史叙事，我们可以说资本主义的民族时刻产生于18世纪的工业革命。这个最初时刻是马克思本人所经历和加以理论化了了的，尽管是预言性的。继此之后是19世纪末的帝国主义时刻，在这个时代里，民族市场的界限被打破了，一种世界规模的殖民体系得以确立。最后，在第二次世界大战之后和在我们自己的时代，旧的帝国体系被推翻，一个新的"世界体系"占据了这个位置，由所谓的跨国公司所控制。当前这个"跨国"资本主义时期（在苏联解体之后）令人不安地在欧洲、美国和日本这三个中心之间取得了平衡，每一个中心都拥有带有无数卫星国的巨大腹地。这第三个时期的各个突发阶段直到冷战结束时才真正完成，所以这个时期显然比此前的帝国主义时代更具"全球"规模。随着对印度、巴西和东欧广大地区的（所谓）"非标准化"，资本便有了渗透的幅度，市场也比以前的各个资本主义阶段大大增加。那么，这是否可以看作马克思预见的世界市场的决定性胜利，因而标志着资本主义的最后阶段——其中包括"劳动力的普遍商品化"呢？这是值得怀疑的。新时期的内在阶级动力几乎没有时间发挥作用，尤其是新出现的劳工组织形式和政治斗争都适应已经改造了的商业世界的"全球化"规模。

全新商品的生产。克服制度危机要求有第二个条件：即诉诸革新，甚至技术"革命"。厄恩斯特·曼德尔把这些变化与刚刚描写过的各个阶段对应起来：民族资本主义诉诸流线型技术；帝国主义诉诸电和内燃机；我们自己所处的跨国资本主义和全球化时期诉诸原子能和电脑，这个时期被一些人标识为后现代时期。这些技术既有能力生产新型商品，又是开拓新世界空间的工具，因此"缩小"了地球，根据新的规模重新组织资本主义。这使人感到依据信息或电脑描写晚期资本主义的特点是适当的（而且在文化上是极具启示意义的），但需要将其与经济动力搭配起来，而电脑或信息却很容易在修辞上、知识上和意识形态上与这些动力割裂开来。

如果接受对资本的这种梗概分期，那么，即刻清楚的是，形形色色的"后马克思主义"，尤其是 19 世纪末的伯恩施坦或 20 世纪 80 年代的后现代主义，以及他们假定的马克思主义的"危机"或"死亡"，都恰与资本主义得以重建和得以极大扩展的那些时期是同时发生的。而这些马克思主义反过来又为一种更加现代的——实际上是我们时代的后现代的——马克思主义所效仿，试图对传统的研究客体即资本主义本身所呈现的新的出乎意料的维度加以理论化。

二、第二条

在我们的时代，社会主义作为一种幻想的自由——摆脱不需要的和可避免的经济和物质束缚的自由，为进行集体实践的自由——在两个意识形态层面上同时受到了威胁：一是在关于全球规模的撒切尔主义市场体系的争论中"话语斗争"的层面（斯图亚特·霍尔语），二是更深层的反乌托邦焦虑和惧怕变化的层面。这两个层面显然相互包含，因为关于市场的争论事先假定关于人性的一整套观点，然后，反乌托邦幻想便以更具启示性和力比多的方式对其加以排练。

话语斗争（与十足的意识形态冲突相对立）通过诋毁其各种可选因素，把一整套中心话题变得不可提及而获得成功。它诉诸平凡化、幼稚、物质利益、"经验"、政治恐惧和历史教训，将其作为对以前严肃的可能性进行决定性的非合法化的"理由"，包括民族化、标准化、赤字消费、凯恩斯主义、规划、民族工业保护、保险网络、最后是福利国家本身。把最后一项与社会主义等同起来能够使市场修辞赢得一场双重胜利，即战胜自由派（如美国的"新政自由派"）和左派。因此，左派今天被放在保卫大政府和福利国家的位置，在对历史的辩证理解并不比左派所占有的历史多多少的情况下，这是其细腻复杂的社会民主批判传统使其感到难堪的事。尤其值得企及的是重新获得历史环境变化的感觉，以及随这种变化而来的政治和策略反应。但这也要求投身于所谓历史的终结，即整个后现代时代根本的非历史性。

与此同时，与乌托邦相关的各种焦虑则产生于这样一种恐惧，即构成我们现行身份、现行习惯和力比多满足的形式，在新的社会分配和社会秩序发生根本变化的情况下将会消失的一切，比之在最近的过去的其他时刻，现在则要容易调动得多。显然，在全世界较富裕的一半人口中，而不仅在统治阶层，让穷人在现时代发生变化的希望已经变成了对丧失的恐惧。这些反乌托邦的焦虑需要以一种文化诊断和疗法直截了当地予以说明，而非通过赞同一般市场争论和修辞的这种或那种特征予以规避。

关于人性的一切争论——即人性基本上是善的和合作的，或人性是邪恶的和挑衅的，要求驯服市场，即便不是大海兽的话——都是"人文主义的"和意识形态的（如阿尔都塞所教导我们的），应该用根本变化的视角和集体规划来取代。同时，左派需要积极地保护大政府和福利国家，依据自由市场的破坏性的历史记录继续攻击市场（波兰伊对市场的理论化和东欧市场所表明的）。

三、第三条

但这种争论反过来事先决定采取一种立场，这当然是马克思的"理论与实践相结合"这一核心概念，即革命本身。这是实际情况，因为后或反马克思武器库的主要展品正是这个没有防守能力的概念。然而，保护这一概念需要进行一系列的准备：尤其是要抛弃一切偶像化了的观点，这些观点认为革命是时机的问题，而非一个细致复杂的过程。比如，我们所珍视的大多数历史性革命的偶像中，如攻占冬宫和网球场盟约，有许多都需要搁置一边。

社会革命并非时间中的一刻，而是可以据变化的需要在共时系统中得以证实的东西，在这种共时系统中，所有事物聚集在一起，其中每一事物都与另一事物相关联。因此，这样一个系统要求一种彻底的制度变化，而非循序渐进的"改革"，这种"改革"结果证明是贬义的"乌托邦"，即是幻觉的，不切实可行的。这就是说，制度要求在意识形态上想象用以替代现存社会秩序的一种激进社会形式，在现行的话语斗争中，现存社会秩序已不再被视为顺理成章的或传统的遗留，而需要进行再造。宗教的原教旨主义（无论是伊斯兰教、基督教还是印度教），凡是声称以激进的形式替代消费主义和"美国生活方式"的，当传统左派的可选形式尤其是马克思主义和共产主义的伟大革命传统，似乎突然不能利用的时候，都只能变得极为重要起来。

我们必须把革命——既是一个过程又是对一个共时系统的消解——看作由某一定时的或政治的事件，如大选中左派的胜利或对殖民权威的颠覆等事件所激发的一系列要求，但这些要求而后又采取愈加广泛的扩散和激进的形式。这些新的民众要求的浪潮，从迄今一直沉默和被剥夺权力的人口的更深层涌出的浪潮，然后甚至把一个表面上左翼的政府激进化，对国家实行前所未有的决定性改造。然后，民族（而在我们的时代则是整个世界）将以古典的二元方式产生分化，其中，每一个人，无论愿意与否，都必须采取立场。于是便有必要提出暴力的问题：如果这个过程并不真正是一次社会革命，那就没有必要采取暴力。但如果是真正的社会革命，那么，这个二元划分中以前处于统治地位的一方就必然要诉诸暴力抵制，那么，仅仅在这个意义上，暴力（不管多么令人讨厌）便成了真正的社会革命进程的一个外在标志或可见的表征。

因此，这里提出的一个更基本的问题并不是革命的概念是否仍然可行，而恰恰是民族自治的问题。我们必须提出这样的问题：在今天的世界体系内，统一地区的任何局部是否可能分离出来和解除与整个体系的联系（用萨米尔·阿明的话说），然后追求一种不同的社会发展和一种迥异的集体规划。

四、第四条

苏联的解体并不是由于共产主义的失败，反倒是由于共产主义的成功，如果人们像西方普遍认为的那样把共产主义解作实现现代化的纯粹策略。甚至在 15 年前，苏联正是在迅速的现代化方面被认为实际上已经赶上了西方的（这是我们几乎不再记得的引起官方焦虑的一个视角）。

关于苏联的解体还有三个命题需要进一步论证。第一个命题是，内部的社会和政治分化是 20 世纪 80 年代更大的世界格局的组成部分，掩盖了包括西方（里根主义和撒切尔主义，以及意大利和法国的类似形式）和阿拉伯国家（西山姆·萨拉比所说的"新父权制"）在内的一种结构腐化。如果从道德上解释这种结构腐化的原因，将其视为在这些社会上层财富积累不力的物质社会过程的结果，就将是令人误解的。显然，这种呆滞与所谓的金融资本密切相关，像金融资本一样疏远自身，偏离其生产之源。吉奥瓦尼·阿里吉已经表明，资本的不同时刻都似乎有一个最后阶段，在这个阶段，生产过渡到买卖投机，在这种投机中，价值脱离了生产源，并进行更加抽象的交换（这并非没有产生文化影响）。

还必须强调的是，诸如效率、生产力、财政能力等范畴都是比较范畴，即是说，它们只能在几种不平衡的现象相互竞争的一个领域里才能发生影响。较有效的生产技术排挤旧机器和旧工厂，这只能在后者进入力场并因此受到挑战和充当竞争对象时才是可能的。

这导致我们提出第三个命题，即苏联是在它试图融入一个正在从现代化向后现代时代过渡的世界体系时"变得"毫无效率因而解体的。这个体系据其自身的运作规则而以极高的生产速度运转，这是苏联辖域内的任何生产所无法媲美的。在文化动机（消费主义、新的信息技术等等）的驱动下，由于精打细算的军事技术竞争、债务的诱惑和密集商业形式的共存而造成的紧缩，苏联社会引进了它不可能比之活得更长的一个因素。可以认为，苏联及其卫星国迄今一直在某一意识形态和社会经济的短程穹隆之下孤立地承受着自身的压力，现在，在没有准备好太空服的情况下就开始鲁莽地打开飞船的舱门，因此使自身及其制度屈从于标志着外部世界特点的无比强烈的压力。其结果可想而知，可以比作第一颗原子弹附近的薄膜式的结构承受其爆炸的压力一样，或可比作海底怪异而破坏形状的水压对于需要外部空气的毫无保护的生物一样。事实上，这个结果证实了华勒斯坦的预见：苏联集团尽管非常重要，但并未构成不同于资本主义的另一种制度，而仅仅是资本主义内部的一个反体系空间或地带。

五、第五条

从晚期资本主义的现行制度，从后现代性，从曼德尔划分的信息或跨国资本主义的第三阶段产生的各种马克思主义（各场政治运动以及知识和理论的抵抗形式），必然会不同于现代时期，即第二阶段，也即帝国主义时期产生的马克思主义。它们与全球化拥有一种截然不同的关系，而且，与早期马克思主义相比，也似乎更具文化性，从根本上转向迄今人们所知的商品物化和消费主义等现象。

文化对于政治和经济越来越大的重要性并不是这些领域带有倾向性的分离或区分的结果，而恰恰是商品化本身越来越普遍的浸透和渗透的结果，这种商品化现已能够对那个文化区域的更大地带加以殖民化，这个文化区域迄今为止不受商品化的浸染，实际上就大部分来说对商品化逻辑抱有敌意，并与之相冲突。今天，文化已大部分成为商业，这个事实导致的结果是，过去被认为是经济和商业的大多数事物，现在也变成了文化，对所谓形象社会或消费主义的各种判断都应该包容在这个特点之下。

在这种分析中，马克思主义以一种更普遍的方式享有理论的优越性，即其商品化观念是一种结构的和非道德化的观念。道德激情导致政治行动，但这仅仅是昙花一现的行动，很快就被吸收和抑制，几乎不愿与其他运动共同探讨其特殊的问题和课题。但是，只有通过这种联合，政治运动才能发展壮大。事实上，我想要从相反的角度提出这一观点，即一种道德化政治恰恰易于在对社会的结构认知和测绘受到阻碍的地方发展起来。今天，宗教和弱势民族的影响可以解作社会主义的失败所激起的愤怒和以新的动机填补那个空缺的绝望的盲目尝试。

至于消费主义，完全可以希望它将证明具有历史性意义，人类社会的发展必然要经过作为生活方式的消费主义，即便仅仅是为了更自觉地选择与其迥异的东西来取代之。但对于世界的大部分地区来说，热中于消费主义并不是客观地形成的；因此，对20世纪60年代的激进理论进行的预见性诊断——即资本主义本身是一股革命力量，它以相同的方式生产了资本主义制度所不能满足的需求和欲望——现在在全球规模和新的世界体系内的实现就似乎是可能的。

在理论的层面上，可以认为，当下亟待解决的问题，如永久的结构性失业、金融投机和难驾驭的资本运动、形象社会，都在可称为其缺乏内容及其抽象的层面上深刻地相互关联（与另一个时代可能会称为"异化"的东西相对立）。当把全球化和信息化的问题结合起来时，我们便来到了更加悖谬的辩证层面。当新的世界网络（左翼、商业和右翼）的政治和意识形态可能性与当今世界体系中自治性的丧失，与民族或地区要赢得自治性和生存或摆脱世界市场的不可能性携手并进时，一种看似难以解决的困境便出现了。知识分子不能仅仅通过吸纳一种思想就会找到走出这一困境的出路。正是现实中成熟的结构矛盾使人们自觉地期待着新的可能性；然而，我们至少可以像黑格尔所说的那样，通过"忠于否定"而保持这一困境的活跃，通过保持那个地方的活跃，新的事物才有可能出乎意料地从那里出现。

（陈永国 译）

伊格尔顿

特里·伊格尔顿（Terry Eagleton，1943—　），西方当代马克思主义文学批评家和文化理论家。他为马克思文学批评理论在新的形势下仍保持旺盛的生命力，从而使之成为当代西方各种批评理论中的重要一支立下了汗马功劳。伊格尔顿 1943 年出生于英国曼彻斯特附近萨尔福的一个工人家庭，其父母都是爱尔兰移民，有深厚的爱尔兰文化背景。1961 年进入剑桥大学，在校期间深受雷蒙·威廉姆斯的影响，阅读和钻研了马克思、恩格斯以及西方马克思主义理论家的著作，在钻研理论的同时，他还热心参加政治活动，在工人运动、女权主义运动、爱尔兰民族解放运动中都有他活动的踪迹。1964 年大学毕业时，他受威廉姆斯的邀请，留在剑桥担任威廉姆斯的助理研究员。1969年，他转到牛津大学任教，现为牛津大学英国文学教授。

伊格尔顿的思想受到卢卡奇、本雅明、布莱希特、阿尔都塞、戈德曼等西方马克思主义理论大师不同程度的影响。作为威廉姆斯的学生，伊格尔顿的学术生涯始于20世纪60年代后半期，这时他发表了《莎士比亚与文化》、《什么是共同文化》等著作，开始了他与威廉姆斯文化唯物主义的创造性的和持久的对话。70年代，阿尔都塞对马克思主义的结构主义阐释引起了英国左派知识分子的热情回应，其中伊格尔顿出版了《批评与意识形态》、《马克思主义文学理论》等著作。这些著作激烈地批判了他的老师威廉姆斯的思想，对马克思主义进行了比较系统的清理和阐述。其中在《批评与意识形态》一书中，伊格尔顿考察了文学建构中的意识形态因素，力图用理论概念表述文学与意识形态间的关系结构，从而建构一种把结构主义与历史唯物主义统一起来的"文本科学"。80年代以后，伊格尔顿的学术旨趣从建构文学或文化批评理论的概念系统，逐渐转向将批评作为一种政治实践，先后有《瓦尔特·本雅明，或走向革命批评》、《克拉丽莎被强暴：塞缪尔·理查逊小说中的书写、性欲和阶级斗争》、《文学理论简介》、《批评的功能》、《审美意识形态》、《希思克利夫与大饥荒：爱尔兰文化研究》、《意识形态导论》、《文化的概念》等著作问世。在马克思主义的立场上，伊格尔顿与现代各种批评理论、文化思潮进行对话，并且展开批判，在他看来，马克思主义仍然是对消费资本主义进行内在批判的最先进武器，只要仍然存在压迫，作为最彻底的解放理论的马克思主义就不会失去其有效性。

本书选取了《后现代主义的幻象》一书的第三章《历史》。在这一章中，伊格尔顿把后现代主义视为资本主义新的历史时期的一种文化风格，考察了后现代主义一些关键的理论信条，对其合法性和有效性进行评价。在他看来，后现代主义是在无法挑战现存资本主义的情况下左派激进冲动的一种替代性选择，是一个充满内在矛盾的幻象。后现代思想怀疑关于真理、理性、同一性和客观性的经典概念，怀疑关于普遍进步和解放的观念，怀疑关于历史的宏大叙事或者解释的最终根据，它们把世界看作是偶然的、没有根据的、多样的、易变的和不确定的，是一系列分离的文化或者释义。事实上，就历史而言，马克思主义与后现代主义并非势不两立地不一致，二者都信仰一个具有多样性、可塑性、自由运转、没有限制的历史。对于马克思来说，目标是从交换价值的形而上学牢狱中释放使用价值的鲜活特殊性。区别在于，后现代主义认为这一目标在当代社会的文化、话语、性或者商业区中就可以实现，在这一方面，后现代主义对各种外在限制的敌视只是自由主义意识形态的理论翻版。而对马克思主义者来说，历史对绝大部分活着的和死去的人们而言都是一个不间断的劳动和压迫的故事、一个受难和落魄的故事。关键不是使我们朝着大写的历史目的前进，而是能够从这种统治中摆脱出来，带着所有的丰富差异重新开始，当代社会的自我改造并没有实现这一目标。

历史①

　　大写的历史，与小写的历史相反，对于后现代主义来说，是一件目的论的东西。也就是说，它依赖于这样一种信仰，即认为这个世界有目的地朝着某种预先决定的目标运动，直到现在这个目标还是这个世界内在固有的，它为这一不可抗拒的展开提供了动力。大写的历史有它自己的逻辑，为了它自己不可预见的目的同化了我们自己表面上自由的构想。历史会在这里那里受挫，但是一般说来，它是从低级向高级发展的、进步的和决定论的。

　　无须担心碰到抱有这种信仰的人如何是好，因为根本没有这样的人。除非他们现在藏在某个地洞里，不好意思出来，这样的人很久以前就从地球表面上消失了。他们注意到 20 世纪充满了战争、饥荒和死亡营，没有一种伟大的乌托邦或者启蒙运动理想似乎接近于

---

① 选自《后现代主义的幻想》，北京，商务印书馆，2000。

实现，因此他们闷闷不乐地决定自己消失。这是真的，很久以前，曾经有过辉格党人、黑格尔主义者和马克思主义者，他们信奉类似的话，但是对于卡尔·马克思（他坚持说他不是一个马克思主义者）是不是他们中的一员必须存疑。马克思特别嘲笑这样一种观念，即认为存在着某种称为大写的历史的东西，它具有完全独立于人类的运动的目的和规律。许多后现代主义者似乎都认为，马克思主义在这个意义上说是目的论的，其实这只是对下述看法的夸张模仿，即认为雅克·德里达相信任何事物都意味着任何其他事物，相信没有人会接受一种意图，相信这个世界上除了写作之外别无他物。

社会主义的确设想了一种目的：更加公正、自由、合理和富有同情心的社会秩序是可能的。但是激进的后现代主义者当然也是这样做的。的确，某些后现代主义者似乎设想了一种更加雄心勃勃的目的论：例如这样一种观念，即启蒙主义必然导向集中营。但是没有一个政党相信存在什么东西可以历史地确保一个更加公正社会的目标，或者相信它眼下正作为在场的秘密本质悄悄地发挥作用。

无论如何，社会主义者们并不像某些人似乎认为的那样热中于历史化。我们已经看到了有关这一点的一个理由：即存在着如下事实，历史化决不是一件本质上激进的事情。但是关于这种对历史的社会主义怀疑主义，还有另外一个更有趣的理由。后现代主义的一种倾向是把历史视为一件具有持续变动性、极为多样和开放的事物，一系列事态或者不连续体，只有使用某种理论暴力才能将其锤打成为一个单一叙事的整体。然后这个命题时常被推进到一种完全难以置信的极端：但丁和德·利洛被放在了一起，尽管他们处于毫不相关的历史时期，彼此之间毫无任何值得一提的共同之处。进行历史化的冲动翻到了它的对立面：达到了这样的程度，连续体被消解，历史变成了只不过是一个当前事态的星系，一个永恒在场的群组，它根本就不能叫作历史。我们必须在其历史语境中才能理解奥列弗·克伦威尔，但是什么应该算是这个语境呢？最后，后现代主义强调，所有的语境都是花里胡哨和漏洞百出的。我们自己就是克伦威尔，也是其中一个组成部分的历史的后裔，因为那个过去就是由我们所组成的东西。

真相就是，我们（后）现代人当然有着大量与索福克勒斯①或

---

① 索福克勒斯（公元前496—前406），古希腊悲剧剧家，下文中的《安提戈涅》是他的代表作之一。

者萨沃那洛拉①共同的东西，没有人会冒昧地怀疑这一点。关于人性的普遍特点的争论不可能是关于如此公然不证自明的任何事物的，而是关于这些特点的作用有多大——例如，在对任何特殊的历史情境的分析中它们表现的程度有多大。索福克勒斯大概也像我们一样有两只耳朵，这真的重要吗，它是否可以有助于理解《安提戈涅》呢？它并不特别有助于阐明《安提戈涅》，但是索福克勒斯有一个和我们相同的身体形式，有一个在人类历史过程中几乎没有改变的物质形式的这一事实的确是一件最重大的事情。如果原则上另外一个生物能够对我们说话，和我们一起从事物质劳动，和我们性交，生产出在似乎完全无用这个意义上说看起来像是艺术的某种东西，受难，欢乐，死亡，那么我们就能够从这些生物学事实中演绎出一系列道德的甚至政治的推论。至少，这就意味着我们可以从事实中引出价值，无论大卫·休谟会怎么想。因为他们具有身体形式，所以我们或多或少地知道对于这些生物采取什么态度比较合适，比如尊重、同情，不要为了开玩笑而砍掉它们的脚，诸如此类。

当然我们也可以对非人类的生物采取这种态度，但是我们不会把它们看作是潜在的婚姻伴侣、共同作者或者某个政治暴动中的同志，除非我们是生活在加利福尼亚的某个古怪的地区里。我们可以与在物质上和我们不同的生物共享的生命形式是有限度的，这也许就是当维特根斯坦说如果一头狮子会说话，我们也听不懂它说的是什么的时候，他心里所想的，我们可以从索福克勒斯的文本中得出某些东西，正如我们不能从某些异常雄辩的蜗牛的诗歌中得出东西一样。另一方面，如果我们碰到了一个模样像我们但是不懂反讽的生物，那么就很可能会怀疑它是某种精心设计的机器，除非我们又一次生活在了加利福尼亚的某个区域。如果动物会说话、劳动、有性繁殖它们自己等等，那么它们不会像只能以自己的身体进行劳动的不能说话的生物那样，它们必须熟悉某种形式的政治学，无论是多么基本的。它们注定要有某种权力制度来组织它们的劳动和社会生活、性规则的形式，如此等等，以及某种象征性的构架，以便它们可以在这个构架中向它们自己再现所有这一切。

但是，此刻过久地专注于这些事实已经不时兴了，因为这似乎是过多地把赌注押在了生物学上面而低估了文化的意义。在20世纪70年代的某一时刻，所有对生物学的关注都在一夜之间变成"生物

---

① 萨沃那洛拉（1452—1498），意大利基督教宣教士，改革家和殉难者。

主义的"了，正如经验变成了经验主义的，经济变成了经济主义的一样。严格地说是害怕一种庸俗的简约主义，后现代主义的某些分支借助于消除生物性，有时也同时消除经济性的更为激烈的战术来对待这一危险。在物质上谈论文化的时候，它也开始在文化上谈论物质，特别是我们最明显的物质部分——身体。从后现代主义既对作为物质的身体表示怀疑又对作为特殊性的身体表示虔诚这个意义上说，这是一种反讽，因为对于像亚里士多德和阿奎那斯这样的传统思想家来说，关键正是什么东西来进行个别化。使我们与这种风格的思想不同的东西不是"灵魂"，对于阿奎那斯来说，灵魂是身体的形式，因此为我们所共有，但事实是我们全都是独特的物质块。就物种的不可否定的普遍方面而言，后现代主义设想，所有关于共同人性的谈论都既是唯心主义的又是本质主义的。说它是本质主义的，这也许是对的，但是正如我在后面将论证的，说本质主义的必然是坏的，这是不对的。然而，说它是唯心主义的也是误解，因为马克思主义关于类存在物的概念肯定是对人性的唯物主义论述，远远离开了心灵的永恒真实。换句话说，后现代主义采纳了一种唯心主义的人性概念；只不过他们反对它而唯心主义者们赞同它。和在其他方面一样，在这方面他们变成了他们对手的颠倒的影像。

指出所有这些特点都分别由不同的文化构成，这并不是不赞同这种人的普遍概念。人只须问自己，为了寻找持久安顿自己的普遍问题而分别构造了哪些活动。当然，关于这类共同立场，人有时可能被误解：我们认为他们在玩类似板球的游戏，而他们实际上正试图因雨停赛。无疑，在人自己的文化偏见应该统治全球这个糟糕的意义上说，普遍人性的观念，是历史已经提供了的践踏他者之他性的最粗暴的方法之一。它已经在一种有害的，有时是纳粹灭绝主义的意识形态中扮演了一种中心角色，因此，对它的惊惶失措的后现代反应是一种可以原谅的错误。它也并不必然是这样一种信条的结果，即若干世纪以来人类所共有的东西是关于他们的最重要的东西，这正是自由人本主义者们的谬误之所在，即使语言、性、劳动、法律和政治都不是小事情。至少有时并非李尔王能够走路这一事实，使得我们对《李尔王》一剧产生共鸣。无论如何，有人总是会问，从什么观点来看它是重要的呢？如果我们正沉浸在普鲁斯特的作品带来的知觉中，那么普鲁斯特是一个人的事实很可能就不是我们分析的要点。将自己反对普遍性的论点普遍化，并且得出结论说一个共有人性的概念从来都是不重要的，即使当它成为虐待拷打的实践活动的时候，这正是后现代主义的教条。

在过分历史化的时候，后现代主义也会历史化得不足，以它自己多元论原则臭名昭著的侵犯性抹平了历史的多样性和复杂性。正如弗朗西斯·马尔赫恩写道："心照不宣地将历史简约成为变化——一种超历史……是最可以理解的辩论习惯，但它是作为一种使人迷惑的半真理而永世长存的。历史也是——对于它的较大部分来说，也是决定性的——连续体。历史进程是特异的：它印上了多种韵律和速度的纹样，某些是高度变化的，某些则不是这样，某些可以用时钟和日历来度量，其他的则属于'深度时间'的实际永恒性。历史的结构和事件……因此必然在性质上是复杂的，从来不是一种单一模式（连续性/不连续性）或者暂时性的。语境是短暂的和狭窄的（一代人，一场政治危机），但它们也是长期的和广泛的（一种语言，一种生产方式，性和性别特权），这些都是同时的。"相反，后现代主义的历史倾向于生动强烈然而却是一维的，为了目前，当代语境，即时事态勉强挤出了这个分层的时间概念。正如 T. S. 艾略特在《四个四重奏》中说的，"历史就是现在和英格兰"，这是一个没有多少后现代主义者会不假思索地赞同的命题。但是哪道圣旨规定，历史总是这种最有关的暂时事物呢？为什么后现代主义如此傲慢自大地确认，"长期"从来不是最重要的呢？马克思主义在这个问题上是相当多元论的，有时考察一个特殊的历史事态（《该做什么？》、《路易·波拿巴的雾月十八日》），有时探讨一种生产方式的"深度"时间或者新的时代（《资本论》）。

也许，后现代主义者们害怕对大叙事的注意，将把所有小叙事削弱成为仅仅是大叙事的效果；但是，很难看出《雾月》一文直接从一般资本主义生产的性质中"读出"法兰西阶级斗争的状态。至少，对于马克思来说，分析的目的不是一般的而是具体的；正是他和黑格尔以及任何清醒的思想家都认识到，没有一般范畴就无法构建具体。特殊论的信奉者们应该试着没有一般范畴而这样去做一下，这将是一个使得他们免开尊口的实验。"我的这一无法形容的巨大痛苦"这一短语充满了一般性。也许后现代主义者们怀疑连续性的观念（虽然他们也怀疑完全的破碎），因为它打击了一种虚假均匀化的思维习惯，复活了一种受尊重的传统的幽灵，带给它一种反叛性的自命不凡的进步的含义。在这种情况下，他们应该考虑到，同时存在着压迫的传统和解放的传统，也应该考虑西奥多·阿多诺的这个意见："不存在从原始状态到人道主义的普遍历史，但是有一条从弹弓到百万吨级核弹的道路……循环往复直到今天的所有一切——有时候喘口气——从目的论上说，都是绝对的受难。"

阿多诺的这段话，出自奥斯威辛的阴影，把我们带到了社会主义的历史意识的中心，无论其作者自己的政治异端是什么。对于社会主义思想来说，的确存在着一种大叙事，它更多地是怜悯。它与其说是值得庆贺的真理，不如说是值得哀悼的真理。如果后现代主义者们是对的当然更好，根本没有关于这部编年史的持续的或者连续的任何东西。但是相信这一点的代价就是背叛死者，以及大多数生者。关于迄今为止的历史，最有力地打动社会主义者的东西就是，它展示了一种相当明显的连贯性——亦即，受苦和剥削的顽固持续的现实。当然，这些东西采取了多种不同的文化形式。令人震惊的是，竟然存在这么多被剥夺的和被统治的方式，它们足以满足后现代主义者们对多元性的渴望。但是如果历史的确是完全随机的和不连续的，那么我们怎么说明这一奇怪地持续着的连续性呢？它不是作为最极端的偶然赫然耸现在我们面前吗——按照某些人的看法只是万花筒无尽的随意翻滚的一部人类历史，应该一次又一次地将它的碎片组成了匮乏和压迫的形式吗？为什么它不会偶然间有和平与爱的时期？为什么在历史中存在着抵抗最终改造的东西，好像一种内在的障碍或者重力？如果历史确实是偶然的，如果像自由主义者们说的那样，我们所有的人中都存在着一点好和坏，那么人就可以根据平均的规律，预料历史将时不时地产生一些在道德上具有示范性的，或者至少是在道德上值得赞扬的政权。但是这种情况显然没有发生。大多数半正派的人们认为是美德的东西从来没有在政治上处于优势，除非是短暂的和不典型的。相反，人类的政治记录是骇人听闻的。从他们在地球上形成的那一时刻开始，人类系统化地互相伤害、掠夺和奴役。我们自己的世纪毫无疑问地是记录上最血腥的，这说明，关于特别衰败的这一观念不再必然意味着一种对旧日好时光的怀念，同样，对特别类型进步的信仰并不必然是把历史整体作必胜主义的理解。当然，这不是否认，也已经存在着大量辉煌的善，关于善我们赞美的部分内容就是它出人预料的出现，而且它的大部分已经属于私人而不是公共的领域。

这全部状态都没有给基督徒带来问题，他们援引原罪对它作了解释。但是它应该给自由主义者和后现代主义者带来比它表面看来要多的理论挑战，假定他们费心思考这所有问题的话。我们怎么说明这无穷无尽无处不在的原罪呢？如果根本没有办法说明它，那么厌世者可能会是对的。如果这就是它和我们相处的方式，是它很可能会继续下去的方式，那么就有一个人类的历史是否值得进行下去的真正问题。当然，这是一个学术性的问题，因为无论如何历史都将继续下去，只要没有核子或者环境大难；但是褒贬孰多确实也是一个可以争论的问题。叔本华的确认为，思考他们所做的事，像他那样相信如果有某人在几千年前吹了一声哨子便把这一切一笔勾销，就会对一切有关的人都好得多，这只不过是荒谬绝伦的自欺。对于绝大多数活着的和死去的男人和女人来说，历史是一个不间断的劳动和压迫的故事、受难和落魄的故事——到了这种地步，以至于就像叔本华敢于承认的那样，对于许多人来说，似乎从未出生更好。而且，索福克勒斯会用"所有"来代替上面那个"许多"。

如果在有关人类是一个整体的思想这个意义上说，这些都是"人本主义"思考的话，那么在该术语的更乐观的意义——这意味着"人本主义"和"反人本主义"是比许多后现代主义者似乎设想的更多细微差别的概念——上说，它们不是人本主义的。但是，无论如何，很难想象一种与后现代的敏感性更不相容的思想风格。对于后现代主义来说，正如我们已经看到的，它自己并不特别关心这些令人困惑的超历史的真理，并且时至今日也不使自己过多地担负伦理问题；它的更低劣的派别则更加幼稚，以至于不把这些事情说成是受难，更不用说特别看重。很难想象极乐世界的公开代理人会为这个问题失去许多睡眠，虽然我可能对他们存有严重的偏见。然而，如果可以用这种人性的眼光使后现代主义辨别某些真理的话，那么它会有什么反应呢？我们应该怀有事情能够改善的信仰吗？人们假设，这会打掉完全可以接受的自由改良主义的极大部分。对于后现代主义来说，根本不存在着可能经历改良或者倒退的被称为历史的一个"事物"；也不能以任何支配性的方式指出它的特点，这就是为什么我要引用阿多诺的话——的确存在着这样一个贯穿始终的支配性方式——来责难后现代主义。但是这一自由改良主义的反应即使从自由改良主义来看也是不可接受的。因为哪种存在的可能证据说，这个布满鲜血的历史将会转而变好呢？相反，几乎所有的证据都争相反对这一充满希望的想法。人们只能怀有这样一种合理的信念，即这一记录能够改变，如果人们能够在一定程度上从非道德的方面来说明它的道德灾难——比如说，从一种物质环境的方面，正是这些物质环境造成了一种持久的战争状态，产生了一种压迫状态，使人的剥削成为当代的秩序。没有必要设想，这能说明所有的人类邪恶，或者它能够解脱个别人的道德责任，或者改变这些物质环境就能产生一个考狄利娅①的种族。它只是这样一件事，即认识到要行善你就得很有钱，即使太有钱也会带来它本身的罪恶。被置于贫穷和压迫的状态中的大多数人都趋向于不能按其最佳状态行动，那些能够这样做的人们都是更值得称赞的。这就是为什么他们应该警惕从现在困住他们的无论什么身份中推断出一种政治前途的理由。

在这个范围内，关于这一点社会工作者的道德理论还有许多话要说。从道德上说，关于人类，我们还有许多东西不能判断，因为我们还没有他们可以在其中充分展现的物质环境。我们一直在极端的环境中观察他们，现代主义的意识形态相信在这个环境中人类处于其最为自我揭示状态。现代主义或者它的某些方面，选取下一个令人意气消沉的"呆板的"人，把他推向一个极端，就这个理论而言，这个极端就是被隐藏的主体性的真实被戏剧性地揭开的地方。如果你要知道潜伏在光滑外表下面的不可言说的深处，那么把一笼子饥饿的老鼠放到一个人的脸上，就像在乔治·奥维尔②的作品《一九八四》中发生的那样，然后看他说些什么。或者，像在威廉·戈尔丁③的极其反动的寓言《苍蝇爵士》中那样，把一批中学生放在一种可怕的物质条件下，带着一种平静的神学满足，观察他们在不到一周的时间里如何转变成为野蛮人的。所有这些都属于现代主义的原始主义或者返祖主义癖性，但是这一实验的确被误解了。为什么人们应该假定当一只饥饿的老鼠要咬一个人的时候，这个人所说的东西就是真实的呢？就我个人来说，我会随便说些什么东西。无疑某些真实将会出现，但是其他真实肯定不会。后现代主义也大量选取了"极端"的情境，在这方面和在其他方面一样，它是它所斥责的现代主义的亲生孩子。对于这两种信仰，极端揭开了规范的面具，它们其实只是谎言或者幻象。但是如果规范真是幻象，那么也就不存在着极端，因为没有东西与它们相对来度量它们。那么，极端主义变成了我们的规范条件，也就是说，根本没有极端，就像如果我们用以判断异化状态的标准也和我们一道被异化了的话，我们就不可能知道我们被异化了。一个总体的异化取消了所有出路，似乎让我们回到我们过去所在的地方。在某种意义上说，迄今为止的历史是一系列极端环境，正如被剥夺者都知道，而剥夺者都完全

---

① 莎士比亚作品《李尔王》中的人物，一个诚实善良的女性。
② 乔治·奥维尔（1903—1950），英国小说家。
③ 威廉·戈尔丁（1911— ），英国小说家。

不知道的那样；对于后者来说是反常的紧迫状态，对于前者来说只是日常生活。但是，如果我们已经有了关于一个非极端的环境，没有侮辱和剥削的环境会是什么样子的某种观念，那么我们就能够知道这一点。这只能够出自同一个历史，这就是马克思主义者们借助于把这一叙述描绘成为辩证的或者自我矛盾的所指的一个事物。

把这一历史看作是矛盾就是戳穿这样一个神话，即马克思主义者们是头脑简单的进步的虔信者，这是一个似乎已经顽固存在于某些后现代头脑中的谬误。相信所有的大叙事都是进步的，这是一个错误：叔本华，这位曾经有过的也许是最阴郁的哲学家，肯定已被人们视其为其中一种。但是，反对把历史视为进步的当然并不是断定根本不存在任何进步——后一种是特别难以置信的信仰，然而最犬儒主义的后现代主义似乎会赞同。你不必相信存在一个黄金时代就可以认为在某些方面过去比现在好，正如你不必是一个可憎的自满的辉格党人就可以断言在某些方面现在比过去好。这些与其说是形而上学的判断，不如说是经验主义的判断，它们记得的是现代麻醉学的好处，或者非核的中世纪欧洲的好处。在这个意义上说，没有人怀疑历史的进步；任何怀疑历史进步的人，正如有些人认为自从罗马的洗劫以来历史已经在稳步向上一样，都是正在作出元叙事性的断言。但是这不等于相信，比如说，历史存在着一种普遍的形式，它以生产力不可阻挡的增长为特点。马克思肯定不相信这一点；相反，他似乎已经想到，停滞而不是发展才是更典型的状态。马克思主义不是这种牌号的技术决定论，即认为，例如，生产的各种历史方式必须按照某种严格机械论的途径前后相互继续。

那么，就普遍历史进步的概念而言，在马克思主义和后现代主义之间似乎没有可以选择的东西。其差异在于这样一个事实，即关于现代时期是多么进步的或者相反，马克思主义能够比后现代主义更加精确细致地加以表达。某些激进的后现代主义倾向对于政治对立采取多元主义，而对它所面对的制度采取一元主义。正如我们已经看到的，这一风格的思想有时把统治制度本身看作是"压迫性的"，并在它已经指出的东西中寻找积极价值。这样，它的政治学就是它在其他地方将选择加以斥责的二元思想的经典范例。它对这个统治权力采取这种简单化的观点部分是因为，正如我们已经看到的，它存有这样一种天真的自由主义信仰，即认为权力、制度、法律、舆论和规范性它们自己都是明确否定性的。如果说某些后现代哲学采取了一种更精细的观点的话，那么人们称之为后现代主义的一般文化的东西，以及它的直觉冲动和感觉习惯，都没有这样做。一定程度上，像"规范"、"律法"、"权威"、"权力"这样一些词汇在它的集体无意识中不祥地回响。但是，权力和权威当然是好的事物，它完全取决于谁在什么环境中、为了什么目的而拥有它们。消除不幸的权力应该受到赞美而不是嘲弄，绝对地消除不幸的权力绝对地应该受到赞美。规范性应该受到谴责，如果它意味着性的紧身衣的话；但是如果它意味着，比如说，常规协议——根据这种协议工人在一定的情况下有权收回他们的劳动——的话，那么它应该得到辩护。

为什么后现代主义本能地将权力作为负面的加以怀疑的一个理由在于，最吸引它注意的权力的形式正是负面的。对于父权制或者种族优越主义，从来没人说过一句好话。那么，就后现代主义能够对概念产生任何程度的热情而言，把上述观点推广到社会阶级方面也是合乎逻辑的。在后现代的理论中，社会阶级常常被作为阶级、种族和性别的三联物中的一项加以提及，这个公式已经被迅速地假定为服务于左派的一种权威，就像有时服务于右派的圣三位一体那样。这种三联物的逻辑是显而易见的：种族主义是一个坏东西，性别主义也是，因此被称为"阶级主义"的某种东西也是。按照这种类比，"阶级主义"似乎是按照社会阶级划定人群的罪恶，按照字面上说，这意味着将唐纳德·特拉普①描述成资本家在政治上是错误的。然而，社会主义者们断然拒绝赞同社会阶级是一种坏东西这样一种正统观念，即使他们还不可能取消它。对于社会主义，工人阶级是一个卓越的事物，因为没有它人们就永远不可能夺取资本的权力。今天，资产阶级在整体上是一个坏东西，但是在它的革命全盛期，它常常是受到赞扬的，当时，它怀着极大的勇气与旧制度的残暴进行斗争，传给我们自由、正义与人权的宝贵遗产，更不用说一个辉煌的文化（顺便提一下，许多工人阶级的男女以及许多殖民地的属民，开始痛苦地学习的，正是这个文化，以便使其服务于他们自己的目的，而某些后现代主义者只是简单地把它抛弃）。无论如何，要点就是，这是一种与非历史的道德主义相当不同的观察方法，这种道德主义认为，社会阶级像盐和吸烟一样，都是不太好的东西。

表面上看，阶级—种族—性别三联物似乎是完全令人信服的。某些人因为他们的性别而受到压迫，某些人是因为他们的种族，其

---

① 唐纳德·特拉普（1946— ），美国房地产商。

他人是因为他们的阶级。但是这是一个容易产生误导的公式。因为似乎某些个人并没有显示导致他们受到压迫的被称为"阶级"的某种特点。相反，马克思主义者们认为，属于某个社会阶级就是受到压迫，或者做压迫者。在这个意义上，阶级完全是个社会范畴，正如做女人或者具有某种皮肤色素则不是那样。这些事物不要被误解为是女性的或者非洲裔美国人的问题，与其说是关于你所属的文化的类别，不如说是关于你所有的身体的种类。了解文化主义已经带给我们的可悲处境的人们中，没有人会怀疑有必要坚持如此明显地不证自明的任何事物。后现代主义者们易于敏锐发现问题的正是这种陈述，因为他们带着激动人心的教条主义假定所有对自然的指涉，至少在有关人类的事物上，都是不可靠地"自然化"。自然的事物，按照有关自然的这种观点，对于那些我们已经理所当然接受而其实有问题的文化实践，它只是一个神秘化的词汇。很容易看出，它如何适用于这样一种观点，即如果没有圣帕特里克节的游行，人类文明将会崩溃，但是很难看出，它如何适用于像呼吸和流血这样的事件。"自然化"适用于所有的意识形态这也不是真的，尽管从格奥尔格·卢卡奇到罗兰·巴特①几乎每一个人似乎都这样假定。后现代主义本身痛斥"自然化"，而它自己有时却将现存制度绝对化。它给予修辞的主张以"唯物主义"的称号，然后理所当然地警惕着种族主义或者性别主义的生物论，进而压制人最明显的唯物主义部分，他们的生物学组成。

结果，这种文化主义注定会忽略在自然和文化的结合部位移动的那些压迫形式的特殊之处。对妇女的压迫是一个性别的问题，这完全是一个社会的构成物；但是妇女是作为妇女受到压迫的，这就涉及了人碰巧具有的身体的种类。相反，是资产阶级的还是无产阶级的，这根本不是一个生物学上的事情。在一个解放了的社会里，将没有资产者或者无产者，虽然肯定还会有妇女和凯尔特人。在既是女性又是被解放的个人这个意义上说，会有解放了的妇女，但是在人同时是二者的意义上说，不会有解放了的工薪奴隶。在一个社会不能有一个而没有另外一个的意义上说，"工业中产阶级"和"无产阶级"是完全相关的事物；但是性和种族的范畴完全不是以这种方式相互依赖地组成的。男性和女性像白人和黑人一样，是最确定的相互定义的范畴。但是，某些人是没有土地的劳动者，这是因为

西方学者卷·伊格尔顿

---

① 罗兰·巴特（1915—1980），法国符号学家，文艺理论家。

其他的人是有身份的农场主，在这个意义上，没有一个人具有一种皮肤色素是因为某个其他人具有另外一种，也没有一个人是男人是因为某个其他人是女人。

无论如何，马克思主义确实根本与阶级无关。正如马克思自己曾经指出的，社会阶级的发现并非源于他和恩格斯的思想，在他们开始写到这一点之前很久，它已经像勃朗峰一样明显了。社会诸阶级的诞生、繁荣和死亡以及它们之间的斗争，都必定和物质生产的历史方式的发展有关，这是一个更多争议的观点。这可能是真的也可能不是真的，但是重要的是搞清楚一个人的对话者实际上在说什么。这就是把马克思主义与那些对阶级的批判区分开的历史眼光，这些对阶级的批判只注意它在今天的更具有压迫性的后果。马克思主义并不仅仅是浮夸地认为下述状况是令人讨厌的或者"享有特权的"，即某些人属于一个社会阶级而某些人属于另外一个，就像认为某些人可以参加鸡尾酒会而其他人只能从冰箱里拿罐啤酒这种状况令人讨厌那样。马克思主义只是关于在一个非常广阔的历史变化过程中，社会阶级之间的矛盾所扮演的角色的理论，其他什么也不是。按照这种理论，不能说社会阶级完全等于一种坏事，不能这样混同于种族主义和性别主义。它只是后现代主义对历史多面性的一种漠视，这种漠视当然能够为这样一种混同策略颁发许可证。

种族—阶级—性别三联物会造成另外一种可能的错误。这些社会群体所共有的东西就是这样一个事实，即在现有条件下，它们都被否认具有充分人性——虽然大多数后现代主义者们会对"充分人性"这一短语表示怀疑，而在这件事情上，他们中的某些人会对"人性"一词表示怀疑。但是，社会主义对劳动人民的兴趣首先并不是一个有关任何此类道德判断的问题。劳动人民并不因为他们饱受痛苦而成为社会主义民主的潜在代理人。就痛苦而言，有许多人是政治代理人更有前途的候选人：流浪者、穷苦农民、囚犯、老年人，甚至贫困学生。社会主义者不反对这些群体；他们中某些人自己确实就是贫困学生或者甚至囚犯，如果这些年轻人坚持他们对政治漠不关心，那么很可能所有的社会主义者不久都会变成老年人。但是这些群体甚至不是社会主义改革的潜在代理人，因为他们并没有这样置身于这个生产体系之中，并没有这样被这个体系组织起来并且与这个体系结为一体，以至于能够更协作地管理它。关于应该吸收哪一个被压迫的群体，哪一个群体应该得到最强有力的推动，这不

是一场社会主义者和后现代主义者之间的竞争，因为就社会主义而

言，在这件事上没有选择。因为没有人能够为其他任何人完成他们的解放，一种压迫性权力的受害者们必须把他们自己从它的压迫下解脱出来，这是一个民主原则的问题；在物质生产的领域，这意味着是那些最直接受到它伤害的人。但是根据同一原则接着就是，举例来说，是妇女而不是劳动人民，她们在父权制开始的时候，就成为了政治改革的代理人。如果某些尼安德特人式的马克思主义者设想社会改造只有一个代理人（工人阶级），那是一个错误，如果新近流行的后现代主义者设想"新政治运动"现在已经使这个代理人变成过时的了，那同样是一个错误。因为这将或者意味着否定经济剥削的存在，或者意味着带着"精英主义的"武断去设想，在向资本的权力挑战的时候，不属于劳动阶级组成部分的妇女、同性恋者或者种族群体自己可以代替工人阶级。

那么，社会主义者不像相对主义思维的后现代主义者那样，以十分绝对主义的态度对待社会阶级；他们也不以如此简约论、一元论的方式看待现行社会制度。的确，也并不是所有的后现代主义都是如此：例如，它的某些部分也在以其他方式继续批判资本主义的同时，谨慎地赞美消费主义的自由。但是这种经验主义的得失权衡是完全不同于对制度的历史矛盾性质的把握的。资本主义制度是进步的吗？唯一合理的答案是一个坚定的是与否。在一方面，马克思对资本主义的赞扬的确是十分公正的。资本主义，正如他从来没有停止强调的那样，是一个历史上最生气勃勃的、革命的、具侵犯性的社会制度，它融化了障碍，拆除了对立，把形形色色的生活方式乱七八糟地拼贴在一起，并且释放了欲望的无限性。以过度和超出为特点，不断超越量度，它是一个培育了迄今为止梦想不到的巨大人类能量，并把个人带到了微妙复杂性的顶峰的生产方式。作为历史已经确证的最伟大的生产力的积累，正是资本主义第一次使得一种摆脱匮乏与劳累的社会秩序的梦想似乎就要成真。作为第一个真正全球性的生产方式，它拔除了人类交流的一切地方性障碍，并为国际性共同体奠定了基础。它的政治理想——自由、正义、自决、机会平等——至少在原则上，以它们人道主义的深度和它们规模的普遍性，远胜于几乎所有过去的意识形态。

所有这些，当然，都是付出最可怕的代价才获得的。这种潜力的强健有力的释放也是一个漫长的难以述说的人类悲剧，在这场悲剧中权力被削弱被分散，生命被碾碎被摧毁，大多数男人和女人被迫为少数人的利益从事没有收益的劳动。资本主义肯定是一个进步的制度，正如它肯定不是一样。这就是因为其一元的、简约的和直线发展的眼光而被后现代主义所斥责的马克思主义！马克思主义所提供的资本主义的形象是这样一种制度的形象，这个制度既凝固在它固定的表征模式里，然而又流动着一种推翻所有表征的欲望；它产生了一种差异、错位和侵犯的狂欢，同时从未停止严格的自我肯定；它借助于一种严格量化的商品交换自我繁殖，这种商品交换是幽灵般飘忽不定的、体现着在场与缺席的谜；它不断地从抽象的平等中戏法般地变出物质的不平等；它需要一种它一直嘲笑的权威性，也需要它一直威胁说要抛弃的不可改变的基础；它面对着自己的局限性不断地推进，从而滋养了它自己的对手。毫不奇怪，反讽是马克思最有价值的比喻之一。

简而言之，资本主义自己以一种随心所欲的方式解构了制度和侵犯的差异；正是历史唯物主义的语言在传统上开始注意这一系列几乎无法想象的难题。一个其本身逻辑使它错误地对待它自己的制度的观念：的确，早在解构进入知识分子的议事日程之前很久，这就已经暗含在历史唯物主义中了。正是这种辩证的眼光一方面拒绝了那种反动的后现代主义，对于这种后现代主义来说，市场被看作是令人着迷的正面的；另一方面，它也拒绝了那种激进的后现代主义，对于这种后现代主义来说，必须找到具有创造性的价值，它不是藏在制度本身的逻辑里，而是仅仅藏在它的裂缝或者废品里，在它的边缘上或者它启示性的否定学说里。以上两种思维方法从不同的方向上忽略了资本主义的疑难性质，即一个其边缘设在中心的制度的令人迷惑的悖论。

声称资本主义制度向着自己的局限性不断地推进，也就是以另一种方式说，现代性的构想是自我破坏的构想。人们可能尝试的许多社会主义构想，其实归结起来就是向自由启蒙运动提出的一个貌似天真的问题：为什么它的光辉理想从未在实践中实现？在什么样的物质条件下，下述情况会发生呢，即当这些自由、正义和其他令人赞叹的概念从天上落到地下，从意识形态的领域落到政治社会的领域，它们就开始被某种不可抗拒的逻辑扭转成为它们的反面。举例来说，它与这样的事实必然有关吗，即在经济领域中的个人自由的实现随即导致破坏作为整体的社会中的自由（以及正义与平等）。市场的无政府主义是否必然产生一个权威主义的国家？控制一个充满敌意的环境所需的工具理性形式，是否也必然被用于束缚和压制人类自己呢？

如果这一切都是真的，那么其意义是，作为一种构想的现代性从来没有真正取得进展。或不如说，它展开自己胜利的进程只是在每一点上破坏它自己的进步。那么这是说明后现代主义的兴起的一种方式，除了其他源泉之外，后现代主义是从现代性的不可能性中，从它的内爆或者具有反讽意味的自我攻击中产生的。但是，这是一种一直为它所具有的内在不可能性，而不是后来使得后现代主义取得进展的某种最后崩溃。社会主义要与之进行争辩的，正是针对现代性进行回击的这种后现代主义的唯心主义，这种唯心主义有时假定这一强有力的历史时期不过是一系列虚假的概念和幻想的叙事，它不能提出像理性、自由或者正义这样好的观念注定要变成它们自己可怜的滑稽模仿所处的特殊历史条件的问题。社会主义提供给自己的，正是这些现代性的必然矛盾，而不仅是大叙事的可实施性或者反面的某些纯粹形式的问题。因为如果这个特别的大叙事失败了，那么它不是因为认识论的原因，而是因为——例如——自由主义的理论假定了一种自由主义的实践肯定要破坏的普遍性，或者因为处于这种条件下的某些人的自由是与其他人的不自由密不可分的。这决不是确认大叙事诸如此类东西的破产，而是确认这样一种历史的悲剧，这种历史的理想对于其后继者来说注定都是空话，因为在结构上它不可能给予它们以血肉。在某种意义上说，后现代主义是那一时代的恋母的孩子，在父亲的牛皮大话与他自己的软弱行为的夹缝之中困惑地辗转不安。因为资产阶级社会是一个软弱无力的父权制社会，不能将它关于自由或者正义或者自治的观念普遍化，所以它关于普遍性的概念也就被这一事实所摧毁。但是它有别于下述论断，即普遍性是似是而非的——这是以唯一可能的方式给予现代性的概念作出定义的极度赞美。用同样抽象的拒绝普遍性代替抽象的主张普遍性，这也是什么都得不到的。

　　最后，虽然如此，社会主义和后现代主义在历史问题上并非势不两立地不一致。二者都信仰一个具有多样性、可塑性、自由运转的、没有限制的历史——一句话，它不是大写的历史。对于马克思来说，目标是从交换价值的形而上学牢狱中释放使用价值的鲜活特殊性，这就意味着远比经济改造要多得多。这就是两种观点在如何获得多样性这一人们喜爱的目标上产生了分歧。对于比较脆弱的后现代主义潮流来说，这一历史现在就可以取得，在文化、话语、性或者商业区中，在当代主体的流动性或者社会生活的多样性中。这一虚假的乌托邦主义把未来构想到了现在，这样也就把未来卖空，把现在关押在自身之中。但是正确的是也要看到，除非现在多少可以看到一个可以实行的未来，除非我们能够指出何种当代自由和满足能够给它模型，那么，未来的概念仍然是干瘪抽象的，只是另外一种虚假的乌托邦。后现代主义的过度早熟也是对于冷酷地推迟幸福——传统的男性左派是如此令人沮丧地精于此道——的一种斥责。

对于一种不那么妥协的后现代主义变体，历史地存在就是打破大写的历史的虚假图解，危险地、去中心地生活，不要目标、不要根据、不要起源，听任嘲讽的笑声古怪地咆哮，在地狱的边缘狂喜地舞蹈。很难知道在实践上这意味着什么——确切地说，一个人如何才能"去中心地"生活在奇平·诺顿①，还有，在地狱的边缘舞蹈是否和，比如说，佩戴角边眼镜或者按时归还图书馆的书籍协调一致。那些赞美不连续主体的人们，顺便说说，其中包括许多后现代主义所拒绝的经验主义者，他们和我们其他人一样，如果他们的孩子一周又一周地不认识他们，或者如果他们哲学思想上的银行经理拒绝支付他们六个月前所存的钱，理由是钱不再是他们的，那么无疑他们也会不安。也很难看出，这种观点怎么才能不算是另外一种形式的唯心主义，对它来说，自由只是在于以不同的方式阅读世界。对于一种更为激进的后现代主义来说，自由和多元仍然要在政治上创造，只能借助于与大写的历史的压迫性封闭、与现在已经被制度本身中的激进改造所规定的物质条件进行斗争才能获得。社会主义，正如我们已经看到的，也同意和大写的历史作战：它没有要使一种整体上是苦难和侮辱的大叙事永垂不朽的特殊欲望。它只是不同意下述这种观点，即制度已经自我改造到了这种程度，社会主义者完全可以取得他们想要的一切，或者不再需要得到传统上他们需要得到的某些东西。

马克思自己拒绝美化碰巧具有历史头衔的一切事物。对他来说，它们都是"前历史"，是一个又一个令人讨厌的坚持剥削主旨的变体。而且这个"前历史"在某种程度上类似后现代主义者的大写的历史。正如马克思和乔伊斯的斯蒂芬·代达罗斯②两人所说的，它是一个我们正在试图从中醒来的"噩梦"；但是梦见自己已经醒来发现自己还没有醒，这更是一场噩梦，这是后现代早熟的一个准确形象。对于社会主义来说，大写的历史的死亡还是要到来的，但并不

---

① 英格兰一城市。

② 乔伊斯（1882—1941），爱尔兰小说家，意识流派的代表人物。斯蒂芬·代达罗斯是他的小说《青年艺术家的画像》中的主人公。

是借助于阅读福山或者让－弗朗索瓦·利奥塔的著作现在就能实现，使得我们能够重新开始的那样一种对过去的草率处决。没有什么论题的历史渊源比我们可以与历史决裂这样一种观念更为悠久。正如艾兰·伍德所指出的，认识论上的怀疑论具有和哲学本身一样古老的历史。对于马克思来说，关键不是使我们朝着大写的历史的目的前进，而是从这一切的下面摆脱出来，以便我们能够从此开始——以便严格意义上的历史，带着所有它们的丰富差异，能够从此开始。最后，这将是唯一的"历史"成就。在这里，普遍性与多元性携手并进。因为只有当所有的男人和女人都能自由地自决的物质条件存在的时候，才可能谈到任何真正的多元性，这是因为它们都将以各自不同的方式自然地生活在它们的历史中。只有当我们有了决定我们自己历史的制度性手段的时候，我们才能不再被大写的历史所限定。在这个意义上说，关于自决代理人的人本主义概念与关于多重主体的后现代理念最终并不冲突。但是现在对于我们来说，它们是冲突的——因为造成这些条件要涉及工具性的行动、明确的目的、真理的观念、知识的准确形式、集体的主体性、某些快感的牺牲——简而言之，更为消费主义形式的后现代主义感到非常讨厌的所有一切。

这也是对于社会主义来说历史在反讽的标志下运行的另外一种意义。它也是一个危险的反讽，因为摧毁非工具性的目标最容易发生在工具性地追求这一目标的时候，为功能性的手段辩护最容易的是借助于非功能的目的。在这个范围内，那些希望把乌托邦置于现在的人们至少提醒我们，我们为之奋斗的是什么，即使他们也会阻碍它的实现。社会主义的目的就是创造这样一个社会，在那里我们不再非得在功利的法庭上为我们的活动辩护——在那里我们的权力和能力的实现本身变成了一种自我愉悦的目的。马克思相信，这种自由的自我实现是一种绝对的道德价值，虽然他当然知道，我们实际上具有什么样的权力和能力，以及我们如何实现它们，都是历史的特殊的。这是对他来说普遍性和特殊性最终不会相互冲突的另外一种意义，即使它们在商品上或者在国家和公民社会之间的断裂上分离开来。因此，社会主义本质上是一个美学事物：有艺术的地方，才会有人类。但是存在着将社会存在美学化的不同途径，这种途径完全不同于生活方式、设计、商品或者这个景观的社会。

这里，社会主义者和后现代主义者之间的争论部分地围绕着"闭合"的概念。后现代主义者们倾向于害怕概念，他们像对待教条主义和排他主义的讨厌形态那样看待它。但是教条和闭合并不是同义的。贬义上的"教条"并不意味着"闭合的"话语，因为话语不是别的东西，而是真实的主张，它们拒绝为自己召唤任何合理的根据或者证据。在这个意义上，后现代主义教条最普通的形式之一就是一种对"经验"的直觉诉诸，因为它是无法否定的，所以它是绝对的（并不是所有对经验的诉诸都必定是这种类型的）。这样的直觉主义是当代教条主义最微妙、最流行的形式，在"理论"的圈子里，它远比任何权威性的虚张声势更加盛行。人们应该特别提醒后结构主义者，术语"教条"一词也有一种中性的意义，仅仅意味着被教导或者被传播，并不必然具有超出合理争议之外的意义。

无论如何，关键在于，某些后现代的激进人士如此真诚地憎恶闭合的概念，以至于他们不希望从他们想要的社会秩序中排除任何人，这似乎是令人感动的善意，但肯定是荒谬的。对于激进思想来说，闭合和排他，是决不能以某种敏感的自由精神明确地加以禁止的。根据定义，在一个自由的社会里，没有种族主义者、剥削者或者族长的位置，这并不意味着他们都应该被头朝下地吊在教堂塔尖上。一个真正的多元社会只能借助于消除与它的敌人的对抗才能获得。不赞成这一点就是以某种后现代的思想方式，把一个多元主义的未来设想到了这个充满冲突的现在，从而有总体阻碍这个未来的危险。所有的闭合都是压迫性的这样一种观念在理论上是草率的，在政治上是无效的——还不用说是完全没有根据的，因为不可能存在一个没有闭合的社会。这不是一个抛弃闭合这种东西的问题，如果真的存在一种普遍主义的姿态，那么抛弃闭合就是这样一种东西；这是一个在它的比较可行的和比较不可行的变体之间进行区别的问题。在某些方面，后现代对闭合的敌意正是自由主义者鄙视"标签"和"主义"的一种幻想的理论翻版。感到名称和定义是限制性的，这正是自由主义的特点，因为今天的自由主义者通常并不处在他们真正需要这些名称和定义的处境中。碰巧，在政治上他们过去不是这样的。统治者们没有必要给他们自己命名或者制定"意识形态"，这正是他们的权力的标志。

（华明 译）

梅扎罗斯

I. 梅扎罗斯（I. Mészáros），英国苏塞克斯（Sussex）大学荣誉教授，曾任该校哲学系主任15年。早年曾任加拿大多伦多市约克（York）大学的哲学和社会科学教授。梅扎罗斯在当前的西方马克思主义学界享有很高的声誉，被视为黑格尔主义的马克思主义在当今的重要代表之一。其知名的代表作有：《马克思的异化理论》（1970）、《哲学、意识形态和社会科学》（1986）、《意识形态的力量》（1991）和《超越资本——关于一种过渡理论》等。

在上述著作中，《超越资本——关于一种过渡理论》是梅扎罗斯在苏联东欧剧变后将自己毕生思考用于其上的一部作品。他在书中既论述了从洛克到黑格尔这样的哲学家是如何假定资本主义的永恒不变的，也对从马尔萨斯到哈耶克这样的自由主义者进行了批评。他认为，马克思所研究的对象是资本，而不仅仅是资本主义。梅扎罗斯把资本制度界定为既包括私人所有制，如像英美这样的资本主义国家，又包括苏联类型的后资本主义。以此为基点，梅扎罗斯既对资本主义的全球扩张及其后果进行了揭露，也对苏联体制瓦解的原因作了自己的总结。他认为这两种类型的社会制度都屈从于事态的现存状况，因此认为现实世界中资本制度的种种结构性限定是"别无选择"的。但是梅扎罗斯认为马克思的基本观点，即"劳动对资本的结构性从属"这一点到现在仍未改变，正是由于这一点使得资本制度内部蕴含着深刻的结构性危机，它预示着整个资本制度崩溃的可能性。而要使这可能性成为现实，就需要我们提出对未来社会主义的战略设想，以此达到超越资本，而不仅仅是超越资本主义。全书共分前、后两大部分。前半部分探讨了资本的失控及其批判，后半部分探讨了面对资本的结构性危机的问题。

本书选取了《超越资本——关于一种过渡理论》第一部分第一章的第一节《超越黑格尔的遗产》和第五节《马克思的未被探索的可供选择的观点》。在第一节中，梅扎罗斯首先指出了在阐述马克思的观念的过程中关注黑格尔著作的三条理由。其中第三条理由是最重要的，因为它涉及黑格尔的理论和马克思的理论之间的亲缘性。这一亲缘性来自于黑格尔关于历史过程的客观辩证法，这一辩证法使历史运动具有了"不会被幻想的主观设计和相应的唯意志"所干预的特性，从而使黑格尔的理论具有了一种批判性。但是由于黑格尔认为资本是人类历史及其可能制度的顶峰，因此人类历史以世界精神的自我实现而告终，从而使其理论变成了"无批判的实证主义"。在马克思看来，资本的运动尽管有其明显的不可抗拒的全球扩张逻辑，但是它并不是历史过程中一种难以改变的终极，而只是一个暂时的历史阶段。正是基于这样的认识，马克思与黑格尔分道扬镳。

在第五节中，梅扎罗斯首先指出了马克思的主要理论目标是"政治经济学之批判",即考察古典政治经济学认为理所当然的前提和界限;在革命行动方面,马克思所思考的是占统治地位的资本主义国家中强烈上升的工业无产阶级。基于此,马克思采取了"劳动的立场",并关注现实存在的制度背景中真实的个人。在这样一种世界历史观的指导下,马克思设想了最发达的生产方式在一种全面发达的世界市场框架内的普遍传播,从而新的社会秩序也将通过无产阶级革命在最强大的工业国家同时建立。但是,由于现实的历史发展在资本和劳动两个方面产生的新情况,使马克思的上述设想受到了挑战。但是,梅扎罗斯认为,马克思的思想中其实有过可供选择的另一种前景,这体现在他给恩格斯的一封信中,这封信提出了革命在"小小角落"发生的可能性。但是马克思后来并没有朝这一思路继续前进。这实际上是对的,因为尽管苏联在资本主义的薄弱环节上建立了社会主义,但苏联的解体恰恰证明了苏联体制和西方资本制度一样,只是同一枚硬币的另一面而已。资本在全球范围的统治这一表面的成功并不能掩盖整个资本制度已经进入结构性危机这样一个事实的真相。

超越黑格尔的遗产^①

———

　　无论在积极还是在消极的意义上，黑格尔的遗产对于社会主义运动都代表了一个富有挑战性的问题。一方面，通过恰当地评价它的伟大成就，另一方面，通过使它的资本永恒的神秘化从属于一种激进的批判，必然要与之发生联系。在详细阐述马克思的观念的过程中，密切关注黑格尔的著作有三条理由。

　　第一，有关 19 世纪 40 年代马克思思想形成时期的重要的政治和哲学的争论，使它成为不可避免。因为它们表明，普鲁士政府对年老和最反动的谢林的具有保守精神的发掘，就是想为防止黑格尔对年轻一代的知识分子产生危险的激进影响而筑起一道壁垒。最能

① 选自《超越资本——关于一种过渡理论》，北京，中国人民大学出版社，2003。

说明问题的是，马克思和克尔凯郭尔都参加过老谢林 1841 年在柏林大学所作的反黑格尔的讲演：前革命和革命交锋的 10 年的揭幕。同样能说明问题的是，从这些涉及他们本人所要走的道路的讲演中，这两位年轻的哲学家得出了截然相反的结论。这一时期占支配地位的——并且最与政治相关的——哲学话语使得人们必然要么站在黑格尔一边，要么反对黑格尔。然而，从进入这些争论的那一时刻开始，马克思就引进了一些重要的限定条件。因为在他表述了对黑格尔及其追随者的基本保留的同时，他也试图保持和提升"青年黑格尔派"的激进意图。就这样，他不仅将哲学的解放目标界定为全面地探索黑格尔自身探讨的批判潜能，而且界定为一种历史的产生的必然性，在黑格尔体系的范围内（无论如何慷慨地延伸），这种必然性定能超越可以被调和的东西。

第二条理由——同样适用于后来从马克思最重要的著作《资本论》和《经济学手稿》吸取灵感的社会主义理论家，这些著作（与错误提出的主张相反）在有关黑格尔方面，并不比青年马克思的《黑格尔法哲学批判》具有多大的积极意义——是有必要从后来由其自己阶级的思想代表所做的永远埋没它们，并将其作者当作"死狗"（正如马克思和恩格斯不止一次抱怨的）来对待的尝试中，营救黑格尔的成就。要进行这样的辩护并不仅仅是一个理论的问题。因为在1848～1849 年革命之后，黑格尔哲学的激进化的潜能甚至对那些自由资产阶级的成员——它们早期曾经设想能够以这位伟大的德国哲学家的著作所提供的证据支持自身的改革热情——都变得令人厌烦。这就是为何在有利于一种奇特单调的、完全主观主义的以及经常甚至是明显反历史的新康德主义的倾向方面，黑格尔的"客观唯心主义"的辩证方法和历史观念都遭到放弃。

然而，后一种倾向不仅为主流的资产阶级的思想代表所采纳，而且为社会主义运动的改良的一翼所采纳。诚然，通过伯恩施坦及其追随者，新康德主义的实证主义变种和新实证主义在党派圈子中变得普及，以至于从 20 世纪的第二个 10 年开始直至它的终结，它们构成了第二国际驯服的社会民主党的正统。在巨大的社会冲突的历史环境下，黑格尔的哲学一开始就被设想——撇开其开创者晚年的保守调和不论——它永远不会丧失所具有的变革的活跃岁月的标志。诚然，正是这种标志的永恒化，使黑格尔哲学对一种激进解释的变种——包括其中最令人惊讶的和广泛的解释之一（马克思的社会主义中也含有的）——负有责任。然而，一旦同既定社会经济秩序的整合，连同它的相应的国家制度一道，被党的领袖作为社会民主的批判的视野来接纳，对真正的历史观念而言，就不可能还有为它预留的空间。因为懂得令实际历史发展的动力惊讶的人——本质上是总体化的而非"零星的"——也许通过发动黑格尔理论化的"理性的狡诈"就能作好准备。当然，对于辩证方法而言，也不存在为它预留的空间——这种辩证方法必须不仅要审查质变的可能性，还要审查它的必然性，按照这种辩证方法，与第二国际的渐进的、机械的/量变的"经济决定论"相反，革命的转变是可以合理地预期和争取的。

似乎令人感到惊奇甚至难以理解的是，在 20 世纪 20 年代中期，第三国际的斯大林主义的官僚们在探讨黑格尔的遗产时，采纳了同样消极的路线，从而变成了伯恩施坦的改良主义社会民主党的同盟者，尽管他们之间有修辞上的差异。他们将"黑格尔的"标签用作一种滥用的术语，借助于它，他们可以将那些试图强调客观辩证法在社会主义社会中也具有重要意义，从而胆敢将偏离新建立的共产国际正统的思想家赶出教门。然而实际上，对这种不合理的意识形态聚合，根本无须惊奇。因为这两种倾向之间的公分母是，斯大林及其追随者同样是以改良的社会民主党的方式来看问题，就他们影响所及的制度之内，他们认为历史已经完成了它的使命。毫无疑问要正视质变和急剧的转变。个人的任务被界定为将自己"积极地"整合到既定社会经济和政治的秩序（因而整合到对"积极英雄"的崇拜）之中，允许他们通过献身于已经掌握真理的党的等级制进行局部的改进。这种高贵者高人一等地同群众讲话的方式非常类似于伯恩施坦的这一方式：在他对工人阶级的俨然恩人式的对待中，伯恩施坦赋予他们在"先进的"社会民主党的领导之下，应当具有受新康德主义鼓舞的富于献身精神的"自我完善"的责任——他认为这就是应该仿效的具体化和最终措施。

无论对马克思个人，还是对总的革命的社会主义设计来说，第三条理由都是最重要的理由。在确定的历史环境下，它涉及黑格尔和马克思的理论之间的亲缘性所借以产生的实质基础。自然，这意味着，这种关系必须按照切实的历史条件给予限制。但是，这种限制不能掩盖甚至不能削弱具有客观基础的亲缘性的意义。1848～1849 年资产阶级革命后，黑格尔对其自身的阶级已变得非常厌烦，这一富有启发性的情形只能强化这种实质性联系的重要性。因为在其著作中，黑格尔试图让历史的动力在资本的永恒化展示的关节点上武断地终结，这在欧洲的殖民霸权下（正如我们在第一章第二节和第三节将看到的），并不能改变这一事实，即黑格尔首先把历史作为一种无情的客观运动来把握，这种运动自身具有不会被幻想的主观设计和相应的唯意志干预所驯服的强制逻辑。

正如亚当·斯密一样，黑格尔接受了资本的有利方面，并极其敏锐地将斯密的政治经济学的主要原则融合到他自身的专横的哲学概念中。然而，恰恰是在他的最重要的思想形成时期，黑格尔也曾经是1789年法国革命和所有那些随之而来的空前的——首次具有全球意义的——历史剧变的同时代的人。因此，他不可能不在自己的体系中赋予辩证界定的矛盾范畴以具有核心意义的地位，即使该范畴中包含的社会关系受到他以极其抽象和唯心主义的方式对待，从而削弱它们对资本的社会新陈代谢再生产方式所具有的爆炸性意义。在下面几章中我们将发现，在黑格尔唯心主义的一致性综合中，所认识的客观历史动力的对抗是如何被他削弱和废除的。在此必须强调这一事实的重要性，即对客观历史对抗的认识，完全呈现于按资本——处于一定历史发展阶段的——有利方面所设想的哲学之中。

黑格尔的理论清晰地再现了这一历史时刻，即在法国革命之后，处于上升时期的资产阶级的著名的思想代表正试图屈服于令人不安的事实：毫不具有同质性的"第三等级"因相互冲突的阶级利益导致深刻的分裂。他们在这一时刻承认了这一事实，当时他们仍然真诚地相信，或至少是希望，被认为有分歧的阶级利益在某种普遍有利的力量或"原则"下能够达成和解。然而，1848～1849年革命之后，甚至对这种希望的遥远记忆，连同其实现被理论化的条件——在黑格尔有关自私阶级利益的假想克服的事例中，通过自私的公务员对"普通阶级"的代理，他们被设想为在理想化的状态中可以抗衡"市民社会"的难以改变的自私的决定——都不得不一劳永逸地从合法的哲学话语中被驱除。即使对无理的黑格尔式的"普通阶级"的假定，也不应该考虑太多，因为它无意承认在既定社会秩序中存在某些结构性缺陷。这就是为什么黑格尔对他自身的阶级来说变成了一条"死狗"，而他所倡导的历史观点不得不被完全放弃。

因此，在围绕黑格尔的各种争论中，至为关键的基本问题并不是这位伟大的德国哲学家所具有的理论意义，而是客观的历史动力的本质自身，对资产阶级而言，这种本质在某一天会使黑格尔的不朽成就焕发生机成为可能，但对同一阶级而言，在另一历史时刻又会使摧毁它自身的创造成为必然。如果一个阶级出于它在社会中变化了的角色的理由，就背叛它自身的历史，就不可能使任何特殊阶级的历史都只构成其中的一个有机组成部分，并且只能是其中的一个有机组成部分的历史过程本身不再存在。因此，在一种受历史限制的意义上说，对黑格尔的遗产作社会主义的辩护，意味着要密切注意历史过程的客观辩证法：它在非连续性中的连续性以及连续性中的非连续性。黑格尔的见识之所以可以，并且必须要保留，就在于源自对抗的阶级关系的客观连续性，这种连续性是社会主义设计一直试图以其自身的方式把握的。与此同时，作为新历史推理的一个不可避免但却决不会是永远压制的客观的实际前提，黑格尔观点的有限视界——他的历史三段论的受阶级决定的、非历史的"结论"：资本的永恒化的社会新陈代谢秩序——必须服从于一种激进的批判。为了将所要针对的现实目标——激进的结构性变革所必需的非连续性（通过超越资本的客观历史优势并克服等级制和统治的关系来实现）——推到前台，这点是必须要做的，否则社会主义设计就不能成功。

二

尽管他们自身采纳了黑格尔的许多特殊命题，如果因此就将整个黑格尔体系称作乐观主义的，那就完全错了。伏尔泰在他的哲理小说《老实人》中，对未加限定的乐观主义的支持者给予了极大的嘲讽，尽管对启蒙的幻想——它断言用不可抗拒的理性的力量可以成功地解决所面临的各种问题——对他的视界有所限制。在黑格尔开始写作之前，要想对理性维持与个人拥有的"能力"同样的信仰，是永远不可能的。实际上，黑格尔就批判了他的伟大的前辈——康德，因为他倾向于从他的"能力口袋"（faculty bag）中取出能力来解决重要的哲学难题。因此，在其自己的哲学中，黑格尔赋予理性范畴以一种崭新的——超个体的——含义。

正如上述提到的，在这方面造成根本区别的——包括大思想家的观念中对人类事物持率真的乐观主义观点的可能性——在于这一事实，即黑格尔曾是法国革命及其狂暴后果的同时代的人。他满怀兴趣地经历了拿破仑战争时期发生在法国和整个欧洲的基本剧变。

在完成《精神现象学》的时期，他住在耶拿，在四周的群山中目击了拿破仑的胜利。后来他评论说，他看到"世界精神"在马背上实现了自己的设计。甚至更为重要的是，他还敏锐地目击了工人阶级作为一支独立的社会和政治力量的出现，无论怎样暂时，该阶级已经开始为自身的利益而行动，并不再只是作为"第三等级"的一个从属部分。

然而，尽管黑格尔避免了无批判的乐观主义的陷阱，涉及资产阶级秩序时，他还是制造了一个"无批判的实证主义"（马克思语）的体系。他的信条是，无论整体上应该如何看待个人自身——即使在能力上他们也被他描述为作为掌握了理性和世界精神之工具的"世界历史的个人"（就像他的伟大的同时代人拿破仑那样），因而当他们多少有些盲目地追求自身的有限目标时，他们似乎注定要不自觉地执行世界精神的设计——我们还是达到了最后的历史阶段，这是一个甚至很难设想越过它就可以尝试着不自相矛盾地前进的阶段。因为所实现的并不是有限的人类事业的结果，而是从一开始就预期的世界精神自我实现的旅程，在"普遍永恒资本"的最终秩序中，该旅程以人类最终努力的水平而告终。

因此，与马克思对进行中的历史发展所作的探讨相比较，差别似乎不是很大。因为，接受了黑格尔所主张的资本作为人类历史及其可能制度的绝对的、不可超越的地平线和顶点——以"德国的"资本主义国家（黑格尔的"北方原则"的体现）为其顶峰——的立场，就等于认同了这位伟大的辩证法家对既定秩序所持的"无批判的实证主义"。辩护的立场最终还是在黑格尔的体系中占据了优势，尽管这种驯从——他在描述与难以改变的发展有关的哲学的地位时所提到的——以世界精神告终。接受了黑格尔所主张的这一立场，也必然意味着对资本的破坏性层面作为一种控制体制抱有盲从的态度。

这就是马克思不得不与黑格尔分手之处。因为他并不把资本视为历史过程中的一种难以改变的终极，而是视为一种动态的运动，这种运动即使有其明显的不可抗拒的全球扩张逻辑，也应该看成是暂时的。因此，具有讽刺意味的是，更无须说是荒谬的，马克思被责难为是一位"眼睛闪亮的乐观主义者"，是一位信仰仁慈的"人类本性"和"高贵蛮人"的观点用魔法招致的幻想——在哈耶克和其他人看来——的"天真信徒"。因为，与一切无批判的实证主义相反，包括那些突出它的哲学（比如与黑格尔具有思辨驯从特征的哲学相似的哲学），马克思恰恰是估计到资本自我扩张的无限制驱动的毁灭性意义的第一人。这就是为什么他非但没有允诺一种必然的积极结果，反而在早期著作之一中表达了与进行中的发展不可分的致命危险："生产力在其发展的过程中达到这样的阶段，在这个阶段上产生出来的生产力和交往手段在现存关系下只能造成灾难，这种生产力已经不是生产的力量，而是破坏的力量……""在私有制的统治下，这些生产力只获得了片面的发展，对大多数人来说成了破坏的力量……""这样一来，现在情况就变成了这样：各个人必须占有现有的生产力总和，这不仅是为了实现他们的自主活动，而且就是为了保证自己的生存。"当马克思 1845 年写下这些字句时，他所鉴别的这种破坏的力量仍然还未获得全面的发展。他的许多作品——附带着"政治经济学批判"的副题——还在寻找一种借以制止资本的破坏性自我扩张的逻辑的抵抗力量，寻找通过自身的"自我活动"可以摆脱"异化力量"——它不仅控制他们，而且最终威胁到人类的真实存在——的社会个人。

在我们的时代，资本的生产秩序的破坏力量不再只是威胁的潜能，而且是普遍存在的现实。今天，资本制度的"常规"功能和不断扩张，与统治我们生活的"片面发展的生产/破坏的力量"的无限制存在是不可分的，无论它们已经显示的冲击和对未来构成的危险——即使完全不像社会主义的环保主义者所承认的——是多么悲惨。

因此，撇开一切试图强化"无批判的实证主义"的历史的逆流和旧病萌发不论，破除黑格尔的"普遍永恒的资本"之符咒的工作，仍将摆上历史的议程。诚然，与马克思的生活时代相对照，使今天的形势变得危急的是，当前资本——以其积聚的压迫力量和具有麻痹性的相互依赖的形式——显示为一种全球体制，使我们碰上了总体失控的幽灵。

（郑一明 等译）

马克思的未被探索的可供选择的观点[①]

一

马克思决不需要"比黑格尔更黑格尔化"。他主要关注的，不是为"原始积累"而奋斗的不发达和遭蹂躏的国家，而是在古典政治经济学著作中对其自身的"自然"方式和绝对公正作了自信的理论概括的资本主义发展的经典形式：马克思的主要理论目标。同样，在有关革命行动方面，马克思所思考的并不是一小部分的以及甚至在内战中牺牲的工人阶级，而是占统治地位的资本主义国家中强烈上升的工业无产阶级。假定他的主要关注——"政治经济学之批判"（这明显体现在马克思所有的主要著作中）——在缺乏强大的工业无产阶级的情况下，必须面对的复杂性只能位居他关注的边缘。在其

① 选自《超越资本——关于一种过渡理论》，北京，中国人民大学出版社，2003。

生命的最后几年，即使当它们进入马克思的视野时，它们也未引起他对之作出理论上的再评价。替换行动的观念，无论以何种形式出现，都是对马克思的谴责。当它的前景在欧洲被假定为一种确定的组织形式时，在接受德国的《哥达纲领》时期，他激烈地反对它。马克思清楚地明白，"替换论"只能给社会主义运动带来灾难。

鉴于这些理由，马克思与黑格尔的关系可能是完全不存在问题的。尽管马克思给予这位伟大的德国哲学家以辩证思维的开路先锋的应有评价，但是与此同时，他毫不迟疑地消解了他的作为观念神话的"同一的主客体"。在马克思看来，败坏黑格尔哲学的不仅仅是它的唯心主义，而在于他持有"政治经济学的立场"的事实，这意味着对作为社会新陈代谢控制的资本抱一种总的无批判的态度。自从马克思在阐明对既定结构秩序的激进选择的尝试中采纳了"劳动的立场"后，他的历史观不得不与黑格尔的截然相反。

当然，马克思的作为动态发展和包罗万象的历史秩序的资本概念，在其起源上与黑格尔的"世界历史"的概念是相联系的：世界精神的不可抗拒的自我活动的领域。然而，马克思的探索揭示，黑格尔关于理想地展开的世界历史的宏大的唯心主义观点与一套确实的、经验上可证实的事件和发展是对立的，而它却关注现实存在的制度背景中的真实的个人。这就是马克思这样来阐述他明确反对黑格尔观念的唯物主义的相反形象的原因："各个相互影响的活动范围在这个发展进程中越是扩大，各民族的原始封闭状态由于日益完善的生产方式、交往以及因交往而自然形成的不同民族之间的分工消灭得越是彻底，历史也就越是成为世界历史。例如，如果在英国发明了一种机器，它夺走了印度和中国的无数劳动者的饭碗，并引起这些国家的整个生存形式的改变，那么，这个发明便成为一个世界历史性的事实……由此可见，历史向世界历史的转变，不是'自我意识'、宇宙精神或者某个形而上学怪影的某种纯粹的抽象行动，而是完全物质的、可以通过经验证明的行动，每一个过着实际生活的、需要吃、喝、穿的个人都可以证明这种行动。单个人随着自己的活动扩大为世界历史性的活动，越来越受到对他们来说是异己的力量的支配（他们把这种压迫想象为所谓宇宙精神等等的圈套），受到日益扩大的、归根结底表现为世界市场的力量的支配，这种情况在迄今为止的历史中当然也是经验事实。"自然，这种世界历史观，由于设想了最发达的生产方式在一种全面发达的世界市场框架内的普遍传播——即设想了一种实际"交易"的过程（它在其恰当界定的结构和组织参数内具有明显可证实的生产和消费活动的特征）——对排除占支配地位的社会秩序的破坏性对抗的方式，也就传达了一种相应的看法。因为，作为其实现的必要前提，它一方面设想了最高水平的生产力——它转而意味着对既定地域和民族的障碍和矛盾的必然超越，以及在全球范围内物质和精神生产的全面的有益整合和合作的合理化。另一方面，作为对鉴别工作的全球特征的必然推论，为了造成——以其功能"普遍化"的客观方式和自觉的国际主义精神——新的社会秩序，它预期了工业上最强大国家的一致行为。再次援引马克思的话说就是："生产力的这种发展（随着这种发展，人们的世界历史性的而不是地域性的存在同时已经是经验的存在了）之所以是绝对必需的实际前提，还因为如果没有这种发展，那就只会有贫穷、极端贫困的普遍化；而在极端贫困的情况下，必须重新开始争取必需品的斗争，全部陈腐污浊的东西又要死灰复燃。其次，生产力的这种发展之所以是绝对必需的实际前提，还因为：只有随着生产力的这种普遍发展，人们的普遍交往才能建立起来；普遍交往，一方面，可以产生一切民族中同时都存在着'没有财产的'群众这一现象（普遍竞争），使每一民族都依赖于其他民族的变革；最后，地域性的个人为世界历史性的、经验上普遍的个人所代替……共产主义只有作为占统治地位的各民族'一下子'同时发生的行动，在经验上才是可能的，而这是以生产力的普遍发展和与此相联系的世界交往为前提的。"这种探讨问题的方式，不仅证实了唯物主义历史观比其唯心主义对手（包括黑格尔的观点）优越，而且证实了伴随接受马克思的方法而来的巨大困难。因为就唯心主义哲学而言，与历史趋势——该趋势是在实际生活的个人（他在复杂的社会决定的网络中追求其目标）的客观环境下所把握的——实际实现相关的物质证据的负担并不、实际上也不可能存在。在唯心主义概念框架中的运作，使黑格尔能够以"自我异化的"世界精神的便于延展和最终循环的抽象代替所须的物质证据，这种世界精神在资本主义"市民社会"的不可逾越的世界秩序及其"伦理国家"中达到其最终的"自我实现"。

反之，马克思的困难与采纳唯物主义倾向的原则和相应的历史和辩证的方法是分不开的。上述两段引文中展现的这一观点的困难方面，并不在于它与作为整体的新的历史时代的关系，而在于它与自己所概括的时代的世界上大部分地方的实际事态的关系。

这里有两个事关重大的基本问题。第一个涉及过渡的必然性。第二个涉及全球性的历史框架，其中向所赞同的社会主义秩序的成功过渡可能实现。

黑格尔连同将普遍性定义为"现代"一起，把资本描述为冻结的永恒。在通过世界历史的假定的"自由的实现"中，黑格尔所涉及的自由只是"自由的理念"。在黑格尔看来，一切事物都受其"原则"支配，据说"现代世界的原则"就是"思维和普遍"。因此，在自我预期和必然自我实现的世界精神的王国中，世界历史的问题通过定义一套相互连接的概念就能得到解决。这样，结构上预定和历史上冻结的资本特殊论，就可以被提升到非时间的理想状态和合理的难以挑战的永恒。因为在黑格尔看来，我们已经达到世界精神完全适应自身的历史阶段，向不同的历史秩序过渡的问题很难设想会提出。

与黑格尔相反，马克思将资本制度当作必然短暂的东西。就生产率而言，尽管与过去相比，历史的进步包含在资本的功能化的方式之中（这恰巧一般更为马克思所认可），他却认为要把它的社会新陈代谢的可行性限制在一个严格有限的历史阶段，该阶段是社会主义设计的激进干预被迫遗留的。因为资本制度的最深层的结构性限制——建立在为统治劳动而连接的一套中介关系之上，以服务于剩余劳动的必然榨取——具有不可救药的对抗性，最终不仅具有破坏性，而且具有自我破坏性。

正如马克思所设想的，社会主义设计正视这种现实中介的对抗性结构的质的重新界定，对于这种结构，黑格尔为了与其社会立场步调一致，尽管他作为一个思想家很伟大，却不得不将它包裹在神秘之雾中。一旦历史的既定形式和社会中介组织的现实参照条件用马克思的方式得到识别，通过揭示其不可救药的对抗性内在限制，局部的补救难以矫正资本制度基本的结构性不平等和物质、政治与文化的对抗，也就清楚了。

因此，社会主义事业必须被界定为一种对整个资本制度的社会新陈代谢控制方式的激进选择。因为从个人来看，后者除了以将作为控制的激烈异化强加于自身的形式，不可能以其他方式发挥作用。

结果，不用通过协调改革的媒介修补某些局部的弊端——一条一个多世纪来徒劳地追求、最近已被社会民主运动完全放弃的路线——就可能直接面临这种挑战。

如果想要彻底赢得一切，社会主义设计必须将自身界定为使历史上异化的控制功能在一切方面复归于社会机体——"联合的生产者"。换句话说，社会主义设计必须作为一种具有质的不同的社会新陈代谢控制方式来实现：一种就这样由个人建构的方式，以致它不可能与他们相异化。在这方面要想成功，必须有这样一种控制方式，该方式能够调节个人之间中介交换的物质生产功能和精神生产功能，并具有不是源自上层——一种超个人的"看不见的手"通过篡夺个人间的决策权，借以宣称其具有根本不同于仁慈权力的唯一方式——而是源自最广泛的社会基础的本性。

只要资本仍然在全球占支配地位，它的"短暂性"（马克思所强调的）必然知道仍然只是潜在的。因为无论在其最深层的构造中是如何成问题，在全球统治的条件下，资本制度的不可改变的永恒的表象在商品社会中可以刻画出相对不受阻碍的日常生活的地平线。

马克思的观念必须与他自身未被探索的选择观点相对照的地方就在这里。因为，自从马克思逝世以来，现实的历史发展本身在这方面已经产生了许多的限定。

在前面引自《德意志意识形态》的第二段话中，马克思在尝试解释进行中的发展的本质时，曾经两次涉及同时这个范畴。首先，他指出，在资本的统治下，生产力的普遍发展不仅在世界市场的框架内引起"普遍的交往"，而且引起"一切民族中同时都存在着'没有财产的'群众这一现象（普遍竞争）"。其次，作为前者的推论，他强调，"共产主义只有作为占统治地位的各民族'一下子'同时发生的行动，在经验上才是可能的"。至于"占统治地位的各民族"被期望行动的地域，马克思设想的是欧洲。

只要分析的对象是资本主义发展的经典类型，如果没有通过"不平衡的发展"把复杂性引入其中，马克思所提出的标准就仍然有效。竞争，如果普遍在扩张，毫无疑问就会在一切民族中同时，并且以十分均匀的比率生产出"没有财产的群众"。从这一论断也可引申出，当这一制度的矛盾成熟，形势变得控制不住"没有财产的群众"时，为了捍卫工人的利益以对抗无处不在和多少一致的资本的束缚，同时的行动似乎就随即出现。然而，由于在运转良好的世界市场的框架中永不衰竭的竞争，在它向着饱和与最终衰败的运动之际，根本不存在缓解这一制度之矛盾的有意义的方式。在这样的环境下，所预言的"占统治地位的各民族"的同时行动就远非看似有理了。

然而，资本主义发达国家之间不断增长的优势和劣势的不同条件被附加到这幅图画上，形势的变化超出了认识。诚然，不仅资本的一方是如此，而且——不论是如何的暂时——也与劳动有关。至于资本，以帝国主义扩张为一方，以垄断的发展为另一方，为资本制度提供了新生，明显地延缓了它的饱和期。它们与占统治地位的社会经济力量交换巨大的利益，以便在国内和国外都尽可能地得到资本主义国家的支持。因此，尽管根本不可能根除，但在一种帝国主义复合体的框架中，竞争变成了一个十分成问题的范畴。工业竞争体制的许多矛盾被转移到国家间竞赛的计划中，它所具有的潜在的灾难性后果，已为两次世界大战证实。同时，由于垄断的发展，竞争的规则可能受到扭曲，并被转化为占统治地位的经济势力的优势。这些结果都具有两重性。首先，强大的垄断集团在世界市场的框架内获得了主要特权。其次，资本的积聚和集中受到极大的推进，以符合占统治地位的垄断集团、少数控制市场的制造商以及卡特尔的利益。

至于劳动，变化也是十分重要的。因为，现在从不同利益的差额中——产生出不同利润率和超额利润——一定的份额可以配置给"宗主国的"劳动力。这就是为什么不同剥削率——没有它，所要求的特别有利的不同的利润率就不可能——变成了全球资本制度的一个完整组成部分。在这方面，也就使由"占统治地位的各民族"的工人阶级在上述描述的条件的期间——无论如何短暂——同时行动的观念成了问题。

三

当然，马克思并不是这些发展的同时代的人。在他生活的时期，所出现的资本主义帝国在国内及其国家间关系中的全面冲击还根本看不出。经济中的垄断转变也还几乎没有升出地平线，更别提它们为了重建整个资本制度而显示全部的潜能。所以，谴责马克思未能提供对这些问题的解决方案是非常荒谬的，这些问题只是在很久之后才对社会主义运动构成实质性的历史挑战。

然而，与通常为他所赞同的观点比较，当他暗示有关可选择的社会历史前景的可能性时，在时间上存在一个关节点。这种可选择的前景是在马克思致恩格斯的一封不太为人知的信的一段话中提到的，多年来，我一直在不断地力图引起人们注意它。这段话是这样说的："资产阶级社会的真实任务是建立世界市场（至少是一个轮廓）和以这种市场为基础的生产。因为地球是圆的，所以随着加利福尼亚和澳大利亚的殖民地化，随着中国和日本的门户开放，这个过程看来已完成了。对我们来说，困难的问题是：大陆上革命已经迫在眉睫，并将立即具有社会主义的性质。但是，由于在极为广阔的领域内资产阶级社会还在走上坡路，革命在这个小小角落里不会必然被镇压吗？"① 显然，古典发达的资本的内在对抗是在有限的欧洲区域内爆发——从而分别打击该制度的运作框架本身——还是通过资产阶级秩序在尽可能广的世界范围内的连续优势找到转移已积累的矛盾的方式，并不是一个中性的问题。实际情况是，在圆形的星球地球上，在加利福尼亚和澳大利亚的殖民地化以及中国和日本的门户开放以后，再也没有多少可供殖民地化和门户开放的大陆。然而这只是在星球的"广阔的领域"的意义上才是真的。就已经发现和开放的巨大疆域的"广阔的领域"所及而言，资本制度远没有达到其生产性扩张和积累的极限。诚然，不仅在新殖民地化和开放的地区，甚至不仅在那些于整个殖民/帝国的扩张的历史时期被占统治地位的帝国主义强权征服的国家，包括那些有特权的"宗主"国，对劳动的已经加剧的剥削在这些隐秘的大陆尚未完全被发现，并被推向资本的社会新陈代谢秩序的利益。用个类比来说，这方面的巨大差异与绝对剩余价值和相对剩余价值之间的尖锐对比是相同的。如果资本像其扩张的工具一样只依赖绝对剩余价值，或者只依赖地理上有限的星球空间，必须肯定，它的生存广度就会受到急剧的缩减。因为一天只有 24 小时，正如与剥削的"广阔的领域"和资本积累的相应量值（通过相对剩余价值的良好机制榨取和"抽吸"劳动而来）相比，这颗圆形星球只具有相对有限的空间。

　　马克思只是希望，对社会主义的前景来说，积极的发展通过主要的——并非孤立的——在欧洲由"占统治地位的各民族"所完成的社会革命，终将会实现，这样，才能阻止资本对现存的以及已经

----

① 《马克思恩格斯全集》第 29 卷，348 页，北京，人民出版社，1972。中文中所引第一句话中的"生产"，在英文中是"生产方式"。

为马克思承认的"极为广阔的领域"所具有的无限的历史优势。实际上，在致恩格斯的同一封信中，他还附上了这一句话："不能否认，资产阶级社会已经第二次经历了它的 16 世纪，我希望这个 16 世纪把它送进坟墓，正像第一个 16 世纪给它带来了生命一样。"

正如我们所知道的，最后这一句表达的希望已经成为痛苦的失望。然而，马克思仍然相信他的初始观点。撇开这一事实，即他所预期的社会革命——1871 年的巴黎公社——确实在欧洲的"小小角落"被镇压不论，这正是他坚持的。因为这在很大程度上也可以归咎于这一事实，即它仍然是一起孤立的事件，并且在此之后，资产阶级社会的优势不受太大的障碍在延续着。马克思与这一在他的初期著作中表述的观点联系得越紧密，就越看不出使他能够——按照致恩格斯的信中暗示的精神——向一种可选择的前景作出重大转移的新的发展趋势。

相比较而言，今天有两个理由必须面对相关的问题。第一，由于没有一个社会主义者能够严肃地坚持这一观点，即只要资产阶级秩序的优势能够在全球范围内维持自身，资本制度就能被历史性地取代。这意味着，在我们星球的各个不同地方，迫切需要对社会主义策略重新评价，必须在解释历史的过去和评价未来方面，都考虑这种优势的扰乱的和否定的层面。因为，不能给维持整个资本制度的力量增加适当负担，不是导致对"大灾难"的天真期望，就是导致失败主义的去魅以及对社会主义观点的整个放弃，这点正如不久之前所证实的。

第二条理由同样重要。因为从积极的方面来讲，马克思的未被探索的历史困境在于，优势自身受到最终的决定性区域的限制，该领域能够被——迄今为止已经取得成功——纳入资本扩张和积累的框架。换句话说，甚至在全球范围内，以及甚至当以它的强化总体来思考时，历史的优势只不过是历史的。它必然限制在资本的真实的生产潜能的局限之内，并在整体上仍然从属于社会新陈代谢再生产的这一制度的根深蒂固的内在对抗。

假定自马克思的时代以来所经历的历史变革具有明显的全球本性，没有谁再把基本的社会动荡的前景限制在"小小的角落"。撇开"一国社会主义"不论，不管该国的人口是如何的庞大，再也不存在、也绝对不可能存在"小小的角落"。没有什么会比苏联体制的剧烈爆炸更能强有力地突出这一朴素的真理。

正如上面提到的，资本的历史优势基本上已经归于终结。重要的是，这一过程只能以一种最为激烈的矛盾形式展开，并一度在我们面前积聚了大量问题。作为近百年来所实现的不正常的全球发展的结果，在一批资本主义先进国家的统治之下，马克思的原始等式的条件基本上已经改变。这一过程借以归于终结的方式，对它作出了一种极其严厉的判决。因为尽管扩张和积累了五个世纪，资本制度的全球优势的实现引起了绝大多数人类对一种仅能糊口的存在的谴责。

当然，也有这样一些人，他们看不出现存的事态有什么错。政府的首脑——像英国的梅杰（John Maior）——就沾沾自喜地宣布"资本主义运行着"。他们拒绝考虑这些问题：为了谁（肯定不包括世界上 90％的人口）以及要多久？

奇怪的是，尽管当他们因为自己糟糕的政策和不断破产的诺言而不得不为自身辩护时，他们只能像破录音机那样重复，迫使他们"出轨的"许多问题都不是他们自身造成的，而是从日本到德国，以及从美国到法国等每个"工业经济国"所共有的（一个适用于所有资本主义国家的委婉说辞），更别提意大利以及所有其他欧洲经济共同体的成员。因此，对于他们自信地宣布信仰"资本主义运行着"与被迫承认毕竟它并非如此（一个他们从未明确引出的结论，尽管它就盯在他们的面前）之间的喧嚣的矛盾，他们是视而不见的。

在 20 世纪的进程中，资本肯定侵袭和征服了我们星球的每一个角落，无论大小，都是如此。然而，它在全世界都证明，不能解决人民在日常生活中必定面临的各种严重问题。如果有区别的话，资本向每一个单独角落的渗透只是恶化了这些问题。它曾经许诺"现代化"，然而，在经历许多世纪的公然干预之后，它只是传送了加剧了的贫困、还不清的债务、解决不了的通货膨胀、残缺不全的结构性依赖。实际上，它现在窘迫到了这一程度，以致要提醒资本制度的意识形态分子，不久前他们还把自己的旗子钉在"现代化"的桅杆上。

与进行扩张的过去相比，在近几十年里，事情发生了重大变化。在该制度的历史优势的时期，资本的内在矛盾的替换进行得相对平稳。在这种条件下，通过用未实现的诺言来掩盖问题，当然能够处理它们，例如，"第三世界"的现代化、各"宗主国的"更大繁荣和社会进步，都曾按照生产一个无限增长的蛋糕的期望预言过。然而，资本的历史优势的实现彻底改变了这一形势。因而不仅使得永远不可能让新一套的空洞诺言变得似乎有理，而且让过多的旧诺言必须从记忆中抹掉，在有特权的资本主义国家中，工人阶级的某些真实所得必须"降低到"符合占统治地位的社会经济和政治秩序残存的利益。

这就是我们今天所处的世界。几年前的胜利庆典现在听起来的确非常空洞。20世纪的不正常的发展并未按照"动产文明的胜利"（马克思）的模式带来解决办法，其中它仅仅是增加了少数人的特权和多数人的痛苦。然而，在近几十年的过程中，一种根本不同的新条件出现了，它严重影响了未来的发展前景。与过去形成强烈对比的是，从资本主义制度的观点来看，今天特别严重的是，甚至少数人的特权再也不能撇开多数人来维持。结果，整个资本制度越来越呈现出十分不稳定的状态，即使在这种制度的不稳定泄露出全部的含义之前，它会花费某些时间寻求结构性的修补以取代操纵性的延缓。

因此，马克思的可选择的观点只是在我们时代才盛行起来。不久以前，不能靠纵容自鸣得意地谈论多少便于管理的"功能紊乱"，就可以忽视或淡化所积累的问题。然而，甚至当小部分人的特权都无法维持时，尽管有对绝大多数人的强化了的剥削，即使对它从前的最无批判的从业者，此类谈话肯定听起来有问题。实际上，昨天还在要我们对他们关于纯粹"技术性的难题"和"暂时的功能紊乱"的解释性话语感到满意的同一些人，最近又在谈论"共有的问题"和需要为解决它们而"共同努力"，并在既定的秩序界限内，随时把自己的困惑作为似乎是到处偶然发生的东西来承认。比任何东西都令他们困惑的是，苏联体制的瓦解不仅推翻了他们喜好的自我辩护的托词，而且更糟糕的是，也不能将所希望的有利结果向他们自己一方转化。因为西方资本制度通过对东方的"胜利"而达到的所期望的复兴，以及随之而来的世界上革命后地区的"自然的"和愉快的市场化，是绝对无法实现的。"先进的资本主义"的意识形态分子似乎想把苏联体制作为他们自身的截然对立面来思考。他们必须明白这一令人惶恐的真理：它只是同一枚硬币的正面。

一个清醒的事实是，长期以来成功地掩盖哪怕是最严重的问题的那种魔法已被扫除，要想再在它的掩饰下前进已变得极为困难。诚然，当整个资本制度已进入结构性危机的时候，在这种环境下，现在必须面对影响人类的真实生存的蓄意忽视的各种问题，是一件具有重大意义的事情。

（郑一明 等译）

《当代学者视野中的马克思主义哲学：西方学者卷》

主编　吴晓明

主要参编人员（按姓氏笔画为序）

叶晓璐　　吴　猛

陈蓓洁　　姜佑福

徐　琴

敬启著译者

为了反映马克思主义哲学研究的新进展和新成果，推进当代中国的马克思主义哲学研究，我们编纂了《当代学者视野中的马克思主义哲学》系列丛书。本丛书立足于选编内容的完整性、学术性和权威性，尽量选取了相关领域的一些重要作品。但因条件所限，时至今日，丛书所收内容中尚有部分作品的著译者未能与之取得联系。为保护原著译者的著作权益，北京师范大学出版社真诚敬启：凡拥有该丛书所选作品著作权的著译者，请与北京师范大学出版社联系，我们将依照国家的有关规定及时付酬。在此也特别感谢各位对我们的理解和支持。

联系人/电话：北京师范大学出版社

饶　涛　010—58802711

祁传华　010—58802695